미국 문명의 역사

2 산업 시대

찰스 A. 비어드 지음 | 김석중 옮김

서커스

차례

1권 차례

미국 문명의 역사

산입 시대

17

억누를 수 없는 갈등의 접근법

　남부와 북부의 경제 체제가 사회 구조에 큰 변동을 일으키지 않고 정체되거나 천천히 변화했다면 1787년, 1820년, 1833년, 1850년의 보상 전술을 반복하며 외교의 범위 내에서 내재된 적대감을 유지함으로써 힘의 균형을 무기한 유지할 수 있었을 것이다. 그러나 아메리카의 경제나 다양성과 관련된 도덕적 정서는 어느 것 하나 안정된 것이 없었다.

　국가의 각 지역에서 생산 시스템의 필수 요소들이 불길한 징후들을 낳고 있었다. 북동부의 산업 소용돌이 주변은 날로 확대되고 있었고, 북서부의 농업은 제조업에 의해 꾸준히 보완되고 있었으며, 경작자들이 개발할 수 있는 원시 토양의 면적은 리듬에 따라 규칙적으로 감소하고 있었고, 정치인들이 평화의 균형을 유지하기 위해 조정해야 하는 무게추가 기계적으로 정밀하게 이동하고 있었다. 또한 철도, 전신, 언론의 발달로 여행과 교통이 저렴해지고 거의 즉각적으로 이루어지면서 비슷한 경제적 지위와 비슷한 의견을 가진 사람들을 협동 활동으로 끌어들이는 구심적 과정이 촉진됨에 따라 세 구역 내에서 사회적 집중도는 점점 더 높아졌다. 마지막으로 독서 인구와 문학 시장의 확대로 자극받은 부의 축적과 여가 증가로 분출된 지적 에너지는 현재의 사회적 설득의 단어 패턴을 더욱 정확하게 발전시켜 동일한 집단을 통합하는 데 활력소가 되었다.

§

세월이 흐르면서 제퍼슨의 농업적 정당[문맥에서는 제퍼슨의 민주공화당과 앤드루 잭슨 이후의 민주당을 연결시켜 언급한 것으로 보인다] 지도자들은 처음에는 휘그당, 그다음에는 공화당이 근본적으로 토지의 생산적 관리와 노동력을 약탈할 목적으로 결성된 이익집단이라고 열렬히 주장했다. 그리고 그들은 단호한 목소리로 자신의 정적들의 만족할 줄 모르는 탐욕이 나라를 찢어 놓는 불화의 근원이라고 선언했다.

1860년 미시시피 주의 루벤 데이비스는 이렇게 외쳤다. '인간의 주된 열망인 농업을 희생시키면서까지 이윤을 확대하기 위해 입법적 지원을 요구하지 않는 인간의 열망이 연루된 사업 분야(농업을 제외하고는)는 없다…… 약탈이라는 공통의 목적을 가진 이러한 이해관계자들은 정부를 자신들의 운영 도구로 사용하기 위해 연합하고 결합하여 정부를 사실상 통합된 제국으로 전환시켰다. 이제 이렇게 결합된 이해관계가 농업 주들과 대립하고 있으며, 이것이 지진처럼 우리의 정치 구조를 뿌리째 흔들고 있는 갈등의 원인이다.' 노예 제도에 대한 분노는 다른 목적을 감추기 위한 위장술에 불과했다. '무자비한 탐욕이 헌법 위에 강철 발뒤꿈치로 굳건히 서 있다.' '결합된 탐욕'이라는 이 괴물은 '농업 주들을 북부의 바위에 묶어두고' 그들의 번영을 독수리처럼 쪼아 먹으며 살고 있다. 프로메테우스가 그의 족쇄를 깨뜨리려는 노력은 노예 제도에 대한 공격을 유발한다. 데이비스는 계속 이어갔다. '이 주들은 거인처럼 투쟁하고 있다. 이로 인해 이 결합된 이해관계자들은 남부가 그들의 압제의 사슬을 끊는 게 아닐까 경계심을 가지고 있다. 따라서 그들은 남부 주들의 노예

재산에 대해 맹렬한 공격을 가하고 있는 것이다.'

무상 토지free-soil 지지자들이 영토 내 노예 제도에 대해서만 전쟁을 벌였다는 사실은 제퍼슨 데이비스에게 농업에 대한 근본적인 음모의 결정적인 증거였다. 그는 자유 토지 지지자보다 노예제 폐지론자의 의견을 더 존중한다고 공언했다. 그는, 폐지론자들은 노예 제도가 모든 곳에서 잘못이며 모든 사람이 자유로워야 한다는 정직한 신념에 의해 지배되고 있으며, 자유 토지 지지자들은 주에서의 노예제를 공격하는 것이 아니라 단지 연방에 가입할 예정인 준주들에서 노예제를 폐지하기를 원한다고 말했다.

데이비스는 상원의 반대파를 정면으로 겨냥해, 노예 제도를 눈속임으로 삼아 순진한 사람들을 속이고 있다고 비난했다. '자유 토지 당 신사 여러분은 무엇을 제안하는 겁니까? 노예의 상태를 개선하는 것을 제안합니까? 전혀 아닙니다. 그럼 무엇을 제안하는 겁니까? 노예제 확대에 반대한다면서요…… 노예가 그것으로 혜택을 받을 수 있습니까? 전혀 아닙니다. 당신들이 지금 국가 앞에서 차지하고 있는 지위에 영향을 미치는 것은 인류애가 아닙니다…… 그것은 당신들이 우리를 속여 노예의 영토를 한정된 범위로 제한할 기회를 가질 수 있다는 것입니다. 그것은 당신들이 미합중국 의회에서 과반수를 차지하여 정부를 북부의 팽창 엔진으로 전환시킬 수 있다는 것입니다. 그것은 마치 뱀파이어가 희생자로부터 몰래 빨아들인 피를 먹고 부풀어 오른 것처럼 남부에서 부당하게 빼앗은 재화를 바탕으로 당신의 구역이 권력과 번영을 누릴 수 있다는 것입니다…… 당신들은 남부 주들의 정치력을 약화시키려 하는데, 그 이유는 뭡니까? 왜냐하면 당신들은 불공정한 입법 체계에 의해 남부 사람들과 그들의 산업을 희생시키면서 뉴잉글랜드 주들의 산업을 촉진하기를 원하기 때문입니다.'

남부연합의 대통령이 될 운명을 타고난 제퍼슨 데이비스가 생각한 것은 바로 이 준주들에서 노예제를 금지하려는 정당의 진정한 목적이었다. 그 정당은 노예제를 외과 의사의 심각한 치료가 필요한 도덕적 질병으로 선언한 것이 아니라, 단지 신생 주들이 연방에 들어올 때 노예제를 막으려는 것, 즉 아메리카 정부에서 정치적 우위를 확보하고 북부 자본주의의 이익을 위해 남부의 착취를 의미하는 경제 정책을 국가에 고정시키려는 하나의 근본적인 목표를 염두에 둔 것이다.

§

그러나 농장주들은 결국, 당시의 문구들처럼, 인구조사 보고서에 맞서 싸우고 있었다. 북부 산업의 놀라운 성장, 철도의 급속한 확장, 대외 무역의 지구 끝까지의 급속한 확장, 서부의 농업 지역이 운송과 신용을 통해 제조 및 금융의 중심지로 연결된 것, 유럽의 이주민들로 인한 주state 의식의 파괴, 외부의 침략, 민주주의의 밸리Valley of Democracy[미시시피 밸리, 또는 그와 밀접하게 연관된 중서부Midwest 지역]에서 새로운 주들의 건설, 주 간 상업의 민족주의적 추동, 북부의 인구 증가, 자본주의적 빙하의 남하 압력은 모두 연설가들이 '자유 노동 체제'라고 부르는 것의 궁극적인 승리를 보장하기 위해 공모했다. 이는 제한된 영토의 비옥도가 떨어지는 토양에서 저임금의 노동력으로 농사를 짓는 농장주들이 감당하기에는 너무도 강력한 압력이었다. 기계 산업의 승리가 다가오는 것에 환호하며 이를 밀어붙인 사람들은 농장주들에게 궁극적인 종속에 대해 경고했다.

인구조사 보고서에 기록된 꺾을 수 없는 힘의 정치가들에게 농장주 반대파는, 미합중국 정부 지배, 불리한 입법에 대한 자신들의 이익 보호, 그 영토에 대한 지배권, 국토 전체에 걸친 전국적 도망노예법의 집행과 같은 정치적 목표에 기울어진 거대하고 단단하며 자의식이 있는 경제적 연합이었다. 북부 정치가들의 입에서 '노예[에 기반한] 권력'보다 더 자주 오르내리는 문구는 없었다. 의회 글로브의 페이지에는 '노예 체제'와 그 제도가 국가 정부에 미치는 영향에 대한 언급이 가득했다. 그러나 이 노예 제도를 친숙한 지식으로 가득 채워 묘사하여 고전으로 남긴 것은 윌리엄 H. 수어드였다.

수어드는 경험을 통해 정당이 추상적인 논의를 하는 단순히 플라토닉한 모임이 아니라는 것을 알고 있었다. 그는 다음과 같이 말했다. '정당은 어떤 의미에서 주식회사와 같으며, 가장 많이 출자한 사람들이 그 회사의 행동과 경영을 직접 지휘한다. 민주당의 자본력에 압도적인 비율로 기여하는 노예주들은 필연적으로 당의 정책을 지시하고 규정한다. 불가피한 코커스 제도는 그들이 그것을 공정하고 정의로운 모습으로 보일 수 있게 해준다.' 수어드는 이어서, 불과 34만 7천 명으로 구성된 이 노예 소유주 계급은 델라웨어 강 유역에서 리오그란데 강 유역까지 퍼져 있으며, 그 지역의 거의 모든 부동산을 소유하고 있고, 모든 시민권과 정치적 권리를 거부당한 300만 명 이상의 다른 '사람들'을 소유하고 있으며, '표현의 자유, 언론의 자유, 투표함의 자유, 교육의 자유, 문학의 자유, 대중 집회의 자유를 억압하고 있다…… 노예 보유 계급은 각 노예 보유 주에서 통치 세력이 되어 상원 의원 62명 중 30명, 하원 의원 233명 중 90명, 아메리카 대통령 및 부통령 선거인단 295명 중 150명을 실질적으로 선출하고 있다.'

좀 더 구체적으로, 수어드는 대통령[뷰캐넌]이 '노예 소유 계급을 위해 전념하는 대변인'이라고 비난했다. 상원의 구성을 살펴본 그는 노예-소유 그룹이 모든 중요한 위원회를 장악하고 있다는 것을 발견했다. 하원을 들여다본 그는 그곳에서 확고한 자유의 보루를 발견하지 못했다. 사법부의 법복 입은 사람들에 대한 존경심도 없는 그에게 대법원도 비판을 피해가지 못했다. 아이러니한 표현으로 그는 이렇게 외쳤다. '개원 선언이 "신이여 미합중국과 이 명예로운 법원을 구원하소서"라는 기도로 마무리되는 것은 얼마나 적절한가…… 대법원은 대법원장과 8명의 대법관으로 구성된다. 그중 5명은 노예 주에서, 4명은 자유 주에서 임명되었다. 대법관이 임명될 때 대통령과 상원은 각자의 의견과 편견을 신중하게 고려했다. 노예 소유주의 헌법에 대한 해석에 따르면 그들 중 어느 누구도 정치의 건전성에서 부족함이 발견되지 않았으며, 자유 주에서 부름받은 사람들은 그 점에서 노예 보유 주에서 온 형제들보다 훨씬 더 두드

러졌다.'

그러고서 수어드는 중앙 정부의 공무원을 분석한 결과 우정청郵政廳, 재무부 및 기타 주요 부서에 고용된 수천 명의 공무원 중 '노예 소유자에게 충실하지 않은' 사람은 단 한 명도 없었다고 비난할 수 있었다. 엽관제 하에서 노예정slavocracy의 지배력은 연방 행정부의 모든 분야로 확대되었다. '세관과 공공 토지는 두 개의 황금 시냇물을 쏟아냈는데, 하나는 노예 소유 계급을 위한 표를 얻기 위해 선거로 흘러 들어갔고, 다른 하나는 공직의 자리로 보답받아야 할 사람들이 누릴 수 있도록 국고로 흘러 들어갔다.' 북부의 종교, 교육, 언론조차도 이 능수능란한 계급의 마법에 걸려 그들의 분노를 불러일으킬까봐 두려워했다.

노예정의 거대한 운영 구조를 설명한 후, 수어드는 '자유 노동'에 기반을 둔 반대 체제에 대한 그림을 동등한 힘으로 그려냈다. 그는 산업의 성장, 철도의 보급, 유럽 이민의 급증, 자유 농민의 서부 진출 등 북부의 경제 발전 과정을 조사하면서 '이 적대적인 체제'를 지속적으로 밀착시켜 국가를 하나로 엮어 나갔다. 그런 다음 그는 메인 주에서 캘리포니아 주에 이르기까지 보수적인 시민들을 놀라게 한 운명적인 말, 즉 '억누를 수 없는 갈등the irrepressible conflict'이라는 잔인하게 사실로 판명된 예언의 말을 내뱉었다.

그는, 이 냉혹한 충돌이 '우발적이고 불필요한, 이해관계가 있는 사람들, 혹은 광신적인 선동가들의 소행으로, 따라서 일시적인 것'이 아니라고 말했다. 결코 아니었다. '그것은 반대하는 세력과 지속되어온 세력 간의 억누를 수 없는 갈등이다.' 노예 소유주들에게 스스로 개혁할 것을 호소하며 평화를 추구했던 사람들의 희망은 폭풍 앞의 겨와 같았다. '여러분은 그 개혁을 얼마나 오랫동안 기다렸고, 그리고 얼마나 성공을 거두었는가? 어떤 유산 계급이 스스로 개혁한 적이 있는가? 옛 로마의 귀족이, 프랑스의 귀족이나 성직자들이 그랬는가? 아일랜드의 지주들? 영국의 지주 귀족? 노예 소유 계급은 그런 희망으로 당신을 현혹하려 하지도 않지 않은가? 탐욕스럽고, 오만하고, 도전적이지 않은가?' 타협을 위한 모든 시도는 '헛되고 일시적인' 것이었다. 따라서 미 합중국 국민 앞에는 단 하나의 최고의 임무, 즉 '헌법과 자유를 배신한 자들을 단 한 번의 결정적인 일격으로 영원히 혼란에 빠뜨리고 전복시킬' 임무가 남아 있었다. 곧 끔찍할 정도로 정확하게 성취될 이 예언의 기소장을 읽으면서, 수어드는 신중한 정치의 한계를 넘어섰고, 1860년에 공화당 후보로 지명될 자격이 있는 소수의 남성들의 명단에서 자신을 제외시켰다. 설명과 덧붙임으로 7의 말을 부드럽게 만들려는 열광적인 노력은 그의 비판자들을 달래지 못했다.

§

반대 진영의 유능한 해석가들에 의해 명백한 패턴으로 상징될 수 있는 억누를 수 없는 갈등을 감안할 때, 문제를 토론장에서 현장으로, 외교적인 타협에서 무력 사용으로 옮긴 것은 필연적이었다. 양 진영은 자신들의 계획에 순순히 굴복하고 자신들의 옳음을 확신했으며, 그 소망의 성취는 사건을 촉발하고 권력 분배에 영향을 미쳐 마침내 수어드가 예언한 비극으로 절정에 이르렀다. 예언적 통찰력보다는 역사적 지식을 바탕으로 활동한 민주당원들은 해밀턴 당이 선거에서 몇 번이나 패배했는지 기억하고, 휘그당이 산뜻한 웹스터-클레이 프로그램을 통해 나라를 차지할 수 없었던 것을 기억하고, 농장주 뒤에 모인 수많은 농부와 장인들의 지속적인 지지를 믿고, 투표용지 계산의 과학으로 간주되는 정치가 연방의 유지라는 것으로 제기된 권력 문제를 해결할 수 있다고 분명하게 상상했다.

이러한 의견은 멕시코 전쟁의 영웅인 윈필드 스콧 장군을 앞세운 휘그당이 민주당 후보인 뉴햄프셔의 프랭클린 피어스 장군에게 철저하게 패배한 1852년 대선 결과에서도 확인되었다. 대중의 심판은 거의 야만적이라고 할 수 있었는데, 피어스는 4개 주를 제외한 모든 주에서 승리하며 전체 선거인단 296명 중 254명을 차지했다. 노예제를 범죄로 규정하고 노예제 금지를 주장한 자유토지당Free Soil Party*은 300만여 표 중 15만 6천 표를 얻는 데 그쳐 이전 선거에서 얻은 것보다 낮은 득표로 잔물결밖에는 일으키지 못했다.

휘그당이 패배하고 자유토지당 지지층이 한 줌의 무시할 수 있는 비판 세력으로 줄어든 가운데, 의기양양한 민주당은 자신들의 입지가 안전하다는 확고한 믿음에 힘입어 행정부와 의회를 장악했다. 명확한 수입 관세와 친노예제 프로그램이라는 공약으로 압도적인 승리를 거둔 그들은 해밀턴 당이 사실상 노예제 폐지론자 무리만큼이나 무력한 존재라고 여겼다. 1856년 이어진 선거에서 그들은 다시 전국을 휩쓸었는데, 이번에는 펜실베이니아의 제임스 뷰캐넌을 후보로 내세웠다. 비록 그의 승리는 피어스만큼 대단한 것은 아니었지만, 민주당의 우위가 투표에서 깨질 수 없다는 확신을 주기에 충분했다.

이 8년간의 집권 기간 동안 민주당의 주도하에 일련의 사건들이 발생했고, 이는 국가에 대한 플랜테이션 세력의 이해관계를 확고히 하고 야당의 상대적 통합을 만들어냈다. 한 줄의 발전은 노예 지역의 무기한 연장을 의미했고, 다른 줄은 제조업 및 상업 분야에 대한 모든 정부 지원의 적극적인 철회를 의미했다. 새로운 노선의 첫 번째 증거는 피어스 취임 이듬해에 나왔다. 1854년, 의회는 미주리 타협을 과감히 폐기하고 30년 전에 채택된 약속에 의해 폐쇄되었던 루이지애나 매입지의 광활한 지역을 노예제에 개방했다. 곧바로 미주리 주의 노예제 지지자들은 캔자스로 몰려가 캔자스를 남부의 영향권으로 끌어들이기로 결심했다. 금지된 서부 정복에 만족하지 않은 노예제 찬성파는 쿠바와 니카라과를 점령하려 했고, 해외에 있는 세 명의 아메리카 대사는 아메리카가 스페인으로부터 쿠바를 무력으로 빼앗는 것이 정당하다고 선언하는

---

* 1848년부터 1854년까지 존속했던 아메리카의 정당이다. 마틴 밴 뷰런 전前 아메리카 대통령의 주도로 창당되었으며, 주로 뉴욕 일대에서 세력 기반을 형성했다. 휘그당과 민주당의 노예제 반대론자들을 중심으로 결성되었다. 자유토지당의 주요 정책은 서부 개척지에 대한 노예제 확산의 반대였으며, 노예로부터 해방된 자유민들이 자유롭게 토지를 영유하는 것이 도덕적으로나 경제적으로 노예제보다 더 나은 방법이라 주장했다. 자유토지당은 1854년에 공화당으로 흡수되었다.

'오스텐드 선언Ostned Manifesto'이라는 격렬한 선언을 전 세계에 발표했는데, 이는 워싱턴의 민주당 행정부에조차 부자연스럽게 느껴진 제국주의적 침략 행위였다.

미주리 타협 철회의 정점은 대법원이 아메리카 내 노예제 확대를 승인하고, 노예제를, 심지어 북부에서도, 강력히 보호한다는 두 가지 판결을 내림으로써였다. 1857년 3월에 선고된 드레드 스콧 사건에서 대법원장 테이니Taney는 미주리 타협은 처음부터 무효이며, 의회는 헌법에 따라 언제 어디서든 미합중국 영토에서 노예 제도를 금지할 권한이 없다고 선언했다. 플랜테이션 이해관계자들의 법적 승리에 이어 1859년 대법원은 도망노예법과 그것의 시행을 위한 모든 과감한 절차를 지지하는 또 다른 판결을 내렸다. 겁에 질린 노예제 폐지론자들에게 나라 전역에서 자유를 위헌으로 만드는 데는 한 걸음만 더 가면 되는 것처럼 보였다.

노예 제도를 위한 이 특별한 조치들은 북부의 경제적 이해관계에 훨씬 더 큰 영향을 미치는 다른 조치들과 함께 시행되었다. 1859년, 대서양 횡단 증기선 회사들에 대한 마지막 보조금 지급이 의회의 명령으로 중단되었다. 1857년, 관세가 다시 인하되면서 자유무역을 향한 아메리카의 분명한 움직임이 시작되었다. 이 조치를 지지하는 남부와 남서부 대표들은 거의 만장일치로 면직물에 대한 관세를 대폭 인하해서는 안 된다는 조건[남부의 주요 수출품인 면화 가격 안정과 연관된 문제로 관세 유지로 자신들의 농업 상품 가격을 안정시키려는 목적이었다]으로 뉴잉글랜드 의원들을 대거 끌어모았다. 반면에 중부와 서부는 관세 인하에 반대하는 의견이 다수를 차지하여 분열의 조짐이 보였다.

새로운 관세법이 발효된 직후 국가 전역에 산업 공황이 닥쳐 사업가와 자유 노동자들 사이에 고통이 확산되었다. 폭풍이 몰아치는 동안 민주당이 풀어준 지폐의 무정부 상태는 서부와 남부에서 와일드캣 은행wildcat bank의 지폐가 넘쳐나고 금융 기관이 사방에서 몰락하면서 5년 동안 인디애나에서만 51

곳이 파산하는 등 그 발병력이 극에 달했다. 해밀턴의 금융 체제를 되살릴 수 있다는 희망은 모두 묻혀버렸고, 건전한 화폐가 국가 번영에 필수적이라고 믿었던 사람들은 절망의 벼랑 끝으로 내몰렸다. 이러한 경제적 재앙에 더해 조급한 농민들이 타협을 통해 의회에서 통과시키는 데 성공한 홈스테드 법안에 대한 뷰캐넌의 거부권 행사는 국가의 영토를 자신의 유산으로 여기는 농민과 장인들의 분노를 샀다.

§

이 일련의 놀라운 사건 중에서, 이 투쟁을 장식한 법정에서의 두드러진 두 개의 사건, 즉 미주리 타협과 드레드 스콧 판결의 폐지는 특별히 음미해볼 만한 가치가 있다. 1854년 캔자스와 네브래스카라는 두 개의 새로운 서부 지역 조직과 관련하여 의회는 이들 지역이 연방에 가입할 때 각자의 헌법이 정하는 바에 따라 노예제 유무에 관계없이 가입할 수 있도록 규정했다. 이 지역들은 미주리 타협 선 북쪽에 위치해 있었기 때문에, 이 조항은 사실상 오랜 세월 동안 두 지역을 묶어왔던 엄숙한 이해관계를 제쳐두었다. 모든 의심을 해소하기 위해 의회는 1820년의 미주리 협약covenant이 영토 내 노예 제도에 대한 불간섭 원칙에 위배되므로 무효라고 명시적으로 선언했다.

이 프로그램의 저자는 일반적으로 일리노이 주 민주당 상원 의원이었던 스티븐 A. 더글러스이며, 그의 행동은 아메리카 대통령이 되고자 하는 그의 과도한 열망에서 기인한 것으로 알려져 있다. 더글러스가 [미주리 타협] 철회의 책임과 명예를 모두 자신이 떠안았다고 했지만, 서부의 광대한 지역으로 쳐들어가기를 열망하는 지역 노예 소유주들의 대변인인 미주리 주의 애치슨 상원 의원이 거기에 결정적 영향을 끼쳤다는 주장이 있다. 아메리카 정치의 특성상 후자의 견해에 타당성이 있다.

하지만, 그 요점은 중요하지 않다. 이 작전의 중요한 특징은 의회에서의 철회를 둘러싼 표결이었다. 상원에서는 남부 민주당 14명, 남부 휘그당 9명, 북부 민주당 14명이 법안에 찬성했고, 북부 민주당 4명, 북부 휘그당 6명, 자유당 2명, 남부 민주당 1명, 남부 휘그당 1명이 반대표를 던졌다. 요컨대, 상원에서 이 법안에 반대표를 던진 남부의 표는 2표에 불과했다. 하원에서 반대표를 던진 100표 중 노예 주에서 나온 표는 9표에 불과했고, 북부의 민주당 의원 42명은 소속 정당을 탈당하고 반대파에 합류했다. 어떤 관점에서든 분열은 불길했다. 철회는 북부 민주당 일부가 지지하는 거의 견고한 남부의 요구를 대변했으며, 이는 캘훈의 극단적인 요구에는 약간 미치지 못하는 농장주들의 승리로 이어졌다. 사실, 캔자스-네브래스카 법[미주리 타협을 무효화한 법]은 해당 지역에서 노예 제도를 인정하도록 주 정부에 절대적으로 강요하지는 않았지만, 해당 지역에서 노예 제도를 합법화하고 주민들이 궁극적인 문제를 스스로 결정할 수 있도록 허용했다.

　농장주들의 이해관계가 국가의 전체 영토를 확보하고 권력의 균형에서 그 비중을 영원히 확보하기 위해서는 단 한 번의 법적 조치가 더 필요했다. 그 단계는 의회가 헌법에 따라 어떤 영토에서도 노예제를 폐지하거나 금지할 권한이 없다고 선언하는 대법원의 결정이었다. 헌법을 그렇게 해석할 수 있다면, 의회가 이 법령의 효력을 취소하기 위해서는 판결을 뒤엎거나 헌법 수정안이 나와야 할 터였다. 대법원 판사는 종신직이고 신규 임명을 위해서는 상원의 승인이 필요했기 때문에, 헌법에 대한 신선한 해석이 나올 가능성은 희박했다. 반면에 수정안을 채택하기 위해서는 재적 주 4분의 3의 승인이 필요했기 때문에 그러한 방법으로 판결을 뒤엎는 것은 상상할 수 없었다. 탐나는 해석을 얻을 수 있다면 플랜테이션 주들은 영원히 안전할 것이다. 적어도 그 세대의 현명한 사람들은 그렇게 생각했다. 그러나 그 계산에서는 한 가지, 즉 혁명의 가능성이 간과되었다.

　우연이었든 의도적이었든 유명한 드레드 스콧 사건으로 1856년 대법원에 이 커다란 문제가 제출되었다. 스콧은 이론상으로는 미주리 타협이 아직 유효하고 그 지역에서 노예 제도가 금지되어 있던 시절에 주인에 의해 루이지애나 북부 지역으로 간 노예였다. 그곳에서 일정 기간 거주한 후, 그는 미주리 주로 돌아와 자유 지역에 있었다는 이유로 자신의 자유를 위해 소송을 제기했다. 그렇다면 그는 자유인이었을까, 아니면 노예였을까? 사건 전체가 이 간단한 질문으로 정리될 수 있었다.

대법원은 미주리 타협이나 미합중국 소유 영토에서 노예제를 폐지할 수 있는 의회의 권한에 대해 언급하지 않고도 몇 마디로 이 질문에 답할 수 있었을 것이다. 아주 쉽게, 판사들은 다음과 같이 말하면서 사건을 처리할 수 있었을 것이다. '루이지애나 상류 지역에서 스콧의 지위가 어떠했든 간에, 그는 노예의 땅으로 돌아간 뒤 예속된 신분으로 돌아갔고 지금은 노예이다.' 실제로 이 문제가 처음 제기되었을 때, 다수의 판사들은 나라를 뒤흔들고 있는 이 까다로운 문제를 논의하지 않고 이 문제를 결정해야 한다는 데 동의했다. 그러나 이 합의에 도달한 후 여러 가지 이유로 다수 의견이 바뀌었고, 결국 테이니 대법관은 미주리 타협으로 알려진 의회의 행위가 무효이며, 의회가 준주들 내의 노예 제도를 헌법에 의해 폐지할 수 없으므로 이 사건의 처리에 중요하지 않다는 의견을 제시했다. 따라서 테이니는 의회가 모든 영토에서 자유를 확립해야 한다는 기본 교리를 가진 젊은 공화당에 경악을 안겨주었고, 그는 분명하게 어떤 종류이든 모든 노예제 반대 선동가들을 무시했다.

남부의 정치가들은 이 문제가 이제 최종적인 권위를 가진 법령에 의해 해결되었다고 생각하면서 자국민들에게 이 땅의 최고 재판소에 대해 적절한 존중을 보여줄 것을 요청했고, 그것은 이 상황에서는 너무도 당연히 충성의 권고였다. 그러나 공화당원들은 지극히 당연한 반응으로 그 권고를 거부했다. 공화당의 영향력 아래 있던 북부의 입법부는 테이니 대법원장의 의견은 초법적인 성격이 강하며, 국민에 대해 구속력이 없는 독단적인 의견이라고 비난했다. 의회 안팎에서 민주당은, 마셜 대법원장이 국가 은행의 합헌성에 대해 법적으로 최고의 승인 도장을 찍어준 후에도 반대한 적이 있었다는 조롱을 받았다. 공화당 지도자들은 오래전 대법원이 헌법 분쟁의 최종 중재자 역할을 하는 척했던 유사한 사례에서 제퍼슨이 대법원을 공격했던 말을 인용해 그들에게 던졌다.

이 결정이 정치적 술책이라고 확신한 에이브러햄 링컨은 공화당원들이 스콧을 구금해 노예로 되돌리는 대법원의 판결은 받아들이겠지만, 노예제 자체에 대한 의회의 권한과 관련된 대법원의 의견은 솔직히 거부할 것이라고 말했다.* 이 생각을 자세히 설명하면서 그는 대통령과 의회는 법치주의자로서 테이니의 의견을 무시해야 하며, 법원의 판결에도 불구하고 준주들에서 노예제를 폐지해야 하며, 평화적인 방법, 즉 임명권의 효율적인 사용을 통한 법원의 재구성을 통해 의견을 뒤집어야 한다고 선언했다. 잭슨 민주주의가 해냈던 일이었다. 다시 할 수 있다.

드레드 스콧 사건에 대해 더 생각할수록 링컨의 분노는 더욱 뜨거워졌다. 마침내 그는 전쟁터에 서 있는 것처럼 이야기했다. '여러분 자신을 속박의 사슬에 익숙해지게 해 스스로 사슬을 채울 준비를 하라. 타인의 권리를 짓밟는 데 익숙한 여러분은 자신들의 자립의 창의성을 잃고 여러분 가운데 떠오르는 첫 번째 교활한 폭군에게 적합한 신민이 되었다. 만약 선거가 다음의 드레드 스콧 판결과 미래의 모든 결정이 국민에 의해 조용히 묵인될 것이라고 약속한다면, 여러분을 위해 준비되어 있는 것은 바로 역사의 가르침이라고 말씀드리겠다.'

이러한 견해를 넘어, 그의 당 동료들 중 일부는 대법원의 조치가 대통령과

---

* 1857년 대법원의 드레드 스콧 판결은 자유인이든 노예이든 아프리카계 미국인은 미국 시민이 될 수 없으며 연방 영토에서 노예제를 금지할 권한이 의회에 없다고 선언했다. 링컨은 오히려 스콧 사건에 대한 대법원의 판결을 수용하는 것과 노예제에 대한 의회의 권한에 관하여 대법원의 의견이 갖는 광범위한 함의 사이에 분명한 구분을 두었다. 링컨과 많은 공화당원들은 의회가 준주들 내의 노예제를 규제할 수 없다고 주장하는 대법원의 판결이 그 한계를 넘어 입법권을 침해했다고 믿었다. 당시 링컨은 자신과 다른 많은 사람들이 의회의 권한에 속해야 한다고 생각하는 노예 제도의 새로운 영토 확장이라는 논쟁적이고 분열을 초래하는 문제를 대법원이 결정적으로 해결할 수 있다는 생각에 원칙적으로 반대한다는 점을 강조했다.

일부 국회의원, 그리고 대법원의 친노예제 판사들이 준주들에 노예 제도를 영원히 고착화할 목적으로 마련한 정치적 음모라고 공개적으로 비난했다. 이 극단적인 논쟁은 단순한 사건에 그치지 않았다. 뷰캐넌은 드레드 스콧 사건에 대한 연방 대법원의 의견이 공개되기 며칠 전인 1857년 3월 4일 취임 연설에서 곧 있을 판결을 언급하며 다른 모든 선량한 시민들과 마찬가지로 '그것이 무엇이든 간에' 연방 대법원의 판결에 기꺼이 승복하겠다는 의사를 표명했다. 뉴욕의 공화당 지도자인 수어드 상원 의원에게 대통령의 선언은 순전히 조롱에 불과했다. 그는 상원에 제출한 기소문에서 뷰캐넌이 '미합중국 대법원에 접근했거나 접근당했으며', 그 재판소와 함께 캔자스 주민의 목에 노예제라는 맷돌을 걸려고 모의했고, 대법원의 판결이 어떻게 나올지 잘 알면서도 그 뜻을 따르겠다고 순순히 약속한 것이라고 주장했다.

당연히 이 기소는 엄청난 센세이션을 일으켜 수어드의 머리에 보수주의자들의 가장 격렬한 비난이 쏟아졌다. 그는 사방에서 증거가 전혀 없는 주장을 했다고 비난받았다. 실제로 그의 공격은 너무 성급하고 정당화되지 않은 것처럼 보였기 때문에 반세기 이상 동안 북부 역사가들조차도 그것을 비난하는 데 동의했다. 예를 들어 존 W. 버지스 교수는 1899년 미합중국 중기에 대한 글을 쓰면서 입수한 증거를 검토한 후 선언했다. '뷰캐넌과 테이니는 모두 최고의 인격과 공적 자질을 지닌 사람들이었고 그들이 차지하고 있는 커다란 영역의 요구 사항과 예의범절에 대해 가장 섬세한 감각을 가지고 있었다. 수어드의 고발은 근거 없는 의혹이라는 것이 거의 확실하다.' 제임스 포드 로즈는 나중에 수정된 그의 역사책 초판에서 뷰캐넌과 흠잡을 데 없는 테이니의 결탁은 불가능하다고 더욱 강조했다.

이 문제는 1910년 뷰캐넌 대통령의 문서가 출판되면서 진실의 일부가 밝혀질 때까지 잠잠했다. 그 기록 중에는 문제의 취임 연설이 있기 13일 전인 1857년 2월 19일자 캐트론 대법원 판사의 메모가 있었는데, 이 메모에서 판사는 뷰캐넌에게 미주리 경계선의 합헌 여부가 드레드 스콧 사건에서 곧 결정될 것이라고 알리고, 대통령 당선인에게, 그리어 판사 앞으로 '어떤 식으로든 대법원의 긍정적인 결정으로 동요를 해결하는 것이 얼마나 필요한지' 편지를 써달라고 요청했다. 뷰캐넌은 그 제안에 따라 그리어 판사에게 편지를 보냈는데, 그 편지는 분실된 것으로 보인다. 취임식 9일 전인 1857년 2월 23일자 그리어 판사의 답장은 뷰캐넌의 서신을 받았다는 사실을 확인하고, 드레드 스콧 사건의 간략한 역사를 설명하면서, 앞으로 있을 대법원의 판결에 대해 논의하고, 미주리 타협 선이 무효로 선언될 것이며, 3월 6일까지 그 의견을 제시할 것이라고 덧붙였다. 그런 다음 판사는 결론을 내렸다. '우리의 일반적인 관행과는 달리, 우리는 당신이 문제의 실제 상태를 솔직하고 자신감 있게 진술하는 것이 당연하다고 생각한다.' 따라서 수어드 상원 의원은 자신이 생각했던 것보다 더 강력한 기소 근거를 확보했던 셈이다.

뷰캐넌 문서가 발표된 후 잠시 동안은 드레드 스콧 판결이 미합중국 대통령과 일부 대법관들에 의해 조작된 것처럼 보였지만, 이후 폭로로 인해 이 사건은 또 다른 측면을 드러냈다. 몇 년 후 대법원의 매클린 판사가 소장하고 있던 일부 기록이 의회 도서관에 보관되면서 이 중요한 사건의 새로운 장이 열리게 되었다.

의심의 여지가 없는 증거에 의하면, 대다수의 판사들이 처음에 미주리 타협이라는 성가신 문제를 피하기로 결정했을 때, 매클린 판사는 공화당의 건전한 정치에 따라 준주들 내 노예제 폐지에 대한 의회의 권한을 유지하는 그루터기 연설stump speech의 성격을 지닌 반대 의견을 제출하겠다는 의사를 그들에게 통고한 것으로 보인다. 매클린 판사는 당대의 다른 많은 사람들과 마찬가지로 미합중국 대통령이 되고자 하는 야망에 사로잡혀 있었으며, 실제로 10년이 넘는 기간 동안 그 높은 자리에 오르기 위해 열심히 노력했다. 의심할 여지 없이 그는 1856년 공화당으로부터 대통령 후보 지명을 받기 위해 노력했고, 4년 후 시카고에서 유세 연설을 하기 위해 활동적인 대리인을 파견했다. 그리고 드레드 스콧 사건에서 그가 결국 제출한 반대 의견은 준주들에서 노예 제도를 배제할 수 있는 의회의 권한을 옹호함으로써, 사실상 그가 공화당 후보가 되기 위해 자신의 일꾼들이 사용할 수 있도록 승인한 바로 그 정치적 원칙을 제시했다.

따라서 어떤 대가를 치르더라도 자신의 견해를 공표해야 한다는 매클린 판사의 완강한 주장은 노예제 찬성 판사들이 미주리 타협의 유효성에 반대하도록 만든 주요 요인이었다. 그들은 또한 이 문제에 정면으로 맞서지 않으면 남부 출신 판사인 웨인이 반대 의견으로 노예제 찬성 판결을 발표할 것이라는 사실을 알고 있었기 때문에 이러한 결론에 도달하는 데 도움을 받았다. 따라서 두 정당의 야망과 열정은 실제로 나라를 뒤흔든 사법부의 의견에 대해 책임이 있다. 어쨌든 드레드 스콧 판결은 노예정slavocracy 측의 고의적인 음모는 아니었다.

§

1850년부터 1860년까지 10년 동안 연방 정부가 저지른 입법, 행정, 사법의 놀라운 통치 행위는 아메리카 전체의 정치 환경을 바꾸어 놓았다. 그들은 플랜테이션 그룹의 점진적 강화, 민주당에서의 지배적 위치, 경제적 이익을 실현하고 어떤 위험을 무릅쓰더라도 그들의 노동 시스템을 보호하겠다는 분명한 결의를 드러냈다. 일종의 운명처럼, 그들은 앤드루 잭슨과 함께 취임한 정치 군대의 마지막 패권을 표시하는 것처럼 보였다. 이 사건[앤드루 잭슨의 집권] 이후 링컨이 취임할 때까지 32년 동안 민주당은 24년 동안 대통령직과 상원을, 26년 동안 대법원을, 22년 동안 하원을 장악했다. 이 시기가 끝날 무렵 잭슨이 조직한 농민-노동자 정당은 플랜테이션 이권 세력의 지배를 받게 되었고, 북부의 농업계는 항복 또는 탈퇴라는 선택지에 직면하게 되었다.

이러한 권력 이동 과정에서 남부의 휘그당은 대중의 투표 성향을 파악하고 민주당 진영으로 꾸준히 이동했다. 부유하고 영향력 있는 플랜테이션 휘그당은 잭슨주의의 깃발 아래 모인 백인 농부들에 대한 애정이 거의 없었기 때문에, 비록 불가피하기는 했지만, 이동은 고통스러운 일이었다. 1850년 남부 신문의 추정에 따르면 휘그당은 아메리카 전체 노예의 4분의 3 이상을 소유하고 있었으며, 휘그당의 지도자들이 자신들이 구입하는 공산품에 대한 높은 관세를 싫어하는 것만큼이나 와일드캣 은행을 싫어한다는 것은 상식적인 문제였다. 실제로 구식 남부 신사에게 앤드루 존슨의 급진적 농업주의는 대니얼 웹스터가 고안한 관세 계획보다 더 끔찍했을 것이다. 그들 중 한 사람은 신사가 민주당원이 될 수 있느냐는 질문에 퉁명스러운 대답을 던졌다고 한다. '글쎄요, 그는 그렇게 되기 쉽지 않겠지만, 만약 그렇게 된다면 그는 나쁜 사람들과 함께 있는 겁니다.'

그러나 부유한 농장주들은 상대적으로 숫자가 적었고 미덕은 필요성의 법칙에 따랐다. 대중은 표를 가지고 있었고 북부의 제조업자들은 보호관세를 요구하고 노예제 폐지론자들은 선동을 일삼았기 때문에, 결국 남부 휘그당의 가장 보수적인 잔재를 제외한 모든 사람들이 잭슨의 위험한 교리를 고백하는 정당으로 넘어가야 했다. 1850년에서 1860년 사이의 업적은 그러한 감수를 정당화하는 것처럼 보였다.

억누를 수 없는 갈등으로 향하는 흐름은 꾸준하고 강했지만, 여러 사건에서 드러났듯이 이 시기의 정치는 외형적으로는 해체의 양상을 띠고 있었다. 노예제 폐지론자들과 자유주의자들은 앞서 살펴본 것처럼 소수에 불과했지만, 북부의 양당 정치인들을 우려하게 만들 수 있었다. 남부 동지들로부터 대부분 버림받은 휘그당은 조직이 미약했기 때문에 해밀턴과 웹스터의 노골적인 경제 정책으로 과반수 이상의 표를 모을 방법을 찾지 못했다. 1840년과 1848년의 두 차례 승리는 의심스러웠고, 투표에서 승리할 수 있는 유일한 희망은 다른 요소들과 연합하는 데 있었다.

이러한 당내 혼란에 시대의 지적, 종교적 동요는 골치 아픈 파벌 분쟁을 더했다. 몇몇 주에서 금주법을 제정할 정도로 강력한 절제temperament 요소는 전국적인 선거운동에서 정치인들을 불안하게 만들었다. 외국인, 교황권, 간통,

사회주의에 반대하는 더 강력한 파벌인 '아무것도 모르는 당'* 또는 '아메리카당'이 생겨났다. 정당과 우애조합의 기능을 결합한 이 단체는 공직 후보자를 지명하고 비밀 의식, 어두운 미스터리, 제재, 암호를 채택하여 그것에 수상한 활력을 불어넣었다. 회원들은 엄숙한 의식을 통해 '일상의 공포와 밤의 유령이 교황인 성조기의 최고 질서'에 입회했다. 그들의 원칙에 대해 물었을 때 그들은 신비스러운 대답을 했다. '나는 아무것도 모른다.' 뿌리 깊은 감정에 호소하는 이 운동은 많은 지역에서 힘을 발휘했지만, 더 중대한 이슈의 폭발적인 에너지에 의해 해체되었다.

§

1854년 미주리 타협을 철회하는 캔자스-네브래스카 법안이 통과됨으로써 당파 및 정당의 전반적인 재편 신호가 나타났다. 실제로 이 법안이 의회에 계류되어 있는 동안 북부 휘그당원들은 자신들의 옛 당이 빈사 상태에 처했다고 설득했고, 민주당원들은 플랜테이션 세력의 지배에 지쳐 있었으며, 노예제도를 준주들에서 배제하고자 하는 자유 농부들은 플랜테이션 세력의 진격에 저항하기 위해 힘을 모으기 시작했다. 그해 2월, 위스콘신 주 리폰에 모인 휘그당과 민주당원 일부는 법안이 통과되면 새로운 정당을 결성해야 한다고 결의했다.

예상되었던 사건이 발생하자, 리폰 반란군은 혼성 위원회를 만들고 신생 정치 단체의 명칭으로 '공화당Republican'이라는 이름을 선택했다. 7월, 동질적인 요소들로 구성된 미시건 대회는 캔자스-네브래스카 법의 폐지, 도망노예법

---

* Know Nothing. 19세기 중반 미국의 정치 운동으로, 특히 1850년대에 활발하게 활동했다. 공식적으로는 아메리카당으로 알려진 이 당은 강력한 반이민 및 반가톨릭 입장을 표방하는 것이 특징이었다. 이 당은 이민자, 특히 아일랜드와 독일 가톨릭 신자들이 아메리카 사회와 정치에 미치는 영향에 대해 우려하는 미국 인구의 특정 계층에 만연한 국수주의적 정서에서 비롯되었다.

폐지, 컬럼비아 특별구 내 노예제 폐지를 요구했다. 이 대회에서는 또한 '정치 경제 또는 행정 정책과 관련한' 모든 이견을 뒤로 미루고 노예제 연장 반대 투쟁이 끝날 때까지 '공화당'으로서 현장에 남기로 합의했다. 전국적으로 비슷한 회의가 소집되었고 새로운 전국 정당의 지역 세포가 생겨났다. 한편 평화와 번영을 원했던 옛 휘그당원들은 파도 위로 떠다니는 잔해를 찾아 떠돌아다녔다.

1856년 선거가 다가오자 공화당은 전국적인 선거전에 돌입할 준비를 마쳤다. 피츠버그에서 예비 회의를 마친 공화당은 필라델피아에서 전국 전당대회를 개최하고 대통령 후보로 서부 탐험가이자 신실한 잭슨주의 민주당원인 벤튼의 사위 존 C. 프레몬트를 지명했다. 이들은 강령에 준주들에서 노예 제도를 배제하는 것, 그리고 그에 따른 경제적, 정치적 영향을 최우선 과제로 삼았다. 강령은 매우 제한적이었기 때문에, 평범한 휘그당원에게는 아무런 혜택도 주지 않았고, 관세, 은행, 화폐 개혁도 제시하지 않았다. 오히려 그것은 노예 소유주가 아니며 그 계급에 들어갈 생각도 없는 제퍼슨주의의 농민들, 즉 노예 제도를 준주들에서 배제하고 연방 준주들을 자유 농민을 위한 영지로 만들겠다고 결심한 사람들에게 호소력을 발휘했다.

오해가 생기지 않도록, 그들은 선거운동 내내 연방당이나 휘그당을 부활시키려는 것이 아니라는 점을 분명히 했다. 그들은 그들이 자랑스러워하는 '공화당'이라는 이름이 제퍼슨이 전투에 시달리는 농민들을 위해 선택한 장치이며 그의 추종자들이 잭슨의 영향력 아래 떨어질 때까지 사용했다는 사실을 의식하고 있었다. 위스콘신 출신의 공화당 연설가 중 한 명은 1860년의 협의에서 '우리 연설장에는 이 나라 공화당의 진정한 대표자로 여겨져 온 제퍼슨의 원칙에 따르지 않는 것은 판자 하나도 없다'고 외쳤다. '제퍼슨은 1776년 대륙회의에서 공화당 대표였다. 1800년에는 당의 지도자이자 대표였고, 1812년에는 당의 진정한 대표였으며, 오늘날에도 그는 공화당의 진정한 대표이다. 우리는 그의 교리 위에 서 있으며 그의 원칙을 위해 싸울 것이다. 우리는 어떤 분파적 강령도 지지하지 않으며, 어떤 분파적 이슈도 제시하지 않는다. 우리는 이 정부를 장악하여 남부와 북부를 막론하고 전국을 위해 이 정부를 관리하고, 남부와 북부의 독점주의자들이 이 정부를 통제하고 소수 귀족의 이익을 받들기 위해 이 정부가 행동하지 못하도록 하기 위해 온 것이다.' 이 강령에 따라 동부의 금권정치와 남부의 플랜테이션 귀족정에 반대하는 사람들은 쉽게 단결할 수 있었다.

공화당의 도전에 대응하여 민주당은 노예제 찬성파의 거의 모든 요구를 수용했다. 1856년 강령에서 민주당은 보호관세 폐지, 국가 은행 추진 금지, 산업 보조금 폐지, 해밀턴식 기구 금지 등 고정된 농업 신조를 당연히 되풀이했다. 그런 다음 1850년 협상을 칭찬하고, 노예 제도를 제도적으로 승인하고, 미주리 타협의 폐기를 승인하고, 새로 연방에 가입할 주들은 각 주의 헌법에 따라 노예 제도를 포함하거나 포함시키지 않을 것을 제안했다. 그 대가로 북부는 펜실베이니아의 제임스 뷰캐넌이 대통령 후보로 지명되는 명예로운 보상을 받았다. 따라서 남부는 정강을, 북부는 후보를 얻었다.

앞에서는 민주당에 도전받고 왼쪽에서는 공화당에 위협받으면서, 노예제 선동으로 인한 번거로움을 싫어하고 단지 기업에 대한 정부의 지원만을 원했던 옛 휘그당원들은 매우 당황스러워했다. 그들은 민주당의 캔자스-네브래스카 법안 선물에 남부 형제들이 끌려가는 것을 보았지만 공화당 강령에서 제조업 보호 약속이나 통화 개혁 공약은 찾을 수 없었다. 겉으로 보기에 이 두 정치 단체와의 결합은 불가능했기 때문에 휘그당은 다시 혼자서 운명에 도전해보기로 결정했다. 볼티모어에서 열린 전당대회에서 그들은 '지역주의 정당들geographical parties'을 비난하고 헌법과 연방에 대한 경외심을 표명했으며, '차분하고 평화로운 기질로 저명한' 밀라드 필모어를 후보로 지명했다. 필모어는 이미 아메리카당, 즉 '아무것도 모르는 당'의 축복을 받았기 때문에 그의 지도력 아래 강력한 블록을 형성할 수 있을 것이라는 전망이 있었다.

1856년 가을에 개표가 이루어졌을 때, 대다수의 사람들이 모든 형태의 노예

제 반대 선동에 반대한다는 것이 분명해졌다. 뷰캐넌은 강력한 노예제 프로그램으로 안전한 차이로 당선되었고, 그와 필모어는 합쳐서 거의 300만 표[실제로는 약 270만 표]를 얻었으며, 프레몬트가 얻은 표[약 134만 표]는 그 절반도 안 되는 수치였다. 다시 말해, 개리슨이 25년 동안 일해 왔지만 2대 1이 넘는 표차로 노예제 반대라는 가장 온건한 강령조차도 전국에서 압도적으로 거부당했다. 그럼에도 불구하고 프레몬트의 득표 결과는 이전 선거에서 근소한 강세를 보였던 자유 경작자의 수가 엄청나게 증가하여 워싱턴의 정치 및 경제 권력의 영토를 차지하기 위한 싸움을 피할 수 없음을 눈에 띄게 보여주었다. 특히 휘그당이 다시 사업을 정상 궤도에 올리려면 새로운 세력 연합을 모색해야 한다는 것을 보여주었다.

그들에게는 다행히도, 선거 개표 결과에서 문제 해결의 실마리를 찾을 수 있었다. 필모어는 874,000표를 얻었는데, 프레몬트의 총 득표수에 더해지면 후보를 당선시킬 수 있는 숫자였다. 이러한 수치를 감안할 때, 1856년의 폭풍 이후 다음 대회에서 민주당을 축출할 방법을 찾기 위해 정신을 차린 정치 지도자들에게는 자유-토지 농부와 소심한 번영의 사도를 어떻게 통합할 것인가 하는 문제가 가장 큰 이슈가 되었다. 어느 쪽도 다른 쪽 없이는 승리할 수 없었고, 어느 쪽도 플랜테이션 귀족과 연합하는 것은 불가능했다. 분명한 것은 힘의 균형을 재조정하는 조정안과 올바른 후보가 휘그당과 자유-토지 공화당에 궁극적인 승리의 유일한 보장을 제공했다는 점이다.

§

1854년 웬델 필립스는 '정부는 완전히 노예 권력Slave Power의 손에 넘어갔다'고 썼다. '국가 정치에 관한 한 우리는 패배했고 희망이 없다. 우리는 1~2년 안에 쿠바를 얻고, 5년 안에 멕시코를 손에 넣게 될 것이며, 아마도 성공하지는 못하겠지만, 노예 무역을 부활시키려는 노력이 있을 것이라고 해도 놀라지 않을 것이다. 사건들은 놀라운 속도로 진행되고 있다. 우리는 여기서 빠르게 살아간다. 미래에는 브라질과 연합한 광대한 노예 제국이 서부 전체를 어둡게 할 것 같다. 내가 거짓 예언자이기를 바라지만, 하늘이 이렇게 어두웠던 적은 없었다.'

3년 후 뷰캐넌의 취임으로 낙담이 절망으로 바뀌었을 때, 필립스와 그의 동료들이 고안해낼 수 있었던 유일한 전략은 매사추세츠에서 노예제 폐지 대회를 개최하고 노예 주들과의 연방을 해체할 것을 요구하는 엄숙한 슬로건을 채택하는 것이었다. 그리고 우리가 이미 지적했듯이 그 후 몇 달 동안 빠르게 흘러간 사건들은 불굴의 플랜테이션 이해관계자들이 이끄는 민주당의 우위에 대한 필립스의 믿음을 확인하는 것처럼 보였다. 관세 인하 조정, 선박 보조금 철회, 준주들을 노예제에 개방한 드레드 스콧 판결과 같은 사건들이 그것이다.

그 와중에 갈등은 더욱 격렬해졌다. 보호무역 지지자들은 관세 개정에 따른 공황을 틈타 노동자들이 자유-무역 민주주의에 대한 충성심을 버리도록 자극적인 캠페인을 조직했다. 건전한 통화를 지지하는 사람들은 가치가 하락한 지폐와 전국 곳곳에 파괴를 퍼뜨리는 와일드캣 은행들에 항의했다. 폐지론자들은 그들의 공격을 계속했으며, 개리슨과 필립스는 비관적인 상황에도 불구하고 낮과 밤을 가리지 않고 활동을 멈추지 않았다. 미주리의 노예제 지지 세력은 강경한 결의를 가지고 캔자스를 노예제로 정복하려 했고, 북부의 폐지론자들은 동일하게 강한 결의로 캔자스를 자유를 위해 차지하려 하여, 이로 인해 나라가 피비린내 나는 사건과 보복으로 뒤흔들렸다. 찰스 섬너는 1856년 의회를 소란스럽게 한 강력한 연설 '캔자스에 대한 범죄'에서 고전적인 스타일로 작성되었지만 노예당에 대한 비난으로 가득 찬 연설을 통해 정부를 플랜테이션 이권으로부터 떼어내기 위해 노력하는 자유 경작자들에게 텍스트를 제공했다. 이 연설로 인한 대중의 흥분이 채 가라앉기도 전에 1858년 일리노이 주에서 열린 링컨과 더글러스 간의 일련의 토론에 전 국민의 관심이 쏠렸는데, 이 토론에서는 준주들에서 노예제를 배제하는 프로그램과 주민들이 스스로 이 문제를 결정하도록 하는 정착민-주권squatter sovereignty 제도가 명확하고 논리적인 형태로 제시되었다. 그러다가 1859년 캔자스에서 폭풍 같은 경력을 쌓은 존 브라운이 남부에서 노예 반란을 일으키려고 시도하면서 끔찍한 절정에 이르렀다. 그해 봄, 브라운은 노예제 반대 대회에 참석했다가 중얼거리며 돌아갔다. '이 사람들은 모두 말뿐이다. 우리에게 필요한 것은 행동, 즉 실천이다!' 그는 대담한 동지 몇 명을 모아 노예 반란을 일으키기 위해 하퍼스 페리 호를 급습했다. 비록 그의 노력은 실패로 돌아갔고, 그는 '버지니아의 반역자'라는 죄목으로 곧바로 처형되었지만, 이 폭력적인 행위는 아메리카 대륙 전역을 뒤흔들었다.

공화당은 이 사건을 단순한 광신도의 소행으로 치부하고 '가장 심각한 범죄 중 하나'라고 비난하려 했지만 헛수고였다. 링컨이 이 사건을 터무니없는 모험으로 최소화하려 했던 시도도 헛수고였고, 결국 브라운의 죽음 외에 주목할 만한 성과는 없었다. 이 사건은 경종처럼 온 나라에 울려 퍼졌고, 이미 인종 전쟁에 대한 공포와 도망노예법에 따른 노예 구금을 둘러싼 끊이지 않는 소요로 흥분한 국민들의 신경을 더욱 자극했으며, 때로는 위협적인 폭동의 형태로 나타나기도 했다.

나라의 혼란은 자연스럽게 의회에서도 날카로운 메아리로 울렸다. 캔자스를 차지하려는 노예당에 대한 뷰캐넌의 지원 정책과 자유를 위해 캔자스를 지키려는 자유-토지 지지자들의 조롱은 점점 더 격렬해지는 논쟁의 기회를 제공했다. 실제로 의회의 각 정파는 거의 서로에게 칼을 겨누고 있었고, 열띤 논쟁과 몸짓은 당시의 일상이 되었다.

1856년 섬너 상원 의원이 사우스캐롤라이나 주의 버틀러 상원 의원을 구두口頭로 격렬하게 공격하자, 같은 주의 의원이자 버틀러의 친척인 프레스턴 브룩스는 물리적인 힘으로 대응하여, 섬너를 붙잡고 육중한 지팡이로 피해자를 무자비하게 구타했다. 의자와 책상 사이에 끼인 섬너는 자신을 방어할 수 없었기 때문에, 엄밀히 말하면 기사도적 행동은 아니었지만, 존경하는 사우스캐롤라이나 주민들은 브룩스에게 성대한 연회를 베풀고 다음과 같은 문구가 새겨진 새 지팡이를 선물했다. '때려눕히기 논증을 사용하세요.' 상원 회의장 양쪽에서 외교의 모든 기술이 폐기되고 가장 비열한 인격 모독이라는 무기가 사용되었다. 더글러스는 섬너를 동료들에게 악담을 퍼붓는 위증자라고 불렀다. 매사추세츠 출신의 자랑스러운 상원 의원[찰스 섬너]은 온화한 문화를 소유하고 있다는 자부심으로, 더글러스를 상원을 불쾌한 냄새로 가득 채우는 '역겨운 모습으로 쪼그리고 앉아 있는 차마 이름조차 부를 수 없는 짐승'에 비유하며 맞받아쳤다.

하원의 상황은 더욱 심각했다. 의원들은 칼과 리볼버로 무장한 채 물리적 충돌 직전까지 가는 논쟁을 거듭했다. 펜실베이니아의 한 의원과 노스캐롤라이나의 한 의원은 평화를 지키기 위해 서약을 해야 했다. 1860년 봄에는 일리노이 주에서 친노예제 폭도들의 총에 형을 잃은 러브조이가 노예 소유주와 민주당원들을 무자비하게 공격하고, 끔찍한 분노로 주먹을 휘두르며 그들 편으로 진격하자 의회 전체가 혼란에 빠졌고, 유혈 사태를 막기 위해 경험 많은 지도자들의 모든 자원이 그 자리에 필요했을 정도로 큰 충돌이 발생했다. 제퍼슨 데이비스는 의원들이 공동의 복지를 위해 모인 사람들이라기보다는 호전적인 주들의 대리인에 가깝다고 과장 없이 외쳤는데, 이는 놀라울 정도로 정확한 예언적 확신에서 나온 발언이었다. 며칠이 지나지 않아, 오랫동안 격렬하게 진행되던 억누를 수 없는 갈등은 실제로 연단에서 전쟁터로, 유일한 논쟁은 칼뿐이고 항소를 인정하지 않는 유일한 대답은 죽음뿐인 법정으로 넘어가게 되었다.

§

한쪽에서 일어난 모든 충격적인 사건은 다른 한쪽의 세력을 더욱 공고히 할 뿐이었다. 1860년경에 이르러 플랜테이션 이해관계 세력의 지도자들은 그들의 경제적, 정치적 계획, 즉 격렬하게 반대하는 세력에 대한 최후통첩을 매우 상세하게 수립하고 이를 많은 공식 문서에 구체화했다. 경제적 요소들은 20년간의 논란을 통해 국가에 익숙해진 것이었다. 즉, 고율의 관세는 반대하고, 선박 보조금이나 국가 은행 및 통화 제도도 원하지 않았다. 요컨대, 기업 활동이 발전을 위해 필수적이라고 여기는 그 어떤 조치도 반대했다. 농장 경제의 이해관계자들 앞에 남은 문제는 자신들의 영향력을 공고히 하여 산업화가 진행되는 북부의 부와 인구 증가에 따른 해밀턴-웹스터 정책으로의 회귀를 막는 것이었으며, 이 문제 역시 같은 맥락에서 해결되어야 했다.

이러한 목적을 달성하기 위한 계획은 1860년 5월 24~25일 채택된 일련의 상원 결의안에서 남부의 유능한 대변인들에 의해 구체화되었다. 노예제는 헌법에 따라 모든 준주들에서 합법이며, 의회나 주 의회는 노예제를 폐지할 수 없다. 연방 정부는 노예 소유자뿐만 아니라 준주들 내 다른 형태의 재산 소유자를 보호할 의무가 있다. 어떤 주나 시민 조합이 다른 주의 내부 기관에 '정치적, 도덕적, 종교적 구실을 내세워 교란이나 전복을 목적으로' 간섭하는 것은 헌법에 위배되는 행위이다. 노예 제도에 대한 공개적이거나 은밀한 공격은 연방에 가입한 주들이 서로를 보호하고 방어하기로 한 엄숙한 서약에 위배되며, 준주의 주민들은 연방에 가입한 이후 노예 제도를 승인할지 여부를 결정할 수 있으며, 도망노예법의 엄격한 집행은 신의와 헌법의 원칙에 따라 요구된다.

간단히 말해서, 연방 정부는 기업을 위해 아무것도 하지 않는 반면, 플랜테이션 이해관계자들은 해밀턴-웹스터 프로그램의 재연에 대비해 충분한 정치력을 보장받아야 했다. 또한 플랜테이션 이해관계자들의 노동 체계는 비판받지 않아야 하며, 모든 도주 재산은 반환되어야 했다. 이를 어기는 모든 행위는 '헌법을 전복하는 행위'로 간주했다.

최후통첩의 의미를 오해해서는 안 된다. 그것은 대다수 국민에게 헌법에 따라 소수의 주주들에게 무조건 항복하라는 요구였다. 그것은 자본주의에 항복 외에는 아무것도 제시하지 않았고, 남부의 낡은 휘그당에게는 복종 외에는 아무엇도 제시하지 않았다. 마침내 ― 그리고 이것이 혁명적인 단계였다 ― 북부에서 잭슨 민주주의의 대부분을 형성한 농부와 장인들에게 플랜테이션 이해관계자들의 절대 주권을 인정할 것을 촉구했다. 국가에 쐐기를 박는 것 외에도 농장주들이 제시한 조건은 민주당 자체를 두 개의 파벌로 분열시켰다.

1860년 4월 찰스턴에서 민주당 전당대회가 소집된 직후, 이 근본적인 분열이 드러났다. 북부파는 농장주들의 일반적인 경제 프로그램은 전적으로 지지했지만, 당과 전국에서 농장주들의 주권을 보장하는 것은 절대적으로 거부했다. 준주들에서 노예제를 의무화하자는 남부 회원들의 제안을 거부하고 '모든 헌법 문제에 대해 대법원의 결정을 준수하겠다'고 제안했을 뿐이다. 드레드 스콧 사건으로 모든 준주들이 노예제에 개방되었기 때문에 이 제안은 충분히 관대해 보였지만, 비타협적인 플랜테이션 이해관계 대표들은 이 제안을 적절하다고 받아들이지 않았다. 수적으로 과반수인 북부 그룹을 이 전당대회에서 극복할 수 없었던 그들은, '단순한 이론'으로 마음의 연합을 깨지 말라는 동료들의 탄원을 무시하고 모든 논쟁을 최종 선언으로 반박하고서 위원회에서 철수했다. '당신들은 당신들의 길을 가라, 우리는 우리의 길을 가겠다.'

후보자들에 대한 투표를 진행한 후 3분의 2 득표 규칙에 따라 후보를 결정하지 못한 채, 찰스턴 대회의 나머지 당원들은 볼티모어에서 다시 모이기 위해 휴회했다. 다시 모였을 때 그들은 '정착민 주권squatter sovereignty'의 사도라고 불린 일리노이 주의 스티븐 더글러스를 후보로 지명했다. 그는 노예제를 준주에 도입할 준비가 되어 있었지만 민주당과 연방Union에서의 플랜테이션 이해관계자들의 무조건적인 우위를 보장하지는 않았다. 끝까지 독자 노선을 추구하기로 결심한 찰스턴 분리파는 더글러스파가 거부한 강령을 채택하고, 농장주 귀족정과 그 노동 제도의 확고한 옹호자인 켄터키의 존 C. 브레킨리지를 후보로 선택했다. 1856년 공화당이 북부 농민의 상당수를 빼앗아간 데 이어 더글러스가 또 다른 농민의 상당수를 빼앗아갔기 때문에 농민과 노예 소유주의 결합은 그렇게 단절되었다.

§

민주당이 혼란스러워하는 동안 공화당은 반대편의 다툼에 크게 기뻐하며 시카고에서 전당대회를 개최했는데, 이 전당대회에는 노예제 5개 주 대표를 제외한 지역 대표들이 모였다. 대의원들 사이에서는 4년 전 전당대회의 원동력이었던 노예제 확장에 반대하는 정신이 여전히 살아 있었지만, 예민한 주제에 대한 열정은 승리의 냄새를 맡고 새 텐트로 달려온 현실 정치인들의 신중함으로 인해 무력화되었다. 대회에 참석한 휘그당원들은 개리슨의 [노예] 구제 계획보다는 해밀턴의 프로그램에 애정을 가지고 있었다. 높은 보호관세를 옹호하는 사람들과 장인과 농부들을 위한 홈스테드법 계획을 지지하는 사람들이 이제 준주들 내 노예 제도에 열렬히 반대하는 사람들과 섞여 있었다. 그들이 추구하는 것의 실체에 마음을 고정시킨 신중파는 대회가 독립 선언 Declaration of Independence을 승인하는 것을 거의 막을 뻔했다. 그들은 노예 제도에 대한 애정이 없었고, 노예 제도의 확산이 워싱턴 정부에 대한 플랜테이션 이해관계 세력의 장악력을 강화하는 데 도움이 되었기 때문에 노예 제도를 제한하는 데 찬성했다. 그래서 공화당 전당대회는 준주들에 [노예제가 아닌] 자유, 농민을 위한 무상 농가, 보호관세, 태평양 철도 건설에 찬성한 것으로 기록되었다. 강령들이 낭독될 때, 특히 농가와 관세에 관한 대목이 나오면 환호성이 더욱 커지고 길어졌다. 적어도 속기 보고서의 증언은 그렇다.

이 원칙들의 선언은 힘을 합치는 데 적합했기 때문에 후보자는 세력을 분열시키지 않는 것이 필수적이었다. 보호무역 강령은 의심할 여지 없이 동부의 오래된 휘그당원들을 줄 세울 테지만, 국가 은행, 관세 및 기타 '흉물'이 여전히 경계하는 사람들을 두려워하게 만드는 잭슨 민주주의의 고향인 오하이오 밸리에 대해 부드러운 배려를 보여주어야 했다. 오하이오, 인디애나, 일리노이 없이 공화당 간부들은 승리를 기대할 수 없었고, 이들 주의 하위 카운티에는 '금권money power'이나 노예제 폐지 등 그 어떤 것도 좋아하지 않는 노예

벨트 출신 정착민들로 가득 차 있다는 것을 알고 있었다. 그런 상황에서 휘그당의 우상인 수어드는 노예제 문제에 대해 너무 급진적이고 게다가 '대형 재정high finance'과도 너무 밀접하게 연관되어 있어 후보에 적당한 사람이 아니었다. '수어드를 후보로 지명하지 않으면 어디서 돈을 구할 텐가?' 시카고에서 수어드의 충성스러운 지지자들이 던진 퉁명스러운 질문이었다. 적절한 질문이었지만 치명적인 질문은 아니었다.

이러한 여러 가지 문제를 고려할 때, 서부의 토양에 가까운 사람이 다소 까다로운 취향의 두툼한 지갑으로 뒷받침된 뉴욕의 변호사보다 시대의 요구 사항에 더 적합했다. 가능한 후보는 일리노이 주의 에이브러햄 링컨이었다. 켄터키에서 태어난 그는 남부 출신이었다. 가난한 개척자 부모의 아들로 독학으로 성장했고, 젊었을 때 밭과 숲에서 일했던 개척자였던 그는 오지의 유권자들에게 호소력을 발휘했다. 게다가 실무를 다루는 데 천재적인 재능을 보였던 그는 명석한 변호사이자 정치인으로서 전면에 나섰다. 더글러스와의 토론에서 그는 민주당의 최고 지도자 중 한 명과 맞설 수 있는 능력을 보여줬다. 관세, 은행, 화폐, 홈스테드 문제에서 그는 건전한 입장을 견지했다. 지역 철도 변호사였던 그는 사업가들 사이에서도 신망이 두터웠다.

노예제 문제에 대한 링컨의 태도는 단호했지만 보수적이었다. 그는 노예 제도를 싫어했고 솔직하게 그렇게 말했지만 노예제 폐지론자는 아니었고 노예 제도를 뿌리 뽑을 수 있는 방법은 없다고 생각했다. 오히려 그는 도망노예법을 시행하는 것을 선호했으며 컬럼비아 특별구에서 노예제 폐지를 촉구할 준비조차 되어 있지 않았다. '분열된 집안은 설 수 없다'는 그의 선언은 나라가 전부 자유주가 되든 전부 노예주가 되든 하나로 될 것이라는 주장에 의해 균형을 이루었다. 준주들을 자유에 헌납하는, 헌법보다 '더 높은 법'이 있다는 수어드의 급진적인 교리는 일리노이 주의 변호사로부터 칭찬이 아니라 반감을 샀다.

그럼에도 불구하고 링컨은 준주들에서 노예 제도를 허용해서는 안 된다는 확고하고 명확한 의견을 가지고 있었다. 이는 노예제 반대파의 최소한의 요구를 충족시키기 위해 필요했고, 부수적으로 플랜테이션 세력의 이해관계가 연방Union에서 우위를 확보하거나 실제로 동등한 권력 지분을 보유할 경우, 해밀턴주의 프로그램이 의회를 통과할 수 없다는 사실을 깨달은 북부의 휘그당원들을 기쁘게 했다. 링컨은 분명 시대가 요구한 인물이었다. 그가 물려받은 유산은 정확했고, 원칙은 확고했으며, 그의 성실성은 의심의 여지가 없었고, 연설가로서의 능력은 청중의 마음과 생각을 지배했다. 링컨은 시카고에 있는 친구들에게 수어드의 더 높은 법 교리를 지지하지는 않지만, 억누를 수 없는 갈등에 대해서는 수어드에 동의한다는 말을 보냈다. 다음 날 링컨은 만 명의 열렬한 지지자들의 환호 속에서 후보로 지명되었다.

휘그당의 상당수와 아무것도 모르는 당, 즉 아메리카당의 일부 파편들은 기존 이해관계의 재앙을 예견하고 아무런 정의定義도 없이 고상한 정서에 호소하여 하루하루 연명하려 노력했다. 그들은 입헌연합당Constitutional Unionists이라는 이름을 내걸고 자신들이 '남부의 지성과 존경심'을 대표하고 모든 곳에서 국가 이념을 사랑하는 사람들을 대표한다고 자부하면서 볼티모어에서 전당대회를 열고 테네시의 존 벨과 매사추세츠의 에드워드 에버렛을 대통령과 부통령 후보로 지명했다. 연단에서 그들은 동포들에게 모든 분열을 잊고 '국가의 헌법과 주들의 연합, 그리고 법의 집행을 지지'하라고 권유했다. 웹스터와 클레이를 알고 사랑했던 사람들, 유혈 사태와 혁명으로 끝날 것 같은 동요 앞에 공포로 움츠러들었던 노인들이 급변하는 세상의 변덕에 맞서 현상 유지를 호소하는 서곡이었다.

§

대선 출마를 위해 네 명의 후보가 네 가지 정책으로 치열한 선거운동을 펼쳤다. 막대한 선거 자금이 모금되고 지출되었다. 공화당은 일반적인 교육 전략 외에도 해리슨 장군 시절의 통나무집 유세를 돋보이게 했던 퍼레이드와 기타 화려한 볼거리를 활용했다. 링컨은 티피카누의 영웅[9대 대통령 윌리엄 헨리 해리슨]의 신중함을 본받아 스프링필드에서 그의 지지자들이 그를 위해 전투를 벌이는 동안 신중하게 침묵을 지켰고, 다양한 이해관계자들의 요구 사항에 따라 자연스럽게 연설의 강도를 조절했다. 그들은 필라델피아의 한 공화당 신문이 말한 것처럼 '프레몬트는 노예제를 이슈로 내걸고 출마했다가 패배했다'는 사실을 충분히 의식하고 있었다. 그래서 그들은 여러 부문에서 그것을 강조하면서 호소력을 넓혔다.

서부에서는 무상 농가homesteads와 태평양 철도를 특히 강조했다. 경쟁력 있는 전략에 대한 날카로운 안목으로, 칼 슈어츠[*]는 미주리 주에서 선거운동을 진행하면서 '노동하는 사람이 자신의 노동으로 토지에서 재산을 취득할 권리'를 부정하는 노예 제도의 행위에 대해 설득력 있게 항의하고, 아메리카 시민이 되겠다고 선언한 외국인에게 무상 토지를 개방해야 한다는 논리로 독일인의 투표를 특별히 호소했다. 호레이스 그릴리는 홈스테드 문제가 '서부의 가장 큰 이슈'라는 사실을 발견하고 이를 이용해 동부 지역에서 표를 얻었다. 농부들과 노동 개혁가들은 '당신의 농장을 위해 투표하라'는 슬로건을 다시 내걸었다.

펜실베이니아와 뉴저지에서는 철과 철강에 대한 보호가 큰 논의 주제였다. 펜실베이니아의 공화당 주지사 후보였던 커틴은 비준 연설에서 노예제 폐지에 대해 한마디도 언급하지 않고 '아들들이 노동과 소중한 이익을 보호받기를 갈망하는 펜실베이니아의 광활한 심장'에 대한 감정을 담아 연설했다. 그는

---

* Carl Schurz(1829~1906)는 독일 태생의 미합중국 정치인, 외교관, 장군, 언론인으로, 19세기 미국에서 중요한 진보적 목소리를 냈다. 그는 1848년 독일 혁명에 참여했다가 실패하자 아메리카로 이주했으며, 남북전쟁 때 북군의 장군으로 복무했다. 이후 공화당에 입당한 그는 상원 의원(미주리 주)으로 활동하며 반노예제, 시민권, 그리고 공공 부패 척결 운동에 앞장섰다. 특히, 아메리카 원주민 권리 옹호와 공공 서비스 개혁에 힘쓴 개혁가로 서도 유명하다. 슈어츠는 자신의 정치적 원칙에 따라 공화당을 떠나기도 하였으며, 미합중국 내 독일계 이민자들에게 큰 영향을 끼친 인물로 평가받는다.

자신의 주제에 맞춰 이렇게 외쳤다. '이 대회는 노동의 보호와 권리에 관한 대회이다…… 광대하고 위대해지기를 원한다면 필라델피아의 제조업체를 보호해야 한다…… 자유를 위하여! 자유 만세! 백인에게 자유를! 우리가 숨 쉬는 공기처럼 모든 자유 만세!' 커틴의 마음을 따라, 〈필라델피아 아메리칸 앤드 가제트〉의 편집자는 마지막으로 캔버스를 살펴보면서 '노예 문제의 어떤 부분적인 측면'이 [유권자의] 선택을 좌우한다는 생각을 거부하고 큰 문제는 산업 보호, '정부에서 수행하는 경제, 공공 토지에 정착민을 위한 농가, 공공 지출의 축소와 신뢰, 강과 항구에 대한 세출 책정, 태평양 철도, 캔자스의 연방 가입, 정부의 급진적 개혁'이라고 선언했다.

수어드는 실용적인 문제에 대한 깊은 이해를 바탕으로 북부와 서부 전역에 걸쳐 표준을 제시했다. 웹스터의 태평양 상업 확장 정책을 잘 알고 있었고, '정해진 운명Manifest Destiny'의 정치적 호소력을 잘 알고 있었던 그는 아메리카 제국의 미래를 선포하며 청중에게 조만간 아메리카의 전초기지가 북서쪽 해안을 따라 북극해로 밀려나갈 것이며, 캐나다는 영광스러운 연방으로 통합될 것이라고 확신시켰다, 우리의 너그러운 영향력 아래 재편된 라틴아메리카 공화국들이 이 장엄한 연합confederation의 일부가 될 것이며, 고대 아즈테크의 대도시 멕시코시티가 결국 미합중국의 수도가 될 것이며, 아메리카와 러시아가 오랜 우정을 깨고 극동 지역, 즉 '문명이 처음 시작된 지역'에서 맞붙게 될 것이라고 확신했다. 이 모든 것이 링컨의 당선과 공화당의 승리에 관여했다. 웹스터와 쿠싱과 페리는 헛되지 않았다.

링컨에 맞선 세 후보는 가능한 모든 곳에서 득표에 성공했다. 더글러스는 평소와 같은 활력으로 거의 모든 주에서 군중을 향해 연설을 했다. 브레킨리지 진영의 연설가들은 그들의 극단적인 견해가 어디에서나 타당하다고 믿고 북부로 침공했다. 벨의 옹호자들은 과거로부터의 모든 현명하지 못한 이탈에 내재된 위험과 구역별 싸움의 위험에 대해 품위 있고 따뜻하게 연설했다. 투표가 끝나고 개표가 진행되자 노예제 폐지 선동의 적들이 압도적 다수로 아메리카를 장악했다는 사실이 밝혀졌다. 그들의 총 득표수는 링컨보다 1백만 표나 앞섰다. 벨의 추종자 60만 명을 넣지 않더라도, 두 민주당 진영의 득표수만 해도 링컨의 총 득표수보다 많았다. 그러나 선거운동의 분열과 소란 속에서 링컨은 대통령으로 당선되었다. 그는 소수파의 ― 정파적으로 소수파의 ― 선택이었지만 헌법에 따라 워싱턴에서 왕좌를 차지할 자격을 얻었다.

§

방금 말한 것에서 억누를 수 없는 갈등을 일으킨 세력은 본질적으로 매우 복잡했지만 역사가들에 의해 그 중대한 투쟁이 너무 자주 단순한 용어로 축소되어 전통적인 논문의 재검토가 현대의 과제 중 하나가 되었다는 것은 분명히 해야 한다. 북부 작가들의 입장에서는 노예 제도가 남북전쟁의 원인이라고 선언하는 것이 오랫동안 유행이었다. 예를 들어 제임스 포드 로즈가 취한 입장은 그의 기념비적인 작업의 출발점이었다.

이 주장이 개괄적인 의미에서 옳다고 가정하면, '노예제'가 단순하고 고립된 현상이 아니었다는 것은 피상적인 조사에서도 쉽게 관찰할 수 있다. 그것은 그 자체로 복잡하고 경제 전반에 걸쳐 연결고리filament를 가지고 있었으며, 노동 시스템, 플랜테이션의 기초, 남부 귀족의 기초였다. 그 귀족은 경제 운영의 특성상 자본주의에 반대하는 공공 정책에 의지하고 연방 정부를 지배하려고 노력했으며, 농업에 종사하는 자유 농민들의 도움으로 마침내 연방 정부를 지배했다. 이러한 정치적 정복 과정에서 연방 정부의 보호와 보조를 받으려는 상공업의 모든 계획은 무산되었다. 윤리적 문제로서의 노예 제도가 떠나고 부의 분배를 둘러싼 투쟁인 경제학이 시작되는 지점을 식별하는 데는 유한한 안목 이상의 것이 필요했다.

반면에 패배에 낙담하고 잔인한 사실에 대한 부정적 판단에 직면해야만 했던 남부 학파의 초기 역사가들은 경제나 흑인 노예화보다 더 고귀한 '주들의 권리'를 남부연합이 싸우고 피를 흘린 이슈로 만들었다. 노예 제도와 마찬가지로 주도 조금 자세히 들여다보기 전까지는 단순해 보인다. 주란 무엇인가? 기본적으로 그것은 추구자에게, 이익이 되거나 어떤 경우에도 해를 끼치지 않는 것으로 여겨지는 것을 찾으려는 다수 또는 단순히 복수의 사람들이다. 그리고 권리란 무엇인가? 실체도 형식도 없는 추상적이고 형태도 없는 도덕적 가치일까? 미합중국 중기의 경제 문제를 둘러싼 당파적 논쟁은 단호한 부정으로 대답한다. 만약 남부의 농장주들이 북부의 상공업에 관세, 포상금, 보조금, 특혜를 부여하는 것으로 만족했다면, 그들이 자신들의 가장 오만한 주권 선언을 했을 때 괴롭힘을 당했을 가능성은 없었을 것이다.

그러나 그들의 이론과 행동에는 정치적 수사학보다 더 깊은 이해관계가 얽혀 있었다. 그들은 가증스러운 관세에 저항하면서 먼저 국가에서 탈퇴하겠다고 위협했고, 30년 후 실제로 탈퇴했을 때는 관세 및 무상 농가 homestead 당의 승리에 대한 대응이었고, 그 정당이 제안한 것은 노예제를 비롯한 어떠한 위험한 내용을 포함한 것도 아니라 단지 준주에서의 노예제 배제뿐이었다. 해밀턴의 경제 체제에 대한 반대가 어디에서 멈추고 국가의 권리에 대한 애정이 시작되었는지를 식별하는 데는 유한한 안목 이상의 것이 필요했다. 다양한 의견에 휩싸인 현대 독자들은 몇 가지 부인할 수 없는 현실을 살펴봐야만 방향을 잡을 수 있다.

§

분쟁에 대한 북부의 대중적인 견해와 관련하여, 오랜 폭풍이 몰아치는 기간 동안 개리슨의 [노예제] 폐지 신조가 북부에서 일급 정치 이슈의 위엄으로 떠오른 적이 없었다는 완고한 사실이 있다. 당시의 우뚝 솟은 정치가들의 경멸 아래 선동가들 외에는 누구도 감히 그것을 옹호하지 못했다. 그 어떤 거대한 정치 조직도 이 신조를 가볍게 지지하지조차 않았다.

노예제 폐지론자들이 노예 해방을 위해 1844년 선거에서 자유당을 창당했을 때, 앞서 언급했듯이 유권자들은 '남성의 정치적 권리에서의 평등 회복'을 요구하는 그들의 호소에 아메리카 국민의 굽히지 않는 반대를 보여주는 방식으로 응답했다. 선거에서 250만 개가 넘는 투표용지 중 자유당 후보에게 유리하게 기록된 투표용지는 6만 5천 장에 불과했다. 이것이 바로 노예제 폐지 요구에 대한 아메리카의 대답이었으며, 노예제 폐지 정책 지지자들은 다시는 그런 급진적인 공약을 내세워 유권자들에게 호소하려는 엄두를 내지 못했다.

그 당시와 무력 충돌 기간에 조직된 어떤 정당도 준주들에서 노예 제도를 배제할 것을 요구하는 것 이상을 시도하지 않았고, 민주당이 미주리 타협을 폐기하고 서부 전역으로 노예제를 확대하겠다고 위협하기 전까지는 어떤 정당도 이 문제에 대해 투표에서 한 줌의 표밖에는 얻지 못했다. 1848년 자유-토지 정강을 들고 출마한 밴 뷰런[1848년 선거에서는 자유토지당Free Soil Party 후보로 출마했다]이 거의 30만 표를 얻은 것은 사실이지만, 4년 후 비슷한 공약을 내세운 후임자가 미미한 득표율로 낙선한 것을 보면 그것은 개인적인 영향력이었던 것으로 보인다.

1856년 선거에서 공화당도 미주리 협약을 파기한 반역 행위에 대해 강하게 반발했지만, 노예제 지역 제한이라는 대의에 유권자의 3분의 1을 조금 넘는 지지를 얻는 데 그쳤다. 4년이 더 지난 후 무상 정착민과 고관세 정당으로 변신한 공화당은 준주들의 자유만을 공약으로 내걸어 반대파의 득표수보다 100만 표나 적은 표를 얻었지만, 분열된 민심을 등에 업고 집권했다. 이것이 소요가 시작되었을 때부터 섬터에서 대포가 발사되어 혁명이 시작될 때까지의 반노예제 선동에 대한 국가의 반응이었다.

더욱이 미합중국 중기의 책임감 있는 정치인 중 단 한 명도 독립적인 정치적 행동으로 즉각적이고 무조건적으로 노예제 폐지를 달성해야 한다는 교리에 전념하지 않았다. 잭슨주의 민주당에 의해 대통령직에서 축출되었지만 매사추세츠 주 하원 의원으로 워싱턴에 돌아온 존 퀸시 애덤스는 노예제 폐지를 위해 즉각적으로 노력하는 것이 모든 자유 아메리카인의 의무라고 선언했고, 기이한 예지력으로 그 매듭이 [풀리지 않고] 칼로 잘릴 수 있음을 예견했다. 그러나 기민한 당 지도자들은 애덤스를 어리석고 비통함에 사로잡힌 노인으로, 그의 예언을 위험한 망상으로 간주했다.

워싱턴에서 농장주들의 철권통치를 느낀 현실적인 정치인들, 즉 노예 제도가 전체 경제 질서와 얼마나 깊이 얽혀 있는지 파악한 정치인들은 이성에 호소하거나 상식적인 범위 내에서 즉각적이고 무조건적인 노예제 폐지를 실현할 수 있는 확실한 방법을 찾지 못했다. 링컨은 노예 소유주들에게 공화당원 중 누구도 그들을 방해하려는 시도를 발견한 적이 없다고 강조했다. '우리는 노예 제도가 존재하는 주에서 노예 제도를 간섭해서는 안 된다. 헌법이 그것을 금지하고 있고 일반 복지가 우리에게 그렇게 할 것을 요구하지 않기 때문이다.'

따라서 노예제 폐지는 어떤 거대 정당의 정강에도 나타나지 않았고, 그 문제에 대해 유권자들에게 했던 유일한 호소는 경멸적으로 배척되었고, 공화당의 대변자가 자신의 당이 어떤 방식이나 형태로든 개별 주의 노예제를 방해할 의도가 없다고 단호하게 선언했기 때문에, 노예 제도는 섬터 요새 포격 이전 시대에는 근본적인 문제가 아니었다고 가정하는 것이 합리적으로 보인다.

§

남부 작가들이 선호했던 것처럼, 주의 권리와 헌법의 엄격한 구성에 대한 부드럽고 일관된 존중이 오랫동안 국가를 분열시킨 분쟁의 주요 요소였다는 것도 진실이라고 말할 수 없다. 기록에 따르면, 공화국의 건국부터 모든 정파는 힘의 균형이 바뀌는 시점에 그때그때의 욕구에 따라 높은 민족주의 또는 낮은 지방주의를 지지했다. 뉴잉글랜드는 1812년 전쟁으로 상업이 타격을 입었을 때 연방 법을 무효화했지만, 1833년 사우스캐롤라이나가 관세법을 무효화하려 하자, 자유와 연합은 현재와 미래에 분리할 수 없는 하나라고 단호하게 주장했다. 얼마 지나지 않아 매사추세츠 주 의회는 남서부의 지나친 힘을 두려워하여 텍사스 합병에 강력히 항의하고 '그러한 승인 행동은 매사추세츠 주민들에게 어떠한 구속력도 갖지 않을 것'이라고 결의안을 냈다.

노예제 지지자들은 관세와 은행 조치가 논의될 때마다 헌법을 엄격하고 좁게 해석해야 한다고 주장했지만, 도망친 노예의 신속하고 효율적인 귀환을 규정하는 법안이 상정될 때는 그런 어설픈 개념은 통용되지 않았다. 사우스캐롤라이나가 관세 징수에 종사하는 연방 공무원들에게 무기를 들고 저항할 준비를 한 지 20년도 채 되지 않아, 노예 제도와 주 정부의 권리를 옹호하는 사람들은 수정헌법 제10조에 규정된 소중한 제한을 위반한 도망노예법, 즉 주인이 도망친 재산을 되찾는 데 중앙 정부의 모든 권한을 사용하도록 규정하고 있는 법을 박수로 환영하면서 피부색에 관계 없이 자유인이라고 주장되는 노예에게 배심 재판을 받거나 자신을 위해 증언할 권리조차 부정했다. 다시 말해, 북부 지역사회 어디에서든 노예가 발견될 수 있는 곳이면 어디든 연방 당국의 엔진을 사용해 노예를 잡아들이고, 의회가 이중 해석을 인정하지 않는 언어로 명확하고 구체적으로 부과한 자유의 기본적 보호 장치를 완전히 무시하는 것이 '합헌'이었다.

바로 이 개인의 자유 문제와 관련해, 주 정부의 권리에 대한 역사적 입장이 다시 뒤집혔다. 위스콘신은 관세에 대한 사우스캐롤라이나 주의 사례에 따라 도망노예법이 위스콘신 주의 권리를 침해하고 헌법을 위반하는 것이라며 저항했다. 이 행동에 놀란 대법원장 테이니는 존 마셜의 마음을 흐뭇하게 했을 고도의 민족주의를 표방하는 사법적 결정을 통해 반항하는 위스콘신 주에 헌법과 그에 따라 제정된 법률은 절대적이며, 도망노예법은 헌법에 의해 완전히 승인되었고, 대법원은 주와 아메리카의 각종 권한을 둘러싼 모든 논쟁에서 최종 중재자라는 사실을 알렸다. '우리의 복잡한 정부 체계에서 그러한 중재자가 제공되지 않았다면 내부의 평온을 유지할 수 없었을 것이며, 그러한 논쟁을 물리적 힘의 중재에 맡긴다면 우리의 주 정부와 연방 정부는 더 이상 법의 정부가 아니며 무력에 의한 혁명이 정의의 법정과 사법적 결정을 대신하게 될 것이다.' 여기에는 연방 정부의 헌법 위반에 대해 주 정부가 스스로 판단할 권리가 없으며, 연방 법은 모든 곳에서 구속력을 가지며, 연방 정부의 한 기관인 대법원이 최종 판단을 내린다.

그러면 위스콘신 주는 어떤 언어로 답변했을까? 위스콘신 주 의회는 엄숙한 결의를 통해 해당 사건에 대한 아메리카 대법원의 판결이 헌법에 정면으로 위배된다고 선언했다. 켄터키 무효화 교리의 본질적인 원칙은 건전하다고 맹세했다. 그런 다음 반란의 논조로 마감되었다. '여러 주들…… 주권적이고 독립적인 주들은 [헌법의] 위반을 판단할 의심할 여지가 없는 권리를 가지고 있으며, 그 헌법의 색채에 따라 행해졌거나 행해지려고 시도된 모든 승인되지 않은 행위에 대한 주권자들의 적극적인 저항은 정당한 구제책이다.'

그것은 1859년이었다. 2년 안에 이 결의안에 찬성표를 던지고 채택을 환호했던 남성들은 남부의 전장에서 연방의 우월성과 국가의 주권을 입증하기 위해 무리를 지어 행진했다. 그 운명적인 순간에, 대법원이 주와 중앙 정부 간의 분쟁에서 최종 중재자라는 테이니의 선언에 박수를 보냈던 남부 정치인들은, 주 스스로가 중재자라는 엄숙한 결론에 도달했다. 그러한 말과 사건은 사실이기 때문에 역사의 법정에서는 단 하나의 판결, 즉 헌법의 본질을 존중하는 주요 전제와 뛰어난 웅변으로 논리적으로 도출된 추론은 논쟁 당사자들의 마음과 정신 깊숙이 자리 잡은 이해관계, 욕망, 열정에 비하면 거대한 분쟁의 사소한 요소에 불과하다는 판결을 내릴 수 있다.

§

실제로 정반대의 견해를 가진 명예로운 사람들이 헌법에서 각자에 대한 정당성을 발견했다. 극단적인 노예제 폐지론자들을 제외한 모든 정당과 모든 개인은 국가적 언약과 그 틀을 만든 영감 넘쳤던 사람들의 원칙과 기억에 대한 헌신을 한결같이 외치며 항의했다. 성서가 때때로 반대 방향으로 여행하는 신학자들의 길잡이가 되었던 것처럼, 헌법은 중세 시대의 쟁점에 대해 완전히 다른 생각을 가진 정치가들의 길을 비추는 등대였다. 캘훈은 헌법을 원칙의 순수성 그대로 유지하는 것이 자신의 최우선 목표라고 거듭 선언했다. '정부가 1789년에 운영을 시작한 곳으로 되돌려 놓는 것······ 헌법을 제정한 사람들이 의도한 대로 주권 공화주의에 입각해 신선한 출발, 새로운 착수를 하는 것이다.'

이것은 캘훈 학교의 영원한 후렴구였다. 은행, 해운에 대한 보조금, 산업 보호, 공공 지원을 통한 기업 장려 등은 모두 헌법과 헌법 제정자들의 의도에서 벗어난 것으로, 모두 이 땅의 근본적인 계약에 위배되는 것이었다. 이 주장은 민주당의 의회 연설, 당 강령, 정치인들의 공식 발언을 통해 울려 퍼졌다. '제퍼슨이 독립선언서에서 구체화하고 헌법에 의해 승인된 자유주의 원칙은······ 민주당 신앙의 기본 원칙이 되어 왔다.' 1840년 이후 모든 당선자들의 연설에서 특징적으로 나타나는 선언이었다. '헌법은 적법한 절차에 의한 주 정부의 평화적 탈퇴를 보장한다.' 제퍼슨 데이비스가 혁명의 깃발을 들었다고 그를 기소한 사람들에게 한 대답이다. 민주당이 집권한 동안 민주당이 한 모든 일은 합헌이었고, 마침내 헌법은 최고의 은총의 행위로 스스로를 파괴하고 연방을 해산하는 것을 승인했다.

휘그당과 이후 공화당이 추진한 법안이 위헌이라는 주장은 이러한 추론의 연장선상에서 나온 것이었다. 실제로 캘훈은 1839년의 위대한 연설에서 해밀턴과 그의 학파가 행한 모든 일이 헌법에 위배된다는 것을 보여주는 데 많은 시간을 할애했다. 정당의 성명서는 이 점에 대한 정당 정치가들의 선언을 되풀이했다. 민주당은 1840년 강령에서 '헌법은 일반 정부 부문general government에······ 내부 개선의 일반 체계를 수행할 권한을 부여하지 않는다······ 헌법은 연방 정부에 직접 또는 간접적으로 여러 주의 채무를 인수할 권한을 부여하지 않는다······ 의회는 국가 은행을 설립할 권한이 없다······ 의회는 헌법에 따라 여러 주의 국내 기관을 간섭하거나 통제할 권한이 없다.' 이 선언은 거의 동일한 형태로 4년마다 반복되었다. 대법원이 드레드 스콧 사건에서 의회가 준주들 내 노예 제도를 금지할 수 없다고 판결한 후, 민주당은 '모든 선량한 시민이 이 원칙을 준수하고 일반 정부 부문의 모든 부처가 신속하고 충실하게 집행해야 한다'고 덧붙였다.

민주당이 원하는 모든 것이 헌법에 의해 승인된 반면, 민주당이 반대하는 모든 것은 유서 깊은 헌법이 정한 경계를 넘어서는 것이었다. 따라서 헌법 초안을 작성하는 데 도움을 준 해밀턴은 헌법을 제대로 이해하거나 해석하지 못한 반면, 헌법 제정 당시 파리에 있었던 제퍼슨은 헌법 제정자들의 의도에 대한 무오류의 신탁이었다.

한편 휘그당과 공화당도 똑같이 헌법의 비호 아래 보호를 받는 경향이 있었다. 웹스터는 말년에 헌법이 영구적인 연합을 위한 것이며 무효화 및 탈퇴가 그 도구의 원칙에 의해 완전히 금지되어 있음을 보여주는 데 길고 설득력 있는 연설을 바쳤다. 그는 캘훈만큼 멀리 가지 않았다. 그는 자유무역을 위헌이라고 선언하지는 않았지만, '헌법이 채택된 주된 이유'가 '일반 정부에 상업과 무역을 규제할 수 있는 권한을 부여하기 위한 것'이라는 증거를 역사 기록에서 찾아냈다. 따라서 보호관세는 합헌이었다. 또한 '아메리카 국민의 노동을 보호하기 위해 차별을 두는 것'은 의회의 '의무라기보다는 권리'였다. 통일된 통화 체계를 마련하는 것 또한 헌법을 제정하는 데 있어 건국의 아버지들의 주요 목적 중 하나였다. 국가 은행은 문서에 문자로 강제적으로 명령되지는 않았지만 그 정신은 의회가 이 땅의 종이 화폐를 안정시키고 건전하게 만들 것을 요구했다. 사실 웹스터는 민주당 자체가 다소 위헌적이라고 생각했다. 그는 '만약 민주주의가 헌법과 정부를 양심적이고 엄격하게 준수하는 것을 의미한다면, 그들은 그것에 대해 주장할 게 거의 없다고 나는 생각한다'라고 말했다.

노예 제도에 대한 끝없이 얽히고설킨 논쟁 속에서 당대의 연설가들은 다른 경제 문제를 다룰 때와 마찬가지로 헌법에 대해서도 진지한 경의를 표했다. 남부 측 정치가들은 언약[헌법]의 친노예적 성격을 지적하는 데 지치지 않았다. 그들은, 이 도구[헌법]가 20년간 노예 무역을 금지해서는 안 된다고 규정하고, 그 기간이 지난 후에도 이 문제를 열어두는 방식으로 노예 무역을 인정했다고 말했다. 헌법은 노예 제도를 과세와 대의제의 기초로 삼아 '모든 재산 중에서 단독으로 연방 정부의 수입원이자 정치 권력의 요소로 삼음으로써 다른 모든 재산보다 노예 제도를 선호하고 육성'했다. 헌법은 모든 주에 적법한 절차에 따라 청구가 있을 경우 도망친 노예를 주인에게 돌려보내야 할 구속력 있는 의무를 부여했다. 또한 노예 반란의 가능성을 간과하지 않고 주들을 내부의 폭력으로부터 보호할 것을 보장했다. '노예 제도를 폐지, 축소 또는 제한할 수 있는 권한은 보류되지만, 노예 제도를 보호하고 보존할 의무는 연방 정부에 부여된다.' 영어는 이보다 더 명확할 수 없다.

이 모든 것은 우연이 아니라 설계의 결과였다; '헌법을 만든 사람들은 노예 소유주 또는 노예 소유주의 대표자들이었다.' 헌법은 노예 제도를 구체적이고 열성적으로 지키고 보호하려는 남부와 북부의 타협의 결과물이었다. 이러한 것들이 남부의 정통성에 대한 정설이었다.

헌법에 대한 이러한 관점에는 너무나 많은 건전한 역사적 진실이 담겨 있어서 반대파는 답을 찾기 위해 상상력을 발휘할 수밖에 없었다. 1844년 노예제 폐지론자들은 자신들의 신조에 대한 합법적인 근거를 찾기 위해 논리학의 연대기에서 가장 호기심을 불러일으키는 논리를 만들었다. 그들은 독립선언서의 원칙이 헌법에 수용되었고, 그 원칙은 자유를 선포했으며, 도망 노예의 반환에 관한 헌법 조항은 자연권과 도덕에 반하는 계약을 무효로 간주하는 관습법 때문에 그 자체가 무효라고 발표했다.

공화당은 방어적인 낭만화 작업을 펼치는 데까지 나아가지 않았지만, 1860년의 공화당 강령에서 독립선언서의 원칙이 헌법에 구체화되어 있으며 연방 의회나 주 의회가 아메리카 내 영토 어느 곳에서도 노예 제도를 합법적으로 인정할 수는 없다고 주장했다. 그러나 이러한 논리에는 한 가지 문제가 있었는데, 미합중국 대법원은 드레드 스콧 사건과 관련하여 의회가 영토 내 노예 소유주의 재산을 박탈할 수 없으며 의회에 의한 노예제 폐지는 무효라고 판시한 바 있었다.

그럼에도 불구하고 공화당은 자신들의 교리에 대한 이러한 비난을 '헌법 자체의 명시적인 조항, 동시대의 설명, 입법 및 사법 선례와 상반되는 위험한 정치적 이단'이라고 부르면서 깔끔하게 회피했다. 요컨대, 공화당은 스스로 반대 의견을 냈고, 이는 진정한 헌법은 아니지만 유권자, 특히 법적 적합성을 좋아하는 유권자들에게 효과적으로 호소력을 발휘했다.

연방의 성격에 대한 격렬한 의견 차이에도 불구하고, 참가자들은 동등한 열정을 가지고 헌법의 권한을 발동하여 탈퇴가 합법적이라거나 경우에 따라 연방의 영속성이 명령되었음을 보여주기 위해 헌법의 권한을 요청했다. 이 문제와 관련하여 분쟁의 각 당사자는 관련 자료에서 정교하고 논리적으로 도출된 이론을 가지고 있었으며, 능숙한 생략과 강조 과정을 통해 건전한 것처럼 보이도록 했다.

오늘날 이 분쟁을 적대감 없이 바라보는 사람들은 분리주의자들이 전투의 수사적 측면에서 다소 우위에 있었다는 사실을 인정해야 한다. 그들의 역사 인식 책략은 간단했다. 13개 식민지는 개별적인 주권국으로서 독립을 선언했고, 평화 조약에서 영국으로부터 13개의 개별 국가로 인정받았으며, 연합규약 Articles of Confederation을 만들 때 '각 주는 주권, 자유, 독립과 이 연방이 소집된 의회에서 미합중국에 명시적으로 위임하지 않은 모든 권한, 관할권, 권리를 보유한다'고 선언하는 데 주의를 기울였다. 이는 부인할 수 없는 사실이다. 그리고 헌법이 제정되었다. 주들은 연방 대회 대표를 선출했고, 대표들은 연방 헌법을 개정했으며, 헌법으로 알려진 이 개정안은 주들의 승인을 위해 제출되었고, 주 대회에서 최종적으로 비준되었다.

Q.E.D.*는 주권 국가가 다른 외국 세력과의 조약을 자체적으로 파기할 수 있는 것처럼 조약에 가입한 주권 국가도 합법적인 절차에 따라 연합에서 탈퇴할 수 있다는 분리주의 논리를 펼쳤다.

물론 측량사들의 나침반과 체인**에 의해 국가 영역에서 분리되어 특정 헌법적 제한에 따라 연방에 가입한 새로운 주들에서 주권의 속성을 발견하는 데 약간의 어려움이 있었으며, 이제 원래의 13개 주보다 많은 주가 있었다. 그러나 이러한 부조화로 인해 발생한 논쟁에서의 약간의 중단은 연방의 지붕 아래로 받아들여질 때 대상 준주들이 원래의 주들의 주권과 독립의 옷을 입었다는 선언으로 연결되었다.

반면에 분리 독립이 불법이라고 주장하는 사람들의 역사적 개요는 부분적으로 헌법 전문에 대한 해석에 달려 있으며, 이는 웹스터가 헤인과의 유명한 토론에서 발전시킨 해석이다. 그는 이렇게 말했다. '헌법은 주 정부들 간의 협정이 아니다. 헌법 자체가 그 서두에서 그러한 생각을 반박하고 있으며, 헌법은 미합중국 국민에 의해 제정되고 확립되었다고 선언한다……. 심지어 여러 주의 국민들에 의해 수립되었다고 말하지 않고, 미합중국 국민 전체에 의해 수립되었다고 선언하고 있다.' 즉, 헌법은 주들에 의해 만들어진 것이 아니라 주 위에 우뚝 솟은 높은 집단적 주권자, 즉 미합중국 국민에 의해 만들어진 것이다.

겉으로 보기에는 설득력이 있어 보였던 이 공정한 주장은 나중에 헌법을 초안한 대회의 일지를 참조하면서 무너졌다. 전문이 처음 작성되었을 때는 이렇게 적혀 있었다. '우리, 뉴햄프셔 주, 매사추세츠 주 등의 국민들은……. 다음과 같이 헌법을 정하고 제정한다.' 그러나 다시 생각해보니 헌법 제정자들은 자신들의 법령에 따르면 9개 주가 제안된 법안을 비준하자마자 새 정부가 수립되어야 한다는 사실을 깨달았다. 일부 주에서 승인을 보류할 수 있기 때문에

---

* Q.E.D.는 라틴어 문장 'Quod erat demonstrandum'의 약자다. 이것은 유클리드와 아르키메데스가 자주 쓰던 그리스어 문장 'ὅπερ ἔδει δεῖξαι'(hóper édei deîxai)를 라틴어로 옮긴 것으로, '그렇게 그것은 증명되었다'란 뜻이다. 이 약자는 수학에서 증명을 마칠 때 자주 사용된다. 이 맥락에서 'Q.E.D.'를 사용한 것은 이 주장을 하는 사람들의 눈에는 이 결론이 논리적으로 입증되었고 논쟁의 여지가 없었다는 것을 의미한다.

** 체인은 측정 장치, 특히 토지 측량에서 일반적으로 사용되는 도구인 건터 체인Gunter's chain을 의미한다. 건터 체인은 길이가 66피트이고 100개의 링크로 구성되어 있다.

연방의 주들을 미리 열거하는 것은 분명히 바람직하지 않았다. 따라서 첫 번째 초안은 폐기되고 '우리 미합중국 국민'이라는 단어로 대체되었다. 따라서 기록된 사실은 이 모래 기반 위에 세워진 전제들 모두를 날려버렸다.

링컨은 첫 취임 연설에서 이 오류를 피하기 위해 주의를 기울였다. 자신의 신앙에 대한 보다 확실한 역사적 근거를 찾고자 했던 그는 연방이 사실 헌법보다 더 오래되었고 독립선언서보다 더 오래되었다고 지적했다. 그는 연방은 1774년 대륙회의가 혁명적 아메리카의 이름으로 제정한 기본 정관Articles of Association에 의해 형성되었다고 말했다. 그것은 '이 식민지들의 연합'을 자유롭고 독립된 주들로 선언한 독립선언서에서 성숙된 형태로 유지되었다. 이 선언은 13개 주commonwealth가 그 정부 형태로 영구적인 연합을 약속하는 연합규약에 의해 봉인되었고, 연방을 '더 완벽하게' 만들기 위해 고안된 헌법에 의해 완성되었다.

민족주의 측에서는 웹스터, 링컨, 그리고 그 학파의 철학자들이 헌법 자체의 본질에서 논리적 과정을 거쳐 도출한 주장이 훨씬 더 효과적이었다. 이 주장은 다음과 같은 맥락에서 전개되었다. 헌법은 명시적 규정이나 암시를 통해 한 주가 연방에서 탈퇴할 수 있는 방법을 규정하고 있지 않으며, 이 규약을 작성하고 비준한 사람들은 그러한 연방 해체를 고려하지 않았다. 연방에 의해 수립된 정부는 주가 아닌 국민을 위해 직접 운영되며, 주가 아닌 국민의 정부이다. 또한 헌법은, 이 헌법과 그것에 따라 만들어진 법률 및 조약이 이 땅의 최고법이며 각 주의 판사들은 '헌법과 어떤 주의 법률에 상반되는 내용이 있더라도' 이에 구속된다는 것을 전 세계에 선포한다. 마지막으로, 미합중국 대법원은 중앙 정부와 주 사이에 발생하는 모든 분쟁의 최종 중재자이다. 마셜 대법원장은 연방의 권위에 대한 버지니아, 메릴랜드, 오하이오 주의 저항을 물리칠 때 이 원칙을 선언했고, 테이니 대법원장은 도망노예법에 대한 위스콘신 주의 반대를 무력화시킬 때 이 원칙을 선언한 바 있다. 링컨의 표현을 빌리자면, 어떤 주도 합법적으로 연방을 탈퇴할 수 없으며, 상황에 따라 탈퇴는 반란 또는 혁명이라는 헌법의 원대한 서약과 원칙을 따랐던 것이다.

이 구두口頭 경쟁에 대한 역사의 평결은 무엇일까? 1787년 필라델피아 대회에 참석한 대표들은 스스로를 단순히 동맹 조약을 체결하는 주권 국가의 대사로 여겼을까? 그들은 헌법을 승인한 후 어떤 주라도 자체적으로 연방을 탈퇴할 수 있다는 취지의 내용을 어딘가에 명시했을까? 이 질문에 대한 답은 부정적이다. 그들이 캘훈과 같은 논리적인 정치 이론 체계를 생각해내서 그렇게 치밀한 내용을 발표했을까? 그렇다 해도, 그들은 후손들에게 아무런 기록도 남기지 않았다.

그렇다면 헌법은 무엇일까? 헌법은 특정 목적과 일반 목적을 달성하기 위해 고안된 정부 계획으로, '의식적인 이해관계의 연대에 의해 정보를 얻은' 소수의 시민들에 의해 짜여졌으며, 모든 가능한 증거에 따르면 정부가 주보다 우월하고 영속적이어야 한다는 의도를 가지고 있었다. 그들은 캘훈이 자신의 대의를 옹호하기 위해 발전시킨 것과 같은 논리적 체계에 지배되지 않았고, 연방을 깨는 것이 아니라 만드는 데 몰두했으며, 기록된 토론의 증언이 결정적인 것으로 받아들여진다면 특정한 법적 절차에 의한 주들의 연방 탈퇴를 고려하지 않았다. 사우스캐롤라이나에서 분리 독립의 위협이 일어나는 것을 보았던 헌법의 아버지 제임스 매디슨이, 캘훈처럼 매끄럽고 명료한 말투로, 분리 독립은 헌법을 만들고 비준하고 출범시킨 사람들로부터 결코 지지받지 못할 것이라고 비난한 사실은 분명 중요한 의미가 있는 것이었다.

그러나 필라델피아의 사람들[대륙회의의 참석자들]은 단지 헌법의 초안을 작성했을 뿐이며, 중요한 것은 각 주에서 대표를 통해 헌법을 비준한 유권자들의 의견이라고 말할 수 있다. 그렇다면 주 비준 대회를 위해 대표를 선출한 사람들 또는 대표들 스스로가 이 위대한 문서를 사실상 모든 성원들이 마음대로 법적으로 비난할 수 있는 단순한 동맹 조약으로 만드는 개념을 분명히 염두에 두고 있었을까? 이 사건의 기록은 긍정적인 답변을 제공하지 않는다. 대부분의 사람들이 생각한 것은 순수한 추측에 지나지 않는다. 어느 때이든 실제로 주권을 행사한 주가 있었을까? 즉, 주권 국가의 속성과 기능을 전 세계 앞에서 취한 주가 있었을까? 분명히 없었다. 국민 전체가 집단적 자격으로 헌법을 만들었을까? 이 질문을 던지는 것은 그 질문에 답하는 것이다. 그들은 그러지 않았다.

　현대의 학생이 연방의 본질에 대한 모든 언어적 논쟁— 헌법 채택과 남북전쟁이 시작될 때까지 연방 정부를 운영하고 반대한 정당들이 채택한 주장 —을 조사할 때, 그는 한쪽에서 먼저 사용된 언어 장치가 연방 체제의 내밀한 본질에 관한 본질적으로 필요한 개념에서 파생된 게 아니라는 결론을 내리는 것 외에는 거의 다른 일을 할 수 없다. 논쟁의 뿌리는 기후, 토양, 산업 및 노동 체제의 차이, 다양한 정의와 지혜의 정도, 또는 낭만주의 역사가들이 '위대한 인격의 자성磁性'이라고 부른 것보다는 서로 다른 사회적 힘에 기반을 둔 사회 집단에 있다.

18

2차 아메리카 혁명

 1861년 봄, 주저하고 혼란스러워하던 나라에 억누를 수 없는 갈등의 전운이 감돌았고, 4년이라는 긴 세월 동안 무력 충돌이 뻔뻔스러운 굉음으로 온 땅을 가득 채웠다. 4년이라는 긴 세월 동안 투쟁의 고뇌와 재난, 충격은 수많은 사람들의 에너지를 흡수했고, 신문의 헤드라인을 장식했으며, 그 시대를 살았고 고통받았던 남녀의 마음속에 인상적으로 자리 잡았다.

 따라서 당연히 이 전쟁에 대해 글을 쓴 사람들은 모두 전쟁이라는 용어를 사용했다. 미합중국 정부는 기록에서 이 전쟁을 공식적으로 반란 전쟁War of the Rebellion*이라고 불렀고, 이는 남부연합의 깃발Stars and Bars 아래 복무한 사람들에게 반역자라는 낙인을 찍었다. 이 낙인을 거부하고 정당성의 대의를 방어하려 했던 남부의 주요 정치가 중 한 명인 알렉산더 H. 스티븐스는 그의 남북 분쟁에 관한 위대한 역사책에서 이를 '주들 간의 전쟁'이라고 불렀다. 이 역시 연방 정부가 선택한 명칭 못지않게 이의를 제기할 여지가 있다. 변경 주에서는 무장 투쟁이 주로 게릴라전이었으며, 버지니아에서는 내부의 분쟁이 웨스트버지니아[1863년, 35번째로 연방에 가입]라는 새로운 주 헌법의 비호 아래 여러 카운티의 분리로 끝났기 때문에 엄밀히 말하자면 정확하지 않다. 최근에는 저명한 역사가인 에드워드 채닝이 이 시기를 다룬 책에 '남부 독립 전쟁'이라는 제목을 붙였는데, 꽤 정확하지만 추상적인 표현으로 인해 다소 아쉬움이 남는다.

사실 이 모든 상징은 이 대단원에서 군사력이라는 요소를 지나치게 강조한다는 점에서 오해의 소지가 있다. 칼라일이 말했듯이 전쟁은 의심할 여지 없이 거대하고 광범위하며 불가항력적이었다. 수년 동안 전쟁의 고통이 온 대지를 뒤덮었다. 그러나 이상할 정도로 빠르게 구름이 걷히고 날아갔다. 자비로운 풀이 잔인한 흉터 위로 녹색 망토를 펼쳤고, 반짝이는 붉은 얼룩은 친절한 대지 속으로 가라앉았다.

그때 그 광경을 좀 더 차분하게 바라본 경제학자이자 변호사는, 무력 충돌은 대격변의 한 단계, 전환기에 불과했고, 로마 제국에 비추어 볼 때, 소위 내전Civil War 또는 주들 간의 전쟁은 사회 전쟁이었으며, 결국 정부에 새로운 권력을 확립하고 계급 배열, 부의 축적과 분배, 산업 발전 과정, 건국의 아버지들로부터 물려받은 헌법에 엄청난 변화를 가져왔다는 사실을 발견했다. 단지 기후, 토양, 지리의 우연에 의한 것은 국지적인 투쟁이었을 뿐이다. 만약 농장

---

* 현대 미국에서 미국 남북전쟁American Civil War의 가장 일반적인 명칭은 단순히 '남북전쟁[내전]The Civil War'이다. 전쟁 중에는 거의 사용되지 않았지만 전쟁 이후 남부에서는 '주들 간의 전쟁War Between the States'이라는 용어가 널리 퍼졌다. 전쟁 중과 전쟁 직후 북부 역사가들은 '반란 전쟁War of the Rebellion'과 '대반란Great Rebellion'이라는 용어를 자주 사용했고, 남부연합은 '남부 독립 전쟁War for Southern Independence'이라는 용어를 사용했지만 20세기에 들어와서 사용되지 않게 되었다. '노예 소유주들의 반란Slaveholders' Rebellion'이라는 이름은 프레드릭 더글러스가 사용했으며 신문 기사에도 등장한다. '자유 전쟁Freedom War'은 노예제를 종식시킨 전쟁의 효과를 기념하기 위해 사용되었다. 1950년대 짐 크로우 시대에는 남부의 역사 수정주의자 또는 부정주의자들이 남부연합의 잃어버린 대의 운동에 따라 '북부의 침략 전쟁War of North Aggression'이라는 용어가 발전했다. 이 용어는 인종분리주의자들이 인종 분리를 종식시키려는 현대의 노력을 19세기의 노예제 폐지 노력과 동일시하기 위해 만든 용어이다.

주들의 이해관계가 산업 지역 전체에 고르게 흩어져 있었다면, 수직적 분열이 아니라 수평적 분열이 있었다면, 이 억누를 수 없는 갈등은 다른 방법으로 해결되고 다른 논리적 방어 메커니즘이 수반되었을 것이다.

어떤 경우에도 우연이나 수사학이 그 투쟁의 본질적인 성격을 가리는 것을 허용해서는 안 된다. 영국의 중간 계급이 왕과 귀족의 권력을 무너뜨린 작전을 총칭하여 청교도 혁명이라고 부르고, 프랑스의 부르주아와 농민이 왕과 귀족, 성직자를 전복시킨 일련의 행위를 프랑스 혁명이라고 부른다면, 북부와 서부의 자본가, 노동자, 농민이 중앙 정부의 권력에서 남부의 플랜테이션 귀족을 몰아낸 사회적 대격변은 같은 용어로 특징지어야 정확하다. 보편적 역사의 빛 아래에서 볼 때 싸움은 한순간의 사건이었지만 사회 혁명은 본질적이고 전조적인 결과였다.

이 시대의 전투와 군사 작전은 군사 전략가에게 중요한 의미를 지니며, 전쟁의 비극과 영웅주의는 패트리어트에게는 영감을, 서사시 작가에게는 로맨스를 선사한다. 그러나 소용돌이의 핵심은 다른 곳에 있었다. 그것은 금융, 상업, 자본, 산업, 철도, 농업에 관한 통계 보고서, 헌법 조항, 법령집의 페이지에 의해 제한되는 것들의 흐르는 실체, 즉 소위 남북전쟁이 실제로는 두 번째 아메리카 혁명이며 엄밀한 의미에서는 첫 번째 아메리카 혁명임을 보여주는 산문 기록들에 있다.

갈등의 정점을 찍었던 물리적 전투는 피할 수 없는 일을 앞당겼을 뿐이다. 당시에도 언급되었듯이 남부는 산업 자본 축적, 산업 자본가 증가, 철도 시스템 확장, 자유 농민의 경작지 확대 등의 내용을 담은 인구조사 보고서에 반대해 싸웠다. 건국의 아버지들이 충실하게 묘사한 대로 농업 주와 상업 주가 고르게 균형을 이뤘지만, 1860년에 이르러서는 그 균형이 깨졌다.

§

무력 충돌이 일어났을 때 남부연합Confederacy의 11개 주와 북부연방Union

23개 주가 맞붙었다. 3분의 1 이상은 노예인 900만 명의 사람이 거의 대부분이 백인인 2,200만 명과 맞섰다. 전쟁이 끝나기 전 북부연방군에는 2,898,000명, 남부연합군에는 약 1,300,000명이 입대했으며, 병력과 복무 기간을 기준으로 볼 때 양측 군대의 비율은 약 3대 2였다. 사실상 국가의 모든 제철, 철강, 섬유, 군수 산업이 연방의 통제하에 있었다. 대외 무역의 대부분은 오랫동안 포토맥 강 위의 항구들에 집중되어 있었으며, 심지어 남부로 향하는 대부분의 외국 상품도 북부 도시의 창고를 통해 쏟아져 들어갔다. 국가 은행 자본의 3분의 2 이상이 북부의 수중에 있었다. 또한 북부는 전쟁의 근간을 이루는 과학과 숙련된 노동력을 거의 완벽하게 독점하고 있었다. 사실 남부 주들이 독립을 선언하고 폭력의 혁명을 촉발하기 전에 사회적, 물질적 권력의 조용한 이동이라는 진정한 혁명이 일어났다. 수어드가 플랜테이션 이해관계자들에게 경고했듯이, 북부는 평화적으로든 전쟁으로든 피할 수 없는 것을 받아들일 수 있었다.

그렇다면 플랜테이션 귀족들은 어떻게 인간, 돈, 철의 우월성에 저항할 수 있을 만큼 강력한 이해관계의 조합을 형성할 수 있었을까? 1860년 남부 지도자들의 눈을 통해 사물을 바라봐야만 이 질문에 답할 수 있다. 그들은 알 수 없는 미래를 앞에 놓고 눈앞에 보이는 확실한 것을 바탕으로 계산을 했다. 그들은 오랫동안 면화Cotton가 왕KIng이라는 것을 배웠고, 북부 산업에 필수적인 원자재를 장악하면 무력이 가해졌을 때 제조업 주에 파멸적인 위기를 가져올 수 있다고 확신했다. '나는 노예를 보유한 남부가 이제 세계를 지배하는 세력이 되었으며, 다른 어떤 세력도 우리를 적대시하지 못할 것이라고 굳게 믿는다'라고 사우스캐롤라이나의 해먼드 상원 의원은 탈퇴의 해에 외쳤다. '면화, 쌀, 담배, 해양 건재naval store가 세계를 지배하고 있으며, 우리는 그것을 알 수 있는 감각을 가지고 있고 그것을 성공적으로 수행할 수 있는 충분한 튜턴족의 특성을 가지고 있다. 우리가 없는 북부는 울부짖으며 피부병과 굶주림으로 죽어가는 어미 잃은 송아지와 같을 것이다.'

원자재에 대한 동일한 지배력이 영국과 프랑스로 하여금 독립을 인정하고, 원조를 제공하고, 바다를 자유롭게 유지하고, 생산물을 전쟁 물자와 교환할 수 있도록 유도할 수 있다고 생각했다. 이러한 실질적인 이익에 감상적인 고려를 더했다. 그들은 영국의 귀족과 프랑스의 나폴레옹 3세가 아메리카 공화국의 해체, 즉 민주주의에 대한 불편한 실험의 실패를 흐뭇하게 바라보고 있다는 것을 알고 있었다. 그래서 그들은 공급을 차단하여 북부 산업을 마비시키고 동정적인 영국과 프랑스로부터 풍부한 지원을 얻어낸다는 계획을 세웠다.

연방 탈퇴를 통해 플랜테이션 귀족을 파멸로부터 구하고자 했던 남부 정치가들은 다른 낙관적인 근거도 가지고 있었다. 그들은 남부연합을 오하이오 강까지 밀어붙이고 미주리의 도움을 받아 아메리카의 곡창 지대인 미시시피 밸리를 장악할 수 있을 것으로 기대했으며, 뉴올리언스의 출구를 장악함으로써 그 지역에서 발휘할 수 있는 힘을 과대평가하고 중서부와 해안을 잇는 철도의 효율성을 과소평가했다.

동시에 그들은 북부를 약화시킬 수 있는 내부 갈등을 매우 중요하게 여겼는데, 그럴 만한 이유가 있었다. 그 분열을 드러내는 사실은 모두에게 명백했다. 링컨은 전체 투표에서 3분의 1이 조금 넘는 지지를 받았고, 자신의 근거지에서 강력한 야당과 맞섰으며, 기껏해야 그의 권한은 모호했다. 1860년 선거에서는 남부 분리와 내전에 관한 어떤 이슈도 제기되지 않았다. 공화당은 준주들 내의 노예제를 비난하면서 필요하다면 자신들의 목적을 달성하기 위해, 또는 남부를 연방에 유지하기 위해 싸우겠다고 말하지 않았다. 실제로 새로 만들어진 당은 주로 보호관세, 무상 정착민 및 관련 문제에 관심이 있는 많은 사람들, 노예 제도에 대해 덜 말할수록 좋다고 생각하는 실용적인 사람들을 포용했다.

공화당은 워싱턴에 안전하게 자리를 잡았을 때 대규모 무력을 행사할 수 있는 위치에 있지 않았다. 그들의 통세하에 넘겨진 중앙 정부는 껍데기뿐인 재무부, 증가하는 부채, 한심한 해군, 가련한 육군을 가지고 있었다. 뷰캐넌 내각의 남부 인사들이 불순한 목적을 위해 의도적으로 군사력을 약화시켰는지 여부는 논란의 여지가 있다. 원인이 무엇이든, 북부연방 정부는 대규모 무력시위를 할 준비가 되어 있지 않은 반면 남부연합은 영토 내에서 사용 가능한 모든 군수품을 확보하고 있었다는 사실은 변함이 없다.

마지막으로, 남부의 강인한 농장주들은 대차대조표를 작성하면서 일반적으로 북부에 대해 낮은 평가를 기록에 남겼고, '기름때 묻은 장인들'은 싸우려 하지 않을 것이라고 선언하며 북부의 수적 우위를 무시했다. 그들은 자신감을 가지고 작지만 용맹한 군대가 여러 차례 적군을 정복한 역사적 사례를 들었다. 버지니아의 존 타일러는 '소수에 불과했던 우리 조상들은 영국의 막강한 힘을 이겨냈다'고 말했다. 제퍼슨 데이비스와 함께 만약 전쟁이 일어나면 길고 끔찍한 전쟁이 될 것이라고 믿었던 사람들조차도 전쟁의 양상을 결정할 참혹한 투쟁을 예견하지 못했다.

§

따라서 남부 지도자들은 남부를 연방에서 탈퇴시킴으로써 북부 자본가들의 지배에서 벗어나 경제적, 정치적 권력을 유지할 수 있다는 상당히 부푼 희망을 품고 있었다. 사우스캐롤라이나의 환희에 찬 주민들은 선거운동 기간 동안 '검은 공화당원Black Republican 후보[에이브러햄 링컨]와 그의 광신적이고 악마적인 공화당'이 승리할 경우 연방에서 탈퇴하겠다고 선언했다. 따라서 링컨의 당선 소식은 오랫동안 기다려온 행동의 신호탄이었을 뿐이다. 농장주들은 30년 전에도 높은 관세를 이유로 연방을 탈퇴하겠다고 위협한 적이 있었는데, 당시에는 노예 제도가 심각한 동요의 대상이 아니었기 때문에 저항을 통해 증오의 대상이었던 관세를 인하하고 거의 30년간의 경제적 안정을 얻어낸 바 있다. 이제 그들은 대놓고 높은 관세를 내세우고, 노예제 폐지론에 약간 물들어 있고, 준주들에서 노예 제도 배제를 공공연하게 선호하는 정당의 통치를 받게 될 처지에 놓여 있었다.

이 위기에서 농장주들 중 가장 독단적인 그룹이 결단력 있게 행동했다. 링컨이 당선된 지 며칠 뒤인 11월 2일, 사우스캐롤라이나 주 의회는 반대 의견 없이 비상사태에 적합한 진로를 선택하기 위해 민중 대회를 소집했다. 12월에 대회는 흥분의 도가니 속에서 열렸다. 회의장의 갤러리와 로비에는 화려한 복장을 한 여성, 새 군복을 입은 군인, 판사, 편집자, 장교들로 붐볐다. 모두 기분이 들떠 있었고 결과에 대해 낙관적인 태도를 취했다. 대의원들은 거의 모두 노인이거나 중년을 넘긴 사람들이었고, 싸우기에는 너무 나이가 많았지만 링컨의 위협을 그냥 지나치기에는 너무 자존심이 강했다. 신의 가호가 내려졌고, 문제는 토론에 부쳐졌으며, 만장일치로 사우스캐롤라이나는 독립을 선언했다. 중대한 판결이 내려지자마자 찰스턴 거리에는 승리의 함성이 울려 퍼졌고, 밤은 노래와 와인, 춤과 불꽃놀이의 흥거운 축제 분위기로 가득 찼다. 배경에서 어두운 그림자를 본 것 같다고 생각한 현명한 사람들은 몸을 움츠리거나 말을 아꼈다. 희년jubilee은 완벽했다.

무효화 투쟁[연방 법을 무효화할 수 있는 권리가 주에 있다는 주장으로 앤드루 잭슨 재임 때 보호관세를 둘러싸고 캘훈이 주도하여 일어났다] 당시와 마찬가지로 사우스캐롤라이나는 이제 이웃 주들에게 자신의 모범을 따를 것을 촉구했고, 링컨이 취임하기 전에 플로리다, 조지아, 앨라배마, 미시시피, 루이지애나, 텍사스 등 6개 주가 북부 주들과의 연합이 끝났다고 선언했다. 앨라배마와 조지아에서는 적지 않은 소수가 분리 독립에 반대했지만, 나머지 4개 주에서는 자신감에 넘친 다수에 저항할 수 있는 소수의 불만 세력만 소집할 수 있었다. 독립을 선언한 4개 주는 미시시피 주의 소환에 따라 1861년 2월 대표단을 앨라배마 주 몽고메리에 파견하여 연합 계획을 채택하고 새로운 정부 수립을 위한 준비를 시작했다.

이것이 1861년 3월 4일 링컨이 취임 선서를 할 당시의 상황이었다. 버지니아, 노스캐롤라이나, 테네시, 아칸소 주는 위태위태하게 균형을 잡으려 하고 있었다. 이들 주에서 대중 대회가 소집되었지만 모두 차기 대통령이 추진할 노선을 기다리기로 결정하고 치명적인 조치를 취하지는 않았다. 버지니아, 노스캐롤라이나, 테네시 주에서는 링컨 취임 전에 제기된 문제들에 대해 분리 독립에 반대하는 의견이 대다수였다. 이들 모두 노예제를 지지했지만, 경제는 면화 벨트에 비해 더 다각화되어 있었고, 남부 문제를 주도하는 플랜테이션 귀족들을 딱히 좋아하지 않는 소농들이 넓은 고지대를 차지하고 있었기 때문이다.

섬터 요새가 함락된 뒤에도, 피를 요구하는 목소리가 전국적으로 퍼져 나갔지만, 각 주에서는 여전히 분리 탈퇴에 대한 강력한 반대가 있었다. 노스캐롤라이나에서는 연방 정파가 무관심과 방해 전략을 구사했고, 버지니아에서는 불만을 품은 여러 카운티를 떼어낸 뒤 웨스트버지니아 주를 신설해 편입시켰으며, 테네시에서는 북부군에 수천 명의 군인을 공급해 전 카운티들을 끊임없는 혼란에 빠뜨렸다. 이렇게 해서 집권한 날 링컨은 연방 탈퇴 세력이 위협적이지만 결코 승리할 수는 없으리라는 것을 알게 되었다. 위기에 대비한 화학물질은 준비되어 있었지만 이를 폭발시키기 위해서는 어떤 충격이 필요했다.

§

1860년 11월 초부터 1861년 3월 4일까지 농장주들이 최악의 상황에 대비하는 동안 워싱턴의 정부는 상반된 흐름 속에서 무기력하게 표류했다. 헌법 규정에 따라 링컨은 합법적으로 임명된 날까지 취임식을 할 수 없었기 때문에, 선거에서 크게 분열되고 투표에서 패배한 민주당이 4개월 동안 계속 권력의 고삐를 쥐고 있었다. 민주당의 지도자였던 제임스 뷰캐넌 대통령은 연방 탈퇴 문제를 다룰 대중적 권한popular mandate*이 없었다. 또한 그는 그 어떤 독단적인 의지도 가지고 있지 않았다. 자신을 둘러싸고 벌어지는 격동적인 사건에 당황한 그는 남부 주들은 연방에서 탈퇴할 권리가 없다고 외쳤고, 바로 뒤에는 남부 주들에게 충성을 유지하도록 강요할 권한이 자신에게는 없다고 했다. 그의 내각은 와해되었고, 그의 수많은 참모들은 서로 다투고 있었으며, 적어도 차기 대통령을 당황하게 하는 일은 하지 말아야 한다는 명분으로, 가만있는 것이 용기를 보여주는 더 나은 방법으로 그에게는 보였다.

사방에서 미래를 예측하고, 타협을 이끌어내고, 성난 열정을 달래려는 정치인들의 왁자지껄한 목소리가 들렸다. 12월에 소집된 의회는 하원은 2년 전에, 상원은 6년에 걸쳐 조금씩 선출되었기 때문에 그 전달 선거의 결과에서 나온 권한을 부여받지 못했다. 의원들도 대통령만큼이나 당황했다. 일반 대중에게는 마치 단단한 땅이 녹아내리는 것처럼 보였다.

수도의 남부 주민들은 급히 집의 문을 잠그고, 대부분은 다가올 사건에 대한 확신을 가지고 '자신들의 고향'으로 떠났다. 현지에 있던 켄터키의 헨리 와터슨은 마차가 버지니아의 푸른 언덕을 향해 굴러갈 때 팔메토 깃발[사우스캐롤라이나의 주기州旗]을 당당하게 흔들며 떠난 한 남부 젊은 여성에 대해 이야기했다. 그녀는 자신이 속한 계급의 전형이었다.

'그녀는 진정으로 탈퇴를 헌법적 권리로, 노예 제도를 신성한 제도로 믿었다. 그녀에게 북부의 하층 빈민은 열등한 인간들이었다. 면화는 왕이었고 그녀는 공화국보다 군주제를 선호했다. 전쟁이 일어날 가능성은 없겠지만, 전쟁이 일어나더라도 오래 가지 않을 것이다. 워싱턴은 곧 남부연합 정부의 본거지가 될 것이다…… 전 유럽은 남부의 새로운 귀족정이 국가들의 궁창穹蒼으로 들어오는 것을 환영할 것이다.'

링컨이 취임하기 전 겨울 내내 워싱턴의 풍경은 이루 말할 수 없을 정도로

---

* 일반적으로 mandate는 '권한'을 의미하지만 '대중적 권한'이란 유권자의 결정적 또는 압도적인 지지를 통해 정치 지도자나 정부에 부여되는 권한을 말한다. 이러한 지지는 일반적으로 선거에서 압도적인 득표를 함으로써 나타나는데 제임스 뷰캐넌은 현직 대통령이었지만 민주당이 대통령 선거에서 패배했기 때문에 리더십이 심각하게 손상된 상태였고 미합중국 초유의 위기 상황에서 권위 있는 결정을 내릴 수 없었다. 남부 주에는 연방을 탈퇴할 권리가 없다고 주장하면서도 이를 막을 힘이 부족하다고 주장하는 등 그의 우유부단함과 모순된 발언은 강력한 대중적 지지와 내부 결단력이 부족했음을 드러냈다.

음울했다. 로마 제국 체제에서 카이사르가 국빈복을 입고 의사당으로 향할 때, 그의 내면의 동요가 아무리 컸더라도 그의 주변에는 권위, 안정, 결단력, 신중함의 분위기가 풍기고 있다. 소용돌이치는 워싱턴의 민주주의에는 카이사르가 없었지만, 섬너와 수어드는 적어도 국가라는 배를 좌초될 위기에서 벗어나게 할 능력이 있다고 느꼈다. 승리를 거둔 공화당원들 사이에는 아우구스투스의 확신 대신 혼란과 의견 차이, 결과에 대한 불확실성이 만연했다. 비나 눈이 내리면 포장되지 않은 도시의 거리는 진흙탕이 되었고, 건조한 날에는 겨울바람이 먼지구름을 도로 위아래로 휩쓸고 지나갔는데, 이러한 물리적 조건은 정신적 분위기를 대변하는 것이었다. 대기는 소문과 의견으로 가득 차 있었다.

북부를 대변하는 것으로 추정되는 바벨의 방언 속에서 세 가지 분명한 음표만 식별할 수 있었다. 왼쪽 끝에는 탈퇴한 주들이 평화롭게 떠나도록 하자는 단순한 교리를 주장하는 사람들이 있었고, 오른쪽에는 섬너와 체이스가 이끄는 즉각적이고 무조건적인 강압을 주장하는 사람들이 있었으며, 가운데에는 억누를 수 없는 갈등의 불을 지폈던 수어드가 이끄는 화해론자들과 기회주의자들이 있었다. 찰스 프랜시스 애덤스의 자서전에서는 이 불안한 조국의 구세주들이 무언가를 하기 위해 이리저리 서두르는 모습으로 묘사된다. 딜레마에 대한 애덤스의 관점을 받아들이지 않았던 찰스 섬너는 '연극적인 속삭이는 소리로 웅변하고, 몸짓을 하고, 자신의 말을 반복하고 합리적인 행동은 전혀 하지 않는 미친 사람'이라고 평가되었다. 윌리엄 H. 수어드는 항상 상원을 들락거리며 '창백하고 주름이 깊게 팬, 평범하고 거침없는 얼굴, 굵고 우렁찬 목소리와 끝없이 시가를 피우는 작고 마른 체구의 웰링턴이 워털루에서 밤이나 블뤼허[워털루 전투에서 프로이센군을 이끌고 영국과 함께 나폴레옹에 대항한 장군으로 그의 참전으로 전세는 완전히 반나폴레옹 진영으로 기울었다]를 찾는 헛된 기도를 하고 있었다'고 묘사되었다. 백악관에서는 불쌍하고 정신이 혼미한 뷰캐넌이 '굽은 목과 의심스러운 눈으로' 연방의 해체를 막을 수 없다며 손을 비비고 있었다. 그러는 사이, 그다지 알려지지 않았고 그 속을 알 수 없는 링컨은 '전국을 돌아다니며 어린 소녀들에게 키스하고 수염을 길렀다.'

그 소란스러운 소용돌이 속에서 가까운 미래를 예견하거나 벽에 쓰인 글씨를 제대로 읽은[바빌론의 벨샤자르 왕이 주최한 잔치에서 벽에 신비한 글이 나타났다는 구약성서 〈다니엘서〉 5장의 이야기] 정치가는 한 명도 없었다. 학교의 예술과 과학 분야에서 가장 경험이 많고 학식이 높은 사람들도 양심과 이해의 희미한 빛 속에서 비틀거리며 실수하는 변경의 거친 사람들보다 현명하지 못한 것으로 판명되었다. 모두 자신의 의지에 비해 너무 강력하고, 정신 작용에 비해 너무 빠른 폭풍에 휘말려 휘청거렸다.

§

무사히 끝난 링컨의 취임식과 첫 연설의 직설적인 말에도 상황은 즉각적으로 바뀌지 않았다. 새 대통령은 연방의 본질에 대해 긍정적인 입장을 취했는데, 연방은 영구적이며 어떤 주도 합법적으로 탈퇴할 수 없다는 것이었다. 그는 법을 위반하거나 무시하려는 주에 대해 헌법과 법령을 집행할 것이라고 단호하게 선언했지만, 그의 어조는 화해적이었으며 연합, 평화, 우정의 정서에 대한 단순하고 감동적인 호소로 마무리했다.

그러나 이것은 단지 말뿐이었고 사태는 여전히 그대로였으며, 큰 사건은 계속해서 행동, 연방 당국의 움직임, 어떤 명백한 물리적 충돌, 의지와 결정의 외형적 표현을 기다리고 있었다. 양쪽에서 다혈질들이 유혈 사태를 부르짖었지만, 모두 운명적인 결단을 내리는 것을 주저했다. 국가라는 배는 수렁에서 불안정하게 굴러가면서 하루하루가 지나갔다. 4월이 되자 따스한 봄볕이 온 나라를 평화로 이끌 듯이 손짓했고, 지평선의 먹구름은 어둡고 멀게만 보였다. 백악관에서는 자리에 굶주린 공직 지망생들과 무오류에 대한 열망으로 부풀어 오른 참모들로 인해 링컨은 결정을 내려도 되는 수많은 사소한 문제들과 씨름했다.

논란의 여지 없이, 그 긴박한 시기에 링컨이 직면한 문제는 실로 엄청났다. 그는 소수를 대변했다. 그는 승리한 다수를 대변하는 독재자가 아니었고, 주어진 임무를 수행하도록 위임받은 사람이었다. 오히려 그는, 남부의 농장주들이 알고 있듯이, 북부가 파벌로 분열되어 있다는 사실을 알고 있었으며, 위기 상황에서 자신의 당원 다수가 자신이 어떻게 행동하기를 원하는지 알 방법이 없었다. 그는 이 나라의 반노예제 정서가 강하긴 하지만 그 호소력이 제한적이라는 것, 노예제 폐지론자들의 마음을 제외하고는 소심하다는 것, 그리고 그것을 공언하는 퀘이커교도들은 일반적으로 전쟁에 의한 해방에 반대한다는 것을 알고 있었다.

게다가 노예제 폐지론자들은 탈퇴에 대해 의견이 분분했다. 남부 주들이 연방에서 탈퇴한다는 소식을 들은 헨리 워드 비처는 이렇게 외쳤다. '나는 그들이 탈퇴해도 상관없다.' 호레이스 그릴리는 〈뉴욕 트리뷴〉에 이렇게 썼다. '면화 주들이 연방 안에서보다 연방 밖에서 더 잘할 수 있다고 결정한다면, 우리는 그들을 평화롭게 떠나게 하라고 주장한다. 탈퇴권은 혁명적인 권리일지 모르지만 그럼에도 불구하고 존재한다'라고 말했다. 그 편집자를 강압주의자 대열에 끌어들이기 위해서는 사건이 필요했다.

실제로 존 퀸시 애덤스가 예언한 무력에 의한 거대한 해결책이 임박했다고 믿으며 전투의 시험을 환영하는 예언자적인 노예제 반대자들은 극소수였다. 광신도들을 제외한 그 누구에게도 이 문제는 간단했다. 링컨의 노예제와의 전쟁을 염두에 둔 단 한 번의 말이나 행동만으로도 노예제 주들이 모두 남부연합의 품에 안길 수 있었다. 또한 링컨은 포토맥 강 상류의 전폭적인 경제적 지원을 확신할 수 없었다. 위대한 관세 동맹의 보존을 열렬히 원했던 북부 재계는 가장 극단을 제외하고는 전쟁을 원하지 않았다. 이 문제와 관련해 그릴리는 남부의 채무자들이 뉴욕 시에만 채권자들에게 최소 2억 달러의 빚을 지고 있다고 추산하면서, 무력에 호소하는 것은 상업의 전반적인 파멸을 의미한다는 결론을 내렸다. 인간의 경험이 무의미하지 않다면, 이 엄숙한 시간의 표어는 '신중Caution'이었다.

따라서 한쪽의 제퍼슨 데이비스와 다른 한쪽의 에이브러햄 링컨을 포함한 모든 실용주의자들은 타협의 중간 지점을 찾기 위해 맹렬히 노력했다. 동부 재계를 대표하여 공화당의 뉴욕을 위해 용감하게 일했던 올버니의 언론인이자 정치가인 설로우 위드는 미주리 타협 선을 상호 동의하에 태평양까지 확장할 것을 제안했다. 이 제안은 부분적인 항복을 요구했지만, 데이비스는 전쟁이 끔찍할 것이라고 추종자들에게 경고하면서 조정안을 기꺼이 받아들이겠다는 의사를 표명했다. 그러나 링컨은 자신과 당의 공약, 즉 준주들에서 노예제도를 폐지하겠다는 약속을 내세우며 반석처럼 굳건히 버텼다. 동부의 사업가들은 이 문제를 놓고 흥정을 벌일 수 있을지 모르지만, 서부의 농민들은 국토를 자유를 위해 바쳐야 한다고 주장했고, 대통령은 그들의 결의를 무시할 수 없었다. 의회에서 켄터키 주의 크리텐든 상원 의원은 위드가 제안한 것과 유사한 타협안을 제안했지만 링컨의 추종자들이 이를 지지하도록 유도하지는 못했다.

이 지점에서 국가의 운명이 바뀐 것으로 보인다. 링컨은 노예 소유주들에게 그들이 기반하고 있는 독특한 제도에 대한 어떠한 간섭으로부터도 그들을 막아줄 것임을 합리적으로 보장해줄 준비가 되어 있었다. 그의 진정성을 증명하기 위해 그는 조지아의 알렉산더 H. 스티븐스에게 편지를 보내 공화당 행정부가 '노예에 대해 또는 노예와 관련된 문제에 대해 직간접적으로 간섭하지 않을 것이며, 남부는 이 점에서 워싱턴 시대보다 더 위험에 처하지는 않을 것'이라고 농장주들을 안심시켰다.

그뿐만이 아니다. 링컨과 그의 공화당 형제들은 언약을 영원히 봉인할 준비가 되어 있다는 증거를 제시하면서 연방 정부가 앞으로 어떤 주에서도 노예제도를 폐지하거나 간섭할 권한을 갖지 않아야 한다는 헌법 수정안을 지지하고 의회를 통과시켰다. 1861년 3월 4일, 이 결의안은 링컨의 승인을 받아 각 주에 비준을 요청하는 공문으로 발송되었고, 실제 3개 주에서 비준이 이루어졌지만 물리적 전투의 발발로 작업이 중단되었다. 인간의 의도적인 선택이 아닌 운명의 아이러니로 인해 마침내 채택된 수정헌법 제13조는 아메리카 내의 노예 제도를 폐지하는 것이지, 아메리카 대륙에 노예 제도를 영원히 고착시키는 것이 아니었다.

무력을 협상으로 대체한 치명적인 타격은 왜 발생했을까? 모든 외형적이고 가시적인 징후에 따르면 상대방은 기대하는 자세로 무기한 서 있었을 것이다. 왜 누군가는 그 마법을 깨려고 했을까? 최종 분석을 거쳐 화약 열차에 불을 붙이고 평화와 전쟁을 가르는 의심의 벽을 폭파하도록 지시한 결정은 누구의 뇌에서 나왔을까? 이 점에 대한 최후의 법정의 만장일치 판결은 아직 나오지 않았으며, 전쟁의 죄책감에 대한 또 하나의 의문은 풀리지 않은 채로 남아 있다.

링컨은 찰스턴 항구의 섬터 요새에 구호품을 보내기로 결정하면서 자신의 머리에 피를 뿌렸다는 이야기가 전해져 내려오고 있다. 이러한 주장에 대한 답은 포위된 요새로 보내진 구호품은 주로 굶주리고 있는 주둔군을 위한 식량으로 구성되었으며 남부연합에 직접적인 위협이 되지 않았다는 것이다. 남부연합 내부의 지도자들이 땅이 무너져 내리는 것을 느낀 나머지 세력을 통합하고 주저하는 주들을 끌어들이기 위해 유혈 사태가 필요하다고 생각했다는 주장도 있다. 이 주장에 대한 일반적인 대답은 데이비스 대통령이 찰스턴에서 남부군을 지휘하는 보레가드 장군에게 내린 마지막 지시에서 섬터 요새의 축소에 대해 일반적인 용어로만 언급하고 특정 철수 조건이 거부될 경우에만 행동을 취할 것을 권고했다는 것이다.

실제로, 북군의 지휘자인 앤더슨 소령은 데이비스에게 검토를 위해 보내야 할 타협안을 제안했지만 버지니아 출신의 열렬한 분리주의자의 재촉으로, 대담함을 선호한 보레가드의 보좌관들은 스스로 결정을 내렸고, 4월 12일 아침 4시 30분 섬터 요새를 포격하여 대파괴를 초래할 전쟁을 시작했다. 이 포격과 요새의 항복은 극단주의자들이 예견한 그대로 영향을 끼쳤다. 남부가 첫 공격을 가하고 성조기를 끌어내림으로써 북부의 동요하는 여론에 불을 붙였고, 이는 곧 불길로 번졌다. 링컨의 자원병 모집과 무력에는 무력으로라는 대응으로 버지니아, 노스캐롤라이나, 테네시, 아칸소 주가 남부연합에 가입했다. 주사위는 던져졌다.

§

섬터 요새에서의 사건은 남부의 혁명적 열정을 고조시켰고, 두 달 동안 몽고메리에 새로운 연합을 건설하기 위해 노력하던 남부연합에 큰 힘을 실어주었다. 1861년 2월 초, 임시 정부 계획을 채택한 후, 미시시피의 제퍼슨 데이비스를 임시 대통령으로 선출하여 이를 실행에 옮겼다. 때가 되자 데이비스는 취임 연설을 하기 위해 모습을 드러냈다.

이 광경을 보기 위해 멀리 각지에서 모여든 군중들의 환호성이 터져 나왔다. '그 남자와 시간이 만났다.' 소총의 총성처럼 선명하게 이 행사의 주인공을 소개하는 연설자의 말이 울려 퍼지자 군중은 천둥 같은 소리로 화답했다.

이 운명의 남자는 정말 매력적인 인물이었다. 그는 중키를 약간 웃도는 날씬하고 탄탄한 체격이었다. 각진 턱, 얇은 입술, 오똑한 코, 깊은 눈매, 높고 고상한 눈썹은 사려 깊은 정신과 강한 의지를 드러냈다. 〈런던 타임스〉의 특파원은 '그는 링컨과는 확실히 다르게 생긴 사람'이며 '신사 같다'고 평했다. 하지만 데이비스는 켄터키 농부의 아들로 태어났고, 그 역시 출생지에 대저택이 없었기 때문에 두 대통령 사이의 사회적 격차는 상상만큼 크지 않았다. 하지만 그의 아버지는 운이 없었던 토머스 링컨과 달리 북부가 아닌 남부로 이주하여 미시시피의 농장주로서 제법 재산을 모았다. 세속의 재산을 물려받은 제퍼슨 데이비스는 켄터키에서 대학 교육의 혜택을 받았고, 웨스트포인트에서 군사 훈련을 마쳤다. 군인과 정치인이라는 직업을 선택한 그는 멕시코 전쟁에서 뛰어난 활약을 펼쳤고, 전쟁이 끝난 후에는 워싱턴의 상원이나 내각에서 많은 시간을 보냈다. 운명의 '시간'이 다가왔을 때 그는 미합중국 상원 의원이었다.

데이비스는 평생 동안 플랜테이션 이해관계의 이익을 옹호하는 데 충실했지만, 그의 편에 섰던 많은 사람들만큼 냉정하고 완고한 사람은 아니었다. 그는 캘훈과 함께 '아메리카에 존재하는 아프리카 노예 제도는 도덕적, 사회적, 정치적 축복'이라고 믿었다. 그는 미주리 타협을 폐기하고 노예 제도를 모든 준주로 확대하는 것을 선호했다. 그는 경합의 언어적 표현을 꿰뚫고 있었고 정치적 갈등의 경제학을 명확히 파악했다. 그는 남부는 다른 국가들과 가능한 한 자유로운 무역을 요구하는 농업 지역이라고 반복해서 말했다. 그에게 보호 관세는 북부 자본가들의 이익을 위해 농장주들에게 부과하는 조공에 불과했고, 따라서 그는 끝까지 그것에 반대했다. 그러나 그는 극단주의자가 아니었고, 링컨이 단호하게 거부한 미주리 타협 선을 태평양으로 확장하는 프로젝트를 받아들일 준비가 되어 있었다. 데이비스는 전쟁이 발발하면 길고 절망적인 싸움이 될 것을 예견하고 가벼운 마음으로 칼을 뽑아 들었다.

데이비스가 임시 대통령으로 취임한 지 얼마 지나지 않아 몽고메리 의회는 남부연합을 위한 영구 헌법 초안을 작성했다. 1861년 11월에 선거가 실시되었고 이듬해 2월 2일, 이미 늙고 초췌한 데이비스는 남부연합의 수도로 선정된 리치몬드의 워싱턴 기념비 기슭에서 취임 연설을 하기 위해 자리를 잡았다. 이 무렵 도넬슨 요새는 함락되었고 남부의 대의에 어둠이 내려앉기 시작했다. 하늘에서 불길한 징조처럼 군중이 모인 곳에 비가 쏟아졌지만 데이비스는 '우리 투쟁의 가장 어두운 시간'에도 주눅 들지 않았다. 재난은 새로운 노력을 불러일으킬 뿐이었다. '오 주여, 당신께!'라고 그는 예식이 끝날 무렵 외쳤다. '나는 나 자신의 모든 것을 바치며 조국과 그 대의에 당신의 축복을 간절히 청합니다.'

이렇게 공식적으로 발효된 남부연합 헌법은 1787년 필라델피아에서 건국의 아버지들이 연방 전체를 위해 초안을 작성한 헌법과 대부분의 면에서 유사했다. 이 헌법은 대통령, 상원, 하원을 규정했으며, 의회가 각 부처의 수장에게 상원이나 하원의 의석을 부여하고 그들에게 토론에 참여할 권리를 부여할 수 있었다. 그러나 남부와 북부의 오랜 경제 경쟁을 반영하여 의회는 내부 개선을 위한 예산 책정, 민간 기업에 대한 보상금 지급, 산업 육성을 목적으로 한 수입 관세 부과 금지 등 몇 가지 중요한 권한을 의회에서 보류했다. 연방 헌법이 연방의 성격에 대해 침묵하는 것을 대신해 각 주는 '주권적이고 독립적인 정체로 행동한다'는 명시적인 선언으로 대체되었다. 부통령 알렉산더 스티븐스는 새 체제의 초석에 대해 이렇게 말했다. '흑인은 백인과 동등하지 않으며, 우월한 인종에 예속되는 노예 제도가 흑인의 자연스럽고 정상적인 상태라는 위대한 진리 위에 놓여 있다. 우리의 새 정부는 이 위대한 물리적, 철학적, 도덕적 진리에 기초한 세계 역사상 최초의 정부이다.'

그들이 벌이는 일의 윤리적 성격에 관해서 남부연합 지도자들은 다소 혼란스러워했다. 데이비스는 첫 취임 연설에서 정부를 변경하거나 폐지할 수 있는 국민의 자연적 권리와 헌법 조약의 법적 성격에 근거하여 연방 탈퇴를 '혁명'이라고 부르는 것에 반대했다. 그러나 그의 동료인 스티븐스는 연방 해산을 '이 혁명'이라고 대담하게 말했다. 조지아 주의 아이버슨 상원 의원도 한 주의 탈퇴는 '혁명 행위'이며 중앙 정부의 강압 시도는 하나의 정책과 방편의 문제라는 입장을 취했다. 1861년 로버트 E. 리는 거의 동일한 표현을 사용하여 '연방 탈퇴는 곧 혁명'이라고 선언했다. 조지아 주의 로버트 툼스는 북부를 향해 당시의 언어에 신경 쓰지 않는다고 호감이 가는 솔직함으로 말했다. '당신은 그것을 탈퇴라고 부를 수도 있고 혁명이라고 부를 수도 있다. 하지만, 당신들 앞에는 커다란 사실, 당신들을 반대할 준비가 되어 있는, 손에 무기를 든 자유민들이 있다는 사실이 놓여 있다.'

그러나 시간이 흐르고 특히 1863년 게티스버그 전투 이후 파멸이 점점 더 다가오자, 고위직에 있는 남부 지도자들은 그들의 연방에서 탈퇴할 헌법적, 법적 권리를 점점 더 강조하기 시작했다. 승리한 혁명은 그 자체로 도덕적 정당성을 지니지만, 진압된 혁명은 또 다른 측면을 지니고 있다. 따라서 탈퇴는 혁명도 아니고 반란도 아니고 봉기도 아닌 적절한 법 절차, 연방 헌법에 의해 엄숙하게 승인된 행위라는 공식적인 전통이 생겨났다.

§

남쪽의 지도자들이 법률 이론으로부터 거대한 투쟁을 위해 돈과 물자, 병력을 모으는 일로 눈을 돌렸을 때, 그들은 다른 질서의 문제에 직면했다. 북부에는 국가적 통화 체계가 있었지만 남부는 새로운 화폐 체계를 만들어야 했다. 비록 재정은 바닥을 치고 있었지만, 북부는 재무부와 과세 체계가 있었고, 남부는 재정 구조를 기초부터 구축해야 했다. 처음에 남부연합은 경상 수입의 대부분을 보호무역을 위한 게 아닌 수입품에 부과하는 관세에 의존했지만, 1861년 4월 링컨이 선포한 남부 항구 봉쇄 조치로 인해 곧 연약한 갈대가 끊어졌다. 그러자 의지할 데는 탈퇴한 주에 직접 재산세를 부과하는 것이었는데, 이 역시 지지자들에게 실망감을 안겨주었다.

남은 주요 자원은 이제 종이, 하나밖에 없었다. 그로 인해 중앙 및 지방 재무부로부터 채권이 꾸준히 쏟아져 나왔다. 남부의 패트리어트들은 남부연합의 채권을 연連 단위로 사들였다. 런던, 파리, 암스테르담에서 큰 덩어리로 팔려 나갔고, 많은 영국 영주들이 플랜테이션 귀족에 대한 동정심과 이익을 결합시키려 했지만, 훗날 자신들의 무지를 증명하는 증거를 보며 탄식을 내뱉었다. 채권에 채무증서bill of credit가 추가되었고, 남부연합 재무부는 10억 달러 이상의 종이를 발행했다. 주 정부, 은행, 시 정부, 사업가들이 홍수처럼 쏟아져 들어와 본류에 기여했다. 식료품점, 이발소, 정육점, 제과점, 촛대 제조업자들도 소액의 지폐를 발행했다. 그러나 이 모든 종이가 가져온 것은 얼마 안 되는 현금이었다. 남부연합이 존속하는 동안 모은 돈은 정화로 3,000만 달러가 채 되지 않았고, 그 대부분은 물품 대금을 지불하기 위해 해외로 보내졌다.

따라서 통화를 정화에 기반해 유지하려는 시늉조차 할 수 없었다. 오래되었지만 언제나 새로운 이야기가 반복되었다. 가치 하락을 막으려는 시도가 있었고 모두 헛수고로 끝났다. 종이는 전쟁의 운명에 따라 오르내렸지만 전반적으로 뚜렷한 하락 경향을 보였다. 투쟁의 2년이 지나기도 전에 금화 1달러는 남부연합 지폐로 22달러의 가치가 있었고, 리치먼드에 있는 고급 레스토랑에서의 평범한 저녁 식사 비용은 통화로 50달러에서 100달러에 달했다. 그러나 인쇄기는 더 많은 종이에 대한 수요를 따라잡는 데 어려움을 겪었고, 결국 누더기와 펄프로 이루어진 거대한 집은 완전히 무너져 내렸다. 마침내 대공황이 닥친 것은 전혀 놀라운 일이 아니었다. 놀라운 것은 남부 사람들이 혼란스러운 통화에도 불구하고 그토록 열정적으로 불평등한 경쟁을 이어갈 수 있었다는 사실이다.

훨씬 더 전략적으로 유리한 위치를 점하고 있었지만, 연방 정부는 전쟁 자금 조달에서 한계에 부딪혔다. 예상치 못한 막대한 전쟁 비용은 적은 액수를 처리하는 데 익숙한 관리들을 당황하게 만들었다. 전쟁이 벌어진 4년 동안 육군과 해군에서만 30억 달러가 넘는 비용이 지출되었는데, 이는 그 이전 4년 동안의 평화 기간에 비해 20배가 넘는 금액이었다. 이러한 비용을 충당하기 위해 의회는 무겁고 과감한 세금 대신 높은 이율의 대출에 의존했다. 전쟁 첫해에는 세금 부과를 통해 조달한 세입 1달러당 8.52달러를 차입했고, 전쟁이 끝난 후에도 그 비율은 여전히 3대 1에 달했다.

대부분의 연방 채권 발행은 제이 쿡의 금융 회사를 통해 관대한 수수료로 이루어졌다. 놀라운 에너지로 '남북전쟁의 금융가'는 보스턴에서 샌프란시스코까지 채권 '드라이브'를 조직하여 링컨 행정부에 궂은 날이든 갠 날이든 자금을 공급했다. 물론 이 작전에서 쿡은 비판을 피할 수 없었다. 언론은 그가 거래에서 막대한 이익을 거뒀다는 의혹을 거듭 제기했고, 그가 전쟁 중에 엄청난 부자가 된 것은 사실이다. 그럼에도 불구하고 조사 결과 그의 채권 판매 수익은 전반적으로 투기성이 강한 상황에서 국민들이 은행가에게 기대할 수 있는 적당한 수준이었다는 것이 밝혀졌다. 어쨌든 쿡이 얻은 이익은 그가 수행한 사업의 규모에 비해 상대적으로 작았다. 전쟁이 끝난 후 9월에 국가 부채는 링컨이 국정 운영을 맡은 날의 74,985,000달러에서 2,846,000,000달러로 늘어났다.

그 무렵 세수는 아메리카 역사상 최고치를 기록했다. 몇 달 동안 이 문제를 회피하던 의회는 결국 현실을 직시하게 되었다. 수입품에 대한 세율을 인상하여 부수적으로 보호되는 이익보다 더 많은 세금을 부과했고, 각 주에 인구에 따라 직접세를 부과했으며, 사치품, 직업, 소득, 기업의 수입 및 기타 가능한 거의 모든 물건에 대해 관세를 부과했다. 1862년 6월에 종료된 회계 연도는 세금 수입이 겨우 5천만 달러에 불과했지만, 1865년에는 거의 3억 달러를 기록했으며, 그중 10분의 1은 소득세에서 나온 것이었다.

세금을 부과하고 채권을 발행하는 것 외에도 자금이 절실했던 연방 정부는 1862년부터 '그린백Greenbacks'으로 널리 알려진 지폐를 발행하기 시작했는데, 이것은 경화에 의해 뒷받침되지 않았다. 2년이 지나자 4억 달러가 넘는 지폐가 북부의 인쇄소에서 시중에 쏟아져 나왔고, 이 지폐는 연방군 병사들에게 급여를 지급하고 시급한 지출을 충당하는 데 사용되었지만, 부채에 대한 이자만은 경화로 지불되었다. 이 종이가 자연스럽게 하락하기 시작하자 정부에 물자를 판매하는 사람들은 역사의 관행에 따라 차액을 메우기 위해 가격을 올렸지만, 임금이 고정된 병사들은 손실을 쉽게 만회할 수 없었다. 1864년의 암울했던 시절에는 금 1달러를 사려면 거의 그린백 3달러가 필요했다.

§

투쟁을 위해 군대를 모집한 정부 부처에서도 초기 부양과 이어진 불경기에 관한 동일한 경험을 보고했다. 처음에는 양측 모두 대중의 열정에 의지하여 전투원 대열을 채울 수 있었다. 링컨은 섬터의 소식이 전해지자마자 7만 5천 명의 지원병을 모집했고, 이듬해 7월 초까지 30만 명이 넘는 병사들이 링컨의 지휘를 받았다. 남부에서도 비슷한 충성심이 나타났다. 조지아의 하우얼 콥은 '우리 시민들의 불안은 누가 전쟁터에 나갈 것인가가 아니라 누가 집에 남아 있을 것인가에 있다'고 말했다. 데이비스는 4월 29일에 열린 의회 특별 회의에서 4만 5천 명의 병력이 남부연합을 위해 무장을 하고 있으며, 지원자들이 장비와 훈련을 받을 수 있는 속도보다 더 빨리 몰려들고 있다고 자랑할 수 있었다.

그러다가 흐름이 뒤집혔다. 투쟁의 가공할 강도가 분명해지고 초기 몇 주 동안의 열정이 식은 후에, 실제 전투의 냉혹한 시험이 시작되자 어느 정부도 지원자에게 의존하여 공백을 메우고 증가하는 수요를 충족하는 데 필요한 병력을 확대할 수 없었다. 1862년 남부연합 정부는 징병제에 의존했고, 이듬해 연방 정부도 같은 방법을 택했다. 1864년 남부연합은 17세에서 50세 사이의 모든 백인 남성을 입대시킬 준비를 해, 당시의 표현대로, 요람에서 무덤까지 강탈했다. 상황이 절박해진 막바지에는 노예를 입대시키기로 결정했다. 양쪽 모두에서 보편적 책임이라는 위대한 원칙은 처음부터 악의적인 예외로 인해 위반되었으며, 징집된 사람들이 대리인을 고용하여 복무를 완전히 회피할 수 있다는 조항으로 인해 두 배로 끔찍해졌다. 가난한 사람들에 대한 부자들의 특권이 너무 우악스럽고 너무 명백하게 유리해서 온 사방에 비통함의 씨앗을 뿌렸다.

두 국가 모두에서 적대적인 시위가 징병 법안을 환영했다. 1863년 7월 13일 연방 징병제 밑그림이 그려지기 시작한 것은, 소심한 시민들에게는 혁명처럼 보였던 뉴욕 시의 심각한 폭동의 신호탄이 되었다. 징병제 초안을 만들던 본부가 파괴되고, 징병 심사 사무실이 쑥대밭이 되고, 흑인들이 구금되고, 교수형에 처해지고, 총격을 당했다. 시장 관저가 습격당했고, 여러 연방주의자들의 집이 전소되었으며, 폭도들과 경찰 사이에 거리에서 치열한 전투가 벌어졌다. 사흘 동안 봉기는 격렬하게 진행되었다. 대규모 병력이 현장에 도착하고 나서야 봉기는 진압되었다. 그때까지 최소 천 명이 사망하거나 부상을 입었고 100만 달러 상당의 재산이 파괴되었다. 북부의 다른 지역에서는 징집 회피와 탈영이 만연했고, 대리인을 구한 사람들도 예상을 뛰어넘는 숫자였다.

남부도 속이 쓰렸다. 조지아 주지사는 데이비스 대통령에게 미합중국 연방 의회가 통과시킨 그 어떤 법도 남부연합 정부의 징병법만큼 자유에 큰 타격을 주지는 않았다고 선언했다. 노스캐롤라이나, 테네시, 조지아, 앨라배마, 사우스캐롤라이나의 산악 지역에서는 징병제에 대한 공개적인 저항이 있었고, 이를 비난하는 공개 회의가 열렸으며, 징병 대상자들이 징병을 피해 도망쳤고, 일부 지역에서는 무법자들이 무리를 지어 징병제를 집행하려는 관리들을 제압하기도 했다. 부유층은 돈을 지불하면 복무를 피할 수 있고, 대규모 농장을 소유한 사람은 사실상 면제를 받을 수 있는 조항으로 인해 모든 곳에서 분노가 일었다. 결국 압력에 못 이겨 남부연합 의회는, 대리인을 이미 고용한 사람들의 거센 항의에 부딪혔지만, 이 관행을 폐지했고, 15명 이상의 노예를 소유한 소유주를 일반적인 면제와 특별 배려 대상으로 만들어 책임을 보편화했다. 전쟁이 끝날 무렵 두 정부는 군대의 공백을 메우고 병력을 늘리기 위해 국민을 대상으로 신병을 모집하는 데 끊임없는 경각심을 보였지만, 남부연합은 그 임무를 감당할 수 없는 것으로 판명되었다. 전쟁 막바지 몇 달 동안 남부에서는 징병이 '완전히 실패'했고 리치몬드의 당국은 10만 명의 탈영병이 생겼다고 보고해야 했다.

§

교전 중인 정부가 직면한 또 다른 과제는 자금 조달이나 군대 조직보다 더 당혹스러운 것이었는데, 그것은 전쟁을 지지하는 여론과 민간 세력을 동원하는 것이었다. 물론 이 작업은 처음에는 자동적으로 이루어졌다. 무력 충돌, 경악, 도전이 양측의 많은 사람들을 전투의 깃발 아래 모이게 했다. 젊은이들이 깃발로 달려가는 동안, 사적인 관심사를 제쳐두고 각 정부의 공식 비공식 지원에 헌신한 노년층은 종종 자신의 감정이 분별력을 뛰어넘는 것을 허용했다.

책임감 있는 정치인들은 전반적으로 유권자들 사이에서 성난 사람들이라기보다 온건한 편이었던 것 같다. 제퍼슨 데이비스는 '진실은 남부 주민들이 내내 그들의 대표자들보다 앞서 있었다는 것'이라고 기록했는데, 이 의견은 신문에 의해 강조되었다. 예를 들어, 〈찰스턴 머큐리〉는 1861년 개원 당시 타협을 위한 모든 시도에 대해 조바심을 감추지 못했다. 편집자는 '의회에 있는 남부 상원 의원들은 거만하고 경멸적이며 공개적으로 위협적인 적, 즉 공화당과 양키들을 향해 한심한 한탄과 눈물겨운 호소를 하며 스스로를 비하하고 있다'고 썼다. 영국의 저널리스트 러셀은 1861년 5월 뉴올리언스에서 〈런던 타임스〉에 기고한 글에서 이렇게 선언했다. '국민들의 일치단결에는 의심의 여지가 없다. 그들은 오직 하나의 정서에 의해 움직이고 있으며, 최후의 한 사람이 남을 때까지 북부에 저항할 것이다'라고 말했다.

반대편에는 그런 목표의 단일성이 없었다 해도, 상대편보다 덜 단호하지 않은 결의가 있었다. 섬터에서의 총성은 광범위한 반응을 불러일으켰는데, 개리슨이 말했듯이 '천 개의 나이아가라 폭포처럼 힘차게 남쪽으로 휩쓸고 나가는 강력한 감정의 흐름'을 불러냈다. 다른 목격자들도 이러한 견해를 확인했다. 로웰은 '섬터에서의 첫 총성은 모든 자유 주를 하나로 뭉치게 했다'고 말했다.

전쟁의 물결은 남성과 함께 여성도 그 흐름으로 휩쓸었다. 18세기 말까지 전쟁은 영토와 명성을 얻기 위해 왕들이 벌이는 전쟁, 봉건제 유지와 직업 군인의 도움으로 수행되는 전쟁, 농민과 상인이 거의 참여하지 않는 전쟁, 희생자나 진영의 추종자를 제외하고는 여성이 거의 참여하지 않는 전쟁 등 거의 전적으로 남성의 일이었다. 그러나 프랑스 혁명으로 정점에 달한 18세기 민주주의 운동은 상인과 농민에게 권리와 특권을 부여하고 투표권을 주고 총을 손에 쥐여주며 그들을 애국자로 만들었다. 나폴레옹 치하에서 일반 징병제를 도입하고 그 기술을 유럽에 전파한 것은 프랑스인이었다. 민주주의가 보편성을 바탕으로 발전함에 따라 병역에 대한 일반 책임 원칙은 널리 고착화되었고, 따라서 여성들이 경제적 독립을 쟁취하고 법적 권리를 획득하고 정치 및 기타 모든 영역에서 평등을 요구함에 따라 필연적으로 여성들도 전쟁에 휩쓸리거나 자의반 타의반 전쟁에 뛰어들게 되었다. 잭슨 민주주의의 논리적 결과는, 모든 분야와 선동에서, 여성들이 전쟁이라는 사업과 새로운 관계를 맺게 된 것이다.

따라서 미합중국에서의 남북전쟁은 아메리카 여성운동의 역사에 새로운 시대를 열었다. 이전에는 남성들이 전선에서 간호는 물론 전투와 요리까지 도맡아 했다. 이제 북부 여성들은 클라라 바튼의 지휘 아래 공식적인 반대에도 불구하고 전선 바로 뒤 야전병원에서 간호와 요리의 모든 고난을 감수하고 모든 위험을 견디며 질서, 편안함, 청결에 대한 여성의 열정을 전쟁터로 옮겼다. 남부 여성들도 이러한 짐을 짊어졌다. 제퍼슨 데이비스 부인은 리치몬드의 친구들을 언급하며 '병원에서 간호 일을 하지 않은 여성이 예외적이었다'고 말했다.

전쟁터에 여성의 예술이 도입되면서 병원 용품, 편의품, 별미에 대한 엄청난 수요가 발생했고, 이러한 수요는 대부분 여성들 자신의 노력으로 충족되었다. 특히 미합중국위생위원회의 조직과 운영에서 여성들은 활발히 활동했으며, 링컨으로부터 극찬을 받은 위생 박람회는 거의 전적으로 여성들의 작품이었다. 남부연합의 여성들도 이에 뒤지지 않았다. 남부 작가들의 편지와 회고록에는 병원과 수용소를 위한 물품을 준비하고 전달하는 과정에서 여성들이 한 고된 노동이 기록되어 있다. 리치몬드에 사는 이웃에 대한 글에서 데이비스 영부인은 이렇게 말했다. '그들은 자신의 가족을 입히고 돌보고, 병사들을 위해 바느질을 하고, 우리의 전투 깃발을 만들고, 가장 소중하고 유일한 생계비 공급자를 바쳤다. 그들은 굶주린 사람들을 먹이고, 고아들을 돌보고, 모든 사치품을 빼앗아 병사들에게 나누어 주었으며, 궁핍한 가운데서도 병사들에게 희망을 불어넣을 만큼 쾌활했다.'

여성들은 전투와 직접적으로 관련된 광범위한 서비스를 제공하는 것 외에도, 특히 북부에서 전쟁의 필요로 인해 경제적, 정치적 활동의 범위를 넓혔다. 여성들은 공장 공정을 통해 군대를 위한 물자를 생산하는 새로운 산업체에 진출했다. 그들은 전선으로 소집된 남성들을 대신해 최근에 설립된 학교로 쏟아져 들어갔다. 땅을 경작할 노예가 없는 수백 개의 농장에서는 남자들이 밭에 내려놓은 밧줄과 쟁기를 여성들이 집어들어 무거운 노동의 짐을 떠맡았다. 그 장면에 관해 애나 하워드 쇼는 위스콘신에서 겪었던 전시의 나날을 생생한 기억으로 보여주었다.

여성들이 연단에 서는 특권을 얻기 위해 길고 격렬한 투쟁을 벌였던 북부 전역에서 여성들은 이제 모금, 채권 판매, 상무尚武 정신을 고취시키기 위해 열린 공개 회의에서 연사로 인정받게 되었다. 젊은 '마법사' 애나 디킨슨은 전쟁 중 링컨 당에 없어서는 안 될 존재가 되었고, 전쟁이 끝날 무렵에는 공화당 정치인들이 그녀에게 앞길이 먼 여성 참정권 활동을 좀 더 연기하고 그들이 권력을 계속해서 쥘 수 있게 도와달라고 특별 호소를 했을 정도였다. 실제로 1872년, 공화당은 여성의 지지에 감사한 나머지 정강의 한 조항으로 넣을 정도로 여성의 힘이 커지고 있음을 인정했다. '공화당은 자유의 대의를 위해 고귀한 헌신을 한 아메리카의 충실한 여성들에 대한 의무를 염두에 두고 있다. 여성들이 더 넓은 영역에 진출하는 것을 만족스럽게 생각하며, 모든 계층의 시민들이 추가적인 권리를 요구하는 정직한 요구는 정중하게 고려되어야 한다.' 남부와 북부, 모든 계급의 여성들은 전투의 흐름이 냉혹한 끝으로 치닫는 가운데 구질서가 무너지고 있다는 것을 느꼈다.

§

남녀를 막론하고 많은 국민들이 참전에 대한 열망을 갖고 있었음에도 불구하고, 두 정부는 특히 몇 달간의 유혈 사태로 열광주의자들의 열기가 식은 후 대중의 사기를 유지하는 것이 어렵다는 것을 알게 되었다. 여론을 통제하고 흩어진 세력을 결집하는 데는 각자 고유한 어려움이 있었다. 겉으로 드러난 징후에 따르면, 투쟁을 끝까지 완수하겠다는 남부의 결의는 단결의 하얀 열기 속에서 더욱 완벽하게 융합되었고, 어떤 경우에도 민주당과 언론이 링컨에게 제시한 것과 같은 강력한 반대에 의해 남부연합 행정부는 괴로워하지 않았다.

하지만 당시에 대해 '견고한 남부'라고 말하는 것은 실수다. 많은 고지대와 산악 지역에서 강력한 연방주의 운동이 있었다. 전쟁이 진행되는 동안 노스캐롤라이나, 앨라배마, 조지아, 버지니아, 미시시피에서 남부연합의 대의에 명백히 불충실한 평화 단체가 발견되었다. 몇몇 신문은 리치몬드 행정부에 대한 전폭적인 지원을 공개적으로 거부했다. 예를 들어, 〈롤리 스탠다드Raleigh Standard〉의 편집자는 반란에 가까운 입장을 일관되게 고수했고, 심지어 1864년 '어떤 대가를 치르더라도 평화 보장'이라는 공약으로 주지사 선거에 출마하기도 했다. 그의 인쇄소가 성난 군인들에 의해 파괴되자, 그의 민간 후원자들은 라이벌인 분리주의 단체 사무실을 부수는 것으로 응답했다. 또한 워싱턴 정부에 대항하여 남부연합이 발동한 무정부주의적 속성을 가진 주들의 권리는 그들로 하여금 자신들이 만든 정부에 대해 격렬히 저항하게 만들었다. 끔찍한 투쟁의 마지막 단계에서 노스캐롤라이나와 조지아의 주지사는 데이비스 정권에 대한 반란을 일으키기 직전까지 갔다. 실제로 1864년 2월, 남부 대통령은 의회에 특별 메시지를 보내 '비밀 연맹과 결사'와 여러 곳에서 나타나는 '우리 대의에 대한 불충실과 적대감'에 대해 주의를 환기시켰다.

파괴적인 경향에 대응하기 위해 남부연합 정부는 특별한 조치를 취했다. 1862년 초에는 일반법에 의해 인신 보호 영장writ of habeas corpus이 유예되었고, 나중에 그 유예는 더 광범위한 조건으로 갱신되어, 많은 시민이 군 당국에 의해 수감되었다. 그러나 전반적으로 데이비스는 억압적인 전술을 사용하는 데 있어 조심스럽게 나아가야 했다. 그는 사방에서 시민 자유의 이름으로, 계엄령에 반대하고, 남부 인사들과 그 기질로 구성되었지만 중앙집권적이고 독재적인 정부에 반대하는 격렬한 시위대의 소리를 들었다. 막판에 이를 무시하고 리 장군 밑에 독재 정권을 세우려는 시도가 있었지만, 그 계획은 곧 좌절되었다. 남부연합 헌법의 주들의 권리에 대한 편향성은 모든 강력한 조치에 반대하게 만들었고, 남부의 대의가 궁극적으로 파멸하는 데 기여했다.

연방 정부는 남부의 경쟁자보다 대중에게 강력한 압력을 가할 수 있는 장비를 갖추고 있었으며, 전쟁 초기부터 종전까지 언론과 표현을 다루는 데 있어 군사력을 지속적이고 과감하게 사용했다. 전쟁 초기에 링컨은 총사령관으로서 필라델피아와 워싱턴 사이의 행군선을 따라 인신 보호 영장 유예를 승인했다. 나중에, 마찬가지로 포고령에 의해, 계엄령 지역이 확대되었다.

1863년 봄 의회는, 미합중국 어디에서고 대통령이 인신 보호 영장을 유예할지도 모른다는 의구심이 팽배해 있었다. 몇 달간의 주저 끝에, 링컨은 전국 방방곡곡에서 민간인의 권리를 방어하는 이 고대의 수단을 없애버렸다. 이렇게 해서 군사 장교들은 대통령의 권한 아래 영장 없이 체포하고, 감금하며, 즉결 심판을 통해 처벌을 내릴 수 있는 독재적 특권을 행사할 수 있게 되었다. 군부가 사실상 무소불위의 권한을 갖게 되는 동안, 1861년 정부의 민간 부문은 위협, 협박 또는 무력으로 전쟁 수행을 방해하는 모든 사람에게 무거운 형벌을 부과하는 법으로 강화되었다.

방금 열거한 권한들을, 연방 정부는 남부 동조 혐의로 기소되거나 의심되는 사람들에 대해 광범위하게 사용했다. 적대적인 언론의 편집자들은 감옥에 갇히고, 신문 발행이 중단되고, 기자들이 체포되었다. 평화 대회가 무산되고 주최자들이 감옥에 갇혔다. 메릴랜드 주 입법부 의원, 볼티모어 시장, 지역 편집자 등은 군의 명령에 따라 체포되었는데, 그들에게는 어떤 명백한 행동에 대한 혐의도 제기되지 않았지만, 감옥에 갇혀 민간 법원에서 심리를 받을 권리조차 부정당했다. 전쟁터에서, 새로운 봉기의 위험이 상존하는 변경 주에서, 그리고 멀리 북부의 캐나다 국경까지 일반 형사 법원이 가장 열렬한 분리 독립 지지자를 처리할 수 있는 권한이 있는 곳까지, 전국에서 범죄자를 잡기 위한 그물이 던져졌다. 국가적 대의에 대한 헌신과 함께 박해에 대한 인류의 끈질긴 열정이 더해져 일종의 철칙이 대륙의 외딴 오지에까지 퍼져 나갔다.

연방 행정부의 이러한 조치와 활동은 자연스럽게 피해자들, 대부분의 낙인찍힌 민주당원들과 가혹한 강압 정책을 싫어하는 공화당원들 사이에서 깊은 반감을 불러일으켰다. 대도시에서 항의 집회가 열렸고, 반대파 대표단이 백악관을 포위했으며, 국회의원들은 인신 보호 영장 효력 정지에 대한 반대 결의 안을 기록에 남기려고 노력했다. 시민의 자유를 옹호하기 위해 군사 명령으로 체포된 남성의 사건을 심리하기 위해 미합중국 대법원장 로저 B. 테이니는 인용문으로 가득 찬 의견서를 통해 대통령에게 인신 보호 영장을 유예할 권한이 없다고 선언했다. 링컨은 학식 있는 판사의 의견을 묵살했다. 오하이오 주의 민주당 지도자 C.L.발랜디검은 연방 정부에 대한 도전적인 비판을 계속하면서 탄압이 공포의 통치를 낳을 것이라고 주장하고 전쟁을 '값비싼 피의 실패'라고 선언했다가 결국 군사 명령에 따라 남부로 추방되었다. 웬델 필립스는 링컨을 '전 세계가 이러한 측면에 대해 알고 있는 중국[의 황제]보다도 더 무소불위의 독재자'라고 비난했다.

본질적으로 자유의 친구이고 변덕스러운 압제의 적이었던 링컨은 군사 정권의 엄격함을 분명한 필요성에 맞게 조정하려고 노력했다. 전쟁이 한창일 때 그는 적을 돕거나 위로하지 않겠다고 약속하는 모든 '정치범'을 사면했다. 그는 자유를 제한하는 것에 반대한다고 선언하면서도 자유를 극한까지 누리는 적대적인 편집자들과 정치인들로부터의 인격 모독도 불평하지 않고 견뎌냈다. 그럼에도 일반적으로 링컨은 '전쟁에 반대하는' 사람들을 다룰 때는 강력한 수단을 사용해야 한다는 견해를 엄격하게 고수했다. 한 번은 전쟁 반대 위원회의 주장을 들은 후 조용한 목소리로 이렇게 물었다. '탈영을 유도하는 교활한 선동가의 머리카락 한 올도 건드리지 않으면서, 탈영한 순박한 군인 소년을 총살해야 하는가?' 헌법 위반 혐의로 기소되었을 때, 그는 헌법을 지키겠다고 서약했으며, 그가 한 서약을 이행하는 데 필요한 모든 행동은 합법적이라고 답했다. 이는 공격적인 '자유주의적 해석liberal construction'이었지만 링컨의 지지자들을 만족시켰다. '정치적 범죄자'에 대한 법의 엄격함은, 강조점은 다르지만, 끝까지 적용되었다.

§

운명의 거미줄에 얽힌 수많은 실 중에서 외교는 금융, 군대, 여론과 함께 중요한 역할을 했다. 1861년의 사실은 고립주의라는 케케묵은 생각을 깨뜨렸다. 만약 영국과 프랑스가 남부연합의 독립을 인정하고 북부에 봉쇄를 풀게 하고 남부로 돈과 물자가 흘러 들어갈 수 있는 길을 열어주었더라면 2차 아메리카 혁명의 역사는 훨씬 달라졌을 것이다. 링컨은 이러한 상황의 위험성을 충분히 인식하고 있었기 때문에 영국 내의 여론을 조정하고 외국의 개입을 바라는 움직임에 대응하는 일에 끊임없이 관심을 기울였다. 그는 적어도 한 번 이상 외교 서한의 언어를 좀 더 부드러운 표현으로 고쳤고, 런던에 있던 연방 대사 찰스 프랜시스 애덤스에게 인내와 단호함의 외교를 지속적으로 유지하게 했다.

북부연방의 대의에는 다행스럽게도, 북부는 영국 국민들 중에 많은 신실한 친구들을 가졌는데, 노예제 대 민주주의라는 이슈가 정말로 팽팽하게 균형을 이루고 있다고 믿는 동조자들이었다. 상류계급의 비웃음에도 불구하고 존 브라이트와 같은 자유주의 지도자들은 노예 소유주들의 남부연합을 돕는 것은 전 세계의 자유에 대한 타격이 될 것이라고 자국민을 설득하기 위해 밤낮으로 노력했다. 그리고 공장 지대의 섬유 노동자들은 이러한 정서에 박수를 보냈다. 목화 기근으로 아사 직전에 놓인 가장 암울한 시기에도 그들은 봉쇄가 계속되도록 허용하여 북부를 도와주라고 그들의 정부에 청원했다.

특히 링컨의 '노예 해방 선언Proclamation of Emancipation' 이후 영국 내 여론은 북부를 지지하는 쪽으로 명확하고 강력하게 기울었다. 유명한 설교자 스펄전은 '속박과 채찍은 우리에게 동정심을 불러일으킬 수 없다'며 '신이여 북부를 축복하고 강화하여 그들의 무기에 승리를 안겨주소서!'라고 회중에게 외쳤다. 영국의 산업 중심지에서 열린 대규모 대중 집회를 통해 노예제 반대 열정은 그 뜨거운 열기를 이어갔다. 한 집회에서 브라이트는 정치가들이 적대적이거나 냉정하게 중립을 지키고, 많은 부자들이 남부연합을 돕고, 언론이 북부연방Union의 대의를 배신하는 동안 영국 대중은 자유의 승리를 믿고 북부군의 성공을 위해 기도했다고 선언했다. 외교 전략, 밀, 운명이 링컨의 영국에서의 노력을 성공으로 이끌었다.

데이비스 대통령도 마찬가지로 외교의 중요성을 파악하고 구세계 열강을 선동하기 위한 노력을 아끼지 않았다. 그는 투쟁 초기에 해외에 특별 위원들을 파견했고, 전쟁이 끝날 때까지 외국의 원조를 받기 위해 최선을 다했다. 처음에는 분위기가 괜찮았다. 유럽의 지배 계급에게 남부의 대의는 의심할 여지 없이 인기가 있었는데, 그들은 본능적으로 북부의 승리가 자신들의 국내에서의 지배권을 위태롭게 할 것이라고 느꼈기 때문이다. 영국에서는 상하 양원 대다수가 남부연합에 공개적으로 동조했고, 특히 영지를 소유한 귀족을 중심으로 한 주요 정치가들은 전쟁이 바다 건너의 '경멸스러운 민주주의'의 몰락으로 끝나기를 바랐다.

해협 건너편에서 나폴레옹 3세는 공식적으로 남부에 자신의 몸을 던지기를 열망했다. 1861년 그는 러시아에 북부에 대항하는 연합을 제안했다. 여기에서 패배한 그는 영국에 공동 개입을 제안했다. 경계심을 풀지 않은 영국 내각으로부터 뜨뜻미지근한 답을 받은 그는 1863년 링컨에게 직접 중재자 역할을 제안했다. 또 한 번 그는 거부당했다. 링컨은 정중하게 그 제안을 거절했고, 의회는 링컨에게 자신의 일에 집중하라는 단호한 결의안을 제출했다.

하지만 전쟁이 진행되는 동안 때때로 영국과 프랑스는 남부연합을 인정할 것처럼 보였다. 한 번은 노예 무역으로 얻은 수익으로 가산을 모은 글래드스톤이 영국 정부의 책임 있는 관료로서 남부의 독립을 사실상 인정하는 발언을 한 적이 있다. 1862년 뉴캐슬에서 행한 연설에서 그는 이렇게 발표했다. '제퍼슨 데이비스와 남부의 다른 지도자들은…… 국가를 만들었다…… 우리는 북부와 분리되는 문제와 관련해서 남부 주들의 성공을 확실하게 예상할 수 있다.'

실질적인 문제를 다루면서, 영국 내각은 남부에 대해서도 어느 정도 호의를 보였다. 승인은 아니더라도 무관심하게, 영국 조선소에서 남부연합을 위해 군함을 건조하는 것을 허용하고 북부의 상권을 노리기 위해 출항하는 것을 허용했다. 영국 회사가 리버풀에서 건조하고 영국 투자자들에게 판매한 채권으로 자금을 조달한 앨라배마 호가 1864년 키어세이지 호에 의해 나포되기 전까지 50명이 넘는 상인을 죽이는 동안에도 영국 내각은 침착하게 지켜보았다. 런던의 아메리카 대사는 그러한 행위가 불법이며 무관심에 부응하기 위한 것일 뿐이라고 거듭 항의했다. 링컨은 영국에 대한 전쟁 형태의 보복 위협을 통해서만 마침내 영국 당국으로 하여금 남부연합을 위해 건조된 선박의 항해를 중단시키도록 할 수 있었다.

그럼에도 불구하고 영국 정부가 북부에 대해 악의를 품은 데에 정당한 이유가 있었다는 점은 공정하게 인정해야 한다. 좀 더 차분하게 본다면, 링컨 정부는 남북전쟁 초기에 노예 제도에 대한 전쟁을 맹세하기는커녕 탈퇴파가 연방으로 돌아오기만 하면 노예 제도를 영원히 보장하겠다고 제안했기 때문에 자유를 내세워 북부를 지지한 영국 민주주의자들의 주장은 정당화될 수 없었다. 영국 비평가들의 '양키들은 결국 관세와 허영심만을 위해 싸우고 있다'는 외침은 변명의 여지가 없었다. 그리고 영국 정부가 수년 전에, 남부연합이 전 세계에 공언한 '자유무역의 대원칙'을, 이미 채택하고 있었다는 사실을 기억해야 한다. 당장의 경제적 고려도 간과해서는 안 된다. 영국 면화 산업은 봉쇄로 인해 큰 타격을 입었고, 특히 보유 재고가 소진된 이후에는 연방 정부의 전쟁 물자 구매와 아메리카산 밀의 대량 공급으로 인한 보상에도 불구하고 큰 타격을 입었다.

설상가상으로, 연방의 대변인들은 대외 관계에서 항상 재치 있는 태도를 취하지는 않았다. 국무장관으로서 수어드는 링컨이 여러 차례 외교적 발언의 강도를 낮췄음에도 불구하고 영국에 종종 퉁명스럽게 대했다. 정부를 지지하는 데 융통성이 없었던 행정부 언론, 특히 〈뉴욕 헤럴드〉는 영국 귀족이 아메리카의 자유에 반하는 음모를 꾸미고 있다고 계속 주장하며 때때로 영국과의 전쟁이 바람직한 일이라고 암시하는 등 불필요하게 강경한 태도를 취하는 경우가 많았다. 이 신문의 편집자는 '영국과 스페인은 그들의 행동을 잘 살펴야 한다. 그렇지 않으면 우리가 그들을 심판할 수도 있다'고 기염을 토하기도 했다. 의문의 여지 없이 아메리카의 이런 종류의 폭발은 해외에서 달갑지 않은 반향을 불렀다. 허버트 스펜서는 권위를 과시하며 영국인의 정서가 내전 초기에 비해 몇 달 동안의 그러한 말싸움으로 인해 북부에 덜 우호적이 되었다고 주장할 수 있었다.

이러한 상황은 부분적으로는 한 가지 불미스러운 사건의 결과였다. 1861년 가을, 데이비스가 각각 런던과 파리에서 리치몬드 정부를 대표하도록 임명한 두 명의 남부연합 대리인 메이슨과 슬라이델이 영국 증기선 트렌트 호를 타고 각자의 임지로 항해했다. 이 모험에 대한 정보를 입수한 북부군의 지휘관 윌크스 선장은 영국 선박을 점검하고 두 남부연합 대리인을 체포하여 전 세계에 수색 및 압류의 좋은 사례를 보여줌으로써 해상법에 대한 새로운 의문을 제기했다. 영국은 1812년 전쟁 이전에도 동일하지는 않지만 이와 유사한 관행에 자주 의존해왔고, 미합중국은 그러한 행위가 아메리카인의 권리를 침해한다는 이유로 강력히 반대했다. 이제 전세가 역전되었다.

영국은 망설임 없이 두 사람의 석방과 압류에 대한 적절한 사과를 요구했다. 워싱턴의 호전적인 정치인들은 이 요구에 격분하여 싸우고 싶어 했지만, 수어드와 링컨은 침착하게 대응했다. 차분하게 사건의 공과를 검토한 두 사람은 메이슨과 슬라이델을 내주고 윌크스 함장의 행동을 인정하지 않기로 결정했다. 그렇게 구름이 걷히고 이듬해 가을, 노예 해방이 발표된 후 지배 계급과 구별되는 영국 대중의 정서는 그 어느 때보다 북부로 강하게 기울기 시작했다.

§

링컨과 데이비스는 공식적인 외교 협상을 보완하기 위해 선전술에 힘을 쏟았다. 연방 정부가 외국의 여론에 영향을 미치기 위해 얼마나 솔직하고 은밀하게 노력했는지는 모든 공식 문서가 공개되어 있지 않아 알기 쉽지 않다. 그러나 정부가 기회를 소홀히 하지 않았다고 믿을 만한 근거가 있다. 국무부는 적어도 한 번 이상 국내 여론을 흔들기 위해 사용한 비밀 자금을 가지고 있었는데, 전쟁 중 해외에서의 기회를 소홀히 했다면 그것은 희한한 누락이었을 것이다. 어쨌든 남부의 장관이 리치몬드 정부를 위해 교황을 방문했을 때, 그는 교황 성하陛下가 '링컨과 그 일당'이 노예 제도에 맞서기 위해 전쟁을 일으켰다는 사실을 이미 알고 있다는 것을 발견했다.

외국에서의 남부연합의 선전에 관해서는 전쟁 후 압수된 남부의 기록 보관소 문서가 정부에 의해 까발려져, 자신들의 생각을 알려 지원을 얻으려 했던 데이비스 대통령의 공식적인 노력을 대중에게 공개했기 때문에 실제보다도 더 많은 것이 알려져 있다. 직접적인 지원은 아니더라도 독립을 인정받기 바랐던 남부연합은 '언론을 통한 유럽 내 여론 계도'에 전념할 수 있도록 대리인들에게 돈을 맡겼다. 이 비밀 기관의 책임자들은 상황이 회계 처리를 허용하지 않는 경우 지출에 대한 전표를 제공할 필요가 없었다. 영국에서의 선전 활동을 위해 '주요 저널 중 한 곳의 편집장'이 참여했으며 모든 기회를 포착하여 '확립된 여론 기관'과 남부연합 대리인의 친밀감을 강화했다. 프랑스에서는 상공회의소가 남부와의 상업 관계 회복을 위해 나폴레옹 3세에게 개입을 청원하도록 유도했다. 라인 강 너머에서는 프로이센군 장교와 상류층의 지지와 격려가 이어졌는데, 이 사실은 리치몬드에 적잖이 만족스럽게 보고되었다.

종교적 감정의 유용성을 존중하여 엄선된 카톨릭 사제가 유럽 대륙에 파견되어 특히 파리, 마드리드, 빈, 로마에서 일했다. 남부연합 국무장관 유다 P. 벤자민은 이를 자극하기 위해 행동에 나섰다. 기민한 유대인 변호사였던 벤자민은 이 성직자 외교관에게, 최근 리치몬드를 불태우고, 여성들을 이름 붙일 수 없는 공포에 노출시키고, 대통령과 정부 주요 인사들을 죽일 목적으로 급습이 있었다는 사실을 알렸다. 벤자민은 남부의 분노는 '나이와 성별을 가리지 않고, 사람들이 하느님을 예배하기 위해 모이는 건물을 가장 수치스럽게 모독하는 일에도 위축되지 않았다'고 덧붙였다. 사제는 이러한 소식을 남부의 대의에 도움이 될 외국 종교 단체에 배포하라는 지시를 받았다.

비슷한 목적을 염두에 두고 남부연합 국무장관은 해외에 있는 위원들에게 '북부에서 카톨릭 신자 학살이 일어나 인류가 아직 유례를 찾아볼 수 없는 규모로 청교도의 정신을 온전히 보여줄 때가 멀지 않았다'고 알렸다. 그는 이 예언을 확인이라도 하듯 당시에도 뉴잉글랜드 군인들이 카톨릭교회를 모독하고 있었다고 덧붙이며 카톨릭 국가들에 이 같은 내용의 성명서를 배포할 것을 제안했다.

카톨릭 사제인 한 특수 요원은 아일랜드 이민을 확인하기 위해 벤자민 장관의 지시로 아일랜드를 방문하여 그곳 국민들에게, 아메리카 정부가 표면적으로는 철도 건설을 위해 노동자들을 이주하도록 유인한 다음 강제로 군대에 보낸다는 사실을 알리고, 아일랜드인들이 '친절과 환대로 아일랜드 이민자를 받아들인 사람들의 피를 손에 묻히기 위해' 고국을 떠나는 것은 충격적인 일임을 시사하도록 지시받았다.

남부연합은 바티칸의 동정을 얻기 위해 교황청에 특사를 보내 특이한 업적을 남겼다. 데이비스 대통령의 공식 서한을 들고 온 이 특사는 적절한 절차에 따라 영접을 받고 교황에게 국서를 낭독하는 자리에서의 감동적인 인터뷰를 보고했다. '대통령께서 숭고하고 감동적인 언어로 표현한 "우리는 하늘에 계신 우리 아버지의 발치에서 성하를 움직이게 하는 동일한 감정에서 영감을 받은 기도를 바쳤다"라는 구절에 이르렀을 때, 눈에 띄게 촉촉이 젖은 그의 깊은 눈은 평화의 왕Prince of Peace이 앉으신 저 보좌를 향해 돌아갔다…… 성하께서는 데이비스 대통령이 카톨릭 신자인지 물으셨다. 나는 부정적으로 대답했다.'

교황은 그 점에 집착하지 않고 남부연합 정부가 노예의 점진적 해방에 동의하는 것이 현명하지 않겠느냐고 물었다. 이에 대해 사절은 리치몬드 정부가 각 주의 국내 제도에 대해 어떠한 통제권도 갖지 못하는 헌법의 신비를 설명하면서, 결론적으로 노예 제도가 악이라면 '그 악을 갑자기 전복시키기 위해 지구를 피로 물들이는 것보다 더 부드러운 방식으로, 자신에게 바람직할 때에 의심할 여지 없이 그 악을 제거하는 힘이 있다'고 암시했다. 교황 성하로부터 이 입장을 승인받은 사절은 '링컨과 그 일당'이 아일랜드인들을 '냉혹하게 살해당하도록' 아메리카로 유인하고 있으며, 북부의 '군단처럼 많은 강단 바보들'이 국민들에게 잔인함이라는 충격적인 교리를 가르치고 있다고 말했다. 이 모든 것들에 대해 교황 성하는 눈에 띄게 감동을 받았다.

§

남부연합의 몰락으로 끝난 이 긴 분쟁은 여러 단계에 걸쳐 진행되었다. 육지와 바다에서는 무기로, 유럽의 수도에서는 외교로, 도덕의 영역에서는 선전과 홍보, 강압으로 전쟁이 벌어졌다. 전쟁 자체에 대한 묘사는 군사 전술의 과학을 정립하거나 비극과 로맨스를 묘사하는 기술을 습득한 사람들에게 맡겨야 한다. 모든 위대한 전투는 전문가들 사이에서 치열한 논쟁의 대상이 되어왔기 때문에 일반인은 기술적인 문제는 전문가들에게 맡기는 것이 좋다. 대국적인 견지에서 보면, 비록 1863년 7월 게티스버그에서 적의 공격을 막아낸 펜실베이니아 진격으로 전쟁을 적의 영역으로 밀어붙이려는 영웅적인 노력이 있었지만, 남부의 문제는 주로 방어의 문제였다. 반면에 북부의 문제는 간단히 말해 침략과 정복의 문제였다. 링컨의 임무는 '남부의 군대를 그들의 땅에서 때려눕히거나 기진맥진해질 때까지 지치게 하는 것'이었다.

종종 그렇듯이, 지리학은 군사 과정에 눈에 띄는 변화를 가져왔다. 남부연합을 가로질러 앨라배마까지 뻗어 있는 애팔래치아 산맥은 무대를 동쪽과 서쪽의 거대한 두 구역으로 나누었고, 각 구역은 북부 군대가 노리는 요충지였다. 남부연합의 수도인 리치몬드를 대담한 공격으로 점령할 수 있다면 사기에 미치는 효과는 당연히 엄청날 것이다. 미시시피 밸리를 따라 멕시코 만까지 쐐기를 박을 수 있다면 남부연합은 단절되고 남서부는 권력의 중심으로부터 단절될 것이다. 게다가 흔들리는 켄터키와 미주리 주를 연방에 붙잡아놓기 위해서는 서부에서의 승리가 필요했다. 이 모든 것은 링컨과 그의 조언자들에게 명백했으며 그러한 이론에 따라 두 지역에서의 작전이 시작되었다.

서쪽 경기장의 군대에게는 승리가 우선이었다. 1862년 2월, 그랜트 장군은 컴벌랜드 강에 있는 도넬슨 요새를 점령하고 패배한 적군에게 '무조건적이고 즉각적인 항복 외에는 어떤 조건도 없다'는 최후통첩을 내렸다. 실로, 머프리스보로, 빅스버그, 치카마우가, 채터누가 등지에서 필사적인 전투가 벌어졌고, 결과는 다양했지만 전세가 한쪽으로 기울고 있다는 것은 명백했다. 도넬슨이 함락된 지 1년이 채 지나지 않아 미시시피 밸리는 멕시코 만과 연결되었다. 1863년 7월 4일, 빅스버그의 항복 소식을 들은 링컨은 '물의 아버지가 다시 침착하게 바다로 나간다!'라고 외쳤다. 서부의 주도권은 북부 지휘관들에게 넘어갔고, 그들은 계속해서 쐐기를 박으며 남부연합군 사이의 균열을 점점 더 크게 만들었다. 이듬해 가을, 셔먼은 애틀랜타에 도착했고 곧 바다를 향한 처절한 행진을 시작했다. 그의 무자비한 잔혹함에 대한 불만의 목소리에 그는 단호하게 대답했다. '전쟁은 지옥이다!' 크리스마스 날, 서배너는 그의 손아귀에 들어왔고 바다는 그의 앞에 펼쳐져 있었다.

서쪽에서의 성공과는 대조적으로 전쟁 초기 2년 동안 동쪽에서의 북부의 작전은 거의 끊이지 않은 불행의 연속이었다. '리치몬드로 가자'라는 대중의 외침에 따라 서둘러 행동에 나선 북부군은 1861년 7월 적진으로 돌진했다가 불 런Bull Run에서 끔찍한 재앙을 맞았다. 4년 동안 리치몬드로 중요한 군사적 성과 없이 주기적으로 진격이 이루어졌다. 매클렐런, 포프, 번사이드, 후커, 미드 등 수많은 장군들이 시련을 겪었지만 누구도 치명적인 타격을 가할 수 없었다. 이들의 최고 업적은 방어에 성공했다는 것보다 약간 나은 정도에 불과했다. 매클렐런은 1862년 9월 앤티탐에서 리 장군을 견제했고, 미드는 이듬해 7월 게티스버그에서 리 장군의 북진을 멈추게 했지만 결정적인 성과를 거두지는 못했다. 마침내 1864년 2월, 링컨은 그랜트 장군에게 북군 사령관을 맡졌다. 지형을 측량한 후, 새로운 군사령관은 무제한의 보급품 지원을 받아 버지니아에 있는 리의 군대에 대해 무자비한 공격을 시작했다. 한 치의 땅도 놓치지 않으려 완강히 저항했지만 끊임없는 압박이 결국 통했다. 리치몬드가 함락되고 남부연합이 붕괴되자, 리는 1865년 4월 9일 애퍼매톡스에서 항복했다. 전쟁은 끝났다.

이 결과에는 육지에서의 경쟁보다는 덜 극적이지만 바다에서의 경쟁이 중요한 영향을 미쳤다. 농업 지역인 남부는 공산품의 대부분을 유럽에 의존하고 있었고 면화를 비롯한 원자재로 대금을 지불해야 했다. 거기에서도 남부는 냉혹한 현실에 의해 그 과업이 중단되었다. 따라서 국가의 운명을 가늠하는 사람들의 눈앞에 다시 한 번 해군의 힘이 크게 다가왔다. 이를 재빨리 알아차린 링컨은 1861년 4월 19일 남부 항구에 대한 봉쇄령을 선포하고, 이 명령을 더욱 효과적으로 수행하기 위해 방치되었던 해군력을 증강하기 시작했다. 시간이 지날수록 남부연합의 해상 무역에 대한 북부 순찰대의 철통같은 통제는 점점 더 단단해졌다. 4년 동안 봉쇄가 심각한 위험에 처한 것은 1862년 봄, 남부연합의 철갑선 메리맥 호가 햄튼 로드에 나타나 연방군 함정 두 척을 종이처럼 부숴버렸을 때뿐이었으며, 이 사건은 연방군 장교들에게 당혹감을 널리 퍼뜨렸다. 그러나 바로 그 순간, 북부의 철갑선 모니터 호가 시험에 대비해 대기하고 있다가 메리맥 호의 공격을 막아내면서 메리맥 호의 활약을 종식시켰다. 해상 전투의 새로운 시대가 열렸고, 봉쇄의 성공이 확실해졌다. 남부연합의 운명이 결정되었다.

밤낮으로, 겨울과 여름 내내 북부연방의 군함들은 해안을 순찰하며 지칠 줄 모르게 일과를 수행했다. 가끔씩 봉쇄선을 뚫고 들어오는 적을 쫓는 흥미진진한 추격전은 그들에게 활기를 불어넣었다. 유럽과 남부의 많은 모험가들이 빠른 배를 갖추고 목숨과 재산을 걸고 봉쇄선을 뚫으려 했지만, 남부 해군의 끊임없는 경계심으로 게임의 위험도는 꾸준히 증가했다. 1860년에 수출된 면화의 가치는 약 2억 달러에 달했지만 2년 후에는 4백만 달러로 떨어졌다. 이에 따라 모든 종류의 상품에 대한 남부연합의 대외 무역도 소소한 금액으로 줄었다. 리치몬드 정부는 임기 말에 이르러서는 채권과 지폐 발행에 필요한 고급 종이를 충분히 확보하지 못했고, 철도의 선로와 차량을 유지하기에 충분한 철도 확보하지 못했다. 남부의 사업가들은 의심할 여지 없이 공장을 짓고 물자를 공급하는 데 대단한 활력과 능력을 보였지만, 전쟁 4년 동안 2세기에 걸쳐 방치했던 산업을 복구할 수는 없었다.

§

수많은 영웅심과 희생을 불러일으킨 무장 전투에는 항상 큰 전쟁을 상징하는 인간 정신의 어두운 면모, 즉 고위층의 부패, 냉정하고 냉소적인 폭리 추구, 사치, 비정한 경박함 등이 수반되었다. 6개월이 채 지나기도 전에 워싱턴의 공기는 사기에 대한 기소로 혼탁해졌다. 낙담한 한 상원 의원은 '우리는 무능과 부패, 시간의 수레바퀴가 우리를 끌고 가는 만큼 빨리 파멸할 것'이라고 말했다. 의회 조사 결과 계약업체들이 막대한 이윤을 남겼고, 터무니없는 가격을 청구했으며, 불량품을 납품해 정부를 고의적으로 속였다는 놀라운 사실이 밝혀졌다. 모든 것이 전쟁부를 가리키고 있었다. 그래서 링컨은 펜실베이니아 출신의 정치인인 장관을 해임하고 시적 정의poetic justice의 손길로 그를 차르의 궁정에 공사로 보냈다. 한 저명한 기관은 연방 재무부에서 지급되는 돈의 5분의 1에서 4분의 1이 사기꾼의 속임수에 오염되었다고 추정했다.

같은 성격의 문제가 남부를 괴롭혔다. 리치몬드의 신문들에는 '공식 도적'들의 강도 사건에 대한 불만이 가득했다. 조지아 주의 한 편집자는 '병참 장교들과 병참감들이 투기와 날강도짓으로 부를 축적했다'고 개탄했다. 실제로 이러한 유형의 혐의가 너무 많아서 남부 의회는 전쟁 물자 구매를 담당하는 관청의 부정 행위에 대한 특별법을 제정했다. 한 유능한 남부 작가는 남부연합의 몰락을 부패의 저주 때문이라고 주장하기도 했다. 양측의 좀 더 온건한 성품의 소유자들은 각자의 정부가 걱정한 악을 상인과 자본가들의 과도한 약탈보다는 비효율적인 행정 때문이라고 생각했다.

민간의 호화로운 생활과 폭리 추구도 공적인 위반 행위와 마찬가지로 투쟁의 성격을 특징이었다. 신흥 부자들은 감정을 억제할 수 없었다. 〈시카고 트리뷴〉은 '우리는 보라색과 고급 리넨으로 옷을 입었고 가장 비싼 레이스와 보석을 차고 매일 호화롭게 지낸다'고 외쳤다. 1864년 봄, 체이스 장관이 긴급한 재무부 업무로 뉴욕을 방문했을 때, 그는 사람들이 전선에서 벌어지는 끔찍한 유혈 사태 소식보다 주식 시장에 더 관심이 많다는 사실을 발견했다. 당시이 편지와 신문에는 계약사들과 투자자들이 전쟁이 길어져도 더 나은 '수확'을 기대한다는 내용이 끊임없이 흘러나왔다. 1864년 로버트 C. 윈스롭은 이렇게 선언했다. '진정한 애국심, 혹은 공언된 애국심이 전장의 수많은 죄악과 용맹을 덮어주고 십계명의 모든 의무를 대신하는 것으로 간주될 수 있는 위험은 누구도 깨닫지 않을 수 없을 것이다.'

리치몬드 정부의 가난에도 불구하고 남부에서는 막대한 이윤을 남기고 풍요롭게 살 수 있는 기회도 풍부했다. 특히 봉쇄돌파선을 통해 큰돈을 벌 수 있었는데, 한 배는 나포되기 전에 선주에게 700퍼센트의 수익을 안겨주었다. 일부 철도는 30~60퍼센트에 달하는 배당금을 지급했고, 정치인들은 군대와의 계약으로 부자가 되었다. 1863년 데이비스 대통령은 이렇게 외쳤다. '투기에 대한 열정이 모든 계층의 시민을 유혹하고 있다. 전쟁에 대한 결연한 의지를 밝힌 사람에서부터 돈을 모으려는 지저분한 노력을 아끼지 않는 사람에 이르기까지.' 외국과의 교역이 줄어들면서 유럽산 고급 의류 수입이 어려워졌지만, 남부군 병사들이 의약품 부족으로 죽어가는 동안 도시의 상점들은 그 어느 때보다 더 많은 외국산 원단을 진열하고 있다고 편집자들은 매일같이 개탄했다. 한 남부 작가는 같은 신문의 칼럼에서 밀가루가 배럴당 100달러가 넘고 다섯 개의 대형 무도회가 열린다는 기사를 읽고 '춤추자!'라고 씁쓸하게 말했다.

폭리 추구와 호화로운 과시에 대한 이야기와 함께 노동자 계급의 빈곤과 고통에 대한 이야기도 끊임없이 이어졌다. 신문에 나온 삽화들을 쌓아올리는 것은 쉽다. 확실히, 특히 북부의 숙련된 장인들의 임금은 급격히 상승했고, 그 수치는 그들이 비참했다는 중얼거림을 잠재우기 위해 종종 인용되었다. 그러나 오랜 시간이 지난 후 사실에 대한 과학적 연구는 그들의 수입이 상품 가격을 따라가지 못했고 공장 노동자들의 소란스러운 항의가 현실에 근거해 있다는 것을 결론적으로 보여주었다. 물론 농산물 가격도 상승했지만 농부들이 구입해야 하는 공산품의 가격에는 전혀 미치지 못했다. 따라서 전반적으로 균형은 기업가에게 유리한 쪽으로 급격히 기울었다. 정부의 개입으로 가격이 통제되는 일도 없었고, 전쟁을 목적으로 한 대량 구매는 공산품 가격을 더욱 상승시키는 경향이 있었다. 반면 부유한 사람들은 무거운 세금을 피하고 손쉽게 현재의 청구서를 지불했다[부유층과 폭리를 취한 사람들에 대해 과세가 제대로 이루어지지 않았다는 의미]. 전쟁이 끝난 후의 총체적인 파멸 속에서 남부의 폭리 추구자들은 부당한 이득을 대부분 잃었지만 북부의 자본주의는 확실히 카이사르[정부, 혹은 통치 권력에 대한 은유]의 고기를 먹고 살이 쪘다.

§

전쟁의 모든 열정은 필연적으로 정치로 이어졌고, 자연스럽게 감정의 격렬함은 충분히 씁쓸했다. 남부연합 행정부는 분쟁 중 대통령 선거로 인해 중앙에서 주변으로 흔들리지 않았지만 반대자들에 의해 지속적으로 방해를 받았다. 의심 많은 사람들과 비평가들은 리치몬드 정부의 정책을 공격했고, 데이비스 대통령의 시대는 불협화음과 무분별한 비난으로 점철됐다. 실제로 프랭크 L. 오슬리와 A.B. 무어와 같은 최근의 역사가들은 남부연합의 최종 붕괴 원인을 물질적 재화의 부족이 아니라 국가 당국의 지원 부족, 징병 회피, 대중의 낙담 때문이라고 보는 경향이 있다. 무엇보다도 남부 고지대 농민들 사이에서 남부연합 정부가 계급적 편애에 따른 노예 소유주들의 권력 기관이며, 남북전쟁은 '부자들의 전쟁, 가난한 사람들의 전투'라는 확신이 커졌고, 징병 법안이 처음에는 최소 20명, 그다음에는 15명의 흑인 노예 소유주들에게 감독이 필요하다는 이유로 징병에서 면제했을 때 더욱 극명하게 드러났다.

죽는 날까지 링컨은 이보다 덜하지 않은 괴로운 문제들에 시달렸다. 그는 자신이 소수의 지도자라는 사실을 끊임없이 떠올렸다. 헌법을 지키고 '평소와 같은 사업'을 유지하고자 하는 모든 학파의 민주당원과 구 노선의 휘그당원들은 연방을 진심으로 지지할 때에도 당파적 이익을 잊지 않았다. 그리고 그들 중 다수는 행정부에 공격적일 정도로 적대적이었다. 스티븐 A. 더글러스는 개전 당시 링컨에게 충성을 맹세했지만, 곧 죽음으로 인해 그 위대한 지도자는 세상을 떠났고, 통합 세력으로서 링컨의 뒤를 이을 동등한 힘을 가진 민주당원은 없었다.

링컨은, 추종자에 의해서든 반대자에 의해서든, 한순간도 정치를 잊는 게 허락되지 않았다. 처음에 그는 공직을 노리는 사람들에게 포위당했다. 취임 후 얼마 지나지 않아 '나는 마치 궁전에 앉아 지원자들에게 아파트를 배정하는 사람처럼 보인다'고 특유의 직설법으로 말했고, 마지막 그림자가 드리워지는 순간까지 행정부와 군대에 자리를 달라는 구직자들이 깨어 있는 시간 내내 그를 괴롭혔다. 민사 문제든 군사 문제든 거의 모든 행동은 정치와 관련하여 취해야 했다. 프레몬트는 자신의 재능 때문이 아니라 한때 자신에게 투표했던 급진 공화당원들을 만족시키기 위해 군대에서 높은 직책이 주어졌다. 선거의 보상과 관련하여 전투가 벌어지고 피가 흘렀다. 그리고 이야기는 그렇게 흘러갔다. 링컨은 무슨 일을 하든 예의의 경계를 존중하지 않는 편집자들의 비난을 받았다. 한 번은 뉴욕의 한 신문사에서 이렇게 묻기도 했다. '미스터 링컨, 그는 공공 계약의 이익에 관심이 있는가, 없는가?' 그러고는 아무런 증거도 제시하지 않은 채 자신의 이 질문에 긍정적으로 대답했다. 내각 구성원들은 링컨을 가볍게 여기고 자신들이 링컨보다 훨씬 현명하다고 생각했으며, 그중 한 명인 재무장관 체이스는 1864년 링컨으로부터 대통령직을 빼앗기 위해 뒤에서 활발한 작전을 벌이는 것이 자신의 명예에 합당하다고 생각했다.

사방에서 공격을 받은 링컨은 연방을 구하겠다는 중심 생각을 고수했고, 첫 임기가 끝날 무렵 공화당은 '개울을 건너면서 말을 바꾸지 않겠다'고 결정했다. 공화당은 연합당Union Party이라는 당명을 짓고 링컨을 대통령으로 재지명하고 남부 테네시 주 출신의 연합주의자 앤드루 존슨을 부통령으로 선택했다. 행정부를 지지해달라는 요구에 부응해야 했던 북부 민주당은 강령에서 전쟁을 실패로 규정하고 즉각적인 평화를 주장하며 이전처럼 노예 제도를 유지하는 연방제 복원을 지지했다. 그들은 '군사적 영웅'인 매클렐런 장군을 후보로 선택했고, 과거에 종종 승리를 가져다주었던 북과 나팔의 편법[민족주의, 호전주의 고취에 대한 은유]을 통해 나라를 이끌려고 했다. 특히 매클렐런이 연설에서 병사들의 얼굴을 똑바로 쳐다보지 못하고 전쟁을 실패라고 선언하며 독설을 퍼부은 것은 불길한 징조였다.

그러나 투표에 참여한 국민들의 대답은 결정적이었다. 공화당은 링컨을 재선시킨 것 외에도 의회가 미합중국 관할권 내에서 노예 제도를 영원히 폐지하는 수정헌법 제15조를 채택할 수 있을 만큼의 상원 의석과 하원 의석을 되찾았다. 따라서 전쟁은 칼로 평화를 쟁취할 때까지 계속되어야 했다. 이렇게 유권자들은 백악관의 위대한 신비주의자를 옹호했고, 마치 미묘한 본능에 의해서인 듯 그들 세대의 운명적인 사명을 드러냈다.

이 멀리 떨어진 날에 그를 둘러싼 신화의 구름을 통해 인간 링컨을 식별하거나 전쟁이 패배로 끝났거나 그가 재건 스캔들과 도금 시대gilded age의 악취나는 사기를 겪었다면 역사에서 그의 위치가 어땠을지 상상하기는 어렵다. 전쟁 초기에 그의 행정부와 관련된 사람들의 편지와 일기를 통해 그를 살펴보면 아이다 타벨이 그린 깔끔한 부르주아의 그림과는 거리가 먼 사람을 분명히 볼 수 있다. 섬너, 체이스, 수어드, 찰스 프랜시스 애덤스 같은 사람들의 증언을 권위 있는 것으로 받아들인다면 링컨은 분별력 결여, 무뚝뚝한 태도, 거친 유머를 보여줬는데, 이는 2, 3세대가 지난 사람들의 취향에는 충격적인 것이었다. 그는 정숙한 귀가 듣기에는 너무 우아하지 않은 이야기를 들려주었다. 적대적인 뉴욕의 한 편집자는 '무식한 서부인'이라고 비아냥거렸다. 그의 사진을 보면 그는 키가 크고 깡마른, 가정적이고 어색한 시골뜨기로 보인다.

그러나 링컨에 대한 가장 혹독한 비평가들도 링컨의 인격에서 강렬한 무엇, 즉 개척지의 거칠음을 초월하는 무언가에 사로잡혔다. 휴식 중 그의 얼굴, 눈빛, 메시지와 결심에는, 일본인들이 말하는 것처럼, 그가 '사물의 슬픔을 알았다'는 증거가 담겨 있다. 공식적인 언행을 절제하는 것은 그의 천성이었다. 그는 사실상 비극적인 시기에 미합중국 대통령으로서 아우구스투스적인 권위와 책임에 걸맞게 행동했다. 교양 있는 수어드가 대외 관계에서 무례하게 행동하자고 제안했을 때 링컨은 지혜로운 말로 그의 독설을 부드럽게 누그러뜨렸다. 애덤스처럼 교양과 지성을 자랑할 수 있는 사람들이 전쟁을 피하고 연방을 구할 수 있다고 확신한 반면, 링컨은 겸손한 영혼이었다. 정치인들이 사적인 논쟁으로 링컨을 포위하면 그는 당면한 주요 과제에 관심을 집중시킴으로써 그들을 높은 곳으로 끌어들이려고 노력했다. 그는 자비를 베풀어 달라는 간청에 결코 귀를 막지 않았다. 그는 의회에 보내는 메시지를 통해 국가를 향해 연설할 때, 아들을 최고의 희생으로 바친 어머니에게 편지를 쓸 때, 전장에 헌정하는 연설을 할 때, 중대한 문제를 강조하고 현명한 조언으로 그의 정신의 '죽음이 없는 음악'을 드러냈다. 그러나 모든 일에 있어서 그는 매의 눈으로 전쟁의 전략을 주시하고 결정적인 순간마다 충고를 아끼지 않은 실용주의자였다.

그의 성격에 파악하기 어려운 면이 있음에도 불구하고, 링컨은 이상주의자나 교조주의자라기보다는 현명한 정치가였다. 그는 자신의 의지가 아니라 상황과 웅변으로 '노예 해방자'가 되었다. 노예 제도를 폐지하는 수정헌법 13조를 통과시키는 데 필요한 표를 얻기 위해 사소한 일자리들을 거래해야 했을 때, 그는 무역의 도구들을 활용했다. 그는 조직화된 사회에 정면으로 맞서 순수주의자의 파멸이라는 운명을 초래하지는 않았지만, 냉혹한 현실을 파악할 줄 아는 현명함을 지녔다. 보쉬에 주교가 소중히 여긴 역사철학에 대한 신념을 드러내는 듯한 사임 의사를 밝히며 그는 1864년 봄에 이렇게 썼다. '나는 사건을 통제하지 않았다고 주장하지만, 사건은 나를 통제했음을 분명하게 고백한다. 3년간의 투쟁이 끝난 지금, 국가의 상황은 어느 정당이나 어느 누구도 고안하거나 기대한 것이 아니다. 오직 하느님만이 그것을 주장할 수 있다. 그것이 어디로 향하고 있는지는 분명해 보인다.' 링컨에게 순교자의 면류관과 사건에 의해 정당화되는 행운을 안겨준 것은 운명이었다. 링컨은 거센 바람을 거스르는 것이 아니라 거센 바람과 함께 국가라는 배를 이끌었고, 역사의 아이러니 중 하나는 그가 1865년 4월 14일, 웬델 필립스와 윌리엄 로이드 개리슨이 폭도들에 맞서며 러브조이의 운명을 감수한 그 승리한 대의를 대변하는 사람으로서 암살되었다는 점이다.

§

이 엄청난 비극이 끝나고 통계학자들이 현장에 도착해 계산을 시작했을 때, 전 세계는 피와 재물로 치른 끔찍한 희생에 대한 기록을 읽고 놀라움을 금치 못했다. 종합적이고 정확한 수치는 나오지 않았고 가장 조심스럽게 추산한 수치도 다양했지만, 마음을 어지럽히는 총합이 있었다. 북측의 사망자 명부에는 36만 명의 전사자 명단과 27만 5천여 명의 부상자 명단이 기록되어 있었다. 남측에서는 약 25만 명의 병사가 대의를 위해 목숨을 바쳤고 알려지지 않은 숫자가 부상을 입었다. 따라서 보수적인 계산에 따르면 60만 명의 군인이 마지막까지 헌신을 다한 셈이다.

재물의 경우는 그 비용을 쉽게 평가할 수 없었다. 교전국의 전쟁 비용만 해도 약 50억 달러에 달했다. 3년간의 재건 비용으로 30억 달러가 더 투입되었다. 엄밀한 의미에서 투쟁 과정에서 파괴된 재산, 생존 병사들에게 지급된 연금, 엄청난 에너지의 유용으로 인한 경제적 손실은 모두 연방 보존을 위해 지불한 대가의 일부였다. 따라서 가치에 대한 거창한 평가는 불가능했지만 한 가지는 확실하다. 갈등으로 인한 금전적 비용이 노예의 가치를 훨씬 초과한다는 사실이다. Felix qui potuit rerum cognoscere causas.*

§

　전쟁의 손실이나 비용, 심지어 수천 권의 회고록과 역사서에 애틋하게 묘사된 전장에서의 영웅적인 행동도 결국은 수년간의 갈등을 거쳐 아메리카 사회를 변화시킨 위대한 과정의 마지막 단계에 불과했다. 어떤 관점에서는 전쟁은 목적을 위한 수단이었으며, 그 긴 드라마에서 여러 역할을 맡은 대중의 목적과 비전을 뛰어넘는 것이 대부분이었다. 크게 보면 남북전쟁의 가장 큰 결과는 북부 농부와 장인의 도움으로 한 세대 동안 미합중국을 실질적으로 지배해 온 플랜테이션 귀족이 무너진 것이었다. 그 결과 그 어느 때보다 더 부유하고 많은 수의 북부 자본가와 자유 농민이라는 새로운 권력 조합의 확실한 승리가 이루어졌다. 이미 언급한 바와 같이 남북전쟁을 사회 혁명으로 만든 것은 바로 이러한 돌이킬 수 없는 사실들이다.

　그리고 그 혁명은 철저하게 진행되었다. 의심할 여지 없이 전쟁으로 인한 농장주 계급의 파멸은 1차 프랑스 혁명의 대재앙으로 인한 성직자와 귀족의 파괴보다 더 완전했는데, 그 이유는 노예 제도를 포함한 플랜테이션 제도의 경제적 기반 자체가 전쟁 과정에서 산산조각이 났기 때문이다. 남부의 넓은 지역에서는 화재와 약탈로 인해 영지가 황폐화되었고, 건물이 퇴락해가고, 도구와 가축이 사라졌다. 남부연합의 채권과 지폐는 보유자들의 손에서 가치가 떨어졌고, 농업을 이전의 높은 지위로 회복하는 데 사용할 수 있는 유동 자본이 거의 없었다. 재앙에 재앙을 더하기 위해 북부 상인들과 자본가들에게 연체한 지 오래된 빚은 이제 북부 총검의 지원을 받는 연방 법원들이라는 매개를 거쳐 압류를 통해 징수할 수 있었다. 파멸의 완성을 위해 플랜테이션 귀족은 워싱턴을 통해 통치하는 승리한 세력의 군사적 지배하에 놓였으며, 일부

＊　'운이 좋은 사람은 사물의 이면에 있는 이유를 이해할 수 있는 사람이다.' 로마의 시인 베르길리우스의 작품 『농경시*Georgics*』(제2권, 490행)에 나오는 구절.

예외를 제외하고는 그 지도자들은 신뢰와 영향력을 지닌 각 주와 중앙 정부에서 법에 의해 배제되었다. 마지막으로 새로운 결합은 백인 승리자들에 의해 투표용지를 손에 쥔 해방된 노예들로부터 지원을 받았다.

이 혁명에서 결정적인 한 방은 — 비록 때때로 이야기된 것만큼 중요하지는 않지만 — 농장주의 재산 몰수, 혹은 좀 더 고상한 용어를 사용하자면, 농장주의 노동 재산을 폐지하는 것이었다. 이 거래에 대한 윤리적 관점이 어떠하든, 그 결과 노예 소유주가 소유하고 있던 약 40억 달러 상당의 '상품'이 보상 없이 완전히 파괴되었으며, 이는 앵글로색슨족 사법 역사상 가장 엄청난 몰수 행위였다. 일부 급진주의자들에게는 이조차도 충분히 과감한 조치가 아니었다. 극단주의자들은 노예가 경작한 토지를 노예에게 양도함으로써 처형을 더욱 가혹하게 집행하기를 원했지만, 이는 워싱턴에서 연방 업무를 지휘하는 사람들의 기질에 비해 너무 지나쳤다.

실제로 해방 자체는 추상적인 정책에 의해 한 번에 급격하게 영향을 받은 것이 아니었다. 그것은 다른 조건으로 남부를 정복하는 것이 불가능해 보였을 때가 되어서야 통과되었다. 1861년 행정부가 시작될 때, 우리가 보았듯이 공화당은 남부 주들이 연방으로 돌아와 인구조사 결과의 명확한 판결을 평화롭게 받아들이면 노예 제도를 보장할 의향이 있었다. 의회가 노예 제도의 근간을 공격하기 1년 전부터 전쟁은 격화되고 있었다. 1862년 4월이 되어서야 의회는 점진적 노예 해방을 시작하는 주에 재정 지원을 제공하기로 결의하며 움직이기 시작했다. 며칠 후 의회는 컬럼비아 특별구에서 노예제를 폐지했다.

두 달 만에 파고는 더 높아졌다. 6월 19일, 의회는 모든 용기를 모아 준주들에서 노예 제도를 영원히 없애겠다는 공화당의 공약을 이행했다. 링컨은 기회가 주어진다면 드레드 스콧 판결에도 불구하고 준주들 내에서 노예 제도를 폐지하겠다고 말한 바 있었다. 테이니 대법관은 여전히 살아 있었고, 그의 엄숙한 의견은 법전에 그대로 남아 있었으며, 헌법의 문구는 수정되지 않았고, 달라진 것은 시대와 상황, 정서였다.

이 법안으로 인해 급진적 공화당원들이 해석하는 것처럼 헌법에 따른 노예 제도에 대한 의회의 모든 정상적인 권한이 소진되었다. 흑인 노예제는 합법인 주에서는 그대로 유지되었다. 그러나 2차 아메리카 혁명은 여전히 진행 중이었다. 미합중국 정부는 전쟁 중이었고, 대통령은 군 통수권자였으며, 또한 침략에 대한 선례가 있었다. 미군이 멕시코로 진군하여 노예 제국을 확장하던 시절, 포크 대통령은 적국에서 전쟁을 벌일 때 국제법에 의해서만 제한되며 항구를 봉쇄하고 공해상에서 재산을 포획하고 세금을 부과하고 국가의 권리와 명예를 옹호하기 위해 필요하고 적절한 모든 조치를 취할 수 있다고 사실상 선언한 바 있다. 포크의 발표가 있기 훨씬 전에 존 퀸시 애덤스는 위기 상황에서 특별한 군사적 권한을 사용하여 노예 제도의 기득권에 혁명적인 타격을 가할 수 있다는 것을 예견했다.

위기가 찾아왔다. 노예제 폐지론자들은 링컨에게 기회를 잡으라고 촉구했고, 그가 망설이는 기미가 보일 때마다 맹렬히 공격했다. 링컨은 지칠 대로 지친 몇 달 동안 그들의 비판에 흔들리지 않고 연방을 구하는 중대한 임무에 전력을 기울였는데, 이는 국민이 일반적으로 노예제 폐지론자가 아니며 성급한 조치가 연방 정부에 여전히 충성하는 변경의 노예 주들을 남부연합의 품으로 몰아넣을 수 있다는 것을 알고 있었기 때문이다. 그는 또한 수천 명의 군인들과 매클렐런과 같은 일부 고위 지휘관들이 '노예 제도에 대한 전쟁에 전적으로 반대'하고 있으며, 전장의 문제가 불확실한 한 노예 해방은 자신이 직접 선포하고 싶어도 공허하고 쓸데없는 우스운 조치가 될 것이라는 점을 알고 있었다. 오랫동안 소용돌이에 휩싸여 한 치 앞을 내다볼 수 없는 것처럼 보였지만, 백악관의 침울한 남자는 스스로와 대화하면서 그의 균형감각을 유지했다.

마침내 1862년 여름, 링컨은 위대한 결단을 내렸다. 그는 노예해방선언문 초안을 작성하여 내각에 낭독한 후, 군사적 성과가 나타날 때까지 이 선언문을 따로 보관해 놓았다. 9월, 매클레런은 끔찍한 앤티탐 전투에서 리의 군대를 철수하게 만들었다. 그것이 과연 승리인지도 의심스러울 정도의 승리였지만 링컨은 징조가 괜찮다고 생각했다. 그 결과 그달 23일, 그는 이듬해 1월 1일까지 남부연합 주들이 연방으로 복귀하지 않으면 연방 정부에 대항하여 무기를 들고 있는 모든 곳의 노예들에게 자유를 주겠다는 불멸의 문서를 보냈다.

앞서 언급한 주들이 자신의 호소를 무시했다는 사실을 정식으로 통보받은 링컨은 약속된 날짜에 자신의 명령을 이행했고, 제퍼슨의 독립선언서 문구에 비하면 차갑고 형식적으로 보이는 이 과감한 노예해방선언문은 시간의 장부에 펼쳐졌다. 며칠 뒤 데이비스 대통령은 남부연합 의회에 보내는 메시지를 통해 경멸적으로 그것에 응답했다. '인류 역사상 가장 극악무도한 행위를 시도한 자들에 대한 우리의 혐오는, 그것이 드러내는 무력한 분노에 대한 깊은 경멸로 인해 누그러진다.'

링컨의 선언Proclamation이 헛된 분노의 행동이었든 아니든, 그로 인해 제기된 쟁점은 확실히 혼란스러웠다. 제도로서의 노예제는 실제로 그때 그것으로 폐지되지 않았고, 연방 정부에 대항하는 주와 일부 주에 거주하는 노예만이 자유롭다고 선언되었으며, 다른 모든 지역에서는, 법의 외형적 징후에 따르면, '독특한 제도'는 손상되지 않은 채 그대로 유지되었다. 더욱이 해방된 자들의 자유는 헌법적 보장이 의심스러운 대통령의 칙령에 근거한 것이었다. 평화가 찾아오고 시민 권력이 군사 정권을 대체하게 되면 어떤 일이 벌어질지는 그 어떤 정치인도 예측할 수 없었다.

미래에 대한 불안감에 사로잡힌 링컨은 영토 전역에서 노예 제도를 영원히 금지하는 헌법 개정안을 의회에 제출했다. 길고 격렬한 싸움 끝에 1865년 1월, 이 결의안은 비준을 위해 각 주에 보내졌다.

분명 큰 진전이 있었지만 목표는 여전히 멀리 있었다. 이론적으로 연방을 구성하는 주의 4분의 3에 해당하는 승인을 얻으려면 특별한 방법— 건국의 아버지들이 거의 생각하지 못했던 방법 —이 필요하다는 것은 분명했다. 이 사건의 필요성을 충분히 인식한 제안의 후원자들은 그들의 임무에 전념했다. 링컨은 연방 정부의 후원과 의회 내 민주당의 표를 맞바꾸기 위해, 네바다 [1864년, 36번째로 연방에 가입]를 연방에 받아들임으로써 수정헌법안에 대해 북부의 확실한 한 표를 추가했다. 몇 달 후 리 장군은 항복했고, 남부연합은 붕괴되었으며, 암살범에 의해 이제 땅에 누워 있는 노예 해방자Emancipator의 노력이 결실을 맺게 되었다. 연방 군사 당국의 압력으로 충분한 수의 남부 주들이 수정헌법 제13조를 비준하여 그로 인해 필요한 적절성을 갖춘 것으로 보이게 되었고, 1865년 12월 18일 이 중대한 결의가 발효되었다.

마침내 30년 전 개리슨이 요구했던 무조건적인 해방이 동포들의 공포 속에 피로 봉인되고 법의 승인을 받아 이루어졌다. 그리고 그것과 함께 그 옹호자들의 위대한 도덕적 승리가 이루어졌다. 공화당은 연방당이나 휘그당도 평화로운 시기에 달성할 수 없었던 것을 무력 충돌 속에서 성취한 것이다.

플랜테이션 귀족의 탈진은 3년 후 비준된 수정헌법 제14조에 의해 더욱 철저해졌다. 이 수정안은 모든 흑인에게 일정한 시민권을 부여하고 흑인 남성의 정치적 권리를 보장하려는 시도 외에도 플랜테이션 귀족의 대변인이었던 남부연합 지도자들의 정치적, 경제적 권력을 공격했다. 이 개정안은 연방 또는 주 공무원으로서 헌법을 지지하기로 선서한 후 '반란'에 가담했거나 반란에 원조나 편의를 제공한 사람은 의회가 3분의 2의 찬성으로 그 장애를 제거할 때까지 주 또는 연방의 어떤 공직도 맡을 수 없다고 선언했다. 다시 말해, 국회에서 특별 과반수가 소집될 때까지 플랜테이션 이해관계를 대변했던 정치가들은 통치 과정에 참여할 수 없었다. 해방된 흑인은 정치적 특권을 누려야 했다. 남부의 백인 지도자들은 그 특권을 박탈당해야 했다.

보상 없이 노예를 잃은 것 외에도 남부의 재산가들은 좀 더 불이익을 받았다. 수정헌법 제14조에 의해 남부연합과 그 관할 주로 인해 발생한 모든 전쟁 채무와 채권은 폐기되었고, 미합중국이나 그 어떤 주에서도 그것에 대한 지불은 절대적으로 금지되었다. 이는 메이슨 앤드 딕슨 라인* 아래뿐만 아니라 런던과 파리에서도 깊은 슬픔을 불러일으켰다. 남부연합의 부채 전액 폐기에는 미합중국의 공공 부채와 반란 진압에 대한 연금 및 보상금의 유효성에 대해 의문을 제기해서는 안 된다는 조항이 포함되었다. 결과적으로 남부연합의 증권은 소유자의 손에서 사망한 반면, 워싱턴 행정부가 발행한 의무는 헌법상의 지위를 부여받았다. 이런 식으로 엄청난 금액의 채권과 기타 종이는 펜 한 자루에 의해 파괴되었고 부활의 모든 희망은 극복하기 힘들 정도로 거부되었다. 라틴아메리카의 모든 혁명 투쟁에서 양측[정부군과 반란군]의 부채를 지원하는 데 익숙했던 유럽의 금융계는 악의적인 행위로 보이는 이 행위에 흥분했지만, 그들의 불만은 바위처럼 단단한 공화당원들의 마음을 움직이지 못했다.

§

농장주 계급이 부와 정치적 권력을 박탈당한 채 흙먼지에 짓밟히는 동안 자본가 계급은 7리그 부츠를 신고 전진하고 있었다. 전쟁의 열광적인 자극 아래, 웹스터가 헌법과 휘그당 정책을 지지하기 위해 소집했던 소심한 군대는 이제 전쟁 기간 동안 전쟁 계약과 공산품 가격 상승으로 이익을 얻은 수천, 수만 명의 군인들에 의해 자신감 넘치는 주체로 변모했다. 마침내 기계 산업의 경제 구조가 농업 위에 우뚝 솟았고, 이는 몰락한 선장인 코튼 킹Cotton King의 암울한 기념비였다. 게다가 연방 정부가 발행한 채권과 지폐는 더 큰 규모의 사업을 위한 물질적 토대를 제공했다. 그리고 전쟁 기간 중 발생한 이익에

---

* 메이슨-딕슨 라인Mason-Dixon Line은 미합중국 역사에서 중요한 지리적 경계로, 1763년부터 1767년까지 영국의 측량사인 찰스 메이슨과 제레미아 딕슨Jeremiah Dixon 이 펜실베이니아와 메릴랜드 주의 경계를 설정하면서 만들어졌다. 이 선은 원래 두 주의 경계를 정의하기 위해 설정되었지만, 시간이 지나면서 미국 남북전쟁 전후의 노예제 문제와 관련하여 더 넓은 상징적 의미를 지니게 되었다. 메이슨-딕슨 라인은 펜실베이니아와 메릴랜드 주 사이의 경계를 나타내는 것 외에 또한 델라웨어주 웨스트버지니아를 포함한 여러 주의 경계와 겹친다. 남북전쟁 이전에 이 선은 종종 남부 주(노예제를 지지하는 주)와 북부 주(노예제를 반대하는 주)를 구분하는 경계로 인식되었고 노예제의 지역적 분포를 상징하는 기준점이 되었다. 오늘날에도 여전히 메이슨-딕슨 라인은 단순한 지리적 경계를 넘어서, 미국 내에서의 문화적, 정치적 성향에 영향을 미치고 있다.

대한 과감한 세금 부과를 조심스럽게 피했던 자애로운 정부는, 그 뒤 얼마 지나지 않아 적정한 수준이었던 소득세를 폐지하고 전체 재정 부담을 대중이 소비하는 상품에 전가해 자본가들에게 자신들의 관대함이 어느 정도인지를 보여줬다.

측정 가능한 축적에 높은 경제적 가치를 지닌 법적 이득이 더해졌다. 두 세대에 걸쳐 연방주의자들과 휘그당이 얻으려고 했던 모든 것을 4년이라는 짧은 시간 안에 얻어낸 것이다. 1857년 농장주들이 파괴했던 관세가 회복되어 역대 최고치로 인상되었다. 1811년 제퍼슨 민주주의에 의해 폐지된 국가 은행과 1836년 잭슨 민주주의에 의해 파괴된 두 번째 국가 은행을 대신할 국가 은행 체계가 설립되었다. 동시에 상업에 필요한 내부 개선을 지원하기 위해 연방 재무부에서 철도 회사에 후한 보조금을 제공하는 정책이 부활했으며, 동양 무역으로 가는 육로를 여는 태평양 철도 건설이 미합중국 의회에서 승인된 것은 해방의 해에 일어난 일이었다. 이와 비슷한 결단력으로 동부의 제조업체들을 오랫동안 괴롭혔던 연방 토지 문제가 정식으로 해결되었으며, 1862년의 홈스테드법, 철도에 대한 무수한 보조금, 농업 대학을 지원하기 위한 주 정부 할당금 등이 공공 영역을 위해 제공되었다. 노동력의 토지 이동으로 인한 임금 상승의 위험에 대한 대응책으로 1864년 이민법― 식민지 시대의 노예 계약과 유사한 계약 조건에 따라 노동자를 수입할 수 있도록 연방 정부가 승인한 특별법 ―이 제정되어 부분적으로 그 위험을 방지했다.

자본가들이 의회에서 이 모든 전향적인 조치의 이점을 얻는 동안, 오랫동안 농업 불안의 본거지였던 주 의회들을 견제하기 위한 조치들이 취해졌다. 수정헌법 제14조는 '어떤 주에서도 적법한 법 절차 없이 개인의 생명, 자유 또는 재산을 박탈해서는 안 된다'고 선언함으로써 워싱턴의 대법원은 '건전한' 기업 정책을 위협하는 주 또는 지방 정부의 모든 행위를 중단시킬 수 있는 헌법적 권한을 부여받게 되었다. 마침내 그 희생의 결정적인 결과, 많은 사람들이 정당하다고 여겼던 연방의 구원은 관세 장벽으로 둘러싸인 거대한 국내 시장에서 유럽과의 경쟁에 대항할 수 있는 산업을 보장해 주었다.

§

소위 '내전Civil War' 또는 '주들 간의 전쟁War between the States'에 대한 이러한 견해는 많은 사람들에게 새롭게 보일 것이므로, 몇 가지 세부 사항으로 이를 강화하는 것이 바람직해 보인다. 우선 연방 정부가 전쟁 자금을 조달하는 데 사용한 방법, 즉 민간의 손에 유동 자본의 양을 늘리는 데 도움이 된 방법에 대해 한마디 할 수 있다. 앞서 언급했듯이, 전쟁을 지휘한 세대가 전쟁 비용을 지불하는 주요 부담자가 되어서는 안 된다는 수익성 원칙이 채택되었다. 처음에 재무장관은 새로운 채권에 대한 이자를 충당하고 매년 부채의 일부를 상환하는 것 외에는 특별한 세금이 없어야 한다는 입장을 취했기 때문에 전쟁 첫해에 거의 5억 달러에 달하는 채권이 발생했지만 세금은 크게 증가하지 않았다. 나중에 이 느긋한 철학은 수정되어 세금은 모든 방향에서 인상되었고, 5천 달러 이상의 소득에 대해 10퍼센트에 달하는 소득세가 부과되었지만, 전쟁이 끝날 무렵 정부는 작전 기간 동안 26억 2,100만 달러에 달하는 채권을 발행하고 다양한 출처에서 총 6억 6,700만 달러의 세금만 징수한 것으로 밝혀졌다.

때때로 발행된 채권은 조건이 매우 다양했지만, 연합의 대의 앞에 놓인 궁극적인 성공의 전망에 따라, 그 조건은 돈을 빌려주는 사람들에게 관대한 편이었다. 이자율은 종종 7퍼센트에 달했고, 때로는 약간 더 높기도 했다. 어떤 경우에는 지불해야 할 채권, 이자 및 원금에 대한 대가로 특정 감가상각된 달러를 금으로 받았기 때문에 보유자에게 명목상 계약서에 명시된 연간 수익률의 2~3배를 제공했다. 항상 그렇듯이, 필요는 정책의 어머니였다. 연방 정부는 급했고, 시간이 지남에 따라 그들의 믿음이 정당하다는 것이 증명되었지만, 돈 빌려주는 사람들이 감수한 위험은 작지 않았다. 고통 속에서 연방 재무부는 채권자들을 부드럽게 처리해야 했다. 만약 연방이 해체되었다면 그들의 손실은 엄청났을 테지만, 결과적으로 그들의 수입은 엄청났다.

금융뿐만 아니라 산업도 2차 아메리카 혁명에서 그 보상을 받았다. 무력 충돌, 의회 남부 의원들의 철수, 그리고 세수 확보에 대한 요구로 인해 높은 보호관세를 옹호하는 사람들은 여러 조치를 밀어붙였고, 거의 반세기 동안 흔들리지 않을 정도로 국가 체제를 단단히 고정시킬 수 있었다. 전쟁 직전까지만 해도 자유무역 또는 세입만을 위한 관세라는 교리가 남부의 지도력 아래서 꾸준히 힘을 얻고 있었는데, 갑자기 이 과정이 완전히 뒤집어졌다. 남부가 떠나자 오랫동안 낮은 관세 또는 무관세의 보루였던 면화 재배업자들이 사라졌고, 보호무역에 대항하여 행사되었던 막대한 경제력이 뿔뿔이 흩어졌다.

이 영역에서의 과중한 압박에서 벗어난 보호무역주의자들은 이제 확고하게 자리를 잡았고, 주로 산업에 유리함을 제공하기 위해 고안된 관세 법안을 만들 수 있었다. 연방 정부가 몇 달 동안 전쟁을 치르고 재무부가 파산 직전에 처한 후에도 관세 일정은 주로 수입보다는 보호에 초점을 맞춰 작성되었다. 의회가 거의 기계적으로 법안을 연달아 통과시키면서 이 문제는 시야에서 사라진 적이 없었다. 이 과정에서 관세율의 일반 평균은 1857년의 약 19퍼센트에서 1864년의 47퍼센트로 인상되었다. 또한 다른 내국세가 제조업에 큰 부담을 준다는 사실이 밝혀지자 더 높은 관세와 상계 관세의 형태로 '적절한 보상'이 이루어졌다. 전쟁의 요구는 피할 수 없는 것에 대해 훌륭한 정당성을 제공했다. 일부 농업 지역에서는 예전 시대의 메아리 같은 시위가 있었지만, 더 이상 저관세 옹호자들을 지휘하고 연방 정부의 엔진을 기계 산업의 대변인들에 대항하여 돌릴 강력한 남부 농장주들은 없었다.

기업의 또 다른 중요한 요구 사항인 국가 은행 시스템도 전쟁의 폭풍 속에서 정치가들에 의해 면밀히 검토되었다. 사실, 그 어둡고 힘든 시기에 건전한 돈의 정치가들은 잭슨 민주주의가 무자비하게 폐기했던 정책으로 돌아갈 기회를 찾았다. 1861년 공화당이 집권했을 때, 주 정부들이 관리하거나 인가한 지역 은행이, 5,000여 종의 위조 및 사기 지폐는 말할 것도 없고, 7,000여 종의 지폐를 유통시켜 현장을 장악하고 있었다.

어떤 관점에서 보더라도 모든 농업 장치, 특히 쉬운 돈의 적이었던 체이스 장관은 혼란을 견딜 수 없었고 재무부에 임명된 직후 그는 금융 혼란을 종식시키는 과제를 맡았다. 취임 첫해에 그는 의회에 새로운 국가 은행 시스템의 설립을 건의했고, 본안에서 패배하자 전쟁 채권 판매의 필요성이라는 기회를 최대한 활용하여 마침내 1863년 국가 은행법을 의회에서 통과시켰다. 이 법은 명시적인 조건에 따라 연방 당국 산하 지역 은행 협회의 설립을 승인하고 미합중국 채권을 기반으로 액면가의 최대 90퍼센트까지 지폐를 발행할 수 있는 권한을 부여했다. 즉, 지역 은행은 연방 정부의 국채를 매입하고 보유분에 대한 이자를 정부로부터 받고, 그 증권을 담보로 지폐를 발행하여 시중 금리로 대출자에게 빌려줄 수 있었다.[*]

이 쐐기를 지역 통화 시스템에 박고 유리한 조건으로 강력한 은행의 지원을 끌어낸 건전한 돈 당은 1865년 모든 주 지폐에 10퍼센트의 세금을 부과하는 법안을 의회에서 통과시킴으로써 단숨에 그 지폐들을 쓸어내는 프로그램을 완성했다. 클레이나 웹스터조차 평화로운 시절에 웅변으로는 해낼 수 없었던 이런 방식으로 공화당 지도자들은 전쟁의 긴박한 시기에 합의를 통해 효과를 거두었다. 전장에 막이 내린 후 남부의 정치인들이 연방으로 돌아왔을 때, 그들은 국가 은행 시스템이 국가의 재정 구조에 확고히 자리 잡고 있는 것을 발견했다.

§

---

[*] 각 은행이 지폐를 발행했다는 내용이 현재의 시스템과는 다소 달라 설명을 부연하자면, 이 법에 따라 지역 은행은 미국 국채로 뒷받침되는 지폐를 발행할 수 있게 되었다. 그러나 이러한 지폐는 연방 규정에 따라 발행되었고 연방 정부가 정한 특정 디자인 및 보안 표준을 충족해야 했기 때문에 외관이 더 표준화되었다. 연방에서 공인한 은행만 지폐를 발행할 수 있도록 하고 지폐를 보다 균일하게 만들어 혼란을 일부 줄였지만 어느 정도 다양성이 있었던 것도 사실이다. 하지만 이제는 연방 정부의 지원으로 인해 지폐의 신용도가 높아졌기 때문에 상거래를 이전과는 비교할 수 없을 정도로 안정적이고 활발하게 만들었다.

그러나 자본이 아무리 거대하고 관세와 건전한 금융으로 신중하게 뒷받침되더라도 적절한 노동력의 공급 없이는 무의미하다는 것은 공화당의 산업계 구성원들에게 잘 알려진 경제학의 진실이었다. 해밀턴은 1791년 「제조업에 관한 보고서」에서 관세로 가동되는 기계를 작동시키기 위해 자국의 노동력 외에 유럽에서 노동력을 조달할 필요성을 역설했다. 그의 휘그당 후계자들은 종종 이 점을 강조했다.

이어서 일시적으로 연합당Union party으로 알려진 공화당은 1864년 정강에서 '과거에 이 나라의 부와 자원 개발, 권력 증대에 많은 기여를 한 외국인 이민, 즉 모든 나라의 억압받는 사람들의 망명처는 자유롭고 정의로운 정책에 의해 육성되고 장려되어야 한다'고 선언했다. 새로운 요구에 부응하여 바로 그해 의회는 이민국을 신설하고, 앞에서 지적한 바와 같이, 계약 기간이 정해진 노동자의 수입을 허용하는 변형된 형태의 연한年限 계약 노동을 승인함으로써 이 정책을 법에 반영했다. 변형된 형태의 연한 계약 노동은 곧 폐지되었지만, 동부의 자본가들은 계약을 통해 유럽에서 노동자를 데려오고 서부의 철도 건설업자들은 동양의 무궁무진한 인력 공급을 활용하면서 해당 관행은 오랫동안 지속되었다.

옛 앵글로색슨족이 희석되고 가라앉고 있다는 아무것도 모르는Know-Nothing 당파의 생존자들의 아우성에 자유 이민 옹호자들은 아메리카가 억압받는 자들의 망명처라고 대답했다. 그리고 우연히도 억압받는 자들의 등장은 주주와 토지 투기꾼들의 수입을 엄청나게 늘렸다. 이렇게 빛과 그림자는 여러 시대를 거쳐 계속 이어졌다.

§

산업 발전과 건전한 화폐의 당은 연방 영역에서 필수적인 경제적 요구를 쟁취하는 한편, 대니얼 셰이스 시대부터 골칫거리였던 지역 의회에 대한 연방 사법 우위의 회복과 확장이라는 또 다른 커다란 요구 사항을 치밀하게 계산했다. 헌법이 주 정부의 화폐 발행 및 계약 파기 권한에 부과한 원래의 제한이 잭슨 민주주의 정신에 물든 유능한 연방 판사들에 의해 사실상 무력화되었기 때문에 이 권한의 회복이 절실히 필요했다. 연방 통제의 확대는 아마도 더 간절히 원했던 과제일 것이다. 왜냐하면, 연방당과 휘그당 전통의 민족주의자들에게는 마셜 대법원장이 엄격하게 적용했을 때조차도, 자신들의 방식대로 사업을 운영하고자 하며, 입법 간섭에서 벗어나고자 하는 개인과 기업의 요구를 충족시키기에, 그 제한이 매우 부적절했기 때문이다.

이 모든 것에서 난해한 것은 없었다. 연방 법학의 보수적인 숙련자들 사이에서 보다 효율적인 사법 보호의 필요성은 한동안 예리하게 느껴진 문제였으며, 흑인의 권리를 정의하는 문제가 헌법 개정의 형태로 의회에 제출되었을 때 그러한 미스터리의 전문가들은 흑인을 위해 고안된 보호 장치에 모든 '사람들'— 자연적이거나 인위적인, 개인이나 기업 —의 권리에 대한 광범위한 조항을 포함시켜 주에 대한 국가 통제 영역을 확대할 기회를 활용했다.

그들의 프로젝트는 수정헌법 제14조의 두 번째 부분에, 연방 헌법에 혁명을 일으키기 위해 그것을 작성한 사람이 의도한, 하나의 짧은 문장의 형태로 구체화되었다. 문장은 다음과 같다. '어떠한 주도 미국 시민의 특권이나 면책을 제한하는 법률을 제정하거나 집행할 수 없으며, 어떠한 주도 적법한 법 절차 없이 생명, 자유 또는 재산을 박탈하거나 관할권 내의 모든 사람에게 동등한 법의 보호를 거부할 수 없다.'

이 조항이 수정헌법 제14조 초안에 어떻게 반영되었는지는 수정헌법 채택 당시에는 일반적으로 알려지지 않았지만, 몇 년 뒤 그 과정에 참여한 사람들에 의해 그 방법이 완전히 밝혀졌다. 세기말에 이르러 모든 사람에게 공개된 진본 기록이 공개되면서 이 작전은 명백히 밝혀졌다. 현재 입수 가능한 증거에 따르면, 수정헌법 초안을 마련한 의회 위원회에는 흑인의 권리를 확립하는 데 주력하는 세력과 국가 경제 전반을 고려하는 세력이 있었다. 후자 중에는 저명한 공화당원이자 오하이오 출신의 성공한 철도 전문 변호사로 사법의 여러 가능성에 정통한 존 빙엄John A. Bingham이라는 현명한 하원 의원이 있었는데, 현재와 같은 형태의 '적법 절차' 조항이 포함된 수수께끼의 문장을 쓴 사람이 바로 빙엄이었으며, 끈질긴 노력으로 마침내 위원회에 이 조항을 강제시킨 사람도 바로 그였다.

몇 년 후 의회에서 행한 연설에서 빙엄은 그것을 작성한 목적을 설명했다. 그는 배런 대 볼티모어 시장 및 시 의회 사건에서 볼티모어 시가 사유재산을 보상 없이 공공 용도로 수용한 사례와, 마셜 대법관이 미합중국 연방대법원은 수정헌법의 첫 10개 조항이 국가가 아닌 의회에 대한 제한이므로 그 사건을 구제할 수 없다고 판결한 사례를 읽은 적이 있다고 말했다. 빙엄은 이러한 공백이 건국의 아버지들의 작업에서 중대한 법적 결함이라고 생각하여 수정헌법 제14조의 신비적인cabalistic 조항을 '단어와 단어, 구문과 구문'으로 설계하여 '오두막집의 가장 가난한 사람도…… 궁전의 왕자나 왕좌의 왕처럼 자신의 인격과 재산에서 안전할 수 있도록' 만들었다고 말했다. 따라서 이 조항은 시민권을 위해 투쟁하는 예전의 노예뿐 아니라 국기 아래 있는 모든 사람, 부자든 가난한 사람이든, 개인이든 기업이든 모든 사람에게 적용되어야 했다.

오랜 시간이 흐른 후 빙엄의 의회 위원회 동료이자 뉴욕의 저명한 기업 변호사였던 로스코 콘클링Roscoe Conkling은 이러한 견해를 공식화시켰다. 그는 1882년 대법원에서 한 철도 회사의 세금 소송을 변론하면서 [노예 신분에서 해방된] 자유민 보호가 수정헌법 제14조의 유일한 목적은 결코 아니라고 선언했다. '수정헌법 제14조가 비준될 당시 개인과 주식회사는 악의적이고 차별적인 주세와 지방세에 대해 의회와 행정부의 보호를 호소하고 있었다…… 남부에 거주하게 된 북부 주 시민들의 재산 및 기타 권리의 억압에 대한 불만이 의회 안팎에서 만연했던 것을 우리 중 누구도 잊을 수 없다…… 수정헌법 제14조를 고안한 사람들은 진지한 성의를 다해 노력했다…… 그들은 어떤 바람이 불어도 확고하게 서야 할 기념비적인 진리를 헌법에 심었다. 그 진리는 소수가 다수에 대해 행하지 않는 것을 다수가 소수에 대해 행하는 것을 억제시

킬 수 있는 확고한 황금률이다.'

　이러한 정신에 따라 공화당 의원들은 잭슨 민주주의 판사들이 약화시켰던 재산 보호를 헌법에 복원시키고, 주 정부가 정당한 법 절차 없이 개인의 생명, 자유, 재산을 박탈하는 것을 전면적으로 금지함으로써 그 범위를 더욱 확장시켰다. 모든 주와 지자체의 모든 행위가 사람과 재산의 권리에 부정적으로 영향을 미치는 경우, 대통령과 상원이 종신직으로 임명하고 지역 정서와 편견에서 멀리 떨어진 워싱턴의 대법원에서 검토하고 무효화할 수 있도록 몇 가지 단어를 능숙하게 선택했다.

　나라 전체가 수정헌법 제14조의 의미를 완전히 이해한 것은 아니지만, 수정헌법 채택이 보류되는 동안 일부 선견지명이 있는 편집자들과 정치인들은 수정헌법이, 적어도 대법원장 테이니가 해석한 헌법의, 근본적인 혁명을 의미한다는 것을 깨달았다. 오하이오와 뉴저지 주의 민주당원들은 수정헌법이 지방 정부의 권한을 둘러싼 모든 논쟁에서 워싱턴의 대법원을 최종 중재자로 만들 것이라고 판단하고, 주 의회로 싸움을 가져가 수정헌법을 승인하는 결의안을 정식으로 승인한 뒤에도 폐지하도록 압박하면서 전쟁을 벌였다. 물론 모든 남부 주들은 여전히 수정헌법에 더 격렬하게 반대했지만, 연방 복귀에 대한 대가로 연방 군당국 하에서 수정헌법을 비준할 수밖에 없었다. 따라서 연방 정부와 군사력을 장악한 승리의 공화당 소수파는 헌법 형식의 승인 아래 연방 대법원의 무제한 관할권으로 주들을 굴복시켰다.

§

　기업들은 2차 아메리카 혁명으로 인한 이점을 누렸지만, 서부의 자유 농민과 동부의 급진 개혁가들처럼 1860년에 형성된 권력의 다른 결합 요소들도 보상을 받았다. 전쟁이 발발하자 토지 문제에 대한 오랜 반대자들은 더 이상 독재를 휘두를 수 있는 위치에 있지 않았다. 남부의 농장주들은 정치에서 배제되었고, 자유 농가가 임금 노동자를 빼앗아갈까봐 두려워하던 북부 공장주들은 외국인 이민 장려로 균형을 맞출 수 있는 가능성을 보았다. 그러한 논리에 확신을 갖지 못하는 사람들도 적어도 공화당 내 농업 세력이 기업 세력이 좌절시키기에는 너무 강하다는 것을 알고 있었다. 결국 1862년 강한 팔과 의지를 가진, 땅을 경작할 준비가 되어 있는 남녀에게 각각 160에이커의 토지를 무상으로 분배하는 내용의 홈스테드법이 통과되면서 공공 토지를 둘러싼 치열한 논쟁은 끝이 났다. 이 법안을 통해 '자신의 농장에 투표하라'는 호소력 있는 구호가 실현되었고, 링컨의 서명이 채 마르기도 전에 자유의 땅을 향한 대규모 이주가 시작되었다.

전선으로 갈 생각조차 하지 않았던 북부 농부들에게도 전쟁은 큰 이점을 가져다주었다. 특히 농민들의 불만과 잭슨 민주주의의 본거지였던 미시시피 밸리에서는 공산품 가격이 상승했음에도 불구하고 농산물 가격이 폭등하여 막대한 이득을 얻었다. 한때 밀은 부셸당 2달러 50센트 이상까지 올랐고 다른 상품들도 그 뒤를 따랐다. 빚에 시달리던 경작자들은 한때 화폐 권력에 대항하여 분노했지만, 이제는 노동의 결실로 받은 그린백 '법정 통화legal tender'로 채무를 이행했다. 더 운이 좋은 농부들은 토지 가치 상승으로 큰 수익을 거두어 자본을 축적하고 지역 철도 및 은행 기업의 주주가 되었다. 수년 동안 이윤의 달콤함을 맛본 부유한 농민 계급은 새로운 정치 과정을 바라보며 좋다고 말할 수 있었다. 의심할 여지 없이 불만은 있었고 산업주의에 대한 반작용이 일어날 수밖에 없었지만, 1860년의 정치적 연합은 긴장감이 돌긴 했어도 결코 성공적으로 깰 수 없었다.

§

지금까지 언급한 2차 아메리카 혁명의 주요 경제적 성과는 리드미컬한 박자의 인구조사 보고서가 운명의 이야기를 기록하는 무력 충돌이 없었더라도 달성할 수 있었을 것이다. 그러나 전쟁의 가장 큰 결과 중 하나는 아메리카 사회 질서에서 노예와 자유 사이의 모호한 영역에서 오랫동안 방황할 수밖에 없었던 해방된 노예들이 갑자기 대규모의 변칙적인 계급을 형성한 것이었다. 노예 해방은 두 가지 방식으로 파급되었는데, 하나는 농장주 계급을 망가뜨렸고 다른 하나는 민주주의의 격동하는 세력에 낯설고 산만한 요소를 던져 넣었다.

적어도 이 정도 규모로, 역사상 이와 같은 일이 일어난 적은 없었다. 유럽 대륙에서 농노의 해방은 일반적으로 농노가 경작하던 땅의 자유 소유자 또는 소작인이 되는 것을 의미했다. 반면에 남부에서는, 땅이 아닌 주인에게 속박된 채로 살아야 했던 노예들은 해방과 함께, 링컨의 표현을 빌리자면 '땅도 없고, 집도 없이, 고통을 겪는 계급'으로 사회 공간으로 날아갔다. 게다가 다른 시대와 국가에서 일어난 대부분의 격변은 피지배 계급의 권력이 커져서 일어났다. 아메리카 노예의 경우에는 그런 일이 일어나지 않았다. 그들은 수년간의 노예 생활을 통해 본질적으로 지위가 향상되지 않았고, 어쨌든 지성이 눈에 띄게 발전하지 않았으며, 재산을 어느 정도 획득하는 데 성공하지도 못했다. 많은 사람들이 자유를 갈망했다 해도, 그 욕구를 충족시키기 위해 어떤 조치를 취한 사람은 거의 없었다. 사실 압도적인 다수는 자신들의 자유를 위해 싸우는 주인에게 충성했는데, 이는 그들의 만족감, 주인에 대한 애정, 관성, 무력감의 증거이거나 이 네 가지를 모두 합친 것이었다. 따라서 수정헌법 제13조의 채택으로 노예제 폐지가 확실해졌을 때 해방된 자유민들은 새로운 사회 질서에서 효과적인 역할을 할 준비가 전혀 되어 있지 않았다. 현실적으로 그들은 워싱턴에서 혁명과 재건을 지휘하는 통치 집단의 수중에 있는 무력한 존재였고, 이 통치 집단은 다른 무엇보다도 패권 유지에 관심이 많았다.

따라서 공화당 행정부는 경제력이나 사회 조직이 없는 계급에게 시민권을 부여하려는 거의 불가능한 과제에 직면했다. 상황의 논리를 파악한 당의 급진파는 해방된 자유민에게 그들이 경작한 토지의 일부를 양도하는 방식으로 문제를 해결하자고 제안했지만, 구체적인 법안을 요구하자 이 영웅적인 구제책의 지지자들은 항복했다. 노예들은 옛 유럽의 농노들이 행했던 것과 유사한 마을 협력에 익숙하지 않았다. 그들은 오두막집과 땅에 대한 역사적 권리를 가지고 있지 않았다. 그들은 농업 경제의 경영적 측면에 대해 거의 또는 전혀 알지 못했다. 토지가 그들에게 완전히 주어진다면, 그들이 토지를 개발할 자본을 찾을 수 있거나 투기꾼과 사기꾼에 대항하는 데 필요한 적절한 기술이나 지식을 보여줄 수 있다고 믿을 이유가 거의 없었다. 주인의 개인 재산뿐만 아니라 토지를 몰수한다는 아이디어가 의회의 다수에 의해 받아들여졌다고 해도, 전前 노예들에게 경제적 기반을 마련해주려는 어떤 노력도 엄청난 어려움을 수반했다.

　이러한 상황에서 워싱턴 정부는, 해방된 자유민을 위한 부서를 신설해 일시적인 경제적 구제를 제공하려는 시도를 제외하고는, 흑인을 위하여 종이 선언문을 통해 시민권과 사회권을 부여하는 데 자신들의 업무를 국한했다. 실제로 이러한 성격의 일부 조치는 사건으로 인해 불가피하게 되었다. 노예 제도가 법적으로 폐지된 직후 주 의회를 통해 일한 전 주인은 견습생, 부랑자 및 빈민법을 통해 일종의 노예 제도를 복원했다. 의회의 급진적 공화당원들은 모든 자유민에게 아메리카 시민권과 시민의 법적 권리를 보장하기 위해 고안된 1866년 민권법안Civil Rights Bill을 통과시켜 이러한 전략적 움직임에 대응했지만, 이는 후임 의회가 되돌릴 수 있는 단순한 법규에 불과했다.

　공화당은 북부의 전쟁 열기가 사그라들면 그러한 반동이 올 것을 예상했고, 자신들이 아메리카 전체에서 다수가 아니라는 사실을 알고서, 헌법 조항을 통해 해방된 자유민의 시민권을 일반 다수가 손댈 수 없는 영역에 영원히 두기로 약속했다. 이 기회를 놓치면 다시는 기회가 오지 않을 수도 있었다. 그래서 재건 공동위원회는 수정헌법 제14조라는 이름으로 현재 책에 나와 있는 복잡한 장치인 수정헌법 초안을 작성했다. 그러나 1866년 이 제안이 승인을 받기 위해 각 주에 보내졌을 때, 이 제안은 분명히 거부되었다. 델라웨어, 메릴랜드, 켄터키 등 연방을 탈퇴하지 않은 3개 노예 주에서 반대 의사를 표명했고, 탈퇴한 9개 노예 주에서도 헌법 개정안을 거부했다.

헌법에 대해 숙고할 때, 일반적인 자발적 승인 절차로는 비준을 얻는 것이 불가능하다는 것을 깨달은 의회 제안의 지지자들은 특이한 조치에 의지했다. 공화당 내에서의 격렬한 논쟁 끝에 비타협적인 당원들은 의회를 통해 1867년의 과감한 재건법Reconstruction Act을 강행했는데, 이 법은 옛 남부 10개 주를 군사 통치 아래 두고, 연방의 감독 아래서 지방 정부를 조직하도록 규정했으며, 계류 중인 수정헌법 제14조를 비준할 때까지 해당 주들은 의회에서 대표권을 가질 수 없다고 선언함으로써 사실상 연방 재가입을 거부한 것이었다. 의심할 여지 없이 이 영웅적인 군사 점령 계획은 일부 공화당원들의 양심에 심각한 부담을 주었지만, 헌법에 따른 권리와 의무에 대해 폭넓은 해석을 요구하는 비상사태에 따라 그들은 이 법안에 동의했다.

계엄령이라는 철권통치에 직면한 남부 주들은 항복했다. 수정헌법 제14조는 1868년 7월 28일 비준되어 국가의 법의 일부로 선포되었다.

수정헌법 제14조는 남부연합의 부채를 부인하고, 남부연합의 전쟁에 참여한 특정 참가자의 권리를 박탈하고, 인격과 재산에 대한 광범위한 권리를 확립하는 조항 외에도 흑인에게 세 가지 일반적인 혜택을 제공했다. 그것은 미합중국에서 태어나거나 귀화한 모든 사람은 시민권자라고 선언함으로써 그들의 시민권을 보장했다. 어떤 주에서도 적법한 법 절차 없이 생명, 자유, 재산을 박탈하거나 법의 평등한 보호를 거부해서는 안 된다고 명시함으로써 일정한 시민권을 약속했다. 또한 어떤 주가 특정 선거에서 성인 남성 시민에게 투표권을 부여하지 않을 경우 의회에서의 대표성을 비례적으로 축소한다는 네거티브 조항을 통해 흑인 남성에게 투표권을 부여하려고 시도했다.

이 모든 규정은 요점이 있는 것처럼 보였지만 실제로는 플라토닉한 이론에 지나지 않는 것으로 판명되었다. 코네티컷, 뉴저지, 펜실베이니아, 오하이오 및 기타 북부 주에서는 여전히 흑인을 참정권에서 제외했으며, 코네티컷의 유권자들은 1865년 여름에 흑인에게 참정권을 부여하자는 제안을 부결시켰다. 그리고 남부는 이들 주가 보류한 것을 승인할 분위기가 아니었기 때문에 해방민에게 투표권을 부여하는 것을 거부했다. 모든 흑인 남성에게 간접 선거 권을 부여하려는 시도에 실패한 의회는 남부가 여전히 군사 통치 아래에 있는 동안 인종, 피부색 또는 이전의 노예 상태를 이유로 시민의 투표권을 거부해서는 안 된다는 연방 헌법 수정안 제15조를 통과시키고 주들의 비준을 받았다. 이 조항은 1870년에 공식적으로 비준되어 명백하게 안전한 위치에 놓였지만, 앵글로색슨 인종의 정치적, 법률적 독창성을 고려하는 데 실패해 무력화되었다.*

§

남부의 재건 과정은 전쟁으로 촉발된 혁명을 가속화하는 데 도움이 되었다. 온건한 성품의 소유자였던 링컨은 구법에 따라 자격을 갖춘 시민과 1860년 유권자 수의 10분의 1에 해당하는 사람들이 미합중국에 대한 충성 맹세를 하고 정식 정부를 다시 수립할 준비가 되면 탈퇴한 각 주를 연방에 복귀시킬 생각이었지만, 암살자의 행위로 인해 신속한 복귀 프로그램은 중단되었다. 링컨의 후계자인 남부 출신 민주당의 앤드루 존슨은 재건과 관련하여 일반적인 과정을 약간 수정하여 따를 것을 제안했지만, 펜실베이니아의 테디어스 스티븐스와 매사추세츠의 찰스 섬너가 이끄는 적대적인 공화당 세력에 의해 막혔

---

* 대표적인 것이 짐 크로법Jim Crow Laws의 '분리되지만 평등한separate but equal'이라는 원칙일 것이다. 이 법은 특정 개인이나 단체가 하나의 법률로 만든 것이 아니라, 남북전쟁 후 재건 시대(Reconstruction Era, 1865~1877)가 끝난 뒤 미국 남부에서 차별적 관행을 제도화하기 위해 주와 지방 정부에서 점진적으로 제정된 여러 법률과 규정을 총칭한다. 이 법은 학교, 대중교통, 식당, 공공시설에서 백인과 흑인 간의 사회적 분리를 '강제'하고 흑인들의 시민권을 제한했다. 이 원칙은 1896년 플레시 대 퍼거슨Plessy v. Ferguson 사건에서 대법원이 인정한 개념으로, 공공 시설에서 흑인과 백인의 분리는 가능하지만, 시설과 서비스는 평등하게 제공되어야 한다는 것이었다. 그러나 실제로 평등은 이루어지지 않았고, 백인 전용 시설은 항상 더 나은 시설을 제공한 반면, 흑인 전용 시설은 열악한 상태였다. 짐 크로법을 비롯한 인종 차별법과 관행은 20세기 중반 이후에야 도전받기 시작한다. 참고로 짐 크로는 한 공연에서 흑인을 희화화한 캐릭터로, 이는 곧 흑인에 대한 인종차별적 태도와 관행을 상징하는 이름으로 사용되었다.

다. 존슨은 1868년 하원의 탄핵을 상원에서 간발의 차로 피해 유죄 판결을 피했지만, 처음부터 마지막까지 정적들 앞에서는 무력할 수밖에 없었다. 사실 이제 채찍은 대통령이 아닌 의회가 쥐고 있었다. 의회는 연방에 주를 가입시킬 권한이 있었고, 양원은 의원으로 선출되겠다고 주장하는 모든 사람의 자격을 심판할 권리가 있었다.

단호한 다수를 철저히 공고히 한 의회는 이미 말한 세 가지 헌법 수정안 외에도 일련의 복잡한 재건 법안들을 통과시켰다. 그것은 꿇어 엎드린 남부 주들을 각각 육군 장교가 지휘하는 군사 구역으로 배치하고, 흑인 남성에게 투표권을 부여하고, 주요 남부연합 지도자 대부분의 공민권을 박탈하고, 군 당국에 흑인 유권자와 투표권을 가진 백인의 도움을 받아 주 정부 조직을 진행할 수 있는 권한을 부여했다. 남부 주들은 연방에 가입하는 대가로 세 가지 헌법 수정안을 비준해야 했고, 1870년이 되어서야 마지막 남은 주가 다시 국가의 지붕 아래에서 안식처를 찾았다.

그러나 남부연합의 모든 주가 연방으로 복귀한 뒤에도 공화당은 계속해서 강력한 지배력을 유지했다. 마지막 군 지휘관들이 남부의 수도에서 철수한 것은 7년이 더 지나서였다. 그리고 무장 점령의 모든 흔적이 제거된 후에도, 북부가 지배하는 다양한 민간 기관이 계속 운영되었다. 1870년, 1872년, 1873년 의회는 연방 전역의 선거를 감독하는 데 연방 공무원을 사용하도록 규정하는 세 가지 과감한 법안을 제정했는데, 이는 흑인이 새로운 정치적 권리를 행사할 수 있도록 지원하고 북부의 인구 밀집 도시에서 부정 투표를 방지하는 데 필요한 조치였다고 법안 제정자들은 주장했다. 공화당은 자신들의 선거법 조항이 엄격하다는 점을 인정하면서도 민주당의 공격에 맞서 오랫동안 선거법을 옹호했는데, 민주당의 압력에 하나, 둘 마지못해 굴복하다가 결국 1894년 마지막 남은 조각이 강력한 압력으로 폐지되었다.

흑인의 법적 권리를 옹호하려는 의회의 급진적 다수는, 같은 집요함으로 살아남은 플랜테이션 귀족들에 온갖 공격을 퍼부어 완전히 복종시키려 했다.

116

의회가 1872년 일반 사면을 내리기까지는 7년이라는 시간이 흘렀고, 그때까지도 그들은 엄격한 예외 조항을 정해 두어 1898년까지 유지되었다. 그해에 1898년 스페인-아메리카 전쟁이 끝나면서 비로소 사람들 사이의 화합이 이루어지고 과거를 잊게 하는 계기가 마련되었다. 따라서 워싱턴의 정부 지도자들은 심오한 사회적, 경제적 변화를 꾀하는 동시에 예상되는 반응에 대비해 가능한 한 오랫동안 스스로를 보호하려고 노력했다. 한 국가의 차원에서 그토록 과감하고 효과적이고, 냉혹한 반동으로부터 잘 보호된 혁명이 일어난 적은 서의 없었을 것이다.

19

대륙 완성하기

1860년대 초반의 물리적 전투에서 가장 큰 전리품 중 하나는 앞서 살펴본 바와 같이 미시시피 밸리의 전초 주 너머에 있는 거대한 영토로, 투쟁에서 승리한 농부와 자본가들에게 돌아갔다. 표면적으로만 보면 이 거대한 영토는 연방의 모든 주를 합친 것과 거의 맞먹는 크기였다. 대서양과 태평양 사이의 40도선 중간 지점은 내전의 첫 번째 피가 흘렀던 캔자스-네브래스카 지역의 중심부에 있으며, 이곳에서 무장한 군중을 모으기 위해 경종이 울렸다.

이 영토는 옛 동부에 버금가는 규모였지만, 다른 거의 모든 면에서 동부와 달랐다. 절반 이상이 건조한 평야와 개간지였다. 미네소타, 아이오와, 미주리에 인접한 지역과 태평양 연안 근처의 넓은 벨트에는 개척자들이 쟁기질을 하기에 적합한 비옥한 토양이 있었던 것은 사실이다. 그러나 미시시피 밸리의 서쪽 경계에서 땅은 반건조 지대를 가로질러 로키 산맥 기슭까지 꾸준히 상승했다. 우뚝 솟은 돌무더기 너머에는 산이 쌓이고 계곡이 깎이고 뜨거운 태양에 의해 사막으로 변한 1천 마일이 넘는 고원과 분지가 펼쳐져 있었다. 이 거대한 지대의 서쪽 가장자리에는 해안 산맥과 태평양으로 급격히 경사진 캐스케이드 산맥으로 둘러싸인 시에라 네바다 산맥이 솟아 있었고, 계절에 따라 비가 내리면 경작할 수 있는 초지와 메사mesa[남서부 지역에서 흔히 보이는 꼭대기는 평평하고 등성이는 벼랑으로 된 언덕] 지역이 이따금 펼쳐져 있었다.

건조하고 언덕이 많은 이 지역이 농부에게 바치는 것이 다소 초라하다 해도, 광부, 목축왕cattle baron, 목재 왕lumber king에게 바치는 것도 마찬가지라고 할 수는 없다. 산과 야생의 폐기물 아래 숨겨져 있던 금과 은은 16세기 스페인 정복자들의 꿈을 뛰어넘는 엄청난 양이었으며, 심지어 비금속을 금속으로 바꾸는 마법의 방법을 찾던 중세 연금술사들의 공상을 초월하는 것이었다. 여기에는 넓고 깊고 풍부한 구리 매장지가 있었다. 구대륙의 사막과 대초원보다 더 광활한 양떼와 소떼를 위한 목초지가 이곳에 있었다. 정착지에서 사라져가는 숲으로 인한 공백을 메울 수 있는 목재가 공급되었다. 이곳은 스칸디나비아 사람들이 집처럼 느낄 만큼 추운 기후와 남해의 온화한 하늘 아래가 원래 서식지였던 동양인들을 끌어들일 만큼 따뜻한 기후대가 있었다. 그리고 서쪽 해안은, 신비와 미지의 잠재력을 품고 있는 전설의 캐세이[중국]로 이어지는 태평양이 바라다보였다.[엄밀히 말하면 태평양이 중국과 이어진다는 말은 정확하지 않을 것이다] 하늘에는 여전히 정해진 운명Manifest Destiny의 별이 높게 떠 있었다. 윌리엄 H. 수어드와 같은 링컨 당의 야심 찬 지도자들은 이 별이 아메리카인들을 아시아 평원에서 제국 건설을 위한 전투에 나서라고 손짓하는 것이라고 보았다.

이 거대하고 중요한 영토는 그 자원을 개발하기 위한 노력이 거의 이루어지지 않고 있었고, 링컨이 취임할 당시에는 바쁜 동부의 대중에게 자세히 알려진 사실이 별로 많지 않았다. 루이스와 클라크, 파이크와 프레몬트 등 탐험가들은 실제로 캘리포니아의 광범위한 지역을 밟고 다니며 많은 사람들이 읽을 수 있도록 방대한 보고서를 작성했다. 금은 이미 캘리포니아를 유명하게 만들었고 1850년에 캘리포니아가 연방으로 편입되는 길을 열었다. 지속적인 홍보 덕분에 1859년까지 오리건의 비옥한 밸리에 정착민들이 몰려들었고, 그 결과 오리건은 주 정부가 될 수 있었다. 브리검 영의 지도력 아래 모르몬교도들은 유타 사막을 정원으로 바꾸고 이 낯선 식민지에 유럽까지 울려퍼진 악명惡 名을 부여했다. 평원, 사막, 산악지대를 가로지르는 오솔길은 정착민들의 서쪽 이동을 상징하는 소의 발자국과 수레바퀴의 엇갈림으로 인해 깊게 패여 있었다. 미주리 주의 세인트 조지프와 태평양을 잇는 역마차 노선은 승객들에게 25일 만에 해안으로 가는 여행을 제공했고, 조랑말 특급은 열흘 만에 샌프란시스코로 편지를 실어 날랐다. 서점가에는 여행 서적과 서부의 삶에 대한 이야기가 쏟아져 나왔고, 호레이스 그릴리를 필두로 활기찬 저널리스트들이 로키 산맥을 넘어 서부의 유산을 직접 눈으로 보기 위해 떠났다. 그러나 미시시피 강의 마지막 주 아이오와와 태평양 연안의 캘리포니아 사이에 펼쳐진 평야, 산악지대, 사막은 1861년 당시에는 탐사자, 측량사, 개척자 농부, 자본가들을 기다리는 미개척지였다. 영토 전체를 합쳐도 인구는 50만 명을 넘지 않았다. 이 제국의 크기만 한 영토에서, 인디언과 버팔로가 백인들이 벌이는 사업의 압력에도 아랑곳 않고 유유히 마음대로 돌아다녔다.

§

그런 풍경이 태평양으로의 이주 드라마 마지막 장면이 펼쳐진 무대였다. 이곳에서 오랫동안 아메리카의 두드러진 특징이었던 변경은 한 세대 동안 개방되었다가 영원히 닫혔다. 이곳에서 식민화의 유서 깊은 과정이 반복되었지만 독특한 특징이 더해져 이야기는 더욱 다양하고 다채로워졌다. 다시 익숙한 일을 맡은 농부와 함께 카우보이, 광부, 목축왕, 멕시코인, 중국인, 일본인, 인디언 무법자, 노상강도, 여성 모험가, 그리고 아메리카 역사에서 새로운 역할을 한 '악당들'이 등장했다. 극서부에는 곧 광산 캠프와 붐 타운, 뉴잉글랜드 모델의 단정한 마을, 금융 중심지의 분위기를 풍기는 번화한 도시, 아프리카가 아닌 멕시코와 동양에서 수입한 노동력으로 경작한 웅장한 영지, — 그 일부는 외국인이 소유했다 — 불안정하고 격렬한 이주 노동에 기반을 둔 특수 산업이 생겨났다. 극서부에서 북유럽 출신자들은 건조한 토양과 대규모 관개 시설을 처음 경험했다. 농업에 전념하는 광활한 지역은 주기적으로 가뭄이 찾아와 흉작을 가져왔고, 이어서 동부의 귀족에 대항하는 농민 반란과 국가 정치에서 포퓰리즘 봉기로 절정에 달한 반란으로 이어졌다. 아메리카 개척자에게 처음으로 귀금속의 풍부한 재물을 안겨준 곳은 극서부였는데, 17세기 월터 롤리 경과 존 스미스와 동료들의 꿈이 마침내 실현된 곳은 로키 산맥과 그 너머였다.

식민화의 정치적 조건조차도 어떤 면에서는 독특했다. 미시시피 밸리의 정착민들과는 달리, 한 세대 동안 극서부의 개척자들은 공공 토지에서 수입을 확보하려는 생각을 완전히 포기하고 토지의 전면적인 무상 분배에 전념하는 워싱턴의 관대한 정치인들을 상대할 수 있었다. 연방의 후원 아래 경작지가 농부와 자본가들에게 전면적으로 제공되었고, 목재, 석재, 광물 보조금이 명목상 조건nominal terms[실제 가치보다 아주 낮은 헐값]으로 판매되었으며, 워싱턴에서 급여를 지불하고 지휘하는 군대가 인디언의 위협을 제거했으며, 두 대양과 신속하게 교통할 수 있는 수단이 제공되었다. 그리고 모든 준주가 주로 승격되고 연방에 가입한 후 토지의 성격과 처분은 연방 정부와 특이한 관계를 형성하여 거의 반세기가 지났을 때 워싱턴, 오리건, 캘리포니아, 애리조나, 아이다호[1890년, 43번째로 연방에 가입], 네바다, 몬태나, 유타, 와이오밍, 콜로라도, 뉴멕시코 등 11개 주에 있는 토지의 적어도 절반이 여전히 국가 소유로 유지되었으며 보존, 개간 및 관리 문제로 의회와 연방 정부 행정부는 압박을 받고 있었다. 마지막으로, 모르몬교도를 제외하고 이 지역으로 몰려든 이민자들은 종교적, 정치적 자유를 위한 안식처를 찾거나 광야에 또 하나의 새로운 가나안을 건설하는 데 관심이 있는 사람들이 아니었다. 오히려 그들은 직접적이고 솔직하게 자신들의 경제적 상황을 개선하는 데, 즉 돈을 버는 데 관심이 있었다. 그들 중 일부는 큰 부를 얻었고, 다른 일부는 위안을 얻었으며, 햄린 갈런드의 중간 국경[중서부] 이야기에 나오는 방랑자처럼 많은 사람들이 긴 여정 끝에 발견한 것은 신기루에 불과했다.

따라서 아메리카 문화의 연대기에서 극서부가 특별한 위치를 차지하게 된데에는 무수히 많은 요인이 작용했다. 자연환경의 아름다움과 장엄함, 그리고 정착 형태는 북동부의 도시와 시골의 상대적 획일성, 중서부의 연속적인 단조로움, 남부의 플랜테이션 지역과는 놀라운 대조를 이루었다. 무대의 규모와 바위와 언덕의 거대한 형태는 사람들의 생각과 몸짓에 장엄한 불꽃을 튀기고 웅변에 높은 자부심을 부여했다. 광물 매장지, 풍부한 경작지, 울창한 목재 자원을 찾아 몰려든 사람들은 미시시피 밸리로 진출했을 때와는 달리 다양한 사회 집단을 형성했다. 인구가 적고 법의 멍에가 어깨를 짓누르는 광활한 지역에서 무정부 상태에 빠진 모험심이 강한 사람들의 원시적 본능은 자유로운 유희를 찾아 총격전, 강도, 살인을 일상의 소일거리로 제공했다. 광부와 탐험가들이 벌인 투기 광풍과 연방 토지의 신속한 분할, 철도 건설, 새로운 광물 매장지의 개방으로 인한 빠른 부의 축적으로 모든 선례가 깨지고, 온 대륙이 축에서 주변부까지 요동쳤다.

이 마지막 서부 개척은 여러 면에서 아메리카 국민성에 새로운 분위기를 부여했다. '와일드 웨스트Wild West'의 삶에 걸맞은 대담함, 활기, 번영은 기괴한 것을 갈망하는 사람들의 눈에 아메리카 전체의 상징이 되었다. 역마차와 대형마차conestoga wagon 강도, 악당과 거친 여자, 인디언 학살, 갑작스러운 부의 축적에 대한 이야기가 유능한 작가들의 펜에서 쏟아져 나와 수백만 권이 팔렸다. 와일드 빌, 버팔로 빌, 그리고 닉 카터와 다이아몬드 딕 시리즈의 다른 영웅들의 활약상을 통해 한 세대의 소년들이 자랐다. 25년 후 영화는 이 엔터테인먼트를 이어받아 냉정하고 부지런한 대중에게 술과 싸움이 난무하는 개척지에서의 삶을 생생하게 재현했다. 따라서 소설과 영화로 비즈니스 산업은 아메리카 문화의 전형적인 산물의 이행 과정의 단면을 세계에 널리 알렸다. 실제로는 평원에 농장을 짓고, 텍사스에서 몬태나까지 소를 몰고, 광산과 철도 제방에서 곡괭이와 삽을 휘두르고, 텐트, 오두막, 판잣집에서 요리를 하는 것이 극서부를 정복하는 방식이었지만, 낭만적인 작가들에게 더 부드러운 테마를 제공하면서, 그런 것들은 다소의 현실주의자들을 제외하고는 거의 무시되었다.

§

1861년 워싱턴 정부가 서부 개척에 착수했을 때만 해도 서부 영토에 대한 통제권이 공화당 지도자들에게 확실히 넘어간 것은 아니었다. 링컨의 첫 당선과 함께 시작된 10년 동안 매년 이 지역을 연방과 더 긴밀한 관계로 끌어들이고 이익을 증진하기 위해 고안된 몇 가지 중요한 조치들이 있었다. 1861년 태평양 연안과 전신 통신이 개설되었고, 캔자스가 주州로 인정되었으며, 콜로라도, 네바다, 다코타 준주가 조직되었다. 이듬해인 1862년, 더 이상 무시무시한 노예 소유주들의 방해를 받지 않게 된 의회는 모든 성인 시민과 신고 서류를 제출한 외국인에게 무상 농장을 제공하는 홈스테드법을 통과시킴으로써 사실상 구세계[유럽]의 노동자와 동부의 농부와 장인, 남성 못지않은 여성들에게, 와서 자연의 풍요로움을 함께 누리라고 초대했고, 20년이 경과하기 전에 5천만 에이커가 넘는 토지를 국유지에서 사유지로 이전시켰다.

링컨이 이 놀라운 법안에 서명한 지 41일 후, 또 다른 오랜 논쟁거리였던 태평양으로 연결되는 철도 문제가 해결되었다. 철도 시대가 열리자마자 모든 지역의 정치가들은 대륙 횡단 철도의 필요성을 인식하고 적절한 노선에 대해 격렬한 논쟁을 벌였다. 찰스턴-빅스버그-샌디에이고를 연결하는 한 대규모 계획은 플랜테이션 지역 확장을 위한 시설을 약속했다. 솔트레이크시티를 경유해 세인트루이스와 새크라멘토를 연결하는 또 다른 프로젝트는 광부와 공산품 운송업자들에게 특히 매력적이었다.

그러나 공화당이 연방 정부에서 남부 분견대를 축출하기 전까지는 경로에 대한 합의에 도달하지 못했다. 그 후, 공화당 의원들은 자신들의 지역적 충성심과 이해관계, 그리고 필요성의 제약 아래 네브래스카의 오마하에서 시작하여 와이오밍, 유타, 네바다를 거쳐 캘리포니아까지 이어지는 북부 노선을 선택했고, 1862년과 1864년 두 차례에 걸쳐 의회에서 통과된 법안을 통해 이 사업에 참여하는 민간 기업들에게 막대한 보조금을 지급했다. 오마하에서 캘리포니아 국경까지 철도를 건설할 수 있는 권한을 부여받은 유니언 퍼시픽 철도 회사Union Pacific Railroad Company에 의회는 공공 영역을 가로지르는 통행권, 공사에 필요한 모든 목재, 석재, 흙, 도로가 건설되는 1마일마다 20개 필지의 땅, 완성된 철도 시스템에 대한 2차 저당권으로 담보되는 1마일당 1만 6천 달러에서 4만 8천 달러에 이르는 신용을 제공했다. 극서부 건설을 위해 캘리포니아에서 조직된 지역 기업들에게 의회는 이와 유사한 관대한 보조금을 제공함으로써 해안까지의 프로젝트 완성을 보증했다.

웹스터가 소중히 여겼던 태평양의 상업적 이익을 크게 증진시키고, 수어드가 1860년 선거운동에서 설득력 있게 묘사한 아시아 제국의 목표에 훨씬 더 가까워진 이 장엄한 프로그램은 공화당의 모든 요소를 조정했다. 높은 관세의 영향으로 새로운 삶을 살게 된 북부 제조업자들은 혼 곶Horn 주변의 길고 위험한 항해 대신 극서부와 동양 무역으로 향하는 더 직접적인 경로를 제공했기 때문에 기뻐했다. 대륙 횡단 철도가 완공되자 한 저명한 상인은 '코네티컷, 로드 아일랜드, 매사추세츠의 드릴과 시트 천, 그리고 아메리카의 다른 제조업 제품들은 30일 만에 중국으로 운송될 수 있으며, 그 대가로 중국의 차와 고급 비단이 30일 만에 뉴올리언스, 찰스턴, 워싱턴, 볼티모어, 필라델피아, 뉴욕, 보스턴으로 돌아올 것'이라고 선언했다.

유니언 퍼시픽이 선택한 북부 코스는 캔자스와 네브래스카의 비옥한 대초원을 개척하여 정착하고 곡물, 돼지고기, 소의 판매 출구를 제공한다는 점에서 농부들에게도 똑같이 만족스러웠다. 서부의 광부들 역시 광물 생산량을 동부 시장으로 쉽게 공급할 수 있는 통로와 그 대가로 더 저렴한 식료품 및 기타 물자를 얻을 수 있다는 전망에 만족했다. 특히 이 사업을 추진한 자본가들은 상대적으로 아주 적은 돈을 부담하고서도 노반과 철로 건설, 장거리 운행에 따른 토지 불하로 막대한 이익을 보장받았기 때문에 이 전망이 더욱 반가웠다. 은밀하게 주식과 채권의 형태로 이자 보상을 받은, 철도 법안에 찬성표를 던진 많은 주요 정치인들도 이 과정에서 위안을 얻었다.

최초의 유니언 퍼시픽 법안이 통과된 이듬해인 1863년, 의회는 아이다호 준주 정부를 설립했다. 이듬해에는 몬태나에 준주 지위를 부여하고 네바다를 연방에 가입시켜 링컨의 정책에 대한 표를 더 확보했다. 거대한 규모의 땅을 획득하기 위해서는 한 가지 장애물만 더 제거하면 되었다. 그것은 바로 아메리카 경제에서 인디언의 최종 위치를 결정하는 것이었다. 당시 서부에는 약 30만 명의 인디언이 살고 있었던 것으로 추정된다. 앤드루 잭슨 시대에 미시시피 강 너머로 밀려난 평화로운 부족들이 인디언 영토로 알려진 넓은 지역을 차지하고 있었는데, 북부에는 수족, 서쪽에는 샤이엔족과 아라파호족, 남쪽에는 아파치족, 코만치족 및 기타 소수 부족들이 살고 있었다. 연방 정부는 이 모든 부족을 '국가'로 간주했으며, 이들 중 다수는 정식으로 협상하고 비준한 엄숙한 조약에 따라 넓은 땅을 소유하고 있었다. 의회의 보조금과 조잡한 농업 생산물, 평야와 산의 야생 사냥감으로 생활하며 대륙의 거의 절반을 보호 구역으로 누리고 있던 그들은 자신의 부지에 만족하고 있었으며, 어떤 경우에도 해안으로 가는 길에 사냥터를 지나가는 백인 순례자들을 괴롭히는 일은 거의 없었다. 링컨 행정부가 남북전쟁이 시작되었을 때, 백인과 적색 인종 간의 오랜 투쟁의 마지막 단계인 서부를 소유하고, 조직화하고, 개발하기 위해 대대적인 드라이브를 걸었을 때의 상황은 대체로 이랬다.

농부들과 탐험가들은 이제 남아 있는 인디언의 땅을 바라보며 그곳이 좋다고 말했고, 때때로 워싱턴에 '야만인은 떠나야 한다'는 통지를 보냈다. 대체로 연방 정부는 새로운 정착지 개척에 대한 백인들의 가장 가벼운 요구에 응했다. 조약에 의해 인디언에게 소유권이 엄숙하게 보장되었음에도 불구하고 개척자들은 탐내는 지역을 점령할 가능성이 높았다. 따라서 사실 정부 앞에 놓인 가장 중요한 문제는 느린 산업 과정으로 인디언을 정복할 것인가, 아니면 더 빠른 전쟁 기술로 인디언을 정복할 것인가 하는 수단의 문제였다.

워싱턴의 정치 관리자들에게는 물리력에 의존하는 전통적인 방법이 더 쉬운 방법으로 보였고, 그 방법이 선택되었다. 따라서 연방 유지를 위한 전쟁의 두 번째 해에 인디언에 대한 군사작전이 시작되었고, 이 작전은 25년 동안 지속되어 오랜 기간 동안 지속되어 온 문제를 해결하는 것으로 끝났다. 수천 건이 넘는 무력 충돌이 있었고, 그중 상당수는 절박하고 치명적이었으며, 일부는 연방군에 재앙을 가져왔지만, 모든 방향은 농부, 탐사자, 철도 건설업자들이 탐내는 땅에서의 적색 인종의 무자비한 추방이었다. '착한 인디언은 죽은 인디언뿐이다'라고 애퍼매톡스 이후 국경의 넓은 지역을 '진정'시키는 임무를 맡은 필립 셰리던 장군은 외쳤다. 그런 정신으로 이 작전의 상당 부분이 실현되었다. 헤이즈 대통령은 1877년 의회에 보낸 메시지에서 '전부는 아니더라도, 대부분의 인디언 전쟁은 우리 측의 약속 위반과 불의한 행위에서 비롯되었다'라고 간결하게 언급했다.

§

연방 정부는 자기 보존을 위한 투쟁에 종사하는 동안에도 서부 개발을 위한 입법 프로그램을 마련할 여유를 찾을 수 있었고 남부 군대뿐만 아니라 인디언과 전쟁을 벌일 수 있었기 때문에 민간인의 에너지와 자원이 극서부에서 모든 형태의 경제 사업을 촉진하기 위해 동원되었다는 사실은 놀라운 일이 아니다. 실제로 내전은 미시시피 강 너머 제국의 착취를 지연시키기보다는 오히려 자극했다. 동부와 남부의 '끔찍한 60년대'는 서부에서는 번영으로 '포효하는 60년대'였다. 전쟁은 수천 명을 전장으로 내몰았지만, 동시에 수천 명을 태평양으로 향하는 긴 여정으로 보냈다. 아메리카 전역, 특히 변경 지역인 미주리와 켄터키 주에는 전쟁을 어리석은 일로 여기거나 참전할 용기가 없거나 게릴라 조직에 의해 괴롭힘을 당하는 비전투원 등 불만을 품은 사람들이 많았다. 이들에게 먼 변경은 전쟁의 혼란에서 벗어날 수 있는 안식처였다.

따라서 내전이 진행됨에 따라 서쪽으로의 흐름은 줄어들지 않고 오히려 증가했다. 추정에 따르면, 1864년 한 해 동안 최소 15만 명의 이민자가 미주리 강 유역에서 극서부 지역, 대부분 광산으로 몰려갔다. 같은 해에 7만 5천 명이 서쪽으로 행진하면서 2만 2천 톤의 화물, 3만 마리의 말과 노새, 7만 5천 마리의 소를 데리고 오마하를 통과한 것으로 기록되어 있다.

전쟁의 자극을 받은 서부의 농업 지역은 이민자 군단에 의해 확대되고 전쟁 물가 상승으로 부유해지면서 번영의 시대로 접어들었다. 미시시피 밸리의 경작지는 놀라운 속도로 평야의 건조한 고지대로 퍼져 나갔고, 수백만 부셸의 밀을 동부 시장에 쏟아부어 연합군을 먹이고 영국 구매자들의 긴급한 수요를 충당시켰다. 로키 산맥 너머 컬럼비아 밸리는 새로운 생명으로 가득 찼다. 이미 활기찬 무역 중심지였던 워싱턴 준주의 왈라왈라는 목장과 광산 캠프로 향하는 캐러밴이 들어섰고, 농장을 찾는 가족, 광부, 탐사자, 목축업자, 선교사, 모험가들이 재산을 찾아 이곳을 꾸준히 통과하면서 꽤 활기찬 분위기가 감돌았다. 왈라왈라에서 태평양 연안까지 이어지는 길에는 황량한 대지 위에 우뚝 솟은 농가의 골조, 캘리포니아의 광산 캠프로 향하는 밀과 귀리를 가득 실은 마차, 해안 시장으로 향하는 소들의 모습을 볼 수 있었다.

남쪽에 위치한 모르몬교도들의 농업 정착지는 솔트레이크시티를 통해 금광을 오가는 끝없는 행렬을 이루는 탐험가와 광부들의 왕래로 더욱 활기를 띠며 번성했다. 이 무역을 통해 현금을 충분히 공급받은 모르몬교 전도사들은 전쟁의 가장 암울한 시기에도 활동을 멈추지 않았고, 미주리 지역에서 다른 신도들을 추방하고 동부 및 유럽에서 신병들을 모집하여 시온의 평화의 안식처에 도달하는 데 필요한 재정적 지원을 제공했다.

캘리포니아 금의 유혹조차도 모르몬교 정착지의 성장을 막지 못했다. 이에 매료된 청년들이 시온을 떠나 광산으로 가자고 제안하자 브리검 영은 다양한 산업과 농업이 편안함과 안정감을 주는 유타에 남을 것을 권유했다. 그는 '몇 년 안에 캘리포니아로 가는 모든 사람의 열 배 이상을 인수할 수 있을 것'이라고 말했는데, 이 예언은 이상하리만큼 정확했다. 얼마 지나지 않아 유타 주에서 거대한 탄광이 발견되었고 은, 구리, 납, 심지어는 금광까지 발견되었다. 이에 따라 성도들Saints은 고된 노동과 현명한 경제 활동, 행운을 통해 섬터와 애퍼매톡스 사이의 격동의 시대에 부와 권력을 얻게 되었다.

전쟁의 엄혹한 시기에 새로운 농경지를 개척한 것만큼이나 경제적 측면에서 중요했던 것은, 남부의 넓은 지역에 파괴적인 영향을 미친, 서부 광업의 발전이었다. 링컨이 당선되기 바로 전날, 10년 동안 국고에 막대한 부를 쏟아부었던 캘리포니아의 금광은 새로운 발견으로 인해 규모가 확대되었다. 로키산맥과 해안 사이에 펼쳐진 광활한 산악 지대와 분지에서는 해가 거듭될수록 풍부한 광산이 속속 발견되었고, 전쟁으로 지친 국민들조차 거듭되는 행운이 마구 쌓여간다는 선정적인 보도에 흥분했다. 1861년부터 1865년 사이에 연간 금 생산량은 4,300만 달러에서 5,300만 달러로 증가했다.

50년대 말과 60년대 초 네바다, 콜로라도, 몬태나에서 발굴된 거대한 광맥에서 은을 캐낸 탐사자, 광부, 기획자들이 사방으로 몰려다니며 부를 찾아 탐사하고, 씻고, 파헤친 보물들이 이 비축량에 더해졌다.

매년 수입이 증가하여 1860년에는 거의 100만 달러에 달하는 은을 캐냈고, 5년 후에는 연간 총 1,100만 달러 이상의 은을 발견했다. 리와 그랜트가 대평화를 이뤘을 때 광물 지대에는 공격적인 재산 사냥꾼들이 방문하고 지도를 작성하고 묘사되지 않은 곳이 거의 없었다.

광부의 곡괭이로 새로운 광맥이 발견되자마자 사람들은 그곳으로 몰려들기 시작했고, 광맥이 충분히 두터우면 거의 하룻밤 사이에 그 자리에 목조 판자촌이 생겨났다. 남북전쟁의 10년decade이 끝나기도 전에 산악 지대마다 인구가 늘어나고 대도시가 생겨났다. 네바다는 주도로 카슨 시티를, 몬태나는 미줄라, 헬레나, 앨더 굴치(버지니아 시티로 나중에 개명)를, 아이다호는 보이스

시티를, 콜로라도 주는 덴버를 가리키며 자랑스러워했다. 골드러시 시절 캘리포니아의 광산 캠프를 제외하고는 신세계에서 이 같은 속도로 땅을 점령한 사례는 없었다. 1863년 한 광부는 앨더 굴치 지역을 이렇게 묘사했다. '불과 18개월 전만 해도 이곳은 야생이 울부짖는 곳이었다⋯⋯ 진실은 허구보다 더 훌륭하고 아라비안 나이트보다 더 경이롭지만, 젊은 아메리카가 좋은 금광 협곡을 발견했을 때 진실과 경이로운 것은 함께 손을 잡고 나아간다.'

초창기 광산 공동체는 다양성이 공존하는 이 대륙에서 가장 기묘한 인간들의 집합체였다. 마크 트웨인 같은 천재적인 인물이 이 광활한 개척지의 정신을 포착하고 그림을 그렸다는 것은 후손들에게는 행운이었다. 1861년 가을, 카슨 시티에 도착한 직후 그는 어머니에게 보낸 깜짝 놀랄 만한 편지에서 2천 명의 영혼이 모여 사는 목재 마을과 그 주변 지역을 묘사했다. '이 지역은 금, 은, 구리, 납, 석탄, 철, 수은, 대리석, 화강암, 백악白堊) 파리 석고plaster of Paris(석고),* 도둑, 살인자, 데스페라도, 숙녀, 아이, 변호사, 그리스도교인, 인디언, 중국인, 스페인인, 도박꾼, 명사수, 코요테(시-요-타이로 발음), 시인, 설교자, 당나귀토끼jackass rabbit** 가 엄청나게 풍부한 곳입니다. 얼마 전 한 신사가 아메리카를 "태양 아래 가장 멋진 나라"라고 말하는 것을 우연히 들었는데, 저는 그 포괄적인 개념에 전적으로 동의합니다.' 훗날 그는 이 장면을 배우들을 변장시키지 않고 그대로 담아낸 걸작 『험난한 여정Roughing It』을 썼다.

극서부의 광물 자원을 개척하고 채굴했던 모험가들 중에는 물가에서 멈추지 않는 야망을 품은 이들도 있었다. 멀리 북부의 알래스카[1959년, 49번째로

---

* '파리 석고'는 석고gypsum로 만든 흰색 가루이다. 물과 혼합하면 빠르게 굳는 반죽이 된다. 역사적으로 석고는 주형, 주물, 조각, 장식품 제작 등 다양한 용도로 사용되어 왔다. '파리 석고'라는 이름은 최초로 대규모로 생산되었던 파리의 몽마르트 지구에 위치한 대규모 석고 매장지에서 유래했다.

** '잭애스 래빗'은 북아메리카 서부에서 발견되는 큰 토끼인 잭래빗jackrabbit을 가리킨다. 잭래빗이 당나귀jackass와 비슷한 긴 귀를 가지고 있기 때문에 사용되었다.

연방에 가입]가 손짓했고 아메리카 탐험가들은 곧 알래스카의 부름에 응답했다. 산악 지대에서 귀금속을 찾기 시작했을 때 러시아가 이 먼 반도를 통치하고 있었지만, 장비의 유혹에 이끌려 무장한 광부들에게 그 사실은 중요하지 않았다. 이들 중 누구보다 상상력이 풍부했던 조지프 레인 맥도널드는 알래스카를 증기선으로 연결하여 합병하고 대륙을 횡단하는 철도까지 감히 꿈꿨다. 전쟁의 격동기에 운 좋게 워싱턴으로 건너간 맥도널드는 하원의 수석 서기관으로 일하면서 알래스카를 아메리카 영토로 만들 수 있는 사람들과 접촉했다. 지칠 줄 모르는 선전가인 맥도널드는 전선의 소식에 대한 토론 사이에 알래스카를 아메리카 제국에 추가하는 것의 중요성에 대한 발언을 끼워 넣었고, 이미 수어드의 제국주의 학교 출신들에 의해 승인받은 아이디어를 고위층으로 꾸준히 전달해 나갔다.

그랜트가 리로부터 항복문서를 받은 지 2년 만에 알래스카를 매입할 수 있었던 것은 노력과 행운의 결과였다. '시암[태국]이나 봄베이에서 그 돈의 100분의 1이면 훨씬 뛰어난 코끼리를 살 수 있었다'고 분개한 한 편집자는 불평했다. '우리는 태평양의 통제권을 손에 쥐고 있으며, 우리가 무엇을 선택하든 미래를 위한 위대한 행동의 무대로 만들 수 있다'고 한 의원은 말했다. 남북전쟁에서 승리한 당은 서부 국경을 페리 제독이 지휘하는 아메리카 군함이 최근 방문한 일본 제국의 감시 섬에서 멀지 않은 태평양 지점까지 확장시켰다.

§

연방 정부의 계획이 완전히 윤곽을 드러내고 극서부의 경제 발전이 이미 급진전된 상황에서 전쟁이 끝나고 국가적 에너지가 풀리자 변경의 모험 사업에 엄청난 자극을 주었다. 물론 첫 번째 중대 과제는 의회가 정식으로 승인한 철도 건설이었고, 1866년 유니언 퍼시픽 노선의 공사가 본격적으로 시작되었다. 동부 끝에서 아일랜드 이민자들의 군단과 남부의 전쟁터에서 갓 돌아온 참전 용사들로 구성된 대규모 인부들이 평원, 산, 고원, 강을 가로지르는 길을 평탄화하고, 절단하고, 다리를 놓기 시작했다. 공사가 진행되는 각 단계마다 이동식 마을이 세워졌고, 노동자들은 '바퀴 달린 지옥Hell on Wheels*'이라는 유쾌한 별명을 붙여주었으며, 요리사, 수공업자, 드센 여성harpy[그리스 신화에 나오는 여자 모양의 새의 날개와 발톱을 가진 추악하고 탐욕스러운 괴물], 도박꾼 무리가 모여 건장한 노동자들을 대접하고 유흥을 제공해주며 '수고의 아들들brawny sons of toil'에게 바가지를 씌웠다. 동부의 회사는 놀라운 속도로 네브래스카와 와이오밍을 가로질러 유타까지 진군했다. 동시에 캘리포니아 자본가들의 지시에 따라 소집된 중국인 노동자들coolies은 캘리포니아와 네바다를 가로지르는 우뚝 솟은 산과 입을 크게 벌린 협곡을 넘어 동쪽으로 밀려들면서 넘을 수 없을 것 같았던 물리적 장벽을 극복하고 결국 유타 주의 상류 지역까지 도달했다.

1869년 5월 10일, 두 진격대는 오그덴 근처의 곶 포인트에서 만나 장엄한 의식과 함께 합쳐졌다. 전쟁 못지않게 평화에도 승리가 있었다. 마지막 못은 전국 각지의 주요 도시와 전신선으로 연결되어 최종 망치질이 평원, 사막, 봉우리, 급류, 협곡을 정복한 정복자들의 짜릿한 자부심을 오지까지 전달될 수 있게 했다. 링컨이 승인한 공사는 이제 완성되었다. 조랑말 특급, 육로 마차, 마차 열차의 시대는 막을 내렸다. 증기와 강철이 대륙을 지배하게 되었다.

이 간선 공사가 제대로 시작되기도 전에 태평양 연안으로 향하는 세 개의 추가 철도 프로젝트가 추진되었다. 1864년 의회는 아메리카와 유럽에서 막대한 규모의 채권을 판매하여 슈피리어 호수와 퓨젯 사운드를 연결하는 데

---

* 이 용어는 19세기 중반 미국 대륙 횡단 철도 건설에 따른 이동식 임시 마을에서 유래했다. 흔히 '수고의 아들brawny sons of toil'로 불린 철도 노동자들이 서쪽으로 철로를 깔기 위해 이동하면서 공사 현장 근처에 임시 마을이 생겨났다. 이 마을들은 거칠고 무법적인 성격으로 악명이 높았으며 술집, 도박장, 매춘 업소 등 노동자들의 필요와 악덕을 충족시켜주는 시설이 많았다. 일시적이고 소란스럽고 종종 혼란스러운 분위기 때문에 '바퀴 달린 지옥'이라는 별명이 붙었다. 철도가 발전함에 따라 이 마을들은 포장되어 선로를 따라 다음 건설 현장으로 옮겨졌기 때문에 '바퀴 달린'이라는 말이 붙은 것이다.

필요한 자본을 마련한 전쟁 재정가 제이 쿡의 지시에 따라 노던 퍼시픽 노선 Northern Pacific을 허가했다. 그로부터 2년 후 의회는 극남으로 향하는 노선을 허가했고, 이 노선은 나중에 서든 퍼시픽이라는 이름으로 통합되어 뉴올리언스와 샌프란시스코를 연결했다. 거의 같은 시기에 애치슨, 토피카, 산타페 노선이 승인되어, 마침내 캔자스 중심부를 관통하고 콜로라도의 한 모퉁이를 돌아 뉴멕시코와 애리조나를 거쳐 태평양에 출구를 마련하는 계획이 세워졌다.

의회에서 막대한 토지를 선물로 받았지만 유니언 퍼시픽과 센트럴 퍼시픽이 받은 것과 같은 신용 지원이 없었기 때문에 이후의 회사들은 계획에 필요한 자금을 조달하는 일이 극도로 어려웠다. 게다가 모든 종류의 자본주의 사업이 일시적으로 마비된 1873년의 공황으로 인해 건설이 지연되었다. 붕괴에 붕괴가 잇따랐고, 한 그룹의 사업 기획자들이 다른 그룹의 기획자들을 따라 형평법원chancery*을 찾았다. 하지만 패배는 결코 선언되지 않았다. 1884년까지 미시시피 밸리와 태평양을 잇는 네 개의 철도 노선이 건설되었고, 그 중간 기착지에 정착과 개발의 문이 열렸다.

§

하지만 얼마 지나지 않아 철도 발기인들은 자신들의 사업이 허술한 기반 위에 세워졌다는 사실을 알게 되었다. 해안까지 향하는 세 개의 새로운 노선이 완공된 바로 그해에 또 다른 금융 공황으로 인해 수십 개의 회사가 파산 법원으로 몰려갔고, 더 많은 화물 및 여객 사업을 모색해야 했다. 이 조사는 비교적 쉽게 하나의 제국만 한 공공 토지를 소유하고 있는 서부가 자원을 개발할 노동력만 있다면 그들의 자원을 수익성 있는 자산으로 바꿀 수 있다는 것

---

* 미합중국 일부 주에는 'Chancery Court' 또는 'Court of Chancery'라는 이름의 법원이 존재한다. 이 법원은 주로 형평법equity law을 다루며, 계약 분쟁, 부동산 문제, 신탁, 유언장, 기업법 등에 관련된 사건을 처리한다. 형평법은 전통적인 법률 체계에서 해결하기 어려운 문제를 공정하게 해결하기 위해 존재하는 법의 분야이다.

을 보여주었고, 철도 관리자들에게는 노선이 통과하는 지역이 사람들의 정착지에 더 가까이 있어야 한다는 과제를 제시했다. 일단 그 필요성이 확고하게 파악되면, '붐'을 일으킨 공격적인 사업 기획자 군단이 진정한 아메리카 방식으로 이에 응답했다. 토지 투기꾼과 철도 운영자, 즉 새로운 시대의 볼티모어 Baltimores와 펜들Penns이 거대한 규모의 식민화 작업에 나섰다. 아직 집 한 채보이지 않는 나무 없는 평원에 마을이 넓게 펼쳐졌다. 광고 캠페인이 조직되었다. 동부 주들과 구세계Old World는 홈스테드법에 따라 연방 토지를 차지하거나 철도 회사 또는 선견지명이 있는 부동산 중개업자로부터 토지를 매입할 정착민을 찾기 위해 샅샅이 뒤졌다. 때로는 카운티 전체를 점령하기 위한 계획이 미리 발표되고 모든 국가의 용감한 사람들이 제안된 철도, 처녀지 대초원에 건설될 타운, 농장을 개척하고 경작할 수 있는 종이 프로젝트를 실현하기 위해 도움을 요청했다.

서부 개척을 이끈 수백 명의 지도자 중 미네소타의 훗날 그레이트 노던 및 연합 철도 노선의 책임자가 된 제임스 J. 힐보다 더 강력하고 화려한 인물은 없었다. 개척지에서 자란 힐은 그 땅의 사람들과 잠재력을 잘 알고 있었으며, 철도를 사업으로 전환하면서 성공적인 운영의 열쇠를 일찍이 파악했다. 피해자를 희생시키면서까지 즉각적인 이익을 추구하는 토지 도박꾼과 달리, 힐은 모든 주에 자유 농가가 퍼져야 하고, 모든 경작지는 유능한 농부들이 경작해야 하며, 농작물과 목축을 개선할 수 있도록 모든 시설이 제공되어야 하고, 유럽과 동양에 시장을 개발하기 위해 장거리 운송이 이루어져야 한다는 확실한 현실에 기반을 두고 긴 안목으로 사물을 바라보았다.

이러한 목적을 염두에 두고 힐은 북서부 정복을 위한 작업에 착수했다. 그는 대리인들을 오래된 주들older states로 보내 농부들과 그들의 아내들에게 발전하는 개척지의 놀라운 기회에 대해 이야기했다. 그는 그들에게 자녀들이 '농장 일꾼'이나 공장 노동자가 되지 않도록 하라고 경고하면서, 예방 차원에서 풍요로운 땅을 쉽게 얻을 수 있는 서부 지역으로 이주할 것을 촉구했다. 말로만 그치지 않고 힐은 여행을 기획하고 예비 정착민들을 기차에 태워 쟁기질을 기다리는 땅을 직접 보도록 했다. '농부 여러분은 자유무역과 보호무역, 그리고 이 정당이나 저 정당이 여러분을 위해 무엇을 할 것인지에 대해 이야기한다. 왜 직접 자신의 농장을 위해 투표해 보지 않는가? 그것이야말로 엉클 샘Uncle Sam*이 여러분에게 줄 수 있는 유일한 선물이다.' 그런 맥락에서 그의 홍보 담당자들은 동부 및 중부 국경 지역 주민들에게 호소했다.

수만 명이 힐의 호소에 응답했다. 새로운 나라에서 '더 나은 행운'을 기대하는 농부와 상인 공동체 전체가 이주 의사를 밝혔다. 청교도들이 유럽에서 탈출할 때처럼 종교 단체들이 집단으로 이주하겠다고 제안하기도 했다. 대규모의 예비 정착민들이 한곳에 모일 때마다 힐의 대리인들은 가축과 가재도구를 실은 이민자 가족을 목적지까지 실어 나르기 위해 객차와 화물 열차를 제공했다.

정착민들이 도착한 뒤에도, 힐은 그들이 알아서 이동하도록 방치하지 않았다. 오히려 그는 경작지, 관개 시설, 대로, 신용 시설, 생산 방법 개선 등 철도 노선이 지나는 모든 지역사회의 복지에 지속적이고 깊은 관심을 가졌다. 더 나아가 그는 중국과 일본에 대표단을 파견하여 이들 국가가 어떤 아메리카 제품을 소비하고 그 대가로 무엇을 제공해야 하는지를 파악했다. 이러한 관심에 따라 그는 그의 해안 터미널과 동양 사이에 증기 연락선을 개설하여 일본의 철도 기술자들이 아메리카에서 물자를 구입하여 자신의 노선을 통해 운송

---

* 엉클 샘'은 미합중국 정부를 의인화한 표현으로 그 유래는 1812년 영미전쟁으로 거슬러 올라간다. 뉴욕 트로이 출신의 육류 포장업자 새뮤얼 윌슨을 모델로 삼은 것으로 알려져 있다. 1812년 전쟁 당시 윌슨은 미군에 소고기 통조림을 공급했다. 통에는 미합중국 국유물임을 나타내기 위해 'U.S.'라는 스탬프가 찍혀 있었다. 그러나 이 지역의 군인들과 노동자들은 이 이니셜이 새뮤얼 윌슨을 가리키는 '엉클 샘'의 약자라고 농담을 하기 시작했다. 흰 머리, 모자, 파란색 재킷, 빨간색과 흰색 줄무늬 바지를 착용한 현대적인 이미지의 엉클 샘은 제1차 세계대전 중 미술가 제임스 몽고메리 플래그의 유명한 모병 포스터를 통해 대중화되었다. '나는 당신을 미군으로 원한다'라는 문구가 적힌 이 포스터는 엉클 샘을 상징하는 가장 아이코닉한 이미지 중 하나가 되었다.

하도록 장려했다.

힐은 길고 활발한 삶을 통해 개척 사회의 원시적 단계에서 개척자 시대를 거쳐 고도의 금융 시대로 넘어가는 상승의 과정을 계속 이어갔다. 다코타The Dakotas[현재의 노스다코타와 사우스다코타의 총칭]에서 몬태나와 아이다호를 거쳐 해안에 이르기까지 그의 사업은 번영하는 농장, 번성하는 도시, 거대한 산업으로 결실을 맺었다. 1916년 사망하기 전까지 힐은 북서부의 밀밭이 구세계의 방앗간 마을과 극동의 도시로 경제적으로 연결되는 것을 보며 만족감을 느꼈다. 그가 대대적으로 추진한 사업을 다른 사람들은 소규모로 추진하여 미합중국 서부로 향하는 마지막 강력한 이주 물결에 독특한 방향, 성격, 힘을 부여했다.

§

그러나 철도와 사업 기획자들은 서부로의 이동을 가속화했을 뿐이다. 실제로 유니언 퍼시픽 선로가 깔리고 징을 박는 동안에도 서부로의 이동은 계속 진행 중이었다. 남북전쟁이 끝나갈 무렵, 경제적 독립을 갈망하는 수천 명의 유능한 청년들이 군대에서 제대하자 연방 정부는 1862년 법에 따라 무상 농장을 영구히 소유하는 데 필요한 5년의 거주 기간에 군 복무 기간을 포함하도록 허용함으로써 이들이 서부로 가도록 장려했다. 전쟁 중에도 계속되었던 캔자스와 네브래스카로의 이주는 특히 노예 소유주와 자유 농부 간의 분쟁이 일단락되면서 더욱 활발해졌다. 20년 만에 캔자스의 인구는 10만 명에서 100만 명으로 급증했는데, 이는 청교도 상륙과 아메리카 독립 혁명 전야 사이에 뉴잉글랜드의 인구 증가율보다도 더 큰 폭의 증가였다. 1860년부터 1880년까지 20년 동안 네브래스카 인구 2만 8천 명은 거의 50만 명으로 증가했으며, 1867년 네브래스카는 연방의 한 주로 편입되었다.

1885년 애퍼매톡스 전투에서 승리한 그랜트 장군이 사망하기 전, 중부 개척지는 마지막 경작지에 도달하여 로키 산맥을 향해 위쪽으로 나무가 없는 경사진 평원의 건조한 지역으로 합쳐졌다. 그 무렵 이주의 흐름은 미네소타를 넘어 북부로 방향을 틀어 다코타로 향했고, 그곳에는 쟁기질을 할 수 있는 레드리버 밸리의 비옥한 휴경지가 펼쳐져 있었다. 몇 년이 더 지나자 북서쪽 변경마저 비옥한 지역을 넘어 산맥을 알리는 황량한 땅과 험준한 언덕까지 밀려갔다.

미시시피 강과 미주리 강 상류에 정착하는 과정에서 오래된 주 출신의 개척자들은 스칸디나비아에서 온 새로운 인종과 비록 그 수가 줄어들긴 했지만 계속 이주해 온 독일인, 그리고 그들의 러시아–독일계 혈통의 도움을 받았다. 스웨덴계는 윌리엄 펜 시대 훨씬 이전에 델라웨어에 설립된 식민지에서 신세계에 처음 등장했으며, 이후 덴마크, 스웨덴, 노르웨이에서 온 이민자들이 위스콘신과 미네소타를 중심으로 유입되었는데 소수였던 그들이 늘어난 것은 남북전쟁 이후의 일이었다.

그 무렵 스칸디나비아 국가들의 한정된 농업 자원에 대한 인구 압박은 심각한 수준에 이르렀다. 덴마크에서는 소 두세 마리와 말 한 마리를 키울 수 있는 땅을 가진 사람이 독립적이고 부유한 사람으로 여겨졌고, 노르웨이나 스웨덴의 소작농과 일용직 노동자는 연간 50달러 또는 100달러의 수입을 올리는 사람을 행운아로 여겼다. 심지어 피오르드의 풀이 무성한 절벽도 배고픈 가축 떼들에 의해 다 뜯겨나갔으며, 대담한 염소는 그 외에 다른 방법으로는 접근할 수 없는 작은 풀밭 틈으로 끌어올려지거나 내려 보내졌다. 잉글랜드의 도시나 노르망디의 아름다운 땅을 정복하는 것이 아니라 미시시피 강 너머에 넓게 펼쳐진 원시 대초원을 평화롭게 점령하기 위한 또 다른 바이킹 운동의 여건이 무르익은 것이 분명했다.

1865년 평화 회복과 함께 총체적인 이민의 신호가 주어졌을 때 위스콘신과 미네소타의 선구자들이 보낸 편지를 통해 이미 아메리카에서의 기회에 대한 소식이 스칸디나비아에 전해졌고, 이는 스칸디나비아 정부를 놀라게 할 정도로 엄청난 규모의 이주를 시작하게 했다. 노르웨이에서는 한 세대 만에 아일랜드를 제외한 다른 구세계 국가들보다 더 많은 인구가 아메리카로 이주했다. 덴마크, 아이슬란드 국민의 3분의 1이 부를 찾아 대서양을 건넜다. 반세기가 지나기도 전에 아메리카 내 스칸디나비아계 인구는 덴마크, 노르웨이, 스웨덴을 합친 인구의 4분의 1에 달했다.

이 새로운 사람들은 미시시피 상류 지역을 점령하고 그곳에 번영하는 공동체를 건설하는 데 매우 적합했다. 그들은 농업과 임업에 능숙했고, 근면하고 청교도적인 성품을 지녔고, 교육에 열심이었으며, 검소한 생활 습관을 지녔다. 북유럽의 추운 기후에 익숙한 이들은 아메리카 북부의 매서운 눈보라에도 굴하지 않았다. 철도가 개통되기 전, 그들은 미네소타 서부와 다코타로 진출하여 허드슨 베이 컴퍼니의 사냥꾼들이 최후의 보루로 삼고 있던 레드리버 밸리로 밀고 올라갔다. 1870년까지는 이 밸리에 2천 명이 넘는 농부들이 모여 지역의 모피 독점 사업이 종말을 고했음을 알렸다. 그 후 스칸디나비아인들은 놀라운 에너지로 사방으로 퍼져 나가 당면한 자원을 개발할 수 있는 모든 기회를 포착했다. 그들은 조상들이 천 년 동안 무역을 해온 북해의 바닷물과는 대조적인 레드리버에서 고기를 잡았고, 건초와 곡물을 실어 나르는 평저선에서 일했으며, 북경의 수레처럼 멋진 풍경을 연출하는 마차를 타고 생산물을 선적지로 운반했고, 숲과 평원 여기저기에 작은 무역 타운을 세웠으며, 벌목꾼으로서 집과 헛간에 쓸 목재를 자르고 깎는 일을 했다.

신세계에서의 삶은 고단했지만, 노동으로 얻은 물질적 보상은 고향에서의 빈약한 수입에 비해 엄청난 부를 가져다주었고, 일부는 넓은 땅에서 농작물을 재배해 엄청난 재산을 모았다. 헨리 고다드 리치는 레드리버 밸리의 황금 곡물로 큰 부를 일군 한 노르웨이인 가족의 인생사를 매력적인 그림으로 그려냈다. 아버지는 구릿빛의 변경지 개척자였고, 어머니는 '붉은 몸통에 검은 목도리를 두르고 노르웨이의 밝은 산꽃을 뺨에 두른 발키리Valkyrie처럼' 아메리카로 건너온 활기찬 부부로, 강한 팔과 기쁜 마음으로 무거운 일을 마다하지 않는 충실한 아들과 딸을 많이 낳았다. 해마다 농사를 지어 거둬들인 수입으로 살림은 점점 부풀어 올랐고, 노부부는 풍요로움 속에서도 옛날의 소박함을 유지했으며, 손자들은 예일대와 하버드대에서 공부하며 도시의 공기를 맡게 되었다. 당시 미망인이었던 이 여인은 75세의 나이에도 여전히 바이킹처럼 꼿꼿했고 '늘씬하고 능숙한' 모습으로 밀로 거둔 거액의 수입을 셀 수 있었으며, 반세기 전 3등 선실 승객으로 신세계로 건너왔을 때 둘렀던 검은 목도리를 자랑스럽게 걸치고 자신을 기리는 파티에 참석하기도 했다.

홈스테드법이 통과된 지 25년 만에 미시시피 강과 산 사이의 가장 좋은 땅은 이 법령에 따라 모두 처분되어 개인 소유로 이전되었지만, 인디언들이 점령한 풍요로운 인디언 영토는 예외였다. 땅을 갈망하는 사람들의 눈은 이미 인디언 소유의 여전히 휴경지이거나 반만 경작된 채로 남아 있는 땅을 바라보고 있었다. 이미 워싱턴에서는 '정해진 운명'의 행진을 가로막는 이 장벽을 철거해야 한다는 외침이 들려오고 있었다. 법적 권리가 없는 토지 무단점유자들이 법을 무시하고 농가를 지어 적색 인종의 영토를 침범하기 시작했기 때문에 피할 수 없는 상황은 돌이킬 수도, 그대로 머물러 있을 수도 없었다.

마침내 정치적 압력에 굴복한 연방 정부는 인디언들로부터 오클라호마로 알려진 넓은 지역을 사들였고, 1889년 국경에 진을 치고 침입 신호를 기다리던 백인 침략군에게 이 땅을 내주었다. 약속된 순간, 수많은 정착민들이 그토록 탐내던 지역으로 몰려들었다. 24시간 만에 거스리와 오클라호마시티에 식민지들이 생겨났고, 열흘 만에 골조 건물이 나타났으며, 1년 만에 교회, 학교, 은행, 신문사가 생겨났고, 술집과 '악당', 몸을 굴리는 여자들도 함께 들어왔다. 인디언 영토의 대부분을 점령한 정착민들은 나머지 영토도 요구했고, 남서쪽의 작은 땅을 제외하고는 이전 인디언 소유주들에게 아무것도 남지 않을 때까지 조금씩 비슷한 침략이 이어졌다. 1890년, 오클라호마 준주가 조직되고 주 정부가 되기 위한 움직임이 시작되었다.

§

자유 농가 개척의 선도자들이 캔자스와 네브래스카 서부의 반건조 변경 지역에 이르렀을 때, 이번에는 텍사스에서 캐나다에 이르는 광활한 울타리가 없는 지역을 특별 보호구역으로 주장하는 목축업자들과 새로운 갈등이 발생했다. 수년 동안 목축업자ranger들은 누구의 간섭도 받지 않고 텍사스에서 소를 사육하고 봄이 다가오면 소를 북부로 몰고 가서 더 신선한 풀을 찾아 평원을 가로질러 방목하면서 살을 찌워 시장에 내다 팔았다. 예를 들어, 1884년 12개월 동안 4천 명의 카우보이들이 거의 100만 마리의 가축을 북쪽으로 이동시킨 것으로 추정된다. 이 유목민들이 차지한 소의 영토는 아메리카 전체 면적의 3분의 1이 넘는 130만 평방마일에 달했으며, 그 넓은 땅에서 그들은 방목으로 막대한 부를 지속적으로 창출했다. 그곳에서 소를 키우는 왕과 여왕들이 번성하여 부를 축적해 면화, 금, 은, 밀로 부유해진 영주들의 허세에 맞설 수 있었다. 엄청난 양의 소고기가 적은 비용으로 생산되어 육식을 즐기는 아메리카 국민과 수백만 명의 유럽인에게 풍요로운 식량을 공급할 수 있었다. 요컨대, 소 사육은 철도와 면화 방적업과 마찬가지로 막강한 기득권을 가진 기간산업이 되었다. 그런데 이제 이 산업은 워싱턴에서 정치적 힘을 가진 농부들과 양 사육자들, 즉 거친 주먹과 무기, 예리한 눈을 가진 사람들의 강력한 연합에 의해 위협받고 있었다.

　이 훌륭한 결합의 두 당사자는 평야에 울타리를 쳐 사유지로 만드는 데 열중했다. 물론 농부에게 울타리는 야생 동물과 길들여진 동물로부터 농작물을 보호하기 위해 필요했다. 마찬가지로 양을 기르는 농가의 번영은 울타리에 달려 있었다. 텍사스 소들은 발굽과 뿔로 개, 늑대, 기타 맹수로부터 자신을 방어할 수 있지만 양은 신중한 보호 장치가 필요했고, 게다가 큰 무리의 소들은 평원의 초목을 짓밟고 물웅덩이를 망치고 양모와 양고기 생산자에게 넓은 지역을 황폐하게 만들었다. 따라서 농부들과 양을 기르는 사람들은 큰 어려움 없이 가축 관리인의 자유로운 놀이터를 철조망으로 제한해야 한다는 공통된 결론에 도달했다. 치열한 전투와 필사적인 교전이 이어졌지만 결국 목축업자들은 전쟁에서 패했고, 그들의 영토는 울타리로 나뉘어져 텍사스에서 북쪽으로의 웅장한 드라이브는 포기해야 했다. 결국 연방 정부의 산림과 보호구역을 제외하고 야생 방목지는 남아 있지 않았다.

이 마지막 보루에서조차 목축업자들은 20세기가 시작되면서 전통적인 자유를 잃었다. [시어도어] 루즈벨트 대통령 치하에서 국립 산림청은 대규모 축산업자보다 정착민을 의도적으로 우대했고, 1906년 여름에는 처음으로 소와 양 소유주 모두 아메리카 공공 토지에서 누리는 특권에 대한 대가를 지불해야 했다. 자유에 익숙한 사람들에게 새로운 규칙은 고통스러웠을 것이고, 그들은 옛 권리를 되찾기 위해 연방 보호 구역을 담당하는 관리들과 계속 전투를 벌였다. 비록 그들이 백기를 들지는 않았지만, 제국의 해체와 함께 아메리카적 낭만을 구현한 듯한 카우보이, 즉 챙이 넓은 모자와 권총, 올가미, 빛나는 박차를 단 카우보이는 분명히 자신의 소명을 잃었다. 방목도 자본주의 기업의 한 형태가 되었다.

절반은 단순히 재미를 위해 소를 모았던 모험가 대신에 사실상의 노동자인 임금 노동자가 등장했는데, 그는 가장 거친 순간에도 한 타운을 일으키는 데 필요한 상상력이나 겁에 질린 가축떼와 무리를 향해 요들송을 부르는 데 필요한 감성을 제대로 지휘하지 못했다. '사나이' 목장들이나 국립공원의 공연장에서 몇몇 기마병들이 변경의 외관을 유지하려고 노력했지만, 역사적 존재가 된 카우보이가 '좋았던 옛날'처럼 계속 말을 타고 총을 쏘는 것은 소설 속에서만 가능했다. 영화배우들은, 일본 고대의 수도 나라奈良, 고전의 고향 옥스퍼드, 베네치아의 산마르코 성당과 탄식의 다리 옆처럼 여러 나라의 수많은 사람들에게 카우보이의 모습을 엿보게 해줌으로써 돈을 벌 수 있었다. 민속학 학생들과 인류학 교수들이 모여 그의 요들, 별이 빛나는 하늘 아래에서의 사색, 외로운 시간에 던져진 발라드를 소중히 여길지 모르지만, 진짜 카우보이는 더 이상 땅 위에서 볼 수 없었다. 사회의 또 하나의 원시 단계가 지나간 것이다.

자유 방목지를 파괴한 것과 같은 끊임없는 경제 과정에서 야생 인디언은 결국 사라졌다. 1862년 연방 정부에 의해 시작된 정복 전쟁은 거의 30년 동안 계속되었고, 양측 모두 잔인함, 배신, 불의를 동반했으며, 백인은 도덕이나 인간성에서 적색 인종보다 우위에 있음을 거의 증명하지 못했다. 이러한 갈등이 무엇을 달성했든 결론은 하나뿐일 것이다. 물론 인디언들은 때때로 전투에서 승리해 잘못된 희망에 부풀어오르기도 했다. 예를 들어 1876년 여름, 탐사자들의 블랙힐 침공에 분노한 수족은 얼굴에 전쟁의 칠을 하고 리틀 빅혼에서 커스터 장군의 지휘부를 파괴했다. 그러나 이러한 일시적인 승리는 연방 당국에 더 효과적인 전투를 위해 신경을 곤두세우게 만들었을 뿐이다. 1886년 남서부의 아파치족이 희망이 없다고 포기하면서 아메리카 대륙을 차지하기 위한 유럽과 인디언의 오랜 무력 충돌은 끝이 났다. '고귀한 야만인'에 대한 환상이 없던 기록자조차도 아낙시만드로스의 논지를 설명하는 하나의 원초적 힘, 인종 간의 영원한 충돌이라는 아메리카 역사의 한 페이지에 검은 테두리를 장식해야 했다.[*]

연방 정부는 인디언들을 무자비하게 토벌하면서 셰리던 장군의 진단에 따른 영웅적인 치료법에서 살아남은 사람들을 어느 정도 보호할 수 있는 통제 시스템을 마련하기 위해 노력했다. 1869년, 특별 조사위원회의 보고서를 읽은 의회는 국가의 보호 대상이 된 인디언을 돌보는 인디언 위원회Board of Indian Commissioners를 만들었고, 2년 후 부족들과의 협상을 조약 형식으로 진행하는 관행이 폐기되었다. 1887년 의회는 인디언에게 시민권을 부여하고 개인

---

[*] 아낙시만드로스의 철학적 논제 중 하나는 자연의 힘이나 원소들 간의 끊임없는 갈등과 균형이 세계의 근본 원리라는 것이었다. 이 맥락에서 아낙시만드로스의 논제는 역사적으로 필연적인 갈등, 즉 인종 간의 충돌을 설명하는 데 사용되고 있다. '검은 테두리를 장식한다'는 표현은 이 이야기가 어둡고 비극적인 역사임을 상징적으로 표현한 것이다. 유럽인들이 결국 승리하고 원주민이 패배하는 과정은 인간성의 상실과 폭력적인 정복을 나타내며, 그 페이지는 일종의 애도의 의미를 담은 '검은 테두리'로 둘러싸야 할 만큼 비극적이라는 뜻이다.

소유의 토지를 취득할 수 있도록 허용하는 도즈법Dawes Act을 통과시킴으로써 인디언들을 보다 자유롭게 대우해 줄 것을 요구했고, 인디언들이 조직 정치에 편입될 수 있도록 했다. 많은 사람들이 이 초대를 받아들였지만, 대다수는 적어도 부분적으로는 연방 정부의 지원을 받는 정부 보호구역에 정착하는 것을 선호했다. 왜냐하면 그 계획에 따른 삶은 안전과 책임이 없는 삶을 제공했기 때문이다.*

백인이 도착하고 제임스타운이 세워진 지 300년이 지난 지금, 존 스미스 선장이 버지니아 해안에 상륙했을 때와 마찬가지로 현재 아메리카에 포용된 지역에는 인디언이 많을 것이며, 최근 인구조사에 따르면 10년 사이에 그 수가 증가했다. 따라서 인디언의 '절멸'에 대해 말하는 것은 정확하지 않다. 사실 백인 경쟁자들의 무기와 위스키가 인디언에게 치명적이었다기보다는, 천연두와 같은 질병, 부족 간 전쟁, 씨족적 질투심 등 그들 내부의 요인이 더 큰 영향을 미쳤을 수 있다. 이는 변경의 사냥꾼들이 가한 잔혹 행위나 정부의 실수, 술 거래상들과 토지 투기자들의 탐욕을 정당화하려는 것이 아니다. 루소나 쿠퍼조차 가장 절제된 순간에도 이 문제의 실제에 다가가지 못했다. 어떤 것들은 우주의 구성에 깊이 뿌리를 내리고 있는 것처럼 보인다.

§

카우보이와 인디언을 물리치고 그들의 자유를 빼앗은 뒤에도 서부의 개척자는 그의 동료와 자연을 상대로 하루하루를 시련으로 가득 채우기에 충분한 싸움을 계속해야 했다. 서부 여러 주와 준주에서, 연방 정부로부터 취득한 소

---

* 현재 미국 내 원주민 보호구역의 총 면적은 약 5,600만 에이커로, 이는 미국 전체 면적의 약 2.3퍼센트를 차지한다. 가장 큰 보호구역은 애리조나, 유타, 뉴멕시코에 걸쳐 있는 나바호 네이션 보호구역으로, 2,700만 에이커 이상을 포함한다. 보호구역 내에는 약 30퍼센트 이상의 원주민이 거주하며, 나바호 네이션을 포함한 주요 보호구역 외에도 미국 전역에 걸쳐 약 326개의 보호구역이 분포해 있다. 인디언 보호구역의 주민들은 높은 빈곤율과 실업률, 주거 문제 등 여러 사회경제적 어려움을 겪고 있다.

유권으로 토지의 3분의 1 이상을 소유하고 있던 철도 회사들과의 싸움이 끊이지 않았다. 어떤 경우에는 그러한 보조금을 기대한 무단 점유자들이 철도 사업자가 소유권을 주장한 토지에 정착했고, 다른 경우에는 철도 양허 조건이 모호하고 노선의 최종 위치에 따라 달라져, 정당한 형태로 소유권을 취득한 농가들의 농장을 위태롭게 만들었다. 이러한 충돌로 인한 분쟁은 가을 단풍처럼 짙어졌고, 연방 토지 사무소는 주장과 반대주장으로, 법원은 소송으로 가득 찼다. 행정 당국이나 사법부와의 소송에서 패소한 사람들은 의회에 배상 또는 보상의 구제책을 요청했다.

이러한 호소는 상원과 하원에서 반복되는 논쟁을 불러일으켰고, 철도에 반대하는 정착민들을 위한 설득력 있는 탄원으로 가득 찼다. 아이오와 주의 제임스 윌슨은 한 가지 사안을 언급하며 이렇게 말했다. '이 시민들은 겸손하다. 하지만 그들의 권리는…… 마치 그들이 토지와 수백만 달러 투자 자본의 소유주인 것처럼 정부의 고려에서 신성하게 여겨져야 한다. 정부는 제국의 경쟁에서만큼이나 가장 미약한 시민의 권리를 보호하는 데 있어서도 진정으로 위대해질 수 있다.' 또 다른 의원은 축출 절차에 항의하는 일부 유권자들의 주장을 옹호하면서 정부의 다른 부문에서는 정의를 거의 기대할 수 없다고 암시했다. '그들을 보호하기 위해 법이 통과되면, 추상(기업)과 그러한 사람들의 경쟁에서, 부드러운 쿠션이 있는 유리한 좌석에 앉아 있는 사람들은 이 법에 주의를 기울여야 한다…… 이러한 사건들의 역사는 우연의 부서(내무부)와 사업을 하다가 그 자체로 법이 되는 그 부서(사법부)의 지배적인 섭리에 부딪히는 불행한 사람들의 불행을 보여주는 것 같다.'

이 길게 이어진 논란 속에서 양 정당은 구제를 위해 유권자들에게 좋은 공직 자리를 내어주었다. 네브래스카 주의 한 정치가는 이렇게 한탄했다. '이 정착민들은 직선제에 투표하면 땅earth[토지]을 약속한 위대한 공화당의 강령을 읽었고, 그 다음 위대한 민주당의 강령을 읽었는데, 그 강령은 공화당이 약속한 땅뿐만 아니라 그 위와 아래에 있는 모든 것[지표면뿐 아니라 지하자원까지도]을 주겠다고 약속했다. 그래서 그들은 말했다. "우리는 안전하다, 우리의 친구인 정치인들이 우리를 돌봐줄 테니." 정치인들이 공약을 이행하려고 할 때, 그들은 보통 정착민들에게 철도가 손해를 끼친 것에 대해 다른 곳에서 보조금을 주는 방식으로 보상하여 물질적 피해를 입지 않도록 했다. 실제로 치열한 경쟁을 벌인 거래의 모든 당사자가 분쟁의 결과에 만족하는 경우가 종종 있었다.

서부 개척자는 다른 두 가지 이유로 일반 운송업체와 다툼을 벌였다. 그중 첫 번째는 명백히 유효한 허가를 받아 철도가 가격 상승을 위해 보유한 토지와 관련이 있다. 회사들은 철도를 따라 지역을 개발하기 위해 항상 제국 영토의 넓은 지역을 합리적인 가격에 팔았지만, 일반적으로 투기 목적으로 상당 부분을 보유하면서 인접 지역의 집중적인 개발로 인한 불로소득을 기다렸다. 당연히 땅의 가치를 상승시키기 위해 고된 노동에 시달렸던 정착민들은 특히 홈스테드법에 따라 선택 가능한 토지가 모두 사라진 뒤 수혜자들인 기업을 부러움의 시선으로 바라보았다. 따라서 혹시라도 위반 기업의 소유권에서 결함이 발견되면 사법 또는 입법 절차를 통해 불법적인 권리를 무효화하려는 움직임이 시작되었다. 이런 식으로 수백만 에이커의 땅이 농부와 목동들의 진입을 위해 철도 회사로부터 뜯겨나갔다.

그 방향에서 승리할 가능성이 없다면, 지주로서의 철도 회사에 대한 반감은 높은 요금과 운송업체로서의 관행에 대한 분노와 쉽게 합쳐질 수 있다. 맨체스터 교리Manchester creed*를 복음적 진리로 받아들인 철도 회사들은 다른 자본가들처럼 '모든 교통이 감당할 수 있는 요금을 부과했다'**고 유능한 변호사 중 한 명은 설명했다. 장거리 운송이라는 수익성 높은 사업에 매몰된 철도 회사들은 지역 패트리어트들이 요구하는 연장선, 측선, 보조선 건설을 거부하는 경우가 많았고, 이로 인해 서부 주와 준주의 정치에 끝없는 논쟁을 불러일으키는 악의의 샘물을 열어 워싱턴에서 정국을 관리하는 정치가들에게 '서부 농민들의 요구'를 주시하도록 강요했다.소규모 자유-토지 소유자들을 이보다 덜 자극하지 않은 것은 아메리카인이든 외국인이든 대개 사기를 통해 확보하고 투기 목적으로 보유하거나 소작인 및 임금 노동으로 개발하는 지주들의 거대한 토지였다. 외국인 지주들은 서부의 번영에 그다지 관심이 없고 순전히 용병적인 동기에 의해 움직이며 규모가 큰 지역을 소유하고 있기 때문에 당연히 더 심한 비난을 받았다. 식민지 시대부터 구세계 자본가들은 아메리카 땅 투기로 큰돈을 버는 데 익숙했지만 남북전쟁 이후 그들의 열정은 찰스 2세 시대보다 훨씬 더 두드러졌다. 이제 아메리카의 철도 사업 추진자들에 의해 주식과 채권의 대량 구매를 요청받으면서, 그들은 의회 보조금의 성격을 조사하고, 극서부의 토지와 자원의 일반적 무상 분배에 대해 활발한 관심을 갖게 되었다.

펜실베이니아의 한 하원 의원은 이렇게 설명했다. '우리의 비옥한 토양과 광활한 목초지에 대한 찬사는 곧 유럽 자본가들의 시선을 사로잡았다. 그리고 검소한 목적을 가진 우리 철도 회사들은, 잘 갖춰진 궁전 같은 객차를 타고 자유로운 여행을 하면서 귀족과 다른 부호들이 샴페인의 반짝임과 순수한 아바나 시가의 은은한 연기를 통해 우리 대초원의 풍요로움을 보는 것으로 이미 촉발된 관심을 자극했고, 외국인 투자자들이 아메리카 소 목장에서 얻은 막대한 수익은 그들의 국민들의 탐욕을 더욱 부추겼으며 많은 사람들이 이러한 풍요로운 이득을 추구했다.' 1884년까지 약 2,000만 에이커의 땅이 외국인의

---

* 19세기 중반 영국에서 발전한 경제적·정치적 이념으로, 자유방임주의Laissez-faire와 자유무역을 강조하는 입장이다. 이 용어는 산업혁명이 시작된 도시 중 하나인 맨체스터의 이름을 따서 붙여졌는데 맨체스터는 당시 영국 산업혁명의 중심지였고, 자유무역을 지지하는 상공업자들이 많이 활동하던 곳이었다.

** 철도 회사들이 운송 비용을 정할 때, 고객이 지불할 수 있는 최대한의 금액, 즉 수요와 공급의 원칙에 따라 요금을 책정했다는 의미이다. 경쟁이 없거나 고객의 대체 선택지가 제한된 상황에서, 철도 회사들은 요금을 인상하여 더 많은 이익을 취하려고 했다. 이것은 결국 고객과 철도 회사 간의 관계에 긴장을 유발하는 요소가 되었고 이 문제는 서부 주와 준주에서 정치적 갈등의 원인이 되었다.

손으로 넘어갔다. 던모어 경은 10만 에이커, 던레이븐 경은 6만 에이커, 스코틀랜드의 많은 땅을 소유한 서덜랜드 공작은 거의 50만 에이커, 트위데일 후작이 이끄는 영국 신디케이트는 100만 에이커 이상, 텍사스에서만 두 개의 영국 신디케이트는 700만 에이커 이상, 독일인은 100만 에이커 이상의 땅을 소유하고 있었다.

20세기 초 아메리카인과 외국인 투자자들이 소유한 대규모 토지를 모두 합치면 거대한 영토를 형성했다. 산악 지대와 태평양 지대에 있는 농지의 거의 질반이 1천 에이커 이상의 부지에 소작인이나 노동자들이 점유하고 있었으며, 수 세기 동안 아일랜드를 괴롭혔던 부재지주제가 에메랄드 섬[여러 지명과 별칭이 있지만 문맥상 아일랜드를 가리키는 것으로 보임]의 몇 배에 달하는 아메리카 전역에서 친숙한 일이 되었다. 아프리카에서 수입한 노예 대신 일본인과 멕시코인을 노동자로 고용하는 달라진 상황에서의 구남부 플랜테이션 시스템과 같은 것이 광범위한 영토에서 재생산되고 있었는데, 이는 사회적 결과로 볼 때 중서부에서 얻은 제도의 자유보다는 예속 노예에 가까운 착취 방식이었다. 얼마 뒤 동양인 노동력에 대한 장벽이 세워지지 않았다면, 남부 문명의 두드러진 특징 중 하나는 남서부와 극서부의 많은 지역에서 복제되었을 것이며, 소수의 백인이 쉽게 동화될 수 없는 다른 인종, 즉 중국, 힌두, 일본, 멕시코에서 온 다수의 노동자를 지배하고 있었을 것이라는 데는 의심의 여지가 없다. 의심할 여지 없이 동양인 배척은 이 과정을 더디게 했지만, 멕시코 인디오들이 홍수처럼 국경을 넘어 사방으로 흘러들면서 그 속도는 느려도 거침없이 진행되었다.

토지 소유와 경작 제도 못지않게 자연의 힘은 극서부 지역의 농업 발전에 독특한 방향을 제시했다. 구 동부에서 온 농부나 유럽에서 온 이민자 모두 그런 상황에 직면한 적이 없었다. 미시시피와 미주리 밸리의 북부 지역에서는 허리케인이 자주 발생하여 파괴의 잔해를 남겼고, 한 번에 눈보라가 몇 주 동안 내려 외딴 농가들을 고립시켰다. 1881년 가을, 노스다코타의 옥수수 밭에는 작물을 수확하기 전에 눈사태가 발생하여 몇 달 동안 얼음으로 뒤덮인 채로 집과 헛간, 가축 축사가 매몰될 뻔한 일이 종종 있었다. 여름에는 해충, 메뚜기, 여치떼가 수천 에이커의 농지를 마치 불을 놓은 듯 황폐화시켜 번영하던 지역사회에 가난과 불행을 가져다주었다.

곤충이 먹어치우지 않거나 눈이 덮이지 않으면 가뭄으로 인해 곡식이 시들어 버리기 일쑤였다. 캔자스 서부와 네브래스카의 개척자들은 곧 이 대안이 그들의 슬픔의 원인이라는 것을 알게 되었다. 개척자들이 처음 머나먼 평원에 들어섰을 때는 비정상적인 강우로 인해 날씨에 대한 잘못된 개념을 갖게 되었지만, 1887년에 그 흐름이 바뀌었고 몇 년 동안 농작물을 지탱하기에 충분한 비가 내리지 않았다. 한 끔찍한 여름의 목격자는 이렇게 기록했다. '매주 구름 한 점 없는 강철 같은 푸른 하늘에서 뜨겁고 타는 듯한 태양이 내리쬐었다. 남쪽에서 무시무시한 뜨거운 바람이 불어왔다. 그런 일은 매일 계속되었다. 모든 사료와 곡식, 옥수수가 부족해졌다.' 경제적 파탄이 뒤따랐고, 빚은 상환되지 못하고 쌓였으며, 모기지 주택은 압류되었고, 남녀노소 모두 노숙자가 되어 세상 밖으로 내몰렸다. 농업 불안의 물결은 페노브스콧에서 골든게이트에 이르기까지 정치 지도자들을 놀라게 한 거대한 포퓰리즘 운동으로 번져갔다.

가뭄에 시달리는 평원 지역 너머에는 관개를 하지 않으면 농작물을 전혀 수확할 수 없는 건조한 땅이 펼쳐져 있어 아메리카 농부들에게 완전히 새로운 문제를 안겨주었다. 고대에 애리조나와 뉴멕시코의 인디언들은 그들의 고도의 공학 기술을 보여주는 댐과 도랑을 건설하여 이 지역을 공격했다. 그로부터 오랜 시간이 흐른 뒤, 유타 주의 모르몬교도들은 처음에는 땅의 건조함에 당황했지만 관개 공사를 통해 이를 극복했고, 그들의 관개 공사는 개척자들에게 영감을 주었다. 결국 미시시피 밸리의 물이 있는 땅이 거의 모두 농부들에 의해 개척되었을 때, 다가오는 정착민들은 사막을 개간하는 사업에 진지하게 직면해야 했다. 그리고 그들은 의지를 가지고 사업에 착수했다. 금속이 '위치

'한' 곳을 찾아내는 광부처럼 물에 대한 본능을 가진 일부 목장주들은 건조하고 메마른 토양에 쐐기를 박아 '목마른 사막을 적시고 아무런 쓸모도 없는 모래를 무엇이든 쓸 수 있는 양토로 바꾸는' 물을 끌어올렸다. 민간 자본가들이 이 대열에 합류하여 넓은 지역을 매입하고 관개 시설을 세우고 물을 공급받은 땅을 좋은 가격에 소량씩 팔았다. 농부들이 조직하고 지역 자원으로 자금을 조달한 합자 회사는 협동 관개 사업에 성공적인 시범을 보였다.

세기의 전환기 목전에 문제의 심각성을 깨달은 워싱턴의 서부 상원 의원과 하원 의원들은 사막 정복 전쟁에 전 국민의 관심을 끌어들였다. 1895년 의회는 관개 프로젝트 건설을 전제로 건조한 땅을 주 정부에 양도하는 것을 승인했고, 7년 후 연방 정부의 관개 프로그램이 승인되어 거대한 규모의 공사가 시작되었다. 1911년 중앙 정부와 주 정부 간의 협력이 시작되었다. 따라서 개인 및 기업, 연방 및 주 정부의 지원으로 수백만 에이커의 땅이 건초, 옥수수, 과일, 채소를 생산할 수 있는 비옥한 농장으로 탈바꿈되었다. 서부의 거대한 사유지나 목장만큼이나 동부의 농경지와는 다른, 관개 과학과 기술을 기반으로 한 지역사회가 형성되었다.

§

서부의 농업, 광물 및 목재 자원에 대한 불안한 드라이브가 그다지 멀리 진행되기 전에 여러 준주의 지역 패트리어트들은 추적하기 어렵지 않은 이유로 주 지위를 위한 압력을 가하기 시작했다. 대통령이 임명한 관리를 통해 워싱턴에서 지역을 통치하는 한, 현지의 개척자들은 토지, 광업권, 산림, 수력 발전소 부지 선정을 마음대로 할 수 없었고 수도에서 정치인들과 흥정해야 했다. 가뭄, 외국인 지주, 목축업자, 철도 회사에 맞서 싸우는 과정에서 그들은 의회에 표가 없는 대리인을 통해 연방에 지원을 청원해야 했고, 적절한 권한이 없다는 이유로 종종 중앙 행정부에 그들의 요청을 들어주는 귀를 가진 목축왕, 철도왕, 목재왕들에게 승리를 빼앗기고 있다는 것을 목격했다. 그들은 이러한 장애물들이 그들의 번영을 가로막고 자원 개발을 방해한다고 말했다. 어쨌든 이러한 상황은 그들에게, 특히 자결권의 복음을 듣고 자란 열정적인 개인에게는 견딜 수 없는 것이었다. 그들은 경험의 쓴맛을 통해 스스로 주인이 되기로 결심했다.

그러나 스스로의 운명을 통제하는 길에는 거대한 장벽이 있었기 때문에, 결심은 쉬워도 그것의 성취는 어려웠다. 일반적으로 서부의 급진적인 정치를 두려워하는, 리스크가 큰 서부에 이해관계를 가지고 있는 동부 투자자들은, 독립을 추구하는 지역 패트리어트들의 자비에 자신을 맡기기보다는 연방 당국의 보호 아래에서 사업이 운영되는 것을 선호했다. 70년대의 농민들을 위한 법안으로 인해 큰 타격을 입은 철도회사들은 더 많은 주 의회를 상대하지 않더라도 이미 충분히 어려움을 겪고 있었으며, 그들은 서부 정치에서 가장 큰 단일 세력이었다. 게다가 민주당은, 홈스테드법에 따라 공화당의 관대함에 농장을 빚진 사람들이 거주하는 북서부 지역이 모든 전국 선거에서 공화당을 지지할 것이라고 의심했기 때문에, 당을 희생시킬 이유를 찾을 수 없었다. 그래서 연방의 확대는 중단되었다. 1867년 네브래스카가 가입하고 9년 후 콜로라도가 가입한 것을 제외하고는 세기말이 다가올 때까지 새로운 주는 만들어지지 않았다.

지연에 지친 사우스다코타 주민들은 1885년 대회를 소집하고 주 헌법 초안을 작성하여 자신들의 주장을 힘차게 밀어붙였다. 다코타의 한 지지자는 이렇게 선언했다. '오늘 밤 돌아가는 모든 인쇄기는 60만 명의 인구, 4,000마일이 넘는 철도, 10만 개가 넘는 농장과 행복한 집, 소와 귀금속 광산 등 다른 모든 준주를 합친 것보다 훨씬 더 많고 양호한 자원을 보유하고 있으며 많은 주보다 훨씬 앞서 있다고 전 세계에 널리 알리고 있다. 의회가 이 외에 더 알아야 하는 것이 있을까?' 수치는 살짝 과장되었지만 논리는 타당했다. 하지만 의회는 망설였다. 실망한 주 추진 대변인은 '우리는 사람들이 연방에서 나가기 위해 싸우는 것을 보아왔다. 50만 명의 사람들이 연방에 들어가기 위해 고군분투하는 것을 보고도 귀를 기울이지 않는 것은 새로운 광경'이라고 한탄했다. 동등한 힘으로 태평양 연안의 워싱턴 준주도 주 정부의 특권을 요청할 수 있었는데. 다코타보다는 약한 명분으로 산악 준주는 국가 평의회 테이블에 자신의 자리를 요구했다.

오랜 논쟁과 많은 정치적 음모 끝에야 연방 정부가 움직이게 유도할 수 있었고, 행동으로 옮겨진 것은 '옴니버스 법안*'의 형태로였다. 1889~90년 2년 동안 의회는 다코타 2개 주, 워싱턴, 몬태나, 아이다호, 와이오밍 등 6개 주를 받아들였고, 특히 와이오밍은 여성 참정권을 인정한 곳이었다[1869년 미합중국 최초로 와이오밍은 여성 참정권을 인정했다]. 6년이 더 흐른 후 모르몬교도들은 일부다처제를 금지해야 한다는 국가 법률의 요구에 굴복했고, '오점을 지우기 위해' 더 긴 유예가 필요하다는 양심적 반대자들의 강력한 항의에도 불구하고 연방에 편입되었다. 1907년 오클라호마는 인구와 경제적 번영을 바탕으로 주 지위를 획득할 수 있는 자격을 얻었고, 주저하던 공화당 의회를 설득하여 그것을 얻어냈다. 5년 후 대륙의 마지막 영토인 뉴멕시코와 애리조나가 연방의 품에 안겼다. 이렇게 태프트 대통령 행정부에서 마침내 워싱턴 대통령 시절부터 시작된 자치 연방self-governing commonwealths을 만드는 긴 과정이 마무리되었다.

새로운 서부의 주들은 연방에 받아들여지기 전에 오랜 관습에 따라 지역 유권자들을 대표하는 대회에서 초안을 작성한 헌법을 제출해야 했다. 물론 이러한 새로운 기본법은 대체로 이전 주들의 모델을 따랐으며, 몇몇 경우에만 공인된 형식에서 크게 벗어났다. 와이오밍은 준주 시절에 확립된 여성 참정권

---

* 옴니버스 법안은 서로 관련이 없는 여러 가지 다양한 법안 또는 제안을 하나의 법안으로 묶는 법안의 한 유형이다. '옴니버스omnibus'라는 용어는 라틴어로 '모두를 위한'이라는 뜻이다. '옴니버스 법안'은 의원들이 법안의 다른 부분에는 반대하더라도 자신이 찬성하는 조항이 포함되어 있으면 기꺼이 지지할 수 있으므로 논란이 있는 법안을 더 쉽게 통과시킬 수 있다. 옴니버스 법안은 포괄적인 법안을 신속하게 통과시킬 필요가 있거나 여러 문제를 함께 묶어 통과시키는 것이 정치적으로 편리할 때 사용된다.

의 지속을 주장함으로써 당시의 기준을 넘어섰고, 여성 유권자들이 공화당원일 가능성이 높았기 때문에 공화당[이 주도한] 의회는 지역을 끌어들이기 위해 이 혁신을 묵인하고 받아들였다. 오클라호마와 애리조나 주는 진보의 물결이 거세게 일던 시기에 연방에 가입하면서 주민발의제와 주민투표initiative and referendum*를 함께 도입했고, 두 주 중 더 큰 실험을 한 후자는 판사까지 포함한 모든 공직자에 대한 주민소환제를 추가해 무사히 관문을 통과할 수 있었다.

이러한 헌법들의 틀을 만든 입법부들은 자연스럽게 구성원의 다양한 이해관계를 반영했으며, 대개 변호사가 운영위원회 위원장을 맡았다. 예를 들어 1889년 노스다코타 대회에는 29명의 농부, 25명의 변호사, 9명의 상인, 5명의 은행가, 3명의 부동산 중개인, 2명의 출판인, 1명의 의사, 1명의 철도원이 참여했다. 워싱턴 대회에는 아메리카 주민 외에도 스코틀랜드, 영국, 아일랜드, 캐나다, 독일인이 대거 참여했는데, 직업별로 보면 변호사 21명, 은행가 5명, 의사 6명, 농부 15명, 축산인 4명, 홉 재배자 2명, 벌목공 6명, 교사 3명, 설교자 1명, 광산 기술자 1명, 편집자, 측량사, 부동산 개발업자 몇 명으로 나뉜다. 모든 경우에 제헌 의회들의 행위는 심의에 관련된 광범위한 재산권을 가진 철도 회사의 유능한 고문들에 의해 신중하게 조사되었다. 예를 들어, 사우스다코타 헌법의 전체 조항은 대규모 철도 주식 보유와 극서부 지역에 대한 지

---

* 주민발의제와 주민투표라는 용어는 시민들이 선출된 대표자의 결정을 우회하거나 영향을 미치면서 입법 과정에 보다 직접적으로 참여할 수 있는 직접 민주주의의 메커니즘을 의미한다. 주민발의제를 통해 시민들은 청원서에 일정 수 이상의 서명을 받아 새로운 법률이나 주 헌법의 개정을 제안할 수 있다. 청원이 필요한 기준을 충족하면 제안된 법안은 공개 투표를 위해 투표에 붙여진다. 유권자의 승인을 받으면 주 의회의 승인 없이도 발의안이 법으로 발효된다. 주민투표는 입법부에서 이미 통과된 법률이나 정책을 시민들이 승인하거나 거부할 수 있는 절차인데 입법부가 직접 유권자의 승인을 위해 법안을 유권자에게 회부할 때 실시하며, 헌법 개정이나 중대한 정책 변경에 필요한 경우가 많다. 또한 시민들이 청원을 통해 주민투표를 실시할 수도 있다. 충분한 서명이 모이면 문제의 법률이 투표에 부쳐지고 유권자들이 그 법률의 효력 유지 여부를 결정한다. 이러한 메커니즘은 정부가 국민의 요구에 더 부응하기 위한 진보적 움직임의 일환이었다.

식으로 그 지역의 정치 문제에 특별한 관심을 가진 저명한 법학 교수 헨리 빌라드가 밑그림을 그렸다. 이러한 염려는 근거 없는 것이 아니었다. 지역 입법부가 서둘러 규제와 세금을 부과한 속도는 재산이 특별한 부담의 대상이 된 사람들의 그러한 일반적인 주의 깊은 통찰력이 필요했다는 것을 보여주었다.

몇몇 사례에서, 연방 가입은 주 수도의 위치를 둘러싼 투쟁을 예고했다. 경쟁 철도 노선이 넓은 땅을 소유하고 있던 사우스다코타에서는 이 싸움이 선정적인 양상을 띠었다. 피에르까지 노선을 확장한 시카고 앤드 노스웨스턴 철도Chicago and North Western는 유권자들에게 특정 도시가 잠재적 대도시로서 갖는 최고의 장점을 제시했다. 이 회사는 여행을 조직하고 농부, 그들의 아내와 아이들, '고용된 일손'을 자신이 좋아하는 마을로 데려갔다. 한 번은 주민 2천 명이 사는 작은 마을이 철도 회사가 '경치를 구경하기 위해' 데려온 5천 명의 손님을 대접해야 했다. 몇 달 동안 주州는 '탈곡기가 충격받은 곡물 사이에서 먹이를 못 먹고 멈춰 있고 쟁기는 고랑에서 녹슬고 감자는 언덕에서 파헤쳐지지 않은 채 모여 있는 동안' 전체가 소풍에 빠져 있었다. '상인들은 가게 문을 걸어 잠그고 학교는 사람들이 경쟁 도시들을 방문할 수 있도록 문을 닫았다.' 열띤 선거운동 끝에 피에르가 승리했다. 승리는 대단했지만, 정부의 자리에서 시카고나 뉴욕과 경쟁할 수 있는 기미는 보이지 않았고, 세기 중반에도 인구는 3천 명에도 미치지 못했다. 정치만으로 번영할 수 있는 인구는 분명히 한계가 있었다.

§

극서부의 발전은 다채로운 지역적 사건을 만들어내는 것 외에도 아메리카 전체의 정치와 경제에 지대한 영향을 미쳤다. 식민지 시대부터 아메리카인의 삶의 특징이었던 변경은 미시시피에서 태평양을 향해 꾸준히 멀어졌고, 마침내 완전히 사라졌다. 대개 빚으로 황량한 처녀지를 개간하기 위해 자본을 조달한 개척자 농부들의 벨트 라인[특정 지역이나 사회적 집단의 특징적인 움직임이나 현상을 의미]이 이동하면서 정치적 벨트 라인인 농업 불안도 함께 이동했으며, 이는 주기적으로 흉작과 산업 공황으로 인해 폭발적으로 번져나갔다. 남북전쟁부터 세기말까지 워싱턴의 어떤 행정부도 아메리카의 금권정치를 등에 짊어지고 있다고 느끼는 극서부 출신 의원들을 고려하지 않고는 조금도 움직일 수 없었다.

정치를 더 곤란하게 만들기 위해, 그 고된 유권자들은 그들의 수적 힘에 비례하지 않는 상원의 의석을 가졌다. 오하이오나 일리노이 등 기존의 중부 주와 달리 신생 주들은 연방 가입 후 빠르게 성장하지 못했고, 1900년까지 몬태나, 와이오밍, 콜로라도, 유타, 아이다호, 워싱턴, 네바다, 오리건, 캘리포니아 등 서부 9개 주의 인구는 400만 명 미만이었지만, 대서양 연안의 9개 산업 주에서 2,100만 명을 대표하는 동일한 수의, 상원 의원 18명을 수도 워싱턴에 파견해 그 무게가 같아졌다. 인구 4만 3천 명인 네바다 주는 상원에서, 700만 명인 뉴욕 주와 동등한 투표권을 가졌다. 최악의 썩은 자치구들rotten boroughs에서 구리, 은, 목재, 철도, 목축 왕이 보통 상원에 진출할 수 있다는 사실이 아니었다면, 마커스 A. 해나 시대에 서부 주들은 국가 정치 책임자들에게 여전히 더 짜증나는 대상으로 판명되었을 것이다.*

연방 정부 관리들에게 덜 혼란스러운 것은 국내 노동력과 동양인 노동력 사이의 갈등에서 비롯된 서부 해안의 동요였다. 중국인들은 북유럽 인종과의 충돌로 인한 충격을 가장 먼저 겪었다. 골드러시 시대에는 캘리포니아에서 재산을 얻기 위해 세계 각지에서 이민자들이 몰려들었다. 이후 철도 및 광산 회사들은 조직화되지 않고 파업도 하지 않는 값싸고 참을성 있는 노동자로 중국인들을 대량으로 수입했다. 이러한 수요를 충족시키기 위해 태평양 우편 증기선 회사Pacific Mail Steamship Company는 1866년 홍콩과 금문교 사이를 정기적으로 운항하여 3등 선실 사업에서 수익의 대부분을 얻었다. 워싱턴의 공화당 행정부는 1868년 체결된 조약에 의해 이러한 운영에 공식적인 도장을 찍고, 최근 계약 노동법에 명시된 자유주의 정책에 따라 중국인의 대량 이민을 승인했으며, 특히 마음대로 오갈 수 있는 권리를 인정해, 가장 우대받는 국가의 시민으로서 모든 특권과 면제를 누릴 수 있도록 했다. 그 결과 10년이 지났을 때 로키 산맥 서쪽 지역에 사는 북경 황제의 신민臣民은 약 6만 명에 달했으며, 그중 절반 가까이가 산업계에서 일하고 있었다.

중국인들이 정부의 환영을 받으며 안정을 찾으려는 찰나, 그들은 아일랜드 출신의 짐마차꾼이자 의심할 여지 없는 연설가인 데니스 키어니의 지휘 아래 불만을 품은 농부들의 격렬한 공격의 대상이 되었다. 이 대담한 선동의 대가는 밤낮으로 회오리바람 같은 격렬한 선동을 계속했고, 카토의 방식대로 모든 연설을 천둥 같은 명령으로 마무리했다. '중국인은 물러가야 한다!'** 인위적인 자극 없이도 충분히 빠른 속도로 진행된 키어니의 진전은 1873년에 시작된 경제 공황으로 수많은 아메리카 노동자들이 일거리와 빵을 구걸하러 거리로 쏟아져 나오고, 1879년 새롭고 급진적인 헌법이 제정되기까지 철도 회사 및 목장주들과 농민과 노동자 사이에 벌어진 지역 갈등의 결과이기도 했다. 1882년 연방 의회가 중국인 배척법을 제정하여 동요에 주의를 기울인 후에야 폭풍이 잦아들었고 중국인에 대한 증오가 가라앉았다. 그 후에도 공직 후보자나 노동조합의 고용주가 천상의 제국Celestial Empire[중국의 '천조天朝'(천자의

---

* 저자는 명백하게 아이러니를 사용하고 있다. 부유한 사업가와 회사 대표들은 금력을 앞세워 상원에 쉽게 진출할 수 있었다. 그러나 이 진술은 이러한 부패가 마커스 A. 해나 시대에 서부의 정치 지도자들을 더욱 '자극'하는 것을 막았기 때문에 어떻게든 '완화' 요인으로 작용했다는 것을 암시한다. 마커스 해나는 정치에서 기업의 영향력과 관련된 저명한 정치인이었기 때문에, 이 진술은 또한 각 주의 정치 지도자들이 종종 더 진보적이거나 포퓰리즘적인 서부 주들에 대해 느꼈을 좌절감을 암시한다. 따라서 이 진술은 부패한 시스템을 일종의 '필요악'으로 제시하여 (국가 정치 지도자들의 관점에서) 더 나쁜 결과를 막았다는 점에서 아이러니한데, 이는 일반적인 예상을 비틀어 놓은 것이다. 구리, 은, 목재, 철도, 축산업의 거물들이 금력의 힘으로 상원의 자리를 차지하는 상황은 마커스 해나 같은 정치 지도자에게 결코 불리하게 작용하지 않았다.

** 카토는 고대 로마의 정치가이자 철학자로, 특히 그의 반反카르타고적 입장으로 잘 알려져 있다. 카토는 자신의 연설을 마무리할 때 항상 '카르타고는 멸망해야 한다'라는 주장을 반복한 것으로 유명하다.

조정)를 영어로 표현한 것]에서 온 이민자에 대해 지나치게 공개적으로 동정심을 보이는 것은 적절하지 않았다.

비슷한 사회적 세력으로부터 몇 년 뒤 일본인에 대한 인종적 적대감이 생겨났다. 동양의 이웃인 중국인들과 마찬가지로, 그들도 미합중국 정부로부터 아메리카에 정착하도록 진심 어린 초청을 받았다. 1854년 페리 제독은 주먹을 휘둘러 일본의 문을 강제로 열고 특별 조약을 통해 아메리카 항구를 그들에게 활짝 개방했다. 처음에는 초대에 무관심했던 일본인들은 세기말이 가까워지자 해안가의 온화한 기후와 그들의 다재다능한 재능에 맞는 다양한 산업에 매료되어 제안된 환대를 이용하기 시작했다. 1900년 미합중국 대륙에는 약 2만 5천 명의 일본인이 거주하고 있었으며, 그 후 10년 동안 일본인의 수는 3배로 증가했는데, 이는 매우 높은 출산율 덕분이었다.

서구 문명의 제국주의 세력을 견제하고 외국 침략자로부터 자국 영토를 지킬 수 있었던 세계 유일의 비백인 국가의 대표로서, 동양에서 온 이 나중의 이민자들은 중국인들이 일으킨 모든 문제에 몇 가지 추가 문제를 더 제기했다. 그들은 재산을 획득하는 데 더 열심이고, 자녀 교육에 더 열심이며, 예속 요구에 더 빨리 분노했다. 이러한 상황에서 캘리포니아 주민들은 일본인을 견제하지 않으면 비교적 짧은 시간 내에 태평양 경사면의 대부분을 그들이 점령할 것이며, 자국 내 강력한 정부의 지원을 받는 그들이 아메리카의 지방 행정, 국내 경제, 국제 관계에 심각한 문제를 야기할 것이라고 판단했다. 데니스 키어니는 죽었지만, 그의 자리를 대신해 – 그중에는 물론 아일랜드인들도 있었다 – 그들의 방패를 선명한 구호로 새길 준비가 된 지도자들이 더 많이 있었다. '일본인은 물러가라!'

1906년, 샌프란시스코 교육위원회가 아시아계를 분리할 것을 제안한 명령으로 인종 갈등이 불거졌다. 지역 학교에 재학 중인 수천 명의 백인 학생 중 일본인은 많지 않았지만, 이 규정에 내재된 차별을 감지한 일본 정부는 조약에 따른 권리를 주장하며 워싱턴에서 시위를 벌였다. 루즈벨트 대통령은 동양에서의 힘의 균형을 고려해, 동양인 이민을 제한하려는 캘리포니아 주민들의 열망에 공감하면서도 즉각적으로 학교 법령에 반대했고, 인내심을 갖고 단호하게 협상을 진행하여 타협에 이르렀다. 이 합의의 일환으로 워싱턴과 도쿄는 신사협정으로 알려진 비밀 협정을 체결했는데, 일본은 자국민에 대한 공개적인 차별을 하지 않겠다는 미국 측의 약속을 받는 대신 일본 노동자의 아메리카 이민을 중단하기로 약속했다. 1907년이었다.

이 조정이 외교적 긴장을 완화시켰다 해도, 일본인에 대한 선동을 견제하지 못했는데, 몇 년 후 캘리포니아는 시민권 자격이 없는 이방인이 주 어디에서고 토지를 소유하는 것을 금지하는 법을 통과시켰기 때문이다. 루즈벨트의 백악관 후임자인 윌슨 대통령이 국제 화합이라는 명목으로 이 법에 반대했던 것은 헛된 일이었다. 배척 운동의 지도자들은 워싱턴으로부터의 조언을 거부하는 것 외에도, 아메리카 땅에서 태어나 헌법에 따라 아메리카 시민의 모든 권리와 특권을 누리는 자녀를 위해 일본 성인이 토지를 취득할 수 없도록 하는 법안을 제정하는 등 끈질기게 전진을 계속했다. 지역적 승리에 도취된 배척의 옹호자들은 이제 신사협정의 폐지와 일본 이민자에 대한 아메리카 항구 봉쇄를 요구했다.

이 제안에 대해 도쿄 정부는 조약의 쌍무 조항을 들어 반대했지만, 아메리카에 연간 150명 이하의 일본인 이민을 허용하는 쿼터제를 받아들이는 등 양보를 제안했다. 1924년 의회는 쿨리지 대통령과 찰스 E. 휴즈 국무장관의 반대를 무릅쓰고 일본인을 중국인과 같은 범주에 두는 배척법을 통과시킴으로써 태평양 연안의 요청에 부응했다. '이제 황색인종의 위험은 종식되었다'는 말이 나올 정도였다. 그러나 백인 종족의 보호자들은 동양인을 완전히 배제하는 것과 매년 10만 명 이상의 멕시코 인디오를 자유롭게 입국시키는 것 사이에 아무런 모순이 없다고 생각했고, 결국 일본인에 대한 반감을 불러일으킨 것이 북유럽 종족을 보호하려는 욕망이 아니었는지 의문을 제기했다. 어쨌든 남서부의 농장주와 해안의 목장주들은 토지를 취득하거나 사업에 뛰어들거나 혁명적 사회주의의 비호 아래 조직화할 가능성이 없는 노동자를 원했다.

노동 문제의 다른 국면과 관련하여 극서부 지역에서는 동부 지역에서는 볼 수 없는 특징도 나타났다. 물론 해안 도시에서는 전통적인 형태의 노동조합주의가 번성했고, 종종 독재적인 권력을 행사하기도 했지만, 대규모 소, 양, 과일 농장과 광산 및 목재 집적소에서는 노동자들이 도시 노동자와는 매우 다른 조건에서 일했고, 실제로 자유 지주 농민들 사이에 만연한 것과는 매우 다른 환경에서 새로운 유형의 조직이 생겨났다. 목축업, 광업, 목재 산업에서는 고용이 계절에 따라 변동하는 경우가 많았다. 특정 기간에는 노동자 군단을 잔뜩 고용했다가 일이 줄면 교대로 근무하게 했다. 임금은 종종 낮았고 생활 수준은 말할 수 없을 정도로 열악했으며, 수용촌에서 수용촌으로, 목장에서 목장으로 끊임없이 이동해야 했기 때문에 다른 농경 및 산업 사회에서 흔히 볼 수 있는 정상적인 가정생활은 사실상 불가능했다.

이러한 떠돌이 노동자들이 노동조합을 조직하고 집단적인 노력으로 노동 시간과 임금 및 노동 조건을 개선하려는 노력은 자연히 독특한 어려움을 겪었다. 광부, 벌목공, 떠돌이 수확꾼들은 체격이 건장하고 고된 생활에 익숙해져 있었으며, 도시의 일반 장인보다 성질이 무지막지하고 일상적인 관습과는 무관했으며, 정규 노동조합의 원칙에 부합하는 영구적인 지역의 조직, 사업회의 개최, 지속적인 유대 관계 형성에는 관심이 적었다.

이러한 이유들과 기타 이유로 극서부의 독특한 노동 조건에서 아메리카노동총연맹American Federation of Labor의 기술 기반이 아닌 옛 노동기사단Knights of Labor의 급진적인 패턴에 따라 형성된 일종의 노동조합주의가 생겨났다. 이 새로운 조직은 모든 회원을 포용하고, 관리가 느슨하며, 일반적으로 성숙한 아메리카인인 강경한 개인주의자들의 지지를 받았으며, 혁명적 목표에 따라 솔직하게 구축되었으며, 보편적인 이름인 세계산업노동자연맹Industrial Workers of the World, 곧 대중이 IWW로 줄여서 부른 이름을 사용했다. 따라서 20세기 초반 수십 년 동안 아메리카 노동의 가장 급진적인 지도자들은 동부의 면화 중심지와 제철소가 아닌 극서부의 수용촌, 들판, 광산, 숲, 도시에서 발견되었는데, 비록 잠시 동안은 동부의 노동조합주의 형태로 진전하는 것처럼 보였다. 당시 자본과 노동의 가장 무법적인 충돌은 매사추세츠, 뉴욕, 펜실베이니아보다는 아이다호, 몬태나, 콜로라도에서 발생했는데, 이는 아메리카 문명의 개척기 단계, 아마도 지나가는 단계에 불과했다.

남북전쟁 이후 극서부의 발전은 정치와 노동 조직에 새로운 문제를 제기하는 데 그치지 않았다. 그것은 미시시피 강 이남 지역의 경제적 변모에도 영향을 끼쳤다. 동쪽으로, 그리고 바다 건너 유럽으로 이동한 금, 은, 곡물, 육류는 채권자들에게 막대한 빚을 상환하게 해준 것 외에도 아메리카의 자원 개발을 추진할 수 있는 새로운 자본을 가져왔다. 특히 농산물과 금괴를 비롯한 서부의 부를 통해 지불이 이루어지면서 알렉산더 해밀턴 시대부터 아메리카 경제의 두드러진 특징이었던 외국 자본에 대한 아메리카의 의존도는 꾸준히 감소했다.

같은 과정에서 옛 동부의 농업은 가장 가난한 땅의 전체 구역을 경작에서 몰아내는 심각한 압력을 받았으며, 뉴잉글랜드의 버려진 농장은 서부 들판의 경쟁력을 말없이 증언했다. 첫 번째 충격이 지나간 후 담배 재배, 소규모 도시 근교 농업, 낙농업이 일부 손실을 만회하고 여름철 방문객과 관광객, 오래된 농가를 매입한 '신사 농부'가 황폐한 지역에 생명을 불어넣는 데 도움을 준 것은 사실이지만, 균형 잡힌 농업의 이전 경제적 안정은 이제 떠올릴 수 없었다. 동부 농업에 이러한 우울한 영향을 끼친 것과 같은 움직임은 또한 제조 기업들이 장거리 운송을 피하고 고객과 더 가까워지기 위해 동부 지역 확장을 중단하고 앨러게니 산맥 너머에 새로운 공장을 건설하도록 유도함으로써 산업의 힘이 미시시피 밸리로 점진적으로 이동하는 데 기여했다.

§

제국의 별이 떠오르는 태양과 함께 이동하자 서부 해안의 애호가들은 태평양이 다가오는 문명의 중심지라고 근엄한 목소리로 말하기 시작했다. 고대의 문명은 지중해 연안에서, 근대의 문화는 대서양에서 번성했지만, 미래는 가장 오래된 것과 가장 새로운 것이 무역과 경제적 경쟁을 통해 만나는 태평양에 있다는 말을 점점 더 강조하면서 반복했다. 과장된 측면이 있기는 하지만, 태평양 연안과 그 바다의 먼 섬들에 대한 아메리카의 이해관계의 발전은 의심할 여지 없이 그 영역에서 미국의 모든 제국주의 기업들에게 강력한 자극을 주었다. 정치 점쟁이들이 오랫동안 예언한 대로, 필리핀과 하와이 등 태평양의 섬들에 대한 아메리카의 주권 확장은 곧 국가의 윤곽을 다른 모양으로 만들었고, 몇 년 후 중국에서 의화단의 난과 만주에서 러시아와 일본 자본가들의 경쟁에 관한 논쟁은 수어드가 일찌감치 했던 예언이 곧 성취될 것임을 시사했다. 마침내 1921년 워싱턴 회의가 열렸을 때, 일각에서는 태평양의 패권이 가까워졌다는 신호로 환영했다.

그러나 사실 이러한 시각은 지극히 일방적인 것이었다. 워싱턴 회의에 참가한 9개국 중 7개국은 주로 태평양이 아닌 대서양 열강이었고, 이 외교적 모임의 중요성은 본질적으로 극동 아시아 무역이 하나의 요소에 불과한 제국주의 경쟁 때문이었다. 회의가 열렸던 바로 그해에 '몰락해가는 서구 국가들'은 아메리카 시장으로부터 동양의 수많은 인구가 구매한 것을 모두 합친 것보다 5배나 많은 상품을 구매했고, 심지어 전쟁에 지친 독일 노동자들도 평균적으로 중국의 노동자보다 10배나 많은 구매 능력을 보여주었다. 따라서 경제나 문화와 관련하여 동양 사람들은 상상할 수 있는 어떤 방법으로도 아메리카 문명의 발전에 영향을 미치는 유럽인들을 대체할 수 없었다. 태평양으로 무게 중심을 옮기는 것과는 거리가 멀게, 부풀어오른 아메리카 대륙은 오히려 세계의 긴밀한 통합을 강조했다.

20

비즈니스 기업의 승리

2차 아메리카 혁명은 노예를 소유한 귀족의 경제적 기반을 파괴하는 동시에 기업의 승리를 확실하게 만들었다. 패배에 아이러니를 더하는 것처럼, 농장주들이 파멸을 피하기 위해 촉발한 바로 그 전쟁은 그들이 벗어나려고 했던 자본가 계급의 부를 증대시켰다. 연방 정부에 자금을 지원하고 군대에 물자를 공급함으로써 북부의 은행과 산업계 지도자들은 4년간의 평화 기간 동안 거둔 수익보다 훨씬 더 많은 수익을 거두었다. 오랜 군사 투쟁이 끝났을 때 그들은 막대한 자본을 축적했고, 대륙 정복을 위해, 즉 그 어떤 나라보다도 행운의 축복이 내려진 가장 경이로운 자연의 산물을 개발하기 위해 단호하게 진군할 준비가 되어 있었다.

역사는 새롭고 더 장엄한 환경에서 오래된 패턴을 반복하고 있었다. 과거 모든 위대한 문명이 발전할 때마다 상업, 산업, 금융에 헌신하는 부유하고 진취적인 사업가들이 최상위 그룹에 있었다. 재산의 원천은 다양하고 획득 방식은 시대마다 달랐지만, 이들은 문화의 원시적 단계를 넘어선 모든 고대 사회에서 역동적인 요소를 형성했으며, 농업으로 자신들의 지위를 유지하던 계층에 정확한 타격을 가했다. 이집트, 바빌로니아, 페르시아, 무역 중심지였던 두로, 시돈, 카르타고의 문명의 부상을 기록한 문서에서는 사제, 가수, 시인, 철학자, 궁정인이 기록의 주인이었지만, 사업가들의 광대한 활동을 추적할 수 있다.

고대의 문화 중심지라는 찬사를 받았던 아테네에서도 무역과 산업의 책임자들은 성직자 및 고전적 전통의 두꺼운 층을 뚫고 강력한 역할을 수행했다. 유능한 현대 역사가인 W.L.웨스터먼은 알마 타데마의 유명한 그림 〈호메로스 읽기A Reading from Homer〉를 언급하면서 '만약 음유시인이 읽고 있는 두루마리가 비즈니스 문서였다면, 그리고 열광적인 관심의 대상이 호메로스의 6보격 운율의 깊은 울림의 화음이 아닌 연간 25퍼센트의 수익 가능성이었다면' 고대 헬라스인들에게도 이 개념이 똑같이 적용될 것이라고 언급했다.

레무스에서 키케로에 이르는 고귀한 로마인들도 단순히 법의 우수성이나 무기의 능숙함을 과시하는 데만 몰두하지 않았다. 공화정 시대가 막을 내리기 훨씬 전에 수도의 포럼은 인간의 창의성이 경제 사업에서 만들어낸 가장 위대한 상업과 금융 네트워크의 중심지가 되었다. 고고학자들의 귀를 제대로 조율하면 마르쿠스 아페르, 키케로, 율리우스 세쿤두스가 살았던 시대보다 더 오래전부터 환전상의 주화가 절렁거리는 소리를 들을 수 있다. 그리스도교 시대가 열리면서 아피아 가도Appian Way에는 아테네, 알렉산드리아 및 공화정의 모든 주요 도시와 거래를 하는 은행들이 늘어서 있었고, 고대 헌법에 대한 경의를 표하면서 서서히 제국으로 변모해 갔다. 공화정의 넓은 공간과 관공서 건물의 홀은 세리publicani와 교섭인들negotiatores로 북적거리면서, 거래를 흥정하고 성사시키느라 분주했다.

전자인 세리들은 민중들의 미움을 받으면서도 국가와 거래하며 정치적 사업을 통해 부를 축적했다. 이들은 필요할 때 정부에 돈을 빌려주고, 계약에 따라 지방에서 세금을 징수했으며, 제국의 경제력과 군사력을 보여주는 대로人

路, 수로, 공공 건물을 건설했다. 로마 국가는 이러한 프로젝트를 직접 실행할 행정 기관이 없었기 때문에 노예가 경작하는 영지에서 빈약한 수입을 올리는 엄격하고 늙은 귀족들에게 충격을 안겨준 뛰어난 자본가인 당시의 모건, 밴더 빌트, 굴드 가문이 이끄는 사업 기획자들의 회사에 경매를 통해 이 프로젝트 들을 맡겼다. 로마의 또 다른 주요 사업가 그룹인 교섭인들은 주로 중개 및 은 행업에 종사했는데, 이들은 예금을 받고, 당좌 예금 계좌를 관리하고, 먼 도시 에서 어음과 환어음을 판매하고, 증권을 거래하고, 농부, 상인, 제조업체에 돈 을 빌려주고, 정치가들의 계좌를 관리했다.

사실 로마의 정치가와 자본가 사이의 관계는 친밀함 그 이상이었던 것 같 다. 영지에 수입을 의존하던 옛 귀족들은 떠오르는 세리들과 교섭인들을 따라 잡기가 점점 더 어려워지자 직접 사업에 투자하여 토지 수입을 보충했다. 그 들은 원로원 의원으로서 호의를 베풀어준 계약 회사의 주식을 사들이고, 자신 의 지시로 수행되는 전쟁의 운명에 따라 달라지는 금융 사업에 투기했다.

우리는 키케로의 삶을 통해 정치가 어떻게 운영되었는지 잘 알 수 있다. 키 케로는 푸른 피[귀족]는 아니었지만, 귀족들을 대변하는 연설가로서 그들과 친밀한 관계를 맺었다. 여러 세기 후 영국 휘그당에 충성했던 에드먼드 버크 처럼 키케로도 호화로운 생활을 좋아했고 항상 고리대금업자에게서 돈을 빌 려 쓰고 있었다. 포룸Forum의 기준에 따라 정직한 사람으로 명성이 자자했던 키케로는 원로원에서의 영향력이 막강했고, 시장에서의 평판도 좋았으며, 경 제 문제에 대한 그의 지분은 다양하고 수익성이 높았다. 실제로 제국 말기에 는 세리, 고리대금업자, 정치인, 군인이 너무 밀접하게 결합되어 사기업이 어 디에서 끝나고 국가 사업이 어디에서 시작되는지 아무도 구분할 수 없게 되 었다. 그 무렵에는 모두의 파멸이 눈앞에 다가와 있었다.

로마 제국 체제의 폐허 위에서 중세 문명이 일어나면서 사업가들이 다시 한 번 그 중심에 서게 되었다. 베네치아, 피렌체, 제노바에서 문학과 예술의 원천 이 되고 르네상스를 뒷받침하고 근대를 연 이탈리아의 부는 주로 무역, 물물

교환, 산업을 통해 만들어졌다. 리스본, 파리, 루앙, 런던의 시장으로 가는 길에 이탈리아 반도를 통과한 동양의 상품에서 거둬들인 통행료로 많은 귀족들이 탄생했다. 한 차례 이상의 왕실 전쟁에 자금을 지원한 아르노 강 유역의 바르디 가문Bardis은 티베르 강 유역의 로마 교섭인들의 용감한 후계자이자 템스 강 유역 로스차일드 가문의 용감한 선구자였다. '정해진 운명Manifest Destiny'이 서쪽으로 진출하면서 한자Hanse 도시와 프랑스, 영국의 상인과 제조업체들은 무역을 통해 얻은 이익으로 부자가 되었다. 광장의 노점에서 조그맣게 시작했던 대담한 구두 수선공, 기민한 직조공, 영리한 재단사들은 세계 각국의 보물에서 수집한 예술품으로 둘러싸인 웅장한 건물에서 부유하고 부드러운 신사로 끝을 맺는 경우가 많았다.

기계의 발명으로 새로운 시대가 다시 열렸을 때, 아크라이트, 크롬튼, 와트, 스티븐슨이 중세 문명을 뒤엎었을 때, 사업가는 그들의 전임자들이 꿈꾸지도 못했던 높이로 올라갔다. 로마 제국에서와 마찬가지로 중세 도시에서 그는 항상 암반의 남작barons of the bags[강력한 기반(토지)을 가진 영주 계급]이 가방의 남작Barons of the Bags[무역, 은행, 금융 등을 통해 새롭게 권력을 소유한 계급]을 내려다본다는 사실을 의식했고, 혹시라도 가난한 귀족이 자신의 자녀 중 한 명을 상인 가문과 결혼시켜 동맹에 대한 본능적인 거부감을 경제적 이득에 대한 기대감으로 억누른다면 봉건 사회에서 그 관행은 결코 올바른 것으로 여겨지지 않았다.

그러나 사물의 본질상 가문의 세습적 배타성은 영원히 지속될 수 없었다. 땅을 소유한 귀족의 영역은 한 나라의 면적이 정해져 있으므로 제한적인 반면, 자본의 제국은 무한한 것이었고 그 안에서 출신은 권력의 핵심 요소가 아니었기 때문이다. 따라서 엘리자베스 시대의 초기 자본가였던 상인, 직공, 염색공, 축융공縮絨工, 재단사들은 작은 규모로 시작하여 빅토리아 시대의 공장mil* 소유 및 은행업 거물로 성장할 수 있었다. 이들은 유서 깊은 지주 계급이 무역의 주권에 굴복할 때까지 매수로, 취득으로, 음모로, 힘에 기반해 귀족 계급으로 자신들을 편입시켰다.

§

　역사의 전임자들과 비교했을 때, 아메리카의 성공한 사업가들은 더 자유로운 무대와 더 풍부한 물질적 기반을 가지고 있었다. 그들의 농장주 반대자들은 한 번의 혁명적 타격으로, 프랑스의 귀족이나 영국의 지주 귀족gentry 계급보다 더 낮은 곳으로 떨어졌다. 미국에서는 왕실도, 대토지 소유 귀족도, 막대한 재산을 가진 성식자도 산업 발전에 필수적인 천연자원이 있는 숲, 평야, 산을 소유하지 않았다. 이 나라 전체 면적의 절반이 넘는, 정확히 1,048,111,608에이커가 1860년에 정부 소유였다. 신실한 친구들이 장악하고 있는 이 자비로운 정부는 그 소유지를 단돈 1달러에 팔거나, 나눠주거나, 그저 점유자들에게 넘길 준비가 되어 있었다. 나머지는 대부분 농부들이 소유하고 있었으며 광물 개발을 위해 쉽게 구입, 차지借地, 또는 임대할 수 있었다. 따라서 유서 깊은 소유권, 양피지 문서, 인가장이 진취적인 개인이 사업 운영에 필요한 자재를 확보하는 데 방해가 되지 않았고, 막대한 광산 로열티가 반대 계급의 금고로 흘러들어가 그 계급을 부유하게 하거나 주에서의 권력을 강화하는 데 쓰이지 않았다. 요컨대, 산업 개발을 위한 토지의 대부분은 요청이나 약간의 정치적 조작을 통해 얻을 수 있었고, 나머지는 꽤 쉽게 시장에서 얻을 수 있었다.

---

* 'mill'이라는 단어는 역사적으로 매우 넓은 의미를 가지고 있다. 물레방아나 수력 발전에서 시작된 기계식 제분소, 목재 가공소, 섬유 공장 등을 포함하는 넓은 범위의 의미를 가진다. 미국 역사에서 mill은 일반적으로 산업 혁명 시대와 관련이 있으며, 기계적 생산이 이루어지던 초기 형태의 공장들을 지칭하는 데 사용되었다. 예를 들어, 제분소grist mill는 곡물을 갈아 밀가루를 만드는 곳을 의미하지만, 섬유 밀textile mill이나 목재 밀sawmill과 같은 경우에는 각각 섬유나 목재를 가공하는 공장을 지칭한다. 또한, 빵집, 양조장, 철강소 등도 일종의 밀로 분류될 수 있었으며, mill이라는 단어는 이런 다양한 생산 시설을 포괄하는 데 사용되었다. 즉, mill은 우리가 일반적으로 이해하는 '제분소' 외에도 다양한 종류의 기계적 생산 시설을 포함하며, 주로 대규모 기계화 생산이 이루어지던 초기 공장 시스템을 의미한다고 할 수 있다.

천혜의 자원을 개발하는 데 자진해서 나서는 사람들도 쉽게 구할 수 있었다. 구세계의 해안에는 자신의 조국을 등지고 아메리카의 진군에 참여할 기회를 기다리는 남성과 여성 노동자들이 끝없이 밀려들었고, 경쟁하는 증기선 회사들은 알렉산더 해밀턴 시대의 선주들이 부과한 객실 요금의 극히 일부만 받고 이들을 데려올 준비를 마쳤다.

자연이 사업가들에게 관습적인 역할을 수행하게 만들기 위해 제공한 아메리카의 무대는 비교할 수 없을 정도로 웅장했다. 알래스카까지 합치면 360만 평방마일에 달하며, 이는 유럽 전체를 합친 면적과 거의 맞먹는 규모이다. 미시시피 강 너머의 지리적 한계 안에 에드워드 기번의 불멸의 저작 첫 장에 멋지게 묘사된 로마 제국 전체가 편안하게 자리 잡을 수 있었다. 아메리카 석탄 공국principality만 해도 33만 5천 평방마일이 넘었고, 석탄 밑과 그 경계 너머에는 귀중한 석유가 매장되어 있었다. 철 공국은 펜실베이니아, 슈피리어 호, 애팔래치아 지역에서 엄청나게 풍부한 부의 보물을 제공했다. 구리와 귀금속 공국은, 1865년에 완전히 탐사되지는 않았지만, 그 윤곽이 희미하게 드러났고, 산업의 선봉에 서 있던 사람들은 그 중요성을 이해했다. 아메리카 전체 국토의 3분의 1 이상을 차지하는 목재 공국에는 산업 및 가정용으로 필요한 거의 모든 종류의 목재가 포함되어 있었다.

이 공국들의 국경과 그 경계를 드나드는 수로는 실질적인 상업의 통로를 열어주었고, 미시시피 강과 그 지류만 해도 대륙 면적의 3분의 1을 덮고 있었다. 항행이 가능한 강과 오대호의 해안선은 유럽 전체의 얼지 않는 해안선의 길이를 능가했고, 대서양, 멕시코 만, 태평양에 의해 거의 같은 길이의 해안이 모든 종류의 선박을 위한 항구와 만을 제공했다. 이 넓은 영토의 경작지에는 수백만 명의 근면한 농부들이 비옥한 토양을 이용해, 광산과 대장간, 베틀에서 흘러나오는 상품과 농산물을 교환할 수 있는 기회를 손꼽아 기다리며 열심히 일하고 있었다. 특별법이 외국 선박의 연안 무역을 막는 한편, 광활한 아메리카 영토 주변에는 자본가들을 유럽 형제들과의 치열한 경쟁으로부터 보호하는 높은 보호벽이 세워졌다.

§

 손에는 자본을 쥐고, 천연자원을 요청이나 취득으로 가질 수 있고, 강인한 노동력과 광활한 내수 시장을 확보하고 있고, 서둘러 협력하고 과실을 나눌 준비가 되어 있는 정치인들이 있고, 다른 예의와 다른 이상에 집착하는 강력한 세속 귀족이나 성직 귀족의 방해를 받지 않은 아메리카 사업가들은 리 장군의 항복 소식이 온 땅에 울려 퍼지자 강력한 경쟁 주자로서 레이스에 뛰어들었다. 대륙 개척을 지휘하는 데 얼마나 많은 유명 인사들이 참여했는지 인구조사에는 기록되어 있지 않지만, 산업 분야에서 일한 수많은 사람들 중에는 존 왕 시대의 영국 통치자였던 마그나 카르타의 남작들만큼 당대에는 위풍당당한 인물이 몇 명 있었다.

 물론 새로운 산업 시대의 명부에 가장 먼저 등재될 이름에 대해서는 의견 차이가 있을 수 있지만, 철도 공국의 제이 굴드, 윌리엄 H. 밴더빌트, 콜리스 P. 헌팅턴, 제임스 J. 힐, 에드워드 H. 해리먼; 석유 공국의 존 D. 록펠러; 철강 공국의 앤드루 카네기; 금융 영지의 제이 쿡과 J. 피어폰트 모건; 광산 속령의 윌리엄 A. 클라크; 소고기와 돼지고기 속주의 필립 D. 아머 등은 누구도 빼놓을 수 없을 것이다. 1865년부터 세기말 사이에 펼쳐진 아메리카의 풍경을 이러한 주요 인물들을 전면에 내세우지 않고 그리는 것은 X선 사진을 그리는 것과 같고, 대통령과 주요 상원 의원들만 등장시키고 ─ 일시적으로 스쳐 지나가는 정치인들은 말할 것도 없고 ─ 드라마에서 이러한 주요 배우들을 제외시키는 것은 삶의 실체에 대한 존중이 부족하다는 것을 보여주는 것이다. 더욱이 하워드나 벌리Burleigh 가문의 시작에 관심을 가진 사람이 모건이나 록펠러 가문의 부상에 무관심할 수 있을까?

 아메리카 산업계 인사들의 면면을 살펴보면, 방금 언급한 11명의 인물은 공통점이 너무 많아 한데 묶어 다룰 수 있을 것으로 보인다. 모두 북유럽 혈통으로, 주로 영국과 스코틀랜드 출신이었으며, 헨리 애덤스에 따르면, 굴드만이 '유대인 출신의 흔적'을 보여준다. 남부의 오래된 플랜테이션 귀족 중에 산업을 주도한 사람은 없었다. 검토 대상자 중 모건과 밴더빌트 두 사람만이 가족의 유산을 바탕으로 재산을 쌓았고, 단 한 사람만이 고등교육의 혜택을 받았다고 할 수 있다. 모건은 괴팅겐 대학에서 2년을 보냈다. 카네기는 전신국 엔지니어로, 제이 쿡은 샌더스키의 잡화점 점원으로, 제이 굴드는 측량사와 무두질공으로, 헌팅턴, 아머, 클라크는 아버지의 농장에서 건실한 청년으로, 힐은 세인트 폴 증기선 회사의 점원으로, 해리먼은 뉴욕 중개회사에서 사환으로, 록펠러는 클리블랜드에서 회계사로 인생을 시작했다.

회의주의에 물든 카네기를 제외하고는 모두 성실하고 규칙적인 교인이었던 것으로 보인다. 그의 전기 작가인 제이 쿡은 카네기가 '복음주의 그리스도교 교회Evangelical Christian Church와 그 교리를 전파하는 사람들의 자유주의적 후원자'였다고 말한다. 그는 엄격하고 양심적인 안식일 준수자였으며, 남북전쟁 중 '링컨과 그랜트가 일요일 문제에 대해 느슨하게 대처하는 것'에 대해 상당한 우려를 표명했다. 쿡은 사업 수익의 10분의 1을 자선 단체에 기부하는 한편, 교회에 종, 첨탑, 오르간, 주일학교 도서, 목사관, 성찬식 도구 등을 기증하고, 자격을 갖춘 목사들에게 아낌없는 보조금을, 적어도 그가 파산할 때까지, 지급했다. 그는 개인적 삶을 크게 희생하며 주일학교 수업을 가르쳤고, 의식적인 논쟁을 싫어했지만 죽을 때까지 성공회에 충실했다. 그의 신앙은 다음과 같은 말로 요약된다. '우리 모두는 예수의 발 앞에 엎드려, 그분 외에는 누구에게서도 가르침을 받지 말아야 한다.' 록펠러는 자신이 속한 침례교단에서 그 못지않게 활동적이고 헌신적인 교인이었다. 아머는 비종파적 주일학교에 아낌없이 기부했다. 개신교 신자였지만, 힐은 카톨릭 신학교에 50만 달러 이상을 기부했는데, 교황청이 이민 노동자들을 아메리카의 시민 규율 아래 두는 임무에 가장 적합하다고 생각했기 때문이다. '단 하나의 지배 세력이 제거된다면, 그들의 사회관, 정치적 행동, 도덕적 상태는 어떻게 될까?'라고 그는 조심스러운 어조로 물은 적이 있다. 모건은 종교적인 문제뿐만 아니라 다른 문제들에 대해서도 과묵했던 것으로 보이지만, 그의 비공식적인 '생애'를 보면 그가 꾸준히 교인으로 있었던 성공회에 아낌없이 기부하는 모습을 볼 수 있다.

군 복무를 할 자격이 있었던 새로운 자본주의 귀족의 지도자들은 군사적 영광과의 관계에서도 비슷했던 것 같다. 아무도 이론적으로 평화주의자거나 국가적 대의에 대한 애정이 부족하지 않았지만, 이들은 어떤 이유로든 링컨과 그랜트가 공화국을 구하던 운명적인 몇 달 동안 연방군 대열에 합류하지 못했다. 쿡, 헌팅턴, 밴더빌트 세 사람은 모두 1821년에 태어났고, 첫 지원자 모집이 시작되었을 때 이미 장성한 남성이었으며, 나이 때문에 군 복무에 장애가 된다고 느꼈을 것이다. 당시 열세 살이었던 해리먼은 전사의 삶을 살기에는 너무 어렸다. 힐은 시력 장애 때문에 지원 자격이 없었다. 카네기, 아머, 클라크, 굴드, 록펠러, 모건은 30년대에 태어났지만 칼이나 총을 들고 다니는 것보다 다른 분야에서 봉사하는 것이 더 적성에 맞는다는 것을 발견했다. 아머는 그랜트가 황무지의 혼란을 헤쳐나가기 시작했을 때 시카고에서 장사를 하고 있었고, 도넬슨과 빅스버그의 불굴의 영웅에 대한 믿음을 바탕으로, 돼지고기를 '공매도short'해서 '대박killing'을 터뜨렸다.*

무엇보다도 새로운 경제 귀족들은 산업과 운송 분야에서 경쟁 체제의 폐해와 조잡함을 꿰뚫어 본 사람과 자원의 조직가— 경영술의 대가 —였다. 그들은 빛나는 상상력으로 마을의 대장간이나 상점의 사소한 도덕성을 뛰어넘어 전 세계를 아우르는 작업을 제국 규모로 머릿속에 그릴 수 있었다. 그들은 지칠 줄 모르는 과학 및 발명가들과 협력하여 대량 생산의 경이로움을 일구어 냈고, 언덕과 숲에서 맨손으로 그것을 얻을 수 없었던 수백만 명의 사람들에

---

* 'killing'은 속어로 큰 이익, 특히 투기나 기회주의적 자세로 얻은 이익을 말하며, 'short'은 '공매도short selling'를 의미한다. 아머가 그랜트의 승리로 상품 공급 상황이 나아지고 전시 수요가 줄면서 돼지고기 가격이 하락할 가능성에 베팅해 큰돈을 벌었다는 의미다.

게 물질적 안락함을 가져다주었다. '슈피리어 호수에서 채굴된 2파운드의 철석은 900마일을 달려 피츠버그까지 운송되었고, 1파운드 반의 석탄은 채굴되어 코크스로 제조되어 피츠버그로 운송되었으며, 1파운드 반의 석회는 채굴되어 피츠버그로 운송되었고, 소량의 망간 광석은 버지니아에서 채굴되어 피츠버그로 운송되었으며, 이 4파운드의 재료가 1파운드의 강철로 제조되어 소비자는 그것을 위해 1센트를 지불했다'는 것이 한 삽화의 예이다. 이러한 위업을 이룬 앤드루 카네기는 당연히 자부심을 가지고 이 위업을 세계의 불가사의 중 하나로 꼽았다. 피츠버그의 복잡한 작업과 비교하면, 노예들을 채찍질로 다루어 거대한 돌덩어리들을 하나의 거대한 더미로 끌어올린 피라미드 건축업자들의 업적은 진부한 것으로 전락하고, 그들의 지성이나 눈에 보이는 대상에 대한 존경심도 불러일으키지 못한다.

§

　끊임없이 제한적인 연맹 관계로 묶여 있는 제조업, 채굴업, 운송업, 금융업 네 개의 큰 영역에서, 그랜트가 애포매틱스에서 승리한 이후 수십 년 동안 수많은 부하들의 지원과 도움을 받은 산업계 지도자들은 승리에 승리를 거듭하며 행진해 나갔다. 통계는 그들의 진전을 희미하게 보여준다. 1860년 아메리카에서는 제조업에 10억 달러가 조금 넘는 금액이 투자되었고, 산업 임금 근로자 수는 150만 명에 불과했다. 50년이 채 되지 않아 자본은 120억 달러 이상으로 증가했고 임금 근로자 수는 550만 명으로 늘어났다. 같은 기간 동안 제조 제품의 가치는 연간 140억 달러로 급증하여 시대 초기의 15배에 달했다. 근대적 힘의 척도인 철강 생산량은 1870년만 해도 영국이나 프랑스보다 훨씬 적었지만, 20년 만에 아메리카는 이들을 앞질러 전 세계 연간 총 공급량의 3분의 1 이상을 제철소에서 쏟아내고 있었다. 앤드루 카네기의 말처럼 철의 왕관은 펜실베이니아의 이마 위에 얹어져 있었다.

　통계학자들을 놀라게 할 정도로 빠른 속도로 정복자들은 아메리카 대륙을 휩쓸었다. 링컨이 사망하고 나서 25년 뒤 아메리카는 제품의 양과 가치 면에서 세계에서 으뜸가는 제조업 국가가 되었다. 영국이 100년에 걸쳐 달성한 것을 아메리카는 절반의 시간 만에 달성한 것이다.

이 발전 과정에서 산업은 세 단계를 거쳐 빠르게 발전했다. 기계 제조의 첫 단계인 강둑의 작은 물레방아를 돌리던 구식 공장mill은 거대한 동력의 엔진이나 터빈으로 구동되는 거대한 공장plant으로 자리를 넘겼다. 그 후 한 명의 장인 또는 소수의 장인이 소유했던 고립된 시설이 차례로 기업으로 넘어갔다. 세기 말에는 생산품의 4분의 3이 주주 조합이 소유한 공장에서 생산되었고, 각 대공업에는 기업의 지휘 아래 연합된 공장 네트워크가 형성되었으며, 1890년에는 연합체combination가 산업 거인의 지고지상의 개념이 되었다. 석유 제품, 철, 강철, 구리, 납, 설탕, 석탄 및 기타 필수품은 독점은 아니더라도 각 분야의 효율적인 거장들로 구성된 거대한 조직에 의해 관리되었다. 그 후 10년 동안 계열화 작업은 열광적인 속도로 진행되어 1901년 10억 달러 규모의 유에스 스틸United States Steel Corporation로 절정에 달했다.

§

자본주의 기업의 귀족에 대한 일반화는 그들의 거대한 운영에 대해 창백하고 단조로운 그림을 제공할 뿐이므로, 하나의 구체적이고 상세한 분석은 많은 가치가 있을 것으로 보인다. 그 가장 좋은 예는 석유 사업에서 찾을 수 있는데, 그 거대한 발전 과정에는 남부 플랜테이션 귀족과 워싱턴, 제퍼슨, 잭슨이 물려준 유산을 뒤엎고 혁명을 일으킨 산업적, 정치적, 법적 모든 과정이 명확하고 생생하게 제시되어 있다. 이 난일 산업의 전개 과정에서 우리는 현대 과학, 발명, 비즈니스의 통찰력, 경제적 상상력, 세계 기업의 역량이 물질적 재화를 만들고 인적 서비스를 조직하여 이 나라의 구석구석뿐만 아니라 지구의 가장 먼 곳에까지 최고 수준의 유용한 상품을 공급하는 것을 볼 수 있다.

이 산업에 대한 기록에는 과거의 군대 지휘관처럼 공격적인 남성들이 계급을 상승시키고, 천연자원을 무제한으로 착취하고, 서로 경제 전쟁을 벌이고, 조합을 결성하여 막대한 부를 축적하고, 성공한 봉건 족장이나 중세 상인처럼 학문, 신, 자선의 후원자로 활동하는 이야기가 담겨 있다. 여기에는 매우 불규칙하고 때로는 무법적인 방법, 무자비한 경쟁, 위협적인 음모, 무자비한 라이벌 파괴의 연대기가 담겨 있다. 민간 기업들은 무장 경비대를 조직하고 파이프 라인의 통행권을 차지하기 위해 치열한 전투를 벌인다. 평소에는 정직한 사람들이 밤에는 은밀히 숨어 다니며 재산을 파괴하고 명령에 따르지 않는 사람들을 협박하는 모습이 목격된다. 철도 회사와 계약을 맺고 석유 운송에 대한 비밀 리베이트를 받고, 더 놀라운 것은 경쟁사의 운송에 대한 리베이트를 받는 것이다. 신문사를 사들이고, 편집자를 고용해 선전을 계속하고, 독립적인 사업을 하고자 하는 욕망만이 유일한 범죄인 존경할 만한 시민을 비방한다. 소송에서 피고의 권리를 지키기 위해 공직과 사회적 명망에서 눈에 띄는 위치를 차지하고 있는 가장 기민한 변호사를 고용한다.

같은 연대기에서 경제와 정치의 관계가 펼쳐진다. 트러스트*에 대한 공격의 근원이 드러난다. 연합체들과 그 적들이 입법부와 법원에서 활동하며 의원, 주지사, 판사들을 하나의 구조적 패턴으로 끌어들이는 모습을 볼 수 있다. 뇌물 수수, 음모, 협박이 공갈과 맞물려 가장 가까운 관찰자가 명예와 부패의 시작과 끝을 발견하지 못하는 경우가 많다. 공공 정책, 입법, 사법적 추론은 석유 생산자, 화주, 정유사의 이해관계와 관련시키지 않고는 이해할 수 없게 된다.

한편, 이 전쟁이 해를 거듭할수록 석유 생산, 정제, 선적, 판매는 한 거대 연합체의 손에 집중되어 간다. 입법부는 이 연합체를 공격하고 법원은 해산을 선언하지만, 이 연합체의 경제력은 꾸준히 강화되어 간다. 이 드라마는 처음부터 불성실, 교묘한 속임수, 거짓말, 저속함, 돈에 대한 맹렬한 열정이 대중에 대한 경제적 서비스를 위해 거대한 기관을 건설할 수 있는 지능과 자선, 종교, 교육, 예술적 계획과 목적을 위해 돈을 쏟아붓는 박애주의 정신과 결합되어 있다.

아메리카의 다른 모든 위대한 산업과 마찬가지로 석유 사업도 미약한 시작과 낭만의 시대, 통합의 시기, 그리고 일상적인 궤도가 있었다. 1850년 훨씬 이전부터 펜실베이니아, 켄터키, 오하이오, 그리고 현재 웨스트버지니아에 포함된 지역 여러 곳에서 '암석유rock oil'[석유petroleum의 어원적 의미가 'rock oil'이다]가 발견되었다. 때로는 개울이나 계류의 표면에 나타나기도 하고, 때로는 소금 제조에 필요한 염수를 얻기 위해 뚫은 우물로 침입하기도 했다. 처음에 석유는 의약품으로 판매되었는데, 이를 시장에 내놓은 사람들은 '콜레라균, 간장 질환, 기관지염, 결핵'에 좋다고 무모한 만용을 부렸다. 피츠버그 근처에서 음료를 병에 담는 공장을 운영하던 판매업자 중 한 명인 새뮤얼 키어는 우연인지 실험인지 몰라도 이 약이 윤활유와 발광제로도 유용하다는 사실을 발견하고 1849년 화학자에게 샘플을 연구하게 한 후, 증류 과정을 통해 원유를 정제하기 시작했다.

---

* 19세기 중반 이후 미국 경제에서 'trust'라는 개념은 특히 기업의 집중화와 독점의 발전을 나타내는 중요한 요소로 기업들이 서로 협력하여 시장의 가격과 공급을 조정하는 형태로, 독점적 또는 과점적 시장 구조를 형성하는 것을 의미한다. 남북전쟁 이후 미국 산업은 산업혁명과 창의적인 발명, 풍부한 자원을 바탕으로 경제 구조를 변화시키고 대규모 산업화와 도시화가 촉진되었다. 이로 인해 생산성과 효율성이 높아졌지만, 동시에 작은 기업들이 대기업에 의해 위협받게 되었다. 19세기 후반, 철도와 석유 산업의 큰 기업들은 자본을 집중화하여 생산비를 절감하고 시장에서의 지배력을 강화했고 이러한 기업들은 종종 '트러스트' 형태로 운영되었으며, 제너럴 스탠다드 오일이 대표적이다. 트러스트는 시장에서의 독점적 지위를 가지고 가격을 통제하고 경쟁자를 제거하거나 억제했다. 대규모 생산으로 효율성 증가와 비용 절감이 있었지만, 소비자 선택의 다양성이 줄어들었다. 1900년경 트러스트들이 미국 경제에서 차지한 비중이 약 75퍼센트라는 추산도 있다. 트러스트의 힘은 너무도 거대해서 정치적 권력을 행사할 수 있는 위치에 있었으며, 정부 정책에도 큰 영향을 미쳤다. 이러한 부작용이 두드러지자 연방 정부는 셔먼 반독점법Sherman Antitrust Act을 1890년에 제정했으며, 이는 기업의 독점적 행동을 금지하는 법률이었다. 이들 세력에 대항한 사람들은 '트러스트 파괴자Trust Buster'라고 불렸는데 시어도어 루즈벨트 대통령 같은 사람이 대표적이다. 트러스트의 규제 필요와 함께 소비자 권리 보호의 필요성이 강조되었고, 이는 이후의 소비자 보호 법안과 정책의 기초가 되었다.

다트머스 대학을 졸업한 떠돌이 교사이자 저널리스트였던 G.H. 비셀은 키어의 약 광고에 매료되어 예일대의 실리먼 교수에게 약의 일부를 독립적으로 분석하게 했다. 발광제 및 윤활유로서의 가치에 대한 호의적인 보고서를 받은 비셀은 홍보 기술에 눈을 돌렸고, 일부 자본가들이 투기적 벤처 사업에 관심을 보이자 1854년 회사를 설립하여 생산 가동을 시작했다. 이러한 사전 준비를 마친 후, 회사는 펜실베이니아 북서부의 땅을 임대하고 전직 사무원, 특급 우편 대리인, 철도 승무원이었던 대표 에드윈 드레이크에게 그 부지에 유정을 파라고 보냈다. 지역 현자들의 동정 속에 사람들이 '어리석은 짓'이라고 부른 작업을 드레이크는 타이터스빌 근처에서 시작했고, 1859년 8월 말, 존 브라운이 하퍼스 페리에서 또 하나의 '어리석은 짓'을 위해 병력을 모으는 동안 드레이크는 자신의 석유를 시추하는 데 성공했다.

비웃으며 지켜보던 사람들은 이제 박수를 치며 주변 지역의 땅을 임대하기 시작했고, 동부 전체가 10년 전 아메리카를 휩쓸었던 금광 열풍에 버금가는 광풍으로 불타오르기 시작했다. 옹이투성이의 손으로 땅을 쥐어짜 겨우겨우 생계를 이어가던 농부들은 갑자기 도시 주택town house[시골에 집이 있는 사람이 도시에 가진 주택], 은행 계좌, 채권과 주식, 그리고 문화까지 갖춘 백만장자가 되었다. 석유를 얻기 위해 약을 포기한 한 시골 의사는 유정 한 개에서 150만 달러의 재산을 뽑아냈다. 탐사자, 투자자, 노동자, 투기꾼, 도박꾼, 몸가짐이 헤픈 여성들이 마법에 걸린 왕국으로 몰려들었다. 마을이 마법처럼 하루아침에 생겨났다. 언덕에는 유정탑이 점점이 박혔다. 들판과 도로, 풀밭은 기름으로 뒤덮였다. 오지의 오솔길은 귀중한 액체가 담긴 통을 철도와 오일 크릭Oil Creek[알래스카, 캘리포니아, 뉴욕 등 미국 전역에 같은 이름으로 수십 개의 지명이 있다]의 평저선에 싣고 앨러게니 강을 통해 피츠버그로 운반하는 수레꾼들로 붐볐다. 한마디로 산업계에 새롭고 강력한 경제적 힘이 풀려난 것이다.

여러 요인이 복합적으로 작용했기 때문에, 석유 산업은 매우 역동적이었다.

우선 원료 공급이 심하게 요동쳤는데, 유정 하나를 시추하는 데 수천 달러가 들지만 그 작업으로 백만 달러 상당의 석유를 생산할 수도 있고 아무것도 생산하지 못할 수도 있었다. 한 분출구를 뚫으면 몇 주 동안 매일 수천 배럴의 석유가 나오다가 갑자기 졸졸 흐르거나 완전히 말라버릴 수도 있었다. 따라서 오래된 유전이 고갈되면 히스테리적인 에너지로 추가 자원을 찾아야 했다. 거대하고 값비싼 기계가 필요 없고 간단한 공정으로 자본이 거의 없는 개인도 뛰어들 수 있는 정유 사업에도 같은 불확실성이 스며들었다. 따라서 정유업계의 경쟁은 치열하고 가변적이었으며, 업계 전체가 끊임없이 투기의 소용돌이에 휩싸였다. 1859년에는 배럴당 20달러, 1861년에는 52센트였던 석유는 1863년에는 배럴당 8달러가 넘었고 2년 뒤에는 3달러 미만이었다. 이러한 변동에도 불구하고 석유 산업은 빠르게 성장하고 있었다. 국내 수요는 지속적으로 증가하여 1871년까지 석유업자들은 유럽, 이집트, 시리아, 인도, 동인도 제도, 중국, 남미 등 해외로 1억 5천만 갤런을 수출했다. 늘어나는 배송 주문을 맞추기 위해 판매와 배송에 유리한 위치에 있지만 유전에서 멀리 떨어진 도시인 피츠버그, 클리블랜드, 필라델피아, 뉴욕에 정유소가 늘어났고, 그 결과 거대한 운송 사업이 생겨나면서 경쟁 철도의 과욕이 공공연한 폭력 사태로까지 번졌다.

1839년 뉴욕 리치포드에서 농부의 아들로 태어난 존 D. 록펠러는 이 놀라운 발전의 초기 단계에 새로운 산업의 천재로 등장했다. 그는 아직 소년이었을 때 아버지의 손에 이끌려 오하이오 주 북부의 한 농촌 마을로 보내져 기초적인 정규 교육만 받았다. 열여섯 살이 되던 해, 일자리를 찾아 지친 몸을 이끌고 클리블랜드의 거리를 헤매던 어린 록펠러는 한 달에 12달러 50센트의 초봉을 받는 서기 겸 경리로 취직했고, 근검절약이 몸에 붙은 그는 하숙비를 내고도 돈을 모을 수 있었다. 어느 정도 자본을 모은 그는 1858년 농산물 커미션 사업에 뛰어들었고, 남북전쟁 기간 내내 정부의 요구로 상품 가격이 치솟으면서 작은 재산을 늘려나갔다.

1862년 조심스럽게 사업을 시작한 록펠러는 저축한 돈의 일부를 클리블랜드의 정유 공장에 투자했고, 3년 후 그랜트와 리의 지휘 아래 싸웠던 참전 용사들이 고향이나 폐허가 된 들판으로 돌아오고 있을 때 자신만의 석유 관련 사업을 조직했다. 이러한 노력으로 성공을 거둔 그는 1870년 오하이오에 스탠다드 오일 컴퍼니Standard Oil Company를 설립하는 데 도움을 주었고, 이 회사에는 석유 왕국에서 유명한 두 사람, H.M.플래글러와 S.V.하크니스가 함께했다.

이 무렵 록펠러는 석유 산업에서 검소하고 조용하며 지칠 줄 모르는 일꾼으로서 지배적인 경력을 쌓기 시작했다. 그는 사업의 모든 부서를 면밀히 관찰하여 낭비와 비효율을 제거하고, 프로세스를 개선하고, 경제성을 높이고, 사업 영역을 확대하기 위해 노력했다. 그는 오랫동안 부를 과시하지 않았고 클리블랜드의 정치 및 사회 문제에도 거의 참여하지 않았다. 그의 열정은 오직 한 가지, 석유 산업을 조직하고 그 보상을 거두는 데 집중되었다. 그는 자신의 목적을 달성하기 위해 필요에 따라 온순하고 타협적인 태도를 보이기도 하고, 강인하고 냉혹한 태도를 보이기도 하고, 정보를 많이 알고 있거나 잊어버린 것처럼 보일 수도 있었다.

록펠러가 스탠더드 오일 사에서 그의 경력을 시작했을 당시 업계는 주기적으로 불황을 겪고 있었는데, 등유 가격은 하락하고 정유소는 늘어났으며 취약한 사업자들에게는 파멸이 눈앞에 닥쳐오고 있었다. 이러한 불운을 없애기 위해 이 시점에 한 무리의 사람들이 펜실베이니아의 파산한 기업에서 매입한 허가장을 바탕으로 설립된 수수께끼 같은 회사 '남부 개선 회사South Improve-ment Company'를 설립하여 전체 사업을 안정화시키기 시작했다. 이 전략과 록펠러 자신의 관계는 잘 알려져 있지 않다. 그는 한 번은 자신이 이 회사의 구성원이라고 서약했다가 다른 기회에 이를 부인한 혐의로 기소되었지만, 이 혐의는 이중 해석의 여지가 있는 법적 기술에 기반을 두고 있다.

어쨌든 이 회사는 클리블랜드, 피츠버그, 필라델피아, 뉴욕의 여러 정유소를 연합체로 묶은 다음 이리, 펜실베이니아, 뉴욕 센트럴 철도 관리자와 석유 운송에 대한 리베이트 비밀 책략을 세웠는데, 모든 운송업체가 뉴욕으로 원유를 운송하는 데 청구하는 배럴당 2.56달러 중 1.06달러를 회사에 돌려주고 경쟁사의 물량도 배럴당 1.06달러, 뉴욕 이외의 다른 지역으로 운송하는 경우에도 비슷한 리베이트를 지급하는 방식이었다. 나폴레옹적인 구상이 실현될 수 있었다면 리베이트로만 연간 600만 달러를 벌어들일 수 있었겠지만, 안타깝게도 함교에 있던 장교들은 배의 무게를 감당할 수 없었다. 인상된 운임이 발표되자마자 석유 지역의 생산자들은 분노에 휩싸여 조직적으로 남부 개선 회사를 상대로 전쟁을 선포했다. 의회 위원회는 이를 '거대하고 대담한 음모'라고 규정했고, 대중의 분노에 휩싸인 펜실베이니아 의회는 이 기이한 허가장을 무효화해야만 했다.

석유 산업을 조직하려는 이 원대한 계획이 무산된 후 록펠러는 자신이 경영하던 스탠더드 오일 사를 도구로 삼아 보다 우회적인 방식으로 자신의 목적을 달성했다. 남부 개선 회사가 허가장을 잃은 지 몇 달 만에 그는 뉴욕 센트럴 철도와 비밀 리베이트 계약을 맺었고, 이 운임 구조는 다른 노선에도 쉽게 확대되었다. 때때로 이러한 계약은 중단되었지만 다른 많은 우려와 마찬가지로 그러한 호의에 대한 고집은 스탠다드 오일 사의 체계적인 정책의 일부로 계속되었다. 리베이트가 없는 경우도 종종 있었지만, 리베이트가 많아서 막대한 이익을 가져다주는 경우가 더 많았다.

철도를 통해 특혜를 누릴 수 있는 권리를 확보한 회사는 유리한 조건으로 경쟁사를 인수하기 시작했다. 1872년 말에는 클리블랜드에 있는 거의 모든 정유소를 인수했는데, 26개 정유소 중 20개를 인수했다. 1874년에는 필라델피아의 워든 정유소, 피츠버그의 록하트, 뉴욕의 프랫 지분을 확보했다. 이듬해에는 록펠러를 수장으로 하는 중앙정유업자협회Central Association of Refiners가 결성되었다. 1876년 필라델피아의 하크니스 공장이 스탠더드 오일에 넘어갔고, 1877년에는 피츠버그의 마지막 적수인 록하트가 그 뒤를 이었다. 그사이 엄중한 감시의 눈길 속에서도 회사는 산유 지역과 볼티모어 시에서 라이벌을 장악했다. 다시 말해, 10년이 지나기도 전에 스탠다드 그룹은 정유업계를 장악했다. 독립 기업들은 여전히 역경에 맞서 고군분투하고 있었지만, 스탠다드 그룹은 보유 자산과 철도 연결망을 바탕으로 이 업계의 지배자가 되었다.

이 시점에서 석유 운송 사업은 록펠러의 경영 체인의 다음 연결 고리가 되었다. 원유 및 정유 제품의 배럴링[저장과 운송을 위해 배럴에 액체를 담는 것]과 운송은 처음부터 업계에서 중요한 요소였으며, 초기 단계에는 이 사업을 전문으로 하는 여러 회사들이 등장했는데, 일부는 독립적이었고 다른 일부는 철도와 연계되어 있었다. 일반적으로 1876년 펜실베이니아 철도와 밀접한 관련이 있는 엠파이어 운송 회사가 스탠다드 오일 연합체에 차례로 흡수되면서 고객이 줄어드는 것을 발견하고 선적량을 조절하기 위해 독립 정유 공장에 투자하여 손실을 만회하려고 할 때까지는 모든 것이 순조롭게 진행되었다.

이 새로운 연합체가 수면 위로 떠오르자 록펠러는 해운과 정유의 결합에 대해 강력하게 항의했다. 그는 무신경한 태도로 펜실베이니아 철도 이사회에 엠파이어 동맹과 결별할 때까지 더 이상 스탠다드 오일 화물을 받지 못할 것이라고 말한 다음 이리 철도와 뉴욕 센트럴 철도를 공격에 참여시켜 적에게는 너무 강한 공격대를 만들었다. 이미 직원들의 강력한 파업으로 업무가 반쯤 마비된 펜실베이니아 철도는 1877년 8월 항복했고, 그 동맹인 엠파이어 운송 회사Empire Transportation Company를 스탠더드 오일 사에 매각할 수밖에 없게 만들었다. 운송과 정유의 결합에 대한 반대는 명백히 정유와 운송에는 적용되지 않았다.[*]

이 유령이 겨우 사라지자, 록펠러의 평화를 깨뜨리는 또 다른 유령이 나타났다. 그것은 바로 대서양 연안으로 가는 독립적인 파이프 라인의 등장이었다. 1878년, 타이드워터Tidewater 컴퍼니는 앨러게니 강을 건너 윌리엄스포트까지 석유를 운송하기 시작했고, 생산자들에게 이제 배럴당 1.25달러 또는

1.40달러였던 석유를 철도를 통해 배럴당 16센트 정도에 운송할 수 있다고 발표했다. 이에 대한 대응으로 스탠다드 오일 그룹은 브래드포드 유전에서 뉴저지 주 베이온까지 통행권을 확보하고 내셔널 트랜짓National Transit 컴퍼니를 조직한 후 경쟁사인 타이드워터의 주식을 대량 매입하여 인수했다. 두 가지 무기를 손에 넣은 타이드워터는 1883년 마침내 경쟁사를 완전히 장악했고, 철도에 대한 의존도를 낮추기 위해 바다로 향하는 새로운 출구를 확보한 후 관리자들에게 더욱 위압적인 어조로 말했다. 만약 그들이 조건의 합의에 이르지 못하면, 석유는 철도 없이도 운송할 수 있다고.

운송 및 정제 사업에 대한 모든 실질적인 통제권을 확보한 스탠다드 오일은 이제 판매 시스템을 완성하는 작업에 큰 힘을 쏟았다. 이를 위해 전국을 지역과 소지역으로 나누고, 석유 유통을 담당할 회사와 개인을 선정했으며, 도시, 타운, 마을을 방대한 대리점 네트워크로 연결했다. 기술 및 관리 측면에서 이 시스템은 모든 기업 경영자의 모델이 되었다. 일반적으로 현실에서 실현된 이상은 표준 품질의 상품을 주문한 대로 상인과 소비자에게 신속하게 공급하는 한편, 경쟁자를 죽이고 가격을 막대한 이익을 창출하는 수준으로 유지하기 위해 필사적이고 끊임없는 노력을 기울이는 것이었다. 필요할 때마다 경쟁사가 망할 때까지 요금을 인하했다가 손실을 만회하기 위해 다시 인상했다. 상인들에게 표준 석유만 판매하도록 강요하기 위해 스파이 활동과 협박 등 합법성과 도덕성이 의심스러운 수단들이 동원되었다.

판매에 대한 통제권이 소비자한테로 넘어가는 동안 원유에서의 추출에도 비슷한 지배력이 이어졌다. 1887년 스탠다드 그룹은 시추 및 펌핑 분야에 대

---

* 이 문장은 기업 결합을 대하는 방식에 대한 인식의 불일치 또는 이중 기준을 지적한 것이다. 운송업으로 시작했다가 정유업으로 진출한 기업에 대해서는 반대가 있을 수 있었지만, 정유업으로 시작했다가 운송업으로 사업을 확장한 기업에 대해서는 두 시나리오 모두 동일한 활동의 결합을 초래함에도 불구하고 반대가 덜 됐다. 이는 이러한 결합에 대한 우려에도 불구하고 정유와 모든 석유 제품 운송에 대한 지배력을 확대할 수 있었던 스탠다드 오일 사와 같은 강력한 이해관계자의 영향력이 반영된 것으로 보인다.

규모로 진출했고, 이후 석유 지대와 임대에 대한 권한을 꾸준히 확장하여 10년 만에 유정에서 램프[석유의 최종 소비 단계에 대한 은유]까지 석유 사업의 실질적인 지배자가 되었다. 그리고 이 경제 왕국 내에서 대중에 대한 서비스는 엄청나게 효율적이었으며, 경영 조직은 구조와 성과 면에서 놀라울 정도로 훌륭했고 관리자들이 원하는 만큼 높은 수익을 올렸다. 회사의 이름에 걸맞은 가격 인하 경쟁은 없었고, 스스로 조직화할 능력이 없는 소비자들은 스탠더드 오일의 횡포에 속수무책으로 당할 수밖에 없었다.

사업 확장 과정에서 스탠다드 오일은 모든 계열사의 지배 지분을 소유한 모회사를 중심으로 느슨한 연합체 형태를 취하면서 감당할 수 없는 규모로 성장했다. 한 곳에서 광범위하게 흩어져 있는 계열사들을 지휘해야 하는 어색한 구조로, 특히 주식의 대부분을 50여 명의 개인이 보유하고 있었기 때문에 자연스럽게 힘이 분산되고 많은 마찰이 발생했다. 효율성이라는 대의명분에 따라 보다 긴밀한 조직이 필요했고, 결국 이러한 중앙 집중화가 이루어졌다. 이 거래에서는 전략적 주들에 별도의 스탠다드 오일 법인을 설립한 다음, 9명의 신탁 관리인이 각 주주에게 신탁 증서를 발급하고 전체 기업의 경영권을 인수하는 방식으로 다양한 관심사의 모든 주식을 하나의 거대한 연합체로 통합했다. 1882년 1월에 공식적으로 설립된 스탠다드 오일 트러스트의 성격은 바로 이러한 것이었으며, 록펠러가 초대 영사consul[은유]였던 9명의 권한 아래 거대한 경제 제국의 방향을 제시했다.

§

스탠다드 오일 그룹의 사업 방식을 한마디로 특징짓는 것은 불가능하며, 그것은 부당한 일일 것이다. 스탠다드 오일 그룹은 문 앞에 쌓인 수많은 사악한 행위에 대한 고소들에, 자사의 대리인이 지나친 열의를 보였거나 지침을 위반했다고 주장하며 책임을 부인했다. 많은 행위에 대해서는 추론만 할 수 있었다. 예를 들어, 무장 괴한들이 독립적인 파이프 라인 회사의 노동자들을 공격했을 때, 일반적으로 가해자들이 동기나 지시 없이 행동하지 않았을 거라고 짐작할 수 있지만, 가정하는 것과 증명하는 것은 다른 문제였다. 그리고 그것은 물리적인 힘이 고위 업무 절차의 정상적인 일부였던 [산업] 귀족baron들의 시대에 정의로운 판결을 내린다는 것은 어떤 것인지에 대해 윤리적으로도 멋진 문제를 제기했다. 이러한 성격의 사건으로 유일하게 재판에 회부된 것은 1886년의 유명한 버팔로 사건으로, 이 사건은 지역 스탠다드 오일 자회사와 관련된 두 명에게 유죄 판결이 내려지고 이 사건과 관련하여 기소된 트러스트 대표 세 명은 모든 공모 혐의에 대해 무죄가 내려지는 엇갈린 판결로 끝났다. 이 사건의 증거는 어느 쪽도 신뢰를 인정받을 수 없는 몹시 지저분한 이야기를 드러냈고, 먼 미래의 역사가들은 아마도 이 사건을 주전자와 냄비의 사건이라고 부를 것이다.[*]

이 사건의 주연 배우들의 공과가 어떻든 간에, 공동체로서나 개인으로서나 스탠다드 오일 그룹의 기소장에 적시된 많은 혐의는 충분히 입증되었다. 스탠다드 오일은 때때로 자체 및 경쟁사의 석유 선적에 대해 리베이트를 받았고, 라이벌과 적대자들을 그다지 세련되지 않은 방법으로 분쇄했으며, 그 대리인들은 반대파를 없애기 위해 스파이 행위와 협박에 의존했고, 고위 대변인은 고의적으로 거짓말을 하거나 여러 발언에서 기억력 부족으로 어려움을 겪었으며, 저명한 정치인을 고문으로 고용했고, 정당의 선거 자금에 막대한 기부를 했다는 사실 등이 그것이다. 다른 한편으로는 행동의 동기가 자신들보다 나을 바 없고 원칙도 자신들보다 높지 않은 사람들에 의해 끊임없이 공격과 협박을 받았다.

아이다 타벨은 스탠더드 오일 사에 대한 그녀의 놀라운 기록에 담긴 일반적인 적대감으로 인해 대중의 마음에 비친 이 회사의 역사에 대한 왜곡된 시각

---

[*] '냄비가 주전자 보고 검다고 한다the pot calling the kettle black'라는 속담에 대한 언급으로 '숯이 검정 나무란다' '똥 묻은 개가 겨 묻은 개 나무란다'와 비슷한 의미다.

에 부분적으로 책임이 있다. 그녀의 기록은 공정한 학생의 냉정하고 무관심한 요약이 아니라 영웅과 악당이 등장하는 한 편의 드라마다. 첫 장에서 그녀는 정직하고 모험심이 강한 아메리카 시민들이 석유 지역의 자원을 개발하고, 자신과 가족을 위해 집을 짓고, 신을 숭배하기 위해 제단을 세우고, 학교와 병원을 세우고, 행복하고 번영하는 공동체를 설립하는 그림을 그린다. 그런 다음 악당이 어둠 속에 은밀히 나타나 파멸과 황폐를 가져온다. '이 사람들에게는 삶이 재빠르고 불그레하고 즐거웠다…… 그들은 그들 자신의 행위에 맞닥뜨리게 될 것이다. 그들은 정유 공장을 원래 있던 지역으로 가져올 것이다. 그들은 자신들의 마을을 세상에서 가장 아름다운 마을로 만들 것이다. 그들에게 너무 좋은 것은 없었고, 그들이 희망하고 도전하지 않는 것은 없었다. 그러나 이러한 자신감이 절정에 달했을 때 갑자기 어디서 왔는지 알 수 없는 큰 손이 그들이 정복한 것을 빼앗고 미래를 가로막았다. 갑작스럽고 암울한 공격은 그들의 남성다움과 페어플레이 정신을 바닥까지 흔들었고, 지역 전체는 반란을 일으켰다.'

그러나 타벨 양은 올곧고 신을 두려워하는 착한 석유 영웅과 사악한 석유 악당 사이의 경쟁을 묘사하면서 우연히도 전자를 무모하고 낭비적이며 다른 사업가들이 기꺼이 얻으려 하는 적당한 이윤을 경멸하는 것으로 묘사한다. 그녀는 그들 대부분이 언제든 스탠다드 오일 그룹과 대중에 반하는 계약을 맺을 의향이 있었으며, 그들이 실패한 것은 그들의 도덕 체계가 달랐기 때문이 아니라 그들 자신의 동료들의 기만적인 배신으로 인해 협상력을 유지할 수 없었기 때문임을 보여준다. 그들은 원유 채굴을 줄임으로써 원유 가격을 유지하려 했고, 과잉 생산과 저유가 시대에 시추와 양산을 고집하는 독립적인 사업가들을 위협하기 위해 연극에서 악당이 사용하는 것만큼이나 비난받을 만한 전술에 의지했다. '1872년 석유 지역에는 금으로 장식된 지팡이를 들고 실크 해트를 쓰고 일요일에 교회에 나타나던 사람들이 이제 밤에 외딴 지역으로 잠입해 유정을 시추한다는 소문을 쫓아다녔다. 소문이 사실로 밝혀지면,

그들의 품위는 공구를 파손하거나 바퀴를 떼어내는 일도 막지 못했다.'

결국 생산자들이 록펠러의 이해관계에 대처하지 못한 것은 의지가 부족해서가 아니라 스스로의 무능력, 즉 이윤 추구 본능을 억제하지 못하고 정유사와 동등한 힘을 가진 생산자 조합을 유지하지 못했기 때문이었다. 수년 동안그들을 대신해 싸워온 한 사람은 그들을 '비겁하고 무질서한 폭도'라고 표현했다. 의심할 여지 없이 그들의 지도자 중 일부는 영웅적인 자질을 가졌지만 질문은 제기될 수 있을 것이다. '스탠다드 오일 트러스트 제국의 영향력 아래 있는 것보다 타벨 양의 영웅들로 구성된 생산자 조합 대연합의 손아귀에 놓였다면 대중, 정치인, 소비자들은 더 행복했을까?'

석유 왕국의 지배권을 둘러싼 대영주와 군소 영주의 격렬한 경쟁 속에서 아메리카의 정치 과정과 경제 드라마의 본질이 드러났다. 스탠다드 오일 그룹은 설립 초기부터 조사와 적대적인 입법, 금지 명령과 사법 명령, 소송과 기소에 직면했다. 1872년 남부 개선 회사가 석유 사업에 착수하자마자 펜실베이니아 주 의회에서 독립 생산자들이 주도하는 공격에 직면했고, 별다른 물질적 피해 없이 비정상적인 허가장을 잃었다. 거의 동시에 의회 위원회가 이 사건을 들여다보고는, 회사의 음모를 비난하고 명예롭게 철수했다.

록펠러 동맹을 무너뜨리려는 이러한 시도에 실패한 석유 생산자들은 1876년 다시 의회에 정유 분야 조합의 성장에 대한 조사를 요청했다. 이 호소가 받아들여져 H.B. 페인(의회 상무위원회 위원장, 스탠다드 오일 사의 재무 임원인 O.H. 페인의 아버지)의 지시에 따라 조사가 이루어졌다. 조사 결과 회사의 경영에 부정 의혹이 있다는 실질적인 증거를 발견하지 못했다. 3년 후, 뉴욕의 헵번 위원회는 주 의회의 권한으로 석유 산업의 지도자들로부터 그들의 통제 범위와 운영의 성격에 대한 중요한 증언을 이끌어냈지만, 이 역시 별다른 효과를 거두지 못했다. 1888년 뉴욕 상원은 트러스트에 대한 또 다른 조사를 명령했고, 같은 해 하원의 제조업위원회도 비슷한 맥락에서 조사를 실시했다. 10년 후, 의회에서 만들어진 산업조사위원회는 다시 한 번 철저한 조사를 통해 방대한 분량의 조사 결과를 발표했다.

처음에 스탠다드 오일의 이해관계자들은 공식 조사관들을 무시하거나 대수롭지 않게 여겼다. 그러나 시간이 지나면서 그들은 좀 더 화해적인 전술을 채택했다. 그들은 더 이상 종교재판소에서의 증언을 거부하지 않고 소환을 받으면 출석하여 교활하고 저명한 변호사의 권유에 따라 부드럽게 진술했다. 예를 들어, 록펠러는 1888년 뉴욕 상원 트러스트 위원회의 심문을 받았을 때, 사생활에 대한 간섭에 극도의 짜증을 내지 않고 유능한 변호사의 안내에 따라 우호적으로 기억하거나 잊어버리는 모습을 보였다. 외교적 기술이 실패할 경우, 그의 개인 고문인 조지프 H. 초트는 대개 사법의 복잡한 절차적 문제에서 그를 위한 피난처를 찾을 수 있었다.

수많은 입법 문의는 스탠다드 오일 트러스트의 실질적인 방법에 대한 수많은 정보를 제공했지만, 그들의 사업 진행에는 거의 또는 전혀 영향을 미치지 않았다. 그들은 회사의 임원들을 괴롭혔지만 그것의 발전을 방해하지는 않았다. 업계의 대표들이 이러한 연구를 '민주주의적 정치'를 하는 신사들에게 필요한 장치로 은밀히 간주하지 않았다면 그것은 놀라운 일일 것이다.

1890년 오하이오 주 법무장관 데이비드 K. 왓슨이 스탠다드 오일 사가 스탠다드 오일 트러스트에 가입하면서 허가장을 위반했다는 이유로 스탠다드 오일 사의 해산을 요구하는 청원서를 오하이오 대법원에 제출했는데, 특히 매킨리Mckinley의 경영자였던 마커스 A. 해나가 석유 이익 단체의 온건한 대변인으로 등장하면서 아메리카 정치사의 유명한 소송으로 기록되었다. 적어도 관중들에게 전투는 근엄하고 당당해 보였다. 스탠다드 오일 사는 유능한 변호사들을 고용했고, 2년 전 트러스트 조사를 훌륭하게 관리했던 초트는 다시 한번 뛰어난 재치를 발휘해 소송 전략에 힘을 보탰다. 하지만 경험이 부족한 일반인의 눈에는 오하이오 주가 잠시 동안은 승리한 것처럼 보였다. 오하이오 법원은 트러스트의 해산을 명령했다. 그러나 회사의 허가장은 그대로 유지되었고 법원의 판결은 집행될 수 없었다. 트러스트의 해산을 이끌어내기 위해 시작된 보충 소송은 대중의 관심이 시들해지고, 1900년 콜럼버스[오하이오의 주도州都]의 법무장관으로 부임한 유능한 정치인 존 M. 시츠에 의해 마침내 소송이 취하될 때까지 8년 동안 지루한 시간을 끌었다.

오하이오 소송에서 결국은 성공을 거두었지만, 석유 지도자들은 좀 더 탄력적인 조직이 필요하다고 느꼈다. 이에 따라 1899년, 그들은 17년 전에 뉴저지에 설립한 스탠다드 오일 사를 재건하여 지금은 사라진 남부 재건 회사의 권리에 버금가는 광범위하고 포괄적인 개정 허가장을 확보함으로써 그들의 입맛에 맞는 거의 모든 종류의 사업에 참여할 수 있는 법적 황소 같은 조직을 재건했다.

이렇게 법적인 요건을 갖춘 회사는 1911년 미국 대법원의 해산 명령으로 반독점 정서가 절정에 달할 때까지 뉴저지의 천혜의 하늘 아래에서 번성하며 살을 찌웠다. 그럼에도 불구하고 뉴저지 법인은 사라지지 않았다. 1913년에는 60퍼센트의 배당금을, 1922년에는 400퍼센트의 주식 배당을 받았다. 그 무렵에는 이미 많은 물이 다리 밑으로 흐르고 있었다.[다른 사건들에 묻혀 대중의 관심과 기억에서 사라졌다는 의미]

§

제조업과 채굴 산업의 발전을 상징하는 빠른 속도로 인해 이 기간 동안 운송 시스템은 여러 단계를 거쳤다. 당연히 최초의 철도 건설업자들은 볼티모어와 워싱턴, 필라델피아와 리딩, 보스턴과 스프링필드, 뉴욕과 뉴헤이븐과 같은 중요한 도시들 사이의 단거리 노선에 집중했다. 이러한 도로에서 수익성이 괜찮은 사업을 할 수 있다는 전망이 있었고 지형적으로도 큰 장애물이 없었으며 자본도 비교적 쉽게 확보할 수 있었기 때문이다. 1860년경에는 동부의 거의 모든 주요 도시가 하나 이상의 선로로 연결되었고, 철도업계의 지도자들은 단거리 노선을 통합하고 대륙 프로젝트를 구성하는 다음 과제를 수행했다. 실제로 그 무렵 해안가 주요 도시들은 이미 시카고와 세인트루이스와 다양한 체계를 통해 연결되어 있었고, 태평양으로 진출해야 한다는 요구가 땅에서 들려왔다.

남북전쟁은 이러한 움직임을 견제하기보다는 오히려 촉진했다. 앞서 살펴본 것처럼 남북전쟁이 가장 암울했던 시기에 의회는 대서양과 태평양 사이의 간격을 메울 수 있도록 철도 회사에 권한을 부여함으로써 강력한 추진력을 제공했다. 빠른 속도로 추진된 이 사업은 더 웅장한 모험을 예고했다. 의회는 제국 영토의 공공 토지를 철도 회사에 제공했고, 주, 도시, 카운티는 철도 연결을 위해 막대한 채무를 부담했으며, 노선 예정지의 농부와 상인들은 저축을 증권에 투자했고, 유럽 자본가들은 커다란 투자 위험을 감수했다. 막대한 재정 지원을 바탕으로 건설과 통합은 대륙의 위아래로 마법 같은 속도로 진행되었다.

캘리포니아로 가는 첫 번째 길이 완공되고 나서 15년 후, 서든 퍼시픽Southern Pacific은 뉴올리언스와 해안을 연결했고, 애치슨, 토피카와 산타페Atchison, Topeka and Santa Fe는 미시시피 강과 서쪽 바다를 연결했으며, 노던 퍼시픽Northern Pacific은 오대호에서 퓨젯 사운드까지 길을 뚫었다. 1890년이 되자 아메리카는 163,562마일의 철도를 보유하게 되었는데, 이는 유럽 전체가 보유한 것보다 더 긴 거리이며 실제로 전 세계 철도의 절반에 가까운 거리였다. 당시 철도가 대표하는 명목 자본은 총 100억 달러에 육박했으며, 이는 남부의 플랜테이션 귀족이 한때 정치 권력을 구축하기 위해 노동력을 제공했던 모든 노예 가치의 두 배에 달했다. 게다가 통합 과정이 너무 진행되어, 약 1,600개 회사 중 75개 회사가 아메리카 전체 노선 길이의 3분의 2 이상을 지배하게 되었다.

이렇게 달성된 높은 집중도에도 불구하고, 더 큰 연합체가 생겨날 여지가 분명히 있었고, 그 연합의 설계자들에게는 더 큰 수익이 약속되었다. 더 큰 이익의 유혹 외에도 경쟁에서의 부상負傷으로 인해 철도 발기인들은 더 긴밀한 제휴를 추구하게 되었고, 요금 인하, 리베이트, 발기인 전쟁은 주기적인 공황과 맞물려 가장 강력한 노선조차도 재정적으로 어려움을 겪었다. 1889년 런던 거래소에 상장된 아메리카 철도 회사 중 보통주 배당금을 지급한 회사는 단 한 곳뿐이었으며, 15년이 채 되지 않아 자본금 25억 달러에 달하는 400개 이상의 회사가 파산으로 사라졌다.

모건, 해리먼, 힐과 같은 제국 건설자들이 통일 문제를 해결하고 교통의 새로운 시대를 열게 된 것은 거대한 야망 못지않은 재앙이었다. 물론 이 세 거인 중 첫 번째 거인이 1885년 '철도에 대해 뭔가를 해야 한다'는 결론을 내리고 17년이라는 짧은 기간 동안 5만 5천 마일의 주행거리와 30억 달러의 자본을 가진 13개의 철도 시스템을 자신의 통제하에 모을 수 있게 한 것은 바로 그러한 경제적 무정부 상태였다. 해리먼은 비슷한 화산 같은 에너지와 봉건적 무자비함으로 수천 마일을 자신의 주권 아래 통합했고, 죽음이 그를 덮쳤을 때 전 세계를 순조롭게 둘러싸고 있었다. 그는 1만 5천 마일이 넘는 유니언 퍼시픽과 서든 퍼시픽을 결합하는 그의 가장 대담한 시도를 했고, 긴 그림자가 그의 눈에 드리워졌을 때 그의 눈은 시베리아로 향해 있었다.

철도인들의 업무는 석유 거물의 업무와 마찬가지로 정치적으로 복잡한 문제를 수반했지만, 조직화된 농민과 제조업체를 상대해야 했던 전자는 석유 거물에게 부과된 것보다 훨씬 더 엄격한 통제를 받았다. 실제로 그들은 화주와 여행객들의 항의, 그리고 1890년에 시행된 셔먼 반독점법에 따라 사방에서 기소되어 거의 견딜 수 없을 정도로 괴롭힘을 당하고 있다고 생각했다.

막강한 권력을 쥐고 있던 모건과 힐도 정치적 얽힘에서 벗어날 수는 없었다. 뉴저지에서 설립한 노던 증권 회사Northern Securities Company 산하에 노던 퍼시픽, 그레이트 노던, 시카고, 벌링턴, 퀸시를 통합하는 데 성공한 후, 그들은 백악관에서 진정으로 제대로 된 싸움을 좋아하는 시어도어 루즈벨트 대통령과 마주하게 되었다. 모건은 대통령에게 '우리가 잘못한 것이 있다면 당신의 사람(녹스 법무장관을 의미)을 내 사람(변호사 중 한 명을 지칭)에게 보내면 바로잡을 수 있을 겁니다'라고 말했다. 하지만 모건은 지금 그로버 클리블랜드와 거래하고 있는 게 아니었다. 루즈벨트가 대답했다. '그럴 수는 없소.' 그리고 1904년 대법원이 5대 4로 합병을 불법이라고 판결할 때까지 소송을 밀어붙였다. 힐은 결과를 듣고 이렇게 불평했다. '우리가 한 일을 돌이켜보면 정말 힘들다…… 폼 잡고서 월급을 받는 것 외에는 아무것도 한 일이 없는 정치 모험가들을 상대로 목숨을 걸고 싸워야 한다는 건 말이 안 된다.'

정부의 손에 의해 항상 해산의 위험에 직면해 있고, 요금을 정할 때 '이성'의 규칙을 따르고, 임금 일정을 조정할 때 전국 노동조합과 거래해야 하는 철도 부문의 발기인과 조직자는 활동 범위가 실질적으로 제한되어 있음을 알게 되었다. 게다가 뉴욕, 뉴헤이븐, 하트포드 철도 시스템New York, New Haven and Hartford system과 같은 거대한 구조가 무너지면서 '무고한 투자자들'에게 막대한 손실을 안겨주자 대중의 적대감이 사방으로 확산되고 공적 통제의 그물망은 더욱 촘촘해졌다. 게임의 재미와 이익은 줄어들고 위험성은 높아지면서 철도 건설과 통합은 거의 중단되었다.

그러나 국가 교통의 수요 사항에 부적합한 분절되고 상충하는 노선의 악영향은 명백히 고통스럽게 남아 있었고, 제조업체와 농민들 사이에서 의구심의 눈초리를 보내는 사람들이 많아서 의회는 1920년 철도법으로 정부 감독하에 더 큰 규모의 더 많은 철도 연합을 장려하려고 노력했다. 그 무렵에는 실제와 가상의 노선 자본금으로 200억 달러 이상이 책정되었다.

§

산업과 철도의 통합과 재정적 기동의 필요에 희해 경제 권력이 사업 추진가에서 금융가로 근본적으로 이동했다. 예전의 소규모 산업 시대에 각 공장의 주인은 저축과 이윤을 통해 사업을 확장했으며 때로는 지역 은행가의 대출로 그것을 보완했다. 말하자면 은행은 산업 영역의 가장자리에 서 있었고, 고립된 은행은 동네의 저축과 예금을 이용해 고립된 공장에 서비스를 제공했다. 그보다 원시적인 시대에는 투자 기회가 주로 국채와 소규모 운하, 유료 도로, 산업, 해운, 철도 관련 소규모 기업의 주식으로 제한되었고, 자본 축적이 적었으며 공공 토지를 제외하고는 투기의 영역이 좁게 제한되어 있었다. 따라서 산업에 대한 지방 주권이 은행 정책에 대한 주 정부의 권리와 연관되어야 하고, 영구적인 국가 은행 시스템을 만들어 미래에 장벽을 세우려는 연방당과 휘그당의 시도는 민주당에 의해 효과적으로 차단되어야 한다는 것은 지극히 당연한 일이었다.

크게 보아서, 남북전쟁이 기존 질서에 무례하게 침입하여 몇 년 만에 지형을 바꾸어 놓았을 때의 상황은 그랬다. 전쟁 자체의 자금 조달은 대중 운동과 '아기 채권baby bond'* 소유를 통해 수많은 사람들에게 이자와 저축의 신비를 가르쳤고, 전쟁 제조업체의 이윤은 일반 투자를 원하는 방대한 활동 자본을 공급하여 지역 대중을 전국적인 대중으로 통합했다. 이 과정은 군사 투쟁의 종결에서 멈추지 않고 국가 신용에 의해 지원되는 대륙 철도 건설을 위한 채권 판매로 가속화되었으며, 이는 다시 멀리 떨어진 산업 기업이 발행한 증권을 판매하는 길을 열었다.

이러한 거래가 증가하고 종이의 조작을 통해 새로운 자본을 축적할 수 있는 기회가 증가함에 따라 뉴욕 증권 거래소는 경제 포럼을 전미 재판소의 지위로 격상시켰다. 따라서 금융의 지역주의가 무너지고 새로운 수요를 충족시키기 위해 전략 도시의 은행들이 전국적인 규모로 운영되기 시작했는데, 이는 잭슨의 농민-노동자 정당에 의해 파괴된 미합중국 제2은행이 운영되던 때와 비슷했다. 철도 및 공기업의 발기인들이 도움을 요청해야 했던 것은 은행의

---

* '아기 채권'은 전쟁 중, 일반 대중에게 판매되었던 소액 액면가의 국채를 말한다. 이러한 채권은 재정적 여유가 없는 일반 시민이 전쟁에 쉽게 투자할 수 있도록 고안되었다. '아기 채권'이라는 용어는 이러한 채권이 일반적인 국채보다 소액이어서 접근하기 쉬워 투자 경험이 없는 '일반인'에게 매력적인 투자였다는 생각에서 유래된 것으로 보인다. 이 채권은 종종 공공 캠페인을 통해 판매되었는데, 시민들은 국가의 전쟁 노력을 지원하는 애국적 의무로서 채권을 구매하도록 장려되었다. 일반인들은 이 채권을 구매함으로써 이자, 저축, 투자에 대해 알게 되었고, 이는 대중의 금융 이해도를 높이는 데 기여했다.

주식 및 채권 부서였으며, 시간이 지나면서 은행가들은 자신들이 실제로 경제의 주인이 될 수 있다는 사실을 알게 되었고, 어느 정도는 그 역할을 맡을 수밖에 없었다. 재계 거물들이 은행을 방문할 수 있다면 은행도 그에 대한 답방을 할 수 있었다. 예우를 주고받는 과정에서 당시의 무기는 금융이었으며, 그 무기의 소유권이 은행가들에게 넘어갔다는 사실이 곧 밝혀졌다.

금융 통제를 통해 경영 주권은 산업과 철도의 운영자에서 자본 축적의 책임자로 이전되었는데, 이는 모건이 15개의 거대한 철도 조직을 통합하고 증기선 트러스트, 수확기 트러스트, 유에스 스틸 사 및 그보다 규모가 작은 수많은 다른 연합을 만들었을 때 눈에 띄는 방식으로 입증되었다. 세기말에 이르러 아메리카의 철도와 기간산업 경영에서, 물론 일부 예외를 제외하고, 모든 기술 과정을 통해 철도와 공장에서 성장한 사람들은 사라졌다. 전반적으로 산업 제국의 최고 지휘권은 이제 거대 금융 기업의 손에 들어갔고, 산업계의 수장들은 더 이상 자연선택에 의해 진화하지 않았다. 그들은 금융 후견인 역할을 하는 지배적인 은행가들에 의해 선택되었다.

그리고 이 지배적인 은행가들은 동맹 조약과 대화를 통해, 외교적 용어를 사용하자면, 각자의 지배권의 범위를 구분하기 어려울 정도로 단결했다. 1911년, 모건의 준(準)공식 전기 작가가 그의 주권하에 있는 거대 은행들을 열거한 후, 모건의 총 은행 자산을 10억 달러 이상, 그가 절대적 영향력을 행사하는 철도 및 산업 회사의 자산을 100억 달러로 추산했다. 거의 같은 시기에 트러스트의 권위자인 존 무디는 모건과 록펠러라는 두 거대 금융 복합체가 '국가의 비즈니스와 상업 생활의 심장부'를 구성하는 기업 네트워크를 그들의 지배하에 모았다고 기록했다.

물론 이 새로운 로마제국의 국경에서는 항상 전쟁이 벌어졌고, 발명의 발전과 함께 새로운 산업이 끊임없이 생겨났으며, 군소 제후나 백작들은 자신들의 주장을 억제한다면 높은 수준의 지방 자치를 누릴 수 있었다. 그러나 새로운 기업은 어느 때고 대제후에게 경의를 표하지 않고는 발판을 마련하기가, 거의 불가능하지는 않더라도, 어려웠고, 그들의 명령을 거스르고 주식과 채권을 대량으로 발행할 수도 없었다.

19세기 말 아메리카 금융가들의 헤게모니는 국내에서 최고조에 달했고 그들은 해외 정복에 나설 준비가 되어 있었다. 1899년 모건 앤드 컴퍼니Morgan and Company는 아메리카에서 최초로 발행한 대규모 해외 대출인 멕시코 공화국 국채를 발행했다. 그 후 2년 뒤에는 보어 공화국 정복 비용을 충당하기 위해 영국 정부에 5,000만 달러를 대출했다. 얼마 지나지 않아 또 다른 기회인 러일전쟁이 일어났고, 차르의 대리인들이 파리와 런던에서 구걸과 차입을 하는 동안 자금난에 시달리던 도쿄의 재정 대리인들은 위험 수위에 도달할 때까지 뉴욕의 은행들로부터 자금을 풍부하게 공급받았다. 이렇게 아메리카 자본은 아프리카에서 영국의 패권을, 만주에서 일본의 패권을 연장하는 데 기여했다. 얼마 후 루즈벨트 대통령의 도움으로 중국은 독일, 프랑스, 영국과 협상한 5,000만 달러의 차관에 아메리카 은행가들에게 지분을 부여해야 했고, 모건 은행은 이를 실행에 옮겼다. 그 사이 뉴욕 은행가들이 주도한 아메리카 자본이 카리브해로 쏟아져 들어가 아메리카의 지배가 순조롭게 진행되었다.

이제 4개 대륙의 도로가 새로운 아피아 가도, 즉 월스트리트로 이어졌고, 먼 속주의 집정관들은 새로운 주권자에게 경의를 표했다. 워싱턴, 프랭클린, 제퍼슨, 존 애덤스의 땅은 백만장자들의 땅이 되었고, 경제의 주요 방향은 농가와 외딴 공장, 은행의 소유주에서 삶의 중심에 있는 소수의 사람과 기관으로 넘어갔다.

§

이 엄청난 부와 권력의 집중이 어떤 방식으로 이루어졌는지는 과학적 분석의 대상이 된 적이 없다. 식물 녹plant rust에서 구충hookworm*에 이르기까지 모든 것을 연구하기 위한 모든 기금에도 불구하고, 아마도 명백한 이유 때문에 현대 아메리카를 만든 근본적인 경제 과정에 대한 철저하고 냉정한 조사,

즉 건전한 공공 정책 수립에 필수적인 조사에는 상당한 금액이 투입되지 않았다. 따라서 현재로서는 대차대조표를 작성할 수는 없지만, 발전의 표면적인 요인에 주목할 수 있다. 우선, 모든 제조업은 유럽 자본가들의 경쟁으로부터 아메리카 기업의 이익을 보호하는 높은 관세의 장벽 뒤에서 진행되었다. 값싼 제품의 수입이 금지된 반면, 구세계의 값싼 노동력이 활짝 열린 문으로 쏟아져 들어와 공장mill, 대장간, 방적기를 돌렸고, 조직화되지 않았거나 반쯤 조직화된 자국민 노동력은 오랫동안 경쟁이 치열한 조건에서 결정된 임금을 받아들일 수밖에 없었다.

다음으로, 채굴 및 목재 산업은 천연자원을 헐값에 팔거나, 나눠주거나, 눈하나 깜짝하지 않고 도둑질을 허용한 정부의 자비로운 온정주의 덕분에 번영의 상당 부분을 차지할 수 있었다. 실제로 클리블랜드 2기 행정부가 들어서기 전까지 미국의 공공 토지 사무소는 약탈물 분배 센터에 불과했으며, 루즈벨트 대통령의 토지 위원회에 따르면 서부의 대토지 중 사기로 오염되지 않은 소유권을 가진 곳은 거의 없었다.

단도직입적인 취득에 대해 도덕적으로 비위가 약한 사람이라면 누구나 합법적이라는 것을 보여주고서 관대한 선물을 받을 수 있었다. 1872년부터 25년 동안 정부는 메인, 뉴햄프셔, 버몬트, 매사추세츠, 로드아일랜드, 코네티컷, 뉴욕, 그리고 펜실베이니아 주 일부를 포함하는 면적인 1억 5천만 에이커가 넘는 공공 토지를 철도 관련 업체에 제공했다. 같은 기간 동안 주, 시, 카운티는 이러한 기업을 인수하기 위해 막대한 채권을 발행했다. 의회는 유니언 퍼시픽 철도 한 곳만 해도 공공 토지를 자유롭게 통과할 수 있는 통행권, 노선

---

* 식물 '녹'과 '구충'은 20세기 초에 상당한 연구 관심과 자금을 받았던 특정 과학 및 의학 문제의 예시이다. 식물 녹병은 밀, 보리 및 기타 곡물과 같은 작물에 영향을 미치는 곰팡이 질병 그룹을 말한다. 구충은 특히 따뜻하고 습한 기후에서 인간과 동물의 장을 감염시키는 기생충이다. 구충 감염은 당시 특히 남부 주에서 빈혈과 영양실조 등 심각한 건강 문제를 일으키는 주요 공중 보건 문제였다.

양쪽의 거대한 토지 블록, 두 번째 모기지를 담보로 한 막대한 대출을 제공했다. 서부의 철도 부지에 대한 토지 양도의 도표는 마치 아우구스투스 시대의 로마 제국 지도를 보는 듯하다.

부성애 넘치는 정부가 보호하는 산업에서 얻은 재산과 천연자원을 획득하여 축적된 재산에 종이 조작으로 거둔 다른 재산이 추가되었다. 주식을 물처럼 뿌리는 것, 즉 물리적 가치를 초과하는 증권 발행은 일찍이 산업계의 영주들이 가장 선호하는 방법이 되었다. 철도 문제 전문가인 찰스 프랜시스 애덤스의 증언에 따르면, 뉴욕 센트럴 철도New York Central 사업의 추진자들은 뉴욕과 버팔로 사이의 모든 마일의 가치에 5만 달러의 '절대 물'을 주입했다. 1868년부터 1872년까지 5년 동안 이리 철도Erie의 자본금은 1,700만 달러에서 7,800만 달러로 급증했는데, 이 증가분의 대부분은 순전히 허구였다. 센트럴 퍼시픽 철도Central Pacific를 건설한 회사는 약 6천만 달러의 수익을 올렸다. 루이빌 앤드 내슈빌 철도 The Louisville and Nashville는 1880년에 2천만 달러의 허구를 주식에 추가했고, 2년 후 보스턴 앤드 올버니 철도Boston and Albany Railroad가 그 뒤를 따랐다. 1902년경 록 아일랜드Rock Island 컴퍼니는 시카고, 록 아일랜드 앤드 퍼시픽Chicago, Rock Island and Pacific을 인수했는데, 이 회사는 7,500만 달러의 자산 가치로 평가되었으나 록 아일랜드 컴퍼니는 이를 대체하기 위해 1억 1,700만 달러 상당의 자사 주식을 발행하고, 인수한 회사의 주식을 담보로 7,500만 달러의 증권 담보부 회사채collateral trust bond를 발행했다. 거의 같은 시기에 7년이라는 짧은 기간 동안 '한 푼의 대가도 없이' 6천만 달러의 앨튼Alton 증권[Alton Railroad]이 발행되었다. 미국 기업국United States Bureau of Corporations에 따르면, 모건 신디케이트가 스틸 코퍼레이션Steel Corporation를 인수하면서 얻은 수수료는 현금 가치로 6,250만 달러였으며, 1901년 이 거대 기업의 실질 자산 가치는 6억 8,200만 달러였으나 발행된 증권은 14억 달러에 달했다.

여러 경우에서 더 높은 효율성으로 인해 증가된 수익력이 물처럼 뿌려진 주식의 충격을 빠르게 흡수한 경우도 있다. 그러나 뉴욕, 뉴헤이븐, 하트포드 철도New York, New Haven and Hartford, 국제 상선 회사International Mercantile Marine Company, 남부 철도Southern Railway, 유에스 스틸 등 눈에 띄는 많은 사례에서 얼마 안 있어 수천 명의 '무고한' 투자자가 파산에 이르렀다. 물론 완벽한 수치를 파악하기는 불가능하지만, 1860년부터 세기 말까지 축적된 자본의 막대한 부분이 보호관세, 협잡으로 또는 은밀하게 획득한 천연자원, 산업 및 철도 회사에 투입된 '물'에서 발생한 이익이라는 것은 의심할 여지가 없다. 이것은 공공 정책과 맞닿아 있는 복잡한 사실에 대한 과학적 탐구가 시작된 적이 없었다는 당시의 지적 생활에 대한 논평이다.

합법성의 세세한 부분에 대해 뭐라고 말하든, 산업계의 거인들이 사용한 방법이 모든 세부 사항에서 예술적이었다는 것은 확실하다. 의심할 여지 없이 이 새로운 군주들은 다재다능함과 독창성 면에서 단조롭게 칼, 결혼, 독약에 의지해 영지를 일구던 중세의 왕자들을 훨씬 능가했다. 더 복잡한 상황과 관련하여 현대의 방식은 더 다채로웠다. 자본주의의 남작들이 직접 갑옷을 입고 목숨을 걸고 사투를 벌여 탐나는 재화의 소유자를 정복하지 않았다 해도, 때때로 그들은 탐나는 회사의 재산을 탈취하기 위해 강도를 고용하기도 하고, 철도나 파이프 라인을 차지하기 위해 노동자들 사이의 실제 전투를 계획하기도 했다. 그러나 대개는 목적 달성을 위해 주가 조작, 금지 명령, 협박, 요금 인하, 리베이트, 비밀 계약 및 이와 유사한 평화적 조치와 같은 덜 정형화된 수단을 사용했다.

한 가지 실제 기록된 사례를 통해 그 과정에서 벌어진 무력 충돌을 설명할 수 있다. 60년대 후반, 이리 철도Erie의 제이 굴드와 짐 피스크[이리 철도와 관련된 악명 높은 투기꾼들로 19세기 후반 철도 산업에서 일어난 금융 논란과 갈등의 상징적 존재들]는 올버니 앤드 서스퀘해나 철도를 차지하기 위해 이웃 남작과 전쟁을 시작했다. 그들은 교묘한 계략을 통해 이 노선을 파산으로 몰고 갔고, 피스크는 올버니에서 열린 주주총회에 바워리 갱Bowery gang을 데리고 가서 거래를 성사시켰다. 피스크가 이사회실로 통하는 계단 꼭대기에 다 다랐을 때, 위기에 처한 철도 회사의 건장한 사장이 그를 1층으로 밀쳤고, 철도 고위 간부의 예상치 못한 육체적 에너지를 보고 겁에 질린 그의 부하들은 무질서하게 현장을 빠져나갔다. 갑작스러운 공격에 당황한 피스크는 경찰 복장을 한 회사의 부하들에게 붙잡혀 경찰서로 연행되었다.

공개적인 외교에서 패배한 굴드와 피스크는 전쟁을 선포하고 올버니와 서스케해나의 영주들에게 도전장을 내밀었고, 영주들은 이를 수락했다. 피스크가 전쟁의 포문을 열었다. 그는 전투병 여난을 이리 철도 회사의 열차에 투입하여 철도 차량을 압수하기 위해 경쟁 노선으로 전속력으로 보냈다. 반면에 서스케헤나 중대는 J.P.모건이 획득한 사법 명령을 적에게 내민 후 반격에 나섰고, 침략자들을 만나기 위해 최고 속도로 열차를 보내 선로를 따라 내려갔다. 두 개의 엔진이 엄청난 충격과 함께 충돌하자 인부들이 열차에서 뛰어내려 서로를 향해 일렬로 행진하며 밤의 어둠 속에서 치열한 전투를 벌였다.[저자가 두 회사 간의 극심한 경쟁을 문학적으로 다소 코믹하게 표현한 것으로 실제로 열차가 충돌하고 선로 위에서 사람들이 물리적 전투를 벌이지는 않았다]

이 시점에서 주의 위엄이 무시당하자, 주지사가 개입했다. 계엄령이 내려진 후,[회사 간의 갈등에 계엄령이 선포되었다는 것 역시 문학적 표현이다] 분쟁 중인 선로는 피스크와 굴드의 손아귀에서 벗어나 델라웨어 앤드 허드슨 철도에 임대되었고, 18달러에 팔리던 회사 주식은 100달러까지 올라, 서스케헤나의 대주주들을 위해 노력한 사람들에게는 큰 보상이 돌아갔다.

재미는 덜하지만 그 범위가 더 장엄한 대륙 횡단 철도 정치의 현대적 작전은 크레디 모빌리에Credit Mobilier 스캔들로 알려져 있다. 의회가 유니언 퍼시픽 노선을 승인한 후, 유니언 퍼시픽 주주들을 중심으로 크레디 모빌리에라는 건설 회사가 설립되었고, 이 회사는 천만에서 2천만 달러로 추정되는 이익을 얻고 철도 건설을 맡게 되었다. 의회 규정에 따르면 철도 회사의 주식은 액면가에 현금으로 매각되어야 했지만, 실제로는 액면가의 약 3분의 1에 해당하는 금액으로 건설사에 넘겨졌는데, 돈으로가 아니라, 도로 건설의 대가를 상당히 후한 가격으로 책정해서였다.

의심할 여지 없이, 이것은 명백하게 아주 강력한 대형 금융 거래였으며 그 거래로 이루어진 환상적인 '대박'에 대한 소문이 의회에 도달하는 데는 그리 시간이 오래 걸리지 않았다. 일부 호기심 많은 정치가들이 안절부절못하고 있을 때, 비우호적인 입법을 두려워한 하원 의원이자 철도 기업의 리더였던 오크스 에임스는 전술적 방어 차원에서 '역공'을 시작했다. 그는 프로그램의 일환으로, 크레디 모빌리에의 주식을 신탁 관리인인 자신에게 양도하고, 업계 동료들에게 자신이 워싱턴에 있기 때문에 '우리에게 가장 도움이 될 곳에 주식을 투자할 수 있다'고 말했다.

그의 예상은 곧 실현되었고, 특히 그들의 관심에 대해 관대한 보상이 뒤따랐기 때문에 많은 의원들이 이 거대한 사업에 참여할 수 있는 기회를 환영했다. 1868년 크레디 모빌리에가 유니언 퍼시픽의 주식과 채권으로 구성된 배당금, 즉 투자금 1,000달러당 현금으로 약 3,500달러를 지급하기 전까지는 모든 것이 순조로웠다. 비밀로 하기에는 너무 괜찮은 이 이득에 대한 이야기가 새어나가면서 협의와 의혹이 쏟아졌고, 마침내 1872년 의회의 조사가 시작되었다. 이 조사에서는 다른 여러 가지 왜곡된 진실 외에도 정치적으로 높은 지위에 있던 많은 사람들이 '부적절하거나 심지어 부도덕하다는 사실'을 깨닫지 못한 채 수익성 있는 주식을 취득했다는 사실이 밝혀졌다. 여전히 에임스는 비난을 받았고, 뉴햄프셔의 한 상원 의원은 동료 의원들에 의해 부패와 위증 혐의로 유죄 판결을 받았지만, 유니온 퍼시픽의 수익 분배에는 아무런 변화가 없었다.

실제로 금융 정책의 급격한 변화는 철도 건설을 견제했을 것이다. 투자 위험은 당시에 컸고 손실은 막대했다. 찰스 프랜시스 애덤스에 따르면 1870년 철도의 수익은 실제 투입된 자금에 대한 공정한 수익률을 크게 상회하지 못했다. 그러나 같은 당국은 솔직한 검토를 통해 '인간의 정신이 고안할 수 있는 모든 편법이 자본가에게 최소한의 위험으로 최대의 이익을 보장하기 위해 동원되었다'고 말할 수밖에 없었다고 느꼈다. 이는 엄청나지는 않더라도 당연한 말이며, 기업의 내면적인 정신을 드러내는 말이었다.

§

평상시에는 산업의 발전과 함께 진행되던 정직하지 않은 작전들이 주기적인 공황 상태로 다양해지며 국가 경제 구조를 위아래로 흔들었다. 이러한 산업 불황은 1873년에 시작되어 5년 동안 지속되었다. 1884년 월스트리트의 붕괴로 은행가와 주식 중개인들이 만신창이가 되고, 그랜트 장군의 출판사가 파산했으며 나라 전역의 산업 활동이 붕괴되었다. 9년 후 또 다른 장기적이고 광범위한 산업 격변이 이어졌다. 주기적인 재난의 희생양이 된 산업계의 수장들은 그들의 본부를 제대로 운영할 수 없었던 것이 분명했다.

그들은 그들의 군대도 제대로 먹일 수 없었다. 파업이 잇따르고, 그중 상당수는 길고 유혈이 낭자했으며, 핑커튼Pinkerton[1850년 설립된 사설 탐정, 경비업체. 정부와 기업의 용역을 받아 경찰 역할이나 노조 파괴 활동을 벌이기도 했다] 탐정들과 불만을 품은 노동자들 간의 전투, 군인과 직원 간의 충돌, 광범위한 재산 파괴가 주기적으로 주권을 방해했고, 존 헤이와 같은 우려하는 관찰자들은 애포매틱스 이후 10년 이내에 내전에서 살아남은 공화국이 사회 전쟁으로 파괴되는 것은 아닌지 의심을 품었다. 모든 공황에는 파업의 그림자가 드리워졌고, 피츠버그, 헤이마켓, 홈스테드, 리드빌, 쾨르 달린Coeur d'Alene은 산업 발전의 연대기에 중요한 이름으로 남았으며, 무력 충돌의 기록에서 중요한 전투 중 하나로 의미를 지니게 되었다. 이 전투들 중에는 인품이 훌륭하고 전략에 뛰어난 노동 지도자가 등장하기도 했고, 다이아몬드가 박힌 셔츠에 여성 수행원, 깡패들을 거느린 짐 피스크처럼 무모하고 천박한 파업 지도자가 등장하기도 했으며, 어떤 경우에는 구속이 풀리면 아무것도 보이는 게

없는 폭력적인 남성들이 등장하기도 했다. 바위와 실개천, 숲과 성스러운 언덕이 있는 이 땅은 캘훈이 예언한 대로, 산업 지진들로 인해 흔들리고 있었다.

§

20세기에 들어서면서 인구조사국의 통계학자와 사회학자들은 인간 생활의 수학을 구축하면서 건국의 아버지들 시대부터 전해져 내려오는 정치적 수사를 이상하게도 형식적이고 구식으로 보이게 만드는 이야기를 펼쳤다. 1860년 3,100만 명이었던 인구는 1900년 7,600만 명으로 증가하여 1860년에 영국, 1870년에 프랑스, 1880년에 독일을 능가하는 서구 역사상 유례없는 인구 증가를 기록했고, 마침내 유럽에서 위대한 러시아를 제외하고는 경쟁 상대가 없는 국가로 우뚝 서게 되었다. 희망에 찬 선지자들은 앤드루 카네기가 외친 것처럼 '모두가 아메리카인인, 공통의 시민권을 가진 5억 명이 세계의 이익을 위해 세계를 지배하는 날'을 기대할 수 있었다.

통계학자들은 또한, 웹스터가 사망할 당시, 영국의 3분의 1에 해당하는 국부밖에 없었던 아메리카가 50년 만에 돈주머니를 얼마나 높이 쌓아 올려 영국의 520억 달러보다 130억 달러가 더 많은 재산을 자랑할 수 있게 되었는지를 보여주었다. 1893년 홈스테드법으로 행복해진 한 철공소 주인은 '오늘날 6,500만 명의 아메리카인은 1억 4,000만 명의 러시아인, 오스트리아, 스페인인을 사들일 수 있고, 혹은 부유한 프랑스를 사들이고 나면 덴마크, 노르웨이, 스위스, 그리스— 심지어 원반 던지는 나라 그리스까지! —를 인수할 수 있는 돈이 지갑에 남아 있을 것'이라고 외쳤다.

같은 통계학자들은 보호관세의 벽으로 둘러싸인 해안에서 해안으로 뻗어 있는 국가 시장을 밝혀냈고, 이는 아메리카 산업계의 수장들에게 영국, 프랑스, 독일, 러시아, 네덜란드, 벨기에, 오스트리아-헝가리 등의 대외 무역을 합친 것보다 더 큰 내부 상거래를 제공했다. 그런 다음 그들은 새로운 산업 구조 자체를 설명했다. 지역 수요를 충족시키기 위해 경쟁적으로 생산에 종사하는 자연인이 소유한 무수히 많은 고립된 공장 대신, 연간 제조업 생산량의 4분의 3을 생산하는 거대한 시설을 통제하는 기업 네트워크를 보여주어, 경쟁의 무정부 상태가 대부분의 사태에 대해 유능한 연합, 대화 및 이해에 의해 견제되고 있음을 나타냈다.

통계학자들은 한 가지 중요한 점에 대해서만 의구심을 가졌다. 일반인들에게조차 수수께끼가 아닌 이유들로, 그들은 이 엄청난 경제적 자산이 7,500만 명의 승리한 민주주의자들에게 어떤 비율로 분배되었는지 알 수 없었다. 그들은 공화국 건국부터 해방 선언까지 매 10년마다 남부에 노예 소유주가 몇 명이 있었는지는 알 수 있었고, 축산업을 위해 사육된 돼지가 몇 마리였는지는 계산할 수 있었지만, 한 세기 동안 유례없는 발전을 이룬 아메리카의 물리적 구조의 주요 부분을 소유한 사람이 몇 명인지 알 수 없었다. 분명 저울의 한쪽 끝에는 크로이소스[고대 그리스 리디아의 마지막 왕으로 엄청난 부의 소유자]의 눈을 휘둥그레지게 할 정도의 부를 가진 백만장자들이 있었다. 다른 한쪽 끝에는 먼 미래의 지평선을 바라보는 사람들에게 두려움을 불러일으킬 정도로 광범위하게 퍼져 있는 빈곤과 타락이 있었다. 이 두 극단 사이에는 부유한 농부, 전문직 종사자, 소규모 상인들로 구성된 중간 계층이 있었으며, 이들은 전 세계 어느 나라보다 높은 수준의 물질적 안락을 누리고 있었다.

경제 질서 전체가 빠르게 변화하면서 아메리카 사회의 질감 자체가 재편되었다. 농촌이 도시로 바뀌었다. 링컨이 처음 당선되던 날, 인구 8천 명 이상의 도시에 거주하는 인구는 전체 인구의 6분의 1도 되지 않았지만, 세기말에는 인구의 3분의 1이 도시에 거주하게 되었다. 농장에 사는 사람들만 농촌으로 간주하면 1900년 당시에는 인구의 5분의 2도 채 되지 않는 사람들이 농지에 살고 있었다. 한마디로 매킨리가 두 번째로 취임했을 때, 제퍼슨이 그토록 두려워했던 날, 즉 사람들이 '도시에 높이 마구잡이로 쌓여 있는' 날이 도래한 것이었다. 1850년 당시 인구가 70만 명이 채 되지 않았던 그레이터 뉴욕Greater New York[다섯 개의 구역borough, 맨해튼, 브루클린, 퀸즈, 브롱크스, 스테이튼 아일랜드를 포함하는 지역이며 때로 뉴욕 주의 일부 근교 지역도 포함] 지역은 50년이 지났을 때 300만 명이 넘는 인구가 살고 있었다. 1860년 당시 인구 10만 명에 불과했던 개척 도시 시카고는 루즈벨트 행정부가 시작되면서 100만 명이 넘는 인구를 자랑하게 되었다. 밀워키, 세인트폴, 미니애폴리스, 오마하, 덴버, 포틀랜드, 시애틀, 휴스턴, 버밍엄 등 1860년에는 지도에 전혀 나타나지 않았거나 단순한 타운에 불과했던 도시들은 벤튼 상원 의원이 살아서 보았다면 그의 어휘력을 소진시켰을 정도로 성장했다.

통계학자들은 이러한 도시 지역에는 제퍼슨이 말한 것처럼 땅도 없고, 일거리도 없고, 집도 없이 장사의 변덕에 의존하는, 팔 수 있는 노동력만 있는, 그래서 빈곤의 문턱에서 벗어나지 못하는 노숙자들이 점점 더 많아지고 있었다고 무자비하게 기록으로 남겼다. 1900년 대도시 뉴욕의 심장부인 맨해튼에서는 주민의 90퍼센트 이상이 임대주택과 연립주택에 거주했고, 보스턴, 폴 리버, 저지 시티, 멤피스에서는 인구의 5분의 4가 세입자였으며, 주택 소유자 비율에서 도시 중 선두를 달린 디트로이트에서는 주택담보대출이 없는 주택을 소유한 인구가 5분의 1을 조금 넘었을 뿐이었다.

〈고디의 레이디북Godey's Lady's Book〉에 묘사된 것처럼 가정 자체가 항상 폐쇄적이고, 보호되고, 신성한 공간이었던 것도 아니다. 1870년, 여성 중 15퍼센트가 돈벌이에 종사했으며, 그 비율은 1880년 16퍼센트, 1890년 19퍼센트, 그리고 세기의 막이 내릴 무렵에는 20퍼센트로 꾸준히 증가했다. 그 당시 필라델피아의 10세 이상 여성 중 3분의 1이 집안일에서 벗어나 일하고 있었고, 폴 리버에서는 그중 3분의 1 이상이 기계를 사용하는 일에 종사하고 있었다. 분명 빠른 변화의 흐름이 미지의 미래를 향한 기둥들을 통해 아메리카를 이끌고 있었다.

§

산업 구조가 북동부의 사회 질서에 깊숙이 뿌리를 내리는 동안, 무게 중심이 이동했다. 잭슨 민주주의의 오래된 밸리는 현대 자본주의의 본거지가 되었다. 1910년 인구조사 결과에서 연간 공산품 생산액이 가장 높은 10개 주 중 뉴욕, 펜실베이니아, 매사추세츠, 뉴저지 등 4개 주만이 대서양 연안에 위치한 반면, 일리노이, 오하이오, 미시간[1837년, 26번째로 연방에 가입], 위스콘신, 인디애나, 미주리 등 6개 주는 오랫동안 농경민들이 지배했던 지역에 위치해 있었다. 그 무렵 앨러게니 산맥 너머의 많은 산업계 거물들은 1836년 전복된 끔찍한 '돈의 권력' 미합중국 제2은행의 총 주식보다 더 큰 개인 재산을 자랑할 수 있었다. 미시시피 강 너머 지역 철도의 총 길이는 1860년 1,840마일에서 1910년 114,465마일로 늘어났고, 대니얼 분Daniel Boone이 켄터키의 발전하는 문명을 피해 도망쳤던 황야는 꿈처럼 사라져 버렸다. 기계 산업은 거인처럼 아메리카 대륙에 우뚝 섰다.

태평양까지 승리로 휩쓴 산업 체제는 플랜테이션 남부로 침략했다. '한때는 공평했던 자유의 신전이 근본부터 훼손되어, 광신도, 바보, 악당, 흑인, 자코뱅으로 이루어진 반쯤 미친 무리들의 난동으로 더럽혀지고 있다'고 부르봉 가문[은유]의 일부가 불만을 토로했다면, 조지아의 벤자민 힐 같은 다른 남부인들은 기껏해야 상상에 불과한 죽은 과거를 잊고 과학, 산업, 대중 교육에서 구원을 찾아야 한다며 미래를 향해 전진했다. 말 많은 전투와 수년간의 망설임 끝에 그 조언은 땅을 적시기 시작했고, 일단 길이 열리자 놀랍게도 순조롭게 진행되었다. 여러 측면에서 남부는 뉴잉글랜드보다 산업 발전에 더 유리한 위치에 있었다. 남부 주에는 폭포와 같은 무한한 수력, 주 법의 제한을 받지 않고 노동조합의 통제를 받지 않는 풍부한 노동력, 석탄, 면화, 담배, 석유, 철과 같은 원자재, 이탈리아만큼이나 인간에게 우호적인 기후가 있었다. 필요한 것은 기업가 정신과 제때 공급되어야 하는 자원뿐이었다.

오래된 플랜테이션 가문의 후손들과 밑바닥에서 올라온 젊은이들, 그리고 북부 자본가들의 도움으로 남부의 많은 지역이 빠르게 제조업 지역으로 변모했다. 1860년 남부 주에서 면방적은 무시할 수 있는 수준이었지만, 1880년에는 아메리카 전체의 4분의 1을 차지했고, 그 후 10년이 지나자 그 비중은 절반으로 늘어났다. 새로운 세기가 첫 번째 분기를 맞이했을 때, 면화 주에서는 매년 국가 전체 방적량의 거의 8분의 5를 생산하고 있다고 보고했다. 철강, 목재, 광업, 담배 산업과 철도 건설에서도 마찬가지로, 남부는 한때 공정한 자유의 신전 주변에 서서 플랜테이션과 노예, 캘훈과 제퍼슨 데이비스를 그리워하던 사람들을 압도하는 속도로 전진했다. 그 속도가 너무 빨라 뉴잉글랜드 전역이 워싱턴, 데이비스, 핑크니, 툼스, 스티븐스의 땅과의 경쟁을 걱정하게 되었다. 그랜트가 애퍼매톡스에서 거둔 승리를 북부 자본주의가 면화 왕국을 정복한 것으로 여겼던 머리가 희끗하고 허리가 굽은 남부 정치인들은 마침내 그들의 복수를 했다. 하지만 그것은 귀족적 질서와 그것에 고착된 문화에서 남은 모든 것에 위협적인 달콤 쌉싸름한 맛— 과학, 노동 선동, 노동조합, 급진 정치, 자유 사상, 여성운동 —과 함께였다.

§

19세기 말, 망루에 올라 풍경을 살피던 파수꾼들은 다양한 환상을 보았다. 카네기는 1893년 자신의 저서 『승리의 민주주의*Triumphant Democracy*』를 발표하면서 '머리 위로 타오르는 태양이 그림자를 드리우지 않는 한낮에…… 모든 법의 어디에도 특권이라는 것은 존재하지 않는다. 한 사람의 권리는 모든 사람의 권리이다. 국기는 평등의 보증이자 상징이다. 법률 전반의 근본적인 변화를 제안하거나 그런 제안에 반대하지 않는 정당은 없다. 법률들은 완벽하다고 여겨지며 정당 간의 차이는 행정의 적절성 또는 부적절성에 대한 문제로 제한된다.'

다른 각도에서 보면 덜 장미빛으로 보인다. 카네기가 완벽을 선언하기 전해에 백만 명의 유권자가, 아메리카가 금권정치에 의해 통치되고, 고용된 군대의 폭정 아래 빈곤에 시달리는 노동자가 깔려 있으며, 주택은 융자금으로 덮여 있고, 언론은 부자의 도구이며, 부패가 투표함을 지배하고, '인류 역사상 전례가 없는 소수의 막대한 재산 축적을 위해 수백만 노동자의 열매를 대담하게 도둑질하고 있다. 그리고 그 소유자들은 공화국을 경멸하고 자유를 위태롭게 한다'는 포퓰리스트의 공약에 찬동했다. 정오의 파티와 수많은 의심하는 사람들 사이에 정치의 시련이 임박한 것처럼 보였다. 그리고 그렇게 되었다.

21

전국적인 노동 운동의 부상

남부 정치가들이 예견한 피할 수 없는 요인들, 즉 빈곤에 시달리는 임금 노동자의 증가, 숙련된 장인들 사이의 연대, 산업과 정치 분야에서 주기적으로 일어나는 노동자들의 폭동 등이 플랜테이션 귀족을 흔들고 기업가의 승리를 보장한 완고한 사실의 흐름에 내재되어 있었다. 캘훈은 기계 생산과 자연과학의 발전을 막으려는 헛된 시도를 하면서도 동포들에게 그 운명적 과실에 대해 경고했다. 그는 링컨이 아직 젊었던 시절 상원 의원 자리에서 '사실을 호도하는 것은 소용이 없다'고 선언했다. '부와 문명의 발전 단계에는 항상 자본과 노동 사이의 갈등이 존재하고 항상 존재해 왔다…… 사실 우리는 이제 막 정치 제도의 힘과 내구성이 시험대에 오르는 그런 사회 상태에 진입했다.'

링컨이 사망하고 10년이 채 지나지 않은 1877년, 정확히 말하면 캘훈의 주수도에서 북부의 마지막 총검이 철수한 바로 그해에 펜실베이니아에서 텍사스까지 이어지는 폭력적인 철도 파업으로 인해 승자의 사회 질서가 위협받았다. 시간이 흐르면서 미국 의회는 손에 스톱워치를 들고 방청석에 앉아 있는 노동 지도자들의 지휘 아래 철도 소유주에게 기관사들의 근무 시간을 정하도록 지시했다. 그리고 토머스 제퍼슨의 후계자*는 이 법안에 서명했다.

섬터 요새에서 시작된 무력 충돌로 인해 미합중국 중기 노동조합 운동을 지휘하던 노동계 지도자들은 부문별 갈등이 논쟁에서 행동으로 넘어가자 일련의 중대한 결정 중 첫 번째 결정을 내리지 않을 수 없었다. 아메리카 시민으로서 그들은 대의를 선택해야 했다. 그때까지만 해도 그들의 동정심은 북부의 자본가들보다는 남부의 농장주들에게 집중되어 있었다. 물론 대부분의 장인들은 민주당에 기울어져 있었다.

아메리카 노동 운동의 간부들은 의심할 여지 없이 개리슨의 타협하지 않는 노예 해방론에 반대했다. 각 분야의 당면 문제와는 별개로, 그 간부들은 노예 문제보다 무상 토지에 더 관심이 많았고, 어떤 경우에는 무상 토지와 준주의 노예 제도가 상호 연관되어 있었기 때문에 노예 문제로 넘어갔다. 어쨌든 링컨 당선 직후의 바쁜 나날 동안, 당시의 대표적인 노동운동가이자 철제 주조업자의 수장이었던 W.H.실비스와 그의 강력한 동료들은 기존 영역에서 노예제를 보호하고 전쟁을 피하기 위해 의회에서 이 문제를 제거함으로써 조정을 위해 노력했다. 그러나 이러한 노력이 실패하고 실제로 군사적 투쟁이 발생하자, 북부의 조직 노동은 상당히 흔쾌히 연방 정부에 지지를 보냈다.

민간에 남아 있던 노동자들에게 전쟁은 당혹스러운 경제 문제, 특히 경쟁과 물가 상승이라는 난제를 제기했다. 군수품 수요로 활기를 띠게 된 기업들은 아메리카의 농장과 구세계Old World의 들판과 상점에서 조직화되지 않고 노동조합 원칙에 익숙하지 않으며 낮은 경제 수준에 익숙한 수천 명의 남녀 신

---

* 미국의 제28대 대통령인 우드로 윌슨은 1916년 애덤슨 법에 서명했다. 이 법은 주간 철도 노동자의 하루 8시간 근무를 규정했으며, 노동 지도자가 입법에 영향을 미친다는 설명에 부합하는 중요한 노동 승리로 여겨졌다. 따라서 이러한 맥락에서 '토머스 제퍼슨의 후계자'란 우드로 윌슨을 가리킨 것으로 보인다. 일반적으로 수많은 정치가들이 선거 전략의 일환으로 각자가 제퍼슨의 후계자를 자처했기 때문에 제퍼슨의 후계자로 특정 인물을 떠올리기는 어렵다.

규 노동자를 불러들여 방적기를 돌리고, 단조鍛造하고, 쇳조각을 만들게 했다. 연방 정부는 어떤 분야에서도 물가를 통제하기 위한 효과적인 조치를 취하지 않고 주로 채권 발행과 통화 팽창으로 군대에 자금을 조달하면서 생활비가 로켓처럼 하늘 높이 치솟도록 허용했다. 임금이 물가 방향으로 움직였다는 사실은 부인할 수 없지만, 그보다 훨씬 뒤처져 있었으며 무력 충돌 중의 어느 때에도 상품 수준과 공정하게 일치하거나 위험한 시간의 필수품으로 큰 재산을 모은 사람들의 행복한 영역에 노동을 배치하지 않았다. 전쟁이 고용을 보장했다 해도, 그것은 또한 노동자들이 구매해야 하는 모든 것의 비용을 높이고 그들의 생존을 위한 투쟁을 더욱 강화했다.

이런 종류의 위기에 대처하기에 노동자들은 준비가 부족했다. 1886년, 전국적인 규모로 통합되어 시장에서 조건을 정할 수 있는 노조로 조직된 공예업 분야는 얼마 되지 않았다. 그보다 더 큰 문제는 이렇게 조직된 노조들 사이에는 전국적으로 활동할 수 있는 공통의 연합체도 없었고, 의견에 연대하고 요구에 힘을 실어줄 수 있는 모든 조직된 노동의 연맹도 없었다는 점이다. 물가 상승이 극심한 압박을 가하기 시작하고 전쟁이 끝나면서 임금이 하락하기 시작한 후에야 생활고에 시달리던 노동자들은 대규모로 결집하기 시작했다. 1861년과 1865년 사이에 지역 노동조합의 수는 거의 4배로 증가했고, 10년이 지난 후 전국적으로 조직된 전략적 공예업의 수는 최소 30개로 늘어났으며, 총 조합원 수는 20만 명이 넘었다.

§

이때부터 노동운동의 역사는 여러 측면에서 기업의 역사와 평행선을 달렸다. 이후 수십 년 동안 조직화 작업은 점점 더 강인하게 추진되었고, 전반적으로 상당한 성과를 거두었다. 아메리카 자치의 전체 이야기가 쓰여지면, 화려한 것들만큼이나 평범한 것들을 검토하면서 지역 공예업 조합의 세포 성장에 관한 페이지가 타운 회의 기록 옆에 배치되고, 국가 노동 구조의 형성에 관한 장이 연방 헌법의 기원과 발전에 관한 섹션을 보완할 것이다. 노동조합 활동가와 간사들의 산문적인 노력은 선동가들의 거친 언어와 적대적인 행동이 불러일으킨 관심이나 공포를 불러일으키지는 못했지만, 말보다 더 강력한 힘으로 자신들의 요구를 뒷받침할 수 있는 거대하고 촘촘한 산업 노동자 조직을 만들어냈다는 점에서 그 의미가 더 컸다고 할 수 있다.

부유한 자본가 조직가의 임무와 비교할 때 노동계 지도자의 임무는 무한히 가혹했다. 전자는 산업과 운송 분야에서 조합을 설립할 때 상대적으로 적은 인원을 상대했고, 전국에서 가장 뛰어난 변호사, 기술자, 편집자의 도움을 받았다. 모든 면에서 노동조합 위원장의 지위는 결정적으로 열등했다. 새뮤얼 곰퍼스의 자서전 첫 페이지에 강철로 새겨져 있는 희생적인 가난에 시달리기도 했고, 처음부터 충분한 자금이나 법조계와 언론계의 유력 인사들의 도움을 받은 적도 없었다. 자본가가 공황 상태에서 심각한 수입 감소를 겪었다면, 위기의 시기에 노동 지도자는 대개 굶주림, 치명적인 블랙리스트, 감옥에 갇히는 상황에 직면했다.

더욱이 노동계의 조직가는 자신의 세력을 모으기 위해 단순히 소수의 주주와 이사가 아니라 모든 인종, 언어 및 의견을 가진 수천 명의 사람들을 하나로 묶어야 했다. 그는 단순히 투자자의 투자 본능에만 호소할 수 없었는데, 그가 상대했던 대중들 중 가장 활동적인 노동자들은 당장의 달러와 센트의 시험과는 거리가 먼 사회 질서에 대한 이론에 집착하는 경우가 많았기 때문이다. 70년대 아메리카 노동운동의 기록을 통해, 독일 난민, 영국 차티스트, 가리발디의 붉은 셔츠 군대의 이탈리아인, 아일랜드 페니언Fenian[영국의 아일랜드 통치를 종식시킬 목적으로 1850년대에 미국과 아일랜드에서 결성된 단체] 단원, 프랑스 코뮌주의자, 러시아 허무주의자, 비스마르크를 피해서 온 망명자, 세계 혁명에 열중하던 마르크스 사회주의자, 유토피아에 무관심하고 주로 노동 시간 단축과 임금 향상 같은 현실적인 문제에 관심을 기울이던 강직한 장인들과 어울린 모든 학파의 철학자들을 만날 수 있다.

여성, 외국인, 흑인이라는 산업 현장의 세 사회 집단은 노동 조직가들에게 문제를 특히 당혹스럽게 만들었다. 여성과 아동의 노동을 기반으로 한 해밀턴-웹스터 프로그램은 처음부터 아메리카 산업계에 큰 영향을 미치지 못했다. 그러나 기업의 변화에 따라 이 산업에서 저 산업으로 옮겨 다니면서 여성은 자본가나 노동 지도자 모두로부터 사회적 실제와 경제 이론에서 기계적 시스템의 필수적이고 영구적인 부분으로 받아들여지지 않았다. 여성들을 공장으로 내몰았던 필연성은 일반적으로 윤리와 결혼을 다룬 철학자들에 의해 무시되었고, 여성들의 산업에서의 직업은 일시적인 것으로 간주되었으며, 여성들의 고유 영역은 남편, 아기, 부엌과 같은 낭만적인 것에 있어야 하는 것으로 간주되었다. 일반적으로 여성이 산업계에 계속 남아 있기를 고집한다면, 장시간 노동과 저임금은 불가피하게 수반되는 당연한 것으로 여겨졌다. 그들이 노동 조건에 불만을 품고 더 관대한 배려를 요구할 때마다, 남편이나 그를 대신하는 인물이 적절한 부양자이며 어쨌든 그들에게 적절한 경제적 자립은 불가능한 이상이라는 말을 들을 가능성이 컸다. 물론 여성들이 가끔, 특히 섬유 산업에서 노동조합을 조직한 것은 사실이지만, 그들의 노력이 임금 시장에서 권위를 행사할 수 있을 만큼 그들의 처지를 개선시킨 적은 거의 없었다. 그리고 그들 자신이 오랜 전통의 계승자이고 그들의 물레와 마을의 생활을 뿔뿔이 파괴하는 힘에 휩싸인 여성들은 산업화 과정에서 그들이 어떤 고정적 역할을 맡아야 하는지 거의 식별할 수 없었다.

여성의 산업계 진출이 가져온 혼란은 남북전쟁 이후 아메리카로 쏟아져 들어온 전 세계 거의 모든 나라에서 온 남녀 외국인 이민자들로 인해 더욱 가중되었다. 두 가지 측면에서 외국인들은 전국적인 조직을 위해 일하는 노동 정치가의 임무를 특히 힘들게 만들었다. 그들은 오랜 원한과 역사적 과오, 언어, 종교, 관습의 다양성으로 인해 여러 파벌로 나뉜 여러 인종을 대표했기 때문에 각 국적별로 각 직종에서 별도의 현지인 조직을 구성하고 산업 내 인종 수만큼 많은 언어로 노동조합 기관지를 발행해야 하는 경우가 종종 있었다. 어쩌다 여러 국적의 사람들이 하나의 노동조합 안에서 뭉치게 되면 완벽한 언어의 장벽 속에서 사업을 거래하고 논쟁을 조정해야 했다.

이러한 장애물이 극복된 뒤에도, 노동 조직가를 당혹스럽게 하는 또 하나의 문제, 즉 특정 고용주에게 계약으로 묶여 있는 노동자를 대량으로 수입하는 관행과 경쟁 증기선 회사들의 해상 운임 인하로 인해 이민의 물결이 계속 밀려들고 있다는 점이 남아 있었다. 노조가 성공적으로 선박을 조직하고 임금 삭감에 반대하거나 임금 인상을 위해 파업을 하면, 고용주는 최신 증기선을 타고 온 유능한 노동자들이 뉴욕의 부두에서 일자리를 기다리지 않고 있다고 해도 유럽으로 전신을 보태 2주 이내에 노동자를 새로 공급받아 현장에 투입하는 것이 그리 어렵지 않았다. 노동조합 운동이 시작될 수 있었다는 것 자체가 경이로운 일이었다.

노동 조직가에게 세 번째 방해 요소는 전쟁이 끝날 무렵 노예의 굴레에서 해방되어 여러 지점에서 백인 임금 노동자와의 경쟁에 뛰어든 북부와 남부의 흑인들이었다. 1865년 이전에 기계를 접해본 해방된 흑인은 거의 없었지만, 많은 흑인이 어떻게든 다양한 수공예 기술을 습득했고, 교육 기회가 늘어나고 도제 제도의 장벽이 제거되면서 점점 더 많은 흑인이 기계 산업에 진출하리라는 것이 분명해졌다. 게다가 기술 변화에 따라 공예 분야가 계속 바뀌었기 때문에 흑인들은 종종 일반 노동자나 반숙련 노동자의 대열에 합류하여 산업 현장에 침투할 수 있었다. 따라서 흑인은 노동 시장을 통제하려는 시도에서 언제나 무시할 수 없는 요소였다.

그러나 노동조합 조직가들은 경제 상황의 새로운 특징에 직면했을 때 당혹스러운 문제에 당황했다. 그들은 사방에서, 인종적 반감이나 자신들의 보호를 위해 노동력 공급을 제한하려는 욕구에 자극받은 백인 장인들이 지역 노조는 물론 고용에서 흑인을 배제할 것을 주장하고 심지어 유색 인종 노동자들을 강제로 해고하기 위해 파업을 벌이는 것을 목격했다. 그러나 이렇게 사회적 차별을 받던 흑인 노동자들이 노조 조직가들로부터 외면당하면 자연스럽게 노조에 대한 적대감이 더욱 커졌고, 파업을 깨는 세력으로 나서 업계에서 발판을 마련할 수 있는 모든 기회를 더욱 열렬히 잡으려 했다. 따라서 가장 유리한 상황에서도 흑인 노동자, 특히 비숙련 노동자들은 쉽게 조직화되어 일반 노동 운동과 긴밀하게 조화를 이룰 수 없었다.

§

이러한 장애물에 직면하여 아메리카의 노동 지도자들은 트러스트와 연합체를 통해 그리고 작은 투자자들 사이에서 기업 경영자들이 달성한 것과 비슷한 이해와 목적의 연대를 산업 노동자들 사이에서 달성하기 위해 노력했다. 창조적인 자본가와 마찬가지로 건설적인 노동조합가도 특수한 영역에서 일반적 영역으로 이동했다. 경영자가 자신이 잘 알고 있는 전문 분야에서 먼저 활동했다면, 노동조합가는 자신이 잘 알고 있는 특정 직종에 종사하는 직원들을 조직하는 것부터 시작했다. 그 결과 각 노동 구조의 기본 세포는 담배 제조공, 철 주조공, 목수 또는 인쇄공의 타운 또는 지역사회와 같은 단일 기술 분야 노동자들의 지역 노동조합이 되었다. 특정 산업에서 기본 세포가 형성된 후에는 일반적으로 이러한 세포의 연합체인 전국 연합회가 형성되었다.

모든 거대한 업계에서, 세부적인 사건은 거의 동일한 과정을 거쳤다. 강력한 지도자가 등장했다. 지역 조직이 결성되고 나서 해체되었다가 다시 재결성되고, 연합이 결성되었다가 해체된 뒤 다시 결성되었다. [노동] 시간과 임금을 놓고 전투가 벌어졌다. 신문이 발간되었다. 그리고 공통의 기준이 발전되었다.

장인 노동조합 운동과 병행하여, 때때로 이를 방해한 것은 기존 연맹을 연합하거나 직업, 인종, 성별, 피부색 또는 어떤 종류의 특수한 이해관계와 관계 없이 모든 임금 노동자를 하나의 큰 노동조합으로 끌어들여 하나의 거대한 산업 노동자 사회를 형성하려는 노력이었다. 하나의 상징emblem 아래 수많은 다양한 요소를 통합하는 것은 노동 조직가들의 능력에 부담을 줄 것이 분명했지만, 어떤 노선의 전국적 운동이라는 아이디어는 그들의 상상력을 자극했고, 임금을 통제하기 위한 대규모 협력의 필요성을 충족시켰다. 이러한 보편적 노동 연대에 대한 꿈에서 영감을 얻은 철공 노조의 수장 W.H. 실비스는 남북전쟁이 끝나기 얼마 전부터 성공적인 공식을 찾기 위해 노력하기 시작했다. 실비스는 주요 산업 중심지에 이미 다양한 장인 지역 노조 대표들로 구성된 시 의회가 있다는 사실을 알고, 이러한 시 의회 연맹을 전국적인 헌장에 따라 슈퍼 연맹으로 통합할 것을 제안했다. 그의 노동 동료들 사이에서 이 프로젝트는 큰 기대를 불러일으켰고, 이를 실현하기 위한 조치가 취해졌다. 이 프로젝트는 여러 회의에서 광범위하게 논의되었고, 1866년 다양한 노동조합 외에도 여러 협의회로 구성된 전미노동조합National Labor Union이라는 새로운 조직이 공식적으로 출범했다.

6년 동안 이 전국 연합회는 폭풍우가 몰아치는 바다를 헤쳐나갔고 많은 선장들이 함교에서 자리를 잡기 위해 고군분투했다. 몇몇 충실한 선원들은 숙련된 장인들의 노동 시간이 짧고 임금이 높은 잘 알려진 항구로 항해하기를 원했지만, 그들의 배를 특정 항로로 고정시킬 수는 없었다. 한때 연합회는 영농조합을 설립하는 농부들 쪽으로 방향을 틀었고, 또 다른 때는 여성 참정권 운동가들과 섬유 및 세탁 노동자들의 지도자들이 대표하는 여성 운동을 도왔으며, 1869년에는 자체적으로 노조를 결성하려는 작지만 단호한 흑인 무리에 축복을 내렸다. 평범한 관찰자들의 눈에도 전미노동조합이 관대한 사회적 이상에 의해 움직이고 있지만 명확한 노선을 결정하지 못하고 있다는 것을 알 수 있었다.

가장 강경한 조합원들은 자본가들의 질서를 모든 창조의 목적으로 받아들이기를 거부했기 때문에 어려움은 가중되었다. 실비스 자신은 실용적인 마인드를 가진 엄격한 노동조합주의자였지만, 노동자를 고용주의 지배로부터 해방시킬 수 있는 방안을 모색하고 있었다. 한때 그는 숙련된 장인들이 자신의 공장을 소유하고 스스로 관리하며 운영하는 협동조합에서 그 해법을 찾았다고 생각했고, 많은 노조원들이 이를 열렬히 환영했다. 철공, 제빵사, 재단사, 인쇄공 등 수많은 제조업 단체가 설립되었지만 자본과 기술력, 이미 진출해 있는 거대 산업체와 경쟁할 수 있는 능력 부족으로 실패했다. 전미노동조합의 지도자들은 자본주의적 통제에서 벗어나기 위해 이러한 노력을 기울이는 것 외에도 그들의 목적을 실현하기 위해 정부를 이용하려고 노력했으며, 많은 일반적인 명제 외에도 구체적으로 중국인 쿨리 배제, 하루 8시간의 보편적 노동, 국가 노동국 설립을 주장했다.

이 전국 조직의 지도자들이 복잡한 사업에 관심을 기울이는 동안 그 구조의 토대는 무너지고 있었다. 전미노동조합이 부분적으로 기반을 둔 도시 연맹은 일반적인 개선을 위한 모호한 프로젝트보다 지역 문제와 지방 정치에 더 많은 관심을 갖게 되었다. 유토피아에 무관심하거나 협력의 실패에 충격을 받은 숙련된 장인들은 자신들의 고유한 문제에 집중하기 위해 다시 표류했다. 연단에서의 연설에서 벗어나 실질적인 조직가들은 임금을 둘러싼 투쟁을 지휘하고 단일 직종의 직급과 계급을 하나로 묶는 데 에너지를 쏟았다. 전미노동조합은 개혁주의자들과 이상주의자들만 남을 때까지 점차 그 수가 줄어들었다. 1872년에는 결의안 작성과 승인을 위한 기구로서의 기능마저 중단되었다.

§

전미노동조합이 비우호적인 세상에서 소멸해 가고 있을 때, 1869년 필라델피아의 의류 노동자들 사이에서 결성된 비밀결사에서 시작된 새로운 유형의 노동 조직인 고귀하고 성스러운노동기사단Noble and Holy Order of the Knights of Labor이라는 이름을 가진 단체가 전국 무대로 진출할 준비를 하고 있었다. 기사단의 지도자들은 수십 년 동안 공개적인 노동 단체들이 자본의 힘에 대응하지 못했다고 판단하고, 비밀의 장막 뒤에서 활동하며 선서와 의식으로 회원들을 묶을 수 있는 노동조합을 만들기로 결정했다. '우리는 자본의 모범을 모방할 뿐이다. 모든 다양한 무역 분야에서 자본은 그 연합체를 가지고 있으며, 의도했든 의도하지 않았든 노동의 인간적인 희망을 짓밟고 빈약한 인간성을 짓밟아 먼지로 만들기 때문이다'라고 그들은 말했다. 필라델피아에서의 성공에 고무된 기사단은 인근 도시에서 지역 협회들을 조직하고 1875년에는 실비스가 말한 것과 유사한 원칙에 따라 '하나의 큰 노동조합'을 결성하여 전국적인 무대로 그들의 활동 영역을 넓혔다. 이 시점에서 그들은 비밀을 버리고 자신들의 목적을 솔직하게 발표했다.

기사단은 그들의 교단을 홍보하는 과정에서 가장 광범위한 보편성catholicity을 보여주었다. 그들은 숙련공과 비숙련공, 백인과 흑인, 남성과 여성 등 모든 노동자를 불러 모아 직업, 인종, 성별, 국적의 구분 없이 하나의 강력한 단체로 뭉치게 했다. 그들은 편의상 노동조합과 사회주의 단체를 회원으로 인정할 수밖에 없었지만, 자신들의 숙소와 지역 주민들을 관리하면서 보편적인 신앙에 충실하려고 노력했다. 그들의 강렬한 열망은 모든 노동자를 하나의 단결된 덩어리mass로 융합하는 것이었다.

기사단의 운영 방식은, 그들의 조직과 마찬가지로, 주로 전미노동조합이 설정한 사례를 모델로 삼았다. 즉, 그들은 산업 영역에서 경제적 압력을 가하고 정부 영역에서 정치적 행동에 의지했다. 경제적 역할에서 그들은 임금 인상을 위해 공격적인 캠페인을 벌이고, 요구가 거부되면 파업을 선언했으며, 70년대 말과 80년대 초의 번영기에 자본가 고용주들을 상대로 많은 주목할 만한 성공을 거두었다. 예를 들어, 태업sabotage을 비롯한 호전적인 전술로 1885년 강력한 굴드 철도 연합체를 무릎 꿇게 하고 조직 노동자의 위력을 온 나라에 보여줄 수 있었다. 이러한 승리에 취한 지도자들은 성취에는 한계가 없다고 믿게 되었다. 경기 침체기에 여러 차례 심각한 패배를 겪고 나서야 그들은 조직, 보이콧, 파업의 불패성에 대한 믿음을 잃었다.

정치 분야에서도 기사단은 당면한 문제와 먼 미래를 위한 큰 계획을 세웠다. 그들은 중국인 배척, 주 및 연방 노동국의 설립, 공공 사업장에서의 하루 8시간 노동, 특정 고용주와의 계약에 따라 예속된 노동자의 수입을 금지하는 법안, 기타 노동의 이익을 위해 고안된 조치들을 선호했다. 활발한 정치적 선동으로 이러한 프로젝트를 지지한 이들은 자신들의 요구 중 많은 부분이 활발한 입법부에 의해 법으로 제정되는 것을 보며 만족감을 느꼈다.

이후 기사단의 지도자들은 작은 성과들에 고무되어 산업 사회 전반을 재편하기 위한 계획을 수립했다. 그들은 철도, 수도, 가스 발전소 및 기타 공공시설의 공공 소유, 노동과 자본의 소유를 융합하기 위한 생산적 협동조합의 설립을 주장했고, 사회주의자, 그린백 당원Greenbacker,* 포퓰리스트, 심지어 임금 체제의 전복에 대해 설득력 있게 이야기하는 혁명가들과도 손을 잡았다. 이러한 급진적 성향과 비숙련 노동자들에게 호소함으로써, 기사단은 수많은 적, 생산과 분배 방식에 대한 위협에 분개한 자본가들과 자신의 계급이 일반 노동자들에 의해 희석되는 것을 원치 않는 숙련 노동자들을 키웠다.

§

다양한 장인 노동조합의 지도자들 사이에서 노동기사단에 대한 반대는 주로 협회가 내재적 약점으로 인해 파멸할 것이라는 이론에 근거하여 지속적으로 진전되었으며, 수년 동안 노동 사건의 표류를 주의 깊게 관찰한 후 담배 제조업체 조직의 두 멤버인 아돌프 스트라서와 새뮤얼 곰퍼스는 새로운 전국 연맹을 구성할 시기가 무르익었다고 판단했다. 스트라서와 곰퍼스는 모두 노동운동 경험이 풍부한 활동가로서 아메리카의 상황과 영국 동료들이 최근 강력한 조직을 구축한 방법을 잘 알고 있었다. 그들만의 사회 이론이 없지 않았

---

* 그린백당Greenback Party은 1874년부터 1889년까지 활동한 반독점 이념을 가진 정당이었다. 이 정당은 1876년, 1880년, 1884년 세 차례의 대통령 선거에 후보를 낸 뒤 사라졌다. 당명은 미국 남북전쟁 당시와 그 직후 북부에서 발행한 비금본위 지폐, 흔히 '그린백'으로 알려진 지폐를 가리켰다. 이 당은 공화당과 민주당이 선호하는 정책인 금본위 화폐 시스템으로의 복귀로 인해 생산자에게 지급되는 가격이 디플레이션으로 하락하는 것에 반대했다. 비금본위 화폐를 계속 사용하면 물가가 올라가고 부채를 더 쉽게 갚을 수 있게 됨으로써 사업을 육성하고 농부들을 도울 수 있다고 믿었다.

고, 노동자 연대에 대한 호소에 멋진 점이 있다는 것을 인정하면서도, 노동자들은 유토피아에 대한 논의만으로는 살 수 없으며, 노동 정치학에서 정서와 실질적인 고려를 결합해야 한다고 그들은 촉구했다. 더 나아가 그들은 더 높은 임금과 더 짧은 노동 시간이라는 현실적이고 이해하기 쉬운 목표를 선택하고, 전국 조직의 임원에게 지역 조직에 대한 전권을 부여하고, 조합원의 회비를 인상하고, 이익 기금을 설립함으로써, 한마디로 효율적인 중앙 정부와 풍요로운 재무부를 만들어 파업과 산업 불황을 극복해 조합원을 하나로 묶을 수 있는 시스템을 구축함으로써, 자신들의 정책을 시연해 보였다.

제한된 분야에서 확실한 성과를 거둔 스트라서와 곰퍼스는 자신들의 정책이 전국적인 무대에서 광범위하고 효과적인 노동 조직을 위한 현실적인 기반을 제공할 수 있으리라 믿었다. 비슷한 견해와 열망을 가진 다른 노동 지도자들과 함께 그들은 1881년에 위대한 실험을 하기로 결정했다. 공식적인 요청에 따라 피츠버그에서 회의가 열렸고, 충분한 논의를 거쳐 북미노동조합연맹 Federation of Organized Trades and Labor Unions of the United States and Canada 설립에 착수했다. 이 모험에 대한 열의에도 불구하고 큰 기대를 안고 출범한 연맹은 자금 부족으로 어려움을 겪었고, 일부 발기인들은 연맹의 프로그램에 구체화된 정치적 요구에 대한 회원들의 관심 부족으로 인해 연맹이 약화되었다고 생각했다.

그러나 조직의 힘의 약화는 발기인들을 낙담시키는 대신 새로운 노력으로 그들을 움직였다. 이에 따라 1886년, 그들은 다시 한 번 대규모 대회를 소집하여 첫 번째 실험에 참여하지 않은 강력한 노조 대표들을 포함하여 전국 각지에서 온 강력한 대표단을 모으는 데 성공했다. 마침내 철강 노동자, 보일러공, 재단사, 탄광 노동자, 인쇄업자 등 전국 단위의 거대 노조에서 권력을 쥐고 있는 정치가들로 구성된 탄탄한 대의원단이 출범할 준비를 마쳤다. 이들은 강력한 산업 단위를 대변했으며, 각 산업은 처음에는 지역 단위로, 그다음에는 전국 단위로 조직된 특정 직종의 노동자로 구성되어 방대한 노동 파트너십의 실질적인 토대를 형성했다.

1886년 노동 총회의 가장 큰 문제는 중앙 기관에 충분한 권한을 부여하면서도 각 산업에 필요한 자율성을 부여할 수 있는 행정 계획을 마련하는 것이었다. 회의에 참석한 지도자들은 수년간의 경험을 바탕으로 마침내 산업 노동자를 위한 기본법에 합의했다. 그들은 전국 장인 노동조합을 기본 단위로 삼아, 공동의 목적을 위한 초정부, 즉 표준 형태의 각 가맹 전국 노동조합에 합당한 대표성을 부여하고 지역 또는 산발적인 노동조합은 아직 더 큰 연합체로 통합되지 않은 경우에만 인정하는 연맹을 결성했다. 이것이 1886년에 만들어진 아메리카노동총연맹American Federation of Labor의 일반적인 구조였다.

권력 배분에서 새 헌장 제정자들은 다른 정치가들과 마찬가지로 기득권을 포기할 수밖에 없었다. 그래서 그들은 각 업종의 전국 장인 노조에 지역에서 인가장을 발행하고, 임금 일정을 정하고, 고용주와 협상을 진행하고, 파업을 계속할 권리를 맡겼다. 모든 업종의 중앙 협회에는, 지역 및 전국적으로 더 많은 노동조합의 조직을 돕고, 노동 쟁의를 수행하는 각 부서에 도움과 지원을 제공하고, 모두를 위한 입법적 이익을 감시하는 것과 같은 제한된 기능만 할당되었다. 사건들을 통해 교육을 받은 대의원들은 총파업을 명령함으로써 연맹 자체가 어떤 직종을 지원하도록 구속하지 않고, 시간, 상황 및 재량에 따라 노사 분쟁에 참여한 모든 노조에 제공할 지원의 정도와 종류를 자유롭게 결정할 수 있도록 남겨 두었다. 따라서 아메리카노동총연맹 헌장 작성자들은 단결의 방향에서 가시적인 성과를 거두었고, 그들의 조직 헌장에 너무 많은 세부 사항을 넣지 않았으며, 많은 것을 미래로 남겨 두었다. 이 대회의 지도자 중 한 명인 새뮤얼 곰퍼스는 새 연맹의 초대 회장으로 선출되었고, 단 한 해를 제외하고는 1924년 사망할 때까지 그 자리를 지켰다.

§

곰퍼스는 아메리카노동총연맹 회장을 역임하는 동안 자신이 처음에 세운 원칙을 끈질기게 고수했다. 그는, 자본주의 사회의 미래에 대해 어떤 생각을 했든, ― 초창기에는 사회주의적 성향을 가졌지만 ― 공공연히 혁명을 부르 짖지는 않았다. 실제로 그는 자본주의 질서를 받아들이고 그 범위 내에서 높은 임금, 짧은 노동 시간, 유리한 노동 조건에 자신의 역량을 집중했다. 요컨대, 그는 노동을 아메리카의 취득과 향유의 시스템American system of acquisition and enjoyment*에서 만족스럽고 번영하는 비즈니스의 파트너로 만들려고 노력했다.

곰퍼스는 이러한 설계를 발전시키기 위해 자본가와 노동조합원 간의 관계를 우호적으로 증진하고 특정 분쟁이 발생할 경우 이를 해결하기 위해 1900년에 결성된 사업가 및 전문직 종사자 단체인 아메리카시민연맹American Civic Federation과 적극 협력했다. 곰퍼스는 같은 목표를 염두에 두고 아메리카노동총연맹이 어떤 혁명적 이론을 지지하는 것에 단호하게 반대했으며, 사회주의자들이 연례 대회에서 이를 프로그램에 반영하려고 할 때마다, 그들은 불굴의 회장의 호소로 인해 매번 패배했다. '그것은 단순한 이론으로 우리를 분열시키고 선거에서 우리의 약점을 드러낼 것'이라는 주장은, 개혁에 대한 어떤 열정적인 열망도 극복할 수 없을 정도로, 현실적인 부담이었다.

그러나 곰퍼스는 사회주의와 독립적인 정당 활동을 거부하면서도 국가의 역할을 무시하지 않았다. 오히려 아메리카노동총연맹은 다른 모든 강력한 경

---

* 자본주의에 기반한 소비 문화의 발전으로 모든 사회는 엇비슷한 사회 관계망과 정서를 형성한다. 미합중국의 경우도 예외는 아니지만 그 독특한 헌법과 역사적 과정으로 인해 구세계와는 전혀 다른 발전 과정을 겪어왔다. 그 주요 요소는 프론티어 정신, 자기 책임과 개인주의, '아메리칸 드림'으로 표현되는 물질적 소유와 풍요의 무한 추구, 혁신과 기업가 정신, 다양성과 포용성 등으로 분류할 수 있다. '아메리카의 취득과 향유 시스템'이란 그런 요소들이 결합되어 소비에 대한 전적인 긍정이라고 할 수 있는 철학을 가리킨다고 볼 수 있다. 물론 저자는 이런 분위기에 대해 비판적이고 현재 아메리카 사회도 과거에 비해 정부의 역할을 강화하려는 흐름이 있지만 기본적으로는 사회적 의제에 대한 공적인 해결은 여전히 요원해 보이는 게 현실이다. 이 책에서는 그런 뉘앙스를 최대한 반영해 acquisition을 '취득' '획득' '물욕 추구' 등으로 옮겼다.

제 단체와 마찬가지로 일반적인 시민권 수단을 통해 실현할 것을 제안하는 입법 프로그램을 가지고 있었다. 이 단체는 국가의 주의를 환기시키고, 입법 기관에 법안을 촉구하고, 법안에 찬성하는 개별 후보를 지지하고, 반대하는 후보를 공격했지만, 정부를 장악하기 위해 계급 정당을 결성하려 한 적은 없었다. 실용주의적 관점에서, 그들은 쉽게 동원할 수 있고 한 후보에서 다른 후보로 이동 가능한 수천 명의 유권자가, 그들만의 소수 정당을 결성한 백만 또는 2백만의 분리주의자보다 정치에서 더 강력하다는 이론에 따라, 친구에게는 보상하고 적은 처벌하는 정책을 채택했다.

§

모든 형태의 경제적 급진주의를 거부하고 긴밀하게 결속된 노동조합 동맹을 기반으로 한 아메리카노동총연맹은 자연스럽게 노동기사단과 충돌하게 되었다. 처음에 두 협회의 지도자들은 협력을 생각했지만 실제로는 그들 사이에 치유할 수 없는 적대감이 있다는 것을 알게 되었다. 연맹은 주로 숙련공들을 대변했다. 60만 명이 넘는 기사단은 정규 장인들이 누리는 부분적 독점의 토대를 약화시키고, 경직된 도제 제도와 조합원을 보호하기 위해 조합이 설정한 기타 제한을 돌파하는 비숙련 노동자 군대를 보유하고 있었다. 기사단은 '미숙련 노동자들을 조직하여 자본가들에게 단결된 전선을 제시할 수 있도록 도와달라'고 말했다. 장인들은 '아주 좋다'고 대답했지만, '하지만 조합이 제시한 선을 따라 진행하자'라고 답했다. 한동안 기름과 물을 섞으려는 화해의 실험이 이루어졌지만 얼마 지나지 않아 노동운동의 두 파벌은 공개적으로 전쟁을 벌였다.

연맹으로 넘어간 고임금 노동자들의 지지를 잃은 기사단은 점점 줄어드는 재정으로 어려움을 겪었다. 기사단의 협동 기업은 실패로 돌아갔고, 대부분 유동적인 노동자들이 벌인 파업은 점점 더 빈번해졌다. 연맹과의 경쟁에 내몰리고 구조적 약점에 시달리면서 기사단은 세기말에 이르러 전미노동조합과 함께 먼지 쌓인 기록으로 남을 때까지 회원 수가 점점 줄어드는 것을 지켜봐야 했다. 한때 이름만으로도 투자자들을 전율케 했던 이들의 대부 테렌스 V. 파우덜리는 이제 자신이 창설에 기여한 연방 노동국에 안식처를 마련하고 거기에서 보수적인 방식으로 노동운동을 지원하며 노년을 보냈다. 젊은 시절 기사단의 든든한 버팀목이었던 다른 지도자들도 많은 경우 노동연맹의 요원이 되었고, 많은 여성들이 남성들과 함께 그리로 넘어갔다.

라이벌 조직을 상대로 승리를 거두었지만 연맹은 결코 자신의 바다에서 순조로운 항해를 하지 못했다. 강력한 철도 노조의 가입을 확보하는 데 실패했고, 연맹이 특히 매력을 느꼈던 숙련 노동자들 사이에서 신병을 확보하는 데도 어려움을 겪었다. 설립 첫해인 1886년에는 조합원 수가 약 15만 명으로 집계되었고, 세기가 끝날 무렵 조합원 수는 두 배가 조금 넘었다. 그때 상황이 눈에 띄게 변화하기 시작했다. 그 후 16년 동안 회원 수는 200만 명으로 늘어났고, 권력과 함께 명성을 얻게 되면서 아메리카 노동 운동의 연합 세력은 마침내 산업과 정치에서 막강한 영향력을 행사하게 되었다.

§

지역 및 전국 노동조합이 결성되는 산문적인 과정과 보조를 맞추면서, 비록 종종 그것과 관련이 없었지만, 자본주의 체제의 구조를 위협하는 일련의 산업 투쟁이 진행되었고, 때때로 또 다른 억압할 수 없는 갈등이 승리자들을 괴롭힐 것이라는 남부 대농장주들의 예언이 실현되는 것처럼 보였다. 1873년, 애퍼매톡스의 영웅[그랜트]이 아직 미합중국의 대통령으로 재임하고 있을 때 엄청난 공황이 닥쳐, 그 여파로 실업과 빈곤, 영혼의 괴로움이 흩뿌려졌다. 이듬해 말 펜실베이니아의 무연탄전無煙炭田 지역은 주의 사회 질서를 위협하는 폭력 범죄로 공포에 떨었다. 남북전쟁으로 호황을 누렸던 이 지역에는 미숙련 노동자들이 넘쳐났고, 이들 중 상당수는 노숙자이자 무모한 성격의 소유자였으며, 제퍼슨 데이비스 농장의 많은 노예들과는 비교도 할 수 없을 정도로 열악한 조건에서 채굴이 서둘러 진행되었다. 노동 조건을 향상시키기 위해 정규 노조를 조직하려는 노력은 실패했지만, 몰리 매과이어스Molly Maguires로 알려진 비밀 조직이 주요 무연탄전들에서 생겨났고, 광산 소유주, 작업반장, 감독자가 잔인하게 구타당하고 어떤 경우에는 무자비하게 살해당하는 수많은 분노가 이어졌다.

몇 달 동안 이러한 공포는 범인을 밝혀내려는 모든 시도를 무력화시켰고, 한 탐정이 긴 음모 끝에 내부로 침투하여 1875년 치명적인 함정을 파고들어 공모자들의 작전을 폭로하고 일부는 교수형에 처하고 다른 일부는 감옥으로 보냈다. 범죄자들에 대한 재판에서 정식으로 전개된 이 이야기는 산업 분쟁과 사적인 복수가 기묘하게 뒤섞여 자본과 노동의 관계에서 중요한 에피소드를 형성했으며, 부의 분배를 둘러싼 원초적이고 안도할 수 없는 전쟁의 단계로, 그 불법성은 석유와 철도 통합 초기에 자본가들이 패권을 놓고 벌인 물리적 경쟁에 비견될 만큼 잔인했다.

몰리 매과이어에 대한 흥분 속에서 훨씬 더 불길한 투쟁, 즉 10만 명 이상의 노동자가 참여한 철도 파업이 발생하여 대서양 연안과 미시시피 사이의 거의 모든 노선이 마비되고 동맹 산업들에까지 여파가 미쳤다. 무연탄 지역의 격변과 마찬가지로 이 폭발은 오랫동안 준비되어 왔으며, 파업이 끝나기 전에 현대 산업 갈등의 공통적인 요소를 모두 드러냈다. 그것은 임금 삭감에 대한 결연한 저항으로 시작되었다. 1873년의 엄청난 공황으로 전쟁 인플레이션이 붕괴된 후, 철도 회사들은 연속적인 명령에 따라 임금을 삭감하기 시작했고, 1877년 여름에는 협상에 의한 것으로 보이는 10퍼센트의 일률적 삭감으로 끝을 맺었다. 임금 삭감과 관련하여 많은 관리자들은 노동조합을 분쇄하겠다는 의도를 노골적으로 표명하면서 고충 처리 위원회들[노조 측 기관들]에서 감히 봉사하려는 모든 남성들을 의식 없이 해고하는 관행을 채택했다. 반면에 1863년에 설립된 기관사형제단Brotherhood of Locomotive Engineers and Trainmen 은 고도로 숙련된 기관사들과 제동수, 차장, 보선공들을 조직하는 데 빠른 진전을 이루었고, 1875년에는 5만 명의 회원과 100만 달러의 노조 기금, 자잘한 분쟁에서 철도 회사 사장에게 내린 수많은 법령을 자랑할 수 있게 되었다.

이미 모아진 발화의 연료에 1877년 7월 17일 볼티모어와 오하이오의 일부 직원들이 임금 삭감에 대한 구제를 회사에 헛되이 호소한 후 작업을 중단하고 동료들에게 열차 이동을 막아달라고 요청했을 때 성냥이 그어졌다. 사전 준비도 없었고 형제단 임원들의 적극적인 지시도 없었던 것으로 보이는 이 파업은 동부 전역으로 빠르게 퍼져 나갔다.

작업 중단에 이어 전략 거점에 주 민병대가 동원되었고, 주 민병대의 출현은 종종 개전의 전조로 이어졌다. 볼티모어에서는 군인들이 현장에 도착한 직후 9명의 파업 참가자와 구경꾼이 사망했다. 피츠버그에서는 정규 전투가 벌어졌는데, 민병대가 집결한 파업 노동자들 한가운데로 진격하자 저항 세력과 마주쳤고, 게릴라전으로 발전해 여러 명이 죽고 철도역과 회관, 화물차 수백 대가 파괴되어 수백만 달러에 이르는 재물 손실이 발생했다. 콜럼버스의 파업 노동자들은 도시를 순회하며 협박을 통해 사방에 있는 공장을 폐쇄했다. 버팔로와 레딩에서는 민병대와의 소규모 교전으로 많은 사상자가 발생했다. 시카고에서는 경찰이 거리에서 파업 참가자들의 집회를 해산시키려다 하루 종일 전투가 벌어져 19명이 사망하고 수많은 부상자가 발생했다. 세인트루이스에서는 수많은 노동자에 동조하는 군중이 경찰에 항의하고 저항하자 경찰은 상황을 논의하기 위해 중앙 노동 회관에 모인 노동조합 대표들을 모두 체포하여 보복했다. 멀리 태평양 연안에서도 노동자와 자경위원들[지역사회에서 자율적으로 조직된 민병대나 자경단]이 전투에 나서면서 투쟁의 메아리가 들려왔다.

2주 동안 전국적으로 파업대와 군인 간의 투쟁이 계속되었고, 마침내 연방군의 지원을 받은 민병대가 우위를 점하는 데 성공했다. 예를 들어 펜실베이니아 주지사는 필라델피아와 피츠버그 사이의 철도를 통해 무장 병력을 파견하고 '총검과 소총을 과감하게 사용하겠다'고 위협함으로써 서부로 향하는 기차를 움직이게 했다. 시간이 지남에 따라 비슷한 방법으로 파업은 모든 곳에서 무산되었고, 대부분의 노동자들은 삭감된 임금이나 이전과 같은 조건으로 다시 일터로 복귀해야 했다.

국가의 역사상 가장 심각하고 광범위한 자본과 노동 사이의 이 무시무시한 드잡이는 그 과정에서 경제 전쟁의 가장 심각한 측면을 보여주었다. 한쪽에서는 철도 관리자들이 임금 삭감이 경영 상황에 따라 불가피하게 이루어졌다고 주장하면서 노동자들이 그들에게 법을 들이미는 것을 허용하지 않겠다고 선언했다. 이에 대해 노동자들은 관리자들의 지시에 복종하지 않을 것이며, 임금이 인간다운 생활을 할 수 있는 수준에도 미치지 못하며, 철도 회사들이 주식을 물처럼 뿌리는 것 외에도 대중에게 사기를 저지른 죄가 있으며, 철도 회사 이사들이 배고픈 노동자들에게는 생활 임금을 지급할 능력이 없다고 선언하면서 호화로운 객차를 타고 전국을 돌아다니고 있다고 응수했다.

이 전쟁 기간 동안 현장을 취재한 한 판단력 있는 기자에 따르면, 일반적으로 자본가들에게 불리하게 작용하는 모든 요소가 ― 임금이 '숨막힐 정도로 낮은' 전국 각지의 철도 파업 노동자, 광부 및 기타 산업 노동자, 전쟁 중인 형제들을 자연스럽게 동정하는 일반 노동조합원, '파업이 전반적인 사회 혁명과 재산 소유권의 혼란으로 이어지지 않는 한' 파업으로 인한 즉각적인 이익을 바라지 않는 공산주의자, 파업 파괴자로서 임시직을 받아들이는 유동 노동자 계층, 복수와 강탈의 기회를 제공하는 모든 무질서를 기뻐하는 사회 주변부의 범죄자 등 ― 거기에는 작용했다. 모든 선동 수단도 동원되었다. 파업이 진행되는 동안 '모든 큰 타운과 산업 구역에는 사회혁명, 노동 공화국을 억압하는 자본가들에 대한 장광설을 듣기 위해 수많은 사람들이 모였다.' 7월 25일 저녁 뉴욕 톰킨스 광장에서 사회주의자들의 후원으로 열린 대규모 집회에서는 8~10만 명의 군중이 노동 연설가들의 열정적인 연설에 환호했고, 이튿날 밤에는 쿠퍼 유니언에서도 비슷한 집회가 노동조합의 관리하에 열렸다.

전쟁이 진행되는 동안 대중은 선전에 휩싸였다. 싸움이 유혈 충돌로 끝날 때마다 언론은 이후 노사 갈등의 기록에서 익숙한 항목이 된 종류의 기소와 역기소를 발표했다. 고용주들에 따르면, 파업 참가자들은 각각의 폭동을 일으킨 범죄자들이었다. 파업 참가자들에 따르면, 모든 책임은 민병대에 있으며, 그 증거는 거의 모든 사망자가 노동자 대열에서 나왔다는 사실에 있었다. 굶주린 여성과 아이들의 사진이 노동에 대한 대중의 동정심을 불러일으켰다. 고통받는 사람들을 대신하여 호소가 이루어졌고, 공개 회의에서 그들을 위한 모금이 이루어졌으며, 농부들은 그들의 밭에서 식량을 마차에 실어 보냈다.

끔찍한 전투가 끝나자 철학자들은 서둘러 그날의 교훈을 성찰하기 시작했다. 보수적인 자본가들은 다소 겁에 질렸지만 '노동조합주의의 종말'을 기뻐했다. 파업 참가자들은 침울하게 각자의 업무로 돌아갔다. 사회주의자들은 이 투쟁이 많은 혁명적 정신을 드러냈다는 사실에 기뻐했다. 10년이 지나면서 불길은 사그라지고 잿더미는 식었으며, 다시 찾아온 번영이 모두가 환영하는 휴전을 가져왔다. 이후에도 다른 전투가 벌어졌지만 아메리카 사회 질서에 대한 위협이 그토록 광범위하게 퍼진 전투는 없었다.

그 후의 노동 쟁의는 대개 단일 산업에, 혹은 하나 또는 그 이상의 지역에 국한되었다. 그러나 지역이 한정되어 있기는 했지만, 그 수가 많고 격렬했으며, 소총의 총성처럼 치명적인 규칙성을 가지고 울려 퍼져 노예 해방으로 민주주의의 모든 문제가 해결되었다고 믿었던 존경할 만한 시민들을 놀라게 했고, 때로는 불길한 유혈 사태로 국가를 혼란에 빠뜨리기도 했다. 예를 들어 1886년 봄, 시카고 헤이마켓 광장에서 아나키스트들이 폭동을 일으켰다는 소식에 전국이 경악을 금치 못했다. 이 사태는 대부분의 산업 폭동과 마찬가지로 기다란 일련의 사건으로 이루어졌다. 몇 주 동안 시카고의 정규 노동조합원들은 하루 8시간씩 구두 선동을 벌이고 있었고, 소수의 급진적 아나키스트들은, 요동치는 물에서 낚시를 하면서, '행동'에 호소할 것을 촉구하고 있었다. 이 운동의 과정에서 매코믹 수확기 작업장에서 쟁의가 발생했고, 결국 남성들에 대한 직장 폐쇄, 지역 소요, 경찰과의 충돌, 여러 노동자의 사망으로 이어졌다.

　만약 사회 전체가 이 사건을 거의 주목하지 않으려는 경향이 있었다 해도, 이름 없는 사망자의 친구들은 당연히 이 사건이 그냥 지나가게 두지 않았다. 공기가 여전히 일촉즉발인 분위기 속에서 헤이마켓 광장에서 노동 지도자들이 소집한 항의 집회가 열렸고, 격앙된 분위기의 연설이 호응하는 군중에게 전달되었다. 한동안 연설은 별다른 불상사 없이 진행되었고, 실제로 비슷한 집회에서 흔히 볼 수 있는 의식을 준수하여, 공익을 위해 집회에 참석했던 시장은 이미 평화롭게 해산한 군중이 악의가 없다는 것을 확신하고 현장을 떠났다. 그러나 연설이 거의 끝나갈 무렵, 한 무리의 경찰이 뚜렷한 이유도 없이 무력으로 해산시키려는 듯 바닥에 남아 있던 집회 참가자들을 향해 행진했다. 순식간에 엄청난 위력의 폭탄이 터져 경찰 한 명이 사망하고 여러 명이 부상을 입어 광장을 죽음과 황폐의 장소로 만들었다.

　흥분이 뒤따랐고, 이제 자신들도 울화통을 터뜨리는 주요 신문들은 즉결 복수를 촉구했고, 여러 차례 폭력을 옹호했던 아나키스트 8명이 체포되어 법정이라기보다는 전쟁터와 같은 분위기 속에서 살인죄로 재판을 받게 되었다. 통상적인 절차와는 달리 배심원단에는 사건에 대해 읽었으며 자신들이 기소된 수감자들에 적대적이라고 고백한 남성들이 배심원으로 참여했다. 재판이 길어질수록 피에 대한 욕망은 더욱 강렬해졌다. 지역의 언론과 강단에서는 하루가 멀다 하고 드러나는 증거가 수감자 중 단 한 명도 폭탄 투척과 관련이 있거나 폭탄을 던진 사람에 대해 아는 사람이 있다는 것을 보여주는 데 실패했음에도 불구하고 그것을 대수롭지 않게 여기고 단죄를 촉구했다. 결국 실제 범인의 흔적은 찾을 수 없었지만 배심원단은 모든 피고에게 유죄를 선고했다.

　재판장 조지프 E. 게리 판사는 간결하게 요약한 판결문에서 재판의 정신을 다음과 같이 밝혔다. '유죄 판결은 그들이 실제로 데건을 사망에 이르게 한 특정 행위에 개인적으로 참여했다는 근거에서 내려진 것이 아니라, 그들이 일반적으로 연설과 인쇄물을 통해 많은 사람들에게 살인을 저지르도록 조언했고,

범행, 시간, 장소, 시기를 그들의 조언을 들은 사람들 개개인의 의지, 변덕, 기분 등에 맡겼다는 근거에서 내려진 것이다.' 판사는 증거가 피고인들이 범죄에 가담했다는 사실을 입증하지 못했다고 인정하면서도 그들의 '조언에 따라, 그 조언의 이행에 따라, 그리고 그 조언의 영향을 받아 알 수 없는 누군가가 데건을 사망에 이르게 한 폭탄을 던졌다'고 선언했다.

재판에서 나온 자료는 폭탄을 던진 신원 미상의 범인이 실제로 피고인의 연설이나 글에서 영향을 받았다는 것을 보여주지 않았고 보여줄 수도 없었지만 판사는 끝까지 자신의 견해를 주장했고 그 정의 이론에 따라 7명은 사형을 선고받고 1명은 교도소에 수감되었다. 7명 중 4명은 교수형에 처해졌고 1명은 자살했으며 2명은 종신형으로 형을 변경한 주지사의 개입으로 교수대에서 탈출했다. 사형수 중 한 명이 주지사에게 '반半야만적인 폭도들의 분노를 만족시키기 위해' 다른 사람들을 살려주고 그를 처형해달라고 간청한 것은 헛된 일이었다. 윌리엄 딘 하우얼스, 라이먼 J. 게이지, 로버트 G. 잉거솔, 새뮤얼 곰퍼스 같은 사람들이 자신의 말이나 글이 모르는 사람에게 살인을 유발했을 수 있다는 가정하에 사형이 집행되는 것에 항의했지만 헛된 일이었다.

당시의 열기가 가라앉고 국가적 관심이 다시 비즈니스, 정치, 스포츠에 쏠릴 무렵, 아메리카의 반대자들의 목소리가 민주주의의 소음 위로 잠시 들려왔다. 네 사람의 사형이 집행된 지 6년 후, 이 사건을 재검토하던 존 P. 알트겔드 주지사는 아직 교도소에 수감 중이던 세 사람을 사면함으로써 아물던 상처를 다시 열어 대중의 유서 깊은 분노를 풀어놓았다. 학자, 편집자, 은행장, 철도 대표 등이 사면 청원서에 서명했음에도 불구하고 알트겔드는 보수 언론으로부터 무자비한 비난을 받았고, 만화가들에 의해 이빨 사이에 단검을 물고 양손에는 폭탄을 든 아나키스트로 묘사되기도 했다.

알트겔드의 사면 행위는 말년까지 그를 괴롭혔는데, 그 이유는 그가 이 사건의 사법 절차를 논의할 때 매우 비판적인 표현을 사용했기 때문일 것이다. 위대한 종교 지도자였던 라이먼 애보트 박사는 강단에서 그를 '북서부 아나키스트들의 최고의 영웅이자 신으로 숭배받는 인물'이라고 비난했다. 공화당 개혁파의 우상이었던 시어도어 루즈벨트는 그를 '가장 악명 높은 살인을 용납하고 부추기는 사람'이라고 혹평했다. 세월이 더 흘렀다. 무덤은 비극의 중심 인물들에게 닫혔다. 그런 다음 냉정한 역사학도들은 안전한 거리에서 곰팡이가 핀 기록을 들여다보며 ─ L.B. 시피 교수의 온건한 언어를 사용하자면 ─ '이 사람들에 대한 재판은 시카고뿐만 아니라 전국이 공황 상태에 빠져 있었다는 것을 보여주었다'는 보편적인 합의에 도달했다. 그런 다음 냉혹한 법이 지배하는 그리스 비극의 애호가들은 아메리카의 드라마에 자선의 베일을 씌웠다.

　의심의 여지 없이 알트겔드에 대한 가혹함의 일부는 당시 나라가 또 다른 산업 위기를 겪고 있었다는 사실에서 왔을 것이다. 주지사가 살아남은 아나키스트들에게 감옥 문을 열어주기 1년 전, 펜실베이니아 주 홈스테드에 있는 카네기 공장의 직원들과 파업 참가자와 재산을 보호하기 위해 회사가 고용한 핑커튼 탐정들 사이에 유혈 충돌이 벌어진 적이 있었다. 경비원과 파업 참가자들 사이에 몇 차례의 피비린내 나는 충돌이 있은 후, 경영진은 파업을 주도한 철강 노동자 연합을 분쇄하고 승리를 거뒀다. 회사는 또한, 노동자들의 죽음에 분노한 젊은 무정부주의자 알렉산더 버크먼이 카네기의 부재로 노동자들과 대치하고 있던 회사의 총지배인 헨리 클레이 프릭을 살해하려고 시도해 민심의 반감을 산 것을 통해서도 이익을 얻었다. 암살 시도는 실패로 돌아갔지만, 이 사건은 아메리카 전역에 큰 충격을 주었고, 내막을 모르는 사람들에게 노동자 조직에 대한 비난을 퍼붓고 노동조합을 무정부 상태와 동일시하게 만들었다.

　홈스테드에서 일어난 비극적인 사건 이후 2년 만에 시카고에서 풀먼 파업 Pullman strike이라는 무질서로 점철된 더 심각한 노동 쟁의가 발생했다. 이 사건에서 클리블랜드 대통령은 알트겔드 주지사의 강력한 항의에도 불구하고 연방군을 투입했고, 지역 연방 법원은 파업과 관련된 노조의 모든 활동을 사실상 금지하는 포괄적 금지 명령sweeping injunction을 어긴 혐의로 아메리카 철도 노조 위원장 유진 뎁스를 감옥에 보냈다. 홈스테드 쟁의가 아메리카 전역에 기업 총수들의 사병 사용을 알렸다면, 풀먼 분쟁은 연방 정부의 두 가지 강력한 동력, 즉 금지 명령으로 알려진 사법적 칙령ukase과 노사 분쟁에 정규군을 투입하는 것에 익숙해지게 했다.

사실 이러한 엔진들은 새로운 것이 아니었다. 1877년 대파업 당시에도 이 엔진이 사용되었지만, 그것들에 대한 조직화된 노동자들의 공격은 대중의 큰 호응을 얻지 못했다. 그러나 1894년에는 정서가 바뀌었고, 유능한 변호사들의 지원을 받는 수백 명의 노동계 옹호자들이 '정부가 자본가들에게 봉사하기 위한 매춘 행위'라고 기꺼이 그것을 비난할 준비가 되어 있었다. 그리고 다음 대통령 선거에서 민주당의 강령은 그들의 비난을 반영했다.

§

자본주의의 발전과 관련된 노사 분쟁의 상당 부분은 고용주들이 노동 조직을 경제 과정의 피할 수 없는 결과로 인정하고 단체교섭을 노동 시간과 임금에 대한 평화적 합의에 도달하는 방식으로 받아들이지 않았기 때문이다. 1877년 파업 당시 철도 경영자들은 업무에 간섭하는 것을 허용하지 않겠다는 비타협적인 결의로 파업을 촉발하고 이후 이어진 전쟁을 격화시키는 데 기여했다. 1892년 홈스테드 사건에서도 같은 요인이 크게 작용했고, 2년 후 시카고에서 벌어진 발작적인 투쟁에서도 같은 요인이 더욱 크게 작용했다. 당시 거의 모든 거대 산업의 자본가들은 조합을 통해 가격 하락과 경쟁의 압박(수요와 공급의 법칙에 반하는)으로부터 스스로를 보호했지만, 그들과 그들의 대변인들은 원칙적으로 노동자에게 동일한 권리나 필요성을 기꺼이 양보하지 않았다.

단체교섭에 반대하는 이들은 많은 학식을 갖춘 경제학자들의 지지를 받았는데, 이들은 어느 정도 연구 끝에 노동조합이 노동과 '기타 상품'을 최대한 유리하게 사고 팔 수 있는 인간의 자연권을 침해한다는 사실을 발견했다. 예를 들어, 예일대에서 젊은 사업가 세대를 가르치던 윌리엄 섬너는 노동 단체에 대해 지속적으로 집중 포화를 퍼부으며 모세의 최종성Mosaic finality[모세의 율법처럼 최종적이고 도전할 수 없으며 신성하다는 의미]을 지닌 법을 제시했다. '만약 어떤 사람이 자신의 지위에 불만이 있다면, 그가 찾거나 만들 수 있는 기회를 통해 어떤 식으로든 그 지위를 개선하기 위해 노력하고, 자녀에게 좋은 습관과 건전한 관념을 심어 주도록 하라······ 그러나 모든 실험은 사람들이 함께 뭉쳐서 산업 전쟁을 벌이는 것은 노력 대비 만족의 비율에 대한 실망을 해결하는 방책이 아니라 새로운 재앙을 불러올 뿐이라는 것을 더욱 분명하게 해준다.'

적어도 그 교수의 의견으로는, 노동자 조직에 대한 단순한 편견에서 이런 말이 나온 것은 아니다. 오히려 그것은 정치경제학의 철칙에서 나온 것이라고 그는 생각했다. '직원의 임금과 제품 가격은 서로 아무런 관련이 없으며, 임금은 고용주의 이익과 관련이 없으며, 생활비나 사업의 번영과도 아무런 관련이 없다. 모든 파업에서 알 수 있듯이 임금은 노동의 수요와 공급에 의해 결정될 뿐 다른 어떤 것에도 영향을 받지 않는다.' 섬너는 이 원칙을 1883년 전신電信 파업에 적용하여 다음과 같이 선언했다. '유일한 문제는 현재 전보에 대한 요금이 전보원의 적절한 공급을 이끌어내기에 충분한지 여부였다.' 그래도 그는 개선의 희망을 버리지는 않았다. 훗날 섬너는 '고용주와 피고용인의 관계를 개선하는 방법은 감정을 끌어들이는 것이 아니라, 거기에서 감정을 걷어내는 것'이라고 제안했는데, 이는 감정에서 나온 것이 아니라 저자가 파악한 냉철한 사실로 제시된 것이다.

그러나 모든 정치경제학자들에게 이러한 오류가 없는 도그마가 명확하게 드러난 것은 아니었다. 예를 들어, 오랫동안 구세계에서 공부하고 돌아온 리처드 엘리Richard T. Ely는 존스홉킨스 대학에서 교황 경제학pontifical economics*이 아닌 역사 경제학을 가르치고 있었는데, 1886년에 출간된 아메리카 노동운동에 관한 그의 저서에서, 그는 노동조합의 형성에 섬너가 그의 성공회 교서에서 다룬 사실만큼이나 결정적인 요소가 있음을 인식한 듯 보였다. 그리고 그의 동료 중 한 명인 존 R. 커먼스는 여러 대학 총장들에게 실망감을 안겨주었지만, 노동의 조직화는 흐르는 물처럼 자연스러운 일이며 대중의 삶의 수준을 높이는 수단이자 예의 바른 사회에서 승인할 만한 가치가 있는 절차라는 뉴스를 해외에 배포하고 있었다.

이렇게 길이 뚫리자, 중간 계급 출신의 다른 신병들도 선구적인 교수들과 함께 고용주가 노조를 인정하고 단체교섭 관행을 받아들여야 한다고 주장했다. '나는 파업을 믿는다. 또한 파업의 원천이 되는 조직의 보수적 가치도 믿는다.' 1902년 저명한 성공회 주교 헨리 코드먼 포터는 이렇게 선언했다. 모든 경고에도 불구하고, 사람들의 감정은 불변하는 법칙의 경계 너머로 스며들고 있었다.

그 무렵 자본가, 노동 지도자, 전문직 종사자들로 구성된 전미시민연맹National Civic Federation이 조직된 자본과 조직된 노동의 조화를 촉진하기 위해 활동하기 시작했다. 산업, 금융, 정치 분야의 거물인 마커스 A. 해나도 이 연맹에 가입해 벽에 쓰여 있는 글씨**를 지적하고 있었다. 한때 불법으로 규정되어 은신처로 쫓겨났던 노동조합주의는 이제 평판을 얻기 위한 험난한 길을

---

* '교황 경제학'이란 교황이 신앙 문제에 대해 의심의 여지가 없는 권위를 가지고 말하는 것처럼 독단적이고 권위적이고 무오류의 것으로 전달되는 경제학의 접근 방식을 말한다. 엘리는 경제 이론을 의심 없이 받아들여야 하는 절대적 진리나 교리로 제시하기보다는 역사적 분석과 맥락에 근거한 실증적 증거 기반의 경제학 연구에 집중했다. 그는 경제 원리를 도전이나 논쟁의 여지가 없는 것처럼 가르치는 독단적인 접근 방식과 자신의 방법을 대조시켰다.

** 바빌론의 벨샤자르 왕이 주최한 잔치에서 벽에 신비한 글이 나타났다는 구약성서 〈다니엘서〉 5장의 이야기에서 유래한 문구이다. 글의 내용은 왕과 그의 제국의 몰락을 예언하는 내용이었다. 이후 이 문구는 피할 수 없는 파멸이나 중대한 변화에 대한 분명하고 불길한 경고 또는 징후를 의미하게 되었다. 문장의 문맥에서 마커스 해나가 '벽에 쓰여진 글씨를 지적했'고 말한 것은 해나가 임박한 중대한 사건이나 변화, 아마도 산업, 금융 또는 정치 영역에서 부정적이거나 우려되는 무언가에 대한 확실한 경고 또는 징후로 본 것을 강조하고 있었다는 것을 뜻한다.

걸고 있었다. 아메리카노동총연맹 회장은 많은 교수들의 지지를 받으며 뉴욕의 거물들과 식사를 하고 있었다. 자본주의의 궁정에는 산업 민주주의의 미라보Mirabeau들이 있었다.

§

이 시위가 일어나기 훨씬 전부터, 정치가들은 고귀한 정치 예술의 새로운 요소를 예민하게 인식하고 있었다. 보고들에 따르면, 그 결결한 늙은 전사 그랜트 장군은 1877년 파업으로 인해 발생한 상애에 대해 듣고 다시 한 번 대통령이 윌더니스Wilderness[윌더니스 전투는 1864년 남북전쟁 중의 전투로 북군의 지휘관인 그랜트 장군이 남군에게 강한 압박 전술을 사용했다]의 효과적인 전술을 노동 지도자들에게 사용할 수 있기를 바랐지만, 그것은 단지 구체제old regime의 여운일 뿐이었다. 다른 대통령들도 그런 감정을 즐겼을지 모르지만, 그랜트만큼 자유롭게 표현한 대통령은 없었다. 실제로 그랜트의 후임자들은 — 어떤 행동을 했든 — 자본과 노동에 대해 부드럽게 이야기했다.

클리블랜드 대통령은 첫 임기 동안 현대 생활에서 노동조합 조직의 위치를 인정하고 노사 분쟁 문제의 해결책으로 자발적 중재를 촉구하는 메시지를 의회에 보냈다. 의회는 또한 변화하는 흐름에 주목하여 1888년 주들 간의 상거래 분야에서 노사 분쟁이 발생할 때마다 고용주와 근로자에게 서비스를 제공하는 의무를 맡은 연방 위원회를 설립하는 법을 제정했다. 4년 후 의회 위원회는 홈스테드의 노동 조건과 폭력적인 노동 쟁의 발생 상황에 대한 조사를 실시했는데, 그 조사가 모두 허울뿐인 조사는 아니었다. 얼마 지나지 않아 풀먼 파업이 아메리카 전역을 뒤흔들자 클리블랜드 대통령은 연방군 투입에 소극적이었지만, 사건의 진상을 밝히기 위해 특별위원회를 시카고로 보냈다. 철저한 조사 끝에 특별위원회는 사실상 풀먼 사를 비난하고 고용주가 노동뿐만 아니라 자본의 이익을 위해서도 노동조합을 인정해야 한다는 평결을 내렸다. 법의 영역에서 이론이 바뀌고 있었다.

아메리카 헌법 체제 아래에서 연방 의회는 주 간 및 해외 상거래에 대한 막강한 권한, 즉 해당 영역에서 발생하는 노동 분쟁을 처리할 권리를 가졌고, 주 의회는 동일한 법률 체계에 따라 제조업과 광업 전반에 대한 중요한 특권을 누렸다. 따라서 중앙과 지방, 두 영역의 정치인들은 노동조합이 제기하는 문제에 직면해야 했다.

노동조합은 명목상으로는 사적 경제의 영역에서 활동했지만, 노동 시간과 임금에 대해 고용주와 교섭하면서 실제로는 모든 정부 부처와 여러 지점에서 접촉했다. 상업을 억누를 수 있는 잠재적 힘을 가진 거대한 단체였기 때문에 노조의 존립 자체가 법의 승인에 달려 있었다. 이 점에 대해 18세기 말부터 의문이 제기되었고 수십 년 동안 격렬한 논쟁이 벌어졌다. 일부 법원은 노동조합을 불법 음모로 규정하기도 했지만, 이 문제는 남북전쟁 훨씬 이전에 주로 노동조합에 유리한 방향으로 결정되었다. 따라서 1865년에 이르러서는 원칙적으로 노동자들은 주 법에 따라 상호 이익을 위한 단체를 결성할 수 있는 권리를 갖게 되었다.

하지만 그러한 조직이 목표를 달성하기 위해 무엇을 할 수 있었을까? 이 질문에 대한 답은 적어도 이론적으로는 각 주의 법리에 따라 다르며, 최선의 상황에서도 결코 명확하지 않았다. 분명히 노동조합은 교섭과 파업을 진행하는 동안 주 법률을 위반할 권한이 없었고, 1890년 의회가 반독점법을 통과시킨 이후에는 외국 및 주들 간의 상거래를 제한하는 연합체로 활동하는 것이 금지되었다. 노동조합이 실제로 목적을 실현하기 위해 무엇을 할 수 있는지는 도시의 시장, 카운티의 보안관, 주지사, 미합중국 대통령이 그들에게 위임한 경찰과 군대를 어떻게 활용하느냐에 따라 크게 달라졌다. 요컨대, 지정된 시간과 장소에서 파업, 피케팅, 설득, 집회, 행진, 강압을 할 수 있는 권리는 법전에 명시된 훌륭한 이론보다 물리력을 통제하는 당국에 더 많이 좌우되었다.

자본과 노동의 대립에 사법부는 물론 다른 정부 부처도 끊임없이 개입했다. 법원은 노사분쟁으로 체포된 사람들을 재판하고, 어떤 행위가 허용되는지 최종적으로 판단하고, 법령의 모호한 문구에 따라 금지되는 행위의 영역을 정의했다.

이것이 사법 관할권의 한계는 아니었다. 아메리카의 관행에 따르면 주 및 연방 법원은 노동 분쟁에서 금지 명령bill of injunction을 사용할 수 있으며, 판사는 이러한 청구서 또는 영장을 통해 기업이나 개인에게 특정한 행동을 하거나 돌이킬 수 없는 손해를 초래할 수 있는 특정한 행동을 자제하도록 명령할 수 있는 고대로부터의 특권을 가졌다. 같은 특권으로 판사에게는 정식으로 서명하고 날인한 이러한 싱격의 법령에 불복한 사람을 배심원 재판 없이 벌금형과 징역형으로 처벌할 수 있는 권한이 부여되었다. 오랜 관례에 따라 법원은 일반 업무 처리에서 이 금지 명령을 자유롭게 사용해 왔으며, 시간이 지남에 따라 노동쟁의에 관여하는 고용주의 변호사가 파업 중단과 관련하여 이 금지 명령의 유용성을 발견했다. 이 제도는 1877년 철도 쟁탈전에서 활용되었고, 17년 후 풀먼 분쟁에서 다시 한 번 엄격하게 적용되었다.

따라서 당연히 노동조합과 그 전술이 입법가, 행정부의 관리, 판사의 밀접한 관심사라면, 법과 그 관리자는 결국 노동조합에 중대한 고려 대상이 될 수밖에 없었다. 따라서 조직화된 노동은 점점 더 부지런히 공직 후보자를 면밀히 조사하고 정치 과정에 개입했으며, 고착화된 정당 시스템에 전쟁을 선포하기보다는 위협이나 약속을 통해 정부의 대리인들을 자신들 쪽으로 기울게 하는 편을 선호했다. 정치적 갈등의 전략적 요충지, 특히 산업 주들에서, 그리고 남북전쟁이 끝나고 세기가 끝날 때까지의 모든 선거에서 노동계는 고용주와의 투쟁에서 강압적인 행동을 취할 수 있는 자유의 영역을 확대하려고 노력한 반면, 자본가들은 경계를 늦추지 않고 전반적으로 더 주목할 만한 결과를 얻으며 자신들의 이익을 추구했다.

§

근본적으로 노동조합이 정부를 상대로 요구한 것은 행동의 자유만이 아니었다. 전미노동조합이 설립된 이후부터 노동 지도자들과 대회는 꾸준히 긍정적인 입법을 위해 노력했다. 예를 들어, 그들은 다양한 방식으로 노동의 이익을 위해 봉사하고 사회적 경제 계획에서 노동조합에 일정한 존엄성을 부여하기 위해 특별 사무소 또는 부서를 설립하는 것을 선호했다. 1869년 초에 매사추세츠 주 의회가 노동통계국을 설립하도록 유도했고, 10년 안에 9개 주가 이 사례를 따랐으며, 1880년에서 1900년 사이에 26개 주가 일종의 노동 기관을 행정 조직의 일부로 만들었다. 그사이 의회는 1884년 연방 노동국을 설립하여 이러한 일반적인 경향을 인정했고, 이 조치는 곧바로 이 노동국을 내각 부서로 격상시키려는 움직임이 시작되게 만들었으며 1913년, 그 목표가 달성되었다. 이러한 노동 기관의 권한은 지역마다 달랐지만, 노동 조건과 관련된 정보의 수집, 분석, 전파는 모든 기관에서 필수적인 기능이었으며, 노동조합의 원칙에 대한 폭넓은 지식을 증진하는 데 있어 막중한 권한을 지니고 있었다.

일반 법률 분야에서 노동의 이득은 상품이나 상점 주문에 대한 임금 지급, 공개 시장을 위한 상품 제조에 죄수 사용, 계약에 따라 일할 외국인 수입, 대규모 이민 장려, 특별한 경우를 제외하고 산업 현장에서 발생한 부상에 대한 고용주의 책임 면제 등과 같은 문제와 관련하여 훨씬 더 중요했다. 이러한 관습과 기타 법적으로 승인된 관습에 대해 노동은 해마다 진전을 이루며 법령과 사법 판결의 정신과 문자를 여러 가지 방식으로 변경했다.

한 가지 예를 들자면, 관습법에 따르면 근로자의 부상이 예방할 수 없는 원인이나 근로자 또는 동료 근로자의 과실로 인해 발생한 경우 고용주는 사고에 대한 손해 배상 책임이 없었다. 이러한 고대의 주종 관계 이론에 대해 노동계 지도자들은 일찍이 불만을 제기하며 산업 현장에서의 인적 요인에 의한 신체적 상해는 화재로 인한 공장 피해와 마찬가지로 불가피한 것이므로 동일한 방식으로 보험으로 보장되어야 한다고 주장하며, 결과적으로 피해자의 고의적인 행위로 인한 것이 아닌 모든 경우에 고용주가 그에 대한 책임을 져야 한다고 요구했다. 오랜 동요 끝에 관습법의 주술은 깨졌고, 세기가 바뀌면서 사회적 책임이라는 교리가 전국적으로 자리를 잡아갔다. 한편 노동계는 적절한 환기 및 위생 설비, 안전 장치 제공, 직원들의 이익을 위해 고용주의 공장 규제를 위한 유사한 조치를 요구하는 공장 규정을 위한 캠페인에서도 진전을 이루었다. 이 과정에서 '재산권'과 '계약의 자유'를 둘러싸고 많은 논쟁과 말싸움이 벌어졌지만, 전문직 계급 중 몇몇 강경파의 도움으로 노동 조직은 결국 기존 법의 모든 장을 다시 쓰고 특별법을 통해 인간 행동의 새로운 영역을 포괄했다.

§

아메리카의 국민성과 밀접한 관련이 있는 사회 관계의 또 다른 분야에서 노동 조직은 경쟁 노동자의 이민을 통제하기 위해 정부 지원을 요청했다. 공화국 건국 후 거의 한 세기 동안 아메리카의 문은 외국인에게 활짝 열려 있었다. 이 문제를 관할하는 의회가 이민자와 관련된 법을 만들 때마다 외국의 침략을 제한하기보다는 장려하려고 노력했으며, 이는 튜턴의 침입이 로마의 사회 구조를 변화시킨 것처럼 이 나라를 급진적으로 변화시킬 것으로 예상되었다.

이 자유주의 정책의 형성에는 실용적 이익과 이상주의가 모두 개입했다. 서부의 토지 가치를 높이려는 토지 투기꾼들은 외국인들을 초대해 정착하게 했고, 때로는 화려한 미사여구로 개인을 유혹하고, 때로는 회사 단위로 정착민을 데려오기도 했다. 제철소와 광산의 소유주들은 용광로와 기계를 '돌볼' 튼튼한 팔과 강한 손을 가진 사람을 찾는 데 그보다 열의가 뒤지지 않았다. 해밀턴은 제조업에 관한 첫 번째 보고서에서 아메리카 기업이 활용하기를 기다리는 구세계의 노동력 공급에 주목했고, 그의 가르침을 따르는 자본가들은 그 사실을 결코 놓치지 않았다. 19세기 중반까지 대서양을 물방아용 연못으로 만들었던 쾌속 증기선의 소유주들은 대부분 외국인이었고, 이들은 큰 수익에 필수적인 승객의 자유로운 이동을 자연스럽게 승인했다. 그리고 이 강력한 친구들의 박수를 받은 연설가들은 아메리카를 전쟁, 반란, 대학살, 온갖 종류의 박해로 고통받는 세계의 억압받는 사람들을 위한 망명처로 묘사하기를 좋아했다. 경제적 이득과 고상한 이상주의가 그렇게 기계적 정확성으로 일치하는 경우는 별로 없었다.

사실, 이러한 힘들에 의해 자극된 모든 걸 휩쓸어버리는 듯한 침략의 급류는 격렬한 반대를 불러일으켰다. 50년대 초에는 캐슬 가든의 성문을 가득 메운 아일랜드와 독일 카톨릭 신자들을 경악스럽게 바라보던 개신교 신자들로 주로 구성된 아메리카인 또는 아무것도 모르는 당Know-nothing party이 주도하는 활발한 반외세 운동이 일어났다. 특히 보수주의자들은 1848년 혁명적 격변을 겪은 독일 사회주의자들이 아메리카의 자본주의를 비난하는 집회를 열고, 워싱턴과 제퍼슨이 확립한 질서를 전복할 것을 노동자들에게 촉구하고, 정부에 '그들의 수에 비례하는' 발언권을 요구하는 것을 보고 고통스러워했다. 남부 휘그당원들은 이 '외국 무신론자들'이 자신들의 독특한 제도를 과격한 어조로 비난할 때 특히 따뜻하게with particular warmth[*] 이의를 제기했다. 그러나 이 단계는 지나갔다. 떠오르는 산업의 노동자와 빈 땅을 채울 정착민에 대한 수요가 너무 급박했기 때문에 적대감의 목소리는 거의 입에 재갈이 물려졌다.

1860년 시카고에서 체결된 농민과 산업가들의 대농맹에는 이민에 대한 반대가 없었다. 오히려 그해 공화당 강령은 '억압받는 사람들을 위한 망명처'의 문을 활짝 여는 것을 특별히 선호했다. 그리고 1864년 공화당 행정부는 이미 언급된 바 있는 계약 노동법을 제정하여 식민지 시대의 노예 제도와 유사한 조건으로 노동자를 수입할 수 있도록 허가했다. 이 법은 곧 폐지되었지만 이

---

* '특히 따뜻하게'라는 표현은 남부 휘그당의 보수적인 성격과 미국 자본주의의 전복을 요구하고 노동 계급에 더 많은 정치적 권한을 요구했던 독일 사회주의자들의 견해에 대한 강한 반대를 고려할 때 아이러니로 사용되었을 것이다. 남부 휘그파들은 '독특한 제도'가 자신들이 옹호하던 노예제를 의미하기 때문에 이러한 급진적 사상에 강력히 반대했을 것이다. 따라서 이 경우의 '따뜻하게'는 실제로 따뜻한 호의나 동의라기보다는 격렬한 반감 또는 반대였을 것이다.

관행은 명시적인 법적 보장 없이 지속되었고, 고용주에게 언제 어디서든 유럽 노동력을 공급할 수 있는 회사가 조직되었다.

국가의 문이 활짝 열리고, 값싼 노동력을 노리는 열혈 자본가, 튼튼한 근육을 기다리는 자유 농장, 승객을 태우려는 탐욕스러운 증기선 회사 등, 이민자의 급증은 새로운 기업 시대의 모든 선례를 깨뜨렸다. 동양은 물론 유럽의 모든 지역에서 일자리를 찾아 미합중국으로 쏟아져 들어온 노동자들은 노동조합원들이 불안한 마음으로 지켜보던 민족 대이동이었다.

노동 시장을 통제하여 아메리카인의 생활 수준을 높이는 임무에 종사하는 노동조합 지도자들은 임금 인상을 요구하거나 임금 삭감에 저항하기 위해 파업을 할 때마다 고용주가 저임금에 익숙한 유럽인과 동양인을 마음대로 수입할 수 있는 한 그들의 노력이 바닷물을 퍼내는 것과 같다는 사실을 알았다. 이런 상황을 그들이 아무 불평 없이 받아들였다면, 노동 조직가들은 자신들의 사명을 저버린 셈이 되었을 것이고, 그들은 그 점에 대한 경각심이 부족하지 않았다.

실제로 이들이 경고음을 울렸을 때 승리의 산업 기업 시대는 아직 여명기에 들어서지도 않았다. 1872년, 존 앨든과 코튼 매더의 고향인 매사추세츠의 제화 노동자들은 하늘의 아들Son of Heaven[천자天子]의 신민이자 이상한 신들을 숭배하는 중국인들이 자신들의 입에서 빵을 뺏어간다고 외쳤다. 이들은 태평양 연안의 노동 지도자 및 농부들과 협력하여 10년 후 의회가 중국인 배척법을 제정하도록 유도할 수 있었다.

이 승리에 도취된 노동 지도자들은 합법적인 계약에 의한 노동자 수입 관행에 총구를 겨누고 의회에 이를 금지시킬 것을 촉구했다. 이 무렵에는 '모든 땅의 억압받는 사람들을 위한 망명지'라는 교리가 대중의 심리에 깊이 자리 잡았기 때문에 그 후의 전투는 치열했다. 노예 제도를 옹호하는 사람들은, 예전에 노예 무역을 아프리카의 야만에서 아메리카 그리스도교로 흑인들을 인도하는 수단으로 옹호했던 노예 소유주들의 방식을 되살려, 이제 구세계의 가난한 사람들을 자유와 기회의 땅으로 인도하는 방법으로 유럽 이민자들을 지원해야 한다고 촉구했다. 이 호소는 사람들에게 도덕적으로 와닿았고 치열한 경제적 열정이 뒷받침되었다. 그러나 노동 조직에는 또 다른 윤리가 있었고, 결국에는 이 윤리가 우세했다. 1885년 의회는 잠정적으로 계약직 노동자의 수입을 금지했고, 몇 년 뒤에는 완전하고 단단한 빗장을 질렀다.

중국인 배척과 [유럽인] 계약제 노동 금지라는 두 가지 전략적 요점을 가지고 있던 노동조합 대표들은 노동력 공급을 줄이기 위한 다른 방법을 고려하기 시작했다. 수년 동안 치열한 경쟁을 벌이던 증기선 회사들의 운임이 하락하면서 이민자 경쟁자들이 계속 늘어났기 때문이다. 남북전쟁과 1873년의 공황으로 잠시 주춤했던 이민자 유입은 곧 급류처럼 불어났고, 1880년에는 연간 이민자 수가 거의 50만 명에 달했으며, 25년 만에 100만 명을 돌파했다.

숫자가 증가함에 따라 국적의 비율도 바뀌었다. 40년대에 처음 유입된 대규모 이민은 대부분 아일랜드인이었고, 곧이어 독일과 스칸디나비아계가 그 뒤를 이었으며, 실제로 1880년 이전에는 이민자의 약 5분의 3이 이 지역들 출신이었다. 아일랜드인과 독일인이 산업, 농업, 정치 분야에서 자리를 잡았을 때 다른 지역에서도 제방이 터졌다. 이제 남부 유럽과 동유럽에서 이탈리아, 그리스, 크로아티아, 체코, 슬로바키아, 폴란드, 헝가리, 루마니아, 러시아, 유대인 등 석탄을 채굴하거나 불타는 용광로에서 일하거나 옷감 무역에서 바늘을 꿰매는 강인한 노동자들이 몰려왔다. 20세기가 시작될 무렵 아일랜드인과 튜턴족의 이민은 한참 뒤처진 반면 이베리아인, 슬라브인, 유대인 종족이 망명객의 4분의 3을 차지했다.

남부의 농장주들이 자신의 노동력이 아닌 다른 사람의 노동력으로 부를 축적하기 위해 아프리카의 야생에서 온 흑인들로 자신의 땅을 가득 채웠던 것처럼, 산업계의 수장들은 이윤 추구에 열을 올리며 땅끝에서 온 침략자들을 환영했다. 로마의 귀족과 자본가들이 켈트족, 이베리아족, 앵글족, 갈리아족, 색슨족, 그리스인, 유대인, 이집트인, 아시리아인 등 알려진 세계를 샅샅이 뒤져 노예로 삼은 후 이상한 색깔의 홍수 속에서 스스로 사라진 이후, 세계는 의식儀式의 주인들이 이처럼 의도적으로 사회 질서를 뒤집는 것을 목격한 적이 없었다. 사건의 특수한 상황 외에는 어떤 것도 일반적인 경악감을 막지 못했다. 1890년경까지만 해도 서부의 한 자유 농장은 그것을 원하고 감히 변경으로 진출하려는 모든 유능한 노동자를 기다리고 있었다. 공짜 땅이 사라진 후 확장된 철도, 공장, 광산은 지구상의 많은 사람들에게 일자리를 제공했다. 그러나 마침내 포화 시점이 다가오는 것처럼 보이자 노동조합 지도자들의 반대에 완전히 무관심했던 정치인들은 기상 관측을 시작했다.

일부 식민지 시대 후손들은 아일랜드 시장市長들과 경찰에 의해 옆으로 밀쳐져나가는 것에 점점 더 조바심을 냈지만, 영국계 아메리카 유대인인 새뮤얼 곰퍼스가 이끄는 노동 지도자들은 외국인의 침략에 효과적으로 목소리를 높이며 아메리카 자본주의 발전의 특징 중 특히 악으로 보이는 것들을 분명하게 지적했다. 영국, 프랑스, 독일과 같은 다른 제조업 국가에서는 산업 노동자들이 대부분 고용주와 같은 종족이었고, 주인과 노동자는 혈연, 언어, 전통의 유대로 결속되어 있었다. 반면에 아메리카에서는 노동자들은 놀라울 정도로 출신이 이질적이고, 애국적 충성심에서 분열되어 있으며, 끊임없이 논쟁을 벌이고, 인종과 언어의 장벽으로 인해 조직화하기가 어려웠고, 언어와 관습에 대한 무지로 인해 국가의 상층 사회 및 정치 생활에서 배제되어 있었다. 노동조합 지도자들은 국적 문제에서 충성심의 편에 서는 한편, 보호관세 옹호자들은 적어도 연설에서나마, 상품에서와 마찬가지로 경쟁국 노동자의 자유로운 수입도 제한해 고임금에 대한 배려가 이루어져야 한다고 촉구했다. 그래서 어띤 식으로든 강력한 정서와 이해관계가 이민을 제한하기 위한 십자군 전쟁에 참여하게 되었다. 20세기가 채 시작되기도 전에 이러한 동요는 광범위하고 강력한 연방 법령으로 결실을 맺었다.

§

노동자들이 즉각적으로 우려하는 입법 문제에 대한 열렬한 관심은 그 영역의 지도자들이 더 광범위한 외도를 하는 것을 막지 못했다. 전미노동조합, 노동기사단, 아메리카노동총연맹은 각각 차례로 노동법의 특정 분야가 아닌 정치의 일반 영역에 속하는 조치를 때때로 지지했다. 그중에는 미합중국 상원의원 선거, 여성 참정권, 동일 노동 동일 임금, 공공시설의 지방 자치단체 소유, 공립학교에 대한 관대한 지원, 국가 교육부 설립 등이 있었다. 아메리카를 사회적 민주주의의 방향으로 이끈 모든 흐름과 표류에서, 비록 공식적으로는 독립적인 정치적 행동에 대한 사회주의자들의 요구를 거부했지만, 조직화된 노동 세력은 그것을 이끈 역동적인 요소 중 하나였다.

여기에는 모순적인 것은 없었다. '억압받는 프롤레타리아트'를 내세운 도식적 사회주의 철학은 아메리카 노동자들을 사로잡지 못했다. 아메리카의 노동조합원들은 투표를 하고 공직을 맡을 수 있었고, 도시에서는 유럽 일부에서처럼 두려움의 대상이 되거나 멸시를 받기보다는 오히려 정치인들의 환대를 받았다. 그들 중 많은 사람이 노조의 급여를 받는 것에서 시, 주 또는 연방 정부의 편안한 자리로 가볍게 넘어갔다. 이 외에도 아메리카 사회는 구세계보다 더 유동적이었고, 노동자들은 벤치에서 회전의자로, 빈곤에서 안락한 삶으로 더 쉽게 올라갈 수 있었다. 실제로 가장 저명한 노동 지도자 중 한 명은 산업계의 대장이 되지 않고도 세기가 바뀌는 시점에 25만 달러의 재산을 모았다. 도금 시대gilded age의 사회 질서에는 계급의 경계class lines는 있었지만 카스트의 경계caste lines는 없었다.

노동자 조직의 대열이 사회주의 신조와 무관한 것처럼 보였지만, 그 교리의 지지자들은 절망하지 않고 선동을 계속했으며, 미국에서의 그들의 생각은 유토피아주의에서 정치적 행동에 이르기까지 항상 구세계의 생각과 거의 비슷하게 진행되었다. 남북전쟁 이전에는 앞서 말했듯이 수많은 공산주의적인 식민지 형성에 영감을 준 이상주의의 물결이 있었다. 비록 가혹한 종교적 규율에 기반한 몇몇을 제외하고는, 모두 ─ 오언주의, 이카리아주의, 푸리에주의 등 ─ 곧 좌절된 희망의 늪으로 가라앉았지만, 그 창시자들을 움직인 정서는 그들의 응용 실험보다 더 큰 생명력을 지녔다. 어쨌든 미합중국 중기의 유토피아적 사업에 반영된 사회적 동요는 뉴잉글랜드의 초월주의에서 서부의 농경주의에 이르기까지 많은 지적 흐름에 영향을 미쳤다. 그것은 에머슨, 커티스, 로웰의 저서에서 빛을 발했다. 그것은 호레이스 그릴리와 찰스 A. 데이나의 사설, 기사, 회고록에도 영향을 미쳤다.

그릴리의 〈트리뷴〉에 기사를 기고한 경제 문제 관련 작가들 중에는 세계역사상 가장 강력한 노동 계급 운동의 철학자가 될 운명의 유럽 통신원이 있었다. 이 무명 저널리스트는 카를 마르크스였는데, 그는 현자의 고된 연구와 인본주의자의 열망, 사회적 낙오자의 비통함을 결합한 끈질긴 사상가였다. 에이브러햄 링컨이 일리노이 주 정치로 바쁜 시기에 마르크스는 친구인 프리드리히 엥겔스와 함께 전 세계 지배 계급을 향해 『공산당 선언』을 발표했다. '만국의 노동자들이여, 단결하라! 너희에게는 사슬 외에는 잃을 것이 없다!'

이 새로운 세력의 출현과 함께 유럽의 노동 운동과 그 급진적 주변부는 유토피아적 이상주의, 즉 박애주의자들의 꿈에 부응하기 위한 친절한 노력으로 만들어진 아름다운 사회의 개념을 버리고 마르크스의 예언 쪽으로 방향을 틀기 시작했다. 따라서 사회주의는 효율적인 피와 철의 복음을 얻게 되었다. 인류의 역사는 계급 투쟁의 역사이며, 현대의 갈등은 부르주아지와 프롤레타리아트 사이의 갈등이며, 결국 자본주의에 조종弔鐘이 울리고 승리한 노동자 계급이 지구를 지배할 것이다. 이것이 1847년 후반에 발표된 『공산당 선언』의 핵심 내용이었다.

얼마 지나지 않아 선언문은 대서양을 건넜다. 서쪽으로 일리노이와 미주리까지, 1848년 혁명으로 그들의 조국에서 추방된 독일 이민자들이 새로운 신앙 선언문에 대한 설교를 전했다. 1850년 윌리엄 바이틀링이 '부르주아 공화국'에 반대하는 사회주의 신문 〈노동자 공화국Die Rubublik der Arbiter〉을 창간했고, 같은 해에 뉴욕에서 사회주의자 체조 협회socialist gymnastic society*가 조직되었다. 개리슨이 노예제 폐지를 외치고 에버렛이 번영과 평화를 찬양하는 동안, 산업 도시의 작은 급진주의자 모임들은 맥주 거품을 앞에 놓고 임박한 혁명에 대해 지칠 줄 모르는 논쟁을 벌였다. 이는 아메리카 토착민의 마음에 큰 공포를 불러일으키며 아메리카인당 또는 아무것도 모르는 당이 이방인, 무신론, 무정부주의에 대항하는 성전을 벌인 주요한 빌미를 제공했다.

 비록 그 수가 많지는 않았지만, 만약 무상 토지에 대한 선동으로 그들의 에너지를 돌리지 않았다면, 만약 혁명의 불타는 사도들이 자본가들로부터의 징발을 옹호하는 것에서 연방 정부로부터의 징발을 외치는 것으로 돌아서지 않았다면, 만약 그들이 선포한 것보다 더 큰 대격변, 즉 2차 아메리카 혁명이 모든 종류의 선동가들에게 끔찍한 충돌로 내려와 이 나라의 모든 작은 토론회와 체조 단체에 전쟁의 물결을 몰고 오지 않았다면, 1860년경 사회주의자들은 미국에서 상당한 폭풍을 일으켰을지도 모른다.

 미국에서 폭풍이 몰아치는 동안 유럽에서는 카를 마르크스가 적극적인 발기인으로 참여한 세계 최초의 프롤레타리아트 연합인 국제노동자협회International Workingmen's Association가 조직되었다. 애퍼매톡스 전투에서 리 장군이 항복하기 전해인 1864년이었다. 이 협회의 사회주의 지부는 몇 달 만에 아메리카의 산업 중심지에서 처음에는 독일인, 그다음에는 프랑스와 보헤미안 노동자들 사이에서 나타났고, 옛 토지 및 노동 개혁가들의 계승자라고 주장하는 일부 아메리카 국민의 지지를 받았다. 1873년 독일 지부는 미국 노동자들의

---

* 19세기 아메리카에서 '사회주의자 체조 협회'는 사회주의에 뿌리를 둔 정치적, 사회적 이상과 신체 운동을 결합한 조직을 의미한다. 이러한 협회는 유럽의 전통, 특히 독일의 영향을 받았는데, 체조는 체력 증진뿐만 아니라 노동자 계급의 공동체 의식, 규율, 시민적 미덕을 함양하는 수단으로 여겨졌다. 사회주의자 체조 협회에서 회원들은 신체 훈련에 참여하지만 그 활동에는 당시의 사회주의 가치를 반영하여 강한 연대감, 평등, 집단 행동이 주입되는 경우가 많았다. 이러한 협회는 노동자와 사회주의자들이 모여 정치적 사상을 조직하고 토론하는 동시에 신체 건강을 증진할 수 있는 공간을 제공했다. 이들은 노동자 계급의 신체적 건강이 사회적, 정치적 권리를 위해 싸울 수 있는 역량과 권한 강화에 필수적이라고 생각한 광범위한 운동의 일부였다.

연대를 촉구하고 현재의 산업 공황의 비참함을 마르크스의 주장으로 설명하는 주간지 〈노동자 신문Arbeiter Zeitung〉의 첫 번째 호를 발행했다.

이제 뉴스와 의견의 기관을 갖추고 생생한 담론의 주제를 부여받은 사회주의 협회의 지도자들은 전국적인 운동을 시작할 때가 왔다고 판단했다. 1874년에 열린 전당대회에서 사회민주당Social Democratic Party이 공식적으로 조직되었고, 노동조합을 통해 강화된 급진주의자들은 곧 노동기사단Knights of Labor에 가입하기 시작했다. 그러나 선동가의 길은 험난했다. 계급투쟁을 말하는 따딱한 마르크스주의 복음은 당시 자본가와 노동조합원 사이의 전국적인 갈등을 준비하던 아메리카인들의 귀에 꽂혔고, 그 10년간의 끔찍한 철도 파업으로 발발했다. 사회주의자 모임은 경찰이나 분노한 시민들에 의해 습격당했고 희미한 그림자에 불과했던 사회민주당은 망각 속으로 가라앉았다.

그 폐허 위에 1877년 뉴어크에서 사회주의노동당Socialist Labor Party이 설립되었는데, 이 정당은 여러 가지 이유로 그 선구와 마찬가지로 독일 정신에 입각한 정당으로 수십 년 동안의 변덕스러운 상황에서도 살아남을 수 있었다. 처음에는 주로 독일에서 온 이민 노동자들의 후원을 받아 마르크스주의 운동의 프로그램을 채택했다. 이후 1878년 비스마르크의 강경한 법에 의해 [독일] 제국에서 쫓겨난 망명자들이 당원으로 충원되었다. 일관된 교리와 강력한 리더십을 갖춘 사회주의 노동당은 70년대 말과 80년대 초에 상당한 반향을 일으켰다.

실제로 연설가들의 활기찬 선동, 최근 파리 코뮌의 메아리, 아메리카 철도 파업의 폭력성은 모두 워싱턴에 있는 대법원의 차분하고 사법적인 분위기에서 전달되는 변호사들의 주장에까지 영향을 미칠 정도로 널리 퍼졌다. 많은 정치가들이 이제 공화국에 대항해 일어났지만 최근 총에 의해 진압된 위험한 반란에 대해 두려움에 떨며 말했고, 1882년 시카고 헤이마켓 폭동과 그 비극적인 사건 이후 반복된 파업에서 쓴 열매를 맺은 듯했던 사회 전쟁의 복음을 들고 무정부주의자 존 모스트가 경기장으로 진군했을 때 공포의 외침은 공황을 가중시켰다.

하지만 사실 아메리카 급진주의자들의 수적 강세는 적들에 의해 너무 과대 평가되었다. 1892년 사회주의노동당이 가장 온건한 강령으로 대통령 후보를 지명하는 모험을 감행했을 때, 그들은 약 2만 표를 얻는 데 그쳤다. 동시대 영국 노동조합 대회와 마찬가지로 노동연맹 대회는 사회주의적 호소에 전혀 영향을 받지 않았고, 아메리카의 노동조합주의는 자본주의 사회에서 고임금과 짧은 노동 시간이라는 안식처를 향해 순조롭게 나아갔다.

그러나 획득과 향유acquisition and enjoyment의 견고한 구조의 틈새를 통해 일반적으로 보이지 않게 스며든 사회주의 교리는 곧 예상치 못한 곳에까지 영향을 미쳤다. 예를 들어, 아메리카 토종의 급진적인 농부들은 이 시기 내내 사회주의 이론으로 물든 그들만의 계급 사업에 종사하고 있었다. 많은 대부호들은 1884년 제임스 러셀 로웰의 민주주의에 관한 연설에서 사회주의가 '그리스도교를 삶에 실질적으로 적용하는 것이며, 그 안에 질서 있고 온화한 재건의 비밀이 있다'는 내용을 읽으며 눈을 비비기도 했다. 그리고 4년 후, 사회주의를 귀화시키고 비즈니스 효율성이라는 이름으로 사회주의에 새로운 세례를 준 에드워드 벨러미의 활기찬 로맨스 『돌아보기Looking Backward』— 최초의 응용 과학 유토피아 —가 전 국민을 감동시켰다. 따라서 19세기 말에는 새로운 의견의 바람이 여기저기서 불고 있었다. 자본의 조직화와 마찬가지로 노동의 조직화도 규칙적인 형태로 진행되고 있었다. 토론과 동요의 물결은 새로운 노동법을 법령집에 쌓아가고 있었다. 신성한 아우구스투스 시대의 로마 원로원이 그랬던 것처럼 입법부는 계속해서 오래된 공식을 가장한 채 회의를 열었지만, 전통이라는 신성한 이름으로 이상한 일들이 벌어지고 있었다.

22

농업의 삼중 혁명

기차와 공장의 굉음, 넘쳐나는 부의 과시, 조직화된 노동의 발작적인 투쟁 등, 승리를 향해 나아가는 산업 기업들은 19세기 말의 지적, 도덕적 분위기를 지배했고, 국가의 감시탑에서 별점을 보는 사람들은 시골의 조용한 곳을 등한시하게 되었다. 이보다 더 자연스러운 일은 없었을 것이다. 새로운 부르주아들의 막대한 재산은 그들을 섬기기 위해 피고용인과 가신들이 모인 도시 중심부에 쌓여 있었다. 필연적으로 부를 끌어들이고 육성하는 문화는 시골집보다는 대도시의 색채를 띠게 되었다. 도시에는 산업과 그에 종사하는 수많은 직원, 신문, 작가, 출판사, 도서관, 의회, 토론의 장, 그리고 여론을 조성하는 사람들이 있었다.

게다가 미국에는 다른 문명권에서 볼 수 있는 사회 질서와 정확히 비교할 수 있는 지주 귀족이 존재하지 않았고, 존재했던 적도 없다. 로마 제국에서는 강력한 카이사르 치하에서도 원로원을 지배하고 공공 정책의 방향을 제시한 것은 시골 출신의 귀족이었다. 웅변가이자 부자의 의뢰인이었던 키케로보다 중요함이 덜하지 않았던 인물들은 시골 영지의 상급자에게 정중하게 경의를 표하며 연설했고, 아피아 가도Appian Way의 가장 화려한 금권정치가는 귀족의 후손 앞에서 더 낮은 자세로 고개를 숙였다. 호헨촐레른 국가의 기둥을 형성한 것은 옛 프로이센의 융커Junker였으며, 세계대전의 충격 이후에도 독일의 레벤틀로브*들과 슈펭글러들에게 국제 자본주의의 모든 것을 정복하는 힘에 대항하는 유일한 보루를 ― 아마도 절망적인 곤경 속에서의 볼셰비즘을 제외하고는 ― 제공하는 것처럼 보였다. 구정권의 베르사유 궁정에서 귀족과 성직자들은 전쟁과 평화를 위한 재능 있는 인물들을 제공했을 뿐 아니라 화려한 장식과 완성도 높은 예절로 프랑스 왕His Most Christian Majesty**의 궁정을 모든 왕족들이 선망하게 만들었다. 영국에서는 수 세기 동안 동일한 경제적 자원을 가진 신사 계층gentry이 그 땅의 법을 만들고, 국가와 교회에 장교를 공급하고, 의회에서 봉사하고, 궁정에서 왕실을 빛나게 했다. 그리고 만약 영국의 가장 통찰력 있는 지성이 믿을 만하다면, 오늘날까지도 비누나 석탄으로 부를 쌓은 부자 중에는 두 명의 가장 부유한 면직물 제조업자와 함께 걷기보다는 팔짱을 낀 두 명의 공작과 함께 펠멜 가Pall Mall를 걷기를 더 선호하지 않는 사람은 없을 것이다. 저 멀리 동양에서는 루이 16세의 신하들처럼 당당하고 거만한 영주 사무라이들이 도쿄 막부의 권위를 지탱했고, 이후 회복된

---

* 저명한 극우 정치인 에른스트 레벤틀로브Ernst Rebentlow(1869~1943)를 가리키는 것으로 보인다. 레벤틀로브는 민족주의와 제국주의 독일을 옹호하는 범독일 운동의 주요 인물이었다. 그는 또한 격렬한 반유대주의적 견해로 유명했으며 바이마르 공화국을 독일의 국익을 배신한 것으로 간주하여 강력하게 비판했다. 그의 사상은 융커 계급의 영향력을 포함하여 독일의 전통적인 권력 구조를 유지하려는 반동적이고 반민주적인 정서와 맞닿아 있었다.

** '가장 그리스도교적인 왕'(라틴어로는 Rex Christianissimus, 프랑스어로는 Roi Très-Chrétien)이라는 칭호는 교황이 프랑스 군주에게 부여한 명칭으로, 교회의 장남이자 가톨릭 신앙의 수호자로서 그들의 역할을 상징한다. 이 칭호는 프랑스 왕실과 교황청 사이의 특별한 관계를 나타내는 표지였으며, 가톨릭 교회와 그 이익의 수호자로서 프랑스 국왕의 역할을 강조하는 데 사용되었다.

황실의 권위를 유지하며, 도덕 규범을 형성하고, 국가와 사회의 업무를 지휘했다.

그러나, 우리가 말했듯이, 아메리카에는 국가 전역에서 그러한 계급이 지배적인 적이 없었다. 실제로 뉴잉글랜드와 중부 주Middle States의 모든 토지는 비교적 작은 농장으로 나뉘어져 있었고, 그 농장을 경작하는 자유 농민들이 소유하고 있었으며, 허드슨 밸리의 소수의 대지주들은 그 중요성이 점점 줄어들고 있는 예외적인 상황이었다. 많은 대지주 가문을 포용하고 오랫동안 이 지역의 정치를 독점했지만, 남부의 시주 계급은 로마, 베를린, 파리, 런던, 도쿄에 필적할 만한 중심적인 수도가 없었고, 2차 아메리카 혁명 이후 전체 계급은 승리한 자본주의 앞에 엎드려야 했다.

§

그러나 남북전쟁 이후 격렬한 상업 발전의 시기를 거치면서 철학자와 경제학자들의 저서에서는 거의 주목받지 못했던 아메리카 농업은 제조업과 운송업을 뒤흔든 혁명에 못지않은 역동적인 변화를 겪었고, 세기 말에도 아메리카 문명 전체에서 가장 중요한 생산 부문으로 남아 있었다. 도시가 마법처럼 성장하는 동안 시골도 힘을 키우고 있었다. 1850년 아메리카의 총 인구는 3,000만 명 미만이었지만, 20세기 첫 인구조사에서는 5,000만 명 이상이 농장이나 농업으로 유지되는 마을에 살고 있는 것으로 보고되었다.

아메리카는 아직 영국처럼 농가를 삼키지 않았고, 국민의 4분의 3을 산업 도시로 끌어들이지도 않았다. 그 부유함이 주로 외국과 제국 무역의 희생과 변덕에 좌우되거나 아프리카의 야만인들에게 회색 셔츠를 팔거나 어둠 속에 사는 그들에게 브루마젬Brummagem[대량 생산된 제품을 지칭할 때 값싸고 조잡한 모조품을 가리키는 용어] 장신구를 파는 것에 의존하는 것도 아니었다. 세기말에 가까워질 때까지 농업에 의해 유지된 국내 시장은 농부들을 큰 구매자로 삼아 아메리카 공장과 광산의 거의 모든 제품을 흡수했다.

요컨대, 농업의 확장은 산업의 확장과 거의 병행해서 이루어졌다. 링컨의 첫 당선과 세계대전 발발 사이에 있었던 이 기간 동안 농장 수만 해도 필그림들 Pilgrims이 상륙하고 일리노이 레일 스플리터rail-splitter*가 투표에서 승리할 때까지 경작된 농가 및 농장 총수의 두 배 이상에 달했다. 1860년에 아메리카에는 200만 개의 농가가 있었고, 그로부터 50년 후에는 600만 개가 넘는 농가가 있었다.

비교해서 보자면, 산업 기업 시대에 국가 유산에 추가된 새로운 자영농가는 아메리카노동총연맹이 최고의 힘을 발휘하던 시기에 장부에 등록된 모든 산업 노동자의 수보다 더 많았다. 면적으로 표현하자면, 추가로 경작하게 된 농장은 3억 에이커가 넘는 개간지, 즉 프랑스와 독일의 생산 면적을 합친 것보다 더 큰 영역을 포함하고 있었다. 같은 기간 동안 밀 생산량은 1억 7,300만 부셸에서 거의 7억 부셸로 증가했는데, 이는 전 세계 총 생산량의 6분의 1에 달했다.

번영과 힘이 오로지 도시의 창의성이 만들어낸 결과물이라고 생각하는 사람들에 의해 종종 간과되었지만, 실제로 농업은 산업 번영의 자양분을 제공했고 미국과 구세계 국가들의 관계를 크게 변화시켰다. 농장에서 생산된 농산물은 철도에 막대한 양의 화물을 공급하여 아메리카 자본주의의 중요한 지점을 뒷받침하는 주요 요소 중 하나가 되었다. 농업은 공장 노동자들의 군대를 먹여 살렸고, 구매력 증가로 인해 생산된 상품에 대한 수요를 꾸준히 확대시켰다. 또한 국내 포장 및 통조림 산업에 필요한 원재료와 7대양 상선 함대에 필요한 화물도 공급했다. 유럽 자본가들에 대한 아메리카의 부채를 탕감하는 데

---

* '일리노이 레일 스플리터'는 미국 제16대 대통령인 에이브러햄 링컨을 가리키는 말이다. '레일 스플리터'라는 별명은 1860년 대선 캠페인에서 그의 소박한 시작과 개척지 출신임을 강조하기 위해 사용되었다. 링컨은 변호사와 정치인이 되기 전에 노동자로 일하며 통나무를 쪼개 철조망을 만들었는데, 이는 그의 서민 출신과 노동자 계급과의 관계를 상징하는 단어가 되었다.

큰 역할을 한 이 무역은 미국의 경제적 독립을 빠르게 촉진하는 데 기여했다.

예를 들어, 남북전쟁 기간 동안 영국으로의 밀 수출이 증가하면서 남부 면화 수출이 중단된 것을 상쇄할 수 있었고, 이는 영국 정치가들의 균형감각을 남부연합에 유리한 어떠한 공개적인 행동도 막게 하는 데 도움이 되었다. 경제적 측면에서 볼 때, 선택은 면화와 빵 사이에 있었고 빵이 승리했다. 1860년 밀의 총 수출량은 1,700만 부셸이었으나 3년 후 5,800만 부셸로 증가했고, 세기말에는 2억 부셸을 훨씬 넘어섰다. 보불전쟁 이후 영국의 면방직업자와 독일의 제철업자들이 아시아, 아프리카, 남아메리카의 낙후되고 황폐한 지역으로 진격하고 먼 바다의 섬들을 침략하는 동안, 아메리카의 농부들은 맨체스터, 버밍엄, 에센의 노동자들에게 식량을 공급하기 위해 밀, 옥수수, 돼지고기를 유럽 시장에 쏟아부었다. 오스트리아의 한 저명한 경제학자는 19세기 후반 아메리카 농산물이 구세계로 유입되면서 콜럼버스의 발견 이후 금과 은이 유입된 시대에 비견할 만한 경제 혁명이 일어났다고 주장했다.

§

이 딱딱하고 인상적인 사실은 대차대조표의 관점에서 국가의 운명을 계산하는 사람들의 관심을 끌기에 충분히 인상적이지만 전체 이야기를 말해주지는 않는다. 농산물을 점점 더 높이 쌓아 올리는 동안 아메리카 농업은 생산량을 점점 더 늘려가면서, 과학과 기계가 제조업을 정복한 것과 마찬가지로, 사회적 함의에서 고대 로마의 신탁집Sibylline만큼이나 예언적인 삼중 혁명을 겪었다. 우선, 농업에서 승리의 진보를 이룬 이 시대에는 노예를 소유한 귀족, 즉 지주 귀족이 해체되고 흑인, 백인 농부, 남부 경제, 국가 정치와 상관관계가 있는 영향을 미쳤다. 다음으로, 1607년 제임스타운에서 시작된 플랜테이션 이해관계와 정착의 긴 과정은 노동력, 농장 가치, 소작, 이주민에 대한 급격한 영향과 함께 변경 지대의 경작지 고갈로 인해 막을 내렸다. 마침내 이 시대는 농업이 자본주의, 과학, 기계에 의해 끝없이 지속되는 산업 소용돌이 속으로 흡수되는 시대가 되었다.

이 삼중 혁명을 통해 인구, 식량 공급, 사회 정책의 기본 문제가 경제학자와 정치가들의 고려 대상이 되었다. 그 시대가 끝날 무렵, 농민이나 불만에 찬 노동자의 항의는 더 이상 서부로 가서 새로운 비옥한 토지를 개척하라는 명령으로 잠재울 수 없게 되었다 제퍼슨이 사망한 지 100년도 채 되지 않아 그의 '자유롭고 독립적인 농부들의 공화국'은 한계에 다다랐고, 또 다른 세기가 끝날 때 아메리카의 땅이 누구의 손에 의해 경작될지조차 불투명했다. 로마, 프랑스, 독일, 덴마크, 영국, 이탈리아, 중국의 경험은 미래를 모색하는 사람들에게 의미심장함을 띠기 시작했다.[*]

§

시간 순서대로 보면 남부의 농업 혁명이 가장 먼저 시작되었고, 가장 화려한 특징을 보여주었다. 이러한 변화에는 노예 소유주, 노예, 자유 토지 보유자라는 세 당사자가 있었다. 구체제에서는 이 중 첫 번째 그룹이 의심할 여지 없는 우위를 누렸고, 적어도 책과 연설가들에 따르면 노예를 거느린 백인 주인의 영지가 농업 현장의 중심이었다. 의심의 여지 없이 남부의 정치적 리더십은 농장주들이 차지했으며, 이들은 자신의 소유지 개발에 막대한 에너지를 쏟는 것 외에도 국정을 지휘해야 한다고 주장했다. 사회적으로, 고전적인 대저

---

[*] 로마제국에서는 소규모 농장의 쇠퇴와 대규모 영지Latifundia의 부상은 사회 불안정의 원인이 되었다. 프랑스 혁명은 부분적으로 억압적인 봉건 체제하에서 농민들의 곤경에 의해 주도되었다. 독일과 덴마크는 두 나라 모두 19세기에 중요한 농업 개혁을 경험했으며, 이는 토지 소유와 농민에게 영향을 미쳤다. 영국은 인클로저 운동으로 많은 소농이 이주하여 농촌 인구 감소와 도시화로 이어졌다. 이탈리아는 농촌 빈곤과 토지 불평등 문제에 직면했다. 중국의 전통적인 농업은 특히 20세기의 정치적 변화와 토지 개혁의 영향을 받았다. 이러한 국가들을 언급함으로써 미국의 미래를 생각하던 사람들이 제퍼슨의 이상인 소농 공화국의 쇠퇴와 다른 사회에서 일어난 유사한 투쟁 또는 전환 사이에 유사점을 발견했음을 시사한다. 이러한 지식이 미합중국이 앞으로 나아갈 방향과 토지가 어떻게 운영될지 이해하는 데 매우 중요해졌다는 의미이다.

택과 수입한 장식물들로 꾸며진 거대한 농장은 남부의 능력과 명성의 상징으로 작용했다. 겉으로 보기에 노예를 소유한 농장주는 승승장구하고 있었지만, 남북전쟁으로 인해 그 체제는 무너져 내렸다.

다양한 재산을 가진 36만 명의 노예 소유주 밑에서 일하던 노예는 약 400만 명에 달했다. 이 노예들은 단순한 예속인이 아니었다. 그들의 조상들은 아프리카의 숲에서 수입된 흑인들이었다. 아메리카에서의 삶에는 무능력한 선천적인 장애가 있든 없든, 흔히 주장하는 것처럼, 그들은 유럽의 농민이나 장인처럼 문화적 훈련을 받은 적이 없었고, 기회와 재산, 경쟁을 통해 근면과 근검절약으로 경제 규모를 키운 적이 거의 없었다. 노예든 자유민이든 그들은 이 땅에서 번영을 일구기 위한 준비가 제대로 되어 있지 않았다.

노예 소유주와 그 가족들보다 더 많은 수는 남부의 자유 농부들이었으며, 이들의 가족은 전체 백인 인구의 3분의 2 이상을 차지했다. 이 그룹 중 대다수는 근면하고 자존심이 강하며 해안 평야에 펼쳐진 넓은 고지대에 살았다. 정규 교육을 받지 못했지만 땅을 경작하는 이 튼튼한 사람들은 생활 수준을 높일 수 있는 능력을 보여주었다. 요먼보다 낮은 계층에 속하지만 문화적으로 요먼과 큰 격차를 보이는 '가난한 백인들poor whites'은 주인과 노예 모두에게 멸시를 받았다. 척박한 소나무 숲과 산골짜기에 흩어져 살던 이들은 가난과 기생충에 맞서 생존을 위한 힘겨운 싸움을 벌였다. 경제적으로 무익한 가난한 백인들은 정치적으로 식민지 시대의 계약 하인들만큼이나 미미한 존재였다.

소농과 농장주 사이에는 처음부터 깊은 골이 있었다. 후자는 자신의 권력에 만족한 나머지 고지대에 사는 백인 이웃의 발전보다는 자신의 계급과 노예들의 이익에 더 관심이 많았다. 공립학교의 도움 없이도 자녀를 교육시킬 수 있었던 그들은 백인 공동체의 지적 욕구에는 거의 신경을 쓰지 않았다. 실제로 농장 시스템의 창의성은 도시와 농촌을 막론하고 북부 경제에서 가장 중요한 과학, 경쟁, 대중 교육 정신에 적대적이었으며, 이는 1861년의 위기 이전부터 남부의 자유 백인 농민 지도자들 사이에서 잘 알려진 사실이었다.

그 근거가 무엇이든, 요면 중에서 좀 더 급진적인 사상가들은 노예제를 자신의 계급에 대한 저주로, 농장주들을 '백인 민주주의'의 천적으로 간주하게 된 것이 확실했다. 이러한 신념에 고무된 수천 명의 남부 농부들, 특히 산악 지역의 농부들은 내전 기간 동안 연방에 충성했고, 연방군에서 용감하게 자신의 지역 형제들과 전투를 벌였다. 비록 당시의 긴급한 상황에서 대다수는 남부연합을 지지하고 공동의 대의를 위해 봉사함으로써 정치적 지위를 향상시켰지만, 농장 귀족과 그들을 갈라놓았던 장벽을 완전히 무너뜨리는 데는 성공하지 못했다.

§

그러나 애퍼매톡스에서 막이 내렸을 때 남부 삼각형의 모든 당사자들은 새로운 삶과 노동 조건에 적응해야 했다. 부채에 시달리고, 자본 부족으로 사업에 제약을 받고, 대부분 만족스러운 노동력 공급을 빼앗긴 농장주들은 지금까지 해오던 것과는 다른 재배 방법을 고안하거나 농업을 완전히 버리고 사업, 산업 또는 전문직에 종사해야만 했다. 이 중 첫 번째 대안을 선택한 일부 농장주들은 이전의 노예를 임금 노동자로 고용하여 경작지를 그대로 유지하려고 했지만, 이는 주인과 하인 모두에게 이상한 관계였으며 가장 숙련된 관리자만이 생산성을 높일 수 있었다. 다른 농장주들은 임대 관행에 의존하여 영지를 그대로 유지하려고 노력했다. 그들은 땅을 구획으로 나누어 백인 농부나 해방민에게 임대하고 그 대가로 현금이나 수확물의 지분을 받았다.

돈이 부족했기 때문에 일반적으로 '소작' 방식이 선택되었다. 이 경우 농장주는 토지와 자본의 일부를 제공하고 소작인은 노동력과 때때로 장비의 일부를 제공했으며, 연말에 계약 조건에 따라 결합의 결실을 나누었다. 이러한 방식으로 소작인 또는 소작인 경제는 사회적 의미를 지닌 경제로, 이전에는 통일된 농장이 상부의 지시에 따라 점유하던 광활한 지역에서 노예의 경작을 대체했다. 게다가 흑인이나 가난한 백인은 수중에 돈이 거의 없었기 때문에 대개 지주로부터 자본을 선불로 받아야 했기 때문에 결코 끊을 수 없는 부채의 사슬로 후원자에게 묶여 있었고, 부도덕한 지주는 종종 가난과 장부 및 법률에 대한 소작인의 무지를 이용했다.

실험 결과, 농장주들이 채택한 어떤 방법도 눈에 띄게 효율적이지는 않았다. 사실 전쟁은 노예 노동력에 의한 원시 토지의 착취에 기반을 둔 남부 경제의 오랜 위기의 목을 치고 남부 지역 간의 갈등을 불러왔고, 2차 아메리카 혁명으로 치명적인 타격을 입었을 때, 남부의 경제는 이미 무거운 짐을 지고 비틀거리고 있었다. 버지니아 해안은 황폐해졌고, 노스캐롤라이나, 사우스캐롤라이나, 조지아 해안 평야의 들판은 여전히 번영을 누리고 있었지만 많은 위기감을 느끼고 있었다. 앨라배마에서 텍사스까지 이어지는 흑토 지대는 적절한 윤작과 시비施肥 없는 끊임없는 작물 재배로 지쳐가고 있었다. 전반적으로 남부 농업은 대공황이 닥쳤을 때 낙후된 상태였다. 1860년 남부의 에이커당 평균 농지 가치와 개선 가치는 돌이 많은 뉴잉글랜드 지역의 절반에도 미치지 못했으며, 이는 주택, 가축, 학교, 도로, 공공 기관 및 생활 수준 면에서 큰 차이를 의미했다. 그나마도 그 가치는 농장주들이 노동자들을 철저히 감독한 덕분에 어느 정도 유지될 수 있었다.

노예제 폐지론자들은 남부 농업의 쇠퇴를 노예제 탓으로 돌렸지만, 적어도 노예 해방이 가져온 결실은 그들의 주장을 뒷받침하지 못했다. 40년간의 해방이 끝나갈 무렵, 남부 농장의 에이커 가치는 남북전쟁 직전보다 상대적으로 낮아져, 버려진 농장을 모두 합친 뉴잉글랜드의 3분의 1 수준에 불과했다.

새로운 조건에서 농업의 위험에 대처할 의지가 없었던 많은 농장주들은 절망에 빠져 항복하고 사업이나 산업에 뛰어들었다. 임금이나 소작 제도를 운영할 능력이 있다고 생각한 자본가들에게 경매 시장에서 자신의 재산을 헐값에 팔거나 변경의 백인 농부들에게 작은 땅을 처분한 이 농장주들은 한때 농업에 전념했던 고상한 능력을 조상들이 경멸했던 사업에 쏟아붓게 되었다. 실제로 남부의 저명한 역사가 중 한 명인 P.A.브루스는 이렇게 말했다. '상류층 플랜테이션 계급은…… 지금까지 생존해 있는 한, 도시에 집중되어 있었다……
이동은 거의 보편적으로 이루어졌다. 이전에는 대영지를 관리하고 노예를 지
배하는 데서 표현하고자 했던 재능, 에너지, 야망이 이제는 무역, 제조업 또는
일반적인 개발 사업에서 활동의 장을 찾고 있었다.' 또한 많은 농장주들, 특히
젊은 세대는 영지를 버리고 남부에서 북부 도시, 특히 민주당의 거점인 뉴욕
으로 이주하여 사업과 사회에 방향과 기조를 제시하는 데 도움을 주었다.

　죽은 과거는 묻힐 준비가 되었다. 종종 상상력으로 짙게 물든 구체제에 대
한 달콤한 기억은 애틋하게 간직되어 오랫동안 자신의 시대에 창조적인 작업
을 할 만한 지적 능력을 발휘하게 했지만, 강인한 개척자나 용감한 탐험가처
럼 진짜든 모방이든 군림하는 농장주는 이제 역사와 낭만의 영역에만 속했다.

§

　이미 언급했듯이, 비록 플랜테이션 귀족의 전복은 어떤 측면에서는 영국과
프랑스의 지주 계급 전복과 유사했지만, 특히 노예에 관한 한 그 과정은 결
코 동일하지 않았다. 구세계의 농노serf는 원칙적으로 주인만큼이나 백인이었
다. 그들이 사회적으로 열등한 존재로 낙인찍혔다고 해도, 그들은 지배 질서
와는 지울 수 없는 선으로 분리되어 있지는 않았다. 또한 그들의 사회적 유산
도 흑인 노예와는 비교할 수 없었다. 적어도 서유럽에서 농노의 해방은 근검
절약을 통해 느리지만 꾸준히 자유를 향해 나아가는 과정에서 점진적으로 이
루어졌으며, 해방이라는 결정적인 행위는 불가피한 것을 용인한 것에 불과했
다. 게다가 농노들은 개인 재산을 소유하고 밭과 정원을 관리하는 데 항상 익
숙했으며, 그들의 자녀들은 때때로 속박에서 벗어나 교회에서 또는 결혼을 통
해 출세하여 왕의 궁정에서 봉사했다. 마침내 예속의 굴레에서 벗어났을 때,
그들은 일반적으로 자신이 태어난 나라의 지분이 있는 땅을, 세금을 부담해야
했지만, 곧바로 소유하게 되었다.

　모든 중요한 면에서 남부의 자유민들이 된 흑인의 지위는 해방된 농노들과

달랐다. 그들은 주인과는 다른 종족이었고, 색깔의 인장이 찍혀 있었으며, 어디를 가도 노예라는 오랜 징표에서 벗어날 수 없었다. 교묘한 경로를 통해 농업, 전문직, 사업, 심지어 노예 소유 계급으로 넘어간 수천 명을 제외하고는 흑인들은 재산을 소유하거나 임금을 받고 일하거나 직접 경영을 하는 것에 익숙하지 않았다. 흑인들의 해방은 스스로의 강력한 노력의 결과가 아니라 주인의 권력을 무너뜨린 전쟁의 부산물로 찾아왔다. 족쇄가 풀렸을 때 그들은 땅도, 전 주인을 상대로 한 청구권도 받지 못했다. 자유의 날, 그들은 재산도, 도구도, 집도 없이 빈손으로 서 있었으며, 걸치고 있는 옷을 소유한 사람조차 별로 없었다.

따라서 흑인들이 백인들의 세계에서 대담하게 나서는 것은 불가능했다. 특히 막연한 소문으로 깨어난 자유 토지에 대한 희망이 연방 정부에 의해 좌절되었기 때문에 더욱 그러했다. 수천 명이 남부의 도시로 도망치거나 먼 북부로 떠났지만 대다수는 농장의 오두막에 남아 옛 방식으로 밭을 경작하며, 적어도 오랫동안, 이전 생활 수준보다 약간 더 나은 생활을 가능하게 해준 임금을 받으며 살았다.

수십 년이 지나면서 많은 사람들이 현금이나 현물 지대로 작은 땅을 빌려 쓰는 임차인이 된 반면, 진취적이고 운이 좋은 사람들은 소유자의 영역으로 넘어가는 데 성공했다. 해방 10년 후, 워싱턴의 농무부는 면화 벨트에서 해방된 노예 중 약 5퍼센트가 자유 토지 소유자가 되었다는 사실을 발견했다. 세기 말, 그 땅에서 일하는 유색 인종 노동자의 4분의 1이 자신의 경작지를 소유하고 있었지만, 대부분 막대한 빚을 지고 있었다. 과거를 돌아보거나 흑인을 가장 잘 사는 백인과 비교하는 사람들은 노예에서 벗어나 힘들게 상승하는 과정에서 희망을 보았지만, 단순히 주위를 둘러보는 사람들은 낙담하기 일쑤였다.

경제의 일반적인 흐름이 농부로서의 흑인에게 불리했던 것은 의심할 여지가 없다. 기계와 과학의 시대에 변화하는 농업 기술은 유색 인종 남녀는 물론 교육을 받지 못한 백인 이웃들을 당황하게 만들었다. 두세 가지 주요 작물에만 익숙하고 쟁기와 괭이를 사용하는 원시적인 경작 기술에 국한되어 있던 그들은 전통에 대한 애처로운 헌신으로 버텨냈다. 그들은 노예제 시대에 재배된 면화의 4분의 3을 재배했고, 면화를 심고, 가꾸고, 수확하는 방법을 알고 있었으며, 계절이 끝나면 항상 현금을 얻을 수 있는 상품이라는 것을 알았고, 조상들의 방식을 충실히 따랐다.

그러나 그들은 지력地力의 고갈, 과학적 시비施肥의 필요성, 목화 바구미boll weevil로 인한 황폐화, 다른 노동력, 특히 멕시코 노동력의 자극에 따른 텍사스 목화 문화의 경쟁 등 지속적이고 쉬운 발전을 가로막는 강력한 장애물을 만났을 때 자유를 향한 진전을 이루지 못했다. 부커 T. 워싱턴*과 그의 용감한 조력자들은 교육과 연회를 통해 새로운 문제에 대처하기 위해 영웅적인 노력을 기울였지만, 흐름의 방향은 그들에게 불리했다. 세기 말에는 목화 수확량의 절반만이 흑인 노동력에 의해 생산되었다. 해방민들은 더 높은 수준의 기계 기술 습득에서 더 운이 좋았던 것도 아니다. 노예 상태에서는 장인으로서의 능력을 시험할 기회가 상대적으로 적었고, 해방 후에는 훈련 부족, 적성 부족, 백인 노동자의 질투 또는 이 세 가지 모두로 인해 기술이 필요한 직종에서 큰 성과를 이루지 못했다. 이러한 현실을 고려할 때, 흑인들이 땅과 국내 고용에서 이탈할 수밖에 없는 곳은 하위 산업 분야였으며, 링컨이 사망한 지 35년

---

* Booker Taliaferro Washington(1856~1915). 미국의 교육자, 작가, 연설가. 1890년부터 1915년 사이에 워싱턴은 흑인 엘리트 사회의 주요 지도자였다. 노예로 태어난 워싱턴은 남북전쟁 중 연방군이 도착했을 때 해방되었다. 1881년, 그는 앨라배마에 새로 설립된 흑인 고등교육 기관인 터스키기 인스티튜트의 초대 이사장으로 임명되었고 대학을 확장하고 학생들을 건물 건설에 참여시켰다. 그는 1895년 애틀랜타 연설로 정치인과 대중의 관심을 끌며 전국적인 명성을 얻었다. 워싱턴은 남부 흑인 사회와 진보적인 백인 사이에서 폭넓은 지지를 얻으며 흑인 정치에서 지배적인 역할을 했다. 워싱턴은 1901년에 자서전 『노예에서 벗어나Up from Slavery』를 집필하여 큰 반향을 불러왔고 그해에 백악관에서 시어도어 루즈벨트와 식사를 했는데, 이는 흑인이 공개적으로 대통령과 동등한 조건으로 만난 최초의 행사였다.

이 지난 후에도 흑인의 4퍼센트만이 고도의 기술이 필요한 기능공으로 종사했다.

경제 분야에서 급속한 발전을 이루지 못한 흑인들은, 재건의 나날 동안 해방이 그들에게 부여하려 했던 정치적, 시민적 특권을 자신들이 잃었다는 것을 알게 되었다. 1880년 이후 남부의 많은 지역, 특히 해안 지대에서는 법과 사회적 압력에 의해 유색 인종의 참정권이 사실상 박탈되었다. 수정헌법 제14조와 수정헌법 제15조에 자유와 평등이라는 거창한 문구가 여전히 존재했지만 실제로는 무시되었다. 요컨대, 남북전쟁의 열기가 식고 북부의 총검이 남부 수도에서 철수한 후 흑인은 전쟁 전과 마찬가지로 다시 백인 정부의 지배를 받게 되었다. 세속적인 재물이 거의 없었기 때문에 흑인은 또한 지위 고하를 막론하고 법정에서 가난한 자로서의 장애를 겪었으며, 원칙적으로 모든 곳에서 판사와 배심원으로부터 의심스러운 정의의 심판을 받았으며, 종종 백인 공동체에 대한 범죄 혐의로 사형lynch law에 따라 끔찍한 처벌을 받았다. 따라서 흑인은 정치 과정에 내재될 수 있는 사회 개선을 위한 대부분의 힘을 잃었다.

남부의 대다수 유색 인종이 이러한 문제에 대해 별다른 관심을 기울이지 않았다 해도, 저항하는 사람들은 이러한 차별을 이용해 사회에 분노를 불러일으켰고, 이는 특히 북부로 탈출구가 열리면서 남부 농업 경제에 악영향을 미쳤다. 북부 산업의 엄청난 성장, 비숙련 노동력에 대한 수요 증가, 기업에서 제공하는 상대적으로 높은 임금, 그리고 무엇보다도 유럽과 아시아계 이민의 감소는 괭이를 버리고 오하이오와 포토맥 강 너머의 도시로 이주하는 위험을 감수할 만큼 활기찬 흑인 인종에게 더 많은 기회를 제공했다.

세계대전 이후 '민주주의의 군대'에 징집된 흑인 병사들이 총사령관인 윌슨 대통령의 높은 이상에 영감을 받고 제대하면서 과거 예속의 상징이었던 안주하는 태도에서 벗어나려 함으로써 이 운동의 속도는 더욱 빨라졌다. 새로운 이론에 감동하고 적극적인 선전에 고무된 수많은 흑인들은 이제 고정된 차별이 사방에 도사리고 있는 남부 들판과 남부 가정에서의 여유롭고 건강한 삶보다는 북부 도시에서의 힘든 투쟁을 선택했다.

사실 이러한 북상北上 움직임은 20세기 초 수십 년 동안 매우 강력하여 남부 농업의 경제적, 사회적 기반에 더욱 급진적인 변화를 예고했다. 일부 예언자들은 지나치게 성급하게도, 결국 그 결과가 남부에 이로울 것이라고 주장했는데, 이는 구식 플랜테이션 소유주와 해안가의 비효율적인 흑인이 피드몬트와 북부에서 온 백인 정착민들의 침입으로 밀려날 것이라는 가정에서 나온 생각이었다. 이 새로운 인구는 검소함, 자본, 에너지를 적용할 수 있는 능력을 지닌 사람들이었으며, 노예 제도 아래에서 북부의 생산 수준에 미치지 못했던 토지에 그러한 자질을 발휘할 수 있을 것이라고 보았다. 미래에 무엇이 기다리고 있든, 거의 50년 동안의 자유를 누린 후에도 남부 농업은 전국적으로 보면 낮은 수준에 머물렀고, 토지 및 개량의 에이커당 평균 가치는, 중부 주들이 그 네 배가 넘는 금액인 데 비해, 8.96달러에 불과했다는 것은 분명한 사실이었다.

§

힌튼 로완 헬퍼가 예언한 대로, 노예 해방으로 인한 즉각적인 혜택은 노예 당사자보다 삼각 구도의 세 번째 축인 백인 자유 보유자의 가족들이 더 많이 누렸다. 그들은 모든 노동을 예속으로 간주하는 사회에서 겪었던 멸시의 오명을 어느 정도 벗어던지게 되었다. 헬퍼가 말한 '족쇄와 수갑의 오만한 기병대'와 그들을 갈라놓았던 간극이 기병대의 몰락으로 완전히 메워지지는 않았지만, 어떤 경우에도 더 이상 명백해지지는 않았다.

백인 농부들은 과거에 받았던 무시와 멸시 대신 약간의 존경과 때때로 아첨을 받게 되었다. 그들의 용맹함은 전쟁에서 노예 소유주들에게 유용했고, 흑인들의 지배를 막기 위해서는 그들의 지속적인 지원이 필요했기 때문이다. 이러한 직접적인 위협에 직면한 농장주들과 소농들은 민주당 깃발 아래 집결하여 과거의 원한을 묻어두고 투표함 앞에서 공동의 대의를 만들어 몇 년 만에 흑인을 사회적, 정치적 문제에서 역사적인 지위에 근접한 지위에 놓는 '견고한 남부solid South'를 만들었다.

백인 자유 지주들은 2차 아메리카 혁명에서 명성을 얻었을 뿐 아니라 새로운 질서에서 경제적 이득을 얻었다. 노예 제도가 지속되는 동안 백인 자유 지주들은 노예들이 경작할 땅을 더 확보하기 위해 피드몬트 지방으로 꾸준히 진출하는 농장주들의 끊임없는 압박에 시달려야 했다. 자본이 거의 없는 데다 인근 지역의 땅값 상승에 서항할 수 없었던 요먼들은 더 높은 언덕으로 올라가거나 오하이오 주나 미시시피 주 너머 서부 지역으로 이주할 수밖에 없었다.

그러나 전쟁으로 인해 대농장들이 폐허가 되자 농민들은 저지대로 돌아와 대규모 농장이 매물로 나오자 소규모로 그것을 인수하기 시작했다. 링컨이 당선된 후 10년 동안 10개 면화 주의 평균 농장 규모는 약 400에이커에서 230에이커로 감소한 반면, 100에이커 이하를 소유한 자유 농장의 수는 33만 개에서 51만 7천 개로 증가했다. 그 후 30년 동안 포토맥 강과 오하이오 강 이남의 농장 수는 아칸소와 루이지애나를 제외한 모든 주에서 두 배로 증가했다. 따라서 노예제 폐지는 1789년 대격변 이후 프랑스 농민의 지위 변화와 흥미로운 비교를 제공하는 방식으로 백인 농부의 지위를 변화시켰다.

§

남부의 경향에 대한 해석이 어떻든, 삼중 농업 혁명의 두 번째 단계, 즉 국경의 최종적인 폐쇄, 값싸거나 무상인 토지의 소멸이라는 현실에 대해서는 의문의 여지가 없었다. 1900년에 이르러 아메리카 발전의 두드러진 특징인, 식민화와 정착은 완전히 멈췄고, 아메리카 사회는 마침내 구시대의 경제 법칙으로 환원되었는데, 그 대단원은 놀라울 정도로 빨랐다. 1827년 재무장관은 '공공 토지에 정착이 완료되는 데 500년이 걸릴 것'이라고 보고했고, 그 선언 이후 텍사스 주와 멕시코 전쟁의 결과물이 그가 말한 소유물에 추가되었다.

하지만 70년이라는 짧은 시간 안에 불가능한 일이 일어났다. 1860년, 자유 경작민들은, 당시의 표현으로, 자신들의 농장을 위해 투표했고, 남부의 그들의 반대자들이 남부 독립을 위한 전쟁에 몰두해 있는 동안, 그들은 그들의 기대를 입법화했다. 1862년 의회는, 이미 충분히 설명한, 홈스테드법과 농업 및 기계 교육 지원을 위해 각 주에 의회의 대표성에 비례하여 공공 토지의 일부를 할당하는 모릴법Morrill Act을 통과시켰다. 2년 후, 셔먼[William Tecumseh Sherman]의 기억에 남는 바다로의 진군*이 있었던 해에, 또 다른 중요한 조치가 시행되어 석탄 제국이 에이커당 최소 25달러라는 명목상의 가격으로 시장에 나왔고, 나중에 구매자들의 관심을 끌기 위해 가격은 더 낮아졌다. 이것은 곧이어 임대 관행을 폐지하고, 준법보다 위반을 더 중시하며, 공공 영역의 광대한 광물 토지를 일반 탐사 및 점유할 수 있도록 개방하는 보다 획기적인 조치로 이어졌다. 한편 국유지의 거대한 땅들이 기업 지원을 위해 철도 회사에 넘겨졌다. 따라서 연방 정부는 하나의 법적 문구와 또 하나의 행정 절차를 통해 서부 변경에 남아 있는 모든 토지를 신속하게 장악하고 개발할 수 있는 길을 마련했다.

이렇게 서둘러 준비해야 했던 것은 모든 예상을 뛰어넘는 일이었다. 홈스테드법이 제정된 지 30년 만에 대륙에 있는 모든 경작 가능한 땅은 말뚝이 박히고 점령되었다. 서부의 역사가들에 따르면, 1890년 무렵에는 변경이 사라졌고 연방 정부는 더 이상 나눠줄 풍요로운 농경지가 없었다. 버팔로와 카우보이가 마음대로 돌아다니던 넓은 반건조 평원조차도 철조망으로 빠르게 둘러

---

* 윌리엄 셔먼 장군이 남북전쟁 중 1864년에 감행한 '바다로의 진군Sherman's March to the Sea'을 가리킨다. 이는 남북전쟁의 전환점 중 하나로, 셔먼 장군이 조지아 주 애틀랜타에서 서배나까지 약 480킬로미터를 행군하며 남부연합의 군사적, 경제적 기반을 철저히 파괴한 전쟁 전략이었다. 그의 전략은 전면전total war의 일환으로, 군사 시설뿐 아니라 민간의 경제 기반(철도, 농장, 공장 등)을 파괴해 남부의 전쟁 수행 능력을 마비시키는 것이었다.

쳐졌고, 한때 개척자들이 비웃던 땅에 건식 농법이 도입되었으며, 위싱턴에서는 이미 사막을 관개하기 위한 예산이 필요하다는 주장이 제기되고 있었다. 거대한 경제 극장의 문이 닫히면서 웅장한 드라마가 막을 내리고 있었다. 미국은 마침내 주변부의 자투리땅을 잠식하기 시작했고, 유럽과 동양이 수 세기 전에 도달했던 단계로 넘어갔다.

이 엄청난 클라이맥스의 충격은 아메리카 전역은 물론 전 세계에서 느껴졌다. 토착 농부들은 더 이상 원시 토양을 채굴하고 오랫동안 경작해 온 구세계의 밭에서 경쟁자보다 낮은 가격에 농작물을 파는 이점을 누릴 수 없게 되었다. 동부 도시의 임금 노동자나 다른 반구의 고된 농부들은 더 이상 아메리카의 넓은 땅에서 자유와 안정된 생활을 기대할 수 없었다. 더 이상 의회 의원들은 연단에 올라 동양인의 서부 정착을 옹호할 수 없게 되었다. 세계 경제 불안의 주요 출구는 이제 닫혔고 어떤 정치 지도자도 다시 열 수 없었다. 3세기 동안 개척 정신을 키우고 사회 질서에 독특한 색채를 부여했던 개척지는 영원히 사라졌고, 더 이상의 분, 휴스턴, 프레몬트들[서부 개척의 상징적 인물들]은 존재하지 않았으며, 고향을 찾는 사람들의 마지막 긴 마차 행렬은 서쪽 지평선 너머로 내려갔다.

그리고 낭만이 지나가면서 현실주의 시대가 서서히 도래했다. 훈련되지 않고 낭비가 많은 농부들은 그들의 방법에도 불구하고 처녀지에서 엄청난 농작물을 재배하여 번영을 누렸지만, 첫 번째 정착지의 황폐해진 땅을 떠나 서부의 새로운 지역으로 다시는 피난을 떠날 수 없었다. 마침내 그들은 농업과 마케팅의 과학에 직면해야 했고, 이제 의회에서 그들을 대변하는 정치인들은 더 이상 앤드루 잭슨, 에이브러햄 링컨, 윌리엄 제닝스 브라이언의 마술 같은 구호로는 해결할 수 없는 경제 문제 앞에 서게 되었다. 그들이 새로운 습관을 익히고 새로운 농업 방식을 발견할 수 있을지 여부는 20세기의 깊은 어딘가에 숨겨져 있었다.

§

농업 혁명의 세 번째 단계는 농민이 자본주의 경제의 과정에 복종하는 것이었는데, 노예 플랜테이션이 파괴되고 변경의 무상 토지가 고갈되면서 이러한 움직임은 가속화되었다. 물론 완전히 실현되지는 못했지만, 농촌 생활을 결정적으로 규정지은 것은 그것의 자급자족이라는 이상이었다. 빵은 옥수수와 밀밭에서, 우유, 버터, 치즈, 고기는 목초지에서, 옷은 자라는 양떼의 등에서, 목재는 숲에서, 설탕은 단풍나무 숲에서, 가죽은 인근 무두질 공장에서 구할 수 있었다. 농장에서 기른 말과 소가 동력을 제공하고 몇 가지 간단하고 값싼 도구가 기계 장비를 구성했다. 연간 생산물 중 일정량을 판매하여 세금을 포함한 경상비를 현금으로 충당하고, 그 일부는 마을 상점을 통해 집에서 만들지 않는 생필품과 교환했다. 중세 경제와 마찬가지로 이 시스템의 본질은 교환이나 이윤보다는 사용을 위한 생산이었으며, 모든 거래에는 이러한 생활 양식의 심리가 내재되어 있었다.

종종 감상적인 시각으로 이상화된 이 질서 속으로, 미국의 발명가와 제조업자들은 무자비한 힘으로 그들의 도구를 밀어넣었다. 그들의 수확기는 남북전쟁 이전에 농업에 혁명을 일으켰고, 그 미래의 제국의 범위는 시카고에 매코믹 공장을 설립함으로써 다가올 제국의 범위가 표시되었다. 그러나 곡물을 자르고 묶지 않은 채 더미로 쌓아두는 조잡한 작업은 70년대와 80년대에 자동 셀프-바인더로 대체되었고, 이후 극서부 지역에서는 한 번의 작업으로 밀을 자르고 타작하고 포장하여 시장에 내놓을 준비가 된 기계로 대체되었다. 1870년에는 가볍고 내구성이 뛰어난 냉각식 강철 쟁기가 개발되어 고대의 무겁고 뒤로 꺾이는 도구에 오랫동안 익숙해 있던 농부들이 저렴한 비용으로 사용할 수 있게 되었다. 곧이어 기계식 옥수수 파종기와 밀 파종기가 등장하여, 종달새의 노래에 맞춰 손으로 곡식을 떨어뜨리거나 파종하는 농부들을 밭에서 몰아냈다. 옥수수 탈곡기, 탈립기脫粒機, 쟁기, 건초 적재기, 감자 캐는 기계, 트랙터, 가스 엔진 및 기타 발명가의 주요 도구들은 제조 방법에서 방적기, 베틀 및 용광로가 가져온 변화보다 토양 경작에 그 심오함이 덜하지 않은 변화를 가져왔다. 괭이를 든 남자나 여자는 수백 년의 무게에 고개를 숙이고 이제 트랙터를 타고 자동차 운전자의 기계적인 용이함으로 고랑을 운전했다. 산업 요원과 달리 농부는 열린 땅에서 혼자 일했지만 자동차, 전화, 라디오로 이제 시장, 은행, 곡창 지대와 빠르게 소통할 수 있게 되었다. 괭이와 삽을 사용하는 농업은 국가 경제에서 종속적인 위치로 축소되었다.

  다른 요인들이 더해져, 기계의 도입으로 농부에게 자본은 제조업자에게만큼이나 중요해졌다. 이선에는 농기구가 단순하고 값싸서 집에서 직접 만드는 경우가 많았고, 무거운 괭이는 천 년 동안 이탈리아 농부들에 의해 사용되었으며, 도끼, 괭이, 쟁기, 낫은 2세기 동안 아메리카 농부의 필요 대부분을 충족시켰다. 그런데 갑자기 새롭고 값비싼 기계들이 쏟아져 나오기 시작했다. 농부는 몇 달러에 불과하고 평생 사용할 수 있는 낫과 거치대를 버리고 그 자리에 그보다 20배나 비싸고, 계속 수리해야 하며, 비와 눈 속에 방치하지 않아도 3~4년 열심히 사용하면 녹슬고 고철이 되어버리는 셀프-바인더를 구입해야만 했다. 사실 농부에게는 선택의 여지가 없었다. 시장에서의 곡물 가격은 가장 비옥하고 시설이 좋은 농장의 생산 비용으로 고정되어 있었기 때문에, 그는 산업혁명이 시작될 때 수공업자가 그랬던 것처럼 기계를 사거나 기계를 다룰 수 있는 사람을 고용할 수밖에 없었다. 그 결과 1890년에서 1910년 사이에 1에이커의 토지당 농기구와 기계의 가치는 거의 두 배로 증가했다.

  발명가들이 제기한 재정적 문제에는 특히 변경이 닫힌 후 토지 가치 상승으로 인한 경제적 어려움이 더해졌다. 따라서 농업도 제조업과 마찬가지로 발전 전략에서 경쟁에 뒤처지지 않기 위해 점점 더 많은 자본과 더 많은 투자, 즉 더 많은 부채와 은행과 은행가에 대한 더 큰 의존을 요구했다. 농업은 신속하고 조용하게 자본주의의 본질과 정신을 갖추게 되었지만, 동시에 자본주의가 발전시켜온 사회적 기술, 즉 그 힘을 통제하고, 정부를 지휘하고, 해외 시장에 진출하고, 손쉬운 파산으로 부채를 늘리고, 생산, 홍보, 판매에 전문가의 서비스를 이용하는 기술을 습득하지 못했다.

농업의 두 번째 자본주의적 경향은 기계의 도입, 산업 기업의 자극, 경쟁의 압력에 힘입어 작물을 전문화하려는 경향이었다. 이러한 상황 속에서 킹 코튼은 왕좌에 복귀했을 뿐만 아니라 남부 농촌 경제에서 이전보다 더 큰 독점적 지위를 누리게 되었다. 1866년 조사에 따르면 면화 수확량은 100만 배럴 미만으로 집계되었지만, 50년 후에는 1,000만 배럴 이상으로 증가했으며, 면화 재배는 다른 남부의 주요 작물이 재배되던 밭을 잠식했다. 20세기가 시작될 무렵 남부 주들의 1인당 밀 생산량은 1860년에 비해 훨씬 작았고, 전체 국가 작물에서 차지하는 비율은 더 낮아졌다. 앤드루 잭슨 통치 기간에는 주요 옥수수 생산 10개 주 중 6개 주가 남부에 있었지만, 19세기 말에는 옥수수 생산량의 75퍼센트를 전국 시장에 쏟아부은 10개 주 중 3개 주만이 남부에 있었다.

면화가 남부의 경쟁 작물들을 앞지르는 동안, 밀과 옥수수는 북서부를 정복하고 있었다. 19세기 중반 밀 생산의 중심지는 오하이오 주 컬럼버스 근처였고, 빅토리아 시대가 끝나기 전에는 미시시피 강을 건너 아이오와 주 디모인을 거쳐 컬럼버스에서 700마일 떨어진 곳까지 밀이 퍼져 나갔다. 이 기간 동안 옥수수 재배의 중심은 오하이오 남부에서 서쪽으로 500마일 떨어진 곳으로 이동했다. 집중화 과정에서 해안과 중서부의 농장과 농장에 널리 흩어져 있던 축산업은 미주리 밸리에 제국의 터를 잡았다. 엄청난 에너지와 막대한 자본 축적에 힘입어 면화, 옥수수, 밀, 과일, 낙농, 축산업은 이제 국가 사업 분야에서 거인처럼 위용을 드러냈다. 이제 한두 가지 특산품에 의존하고 상점에서 대량으로 물품을 구입해야 하는 아메리카 농부들은, 아직은 주로 그것들에 의존하지는 않지만, 제조업자와 자본가들처럼 개인의 운명이 국내외 무역의 변덕과 피해와 연관되어 있음을 알게 되었다. 거기에는 국가의 운명에 대해 고민하는 모든 이들에 대한 경고가 있었다.

'위대한 종족의 소멸'에 대한 공포에 휩싸인 사람들을 특히 괴롭힌 것은 소작농의 급속한 성장, 토지 가치의 현저한 상승, 농가 담보 대출의 증가였다. 실제로는 실현되지 않은 오래된 제퍼슨주의의 이상은 대륙을 소유주와 그의 가족, 즉 북유럽 혈통의 사람들이 일하는 단일 농장 단위로 분할하여 누구에게도 공물을 바치지 않는 것이었다. 오랫동안 이 목표가 실현 가능한 범위 내에 있는 것처럼 보였지만 현실의 흐름은 마침내 그 목표를 거스르게 되었다.

흑인들을 이 땅에 정착시키려는 영웅적인 노력 없이 노예 제도가 전복되자, 땅이 없는 사람들이 노동이나 소작을 할 수밖에 없는 운명에 놓이게 되었다. 여기에 변경의 폐쇄, 토지 가치의 상승, 자본주의 경쟁의 도래 등 여러 가지 악재가 더해져 북부 농업은 예전 노예제의 방향으로 흘러갔다. 최초의 소작 인구조사가 실시된 1880년에는 아메리카 전체 농장의 25퍼센트를 소작인이 경작하고 있었으며, 20세기가 시작될 무렵에는 그 비율이 35퍼센트로 증가하여 상승 곡선이 뚜렷하게 나타나고 있었다. 뉴잉글랜드에서 캘리포니아에 이르기까지 아메리카 전역에 걸쳐 개척자 세대의 아들딸들이 도시로 이주하여 조상 대대로 살던 집을 매매 또는 임대 시장에 내놓았고, 아이오와 주의 경우 농장의 5분의 2 이상이 임차인에 의해 경작되었다. 더 이상 공짜 땅이 서부에서 손짓하지 않자, 야심 찬 농장 노동자는 자신의 농가homestead를 얻으려 했지만, 이제 소작료와 빚을 내서라도 목표를 향해 나아갈 수밖에 없었고, 건강이 나빠지거나 농사가 실패하면 평생을 소작인 계급으로 머물러야 했다.

생래적으로 훌륭했지만, 아메리카화된 흑인보다 더 낮은 삶의 기준을 가진 다른 나라에서 온 노동자들의 침입으로 인해 그 과정의 긴박함은 더욱 심해졌다. 구세계에서 온 폴란드인과 이탈리아인은 뉴잉글랜드와 중부 주들로 퍼져 나갔고, 멕시코에서 온 인디오는 남서부로 퍼져 나갔으며, 신규 이민 금지에도 불구하고 증식한 동양인은 태평양 연안의 황무지를 개간했다. 이러한 것들은 이방인과 유색 인종이 반봉건적 통치 아래 아메리카의 땅을 경작하게 될 날을 가리키는 예언이었는데, 어느 정도까지 예견할 수 있는지는 아무도 알 수 없었다.

20세기가 시작될 때 농민의 약 3분의 2가 경작지를 소유하고 있었지만, 운이 좋았던[반어법] 이들 중 상당수는 중세의 코터cotter와 보더bordar[농노보다 사회적 하층계급]가 짊어졌던 부담보다 더 큰, 아니 그보다 더 큰 현실적 부담을 안고 노동에 임했다. 1910년 농장 담보 대출의 부담은 1억 7천만 달러에 달했고, 10년 만에 40억 달러 이상으로 급증하여 70년 전 아메리카의 모든 농장 재산 가치와 거의 맞먹는 액수가 되었다. 소작료뿐만 아니라 막대한 부채로 인해 농장 노동자들이 토지를 구입하고 자본이 증가하여 생산이 확대된 것은 사실이다. 어느 정도는 아메리카인들의 투기 광풍의 결과였지만, 정치학의 관점에서 보면 이는 주로 북유럽의 자유롭고 독립적인 자가 소유 농부들에 의해 유지되었던 국가에 대한 초창기의 꿈이 로마가 킨킨나투스 경제에서 아우구스투스 경제로 발전하는 데 걸린 시간의 4분의 1 만에 폭발했음을 의미했다.

농업 사업의 대대적인 전환의 조짐도 보이지 않았다. 오히려 새로운 영향에 따른 토지 가치의 꾸준한 상승은 노동자, 소작인, 담보 대출자, 소유자의 지위를 더욱 어렵게 만들었다. 공황에도 불구하고 70년대 10년 동안 지가는 약 40퍼센트 상승했고, 세계대전이 발발한 10년 동안에는 거의 두 배로 상승했다. 물론 기복이 있었고 남부와 동부에서 엄청난 하락이 있었지만, 대체로 각 세대의 노동자, 소작인, 토지에 굶주린 이민자들은 소유권을 얻기 위해 고된 싸움을 벌여야 했고, 특히 1890년에서 1920년 사이에 자본화의 물결이 거세게 밀려들었다. 모든 세대의 농부들은 땅의 소유 여부와 관계 없이 외국 농업과의 경쟁과 생계를 위한 투쟁 속에서 끊임없이 증가하는 자본 조달 비용을 감당해야 했다. 세계대전 중 식료품에 대한 엄청난 수요로 인해 그 짐을 짊어진 사람들에게 약간의 안도감을 주었다 해도, 그 원조는 일시적인 것이었다.

한 시대가 끝났고 철문은 잠겼다. 산업 자본가들은 스스로 가격을 결정하기 위해 조직화되었고, 산업 노동자들은 임금을 고정하기 위해 조직화된 반면, 소수의 강력한 집단을 제외한 농민들은 여전히 시장의 자비에 맡겨진 고질적인 개인주의자들이었다. 링컨 시대의 독립적이고 자급자족적이던 농가의 단위는 넓은 지역에서 영리를 목적으로 생산하는 전문화된 기업으로 되었고, 기계와 비료 등 대규모 자본을 도입해야 했으며, 유럽 농업과 좀 더 동등한 조건에서 경쟁해야 했고, 해가 갈수록 상승하는 토지 가치의 무게를 감당해야 했다. 젊은 세대의 활기찬 구성원들이 자본주의 사업에 참여하기 위해 도시로 떠나고, 새로운 인종이 조상의 농장을 점령하고, 무자비한 경쟁으로 농산물 가격이 결정되고, 산업 자본가와 산업 노동자가 밀접하게 결합하여 제조 상품에 대한 조건을 결정하면서, 역사적인 아메리카 농업의 경제와 문화는 폐허로 무너져 내리고 있었다. 이러한 상황과는 반대로 제퍼슨주의 수사학의 연회가 이상하게도 공허하게 울려 퍼졌다. 자유무역과 화폐에 대한 연설은 부처님의 훈계만큼이나 무의미해 보였다.

§

광대하고 뿌리 깊이 파고든 농촌 경제의 혁명은 아메리카인의 정서와 정치의 질감에 큰 상처를 내고 시골의 심리를 변화시키지 않을 수 없었다. 프론티어 독립과 자급자족의 시대에는 고집과 다소 자족적인 무지의 정신이 농촌 공동체의 특징이었다. 의식주라는 거친 필수품에 만족하는 경우가 많았기 때문에 과학, 예술, 도시의 편의시설에는 무관심할 수밖에 없었다. 역사적인 신화, 징후, 징조, 경험 법칙을 계승한 이들은 적어도 후진 지역에서는 마법과 믿음의 최후의 보루로 남아 있었다. 하지만 기계, 과학, 자본주의, 교육에 밀려 그들은 고대의 관습을 고수할 수 없게 되었다. 도시의 실험실에서 불을 붙인 과학의 등불이 농장과 평야, 산골짜기로 옮겨지면서 관습의 폭압은 실험과 실증 앞에서 물러나야 했고, 현명한 사람들의 추측은 기상청의 보고서들에 자리를 내주어야 했다. 농부들은 이제 버클[Henry Thomas Buckle]이 오래전에 산업계에서 관찰했던 것처럼, 퇴마술이 수확기를 수리하고, 고장 난 엔진을 작동시키고, 끊어진 전기를 연결하는 등 일상적인 필요를 충족시킬 수 없다는 것을 직접 눈으로 확인했다. 기술의 요구에 따라 현실적으로 변할 수밖에 없었던 그들은 과학과 기술의 실체를 위해 민속학을 버리기 시작했다.

이러한 경로를 통해 농부들은 현대 생활의 모든 흐름에 더 가까이 다가갔고, 전 세계를 재편하고 있는 기계적인 과정에 점점 더 동화되었다. 자본가와 주식 중개인이 큰 이익을 기대하며 큰 위험을 감수했듯이 농부도 이제 비슷한 기대치를 지닌 단일 작물과 토지 가치에 투기했다. 도시의 가족들이 생활 수준을 높이고 욕구가 증가함에 따라 시골의 가족들도 같은 마법에 걸렸다. 결과적으로 물질적 소유와 풍요로운 경제 생활에 대한 열망이 전국을 휩쓸면서 농촌과 도시 간의 전통적인 차이가 줄어들고, 동부 해안에서 서부 해안까지 표준화된 문화적 통일성이 형성되는 경향이 있었다. 코네티컷의 돌이 많은 언덕에 사는 이탈리아인, 남부 목화밭의 흑인, 텍사스의 뜨거운 태양 아래 사는 멕시코 인디오, 태평양 연안의 동양인 모두 거부할 수 없는 흐름에 휩쓸리면서 오랜 습관을 벗어던진 흔적을 보였다. 사실 때때로 아메리카 농업을 덮친 경제적 고통의 적지 않은 부분은 더 많은 세속적 재화에 대한 욕망, 즉 유럽이나 동양 농민이 자신들의 고단하고 척박한 삶을 견딜 수 없게 하고, 극심한 경제적 제한으로 인해 당황하고 교회와 국가에 의해 억눌려 있던 욕망이 증가했기 때문이었다. 일단 불이 붙으면, 그것이 어디까지 번질지 혹은 새로운 연료로 얼마나 오래갈 수 있을지 아무도 알 수 없었다.

땅의 경제적 변화에는 국가와 사회에 대한 새로운 태도가 내재되어 있었다. 아메리카 초기부터 농부들이 정치에 참여했던 것은 사실이지만, 그들은 주로 부정적이고 파괴적인 세력으로 인식되었다. 그들은 1765년 아메리카 상인들이 자신도 모르게 시작한 영국 상업 제국과의 전쟁을 끝냈다. 그들은 대니얼 셰이스의 반란군을 위해 불만을 품은 회원들을 공급했고, 헌법 채택에 반대하는 대부분의 사람들을 감당했다. 그들에게 제퍼슨은 분명한 용어로 호소했고 그들의 대답은 1800년의 격변이었다. 앤드루 잭슨은, 주목할 만한 인물들이 좋은 느낌의 시대에 잃어버린 기반의 일부를 되찾고 잭슨 민주주의의 전체 대대를 형성한 후, 오랫동안 자본주의와의 전쟁에서 농장주들의 지도력을 받아들인 그들에게 호소했다. 민주당을 무너뜨리고 1856년 공화당을 불러낸 독립 운동을 시작한 것은 주로 농부들이었다. 농민들은 쟁기와 옷감에 관세를 부과하려는 제조업자에 대한 애정이 거의 없었지만, 준주의 자유 토지로 가는 길을 막으려는 귀족 농장주들에 대한 애정은 더 적었다. 그러나 동맹의 필요성에 직면한 1856년 자유-토지 원칙에 따라 공화당을 창당한 서부 농부들은 4년 후 매사추세츠의 면방직업자 및 펜실베이니아의 제철업자들과 연합하여 홈스테드법 및 기타 조치를 통해 서부 도지의 국고를 개방하고 승리에 따른 공동의 보상을 받는 것이 가능하다는 것을 알게 되었다.

그러나 시카고 연합[1856년 공화당의 첫 번째 전당대회]은 농업 문제에서 밀려나지 않았다. 옥수수와 밀 벨트가 서쪽으로 이동하면서 농업 불만의 중심은 잭슨 민주주의의 첫 번째 고향에서 새로운 지역으로 옮겨졌고, 공황이 반복될 때마다 다시 불이 붙었다. 남부에서 면화 독점이 확산되면서 농장주와 농부 모두 한 작물에 집중하게 되자, 오랜 적들의 운명이 서로 얽히게 되었고, 견고한 남부를 만든 유대감에 또 하나의 봉인이 더해졌는데, 이 봉인은 고난과 농업 격변의 시대에만 깨질 수 있는 것이었다. 거대한 소작농과 채무자 계급의 탄생, 즉 불황의 주기마다 확대된 계급은 70년대의 그린백Greenback 폭발, 90년대의 포퓰리스트 반란, 새로운 세기의 무당파Non-Partisan 봉기, '정상화' 농장 블록Farm Bloc of "Normalcy"의 실체를 제공했다.* 평범한 눈에는 불안의 흐름이 악순환을 거듭하는 것처럼 보였지만 사실은 그렇지 않았다. 왜냐하면 농업 지도자들 사이에서 통화 인플레이션과 관세 인하라는 오래된 무기가 농민이 구입한 상품 가격에 대한 산업 자본가와 산업 노동자의 지배력을 깨거나 그의 계급에 영구적인 번영을 가져다주지 않을 것이라는 사실에 대한 인식이 커지고 있었기 때문이다.

경제적 지위를 향상시킬 수 있는 다른 방법을 모색하던 농민 지도자들은 마침내 역동적인 자본주의 자체로부터 교훈을 얻기로 결심하고, 토지 생산자들의 연합을 통해 가격을 통제하고 그들의 이익을 증진하는 데 국가의 엔진을 적극적으로 활용하기로 했다. 이들의 지시에 따라 1867년에 설립된 농민우애 단National Grange**은 번성 후 쇠퇴했다가 다시 번성했고, 반세기가 지난 뒤에는 '33개 주에서 활동하는 강력한 농민 조직으로, 자체 언론, 자체 조직, 자체 강사, 자체 문학, 시, 음악, 전통을 가진 단체'가 되었다.

노동 운동에서와 마찬가지로 특별하고 일반적인 경향이 있었다. 수공업 노동자들이 장인 노동조합을 결성하는 동안 밀, 면화, 과일 재배자들도 조직을

---

* 70년대 그린백 폭발은 남북전쟁 이후 미국에서 일어난 그린백 운동을 말한다. 이 운동은 디플레이션과 경제 불황으로 큰 타격을 입은 농부와 노동자들이 주도했다. 이들은 통화 공급을 늘리고 부채 부담을 완화하며 경제를 활성화하기 위해 금이나 은으로 뒷받침되지 않는 지폐('그린백')를 더 많이 발행해야 한다고 주장했다. '폭발'은 1870년대에 이 운동에 대한 지지가 급격히 증가했다는 것을 의미한다. 90년대의 포퓰리스트 반란은 1890년대에 주요 정치 세력이 된 포퓰리스트당(인민당이라고도 함)의 부상을 가리킨다. 포퓰리스트당은 대기업, 은행, 철도의 경제적, 정치적 권력에 불만을 품은 농민, 노동자, 기타 소외 계층을 대변했다. 포퓰리스트당 강령은 은화의 자유로운 주조(화폐 공급 증가), 철도 국유화, 상원 의원 직선 등의 개혁을 요구했다. 이 '반란'은 당시의 경제 상황과 정치적 부패에 대한 광범위한 불만을 반영했다. 무당파 봉기는 20세기 초, 특히 노스다코타 주에서 등장한 정치 조직인 무당파 연맹Non-Partisan League(NPL)을 가리킨다. NPL은 대기업, 특히 곡물 회사와 은행이 자신들의 생계를 통제하는 것에 불만을 품은 농부들이 결성했다. 이 연맹은 곡물 회사, 은행의 국유화로 농민들의 민간 기업에 대한 의존도를 낮춰야 한다고 주장했다. 이 '봉기'는 당파를 초월한, 비전통적인 풀뿌리 정치 운동을 대표한다는 점에서 중요한 의미를 지닌다. '정상화' 농장 블록은 1920년대에 농민의 이익을 옹호하기 위해 주로 농업 주 출신으로 구성된 미국 의회 의원들의 비공식적인 연합체였다. 이는 제1차 세계대전 이전의 상황과 정책으로 돌아가는 것을 설명하는 데 사용되는 용어인 워렌 G. 하딩의 대통령 재임과 관련된 '정상화' 기간에 발생했다. 농장 블록은 전후 경제 조정 과정에서 어려움을 겪고 있던 농민들을 위해 농산물 가격을 지원하고, 철도 요금을 인하하며, 기타 경제적 보호를 제공하는 정책을 추진했다. 이러한 각 운동 또는 블록은 부채, 디플레이션, 대기업의 힘으로 인해 직면한 경제적 문제를 해결하기 위한 농민과 연합 단체의 노력을 대표한다. 이러한 운동에 대한 언급은 농민들의 경제적 고통이 미국 역사 전반에 걸쳐 중요한 정치적 행동주의와 개혁 노력을 반복적으로 일으켰다는 점을 강조하고 있다.

** 미국의 농민들을 위해 설립된 단체로, 주로 농업 문제, 특히 철도와 같은 대기업이 농민들에게 부과한 높은 운송 비용에 대항하는 활동을 했다. 그레인저 운동은 1870년대에 활발히 진행되었으며, 철도 요금의 규제를 요구하는 등의 입법 활동을 통해 농민들의 경제적 이익을 보호하려 했다.

통해 생산을 안정시키고 가격을 통제하기 위해 노력했다. 이러한 노력 중 상당수는 헛수고로 판명되었지만, 일부는 영구적인 성과를 거두었다. 예를 들어, 1888년 캘리포니아에 오렌지 재배자 지역 협회가 생겼고, 곧이어 지역 조직이 생겼으며, 1905년에는 연맹이 생겨났고, 몇 년 만에 캘리포니아 과일 재배자 협회는 해당 지역에서 기관사 형제단만큼이나 그것의 특별한 영역 안에서 힘을 발휘하게 되었다.

그 무렵 전국은 말 그대로 농민 단체의 네트워크로 덮여 있었고, 그중 일부는 특산품에 대한 안정적인 이해관계를 바탕으로 설립되어 연합의 시대가 도래했음을 나타냈다. 실제로 대통합을 위한 두 가지 노력, 즉 다소 급진적인 성향의 농민전국본부Framers' National Headquarters와 보다 보수적인 성향의 전국농민조직위원회National Board of Farm Organization가 설립되었다. 둘 다 아메리카 전역의 농업 세력을 통합하려 했으며, 둘 다 워싱턴의 아메리카노동연맹 본부 옆에 농업 사원Temple of Agriculture을 건립하는 계획을 승인했다. 따라서 새로운 세기가 열리자마자 의회 홀과 긴밀하게 연결된 농업 로비 세력이 나타나 노동계 대변인과 산업 자본을 대변하는 전문가들과 서로 팔꿈치를 부딪치며 돌아다녔다.

농민들은 조합을 결성하고 연대의식을 높이는 것 외에도 국가에 대한 태도 변화, 즉 정부를 집단 설계에 이용하겠다는 결의를 드러냈다. 역사에서 종종 그렇듯이 아이디어는 행동보다 훨씬 앞서 있었다. 실용적인 농부이자 끈질긴 실험가였던 조지 워싱턴은 1796년 의회에 보낸 연례 메시지에서 농업 분야의 사업과 실험을 촉진하고, 개인의 기술과 관찰의 결과를 국가 중심지로 끌어들이며, 수집된 정보를 전국에 널리 퍼뜨리기 위해 연방 예산을 지원할 것을 촉구했다. 그러나 워싱턴이 뿌린 씨앗은 척박한 땅에 떨어졌다. 해밀턴의 당은 상업과 제조를 지원하기 위한 보조금, 보상금, 관세에 몰두했고, 농장주 대통령의 현명한 제안에 대해 진지하게 생각하지 않았다. 1800년 제퍼슨을 집권시킨 경쟁자인 농업 당은 기존의 지식과 이해에 만족하거나 어떤 경우에도 주의 조치와 개인적 후원에 맡기는 것을 선호했다.

따라서 헌법이 채택된 뒤 반세기 동안 연방 정부가 농업을 고려할 때마다 맨체스터 학파의 흥미로운 철학이 지배적이었다. 각 농부는 자신의 본능에 의존하고 평범한 삶 속에서 자신의 후각에 따라 자신에게 가장 좋은 것이 무엇인지 알고 있으며 공동 노력의 도움이나 보편적 경험의 조명이 필요하지 않다. 이 기간 동안 의회는 농업에 대해 직접적인 지원을 하지 않았고, 주 정부는 지역 농업 사회에 가끔씩 축복을 내리거나 소액의 보조금을 지급하는 것 이상을 하지 않았다.

영국에 있을 때 시중에서 구할 수 있는 것보다 더 좋은 종자, 식물, 나무, 가축에 대해 눈을 크게 뜨고 좋은 물건을 바다 건너로 보내는 관행을 시작했던 그 가만히 못 있는 천재 벤자민 프랭클린의 독창성을 떠올리게 하는 행동에서 처음의 작은 출발이 이루어진 것은 거의 부주의에 의해서였다. 이 사례에서 영감을 받은 아메리카 영사들은 연방 정부 수립 후에도 자연스럽게 이 관습을 이어갔고, 국무부 특허청은 자체적으로 해외에 파견된 대리인들이 보내온 농산물을 유통시켰다. 마침내 1839년 의회는 특허청장의 주장에 따라 '농업 통계 수집 및 기타 농업 목적'을 위해 1천 달러의 예산을 배정했다. 때때로 화학 분석, 데이터 수집, 종자 구입, 특별 조사 등을 위해 약간의 예산이 추가되었다.

그러나 에이브러햄 링컨의 기차를 타고 새로운 공화당 깃발 아래 등록한 농부들의 물결이 워싱턴으로 밀려들 때까지 주목할 만한 조치는 취해지지 않았다. 당시 제조업체들이 관세 및 기타 특정 지원으로 시카고 흥정의 몫을 챙기는 동안 농민 대표들은 ― 단순히 쟁기질할 수 있는 땅을 더 많이 개방하는 홈스테드 법의 조건을 뛰어넘어 ― 같은 해 의회를 통해 농업국 설립 법안과 농업 및 기계 기술 교육에 공공 토지의 막대한 영역을 헌납하는 모릴 법안 Morrill law을 통과시켰다.

이제 헌법적 장벽이 강제되면서, 연방 농업 입법의 과정은 처음에는 산업에 대한 보호관세를 선호하는 많은 사람들이 농업에 유리한 '계급 조치들'에서 움츠러들었기 때문에 처음에는 천천히 확대되었다. 1884년 축산업국이 조직되어 농촌 경제의 중요한 부문에 대한 규제 권한을 부여받았다. 3년 후 의회는 해치법Hatch Act에 따라 한때 주권 주들이었던 각 주에 실험국을 설립할 수 있도록 규정했다. 2년이 더 지나자 농업국은 내각 부서로 격상되어 농무부가 되었다.

이제 농업 드라이브가 본격적으로 시작되었다. 이 움직임은 일반 운송업체를 통제하기 위한 1887년 연방 주 간 상거래법 통과에 큰 동력을 제공했다. 매킨리 행정부의 농촌 무료 배송법, 1902년 관개법, 윌슨-하딩 정권의 농가 융자 법안, 조용한 정상화를 위한 협동조합 마케팅 법안 등 농업 연대의 힘이 반영된 법안들이 통과되었다. 연방뿐만 아니라 주에서도 법령집의 페이지가 부풀어 오르고 농업위원회와 농업 부서의 예산이 증가하면서 농업 지도자들의 반란이 기록되었다. 20세기가 채 시작되기도 전에 농민들은 사회주의 교리를 거부하면서도 다른 모든 권력 집단과 마찬가지로 실제로는 정부를 이용해 집단적 이익을 도모하고 다른 이해관계자들을 수용 가능한 행동의 선 안으로 끌어들였다. 포퓰리즘의 변덕스러운 물결이 밀려왔다가 썰물처럼 빠져나갔지만, 농업 관련 법률의 양과 행정 기관의 활동은 후퇴할 기미가 보이지 않았다. 농업은 단순히 소란스러운 항의의 시대를 지나 집단적 노력과 건설적인 조치의 시대로 접어들었다. 이 역시 전조를 찾으려는 사람들이 관찰해야 할 사항이었다.

23

획득과 향유의 정치학

    노예제 시대와 마찬가지로 헌법과 법률에 의해 태양의 흐름에 맞춰진 아메리카의 정치 기구는 30년간의 승리의 산업 시기를 통해 새로운 원동력에 의해 움직이며 다양한 입법, 행정, 사법의 산물을 만들어냈다. 지구가 자전축을 중심으로 정해진 횟수만큼 자전할 때마다 주 의회, 시 의회, 하원 의원들이 국민 투표를 통해 정식으로 선출되었고, 주지사가 선출되었으며, 새로운 미국 대통령이 취임했다. 매 회기가 끝날 때마다 연방 상원 의원 중 일부는 그들의 토가roga를 벗어놓고 입법부 전당대회에서 지명된 후임자에게 자리를 물려주었다. 워싱턴의 대법원 판사가 사망하거나 사임할 때마다 대통령이 다른 현직 판사를 지명하고 상원에서 인준되었다.

    따라서 그 30년 동안 수많은 정치인들이 주 의회, 의회 회의실, 국회의사당 바닥을 밟으며 잠깐의 권력을 누린 후 대부분 조용히 망각의 깊은 계곡으로 떨어졌다. 존슨, 그랜트, 헤이즈, 가필드, 아서, 클리블랜드, 해리슨, 일곱 사람이 대통령 자리에 앉았고, 몇몇 상원 의원은 여러 회기 동안 명예와 영예를 유지했지만, 그 위엄 있는 단체의 인사들도 시대의 흐름에 따라 빠르게 바뀌었다. 종신직인 연방 대법원 판사들만이 영속성을 보장받았는데, 캘리포니아의 필드는 1863년부터 1897년까지, 뉴저지의 브래들리는 1870년부터 1892년까지, 켄터키의 할런은 1877년부터 1911년까지 재임했지만 그들도 불멸의 존재는 아니었고 애퍼매톡스 이후 10년 이내에 존 마셜과 로저 B. 테이니의 재판소[연방 대법원]에 새로운 다수파가 임명되었다.

연방 정부 호號를 한 명의 명목상의 선주로부터 다른 선주로 이전하는 과정에서 선원이나 승무원의 선택에는 일관성이 거의 없었다. 사실 항해에 그것을 비유하는 것은 전혀 적절하지 않다. 적어도 영국식 모델을 기반으로 건조된 국영 선박처럼 보이는 게 아니라, 이론적으로 계획된 해도에 따라 항해하도록 위임받은 선장과 그의 내각 동료가 있는 아메리카의 정치 선박은 많은 선장과 많은 선원이 선실, 방 및 구석을 놓고 경쟁하고 고정된 별의 위치에 대해서도 서로 의견이 나뉘어져 있는 느슨하고 물이 새는 대형 평저선과 같은 모양을 가지고 있었기 때문이다. 1865년부터 1897년까지 대부분의 기간 동안 공화당 대통령들은 하원에서 다수당인 민주당에 맞서야 했다. 클리블랜드의 첫 행정부에서 공화당 상원은 배의 키를 놓고 민주당 행정부와 민주당 하원과 경쟁했다. 32년 중 2년 동안만 민주당이 연방 정부의 정치 부서를 모두 장악했고, 그 기간 동안 사법부의 성채를 장악한 적은 단 한 번도 없었다. 주 및 지방 정부의 자리와 권력을 차지하기 위해 정치인들은 또한 정기적으로 전투를 벌였으며, 이는 훨씬 더 혼란스러운 게릴라전으로 전개되었다. 언뜻 보기에 정치계 전체는 형태도 없이 계절풍처럼 방향을 알 수 없는 돌풍에 휩쓸리고 있는 것처럼 보였다.

단속적인 변화와 분열된 리더십으로 정치 기구는, 주기적인 혁명 없이 끝없이 작동하고 필요할 때 분열되지 않고 목적에서 상당히 일치하는 이사회에 의해 통제되는, 비즈니스 기구와 묘한 대조를 이루었다. 경제계에는 선거 일정이 없었다. 존 피어폰트 모건은 앤드루 잭슨이 수도를 떠나 테네시의 축복

받은 헤미티지로 떠난 지 불과 몇 주 만에 태어났고, 제임스 뷰캐넌이 백악관에 있을 때인 1857년에 경제계에 입문했으며, 우드로 윌슨이 취임식을 위해 펜실베이니아 애비뉴를 달릴 때 그는 평소처럼 사업을 하고 있었다. 마틴 밴 뷰런 시대에 태어난 존 D. 록펠러가 반세기가 넘는 기간 동안 경영자로 활동할 때 뷰캐넌, 링컨, 존슨, 그랜트, 헤이즈, 가필드, 아서, 클리블랜드, 매킨리, 루즈벨트, 태프트, 윌슨, 하딩이 왔다가 갔다. 록펠러의 산업 세대 중 전체적으로 그토록 비범한 영역을 경영한 사람은 거의 없었지만, 당시의 모든 거물들은 적어도 6명의 대통령보다 오래 살았고, 그들 중 상당수는 후계자를 남겼으며, 그 후에도 가문의 단결력을 오랫동안 유지했다. 따라서 정치 권력이 당에서 당으로 이동하고 끊임없이 변화하는 지휘관과 부하들 사이에서 소멸되는 동안, 대부분 역사에 이름을 남기지 못했지만 비즈니스 제국의 주권은 확고한 장악력이 있고 경험이 축적되었으며 목표가 분명한 상대적으로 소수의 지배적인 인물들의 손에서 지속적으로 유지되었다.

§

가변적인 정치 게임에서 아메리카의 두 거대 정당은 관습적인 무기로 경쟁을 이어갔다. 그러나 공화당은 1865년 이후 특히 운이 좋게도 그들의 선구인 연방당과 휘그당보다 훨씬 더 강력한 지위를 차지하게 되었다. 물론 공화당의 우익에는 해밀턴과 웹스터를 지지했던 요소들, 즉 제조업체, 금융가, 자본가들이 있었지만, 이 새로운 시대에 산업 기업의 수장들은 주로 농장주와 농부들이 주도하는 농업 국가에서 전략적 요새를 유지하기 위해 고군분투하는 소수의 사람들에 불과했다. 수적으로나 재력 면에서나 그들은 그 어느 때보다 강력했다. 달러로 환산하면 1865년 미국의 공장, 광산, 철도, 도시 자산의 가치는 농업 자원을 훨씬 넘어섰고, 휘그당 정권의 소규모 제조업체와 은행가들이 철강, 구리, 석유, 설탕 분야의 거대 기업으로 자리를 옮기면서 해가 갈수록 그 규모가 급격히 커졌다. 게다가 연방당과 휘그당 시절에 동원되었던 소수의 채권 보유자들은 정규군의 규모로 성장했다. 1865년, 해밀턴이 연방당 조직에 자금을 지원하여 버팀목으로 사용했던 금액의 35배에 달하는 27억 달러의 연방 증권이 공공 채권자들의 손에 들어갔고, 이들 모두는 이자와 원금을 충실하게 지급받기 위해 민주당이 아닌 공화당을 바라보았다.

똑같이 실용적인 이해관계를 가진 다른 신병들도 공화당 우익의 힘을 더했다. 공공 영역에서 막대한 보조금을 받았지만 아직 워싱턴에서 사업을 끝내지 못한 철도 회사들은 계약 이행과 농민이나 무단 점유자가 압수하거나 소유권을 주장하는 토지의 소유권을 놓고 정부 관리들과 수많은 논쟁을 조정해야 했고, 서류상으로 훌륭한 프로젝트를 가진 신생 회사들은 미합중국 의회로부터 적절한 호의를 얻을 수 있다면 추가 노선을 건설하겠다고 제안했다. 연방 소유지가 줄어들면서 개인과 기업들은 목재와 광물 자원에 대한 후한 독점권을 요구했고, 교통량과 수익 전망에 따라 개발하거나 보유하기 위해 더욱 치열하게 경쟁했다.

마지막으로, 농민이 주도하는 입법부나 프롤레타리아 시 의회가 규제하거나 다른 방식으로 공격할 수 있는 산업 재산을 가진 모든 사람은 본질적으로 공화당 우익에 끌렸다. 왜냐하면 아메리카의 정치 관행에 따르면, 자연인이든 기업이든 불리한 영향을 받은 사람들에 대한 구제는 워싱턴의 대법원— 델포이의 신탁으로 구성된 재판소가 아니라 대통령과 상원이 임명한 정치인과 정치인으로 구성된 재판소 —에서 제공되었기 때문이다. 제퍼슨, 잭슨, 테이니와 같은 그라쿠스의 망토를 두른 사람들의 계승자보다 해밀턴, 마셜, 웹스터의 정신적 계승자들로부터 만족스러운 사법적 보호를 받을 가능성이 더 높다는 것을 알아내는 데는 아메리카 역사에 대한 많은 지식이 필요하지 않았다. 1865년 농장주들의 항복 이후 수십 년 동안 공화당의 비호 아래 우익에 결집한 경제 세력은 실로 강력한 연합이었다.

공화당 밀집대형phalanx의 좌익에는 연방당과 휘그당이 과거에 결집시켰던 농업 연대보다 더 많고, 더 번영하며, 더 긴밀하게 통합된 거대한 농민 집단이 있었다. 실제로 공화당 자체가 농업에 기반을 둔 정당이며 자본주의 군대가 전세를 뒤집기 위해 1860년에 합류했을 뿐이라는 주장에는 정당성이 있다. 어쨌든 그해 시카고에서 발효된 연합은 채권에 쓰여진 농업 조항의 배출로 확고해졌고 경제적, 인종적 요인에 의해 강화되었다.

수백만 명의 사람들이 공화당의 너그러움 덕분에 자신의 농장을 가지게 되었다고 정당하게 말할 수 있다. 잭슨 민주주의의 원료를 제공했던 개척지가 서부로 진격하고 있었고 오하이오, 인디애나, 일리노이, 위스콘신, 미시간의 농부들이 토지 가치 상승으로 인한 불로소득으로 짭짤한 부를 축적하고 있나는 것도 일반적인 관측이었다. 가장 좋은 시기에는 농민의 상당수, 아마도 3분의 1 정도가 돈을 저축하여 증권에 투자하고 지역 금융 기업을 통해 아메리카식 부의 획득과 향유 체계의 더 높은 범위에 편입할 수 있었다. 따라서 앤드루 잭슨의 예복을 자랑스럽게 입은 고위자들이 있는 막강한 농부들의 조직체인 공화당에 가입하지 않아도 농업 재앙은 닥치기도 하고 사라질 수도 있었다. 다른 방향에서 보면, 공화당 농가 포상금을 받은 독일과 스칸디나비아 출신, 민주당에 충성을 바쳐야겠다고 생각한 적이 없고 공화당 조직에서 경력을 쌓기 시작한 최근 이민자, 과거 연고에 구애받지 않고 공화당에 입당한 사람들도 시카고 연대連帶에 큰 힘을 보탰다. 이들은 당에 대한 불만이 커질 때마다, 당연히, 그들의 첫사랑의 슬로건과 상징에 애정을 갖고 돌아서지 않았다.

이렇게 형성되고 굳어진 농부와 제조업자의 파트너십은 공화당 간부들의 영리한 경영으로 더욱 강화되었다. 반복되는 대통령 선거 때마다 그들은 시카고에서의 행복한 합의가 상호주의에 의해서만 유지될 수 있다는 것을 기억했다. 따라서 후원과 입법[의석]을 나눌 때 두 분견대의 대변인은 양보했다. 일반적인 배분에서 자본주의 진영은 대개 농민의 불만이 방치될 경우 독버섯처럼 번질 수 있는 잭슨 민주주의가 군건한 미시시피 밸리에 대통령직을 넘기는 것이 현명하다고 생각했다. 그 그룹의 관리자들은 1860년 제국주의자이자 철저한 보호무역주의자, 농장 귀족의 비타협적인 적인 뉴욕의 수어드를 제쳐두고 일리노이 주의 철도 건설자인 링컨을 지지할 만큼 현명했고, 그들은 그 때 얻은 교훈을 결코 잊지 않았다. 따라서 아메리카 2차 혁명이 끝나고 세기 가 끝날 때까지, 중서부에서 공화당 대통령 후보로 성공한 모든 후보가 배출 된 것은 단순한 우연이 아니었다. 그랜트, 헤이즈, 가필드, 해리슨, 매킨리는 모두 오하이오 주에서 태어났고, 1860~1892년 사이에 공화당 후보 중 유일 하게 패배한 사람은 메인 주의 블레인뿐이었다.

공화당은 전투에 참여한 수많은 농부들의 폭넓은 지지 외에도 투표소에서 공화당의 편에 서는 또 다른 대중적인 요소도 있었다. 거의 모두 공화국의 위 대한 군대Grand Army of Republic[남북전쟁 참전 군인들을 위한 공제회]로 조 직된 백만 명의 남북전쟁 북부 참전용사들은 그들의 총사령관인 불멸의 링컨 이 공화당원이었다는 사실을 기억하고 있었으며, 공화당원들 중 누구도, 심지 어 민주당원들조차도 1879년부터 1889년까지 총 5억 달러 이상, 이후 10년 동안 10억 달러가 넘는 연금을 받는 데 기여한 공화당의 공헌을 무시할 수 없 었다. 양쪽은 또한 클리블랜드가 그랜트부터 매킨리까지의 모든 공화당 대통 령을 합한 것보다 한 해 동안 더 많은 연금 법안에 거부권을 행사했다는 사실 도 관찰하지 않을 수 없었는데, 그것은 참전용사들이 그들의 역사적 신념을 확인할 수 있는 사건이었다.

그들의 정치적 정통성을 똑같이 신뢰할 수 있었던 것은 백만 명의 해방된 흑인이었다. 그들의 족쇄는 위대한 해방자Great Emancipator, 한 공화당원에 의 해 풀렸고, 그들은 공화당이 그들의 손에 쥐여준 투표용지를 빚지고 있었다. 그들은 백인들이 허락하는 한 남부의 선거일에 그 빚을 갚기 위해 애정을 가 지고 투표를 했고, 이미 자유와 참정권을 얻은 북부의 흑인 형제들은 정기적 인 행사에 참여하듯이 투표를 했다.

이 대중 세력의 열거에서 결코 무시되어서는 안 되는 것은, 공화당 참모진 을 위해 부지런하고 경계심이 강한 일반 사병들을 형성한 수많은 연방 공직 자도 고려해야 한다. 1861년부터 1897년까지 공화당은 28년 동안 대통령직을 유지했으며, 1883년 공무원법Civil Service Act[펜들턴법]이 승자에게 돌아가는 후원금에 손을 대려는 위협을 가한 후에도 거의 아무런 방해 없이 정부의 전리품을 분배했다.

실용적인 고려에 윤리적, 정서적 요소가 추가되었다. 공화당은 깊은 도덕적 열정의 시대에 시작되었다. 무조건적인 노예제 폐지론자들의 충성을 얻지는 못했지만, 제임스 러셀 로웰이나 조지 윌리엄 커티스처럼 노예 제도에 반대하는 것이 안전하지도 않고 인기도 없던 시절에 밤낮으로 노예제를 비난했던 많은 이상주의자들의 애정을 얻기도 했다. 승리의 여운 속에서 십자군의 정신은 당의 관리자들에게도 내려왔다. 연설가들은 이렇게 말하기를 좋아했다. '신의 섭리Providence의 경제에서 이 땅은 공화당의 집권을 통해 노예 제도를 몰아내야 했다.' 민주당은, 1861년 공화당이 노예제 폐지를 독약이라고 퇴짜 놓고, 헌법 개정을 통해 노예 제도를 영원히 공화국에 묶어두겠다고 제안했으며, 노예 해방을 절박한 전쟁 대책으로만 받아들였고, 재산을 몰수당한 노예 소유주들의 희생으로 위대한 도덕적 성취를 이룬 것이라고 반박했지만 헛수고였다. 노예제 폐지론자들은 빛나는 갑옷을 입은 일부 새로운 기사騎士들이 노예제 폐지 운동가들에게 상한 달걀을 던졌던 옛날을 쓸데없이 회상하지 않았다. 윤리적 문제는 논쟁의 여지가 있고 역사적 기억은 짧았다. 그래서 공화당은 노예 해방운동가로서 그들이 했던 역할을 최대한 활용할 수 있었다.

공화당의 도움으로 연방이 구원을 받았고, 성조기가 하늘에 계속 펄럭이면서, 지금 그리고 영원히, 분리될 수 없는 하나의 국가로, 웹스터의 아름다운 비전을 실현하고 있다는 선언은 논란의 여지가 적고 실제로 논쟁의 여지가 없다. 수천 명의 북부 민주당원들이 연방군에 들어가 싸웠고, 가장 암울했던 시기에 국가를 위해 충실히 봉사한 것은 사실이지만, 남부연합 깃발 아래서 싸운 모든 군인이 민주당원이라는 그루터기 연설가stump-speaker의 주장에는 정치적 허구 이상의 무언가가 있었다.

공화당은 특정 유형의 모든 행사에서 전쟁 열정에 교묘하게 호소함으로써 당에 대한 충성심을 국가에 대한 애국심과 동일시하고 야당 표를 선동과 동일시하는 데 성공했다. 민주당원들은 이를 '피 묻은 셔츠 흔들기'라고 조롱했지만, 공화당 선동가들은 연방주의자나 휘그당원도 하지 못했던 대중의 심리를 조종할 수 있게 되었다. 1884년 말에는 전투로 얼룩진 옷 주름에서 '한 명의 대통령을 더 뽑아낼 수 있다'는 희망을 표현하는 재치 있는 표현이 선거운동에 등장하기도 했다. 그리고 군사적 감정이 약해지기 시작한 지 오래지 않아 남부의 재건, 선거에서의 연방군 투입, 흑인의 시민권 및 정치적 권리 보호를 둘러싼 갈등은 전쟁의 상처를 악화시켜 '연방의 구원'을 애국적인 행동이자 기나긴 과정으로 만들었다.

공화당의 대의에서 의심의 여지가 없는 또 다른 도덕적 자산은 링컨의 전통이었다. 해방자Emancipator는 공화당원이었다. 남부 동조자의 손에 의해 비극적인 최후를 맞은 링컨은 야만적인 비판의 목소리를 잠재웠으며, 죽음을 이겨낸 그의 명성 주변에는 아메리카 민주주의의 가장 달콤한 기억과 고귀한 전통이 모여 있었다. 로웰은 이렇게 말하며 날개를 단 화살을 쏘아 올렸다. '우리의 새로운 토양에서 새롭게 탄생한, 최초의 아메리카인.'

이러한 윤리적 자원 외에도 공화당은 인디언 몇 명을 죽인 윌리엄 헨리 해리슨이나 거친 멕시코인 무리를 제압한 재커리 테일러와 같은 시시한 인물이 아니라, 율리시즈 S. 그랜트 장군을 필두로 한 일급 기사단장 같은 전쟁 영웅을 대통령 후보로 대중에게 제시할 수 있는 무공훈장도 보유하고 있었다. 공화당 간부들은 쓸 수 있는 후보자를 찾기 위해 몇 번이고 야누스의 신전*을 찾았다. 그 결과, 2차 아메리카 독립 혁명이 끝나고 세기가 끝날 때까지 미

---

* '야누스의 신전'은 전쟁과 평화를 은유적으로 표현한 말이다. 고대 로마의 야누스 신전의 문은 전쟁 중에는 열려 있었고 평화시에는 닫혀 있었다. 로마의 신 야누스는 시작과 전환, 이중성의 신으로 종종 두 개의 얼굴이 서로 반대 방향을 바라보는 모습으로 묘사된다. 이 구절에서 '야누스의 신전을 찾았다'는 것은 공화당이 대통령 선거에 내세울 후보로 율리시즈 그랜트 장군 같은 전쟁 영웅에게 반복적으로 의지했다는 것을 은유적으로 표현한 것이다.

국 대통령직에 도전한 모든 후보가 공화국의 위대한 군대Grand Army of the Republic 출신이라는 사실이 밝혀졌다. 그랜트는 총사령관으로서 연방을 구했고, 두 번이나 대통령에 당선되었으며 세 번째도 거의 당선될 뻔했다. 그의 후임자인 러더퍼드 헤이즈는 전장에서 부상을 입었고 소장으로 진급한 상태였다. 헤이즈의 뒤를 이은 제임스 A. 가필드는 성조기를 달고 명예롭게 복무했으며 중령에서 소장으로 진급해 있었다. 1884년 공화당은 남북전쟁 당시 고작 하원 의원이었던 제임스 G. 블레인을 후보로 지명해 군인 명단을 잠시 덮었지만, 패배를 맛봤을 뿐이었다. 이 불미스러운 사선으로 인해, 아마도, 경고를 받은 공화당은 다음 선거에서 해리슨 장군을 내세웠고, 최종적으로 19세기의 마지막 선거에서는 매킨리 소령을 지명했다.

이러한 경제적, 윤리적, 정서적 힘들의 지지로 공화당은 1864년부터 1896년 사이의 정치 일정을 자신감 있게 전진시켰다. 우익의 기업가나 좌익의 농부들은 간부들에게 불가능한 요구를 함으로써 공화당을 당혹스럽게 만들지 않았다. 사실 산업 자본가들이 요구한 사항은 대부분 부정적인 것이었다. 남북전쟁 동안 그들은 연방당원들과 휘그당원들이 여러 세대에 걸쳐 애썼던 대부분의 긍정적인 목표를 달성했다. 그들은 무장 갈등으로 인해 반대 세력이 무너진 틈을 타서, 분열된 국가로부터 높은 보호 관세, 건전한 국가 은행 시스템, 철도 회사에 대한 관대한 토지 보조금, 그리고 획득한 권리에 위험을 초래하는 주 및 지방 법률을 무효화할 수 있는 헌법 수정안을 쟁취했다. 이후 목재 및 광업법Timber and Stone Act에 의해 보완된 홈스테드법에 따라, 그들은 기업의 수익성 있는 개발에 필요한 연방 영역의 추가 부분을 쉽게 획득할 수 있었다. 이러한 것들 이상으로, 그들은 부의 순환 고리를 완성하기 위한 또 하나의 커다란 퍼즐, 즉 금속 기반의 통화 시스템을 확립하는 법률이 필요했다.

이미 정부로부터 역사적 요구를 상당 부분 얻어낸 산업계 지도자들이 가장 중요하게 고려한 것은 기존 법령의 자유주의적인 집행과 법과 질서에서 자유방임laissez faire을 유지하는 것이었다. 경제 관계의 지배적인 패턴을 고려할 때,

산업 영주가 선호하는 정치 프로그램은 구조가 단순했다. 당연히 그는 연방 정부의 모든 부처를 자신들에게 우호적인 친구들이 장악하기를 원했지만, 하원을 잃더라도 자신들의 요구 사항에 우호적인 대통령과 상원을 통해 나아갈 수 있었다.

행정부에는 막대한 경제적 효용성이라는 긍정적 권한이 부여되어 있었으며, 마음만 먹는다면, 토지 관리 기관을 대단히 후하게 운영하고, 국가의 천연 자원을 관대하게 분배하며, 무역계의 요구에 따라 외교 정책을 관리할 수도 있었다. 또한 그것은 부정적인 권한도 가졌다. 대통령은 의회의 법안에 대해 거부권을 행사할 수 있고, 입법부의 조치를 밀쳐둘 수 있는 대법관을 지명할 수 있었다. 미국 상원도 법안 통과와 부결 모두에 대해 그 용도가 있었으며, 의회의 상원으로서 새로운 법안의 통과와 부결, 연방 사법부를 포함한 중요한 공직에 대한 대통령의 지명자 인준에 상원의 동의가 필요했다. 산업계에는 다행스럽게도, 대통령을 선출하는 기구는 번거롭고 움직이게 하는 비용이 많이 들었고, 상원 의원은 주 의회가 간접적으로 선출했으며, 연방 판사[대법관]는 대통령과 상원이 종신직으로 선출했다.

§

이 거대하고 강력한 공화당 연합에 맞서 민주당은 격렬한 분쟁으로 분열되어 4년 동안 두 개의 파벌로 나뉘어 정치적 권력을 차지하기 위한 투쟁에 돌입했다. 링컨이 그들을 공직에서 쫓아냈을 당시에는 압도적인 다수를 차지하고 있었지만, 1865년에는 심각한 열세에 놓여 있었다. 농부와 장인 출신으로 구성된 이들은 산업 자본주의에 대응할 수 있는 지도자급 인물을 배출하지 못했다.

과거에는 플랜테이션 계급이 보호무역 전쟁, 선박 보조금, 중앙 집권적 화폐, 국가 은행 체제에 대항해 싸울 고위 장교 대부분을 공급했지만, 1865년에는 더 이상 정치 포럼에서 기업 변호사와 힘을 겨룰 수 있는, 부유하고 교육 수준이 높으며 지배적인 노예 소유주 귀족 계급이 존재하지 않았다. 살아남은 플랜테이션 계급의 지도자들은 한때 그들의 리더십과 주장에 활력을 불어넣어 주었던 경제적 기반을 대부분 잃었다. 노예 재산은 모두 사라졌고, 혁명 시기 프랑스의 성직자나 귀족들처럼 평온한 반동의 시기에 얼마간이라도 되찾을 수 있다는 희망도 가질 수 없었다. 미국 수정헌법 제14조에 의해 폐기된 남부연합 공채 재산도 사라졌다. 그리고 그들의 잔에는 다른 쓰디쓴 찌꺼기들이 있었다. 그것들 중 상당수는 의회가 그들의 장애를 제거해줄 때까지 투표권과 공직을 맡을 자격이 박탈된 것인데, 의회는 끔찍한 4년의 고통을 잊어버리고 전면적인 사면 조치를 취하는 것을 꺼렸다. 남부 지도자들은 재산과 정치적 권리를 잃었을 뿐만 아니라, 오랜 세월 동안 워싱턴의 공화당 대통령이 흑인들의 도움을 받아 군인들이 통치하는 정복 지역의 주민에 불과했다. 1870년까지 모든 남부연합 주는 명목상으로는 연방의 일원으로 회복되었지만, 7년 후에야 마지막 남부 수도에서 연방군이 철수했고, 1898년에 이르러서야 남부연합의 마지막 지지자들이 시민권을 완전히 회복하여 끔찍한 과거에 대해 친절한 망각의 망토가 펼쳐졌다.

당을 운영하려면 적어도 어느 정도의 돈과 여유, 교육이 필요했기 때문에 민주당 대중은 새로운 곳에서 방향을 찾아야 하는 것이 분명했고, 그들은 주로 동부 도시의 상인, 변호사, 금융가, 사무실 소유주들 사이에서 그 방향을 찾았다. 옛날부터 수입 상인들은 광고로 유지되는 대도시 신문 편집자들의 도움을 받아 저관세 정치에 영양분을 공급해 왔다. 더 많은 상품을 수입할수록 더 많은 이윤을 얻을 수 있다는 사실에는 의문의 여지가 없었다.

상인들과 밀접한 관계에 있는 은행가들은 주로 철도 건설을 위해 유럽에서 막대한 자본을 가져온 사람들이었다. 장기적으로 수입품이 금이 아닌 공산품의 형태로 들어왔기 때문에 이들 역시 낮은 관세를 선호했고, 자본의 자유로운 유입과 원금 및 이자 상환을 위한 농산물의 유출 등 사업을 방해하는 높은 보호무역에 반대했다. 철도 금융가들조차도 제조업체와 항상 의견이 일치하지는 않았다. 그들은 강철 레일과 철도 차량에 대한 관세를 그다지 좋아하지 않았고, 운송하는 상품이 수입품이든 국내산 상품이든 그들의 대차대조표에는 거의 차이가 없었다.

따라서 건전한 돈과 올바른 은행을 제외하고는 자본주의는 스스로 분열되었다. 가장 화력이 막강한 대대가 분명히 공화당 편이라 해도, 민주당 대중은 건전한 화폐를 지지할 의향이 있는 한 부와 재능으로 구성된 소수의 이사진을 확보할 수 있을 것으로 기대할 수 있었다. 그러나 이렇게 모인 소심한 우파는 좌파의 불길한 행동에 의해 쉽게 당에서 쫓겨나거나 은퇴할 수 있는 분견대였다.

1865년 이후 민주당은 리더십뿐만 아니라 여러 이슈와 관련해서 당혹감을 겪었다. 농장주 귀족 계급이 파괴되고 기계 산업이 미시시피 밸리를 침범하면서 수입만을 위한 관세는 말할 것도 없고 즉각적이고 무조건적인 자유무역에 대한 오래된 열정이 일부 꺾였다. 게다가 남부 설탕 농장주, 변경 지대의 대마 재배자, 오하이오의 양모 재배자는 원칙적으로 자신이 민주당원이라고 말할 수 있었지만 매사추세츠의 면방직업자만큼이나 자신의 특정 유아 단계 산업을 옹호하는 데 열성적이었다. 따라서 많은 의회 지역구에서 일반적으로 열렬한 보호무역의 적을 워싱턴으로 보냈지만, 민주당의 간부들은 관세에 대한 대대적인 공격에 대해 전국적인 전선을 너무 정확하게 정의하는 데에는 신중해야 했다. 잭슨 민주주의의 방식에 따라 1863년의 새로운 은행 시스템을 공격하는 것도 말할 필요가 없었다. 당의 금융계는 그런 종류의 위협적인 제스처에 쉽게 겁을 먹었다. 사회민주주의의 도구로 산업 거물들을 공격하는 것도 마찬가지로 불가능했는데, 그런 종류의 프로그램은 상인과 금융가들이 승인할 수 없는 선거운동 커리큘럼의 혁명을 요구했기 때문이다.

1865년 당시의 민주당은 마차와 수지초tallow-dip[동물 기름으로 만든 초] 시대에 채택된 자유방임 신조에 따라 모든 가부장주의[문자 그대로의 의미가 아니라 정치와 경제적 의미에서 보호자 역할을 적극적으로 하는 정부의 역할에 대한 언급이다] 교리를 완전히 거부한 채 농업과 연계되어 있었기 때문에 세금을 통해 부르주아의 축적을 확대시키거나 규제를 통해 그들의 수입을 억제하는 데 필요한 국가 간섭을 쉽게 지지할 수 없었다. 요컨대, 오랜 교리에 따라 당은 행정적 허무주의를 표방했다.

대중의 열정을 불러일으킬 수 있는 대통령 후보를 찾던 민주당은 사방에서 걸림돌에 부딪혔다. 그들은 남부 분건대나 미온적인 북부의 형제들이 '공화국의 위대한 군대'에서 뽑힌 군사 영웅을 지지할 것이라고 기대할 수 없었다. 그러나 그들은 그런 편법을 두 번, 한 번은 1864년 매클렐런 장군으로 다른 한 번은 1880년 윈필드 S. 핸콕 장군으로, 시도했지만 헛수고였다. 상공업과 수입업에 종사하는 동료들이 잭슨 민주주의 골짜기 출신의 농부가 아무리 자유무역을 찬양한다 해도 열광적으로 결집할 것이라고 기대할 수 없었다. 1896년 네브래스카의 윌리엄 제닝스 브라이언의 지휘 아래 모여 그 전략을 사용했을 때, 그들은 그저 압도적인 패배를 맛보았다.

그들이 추론하기에, 최선의 희망은 아메리카의 상업 대도시를 돌아다니며 가능한 표준 지지자를 찾는 것이었다. 이에 따라 뉴욕 주에서 1868년에 선택된 구파의 신사 호레이쇼 시모어, 1872년에 헛된 망상에 빠져 받아들인 공화당 편집인 호레이스 그릴리, 1876년에 소개된 유능한 기업 변호사 새뮤얼 J. 틸든, 1884년, 1888년, 1892년에 제안받은 '안전하고 건전한' 정치인 그로버 클리블랜드가 발견되었다. 전체 명단 중 클리블랜드만이 애퍼매톡스와 마닐라 만 사이의 기간 동안 그들을 승리로 ─ 한 번은 과연 승리인지 의심스러운 ─ 이끌 수 있었다.

점진적인 과정의 결과로 민주당은 4분의 1세기 만에 어떤 위기에도 흔들리지 않는 거점을 확보했다. 바로 견고한 남부였다. 해밀턴 시대에는 제퍼슨의 급진적 농업주의를 독처럼 두려워했던 그 지역의 부유한 변호사와 농장주들로 구성된 대규모 연대가 연방당에 투표했다. 오랜 시간이 지난 후 같은 계급의 사회적 후계자들은 평등 민주주의의 위험보다는 높은 관세의 위험을 선호해서 잭슨 대신 웹스터를 선택했다. 운명적인 1860년 선거에서도 남부는 심각하게 분열되어 있었다. 15개 노예주 중 6개 주에서만 극단적인 노예제 찬성 후보가 과반의 득표를 차지했고, 나머지 지역에서는 온건한 후보인 벨이 옛 휘그당의 동정심에 호소하여 선전했다. 예를 들어 조지아 주에서 브레킨리지는 4만 2천 표, 벨은 5만 1천 표를 얻었다. 한마디로, 해안가 농부와 고지대 농부 사이에는 현저한 골이 있었다.

그러나 무력 충돌과 재건 과정에서, 강력한 북부 지지Union 정파가 그 영웅적인 결합 작전에서도 살아남은 변경 주들을 제외하고는, 그 골은 대부분 극복되었다. 워싱턴의 공화당원이 지휘하고 흑인들의 지지를 받는 군사 정부에 직면한 남부의 백인들은 더 강력한 세력 앞에서 오랜 분열을 잊었다. 그들의 지배권을 되찾기로 결심한 백인들의 첫 번째 임무는 당연히 새로 선거권을 획득한 해방민들로부터 투표함을 빼앗는 것이었다. 수정헌법 14조와 15조에 의해 그들에게 선사된 투표함은 선거 감독을 위한 다양한 연방군 법안으로 보완되었다.

그들은 초기 단계에서 쿠 클럭스 클랜Ku Klux Klan과 화이트 카멜리아White Camelia와 같은 비밀결사를 결성하여 경고, 야간 방문, 흰 두건을 뒤집어쓴 사람들의 인상적인 퍼레이드, 때로는 살인적인 폭력을 포함한 기타 방법을 통해 연방 정부의 보호에도 불구하고 많은 유색인 유권자들에게 겁을 주어 투표소에서 멀리 떨어뜨려 놓을 수 있었다. 아주 일반적으로 공화당 승리자들에 의해 투표용지를 손에 쥔 노예는 자신의 정치적 권리를 행사하는 데 목숨을 걸려 하지 않았기 때문에 무력시위만으로도 민주당에 반대하는 투표 수는 크게 줄었다.

이러한 전술이 매우 효과적이었고 전쟁 말기의 열정이 식으면서 북부 공화당의 저항이 약해지자 남부의 백인들은 코카서스 인종의 정치적 특권을 방해하지 않으면서 흑인의 투표권을 합법적으로 박탈하는 다양한 조항을 주 헌법에 명시함으로써 협박에서 법적 절차로 이동했다. 수정헌법 제15조가 인종,

피부색 또는 이전의 예속 상태를 이유로 투표권을 박탈하는 것을 금지했기 때문에, 그들은 우회적인 방법을 강구했다. 가장 쉽게 시행된 것은 유권자에 게 주 헌법이나 법령의 한 부분을 읽게 하거나 선거 관리관이 '읽었을 때 이 해한 것을 설명하도록' 요구하는 기발한 조항이었다. 이 요건을 충족하는 데 어려움을 겪지 않는 흑인은 투표시 납세 또는 재산 자격과 같은 대안이 적용 될 수 있었다. 그리고 문맹과 빈곤에 시달리는 백인들도 그물망을 통과할 수 있도록 발명가들은 1867년 이전에 투표했거나, 그러한 사람의 아들 또는 손 자라면 재산이나 교육 자격이 없는 사람노 참성권을 인정하는 이른바 '할아버 지 조항'을 만들었다.

연방 대법원이 결국 할아버지 조항을 무효화했지만, 다양한 제한 조치는 특 히 극남 지역에서 놀라울 정도로 효과적이었다. 예를 들어, 1896년 루이지애 나에는 127,000명의 유색 인종 유권자가 등록되어 있었으나 2년 후 채택된 개정 헌법에 따라 그 수는 5,300명으로 감소했다. 긴 이야기를 짧게 하자면, 1890년 이후 공화당 대통령 후보가 단 한 표도 얻을 수 없는 남부 지역이 적 어도 9개 주에 달했다. 남부는 견고했다. 실제로 때때로 주 정치와 연방 의회 의석을 놓고 번영하는 백인 농장주 및 제조업자와 포퓰리즘적인 백인 농민들 사이에 필사적인 싸움이 있었지만, 결정적인 경합에서만 어느 진영이 흑인의 지지를 요청하거나 의견 차이를 허용하여 지역 내 대통령 후보에 대한 민주 당 표를 줄이려고 했다.* 하지만 시간이 흐르고 제조업이 성장함에 따라 남부 주, 특히 산업 벨트에서 공화당이 고개를 들었는데, 이는 오랜 충성심을 가진 많은 사람들에게 경제의 힘이 너무 강하다는 것을 나타냈다.

§

정치 영역에서 직접 대면할 수 있도록 정당 대중을 조정하는 작업은 산업 시대에 쏟아져 나온 행정적 요인으로 인해 더욱 복잡해졌다. 정부의 모든 기 능이 복잡해지고, 공직자 수가 증가하고, 기업으로부터의 선거 자금이 늘어나고, 철도, 전신, 신문이 늘어나면서, 유권자를 모으고, 적절하게 홍보하고, 정당 조직을 관리하는 일이 더욱 힘들어졌다. 다시 말해, 정치의 의무와 보수는 증가했고, 정당 조종에 종사하는 인재는 더욱 다양해졌다. 따라서 각 당의 집행부는 더 많은 의심스러운 행사를 위임받고 더 큰 재정으로 유지되면서 더더욱 가공할 만한 힘을 가지게 되었고, 일종의 경제적 재산이나 계급의 성격을 띠게 되었으며, 농장, 철도, 공장의 수익이 각 수령인에게 돌아가는 것처럼 정치가들도 달콤한 보상의 열매를 누리게 되었다.

당이 제도화되면서 지위 고하를 막론하고 직업 정치인의 엄숙한 의무는 자신이 뛰는 선거의 제목이 무엇이든 간에 직책을 유지하는 것이었으며, 권력 바깥에 있는 경우에는 직책을 얻는 것이었다. 직책이 없으면 통행료, 수수료, 부과금을 징수할 수 없기 때문이었다. 이러한 목적을 달성하기 위해 방향을 수정하고 조절해야 한다면, 무관심과 분노 사이의 굴곡을 신중하게 조종하는 것으로 요구를 충족할 수 있었다. 그 결과, 국가, 주, 시, 카운티, 타운십, 마

---

* 강고한 남부Solid South'라고 불릴 정도로 미합중국 남부는 선거에서 민주당의 텃밭이었다. 이 현상은 남북전쟁 이후 공화당이 '북부'와 '연방 정부'를 대표하며 남부를 군사 점령하고 재건 정책을 시행했던 역사적 배경에서 비롯되었다. 남부 백인들은 공화당을 '노예 해방당'으로 간주하며 반감을 가졌고, 민주당을 남부의 전통적 가치를 지키는 당으로 여겼다. 20세기에 들어서도 프랭클린 D. 루스벨트의 뉴딜 정책이 남부 농민과 노동 계층에 혜택을 주면서 민주당에 대한 지지는 더욱 강화되었다. 하지만 1948년 해리 트루먼 대통령이 민권운동을 지지하면서 남부와 민주당의 밀착 관계에 균열이 가기 시작했다. 그리고 1960년대에 들어 민주당이 민권법Civil Rights Act(1964)과 투표권법Voting Rights Act(1965)을 내놓으면서 남부는 공화당 지지로 완전히 전환했다. 당시 린든 B. 존슨 대통령(민주당)은 이 법안들에 서명해, 남부의 인종 차별을 완화하려 했지만, 남부 백인 보수층은 이에 반발하게 되었다. 공화당은 1960년대 후반부터 1980년대에 걸쳐 '남부 전략 Southern Strategy'을 통해 백인 보수 유권자들을 공략했다. 공화당은 남부 백인들이 느끼던 변화에 대한 불만을 이용하여, 인종 문제에 있어 보수적인 입장을 취하며 남부의 백인 유권자들을 흡수했다. 리처드 닉슨의 대선 전략 중 하나로 시작된 이 전략은 이후 로널드 레이건에 이르러 더욱 강화되었다. 1980년대에 이르러 공화당은 경제적 보수주의(세금 감면, 작은 정부 지향)와 사회적 보수주의(기독교적 가치 중시)를 내세웠는데 남부 지역은 전통적으로 종교적이고 보수적인 문화가 강했기 때문에, 공화당의 이러한 가치관과 잘 맞아떨어졌다.

을의 정치 기구의 지도자들은 자신들에게 가장 많은 돈을 지불하는 사람들을 주로 섬기며, 웅변가들의 수사가 합리적인 범위 내에 있는 한 그들의 말에 별로 신경 쓰지 않았다. 만약 두 정당의 정치 관리자들이 상호 거래에 위기가 닥쳤다고 느끼게 된다면, 그들은 보통 공동의 위협에 맞서 공조할 수 있었고, 수익을 보호하기 위해 대화를 나누고 이해를 도모할 수 있었다.

따라서 평상시에는 정치경제학의 요구 사항이 만족스럽게 충족되는 한, 산업계의 나폴레옹들에게는 어떤 당의 지도부가 현장을 지휘하든 거의 또는 전혀 차이가 없었다. 이 사실은 일반직으로 잘 알려져 있지만, 1893년 연방 조사에서 설탕 트러스트가 어떻게 편견 없이 양당에 자금을 지원했는지를 보여주는 과정에서 독특하게 보기 좋은 그림으로 묘사되었다. '설탕 트러스트는 민주당 주에서는 민주당이고 공화당 주에서는 공화당인가요?' 상원 조사관이 물었다. '지역 문제에 관한 한, 그게 전부인 것 같습니다.' 설탕 트러스트의 이해관계에 대해 관대한 해브마이어 씨가 대답했다. '아메리카 설탕 정제 회사 The American Sugar Refining Company는 어떤 종류의 정치도 하지 않습니다…… 오직 비즈니스의 정치만 있을 뿐입니다.' 이 강인한 사람은 계속해서 말했다.

얼마 지나지 않아 이 증언을 뒷받침하는 전문가 증인인 '빈둥거리는 부자'의 독설가 일원인 프레드릭 타운센드 마틴은 매력적인 솔직함으로 이렇게 말했다. '내가 대표하는 계급은 정치에 관심이 없다…… 그 사람들 사이에서는 순수한 정치적 토론을 거의 들을 수 없다. 후보자의 상대적 장점이나 정책의 상대적 중요성에 대해 찬반을 논할 때는 거의 항상 비즈니스의 효율성에 대한 문제로 귀결된다. 우리는 기존의 조건을 위협하거나 강화하는 경우를 제외하고는 주의 법안들, 연금 선동, 수로 정비 세출, '여물통pork barrel',* 주의 권

---

* '여물통'이란 주로 특정 정치인의 유권자에게 혜택을 주기 위한, 종종 정치적 지지나 표를 얻기 위한 지역 프로젝트에 대한 정부 지출을 의미하는 속어다. 이러한 프로젝트는 광범위한 공공의 이익에 부합하지 않을 수 있고 낭비적이거나 정실주의의 한 형태로 비춰질 수 있기 때문에 비판을 받는다.

리들 또는 기타 정치적 문제에 대해 전혀 관심이 없다. 관세 문제를 건드리거나, 소득세 문제를 건드리거나, 철도 규제 문제를 건드리거나, 모든 사업 문제 중 가장 중요한 문제인 산업 기업에 대한 일반적인 연방 규제 문제를 건드리면 내가 그 속에서 삶을 살아가는 사람들은 즉시 광적인 당파가 된다…… 어떤 정당이 정권을 잡았는지, 어떤 대통령이 집권하고 있는지는 조금도 중요하지 않다. 우리는 정치인이나 대중의 사상가가 아니다. 우리는 부자다. 우리는 아메리카를 소유하고 있다. 우리는 그것을 얻었고, 신만이 어떻게 그것을 얻었는지 알고 있지만, 우리의 지지, 영향력, 돈, 정치적 인맥, 매수한 상원 의원, 배고픈 하원 의원, 우리의 대중 연설 선동가들의 엄청난 무게를 던져서 우리의 재산의 완전성을 위협하는 모든 입법부, 정치 강령, 대통령 선거운동에서 저울의 균형을 맞춰 우리의 재산을 지킬 것이다…… 내가 대표하는 계급은 정치에 관심이 없다. 같은 계절에 금권정치의 지도자가 자신의 영향력과 돈을 저울에 쏟아부어 태평양 연안에서는 공화당 주지사를, 대서양 연안에서는 민주당 주지사를 선출했다.'

당 지도부가 권력에서 내려오고 권력의 단맛을 빼앗길 수도 있는 첨예하고 위험한 전투를 피할 수 있었던 또 다른 요인은 계급의 유동성이다. 항상 아메리카 사회의 두드러진 특징이었던 계급의 유동성은 특히 1865년 이후 기업의 성장으로 주식과 채권을 통해 소유권이 광범위하고 눈에 보이지 않게 분산되면서 더욱 두드러졌다. 예전에 남부의 농장주가 정치 회의에서 엄숙하게 일어나 양복 코트의 단추를 가슴까지 채우고 키케로 시대의 노예 제도와 자유무역을 옹호하는 연설을 할 때, 청중들의 마음속에 그 연극의 본질에 대한 의심의 여지는 없었다.

그러나 새로운 산업 시대에 들어와서 연설은 그 방식이 덜 분명해졌다. 퍼스티언[과거 옷감으로 썼던 두껍고 질긴 면직물] 옷을 입은 신사가 '억압받는 사람들'을 위해 하늘을 향해 호소할 때, 그 의상이 효과를 위해 선택된 것이 아니거나 연설가가 이웃 은행에 튼튼한 상자를 가지고 있지 않다는 보장은 없었다. 특히 변호사들의 정치권 진출은 사회적 이분법을 모호하게 만드는 데 일조했다. 당무에 대해 일종의 여유를 즐기고, 호출을 받으면 의견을 제시하는 데 익숙하며, 대의를 주장하는 데 유연하기 때문에, 그들은 일반적으로 너무 바쁘거나 연단에서의 독특한 생활을 너무도 내키지 않아 하는 산업계 대표들에 의해 후보로 선호되었다. 실제로 취득과 향유의 웅장한 시대에 정치 무대의 스포트라이트를 받기 전에 주도적인 역할을 맡은 것은, 독특한 윤리적 감각을 지닌 변호사였다.

　그 결과 정치의 본질은 경험이 없는 사람들의 눈에는 너무 모호해졌고, 무대 뒤에서 무슨 일이 벌어지고 있는지는 청중에게 완전히 알려지지 않았다. 예를 들어, 60년대 극서부 지역 발전의 시급한 필요성에 대해 진지하게 발언했던 몇몇 유력 의원들이 유니언 퍼시픽이나 크레디 모빌리에의 멋진 주식 선물을 안전하게 보관하고 있었다는 사실은 내부 폭로를 통해 스캔들로 발전할 때까지 공개되지 않았다. 나중의 예를 들자면, 윌리엄 랜돌프 허스트의 대리인이 사건의 서류를 빼돌릴 때까지 아메리카의 유권자들은 오하이오 주의 일반 주민을 대표하여 상원에서 1900년 공화당 강령에 반독점 조항을 집어넣은 조지프 포레이커 의원이 스탠더드 오일 사의 이해관계자들로부터 후한 상담료를 받았다는 사실을 알지 못했다. 그 유권자들은 상원 의원이 재임 중에 공화당 신문사 구매를 지원할 목적으로 같은 출처로부터 거액을 받았다는 사실도 알지 못했다.

§

　정치 기구의 전문직 종사자들은 경쟁하는 경제 세력 사이에서 '정직한 중개인' 역할을 함으로써 정치 전쟁의 적대감을 완화하는 경우가 많았지만, 때때로 가증스럽고 부패한 관행으로 적에게 빌미를 제공함으로써 전쟁의 격렬함을 더하기도 했다. 어떤 정당이 연방, 주 또는 지방 자치 단체에서 장기 집권을 할 때마다 지도자들은 공공의 예의를 무시하거나 최소한 재량에 대한 충분한 자제 없이 막대한 이익과 상속 재산을 축적했다. '우리는 무엇을 위해 여기에 있는가?'라는 말은 정치 자체를 하나의 비즈니스로 만든 사람들의 인기 슬로건이었다. 공화당이 20년 이상 중단 없이 행정부를 통치한 워싱턴에서는 주요 비리를 그들 사회의 구성원에게 전가할 수 있는 반면, 민주당이 집권한 주와 도시에서는 대부분의 사략 면허Letter of marque and reprisal*를 그들에게 돌릴 수 있었다.

해마다 깨끗한 의식 절차를 진심으로 원하는 사람들의 최선의 노력에도 불구하고, 고위층의 스캔들이 수도 워싱턴에서 정기적으로 발생했다. 제이 굴드와 짐 피스크가 금 시장을 장악하려다 1869년 블랙 프라이데이의 금융 붕괴를 초래한 후, 조사위원회는 악명 높은 투기꾼인 그랜트 대통령의 처남이 정부와 공모자들 사이에서 기이한 물밑 관계를 유지해 왔다고 보고했다. 이 문제에 대해 대통령의 개인적 정직성에 의문을 제기하는 사람은 아무도 없었지만, 그는 의심할 여지 없이 작전에서 이용당했다. 어쨌든 장군과 그의 부인은 거대한 '대박killing' 며칠 전, 거래의 주요 인물들을 따라가 5번가 극장Fifth Avenue Theatre에서 오펜바흐의 〈라 페리콜〉을 봤고, 따라서 의도된 희생자들에게 권력자의 존재에 대한 접근으로 깊은 인상을 심어주었다. 3년 후, 많은 공화당 의원들이 연루된 크레디 모빌리에의 불미스러운 폭로가 있었고, 이 사건의 막은 상당히 빠르게 내려졌지만 조사 결과 미국 부통령은 부정을 감추기 위해 거짓 선서를 한 것으로 드러났다.

1년이 채 지나기도 전에 당대의 가장 뛰어난 당 지도자였던 제임스 G. 블레인은 스프링필드의 〈공화당원The Republican〉으로부터 의회에서의 권한을 이

---

* 사략 면허는 전시 중 개인(주로 민간인)이 적 함선을 공격하고 나포할 수 있는 권한을 부여하는 정부의 공식 허가서였다. 이 서한은 기본적으로 민간인이 평시라면 해적 행위로 간주될 수 있는 활동에 참여하는 것을 허용했다. 본문에서는 은유적으로 민주당이 집권한 주와 도시에서 발생한 대부분의 정치적 부정행위, 부패 또는 비윤리적 행위가 민주당에 기인했다는 것을 의미한다.

용해 금전적 대가를 받고 높은 관세와 철도 회사에 유리한 조처들을 이끌었다는 공개적인 비난을 받았다. 한동안 혐의를 무시하던 블레인은 결국 이를 인정하고 의회 위원회로부터 관례에 따라 공식 조사를 받을 수 있도록 조치를 취했다. 이 조사는 피고인의 부패 행위를 밝혀내는 데는 실패했지만, 블레인은 격렬한 논쟁 과정에서 솔직하지 않고 정중하지 못한 태도를 보였을 뿐 아니라, 기록에 따르면 6개의 허위 사실을 진술했다. 그뿐만 아니라, 그는 멀리건Mulligan 서한으로 알려진 서류 모음을 압수했는데, 이 서한에는 그의 펜에서 나온 범죄 진술이 포함되어 있다고 주장되었으며, 의회에서 이 문서에서 발췌한 것으로 추정되는 내용을 읽은 후 조사위원회에 서류의 실물을 보여주는 것을 거부했다. 그의 공화당 친구들은 그의 행동에 부적절한 것이 있었을 거라고는 믿지 않았지만, 이 사건의 맛은 계몽된 대중의 입맛에 딱 들어맞지는 않았다.

재무장관이 특정 양조장의 내국세 징수에서 사기를 적발하여 이러한 형태의 경제적 노력에서 파생된 이익으로 번성한 고위 정치인들로 구성된 '위스키 링Whisky Ring' 작전을 폭로했을 때는 블레인 사건이 아직 종결되지 않았을 때였다. 법무장관의 협조로 이루어진 추가 조사는 곧바로 그랜트 대통령의 개인 비서로까지 이어졌고, 장군은 다시 한 번 군의 분노를 불러일으켰다. 비서가 재판에 회부되자 대통령은 자발적으로 개입하여 증언에 나섰고, 친구의 행동에서 위스키 링과 관련이 있음을 시사하는 어떤 것도 본 적이 없다고 맹세하고 비서의 청렴성과 효율성에 대해 '큰 신뢰'를 가지고 있다고 선언했다. 결국 사기 사건에 연루된 몇몇은 합당하게 유죄 판결을 받고 합당하게 사면되었고, 그랜트의 비서는 높은 권위의 지지로 무죄 판결을 받고 공식적으로 가족의 품으로 복귀할 수 있었다. 그러나 그 안도감도 잠시였고, 그 사생활에 대중의 경멸이 스며들어, 결국 대통령의 신임을 받던 하인은 사임했다. 그런 극한 상황에서도 그랜트의 신념은 흔들리지 않았고, 나중에 그가 금고를 열어 유죄 판결을 받을 수 있는 문서를 훔치려는 계획에 연루된 혐의로 기소되었을 때도 그 신념은 흔들리지 않았다.

위스키 링 스캔들로 한창 시끄러울 때 전쟁부 장관인 윌리엄 벨냅 장군과 그의 부인이 연방 공직자들로부터 사적으로 거액의 돈을 거둬들였다는 놀라운 혐의가 제기되었다. 집요한 소문에 자극을 받은 의회 위원회는 1876년 이 문제에 대해 유죄를 강력히 시사하는 증언을 확보하고 즉시 하원에 '재임 중의 중범죄와 비행'을 이유로 장관의 탄핵을 촉구하는 결의안을 보고했고, 하원은 결정적인 증거를 인정해 반대 표 없이 탄핵안을 통과시켰다. 벽에 적힌 글씨를 읽은[230쪽 '벨샤자르' 관련 각주 참조] 벨냅은 그랜트 대통령의 '크나큰 유감'에 따라 사임함으로써 자신의 운명을 피하려 했지만, 상원에서 정식으로 진행된 재판은 심문의 모든 단계에서 고통스러운 폭로들이 쏟아져 나왔다. 최종적으로 상원 의원 37명이 '유죄', 25명이 '무죄'에 표를 던졌는데, 후자 중 일부는 퇴임한 공직자는 탄핵될 수 없다는 이유를 들었다. 어쨌든 필요한 3분의 2 표를 얻지 못했기 때문에, 웅장한 무대극에서는 아무것도 나오지 않았다.

이 사건에 대한 관심이 시들해지기 시작할 무렵, 공식 기록에 별표[*]로 표시되어 있고 '스타 루트들star routes'로 널리 알려진 특정 노선을 통한 우편물 운송에 대한 사기가 폭로되면서 대중의 흥분이 다시 고조되었다. 이러한 노선을 운영하는 사람들이 계약에 명시된 것보다 더 많은 돈을 받는 경우가 많았고, 1880년 가필드의 선거운동을 관리했던 공화당 전국위원회의 비서가 자선의 수혜자였다는 사실이 유력한 증거를 통해 밝혀졌다. 기소가 뒤따랐다. 정식으로 유죄 판결을 받은 스캔들의 일부 주요 인물은 상급 법원에서 기술적인 문제로 판결이 뒤집혔고, 드라마의 모든 주연 배우들은 무죄 판결을 받았다. 불행하게도 이름이 그 사건에 연루된 가필드 대통령이 암살된 사건으로 정신이 없던 국민들은 조용히 베일이 덮이는 것을 보고 안도의 한숨을 내쉬었다.

대륙을 가로지르는 산업계의 승리의 행진에 수반된 모든 불미스러운 사건에 최고의 측면이 더해졌을 때, 더 기발한 정치 기술의 대가들은 어느 정도 분노를 느꼈다. 매사추세츠 주 상원 의원이자 곧 저명한 국가 지도자가 될 조지 F. 호어 상원 의원은 벨냅 장관의 재판 기간 동안 한 위대한 연설에서 최근 자신의 주목을 끈 통탄할 사건들을 한심한 듯이 검토했다. 그는 연방 고등법원 판사 5명이 부패와 행정 실책으로 탄핵 위협을 받아 자리에서 쫓겨나는 것을 목격했다. 뉴욕 주 판사 4명이 부패 혐의로 탄핵당하고, 주도州都가 트위드 링 Tweed Ring 스캔들로 전 세계의 불명예를 안는 것을 보았다. 그는 웨스트포인트 사관학교 생도 자리를 팔았다는 이유로 4명의 의원을 제명하라는 의장의 요구를 듣고 경악했다. 그런 다음 그는 최악의 경우로 넘어갔다. '대륙을 하나로 묶고 우리 해안을 씻어주는 두 개의 큰 바다를 하나로 묶는 세계에서 가장 위대한 철도가 완공되었을 때, 나는 그 거대한 사업의 모든 단계가 사기로 이루어졌다는 의회 3개 위원회— 하원 2개, 여기 1개 —의 만장일치 보고서에 의해 우리의 국가적 승리와 찬양이 비통함과 수치로 바뀌는 것을 목격했다. 나는 공화국의 진정한 권력 획득 방법은 국민을 위해 만들어진 자리에 있는 사람들을 뇌물로 매수하는 것이라는, 공직에 오래 몸담은 사람들이 공언하는 파렴치한 교리를 가장 높은 곳에서 들었다…… 대통령의 신뢰할 수 있는 동료들의 발자취에 의혹이 따라다닌다고 들었다.'

§

공화당 계열의 기구 정치인들이 국가 영역에서 저지른 비행非行보다 열등하지만, 그들 못지않게 제공된 기구에 상응하는 행동을 한 것은 종종 민주당 성향의 주 및 지방 자치 단체장들이었다. 워싱턴의 공화당이 상대방에게 격렬한 스캔들로 빌미를 제공했다면, 뉴욕의 민주당은 더 작은 무대에서 자신들이 훌륭한 라이벌임을 증명했다. 제퍼슨 시대부터 그들은 아메리카 독립 혁명 시대에 설립된 친목과 자선 사업을 위한 사적 모임인 태머니 홀Tammany Hall이라는 주권자 협회를 통해 단단히 결속되어 있는 동안 성장하는 대도시를 거의 중단 없이 통제해 왔다. 1800년 선거운동 기간 동안 정치에 적극적으로 뛰어든 태마니는 항구에 상륙한 가난한 이민자들을 환영하고, 지방 선거를 치르고, 연방 및 지방 관공서의 전리품spoils을 모으면서 오랜 세월 살이 쪘다. 기술이 도시에 혁명을 일으키고 가스, 교통 및 기타 공공 서비스 기업이 독점 사업권과 특권을 추구하고 지방 자치 단체가 공중 보건과 안전을 위해 새로운 기능을 수행함에 따라 정치 사업에서 돈을 벌 수 있는 기회는 동양적 상상력을 가진 클라이브조차도 그 규모에 머리가 멍해질 정도로 늘어났다.

미국 중기가 끝날 무렵 태마니 홀에 한 지도자가 나타났다. 그의 야망은 인도에서 영국 관리자의 손에 머물렀던 것과 같은 절제로 인해 방해받은 적이 없었다. 이 사람은 윌리엄 마시 트위드였다. 1823년 뉴욕에서 태어나 공립학교에서 교육을 받고 의용소방대 소방관으로 구ward 정계에 입문한 트위드는 전투에서 승리한 어떤 장군 못지않게 지역 지형에 대해 잘 알고 있었다. 사업부지를 신중하게 선택한 그는 시 정부와 달리 지방세를 부과하고 건물과 시설 개선에 예산을 지출할 수 있는 막강한 권한을 가진 카운티 감독위원회에 선출되었다. 이 위원회에서 그는 13년 동안 네 차례나 위원장을 역임하며 더 많은 권력과 부정 축재를 장악하기 위해 태마니 홀에 자신과 같은 정신을 가진 동족들을 위한 자리를 만들 수 있는 유리한 고지를 점령했다. 1869년 트위드 그룹은 시장, 시 의회, 지방 검사, 지방 판사, 올버니의 입법부, 심지어 엠파이어 스테이트Empire State[뉴욕의 별칭]의 주지사까지 장악했다.

모든 편의시설에 대한 무모한 무관심으로 트위드와 그의 일당은 그들의 노역에 대한 보상을 퍼담아서 10년 만에 도시의 부채를 10배로 늘리고 그중 적지 않은 돈을 자신들의 주머니에 집어넣었다. 25만 달러가 소요될 것으로 예상되었던 카운티 법원 청사 건설에는 실제로 800만 달러가 지출되었는데, 시는 의자 한 개당 470달러, 귀중한 서류를 보관할 금고는 개당 40만 달러의 청구서를 받았다. 담보 거래에서 '일반 목적general purposes'이라는 허울 좋은 명목으로 시 금고에서 거액이 부정하게 지급되어 납세자를 희생시키고 정치인,

건설업자, 부동산 투기꾼들의 배를 불려주었다.

모든 징후에 따르면, 트위드 일당의 야망에는 한계가 없어 보였고, 실제로 전리품 분배를 둘러싸고 그들 사이에 불화가 생겨 1871년 폭로로 이어지지 않았다면 아마 무기한으로 계속되었을 것이다. 분노한 시민들이 악당들을 기소하기 위해 구성한 위원회의 동의를 받아 트위드는 6백만 달러를 훔친 혐의로 체포되어 유죄 판결을 받고 감옥에 갇혔다. 공모를 통해 탈출한 그는 1875년 스페인으로 도망쳤으나 발각되어 다시 체포되어 뉴욕으로 돌아와 얼마 지나지 않아 사망할 때까지 감옥에 갇혀 있었다. 서글의 나른 멤버늘 역시 법의 심판을 받게 되면서 정치의 후미진 곳을 착취하기 위한 폐쇄적인 조직인 트위드의 내부 태마니 링은 일시적으로 해체되었다가 몇 년 후 리처드 크로커의 보다 교묘하고 신중한 지휘 아래 재결성되었다.

필라델피아, 시카고, 신시내티, 세인트루이스, 그리고 거의 모든 중요 지자체를 비롯한 다른 도시의 정치인들은 비록 보상은 덜 후했지만 매우 매력적인 기회를 감지하고 상황에 따라 공화당 또는 민주당의 후원을 받아 트위드의 기술을 모방하고 유사한 기구를 발전시켰으며, 그 결과는 정도에서 다소 차이가 있지만 거의 비슷했다. 따라서 민주당 연설가가 크레디 모빌리에나 스타 루트 사기에 대해 정치적 조롱의 손가락질을 가했다면, 그는 그 대가로 자당의 지방 정부 스캔들로 반격의 화살을 맞을 것이 분명했다.

§

특별한 형태의 사업체로서 정치 기구가 등장하면서 잭슨 민주주의의 보루를 형성했던 농부와 장인들은 지배적인 공화당에 맞서 효과적인 조합을 형성하는 것이 더욱 까다로운 과제라는 것을 알게 되었다. 실제로 아메리카 정부 체제하에서는 부와 여유가 없는 소박한 사람들이 타운이나 카운티보다 더 큰 정치 무대에서 직접 활동하기는 어려웠는데, 그 조직은 미로처럼 너무 복잡하게 얽혀 있었다.

주 정부와 지방 정부의 복잡성은 제쳐두고 연방 정치만 놓고 보면, 연방 정치는 크게 위, 아래 두 영역으로 나뉘었다. 전자에서는 거대하고 돈이 많이 들고 다루기 힘든 정당 기구가 필요한 대통령 선거가 이루어졌다. 거기에서는 또한 주 의회의 전당대회에서 깔끔한 관리를 필요로 하는 미국 상원 의원 선출이 있었고, 임명권자, 인준권자인 상원, 그리고 그들의 상담역들의 조용한 창의력이 요구되는 연방 판사 선출도 마찬가지였다. 이 상위 영역에서는 재력, 여유, 재능, 수완, 분별력, 협상력, 그리고 우호적인 언론 확보가 정치인의 주요 조건이었다.

연방 정치의 하위 영역에서는 하원의 멤버를 선출하는 작업이 이루어졌는데, 이는 일반적으로 경제 및 정치 대도시에서 멀리 떨어진 비교적 작은 지역구에서 진행되었으며 일반 당원들이 어느 정도 참여했다. 이러한 선거에서는 일반적으로 위로부터의 압력이 있었지만, 하원 후보자들은 항상 유권자들과 개인적으로 접촉하기 때문에 대중의 의견과 열정에 더욱 귀를 기울일 수밖에 없었다.

아메리카 2차 혁명과 매킨리의 첫 취임까지의 정치 전쟁의 과정과 결과는 연방 정부의 상층부와 하층부를 살펴봐야만 이해할 수 있다. 전자와 관련하여 아메리카 정치 일정에 따라 4년마다 치러진 대통령 선거는 대중의 판단을 필요로 하는 중요한 이슈가 없었음에도 불구하고 진행되었다. 대규모 공약을 수반한 이 선거는 주로 각자의 조직에 평생을 바친 전문 정치인들의 손에 넘어갔고, 양쪽 모두 공직을 유지하거나 획득하려는 동일한 욕망에 사로잡혔다.

따라서 신중이 그들의 최고의 표어였다. 1868년에서 1896년 사이에 공화당과 민주당의 정강 정책에서 경제적이든 윤리적이든 어떤 문제에 대한 명확한 반대 의견을 찾는 것은 헛된 일이다. 우리가 살펴본 바와 같이 민주당 지도부는 본질적으로 국가 부채, 국가 은행 책략, 보호무역주의 또는 중앙 집중식 통화 시스템에 대한 성스러운 전쟁을 선포하는 데 동의할 수 없었고, 공화당 이사들은 항상 농업계를 달래야 할 필요가 있었기 때문에 통화 문제에 대해 어느 한쪽 입장에 너무 강경할 수 없었다. 사실, 이 시기 대통령 선거 운동에서 는 시들해진 [남북]전쟁 이슈들을 제외하면 정치적 논쟁을 위한 실질적인 자료는 연방 행정부의 스캔들이 거의 유일했다.

당연히 이러한 격분을 일으키는 행위들은 기존의 지배적인 질서 아래 가능한 모든 법적인 예의를 존중하면서 경제 발전 과정이 진행되는 것을 보고 싶어 하는 수많은 산업계 귀족들에게 혐오감을 안겨주었다. 그것은 제임스 러셀 로웰, 조지 윌리엄 커티스, 에드윈 L. 고드킨 등 교육과 교양을 겸비한 인물들로 구성된 상당한 규모의 '지식인' 자신가들에게도 마찬가시었다. 스캔들을 견디다 못한 반란군 중 일부는 스스로를 자유주의 공화당원Liberal Republican이라 칭하며 1872년 당 조직을 탈퇴하고 호레이스 그릴리를 후보로 내세워 민주당과 연합했다. 그랜트 장군의 재선을 막기 위해 필사적으로 노력했지만 투표에서 굴욕적인 참패를 당하고, 그 경험에 충격을 받은 반체제 인사 대부분은 다시 공화당으로 돌아갔다. 정치 견습생 시절의 젊은 시어도어 루즈벨트에게 '근본적인 위선과 불성실'로 공격을 받으면서도 독립을 계속 유지한 사람은 소수에 불과했다.

자유주의 공화당 운동이 몰락한 뒤, 조직화된 야당의 역할은 주로 민주당에 맡겨졌다. 이미 주어진 이유들로 인해 자유무역, 지역 은행, 쉬운 돈, 그리고 그 법적 결과 국가 주권이라는 오래된 문제에 대해 모든 파벌을 융합할 수 없었던 그 당의 간부들은 대통령 선거운동에서 주로 공화당 정권에 불만을 품은 요소를 통합하는 사업에 전념했다. 1876년, 그들은 뉴욕의 유능하고 보수적이며 부유한 기업 변호사였던 새뮤얼 J. 틸든을 대통령 후보로 지명함으로써 현명한 국성 운영을 펼쳤는데, 그는 62세의 나이로 정치적 감정이 위험할 수 있는 나이를 넘어섰고, 주지사로서 그리고 민간인으로서 당의 부패에 맞서 용감하게 싸웠으며 당선되면 워싱턴의 정치를 정화하겠다고 약속했다. 틸든을 필두로 민주당은 '다크호스' 오하이오 주 공화당 후보 러더퍼드 헤이즈와의 경선에서 거의 대통령직을 차지할 뻔했다. 실제로 민주당은 틸든이 과반

수 이상의 득표율을 기록하고 선거인단의 과반수를 차지한 기록을 지적하면서 자신들이 실제로 나라를 장악했다고 주장했다. 그러나 공화당은 똑같이 인상적인 문서를 인용하면서 헤이즈가 합법적으로 당선되었다고 주장했고, 이로 인해 후보들의 운명이 불확실한 상태에서 몇 달 동안 격렬하게 벌어진 개표 분쟁이 촉발되었다.

이 사건을 바라보는 시각에 따라 남북전쟁의 영향으로 아직 혼란스러운 남부 여러 주의 특이한 상황 때문에 논쟁의 쟁점은 혼란스러웠다. 양측 모두 부정행위를 저질렀거나 적어도 부정행위가 너무 눈에 띄어 오랜 시간이 지난 후 재능과 실태 조사를 겸비한 이 사건의 한 학생은 민주당이 처음에 선거를 훔쳤다가 공화당이 다시 그것을 훔쳤다는 냉정한 결론에 도달했을 가능성이 높다. 경선 후보들의 미덕이 무엇이든 간에, 국가는 몇 주 동안 추악한 상황에 빠져 있었고 내전이 다시 임박한 것처럼 보였을 때 갑자기 의회의 관리자들이 이 문제를 15명으로 구성된 위원회에 제출하기로 합의했다. 이 특별위원회는 모든 중요한 질문에 확고한 표를 던진 8명의 공화당 의원을 포용하여 논쟁의 여지가 있는 선거를 조사하고 헤이즈에게 승리의 월계관을 씌워주었다.

한동안 충분한 투쟁을 경험한 민주당은 항소를 통해 유권자들이 다음 선거 때 투표소에서 이를 비난하기를 바라면서 그들이 혐오하는 평결을 묵인했다. 때마침 1878년 민주당이 하원을 장악하고, 주 의회가 민주당 상원을 장악하면서 공화당에 대한 질책으로 보이는 국민의 판결에 대해 민주당은 기뻐할 수 있었다. 그러나 이러한 결과를 낳은 감정은 오래가지 못했다. 2년 후 같은 사람들이 경제적 번영의 물결을 타고 공화당 후보인 제임스 A. 가필드를 대통령으로 선출했는데, 이는 1876년에 어떤 잘못이 있었다 하더라도 정치 혁명의 형태로 배상을 요구할 만큼 중대하지 않는다는 것을 나타내는 것으로, 어떤 재판으로도 의문을 제기할 수 없는 다수결로 대통령에 당선되었다.

그러나 그 시점에 운명은 그녀의 책에서 철잎iron leaves*을 바꿨다. 가필드는 실망한 공직 희망자에 의해 암살당했고, 그 자리에는 민주주의의 밸리Valley of

Democracy^{**}를 이해하지 못하고 당시 '빵과 버터 여단bread and butter brigade'^{***}으로 불렸던 남부의 연방 공직 보유자들을 견제할 수 없었던 뉴욕의 정치 기구의 일원인 체스터 아서 부통령이 앉았다. 1884년 선거가 다가오자 공화당 지도부는 딜레마에 빠졌다. 아서는 구제불능이었고, 그랜트는 임종 직전이었으며, 모든 변명과 사과가 끝난 블레인의 공개 기록은 개혁가들을 고민에 빠지게 했다. 그럼에도 불구하고 블레인이 '후보로 지명될 자격이 있다'는 탄원에 따라 그토록 탐내던 상은 그에게 주어졌다.

이제 공화당은 역사상 처음으로 지도자를 찾는 과정에서 미시시피 분지에서 눈을 돌려 고대의 악마 – 금권 —와 밀접한 관련이 있는 사람을 후보로 선택했다. 전통에서 벗어난 것 외에도, 그들은 루즈벨트가 '위대한 해안 도시들에서 가장 고결하고 바람직한 사람들'이라고 표현한 존경받는 시민들의 불신을 불러일으킨 정치가를 선택했다. 공화당 황도 십이궁zodiac의 징후는 길조와는 거리가 멀었다.

바로 그 순간, 민주당은 마침내 운이 좋게도 그들의 표준이 되는 인물인 그

---

* 이 이미지는 고대 신화, 특히 신 또는 운명(그리스 신화에서는 모이라이, 로마 신화에서는 파르카이)이 인간과 신 모두의 운명을 새긴 '운명의 책' 개념에서 유래한 것이다. 거기에 기록된 운명은 바꿀 수 없는 것으로 여겨졌으며, 이 책의 페이지('잎')를 넘기는 것은 예정된 사건의 전개를 의미했다. '철'이라는 것은 고정되고, 바꿀 수 없고, 불가피하다는 의미의 은유로 사용되었다. 여기에서는 제임스 A. 가필드 대통령의 암살이라는 갑작스럽고 누구도 통제할 수 없는 사건으로 체스터 A. 아서가 대통령 자리에 오르면서 역사의 흐름이 바뀌게 된 것을 가리키는 말이다.

** 미국 중서부를 가리키는 말로 heartland라고도 한다. 명확한 정의는 없지만, 일리노이, 인디애나, 아이오와, 캔자스, 미시간, 미네소타, 미주리, 네브래스카, 노스다코타, 오하이오, 사우스다코타, 위스콘신. 다른 비해안 주의 일부도 이 지역에 포함될 수 있다. 여기에는 콜로라도, 유타, 아이다호, 몬태나, 와이오밍 등 동부 산악 주와 아칸소, 켄터키, 오클라호마, 테네시, 웨스트버지니아 등 일부 남부주의 북부 지역도 포함될 수 있다.

*** '빵과 버터 여단'은 주로 일자리를 유지하고 생계('빵과 버터')를 보장받는 데 관심이 있었던 남부의 연방 공직자 또는 공무원을 가리킨다. 이 용어는 다소 경멸적인 표현으로, 이들이 더 높은 원칙이나 정치적 이상보다는 개인의 경제적 안정에 더 관심이 있었음을 암시한다. 이들은 정치적 충성심이 지속적인 고용과 수입을 보장하는 후원 제도에 의존했다.

로버 클리블랜드를 찾아냈다. 비록 통나무집에서 태어나지는 않았지만, 클리블랜드는 가난을 딛고 일어섰고, 당의 어떤 기술자도 인정하는 방식으로 바에서 맥주를 마실 수 있었다. 루즈벨트에 의해 그의 '도덕성'이 의심받기는 했지만, 그는 일반적으로 정직하다는 평판을 얻고 있었다. 그는 정치의 길을 잘 알고 있었으며 버팔로의 보안관과 시장으로, 그리고 연방의 전략적인 주 중 한 곳[뉴욕]의 주지사로서 자신의 재능을 발휘했다.

의심할 여지 없이 클리블랜드는 보수적이었고, 상공업과 금융업에 종사하는 민주당원들이 대부분 거주하는 뉴욕 출신이었다. 그가 뉴욕 시의 고가 철도 요금을 5센트로 인상하는 법안에 서명하지 않은 것은 그가 기득권을 존중한다는 것을 보여주었고, 특히 보호 산업에 투자하지 않은 재력가들은 클리블랜드가 대부분의 비상사태에서 신뢰할 수 있고 소유권을 존중하면서 공공사업을 수행할 것이라고 믿었다. 어쨌든 그는 전통적인 관행에 대한 급진적인 변화 요구와 관련이 없었고, 오히려 그 점에 대해서는 전적으로 무죄였다. 그의 정치적 미덕의 목록을 완성한 것은, 그가 연방 정부에서 직책을 맡은 적이 없었기 때문에 그에게는 국가 영역에서 화해할 수 없는 적이 없었다.

따라서 클리블랜드를 지지하는 모든 논거는 '악당들을 쫓아내자'라는 오래된 인기 구호로 요약될 수 있었다. 이에 대해 공화당원들은 그 구호에 걸맞은 방식으로 대응했다. 처음부터 끝까지 이 신거운동의 전술은 원시적이었다. 공화당은 응접실의 에티켓을 존중하지 않고, 당연히 약점이 없지 않은 클리블랜드의 개인적 성격을 공격했고, 그는 실제로 그 약점을 고백했다. 반면에 민주당을 대신하여 유명한 만화가가 블레인에 대해 끔찍한 그림을 그렸는데, 점잖은 시민의 눈에는 피해자가 아닌 망할 작자가 틀림없었다. 그리고 먼지, 연기, 악취가 가라앉았을 때 클리블랜드는 공화당이 사기라고 부르는 방법, 즉 저속한 관습에 비추어볼 때 그다지 우아하지 않은 방법으로 뉴욕에서 승리한 덕분에 과반수를 약간 넘겨 대통령에 선출된 것으로 밝혀졌다. 클리블랜드의 집권 기간 동안 미국 상원에서는 주 의회들이 계속해서 다수 야당을 유지했기 때문에 대중의 평결은 아무리 좋게 봐도 모호했다.

공화당원들에게는 안타깝게도, 나라는 24년 만에 다시 민주당이 백악관을 차지한 충격을 이겨냈고, 신들의 방앗간은 예전처럼 계속 돌아갔다. 새 대통령이 독특하고 건설적인 입법 계획을 소중히 여겼다면, 공화당 상원은 그를 견제하여 현상 유지status quo를 두 배로 확실하게 만들었을 것이다. 그러나 사실 클리블랜드의 국가에 대한 태도는 비즈니스에 대한 고전적인 부정의 태도였으며 그의 공무 수행에는 그의 철학의 도장이 찍혀 있었다. 거부권은 그의 대통령직에서 가장 중요한 특징이었다. 그는 200개가 넘는 연금 법안을 죽여서 수천 명의 공화당 연금 대상자들의 희망을 파괴했으며, 큰 강과 항구에 대한 법안을 폐기하여 오랫동안 확립된 관행에 의해 미래를 기대하도록 배웠던 계약자와 상업 공동체의 이익을 빼앗았다.

공화당의 관점에서 볼 때, 클리블랜드의 행정 행위는 주로 부정否定이었다. 취임 2년 만에 그는 4급 우체국장의 5분의 4, 모든 내국세 징수원, 관세 징수원의 90퍼센트 이상을, 무역의 언어를 사용하여, 오랫동안 '여물통에 빌붙어 있던' 참된 공화당 정치인 무리를 제거했으며, 투표에서 그를 지지했던 공무원 개혁가들이 큰 슬픔에 잠길 만큼, 민주당의 합당한 사람들을 그 자리에 임명했다. 활동 범위를 넓힌 대통령은 전임자의 자비로운 집권 기간 동안 연방 정부의 관대한 토지 사무소에서 불법적으로 내준 8천만 에이커 이상의 공공 토지를 기업과 개인으로부터 빼앗았다. 그의 적들이 즐겨 했듯이, 그러한 행위가 주로 공화당 중간 지주들의 희생으로 행사된 미덕을 대표한다고 지적하는 것이 그러한 행위의 장점을 완전히 파괴하지는 않았다.

어쨌든 클리블랜드는 곧 정치로 먹고 사는 사람들 사이에 많은 적을 쌓았고 임기 말에 그는 보호관세 자체의 도덕적 원칙을 공격함으로써 산업 경영자들의 마음에 실제 또는 가장된 경악을 불러일으켰다. 그것이 마지막 지푸라기였다. 오랜 휴전 협정을 위반한 것이 분명했다. 관세 일정을 다소 손봤음에도 불구하고 평균 관세율은 남북전쟁 위기 당시의 높은 수준 이하로 인하되지 않았다. 공화당원들은 내버려두는 것으로 만족했고, 민주당 전국위원회는 워싱턴의 정치 권력에 목말라 있었기 때문에 캘훈 시대의 선조들처럼 시스템 전체에 대한 직접적인 공격을 피했다. 1887년 클리블랜드는 이 문제를 새롭게 바라보며 연례 연설에서 보호관세가 악랄하고 불공평할 뿐 아니라 '제조업체의 이익을 위해' 이 땅의 모든 소비자에게 세금을 부과한다고 말했다.

뉴욕의 자본과 상품 수입업자들이 기뻐했다면, 산업계의 대영주들은 물에 빠진 사람처럼 도움을 요청했고 공화당 관리자들은 이 기회를 최대한 활용했다. 그들은 정치에 완전히 지친 블레인을 제쳐두고, 인디애나 출신의 영리한 변호사이자 알려진 비리를 저지른 적이 없는 과묵한 정치가인 중서부의 벤자민 해리슨을 후보로 지명했다. 그의 입후보를 재촉하기 위해 그들은 선거 자금을 효율적으로 모으는 사람을 선택했고, 그는 매력적인 단순함으로 제조업자들에게 관세 인하에 대해 공화당 보험에서 발생할 혜택을 바탕으로 당의 전투 금고에 기부해달라고 요청했다. 기대가 컸던 만큼, 자발적 의사에 의한 헌금은 관대했다. 클리블랜드는 패배했다.

공화당원들은 윌리엄 매킨리 하원의장의 지휘 아래 최근 클리블랜드가 터무니없다고 비난했던 관세를 몇 단계 인상하기 위한 작업에 착수했다. 이 업적에 대한 찬사가 쏟아질 것으로 기대했던 그들은 자신들의 노력이 대중에게 거부당했다는 사실에 크게 놀랐다. 매킨리 법안의 잉크가 채 마르지 않은 1890년 가을, 그들은 의회 선거에서 패배했고, 2년 후 해리슨은 자신의 오랜 정적이자 1887년의 끔찍한 메시지를 작성한 그로버 클리블랜드에게 여론조사에서 압도당하는 모습을 보게 되었다. 그들은 같은 선거에서 1백만 명이 넘는 시민들이 기성 정당을 모두 거부하고 포퓰리스트에게 표를 던졌다는 사실에 더욱 놀랐다. 이는 한 시대의 종말이 왔다는 것을 의미했으며, 획득과 향유 과정에서 명백한 규범을 준수하는 것보다 더 과감한 정치적 행동을 요구한 것이었다.

만약 아메리카 정치의 상층부에서 30년 동안 선거운동을 해온 어떤 헤로도 토스가 대통령 후보로 지명되기 전에 승리한 후보들이 일관되게 주장한 국가 정책의 큰 틀에 대해 질문했다면, 그는 실망스러운 결과를 맞이했을 것이다. 그랜트는 1869년 취임하기 전에는 정치에 대해 거의 알지 못하는 냉정하고 조용한 군인이었고, 정치에 대한 그의 견해는 오히려 그를 민주당 쪽으로 기울게 만들었다. 적어도 그는 1856년 민주당에 표를 던졌고, 링컨에 반대하는 투표를 할 수 있었을 때 일리노이 주에 거주지를 얻을 수 있었다면 1860년에 다시 그렇게 했을 것이다. 헤이즈와 가필드는 '다크호스'였지만, 주목할 만한 정책을 노골적으로 내세웠기 때문이 아니라 낭의 저명한 인사들이 전당대회 표를 너무 많이 나눠 가져서 2순위 정치인만 뽑을 수 있었기 때문에 후보로 지명되었다. 클리블랜드는 버팔로 카운티 보안관, 버팔로 시장, 뉴욕 주지사를 지냈지만 국가적 문제에 대해 거의 생각하지 않았고, 진심으로 대통령 직을 수행할 수 있는 능력을 자신이 가지고 있는지 의심하고 있었다. 해리슨의 가장 큰 자산은 티피카누Tippecanoe의 영웅인 윌리엄 헨리 해리슨의 후손이라는 점이었다. 이들 중 어느 누구도 국가 정치의 장에서 대규모의 확실한 조치와 정책 프로그램을 공식화하고 옹호했기 때문에 대통령직에 오른 것은 아니다. 실제로 정당의 관리자들이 전국적인 선거전에 적합하지 않는다고 판단한 것은 하원과 상원에서 긍정적인 아이디어와 관행과 관련된 바로 그 지도자들이었다.

§

그러나 정당의 강령, 공식 연설, 대통령 선거 통계가 제공하는 표면적 징후는 연방의 정치적 상황을 정확하게 드러내지 못했다. 국민들은 표면적으로 드러난 것처럼 정당 대표들의 운영에 만족하지 않았고, 공화당의 승리에 씁쓸함이 전혀 섞이지 않은 것도 아니었다. 공화당이 이 기간 동안 두 번의 대통령 선거를 제외하고는 모든 대선에서 승리했고, 두 번의 짧은 중단을 제외하고는 상원에서 계속 과반수를 차지한 것은 사실이지만, 대중적인 의회 토너먼트에서는 결코 운이 좋았다고 할 수는 없었다. 연방 정치의 하위 영역인 하원에서는 승리한 선거보다 패배한 선거가 더 많았다.

1870년에 마지막 남부 주가 연방에 복원된 후부터 26년 뒤 브라이언의 첫 전투까지, 민주당은 하원의 주도권을 차지하기 위한 12번의 경쟁 중 8번에서 승리했다. 그리고 그 모든 기간 동안, 공화당 지도부는 당 내 좌파의 반항적인 구성원들의 소요에 더욱 신경을 곤두세우게 되었다. 특히 시카고에서 1860년에 이루어진 자본주의와 농업의 원래 연합이 서부의 농업 지역에서 처음에는 그린배커들에 의해, 이후에는 포퓰리스트들에 의해 공격을 받았기 때문이다. 요컨대, 유권자와 가장 가까운 정치의 하위 범위에서는 남북전쟁 이전과 마찬가지로 농업과 노동 불안의 오래된 흐름이 계속 이어졌다. 남북전쟁 이전에는 느리게, 지금은 빠르게 진행되고 있는 경제 번영의 흐름과 함께였다.

무력 충돌과 그에 따른 북부의 번영이 한동안 이전의 경제적 적대감을 가리고 많은 지역에서 반란을 잠재웠지만, 정치적 평화처럼 보였던 것은 결국 부분적인 휴전일 뿐이었다. 잭슨의 농민-노동자 정당의 철학과 정서가 완전히 사라진 것은 아니었고, 전쟁의 여파로 농산물 가격이 폭락하고 ─ 농장 담보 대출의 이자와 원금은 이전과 동일하게 유지되는 반면 ─ 산업 노동자들은 심각한 임금 삭감에 직면하게 되자 역사적 분열이 모두가 볼 수 있을 정도로 명백하게 다시 나타났다. 고통받는 농민들과 도시에서 고난을 겪는 노동자들 사이에서, 변화를 주장하는 이들과 반란을 촉구하는 사람들이 다시금 부유층, 아니면 적어도 출신이 좋은 자들의 지배 질서에 맞서 목소리를 높였다. 양대 정당의 회의에서, 독립적인 소요 속에서, 그리고 특히 대중의 영향력이 더 쉽게 발휘될 수 있는 하원의 선거에서, 소박한 잭슨주의 지도자들의 정신적 후계자들은 정치적 삶의 투쟁에서 그들의 목소리와 신념을 드러내며 영향력을 행사했다.

이 새로운 시대에 전면에 나선 대부분의 가만히 못 있는 정치인들이 편안한 구역과 때때로 공인된 정당의 좌익 계열에서 공식적인 자리를 찾을 수 있었다면, 오로지 완전한 독립 선언에 만족하는 극단적인 혁신가들도 항상 존재했으며, 1872년부터 역대 대통령 선거 때마다 한두 개의 군소 정당이 등장했다. 1872년 노동개혁당Labor Reformers, 1876년과 그다음 두 번의 선거에서 그린배커Greenbackers, 1888년 노동당United Laborites, 1892년 사회당과 포퓰리스트당 등이 그것이다. 모든 경우에서 이들 정파의 지도자들은 연간 부의 분배에 불만을 품은 농민과 노동자들에게 호소했다. 1872년 한 가지 이슈로 대통령 후보를 내세웠던 금주당Prohibitionists도 곧 경제 문제에 대한 신앙고백을 하다가 결국 통화 문제를 둘러싸고 절망적으로 사분오열되는 모습을 보였다. 그러나 군소 정당들 중 어디도 농민-노동자 유권자 사이에서 영구적인 조직을 구축하는 데 성공하지 못했다. 1878년 의회 선거에서 1백만 표를 얻은 그린배커와 14년 후 대통령 후보에게 1백만 표 이상이 던져진 포퓰리스트당은 아메리카 양당 체제에 혁명을 일으키기에는 똑같이 무력했다.

정치 무대에서 확고한 발판을 마련하려는 새로운 세력의 모든 노력에 맞서 많은 세력이 활동했다. 이러한 반란은 대개 경제 불황기에 일어났기 때문에 일반적으로 번영의 기운이 돌아오면 제압당했다. 일시적인 고통에 의존하고 고난의 시기에 장교들로 구성된 해골 군대skeleton army*를 유지할 수 있는 정치적 특혜가 없었기 때문에 역경에 저항할 수 있는 능력은 당파 싸움의 요구에 한심할 정도로 못 미쳤다. 그들의 가장 위엄을 갖춘 지도자들은 워싱턴 행정부가 제공한 안락한 자리의 유혹에 흔히 빠졌다. 예를 들어, 노동기사단의 수장이었던 테렌스 V. 파우덜리는 한때 존경받는 인사들이 찻잔을 들고 모여들 정도로 공포에 떨게 했지만, 결국 정부에 편입되어 정부가 지급하는 봉급을 받으며 노년까지 편안하게 살았다. 그보다 덜 저명한 다른 사람들은 주 정부와 지방 정부의 사무실에 자주 수용되었다.

---

* '해골 군대'라는 용어는 조직을 유지할 수는 있지만 완전히 가동되지는 않는 매우 작거나 최소한의 병력에 대한 은유다. 이는 더 나은 시기에 가질 수 있는 힘이나 숫자가 부족한, 뼈대만 남은 군소 정당의 이미지에 대한 은유다.

이러한 소모 과정은 양대 정당의 한쪽 혹은 양쪽의 양보로 인해 더욱 가속화되었다. 잭슨의 전통에 충실하게, 민주당은 특히 의회 선거에서 농민-노동자 계에서 표를 얻기 위해 항상 특별한 노력을 기울인 반면, 충직한 공화당은 당시의 독립 정파가 선호하는 색에 따라 녹색 또는 빨간색으로 물들기도 했다. 예를 들어, 블레인은 농민을 위해 통화를 부풀리려 한다는 이유로 동부 지역 신문으로부터 비난을 받았고, 매킨리는 초기에 열렬한 바이-메탈리스트 bi-metallist*였다. 일반 샤먼[정치인, 영향력 있는 인물]의 봉납물[조치나 법안]도 항상 형식적인 것은 아니었다. 때때로 주 의회에서 중요한 법안이 통과되고 워싱턴에서는 명백하고 불가피한 이유들로 인해 거창한 제안들이 이루어지기도 했다. 사실, 공화당과 민주당으로 팽팽하게 갈린 아메리카에서 모든 정치 지도자들은 조심스럽게 걸어야 했다. 수천 표, 아니 몇백 표가 여기저기서 움직이는 것이 대통령 직과 그에 따른 모든 명예, 이익, 영예의 획득 또는 상실을 의미했기 때문이다. 따라서 독립 정파의 기민한 관리자들은 때때로 괴롭힘을 당하고 불안해하는 주요 정파의 관리자들로부터 상당한 양보를 얻어낼 수 있었고, 더 예언적으로는, 향후 수십 년 동안의 이슈를 설정할 수 있었다.

조직이나 정치 상인으로서의 그들의 재산이 무엇이든, 제삼의 정당들은 원칙적으로 신념의 고백에 특정한 큰 원칙과 여러 가지 구체적인 항목을 포함했다. 정통 반란은 물론 두 오랜 정당에 대한 비난이 항상 그들에게 요구되었다. 1888년 연합노동당United Labor Party은 '우리는 민주당과 공화당이 절망적이고 뻔뻔할 정도로 부패했으며, 공공의 약탈에 의존하지 않는 사람들의 참정권을 동등하게 누릴 자격이 없는 독점기업과의 제휴를 이유로 비난한다'고 외

---

* 일반적으로 금과 은 두 가지 금속을 화폐의 표준으로 사용하는 화폐 시스템을 지지하는 사람을 말한다. 바이메탈 시스템에서는 두 금속 모두 법적 화폐로 인정하며, 두 금속으로 만든 주화를 거래에 사용할 수 있는데 두 가지 금속을 모두 화폐의 표준으로 사용하면 경제의 안정성과 유연성이 높아질 것이라는 생각에서이다.

쳤다. 그린배커스는 8월 아메리카 상원에 대해 '대부분 귀족 백만장자들로 구성되어 있으며, 그들 자신의 기관지에 따르면 일반적으로 그들이 대표하는 거대한 독점 세력들을 보호하기 위해 그들의 표를 매수했다'고 선언하며 맹공을 퍼부었다.

정파들은 주요 정당과 그들의 관행을 비난하면서 때때로 구체적인 구원의 조항을 발전시켰다. 총체적으로 그들의 프로그램은 다음과 같은 표준 요소를 수용했다. 국가 부채의 가능한 한 빠른 소멸 — 제퍼슨 민주주의의 해묵은 골칫거리; 국가 은행 시스템이 폐지 – 잭슨 민주주의의 방식에 따라; 정부가 발행한 지폐의 대체 — 1765년의 오래된 메아리를 깨우는 것; 통화량을 늘리기 위해 금뿐만 아니라 은의 무제한 주조 — 쉬운 돈에 대한 오래된 계획의 새로운 진술; 특히 농부들이 구입하는 물품에 대한 관세 인하 — 링컨의 운명적인 선거 전날의 상황으로 돌아가는 것; 정부 조치에 의한 철도 및 기타 공공 요금 규제 — 명백한 이유로 민주당의 자유방임주의에서 벗어나는 것; 법 준수에 소홀했던 철도 및 기타 기업으로부터 공공 토지를 회수하여 농민과 노동자에게 무상으로 넘겨주고, 생존을 위한 투쟁을 통해 정상에 오른 사람들의 부를 상속세와 소득세로 환수하여 대중이 소비하는 상품에 대한 세금 경감; 경제적 구성을 바꾸기 위한 아메리카 상원 의원의 직접 선거; 국가 신조에 따른 지체된 정의의 행위로서 여성 참정권; 노사 분쟁시 금지 명령과 군사력 사용으로부터 노동자 방어; 계약직 노동 제도 금지와 중국인 쿨리 배척과 같은 특정 사회 법안들. 물론 이러한 신앙고백에는 1892년 '인간은 토지와 일할 수 있는 도구를 소유하지 않고는 생명, 자유, 행복추구권을 행사할 수 없다'는 선언으로 전국적인 무대에 등장한 사회주의노동당Socialist Labor Party의 더 큰 일반성이 추가되어야 한다.

§

'좌파의 천둥'으로 처음 등장했을 때 혁명적으로 보였던 이 제안들은 이 시기에 미국 정치의 상층부에서는 거의 혹은 전혀 환영받지 못했고, 대통령, 상원 의원, 연방 판사들에 의해 승인되지 않았더라도, 하층부에서는, 즉 의회 선거와 입법 논쟁에서는 여전히 중요한 쟁점이 되었다. 실제로 하원에서 행해진 연설 기록을 보면, 경제적 문제에 대한 지속적인 분열이 잭슨 시대에 존재했던 분열선에 따라 이루어졌으며, 이는 종종 기존 정당의 상징과는 관계없이 발생했다.

그 '대중 공론장'에서는 다양한 모습으로 산업에서 흘러나오는 황금의 흐름을 더 많이 차지하기 위한 농부와 노동자들의 오래된 투쟁이 미국 중기와 해밀턴 시대의 논쟁을 상징하는 모든 원한과 함께 벌어졌다. 예를 들어, 1888년 밀스 관세 법안Mills tariff bill을 둘러싼 논쟁은 연설문의 홍수를 불러일으켰는데, 이 연설문을 모두 인쇄하면 적어도 20권의 방대한 분량을 차지하지만 법령의 한 줄도 수정하지 못했다. 그러나 대중의 지배적인 성격을 드러낸 것은 법전이 아니라 논쟁이었다.

만약 영국식 의회 제도가 아메리카에서 대세가 되었다면, 1872년부터 1896년까지 24년 중 16년 동안 하원을 장악한 민주당 지지 대중은 상원, 대통령, 사법부 등 상부 기관은 물론 수다의 방chamber of loquacity[하원]을 지배하고 잭슨주의의 방향으로 급진적인 변화를 한 번 이상 일으켰을 것이다. 그러나 아메리카의 견제와 균형 체제하에서 그들은 관세, 트러스트, 철도, 통화 및 연간 국민 소득 분배와 관련된 기타 경제 문제에 관하여 자신들의 감정을 표출할 대변인을 선출하는 것 외에는 할 수 있는 일이 거의 없었다.

§

이러한 상황에서는 관세 개혁을 지향하면서도 그것에 지장을 주는 어떤 행동도 할 수 없었다. 연방 정부의 권력이 종종 양당으로 나뉘고 두 조직이 양쪽에서 불만을 품고 있었기 때문에 세율을 올리거나 내리기가 어려웠다. 물론 1872년에 관세 인하가 있었지만 이는 곧 인상으로 상쇄되었고, 1883년에는 재무부가 흑자로 가득 찬 것을 알게 된 공화당이 야당의 지나친 조치를 막기로 결정하면서 또 한 번의 개정이 있었다. 그러나 캘훈의 역사적인 교리는 연방 정치 상층부의 책임자들 사이에서 전혀 고려되지도 영향을 주지도 않았다.

1884년 선거에서 민주당이 대통령과 하원을 장악한 후 오랜 논쟁 끝에 관세 인하 법안을 하원에서 통과시켰지만, 공화당이 다수당인 상원에서 이 법안은 곧바로 폐기되었다. 그런 다음 정치적 진자의 흔들림에 고무된 보호무역 지지자들은 윌리엄 매킨리의 지도력 아래 관세 인상 추진을 시도했다. 그의 전기 작가가 말했듯이, 이 새로운 보호무역 옹호자는 '의회의 복도에서 이 나라 산업계의 수호천사가 되었다…… 그의 아버지와 할아버지는 모두 보호관세에 크게 의존하는 산업인 철 제조업자였으며' 그의 지역구에는 '보호관세의 육성 보호하에 시작되었된 산업'이 가득했다. '수호천사'가 세심하게 설계한, 1890년 매킨리의 이름이 새겨진 법안[매킨리 관세법Mckinley Tariff]은 남북전쟁 관세를 훨씬 상회하는 수준으로 관세를 인상했다.

수입 상인, 성난 농장주, 불만을 품은 농부들은 자신들의 수고에 대한 공화당의 부과금을 기꺼이 받아들일 수 없었고, 1892년 선거에서 민주당은 행정부와 입법부를 모두 장악했다. 하원의 좌익 지도자들은 마침내 국가로부터 명확한 명령을 받았다는 가정하에 1857년 위기 이후 그 어떤 관세 조치보다 제조업체들을 공포에 떨게 한 법안, 즉 설탕, 목재, 석탄, 철, 양모를 무관세 목록에 올리고 면화, 모직물, 리넨에 대한 관세를 대폭 삭감하는 법안을 통과시켰다. 한 걸음 더 나아가 그들은 대중의 부담을 덜어준다는 명분으로 부자들의 소득에 세금을 부과했다. 민주당은 이 법안을 지지하는 연설에서 캘훈의 무덤에서 울려 퍼지는 메아리처럼 들리는 연설을 통해 법안 제안의 정서를 증폭시켰다.

승리의 기쁨에 들떠, 그들은 상원 앞에서 자신들의 노력의 결실을 맺으며 산업을 아메리카 정치의 상위 영역으로 이관시켰다. 상원에서 공연이 마무리되었을 때, 그 결과는 맥더피와 워커의 디자인보다는 매킨리의 디자인을 닮은

1894년 윌슨 법안Wilson bill이었다. 이 결과에 완전히 실망한 클리블랜드 대통령은 '공공 수입이 아닌 다른 목적의 관세는 공공에 대한 강도질'이라고 선언할 정도까지 나아갔고, 법안 서명을 거부하여 자신의 승인이 없는 법이 되게 만들었다. 얼마 지나지 않아 특정 일정을 둘러싼 이권의 압력에 대한 의회 조사가 진행되면서 사건 전체에 불쾌한 냄새가 진동했고, 민주당 좌익은 미국 상원 의원의 대중 선거를 통해 상층부의 혁명을 이루어야 한다고 확신했다. 건국의 아버지들이 물려준 것에 대한 개정 작업은 제때에 이루어져야 했다.

관세 인하 옹호론자들이 관세에서 할 수 있는 일이 거의 없었다면, 포퓰리스트들이 '트러스트가 국민에게 부과하는 연례 공물'이라고 부르는 것을 강제하는 사업에서 달성할 수 있는 일은 더욱 적었다. 양당의 지도부는 국가적인 강령을 수립하는 과정에서 새로운 경제 거물들이 제기한 문제에 대해 침묵하거나 헤아리기 힘든 태도를 보였지만, 좌익 정파는 그야말로 격렬하고 단호했다. 그들은 기업의 부를 비난하는 내용으로 지면을 가득 채웠고, 모든 거대한 산업 협회를 경쟁하는 부문으로 해체하여 소비자 가격을 인하하는 등 이 질병을 치료할 수 있는 처방전을 제시했다.

실제로 그들은 이 제안에 대해 우익을 겁줘서 양보하게 만들었고, 1890년 의회를 통과해 해외 및 주 간 무역을 제한하는 모든 연합을 금지하는 셔먼 반독점법을 통과시킬 수 있었다. 코네티컷의 한 상원 의원이 말했듯이, 이 법안이 트러스트에 어떤 영향을 미칠지는 아무도 몰랐지만, 대다수는 저항하는 대중을 달래기 위해 무언가를 내놓아야 한다는 데 동의했다.

잭슨주의 공식에 따른 기업의 부에 대한 전반적 공격에서 철도의 관리자와 소유주는 자신의 몫보다 더 많은 것을 얻었다. 그들은 운송 시스템을 건설, 운영, 조작하여 막대한 부를 축적했고, 호의적인 개인과 기업에게 리베이트와 특권을 부여했으며, 큰 수익을 노리고 화물 및 승객 요금을 고정시켰다. 서부의 농민들은 명백한 학습과 추론을 통해 철도 회사들이 정부로부터 너무 많은 보조금을 받았고, 효율성보다는 빠른 이익에 집착하는 발기인들의 손에 넘어갔으며, 실제로는 '모든 운송이 감당할 수 있는 수준'의 수익을 올리는 데 몰두하는 비정한 기업이라는 의견에 도달했다. 같은 논리적 경로를 통해 그들은 곡물 화주들이, 특히 '장거리 운송'이 운송의 중요한 특징인 서부에서, '철도 거물들'의 강력한 지류라는 확신에 도달했다.

아이디어가 행동으로 옮겨지기까지의 길은 그리 길지 않았다. 70년대의 격변기에 이미 그레인지Granges라는 자선단체를 통해 광범위하게 조직된 농민들은 철도 문제를 중심으로 선거운동을 벌여 일리노이, 위스콘신, 아이오와 등 여러 주 의회를 장악했다. 지역 거점을 장악한 후 그들은 화물과 승객 운송 요금, 곡물 보관 요금을 고정하는 법을 제정하여 부의 분배를 둘러싼 경쟁에서 정치적 무기를 사용하겠다는 결의를 드러냈다.

즉시 철도 주식 보유자 대열에서 날카로운 분노의 합창이 일어났다. 그들의 이익을 대변하는 〈뉴욕 네이션〉의 편집자는 요금 규제가 의심의 여지 없이 민주주의의 예상치 못한 경향이며, 그러한 법안은 '몰수, 또는 다른 표현이 더 적합하다면, 철도를 돈을 투자한 사람들의 이익을 위해 소유하고 관리하는 사유재산에서 야외 활동에서 해방감을 느끼는 특정 계층, 바로 농민들의 이익을 위해 관리되는 자선 또는 구호 법인으로 변경하는 것을' 원칙으로 삼는 것이라고 선언했다. '만약…… 우리가 우리 자신의 재산이라고 부를 수 있는 유일한 종류의 재산이 물리적 소유에 의해 결정되는 사회 상태로 돌아가고 있다면, 모든 사람에게 그것을 알리는 것이 분명히 중요하며, 우리에게 실제로 그것을 말할 수 있는 유일한 기관은 워싱턴의 대법원이다.'

한동안, 즉 사법부의 인사에서 유능한 조정이 이루어질 때까지 그 저명한 재판소는 예상했던 답을 내리지 못했다. 실제로 심리를 위해 제출된 첫 번째 사건에서 재판소는 숙련된 철도 변호사들의 가장 격렬한 탄원에도 불구하고 지역의 요금 법안을 지지했다. 그러나 주 간 상거래를 방해하는 주 법을 승인하는 것은 거부하여 농민들이 선동을 워싱턴으로 옮기도록 강요했다.

실제로 각자의 지역사회에서와 마찬가지로 국가의 수도에서 농민들은 철도 회사의 리베이트, 비밀 요금, 기타 차별에 시달리던 중간 계급 제조업자와 사업가들로부터 도움과 위로를 받았다. 이 강력한 경제적 결합은 서둘러 의회를 통과하여 1887년 주간상업법Interstate Commerce Act을 통과시켰다. 이 법안은 불확실한 용어로 가득 찬 법안이었는데 곧 대법원의 미사여구에 묻혀 철도에 돈을 투자한 사람들에게는 사실상 무해한 법안으로 전락했다.

§

공장mill, 광산, 농장에서 생산되는 연간 생산량을 둘러싼 끝없는 경쟁에서 통화를 둘러싼 싸움은 관세, 트러스트, 철도를 둘러싼 투쟁보다 훨씬 더 큰 비중을 차지했다. 이는 전적으로 자연스러운 일이었다. 대니얼 셰이스의 봉기 이후 식민지 시대부터 최근까지 부채에 시달린 농부들은 통화량에 촉각을 곤두세우며 자신들에게 유리하도록 화폐를 통제하려고 노력해 왔다. 정부 기관을 통해 통화가 넉넉한 비율로 확대되면 가격 상승을 기대할 수 있고, 이자와 원금에 대한 의무를 쉽게 면제받을 수 있기 때문이었다. 이 추론에는 수수께끼가 없었다.

반면에 고정 이자를 받는 모기지와 채권을 보유한 자본가들도 유통되는 화폐의 양과 성격에 대해 마찬가지로 우려했다. 유통량이 제한되고 돈의 기초가 건전하다면, 그들은 원래 채무자에게 빌려준 것과 동일한 구매력을 가진 달러로 이자와 원금을 받을 것으로 기대할 수 있었다. 그러나 통화량이 줄어들거나 비즈니스의 흐름에 적절히 대응할 수 있을 만큼 늘어나지 않으면 가격이 하락하고 채권 보유자는 원래 빌려준 것보다 더 큰 구매력을 가진 달러로 수익을 얻는 이점을 누릴 수 있다는 이론이 성립했다. 논리적으로 여기에도 수수께끼는 없었다.

그래서 한쪽은 정부가 직접 모든 화폐를 발행하고 그 양을 엄청나게 많지는 않더라도 넉넉하게 만들어야 한다고 주장했고, 이 학파의 신사들은 수학적 측정에 대해서만 의견 차이가 있었다. 다른 한쪽은 우호적인 추론을 통해 안정적인 통화, 또는 적어도 너무 팽창하지 않은 통화를 선호했으며, 그러한 형태의 비즈니스 기업에 돈을 투자한 사람들의 이익을 위해 지폐의 발행은 주로 국가 은행에 국한되어야 한다고 선언했다. 각 주장의 본질적인 장점이 무엇이든, 부의 분배를 둘러싼 투쟁에서 화폐 발행에 정부의 권력을 사용함으로써 흐름이 어떤 식으로든 상당히 바뀔 수 있다는 것이 분명해졌다.

아메리카 2차 혁명이 일어나기 직전까지, 앞서 살펴본 바와 같이 각기 다른 운명을 가진 쉬운 돈의 정당은 전반적으로 지도자들에게는 매우 만족스러운 경쟁을 펼쳤다. 국가 은행 시스템은 두 번째로 파괴되었고, 주 은행들은 당시의 상황을 고려하여 관대하게 화폐를 발행하고 있었다. 그런데 순식간에 승리는 농민들의 손에 있던 것을 빼앗았고 공공 금융의 모든 측면이 변했다. 앞에서 언급했듯이, 남북전쟁 중 의회의 공화당은 주 은행들을 한 방에 없애고 그 폐허 위에 국가 은행 시스템을 구축했다. 그러나 동시에 전쟁이라는 긴급 상황으로 인해, 대재앙에서 흔히 그렇듯이, 여전히 농업계의 이해관계에 얽매여 있던 중앙 정부는 '그린백'으로 알려진 금을 기반으로 하지 않는 막대한 양의 지폐를 발행할 수밖에 없었다. 따라서 건전한 화폐를 옹호하는 사람들의 항의에도 불구하고 화폐가 부풀려지고 물가가 상승했으며 북부의 농민들은 기뻐할 수 있었다.

그러나 내부 투쟁이 끝나자 이 지폐의 미래에 대해 심각한 의문이 제기되었다. 지폐를 법정 [불환] 화폐로 유지할 것인가, 기존 통화량 그대로 유지할 것인가, 아니면 애초의 원칙에 따라 확대할 것인가? 궁극적으로 폐지되어야 할 것인가 아니면 금속 기반으로 대체해야 할 것인가? 당연히 농업 부문은 한 가지 답을 내놓았고, 투자 부문은 다른 답을 내놓았으며, 후자는 당 평의회에서 영향력이 점점 커졌다. 길고 격렬한 투쟁 끝에 1875년 의회는 4년이 지나면 당시 법화 지급 화폐 50달러 이상을 국고에 제출하면 정화specie로 상환해야 한다는 법을 제정했다. 한 정치인은 '이제 우리는 우리의 구속자redeemer가 살아 있다는 것을 알게 되었다'고 말했다. 기업 총수들과 금융가들은 안도의 한

숨을 내쉬었다. 거래 재개가 시작된 날 재무장관은 '5시가 되자 이 소식이 온 나라에 퍼졌고 뉴욕의 은행가들은 안심하고 차를 마시고 있었다'고 언급했다.

은행가들이 차를 마시며 기뻐했다는 이 소식은 대출금 상환을 위해 더 많은 농산물을 내놓으라고 강요하는 행위가 재개되는 것을 목격한 부채에 시달리는 농부들에게는 결코 달갑지 않았다. 따라서 그들은 이 판결을 최종적인 것으로 받아들이지 않고 자신들의 목적을 달성하기 위한 다른 방법을 모색했다. 그들에게는 다행히도 바로 그 순간 같은 문제의 두 번째 단계, 즉 은을 달러로 자유 주조하는 것이 논의의 주제로 올라왔다.

헌법이 의회에 화폐 주조 권한을 부여하고 금과 은의 사용을 고려한 것이 분명하기 때문에 이 문제에도 경제적 측면뿐만 아니라 법적 측면이 관련되어 있다. 이 이론에 따라 의회는 금화와 은화를 균등하게 유통시키는 데 필요한 귀금속의 정확한 비율을 금화와 은화에 넣지 못한 채 수년 동안 운영되었다. 금화의 금이 은화의 은보다 시장 가치가 높으면 전자는 비축하고 후자는 사업에만 사용했다. 균형이 반대 방향으로 기울면 은은 숨어들고 금이 시장을 장악했다. 정확한 균형을 맞추기 위해 여러 차례 시도한 끝에 회계학에서 이 문제로 인해 좌절감을 느낀 의회는 서부에서 새로운 광산이 발견되고 전 세계 은의 양이 전례 없는 수준으로 증가하던 1873년 표준 은화 주조를 완전히 중단했다. 어떤 이유로든 귀중한 백색 금속인 은의 가격은 꾸준히 하락하여 1890년에는 금으로 환산한 은의 가치가 20년 전 가격의 절반 수준에 불과했다.[참고로 1873년 금과 은의 교환 비율은 15:1, 1890년에는 30:1에 이르렀다]

이러한 일련의 사건으로 인해 화폐 복귀[금본위제로의 복귀] 문제에서 패배한 손쉬운 화폐 지지자들은 연방 정부를 압박하여 소위 '73년 범죄'가 저질러졌을 때 시행되었던 비율인 16대 1의 금은 비율로 은의 자유롭고 무제한적인 주조를 채택함으로써 은 달러를 복원하기 위한 필사적인 투쟁을 시작했다. 그들은 이러한 요구를 하면서 은의 가치가 실제로 하락했다는 사실을 부인하고, 실제로는 금이 세계 주요 정부의 조폐국에서 독점적인 지위를 부여받았기 때문에 가치가 상승했다고 주장했다.

이 논리를 적용하여, 그들은 은화 폐지와 그린백에 대한 정화 지불의 채택이라는 통화의 축소가 사실상 모든 노동 생산물에 대해 받을 수 있는 가격을 낮추었고, 그런 식으로 모기지, 채권 및 고정 수익을 내는 기타 투자 자산을 보유한 모든 사람의 실질 소득을 증가시켰다고 주장했다. 그들은 이러한 증권 보유자들이 1865년에 1달러의 이자를 받을 때마다 0.5부셸 미만의 밀을 살 수 있었고, 몇 년이 지나면서 자신의 노동력 없이도 쿠폰 달러가 1부셸 이상의 구매력으로 상승하는 것을 볼 수 있었다는 점을 끈질기게 반복해서 지적했다. 그사이 극심한 경기 불황은 수십 년 동안 농부들의 불행을 가중시켰고, 1893년 위기가 닥쳤을 때 특히 담보 대출이 많은 서부 및 남부 지역의 절망은 한계점에 도달했다.

이러한 날카로운 경제 분쟁은 필연적으로 정치 분야에서 주요 쟁점이 되었으며, 양당 의회, 특히 좌익에서 자유 은을 옹호하는 사람들을 불러일으켰다. 당연히 그들 대부분은 서부와 남부, 즉 권력자들의 자리에서 멀리 떨어진 농촌 지역에서 왔지만, 동부에서도 일부 정치 관찰자들은 농부들의 소박한 주장에서 어떤 정의를 보았다고 생각했다. 서부의 성질을 잘 아는 대통령 지망생 블레인은 한때 단일 금본위제가 고정 수익을 내는 투자를 제외한 모든 형태의 재산에 파멸을 가져올 것이라고 선언했고, 나중에 정의의 옷을 입고 금 쟁탈전을 벌이게 된 매킨리는 자신의 당을 이끄는 사람들의 명단을 보기 전까지는 바이메탈리스트였다. 사실, 금본위제가 너무 편협하여 부자들을 부유하게 하는 반면 모든 계층의 채무자들에게 역경을 가져다준다고 믿는 온건파가 적지 않았다.

1878년에 이르면 이러한 견해를 가진 사람들이 너무 많아져 은화파가 하원에서 과반수를 차지하게 되었고, 공화당 상원의 방해에도 불구하고 매달 막대한 양의 은을 매입하여 표준 달러로 주조하고 금보다 가치가 낮더라도 법정

화폐로 인정하는 법안을 통과시켰다. 이 법안을 확대하여 같은 세력은 나중에 재무장관이 주화를 위해 매월 일정량의 은을 매입하고 재량에 따라 두 금속으로 교환할 수 있는 지폐를 발행하도록 하는 추가 법안을 제정했다. 그러나 농경파를 달래기 위한 이러한 반쪽짜리 노력에도 불구하고 은은 약간의 등락을 거듭하며 하락세를 이어갔고, 바이메탈리스트들의 표현을 빌리자면 '금은 하늘로 치솟았다.' 두 금속의 동등한 유통이 점점 더 어려워졌다.

인플레이션에 대해 어떤 형태로든 반대했던 클리블랜드 대통령은 그의 두 번째 임기 동안, 법적으로 이를 요구받지 않았음에도 불구하고, 은화권silver notes[은본위제silver standard에 기반해 정부가 은으로 지불을 보장한 지폐]뿐만 아니라 다른 모든 지폐를 금으로 상환해야 한다고 주장함으로써, 다가오는 경제 위기를 가속화시켰다. 이는 연방 재무부가 충분한 금 보유량을 유지하는 것을 불가능하게 만들었다. 클리블랜드는 자신이 일으킨 흐름을 막을 힘이 없자 금을 준비금으로 가져올 목적으로 이자가 붙는 채권을 판매하는 정책을 채택했지만, 채권 판매로 가져온 귀금속을 은행가들이 지폐와 교환하여 즉시 인출하는 악순환이 발생했다. 은빛 연설가들의 언어로 표현하자면, 미국 대통령은 J.P.모건의 지휘를 받는 뉴욕 은행가들의 손아귀에 있는 진흙과 같았고, 평판이 좋은 경제학자들의 언어로 표현하자면, 정치인과 금융가 모두 자연법칙에 굴복한 것이었다.

이러한 광경은 의회에 깊은 관심을 불러일으켰다. 포퓰리스트 진영은 적어도 채권 매각을 금융계 고위층과 비공개로 협상하는 대신 일반 대중에게 공개해야 한다고 요구했고, 상당한 소란 끝에 청원이 받아들여져 정부에 결정적인 이득을 가져다주었다. 이 양보에 고무된 급진주의자들은 금이나 은으로 지폐를 상환할 수 있도록 한 기존 법률을 시행하고, 시장 가격의 격차에도 불구하고 두 금속을 기존 비율인 16대 1로 자유롭게 주조할 것을 촉구했다. 이 극단적인 제안에 대해 보수파는 은매입법의 전면 폐지를 요구하고, 은 자유 공급은 채권자와 채무자 일반의 희생으로 이루어진 일종의 몰수라고 비난하며 맞섰다. 양쪽의 확고한 정파에 둘러싸여 선택을 강요받은 클리블랜드는 '건전한 화폐'를 지지하는 당에 자신의 운명을 던졌다. 그리고 공화당 우익의 지원을 받아 그는 의회가 은 구매에 대한 골치 아픈 조항을 법령에서 삭제하도록 유도하여 금을 확보하기 위해 채권을 판매하는 사업을 갑자기 종결시켰다.

이 조치로 인해 클리블랜드는 좌익 정파에 의해 즉시 민주주의의 반역자, 고위 금융의 하수인으로 비난을 받았으며, 은 조항의 폐지가 공황에 빠진 국가에 영구적인 구호를 가져다주지 않으리라는 것이 완전히 분명해지자 비판의 폭풍은 점점 더 거세게 몰아쳤다. 실제로 몇 달이 지나면서 경기 침체의 강도는 더욱 심해졌고, 농산물 가격 하락과 급진파의 주장대로 금화 가치가 상승해서 채권자들에게는 더 큰 재물이 쌓여갔다. 모기지의 담보권을 행사하기 위해 농가와 가축을 팔아치우는 보안관의 망치 소리가 들리는 남부와 서부 전역에서 집에서 쫓겨난 농부의 가족들은 잔치에서 편안하게 베일을 쓰고 앉아 있는 사람들의 머리에 저주를 퍼부었다. 대중의 분노의 불길이 의회의 문에 일렁거렸다.

§

한편 산업 도시의 황량한 폐허 속에서 또 다른 주기적 마비 현상으로 인해 실직과 실의에 빠진 남녀들이 거리로 쏟아져 나왔고, 노동자 계급의 불만이 빚쟁이 농부들의 불안에 더해졌다. 임금 하락은 노동자들을 격분시켰고, 이는 클리블랜드의 행정부와도 관련이 있었다. 풀먼 파업은 대통령이 시카고에 연방군을 파견하고, 무력을 동원해 파업에 개입하고, 지역 판사가 발부한 포괄적인 금지 명령blanket injunction*에 불복한 노조 지도자 유진 뎁스가 투옥되면서 절정에 달했다. 뎁스가 헌법과 배심원에 의한 재판권을 주장한 것은 무위로 돌아갔다. 워싱턴 연방 대법원은 금지 명령 사건에서 연방 판사가 명령을 내리고, 범죄자 체포를 명령하고, 배심원 없이 재판하고, 자유의사에 따라 징역형을 선고할 수 있다고 선언함으로써 그의 상고에 응답했다. 조직된 노동자들의 분노는 그 힘센 재판부로 향했다.

같은 해, 1894년 민주당과 포퓰리스트당이 부과한 새로운 연방 소득세 납부에 반대하는 고위층 인사들이 같은 헌법의 보호를 요청했다. 이들을 위해, 최근 존 D. 록펠러에게 입법 질의의 난해함을 헤쳐나가게 했던 조지프 H. 초트 변호사가 연간 국부 분배에서 많이 받은 사람들의 권리를 옹호하기 위해 고용되었다. 설득력 있는 변론에서 그는 판사들에게 '지금이 아니면 안 된다'고, '공산주의의 행진'을 멈춰야 한다고, 재산은 즉각적이고 무조건적인 권리 보장을 요구한다고 경고했다. 약간의 망설임 끝에 법원의 대다수는 저명한 변호인의 의견에 동의하게 되었고, 신성한 서한을 검토한 결과 공산주의자의 행진을 막아야 할 명백한 정당성을 발견했다. 필드 판사는 '자본에 대한 현재의 공격은 시작에 불과하다'고 말했는데, 그의 판단에 따르면 이는 부자들을 위해 세금을 조정하는 끔찍한 날이 올 것을 예고하는 무서운 시작이었다. 그 생각 자체가 사법적인 양심에 충격을 주었고, 5명의 판사는 소득세법을 실질적으로 파괴하는 판결을 내렸다.

적어도 일부 지역에서는 이들의 엄숙한 결의를 환영하는 찬가가 쏟아졌다. '사회주의 혁명의 물결은 멀리까지 밀려왔지만, 우리의 자유를 지키기 위해 세워진 최후의 보루 앞에서 무너졌다'고 〈뉴욕 선〉의 편집자는 외쳤다. '5대 4로 법원은 바위처럼 서 있다.' 표현이 다소 어색하긴 했지만, 좋은 소식이었다. 마찬가지로 기쁨에 찬 〈뉴욕 트리뷴〉의 편집자는 '과세 방식에서 공산주의 혁명을 일으키려는 이 시도의 배후에는 외국인의 이익을 위해 국내 산업을 파괴하려는 비아메리카적이고 비애국적인 노력이 있다'며 이 같은 불미

---

* 포괄적 금지 명령은 법원이 발부하는 명령 중 하나로, 특정한 행위나 일련의 행위를 전면적으로 금지하는 법적 명령을 의미한다. 이 명령은 일반적으로 특정 개인이나 단체의 활동을 광범위하게 제한하는 데 사용된다. 예를 들어, 특정 파업이나 시위와 관련된 경우, 포괄적 금지 명령은 단순히 특정 행동 하나만 금지하는 것이 아니라, 관련된 다양한 활동을 포괄적으로 금지할 수 있고 이로 인해, 대상이 되는 개인이나 단체는 법적 분쟁이 해결될 때까지 많은 활동을 중단해야 한다.

스러운 사건의 책임을 러시아 볼셰비키에게 돌리는 날을 예고했다. 편집자는 '대법원 덕분에 우리 정부는 재산권과 산업의 보상에 반하는 공산주의 전쟁에 끌려가지 않게 되었다'고 근엄하게 논평을 이어갔다. 이런 점에서 이 사건은 한 가지 측면에서 빛을 발했다.

그러나 반대 의견도 있었다. 9명 중 4명의 판사는 헌법을 주의 깊게 살펴봤지만, 다수의 동료 판사들에게 명백하게 보이는 일반적인 정당성을 발견하지 못했다. 의구심을 품은 사람 중 한 명인 할런 판사는 이 결정이 정당성 없이 '부의 축적'에 무법자의 지배만큼이나 불쾌한 특혜의 시위를 부여하기 위해 계산된 것이라고 말할 정도로 대담한 발언을 했다. 그리고 〈뉴욕 월드〉를 비롯한 일부 대도시 저널의 지원을 받은 포퓰리즘 언론은, 40년 전 같은 법원이 드레드 스콧 판결을 내렸을 때 노예 제도를 옹호하는 발언을 했던 것을 어렴풋이 기억하는 옛 공화당원들은 말할 것도 없고, 최근에 법원의 사려 깊은 보호의 혜택을 받은 사람들에게는 끔찍해 보이는 언어로 법원 다수파의 판결을 혹독하게 비난했다. 서부에서 존 P. 알트겔드 주지사는 자신의 원칙에 따라, 소득세 판결문이 드레드 스콧 판결문과 많은 부분에서 일치하며, 1861년 혁명 이전 노예 소유주들이 그랬던 것처럼 1895년 대법원과 연방 정부의 다른 기관들이 자본가들에 의해 지배되고 있다고 여러 차례 선언했다.

§

당시의 급격히 확산되는 혼란을 진정시키기 위해서는 대대적인 교육 캠페인이나 대외 전쟁, 또는 둘 다 필요하다는 사실이 이제 보수적인 성향을 가진 사람들에게도 분명해졌다. 포퓰리스트들은 4년 전 선거에서 1백만 표 이상을 얻었고, 민주당 대중으로부터 인상적인 지지를 얻으면서 기업 제국에 대한 사람들의 노골적인 불만을 드러내, 중심에 있는 사람들에게 당혹감을 안겨주었다. 공화당 지도부는 이런 조짐을 예견하고, 금 문제를 중심 주제로 삼고 산업과 헌법을 보호하는 것을 또 다른 욕망의 대의명분으로 삼아 국내 싸움에 대비했다.

　이 시기에 은퇴한 사업가 마커스 A. 해나가 회계실의 일상이 지루하게 느껴지고 워릭Warwick*의 역할에 매료되어 전면에 등장했다. 그는 자유로운 자금 지출과 신중한 홍보, 그리고 남부의 흑인 정치인들을 조기에 관리함으로써 윌리엄 매킨리를 시대의 인물로 만들었다. 이 영웅의 흠 없는 방패에는 단 하나의 얼룩이 있었다. 매킨리는 의회에서 은화 자유 주조에 찬성표를 던졌고 바이메탈주의자로 널리 알려져 있었다. 그러나 신중한 협상을 통해 그 신념은 극복되었고, 매킨리는 금본위제를 지지하고 국제적 합의에 의한 경우를 제외하고는 은의 자유 주조에 반대하는 공화당 대통령 후보로 지명되었다. 매킨리는 이제 '법과 질서에 대한 갑작스럽고 위험하며 혁명적인 공격'인 포퓰리즘 프로그램 전체의 대적자로서 자신을 지지해 달라고 국민에게 호소했다.

　시카고에서 민주당 전당대회가 열렸을 때 참석한 정치인들의 신경은 흥분으로 팽팽하게 긴장되어 있었다. 몇 달 동안 서부와 남부의 농업 급진주의자들은 자신들과 같은 종류의 대의원을 찾기 위해 노력해왔고, 그들의 노력은 성공을 거두었다. 거대한 총회의 개회 기도는 '감당하기 힘든 짐을 지고 억압받는 우리의 수고하는 무리에 대한 동정'으로 진동했다. 모든 명부, 모든 투표에서 좌익이 승리한 것으로 나타났다.

　우익의 충실한 노병들은 이 흐름을 막으려 애썼지만 헛수고였다. 만화가들이 '나는 민주당원이다'라고 적힌 모자에 깃털을 꽂은 모습으로 즐겨 그렸던 뉴욕의 데이비드 힐 의원은 블레인보다 더 로버트 G. 잉거솔의 깃털 꽂은 기사 같은 모습으로 경기장으로 행진하며 자유 은화 주조, 소득세, 대법원에 대

---

*　워릭은 15세기 영국의 권력자 리처드 네빌Richard Neville, 즉 '워릭 백작Earl of War-wick'을 가리킨다. 워릭 백작은 영국 장미 전쟁Wars of the Roses 시기에 '왕을 만드는 자Kingmaker'로 불렸는데, 그가 자신의 정치적 영향력을 이용해 왕을 세우고 폐위시킬 수 있는 힘을 가졌다는 것을 의미한다. 따라서 '워릭의 역할'은 권력 뒤에서 실질적인 영향력을 행사하는 사람이 된다는 것을 뜻한다.

한 비판에 대항하는 설득력 있는 연설로 맞섰다. 위스콘신의 빌라스 상원 의원은 프랑스 혁명을 더럽혔던 잔학 행위가 반복될 수 있음을 암시하며 '이 광활한 나라 어딘가에 이름 모를 마라나 당통, 로베스피에르가 있을 수 있다'고 대회에 경고하면서 긴장을 거의 한계점까지 끌어올렸다. 그러나 우익의 신사들은 귀먹은 귀에 대고 연설하고 돌처럼 차갑고 단단한 심장에 호소했다.

절정은 '서부의 티베리우스 그라쿠스'로 불렸던 윌리엄 제닝스 브라이언이 적의 얼굴을 향해 당당하게 도전장을 내던지면서 찾아왔다. 그는 자신이 대변하려는 사람들— 임금 노동자, 시골 변호사, 네거리 상인, 농부, 광부 등 앤드루 잭슨의 농민–노동자 집단 —을 도전적으로 열거하고 은수자 피에르Peter the Hermit의 열정으로 사람들을 은본위제에 대한 열정으로 소환하여 금권정치와의 운명적인 전투에 임했다. 그는 말했다. '우리가 말하는 것은 이들을 위한 것이다. 우리는 침략자로 온 것이 아니다. 우리의 전쟁은 정복 전쟁이 아니다. 우리는 우리의 집과 가족, 후손을 지키기 위해 싸우고 있다. 우리는 청원했지만 우리의 청원은 무시당했다. 우리는 간청했지만 우리의 간청은 무시당했다. 우리는 구걸했지만 그들은 우리에게 재난이 닥쳤을 때 조롱했다. 우리는 더 이상 구걸하지 않고, 더 이상 간청하지 않고, 더 이상 청원하지 않는다. 우리는 그들에게 도전한다…… 우리는 그들이 요구하는 금본위제에 대해 다음과 같이 대답할 것이다. 노동의 이마에 이 가시 면류관을 씌우지 말라. 너희는 인류를 금의 십자가에 못 박아서는 안 된다.'

열광적인 환호 속에 브라이언은 민주당 후보로 지명되었다. 클리블랜드는 경멸적인 조롱을 받았고; 자유 은이 지지되었으며; 노동 쟁의에서의 금지 명령이 공격받았고; 그러한 사건에 대해 배심원 재판이 요구되었으며; 대법원은, 드레드 스콧 사건에서 공화당이 민주당 지도자들에게 사용했던 것만큼이나, 신성한 언약의 새로운 수호자들에게 충격적인 언어로 소득세에 관해 결정을 내렸다는 비난을 받았다.

양쪽 세력이 첨예하게 대립하는 가운데 1896년의 대전투가 시작되었다. 머지않아 이 나라에는 누진 소득세가 도입되고, 은보다 더 못한 물질을 기반으로 한 지폐가 발행되고, 50센트짜리 1달러fifty-cent dollar*가 위협한 것보다 더 심각한 인플레이션이 발생하고, 고위층에서 승인한 금지 명령의 사용에 대한 개혁이 이루어지고, 브라이언의 기치 아래 호전적인 민주당이 상상했던 것보다 더 중요한 혁신이 이루어질 터였지만, 1896년 여름 이 모든 것은 미지의 봉인된 문 너머에 놓여 있었다. 이제 링컨의 첫 번째 캠페인[1860년의 대통령 선거] 이후 가장 명확하게 정의된 경제 단체들의 투쟁에 참여하기 위해 전국이 군악대의 북소리에 맞춰 움직이기 시작했다.

공화당 본부 책임자였던 해나는 자신의 임무가 얼마나 중요한지 잘 알고 있었기 때문에 전기 작가가 말한 것처럼 아메리카의 아피아 가도Via Appia에서 '고위층들을 치고hit', 국가 연회에 참석한 사람들에게 충격적인 평가를 내리고, 아메리카 대중이 역사상 목격하지 못한 교육, 정보, 효과적인 영향력을 행사하는 선거운동을 조직했다. 거의 혁명적이라고 할 만큼 강렬한 정신에 불을 지핀 민주당원들은 은광 소유주들로부터 기금을 모으고 일반 국민들로부터 소액의 기부금을 모아 '금권정치'와 공개적이고 사활을 건 전쟁을 벌였다.

선거운동의 수사학은 전쟁터, 해적선, 40명의 도둑들이 사는 동굴의 그것이었다. 민주당 연설가들은 '영국에 아첨하는 자들English toadies, 기업의 탐욕—돈pelf[경멸의 의미로, 특히 부정하게 얻은 것]의 신성함 —에 길들여진 하수인들'에 대해 맹렬히 비난했다. 공화당원들은 친절하게[반어법] 대답했다. 〈뉴욕 트리뷴〉의 편집자는 브라이언 파벌의 영감을 '공동체에서 가장 가치 없는 구성원들의 가장 저열한 열정'에서 찾았다 '……명목상의 수장은 대의

---

* 당시 논쟁이 되었던 은본위제와 관련이 있다. 이 용어는 은화 1달러의 가치가 실제 1달러의 구매력을 가지지 못하고, 반값인 50센트의 가치로 떨어질 가능성을 비유적으로 표현한 것이다. 만약 은본위제가 채택된다면, 은화의 가치가 금화보다 낮기 때문에 1달러의 화폐 가치가 절하되어 경제 전반에 심각한 인플레이션을 일으킬 것이라는 경고로 이해할 수 있다.

에 합당했다. 허영심에 가득 차 썩은 소리를 내뱉는 비참한 딸랑이를 가진 소년은 지옥 리그의 진짜 리더가 아니었기 때문이다. 그는 피에 물든 무정부주의자 알트겔드와 혁명가 뎁스, 그리고 그들과 같은 성향의 다른 악당desperado들이 조종하는 꼭두각시였을 뿐이다. 하지만 브라이언은 기꺼이 꼭두각시 노릇을 했다. 그의 스승들 중 누구도 거짓말과 위조, 신성 모독, 십계명을 거스르는 캠페인의 모든 이루 말할 수 없는 죄악에 그보다 더 능숙했던 사람은 없다.'

이것이 교양 있고 교육받은 신사들의 언어였기 때문에 거리의 논쟁은 상상의 영역에 맡겨야 한다. 물론 당시의 장엄한 열정은 때때로 경제학과 통계학으로 다듬어지고, 절제되고, 옷을 입었지만, 전반적으로 전투는 끝까지 자비 없이 진행되었다. 개표 결과, 견고한 동부와 중서부 지역이 브라이언을 압도하고 매킨리에게 50만 표 이상의 표를 더 몰아준 것으로 밝혀졌다. 교육 캠페인은 모든 계산을 뛰어넘는 성공을 거두었고, 곧 그 결과를 확정하기 위해 대외 전쟁이 벌어질 예정이었다.

§

부정否定의 시대가 막을 내리고 있었다. 1868년 그랜트의 당선 이후 7번의 대통령 선거와 14번의 의회 선거가 있었다. 그러나 선거의 결과와 여파를 법령집에 기록된 업적의 관점에서 살펴보면 노력에 비해 결과는 빈약해 보인다. 대체로 1865년에서 1897년 사이에 연방 법전에는 인간 관계의 본질적인 재조정을 가져오는 정치 권력의 발현에 관심 있는 시민이 주목해야 할 법안은 두세 개를 넘지 않았다.

남부의 재건과 관련된 많은 법률이 있었음을 인정해야 하지만 대부분은 일시적인 성격이었거나 대법원의 결정과 다시 한 번 현장의 주인이 되기로 결심한 백인들의 불법 행위로 인해 금세 사라졌다. 적극적 입법의 영역에서 1883년 공무원법은 대통령의 후원 권한에 대해 제한을 부과했지만 그 범위가 한정되었고 연방 기능이 증가했기 때문에 공로가 있는 정파를 위한 알짜 자리는 실질적으로 줄어들지 않았다. 한 사업 분야에 대한 사회의 승리로 칭송받는 1887년 주간통상법interstate commerce act은 행정부에 의해 신중하게 관리되고 대법원에 의해 교묘하게 해석되었지만, 20년이 지난 후 이 법은 허수아비로 전락했다. 1890년에 서명된 셔먼 반독점법은 그 의미가 모호했고, 10년 동안 그 금지 조항에 따라 주목할 만한 조치가 거의 이루어지지 않았다는 것이 법안을 통과시킨 사람들의 공개적인 고백이다. 이미 언급한 바와 같이 축적된 부에 대해 조세를 부과하는 1894년의 소득세법은 대법원에서 '바위처럼 단단한, 5대 4로' 빠르게 무효화되었다. 이에 대한 상쇄 조치로 농민들은 은매입 관련 법들에서 몇 가지 특혜를 얻었지만, 곧 이 법들이 폐지되면서 모든 특혜를 잃었다. 중국인 쿨리를 배척하고 계약에 따라 유럽인 노동자의 입국을 금지하는 조치로 노동자들은 약간의 부스러기를 얻었지만, 동부 항구의 넓은 문을 통해 증기 쾌속선이 구세계 각지에서 계약되지 않은 노동력을 쏟아냈고, 이 사람의 물결은 기업의 모든 요구를 충족시키기에 충분한 양이었다.

따라서 모든 면에서 아메리카 2차 혁명의 본질적인 성과는 30년이 지난 후에도 안정적으로 유지되었다. 관세, 은행 시스템, 1875년 정화specie 복귀법에 의해 유지된 화폐, 공공 토지의 처분을 위한 용인된 방법 등 어떤 부분에서도 위험한 반응은 없었다. 현실 정치의 영역에서 다원주의로 간략하게 특징지어지는 철학과 실천은 그 어느 곳에서도 강력한 의심에 부딪히지 않았다. 그리고 곧 1900년의 금본위법gold standard law은 브라이언주의의 유령을 낳았다.

이러한 상황의 흐름 속에서, 농업과 노동 문제의 중심지가 될 가능성이 높은 외곽 지역의 완고한 주 의회와 시 의회조차도, 대법원의 손에서 점진적으로 발전된 미국 수정헌법 제14조의 영향력을 통해* 고위층의 지배적인 교리에 굴복하게 되었다. 1876년 고등법원에서 철도와 곡물 창고의 요금을 규제하는 지방 당국의 권한이 문제시되었을 때, 유명한 그레인저 사건에서 아직 역마차 시절의 기억을 생생히 간직하고 있는 과반수의 판사들은 다가올 징조를 암시하는 표현으로 국가의 주권을 옹호했다. '입법부의 [권한] 남용으로부터 보호받으려면, 국민은 법원이 아니라 투표소에 의지해야 한다.'

심하게 동요했지만, 그러한 평가에 좌절하지 않기로 결심한 공공 기업들은 싸움을 계속했고, 주 및 지방 정부의 요금 및 서비스 규제 권한과 관련된 새로운 문제를 제기하지 않고서 1년이 지나가게 하지는 않았다. 이러한 괴롭힘에 시달리던 변호인단은 학식 있는 요약문과 장황한 변론에서, 다가오는 공산주의와 무정부 상태의 숙주— 1871년 파리 코뮌의 메아리를 아메리카 법학계에 보내며 —에 대해 대법원에 강력하게 빈복해서 경고하고, 법원이 모든 위협적인 입법의 합리성을 판단하는 기능을 맡아서 그 흐름을 막아야 한다고 요구했다.

시간은 불가항력으로 흘러갔다. 판사들은 죽었다. 대통령과 상원은 신중하게 새로운 판사를 임명했다. 법은 성장했다. 마침내 1889년, 한 철도 회사가 연방 대법원에 화물 및 승객 요금을 조정하는 주 위원회를 승인한 미네소타 주 의회의 행위를 무효화해 달라고 요청했고, 판사들로부터 요금의 합리성에 대한 문제는 궁극적으로 적법한 법 절차에 따라 결정되어야 하고 수정헌법 제14조에 보장된 재산권에 대한 정당한 존중이 필요한 사법적 문제라는 의심의 여지가 없는 대답을 받았다.

그 뒤 기업의 돈 버는 힘에 영향을 미치는 모든 주 및 지방 정부, 심지어 마을 회의의 행위의 유효성과 효력도 투표소가 아니라 대통령과 상원이 임명하고 종신으로 봉사하는 판사들로 구성된 근엄한 대법원의 평의회실에서 최종적으로 결정될 수 있었다. 광장의 정치가들과는 달리, 이 외딴 곳에 있는 권위자들은 사람이 아니라 판사로서, 그들의 의지가 아니라 더 높은 곳의 의지를,

---

* 시민권, 적법 절차, 평등권 보호 등을 담은 수정헌법 14조는 애초에 남북전쟁 뒤 해방된 흑인의 권리를 보호하기 위해 도입되었다. 하지만 시간이 지나면서 그것은 대법원을 통해 대기업과 그들의 경제적 이해관계에 대한 보호에 주로 적용되었다는 것을 알 수 있다. 대법원은 정작 그 조항을 무력화시킨 남부의 '짐 크로법'에 대해서는 합헌 결정을 내렸다.

거리와 상점의 언어가 아니라 법학 기술의 엄숙한 혀로 말했다. 기적의 시대는 끝나지 않았다. 정말로 법학이 거대 산업의 정치경제학과 맞물리면서 모든 것이 가능해 보였다.

24

정복해야 할 더 많은 세계들

    1861년 이후 국내 문제 분야에서 해밀턴-웹스터 체제의 갱신— 보호관세, 건전한 통화, 중앙집중식 은행 시스템, 기업에 대한 연방의 시혜 —은 해외 상업 진흥에 대한 오래된 간청의 재개를 가져왔다. 농장주들이 노예를 몰수당하면서 새로운 땅에 대한 욕구를 잃었다면, 제조업자와 상인들은 여전히 바다 너머의 새로운 시장에 대한 욕구를 가지고 있었고 해군 장교들은 페리 제독의 뒤를 이어 명성과 권력을 향해 항해하기를 그 어느 때보다 열망하고 있었다. 앞서 말했듯이, 남북전쟁의 격렬한 투쟁 중에도 공화당 행정부는 국내 유권자들에 대한 자신의 해외 의무를 간과하지 않았다. 캘리포니아를 거쳐 '오피르의 황금Gold of Ophir*'으로 가는 빠른 길을 열어준 퍼시픽 철도와 극동

---

* 창세기 10장(열국기)에 나오는 오피르는 욕탄의 아들 중 한 명의 이름이라고 한다. 열왕기와 역대기에는 솔로몬 왕과 티리아 왕 히람 1세가 홍해의 항구에서 오피르로 공동 원정을 떠나 많은 양의 금과 보석 등을 가져온 이야기와 나중에 유다의 여호사밧 왕의 실패한 원정에 대한 이야기가 나온다. 유명한 '오피르의 황금'은 히브리 성서(구약)의 다른 여러 책에 언급되어 있다.

에서 아메리카 해군의 위상을 높인 수어드의 강압적인 정책은 앞으로 다가올 더 큰 사건을 예고했다. 애퍼매톡스[남북전쟁 종전] 이후 산업이 빠른 속도로 발전하면서 국내 시장이 포화 상태에 이르고 투자할 자본이 쌓이면서 아메리카 상업 제국의 확장에 대한 압력도 그에 상응하는 속도로 높아졌다. 저항할 수 없는 힘이 동원되고 있었고, 경제 현실의 시차視差는 그 중심에 있는 숙련된 이들에게도 분명해졌다.

그들에게는 다행히도, 대통령은 대외 관계 책임자이자 해군부 수장으로서 해외, 특히 멀리 떨어져 있는 후진국에서의 사업 이익을 돌보는 데 상당히 자유로운 입장이었다. 상원에 조약 비준을 요청하거나 하원에 자금 지원을 위한 표결을 요청해야 하는 경우에만 대중의 적대감을 불러일으켜서 앞으로의 승리를 방해할 수 있었다. 링컨의 당선부터 매킨리의 승리까지, 그 과정은 순조롭게 진행되었다.

§

1861년 수어드는 [국무장관으로] 취임한 바로 그날 멕시코에서의 위기를 맞이하게 되었다. 10년 이상 불행한 나라였던 멕시코에서 벌어진 내전으로부터 이득을 취하려는 나폴레옹 3세의 노력으로 인해 위기는 발생했다. 멕시코에서 일어난 이전의 모든 혁명과 마찬가지로 표면적으로는 솔개와 까마귀의 전쟁처럼 보였지만, 실제로는 수 세기 동안 유럽을 뒤흔들었던 사회적 격변과 여러 면에서 놀랍도록 비슷했다.

그것은 본질적으로 토지를 소유한 대지주와 그 토지를 경작하는 예속 농장 일꾼peon 사이의 경제적 투쟁이었으며, 인종적 차이로 인해 날카로워진 계급적 반감이었다. 토지의 주인은 주로 스페인 출신이고 옛 전쟁 영주의 사나운 정신을 타고난 반면, 농노는 피가 섞인 인디오이고 무력에 의해 노예로 정복당했다. 중세 유럽에서와 마찬가지로 멕시코의 성직자들은 영지의 대지주였으며, 밭에서 일하는 농장 일꾼들의 노동력으로부터 막대한 수입을 얻었으며,

그들의 중세 시대의 형제들처럼 여러 종류의 수수료와 중요한 사건을 재판하는 교회 법원의 운영으로 얻은 요금을 수입에 추가했다. 평신도 및 성직자 지주들과 함께 고대의 유산을 지키겠다고 맹세한 상당수의 군인들이 있었고, 상류층과 하류층 사이에는 상인과 전문직 남성으로 구성된 중간 계급이 있었는데, 완전히 무시하기에는 너무 크지만 18세기 프랑스 부르주아들이 권력을 장악한 것과 비슷한 혁명을 성공시키기에는 너무 작은 계급이었다.

유럽에서와 마찬가지로 멕시코의 갈등은 주로 한편으로는 농노와 중간 계급, 다른 한편으로는 군인의 지원을 빈는 평신도 및 성직자 지주 사이에 있었다. 일반적으로도 그것은 역사적인 형태에 충실했다. 농장 일꾼과 지식인들은 지주들의 특권을 공격하기 위해 자유주의의 경제적, 법적 장치에 의존했다. 그들의 계획에 따르면 교회는 영지를 박탈당하고, 봉건 영지는 소규모 영지로 해체되고, 농노제는 폐지되고, 교회 법원은 억압되고, 수도원의 권력은 무너질 것이었다. 자유주의자들은 독재 통치에 대해 배심원 재판, 종교적 관용, 언론의 자유, 대중 교육, 민주적 정부로 대체할 것을 제안했다. 반면에 평신도와 성직자 지주들은 자신들의 경제적 권리를 지키기 위해 스스로를 종교, 도덕, 가정, 합법성의 수호자라고 선언했다. 헌법적 측면에서 볼 때 이 투쟁은 연방주의와 중앙집권화를 둘러싼 논쟁의 양상을 띠었다. 지주, 성직자, 군인 등으로 구성된 봉건 정당은 멕시코시티에서 강력한 정부를 옹호했고, 일부 주에서 우위를 점한 자유주의 세력은 지방 자치 교리를 강조했다. 두 정당은 각자의 이해관계에 따라 평화적 또는 혁명적 입장을 취했다.

미국에서 남북전쟁이 발발하기 직전에 멕시코에서 패권을 차지하려는 이들 세력의 투쟁은 특히 치열했다. 텍사스와 캘리포니아를 둘러싼 전쟁이 끝나갈 무렵 아메리카의 후원으로 세워진 자유주의 정부가 전복되면서 공공연한 폭력 사태가 발생했다. 그리고 혁명과 반동이 번갈아 가며 진행되다가 뛰어난 재능과 용기를 지닌 사포테크Zapotec 인디오인 베니토 후아레스의 지휘 아래 민중 세력의 승리로 일시적으로 종결되었다. 교회 법원은 탄압을 받았고, 교회는 세입자들에게 영지를 작게 나누어 매각하라는 명령을 받았으며, 1857년 자유주의적 헌법이 발효되었다. 이제 보수파는 법과 질서에 대항하여 무기를 들고 멕시코를 끔찍한 인종, 경제, 종교 전쟁의 현장으로 만들었고, 절망에 빠진 후아레스의 당은 헤라클레스적인 결집을 통해 반동 세력을 물리쳤다.

이 투쟁으로 인해 재정이 혼란에 빠진 멕시코 정부는 1861년 대외 부채에 대한 이자를 2년 동안 유예할 수밖에 없었고, 이는 유럽 투자자들의 분노를 샀다. 영국, 프랑스, 스페인은 특히 불만이 컸는데, 자국민이 지급 불능인 채권을 보유하고 있을 뿐만 아니라 멕시코 정부가 재산 파괴, 친척의 사망 또는 부상, 개인 채무 유예 등으로 인해 막대한 금액을 배상해야 한다고 주장했기 때문이다. 늘 그렇듯이, 이러한 요구는 부풀려졌지만 멕시코는 이를 축소시킬 만큼 강하지 않았기 때문에 후아레스는 영국이 청구한 6,990만 달러와 스페인이 청구한 940만 달러를 승인할 수밖에 없었다. 이는 키드 선장Captain Kidd 이 부러워하며 눈물을 흘릴 만큼 노골적인 강요였다.

국제 금융에 유머가 있었다면, 특히 스위스 모험가인 J.B. 제커가 제기한 소송을 비롯한 많은 탄원은 법정 바깥에서 큰 웃음을 샀을 것이다. 1859년 이 분쟁을 일으키기 좋아하는 투기꾼은 멕시코와 1,500만 달러의 차관을 협상하여 액면가 1,680만 달러의 채권을 발행하고 147만 달러를 멕시코 국고에 납입했다. 그 후 제커는 파산했고, 묵인 하에 프랑스 시민이 되었으며, 프랑스 정부에 대출금을 회수할 수 있도록 도움을 요청했다. 파리 증권 거래소Bourse 분위기에 민감한 나폴레옹 3세는 제커의 요구를 지지했고, 결국 후아레스가 채권에 대해 실제로 받은 금액을 초과하는 부채를 인정하지 않자 멕시코와의 외교 관계를 단절했다.

멕시코를 압박하는 모든 열강이 정당한 불만을 가지고 있었음은 의심할 여지가 없지만, 다른 동기 또한 마드리드와 파리 정부의 행동에 영향을 미쳤다. 스페인 군주는 성직자들을 옛 영지로 돌려보내는 데 관심이 있었을 뿐 아니라 언젠가 멕시코와의 재결합이 이루어질지도 모른다는 막연한 희망을 품고 있었다. 나폴레옹 3세의 계획은 훨씬 더 야심 차고 확실했다. 쿠데타로 막 왕위에 오른 그는 활발한 외교 정책으로 신하들을 즐겁게 해줘야 한다는 의무감을 느꼈고, 프랑스는 영광을 사랑한다는 삼촌의 격언을 기억하며 스당에서 운명을 맞이할 때까지 처음에는 한곳에서, 그다음에는 다른 곳에서 프랑스를 위한 싸구려 보석을 찾으러 다녔다. 파란만장한 경력을 쌓는 과정에서 나폴레옹은 미국의 힘을 상쇄하고 가문의 명성을 더하기 위해 자신의 후원 아래 멕시코에 강대국을 세우겠다는 아이디어를 구상했다.

나폴레옹은 처음에는 그의 모든 동기를 밝히지 않은 재 1861넌 영국, 스페인과 함께 멕시코에 대해 무장 시위를 벌였는데, 표면적으로는 부채를 징수하기 위한 것이었다. 이 사업에 참여한 파트너들이 아무것도 얻을 수 없다는 사실을 깨닫고 사업에서 완전히 철수하자 그는 모든 변장을 벗어 던졌다. 별들이 그의 편에 서 있는 것처럼 보였다. 그는 당혹스러운 친구들로부터 벗어났고, 미합중국은 해체 직전에 있는 것처럼 보였으며, 신세계의 지배권은 쉽게 그의 손에 넘어올 수 있을 것 같았다. 영광스러운 꿈이었다.

악명 높은 제커의 주장을 포함해 전적으로 변명의 여지가 없는[도덕적으로 용납이 안 되므로] 요구를 후아레스 정부에 밀어붙인 나폴레옹은 군대에 멕시코의 수도로 진군할 것을 명령했다. 이 임무는 놀라울 정도로 어렵고 비용이 많이 들었지만, 나폴레옹의 지휘관들은 1863년 봄에 멕시코시티로 진격하여 보수파 의회를 소집하고 멕시코에 카톨릭 제국을 세울 것을 촉구하는 포고문을 발표했다. 급히 소집된 '저명인사 회의'는 오스트리아 황제 프란츠 요제프의 동생인 막시밀리안을 공식적으로 황제로 추대했고, 나폴레옹의 도움을 받아 젊은 아내 카를로타와 함께 멕시코에 상륙한 막시밀리안은 장엄한 박수갈채를 받으며 왕위에 올랐다.

새 수도에 도착한 지 얼마 지나지 않아 영광스러운 꿈은 무너졌다. 황제의 독수리를 환호하며 왕좌에 오르기만을 기다리는 단결된 국민 대신, 분파 싸움으로 분열된 침울한 나라, 반석 위에 집을 짓는 것보다 최근의 혁명으로 잃은 재산을 되찾는 데 더 관심이 많은 군주론자, 전장에서 이미 무장해 있는 공화주의자들을 그는 발견했다. 막시밀리안은 화해의 계략을 헛되이 시도한 끝에 결국 보수당에 정권을 넘겨주고 붙잡은 반란군을 그 자리에서 총살할 것을 명령했는데, 이 치명적인 정책은 그의 불안정한 권위를 더욱 위태롭게 만들었다. 오직 프랑스의 무력이 막시밀리안의 그림자 권력을 유지시켜 주었고, 사건들은 그의 비극적인 최후를 향해 가차없이 길을 열어주었다.

이 에피소드가 시작될 때부터 미합중국 정부는 불안한 마음으로 멕시코 문제의 추이를 지켜보았다. 처음에는 생사를 건 투쟁을 벌이고 있는 나폴레옹의 행보를 개탄하고 유감스러워하는 것 이상을 할 수 없었지만, 연방Union [미합중국]의 운명이 펼쳐지면서 점점 더 확신을 가지고 발언했다. 게티스버그 전투가 끝난 후 미합중국은 프랑스 황제에게 퉁명스러운 편지를 보냈고, 차풀테페크의 그의 꼭두각시를 인정해 달라는 초청장을 받고는 행동을 준비했다. 1864년 의회는 엄숙한 결의를 통해 '유럽 열강의 후원 아래 아메리카 대륙의 어떠한 공화주의적 정부의 폐허 위에 세워진 어떠한 군주제 정부라도 인정하는 것은 미합중국의 정책과 일치하지 않는다'고 선언했다.

이듬해 그랜트가 리를 상대로 승리한 후, 멕시코 국경에 군대를 집중 배치한 연방 정부는 나폴레옹에게 서반구에서 군대를 철수할 것을 정중하지만 단호하게 요청했다. 이 요청을 할 때 국무부는 먼로 독트린의 도덕적 명령에 의존하지 않고 단순히 프랑스 황제에게 멕시코에 군주제를 세우려는 외국 세력의 시도는 미합중국 국민에 대한 위협이며 필요하다면 총을 들고 그렇게 말할 준비가 되어 있다는 것을 알렸다. 그렇게 제국주의 게임을 방해받은 프랑스 황제는 가능한 한 우아하게 후퇴해야 했다. 1867년 마지막 프랑스 연대가 멕시코 땅에서 철수하자마자 수도의 공화주의자들은 권력을 장악하고 막시밀리안을 체포하고 그를 군법회의에 부쳐 처형했다. 막시밀리안의 모험을 함께 하며 협상의 기술에서 그를 능가했던 카를로타는 반세기 이상 유럽에서 멕시코 비극의 현장에 대한 슬픔으로 정신이 나간 채 살았다.

§

　멕시코에서 외국의 위협을 제거하는 동안 수어드 장관은 러시아로부터 알래스카를 획득하기 위한 계획을 마음속으로 되새기고 있었다. 그는 이 영토가 태평양에서 아메리카 제국을 확장하는 데 필요하다고 오랫동안 믿어 왔으며, 아메리카가 이를 방치할 경우 영국에 넘어갈 것을 두려워했다. 수어드의 목적을 위해서는 다행히도, 탐나는 영토의 소유주인 차르는 당시 남쪽으로 내려가 바다의 여주인들과 다시 충돌할 수 있으리라는 생각에 몰두해 있었다. 그는, 알래스카를 잃을 가능성도 어느 정도 염두에 두고 있었고, 적절한 고려를 통해 워싱턴의 장관에게 매각 협상을 승인했다. 1867년 3월 어느 날 저녁, 수어드가 집에서 휘스트 게임을 하고 있을 때 러시아 관리가 전화를 걸어 이 소식을 전하고 다음 날 거래를 완료하자고 제안했다. '무엇 때문에 내일까지 기다립니까, 스퇴클 씨? 오늘 밤에 조약을 체결하시죠.' 아메리카 대사는 기민하게 대응했고, 새벽이 되어 문서가 완성되어 서명되었다.

　이 예비 작업을 마친 다음에는 상원의 승인을 얻고 하원에서 720만 달러를 구매 대금으로 지불하도록 유도하는 것이었다. 상원은 어렵지 않게 통과되었지만, 하원의 일부 의원들은 막대한 전쟁 부채로 신음하고 있고 서부에 수백만 에이커의 미개척지가 남아 있는 상황에서 '광활한 바위와 얼음 지역'을 매입하는 것은 어리석은 사치라고 생각했다. 뇌물 수수를 통한 노련한 협상을 통해 국회에서 돈을 뜯어내고 양도 조약을 정식으로 체결함으로써 텍사스의 두 배에 달하는 땅이 아메리카 영토로 추가되었다. 따라서 1860년에 사건의 진전을 예견했던 수어드는 7년 만에 북극으로 국기를 들고 외딴 섬을 따라 바로 동양의 문까지 아메리카의 지배권을 확장하려는 계획이 실현되는 것을 목격했다.

　같은 열정으로 수어드는 열대 해역으로의 확장이라는 꿈을 이루기 위해 노력했다. 그는 해군부의 좋은 사무실들을 통해 산토도밍고의 사마나 만을 인수하는 조약, 덴마크로부터 버진아일랜드를 매입하는 조약, 파나마 지협에 대한 아메리카의 지배권을 보장하는 조약을 협상했지만, 상원은 그의 협정을 승인하지 않았고 하원은 그러한 사업에 자금을 배정할 의사가 없음을 표명했다. 결국 수어드는 제국 건설을 시작했지만 완성하지 못한 채 국무부를 떠났다. 노예 제도가 사라진 남부 농장주들은 라틴아메리카 확장에 대한 열정을 잃었고, 공화당의 좌익을 제국주의적 시각으로 교육하는 데는 더 많은 시간이 필요했다.

1869년 취임한 그랜트 대통령은 이러한 좌절에 부끄러워하지 않고, 제국주의 문제에서 자신이 할 수 있는 일을 찾아보기로 결심했다. 수어드의 패배에 무관심한 해군부는 다시 사마나에 기지를 요청했고, 현지 상황은 프로젝트 완수에 더 유리한 것처럼 보였다. 이 무렵 작은 산토도밍고 공화국은 오랫동안 골칫거리였던 주기적인 혁명 중 하나로 고통받고 있었고, 그랜트 대통령은 이 기회를 이용해 개인 요원을 내려보내 상황을 살펴보도록 했다. 무슨 일이 있었는지는 분명하지 않지만, 막이 오르자 비공식 조력자가 산토도밍고를 아메리카에 합병하는 조약을 들고 나타났다. 이 조약은 당분간 산토도밍고 공화국의 대통령 직함을 가진 한 신사와 협상을 통해 이루어졌다고 설명되었다. 정식으로 서명하고 날인한 이 문서는 그랜트의 열렬한 승인과 함께 상원으로 보내졌다.

후원자들에게는 놀랍게도 워싱턴의 공기는 곧 기소와 역기소로 무거워졌다. 논쟁의 열기 속에서 조약에 서명한 도미니카 대통령은 아메리카의 해군이 앉힌 꼭두각시일 뿐이며 거래의 밑바닥에는 약하고 무력한 국가를 희생시킨 적나라한 침략만이 있다는 주장이 제기되었다. 다른 쪽에서는 절차의 형식적 정당성을 주장하는 유능한 답변이 있었지만, 합병 계획은 많은 소란 속에서 상원에서 거부되었다.

여전히 자신의 정책이 옳다고 확신한 그랜트는 자신의 2기 행정부가 끝날 때까지 카리브해에서 당의 세력 확장을 계속 촉구했다. 1876년 의회에 보낸 마지막 정기 연설에서 그는 자신의 산토도밍고 계획에 대한 상원의 간섭을 한탄하며, 자신의 첫 번째 정책이 승인되었다면 '그 땅은 곧 미합중국 자본가들의 손에 넘어갔을 것'이라고 말했다. 최소한, 그것은 솔직한 말이었지만 국가는 대체로 반응하지 않았고 미합중국 자본가들은 당분간 잉여금을 투자할 수 있는 다른 많은 곳이 있었다.

§

그랜트 대통령은 키리브해 정책의 실패에 조금도 낙담하지 않고 호놀룰루에서 호주로 가는 길목에 있는 남태평양의 작은 군도인 사모아의 아름다운 땅으로 시선을 돌렸다. 교육받지 않은 부족들이 살고 있는 이 먼 공국은 뉴잉글랜드의 상인, 선교사, 고래잡이들에 의해 오래전부터 아메리카에 알려졌고, 그랜트가 재선된 해인 1872년, 마치 우연처럼 미합중국 해군 미드 제독은 남태평양에서 순항하던 중 투투일라 섬에서 해상 전력의 전략적 중심지를 발견했다. 이 진취적인 장교는 어렵지 않게 원주민 왕자로부터 파고 파고Pago Pago에 아메리카 해군 기지를 건설할 수 있는 조약을 확보했다.

워싱턴의 상원이 이 섬세한 외교적 조치를 인정하지 않고 문서를 무시하자, 그랜트 대통령은 '매우 존경받는 몇몇 사람들'의 압력을 받아 과거 돈키호테 같은 신사였던 스타인버거 대령을 비밀 요원으로 파견해 사모아 문제를 조사하도록 했다. 길버트[William Gilbert(1836~1911). 영국의 극작가, 작사가, 시인]식 유머로 무장한 스타인버거 대령은 도착하자마자 혁명을 일으키고 스스로 수상이 되어 섬들을 아메리카의 보호 아래 두었다. 상원이 문 앞에 놓인 작은 인류애의 조각을 다시 한 번 외면하자 사모아에서 두 번째 봉기가 일어났고, 원주민 '수도'의 공식 초가 위에 성조기가 대담하게 게양되었으며, 대추장 마메아는 어떤 신비한 충동에 이끌려 포토맥 강변으로 지루하고 값비싼 여행을 떠났다. 현지의 원조와 함께 왕자의 책략을 빌려 마침내 1878년, 그는 조약을 체결하고 무엇보다도 자신의 나라 일부를 위대한 백인 아버지Great White

Father에게 양도했다.

달이 몇 번 차올랐다가 이울기도 전에 문제가 발생했다. 이미 현지 무역과 산업에서 가장 큰 비중을 차지하고 있던 사모아의 독일인들은 튜턴 문화의 축복을 섬 전체로 확대하기 위해 노력을 배가했고, 경쟁자인 영국인들도 사업 기회를 염두에 두고 마찬가지로 경제 사업을 열렬히 확장하기 시작했다. 한편, 원주민들은 외국 친구들의 선동과 방조, 탄약 공급을 받은 라이벌 왕자들의 허세를 두고 다툼을 벌이기 시작했다.

10년 동안 반나체 원주민의 '왕권 주장', 영사 관할권, 기록에 스캔론이라는 이름으로 알려진 아메리카인 반카스트half-caste에 의한 돼지 도난 사건과 같은 문제를 둘러싸고 엄청난 분쟁과 사소한 전쟁이 벌어졌다. 이러한 군주권 분쟁 동안 독일인들은 '타마세세 왕'을 선호했고, 아메리카인들의 지원을 받은 영국인들은 '마타파 왕'을 지지했다. 시위와 반대 시위가 벌어지고, 국기가 게양되었다가 내려지고, 국가의 명예가 모욕당하고 사과가 요구되었다. 결국 사태가 이 지경에 이르자 미국, 영국, 독일 등 강대국 3국은 사모아 찻주전자의 태풍에 무력을 투입하기로 결정했다. 전함들이 섬의 주요 항구에 침울하게 정박하고 있을 때, 신의 노여움처럼 끔찍한 허리케인이 불어 닥쳐 가까스로 넓은 바다로 탈출한 영국 증기선 한 척을 제외한 모든 선박이 파괴되어 공기는 긴장감이 감돌았다. 이 재난 이후 관련 3개국 정부는 휴전에 합의하고 1889년 사모아 섬들에 대한 3국 보호령을 마련했다.

이 조약으로 사모아에 평화가 정착되기를 바랐던 고위 계약 당사자들은 금세 환멸을 느꼈다. 그들이 오두막에 안전하게 확보한 원주민 왕은 자신의 재산에 만족하기는커녕 자신에게는 한 달에 95달러의 수입을 할당하고, 그리스도교의 후원으로 왕국의 사법을 집행하도록 고용된 스웨덴인에게는 그 6배의 수입을 할당하는 예산 계획에 크게 분노했다. 합의에 의해 왕좌에서 제외된 지역 족장들은 여전히 불만이 컸다. 왕실의 수입은 적었지만 그들은 왕좌뿐만 아니라 국고를 탐냈고, 외국인 모험가들의 도움으로 무장 반란을 일으켜 합법적으로 왕좌를 빼앗으려는 시도를 거듭했다. 반란을 진압하기 위해 투입된 백인 군인들은 잔악 행위를 저질렀고, 사모아인들의 고통은 더욱 가중되었다. 당시 바일리마에서 서서히 죽어가던 로버트 루이스 스티븐슨은 영국의 우려를 의식한 듯 잔학 행위에 항의하고 평화를 호소했지만 소용이 없었다.

사실 스티븐슨이 호소했던 침략자들은 공동의 권위에 대항하는 반란을 진압할 때를 제외하고는 섬 원주민들만큼이나 지독한 질투에 시달리고 있었다. 작은 시장을 놓고 다투는 상인들, 원주민 땅을 사들이는 자본가들, 내세를 위해 영혼을 구원하는 선교사들, 유리한 외교적 지위를 얻기 위해 경쟁하는 영사들, 제국의 이권을 독수리의 눈으로 주시하는 해군 장교들이 사모아의 외국 식민지를 소문과 음모, 반목으로 가득 채웠다. 필리핀 점령으로 베일이 벗겨지고 아메리카가 열강국임을 국내 오지의 사람들에게 드러낸 스페인-아메리카 전쟁이 발발할 때까지 사건은 계속 이어졌다. 이제 적극적인 행동에 나설 준비가 된 아메리카 상원은 1900년 사모아를 처분하는 조약을 비준했다. 투투일라와 몇 개의 섬은 성조기 아래 있었고 독일은 나머지를 얻었고 영국은 1919년 민주주의를 위한 전쟁의 결실로 독일의 유산이 그녀에게 떨어질 때까지 다른 곳의 양보에 만족했다. 따라서 어떤 사람들에게는 평온해 보이지만 다른 사람들에게는 냉혹해 보이는 절차를 통해 아메리카의 종주권은 따뜻한 남쪽 하늘 아래 멀리 떨어진 곳에서 확립되었다. 아마도 만 명 중 한 명의 시민도 이 사실을 알지 못했을 테지만, 내일을 생각하는 의무를 맡은 사람들은 새로운 의무의 본질을 잘 알고 있었다.

§

태평양을 가로지르는 정해진 운명Manifest Destiny 정책에서 하와이 제도도 포함되는 것은 불가피했다. 워싱턴의 행정부에서 하와이 제도와 아메리카의 관계는 시작되었다. 1790년 세계 최초로 성조기를 달고 보스턴 항구에 입항한 컬럼비아 호는 샌드위치 제도[하와이 제도의 옛 명칭] 주민을 태우고 와 청교도들을 놀라게 했다. 그레이 선장이 핸콕 주지사를 방문하기 위해 주 정부에 나타나 헬멧과 불타는 붉은 망토를 두른 낯선 손님을 호위하며 길을 안내했을 때 청교도들의 입은 놀라서 다물어지지 않았을 것이다! 양키 상인에게는 물건을 팔 수 있는 새로운 기회가 찾아왔다.

얼마 지나지 않아 아메리카 서부 해안의 모피로 혼 곳을 돌아 중국 광동에서 차, 비단, 중국 도자기, 남경南京 자기와 거래하는 데 이미 익숙해진 대담한 선원들은 새로 발견된 섬을 상업 항로에 포함시켰는데, 처음에는 긴 항해의 중간 기착지로, 그다음에는 중국인들이 원하는 백단향의 공급지로 사용했다. 18세기 말부터 하와이와의 무역은 번창했다. 1822년 60척의 뉴잉글랜드 포경선이 베링 해협에서 티에라 델 푸에고까지 바다를 누비다가 호놀룰루에 기항했고, 20년 뒤에는 한 해에 400척의 포경선이 이곳에 닻을 내렸다.

많은 선박이 오가는 것과 관련하여 활발한 지역 교통이 생겨났고 외국 이민자들의 침략이 뒤따랐다. 뉴잉글랜드 상인들은 상점을 열었고, 자본가들은 백단향을 자르기 위해 일꾼들을 조직했으며, 선상에서의 채찍질과 소금에 절인 돼지고기에 지친 선원은 종종 자신의 배를 버리고 내륙으로 도망쳐 원주민 아내와 함께 온화한 하늘 아래서 더 부드러운 삶을 살았다. 이 잡다한 무리 중에는 1820년 정복 교회 무장대를 위한 길을 준비하기 위해 상륙한 회중교회Congregational 선교사들의 첫 번째 선봉대인 어부들도 있었다. 따라서 시간이 지나면서 호놀룰루에는 창고, 술집, 상점, 주택, 뉴잉글랜드 스타일의 첨탑이 마을 사람들의 초가집 옆에 솟아오르며 아메리카 식민지가 형성되었다. 아메리카인들과 함께 다양한 국적의 유럽인, 새로운 숨 쉴 공간을 끊임없이 찾아 헤매던 중국인, 그리고 나중에는 이미 좁은 집에서 너무 혼잡하게 생활하고 있던 불굴의 일본인들도 이곳에 정착했다. 이 섬을 차지하기 위한 투쟁은 곧 세 대륙의 외교와 맞물리게 되었다.

이 연극의 물리적 배경은 기이하면서도 매력적이었다. 하늘을 향해 뾰족하게 솟은 산들이 그 기원이 화산이라는 것을 드러내고 멀리서 보면 황량한 바위처럼 보였지만, 섬의 외관은 기만적이었다. 특히 호놀룰루가 있는 오아후 섬을 비롯한 더 큰 섬들은 구불구불한 들판과 비옥한 토양으로 이루어진 좁은 자투리땅이 점점이 흩어져 있었다. 반열대의 태양과 안개가 자욱한 강우량 덕분에 적은 노동으로도 과일과 채소가 무성하게 자랐고, 인접한 바다에서는 어류가 풍성하게 잡혔다.

이 그림에서, 백인들이 작은 낙원에서 만난 하와이 사람들은 기묘할 정도로 정확하게 어울렸다. 원시적인 문화를 가진 하와이인들은 기후에 맞는 허름한 옷을 입고, 왕의 예우를 받는 전사 추장 아래 부족 국가를 이루며 살았다. 그들은 마음이 단순하고 문자를 읽으려 안달하지 않았다. 문명의 미덕은 부족했을지 몰라도 대부분의 악습에서 벗어난 것은 행운이었다. 하지만 감상주의자들이 그린 목가적인 그림에 흠이 전혀 없는 것은 아니었다. 실제로 대중은 무자비한 노예 생활에 시달렸고, 여성은 거의 들판의 짐승 수준으로 전락했으며, 부족 간 전쟁으로 인해 전체 인구가 때때로 고통에 시달리기도 했다.

하와이인들이 문명의 이기를 가지고 있든 없든, 하와이인들은 밀어붙이는 양키, 검소한 중국인, 지칠 줄 모르는 일본인들과의 경쟁에서 살아남을 수 없었다. 그리스도교로 개종하고 읽고 쓰는 법을 배웠지만, 경제적 경쟁과 위스키, 질병은 그들을 낫 앞에 놓인 곡식처럼 쓰러뜨렸다. 그 과정에서 백인들은 돈의 유혹과 다양한 종류의 압력으로 거무스름한 소유주들의 탐욕과 저항을 극복하고 왕국의 거의 모든 땅을 장악했다. 1890년까지 왕실 영토의 대부분은 토착 정치가들과 그들의 '고문'의 손에 들어갔고, 부동산의 절반 이상을 외국인이 소유했다. 그리고 개인 재산의 약 3분의 2가 외국인의 손에 들어갔고, 아메리카인이 영국인과 독일인을 앞질러 보유 규모에서 우위를 점했다. 5년이 더 지나자 하와이 주민들의 토지는 3분의 1도 되지 않았고, 상업과 산업에 투자된 자본은 전체의 6퍼센트에 불과했다. 당시 설탕 사업의 3분의 2는 아메리카인이 소유하고 있었으며, 이들 중 상당수는 바울의 가시밭길 대신 부자 Dives*의 길을 택한 선교사의 아들이었다고 다소 과장된 표현으로 자랑스럽게 주장되었다.

이렇게 백 년이 지난 뒤 하와이의 땅과 자원은 외국인의 손으로 넘어갔다. 호놀룰루의 '궁전'에서 왕정이 유지되고 있었음에도 불구하고 약 5천 명의 백인, 주로 아메리카인이 8만 명의 원주민, 중국인, 일본인의 진정한 주인이었다. 요컨대 하와이 제도의 운명은 이미 정해져 있었다. 하와이는 동양인이 거주하고 백인 자본가들이 지배하는 제국의 영토가 될 것이며, 버지니아와 사우스캐롤라이나의 오래된 농장 방식보다 더 효율적인 계약 노동 시스템으로 운영될 것이었다. 성조기가 곧 아메리카의 경제적 패권을 상징하게 될 것임은 분명했다.

실제로 이 섬에 대한 자국민의 이해관계가 커지면서 미합중국 정부의 상층부는 이들을 영향권 안으로 끌어들이는 사업에 점점 더 많은 관심을 기울였다. 국무부는 여러 차례에 걸쳐 외국 세력에게 보호구역을 밟지 않도록 주의하라고 통지했다. 1851년 아메리카 해군의 보초 듀폰 제독은 '하와이 제도는 태평양 전체에서 우리가 획득할 수 있는 가장 중요한 영토가 될 것이며, 이는 그 바다에서 우리의 상업 및 해군 패권과 밀접한 관련이 있다'고 본국에 보고했다. 1875년 하와이 통치자와 맺은 조약에는 하와이 통치자가 미합중국을 제외하고는 어떤 영토도 외국에 양도하지 않겠다는 서약이 포함되었고, 12년 후 추가 조약을 통해 아메리카인들은 진주만을 독점적으로 사용할 수 있게 되었다. 그 후 국무부와 해군은 운명의 별을 더욱 확고하게 주시했다. 클리블랜드의 첫 행정부 시절, 국무장관 베이어드는 이런 맥락에서 국무부의 정책을 설명했다. '조용히 인내심을 갖고 기다리면서 아메리카인 농장주와 아메리카 산업으로 섬이 채워질 때까지 기다리는 것, 그리고 그 섬이 미합중국의 사업적 이해관계와 정치적 동조로 완전히 동일시될 때까지 기다리는 것이다. 그것은 단순히 사과가 떨어질 때까지 기다리는 문제였다.'

---

* 신약성서 루카의 복음서 16장 '부자와 나사로' 비유에 나오는 부자를 가리킨다.

1890년 매킨리 관세 법안이 제정되면서 성숙 단계가 앞당겨졌다. 이 법안은 아메리카로 수입되는 원당에 대한 관세를 없애는 대신 국내 농부와 제조업체에 밭과 공장의 생산량에 대해 막대한 포상금을 지급함으로써 보상을 해주었고, 이는 하와이의 경쟁업체들에게 즉각적이고 파멸적인 결과를 가져왔다. 이미 아메리카에서 사탕무 산업의 성장은 하와이 섬의 불황을 초래했고, 매킨리 법은 하와이 농장과 공장의 아메리카인 소유주들을 특별히 심각하게 괴롭히는 재앙인 진정한 고통으로 심화되어 미합중국 장관이 추정한 연간 약 1,200만 달러의 손실을 초래했다. 그는 이렇게 말했다. '적극적인 구제 조치가 취해지시 않는 한 하와이 설탕 자산의 가치 하락은 계속될 것이다. 아메리카의 현명하고 대담한 조치가 부동산 소유주들을 큰 손실로부터 구해줄 것이다.'

물론 '현명하고 대담한 조치'에는 다른 근거도 있었다. 원주민 군주제가 부패했고, 더 나은 도로와 위생 시설이 필요하며, 아메리카가 진주만을 요새화해야 한다는 주장이 있었는데, 이는 국방에 기여하고 호놀룰루의 아메리카인 계약자와 상인들에게 금전적 도움을 줄 수 있는 사업이었다. 그럼에도 불구하고 위기를 촉발한 것은 주로 설탕이었다. '혁명의 원인이 무엇이라고 생각하십니까?' 나중에 조사를 위해 섬으로 파견된 아메리카 위원이 물었다. 라나이의 한 설탕 플랜테이션 업자는 '설탕 1파운드에 2센트를 받는 아메리카와의 조약이나 협정을 맺기 위해서'라고 간결하게 대답했다.

매킨리 법안으로 인한 경제적 재앙과 더불어 지역 정치에도 어려움이 닥쳤다. 법안이 통과된 바로 이듬해 하와이 여왕 릴리우오칼라니는 나무를 흔들어 잘 익은 열매를 떨어뜨리는 데 도움을 주었다. 어린 시절부터 선교사들과 외국 침략자들에 대한 증오심을 키워온 그녀는 1891년 왕위에 오르자마자 배타적인 정책을 시작했다. 자신의 이론에 따라 외국인에게 관대한 권리— 전임자에게서 상당한 압력으로 빼앗은 권리 —를 부여한 1887년 헌법을 뒤집고, 윌리엄 매킨리가 저지른 경제적 피해에 의식적인 모욕을 가하는 등 다양한 방법으로 '좋은 옛날'을 회복하려고 노력했다.

호놀룰루의 외국인들, 대부분 아메리카인들이었던 이들은 여왕의 반동적인 정책에 매정하게 대응해, 혁명을 유발시켜 여왕의 흔들리는 왕좌를 뒤흔들었다. 이 반란의 과정에서 미 해병대는 가까이에 있는 군함에서 상륙했고, 임시 정부가 세워졌으며, 아메리카 대사 J.S.스티븐스가 워싱턴과 링컨의 깃발[성조기]을 게양했다. 이러한 일들이 안전하게 이루어지자 국제적인 성격을 부여하기 위해 아메리카인 4명과 영국인 1명으로 구성된 위원회가 즉시 백악관으로 파견되어 합병을 요청했다. 백악관에 도착한 특사단은 해리슨 대통령의 따뜻한 영접을 받았고, 며칠 만에 하와이를 아메리카 제국에 편입하는 조약이 상원에 상정되었다.

　　해리슨이 1893년 3월 4일 퇴임하면서 앤드루 잭슨 시대에 농부와 장인들이 창당한 당의 수장인 클리블랜드 대통령에게 외교권을 넘겨줄 때, 그 문제가 놓여 있었다. 호놀룰루 주재 아메리카 장관이 국제 예의범절을 지키지 않았다는 소식을 들은 대통령은 제임스 H. 블라운트를 현장에 파견해 조사하고 보고하도록 했다. 블라운트는 조사 끝에 하와이 주재 아메리카인 장관과 그와 같은 국적을 가진 특정 동료들이 여왕을 축출한 격변의 진짜 주범이라는 결론에 도달했다.

　　최종 메모에서 블라운트는 혁명가들이 스티븐스에게 모든 계획을 미리 공개했으며 그 대가로 보호를 보장받았다고 말했다. 문서에는 이렇게 적혀 있다. '그들은 여왕의 지지자들과 정부를 압도하기 위해 해안에 군대가 필요했다. 그는 이에 동의했고 실제로 제공했다…… 혁명 운동의 지도자들은 정부로부터의 어떤 위험에서도 그들을 보호하겠다는 스티븐스 씨의 약속이 없었다면 그 일을 착수하지 않았을 것이다…… 군대가 상륙하지 않았다면 새 정부 조직을 위한 어떠한 조치도 취해지지 않았을 것이다.' 블라운트는 쿠데타가 외국인의 주도로 이루어졌다는 것을 강조하면서, 만약 섬에 거주하는 외국인들이 투표에서 제외되었다면 합병 계획은 '5대 1 이상'으로 패배했을 것이라고 말했다. 스티븐스의 주장대로 블라운트의 조사에 '정치'가 개입되었다 해도, 혁명의 진정한 성격에 대한 불확실성은 사라졌다.

위원회의 조사 결과를 접한 클리블랜드는 매우 당황했다. 그는 유럽 수상들이 가벼운 마음으로 기분 좋게 바꿀 수 있는 아이러니를 다루는 데는 약간 어색했지만, 하와이의 수도에 있는 새로운 아메리카 장관에게 퇴위한 여왕과 우호적인 정신으로 협상하도록 지시하면서 흐름에 뛰어들었다. 그의 명령에 따라 특사가 왕실에 도착했을 때, 그는 여왕 폐하가 완고하게, 폭력으로 통치를 전복시킨 '반역자'의 목을 자르고 그들의 재산을 몰수해 그녀의 왕위를 되찾기로 굳게 결심했다는 것을 발견했다.

고통스러운 휴지休止가 뒤를 이었다. 클리블랜드 행정부는 비타협적인 주권자에게 정의롭기를 원했지만 본질적으로 아메리카 시민과 재산을 그녀의 부드러운 자비에 넘겨줄 수 없었기 때문에 여왕이 자신의 '권리'라고 부르는 것을 고집하면 모든 것을 잃게 될 것이라고 결국 설득하여 최근 반란에 가담한 사람들에게 사면과 일반 사면을 약속하는 것으로 타협했다. 그때는 이미 너무 늦었다.

1894년 7월 4일, 호놀룰루의 혁명 세력은 행동으로 쟁취한 것을 외교로 잃지 않기로 결심하고 하와이 공화국의 독립을 선언하고 주권 국가로서 열강들의 승인을 구했다. 이 엄중한 사실에 직면한 클리블랜드는 원시적인 군주제를 구하겠다는 원래의 생각을 제쳐두고 한 달이 지난 후 지금까지 그의 행보에 박수를 보냈던 도덕주의자들을 완전히 경악하게 만들면서 새로운 국가를 진심으로 맞이했다. 결국, 그 정부는 1년 이상 존재했고, 아메리카 군대의 도움으로 질서를 유지했으며, 사건들을 추론해 볼 때 클리블랜드는 '그 정부에 수반되거나 그 이전의 어떤 사건과도 무관하게' 인정받을 자격이 있다고 생각했고, 따라서 이전에 그를 괴롭혔던 윤리적 의문들을 간단히 일축했다. 베이어드 장관이 말한 열매는 떨어졌고, 적절한 시기에 거둬들일 수 있었다. 스페인 전쟁으로 인해 '정해진 운명'이 좀 더 아메리카인의 국가에 분명해지면서 하와이 제도가 아메리카 국가에 합병되었다.

§

플랜테이션 귀족이 전복된 후 몇 년 동안 멕시코, 카리브해, 사모아, 하와이에서 활발한 외교 정책이 펼쳐졌다 해도, 유럽 전반의 상황은 이와는 대조적으로 온건함과 절제를 요구했다. 아메리카 시민들은 유럽 기업에 투자한 돈이 거의 없거나 전혀 없었고, 거의 반세기 동안 구세계에서 아메리카의 상업적 이익을 심각하게 위태롭게 하는 소요 사태는 어느 분기에도 없었다. 이 기간 동안 여러 유럽 열강이 40여 차례의 전쟁을 벌인 것은 사실이지만, 대부분은 영국, 프랑스, 독일, 이탈리아 등이 아프리카와 아시아에서 제국을 확장하는 과정에서 벌어진 전쟁이었다.

1870년의 심각한 보불전쟁조차도 국무부의 학문적 평온함을 뒤흔들지 못했다. 전쟁이 진행되는 동안 어느 쪽도 파괴적인 봉쇄나 보복으로 아메리카의 상업을 공격하지 않았고, 전투의 충격으로 힘의 균형이 흐트러진 적이 없었기 때문이다. 어쨌든 미합중국 국민들은 최근 나폴레옹 3세가 멕시코에 제국을 세우려 했던 시도를 기억하고 주로 독일을 동정하면서, 투쟁에 개입하거나 판결을 넘을 근거는 없다고 생각했다. 일반적으로 아메리카 신문들은 나폴레옹의 몰락을 기뻐했고 독일의 알자스-로렌 합병을 정의의 행위로 간주했으며 이 문제를 〈런던 타임스〉와 같은 시각으로 바라보았다.

따라서 이 기간 동안 미국 정부는 유럽 열강과의 필수적인 거래에서 급진적인 새로운 시도를 할 이유가 거의 없었다. 오래전 아메리카 국민은 터키에 대항하는 그리스 반란을 응원했고, 빈의 분노를 피해 도망친 라요슈 코슈트Lajos Kossuth가 국무장관 대니얼 웹스터와 대통령, 하원 의원들의 박수갈채로 열렬히 환영받았던 것처럼, 다양한 혁명적 사건에서 아메리카는 단순히 과거의 정서를 떠올렸을 뿐이다. 전통은 여전히 살아 있었고 그 전통을 참조하는 것은 쉬웠다. 예를 들어 1870년 나폴레옹 3세가 전복되었을 때 그랜트 대통령은 48시간 만에 프랑스 제3공화국을 인정했다. 3년 후 스페인 군주제가 반란으로 혼란에 빠졌을 때에도 국무부의 지시에 따라 마드리드 주재 아메리카 대사는 선포 다음 날 새 공화국에 경의를 표했지만, 공화국의 조기 사망에 안타까움을 금치 못했을 뿐이다.

이 모든 것은 형식상 사실이었다. 워싱턴에서 카톨릭의 영향력은 아직 미미했고, 어떤 혁명에서도 사유재산의 원칙이 훼손되지 않았으며, 어쨌든 이러한 수용 가능한 격변에서 아메리카 투자자들은 큰 돈을 잃지 않았다. 게다가 사실 유럽의 혁명 운동에 대한 몇 가지 제스처는 플라토닉한 성격을 띠고 있었다. 예를 들어 파리, 런던, 빈에서 1863년 폴란드 봉기 이후 리시아 차르가 폴란드인들을 잔인하게 대하는 것에 대해 공식적으로 항의하는 데 동참해 달라고 수어드 장관에게 요청했을 때, 장관은 지나가는 말로 인간의 권리에 기초한 아메리카의 제도가 모든 혁명가들의 희망이지만, 우리의 영향력은 물리적이기보다는 도덕적이어야 한다고 말하면서 개입을 거부했다. 아메리카 내 러시아계 유대인의 수는 여전히 적었다.

그러나 다른 관심사에는 다른 매너가 동원됐다. 1880년 유럽의 강대국들이 모로코 영지 분할에 관한 회의를 열었을 때, 워싱턴 정부는 심의에 참여하라는 초청을 기꺼이 수락했고 상원은 외교관들이 고안한 합의안을 비준했다. 4년 후 아메리카 대표는 콩고 독립국Congo Free State의 경제 문제와 이 변칙적인 기업의 영토 내에 있는 다른 국가들의 무역권을 다루는 베를린 회의의 논의에 참여했다. 공화당 대통령의 후원 아래 공정한 국제 협력을 시작한 것은 좋았지만, 이러한 모험, 특히 베를린 회의 참여는 하원의 좌익 대변인들로부터 거센 공격을 받았으며, 클리블랜드 대통령은 잭슨이 밀쳐놓았던 망토를 다소 조심스럽게 걸치고 1885년 상원에 베를린 협정을 비준하지 말라고 단호하게 권고했다. 독일의 수도에서 같은 주제로 두 번째 회의가 소집되었을 때, 그는 아메리카 대리인의 참관인으로서 출석을 허용하는 것 이상을 거부했고 상원은 노예 제도와 관세에 관한 협약만 비준했다. 따라서 정치는 물가water's edge에서 멈춰야 한다[국내의 정치적 불화가 외교나 국제 관계에서는 중단되어야 한다는 의미]고 생각했던 국내 당파성의 영향이 외교의 영역에서도 느껴진다는 것이 분명해졌다.

클리블랜드는 유럽 정부와의 공식적인 관계를 다소 축소했지만, 영국에 먼로 독트린에 대해 간략하게 설명할 수 있는 기회를 환영하는 듯했다. 1893년 그가 두 번째로 취임했을 때 영국과의 관계는 지난 20년 동안 불미스러운 사건 없이 손상되지 않은 채 순조로운 상태였다. 남북전쟁 당시 영국 정부가 영국의 항구에 남부연합군 순양함의 건설을 허용한 부주의로 인한 적대적 감정은 누그러진 상태였다. 영국은 처음에는 이 문제에 대한 책임을 부인했지만, 결국 문제 중재를 위한 프로젝트를 승인하라는 워싱턴의 끊임없는 주장에 이끌려 합의된 고등법원의 결정, 즉 1872년 제네바 재판소의 판결을 받아들였고, 판결의 일부 내용에 대한 적법한 반대에도 불구하고 아메리카 청구인들에게 호화로운 배상금을 정중한 인사와 함께 지불했다. 이렇게 해서 논란은 평화롭게 마무리되었고 양국 정부의 대화는 외교의 공식적인 절차로 돌아갔다.

1895년 여름이 되어서야 평온한 흐름은 또 다른 충돌로 인해 깨졌고, 이 새로운 싸움은 부수적인 문제, 즉 영국령 기아나의 서쪽 경계에 관한 런던과의 분쟁에서 베네수엘라가 도움을 요청하면서 발생했다. 카라카스의 정부는 각서에서 영국이 실제로 신세계에 대한 지배권을 확장하려 하고 있다고 주장하면서 먼로 독트린의 방패 아래 보호를 요청할 자격이 있다고 주장했다. 이 주장은 워싱턴의 동정적인 귀를 사로잡았고, 1895년 7월 국무장관 리처드 올니는 런던에 이 분쟁을 중재에 회부할 것을 요구했는데, 이 요구는 초청장이 아니라 법령의 형식으로 되어 있었고 영국 외무부에서 나왔다면 아메리카에서 분노를 일으켰을 법한 발언이 첨부되어 있었다. 올니는 영국에 '미합중국은 이 대륙에서 실질적으로 주권국이며, 미합중국의 명령fiat은 미합중국이 개입하는 대상에 대한 법이다'라고 알렸다. '왜? 그것은 영국에 대한 순수한 우정이나 선의 때문이 아니다. 단순히 문명국으로서의 높은 품격 때문도 아니고, 지혜와 공평이 미합중국의 교섭의 변함없는 특징이기 때문도 아니다. 그것은 다른 모든 근거에 더하여 무한한 자원과 고립된 위치가 결합되어 상황을 지배하고 다른 모든 강대국에 대해 사실상 무적이기 때문이다.'

런던에서 낯설지 않은 어휘로 옷을 입은 이 선언문의 주장에 대해 영국 정부는 현안 문제에 대해 먼로 독트린이 적용될 수 없으며 그 문제를 중재할 의사가 없다는 직접적인 답변을 내놓았다. 그러자 뉴욕과 보스턴의 대규모 아일랜드 분견대[뉴욕과 보스턴은 아일랜드 이민자들이 많이 모여 사는 지역이었다]가 제외되지 않은 호전적인 대중의 박수를 받으며 클리블랜드 대통령은 전투에 뛰어들었다. 경계 논란의 진상을 규명하기 위한 위원회를 구성할 것을 의회에 요청하는 메시지에서 대통령은 '조사 결과 베네수엘라에 속하는 것이 옳다고 판단되는' 땅을 영국이 강점하는 것은 '미합중국의 권리와 이익에 대한 고의적 침략으로 간주하여 모든 수단을 동원하여 저항하는 것이' 미합중국의 의무라고 생생한 표현으로 발표했다. 이 결의의 강도에 대해 의심의 여지가 없도록 대통령은 전쟁이 '잘못과 불의에 대한 무기력한 굴복과 그에 따른 국가적 자존심과 명예의 상실'보다 낫다는 것을 공공연히 경고했다.

사건의 진행 과정을 지켜본 모든 사람들을 놀라게 한 영국 외무부는 클리블랜드의 결단력에 깊은 인상을 받았으며 다가오는 독일과의 충돌에서 미국의 도움이 필요할 수 있다는 것을 알고 있었지만 대통령의 메시지에 반격으로 대응하지 않았다. 반대로 아메리카 위원회가 활동을 시작했을 때 영국 정부는 자신의 주장이 확고하다는 것이 명백하게 밝혀지리라는 것을 알고 경계 문제에 대한 모든 정보 요청에 정중하게 응답했으며 결국 전체 논란의 중재에 동의했다.

이제 밝혀진 바와 같이, 이 양보는 공정한 재판소에서 문제를 최종적으로 검토했을 때 남아메리카에 대한 영국의 주장이 전반적으로 근거가 있다는 것이 밝혀졌기 때문에 큰 희생이 필요하지 않았다. 그래서 이 사건은 모든 당사자가 행복하게 마무리되었다. 영국은 자신의 땅을 얻었다. 클리블랜드는 자신의 먼로 독트린 버전을 옹호하고 협상에서 사자의 수염을 살짝 쓰다듬는 기뽐을 누렸다. 더욱이 그는 하와이에서 옳고 그름이 모호한 거래에 자신의 승인 도장을 찍을 수는 없었지만 평화주의자는 아니었다. 이 반구[남북아메리카 대륙]에서 '잘못과 불의'를 막기 위해 아메리카 군인이 최고의 희생을 치를 준비가 되어 있음을 전 세계에 분명히 알렸다.

§

이 사건에서 클리블랜드 대통령이 발표한 높은 원칙을 적용할 수 있는 기회는 베네수엘라만큼 우리의 해안에서 멀지 않은 더 심각한 논쟁에서도 제공되었다. 영국과의 다툼이 첨예해지던 바로 그 순간, 쿠바에서는 오랫동안 스페인을 괴롭혀온 또 다른 주기적 혁명, 즉 교회와 국가에 의해 지탱되는 스페인 상류층에 대항하는 땅의 농민과 도시 노동자들의 봉기가 일어났다. 반란의 직접적이고 실제적인 원인은 경제 위기였다.

오랫동안 쿠바의 주요 산업은 사탕수수 사업이었는데, 유럽과 미합중국의 사탕무 제조업체들의 경쟁이 치열해지면서 1850년 20만 톤이었던 유럽산 사탕무 설탕의 생산량만 해도 1894년 400만 톤에 육박하는 등 어려움을 겪고 있었다. 스페인은 쿠바 농장주들의 고통이 깊어지자 그들을 구제하는 대신 수입품에 대한 차별적인 관세, 즉 설탕과 관련해 쿠바의 구매력이 약화되는 동안 구매 가격을 높게 유지하는 관세를 감내하도록 강요했는데, 이는 모두 스페인 상인들의 손에 의해 사업을 계속 유지하려는 명백한 목적 때문이었다. 이 식민지 정책을 극단적으로 적용하면 미합중국에서 스페인으로 상품을 운송해 현지 상인에게 막대한 이윤을 지급하고, 다시 바다 건너 쿠바로 운송되는 결과를 낳았다. 강력한 시장을 위해 원시 토양을 착취하는 부유한 농장주만이 이러한 무거운 짐을 감당할 수 있었으며, 19세기 마지막 10년이 왔을 때 쿠바의 농장주들은 번영과는 거리가 멀었다.

이 긴장의 한계점은 1894년 워싱턴에서 윌슨 관세 법안이 통과되면서 나타났다. 앞서 살펴본 바와 같이 하원의 열렬한 개혁가들은 상원의 강경 보호주의자들을 고려하지 않고 설탕을 무관세 품목에 포함시키려는 계획을 세웠지만, 메릴랜드 주 고먼 상원 의원의 주도 아래 사탕수수 설탕을 선호하는 민주당, 사탕무 설탕을 선호하는 공화당, 매킨리 계열의 관세 전사들이 연합하여 저급 설탕에 관세를 부과하고 정제 설탕에 '보정율'을 부과하는 법안을 강행 통과시켰다. 스페인의 관세 정책과 맞물려 쿠바 설탕 사업에 미친 윌슨법의 영향은 파멸적이었다. 스페인 주재 아메리카 대사는 이 과정을 두 문장으로 설명하며 쿠바 농장주와 노동자들에게 급속히 재앙을 퍼뜨렸다. '그 사건(즉, 윌슨법 통과)에 따른 경제 위기가 현재의 혁명을 촉발했다는 것은 의심할 여지가 없다. 경쟁으로 인해 사탕수수 설탕 가격이 매우 낮은 수준까지 하락한 상황에서 적대적인 두 가지 관세 체계에 완화 없이 노출되자 쿠바 생산자들은 절망에 빠져 손을 들었고, 그렇게 일자리를 잃은 노동자들이 가장 먼저 반란군의 대열에 합류했다.' 이듬해인 1895년, 쿠바 전역이 혁명의 불길에 휩싸였고 양측에서 일상적으로 잔학 행위가 자행되었으며, 투쟁의 강도가 높아지면서 그 어느 때보다 더 많고 더 끔찍한 잔학 행위가 벌어졌다. 거의 즉각적으로 미국에 쿠바 선동 군사정권junta이 수립되어 선전을 계속하고 반란군을 위해 아메리카의 군수품을 불안정한 신용으로 인해 비싼 가격에 구매했다.

이제 중요한 이해관계들이 거칠게 흔들렸다. 쿠바의 경제생활이 마비되면서 쿠바와 아메리카의 무역은 사실상 파괴되었고, 쿠바의 농장과 공장에 대한 아메리카의 투자는 전쟁과 약탈로 인해 휩쓸려 나가, 이로 인해 미국의 선정적인 언론과 공공 정보 혁명 위원회[쿠바의 독립을 지지하거나, 쿠바에서의 혁명을 촉진하기 위해 미국 내에서 활동하던 단체를 포괄적으로 가리킨 것으로 보인다]가 불러일으킨 도덕적 불길에 충분한 연료가 제공되었다. 당시 세계의 다른 많은 지역에서 똑같이 끔찍한 범죄가 밝혀진 것은 사실이었지만, 이 사건만큼 널리 퍼진 것도 없었고, 아메리카 해안과 가까운 곳도 없었으며, 여론 조작을 위해 그렇게 많은 자원을 투입할 수 있었던 것도 아니었다. 사건의 성격상 억압받는 민중을 대신해 아메리카의 개입을 요구하는 외침이 쿠바 전역에서 울려 퍼지기 시작했을 때 쿠바 반란은 그리 멀리 진전되지 않았다.

클리블랜드 대통령은 이러한 항의에 귀를 기울이지 않고, 중립의 태도를 취해 반란군에게 교전국의 지위를 부여하지 않았다. 이러한 평화 정책을 확대하여 그는 공식적으로 중재에 나서 혁명을 종식시키려 했지만, 스페인은 그 제안을 거절하면서 아메리카가 국제법을 위반하며 반군에게 돈과 군수품을 지원하는 것을 중단하면 감사의 뜻을 전하겠다고 넌지시 알렸다. 평화 프로그램으로 국내 지지자를 거의 얻지 못하고 스페인에 의해 화해 노력을 거부당한 클리블랜드는 이제 은화 문제에서도 당으로부터 거부당하고 쿠바 문제에 대해 수동적 관찰자의 입장으로 돌아갔고 임기가 끝날 때까지 그러한 태도를 유지했다.

§

1897년 매킨리의 지도력 아래 재집권한 공화당은 아메리카의 외교 정책에 새로운 기조를 부여했다. 공화당은 그해 국가적 정강 정책에서 쿠바의 평화와 독립을 위해 영향력을 행사하는 데 찬성한다고 선언했고, 스페인이 '거주 아메리카 시민의 재산이나 생명을 보호할 수 없다'는 사실에 주목하면서 5천만 달러 이상의 투자 자본, 아메리카 시민에게 입힌 1,600만 달러 상당의 피해, 연간 약 1억 달러에 달하는 무역 등 경제적 이해관계를 언급했다.

이 공화당 선언문이 발표된 1896년 여름부터 매킨리 행정부가 출범할 때까지 쿠바의 상황은 점점 더 악화되었다. 반란군 장군 고메스는 아메리카 내 특정 계층의 재산 압력을 정확히 파악하고 스페인 지주들을 파멸시키는 데 열중하면서 설탕 농장을 파괴하는 데 성공했다. 이에 대한 보복으로 스페인의 장군은 소요가 발생한 지역의 남성, 여성, 아이들을 비참한 수용소에 가둬 파리떼처럼 죽게 했다. 공포에 공포가 이어졌다. 그리고 이러한 소식이 아메리카의 뉴스로 전환되었을 때, 온화한 사람들의 피를 끓게 만들었으며, 이는 전에는 정중한 사회에서 특별히 정의의 사도로 여겨지지 않았던 윌리엄 랜돌프 허스트가 사설과 선명한 진홍색 헤드라인[자극적이고 선정적인 제목]을 최대한으로 활용할 기회를 제공했다. 그의 경쟁 언론인인 조지프 퓰리처도 더 많은 이익을 얻기 위해 가난한 쿠바인들의 처지에 대해 격분하고 소란을 피웠다. 경제적 이해관계, 인간애에 대한 호소, '좋은 저널리즘', 대중의 열광이 결합하여 미합중국을 꾸준히 전쟁으로 몰아갔다.

두 가지 엄청난 사건, 그중 하나는 비극적인 진실로 인해 급류는 서둘러 진행되었다. 1898년 2월, 허스트의 신문들은 워싱턴 주재 스페인 대사가 매킨리 대통령을 경멸하는 내용이 담긴 편지를 우편함에서 훔쳐 대문짝만한 헤드라인과 함께 게재했다. 그 후 '국가의 명예에 대한 모욕'으로 며칠 동안 태풍이 몰아쳤고, 스페인은 사과하고 해당 외교관을 소환해야 했다. 이 사건 직후 아바나 항구에 있던 전함 메인 호가 끔찍한 폭발로 인해 장교 2명과 승조원 58명이 사망하는 참사가 발생했다. 이 참사의 원인은 밝혀지지 않았는데, 아메리카 대중은 스페인 관리들의 악의 때문이라고 생각했다. 스페인 정부가 당시 상황에서 적절한 조치를 취하려 애썼음에도 불구하고 오대호에서 멕시코 만에 이르기까지 아메리카 전역으로 이어진 '메인 호를 기억하라'는 대중의 외침은 그 어떤 사과나 조의도, 중재를 요청하는 호소도 이겨낼 수 없었다.

그사이 매킨리는 외형적으로 자제력을 발휘한 흔적이 역력한 행보를 이어가고 있었다. 그는 쿠바에서 벌어진 스페인의 잔학 행위에 대해 품위 있게 항의했고, 전쟁을 피하고 싶었던 마드리드 내각이 스페인 여론이 허용하는 모든 양보를 할 준비가 되어 있다는 개혁 약속을 받아냈다. 스페인 정부는 1898년 4월 초에 매킨리에게 적대 행위를 중단하고, 쿠바 의회를 소집하고, 관대한 지방 자치권을 부여할 준비가 되어 있으며, 따라서 대통령이 요구한 모든 사항을 실질적으로 준수할 준비가 되어 있다고 확언했다. 스페인 주재 아메리카 대사 우드포드 장군은 이 약속을 보강하면서, 의회가 합의에 동의한다면 마드리드 정부는 쿠바의 완전한 독립이나 미합중국에 섬의 양도까지 포함하여 반군이 받아들이는 어떠한 자치권도 부여할 용의가 있다고 매킨리에게 전신으로 통보했다.

요컨대, 대통령은 스페인이 대중의 정서가 뒷받침되면 무조건 항복을 제안했다는 것을 알고 있었지만, 극단적인 조치를 요구하는 전쟁파에 당황했다. 메인 주의 한 하원 의원은 '모든 하원 의원은 자신의 지역구에 두세 개의 신문을 가지고 있는데, 대부분 붉은 잉크로 인쇄되어 있고…… 피를 외치고 있다'라고 외쳤다. 매킨리의 많은 측근들도 마찬가지로 무력에 의존해야 한다는 입장이었다. 루즈벨트는 매킨리를 향해 '매킨리는 초콜릿 에클레어보다 더 배짱이 없다'고 조롱했다. 이러한 압력에 눌려 대통령은 그동안의 평화적인 자세를 포기하고, 마드리드의 최근 양보안을 공개하지 않은 채 1898년 4월 11일 의회에 전투적인 메시지를 보내 자신의 노력이 중단되었으며 이 문제는 의회의 손에 달려 있다고 선언했다.

이제 전쟁은 피할 수 없었다. 대통령에게 스페인에 대한 군사력 사용을 승인하는 결의안이 빛의 속도로 하원을 통과했고, 평화와 중재를 옹호한 사람들은 열정의 회오리바람에 휩쓸려 사라졌다. 그러나 상원에서는 전쟁 결의안이 봉사를 가장한 정복의 신호라고 의심한 몇몇 포퓰리스트에 의해 잠시 견제를 받았지만, 그들은 그러한 모든 속임수를 제거하는 부록을 채택하도록 강요하는 것 이상을 할 수 없었다. 공화당 지지자들은 이 갈등을 자유를 위한 전쟁이라고 선포했기 때문에 이에 이의를 제기하기는 어려웠다.

결의안의 최종 문구에서 쿠바의 독립을 선언하고, 스페인에 쿠바에서 철수할 것을 촉구하고, 대통령에게 결의안을 실행하기 위해 무력을 사용할 권한을 부여하고, '쿠바의 평화를 제외하고는 쿠바에 대한 주권, 관할권 또는 통제권을 행사하려는' 미합중국의 '성향이나 의도'를 부인했다. 가까운 곳에 평화롭게 누워 있는 포르토 리코*와 태평양 하늘 아래 멀리 떨어져 있는 필리핀은 포퓰리스트들의 관심 밖에 있었던 것 같다. 1898년 4월 19일, 미합중국은 전 유럽에서 가장 낡아빠지고 무력한 제국주의 국가를 상대로 승리와 영광의 전쟁에 돌입했다.

결론은 예견된 것이었다. 시어도어 루즈벨트 차관보의 경각심 덕분에 해군은 전투를 통한 시험에 대비할 수 있었다. 듀이 제독은 2주 만에 마닐라 만에서 적 함대를 격파하고 태평양에서 스페인의 지배에 종언을 고하게 했다. 7월 3일, 세르베라 제독의 지휘 아래 안전하게 대서양을 건넌 스페인 함선들은 산티아고에서 탈출을 시도하던 중 슐리 제독이 지휘하는 아메리카 함선에 의해 격침되었다. 7월 17일, 샤프터 장군이 지휘하는 아메리카군의 공격과 아메리카군 함선의 포격을 받은 산티아고는 더 이상의 투쟁을 포기했다. 일주일 후 마일스 장군은 포르토 리코에 상륙하여 아메리카 제국에 진주를 추가했다.[**] 8월에는 메리트 장군과 듀이 제독이 마닐라를 습격했다.

스페인과의 전쟁은 막바지에 이르렀고 그 결과는 눈앞에 다가왔다. 패배하고 무력해진 마드리드는 이제 워싱턴 주재 프랑스 대사 캄봉의 사무실을 통해 평화를 간청했다. 백악관의 공식 조사에서 중재자는 승전국이 '획득한 이점으로 가능한 모든 이익을 확보하기로 결심했다'고 보고했는데, 이런 상황에서 그는 스페인한테 운명을 받아들이라고 조언했다. 스페인은 1898년 8월 12

---

[*] 콜럼버스는 이 섬을 발견하고 세례 요한을 기리기 위해 산 후안 바우티스타San Juan Bautista라고 이름 지었고, 수도는 푸에르토 리코 시(Ciudad de Puerto Rico, '풍요로운 항구 도시')로 명명되었다. 그러나 시간이 지나면서 상인들과 방문객들은 섬 전체를 푸에르토 리코로 부르게 되었다. 미국은 1898년 파리 조약 이후 섬의 이름을 포르토 리코Porto Rico로 변경했다. 이 영어화된 이름은 미국 정부와 민간 기업에서 사용되었으며, 이탈리아어, 프랑스어, 포르투갈어에서도 'Porto'로 불렸다. 이후 1931년, 의회에 제출된 공동 결의안에 따라 섬의 이름은 다시 푸에르토 리코Puerto Rico로 변경되었다.

[**] 푸에르토리코는 미국의 자치령unincorporated territory이다. 이는 미국의 주state가 아닌, 미국 정부의 관할 아래에서 일성 수준의 자치권을 가진 영토를 의미한다. 푸에르토리코 주민들은 미국 시민권을 가지고 있지만, 미국 대통령 선거에서 투표할 수 없고, 연방 의회에서 투표권을 가진 대표를 선출할 수 없다. 다만, 의회에 투표권이 없는 대의원resident commissioner을 파견하여 지역 이익을 대변할 수 있다. 푸에르토리코의 정치적 지위에 대해서는 현재까지도 논란이 계속되고 있으며 2020년 가장 최근의 국민투표 결과 과반수가 미국의 주로 편입하는 데 찬성했다. 하지만 투표 결과에도 불구하고 미합중국 의회에서 푸에르토리코의 지위에 대한 공식적인 조치는 아직 없다.

일 서명한 의정서에서 쿠바를 독립시키고, 포르토 리코와 라드로네스 제도의 한 섬을 아메리카에 양도하며, 필리핀 제도는 최종 합의가 이루어질 때까지 아메리카의 통치하에 두기로 합의했다. 결국 전쟁을 선포한 의회의 결의안은 쿠바를 제외한 어떤 영토에도 자결권을 적용하지 않았다. 따라서 아메리카 제국의 잠정적 팽창은 그 역사적인 선언과 조화를 이루지 못했다.

§

당시 미합중국의 국무부와 해군이 필리핀의 경제적, 전략적 효용성에 대해, 특히 지난 한 세기 동안 태평양에서 아메리카의 작전을 고려할 때, 별 생각이 없었다고 가정하는 것은 앵글로색슨 민족이 그러한 경우에 일반적으로 보여주는 정교함이 부족했다고 상상하는 것이다. 그러나 모든 공화당 지도자들이 합병에 대해 확고하게 단결했다거나, 국민들이 이 문제에 대해 충분히 알고 있었다거나, 언론과 정치 연설을 통한 제국주의적 사고의 발전이 심각한 단계에 이르렀다고 말하는 것은 실수일 것이다. 실제로 매킨리 대통령은 1897년 12월에 발표한 메시지에서 '강제 합병은…… 우리 법규상 생각할 수 없고…… 범죄적 침략이 될 것이다'라고 선언했다. 그가 나중에 '전쟁이 끝나면 우리가 원하는 것을 지켜야 한다'고 말한 것은 사실이지만, 대중의 성향은 구별과 신중함을 요구하고 있었다. 1898년 늦은 가을 아메리카 위원들이 평화 협상 테이블에서 스페인 외교관들을 만나기 위해 파리로 떠났을 때에도 그들은 매킨리로부터 필리핀의 운명에 대한 긍정적인 지시를 받지 못했고, 이와 관련한 최종 명령을 몇 주 동안 기다려야만 했다.

이 때문에 정치 고위층의 국내 현안 책임자들은 처음부터 쿠바 해방을 위한 전쟁을 아메리카 제국 확장을 위한 구실로 삼을 의도가 없었다고 말하기도 한다. 1898년 봄에 국내 내륙의 농민들이 그러한 목적을 염두에 두고 있었다고 보기는 어렵고, 대통령의 내각 테이블에 앉은 모든 사람들이 당시 그런 확실한 제국주의적 설계를 가지고 있었다고 믿을 이유도 없다. 하지만 연방 행정부의 관리자들은 '인간 운명의 광대한, 회색의, 등불 없는 깊이'에서 노력 없이 방황만 한 것은 아니었다. 필리핀에서 스페인과 전쟁을 벌이지 않고도 스페인을 서반구에서 몰아낼 수 있었지만, 효율적인 이유로 워싱턴의 전략가들은 전쟁이 발발하기 훨씬 전에 다른 길을 결정했다. 그들은 반세기 이상 극동아시아 지역에 익숙한 아메리카 해군 장교와 상인들이 군사적 모험과 상업적 사업을 위한 지원 거점으로 동양 기지를 탐내왔다는 사실을 잘 알고 있었다. 만약 그들이 아메리카 역사의 초창기를 참조했다면, 그들은 한때 마닐라에서 멀지 않은 포모사 섬에 성조기가 게양된 적이 있고, 페리 제독이 한순간에 북동쪽의 보닌 군도[오가사와라 제도]를 점령했다는 사실을 알고 있었을 것이다.

많은 현역 정치인들이 스페인과의 전쟁이 가져올 광범위한 영향을 일찍이 인지하고 있었다는 사실은 당시의 서신과 연설문을 통해 알 수 있다. 메인 호가 침몰하기 몇 달 전인 1897년 9월 21일, 시어도어 루즈벨트 해군 차관보는 상원 의원 로지에게, 스페인과 충돌할 경우 '우리 아시아 전단이 봉쇄하고 가능하면 마닐라를 점령해야 한다'는 내용의 편지를 보냈다. 이듬해 5월, 로지는 루즈벨트 대통령에게 상당한 규모의 육군과 해군이 필리핀에 파견될 것이며 쿠바에 대해서는 서두를 필요가 없다고 알렸다. 그는 '포르토 리코는 잊혀지지 않았고 우리는 그것을 차지할 것이다. 내가 완전히 그리고 크게 착각하지 않는 한, 행정부는 이제 우리 모두가 원하는 큰 정책에 전적으로 전념하고 있다'고 말했다. 7월에 상원 원은 매킨리가 필리핀을 점령하고 싶어 하는 것은 분명하지만 '그것에 대해 약간 소심하다'는 사실을 발견했을 때 이러한 인상을 확인했다. 그는 또한 괌 점령을 행정부가 '필리핀을 점령할 것으로 예상한다'는 증거로 들었다. 한 달 후 그는 매킨리가 방설이는 듯 보였지만 여전히 '그들이 적어도 우리에게 동방 무역을 가져다줄 큰 경품인 마닐라만은 지켜낼 것'이라는 희망을 표명했다. 매킨리의 마음속에서 무슨 일이 벌어지고 있었는지는 알 수 없지만, 얼마 지나지 않아 그는 아메리카가 검으로 쟁취한 모든 것을 유지해야 한다는 신념을 발표했다.

대통령은 자신의 당혹감을 해결한 지적, 도덕적 방법을 나중에 감리교 형제들에게 간단한 연설을 통해 설명했다. '나는 밤마다 백악관 바닥을 걸었다. 나는 여러분에게 무릎을 꿇고 전능하신 하느님께 빛으로 인도해 달라고 밤새도록 기도했다고 말하는 것이 부끄럽지 않다. 그리고 어느 날 밤 늦게 그것은 이런 식으로 나에게 왔다. 어떻게 된 일인지는 모르겠지만, 그렇게 되었……이 모든 것을 모두 받아들여 필리핀 사람들을 교육하고, 그들을 계몽하고 문명화하고 그리스도교화하여, 하느님의 은혜로 그리스도께서 그들을 위해서도 죽으신 우리의 동료로서 우리가 할 수 있는 최선을 다하는 것밖에 우리가 할 수 있는 것은 아무것도 남지 않았다는 것이었다. 그러고는 잠자리에 들었고 푹 잤다.' 물론 그는 다른 기회에 말했듯이 완전히 활력이 넘쳤다. '아메리카의 정치가들이 상업적 기회에 무관심할 수는 없다. 아메리카 무역의 확대를 위해 모든 합법적인 수단을 사용하는 것뿐이다.'

결국 헤이 장관이 화평 위원들에게 보낸 전문電文의 내용처럼, 대통령은 '단하나의 분명한 의무, 즉 군도[필리핀]를 받아들이는 것'만을 볼 수 있었고, 스페인에게 2천만 달러의 팁을 받고 군도를 넘기라고 강요할 수 있었다. 훗날 윌슨 대통령이 국가에 호소할 때 특징적으로 나타났던 고양된 어조를 예상케 하면서, 1898년 매킨리는 전쟁이 새로운 의무와 책임을 가져왔으며, '우리의 성장과 초창기부터 국가들의 통치자Ruler of Nations로 문명에 대한 높은 명령과 서약을 명백히 써내려온 위대한 국가로서 이 의무와 책임을 충실히 수행해야 한다'고 선언했다.

§

일부 독일 언론인들은 합병의 문구를 읽고 재미있다는 듯이 어깨를 으쓱했지만, 영국인들은 앵글로색슨족의 마음을 울리는 진정성을 높이 평가했다. 세인트 제임스 궁정의 우리 대사는 왕실 가족들 사이에서 '진심 어린 친절과 —

예의에 어긋나지 않는 한에서 ─ 동정심만을 발견했다'고 말했다. 곧 남아프리카 보어 공화국과의 전쟁에서 중요한 역할을 맡게 될 영국 제국주의의 사도 조지프 체임벌린은 스페인에 대한 아메리카의 도전 소식을 듣고 기쁨을 참지 못하고 대중 연설에서 '위대하고 고귀한 대의를 위해 성조기와 유니언잭이 앵글로색슨 동맹을 위해 함께 나부낀다면' 무력 충돌은 아무리 끔찍해도 값싼 희생이 될 것이라고 선언했다. 그리고 그는 헤이 대사에게 사석에서 '대륙에서 무슨 말을 하든 상관하지 말라'고 했는데, 대륙은 프랑스와 독일을 의미했다. '만약 우리가 필리핀을 포기한다면 영국 친구들에게 상당한 실망을 안겨줄 것'이라고 전투가 끝난 후 아메리카 대사는 고국에 편지를 보냈다.

헨리 애덤스는, 아메리카 대사로서 아버지가 런던에서 수백 번 굴욕을 당했던 남북전쟁 당시를 회상하며, '독일이 갑자기 회색곰으로 등장한 공포가 겁에 질린 영국을 아메리카의 품으로 뛰어들게 만들었다'고 헤이의 풍성한 메모를 읽으며 냉정하게 언급했지만, 공화당 행정부는 영국인의 동정과 친절한 배려에 감사했다. 새로운 애정에 대한 설명이 무엇이든 간에, 미합중국은 전쟁 중 영국의 자비로운 중립과 평화 체결 기간 동안의 따뜻한 후원의 혜택을 누렸다.

반면 독일의 제국주의자들은 대영제국을 살찌웠던 전리품을 획득하려는 본능적인 야망으로 영미와의 동맹을 강화하는 정책을 추진했고, 이는 나중에 그들을 괴롭혔다. 1897년 매킨리가 마드리드 정부와 외교적 탐색전을 시작하자마자 카이저는 스페인과 공화주의 아메리카 간의 전쟁으로 인해 '군주제 원칙'이 위험해질 소지에 대해 흥분하기 시작했다. 특히 미합중국의 '해외 탐욕'이 자국에 대한 간섭을 약속하는 것을 지켜보며 슬픔에 잠긴 그는 스페인을 무력 공격으로부터 구하기 위해 유럽 연합을 구성하려고 시도했다. 오스트리아의 동정심은 쉽게 동조했다. 교황청에도 접근했고, 상황을 둘러본 후 교황은 매킨리의 신임을 받고 있던 아일랜드 대주교에게, 평화를 위해, 그리고 쇠퇴한 카톨릭 군주의 구원을 위해 워싱턴을 방문하여 '대통령과 부지런히 협력'하라고 지시했다. 영국은 분명한 이유로 카이저의 프로젝트에 냉담했다. 워싱턴 주재 영국 대사가 결국 외교관들이 평화를 위해 매킨리에게 집단적으로 호소하는 데 동참했지만 그의 정부가 강압적인 태도를 보이지 않았다는 것은 부인할 수 없다.

결국 카이저의 모든 노력이 실패하고 전쟁이 선포되었을 때, 튜턴족 언론은 전체적으로 스페인을 계속 선호하여, 미국을 영국 체제에 더 붙게 만들었다. 실제로 영미 동맹의 수호자들이 이 나라[미국]에 널리 퍼뜨린 독일 신문의 논평은 베를린에 대한 악감정을 불러일으켰고, 전쟁이 진행되는 동안 현지에 있던 아메리카 대사 앤드루 D. 화이트는 갈등을 완화하기 위해 특별한 노력을 기울여야만 했다.

듀이 제독이 마닐라에서 대승을 거둔 직후, 특히 미국 정부가 강제 합병 의사를 명백히 부인하면서 독일 외무부는 다시 열띤 활동과 기대에 부풀어 있었다. 마닐라 주재 독일 영사가 필리핀 혁명가들이 독립 공화국 구상을 거부하고 독일 왕자에게 왕위를 제시할 가능성이 있다는 내용의 보고서를 올리자 카이저는 크게 고무되었다. 영국을 거역하기에는 자신이 무력하다는 사실을 깨달은 그는 공식 채널을 통해 솔즈베리 경에게 '그 살찐 전리품'을 두 제국이 어느 정도 공유할 것을 제안하면서 런던의 반응을 떠보았다.

영국 정부는 미국이 스페인 땅 정착에 대한 어떠한 간섭에도 분개할 것이라고 퉁명스럽게 통보했고, 거의 동시에 마닐라 주재 영사로부터 필리핀에서 영미 간의 양해가 이루어졌다는 통고를 받았지만 카이저는 여전히 희망을 버리지 않았다. 7월 말 워싱턴 주재 독일 대사는 '황제 폐하께서는 스페인-아메리카 전쟁으로 인해 동아시아에서 해상 요충지를 확보할 수 있는 기회를 놓치지 않는 것을 독일 정책의 주요 목표로 삼고 있다'는 지시를 받았다. 그리고 베를린 주재 아메리카 대사도 이를 뒷받침하기 위해 카이저가 만족할 만한 전리품의 양을 보여주는 성명을 발표했다. 결국 독일 군함은 필리핀 수역에 대기 중이었다.

독일의 의도를 잘 알고 있고 이미 임박한 세계대전의 그림자가 다가오는 상황에서 영국 외무부는 독일의 공세에 매번 반격했다. 1898년 7월 28일, 헤이 대사는 영국이 필리핀을 미합중국이 점령하는 것을 선호한다고 런던에서 전문을 보내, 카이저가 전리품 분할을 위한 모든 계획에서 방해받고 있음을 시사했다. 8월에 휴전 조건이 발표되었을 때 베를린 정부의 희망은 무너진 것으로 보였고, 이어서 파리에서 열린 평화 회의에서 대변인들은 신중한 태도를 취했다. 스페인이 아메리카인들의 '점점 더 커지는 탐욕'을 극복하기 위해 도움을 요청했을 때 독일 대사는 정중하게 냉소적으로 미소를 지으며 개입을 거부했다. '탐욕'은 외교계에서 비밀리에 사용하기에는 이상한 단어였기 때문이다. 그럼에도 불구하고 급한 독일은 마드리드와 비밀리에 얍Yap[태평양 북부 캐롤라인 제도의 섬]과 극태평양의 다른 두 개의 작은 섬을 매입하는 협정을 맺었는데, 진지한 노력에 대한 보잘것없는 보상은 대영제국의 수뇌부를 재미있게 해주었을 것이다. 그런 사소한 것들에 대해 그들은 거의 신경 쓰지 않았다. 세계가 아직 보지 못했던 더 거대한 제국의 장관壯觀을 위한 무대가 준비되고 있었고, 미합중국 정부는 엄청난 대단원 앞에서 오랜 호의들ancient favors*을 잘 기억해야 했다.

§

합병 프로그램이 완료되고 스페인과의 평화 조약이 비준을 위해 아메리카 상원에 제출되었을 때, 특히 매사추세츠 주 상원 의원 호어가 이끄는 일부 구파 공화당원들의 도움과 지지를 받은 포퓰리스트와 민주당 사이에서 격렬한 반대가 일어났다. 국가 역시 매사에 티격태격하는 파벌로 나뉘었다. 최근『승

---

* 이 문맥에서 '오랜 호의들'은 아마도 미국이 영국이나 다른 강대국으로부터 받은 과거의 지원이나 도움을 의미할 가능성이 높다. 이 구절은 미국 정부가 앞에서 설명된 제국의 야망이 커지는 상황에서 전개된 사건들이 일어나는 동안 이러한 과거의 지원 또는 친절 행위를 기억하고 아마도 보답할 것으로 예상되었음을 암시한다.

리의 민주주의』 개정판을 출간한 위대한 평화 옹호자 앤드루 카네기는 제국주의로의 전환에 형언할 수 없는 상처를 입었고, 존 헤이에 따르면 그는 정말 '정신이 나간 것 같았다.' 독립선언서를 문자 그대로, 액면 그대로 받아들인 다른 많은 이상주의자들은 정당한 정부는 피지배자의 동의로부터 권력을 얻으며, 정복한 지방을 통치하는 것은 아메리카 자유의 창의성과 정신에 위배되며, 헌법은 집정관[식민지를 지배하는 총독]의 절차를 승인하지 않는다고 주장했다. 반면에 다른 쪽에서는 좀 더 유연한 상상력을 발휘한 논리학자들의 답변이 이어졌다. 인디애나의 베버리지와 코네티컷의 플랫과 같은 새로운 방향의 상원 의원들은 서부의 하늘에 다시 한 번 선명하게 쓰여진 '정해진 운명'을 보고 문명과 그리스도교의 횃불을 전 세계에 전하는 우리의 높고 숭고한 사명에 대해 감동적인 연설로 표현했다.

　며칠 동안의 피곤한 논쟁 끝에 제국의 옹호자들은 여전히 상원에서 필요한 3분의 2 표를 얻지 못했고, 매킨리 대통령은 자정 무렵 백악관에서 무릎을 꿇고 바라본 비전이 정치인들에 의해 무산될까봐 눈에 띄게 걱정하고 있었다. 그러나 모든 것을 잃을 것처럼 보였던 이 결정적인 순간에 〈뉴욕 트리뷴〉이 '가련하고 산만한 소년*'이라고 표현한 윌리엄 제닝스 브라이언이 경기장에 나타났고, 어떤 이상한 이유에서인지 많은 설득을 통해 여러 민주당 상원원들이 마음을 바꾸고 합병 프로그램이 포함된 조약에 1표라는 근소한 차이

---

* 윌리엄 제임스 브라이언이 미국 정치계에서 포퓰리즘적이고 진보적인 입장으로 유명하고 평가가 극과 극으로 갈리는 인물로, 〈뉴욕 트리뷴〉의 보수적인 견해와 상반되는 입장에 있었기 때문에 이러한 경멸적인 표현을 사용했을 것이다. 일반적으로 제국주의와 팽창에 반대했던 브라이언의 조약 지지는 예상치 못한 일이었다. 필리핀과 다른 영토의 합병에 결정적인 역할을 한 조약의 통과를 위해 민주당 상원 의원들을 설득한 그의 영향력은 비판자들에게 정치적 일관성의 부족이나 기회주의로 비춰졌을 수 있다. 〈트리뷴〉이 브라이언을 경멸적으로 묘사한 것은 그의 행동이 그들의 관점에서 유리한 결과를 가져온 경우에도 그를 정상적이지 않고 신뢰할 수 없는 인물로 보는 그들의 시각을 반영한 것이다. 사용된 언어를 보면 〈트리뷴〉으로 대변되는 보수주의자들은 브라이언의 영향력을 건전한 정치가로서가 아니라 우연이나 조작의 결과라고 생각하며 그를 존중하지 않았음을 알 수 있다.

로 찬성하도록 유도하여 윌리엄 매킨리를 20년 후 우드로 윌슨이 당했던 것과 비슷한 패배로부터 구해냈다. 작전을 용이하게 하기 위해 자유주의자들에게 필리핀에서 채택할 정책은 모든 논의에 활짝 열려 있다는 취지의 결의안 형식으로 살짝 미끼를 던졌다. 적어도 공화당이 일단 대오가 분열된 민주당과 포퓰리스트로부터 벗어나, 응답의 목소리를 찾기 전까지 그것은 여전히 열려 있었다.

§

카리브해와 극태평양에서 아메리카의 지배권이 확립된 해는 매킨리가 자신을 선출한 공화당의 지시에 따라 하와이 제도에서 펼친 작은 드라마의 피날레를 장식한 것도 목격했다. 공화당은 1896년 정강 정책에서 '서반구에서 우리의 모든 이익'을 보호할 '확고하고 활기차고 위엄 있는' 외교 정책을 요구하면서 하와이 제도는 '미합중국이 지배해야 한다'는 명백한 선언으로 그들의 신조를 증폭시켰다. 이 구체적인 신념을 바탕으로 선거를 통해서 이의를 제기하지 않겠다는 약속을 받아낸 매킨리는 취임 직후 상원에 합병 조약을 상정했지만, 민주당의 책략으로 3분의 2 규정에 못 미쳐 부결되었다. 1년이 지났다. 그 후 듀이는 마닐라에서 '전 세계에 들리는' 또 다른 총을 쐈고, 분파적인 반대에 지쳐 인내심이 소진된 공화당은 1845년 민주당이 텍사스를 합병할 때와 같은 절차로 상하 양원 과반수만 있으면 되는 공동 결의안을 통해 하와이 '공화국'을 합병하는 편법에 의지했다.

하와이 결의안에 대한 논쟁은 모든 면에서 예상대로 진행되었다. 처음에 공화당의 견해는 하원 외교위원회 위원장이 간결하게 표현했다. '이 문제의 중요성은 무엇보다도 우리 서부 해안의 방어, 상업적 이익의 보호 및 증진, 그리고 우리나라의 복지와 안보 전체를 위해 이 섬들을 소유해야 할 필요성에 있다.' 민주당의 답변도 마찬가지로 특징적이었다. 하와이 혁명은 교묘한 속임수에 의해 일어났다. 합병은 500만 달러 상당의 하와이 채권을 달러당 30센트에 매입한 아메리카 투기꾼들에 의해 조장되고 있다. 결의안 통과는 미국 정부가 이 부풀려진 채권의 전부 또는 상당 부분을 인수하는 것을 의미한다. 해군 방어의 호소는 직업적 제국주의자의 직업적인 수사에 불과한 것으로 무시되었다. 민주당 대변인은 '우리는 군사 작전의 전략적 기지로 이 섬들이 필요하다는 말을 들었다'고 말했다. '모든 제독, 예비역 제독, 준장, 장군, 대령, 소령, 대위들이 그렇게 말한다. 그렇다면 이 화산암이 없었다면 어떻게 우리가 백아홉 해 동안 훌륭하게 잘 지낼 수 있었을까? 우리가 겨우 300만 명이었을 때 화산암이 필요하지 않았다면, 7,500만 명의 영혼을 가진 지금 화산암이 없으면 왜 우리가 멸망할까?'

공화당 연설가들은 하와이 제도가 필리핀을 방어하는 데 필요하며, 이는 다시 극동아시아에서 아메리카의 이익을 방어하는 데 필요하다고 반박했다. 결국 공화당의 주장이 설득력이 있었을 뿐만 아니라 하원에서 공화당이 과반수를 차지하고 있었기 때문에 1898년 7월 7일에 채택된 공동 결의안에 의해 하와이 제도는 공식적으로 합병되었다. 그 후 아메리카 주민들은 기업 활동의 자극을 받아 놀라운 번영의 시대를 맞이했고, 원주민 인구는 계속 감소했으며, 번성하는 일본인과 중국인은 농장의 노동자로 또는 소규모 농장의 주인으로 계속 땅을 경작했으며, 포장도로, 전등 및 기타 문명의 도시를 갖춘 호놀룰루 시는 태평양의 정원 같은 명소 중 하나가 되었다.

25

도금 시대

　승리의 산업 시대가 한쪽에서는 금융 및 산업 이해관계자와 다른 한쪽에서는 농업 및 노동 이해관계자 사이의 오래된 투쟁이 지속되는 것을 목격했다면, 미합중국 중기 시대를 특징짓고 문화에 실체와 색채를 부여했던 투쟁은 이제 양적, 질적으로 새로운 특징을 보여주었다. 투쟁은 대륙을 가로지르는 더 광대한 규모로 진행되었고, 참가자의 수가 증가하고 추가 자원으로 강화되었으며, 노예를 소유한 귀족의 압력에도 방해받지 않았고, 생산적이고 지적인 운영을 위한 기술적 도구가 무한히 다양하고 유연해졌으며, 투쟁과 관련된 수사적 담론이 새로운 논리적, 과학적, 사실적 설계로 수놓아졌다.

　무엇보다도 도시 지역의 대부호들이 이제 사회 전반을 지배하게 되었다. 통계학자들은 황금의 홍수로 인해 확산된 플루토크라시plutocracy[부자, 금권정치]의 힘과 그 몫의 규모를 대략적으로 추정할 수밖에 없었지만, 한 추정에 따르면 1861년 아메리카에는 백만장자가 3명에 불과했고 36년 뒤에는 최소 3,800명에 달했다. 경제학자 찰스 스파Charles Spahr의 계산을 받아들인다면,

세기 말에는 아메리카인의 10분의 1이 전체 부의 10분의 9를 소유했다. 이러한 모든 계산에 대해 의구심이 제기되었지만 두 가지는 명백한 사실로 남아 있다. 아메리카에서 가장 부유한 계층은 플랜테이션과 농장 소유자가 아니라 공장, 광산, 철도, 도시 자산을 소유한 사람들로 구성되었다는 것과 부의 축적 속도가 부의 역사상 이전의 모든 업적을 능가했다는 것이다.

또 다른 측면에서 부의 포물선으로 묘사되는 2차 아메리카 혁명은 다른 나라, 다른 시대의 원형과는 달랐다. 물론 역사의 법칙에 따라 소농, 장인, 소상인, 일용직 노동자 계급에서 플루토크라시의 신병이 모집되었지만, 그들은 귀족이 지배하는 사회 한가운데서 천천히 상승하지 않았고 모든 우월한 권위를 파괴한 후에도 이전의 주인을 장식품으로 유지하지 않았다. 처음부터 자본가와 농장주는 넓은 지리적 경계로 분리되어 있었고, 전쟁이 끝났을 때 엄밀한 문화적 의미에서 그 이름을 받을 자격이 있는, 자신의 영역에 결정적인 색조를 부여할 수 있는 농장 귀족은 거의 남아 있지 않았다. 따라서 노예 소유주들의 파멸과 함께 부와 권력을 거머쥔 새로운 부르주아들은 절제, 취향, 경멸, 응접실 예절 등의 문제에서 모범이 될 수 있는 구질서의 살아남은 구성원들에 의해 제지받지 않았다. 대서양 연안의 일부 지역을 제외하고는 아메리카 문화의 새로운 시대는 형식이 없고 공허했으며, 젊은 귀족들은 아직 예의와 미학에 대한 규범을 습득하지 못했다. 고전적 전통의 견제를 받지 않고, 강력한 상류층의 경멸을 받지 않으며, 여러 세대에 걸친 여유를 통해 문화에 대한 훈련을 받지 않은 이들은 유럽 농민과 상인의 열등감에서 해방되어 관습적 억압으로부터 벗어나 비정상적으로 자유로운 삶을 추구했다.

그렇지만 결국 이러한 유럽 전통으로부터의 이탈은 다소 피상적이고 일시적인 것이었다. 근본적으로 아메리카 부르주아들은 고전적 유형과 해외의 현대적 모델에 상당히 충실했다. 로마에는 노비 호미네스novi homines, 프랑스에는 누보 리슈nouveau riches, 스페인에는 리코스 옴브레스ricos hombres, 영국에는 나밥nabob이 있었다. 모든 나라의 부호plutocrat들은 뿌리 깊은 하나의 본능으로 모든 시대, 모든 문명의 교회와 국가의 권력자들과 비슷하게 색채, 반짝임, 화려함, 과시를 좋아했다. 무명의 망토를 벗지 못한다면 뭐하러 부자가 되는가? 영광의 그림자가 없는데 권력의 실체를 뭐하러 가지는가? 대중의 감탄과 박수갈채가 없는 과시가 즐거울 수 있을까? 이는 페리클레스 시대만큼이나 오래된 감정이었고, 전임자들과 같은 진흙으로 빚어진 아메리카 금권정치의 구성원들은 후한 상황에 대해 동일한 심리적 반응을 보였다.

쿠폰을 잘라 배당금 수표를 어디서나 현금화할 수 있었기 때문에 그들은 화려한 물건을 살 수 있는 곳으로 몰려들었고, 사회적으로 가장 용감한 사람들이 가장 강력한 축적의 중심지였던 뉴욕으로 이주했다. '캘리포니아의 광산에서, 피츠버그의 대장간에서, 미시간의 숲에서, 몬태나의 금속으로 덮인 산맥에서 미다스의 꿈을 뛰어넘는 부를 축적한 수많은 사람들이 동부의 대도시들로 이동했다'고 한 사람이 썼다. 대도시에 도착하자마자 그들은 궁전을 세우고, 미술품을 구입하고, 화려한 행사를 여는 등 가장 확실한 방식으로 자신들의 출현을 알렸다. 화려하게 꾸민 사람들이 모여드는 거리, 애비뉴,* 대로변에는 프랑스식 디자인의 장미 성chateau, 이탈리아 르네상스 양식의 저택, 권위적인 표정의 영국식 성 등 다양한 시대와 취향의 건축물이 세워졌고, 때로는 유럽에서 훈련받고 창작의 자유가 주어진 아메리카 건축가의 파생적 천재성에 의한 고귀한 기념비가 세워지기도 했다. 도쿠가와 막부 시대의 옛 에도에서 상인과 장인들이 쇼군의 성 아래에서 다이묘와 사무라이를 섬기기 위해 모여들었던 것처럼, 새로운 아메리카의 금권정치에는 호텔 지배인, 상점 주인, 예술가, 작가, 강사, 미술상, 음악가, 가정교사, 거지, 하인 등 부자들Dives의 식탁에서 떨어진 부스러기를 나눠 먹으려는 온갖 다양한 계층이 모여들었다.

---

* 거리street와 애비뉴avenue의 차이는 거리가 일반 명칭이라면 애비뉴는 더 크고, 넓고 종종 가로수가 심어진 거리를 가리키는 개념이었다. 하지만 그 차이는 시간과 함께 부식되었다. 예를 들어 부동산 개발업자들은 구매자에게 좋은 인상을 주기 위해 무분별하게 애비뉴라는 명칭을 사용했고 그것이 그대로 굳어져 현재의 지명으로 남아 있다.

아메리카의 산업 지배자들은 옛날의 위인들처럼 웅장한 스타일로 집을 짓고 재산을 쏟아부어 물건을 구매했다. 키케로 시대 로마의 새로운 인간들이 창조적이기보다는 획득적이어서 이집트와 그리스의 보물을 약탈했듯이, 미국의 부호들은 조각상, 그림, 도자기, 양탄자, 기타 모든 형태의 예술품을 얻기 위해 유럽의 궁전, 교회, 수도원, 성, 아틀리에를 약탈했다. 동양에서도 비누, 철제 레일, 위스키, 면봉투를 만드는 데 몰두하는 남성들의 건물을 장식하고 장사를 통해 얻은 이익을 소비하는 여성들을 만족시키기 위해 관음상이나 명상에 잠긴 부처의 상을 포기해야만 했다. 중세 기사의 갑옷은 곧 주식 시장에 대한 용감한 추측이나 파업하는 노동자를 상대로 핑커튼 탐정을 고용하는 등 대담한 행보를 보인 기업 총수들의 복도에 서 있었고, 북경에서 온 만다린 코트는 명나라나 만주에 대해 전혀 알지 못하고 고용한 음악가가 바그너를 연주하는지 쇼팽을 연주하는지 구분할 수 없는 거물들의 피아노 위에 펼쳐져 있었다. 가족들의 옷을 빨던 시절을 얼굴 붉히며 기억하는 할머니들은 두 개의 반구를 뒤져 얻은 보석으로 여유롭게 빛났다. 키케로 시대에 그리스 가정교사가 로마 가정에서 가르쳤던 것처럼 유럽 가정교사들은 '새로운 사람들'과 그 자손들에게 '응접실과 식탁 예절', 음악과 '감상'을 가르치기 위해 수입되었다. 아테네의 예술가들이 트리말키오의 동시대인들의 집을 아름답게 꾸미기 위해 소환된 것처럼 유럽의 예술가들이 그들을 위해 디자인과 장식을 담당했다. '세트', 희귀본, 화려한 제본으로 구성된 개인 도서관이 신속하게 제비뽑기로 조립되어 건물에 분위기를 더했으며, 이는 고된 노동 없이도 문화에 대한 만족스러운 외관을 제공할 수 있는 전환점이 되었다. 외래 상품의 홍수 속에 거의 묻힐 뻔한 식민지 취향의 흔적은 비록 파생적이긴 했지만, 거대한 금권정치의 범위에서 벗어난 북부와 남부의 시골 지역에서만 살아남을 수 있었다.

궁전을 사서 아메리카로 가져올 수 있고, 막대기, 돌, 조각, 타일을 가져올 수 있다는 사실을 알게 된 자수성가자novi homine들은 존중받을 만한 승인 없이는 결코 두 반구의 '최고의 가문'에 들어갈 수 있다고 생각하지 않았다. 남북전쟁 직전에 동부 해안에는 많은 '노련한 씨족 집단들'이 있었는데, 그중 일부는 그 기원을 100년 혹은 그 이상 거슬러 올라가며 식민지 시대, 혁명의 영웅적 시대, 새로운 공화국의 중요한 시대에 설교자, 판사, 전사, 정치가로 활동한 조상을 자랑했다. 정치적으로는 아니더라도 사회적으로는 나름의 지위를 유지할 수 있었던 이 선별된 가문은 새로운 부자의 홍수가 닥칠 때까지 점차 자신들의 계급으로 스며드는 부의 누수를 쉽게 흡수해 왔다. 그 위기 속에서 재산을 증식시킬 만큼 운이 좋지 않은 사람들은 모두 고상한 가난에 만족하거나 시장의 악취를 풍기는 부의 소유주들에게 항복해야 했다.

17세기 뉴네덜란드의 영국 침략자들이 옛 네덜란드 영주와 후원자들에게 인정을 요구했던 것처럼, 금을 가진 사람들은 이제 사교계의 문으로 몰려가 거부당하지 않고 매력적인 서클에 들어가게 해달라고 요구했다. 솔직하게 돈 가방을 자격 증명으로 제공하는 일부 신참들은 신중함의 가장자리를 따라 가서 마법을 부릴 수 있었다. 특별히 선택된 그룹에서 사회적 중재자들이 참고인, 말하자면 인격적 증인을 요구할 경우 습격대의 지도자들은 계보학자들을 고용하여 필요한 경우 정복자 윌리엄[윌리엄 1세, 1028~1087]까지 거슬러 올라가는 혈통을 추적하여 런던의 문장학紋章學 기록소에서 일하는 그러브 스트리트의 배고픈 사람들에게 여러 번의 좋은 저녁 식사를 제공했다.

따라서 어떤 과정으로든 융합이 이루어졌고 세월의 흐름에 따라 새로 바른 광택제는 부드러워졌다. 영국 상류층 신사들이 여러 차례에 걸쳐 상인 가문과의 신중한 결합을 통해 집안의 몰락을 막았듯이 보스턴, 뉴욕, 필라델피아, 볼티모어의 많은 존경받는 집안도 밀려드는 부자들로부터 현명한 선택을 통해 가난의 굴욕에서 벗어날 수 있었다. 대구, 비누, 가죽, 수지, 향신료 냄새가 대부분의 해안가 재산에 배어 있었고 새로운 철도 왕자 및 제련소 왕들과의 관계는 그다지 환상적이지 않았기 때문에 이 결혼 거래는 사회의 편집자들이 상상한 것만큼 성가신 일이 아니었다. 심각한 불안의 한 가지 원인은 함께할 만한 오랜 가문이 충분하지 않는다는 사실이었으며, 투쟁은 돈의 승리로 끝나야 했다. '우리는 모두 아담의 후손이다.' 마크 트웨인은 '우리는 모두 할아버지들의 후손이다'라는 페트롤리엄 V. 나스비[저널리스트 데이비드 로스 로크의 필명]의 말을 웃으며 떠올렸다.

새로운 시대, 새로운 매너. 전화와 급행열차가 생기기 전의 여유로운 시절, 상인들은 고전적인 교육을 받지 못했음에도 불구하고 책과 정신에 대해 아는 것에 자부심을 느꼈다. 예를 들어, 아들의 회고록에 따르면 헨리 캐벗 로지의 아버지는 시민의 의무에 충실하고 역사를 읽었으며 셰익스피어, [토머스] 그레이, 포프, [로버트] 사우디, 세르반테스, [월터] 스콧을 좋아했는데, 이는 안개가 자욱한 과거에 비추어 볼 때 '자신의 주와 국가의 역사나 전통에 대해 아무것도 모르고 관심도 적은 현대 및 최근의 부호'와는 묘한 대조를 이룬다. 갑자기 주머니가 부풀어 오른 농부들과 마을 장인들이 사교계에 침입했을 때, 그들은 시장의 분위기를 가져와 지상 문화의 원천에 대한 관심을 다시 불러일으킬 수밖에 없었다. 저녁 식사 테이블과 응접실에서 그들은 책상에서 알고 있는 것을 무시할 수 없었기 때문에, 프레드릭 타운센드 마틴이 기록했듯이, 현금으로 정복한 이야기는 도금 시대 신사 숙녀들의 주요 대화 주제를 제공했다.

한가로운 순간의 가벼운 수다조차도 무역의 언어로 물들었다. 마틴이 플로리다 해안의 부드러운 날에 한 철도 거물에게 '지구는 얼마나 아름다운지! 천국은 이 풍경보다 더 아름답지 않을까요?'라고 말하자, 그는 이렇게 대답했다. '글쎄요, 프레드, 천국에 철도가 건설되지 않는다면 천국은 아무 소용이 없을 것 같군요.' 멀리 뉴잉글랜드에서 로지는 마틴의 탄식을 확인했다. '나는 어렸을 때 일반 사회에서 신체적 질병에 대해 이야기하는 것은 좋은 매너가 아니며, 자신의 경우든 다른 사람의 경우든 돈이나 비용에 대해 언급하는 것은 저속함의 극치라고 진지하게 배웠다. 하지만 지금은 남녀를 불문하고 독창적인 젊은이들이 저녁 식사나 그 밖의 모든 자리에서 외과 수술, 신체 기능, 질병과 그 치료법에 대해 자유롭고 충분히 논의하는 것을 듣는다. 돈은 더 이상 금기시되지 않는다. 자신의 돈과 이웃의 돈에 대해 주로 이야기하고, 관세 논쟁에서처럼 정중한 대화에서 모든 것의 비용에 대한 이야기가 자주 반복된다.'

그러나 어느 곳에서나 그렇듯이 부를 소유한 사람들 사이에서도 발전이 있었고, 곧 일부 오래된 가문은 나중에 도착한 사람들 중 더 유연하거나 더 신중한 사람들의 도움을 받아 조직적인 배타성을 통해 구별을 얻기로 결심했다. 구매, 정치, 회유, 자선 활동으로 부자들을 끌어들일 수 있는 합법적인 귀족이 없었기 때문에 일종의 독재에 의지할 수밖에 없었다. 이 과정을 통해 뉴욕의 부호 일부가 한동안 사교계의 주권자인 윌리엄 애스터 부인의 영향력 아래서 도시와 국가에 유행하는 표준을 설정할 수 있게 되었다. 이 집의 설립자는 18세기 말 무일푼의 이민자로 건너왔지만 모피, 가죽, 부동산 사업을 통해 빠르게 가문의 기반을 닦아 자녀들이 문화계에서 놀라운 일을 할 수 있도록 했다.

마침내 여왕 같은 상속녀가 뉴욕 사교계의 주도권을 잡았을 때, 그녀는 자신의 역할에 필요한 모든 물질적인 것을 갖추었다. 그녀는 화려한 장신구를 착용하고 품위 있게 꾸몄으며, 궁정을 세우고 궁중 연회장을 편안하게 수용할 수 있는 인원수인 400명으로 제한하여 궁중 연회 참석자를 선발했고, 그녀의 활동을 알리는 전령과 그녀의 화려함에 현혹된 대중, 그리고 궁정 관보만큼이나 열성적인 신문을 통해 그녀의 위엄을 외부에 있는 사람들에게 알릴 수 있었다. 게다가 그녀는 그의 학파 마지막 보 브러멜Beau Brummel* 인 남부 신사 워드 매칼리스터의 도움을 받았다. 이러한 조건 속에서 그녀의 실험은 세기말에 존 킹 밴 렌셀러 부인이 묘사한 '강철 남작, 석탄 영주, 밀과 소고기 공작'의 침략이 수문을 부수기 전까지 수년 동안 모든 기대를 뛰어넘는 성공을 거

---

* 조지 브라이언 '보' 브러멜(1778~1840)은 생전에 영국 패션의 아이콘이었고 이후 댄디의 탁월한 모범으로 기억되었다. 그의 매너와 재치 있는 말을 바탕으로 한 문학 작품들이 탄생했으며, 이는 오늘날까지 이어지고 있다. 그의 이름은 여전히 스타일과 외모와 연관되어 있어 여러 고급 패션 제품에 쓰이고 있다.

두었다. 그러나 그 무렵 [그녀의] 독재 정권은 해외에서 인정을 받았고, 지도적 인물들이 영국 사교계로 진출할 수 있는 길을 열었으며, 많은 고위층 인사들이 영국에서 작위를 수여받았다.

 사회적 열망으로 인해 아메리카의 부호들은 필연적으로 유럽으로 눈을 돌렸다. 애퍼매톡스 이후 잠시 동안은 나폴레옹 3세와 외제니[나폴레옹 3세의 부인]의 파리가 루이 14세 시대처럼 서방 세계의 우아함과 화려함을 규정하는 것처럼 보였지만 1870년 제2제국의 몰락으로 그 체제는 종말을 고했다. 그 후 우선권은 런던 궁정으로 넘어갔다. 마틴은 자신의 사교 연대기에서 '승리의 베누스Venus Victrix[아메리카 상류층 여성의 은유]가 사랑과 돈으로 무장하고서 영국 정복에 나섰다'고 썼다. 소심한 사람들은 이른 서리를 맞을 것이라고 예언했지만, 그들은 제임스 1세[치세 1603~1625]부터 빅토리아 여왕[치세 1837~1901] 시대까지 영국 귀족의 역사를 미리 읽지 않았기 때문에, 승리는 가장 야심 찬 사람들이 예상했던 것보다도 간단했다.

 1874년 월스트리트 중개인의 딸인 제니 제롬 양은 랜돌프 처칠 경과의 결혼으로 놀라울 정도로 신속하게 영국 귀족 계급에 편입되었다. 물론 그 이전에도 워싱턴 시대 필라델피아 부유한 상인의 딸인 빙엄 양이 나중에 애슈버튼 경이 된 알렉산더 베어링과 결혼한 적이 있었지만, 귀족으로의 도약은 치밀한 계획에 의한 것이라기보다는 우연에 의한 것이었다. 제롬 양의 결혼이 물꼬를 튼 셈이 되었는데, 그녀의 모험은 곧 다른 국제 결혼들로 이어졌기 때문이다. 철도 왕의 딸은 블레넘의 영웅[제1대 말버러 공작 존 처칠(1650~1772)]의 후손과 결혼했고, 대담한 주식 및 금 투기꾼의 손녀는 프랑스 백작과 결혼했으며, 시카고 라이터 집안의 부는 '매우 탁월한 인물'인 커즌 경[인도 총독을 역임한 영국 정치가 조지 너새니얼 커즌]의 영지와 합병되었다. 마침내 전능한 달러의 정복력은 윌리엄 월도프 애스터가 그의 발에서 미국의 먼지를 털어내고 영국 제도를 침공하여, 통상적인 방법으로 귀족 작위를 취득하고, 수많은 영국 면방직업자, 비누 거물, 담배업자, 언론인, 성공한 중개인 사이에서 영국 상원House of Lords에 입성했을 때 완전히 입증되었다.

타운 하우스를 짓고, 예술품을 구입하고, 유럽 사회에 비집고들어가는 것은 50년 또는 100년의 역사를 자랑하는 '오래된 가족'과 합쳐진 부호들의 에너지를 결코 소진시키지 않았다. 평범한 일상에 지친 구성원들은 사치스럽고 화려한Lucullan[기원전 1세기에 활약한 로마제국 정치가의 이름에서 유래한 단어] 축제에서 즐거움을 찾았고, 종종 지하세계underworld에서 빌려온 기괴한 장난을 치기도 했다. 그들은 '평범한 삶과 고매한 사고'의 시대라는 지나치게 좋은 추억을 '화려한 삶과 평범한 사고'의 시대로 대체했다. 그중 한 사람은 이렇게 기록했다. '우리 자신도 모르게 우리는 게으름이 유행이 된 시대에 빠져들었다…… 그것은 게으른 부의 독이었다…… 그것은 처음에는 사람의 몸에 작은 반점처럼 나타났다. 사지에서 사지로, 부위에서 부위로 빠르게 퍼져나갔고, 시간이 지나면서 나병은 거의 머리부터 발끝까지 사회의 몸을 뒤덮은 병이 되었다.'

환상적인 열정에 의해 움직이는 이 게으른 부유층은 클리블랜드와 해리슨의 풍요로운 시절에 대중에게 놀라운 센세이션을 제공했다. 말에 올라탄 채 먹는 만찬에서는 좋아하는 말에게 꽃과 샴페인을 먹이고, 1만 5천 달러 상당의 다이아몬드 목걸이를 한 검은색과 황갈색의 작은 개에게 호화로운 연회 음식이 제공되었으며, 한 행사에서는 담배를 100달러 지폐로 포장하고, 다른 행사에서는 굴에 고급 흑진주를 넣어 손님들에게 제공했다. 세 번째 행사에서는 주인의 재산이 나온 광산에서 절친한 친구들에게 화려한 연회가 열렸다. 그런 뻔한 오락에 지친 부호들은 손님들 사이에 원숭이를 앉히고, 수영장에서 헤엄치는 인간 금붕어, 파이에서 뛰쳐나오는 코러스걸 등 더 기괴한 행사를 고안해 냈다.

노동과 책임의 굴레에서 벗어난 조바심치는 부자들은 이국적인 공연뿐만 아니라 사치스러운 지출을 통해 쾌락을 갈망했다. 치아에 다이아몬드를 박고, 애완용 원숭이를 위해 전용 마차와 개인 마부를 제공했으며, 리본을 묶은 개를 빅토리아 마차 뒷좌석에 앉혀 바람 좀 쐬고 오라고 공원으로 보내고, 크로이수스의 딸을 위해 60만 달러짜리 목걸이가 팔리고, 화장대에는 6만 5천 달러, 오페라 안경 하나에 7만 5천 달러를 썼다. 한 거물의 친구들을 접대하기 위해 뉴욕에서 시카고로 한 극단 전체가 이동했고, 신생아를 위한 세레나데를 연주하기 위해 오케스트라 전체가 동원되었다. 남부의 한 가난한 흑인 가족은 느닷없이 갑작스럽게 감상적인 자비의 손길 덕분에 재물을 상속받아 호화로운 옷을 입고 호화로운 집에 살게 되었다.

세련된 인내심으로 자신의 문화를 절제할 수 없었던 구리 왕은 하룻밤 사이에 감정가로 변신하여 미술관 하나를 통째로 구입했다. 호화로운 방탕에 정점을 찍기라도 하듯 1897년 브래들리 마틴은 뉴욕에서 무도회를 열어 서방 세계 전체를 깜짝 놀라게 했다. 가족 중 한 명은 '월도프 아스토리아 호텔의 인테리어는 베르사유 궁전의 복제품으로 변모했고, 희귀한 태피스트리, 아름다운 꽃, 수많은 조명이 멋진 드레스를 입은 사람들에게 효과적인 배경이 되었다'고 말했다. '남자들이 착용한 다이아몬드 단추는 수천 달러를 호가하는 경우가 많았고, 여성들이 착용한 역사적인 보석의 가치는 설명이 필요 없을 정도였다. 나의 시누이가 메리 스튜어트 역을 맡았는데, 그녀의 금색 자수 가운은 진주와 보석으로 장식되어 있었다. 브래들리는 루이 15세 역으로 브로케이드 소재의 궁정예복을 입었…… 벨몬트 씨가 입었던 금 상감 갑옷은 1만 달러짜리였다.'

이 귀족들의 성대한 무도회는 당시 실업, 불행, 기아를 동반한 장기적인 경기 침체의 늪에 빠져 있던 나라를 놀라게 했고, 무도회 주최자와 안주인의 머리 위로 포퓰리즘 신문들의 비난이 쏟아졌는데, 무역 활성화를 통해 가난한 사람들을 돕기 위해 무도회를 개최했다는 변명으로도 비난을 피할 수 없었고, 무도회 후원자들이 해외로 피신할 때까지 그 비난의 목소리는 더욱 커졌다.

§

부와 권력의 상징 뒤편의 뒷골목에는 리넨을 빨고, 땅을 파고, 공장에서 기계를 돌리고, 미다스와 부자들Dives의 대장간에서 일하던 도시 대중이 살았다. 대로변을 통치하는 것이 앤 여왕 스타일인지 루이 14세 스타일인지는 뒷골목의 메리, 톰, 딕, 해리에게는 별 차이가 없었다. 열렬한 부동산 투기꾼과 탐욕스러운 집주인이 제시한 방향 외에는 거의 방향을 잡지 못한 채 가난한 사람들의 집은 아름다움도, 편안함도, 건강도 없이 무질서하게 앞뒤로 뻗어 나갔고, 이미 지저분함과 더러움, 질병으로 저주받은 가장 싼 지역으로 필요에 의해 밀려든 유럽에서 온 사람들로 인해 상황은 더욱 악화되었다. 문학적 노력이 설명에 실패한 부분은 뉴욕의 연립주택 위원회의 보고서로 그림을 완성할 수 있다.

역사는 반복되는 것 같았다. 고대 로마에는 프롤레타리아트 구역이 있었고 런던, 파리, 베를린에는 빈민가가 있었다. 네로의 황금궁전Domus Aurea은 장인 계층과 노예 계층의 신민들이 살던 어두운 빈민가 근처에 세워졌다. 루이 16세 주변을 맴돌던 귀족들은 고단한 농민의 마디진 거친 손에서 수입을 얻었고, 빅토리아 여왕은 런던의 비참한 빈민가에서 세금을 거뒀으며, 디아스는 비참한 농장 일꾼들한테서 쥐어짜낸 돈으로 멕시코시티를 장식했다. 캘훈이 말했듯이, 누군가는 문화에 대한 비용을 지불해야 했다.

물론 일반적으로 아메리카 도시에서 맘몬mammon[물욕의 의인적 상징, 마태복음 6:24]과 빈곤의 병치竝置에 새로운 것은 없었지만 상황에는 다른 문명의 도시 생활과 구별되는 특징이 있었다. 특히 눈에 띄는 것은 미국 대도시의 대중이 노예나 사회의 밑바닥으로 가라앉은 노예의 후손이 아니며, 20대에 걸쳐 세습된 도시 빈민의 후손도 아니었다는 사실이다. 그들은 자유인이었고, 그들 중 상당수는 농촌 경제에 적합한 개념을 가지고 농촌에서 도시로 이주해 왔으며, 다른 일부는 유럽의 들판에서 곧바로 이주해 온 사람들이었다. 아메리카의 가장 오래된 도시조차도 영국이나 대륙의 도시와 비교하면 새로운 도시였다. 거기에는 왕실의 후원이나 노블레스 오블리주, 왕실의 미학 같은 전통이 없었다. 봉건적 연결고리nexus는 해체되고 현금의 연결고리가 그 자리를 대체했다.

이제 순수하고 단순한 현금 연결고리는 아메리카 도금 시대 사회 관계의 두드러진 특징이 되었다. 옛 남부의 농장에서는 노동자들이 농장주의 거주지 근처에 거주했고, 그들의 거주지는 편안하든 비참하든 농장주의 가족 구성원들에게 알려져 있었다. 주인들은 병을 돌보고 노후를 지원했으며, 적어도 어떤 면에서는 인간 관리의 무거운 짐을 졌던 많은 관대한 주인과 여주인에 대한 확실한 기록이 남아 있다. 이와는 대조적으로, 부호들을 위해 봉사하는 산업 노동자는 받은 임금으로 최선을 다해 스스로를 수용하고, 입히고, 먹이고, 돌보았다. 그들의 주거 공간은 때때로 대로에서 아주 가까운 거리에 있더라도 산업 자본가들의 자리와 분리되어 있었으며, 새로운 부유층의 가족들은 직계 또는 원거리의 하인들이 거주하고 자녀를 양육하는 현장을 한 번도 보지 못한 채 평생을 살 수도 있었다. 헨리 캐벗 로지는 회고록에서 1872년 보스턴에서 발생한 대형 화재로 인해 몇 에이커에 달하는 연립주택이 소실되어 거주자들이 완전히 노숙자가 되기 전까지는 세상의 다른 절반이 어떻게 사는지에 대해 전혀 알지 못했다고 말했다. 하지만 아메리카의 도시에는 인간의 본성을 폭발시킬 만큼 삭막하고 냉혹한 빈곤이 존재했지만, 로마제국의 의미에서의 프롤레타리아트는 존재하지 않았다.

아메리카 노동 계급은, 가장 비참한 사람들을 제외하고는, 모두 열망이 있었으며 그들의 모든 연장 세트에는 지휘봉[리더십, 권위, 능력의 상징]이 있었다. 과학, 문학, 예술의 신비한 세계로 통하는 모든 문이 활짝 열려 있던 공립학교는 재능 있는 인재들이 적어도 정치계로 진출할 수 있는 길을 열어주었다. 복장, 말투, 억양, 문법 등 그 어떤 것도 그들을, 영국의 런던 토박이cockney가 로튼 로우Rotten Row의 상류층과 분리된 것처럼, 사회의 상류층과 절망적으로 구분짓지 못했다. 건장한 소년들은 끊임없이 부와 지위를 향해 올라가고 있었고, 마크 트웨인의 풍자극[그의 소설 『도금 시대The Gilded Age: A Tale of

Today』를 가리킴]에서 패트릭 오레일이 된 술집 패거리saloon gang의 패트릭 오라일리는 단순한 상상의 산물이 아니었다. 1886년 헨리 조지의 뉴욕 유세에서처럼 계급적 격변을 예고하는 듯한 정치적 불안이 간혹 발생하고, 그 어느 때보다 길고 피비린내 나는 파업이 벌어지고, 가필드 대통령 암살을 차르 알렉산더 2세의 살해와 비교하는 소수의 아나키스트들이 있었지만, 수많은 암울하고 음산하며 밑바닥에 가라앉은 산업 대중이 영구 노예의 신세로 전락하는 일은 없었다. 물론 대다수의 장인들은 정치적 천덕꾸러기가 아니었고, 투표를 할 수 있었으며, 정치 지도자와 정치인들로부터 구두口頭로 존경이 바쳐지는 존재였다.

사실 보스턴, 뉴욕, 필라델피아, 시카고, 그리고 많은 소도시를 지배했던 정당들은 적어도 사소한 문제에서는 귀족의 변덕보다는 노동 계급의 의지와 욕구에 반응했는데, 이는 상황의 기묘한 아이러니 중 하나이다. 개혁가들은 열광하고 극찬했지만, 냉철한 관찰자 제임스 브라이스가 조용히 말했듯이, 사실 미움을 받던 정치 보스들은 부자와 빈자 사이의 완충제, 한쪽에 세금을 부과해 다른 쪽의 기분을 좋게 하는 완충제였다. 당 관리들이 정치적인 부과금과 때로는 노골적인 부정부패를 일삼는 것은 주로 '소년들boys[문맥상 진짜 소년들이 아니라 하층 계급을 지칭하는 은유]을 돌보는' 데 필요한 자금, 즉 무도회, 야유회, 소풍으로 그들을 즐겁게 하고, 어려운 시기에 옷과 자금을 공급하고, 때때로 돈을 빌려주는 데 필요한 자금을 확보하기 위해서였다. 물론 모금에 대한 중개 수수료가 있었지만 폭동과 혁명으로 드는 비용에 비하면 작은 액수였다.

그 기능을 확장하면서, 정의로운 사람들의 미움을 샀던 정치 기구는 또 다른 중개 서비스도 수행했다. 그것은 가장 겸손한 사람들이 지방 정부에 자신의 불만을 제기할 수 있는 길을 제공했다. 그리고 그 이상의 일을 했다. 그것은 능력에 따라 직업의 길을 열었다. 많은 건설 노동자, 대장장이, 노동조합 간부들이 기민함과 의지로 동료들과 차별화되어 당 조직에 의해 지방 자치 단체의 정박지로 옮겨졌고, 후한 봉급을 받고 정치적 존경을 받는 예복 코트와 모자를 썼다. 물론 이러한 성격의 모든 작업에서, 계층 간의 통로를 열어두는 데 있어 술집— 즉, 노동자들의 클럽 —은 정치인들에게 도움을 주었다. 술 산업과 관련된 도박과 매춘 같은 연관 산업도 종종 이 '전체적인 스펙타클'의 비용을 충당하는 데 그들의 공물을 바치곤 했다. 이 장면은 미학자들에게는 분명히 유쾌하지 않았으며, 당의 보스들에 대한 도덕적 분노의 폭발이 가끔씩 있었지만, 그 점에 있어서 심지어 최고로 도덕적이고 우수한 사람들도 신중을 기했다. 전국적인 선거는 지방 지도부와 그 고위 관리들의 도움 없이는 치를 수 없었고, 많은 유서 깊은 훌륭한 가문과 적어도 뉴욕에서 가장 세련된 교회 중 한 곳은 빈민가의 임대인들로부터 돼지에게 적합하지 않은 거액의 임대료를 받았다.

도시 노동 계급의 잉여 에너지가 쉽게 배출되는 정치적 출구 외에도 가난과 기계적인 일상이 유발하는 긴장을 완화할 수 있는 다른 기회도 있었다. 카톨릭교회는 화려한 의식과 고통과 비참함에 대한 숭고한 위로로 가난한 사람들을 어디든 따라다니며 대도시의 가장 칙칙하고 우울한 폐허에 건물을 지었다. 카톨릭의 위계질서는 날카롭게 명령을 내리고 적절한 헌금을 요구했지만, 중간 계급 개신교의 차가운 정통성에서는 찾아볼 수 없는 따뜻한 환영과 정신적 기쁨을 사회의 가장 약하고 비참한 사람들에게 제공했다. 북과 탬버린을 든 구세군Salvation Army이 이러한 것들을 제공하기는 했지만 대체물로서는 다소 미약했다.

그러나 그보다 더 수도 많고 지속적으로 운영된 것은 상업적인 '오락의 궁전들'이었다. 종교적 예배에서 해방감을 느끼지 못하는 사람들과 종교적 예배를 드리는 일부 사람들에게 상업적 원리에 따라 조직되고 운영되는 화려하고 활기찬 오락이 제공되었다. 고대 로마에서 펼쳐진 광경과 유사한 보드빌 쇼, 권투, 서커스, 1센트짜리 박물관, 싸구려 구경거리dime museum 등은 카이사르 시대처럼 공공의 비용으로 운영되는 것이 아니라 즐기는 사람들의 비용으로, 그리고 그것을 소유한 사람들의 이익을 위해 운영되면서 수백만의 극빈자들을 행복하게 해주었다. 실제로 도시 대중의 입맛을 자극하고 대중의 취향과 문화 표준을 만드는 것은 이제 자본주의 기업의 크고 수익성이 높은 분야 중 하나가 되었다.

이 사업에는 흥행 수입을 유지하기 위해 잇달아 센세이션을 불러일으키려는 모든 열렬한 영리 추구 열정이 던져졌다. 파리의 '캉캉'은 1872년에 수입되어 빠르게 인기를 얻었고 기획자들의 주머니에 막대한 수익을 가져다주었다. 수많은 글쟁이들이 사랑, 자살, 럼주, 살인을 소재로 한 흥미진진한 멜로드라마를 구상하느라 바빴다. '싸고 저속한'이 새로운 축제의 표어였으며 그 어떤 것도 그들의 마법을 깰 수 없었다. '스릴러'를 '개선'하려는 소수의 야심 찬 배우들은 오래전의 영혼이 넘치는 로마 극작가들을 물리치고 런던 뮤직 홀의 현대 즉흥 연주자들을 분노하게 했던 것과 동일한 반란을 만났다. 소던Sothern은 그의 자서전에서, 뉴욕에서 운명을 시험한 일부 개혁가들은 관객이 던진 달걀, 채소, 기타 분노의 증거로부터 자신을 보호하기 위해 그물망 뒤에서 연기해야 했다고 이야기한다.

1835년부터 경력을 쌓기 시작한 P.T.바넘은 나이가 들어 은퇴의 위협이 계속되었음에도 불구하고 기쁜 마음으로 이 거대한 대중에게 즐거움을 주는 게임에 뛰어들었다. 뉴욕에서 '포효하는 개코원숭이'부터 '성지의 흥미로운 유물'까지 온갖 종류의 '호기심'을 담은 박물관을 실험한 바넘은 다른 두 명의 연예인과 함께 자신의 재능을 살려 1871년 도시와 도시를 오가는 기차를 타고 군중을 사로잡는 '지상 최대의 쇼Greatest Show on Earth'를 시작했다. 서구 문명에서 볼 수 없었던 이 쇼는 엄청난 성공을 거두었다.

처절한 인디언 멜로드라마로 동부 '신출내기tenderfeet' 관객을 매료시켰던 '버팔로 빌' 코디 대령은 이 모험에서 힌트를 얻어 1883년 인디언 싸움, 버팔로 사냥, 처절한 난투극, 역마차 강도 등 평원의 삶을 묘사한 '와일드 웨스트 쇼'로 전국을 깜짝 놀라게 했다. 몇 년 동안 이 쇼는 전국을 들끓게 했다. 그런 다음 런던으로 옮겨져 왕족과 행상인들이 그 소란스럽고 이국적인 장면에 똑같이 열광하면서 결국 아메리카 민주주의의 취향이 적어도 어떤 면에서 영국 빅토리아 시대의 ─ 상류층이든 하류층이든 ─ 취향과 그다지 멀지 않다는 것을 보여주었다. 나이 먹은 언론인들은 거의 반세기 전에 위대한 여왕[빅토리아 여왕]이 P.T.바넘과 톰 엄지Tom Thumb를 기쁘게 맞이했던 사실을 쉽게 떠올릴 수 있었기 때문에 그것은 놀랄 만한 일이 아니었다. 약간의 오락이 온 세상을 친족으로 만드는 것 같았다.

§

서커스와 권투에 열광한 도시 대중과 '궁전 같은' 저택에 사는 사회적 열망을 가진 부호들 사이에는 전문직, 상업직, 사무직에 종사하는 광범위하고 활동적인 중간 계급이 형성되어 있었다. 이 계층에서 초기 청교도들의 특징인 근검절약, 금주, 극기self-denial가 가장 자연스러운 방식으로 살아남아 전개되는 것처럼 보였다. '거친 일'을 하기 위해 아메리카로 밀려든 외국인들이 그들의 자리를 차지하면서 농가와 공장에서 수천 명의 식민지 출신 아들과 딸들이 이 계층으로 들어왔다.

이 단체의 구성원들이 일부의 주장처럼 북유럽의 뛰어난 재능을 타고났든, 다른 이들의 주장처럼 교육받지 못한 이민자들의 등에 올라타서 진출했든, 이들의 문화 활동은 의심할 여지 없이 아메리카의 미래를 위한 중심적인 패턴을 만들었다. 그들은 학교, 대학, 전문직에서 우위를 점했다. 이들은 고위 정치인과 언론인, 저술가, 의원 같은 지적인 영역에서 여론을 형성한 눈에 띄는 역할을 한 사람들을 공급했다. 이 계층의 구성원들은 또한 개신교 그리스도교의 중추를 형성했다. 이들은 아메리카 풍경의 전역에 걸쳐 문예에 대한 취향을 정립했다.

그들의 대변인의 상상 속에서, 종종 그들은 아메리카 대중 전체인 것처럼 보이기도 했다. 루즈벨트는 사석에서 '나는 아메리카의 다른 어떤 청중보다 감리교 청중에게 연설하고 싶다'고 말한 적이 있다. '한 가지 확실한 것은 모든 사람이 아메리카인이라는 것이다…… 감리교인들 다음으로 나는 성공회 신자들에게 연설하고 싶다. 그들은 모두 마찬가지로 아메리카인이며, 통상적으로 사회의 상류층 또는 하류층을 대표한다. 감리교는 많은 중간 계급을 대표하며 결과적으로 아메리카에서 가장 대표적인 교회이다. 나는 감리교와 성공회가 이 나라에서 다른 어떤 교회보다 빠르게 성장하고 있다고 생각한다. 그들은 다른 어떤 교파보다 우리 제도의 창의성에 더 많이 호소한다…… 카톨릭교회는 이 나라에 전혀 적합하지 않으며, 그 사상이 라틴어이고 우리나라와 제도의 지배적인 사상과 완전히 상반되기 때문에 이민을 통하지 않고는 결코 영구적으로 크게 성장할 수 없다.'

대체로 이 위대한 중간 계급은 아리스토텔레스의 중용golden mean의 요구 사항을 충족했다. 하지만 그 상층부에 속한 이들은 과시적인 부유층의 영향으로 자극받아 사라토가 스프링스와 롱 브랜치의 호텔들을 붐비게 하고, 마술馬術 쇼의 저렴한 좌석표를 사고, 오페라를 관람하고, 유럽 '그랜드 투어'에 나서기도 했다. 그럼에도 불구하고 그들 대부분은 중위中位의 소득을 가지고 있거나 실제로는 생계를 유지하기 위해 고군분투하는 사람들, 즉 열심히 일하는 남편과 고단한 아내가 물 위로 머리를 겨우 꺼내놓고 아들을 대학에 보내고 딸을 더 나은 사회적 지위에 있는 짝과 결혼시키기 위해 필사적으로 싸우는 사람들로 구성되었다. 귀족들이 궁전을 짓는 동안 이 계급은 이탈리아식, 튜더식, 프랑스식, 고딕식, 성채 형태의 별장과 오두막으로 이 땅을 가득 채웠고, 그것들은 여전히 그 이전 시대의 소박한 건축물 옆에서 기괴한 전선을 구축했다. 이 사회 질서의 거주자들이 '길거리'에서 운 좋게 얻은 돈으로 렘브란트의 작품을 살 수는 없었지만, 벽난로를 장식할 복제품으로 '사모트라케의 니케Winged Victory'를 살 수 있는 경우는 많았다. 미술관을 통째로 구입하는 데 있어 구리 왕과 경쟁할 수 없었다면, 적어도 피아노, 밀랍 꽃, 강철 조각, 4달러짜리 오페라 티켓, 조각상, 브라우닝의 시, 소화불량, 잔디 테니스장 등 동시대인의 목록을 채운 물건들은 구입할 수 있었다.

대학 교육을 받지 못했거나 유럽에서 여름을 보낼 수 없었던 사람들은 '점 잖은 잡지', 강의 과정, 더 나은 종류의 대중적인 성인 교육을 위한 다양한 계획에서 정신적 갈망을 어느 정도 충족할 수 있었다. 1880년 〈뉴욕 타임스〉는 '콩코드 철학 학파와 하계 문화 교육 학교Chautauqua의 종교적, 이상주의적 모임은 우리가 "제도"라고 부르는 데 익숙한 형태로 발전했다'고 진지하게 설명했다. '몇 년 전만 해도 사람들은 이 모임에 대해 들어본 적도 없었고 소수의 관심 있는 사람들에게만 관심을 끌었다. 이제 그들은 실험에서 성공으로 넘어갔다. 올해는 활력이 완전히 성숙하고 전국적인 성격을 띠게 된 것 같다. 미시시피 너머의 철학자들이 콩코드에서 강연을 하고, 전국 각지에서 온 남녀가 쇼토쿼의 숲에서 가르침을 주고받는다…… 우리의 정신이 게으르거나 현학에 젖어 있었다면, 이런 모습을 보여주지 못했을 것이다…… 이 아카데미에서 추구하는 지식은 대부분 그 자체를 위한 것이다. 우리의 젊고 새로운 국가는 이제 국민 중 일부가 실용적인 질문을 떠나 돈과 상관없는 순수하게 지적인 질문을 추구할 수 있는 지점에 도달했다. 이것이 바로 성장의 징표이다!'

윌리엄 제임스는 쇼토쿼에서 편안하고 훌륭한 사람들을 대상으로 강연을 한 후 크게 안도의 한숨을 내쉬고는 소음, 오물, 현실의 병이 절제, 순수성, 사고의 중간값의 단조로움을 깨뜨리는 버팔로의 화물 야적장으로 탈출했다.[그가 강단에서 느꼈던 지루함이나 단조로운 환경에서 벗어나 더 현실적이고 생동감 넘치는 세계를 그리워했음을 드러내는 비유적 표현] 그럼에도 불구하고 교회를 지탱하고, 대학을 아들과 딸들로 채우고, '깨끗한' 언론을 지원하고, 해외 및 국내 선교를 활발하게 만들고, 술집 반대 운동의 근간을 제공하고, 여성 그리스도교금주연맹Woman's Christian Temperance Union을 후원하고, 매튜 아널드에 따르면 도금 시대에 아메리카 문명의 짐을 짊어진 것은 바로 이 존경할 만한 중간 계급이었다.

§

남부의 일부 산악 지역을 제외하고는 중간 계급의 열망은 전반적으로 농업 대중과 지역 상업에 의존하는 작은 마을의 상인들에 의해 즐겁게 모방되었다. 19세기 말에도 인구의 대다수를 차지했지만, 농부와 소도시 민중은 문화생활의 경향과 관련하여 도시의 소용돌이 속으로 빨려 들어갔다. 한때 유럽 농민과 소도시 장인들에게 명성을 안겨주었던 수공예 예술은 아메리카에서는 예전과 같은 정도로 번성하지 못했고, 기계의 발달로 인해 이전에 도입되었던 수공예 예술은 거의 사라졌다.

따라서 농촌 인구는 중간 계급에 정치, 비즈니스, 교육, 종교 분야의 지도자를 많이 공급했지만, 자체적으로 지배적인 집단을 형성하지 못했고, 음악, 춤, 민속, 의상, 신화 등 유럽 농민들이 만들어낸 토양에 필적할 만한 독특한 문화를 발전시키지 못했으며, 도시로 떠난 상류층으로부터 원조나 위로를 거의 받지 못했다. 때때로 부자에 대해 야만적인 비판자를 제공하고 정치권에서 야단스러운 소란을 일으키기도 했지만, 일반적인 사상과 취향, 어조는 주로 중간 계급이 주도하고 지원하는 언론, 교회, 출판 방식에서 가져온 것이 대부분이었다. 주로 실제 또는 잠재적 지주들로 구성된 이 단체는 '큰 부의 악당'에 대한 상호 혐오감에서 비롯된 것을 제외하고는 재산이 없는 도시 프롤레타리아트와는 거의 공감대의 고리가 없었다. 수입이 얼마 안 되는 잉여금으로 제한되어 있었기 때문에 필수품에서도 절약과 절제의 미덕이 중요하게 여겨졌다.

이전에 많은 거만한 통치자들을 국가의 연단에 보냈던 농업 인구의 플랜테이션 사단은 견고한 남부Solid South를 만들 수 있었지만 경제적, 정치적 우위가 파괴된 후에는 사회적 위신을 유지할 수 없었다. 유럽식 모델에 따라 형성된 귀족층이 아니었기 때문에, 양도금지entail와 장자 상속이 부여한 권리를 박탈당하자, 그것은 요먼yeoman 출신 침략자들에 의해 계속해서 희석되었다. 전성기에는 많은 정치가, 연설가, 군 장교를 배출했지만, 작가, 화가, 조각가, 발명가, 과학자는 상대적으로 적게 배출했다. 그 문화는 주로 노예 노동력의 잉여분으로 구입한 여가 문화였으며, 다른 곳에서 만들어진 세련된 물건으로 눈에 띄게 사치스러운 지출을 했다. 그것은 런던의 영국 상류층이나 에도 시대의 일본 다이묘大名와 같은 사회적 자본을 소유한 적이 없었다. 노예제 시대에 특히 뉴올리언스와 찰스턴은 취향의 중심지라는 명분만 가졌을 뿐이지만, 아메리카 2차 혁명이 농장주 계급에 재앙을 퍼뜨린 후 이 도시들이 점점 더 무역으로 눈을 돌렸다는 점은 인정해야 한다.

몇몇 남부 연설가들은 '영웅적 충동, 남자다운 노력, 고결한 정서의 고양된 영향력을 무시하고 이 지역을 돈 숭배의 영역으로 바꾸려는 탈영병들의' 불경스러운 행동에 대해 계속 항의했다. '그리고 선조들의 유산을 무시하고, 차분하고 계몽적이며 보수적인 문명의 제약을 참지 못하고, 남부연합 용맹의 표지를 무관심한 눈으로 바라보고, 남부연합 전사자들의 무덤을 경시하며, 맘몬 Mammon의 신전 외에는 어떤 봉납물도 바치려 하지 않게 만들고 있다.' 그러나 그러한 책망은 아무런 효과도 없었다. 플랜테이션 귀족과 그 자녀들 중 살아남은 사람들은 이제 타운으로 이주하여 기업의 리더가 되거나 그들의 영지를 돈벌이의 기반으로 삼기 위해 노력했다. 벤자민 하비 힐 상원 의원은 1871년 애선스Athens의 조지아 대학에서 한 기념비적인 연설에서, 응용 과학을 위하여 직설적으로 그의 유창한 웅변으로 사람들에게 '그들이 점유하고 있는 재산을 유지할 수 있는 실질적인 제도'를 개발할 것을 촉구했다. 그는 그들에게 '절망적으로 잃어버린 상상의 보물을 찾아 헤매거나 지쳐서 초조해하지 말고 손을 뻗어 주변에 쌓여 있는 더 풍부한 보물을 모으라'고 충고했다. 캘훈의 땅은 마침내 양키의 창의성의 영역에 동화되고 있었다.

§

산업의 발전에 깊이 영향을 받은 다양한 계층의 여성들은 경제적 힘에 의해 문화적 관심사의 방향도 바뀌었다. 부자들 사이에서 '두드러지는 낭비'라는 새로운 유행을 주도한 것은 남성들보다는 여성들이었다. 노동 계급 사이에서 임금을 위해 노동하는 여성들은 이제 자신의 돈이라고 부를 수 있는 일정 금액을 얻었고 그들의 지출로 적어도 대량 생산에서 취향에 대한 경향을 제공하는 데 도움이 되었다. 중간 계급, 특히 더 부유한 계층에서는 많은 여성들이 공장, 사무실, 부엌의 고된 노동에서 완전히 벗어나 독서, 여행, 사회적 사업을 위한 여가와 수단을 확보했다. 이러한 경제적 자원을 보충한 것은 상속 제도로, 아내와 딸에게 대규모 영지의 통제권을 부여함으로써 많은 여성들이 자신의 변덕을 따르고 예술가, 음악가, 강사 및 작가를 후원할 수 있는 자유를 얻었으며 이전에는 여왕과 다른 고위 숙녀들의 경우를 제외하고는 거의 없었던 순수한 여행을 스스로 즐길 수 있었다. 따라서 여러 가지 압력으로 인해 여성들의 관심사는 가족의 중심에서 주변부로 꾸준히 이동하여 더 큰 인문학으로 합쳐졌다.

여성운동가 운동의 왼쪽에는 남북전쟁 이전에 혁명적 대의를 시작했던 지도자 엘리자베스 캐디 스탠튼과 수잔 B. 앤서니가 노예제 문제가 해결된 후 다시 한 번 평등 선거권 쟁취를 위한 투쟁의 전략을 세웠다. 훨씬 더 오른쪽에서 역사적 지위 문제에는 관심이 적고 예술과 글쓰기에서 자기 계발에 대한 열정이 큰 많은 여성들이 클럽 운동을 결성하여 자신도 모르게 전국적인 규모의 정치적 행동의 길을 준비했다. 1868년 제인 C. 크롤리의 집에서 창립된 뉴욕의 소로시스Sorosis는 월요일 클럽Monday Club, 레이니데이Rainyday 클럽, 브라우닝 협회, 셰익스피어 코터리스Coteries 등 수많은 모방 단체를 만들어냈고, 잡지, 인쇄물, 서적, 악기 시장을 빠르게 넓혀 나갔다. 그 후 지역사회는 주 단위의 연맹으로 통합되었고, 여성들은 정치인, 피티아스기사단Knights of Pythias, 엘크스Elks를 모방하여 집을 떠나 동류가 모이는 큰 집회에 참석했으며, 남성 대회와 마찬가지로 언론에 어느 정도 뉴스를 제공했다. 마침내 1889년, 다양한 목적을 가진 수많은 단체를 한데 모은 여성클럽총연맹General Federation of Women's Club이 결성되면서 전국적인 연합이 이루어졌다.

전국적인 규모로 뭉친 클럽 여성들은 더 넓은 시야를 갖기 시작했다. 남성들의 전유물로 여겨지던 주제에 대해 토론하는 데는 소심했고, 자신들의 문화 프로그램에 끈질기게 집착하는 성향이 강했지만, 그들 주위의 사방에서 울려 퍼지는 의견에 저항하는 데는 성공하지 못했다. 개인적 교양 수준을 높이는 데 열중하던 자기중심적인 그룹은 조금씩 사회적, 정치적 질문이 논문과 토론에 스며드는 것을 발견했다. 그들이 점잖은 문학과 예술을 계속 후원하는 동안, 그들의 지적 관심은 국가적 삶과 의견의 더 넓고 깊은 흐름으로 흘러 들어갔다.

새로운 세기가 열리면서 아메리카 여성들은 전통적인 영역의 벽을 허물었다. '신문을 읽고 클럽에서 십여 명의 부유한 여성들이 브로드웨이를 따라 서서 지난겨울의 셔츠웨이스트 파업[1909~10년 블라우스의 일종인 셔츠웨이스트 공장 여성 노동자들이 벌인 파업] 여공들에게 지폐와 격려를 건네고 있다는 소식을 들었을 때, 나는 조금도 놀라지 않았다'라고 세기가 바뀌면서 부유한 상류층의 한 일기 작가는 썼다. '이것은 예상했던 일이다. 요즘에는 만찬이나 무도회에 가기만 하면 누군가에게 붙잡혀 구석으로 끌려가 새로운 놀라운 개혁에 대해 이야기 듣는 일이 거의 필수적으로 되어버렸다. 개혁의 이 역병은 그 종류, 양, 그리고 그 강렬한 열의에 있어서 정말로 놀랍다.' 먼 중기[19세기 중반]에 뿌려진 씨앗은 더 유리한 조건에서 수십 배로 자라났다.

§

이러한 국내의 변화로 인한 사회적 소요에 유럽에서 전신과 서적을 통해 아메리카로 유입된, 무엇보다도 증기선이 늘어나고 승객 수가 감소하고 귀국하는 여행객과 학자들의 비율이 늘어나면서 급증한, 의견의 흐름이 어우러졌다. 당시 수입된 과학 이론 중에는 미합중국의 사상적 흐름을 곧바로 바꾼 두 가지 아이디어가 있었다. 첫 번째는 과학과 종교 간의 오래된 전쟁과 밀접한 관련이 있는 다윈주의가 그 중심에 있었다.

『종의 기원』은 1859년에 출판되었지만, 남북전쟁이 끝나고 나서야 아메리카에서 그 교리의 영향력이 본격적으로 발휘되었고, 그랜트 대통령 시절인 1871년에 이르러서야 『인간의 유래Descent of Man』가 출간되면서 전통적인 인간 기원 개념이 뿌리째 흔들리는 폭발을 일으켰다. 그 폭발 이후 불길은 확산되었다. 가필드와 클리블랜드, 벨러미와 헨리 제임스의 시대에 토머스 헨리 헉슬리는 진화론 논쟁을 의도적으로 신학 진영으로 끌어들여 미국의 로버트 G. 잉거솔에게 볼테르가 100년 전에 페인에게 준 것과 같은 종류의 탄약을 제공했다.

다윈주의와 관련하여, '영구적인 제도'를 옹호하는 사람들에게는 훨씬 더 당황스러운 것은 진화 개념을 윤리, 정치, 경제 및 의식 전반에 적용하여 미합중국 중기에 에머슨이 한 예언을 성취한 허버트 스펜서의 종합 철학이었다. 다윈의 유기체의 진화에 대한 설명에 불확실성이 드리워져 있었다 해도, 사회 발전에 대한 일반적인 교리에는 의심의 여지가 없었다. 사회학자에 의해 밝혀진 인류의 역사는 에덴의 연대기의 한계를 훨씬 뛰어넘는 먼 과거에 시작되었으며 원시 야만에서 현대 문명으로 이어지는 많은 단계로 표시되어 있었다. 종의 변이성은 여전히 확실한 증거를 기다리고 있는 반면, 관습, 신념, 제도의 변이성은 반박할 수 없는 풍부한 증거를 통해 입증되었다. 사회주의에 대한 스펜서의 개인적 적대감, '무정부 상태에 경찰을 더한 것'에 대한 그의 불굴의 선호가 아메리카의 획득적acquisitive 과정의 지도자들에게 확신을 주었다면, 그의 광범위한 사회 진화론은 모든 지혜의 완벽함— 비록 연방 헌법 수정안 제14조에 구체화되기는 했지만 —에 대해 파괴적이었고, 사고와 행동의 모든 부문에서 역동적인 사색의 출발점을 제공했다.

스펜서의 연구가 미합중국보다 더 열렬히 받아들여진 곳은 세계 어디에도 없었다. 아메리카의 찬미자들은 1866년 스펜서의 연구를 돕기 위해 수천 달러를 기부했고, 그의 책 판매량은 영국보다 아메리카에서 더 많았으며, E.L. 유먼스가 창간한 〈월간 대중 과학〉은 영국의 철학자에게 그 범위와 열정에서 놀랄 만한 청중을 제공했다. 신세계의 삶에서 지배적인 낙관주의로 가득 찬 스펜서의 이론은 초기에 매우 강력했던 진보에 대한 생각을 모든 지점에서 강화하는 데 사용되었다.

다른 성격이지만 진보의 개념을 강력하게 뒷받침한 것은 이 시대의 자연과학에서 유럽이 이룩한 성과이다. 인류가 질병과 고통과의 전쟁에서 그토록 많은 유용성을 발견하고 물질과 힘의 구성에 대해 그토록 많은 계시를 내린 시기는 이전에 없었다. 1860년부터 세기말까지 이 시대는 첫 번째 질서의 지적 승리로 가득했다. 파스퇴르는 세균학 연구와 혈청 접종법을 발명하여 파괴적인 전염병과의 효과적인 전쟁을 선포했다. 같은 분야에서 리스터는 방부제를 사용하여 수술에 혁명을 일으켜 혈액 감염이라는 검은 공포를 단숨에 날려버렸다. 이러한 승리에 더 큰 영향을 미친 것은 수술, 의학, 치과 치료에서 매우 유용한 엑스레이 장치를 개발한 크룩스와 뢴트겐의 노력이었다. 뢴트겐이 엑스레이를 발견한 직후에는 퀴리 교수 부부가 오스트리아의 역청 우란광에서 라듐을 추출하여 물리학의 새로운 시대를 여는 획기적인 업적을 남겼다. 세기가 끝날 무렵 마르코니는 전신을 케이블과 전선으로부터 해방시키기 시작했다. 마르코니의 이러한 업적은 여러 분야에서 수많은 다른 연구자들의 업적과 함께 구세계Old World의 과학적 시각에 혁명을 가져왔다.

과거와 현재의 모든 것에 대한 호기심으로 불타오르던 유럽으로 지혜를 찾아 수많은 아메리카 학생들이 몰려들었다. 독특한 상황으로 인해 이들 대부분은 독일로 유학을 떠났다. 여전히 사무적이고 고전적인 전통이 지배적이었던 영국의 오래된 대학들은 고급 연구를 위한 장비가 없었고, 아메리카 학생들을 그다지 환영하지 않았다. 제2제정의 몰락 이후 오랫동안 혼란에 빠져 있던 프랑스 역시 특별한 매력을 보여주지 못했다. 반면 독일의 대학들은 아메리카 대학원생들을 환대했고, 자격 요건을 충족하는 학생들에게는 박사 학위를 수여했다. 아메리카의 반응은 독일의 관대한 환영에 상응하는 것이었다. 독일의 모든 고등교육 기관에서 아메리카 대학 졸업생들은 곧 과학, 경제학, 역사, 신학, 고전문학 분야의 고급 연구를 추구하고 기존 관습의 제약을 뛰어넘는 독립적인 연구 습관을 익히고 있었다. 귀국한 이 젊은 박사들은 헤겔의 진보주의 철학, 바그너와 슈몰러의 사회주의 경제학, 몸젠과 그나이스트[Rudolf von Gneist]의 역사 방법론을 가르쳤다. 마침내 아메리카의 대학과 지적 관심사는 대학 학문의 영향을 받는 한, 비판적 탐구의 충격과 중세 신학 교육자들이 전수한 유산과는 완전히 다른 사상의 영향을 느꼈다.

§

도금 시대 아메리카의 종교 생활에는 신학과 윤리에 대한 새로운 사회적 의견의 영향, 즉 로마 카톨릭교회의 괄목할 만한 성장과 메리 베이커 에디의 영감을 받은 크리스천 사이언스 운동의 부상을 제외하고도 새로운 발전이 있었다. 미합중국 중기 시대부터 이어져 온 역사적인 아메리카적 경향의 첫 번째 이탈은 물론 기존 개신교도들의 종교적 정서에서의 혐오감보다는 유럽의 카톨릭 지역으로부터 이민자들이 꾸준히 유입된 데 기인한다. 그러나 주된 원인이 무엇이든, 카톨릭은 문화에 새로운 변화를 가져왔고 아메리카 사회 내에서 교회 권력의 균형을 변화시켰다. 1890년까지 카톨릭은 13개 주에서 그리스도교 영성체를 받는 사람의 과반수 또는 적어도 다수를 차지했고, 20년 후 이러한 주의 수는 18개로 증가했으며, 주로 공장과 광업 인구가 많은 산업 지역이 주를 이뤘다.

이러한 카톨릭의 눈부신 성장은 물려받은 질서를 옹호하는 일부 사람들을 놀라게 했지만, 급진적 사상과 과학적 사고의 발전을 눈앞에 두고 움찔하는 식민지 시절의 많은 아메리카인 후손들에게 크게 환영받았다. 카톨릭 교단의 사제들은 일반적으로 파업 노동자와 노동 선동가들에게 온건한 영향력을 행사하는 것으로 나타났으며, 제임스 힐과 같은 개신교 자본가들은 법과 질서 유지를 위해 카톨릭 성직자에게 지원을 요청한 경우가 많았다.

게다가 각 종파의 기존 교리를 지키는 데 힘쓰고 있던 개신교 성직자들의 큰 우익 세력은, 신앙을 지키기 위한 방어벽을 쌓는 데 있어서 가톨릭 성직자들을 동맹으로 여기는 것을 기쁘게 생각했다. 과학적 발견과 의견을 다루는 데 있어서 가톨릭 성직자들 중 지적인 이들이 큰 신중함을 발휘했지만, 가톨릭교회가 성서와 동정녀 탄생을 포기하려 하지 않는다는 사실은 남부 고지대의 가장 강경한 침례교도나 장로교도들보다 덜하지 않았다. 게다가 카톨릭은 1864년 피우스 9세가 발표한 오류표Syllabus of Errors*의 명백한 지침에 따라 '로마 교황은 최근에 도입된 진보, 자유주의, 현대 문명과 화해할 수 있고 또 화해해야 한다'는 교리를 거짓이라고 낙인찍었다. 공동의 적 앞에서 오랜 적들은 편안하게 같은 캠페인에 참여하게 되었다.

자연과학에서 유물론적 경향으로 보이는 것에 맞서 싸우기 위한 추가 신병은 1866년 초월주의Transcendentalism와 다양한 유형의 신비주의적 환상의 본거지인 뉴잉글랜드의 메리 베이커 에디가 설립한 새로운 종파의 지지자들로부터 모집되었다. 이 신조는 완전히 독창적이지는 않았지만 자연주의자들의 교리에 반대하는 내용이 강조되어 있었다. 에디 부인은 '물질에는 생명도, 진리도, 지성도, 실체도 없다'고 썼다. '모든 것은 무한한 마음과 그 무한한 표현이다…… 물질은 필멸의 오류다…… 인간은 물질이 아니라 영적인 존재이다.' 파스퇴르의 혈청과 리스터의 방부제에 대해, 크리스천 사이언스 신자들은 종교적 신념의 치유 향유를 제공했다. 동시대 카톨릭교도들과 마찬가지로 그들

---

* 라틴어로 Syllabus Errorum. 1864년 12월 8일 로마 교황 피우스 9세가 발표한 문서로, 정식 명칭은 〈근대주의자의 오류표: 피우스 9세의 수많은 훈화, 회칙, 서신에 의한 대칙서〉이다. 1848년 혁명 이후 흔들리던 교황과 가톨릭의 권위에 대해 교황 피우스 9세는 수많은 훈화, 서한, 회칙을 통해 가톨릭의 절대성을 주장하는 한편, 시민혁명의 배경이 된 자유주의와 자연주의, 나아가 당시 성행하던 사회주의와 공산주의까지 오류라고 비판했다. 이러한 담론을 정리하여 1864년 12월 8일 회칙 〈주의 깊게Quanta Cura〉로 발표하고, 그에 따라 오류로 간주되는 80개의 명제를 — 범신론, 자연주의, 합리주의 철학, 종교의 자유, 자유주의 신학 사회주의, 공산주의, 프리메이슨, 성서협회, 교회에 대한 국가의 개입, 세속법의 교회법에 대한 우위, 비교회 학교 설치, 이혼 등 — 정리한 것이 오류표이다. 이 오류표는 〈콴타쿠라〉와 함께 가톨릭이 현대사회로부터 완전히 등을 돌렸다는 것을 세상에 각인시키게 되었다. 프랑스에서는 오류표에 대한 설교가 금지되었고, 가톨릭 신자들 사이에서도 비판과 논쟁이 일어났다.

은 맹인에게 시력을, 불구자에게 힘을, 병자에게 건강을, 마음이 약한 사람에게 용기를 줄 수 있는 기적적인 힘의 존재에 대한 믿음을 선포했다.

중간 계급에 폭넓게 호소하면서 그들은 곧 유럽, 아프리카, 남미, 동양, 바다의 섬에는 말할 것도 없고, 모교회Mother Church가 있는 보스턴에서 금문교가 있는 샌프란시스코에 이르기까지 부유하고 번성하는 교회를 세울 수 있었다. 이 종파의 관행은 '교인 수 세기'를 금지했지만, 세기 말 학생들의 추정에 따르면 교인 수는 오랜 기원을 주장하는 많은 주요 교파의 교인 수보다 많았다. 더욱이 크리스천 사이언티스트들의 가르침은 인간 질병에 대한 물질적 치료의 효능을 부정하지 않고 신체에 대한 정신의 힘을 인정한 의사를 포함한 다른 개신교도들의 생각에 영향을 미쳤다. 그리고 그 신조는 또한 회의론자들의 최신 종교인 새로운 심리학으로 들어갔다.

§

이민 노동자의 수가 증가함에 따라 카톨릭이 성장하고 특히 안락한 중간 계급 사이에서 크리스천 사이언스가 부상했음에도 불구하고 미합중국 중기에 활발하게 진행된 산업, 기술 및 자연과학에 의한 일반적인 세속화 과정은 이제 더 빠른 속도로 나아갔다. 미합중국 초기와 마찬가지로 리더십은 발명가들에게 돌아갔다. 전기 분야의 찰스 브러시, 피터 쿠퍼 휴잇, 찰스 P. 스타인메츠, 토머스 에디슨; 침대차 제작의 조지 풀먼; 에어 브레이크의 창시자 조지 웨스팅하우스; 70년대와 80년대 자동차 제작자인 조지 B. 셀든, 찰스 E. 듀리아, R. E. 올드스, 엘우드 헤인즈; 냉각 쟁기chilled plough* 발명가 제임스 올리버; 항공 분야의 새뮤얼 P. 랭리, 글렌 H. 커티스. 커티스, 라이트 형제; 조판 및 인쇄 기술의 오트마 머겐탈러, 윌리엄 불록, 호스, 톨버트 랜스턴, 헨리 A. 와이즈 우드; 타자기 개발의 선구자 크리스토퍼 래섬 숄즈; 전화 통신 분야의 알렉산더 그레이엄 벨; 사진의 한니발 굿윈과 조지 이스트먼; 영화 제작의 에드워드 마이브리지와 C. 프랜시스 젠킨스 등이 그 예이다.

남북전쟁이 끝나고 세기가 끝날 때까지 거의 매년 응용 과학 분야에서 중요한 성과들이 있었다. 1865년 불록은 필라델피아에 최초의 연속 웹-프린팅 인쇄기를 만들었다. 1866년, 사이러스 W. 필드의 불굴의 지휘 아래 영국과의 케이블 통신이 개통되었다. 1867년 존 애플비는 예취결속장치(刈取結束裝置, self-binding reaper)의 모델을 선보였다. 1868년 숄즈 타자기(Sholes typewriter)가 상업적으로 사용되었다. 1869년 웨스팅하우스는 철도용 에어 브레이크에 대한 최초의 특허를 취득했다. 1870년 H.H.마빌은 과일과 베리 바구니를 만드는 기계를 발명했다. 1872년 에디슨은 같은 전선을 통해 두 개의 메시지를 동시에 전송할 수 있는 이중 전신(duplex telegraph)을 발표했다. 1875년 G.F. 스위프트는 최초의 냉장차를 만들었다. 1876년 알렉산더 벨은 역사적인 전화 메시지를 유선으로 보냈다. 1877년 에디슨은 축음기로 〈메리에게 어린 양이 있었네〉라는 노래를 들었다. 1879년, 셀던은 가솔린 마차에 대한 특허를 신청했다. 1880년, 에디슨은 멘로 파크(Menlo Park)에 전기 철도를 건설했다. 1886년, 머겐탈러의 리노타이프 기계는 대형 신문사에서 수작업 조판의 종말을 알리는 신호탄이 되었다. 1887년, 풀먼이 관통식 열차(vestibuled train[객차 사이의 통행이 가능한 열차])를 선로에 투입했다. 1888년 A.N. 해들리는 옥수수 수확기에 대한 특허를 받았다. 1891년 스트로거는 자동 전화 교환기 제조 회사를 설립했다. 1892년 벨은 뉴욕과 시카고 간 전화 통신을 개통했다. 1893년 헨리 포드는 도로에서 최초의 자동차를 테스트했다. 1894년, 젠킨스는 인디애나 주 리치

---

* 쟁기는 농부가 뒤에서 걸어가면서 동물이 끄는 게 일반적인 방식이었다. 쟁기에는 여러 가지 일반적인 문제가 있었는데, 진흙으로 인해 쟁기 위쪽 가장자리에 흙이 끼어 농부가 멈추고 쟁기를 청소한 후 계속해야 하는 경우가 많았다. 큰 돌이 부딪히면 쟁기가 부러지거나 찌그러져 사용할 수 없을 정도로 손상될 수도 있었다. 올리버는 이 두 가지 문제를 모두 해결하고자 했다. 그는 쟁기의 상단 가장자리를 성형하여 진흙을 더 쉽게 제거할 수 있게 했다. 또한 그는 쟁기를 모래 주형으로 주조하는 방법을 개발하여 금속의 바깥쪽 표면은 빠르게 냉각시켜 더욱 단단하게 만들고 가운데는 천천히 냉각시켜 쟁기가 부서지는 것을 방지했다. 그 결과 쟁기는 훨씬 더 강해졌고, 절삭날이 훨씬 더 오래 유지되었으며, 쟁기질을 하는 동안 진흙을 제거할 필요도 줄어들었다.

몬드에서 새로운 기계로 활동사진motion picture 상영회를 열었다. 1895년, 엘우드 헤인즈가 시카고의 거리를 자동차를 몰고 달렸다. 1896년, 랭리의 비행기가 3천 피트를 비행했다. 1897년, 랜스턴의 모노타이프 기계가 특허를 받았다. 1900년 헨리 A. 와이즈 우드는 자동 공정으로 스테레오타입 활판을 만들기 시작했다. 1901년 라이트 형제는 그들의 최초의 글라이더를 완성했다.

기계 산업이 자연 세계와 접촉하는 경계선 곳곳에서 끊임없는 실험이 작업장과 대장간에서 일하는 사람들을 위해 새로운 사회 분위기를 조성하고 있었다. 은둔형 발명가의 시대는 막을 내리고 있었다. 과학의 모든 분야에서 수많은 연구자들이 일하고 있었고, 기묘한 사업 소식이 바람을 타고 날아다니며 두세 사람이 동시에 같은 특허를 신청하는 경우가 많았다. 종종 아메리카의 업적은 유럽에서 매우 가깝게 병행하여 두 반구의 경쟁자들 사이에서 영예를 나누기가 어려웠다.

발전하는 기술의 집단적 성격이 더욱 두드러지면서 체계적인 탐구와 발견, 즉 독일인들이 고안한 '발명의 발명'을 촉진하기 위해 의도적으로 협동 계획이 채택되었고, 이는 아메리카 기업의 두드러진 특징이 되었다. 예를 들어, 1876년 에디슨은 사재를 털어 뉴저지의 멘로 파크에 거대한 연구소를 설립하고 전문가들을 모아 대량 생산 원칙에 따라 기계를 만들기 시작했다. 20세기가 시작될 무렵 제너럴 일렉트릭 사는 산발적인 천재적 발상에 의존하지 않고 유능한 대가들의 지도 아래 엄격하게 체계적인 원칙에 따라 발명 작업을 조직화했다. 기술은 무한한 가능성을 지닌 사회적 단계로 넘어가고 있었다.

응용 과학과 불분명한 경계로 구분되는 순수 과학 분야에서 아메리카의 연구는 일반적으로 미합중국 중기와 마찬가지로 생물학, 화학, 물리학, 식물학, 지질학, 천문학 등 모든 분야에서 힘들고 중요한 연구 형태를 취했지만, 이제는 대규모 기부에 의해 더 광범위한 규모로 지원되었다. 유럽의 퀴리, 파스퇴르, 뢴트겐의 업적에 필적할 만한 획기적인 발견은 이루어지지 않았지만, 그럼에도 불구하고 설명적이고 분석적인 연구는 열정과 지성을 가지고 추진되었다. 지질 조사, 식물 탐사, 표본 수집, 1869년에 설립된 뉴욕 자연사 박물관과 1893년 시카고 박물관의 전신인 컬럼비아 박물관과 같은 위대한 기관의 설립, 실험실 건설, 기술 저널의 논문 게재 등은 모두 자연 세계 탐험의 꾸준한 진보를 의미했다.

이러한 움직임 속에서 기술적으로 유능한 과학자들이 유럽의 같은 부류의 작업자들과 동등한 재능을 발휘하게 되었다. 민족학 분야에서 로체스터의 변호사였던 루이스 H. 모건은 인디언 부족에 대한 기록과 고대 사회에 대한 탁월한 저서를 통해 구세계와 신세계의 사회 사상에 깊은 인상을 남긴 영구적인 가치를 지닌 연구를 수행했다. 예일대 지질학자 제임스 D. 데이나의 독창적인 연구와 출판물은 그를 국내에서도 인정받는 대가로 만들었을 뿐만 아니라 런던 왕립학회로부터 코플리상을, 런던 지질학회로부터 울라스톤 메달을, 뮌헨과 에든버러에서 명예 학위를 수여받게 했다. 1895년 프랑스 과학원은 이미 코플리상과 유수의 대학에서 학위를 받고, 20년 동안 과학 분야에서 최고의 업적을 이룬 공로로 라이덴에서 하위언스 메달을 받은 천문학자 사이먼 뉴콤을 회원으로 선출하여 아메리카의 천재에게 경의를 표했다. 태양 물리학의 새뮤얼 P. 랭리와 광화학의 헨리 드레이퍼는 뛰어난 통찰력과 상상력을 발휘하여 아메리카와 유럽에서 당대의 탁월한 인물로 자리매김했다. 스미스소니언 연구소의 수장으로서 당대 '최고의 아메리카 물리학자'로 평가받은 조지프 헨리는 1878년 81세의 나이로 세상을 떠날 때까지 여러 방면으로 끊임없는 탐구를 추구하며 전기 과학, 기상학, 음향학에 독창적인 공헌을 이어갔다.

파리, 베를린, 하이델베르크에서 공부한 후 1871년부터 예일 대학에서 수학 물리학 교수로 32년간 근무한 조시아 윌라드 깁스도 같은 부류의 창조적 정신에 속하는 사람으로, 아마도 은하계에서 조금 더 높은 위치에 있었을 것이다. 그는 뛰어난 업적을 달성하여 국제 과학계에서 중요한 위치를 차지하게 되었다. 유능한 전문가들은 그를 '새로운 화학과'의 창시자로 칭송했고, 그의 빛나는 논문은 프랑스어와 독일어로 번역되었으며, 저명한 오스트발트는 '화학 에너지학의 창시자'로 그를 맞이했고, 1901년 런던 왕립학회는 '화학, 전기, 열에너지와 외부 작업 능력 사이의 관계에 대한 철저한 논의에 열역학 제2법칙을 최초로 적용한 사람'으로 그에게 코플리상을 수여했다. 헨리 애덤스만큼이나 혹독한 비평가도 깁스를 '당대 최고의 지성 서너 명과 같은 반열'에 올려놓았다.

찰스 다윈과 허버트 스펜서의 혁명적인 연구로 인해 우주의 수수께끼를 푸는 열쇠를 찾는 것이 당연시되던 과학자들의 임무는 황금기에 접어들었다. 아메리카는 이 영국 사상가들의 정신적 도전을 피할 수 없었고, 철학과 자연계를 공부하는 모든 학생은 적이도 일반적인 원칙에 대해서는 충성 또는 반대를 선언해야 했다. 이미 살펴본 바와 같이, 이전 시대의 대표적인 식물학자인 아사 그레이는 일찍이 진화론에 대한 지지를 표명하고 공론장에서 진화론을 옹호하기 시작했다.

그레이가 1873년 하버드에서 은퇴하기 전, 자연과학에 대한 특별한 교육 없이도 더 유명한 작가이자 연설가였던 존 피스크는 다윈과 스펜서의 편에 서서 그의 친구인 E.L. 유먼스의 도움을 받아 끈질긴 밀턴의 창조 가설에 대한 투쟁을 주도했다. 피스크가 하버드에서 1869~71년에 행한 일련의 강연을 통해 시작한 이 전투적인 캠페인은 이후 여러 판을 거쳐 출간된『우주 철학의 개요Outlines of Cosmic Philosophy』에 통합되었다. 신문과 성직자들은 격렬하게 항의했고, 로웰 연구소Lowell Institute는 '불가지론자'가 연구소의 선별된 사상가들에게 그의 메시지를 전달하는 것을 허용하지 않았다. 피스크는 반대에 흔들리지 않고 하버드 대학의 신임 총장인 찰스 엘리엇의 열렬한 지지를 받으며 십자군 전쟁을 계속했고, 특히 스펜서 이론과 고대 인격신 개념의 화해 가능성을 강조하기 시작한 후 꾸준히 지지자를 확보해 나갔다. 세기 말, 헉슬리의 도전적인 회의론에서 드러먼드의 훌륭한 그리스도교 이론에 이르기까지 다양한 언어적 패턴의 진화는 정신 활동의 모든 분야에 광범위한 영향을 미치면서 미합중국에서 완전한 시민권을 얻었다.

피스크와 그의 동료들에 의해 자극된 세속화 과정은 신학적 전통을 정면으로 공격한 과학 저술가들에 의해 진전되었다. 이 논문 전쟁의 과정에서 저명한 화학자 존 윌리엄 드레이퍼는 역사적 설명이라는 도구를 선택하여 1862년에 [헨리 토머스] 버클의 무심한 태도를 따라 성직자와 그 동맹자들을 대하는 유럽의 지적 발전에 대한 조사 결과를 발표했다. 그리고 12년 후 드레이퍼는 과학과 종교 간의 갈등이라는 새로운 포격을 제기했다. 드레이퍼가 만든 분열은 이후 앤드루 D. 화이트가 1896년 그리스도교계에서 과학과 신학 사이의 전쟁에 관한 위대한 연구로 그의 업적에 마침표를 찍으며 더욱 확대되었다. 그날 이후, 밀턴이 불후의 명작으로 만든 이 단순한 서사시를 치명적인 의심 없이 받아들이는 사상가는 대학가에 거의 없었다. 실제로 과학은 이제 아메리카에서 너무 많이 자리 잡아서 일종의 독단적인 종교가 되었고, 그 신봉자들은 종종 신학자처럼 행동하여 우주 수수께끼의 진정한 열쇠를 가지고 있는 척했다.

§

종교적 개념과 그리스도교 윤리, 특히 개신교계에서 과학적 사고의 영향은 즉각적이고 강력했다. 1874년 다윈주의에 대한 견해를 발표하면서 심오한 신학자 찰스 호지는 '이보다 더 절대적으로 믿을 수 없는 이론이 인간들 사이에서 받아들여진 적은 없다'고 선언했지만, 프린스턴의 매코시 총장은 흠잡을 데 없는 정통성을 유지한 채 대담하게 일종의 진화론적 교리를 그리스도교의 신 개념과 조화시키는 작업을 수행했다. 매코시는 이 이론이, '신으로 하여금 창조의 작업을 계속하게 만들고, 신의 창조가 선한 일이라면, 어떻게 그것을 계속하지 않을 수 있겠는가?'라고 말했다. 이렇게 높은 곳에서 추천을 받은 진화론적 우주관은 곧 지적 불모지를 제외한 모든 곳에서 개신교 신학에 스며들었다.

또한 구파의 신학자들을 당황하게 한 것은 역사 과학의 냉철한 시각에서 성서의 저자, 본문 구성 및 평범한 의미를 검토하는 고등 성서 비평이 동시대에 발전했다는 점이다. '성서 연구의 모든 부문에서 우리는 오류를 발견하게 된다'고 외쳤던 찰스 어거스터스 브릭스는 가장 신중한 학자 중 한 명으로, 그의 경솔함 때문에 1893년 이단 혐의로 유죄 판결을 받고 장로교 목사직에서 정직당했다. 그럼에도 불구하고 그는 개신교 성공회에 자리를 잡았고 전국적으로 관대한 청중이 몰려들었다. 몇 년 만에 성서의 무류성에 대한 그의 의심은 이성의 목소리에 관심을 기울이는 모든 신학교에서 보편적인 것이 되었다.

최고 비평가들의 결론들에 동의하지 않는 성직자들이, 모세의 실수와 지옥에 대한 고대 개념에 대한 잉거솔의 인기 강의보다, 그것들이 더 해롭다고 선언했음에도 불구하고 과학의 침략과 역사적 연구는 어떤 구두 지시로도 멈추지 않았다. 매 영역마다 집요한 문제들에 부딪혀야 했다. 모든 학파의 설교자들은 지적 관심의 지속적인 세속화에 혼란을 겪으면서 오래된 신조를 고수함으로써 의심하는 사람들을 잃거나, 과학, 철학, 상업적 오락, 물욕에 대한 강박의 물결을 따라잡기 위해 신조를 잃는 딜레마에 직면해야 했다. 종교와 새로운 과학의 화해는 최고의 능력을 요구했다.

카톨릭교회는 성서의 어떤 판본보다 오래된 전통으로 돌아가면서 이 지적 운동의 해체 효과를 어느 정도 피할 수 있었지만, 모든 개신교 교파는 성서를 읽거나 생각하면서 새로운 계산을 해야 했다. 종교적 신념의 중심이자 지지는 성서, 특히 킹 제임스 성서였고, 발전하는 과학이 성서의 천문학, 생물학, 민족학, 물리학, 역사적 정통성들canons에 의문을 제기하자 항복하거나 대답하는 것 외에는 선택의 여지가 없었기 때문이다. 따라서 자신의 유산을 배 밖으로 던지기를 거부한 사람들은 다양한 모양과 재질의 부표를 찾아 헤맸다.

영웅적인 브리그스는 현재 떠돌고 있는 여러 가지 혼란스러운 의구심에 맞서 '예수 그리스도의 종교는 성서의 종교일 뿐만 아니라 살아 계신 하느님과 인격적으로 교제하는 종교'라고 자유롭게 선언했다. 개신교 대중 가운데 이러한 혼란에 조금이라도 주의를 기울인 사람들은 아마도 콜게이트 대학의 윌리엄 N. 클라크 교수가 고안한 놀라운 해방 계획에 그들의 전환 상태가 잘 묘사되어 있다는 것을 알았을 것이다. 그는 1909년에 출간한 『성서와 함께한 60년』에서 이렇게 썼다. '나는 성서의 말씀에 비추어 성서를 사용하던 것에서 성서의 원리에 비추어 성서를 사용하게 되었다고 말함으로써 나에게 일어난 변화를 묘사했다. 처음에는 "성서가 나를 이렇게 제한한다"고 말했지만 나중에는 "성서가 나에게 이렇게 길을 열어준다"고 말했다. 성서에 관해서, 나는 성서의 모든 진술을 내 체계에 적용해야 한다고 얽매이지 않는다. 아니다, 성서의 모든 진술을 내 체계에 적용해야 할 의무는 없다. 왜냐하면 그중 일부는 예수의 정신에 부합하지 않고, 일부는 영구적인 유효성을 가질 수 없는 형태로 진리를 표현하기 때문이다.'

신학자들에게 똑같이 골칫거리였던 것은 주로 대학교수들이 독일에서 수입한 새로운 철학이었다. 도금 시대에 눈부시게 성장한 아메리카의 대학은 식민지 시대처럼 한편으로는 교회와, 다른 한편으로는 산업의 실체와 연결되지 않은 수많은 지적 노동자 계급, 즉 '교육자'라는 변칙적인 칭호를 부여받은 노동자 계급에 대해 경제적 지원을 제공할 수 있게 되었다. 이러한 상황에서 한때 성직자들의 독점 영역이었던 철학, 자연과학, 신학은 점차 세속적인 신참들의 손에 넘어갔다.

이 그룹의 선구자 중 윌리엄 T. 해리스는 두각을 나타냈다. 그는 오랜 기간 교육 사업에 헌신하면서 가장 심오한 독일 사상가들, 그중에서도 특히 종교적 외관을 가졌지만 주로 세속적인 문제에 관심을 가졌던 제왕적인 헤겔을 찬양했다. 1867년 해리스는 세인트루이스에서 〈사변철학 저널Journal of Speculative Philosophy〉을 창간하여 25년 동안 사색적 연구를 장려하고 조시아 로이스, 찰스 S. 피어스, 윌리엄 제임스, 존 듀이 같은 젊은 아메리카 학자들이 지상의 관점에서 우주의 문제를 탐구하는 데 그들의 재능을 발휘하도록 독려했다. 해리스는 세속적 흐름에 뛰어들면서도 신학자들을 모욕하고 싶지 않았다. 그는 진정한 철학은 그리스도교의 위대한 교리를 훼손하기보다는 오히려 지지한다고 끊임없이 확신했지만, 실제로는 그 결과가 예언과 정확히 일치하지는 않았다.

로이스가 놀라운 지적 위업을 수행함으로써 정통 종교의 모호한 경계 안에 머물렀던 것은 사실이지만, 피어스, 제임스, 듀이는 점차 수학과 과학의 날개로 넘어갔다. 결국 아메리카에서 지금까지 신학의 시녀 역할을 해온 철학은 고용주를 버리고 80년대와 90년대에 오만에 가까운 독립성을 보여주었고, 적어도 이전의 창시자들의 마음속에 그렇게 비친 것처럼 보였다. 그러나 신학자들이, 주요 대학에 설립되고 지적 추세에 따라 평신도들로 채워진, 철학의 의자들을 되찾기에는 너무 늦었다.

§

신학이 과학과 세속 철학의 자극을 받아 언어의 양식을 개혁하도록 강요받는 동안, 그리스도교 윤리는 새로운 경제 질서의 천둥 같은 사실들과 자본과 노동의 갈등 속에서 엄청나게 쏟아져 나온 모든 종류의 사회적 사고思考를 고려해야 했다. 실제로 그리스도교는 물질적 재화가 부족하고 생존의 한계선에서 살아가는 사람들 사이에서 자연스럽게 강조되는 정신적인 것에 대한 오리엔탈적인 강조로 인해 아메리카 생활의 후천적 표류와 상반되는 방향으로 나아갔다. 역사적인 신앙의 윤리가 많은 시골 지역의 설교단과 신도들을 계속 만족시켰을지 모르지만, 특히 피츠버그, 홈스테드, 풀먼*에서 발생한 타격이 연구실 벽을 울리면서 산업, 부, 빈곤의 중심지에서는 의심과 난관이 분명히 나타났다.

T. 드윗 탈마지가 저승에서의 구원을 인간의 가장 큰 목표로 설교하는 동안,

---

* 1892년의 홈스테드 파업은 펜실베이니아 주 피츠버그의 홈스테드 제철소에서 일어난 대규모 산업 파업이었다. 이 파업은 철강 노동자 연합과 카네기 철강 회사 간의 격렬한 갈등으로 폭력과 인명 피해가 발생했다. 1894년 풀먼 파업은 시카고 인근의 풀먼 회사 타운에서 일어났다. 이 파업은 풀먼 사가 회사 소유 주택의 임대료를 인하하지 않고 임금을 삭감하면서 시작되었다. 이로 인해 전국적인 철도 파업으로 이어졌고, 결국 연방군이 투입되어 폭력과 사상자가 발생했다.

성직에 종사하는 많은 덜 알려진 사람들은 세속적 재화를 소유하기 위해 필사적으로 투쟁하는 자본가들과 노동자들에게 적용할 수 있는 적절한 진리를 예수의 말을 통해 찾기 시작했다. 또한 영국의 빛나는 경험에 눈을 돌려 킹슬리, 러스킨, 모리스, 칼라일, 러들로의 저서를 읽었다. 많은 고민 끝에 스스로를 그리스도교 사회주의자라고 칭하는 소수의 사람들이 1889년 W.P.D.블리스의 영감을 받아 보스턴에 모여 '기업의 통제권이 위험한 금권정치의 손에 급속히 집중되고' 있으며 '예수 그리스도의 가르침은 어떤 특정한 형태의 사회주의로 직접 연결된다'고 주장하는 아메리카 신앙 선언을 발표했다. 이들의 세력은 작았지만, 나중에 밝혀진 사건들에서 알 수 있듯이 그들의 영향력은 당시 생각했던 것보다 훨씬 더 파급력이 컸다.

보스턴 당*의 급진적인 신조를 온전히 받아들이지 않은 많은 성직자들은 현재의 사회적 사고의 표류에 휩싸여 그 길의 일부를 짊어졌다. 로체스터 신학교에서 월터 라우셴부쉬는 그리스도교 사회주의에 비추어 자신의 사유 체계를 재구성하면서 솔직하게 경건한 직업보다 사회봉사를 우선시했다. '인간의 삶과 인간 사회를 자녀에 대한 아버지의 사랑의 뜻이 실현되도록 만드는 이 높은 과업, 이것이 영적 삶의 진정한 실체이며, 교회의 봉사와 헌신은 외형적인 형식에 불과하다.' 시카고 신학교에서는 하트포드 신학교에서 갓 졸업한 그레이엄 테일러가 종교의 관점에서 새로운 시대의 집단적 의무를 강조한 사회적 경제학에 한 자리를 마련하면서 그리스도교의 산업적 함의가 솔직하게 인정받게 되었다. 오하이오 주에서 워싱턴 글래든은 사회주의에 반대했지만 부자를 신랄하게 비판하고, 만찬을 즐기는 철학자들에게는 무정부 상태처럼

---

* 이 문맥에서 '보스턴 당Boston party'은 특정 정당이 아니라 당시 보스턴에서 영향력이 있었던 특정 진보적 또는 급진적 신학 및 사회 사상과 관련된 그룹 또는 운동을 지칭하는 것이다. 보스턴은 19세기와 20세기 초에 지적, 종교적 혁신의 중심지로 자유주의 신학, 유니테리언주의, 사회 복음 운동과 관련이 있었다. 보스턴 당의 '급진적 신조'는 사회 정의에 초점을 맞추고, 사회 문제에 그리스도교 원칙을 적용하며, 전통적이고 보수적인 종교 관행에서 벗어나려는 진보적 사상을 가리킨다.

보이는 온건한 형태의 지방 정부 소유municipal ownership와 국가 통제를 주장했다. 미시시피를 넘어 그리넬 대학의 응용 그리스도교학과 교수였던 조지 D. 헤론은 '사회적 구원'이라는 복음을 전파하여 수많은 감리교 성직자들을 카드놀이와 춤이라는 전통적인 주제에서 시장의 갈등으로 돌이키게 했다. 거의 모든 영역에서 그리스도교가 더 공정한 질서를 세우려는 사상가들에게 어떤 메시지를 전할 수 있는지, 또는 적어도 풍요로운 게임의 마찰을 줄일 수 있는 방법이 있는지에 대한 질문이 이어졌다.

인간의 의무에 대한 이 새로운 그리스도교적 해석은 윤리학과 결합하여, 80년대의 사회적 모험이었던, 대학 정착(촌) 운동College settlement movement* 에서 실질적인 결실을 맺었다. 빈민가에 주거 센터를 설립하여 빈부 격차를 해소하려는 최초의 시도는 영국 교회의 사회주의 성향 성직자인 새뮤얼 바넷의 영향을 받아 런던의 토인비 홀Toynbee Hall에서 이루어졌으며, 1886년 뉴욕에서 이웃 길드Neighborhood Guild를 설립한 스탠턴 코잇은 이 영국의 실험에서 직접적인 영감을 얻었다. 웰즐리 대학의 비다 스커더 교수가 계급 간의 장벽을 허물기 위해 학생 자원봉사대를 호소하고, 소유욕의 잔인함을 극복하기 위해 '새로운 프란체스코회'를 촉구하고, 정착 운동에 헌신적으로 봉사한 것은 종교적 정서를 강조한 것이었다. 1889년 시카고의 황량한 산업 쓰레기더미 속에 헐 하우스Hull House를 열면서 제인 애덤스도 '가난한 사람들의 삶을 나누고자 하는 충동, 선전을 떠나 사회봉사를 통해 그리스도의 정신을 표현하고자 하는 열망, 즉 그리스도교만큼이나 오래된 충동'이 사업 추진의 작지 않은 부분이었다고 말했다.

---

* 19세기 후반 미국과 영국에서 시작된 사회 운동으로, 주로 대학생과 졸업생들이 도시의 빈곤한 지역에 거주하면서 지역사회의 문제를 해결하고 사회적 불평등을 줄이기 위한 노력의 일환으로 전개되었다. 이 운동은 특히 교육과 자원봉사를 통해 지역사회의 변화를 추구하고 지역사회의 요구에 맞춘 정책을 정치권에 촉구했다. 이 운동은 이후 사회복지와 사회학의 발전, 다양한 사회적 개혁 운동에 기초가 된 사회적 실험으로 평가받는다.

사회적 격차를 해소하려는 이러한 노력을 주도한 힘이 무엇이든 간에, 그것은 의심할 여지 없이 산업 문제에 대한 아메리카인의 사고와 사회적 실천 과정에 직접적이고 즉각적인 영향을 미쳤다. 도금 시대에 노동과 직접적으로 접촉할 수 있는 대학 정착 운동과 관련이 없는 경제학자는 거의 없었다고 해도 과언이 아니다. 사실 이 기관이 중간 계급 교육에 기여한 바는 빈민층에 대한 서비스보다 더 컸는데, 그 주요 기능 중 하나가 공장 지대의 삶과 열망을 대로와 애비뉴에 해석해주는 것이었기 때문이다. 게다가 이러한 기관들의 실질적인 실험을 통해 도시의 빈곤 문제에 도전하는 사람들에게 새로운 접근법이 밝혀졌다. 예를 들어, 조직적인 지역 간호의 가치는 릴리언 D. 월드의 지도 아래 뉴욕의 헨리 스트리트 정착촌에서 구체적으로 입증되었다.

보스턴의 노련한 지도자 로버트 우즈는 30년 동안의 조사에서 정착촌 운동이 노동자 계급의 대표를 전체 공동체에 영향을 미치는 회의에 참여시켰고, 이민자 문제를 연구하는 최초의 실험실을 제공했으며, 부유한 사람들에게 가난한 사람들의 삶과 문제를 드러냈다고 과장하지 않고 선언했다. 현실적인 연구, 사회 조사, 유치원, 무료 도서관, 레크리에이션, 산업 및 위생법 시행, 대중의 약점을 이용하는 날카로운 자들과 전쟁을 벌였고, 아메리카 산업주의의 더 노골적인 남용에 대항하는 세력 연합에 영향을 미쳤다는 점 등을 들 수 있다.

실제로 미합중국에서 사회적 관행의 기원을 찾다 보면 어느 순간 정착촌 운동과 만나게 된다. 한 가지 예를 통해 정착촌의 광범위한 활동을 살펴볼 수 있다. 일리노이 주에서 아동 노동 착취와 노동 착취 현장sweat shop에 맞서 최초로 효과적인 투쟁을 이끈 것은 헐 하우스 주민들이었다. 이 그룹 중 한 명인 플로렌스 켈리는 직접적인 경험을 바탕으로 주 노동국에 의해 오랫동안 용인되어 온 이러한 악행에 대한 조사를 제안했다. 조사가 이루어졌다. 시카고의 상황을 조사하기 위해 임명된 주 입법부 위원회가 헐 하우스에서 회의를 열었다. 그 기관의 구성원은 보호 법안의 제정과 제정에 협력하기 위해 노동자 조직에 의해 선택되었다. 이러한 압력으로 '일리노이 주 최초의 공장법이 통과되어 작업장의 위생 상태를 규제하고 아동이 고용될 수 있는 연령을 14세로 정했다.' 그 직후 켈리 부인은 최초의 공장 감독관으로 임명되어 대리인들과 함께 법을 집행하는 임무를 맡게 되었고, 감독관들이 신고한 공장법 위반자들을 기소하는 데 도움을 준 헐 하우스에 거주하는 다른 젊은 변호사의 도움을 받아 법을 집행하는 임무를 맡았다. 이것은 켈리 부인이 더 나은 산업 관행을 장려하고 상품 생산자가 만들어내는 상품에 대한 책임과 관련하여 소비자를 교육하는 데 있어 오랜 경력을 쌓은 봉사의 시작이었다. 헐 하우스의 대표인 제인 애덤스가 1912년 아마겟돈[제인 애덤스가 시어도어 루스벨트와 함께 1912년 대선에서 부패하고 불공정한 권력층에 맞서 싸운 것에 대한 은유]에서 시어도어 루즈벨트와 함께 '점잖은 정부와 페어플레이'라는 명목으로 금권정치 체제에 도전했던 것은 우연이 아니었다.

§

변화하는 산업 공정, 과시적인 부, 과학 정신의 새로운 모험, 그리스도교적인 의무에 대한 새로운 해석은 정치적 의견, 경제 교리, 윤리, 미학에 깊숙이 침투했다. 부유층이 사회 저변의 낮은 계층을 뛰어넘어 권력과 명성을 얻게 되면서 자연스럽게 모든 면에서 비판의 대상이 되었다. 큰 부를 누릴 희망도 가능성도 없는 농부와 산업 노동자, 선택에 의해서든 필요에 의해서든 적당한 영지에 만족하는 재능과 혈통의 오래된 가문, 웅장한 저택manor house의 수사학과 철학에 집착하는 남부의 파괴된 귀족, 부유함의 맛을 경험했지만 해방감보다는 짜증을 느끼는 중간 계급 등은 모두 사업에서 성공을 거둔 백만장자보다 경제 세계에 대해 덜 장미빛 전망을 가졌다.

수 세기 전, 상업과 투기로 부를 축적한 신흥 부호들이 호화로운 모습으로 영원한 도시Eternal City를 놀라게 했던 고대 로마에서 평민과 귀족들은 자기중심적이고 천박한 벼락부자들parvenus에 대한 분노와 국가의 안전에 대한 불안을 표출하며 단결했다. 농부의 자손인 대 카토Cato the Elder, 출신이 모호한

키케로 — 아마도 장인匠人 출신 —, 해방 노예의 후손인 유베날리스는 대지
주 귀족 계층의 핵심 인물들과 함께 큰 부와 사치스러운 생활을 사랑하는 사
람들이 도덕과 애국심에 위협이 된다는 믿음을 공유했다. 비슷한 방식으로, 2
차 아메리카 혁명 이후 부유층plutocracy이 급부상하는 동안 어떤 이유로든 부
의 게임에서 큰 이득을 얻지 못한 사람들은 공화국의 미래에 대해 의심과 불
안에 휩싸였다. 파우덜리, 곰퍼스 같은 노동계 지도자들과 페퍼, 심슨, 브라이
언 같은 농업 옹호자들은 에머슨, 로웰, 헨리 애덤스, 로지, 루즈벨트 등 다른
영역의 사상가들과 함께 아메리카 정세의 흐름에 뭔가 경계할 만한 일이 일
어나고 있다는 확신을 표명했다.

　런던 주재 아메리카 공사관 서기관으로 근무한 후 1918년 사망할 때까지
아메리카 경제의 흐름을 주의 깊게 연구하고 관찰한 헨리 애덤스의 저서보다
더 정확하게 그러한 의견의 방향을 추적할 수 있는 당대의 문서는 없다. 애덤
스는 초기에 '올드 잉글랜드[영국]나 뉴잉글랜드에서 알고 있던 스테이트 스
트리트State Street[같은 이름의 금융회사가 아니라, 뉴욕의 월스트리트와 유사
한 보스턴의 중심 금융가를 가리킨다], 은행, 자본주의 전체'에 대항하여 미온
적으로 저항했지만 결국에는 패배를 인정하고 싸움을 포기했다. 1893년에 그
는 '자본주의 체제가 채택되었고, 만약 그것이 운영되어야 한다면, 자본과 자
본주의적 방법으로 운영될 수밖에 없다. 남부와 서부의 농부들이 도시의 일용
직 노동자들과 괴상한 연합을 이루어 너무 복잡하고 집중화된 기구를 운영하
려고 했던 1800년과 1828년에 그 방법이 시도되었지만, 단순한 조건에서도
실패했다는 사실보다 더 비합리적인 것은 없었다'고 썼다. 몇 년 후 애덤스는
동포들에게 결국 유럽 정치인들의 비관주의, 종교적 반동, 노동 독재의 공산
주의 중 하나를 선택해야 할 것이라고 경고했다.

　헨리 애덤스의 절친한 친구이자 웹스터의 후임으로 상원 의원이 된 헨리
캐벗 로지는 급진파로부터 부유층의 대변자로 여겨졌지만, 애덤스에 못지않
은 않은 두려움을 품고 있었다. 그는 '가장 암울한 징조, 즉 법 절차를 통해 다

른 사람으로부터 돈을 빼앗아 돈을 획득하는 방식이 마지막 분석에서 공동체의 모든 부분에 만연해 있고, 그것이 거의 모든 제안된 개혁, 모든 정치적 문제, 모든 개인적 야망의 꼭대기는 아니더라도 바닥에 있는 것처럼 보이는 것을 의식하지 않을 수 없다'고 말했다. 1913년 그는 '거대한 현대적 금권정치와 그 무법적인 방식'에 대한 불안과, 고된 노동에서 벗어나고 싶어 하는 대중의 불안한 욕망과 부자들의 금전적 보상을 훼손하려는 욕망에 대한 더 큰 불안을 공개적으로 고백했다. 모든 사회, 모든 예술, 모든 글, 모든 행동방식이 돈과 오락에 사로잡힌 시대 위로 떠다니는 것을 정치가는 고통스럽게 바라보있다.

매사추세츠 주의 상원 의원보다 더 솔직하게 도금 시대를 평가한 또 다른 오랜 계층 출신 인물은 시어도어 루즈벨트였다. 정치 무대에 크게 떠오르기 전인 1897년, 루즈벨트는 로지에게 어느 시정 선거운동에 대해 편지를 쓰며 다음과 같이 외쳤다: '공화당 선거운동의 진정으로 추악한 점은 그것이 실제로 포퓰리스트가 말하는, 즉 부패한 부를 대표한다는 것이다…… 플랫과 트레이시는 모두 은행가, 철도업자, 보험업자 등의 일을 처리하면서 막대한 대가를 요구하는 강력하고, 비양심적인 정치인들을 — 때로는 좋은 일도, 때로는 나쁜 일도 하는 — 대표한다.' 훗날의 경험은 이러한 그의 정치 분석에 확신을 심어주었다. 서Sir 에드워드 그레이에게 1912년 선거를 설명하면서 그는 확실한 느낌으로 이렇게 선언했다. '우리는 최소한 이 나라 기업 부의 99퍼센트를, 따라서 신문사 대부분을 우리의 적으로 두었다…… 우리는 두 오래된 정당의 의원들만큼이나 사회주의자들과도 격렬하게 싸웠으며, 바로 그 이유 때문에 우리는 부자에 의한 정부와 폭도에 의한 정부에 똑같이 반대한다. 수 세대에 걸쳐 평화와 전쟁에서 국가의 지도자를 공급해 온 위대한 귀족에 의한 정부에 대해서는 어느 정도 할 말이 있다. 나 같은 민주주의자조차도 이것을 인정해야 한다. 그러나 특정 계보에서 매우 강력하고 "돈에 대한 감각"에 재능이 있지만 본질적으로 수많은 미화된 전당포업자의 이상에 불과한 사람들이 이

끄는 금권정치 정부에 대해서는 할 말이 전혀 없다.'

§

도금 시대 동안 아메리카에서 일어난 사건의 진행 과정에 대한 이러한 모든 우려에도 불구하고 사회를 위에서 아래까지 조사하고, 금권정치의 상승 궤적을 그리거나, 큰 틀에서 사물을 해석할 수 있는 유능한 사회 철학자는 나타나지 않았다. 물론 사회주의자들은 구석진 곳에서 팸플릿과 브로셔를 통해 카를 마르크스의 복음을 전하며 활동했지만, 아메리카 자본주의의 행진에 대해 슬쩍 눈길을 던지는 것 이상으로 가치 있는 비판을 내놓지 못했다. 한때 노예 소유주를 위해 글을 썼던 것처럼 농민을 위해 글을 쓸 성직자나 대학 교수를 찾지 못하는 것에 불만을 품은 포퓰리스트들은 마이케나스에게 새총을 쏘는 것 외에는 아무것도 하지 않았다.*

1879년에 출간된 헨리 조지의『진보와 빈곤』은 부와 불행, 태양과 그림자의 치명적인 평행을 그린 책으로, 18세기의 생리학 교리를 자본주의 질서의 복잡성에 적용하여 단일 세금의 형태로 토지 가치의 불로소득 증가를 흡수하고 부의 불평등의 근원을 공격하는 책이다. 헨리 조지는 아메리카 번영의 정오正午에 펼쳐진 황폐화에 대한 생생한 묘사와 그 해결책을 제시하는 확신에 찬 태도로 아메리카 비평계에 새로운 음표를 추가했다. 10년 만에 그는 국내와 해외에서 유명해졌고, 뉴욕의 급진주의자들과 노동조합원들은 그를 시장으로 선출하려 했으며, 공장 소유주들은 경제 운영에 아무런 지장을 주지 않는

---

* 이 용어는 아우구스투스 시대의 로마 정치가이자 예술 후원자로 베르길리우스와 호라티우스 같은 시인을 후원한 것으로 유명한 가이우스 마이케나스Gaius Maecenas에서 유래했다. '마이케나스에게 새총을 쏜다'는 말은 불만을 품은 포퓰리스트들이 지배적인 사회 및 경제 질서의 후원자로 마이케나스에 비유되는 도금 시대의 부유하고 강력한 엘리트에 대해 효율적이거나 생산적으로 대응하지 못했다는 의미이다. 이러한 엘리트들은 포퓰리스트들이 반대하는 자본주의 체제의 후원자 또는 보호자로 여겨졌지만, 포퓰리스트들의 노력은 사회에 파장을 미칠 만큼 강력하지 못했다.

그를 후원했다. 영국과 아일랜드에서 그는 정복 영웅처럼 환영받았는데, 그들의 토지 문제가 심각했기 때문에 당시의 경제 여론에 깊은 인상을 남겼다. 수많은 경로를 통해 조지의 사상은 다양한 유형의 아메리카 사상으로 여과되어 아메리카가 사회 문제에 대해 최소한 희미하게나마 인식하는 데 도움이 되었지만, 단일 세금 신조는 입법에서 거의 결실을 맺지 못했고 정치 관리자들에게 심각한 불만을 주지 못했다.

다른 맥락에서, 그러나 자기만족적인 의견에 거의 체제 전복적인 영향을 미친 것은 1888년에 출간된 제임스 브라이스의 『아메리카 연방*American Commonwealth*』이었다. 드 토그빌의 시대 이후 처음으로 철학적 외국인이, 이 경우에는 영국인이, 누군가의 말대로 '샴페인 잔의 테두리 너머로' 아메리카의 전체 모습을 조사하고 이를 정교하고 정확하게 묘사한 책이 나온 것이다. 지금까지 아메리카 정부에 관한 대부분의 책은 경건한 헌법적 허구의 관점에서 이 주제를 다루었지만, 브라이스는 고리, 보스, 사기, 기구, 음모, 사취詐取 등 정치의 해부학과 형태학을 적나라하게 드러냈다. 특히 컬럼비아 대학의 젊은 교수인 프랭크 J. 굿나우가 쓴 부분은 충격적이었다. 브라이스는 의학자의 언어로 말하거나 그가 폭로한 질병에 대해 구체적인 처방을 제시하지는 않았지만, 러스킨의 표현을 빌리자면, 눈이 가려진 채 연회 테이블에 즐거운 얼굴로 앉아 있던 사람들 사이에서 그의 책은 센세이션을 일으켰다.

평온이 완전히 회복되기도 전인 1894년, 동포인 헨리 데마레스트 로이드가 쓴 『연방에 대항하는 부*Wealth against Commonwealth*』라는 제목의 책이 출간되면서 그들은 더 큰 충격을 받았다. 로이드는 오랫동안 자본주의의 거인들이 작은 경쟁자들을 처리하는 데 사용하는 방법을 면밀히 연구해 왔다. 1881년, 그는 〈애틀랜틱 먼슬리〉에 스탠다드 오일 그룹을 무자비하게 공격하는 글을 실어 많은 독자들의 공분을 샀다. 자료 수집에 더 많은 시간을 할애한 로이드는 사법 재판 기록과 입법 조사 자료를 이용해 나폴레옹처럼 대의를 위해서라면 사소한 관습을 무시하는 경향이 있는 자본가들의 범죄를 유죄로 기소하기 위한 캠페인을 시작했다. 일부 증거에 대해서는 논란이 있었지만, 그의 전면적인 기소에 담긴 진실은 권력자들 사이에서 제도의 안전에 대한 두려움을 확산시키기에 충분했다. 로이드가 자신의 분석을 통해 제기한 질문에 대한 해답으로 사회민주주의를, 즉 존 D. 록펠러의 남부 개선 회사South Improvement Company의 활동보다 아메리카 중간 계급이 더 선호하지 않는 특정 해법을 제시하지 않았다면 로이드의 기소가 가져온 영향은 더 끔찍했을 것이다.

대체로 금권정치의 구성원들에게 헨리 조지와 헨리 D. 로이드의 비판은 그다지 지속적인 인상을 남기지 못했지만, 시간이 지남에 따라 그들 중 일부는 다소 철학적인 의구심을 드러내기 시작했다. 재산을 팔아 가난한 사람들에게 기부하라는 그리스도교의 명령을 따르거나 노예를 해방하고 노예 제도를 폐지한 그림케 자매의 모범을 본받은 사람이 아무도 없었다 해도, 적어도 한 사람인 프레드릭 타운센드 마틴은 1911년에 출간된 『게으른 부자의 죽음*The Passing of Idle Rich*』이라는 책에서 자신의 반 학생들 전체를 끔찍하게 채찍질했다. 그는 '나에게는 이상하고, 그런 것을 연구한 다른 사람들도 항상 이상하게 여겼던 것은 금권정치가 그렇게 오랫동안 유지될 수 있다는 점이다. 금권정치는 본질적으로 가장 약한 정부 형태이기 때문이다. 그것은 무력이나 사기에 의해 유지된다. 마리우스 시대 이전 로마에서 그것은 무력에 의해서만 존재했고, 로마의 하층민은 노예였다. 파리에서 공포정치 이전에는 무력과 사기의 조합으로 그것은 유지되었다⋯⋯ 아메리카에서 그것은 오직 사기에 의해서 유지되고 있다. 그리고 그것이 유지되도록 허용하는 이 나라의 사람들에 대해 무슨 말을 할 수 있을까?⋯⋯ 오늘날 우리는 부의 원천을 연구하고 있으며, 우리와 우리의 아버지들이 누려온 사회생활의 특권을 누리기 위해 인류가 지불한 실제 대가를 스스로 알아내고 있다.' 이렇게 아메리카의 유한 계급은 스스로를 돌아보고, 자신의 경제적 위치를 점검하고, 일반 사회 구조에서 자신의 위치를 고려해보도록 초대받았다. 순진한 획득과 향유의 체제가 교양의 감시를 받게 된 것이다.

410

§

　항상 그렇듯이 비평가들의 공격 뒤에는 반동이 뒤따랐다. 다른 모든 사회적 유기체와 마찬가지로 금권정치가 번성했던 자본주의 체제는 방어 체계를 발전시켜야 했고, 결과적으로 인간에게 자신의 수작을 정당화하는 임무는 주로 도금 시대가 진행되면서 버섯처럼 생겨난 대학의 경제학자들에게 맡겨졌다. 예일대에서 윌리엄 섬너는 강의와 논문을 통해 맨체스터학파의 경제학이 관세 문제는 제외하고 적어도 국내 문제에 있어서는 가만히 내버려 두기를 열망하는 기업주들이 받아들일 수 있는 이론임을 입증했다. 컬럼비아 대학에서 존 베이츠 클라크는『부의 철학*Philosophy of Wealth*』과 이후『부의 분배*Distribution of Wealth*』에서 자본주의 시스템이 전반적으로 정의롭고, 거칠지만 여전히 정의롭다는 것을 아낌없는 학문과 논리로 보여주었고, 그의 시스템을 좀 더 가혹한 용어로 표현해서, 산업의 각 요소, 특히 자본과 노동이 기여도에 따라 보상을 받고, 따라서 기업들이 공평한 형평성에 참여한다는 것을 보여주었다. 1881년 펜실베이니아 대학에 설립된 워튼 스쿨Wharton School은 한 부유한 제조업자의 기부를 받는 조건으로 보호관세를 매우 가치 있는 경제 장치로 설명할 것으로 예상되었다. 이 고리를 완성하는 데 필요한 것은 이 주제를 기념할 또 하나의 캘훈뿐이었다: '자본주의는 완벽한 선이다!'

　하지만 그 작업은 불가능한 것으로 판명되었다. 왜냐하면 학문적 경제학은 그런 단순한 믿음으로 바닥에서부터 통일된 것이 아니었기 때문이다. 기업의 입장에서 자세히 들여다보면 옹벽에 균열과 결함이 있는 것처럼 보였다. 섬너 교수가, 그의 생각에는, 물을 언덕 위로 흐르게 하려는 노동조합원들의 머리에 큰 타격을 가했다면, 그는 또한 아메리카 질서의 독특한 문제들에 대한 언급 없이 코브던-브라이트 학파의 대포를 가져와 보호관세와 상업 제국주의의 수혜자들에게도 타격을 가했다. '건전한 경제'를 더욱 방해한 것은 연방주의의 오랜 고향인 브라운 대학에서 무게 때문에 자신의 활동 무대를 중서부로 옮길 수밖에 없을 때까지 자유 은화라는 이단을 옹호한 E.B.앤드루스였다. 같은 기관에서 레스터 F. 워드는 사회 과정이 매우 역동적이라고 주장하여 본질적으로 정적인 개념에 기반한 정통 경제학의 견고한 구조를 뒤흔들었다. 워드는 자신의 가르침을 받아들이는 데 있어 훨씬 더 급진적이었지만, 현실적인 문제에 지나치게 개입하지 않음으로써 끝까지 자신의 자리를 지켰다.

다른 배움의 전당에서는 도가니가 끓어오르고 있었다. 독일인들 사이에서 사회적 경제로 알려진 연방주의, 중상주의, 자본주의의 기묘한 혼합을 연구했던 리처드 T. 엘리는 존스 홉킨스 대학과 나중에 위스콘신 대학에서 선출된 사람들에게 사회주의의 위협처럼 보이는 비판적이고 건설적인 신조를 설파했다. 실제로 그의 가르침은 큰 반향을 불러일으켰고, 입법 조사가 진행되고 그의 무서운 교리가 단지 온화한 '개혁'이라는 브랜드에 불과하다는 것이 밝혀질 때까지 평화가 회복되지 않았다. 거의 같은 시기에 존 R. 커먼스는 놀라운 학문적 경험을 한 후, 자본주의의 필연적인 동반자로서 노동 조직에 대해 학계에서 소개하기 시작했다. 1899년, 세기가 바뀌면서 소스타인 베블런은 부르주아의 평판에 대한 무자비한 분석인 『유한계급론Leisure Class』을 출간했는데, 이는 그의 당황스러운 펜으로 쓴 아이러니한 일련의 책 중 첫 번째 책이었다.

분명히 사회 비판이 학문에 스며들고 있었다. 실제로 대학 교수들은 학문이 어떤 사회 질서를 지지하거나 공격하는 것과는 무관하다고 공개적으로 선언하고 있었다. 그들은, 과학의 본분은 진리— 새로운 손쉬운 이익 창출의 방법을 발견하는 것을 제외하고는 기존의 방식들을 무너뜨리는 데 가장 파괴적인 힘 —를 탐구하는 것이라고 말했다. 다시 말해, 무분별한 제어되지 않은 소유욕이라는 신조는 점점 약해지고 있었다. 1883년 프랜시스 A. 워커 장군의 주도로 아메리카경제협회American Economic Association가 창립되었을 때, 이 협회는 방패에 고정된 개념의 교리보다는 과학의 도구들을 대담하게 새겼다. 그리고 얼마 지나지 않아 학회의 젊은 회원들은 자본주의 방어의 긴급성에 대해서는 거의 또는 전혀 언급하지 않은 채 조세, 철도, 트러스트, 노동조합, 임금, 이윤, 공황 및 기타 기업 발전의 세부 사항에 대한 수많은 구체적인 연구를 수행함으로써 일반 경제 이론에 혼란을 일으키기 시작했다.

남성 경제학자들이 자본, 이자, 토지, 이윤, 노동, 임금에 몰두할 때, 학문적 권위는 없었지만 여성운동가 지도자 샬럿 퍼킨스 길먼은 반은 옹호자이자 반은 예언자로서 여성과 새로운 질서의 관계에 대해 전국적인 관심을 끌었다. 한 학기 동안 강연을 한 후, 1898년 산문집 『여성과 경제*Women and Economics*』와 운문집 『이 우리의 세상에서*In This Our World*』라는 제목의 두 권의 책을 출간했다. 그녀는 풍부한 독창성과 유머를 바탕으로, 여성이 전통의 노예가 되었으며 '출생이나 결혼으로 가장 가까운 남성 친척으로부터 완전한 경제적 독립을 확보해야만' 원시적인 활력과 창조력을 되찾을 수 있다는 논지를 펼쳤다. '성스러운 부엌'의 대한 역사적 경외심에 대한 그녀의 분석과 정신과 노동의 자유에 대한 그녀의 요구는 매우 감동적이어서 아메리카와 유럽에서 새로운 여성운동가 사상가 학파가 생겨났고, 이는 멀리 일본까지 각성시키는 반향을 일으켰다. 또한 길먼 부인이 제안했을 때는 벨러미[Edward Bellamy]의 로맨스보다 더 공상적인 유토피아처럼 보였던 여성의 여가 확대와 함께 협동 생활 시스템은 부동산 개발업자들에게 도시 개발을 위한 가장 건전한 경제 시스템으로 입증되었다. 과거로부터 이어받은 결혼 제도를 옹호하는 사람들에게는 충격적이었지만, 여성의 경제적 자립이라는 개념은, 실제로 정의하기는 극히 어렵지만, 산업계에서 여성 임금 노동자의 증가, 결혼 관계의 새로운 조정, 불만을 품은 아내에게 허용된 이혼 건수의 지속적인 증가로 계속 설명되었다. 공화국 초기나 심지어 중기에도 혁명적인 것으로 여겨졌던 개념들이 도금 시대가 끝나갈 무렵에는 일상적인 것이 되었다.

§

아이디어를 변화하는 상황과 더 밀접하게 연관시키는 일반적인 과정은 경제학자들과 마찬가지로 주로 대학에 의해 지탱되는 '과학적 역사가' 학파의 부상에 의해 도움을 받았다. 19세기가 마감되기 전에 역사 연구와 구성의 정신에 혁명이 시작되었고, 밴크로프트와 프레스콧에 의해 장식된 낡은 낭만주의적 기예는 사라졌으며, 독일이나 아메리카의 새로운 고등교육 기관에서 훈련받은 박사 군단이 강자의 자리를 차지했다. 이들은 과거를 있는 그대로 보는 것이 학자의 임무라는 랑케의 말을 슬로건으로 내세우며 모든 중요한 분야를 비판적인 기분으로 침공했고, 국가 전통의 아마추어 수호자들을 놀라게 할 정도로 무례하게 존경할 만한 교리에 도전했다. 1884년 아메리카역사협회 American Historical Association가 설립되었고, 11년 뒤에는 〈아메리카 역사 리뷰 American Historical Review〉가 발간되었다. 얼마 지나지 않아 자료의 수집과 해석은 밴크로프트와는 달리 신의 길에 관한 특별한 지식을 주장하지 않았고 적어도 이론적으로는 평범한 진리를 찾는 데 전념하는 전문 노동자들의 손에 넘어갔다. 당연히 클리오Clio[그리스 신화에 나오는 음악과 시를 관장하는 아홉 여신 중 한 명으로 역사를 관장한다]의 이러한 변화는 이상한 결실을 맺게 되었다.

그러나 당분간 '웅장한 스타일'의 역사 서술은 의도되었다기보다는 우연한 기회에 이 분야에 뛰어든 남성들의 손에 주로 맡겨져 있었다. 실제로 이 시기의 야심 찬 작업은 대부분 학교와 거의 또는 전혀 관련이 없는 학생들이 교수로서 모든 행사에 참여하여 수행했다. 링컨의 전 비서관인 니컬라이와 헤이가 10권으로 구성된 링컨의 위대한 역사를 썼다. 프랑스 출신이지만 사우스캐롤라이나 대학을 졸업한 변호사 헨리 해리스는 발견과 탐험의 시기에 연구를 통해 기념비적인 성과를 거두었다. 저스틴 윈저는 하버드 도서관에 있는 자신의 사무실에서 방대한 분량의 역사 서술 및 비평서를 출간했으며, 이는 여전히 학자들의 연구에 중요한 자료로 남아 있다. 하버드의 또 다른 아들인 프랜시스 파크먼은 영국과 프랑스가 북아메리카 대륙을 차지하기 위해 벌인 투쟁을 다룬 시리즈를 성공리에 연재했다. 그리고 그의 이웃인 존 피스크는 우주 철학에서 벗어나 흥미로운 에피소드와 행동을 그리기 위해, 그의 스승인 허버트 스펜서의 정경正經을 버리고, 적지 않은 문학적 기술로 아메리카 역사의 초기를 다시 이야기했다. 존 퀸시 애덤스의 두 손자 찰스 프랜시스와 헨리는 사실주의에 대한 확고한 신념을 가지고, 정치적인 경력을 쌓을 수 있는 길이 막히자, 그들의 뛰어난 재능을 국가 문화의 중요한 사상을 보여주는 작품에 쏟아부었다.

어빙과 모틀리의 발자취를 따르는 사람이 없었다고 해서 유럽 테마가 완전히 무시되지는 않았다. 필라델피아에서 번영을 누린 사업가 헨리 C. 리아는 농시대 사람들의 일반적인 무관심을 상쇄했다. 1880년 유능한 사업가로 은퇴한 그는 중세 연구에 대한 사랑에 빠져 8년 후 종교재판Inquisition의 위대한 역사를 출간했고, 이후 같은 분야의 다른 작품들이 이어졌다. 해군사관학교의 알프레드 매핸Mahan 대위는 좀 더 실용적인 목적을 염두에 두고 아메리카 자본주의가 정복할 세계를 더 많이 찾고 있던 바로 그 순간에 해군력 증강에 대한 관심을 불러일으키기 위해 역사를 활용했다. 그는 해군의 힘이 운명에 미치는 영향에 관한 책을 연이어 출간하여 영국 지배층에게 깊은 인상을 남겼고, 독일의 카이저가 해군 건설에 더욱 박차를 가하도록 독려했다. 아메리카 사회 진화의 비밀은 이러한 거장들의 관심을 거의 받지 못했지만, 다소 난해한 탐구에 대한 자료는 전문 학생들의 펜에서 흘러나오는 겸손한 책자와 기사에 쌓여가고 있었다.

§

상상력의 영역인 문학의 경우, 역사 및 기타 사실적인 주제와 마찬가지로 미합중국 중기 시대에 이미 풍부했던 창조적인 작업에 유리한 조건은 도금 시대의 경제 발전으로 인해 시장, 훈련을 위한 학교, 세습된 문화 육성을 위한 시설의 수요가 증가함에 따라 강화되었다. 이제 소설, 이야기, 시, 에세이의 제작자들은 산업과 인구의 중심지가 서부로 이동하고, 남부가 기계 공정에 흡수되고, 도시 문명이 확장되고, 공립학교를 통해 문해력 있는 사람이 증가하고, 여성에게 대학이 개방되고, 중간 계급의 안락과 여가 영역이 전반적으로 확장됨에 따라 더 크고 다양한 독자를 확보하게 되었다. 이 대륙 독자들의 수요는 재정적 측면에서 측정할 수 있다. 서적 및 직업 언론의 연간 생산량은 세기 말에 1억 달러에 육박했는데, 이는 비관론자들이 아메리카 국민들이 결코 갚을 수 없다고 생각했던 워싱턴 시대의 국가 부채보다 더 큰 액수였다.

문학 제품에 대한 이러한 엄청난 수요에 대응하여 상당한 기술 능력을 갖춘 노동자들이 등장했으며, 그중에는 때때로 천재로 — 그것이 되는 방법과 나타나는 이유는 아무도 정확히 알 수 없다 — 칭송받는 인물이 등장했다. 의심할 여지 없이, 에드윈 L. 클라크가 아메리카 문학에 대한 연구에서 증명했듯이, 유전은 인재를 배출하는 데 중요한 요소였다. 19세기와 20세기 초에 문학적 힘으로 눈에 띄는 68개 가문에서 아메리카 주요 작가 천 명 중 거의 6분의 1을 배출했다. 하지만 이것이 전부는 아니다. 일부 가문에서는 책과 학습 분위기, 부모와 성인 친구들의 직업과 대화 등 양육 환경도 유전과 함께 고려해야 할 요소였다. 어쨌든 저명한 문인 가문 중에서 일급 작가가 된 상속자는 소수에 불과했다. 전체적인 지적 진화와 더 관련이 있는 것은 조사 대상 작가 그룹 전체에 대한 클라크의 결론이다. 그는 '숫자에 비례하여 안락한 환경에 있는 가정이 빈곤한 가정보다 더 많은 문학적 자녀를 배출했다'는 점, 더 부유한 사회 계층에서 태어나 유리한 훈련을 받을 수 있는 특별한 기회가 주어졌다는 점, 가장 부유하고 반체제적인 종교 교파가 가장 많은 작가를 배출했다는 점, 도시의 자극이 창의적인 작업을 촉진했다는 점, 여성 교육이 발전하면서 여성들이 문단에서 더 두드러지게 되었다는 점 등을 보여준다.

도금 시대의 경제 발전이 상상력이 풍부한 문학에 대한 수요를 증가시키고 유능한 작가들의 공급을 확대했다면, 당시의 사회적 갈등은 그들의 다재다능한 펜을 위한 감동적인 주제를 제공했다. 마크 트웨인, 휘트먼, 로웰, 헤이, 하우얼스 등 순수하게 지역적인 초상화 그리기를 넘어선 일류 작가들은 정치가와 경제학자들을 당혹스럽게 했던 국가 운명에 대한 위대한 질문들을 선포하고, 암시하고, 새기거나, 분위기와 상황에 따라 유리를 통해 어둡게 보여주었다. 편지뿐만 아니라 연설문, 사설, 논문에도 산업 경영자들의 행적, 부유층의 행태, 자본과 노동의 충돌, 개혁가들의 책략, 농민들의 항의가 반영되었다. 1865년 이후 월트 휘트먼이 쓴 거의 모든 시에는 아메리카의 거대하고 다양한 경제 과정과 그에 따른 희망과 의구심이 반영되어 있다.

> 참전용사들의 종족! 승리자의 종족!
> 땅의 종족이여, 전투를 준비하라! 정복의 행군을 하는 종족이여!

휘트먼은 대평화의 순간에 승리의 함성을 올렸다. 그러나 5년 후 쓴 「인도로 가는 길」에서는 그 환희에 찬 글이 다소 가라앉고 그 돌진과 포효의 내적 의미에 대한 질문으로 바뀌었다.

> 새로운 예배, 나는 노래한다;
> 선장, 항해사, 탐험가 여러분, 당신들의 것이다!
> 엔지니어 여러분, 건축가 여러분, 장인 여러분!
> 무역이나 운송만을 위해서가 아니라,
> 오직 하느님의 이름으로, 그리고 오, 너 영혼을 위해.

1년이 더 지나자 시인의 자신감은 부식되기 시작했다. '나는 우리의 신세계 민주주의가 물질주의적 발전과 상품, 그리고 매우 기만적이면서 피상적인 대중적 지성에서 대중을 슬럼가에서 끌어올리는 데는 큰 성공을 거두었지만, 사회적 측면과 종교적, 도덕적, 문학적, 미학적 결과에서는 지금까지 거의 완전한 실패를 거두었다고 말하고 싶다. 우리는 알렉산드로스의 제국을 넘어, 로마의 가장 자랑스러운 영향력을 넘어, 고대의 제국들을 능가하는 거대한 제국을 향해 전례 없는 행진을 거듭하고 있다. 헛되이 우리는 텍사스, 캘리포니아, 알래스카를 합병하고 북으로 캐나다, 남으로 쿠바에 도달했다. 그것은 마치 우리가 광대하고 철저하게 약속된 육체를 부여받은 후 영혼은 거의 또는 전혀 없이 남겨진 것과 같다.'

휘트먼과 동시대인인 유머 작가 마크 트웨인은 벤튼의 오랜 농업 요새인 미주리 주 출신으로, 적어도 번영과 그의 아내가 그의 분노를 일시적으로 누그러뜨리기 전까지는 아메리카 배금주의Mammon의 업적을 비난하는 데 있어 휘트먼과 마찬가지로 노골적이었다. 1871년 찰스 더들리 워너와 함께 당시 소설을 집필하기 위해 현지를 조사하던 중, 그들은 '도금 시대The Gilded Age'라는 제목이 자신들의 시각을 잘 표현한다고 판단했고, 우리가 이 장의 제목으로 차용한 그 신조어 제목 아래 사회 구조를 위에서부터 아래까지 묘사했다. 허구를 가장해 그들은, 정신은 무지하고 혀는 저속하고 으스대기를 좋아하는 새로운 부자들; 물욕의 열정에 사로잡힌 날것의 거칠고 미개한 국가; 의회의 약탈에 힘입어 뉴욕과 시카고와 경쟁하기 위해 애쓰는 초라한 시골; 부패한 정치인, 지자체, 주, 국가의 고상한 말장난과 밑바닥 강도의 약탈; 선정적인 언론이 제공하는 살인과 스캔들 기사를 먹이로 삼는 대도시의 포효하는 군중 — 아름다움과 취향이 개선될 전망이 없는 꼴불견의 엉망진창을 전시해 보여주었다. 비슷한 맥락에서 제임스 러셀 로웰은 1876년 100주년 기념시를 써 달라는 요청을 받고 부정부패 세력ring, 보스, 약탈자들에 대한 분노를 폭발시켜 슈퍼-애국자들 사이에서 반대 여론이 거세게 일어났다. 쓴소리를 듣고서 로웰은 이렇게 물었다. '우리의 정부는 "국민의, 국민에 의한, 국민을 위한 정부"인가, 아니면 바보들의 희생을 담보로 악당들의 이익을 위한 악덕정치Kakistocracy인가?'

아메리카 사회에 대한 로웰의 혹평에도 불구하고 시카고의 산업계 거물들은 그를 초청해 그들 앞에서 대중들에게 그의 생각을 전하게 했고, 그가 도착하자마자 그들은 그에게 성대한 환영식을 베풀었다. 당시 서부 대도시의 젊은 저널리스트였던 유진 필드가 〈문학과 부자들〉에서 논평하고 지역 문화계 거물들에게 가시 돋친 비수를 쏘도록 영감을 줄 정도로 성대한 환영식이었다. 그는 오랫동안 묻혀 있던 도금 시대의 후원에 관한 바로Varro의 대사를 매우 흥미롭게 인용했다.

> 마이케나스는 모범적인 주최자로,
> 손님들에게 진수성찬을 내놓고,
> 요리 하나하나의 이름을 알려주고
> 그 품질과 가격을 자랑한다.

그런 다음 그는 '웅장한 옛 로마 시대의 가장 호화롭고 가장 까다롭고 가장 세련된 망토'가 말하자면, '시카고 부와 문화의 대표자들의 어깨 위에 둘러졌다'고 말하면서 기쁨을 터뜨렸다. '이곳에 머무는 동안 로웰 씨에게 제공된 사적인 저녁 식사는 4만 달러 이상의 비용이 든 것으로 알려졌다. 그러나 아직도 시카고가 위대한 문학 중심지가 아니라고 말하는 비평가들이 있다!'

필드는 스스로를 '돼지고기와 돼지기름lard의 시인', 시카고의 단테라고 불렀다. 현대 문학 채널의 선구자 중 한 명으로 〈시카고 데일리 뉴스〉의 칼럼을 가득 채운 변덕스러운 발언으로 계속해서 돈과 체면에 대한 농담을 섞어넣었는데, 그 농담들은 부드럽고도 무심한 유머를 담고 있었다. 그에게 그 시대의 행렬은 청교도적인 분노를 일으키지 않았다. 그는 편협하지 않았으며, 매일매일의 사건들에서 짜증스러운 것을 발견하더라도 그것은 그에게 악의적인 쓴맛을 일깨우지 않았다. 예를 들어, 큰 서커스단이 시카고에 왔을 때, 그는 이 사건을 런던에서 새로운 사포Sappho의 책이 출간된 것과 연관지었다. '사자를 실은 우리가 지나갈 때, 열광적인 관중들의 함성은 사막의 분노한 왕들의 목구멍에서 나오는 굉음보다 더 커졌다. 남자들은 모자를 흔들고, 여자들은 손수건을 펄럭였다. 이 장면은 어제 저녁 포르포의 커다란 서커스 텐트에서, 공중의 여왕인 마드무아젤 오르탕스 드 베르가 등장해 요정처럼 화살 끝에서 그녀의 귀여운 한 발로 서 있었을 때의 열렬한 환호에 필적할 만큼 흥미진진한 것이었다. 당신의 사포와 그녀의 시를 이야기해보자! 시카고가 사포와 공중의 여왕 마드무아젤 오르탕스 드 베르 사이에서 선택하는 데 망설일까? ……서점에 가서 수천 수만 권의 책들이 고객들을 기다리고 있는 것을 보면 자랑스럽고, 우리 문화 사회의 고요하고 웅장한 집들이 가장 비싼 벽지와 고가의 예술품으로 넘쳐나는 것을 보면 가슴이 벅차오르고, 우리 주변의 성장하는 세련미를 나타내는 수천 가지의 징후에서 무한한 즐거움을 느낀다면, 서커스에 경배를 바치는 우리의 지성과 문화에서 느끼는 자부심과 황홀함은 얼마나 더 큰가.'

비슷한 관점에서, '문화의 화환: 시카고와 다른 서부의 신경절神經節에서 문학, 예술, 음악 및 사회의 점진적인 부상에 대한 메모'에는 도금 시대 아메리카 풍경의 다른 국면이 필드의 다정한 리뷰로 1887년에 수집되었다. 마을 정치가들의 관행조차도 그의 재치에서 벗어날 수 없었다. 예를 들어, 일리노이주 정치인들이 공적인 경비로 뉴올리언스로 여행을 떠났을 때, 그는 '가짜' 전보를 '테네시 주 블루 컷'[허구의 지명]에서 작성했다. '일리노이 주 의회를 태우고 뉴올리언스로 향한 열차의 두 번째 구획이 어젯밤 이 역 근처에서 도적들에 의해 세워졌다. 여행객들은 도적들에게서 그들의 시계와 보석을 빼앗은 뒤 더욱 흥분에 들떠 여행을 계속했다.'

기계의 치명적인 표준화에도 견제받지 않고 회계실의 금전적 도덕에도 억압받지 않은 도금 시대의 다른 두 유희꾼은 당시 정치경제학의 어리석음에 특별히 주목했다. 아르테머스 워드의 무심한 농담과 요란한 폭로 밑에는 종종 아메리카 공화국의 역설에 대한 날카로운 관찰이 깔려 있었다. 남북전쟁의 긴박한 시기에 링컨은 워드가 기차, 운하 배, 중서부 소도시의 생활에서 포착한 어처구니없는 유머와 정치의 후천적 본능에 대한 풍자가의 예리한 논평을 읽으며 고통에서 잠시 벗어나 안도감을 찾았다. 워드는, 농담 삼아서, 스프링필드에서 링컨을 만나기 위해 몰려든 수많은 공직 지망생들을 묘사하면서 불런Bull Run에서의 참담한 패배[1861년 남북전쟁의 첫 번째 주요 전투로 북군의 패배로 끝났다]를 뉴욕 세관에 세 자리가 비었다는 소문 때문이라고 말했을 때, 그 어떤 가식적인 척하는 사람이 인정하는 것보다 대중적 관습의 실체를 더 깊숙이 파고들었다. 스탠튼[남북전쟁 시기 전쟁장관]이 양날칼의 섬광을 보지 못했다 해도, 한때 그가 무시했던 최고위자는 그 섬광을 충분히 이해했을 것이다.

피터 핀리 던은 '미스터 둘리Mr. Dooley'의 언어로 훨씬 더 대담하고 세세한 부분까지 파악하여 세기말의 아메리카 과정을 묘사했다. 그는 반짝이는 웃음으로 당시의 이론, 자만심, 거짓말, 부패한 관행을 폭로했고, 일반 대중들뿐만 아니라 비웃는 사람들로부터도 폭풍 같은 박수를 받았다. '대법원은 선거 결과를 따른다'는 그의 말은, 한 교수에게는 자리를 잃을 수도 있는 교리였지만, 열렬한 환호로 받아들여졌고, 그 위대한 재판소에 대한 조금의 무례도 참을 수 없는 사람들 사이에서, 인간의 정열이 신성한 축복의 자문을 방해하는 것을 절대 인정하지 않는 사람들 사이에서도 통용되었다. 일반인에게는 석벽처럼 보이는 법이 기업 변호사의 눈에는 개선문처럼 보인다는 그의 가벼운 발언도 유명하다. 루즈벨트에 대한 그의 세 마디, '쿠바에서 홀로alone in Cuba'는 스페인 전쟁에서 이 전사의 공식적인 업적에 대한 한 권의 책만한 가치가 있다. 같은 날카로운 아이러니를 담아, 미스터 둘리는 필리핀에서의 제국주의에 대해 이렇게 말했다. '문명을 방사하며, 이웃 중국의 원주민들에게 남성 셔츠를 팔며'― '우리 마음속에는 성스러운 목적을 품고, 머리 위에는 국기를 펄럭이며, 귀에는 앨버트 J. 베버리지[Albert Jeremiah Beveridge]의 영감을 받은 말이 울린다.' 둘리의 해석이 반제국주의자들이 표를 더 얻게 하지는 못했지만, 적어도 '도덕적 과잉'의 긴장을 완화시키는 데는 기여했다.

시인과 유머리스트의 생각을 사로잡은 사회 질서의 변화는 소설가들의 페이지를 강타하여 수많은 이야기의 주제와 원동력을 제공했으며, 평범한 일상에서 벗어나기 위한 돈과 여가를 제공했다. 공화국 초기와 중기에, 다른 나라로 도망치거나 현지의 풍경과 인물을 묘사하는 데 재능을 쏟지 않은 소설 작가들은, 도금 시대를 흉터처럼 생생하게 관통한 사회 갈등 문제에 대해 오른쪽에서 왼쪽으로 자신들을 배치했다. 그렇지만 누구도 감히 금권정치를 중심으로 옹호하지는 않았다. 아마도 날것 그대로의 자본주의에 대한 최고의 옹호는 윌리엄 매킨리 제국주의의 유능한 외교관이었던 마커스 A. 해나의 신뢰받는 동료이자 당시 공화당의 고위 정치인이었던 존 헤이가 1877년 철도 대파업을 다룬 소설『가장들Breadwinners』이었을 것이다.

헨리 제임스는 부자들의 행태와 민주주의의 저속함에 똑같이 괴로워하는 산전수전 다 겪은 중간 계급을 위해 이야기했다. 백만장자의 손자이자, 한 세대 동안 상점의 악취에서 벗어나고, 운 좋게도 호화로운 여가를 즐길 수 있게 된 제임스는 불꽃이 하늘로 날아가는 것처럼 좀 더 고상한 분위기로 나아갔다. 더 높은 고도高度에서 그는 '세련된' 취향을 가지고, 동작이 나른하고, 우아한 매너를 갖추고 싶어 하는 많은 상류층 사람들— 자연스럽게 그런 매너를 물려받지 못한 사람들 —을 발견했다. 이러한 상류층 사람들에 관해 그리고 그들을 위해, 제임스는 대부분의 소설을 썼으며, 거칠고, 떠오르는, 아메리카의 부르주아지를 이용해, 최근의 면직물 공장 신참조차도 장원莊園 취향과 조화를 이루도록 길들인 영국 지주 귀족층의 고상함을 강조했다. 고정된 투자에서 나오는 확실한 수입을 가진 그는, 정교하고 섬세한 스타일을 발전시키기 위해 글쓰기에 시간을 들였으며, 그 스타일은 너무도 모호하고 복잡하여, 실용주의 철학자인 그의 형 윌리엄조차도 소설가에게 편지로 '제발, 말하고 싶은 걸 직설적으로 말해줘'라고 폭발했을 정도였다. 제임스는 자신의 위치 덕분에 비즈니스에만 몰두하지 않는 사람들의 사회에 익숙해졌고, 마침내 세계대전 동안 미합중국 시민권을 포기하고 조지 왕의 신민이 되어 영국에서 안식을 찾았다.

더 다재다능한 천재이자 더 강력한 즉흥연주자였던 프랜시스 매리언 크로

포드는 1884년 보스턴 정치에 대한 그림을 그린 후 '아메리카의 얄팍하고 천박한 삶'에서 벗어나 이탈리아의 온화한 문명으로 도망쳐 유럽의 풍경과 인물을 묘사하는 데 재능을 쏟아부었다. 이러한 철수는 애국적인 아메리카인들에게는 경악을 금치 못하게 했고, 더 정교한 것으로 분류되는 국가들에게는 위안을 주었지만, 문학인들 사이에서는 결코 새로운 관행이 아니었다. 바이런, 키츠, 셸리, 브라우닝 부부는 영국 문화보다 지중해를 선호했고, 하이네는 함부르크나 뒤셀도르프보다 파리에서 더 많은 시간을 보냈으며, 투르게네프는 러시아로 돌아갈 수도 있었지만 프랑스의 수도에서 사망했다.

중앙 왼쪽에는 통찰력이 가장 예리한 작가들이 있었다. 마크 트웨인은 태생적으로나 본성적으로 미주리 농촌 민주주의의 왜곡된 면모를 마지막까지 간직하고 있었지만, 특히 아서 왕의 궁정에서 양키를 중심으로 '특권'에 대해 때로 비판한 것을 제외하고는, 『도금 시대』의 무자비한 조사 이후 아메리카 사회에 대한 일반적인 분석은 시도하지 않았다. 더 안전한 주제로 눈을 돌린 그는 재능은 떨어지지만 온화한 성품의 친구인 W.D. 하우얼스에게 격렬한 소용돌이 속에서 허구를 발견하는 임무를 맡겼다. 트웨인처럼 하우얼스도 오하이오 주에서 태어난 농촌 출신으로, 어린 시절부터 나무를 베고 옥수수밭을 갈고 감자를 캐는 등 개척지를 잘 알고 있었다. 흙의 자식인 그가 상류층으로 진출할 수 있었던 것은 순전히 정신력 때문이었는데, 그가 2, 3세대 전 문화의 서리[시골뜨기로서 도시에서 받았던 냉대]를 맞았을 때의 충격은 『사일러스 라펌의 출세Rise of Silas Lapham』에 생생하게 묘사되어 있다.

일찍이 금권정치에 맞서는 노동 투쟁에 끌린 하우얼스는 그 갈등과 그 안티테제인 『알트루리아의 사회주의』[원제는 '알트루리아에서 온 여행자A Traveler from Altruria'다]를 썼을 뿐만 아니라, 시카고 아나키스트들의 처형을 '기괴한 법의 왜곡'으로 규정하고 항의하기 위해 공론장으로 내려가 자신의 행동이 '헤아릴 수 없는 대다수의 아메리카 대중'에게 불쾌감을 준다는 것을 잘 알면서도 그 권리를 옹호했다. 그의 분노가 하늘을 찌를 듯이 타오르지는 않았고,

그의 사실적인 이야기가 아메리카 문학에 한 획을 긋지는 않았지만, 그의 영혼이 아메리카 경제의 정렬 곡선에서 어디에 위치했는지는 의심의 여지가 없었다.

하우얼스보다 좀 더 왼쪽에는 적어도 허구적 구조의 대담함에서 훨씬 더 독단적인 스타일의 두 작가가 있었다. 기계 시스템을 액면 그대로 받아들이다 에드워드 벨러미는 산업 시대 최초의 아메리카 유토피아인 사회주의에 대한 솔직한 소설 『돌아보기*Looking Backward*』에서 과학과 발명을 이름 없고 명예롭지 못한 고된 노동의 저주로부터 인류를 구한 구세주로 찬양하는 글을 썼다. 책은 놀랍도록 신속하게 전 국민의 상상력을 사로잡고 단명한 민족주의당 Nationalist Party의 형성으로 이어졌으며 독일 사회주의자들의 강경한 마르크스주의에 짙은 아메리카 정서의 색조를 부여했다. 벨러미의 분노가 일반 대중의 폭풍 속에서 곧 사라졌다 해도, 사회 사상에 대한 그의 영향력은 결코 사라지지 않았다. 몇 년 후 프랭크 해리스가 쓴 『폭탄*The Bomb*』은 순서는 다르지만 같은 중심을 향해 방사형으로 뻗어 있다. 졸라의 파리 시민의 타락에 대한 끔찍한 묘사 중 어디에도, 무자비한 시카고 빈민가의 사회적 불안을 그린 이 책만큼 산업 혁명의 뿌리가 되는 현대 빈곤의 파괴적인 잔혹함을 정확하게 표현한 것은 없었다.

부문과 지역을 하나의 단순한 도가니로 끌어당기는 기계 소용돌이의 힘만큼이나 강렬했던 도금 시대에 나온 인기 소설의 대부분은 지리적 특성과 유서 깊은 삼각관계에서 그 소재를 얻었다. 마크 트웨인은 국민 소설 『도금 시대』를 쓴 뒤 미시시피 강과 서부의 삶 등 여러 가지 면에서 신세계 특유의 삶을 묘사했고, 유럽을 몇 차례 여행하고 나서 소위 영원한 가치에 대한 쓸쓸한 의구심을 품게 되었다. 에드워드 에글스턴은 『후지어 교장*Hoosier Schoolmaster*』에서 개척 시대 인디애나 주의 가난한 백인 공동체를 놀라운 정확성으로 그려냈고, 그 후에도 가끔씩 지나가는 개척지의 모습을 그림으로 남겼다. 남부 흑인들을 웃고 울게 만들었던 조엘 챈들러 해리스와, 드물게 동정심을 가지고 특정 지역, 특히 뉴올리언스의 정신을 포착한 조지 워싱턴 케이블의 목소리도 옛 남부Old South에서 나왔다. 북부 끝자락의 사라 오네 주잇은 사라져가는 뉴잉글랜드의 모습을 남겼고, 마가레타 델랜드는 설교자 존 워드를 통해 여전히 가족을 분열시키는 종교적 열정이 가라앉아가는 모습을 담았다. 태평양 연안에서 뉴욕과 런던에 이르기까지 브렛 하트는 광산 캠프의 끓음을 담았고, 헬렌 헌트 잭슨의 『라모나Ramona』에는 캘리포니아 멕시코인의 쇠락 시대가 선명하게 그려졌다.

아메리카 소설의 전 영역을 검토하는 현재의 비평가 칼 밴 도렌은 1880년에서 1890년 사이의 10년 동안 아메리카 역사상 그 어느 때보다 좋은 소설이 많이 생산되었다고 확신할 정도로 이 시기는 풍요로운 수확을 거두었다. 왜 그렇게 많은 소설이 베어지고 시들어 버린 풀처럼 빨리 사라졌는지는 책과의 전쟁을 주재하는 사람들에게 맡겨야 할 것이다. 그러나 아마도 선철처럼 만들어진 문학의 대량 생산, 출판사의 신간 판매에 대한 압박, 아메리카 경제 발전의 역동적인 추진력이 그것들을 추월한 망각의 대부분을 설명할 수 있다.

이 문제에서 시간의 중재가 어떻든 간에, 도금 시대의 베스트셀러는 다른 질서에 있었다고 안전하게 말할 수 있다. 그 소란스러운 시대에 아메리카 대중은 한 영리한 작가가 '세상의 한 푼짜리 소설 이론'이라고 불렀던 것을 소중히 여겼다. 그들은 난해하거나, 인간미가 없거나, 미래학적이거나, 허황된 추측에는 관심이 없었다. 그들은 무상 토지가 점령되고 인간이 기계, 법규, 예술, 표준화된 평판으로 황무지를 정복할 때까지 잠시 동안만 지속될 삶에 대한 구체적이고 개인적이며 원시적이고 물질적인 열정에 집착했다. 이 시대는 모든 면에서 존 헤이가 '아메리카인의 삶에서 선한 것의 많은 부분과 악한 것의 대부분의 원천인 불안한 서두름과 갈구'라고 불렀던 것으로 특징지을 수 있는 시대였다.

따라서 중간 계급 여성과 소녀들이 〈고디의 레이디 북〉과 복[E. W. Bok]의 〈레이디스홈 저널〉에 열광하는 동안, 남성과 소년들은 신세계의 토착적인 비극, 욕망, 뜨거운 열정, 미스터리, 부의 모험을 거의 과장 없이 묘사한 수많은 '스릴러'를 소비했다. 하우얼스의 『알트루리아에서 온 여행자』나 헨리 제임스의 『여인의 초상』이 시장에서 팔릴 때마다 버팔로 빌의 절망적인 행동, 다이아몬드 딕의 광란의 모험, 비들Beadle의 피를 끓게 하는 위험에 대한 수천 권의 책이, 그들의 아내의 동의를 얻어, 도금 시대에 나라를 통치한 남성들과 미래를 소유할 소년들에 의해 소비되었다.

상상력이 지배하는 또 다른 분야인 희곡은 소설을 지배하는 법칙에 충실하게 운영되었다. 항상 그렇듯이 유럽에서 많은 것을 차용한 반면, 아메리카에서 발전한 주제는 종종 의례적인 용도와 일치하는 경우가 많았다. 하지만 '아메리카 희곡의 학장'이라 불리는 브론슨 하워드와 아메리카식 극작법을 창안한 제임스 A. 헌이라는 가장 두드러진 극작가 두 사람이 모두 주변에서 소용돌이치던 경제 흐름에 깊은 영향을 받았다는 점은 중요하다. 자본과 노동, 부자들의 오락과 유흥, 광란의 투기 재앙은, 하워드가 아무리 프랑스식 조롱과 관습적인 오락을 두껍게 덧입혔어도, 근본적인 패턴을 형성했다. 하우얼스의 정신을 상징하는 대지와의 친밀함에 대한 애정은 헌Herne 작품의 원동력이기도 했다. 다윈과 스펜서의 제자이자 헨리 조지의 『진보와 빈곤』에 묘사된 경제적 비극에 깊은 감명을 받은 헌은 근본 문제들에 다가가려고 노력했다. 그럼에도 불구하고, 미합중국 생활의 실체에 대한 강렬한 반응에서 비롯된 이러한 노력 하나하나에 대해, 유럽 작가들의 작품을 각색한 수천 편의 희곡이 있었으며, 이는 특히 세계적인 안목을 자랑하는 사람들 또는 갈등보다 기교를 선호하는 사람들을 위해 만들어졌다. 또 중간 계급을 위한 수많은 다소 세련된 멜로드라마가 있었으며, 노동자 계급에게 '대중적인 가격'으로 판매된 『아름다운 망토 모델 넬리Nellie the Beautiful Cloak Model』 같은 수많은 공포극들도 있었다.

도금 시대의 놀라운 사실 중 하나는 기업이 극장을 정복하고 신뢰를 바탕으로 극적인 제작을 조직했다는 것이었기 때문에 이것은 예상되었던 일인지도 모른다. 관리에 들어가는 비용, 태평양 연안까지 새로운 도시들이 생겨나면서 시장이 확대되고, 수익에 대한 기회가 커지면서 신문처럼 극장도 경제적으로 유능한 남성들의 손에 맡겨지게 되었다. 이런 상황에서 한 명 또는 그 이상의 배우들이 조직하여 자신의 입맛에 맞는 연극을 자유롭게 제작하고 흥행 수익에 직접적으로 의존하던 예전 방식의 극단은, 자본을 공급하고 전국 시장을 조사하고 잠재적인 수입을 고려하여 자신의 연극을 선택하고 자신의 스타를 선택하는 극장 경영자에게 점차 자리를 내주었다. 보일러실이나 사무원 책상에서 산업계의 수장으로 올라선 산업 자본가들처럼, 이 연극계의 거물들도 거리에서 데려온 소년 안내원의 위치에서 대본 집필을 거쳐 제작과 경영이라는 고난도의 모험에 뛰어든 경우가 많았다. 1900년 무렵, 연극 트러스트는 석유 트러스트가 석유를 장악했던 것처럼 드라마를 확고하게 장악했다.

두 경우 모두 일부 독립파와 많은 반항자들이 있었지만, 그들의 활동은 주류의 측면에서 이는 소용돌이로, 승자에 대한 비판으로 머물렀다. 예를 들어, 새로운 유형의 관리자가 연기와 극작을 모두 억압했다는 주장이 제기되었지만, 이에 대해 피고인들은 천재의 재능을 가진 사람에 굶주려 있었지만 그들에게서 그것을 발견하지 못했다고 대답했다. 본질적인 핵심을 고려할 때, 격렬한 토론은 프랑스 아카데미의 장점과 영국 문학의 무정부 상태에 대한 오래된 논쟁과 매우 유사했다.* 어쨌든 언제나 그랬던 것처럼, 극장은 비즈니스 세계에서 가장 우위에 있는 세력에게 정복당했고, 철학자들은 인과관계의 소용돌이 치는 고리를 끊어낼 수 없었다.

§

상상력이 요구되는 문학과 마찬가지로 순수 예술의 경우, 도금 시대의 경제적, 사회적 환경은 특정한 발전 조건을 제공했다. 부유층의 부와 중간 계급의 부의 증가, 공공 건물과 기념물의 건설로 인해 회화와 조각 시장이 확대되었다.

시장이 확장되는 동안 예술가 지망생들이 기술 교육을 받을 수 있는 방법과 수단도 다양해졌다. 유럽으로 가는 길은 쉽고 저렴해졌고, 그 어느 때보다 많은 아메리카인이 구세계 최고의 스승 밑에서 공부하고 역사적인 과거의 위대한 작품의 원본을 볼 수 있게 되었다. 한편, 국내의 자극과 훈련 시설은 더욱 풍성해졌고 유럽에 더 가까워졌다. 1876년 필라델피아에서 열린 독립 100주년 기념행사에서는 유럽, 오리엔트, 아메리카의 회화, 조각, 도자기, 직물 등이 전시되어 일반 대중에게 세계의 걸작을 처음으로 엿볼 수 있는 기회를 제공했다.

이러한 관심의 확산으로 10년 동안 보스턴과 뉴욕의 미술관들 같은 곳들이 전문가와 산업계 지도자들의 영감을 받아 대중의 기부금과 시 보조금의 지원을 받아 설립되었다. 불과 몇 년 전까지만 해도 보스턴은 공공 미술 컬렉션이 없거나 최소한 가끔씩 열리는 전시회를 자랑할 수 없는 평범한 도시였다. 박물관과 연계되거나 독립적인 미술 교육 센터가 사방에 우후죽순처럼 생겨났고, 메인 주에서 캘리포니아 주에 이르기까지 전국에 퍼져 있는 신설 고등학교는 고전 미술품의 복제물로 장식되어 학생들은 능숙한 솜씨로 그것을 모사하는 데 열중했다. 이렇게 무명의 대중들 사이에서 붓과 연필, 끌을 사용하는 수많은 남녀가 전문직으로 진출할 수 있는 기회를 제공하는 확대된 시장에 대응하기 위해 등장했다. 이들은 2차 아메리카 혁명 이후 미술의 발전을 이끈 실질적이고 현실적인 세력이었다.

---

* 프랑스는 아카데미 프랑세즈와 같은 기관으로 대표되는 문화에 대한 공식화된 접근 방식으로 유명했다. 1635년 **설립된** 아카데미 프랑세즈는 프랑스 언어와 문학을 규제하고 장려하기 위해 노력했는데 높은 수준을 유지하고 고전적 형식을 보존하기 위해 문학 및 예술 작품 제작에 대한 엄격한 규칙과 지침을 제정했다. 일부에서는 이러한 규범이 세련된 작품의 창작으로 이어지지만 개인의 창의성과 혁신을 억압할 수 있다고 생각했다. 이와는 대조적으로 영국은 보다 자유롭고 규제가 덜한 문학 문화를 가진 것으로 인식되는 경우가 많았다. 특히 르네상스 이후의 영국 작가들은 제도적 제약에 얽매이지 않고 새로운 형식, 아이디어, 스타일을 실험할 가능성이 더 높았다. 이러한 '무정부 상태'는 영국 문학에서 공식적인 규제나 중앙집권적인 통제가 없어 표현의 자유가 더 큰 것으로 인식된 것을 말한다. 영국의 전통은 개인주의와 창작의 자유를 존중하여 다양하고 활기차게 문학계를 이끌었지만, 때로는 예술 원칙과 관련되어 세련미와 일관성이 부족하다고 여겨지기도 했다.

따라서 권력의 무게는 창의적인 느낌보다는 모방의 편에 서게 되었다. 예술을 후원하고 지원한 부유층과 존경받고자 노력하는 데서 출발한 민주주의는 모두 대담한 혁신으로부터 위축되었다. 그들에게 들판, 공장, 작업장, 상업 도시의 평범한 삶은 대작을 위한 영감을 주는 주제를 제공하지 않는 것처럼 보였다. 그래서 교황, 왕, 왕비의 전시와 의례에 집착하는 막대한 부의 소유주들은, 그들의 이미지, 기법, 영감이 무엇이든 옛 거장들의 진정한 걸작에 최대한 가깝게 따르라고 예술가에게 지시했다. 같은 분위기에서, 주 의회와 시 위원회는 공공 건물 장식 계획을 세울 때 중세 갑옷을 입은 기사, 멋진 숙녀, 이상적인 누드화의 벽화를 선택하여 유럽과 아메리카의 아틀리에에서 그러한 장식물을 몇 에이커나 주문했다.

  하지만 아직은 유구한 유산이 가져다주는 그런 종류의 노련한 안정감이 없었다. 종교와 학문의 스콜라주의에 대항하여 이성의 영역에서 제기된 반란에 필적할 만한, 예술의 스콜라주의에 대항해 반란을 일으킬 수 있는 미래에 대한 열렬한 탐색도 없었다. 그 대신 아메리카 예술가들은 자연스러운 감정을 억누르고 고전적 형태의 창백한 모방에 만족해야 한다는 강력한 압력을 받았으며, 미켈란젤로의 모세가 원본과 동등한 기술로 복제되었다면, 가마쿠라의 대불大佛을 교묘하게 모방한 평온한 부처처럼 활기찬 산업의 땅에서 거의 조화를 이루지 못했을 것이라는 사실을 잊어버리고 있었다. 자극, 훈련, 제품에 비현실성이 짙게 드리워져 있었다. 보스턴 공립 도서관을 위해 그린 사전트[John Singer Sargent]의 〈구원의 도그마Dogma of Redemption〉는 변증법보다는 화학을 전공한 고요한 회의론자 찰스 W. 엘리엇이 하버드를 다스리던 시절 유니테리언주의의 오랜 고향에서 이상하게 보였다. 형식주의의 절정은, 존 W. 알렉산더가 피츠버그를 중세 갑옷을 입은 남성이 허리까지 벗은 현대적인 여고생으로부터 왕관을 받는 모습으로 의인화한 거대한 벽화를 통해 도달되었다.

  그러나 이러한 한계 속에서도 일부 아메리카 예술가들은 의심할 여지 없는 실력을 갖춘 작품을 제작했다. 존 싱어 사전트의 붓을 통해 환상의 인물로 살아난 영주, 귀부인, 부유한 부르주아의 초상화에는 세련된 기교와 강철 같은 정확성이 있었다. 사실 런던에서 평가를 받은 사람들은 아메리카의 성취에 기뻐할 만한 모든 이유가 있었다. 사전트는 영국에서 가장 오래되고 가장 부유한 사람들로부터 수수료를 받았다. 애비[Edwin Austin Abbey]는 에드워드 왕의 대관식 공식 화가로 선정되었고, 휘슬러의 〈칼라일Carlyle〉은 런던은 물론 보스턴, 캔자스시티, 왈라왈라, 러시빌에서 사랑받았으며, 루브르 박물관 갤러리에는 아메리카인의 캔버스가 걸렸다.

유럽과 아메리카의 표준화된 화가, 박물관, 학교, 아카데미의 형식주의가 언뜻 보기에 절대적으로 경직된 것처럼 보인다면, 겉모습은 어느 정도 기만적이었다. 이 시대의 모든 예술가들은 아무리 노력해도 모방으로는 거장들이 남겨준 원본의 높이에 도달할 수 없다는 것을 알고 있었다. 박물관을 통해 가능해진 고대, 중세, 근대, 원시 예술, 서양과 오리엔트의 비교는 지중해 고대로부터 물려받은 순수한 고전주의에 시간이 지남에 따라 해체 효과를 가져왔다. 볼테르가 예수회 교사의 규율에서 벗어나 전통의 멍에를 벗어던진 것처럼, 학교의 철두철미한 규율 자체도 내성적인 학생들의 마음속에 반감을 불러일으켰다. 게다가 예술가들은 당대의 과학, 산업, 정치에서 나온 아이디어의 영향을 받는 인간이었다. 그들은 책과 신문을 읽었다. 그들은 19세기 유럽의 왕권과 기존 질서를 뒤흔들고 세계대전의 드라마를 종결시킨 민주주의 교리의 충격에서 어떤 경로로도 완전히 벗어날 수 없었다. 1865년 이후 아메리카가 비교적 평온해 보였다면, 많은 아메리카 화가들이 초기 교육을 받았던 유럽은 1871년 파리에서 일어난 공산주의자의 봉기*로 인해 민중적 열기로 끓어오르고 있었다.

이러한 지적 흥분 속에서 새로운 개념의 예술이 구세계 곳곳에서 쏟아져 나왔고, 이는 최근 서양 문물을 받아들인 일본에까지 파장을 일으켰다. 이제 일상에서 흔히 볼 수 있는 것들이 예술의 영역으로 깊숙이 파고들었다. 프랑스에서 밀레가, 어린 시절 들판에서 자신이 노동하면서 알았던 소박한 농민들을 불멸의 형태로 그리라는 스승의 훈계를 제처두고, 1848년 혁명적인 해에, 곧 프랑스를 떠나 망명자의 삶을 살게 될 사회주의자 르드뤼-롤랭으로부터 그를 자유의 길로 이끈 첫 번째 돈을 받은 것은 미학적으로 결코 우연이 아니었다.

다른 부문에서도 비슷한 반란이 일어났다. '이상적인 누드'는 점차 장르 회화와 조각에 자리를 내주었다. 소설에서 강력한 힘을 발휘한 '사실주의'와 '진정성'은 과학자나 학생들뿐만 아니라 광범위한 예술가들의 표어가 되었다. 1867년 프랑스 반체제의 지도자 마네는 '화가가 자신의 인상을 표현할 생각만 하는 데 반해, 화가의 작품에 시위와 같은 성격을 부여하는 것은 진정성의 효과'라고 썼다. 이것은 예술에서의 반란 선동 메모였다. 저항이 의도된 것이든 아니든, '인상파'는 그 거장들이 모두 갤러리들[걸작 회화들]의 자식들이었음에도 불구하고 규율주의자들의 많은 규칙을 무시하고 관심 있는 것은 무엇이든 캔버스에 쏟아붓는 좌우파를 아우르는 화가들의 새로운 학파의 부상을 대표했다. 도금 시대에 아메리카 젊은이들이 공부를 위해 유럽으로 몰려갔을 때, 교사들에 대항한 이러한 반란의 정신은 들끓고 있었다.

프랑스 인상파 화가의 아틀리에로 많은 야심 찬 아메리카 젊은이들이 떠돌아다녔지만, 항상 그곳에 머물러 있지는 않았다. 예를 들어 윌리엄 모리스 헌트, 조지 이네스, 존 라 파즈 등은 새로운 학파에 깊은 감명을 받아 개혁가들의 헌신을 미합중국으로 가져왔다. 1878년, 창립 이래 더 오래되고 엄격한 우수성 기준을 고수해 온 아메리카아카데미는 라 파지가 이끄는 아메리카예술가협회Society of American Artists라는 새로운 단체의 도전을 받았다. 반항적인

이 협회는 모든 회원을 신앙의 규범으로 굳게 붙잡는 데는 성공하지 못했지만, 학자들을 회랑과 역사적 모델에서 자연과 실험의 세계로 이끌었던 철학에서의 과학 운동과 유사하게 미학에서 사실주의 운동을 일으켰다.

이처럼 민주주의의 흐름이 회화의 주제와 강조점을 바꾸고 있는 동안, 고전파의 예술에도 과학은 영향을 미쳤다. 물리학자들은 오랫동안 물질을 구성 요소로 분해해왔고, 이 작업에서 힌트를 얻은 몇몇 예술가들은 빛에 대한 더 나은 이해를 위해 스펙트럼을 사용하기 시작했다. 그들은 실험실에서 일했고, 헬름홀츠, 셰브뢸Chevreul, 루드Rood의 저서를 연구했다. 그들은 선과 선, 평면과 평면, 각과 곡선의 관계, 그리고 자연에서 색조와 색의 친족 관계에 대해 깊이 연구했다.

이 과학적 접근 방식을 취한 아메리카인 중 라 파즈는 가장 놀라운 성과를 거두었다. 헨리 애덤스의 의견에 따르면, 라 파즈는 당대에 가장 복합적인 아메리카인의 정신을 가지고 있었으며, 적어도 그는 정교함과 원시성, 중세와 현대, 아메리카인과 유럽인 모두의 보편성을 주장할 수 있을 만큼 '충분한 신전들에 향을 올릴 수 있는' 사람이었다. 이러한 정신적 장비에 장인 정신을 더한 그는 자신의 유리 공장에서 실험적인 방법으로 옛 스테인드글라스에 필적할 만한 창문을 만들었다. 비록 관습이 그에게 무거운 짐을 지웠지만, 그의 작품에는 앞으로 다가올 자유로운 인상주의에 대한 희미한 암시가 있었다.

그러나 해외에서 훈련받은 예술가들의 붓에서 나온 혼란스러운 색채, 형태, 이미지 속에서 독특한 아메리카의 역동성을 찾고자 한다면, 그것을 발견하기는 어려울 것이다. 박물관에 보존되고 학교의 교사들에 의해 가르쳐진 형식적 전통의 영향력이 너무 강했기 때문이다. 그러한 수입된 문화의 두터운 층을 통해서는 도금 시대 아메리카를 특징짓는 열정과 사상이 좀처럼 뚫고 나오기 어려웠다. 오히려 그들은 거장들의 지도를 덜 받은 윈슬로 호머, 알렉산더 와이언트, 앨버트 라이더, 랠프 블레이클록의 그림에서 표현을 찾아냈는데, 이들 중 누구도 철권통치 아래서 오랜 성장 기간을 보내지 않았다. 확실히 윈슬로 호머는 아메리카의 실체에 가까웠다. 뉴잉글랜드의 아메리카인 부모 사이에서 태어난 그는 석판화가의 도제 생활을 거쳐 〈하퍼스 위클리〉에 스케치를 그리면서 천재적인 재능을 인정받으며 예술에 입문했다. 그는 귀족들의 지원을 받는 호화로운 살롱을 접하지 못한 채 자연과 인간의 원초적인 투쟁에 몰두했고, 육지나 바다를 배경으로 선원, 어부, 노동자, 농부 등 인간과 자연을 모두 생명의 신비로움에 휩싸인 하나의 요소로 묘사하는 그림을 그렸다. 오하이오 농부-목수의 아들로 태어난 와이언트도 같은 방랑자 유형에 속하는데, 그는 안타깝게도 기교는 부족했지만 아메리카 풍경화에서 창조자의 본능을 드러냈다. 더 낭만적이고 주관적이지만 자신의 비전을 표현하는 데 있어서는 똑같이 독립적이었던 이 그룹의 세 번째인 라이더는, 한 비평가의 관찰에 의하면, '브라우닝이 시에서 이룬 것과 같은 모호하고 파악하기 어려운 특성을 그림에서 이룬' 최고의 작품을 선보였다. 기이하고 형태가 없는 정신, 가르침을 받지 않은 단순한 자연의 친구이자 인디언의 동반자인 블레이클록은 색채와 난해한 것에 대한 미묘한 감각으로 성공한 부유층 고객들과는 늘 거리를 두었다.

친족 예술인 조각에서는 고전적인 전통에 대한 순종과 아메리카 문화의 중심부에 더 가까운 운동의 징후가 함께 드러났다. 부의 획득, 도시의 성장과 경쟁, 존중에 대한 추구는 부자들의 흉상, 군인 및 선원의 기념비, 연속적인 국가 박람회의 웅장한 장식, 공공 건물의 장식용 부착물에 대한 거의 무한한 부의 수요가 있을 때까지 시장을 확대했다. 그 결과 남녀 모두에게서 다양한 제품이 쏟아져 나왔고, 지역의 거의 모든 분야가 거기에 공헌했다. 아일랜드에서 태어난 세인트-고든스는 뉴욕에서 자랐고, 대니얼 체스터 프렌치는 뉴햄프셔 출신이었고, 비셀은 코네티컷 소년이었고, 펜실베이니아의 아들인 바너드는 아이오와 주 무스카틴에서 어린 시절을 보냈으며, 거츤 보글럼은 아이다호에서 태어났고, 니하우스Niehaus는 신시내티의 아들이었다. 극서부는 인디언과 사냥꾼, 남북전쟁, 장군과 사병 등 지리적 구분이 역사와 함께 조각의 주제를 제공했다.

특히 정치가들이 그들의 로마 토가를 잃어버리고 연미복 코트와 바지를 입으면서 우화적인 사치품이 천천히 가라앉고, 꾸준히 대중의 호감을 얻으면서 단순한 모방에서 해방되었다는 증거가 여기저기서 번쩍거렸다. 세기 말에는 노동의 힘, 기계의 기술, 산업의 변화무쌍한 에너지와 같은 평범한 삶의 힘에 대한 인식에 따라 더욱 자유로워지는 흐름이 나타났다. 1903년 로라도 태프트는 전적인 권위를 가지고 이렇게 말했다. '과거에는 우유부단하고 소심하게 과거에 기대던 곳에 오늘날에는 귀중한 예술적 의식의 핵이 존재한다. 아메리카 조각가는 더 이상 고의적으로 자신을 시대와 동떨어뜨리지 않고, 자신을 둘러싼 삶의 일부가 되기 위해 노력한다. 그는 자신의 예술이 영향력을 발휘하기 위해서는 낯선 언어를 사용하지 않고 그의 시대와 인종의 언어를 따라야 한다는 것을 깨달았다.'

§

다행히도 미래를 위해 기계에 의해 분열된 예술과 산업이 어떻게든 재결합해야 한다는 인식이 커지고 있었다. 신세계 개척을 통해 부자가 된 사람들 사이에 오랫동안 남아 있던 싸구려 장식품에 대한 청교도들의 적대감도 직물과 기타 상품 시장을 장악하기 위해 디자인을 개선해야 할 필요성 앞에서 완화되기 시작했다. 시간이 지나면서 상업 예술은 밀폐된 공간에 갇히지 않고, 더 높은 형태의 상상력을 키워야만 성장할 수 있다는 것이 분명해졌다. 그러나 국내외의 경쟁에 직면한 산업계 거장들은 처음에는 다소 배타적인 예술 거장들의 도움을 별로 받지 못했고, 고전적인 보물들이 가득한 박물관 관장들의 격려도 거의 받지 못했다.

산업을 아름다움, 상상력과 연결시키려는 노력에 다른 편법이 동원되자, 그들은 가까이에 있는 기존 교육 시스템에 눈을 돌렸다. 1870년 섬유 산업의 본거지였던 매사추세츠는 공립학교에서 그림 그리기를 의무적으로 실시했다.

이러한 혁신은 3년 후 미술 교사를 양성하기 위한 일반 미술학교 설립으로 이어졌고, 1876년 독립 100주년 기념 박람회를 계기로 전국적인 운동으로 발전했다. 그 직후에 조직된 필라델피아 산업 미술학교Philadelphia School of Industrial Art는 교육 분야의 모든 부문에서 야심 찬 모범을 보였다. 세기 말에는 모든 주에 미술과 산업 예술에 대한 교육을 제공하는 일반 학교가 적어도 하나 이상 생겼다. 수공예가 이 나라에서는 쇠퇴의 길을 걸었기 때문에, '기술적으로 경쟁력 있는' 교육이 도제식 훈련을 대신하여 산업에 새로운 패턴, 도형 및 색상을 공급하기 시작했으며, 위대한 창조의 시기에는 공예와 예술 사이에 항상 중요한 관계가 있었다는 사실을 잊고 있었던 미학자들은 놀라움을 금치 못했다.

§

전체적으로 순수 예술과 산업 예술 전반에서 미약한 성과가 있었다면, 친척들이 종종 인정하지 않는 한 분야는 확실히 일급의 기량을 보여주었다. 그것은 그래픽 아트였다. 상업 출판사가 창간한 잡지, 비즈니스 원칙에 따라 운영되는 신문, 기술자가 만든 판화 과정, 문해력의 확산으로 날로 확대된 시장은 기사, 사설, 헤드라인, 정치적 수사를 삽화로 보여줄 수 있는 천재성을 요구했다. 이 분야에서 아메리카인의 기질은 다재다능한 기술로 꽃을 피웠는데, 아마도 대륙을 정복하는 과정에서 날마다 고동치는 삶의 현실에 더 자연스럽고 가깝게 다가갈 수 있었기 때문일 것이다. 분명한 사실은 도금 시대의 스쳐 지나가는 풍경을 구성하는 사건, 야망, 열정, 희망, 관심사를 가장 근접하게 그려낸 것은 그래픽 재능이었다. 해부학, 문법, 논리의 패턴이라는 형식주의에서 해방된 삽화가들의 그림에서 삶과 행동이 가장 극명하게 드러났고, 아메리카 문명의 정신이 글보다 더 강력하게 비춰졌다.

예를 들어 남북전쟁, 크레디 모빌리에 스캔들, 트위드 링 시대는 토머스 나스트의 도전적인 '태마니 타이거Tammany Tiger'를 통해 세월의 폐허 속에서도 살아남았다. 장인과 농민의 민주주의와 굴드 가문과 밴더빌트 가문의 금권정치 사이의 싸움이라는 〈뉴욕 월드〉의 개념은 1884년 선거에서 블레인에게 던져진 '벨샤르의 향연Belshazzar's Feast'의 끔찍한 흑백 선으로 생생하게 표현되었다.* 호머 C. 대번포트가 그린, 달러 기호로 뒤덮인 해나**의 만화는 브라이언의 '가시관' 연설***이 표현한 열정을 연설자의 말보다 더 치명적으로 정확하게 전달했으며, 그의 웅변의 메아리가 무덤처럼 가라앉았을 때에도 대중의 상상 속에 강렬히 남아 있었다. 한편 브라이언과 알트겔드****를 허세와 비웃는 무정부주의의 공포로 묘사한 초상화는, 편집자들과 기자들의 날카롭고 맹렬한 수사보다 그들의 적들의 마음속에 더 깊이 각인되었다.

사진 복제가 판화 분야를 꾸준히 잠식했음에도 불구하고 카툰 작가들에게 지지를 보냈던 시장은 일러스트레이터들에게도 지지를 보냈다. 윈슬로 호머는 〈하퍼스 위클리〉에 링컨 대통령 취임식 스케치를 의뢰받으면서 명성을 얻

---

* '벨샤르의 향연' 만화는 공화당 대통령 후보인 블레인을 부패하고 탐욕스러운 정치인으로 묘사하기 위해 벨샤르 왕의 이미지를 사용했다. 블레인은 당시에 부패 혐의로 논란에 올랐으며, 특히 철도 회사들과의 부당한 거래 의혹으로 큰 비판을 받았다. 벨샤르는 구약성서 다니엘서에 등장하는 바빌론의 왕으로, 그는 큰 연회를 열고 예루살렘 신전의 기물들을 가지고 술을 마시는 등의 신성모독 행위를 저지른다. 그때 벽에 나타난 손이 '메네 메네 테켈 우파르신Mene Mene Tekel Upharsin'이라는 글자를 쓰는데, 이는 벨샤르의 왕국이 끝나고 그가 심판받을 것이라는 예언이다. 결국 벨샤르는 그날 밤 살해되고, 그의 왕국은 무너진다.

** 마커스 해나는 당시 공화당의 주요 인물로, 윌리엄 매킨리의 선거 캠페인을 주도했다. 그는 부유한 사업가로 대중 사이에서 '금권정치'의 상징으로 여겨졌다.

*** 윌리엄 제닝스 브라이언은 민주당 대통령 후보로, 노동자와 농민의 이익을 대변하며 금본위제를 반대하고 은본위제를 주장했다. 그는 시카고에서 열린 민주당 전당대회에서 '가시관crown-of-thorns' 연설을 통해 금본위제를 강하게 비판하며, 그것이 대중에게 고통을 준다고 주장했다. 이 연설은 강렬한 종교적 이미지와 열정적인 어조로 사람들에게 깊은 인상을 남겼다.

****알트겔드는 일리노이 주의 주지사 시절 노동자들의 권리를 옹호한 진보적인 정치인이었다. 그는 시카고에서 일어난 헤이마켓 폭동 후 노동 운동가들에게 자비를 베풀어 논란이 되었으며, 이로 인해 '무정부주의'와 관련된 이미지가 부여되었다.

기 시작했다. 〈레이디스 홈 저널〉을 읽는 광범위한 사회 계층은 찰스 데이나 깁슨이 그린 아메리카 소녀들의 모습에서 여성성에 대한 이상을 발견했다. 사회 정착촌을 설립한 중간 계급의 인도주의자들은 대도시의 비천한 삶과 '모빌리티mobility[*]'를 가진 아이들의 모습을 그린 M.A.울프의 스케치에 눈물을 흘렸다. 하워드 파일, 프레데릭 레밍턴, 하워드 챈들러 크리스티, 조지프 페넬, 메리 카사트는 책과 잡지의 발행인을 위해 국민 생활과 관심사의 모든 단계를 그리고, 칠하고, 석고로 새겼으며, 그들의 작품 중 일부는 활기찬 힘을 드러냈다.

휘슬러가 베네치아와 런던에서 영감을 얻는 동안 페넬은 상상력의 눈으로 유럽의 생활뿐만 아니라 아메리카 비즈니스의 과정을 바라보았고, 기계, 철강, 노동, 에너지, 대량 생산, 동력 등 현대 산업의 요소들을 확실한 손놀림으로 묘사했다. 옛날에 노동하는 것은 기도하는 것이라고 말하지 않았던가, 그리고 캘빈 쿨리지가 아메리카의 사업은 곧 사업[**]이라고 말하지 않았던가? 페넬이 이미 죽은 과거의 모방자가 아니라 미래의 선지자 역할을 하는 데는 기이한 비전이 필요하지 않았다. 중세 시대의 캔버스를 모방한 학자들의 개념 대신 금세기의 사회적 변화로 인해 마음에 새겨진 여성성과 아동의 삶에 대한 새로운 표현이 그 자리를 차지한 것도 단순한 우연이 아니었다.

§

음악이 발전하는 과정에서 금세기의 순수 예술 영역에서 강력했던 경제적,

---

[*] '사회적 하층 계급'을 뜻하는 'mob'과 'nobility'(귀족)를 결합시킨 단어. 당시 사회적 하층 계급을 경멸적 또는 경쾌한 어조로 표현한 말이었다.

[**] 'The business of America was business.' 이 말은 1920년대 미국 대통령인 쿨리지의 유명한 발언으로, 미국의 본질적인 정체성과 우선순위가 경제 활동과 비즈니스에 있다고 주장한 것이다. 쿨리지는 이 발언을 통해 미국 경제의 핵심 동력이 비즈니스라고 주장하며, 자유 시장 경제의 중요성을 강조했다. 이는 미국의 정치와 경제 정책이 경제 성장을 최우선으로 삼아야 한다는 입장을 나타내는 말이기도 하다.

모방적 요소는 더욱 강력한 압력을 행사했다. 부유층은 후원과 기부를, 번영하는 중간 계급은 넓은 시장을 제공했다. 1881년 보스턴 심포니 오케스트라를 지원하는 임무를 맡은 사람은 스테이트 스트리트의 은행가 헨리 L. 히긴슨으로, 흥행 수입에 대한 불안감을 덜어줌으로써 보스턴 심포니 오케스트라가 아메리카의 경쟁의 산만함에서 벗어나 순수 예술에 재능을 쏟을 수 있게 해 주었다. 뉴욕의 부유층은 1883년 파르테르 박스parterre box[극장에서 발코니 아래, 보통 뒤쪽과 옆쪽, 아래층에 있는 좌석의 면적]를 소유한 부자들의 사회적 열망을 반영하여 계획된 메트로폴리탄 오페라 하우스를 짓는 데 필요한 자금을 마련했다. 피츠버그의 부유한 철의 주인인 앤드루 카네기는 그 도시에 훌륭한 음악당을 기부하고 훌륭한 오르간을 갖추고 사람들을 위한 무료 콘서트를 제공하기 위해 관대한 기금을 기부했다. 다른 곳에서도 유럽의 왕족과 성직자 지주들이 음악 제작을 위해 큰돈을 쏟아부었던 것처럼 콘서트, 오페라, 학교, 음악원을 위해 산업계의 수입에서 수백만 달러가 쏟아졌다. 그리고 부자들의 기부와 선물에 이제 대중의 후원, 즉 번영의 잉여로 여가를 즐기고 음악에 내재된 매력에 이끌려 기분 전환, 명성, 영감을 추구하는 중간 계급 여성들의 후원이 더해졌다.

실제로 도금 시대 아메리카 음악 역사에서 여성은 지배적인 역할을 했다. 수백만 명의 딸들이 거실의 피아노 앞에서 뚱땅거리는 동안 가난한 어머니들은 설거지를 하고, 힘겨운 아버지들은 생업에 종사하며, 양질의 교육과 '교양'의 징표를 어떤 대가를 치르더라도 기꺼이 사들여서, 그 교육을 이어받아 연주회 무대나 오페라 공연에서 꽃을 피우길 원했다. 여성들은 콘서트와 오페라 관객의 대부분을 차지했고, 교사를 지속시키는 대부분의 학생들도 여성들이었으며, 악보와 관련 서적을 구입하고, 음악 잡지를 구독하고, 스스로 음악 교사가 되었고, 시시때때로 예술에 대해 이야기했다. 그리고 일부 여성들은 음악가로서뿐만 아니라 후원자로서도 큰 명예를 얻었다. 예를 들어, H.A.비치 여사는 국내에서 공개적이고 아낌없는 인정을 받았으며, 런던, 베를린, 파리의 중요한 예술가들에 의해 그녀의 작품이 연주되는 영예를 누렸다. 월터 댐로슈는 자신의 풍부한 경험에서 이렇게 말했다. '미합중국처럼 여성들에 의해 음악적 발전이 독점적으로 촉진된 나라는 아마 없을 것이다.'

　부와 여성의 영향력에 시장, 조직, 대량 생산 등 당시로서는 매우 강력한 비즈니스 기업의 압박이 더해졌다. 이미 미합중국 중기에 시작된 수백만 대의 악기 제조 및 판매는 산업의 중요한 분야가 되었고, 피아노와 오르간은 기차의 화물칸을 꽉 채울 정도로 만들어져 재봉틀처럼 할부로 판매되었으며, 부드럽고 유창한 언변의 판매원들에 의해 최저생계비 이상의 수입이 있는 모든 가정에 악기가 자리를 차지할 때까지 판매되었다. 그 외에도 개선과 발명으로 새로운 물건들이 쏟아져 나왔다. 비즈니스에 이익이 되는 것은 무엇이든 문화적으로 칭찬받을 만한 것이었다. 악기 제조업체의 공격성과 비슷한 조직에 대한 열정으로, 그리고 확실히 급여와 수강료에 관심이 없었던 것은 아니지만, 기획자들은 최근 유럽에서 확립된 음악 교육의 형태와 방법을 미합중국 전역에 전파했다. 유치원에서 대학에 이르기까지 모든 단계에서 음악 교육은 아메리카 교육 체계에서 공식적으로 인정을 받았으며 구세계보다 더 광범위하고 정교한 장비가 주어졌다.

　특유의 에너지로 가장 거대한 음악 축제를 만들고, 가장 큰 오케스트라를 설립하고, 가장 많은 신자들을 모으기 위한 노력이 계속해서 이어졌다. 번영의 호황과 풍요로운 만찬의 시대를 알리듯 1869년 보스턴에서는 더블린 출신의 아일랜드인 패트릭 S. 길모어의 지휘 아래 1만 명의 합창단과 1천 명의 오케스트라가 남북전쟁이 끝난 것을 축하하는 평화의 축제가 열렸다. 이 보잘것없는 노력에 불만을 품고 있던 보스턴은 1872년 2만 명의 합창단과 2천 명의 오케스트라로 구성된 두 번째 평화의 축제를 열었다. 첫 번째 노력을 뛰어넘기로 결심한 길모어는 이제 목소리와 악기의 긴장을 강화하는 포병, 〈일 트로바토레〉의 '대장간의 노래Anvil Chorus'에 사실적인 울림을 주기 위해 50개의 모루를 두드리는 소방관, 독일, 프랑스, 영국 군악대의 음이 현지 음악가들의 함성과 어우러진 연주, 그리고 박수를 치는 4만 명의 청중을 준비했다. 요한 슈트라우스와 프란츠 아프트는 이 공연에서 위대한 나라가 어떤 음악을 만들어낼 수 있는지 보여주었다. 이러한 거대한 축제를 만들어낸 천재적인 조직력을 바탕으로 이 나라의 에너지는 수많은 음악 대회, 협회, 길드, 교사 협회, 학교, 강연회, 콘서트, 독주회, 4중주단, 5중주단, 오케스트라, 합창단 등을 통해 미합중국 전역에서 표현되었다. 아메리카인들은 파티나 사교 모임 못지않은 열정으로 음악회에 기꺼이 참석하는 모습을 보여주었다.

이 음악적 열광에서 미술의 진흥과 마찬가지로 아메리카인들은 적어도 초기 단계에서는 유럽의 지도에 크게 의존했다. 경제적 번영 덕분에 고된 삶에서 갑자기 해방되었지만 기술 훈련의 부족을 의식하는 새로운 사람들의 소심함으로 인해 음악 지망생들은 자연스럽게 평판이 좋은 거장들에게 눈을 돌렸고, 유럽 예술 센터의 갤러리와 스튜디오에 달려간 것과 비슷하게 구세계의 음악원으로 달려갔다. 게다가 교사, 지휘자, 감독을 위한 거대한 아메리카 시장은 철강 및 면제품 제조업체처럼 보호하는 관세가 없었으므로 유럽을 대표하는 성악 및 악기 예술가들을 아메리카의 착취 현장으로 끌어들였다. 이러한 이방인의 침략은 70년대 초 독일인들의 이주로 인해 더욱 가속화되었고, 그 부산물로, 클럽에 가입하고 조직에서 리더십을 발휘할 수 있는 진정한 음악 애호가들의 홍수를 가져왔다.

결국 다른 예술과 마찬가지로 음악에서도 가르치고, 연출하고, 판매하는 것은 오래된 거래였다. 옛날부터 예술가들은 필요나 분위기에 따라 한 나라에서 다른 나라로, 한 후원자에서 다른 후원자로 시장을 옮겨 다녔기 때문에 아메리카로 건너온 유럽 음악가들은 그저 공인된 관행을 따랐을 뿐이다. 심지어 거물급 스타들도 상당한 보수를 제시하는 아메리카인들의 간곡한 권유에 이끌려 아메리카로 건너갔다. 예를 들어, 브레슬라우에서 눈부신 성공을 거둔 레오폴트 댐로슈 박사는 1871년 뉴욕의 아리온Arion 협회에 의해 아메리카로 건너와 지휘자로 일하게 되었고, 빌헬름 게리케는 1884년 히긴슨이 빈으로부터 유인해 보스턴 심포니를 지휘했다.

어디로 눈을 돌리든 유럽의 영향에 직면한, 존 K. 페인, 조지 채드윅, 에드워드 맥도웰, 호레이쇼 파커, 아서 푸트 등 당대 최고의 명성을 얻은 아메리카 작곡가들은 구세계의 음악에 거의 완전히 정복당했다. 이들은 지역성의 낙인을 극복하고 양쪽 반구에서 모두 박수갈채를 받는 작품을 만들어냈지만, 그 땅에서 태어났다는 것 외에는 아메리카적이라고 할 수 없었다.

음악에서 이방인의 독재에 맞서 때때로 민족주의적 항의의 물결이 일어났지만 거의 또는 전혀 소용이 없었다. 아메리카는 음악에서는 특색 있는 것이 없었다. 정교하고 세련된 상부 구조의 기반이 될 토착 민요의 풍부한 유산이 없었고, 인디언과 흑인의 요소를 활용하려는 시도는 약간의 결과를 낳았지만, 이러한 이국적인 음표는 그것을 다루려는 백인 작곡가들에게도 이질적이었기 때문에 별다른 성과를 거두지 못했다. 미합중국의 모든 삶을 아우르는 공통된 정서를 불러일으키려는 노력들 역시 성공하지 못했다. 유럽의 음악 거장들이 슬라브와 라틴, 켈트와 튜턴 같은 민족 국가의 통일성, 합스부르크와 로마노프, 부르봉과 호엔촐레른 같은 왕실, 그리고 로마 가톨릭, 러시아 정교회, 영국 국교회 같은 교회 계층을 다룰 때 나왔던 신성한 반응을 이끌어내지 못했다. 맥도웰이 해외에서 최고 비평가들의 존경을 받은 것은 거대한 대륙 어딘가에 천재성의 불꽃이 잠들어 있다는 것을 증명했지만, 도금 시대의 어느 순간에도 하늘을 밝히는 불꽃은 없었다.

§

저널리즘의 형식과 정신에 있어서 기업과 기술의 승리는 예술보다 더 큰 영향을 미쳤다. 상업적 이익을 대변하고 홍보하기 위해 창간된 〈뉴욕 이브닝 포스트〉와 같은 기성 신문은 적절한 표현으로 다가오는 이슈를 계속 다루었고, 찰스 A. 데이나는 1897년까지 그의 〈선Sun〉 사설에서 '비인격적 저널리즘'에 대해 항의했지만, 침울한 품위와 신랄한 재치의 시대는 빠르게 지나가고 있었다. 발명가들은 인쇄, 판화, 조판 기술을 혁신적으로 발전시켰기 때문에 호레이스 그릴리 같은 무일푼의 인쇄업자가 여론 기관으로서 대도시의 일간지를 창간하고 발전시키는 것은 더 이상 불가능해졌다. 이제 훌륭한 기계 설비를 갖추고, 필요한 문학, 예술의 인재를 영입하고, 시대가 요구하는 전 세계 뉴스 서비스를 제공하기 위해서는 대규모 자본이 필요했다. 동시에 상업 광고의 엄청난 성장과 신문 가격의 하락으로 인해 편집자들은 상품을 제조하고 판매하는 사람들에게 점점 더 의존할 수밖에 없었다. 따라서 일간지 저널리즘은 기계 산업의 한 분야가 되었다. 광고 없이는 훌륭한 신문이 번창할 수 없었고, 광고 없이는 신문을 발행할 수 없었으며, 폭넓은 호소력 없이는 대규모 부수를 확보할 수 없었다.

이러한 조건을 감안할 때, 후천적으로 얻은 현명함은 도시 대중을 옹호하고, 즐겁게 하고, 재미있게 하는 것이 유익하다는 것을 깨닫는 데 그리 오래 걸리지 않았고, 시기가 무르익자 그 기능을 수행하는 새로운 유형의 신문이 거리로 쏟아져 나왔다. 이 출발의 설계자는 70년대 세인트루이스에서 〈포스트-디스패치Post-Dispatch〉의 사주로서 전면에 나섰던 가만히 못 있고, 저돌적이고, 별난 성격의 편집자였던 마자르-독일-유대계 출신인 조지프 퓰리처였다. 1883년 퓰리처는 뉴욕으로 건너가 제이 굴드로부터 〈더 월드〉를 인수하고 그의 적들이 '황색 저널리즘yellow journalism'이라고 부른 시대를 열었다.

일부 비평가들은 이 기업이 폭도들의 취향과 열정에 편승한 선정적인 뚜쟁이에 지나지 않는다고 생각했지만, 그런 거친 판단은 통찰력도 분별력도 보여주지 못한 것이었다. 퓰리처의 손에서 탄생한 〈더 월드〉는 과세할 수 있는 소득이 많지 않은 중하층 계급과 노동자들을 만족시키는 사회 프로그램을 가지고 있었는데, 이것은 미사여구를 좋아하는 이 나라에서 이상하게도 명료한 프로그램이었다. 예를 들어, 마틴의 '게으른 부자idle rich'는 부유층과의 공개적인 전쟁을 선포했다. 권좌에 앉은 지 사흘째 되던 날, 퓰리처는 격앙해서 이렇게 썼다. '센트럴 파크의 귀족들이 있다. 모자와 어깨 망토만큼이나 신발, 스타킹, 치마를 자유롭게 드러내도록 설계된 낮은 빅토리아 마차…… 딸들을 가치 없는 외국의 빈곤 귀족들에게 부질없는 작위를 위해 기꺼이 팔아넘기려는 야심찬 중매쟁이들의 비열한 귀족들이 있다…… 새로운 〈월드〉는 이러한 귀족들이 공화국에서 자리를 잡아서는 안 되며, 그 단어는 아메리카의 어휘에서 삭제되어야 한다고 믿는다.' 그러한 귀족들의 절멸을 시작하는 방법으로, 퓰리처는 정부가 사치품, 상속, 고소득, 독점, 그리고 특권을 가진 기업들에게 세금을 부과하고, 관세를 [산업 보호가 아니라] 수익 기반으로 낮추며, 공공 서비스를 개혁하고, 정치 부패를 처벌할 것을 제안했다. 그는 덧붙였다. '이것은 열 줄로 된 대중적인 상령이다. 우리는 정치인들에게 장황한 결의 대신 이 강령을 추천한다.'

막대한 재산을 소유한 사람들에 대한 강력한 캠페인을 선포한 〈더 월드〉는 스스로를 '정직하고 성실한 노동으로 가족을 부양하는 진정한 귀족, 즉 노동의 귀족'이라고 선언하며 계급적 호소의 선을 그 누구도 오해할 수 없을 정도로 명확하게 그었다. 물론 퓰리처의 신문은 격렬한 개혁가들만으로는 유지될 수 없었다. 필요한 부수를 확보하고 유지하기 위해 카툰, 만화 컷, 정교한 뉴스 서비스, 전문가 보고, 값비싼 특집 기사 등 대중의 흥미를 끌 수 있는 수많은 장치를 활용했고, 성, 사회, 범죄, 도착倒錯, 사랑, 로맨스, 감정 전반에 걸쳐 현대 생활의 비극과 희극을 최대한 활용했다. 우뚝 솟은 헤드라인의 구실을 제공할 스릴 넘치는 소재를 찾기 위해 그 누구도, 그 무엇도 아끼지 않았다. 이렇게 변화하는 사회 상황과 인쇄 산업의 기술 변화로 인해 새로운 저널리즘이 탄생했다. 대중populi은 기사ordo equester[로마제국에서 말과 장비를 소유할 능력이 있는, 그래서 군대의 기병대를 구성하는 시민]가 줄어들고 세금이 부과되는 동안에도 오락을 즐길 수 있어야 했다. 카틸리나뿐만 아니라 키케로도 이 거래를 이해했을 것이다.*

퓰리처가 기이한 길을 가기 전에 캘리포니아 철도 및 광산 백만장자의 아들인 윌리엄 랜돌프 허스트라는 강력한 경쟁자가 등장했는데, 그는 카이사르

와 마찬가지로 계급의 한계에 부딪혀 야망이 꺾인 상태였다.** 허스트는 〈샌프
란시스코 이그재미너〉를 한동안 만지작거린 후, 1896년 뉴욕으로 건너가 〈뉴
욕 저널〉을 인수하고, 과거 충격요법 기술의 대가였던 아서 브리즈번을 고용
한 후 퓰리처를 능가하는 선정적인 기사들로 승승장구했다. 그는 대중에게 호
소하는 방식을 더욱 강렬하고 폭력적으로 바꾸었고, 큰 활자, 붉은 띠, 불타는
헤드라인, 거친 그림, 만화를 더욱 영리하고 풍부하게 사용했다. 그는 '거리의
남자와 부엌의 여자'를 향해 손을 뻗어 그들이 원한다고 생각하는 것을 제공
했다. 그들의 분노에 맞춰 부자들을 신랄하게 비판하는 한편, 한가로운 부자
들의 행동을 세밀하게 기록함으로써 '우월한 사람들'에 대한 그들의 자연스러
운 호기심을 충족시켜 주었다.

이 새로운 방법은 단기간에 아메리카 저널리즘에 큰 상처를 냈다. 절제심
을 갖췄다고 자부하는 까다로운 시민들은 이 결과를 국가적인 타락 때문이라
고 여겼지만, 이는 성급한 판단이었다. 황색 저널리즘이 거둔 성공의 작지 않

---

* 카틸리나는 기원전 63년 로마 정부를 전복하려는 음모, 즉 '카틸리나 음모'로 유명하다. 그
는 로마 귀족 계급 출신이었지만, 재정적으로 어려움을 겪고 있었고, 정부에 불만을 품은
하층민들과 정치적 야심가들을 모아 공화정을 무너뜨리려 했다. 카틸리나의 음모는 당대
의 중요한 정치가이자 웅변가였던 마르쿠스 툴리우스 키케로에 의해 폭로되고 저지되었
다. 따라서 이 문장에서 '키케로뿐만 아니라 카틸리나도 이 거래를 이해했을 것이다'라는
표현은, 당시 로마 사회에서 벌어졌던 권력 투쟁과 음모가 당시의 저널리즘에서 벌어지는
상황과 비슷하다는 것을 암시한다. 키케로와 카틸리나 둘 다 그러한 정치적 거래나 속임수
에 능숙했던 인물들이었기 때문에, 그들 역시 현대의 저널리즘 환경을 이해할 수 있었을
것이라는 의미이다.

** 카이사르는 로마 시대 귀족 가문에서 태어났지만 가장 부유하거나 권력을 가진 사람은
아니었다. 권력과 영향력에 대한 그의 야망은 그의 사회적 지위가 애초에 허용하는 것보다
더 컸기 때문에 군사적 성공과 포퓰리즘 전술을 통해 영향력을 확대하려고 했다. 마찬가지
로 허스트는 캘리포니아의 철도 및 광산 부호의 아들이었지만(그의 아버지 조지 허스트는
미국 상원 의원이었다) 전통적인 부와 특권의 길로는 자신의 원대한 야망에 충분하지 않
다고 느꼈을 수도 있다. 카이사르가 자신에게 부여된 전통적인 역할을 넘어서는 권력을 추
구함으로써 계급의 한계를 뛰어넘고자 했던 것처럼, 허스트도 신문 산업을, 물려받은 재산
만으로는 감당할 수 없는 막강한 영향력과 권력을 행사할 수 있는 수단으로 여겼을 것이
라는 의미이다.

은 부분은, 스스로를 더 존경할 만한 사람으로 여기는 소심한 편집자들이 침묵으로 넘긴, 명백한 권력 남용을 맹렬히 비난한 덕분이었다. 가장 가혹한 비평가도 80년대와 90년대의 선정적인 편집자들이 무자비한 공격과 반복적인 폭로에 의지함으로써 아메리카 자본가와 정치인들이 추구하는 방법을 개선하는 데 강력하게 기여했다는 사실을 부인할 수 없다. 또한 일간지가 미처 닿지 못했던 무명의 수백만 명의 관심을 불러일으켜 민주화 과정에 기여했다. 그들은 또한 애국심을 키웠다. 허스트는 스페인-아메리카 전쟁을 일으키는 데 그 어떤 한 시민보다 더 많은 일을 했을 것이며, 퓰리처는 자신의 말대로 구독률을 높일 수 있을 것이라 확신하며 충성스러운 열정으로 같은 대의를 지지했다. 어쨌든, 그 장단점이 무엇이든 간에 황색 저널리즘은 도금 시대에 번성하여 염가 신문의 길을 열어주었고, 그 촉수는 글자를 떠듬떠듬 읽을 수 있는 계층으로 더 깊숙이 파고들었다.

퓰리처는 19세기가 끝나기 전에 초기의 이론에서 벗어나, 용감한 전사이자 사회나 경제에 대해 전혀 모르는 순진한 정치가인 듀이 제독을 대통령으로 지지할 준비가 되어 있을 정도로 태도가 온화해졌다. 아마도 현명한 편집자는 카이사르가 어느 부문에서 가장 큰 환호를 받았는지, 그의 지지층이 더 번영하고 존경받을 만한 곳으로 성장했는지 기억하고 있었을 것이다.

그들의 왼쪽 날개는 프롤레타리아트, 오른쪽 날개는 부유층과 연결되는 중간 계급을 위한 적절한 저널리즘, 즉 대도시 신문과 같은 자본 지출이 필요하지 않은 정기 간행물 유형도 만들어졌다. 사실 제이 굴드, 짐 피스크, J. P. 모건과 같은 호메로스적 인물들, 즉 경제적 갈등에서 강자들의 방식에 굴복하기를 거부하는, 다소 혼란스럽기는 하지만 많은 편집자 군단이 존재했다. 이 온화한 감정의 편집자들, 도금 시대의 지식인들은 변화된 상황에 역사적 윤리를 적용하려고 노력했다. 예를 들어, 1848년에 창간된 종교 주간지 〈인디펜던트〉는 1861년 헨리 워드 비처의 지시에 따라 '시민 또는 그리스도교 공동체를 동요시키는 모든 문제에 자유롭게 개입하겠다'고 선언했다. 조지 윌리엄 커티스의 강력한 사설과 토머스 나스트의 많은 사람들의 시선을 끈 만화를 결합한 〈하퍼스 위클리〉는 크레디 모빌리에 시대의 스캔들들을 고발했다. 좀 더 순수주의를 지향하는 E.L. 고드킨은 1865년에 비평 주간지 〈더 네이션〉을 창간해, 30년 동안 금권정치의 부패와 저속함에 대해 지면을 할애했다. 그러나 그의 사설을 면밀히 분석해 보면, 그는 주로 더 나은 매너, 즉 당시의 특징적인 신속하고 무례한 기술 변화에 영향을 받지 않는 잘 정돈된 부르주아 사회의 매너를 호소하고 있는 게 분명했다. 어쨌든 70년대에 서부의 농민들이 철도 채권 보유자들의 특권에 대해 포퓰리즘적인 공격을 가하자, 고드킨은 부를 획득하는 과정의 정당성을 옹호하는 데 있어 〈월스트리트 저널〉만큼이나 확고하고 가혹할 수 있다는 것을 보여주었다.

공립학교의 교육을 통해 문해율이 높아진 중간 계급의 요구를 충족시키기 위해 새로운 대중 잡지가 이 분야에 진출했다. 1883년 사이러스 커티스 부인의 영리한 경영으로 시작된 〈레이디스 홈 저널Ladies' Home Journal〉은 6년 후 에드워드 복이 경영을 맡으면서 현대적 시기를 열었다. 고디가 초창기에 제공했던 심각한 형식주의를 버리고, 이 저널은 이제 '점잖은' 문학과 가장 겸손한 가정 예술을 능숙하게 다루면서 응접실에서 궁극적인 해방을 열망하는 부엌에 있는 여성의 모든 당당한 요구 사항에 응답했다. '거대한 대중의 마음'에 도달했고, 그들의 반응은 백만 부 이상의 발행 부수였다.

이러한 아래로의 추세가 깊숙이 침투했지만, 미합중국의 대다수 문해자는 여전히 영향을 받지 않았다. 특히 시골 지역과 작은 마을에는 '큰 세상의 큰 일'에 조금이라도 관심이 있는 남성은 물론이고 여성들의 야망은 지역의 사소한 소식을 다룬 주간지보다 더 높은 곳을 향해 솟아오르고 있었다. 중서부에서 냄비와 프라이팬을 파는 행상인으로 일찌감치 민주주의의 밸리Valley of Democracy에 거주하는 힘 있는 서민들의 마음을 사로잡은 S.S. 매클루어는 이곳이 사업하기에 매력적인 기회의 땅임을 깨달았다. 매클루어는 직접 경험한 바에 따라, 이국적인 문화에 대한 갈망으로 가득 찬, 고루한 〈애틀랜틱 먼슬리〉가 자신의 상품을 구매하는 농부들과 상점 주인들의 상상력을 자극할 수 없다는 것을 알게 되었다. 그들과 그들의 아내와 아이들은 회색빛 삶에 빛을 더할 수 있기를 원했다.

이 영리한 순회 장사꾼은 이러한 강렬한 열망의 본질을 감지하고서 1893년 〈매클루어 매거진McClure's Magazine〉을 창간하여 사람들에게 안전한 소설, 위인들에 대한 흥미진진한 이야기, 지나가는 가장행렬 전반의 생생한 그림들을 제공했다. 3년 만에 그의 잡지는 가장 오래된 고급 월간지 3개를 합친 것보다 더 많은 발행 부수를 기록했다. 아이다 M. 타벨이 연재한 나폴레옹과 링컨의 생생한 삶은 샛길과 오솔길에서 열광적인 구매자들을 끌어모았다. 여배우, 장군, 정치인, 운동 영웅, 권투 선수, 정치가(아메리카인과 외국인)의 초상화는 지루한 집안을 '흥미로운 사람과 사물'의 영역으로 끌어올렸다.

일단 그 수법이 통하자, 〈매클루어〉에서 힌트를 얻은 다른 잡지들은 성격을 바꾸었고, 많은 유사한 유형의 새로운 시도들이 빠르게 잇따라 등장했으며, 〈코스모폴리턴Cosmopolitan〉이나 〈모두를 위한 잡지Everybody's Magazine〉와 같은 민주적인 이름을 채택했다. 이로 인해 신문 가판대와 우편물들은 마치 사진과 로맨스로 뒤덮인 듯했다. 이러한 경향 속에서, 새로운 방향을 취한 편집자들은 성공을 거두었지만, 브라이언 반란이 금권정치에 맞서 열정을 불러일으키며 비판적인 영양분을 요구하자, 이들은 부자들과 정치인들을 '폭로muck-raking'하는 일에 열중하게 되었고, 이는 한동안 엄청난 소란을 일으키며 황금 같은 수익을 안겨주었다. 그러나 결국 이들은 피로, 합병, 희생자들의 분노, 그리고 급진주의에 대한 공포로 인해 이러한 활동을 중단하게 되었고, 대중의 관심을 끄는 잡지 발행자들은 미합중국 생활의 사회적, 경제적 관습을 반영한 '문학 상품'을 대중에게 제공하기 시작했고, 이들은 부자들을 칭송하고 부와 명예로 쉽게 가는 길을 제시했다.

그때까지는 아메리카 특유의 유머 브랜드조차도 비즈니스 기업의 영향력 아래 놓이게 되었다. 아르테머스 워드, 빌 나이, 페트롤리엄 V. 나스비 등 인기 있는 웃음 제작자들의 성공은 '돈이 거기에 있다'는 것을 증명했다. 농담을 연단에서 판매할 수 있다면 인쇄물로도 판매할 수 있었기 때문에 1877년에 〈펙Puck〉이, 1881년에 〈저지Judge〉가, 1883년에 〈라이프Life〉가 창립되었다. 이러한 상업적 프로젝트에서, 위대한 민주주의의 강력한 경제적 요소에 불쾌감을 주는 사안은 일반적으로 회피되었으며, 유럽 주간지가 현대 사회의 평판에 얇은 가죽처럼 적용했던 신랄한 위트는 미합중국에서 널리 모방되지 않는 대륙Continental 문화의 한 국면이었다. 오히려 모르몬교도, 장의사, 장모, 유대인, 여성 참정권 운동가들이 '재미있는 신문'을 위해 매주 글을 쓰던 전문 유머 작가들의 에너지를 끌어모은 사람들이었다. 결국, 잡지에 몇 푼의 돈을 쓸 수 있는 독자들은 회의주의의 냉소보다는 만족의 유쾌함을 원했고, 그 결과 종종 사회 과정의 근본을 꿰뚫었던 변경의 광범위한 농담과 활기찬 포효는 점차 만족의 익살로 가라앉았으며, 기계 시대의 가벼운 포드식 재담Ford witticism*들이 뒤따를 길을 마련했다.

§

조직화된 학습 역시 고전적 유산과 실용적인 문제로부터의 이론적 단절에도 불구하고 부와 비즈니스, 과학의 위대한 시대를 맞아 위에서부터 아래까지 재구성되었다. 국부의 증가로 이제 공립학교의 증설과 개선을 위한 기금을 마련할 수 있게 되었다. 1871년에는 7천만 달러가 이 목적에 투입되었고, 세기 말에는 연간 금액이 2억 달러 이상으로 늘어났다. 이러한 지출 증가를 인구 수로 환산하면 흑인과 이민자 인구의 증가로 인한 장애에도 불구하고 문맹률

---

* 자동차왕 헨리 포드와 관련된 재담이나 경구를 가리킨다. 헨리 포드가 만든 자동차 '모델 T'는 대량 생산 기법을 통해 대중화되었으며, 미국의 산업 및 사회에 큰 영향을 미쳤다. '포드식 재담'은 포드가 주창한 효율성, 기계화, 대중화에 관련된 가벼운 농담이나 재치 있는 말들을 의미한다. 이는 기계 시대의 도래와 함께 대중들에게 인기를 끌게 된 새로운 유형의 가벼운 유머와 관련이 있다.

은 꾸준히 감소하여 1880년에는 17퍼센트, 20년 후에는 11퍼센트 미만으로, 1910년에는 8퍼센트 미만으로 떨어졌다. 이러한 발전 속에서 에글스턴의 『후지어 교장』에 묘사된 농촌 교육은 내륙의 외딴 산간 지역에서도 사라졌다.

공립 초등학교의 개선과 함께 장인, 농부, 중하위 계층의 새로운 수요를 충족시키기 위해 공교육이 확대되어 대학 진학을 가로막는 격차를 해소할 수 있는 다리가 마련되었다. 구체적으로, 이러한 확대는 세금으로 지원되는 교육 기관인 고등학교를 늘리는 형태로 이루어졌으며, 어린 자녀를 일터에 보내야 할 필요성에서 벗어났지만 사립 학교에 보낼 여유가 없는 부모를 위해 설계되었다. 링컨이 취임할 당시 아메리카에는 공립 고등학교가 100개 정도에 불과했지만 1880년에는 800개로 늘어났고, 새 세기가 시작되면서 그 수는 6,000개를 넘어섰다. 노동 지도자들 사이에서 교육 시스템의 각 부문에 할당된 예산 분배에 대해 불평이 있었지만 고등학교의 고객들은 이 상위 범위에서 꾸준한 발전을 강요할 만큼 정치적으로 충분히 강했다.

고등학교를 발전시킨 영향은 특히 서부에 새로운 주립대학을 설립하고 이미 현장에 있는 공장을 확대하는 데에도 효과적이었다. 이 시기가 끝날 무렵에는 9~10개 주를 제외한 모든 주가 대중을 위한 무상 초등교육과 더불어 고등학교와 대학까지 이어지는 정규 무상 교육 프로그램을 제공했다. 따라서 한때 부유층이 주로 누렸던 고등교육의 독점에 구멍이 뚫렸고, 납세자들의 희생으로 경제적 여유가 있거나 특별한 재능과 에너지를 가진 일부 사람들에게 교육 시설이 아낌없이 제공되었다. 그래서 옛날이나 다른 현대 사회였다면 쟁기질이나 베틀 앞에 머물렀을 수천 명의 젊은이들이 변호사, 의사, 작가, 교사, 모든 종류의 전문직 종사자가 되어 중간 계급에 진입할 수 있었다. 특히 여학생들은 새로운 기회를 활용하여 고등학교와 대학에 점점 더 많이 진학했고, 이러한 방식으로 여성의 독립성을 강화하고 국가 문화에서의 그들의 제국을 확장했다.

교육에 대한 공공 자금의 막대한 지출을 보충하는 것은 부의 경쟁에서 높은 지분을 획득한 사람들이 대학에 기부한 막대한 기부금이었다. 유명한 상인 스티븐 지라드는 1831년 사망하면서 필라델피아의 한 남자 대학에 200만 달러를 기부했는데, 당시에는 그의 모범을 뒤따른 사람이 거의 없었다. 실제로 미합중국 중기에는 학문의 발에 던져줄 수 있는 막대한 잉여금을 가진 백만장자가 거의 없었지만, 도금 시대의 승리와 함께 그 목적을 위해 방대한 물자를 사용할 수 있게 되었다.

볼티모어의 상인이었던 존스 홉킨스가 자신의 재산을 1876년에 정식으로 개교한 새 대학 설립에 기부함으로써 아메리카 부유층에게 선례를 남겼을 때 이 시대는 아직 시작되지도 않았다. 다음 10년 동안, 시카고에 있는 대학이 존폐의 기로에 서자 아메리카 침례교 교육협회는 스탠다드 오일의 대군주인 존 D. 록펠러에게 도움을 요청했고, 그 결과 나중에 총 2천만 달러가 넘는 규모로 커진 그의 풍성한 기부 중 첫 번째 기부금을 받게 되었다. 그동안 오래된 대학들은 이러한 제안을 이용하여 플루토스[그리스 신화에서 재물의 신]의 호의를 받은 사도들로부터 거액의 기부금을 모으기 시작했고, 부의 획득에서 불운했던 사람들로부터는 적은 액수의 기부금을 모았는데, 그 참여의 범위는 놀라울 정도로 다양했다. 세기 말 아메리카의 사립대학들은 기부금을 통해 주립 고등교육 기관의 공적 기금에 거의 맞먹는 수입을 얻었다.

고등교육 발전의 가장 큰 성과 중 하나는 카톨릭 위계 구조가 지배하는 영역을 제외하고는 대학이 성직자의 지배에서 실질적으로 해방되었다는 점이다. 새로운 주립대학과 여자 대학은 주로 교회가 아닌 세속적인 직업을 위해 준비되었고, 설교자가 아닌 평신도가 학교를 이끄는 것은 당연한 일이었다. 다양한 종교적 기원을 가진 대학들의 가슴에 금이 듬뿍 안겨지자 성직자의 경영 권한은 그만큼 감소했다. 일부 청정수역을 제외하고는 더 이상, 지역 목사들이 국내외 선교를 위한 부담금과 관련하여 징수한 금액에 의존하지 않게 되면서, 대학 행정가들은 설교단의 천둥소리에 점점 더 관심을 기울이지 않게 되었다. 이제 기업 지도자들에게 기부금을 호소하면서, 그들은 세기 말 아메리카 고등교육 기관의 이사 명단이 회사 명부처럼 보일 때까지 돈 많은 사람들을 대학 재단으로 영입했다.

이 과정에서 신학자들이 전해온 고전적 학문의 체계는 혼란에 빠지게 되었다. 막대한 자금을 손에 쥐게 된 많은 기존 대학들, 예를 들어 하버드, 컬럼비아, 예일, 프린스턴 같은 학교college들은 독일식 대학university으로 확장되었으며, 때로는 한때 찬양받았던 학부를 대학원과 전문대학원으로 압도하기도 했다. 새로운 지적 관심이 문을 두드리는 것을 막을 수 있는 곳은 거의 없었다.

행정의 혁명과 동시에 고객들의 요구 사항도 급격하게 변화했는데, 고등교육 기관을 찾는 학생들이 점점 더 많은 비율로 사업과 세속적 직업을 준비하는 '전공'을 요구했기 때문이다. 어쨌든 무역을 위해 자라는 젊은이들의 생각, 관심사, 열망에서 그리스와 라틴 시인과 웅변가들의 시대는 멀어져 갔다. 마침내 대학 교육의 주제인 자연과학의 성장으로 인해 이러한 해체 과정이 가속화되었는데, 이는 물리학 및 화학의 실용적 발견에 기반한 기계 산업과 떼려야 뗄 수 없는 성장이었다. 따라서 크든 작든 어떤 집단의 의지나 종교적 신념이 깊은 국가의 의식적 욕구를 뛰어넘는 수많은 힘에 의해, 신학적이고 고전적인 학문의 분위기는 개신교 구역에서 사라져 버렸다. 물론 종교는 남아 있었지만 고등 학문의 기반이 되지는 못했다. 티모시 드와이트의 학사 학위 설교와 아서 T. 해들리의 설교를 비교해보면 이 혁명을 쉽게 파악할 수 있다.

이 세속적 격변이 시작된 날짜를 확정해야 한다면, 에이브러햄 링컨이 사망하고 4년 뒤인 1869년, 젊은 화학자 찰스 W. 엘리엇이 하버드 대학의 총장이 되었을 때일 것이다. 엘리엇은 기업가 정신이 결합된 확고한 의지를 바탕으로 18세기의 사고방식과 방법을 고수하던 구시대적인 교수들을 대부분 학교에서 몰아냈다. 그런 다음 그는 유럽에서 갓 돌아온 젊은이들을 불러들여 졸업에 대한 고전적인 규정을 깨고 학생들이 거의 자유롭게 자신의 전공 프로그램을 선택할 수 있는 제도를 도입했다.

이 아이디어는, 현대 과학의 보편적 정신과 완전히 조화를 이루며 새로운 영토를 포함하도록 끊임없이 경계를 넓히는 웅장한 것이었다. 동시에, 이 계획은 우연히도 이제 고등교육의 자리에 몰려든 부유한 자들의 아들들의 영적 요구 사항에 잘 맞았다. 로지[Henry Cabot Lodge]가 언젠가 말했듯이, 이전의 강제적인 계획 하에서는 '다른 어떤 것보다도 쓸모없는 일정량의 지식과 여전히 더 많은 양의 학습 규율이 모든 사람에게 강요되었다. 새로운 제도 하에서는 단지 쉽다는 이유로, 또는 가르치는 사람의 부담이 가볍다는 이유로 관련 없는 과목을 신중하게 선택함으로써 아무것도 배우지 않고도 탈출할 수 있었다.' 헨리 애덤스 교수는 새로운 체제 하에서 그의 학생 중 한 명에게 이렇게 주입된 교육으로 무엇을 할 수 있는지 물었을 때, 깜짝 놀랄 만한 대답을 들었다고 한다. '하버드 대학 졸업장은 시카고에서 돈으로 환산할 수 없는 가치가 있습니다.'

따라서 좁지만 강력한 고전적 계획의 파괴는 놀라운 결과를 낳았다. 한편으로는 자연과학과 인문과학의 새로운 학문으로 커리큘럼이 풍성해졌고, 이를 활용할 수 있는 유능한 인재에게 더 많은 기회가 제공되었다. 다른 한편으로, 그것은 부자들에게 대비에 대한 부담을 완화했다. 구제도는 그 결점이 무엇이든 간에 민주적이면서도 규율적이어서, 부유하든 가난하든 정해진 문제를 풀고 정해진 줄을 읽을 수 있는 소년들만 입학하고 졸업할 수 있었다. 새로운 제도 아래에서는 더 많은 융통성이 있었고, 부에서 비롯된 여가를 즐기는 사람들은 더 쉽게 입학하고 더 쉽게 끝까지 남을 수 있었다. 그렇게 두 가지 [부자들을 위한] 대의가 달성되었다.

하버드에서 엘리엇의 실험이 시작된 지 10년이 채 지나지 않아 볼티모어에 존스 홉킨스 대학이 개교했다. 이 과정의 모든 것에는 비즈니스 시대의 세속적 정신이 숨 쉬고 있었다. 기금은 한 사업가가 기부했고, 성직자가 아닌 평신도들이 이사회를 구성했으며, 고차원적인 과학 연구가 이 기관의 주요 특징으로 발표되었다. 불가지론의 옹호자였던 토머스 헨리 헉슬리는 당시 전 세계를 휩쓸고 있던 다윈주의 논쟁의 기수로, 개교 연설을 했다. 성직자의 축도祝禱없이 새로운 학문의 장이 열린다는 소식에 신자들은 충격을 받았다. 한 목사는 '올더스 헉슬리를 초청한 것은 잘못이었다'고 한탄했다. '차라리 하느님께 참석을 요청하는 것이 더 나았을 것이다. 두 사람에게 모두 참석을 부탁하는 것은 터무니없는 일이었을 것이다.' 그러나 성직자들의 한탄에도 불구하고 대학원 과정과 고급 연구를 고집한 이 새로운 기관은 많은 칼리지가 경쟁력 있는 유니버시티로 변모할 때까지 거의 25년 동안 미합중국 고등교육의 모델을 정립했다.

이러한 세속화 경향은 아무리 강해도 기업의 요구 사항을 완전히 충족시키지 못했다. '문과' 대학 졸업생들은 기계 산업에서 효율적인 결과를 내는 데 필수적인 정밀성, 물질과 힘에 대한 지식, 수학적 능력, 노동 습관 등이 결여된 피상적인 수준의 준비만 되어 있는 경우가 많았다. 항상 정당한 것은 아니었지만, 성과는 아니더라도 목표가 '너무 문화적'이라는 비난을 받기도 했다. 어쨌든 기계 공정의 까다로움은 기술 학교만이 제공할 수 있는 특정한 교육을 요구했다. 1864년 컬럼비아 광업학교, 1865년 매사추세츠 공과대학과 우스터 폴리테크닉, 1866년 리하이 대학, 1871년 스티븐스 공과대학, 1880년 케이스 응용과학대학, 1883년 로즈 폴리테크닉, 1889년 브루클린 폴리테크닉 연구소의 개교 등 당시의 연대기에서 몇 줄만 봐도 학문의 세계에서 새로운 강자가 부상하고 있음을 알 수 있다. 이러한 민간 기부금의 발전은 1862년 산업 및 기계 교육을 지원하기 위해 연방 토지를 제공하는 모릴법Morrill Act의 시행으로 더욱 가속화되었다. 이 시대의 막바지에 이르면 기술 훈련은 아메리카 교육 체계의 기본이 되었고, 산업의 물질적 방식을 지휘할 사람과 재정 관리, 증권 판매, 상품 유통을 담당할 사람의 교육이 뚜렷하게 구분되기 시작했다.

이것이 일반적인 상황이었지만, 도금 시대 교육의 모든 방향이 한쪽은 사치품, 다른 한쪽은 기술을 향한 것이라고 상상하는 것은 실수이다. 선택 과목의 확대가 부유층의 아들과 딸들이 가볍게 학업을 이어갈 수 있게 하고, 두뇌의 능력이 별로 없는 다수의 유아기를 연장하는 데 그쳤다면, 마찬가지로 이전 세대의 모든 칼리지 학생들에게 폐쇄된 수백 개의 분야에서 비교할 수 없는 풍요로운 배움의 기회를 원하는 사람들에게는 그것을 얻을 수 있는 기회를 제공했다. 완전히 새로운 학과가 조직되어 지식 그 자체를 사랑하는 사람들에게 자유롭게 개방되었다. 물리학, 화학, 생물학은 한때 그리스어와 라틴어에만 부여되었던 명성을 얻게 되었다. 미술, 음악, 문학은 별도의 자리가 만들어지고 여러 단계를 다루는 특수 학과가 생겨나면서 인정받았다.

사회학은 대개 역사, 도덕 철학, 법학 등의 뒷문을 통해 대학에 숨어들었지만, 일단 대학에 들어온 후에는 좀 더 관대한 대우를 받으며 머물렀다. 섬너 교수가 예일대에서 사회학으로 돌풍을 일으키기 시작하고 나서 8년 뒤인 1880년, 컬럼비아대 정치학부는 역사학, 경제학, 공법학 분과로 조직되었다. 동맹국 및 관련 왕국에 뒤지지 않기 위해 철학은 신학의 속박에서 벗어나 여러 분야로 분과를 나누기 시작했다. 1892년에 창간된 〈철학적 리뷰The Philosophical Review〉는 25년 전 〈사변철학 저널〉에서 시작된 전통적 독트린에 대해 비판적 의견을 표명하는 작업을 이어받았고, 1890년에는 컬럼비아 대학에 철학 대학원이 개설되었다.

학술적 사건의 과정에서 당장의 실용적인 목적으로부터 어느 정도 자유로워진 순수 과학은 점점 더 많은 지원을 받았다. 1899년에는 지적 보상만을 약속하는 사변적인 유형의 탐구를 장려하기 위해 아메리카물리학회American Physical Society가 조직될 수 있었는데, 초대 회장이 말했듯이 '우리 학회가 육성하기 위해 결성된 순수하고 미묘한 물리학의 연구자가 아니라, 인류의 지적 욕구보다는 물리적 욕구를 충족시키기 위해 그것을 사용하는 사람에게 최고의 찬사를 보내는 세상 한가운데서' 이 학회가 탄생했다. 코넬 대학의 총장인 앤드루 D. 화이트가 '진리를 진리로서 추구하는 열심, 진리와 영원히 결합된 선에 대한 믿음'에 대한 학교의 충성을 선언하면서 표명한 정신이 바로 이러한 정신이었다.

모든 분야에서 이러한 열정을 충족시키기 위해서는 특별한 교육이 필요했다. 한동안 이러한 교육은 주로 외국의 대학을 졸업한 아메리카인들에 의해 제공되었다. 실제로 도금 시대 미합중국 고등교육의 방향은 독일에서 지식과 기술을 습득한 교사들의 손에 크게 달려 있었다. 이 시대의 마지막 10년이 되어서야 국내 대학원은 교사와 학장에 대한 대학의 수요를 충족시킬 수 있을 만큼 많은 학자를 매년 공급할 수 있었다. 그러나 국내외에서 교육을 받은 철학박사Doctor of Philosophy가 마침내 신학박사를 대신할 수 있게 되었고, 세기가 바뀌면서 과학적 방법, 세밀한 연구, 객관적 사고에 대한 존중의 습관이 학문의 숲에 잘 자리 잡게 되었다.

때로는 타당한 이유로 주장되듯이, 이 변화가 중요한 것에 대한 너그러운 관심을 종종 하찮은 것에 대한 열정으로 대체했다 하더라도, 어쨌든 성직자들, 문학사가들, 그리고 순수 문학 교수들이 애호했던 많은 수사학적 접근들이 이 과정에서 심각한 손상을 입었다. 전반적으로 사회는 이익을 얻었지만, 문학과 예술 연구는 모자와 학위 가운을 입은 기계론자들에 의해 한두 번의 중대한 손상을 입었다. 확실히, 금세기 말에는 광범위하게 확산된 조악한 물욕 가정acquisitive assumption*들이 대학에서 침착하게 분석되었으며, 이는 결국 그것에 대한 일반적인 평판을 흔들어 놓을 운명이었다. 1900년이 되자, 그 구름은 대학 총장의 손만큼 컸다.**

이러한 시대에 대학 교육의 정신과 방식이 혁명적으로 변모하고 여성들이

---

* '물욕 가정'이란 19세기 후반 미국 도금 시대에 부, 물질적 소유, 사회적 지위의 축적을 우선시하는 널리 퍼진 신념과 태도를 말한다. 이러한 가정은 부와 성공을 얻는 것이 개인 또는 사회의 가치를 측정하는 주요 목표이자 척도라는 생각에 기반을 두고 있었다. 이러한 사고방식은 이 시기에 대중과 엘리트 모두에게 널리 퍼져 있었으며, 물질주의와 경제적 이득에 초점을 맞춘 문화로 이어졌다. 19세기 미국 역사, 특히 도금 시대는 급속한 산업화, 경제 성장, 록펠러와 카네기 같은 강력한 비즈니스 거물들의 등장으로 인해 빈부의 격차가 크게 벌어졌다. 사회적 또는 도덕적 결과를 거의 고려하지 않은 채 부를 추구하는 것으로 특징지어졌다. 이러한 물욕의 정당화는 현재까지도 미국의 여러 정책에서 관철되는 원칙 중 하나인 것으로 보인다.

부엌과 아기 방에서 경제 및 문화 생활의 모든 영역으로 대담하게 진출하는 동안 남성들이 고등교육에 대한 오랜 지배력을 유지하는 것은 불가능했다. 사실 앤드루 잭슨 시대에 지평선을 바라보던 교육자들은 대학에 대한 남성의 지배가 영원히 유지될 수 없음을 깨닫기 시작했다. 그리고 남녀공학의 첫 번째 중요한 실험이 민주주의의 밸리Valley of Democracy에서 이루어져야 한다는 것은 당연한 일이었다. 오벌린 칼리지Oberlin College는 1833년 개교 당일 여성들에게 학교 시설을 공유하도록 초대했고, 호레이스 만의 선의에 따라 20년 후 안티오크 칼리지도 그 모범을 따랐다. 미합중국 중기에 설립된 유타와 아이오와의 주립대학은 설립 초기부터 평등을 선언했다. 도금 시대 동안 쐐기는 낡은 독점 체제에 점점 더 깊숙이 박혔다. 1870년 미시간 주립대, 1874년 위스콘신 주립대학 등 북부의 주립대들이 차례로 인종 배제 정책을 포기했다. 사립대학들도 곧 같은 길을 걷기 시작했다. 코넬 대학은 1872년, 매사추세츠 공과대학은 1883년, 시카고 대학은 1892년에 여성에게 개방되었다. 관습을 갑자기 깰 수 없었던 몇몇 오래된 대학들은 여성을 위한 별관을 설립하는 방식으로 타협했다. 1889년 컬럼비아 대학에 바너드 칼리지가, 1894년 하버드 대학에 래드클리프 대학이 설립되었다.

한편 동부에서는 여성만을 위한 대학이 생겨나기 시작했지만 서부의 주립대학처럼 여성들의 요구가 관대한 반응을 얻지는 못했다. 마운트 홀리요크 칼리지의 설립자 메리 라이언과 같은 여성 지도자들은 남성을 위한 최고의 교육 기관과 동등한 수준의 대학을 설립하는 것이 오랜 꿈이었다. 1865년 포킵시의 부유한 양조업자가 자금을 지원하여 설립한 배서 칼리지Vassar College가 성대한 개교식을 거행하면서 그토록 갈망하던 새날이 밝았다. 5년 안에 매사

** 구약성서 열왕기상 18장에 나오는 엘리야의 이야기를 언급한 것으로 보인다. 당시 하늘에 '사람의 손 크기만한 작은 구름'이 보였고, 이것이 나중에 큰 비구름이 되어 가뭄을 해소하는 비가 내렸다.

추세츠의 웰슬리와 스미스도 인가를 받았다. 1885년 펜실베이니아의 브린 모어Bryn Mawr는 첫 번째 여성 신입생을 받았다. 입학 시험을 의무적이고 엄격하게 치르는 것 외에도 브린 모어는 몇몇 분과에서 존스 홉킨스나 하버드에 버금가는 수준의 대학원 과정을 제공했다.

전문 교육 분야에서는 여성운동의 진전이 그다지 빠르지 않았다. 매사추세츠 공과대학과 코넬 대학이 여성에게 공학 교육을 제공한 것은 사실이지만, 일류 법과대학과 의과대학들은 항복을 거부했다. 1865년에 여성은 나라 내 몇 군데에서만 의학 교육을 받을 수 있었고, 세기 말에도 여성들의 그러한 상황은 거의 개선되지 않았다. 법학도 다소 까다로웠지만, 시대 말기에는 몇몇 고등교육 기관에서 여성에게 법률 교육을 제공했다. 사실, 대학에 몰려든 수천 명의 소녀들 중 공학, 의학 또는 법학을 공부하기를 원하는 사람은 상대적으로 적었고, 대다수를 끌어들인 것은 교육, 문학 및 예술이었으며, 따라서 문화와 취향의 문제에 대한 우위가 여성의 손으로 옮겨지는 것을 촉진했다.

§

민주주의에 대한 열정으로 부채질된 대중 교육에 대한 열정은 필연적으로 흑인 종족의 선발대에도 영향을 미쳤다. 과거 노예 제도에 반대했던 북부 백인들은 해방민들이 문맹의 굴레에서 벗어날 수 있도록 도와야 할 의무가 있다고 생각했다. 기계와 과학의 영향을 받아 변화하는 산업과 농업의 요구는 적어도 상점과 현장에서 일할 사람들 사이에 배움의 기초를 확산시킬 것을 요구했다. 그러나 변화의 이유가 설득력이 있다 해도, 흑인을 교육하는 일은 무한히 어려웠다.

애초에 타성의 힘은 말할 것도 없고, 극복해야 할 고집스러운 의견의 유산이 있었다. 남북전쟁 이전에는 남부 일부 지역에서 노예에게 읽고 쓰는 법을 가르치는 것이 범죄였고, 북부에서는 흑인 교육에 대한 거부감이 노예제 폐지에 대한 증오만큼이나 강렬했다. 예를 들어, 코네티컷 주 뉴헤이븐에 유색 인종 청소년을 위한 대학 설립이 제안되었을 때, 이 마을의 시민들과 시 당국은 모든 합법적인 수단을 동원해 이 프로젝트를 저지해야 한다고 공식적으로 선언하며 분노에 찬 항의를 보냈다. 1833년 프루던스 크랜달은 같은 주 캔터베리에 있는 기숙학교에 유색 인종 소녀 몇 명을 입학시키려다가 폭도들의 공격을 받고 흑인을 교육 기관에 입학시키는 것을 범죄로 규정하는 특별법에 따라 투옥되었다. 북부의 다른 지역에서도 반대 여론이 거셌지만, 그럼에도 불구하고 유색 인종에게 개방된 초등학교의 수는 해방으로 인해 이 문제가 새로운 국면을 맞이하면서 꾸준히 증가하고 있었다.

전쟁으로 가난해지고 전통적으로 백인이든 흑인이든 대중 교육에 소홀했던 남부 주들이 해방민freedman 교육이라는 엄청난 부담을 한꺼번에 짊어지기를 기대하는 것은 무리한 일이었다. 이러한 상황에서 그 책임은 남부 못지않게 북부에도 상당 부분 있었으며, 북부의 자선가들은 어느 정도 그 의무를 이행하려고 노력했다. 1867년 조지 피바디가 남부 교육을 위해 기부한 기금의 상당 부분이 흑인 학교에 지원되었고, 15년 후 코네티컷의 존 F. 슬레이터는 '최근에 해방된 남부의 사람들을 고양시키는 데' 100만 달러를 기부했다. 북부 자본가들은 또한 1881년 지역 지원을 받아 터스키기에 흑인 학생들에게 자립 기술을 교육하기 위한 기관을 설립한 부커 T. 워싱턴을 도왔다.

물론 그러한 선물 중 일부는 훌륭했지만, 문제의 주변부 이상을 건드리지는 못했다. 흑인 교육의 주된 부담은 남부 납세자들이 떠맡았는데, 그들은 그 상황에서 예상할 수 있는 만큼이나 기민하게 이를 받아들였다. 세기가 끝날 무렵, 그들은 상대적인 의미로, 모든 측면에서 커다란 결과를 보여줄 수 있었다. 가장 최선의 추정치에 따르면, 해방 후 40년이 지나서 미합중국 내 흑인의 절반 이상이 읽고 쓸 수 있는 것으로 보고되었다. 또한 하워드 대학, 햄튼 대학과 같은 고등교육 기관의 수가 증가했고, 유색 인종 지도자들은 현재 그들에게 개방된 다른 대학은 말할 것도 없고 자신의 기관에서 예술과 과학에 대한 효율적인 교육을 받을 수 있었다.

이 지적인 진보 동안 옛날식의 흑인 설교자는 점차 위신을 잃었다. 역사적으로 그는 '아프리카 부족의 주술사medicine man의 후손'이었고, 그의 영적 장비에 그리스도교가 추가되었을 때 그는 이상한 신념의 혼합에 사로 잡혔다. 플랜테이션 시절 그는 '병든 자의 치료자, 미지의 세계에 대한 통역사, 슬픔에 잠긴 자의 위로자, 잘못에 대한 초자연적 복수자'였다고 두 보이스Du Bois는 말했다. 해방 후, 유색 인종 설교자들은 그들의 인종에 대한 권력을 부여하는 기술의 대가로서 무력한 해방민 공동체 사이에서 권위의 고삐를 쥐고 성서에 따른 평등의 복음을 선포하고 참정권이 그들에게 주어지자마자 정치적 조작 기술을 교회 기능에 추가했다. 이 설교자들 중 일부는 교육을 받았지만, 당시 대다수는 지식과 이해력에서 교구민들보다 우위에 있지 않았다.

그러나 흑인 문화의 일반적인 수준이 노예 시대의 원시적 조건을 넘어서면서 설교단의 주권은 쇠퇴했다. 세속 교육의 확산, 기술 교육 기관의 증가, 학교 커리큘럼에서 과학의 중요성이 커지면서 '노래하고 소리 지르는 목사'의 왕국에 대한 이야기가 퍼져 나갔다. 새 프로그램의 내용을 검토하던 한 학생은 '거기에 성령은 전혀 들어 있지 않다'고 외쳤다. 그리고 어떤 의미에서 그는 옳았다. 변화는 실용적인 관심사에 의한 학문의 정복과 흑인의 정신의 방향에서 백인의 주요 관심사인 재화의 획득과 향유로 논리적으로 흘러갔다. 사회적 차별이 아무리 엄격하더라도 두 인종 사이에 물샐 틈 없는 지적 장벽을 세우는 것은 더 이상 불가능했다. 좋든 나쁘든 흑인 인종은 다양한 색조와 유형으로 아메리카 경제 시스템의 일부였으며, 이는 어떤 언어적 장식으로도 가릴 수 없는 사실이었다. 백인을 무자비하게 짓밟은 시대의 힘은 유색 인종도 폭풍 앞에 몰아넣고 있었다.

26

제국 아메리카

　도금 시대의 화려하고 풍요로운 문화를 지탱하는 경제적 잉여가 증가함에 따라 해외 시장과 투자 기회에 대한 압박이 커졌다. 그리고 아메리카는 이제 제국주의의 길을 상당히 벗어났기 때문에, 정치의 상층부에 있는 선장실을 중심으로 그러한 형태의 인간 활동과 관련된 모든 이해관계와 야망이 누적된 방식으로 국가라는 배를 선택한 방향으로 안정적으로 유지하기 위해 음모를 꾸몄다. 매킨리, 루즈벨트, 태프트, 윌슨, 하딩, 쿨리지 대통령은 재임 기간 내내 항해도에 큰 변화를 주지 않고 정치의 연대기나 사건들에 따라 차례로 대통령 직을 차지했다.

　공화당은 웹스터, 수어드, 그랜트의 전통을 물려받았기 때문에 매킨리, 루즈벨트, 태프트는 정해진 운명Manifest Destiny 교리에 명시된 정책을 엄격하게 준수하는 데 어려움이 없었으며, 새로운 상황이 새로운 의무를 수반할 때 때때로 그 신조를 적용했다. 브라이언의 농경 정파에 자극받은 민주당은 그들 강령의 원칙에 따라 기존 정책으로 돌아갈 것을 약속했지만, 윌슨은 적어도 이 부문에서는 공화당 전임자들이 물려준 관행에 혁명을 일으키지 않았다. 필리핀에 더 큰 자치권을 부여하고 중국의 자본주의 확장을 냉정하게 바라본 반면, 카리브해에서는 덴마크 제도Danish Islands*를 매입하고 해군을 적극 활용해 귀중한 보호령을 추가하는 등 특별한 활력을 불어넣었다. 하딩과 쿨리지가 중앙아메리카와 카리브해에서의 작전 전반에 공식적인 합법성을 부여하려 했다 해도, 그들은 필리핀에 대한 제국의 지배력을 회복하고 경제적 기회가 아메리카 정부에 도덕적 의무를 부과하는 중국과 시베리아에서의 개방적인 여행에 대해 일본에 경고하는 데 단호했다.

§

1899년 스페인과 공식적으로 평화가 체결된 후 세부적인 항해 방향을 정할 때 매킨리는 사방에 장애물이 놓여 있는 위험한 암초와 안개가 자욱한 곳을 연구해야 했다. 쿠바의 사회 질서는 혼란스러웠고, 필리핀은 아메리카의 권위에 저항해 공개적으로 반란을 일으켰으며, 법적 불확실성으로 인해 정복한 영토의 지위는 불투명했다. 그리고 신중함을 더욱 조심스러운 것으로 만들기 위해 합병 정책에 대한 아메리카 국가의 의견은 아직 명확하게 개발되고 등록되지 않았다. 요컨대, 워싱턴에 있는 정부는 기원전 242년 포에니 전쟁이 끝났을 때 로마 공화정과 비슷한 입장에 처해 있었다.

어떤 각도에서 보더라도 행정부가 직면한 첫 번째 문제인 쿠바 문제는 특히 까다로운 성향을 가진 정치인들에게 난제들을 제시했다. 포퓰리스트당의 압력을 받아 스페인에 대한 공격을 옹호하는 사람들이 통과시킨 의회의 엄숙

---

* 카리브해의 '덴마크 제도'라는 용어는 현재 미국령 버진아일랜드로 알려진 섬들의 역사적 명칭인 덴마크령 서인도제도 Danish West Indies를 가리킨다. 이 섬들은 원래 덴마크의 식민지였는데 미국은 1917년 덴마크로부터 이 섬들을 매입하여 미합중국령 버진아일랜드로 이름을 변경했다. 이 매입은 카리브해에서 영향력을 확대하고 전략적 요충지를 확보하려는 미합중국의 광범위한 전략의 일환이었다.

한 결의안이 그들 앞에 대담하게 서 있었고, 미합중국은 평화를 회복하는 것 외에는 쿠바에 대한 주권이나 관할권을 행사할 의도가 없다고 전 세계 앞에서 맹세했다. 그러나 쿠바 정부가 구 스페인 지배 계급에 대항해 승리한 반란군과 프롤레타리아트에게 아무런 제지 없이 이양된다면, 쿠바에 있는 재산과 자본은 안전할 수 있을까? 이 질문은 결코 학문적이지 않았다. 아바나의 혁명 정권은 극도로 불만에 차 있었으며, 최근의 사회적 전쟁 동안 마드리드에 충성했던 현지 스페인인들과 대중의 주장에 비웃음을 보였던 자들에게 가차 없이 대처하려는 경향이 뚜렷했다. 만약 군대가 철수한 이후 상황이 위험해진다면, 이 섬에 진출한 아메리카 사업가들의 이익은 물론 옛 통치자들의 재산도 심각한 위험에 처하게 될 것이다. 명예와 필요성이 모두 얽혀 있는 미묘한 상황이었다.

이런 난처한 상황에서 코네티컷의 독창적인 상원 의원 오빌. H. 플랫은 쿠바 정부의 외국과의 관계를 제한하고, 부채를 창출하는 권한을 제한하고, 아메리카 해군을 위해 특정 석탄 기지를 양보하도록 강요하고, 생명과 재산을 보호하기 위해 필요할 때마다 미합중국이 섬 문제에 간섭할 권리를 선언하는 일련의 원칙을 발전시켜 방법을 발견했다. 의회의 순수주의자들에게 이것은 얼마 전에 한 엄숙한 서약을 위반하는 것처럼 보였지만, 그들의 반대에도 불구하고 새로운 교리는 1901년 육군 및 해군 세출 법안의 부록에 통합되었고 ─ 따라서 이름은 플랫 수정안Platt Amendment ─ 쿠바인들은 무력한 제스처를 취한 후 새로운 헌법에 자기 거부 법령을 구현하도록 강요당했다. 이로써 아메리카의 실질적 지배는 보장되고 주권의 덫은 독립 공화국에 넘겨졌다.

5년이 지난 1906년, 루즈벨트 대통령은 플랫의 법령에 따라 쿠바에 개입하여 군사정권을 수립하고 현지 절차를 복원하는 것이 쿠바인들에게 상당한 대가를 치르더라도 편리하다는 것을 알게 되었다. 그는 일이 순조롭게 진행되자마자 철수를 명령했지만, 쿠바는 채권의 조건에 명시된 대로 도덕적 의무를 전제로 자유, 주권, 독립을 보장받았다는 것을 이해하게 되었다.

§

필리핀 문제는 여전히 더 복잡했다. 1898년 스페인과 아메리카 간의 전쟁이 발발하면서 원주민들 사이에서 불만을 품은 세력이 무장 반란을 일으키기 직전까지 갔다. 이 위기가 시작될 때 반란군의 지도자 아기날도는 스페인의 지배를 전복하기 위해 아메리카의 무력에 합류하라는 초대를 받고 보장 없이도 전쟁이 끝나면 그의 원주민 섬들이 독립을 얻으리라는 것을 당연하게 생각하면서 즉각 온 힘을 다해 전투에 몸을 던졌다. 그러나 희망의 근거가 무엇이었든 그는 실망할 수밖에 없었다. 결국 새로운 외국 세력이 스페인의 옛 권력을 대신하게 되었기 때문이다.

주인이 바뀌었다는 소식이 마닐라에 전해지자 필리핀 전역에 긴장감이 감돌았다. 1899년 2월, 아메리카 군대와 아기날도 군대 사이에 전쟁이 발발했다는 소식이 전해졌다. 공식 보고에 따르면, 아메리카 전초기지에 접근하던 네 명의 현지인 병사가 오해로 인해 보초병의 정지 명령을 따르지 않은 것으로 보인다. 그 결과 전 세계에 더 많은 총성이 들렸다. 당시 필리핀군 최고 사령부의 장교들이 부재 중이었고 진격하는 병력의 수가 적었기 때문에 필리핀군이 아메리카군 전선에 대한 총공격을 염두에 두고 있었을 가능성은 거의 없다. 실제로 아기날도가 절박하게 휴전을 요청한 것은 당시 공격적인 움직임이 의도되지 않았다는 의견에 힘을 실었다.

첫 번째 피가 흘려지자마자 그 자리에서 아메리카군 당국은 협상을 절대적으로 거부하고 사건을 일반 분쟁으로 확대시켰다. 아메리카군이 쉽게 승리한 심각한 전투 끝에 투쟁은 거의 3년 동안 지속된 게릴라전으로 정착되었다. 이 혼란스러운 전투 과정에서 현지인 병사들은 잔학 행위를 저질렀고 그것은 복리複利로 되갚아진 것으로 보이며, 실제로 그러한 투쟁에서 문명화된 전투 에티켓을 준수하는 것은 극도로 어려운 것으로 판명되었다. 그래서 영웅적인 노력과 아메리카인들이 '물 치료the water cure"라고 부른 것을 아낌없이 사용함으로써 미합중국의 지배에 대한 반란은 많은 생명과 약 1억 7,500만 달러의 희생을 치르면서 진압되었다.

엄격한 군사 검열에도 불구하고 이 제국주의적 진행 과정에 대한 소식은 구식 아메리카인들 사이에서 약간의 불만을 불러일으켰다. 매사추세츠의 호어 상원 의원은 독립선언문이 공화당 신조의 일부라고 가정하고서 상원에서, 이 전쟁을 지지하는 사람들 중 그가 목소리를 들을 수 있는 모든 사람이, 만약 그가 필리핀 사람이었다면 필리핀 사람들이 싸우는 것처럼 자유를 위해 싸우지 않았을 리 없으며, 그러지 않는다고 해서 그들을 경멸하지도 않았을 것이라고 공개적으로 선언했다. 마크 트웨인은 격분하여 독설로 적신 펜을 들고 소총과 물고문으로 반란군을 문명화하고 그리스도교화한다는 내용의 신랄한 기사를 썼다. 사우스캐롤라이나의 틸먼 상원 의원은 큰 소리로 오래 웃었다. 그는 '공화당 지도자들은 더 이상 남부에서 흑인 참정권을 제한하는 정의나 필요성을 감히 의문시할 수 없다…… 과거 당신들의 구호인 형제애와 하나님의 부성은 시대를 거치며 희미해져 버렸다!'라고 외쳤다.

그러한 비판에 대해 똑같이 직설적인 답변이 이루어졌다. 매킨리와 그의 참모들은 정당한 분노로, 필리핀 전쟁이 1776년 아메리카의 자유를 위한 투쟁과 어떤 유사점도 없다고 부인했다. 그들에게는 아기날도와 워싱턴을 같은 맥락으로 언급하는 것 자체가 신성모독이었고, 1899년 아메리카의 지배에 저항한 반란군을 찬양하는 것은 반역에 가깝고 적에게 원조와 위안을 주는 것과 비슷했다.

그런 다음 구체적인 문제로 넘어가서, 그들은 수백 개의 섬에 흩어져 있고

---

* '물 치료'란 당시 미군이 사용했던 물고문을 말한다. 사람의 목구멍으로 물을 강제로 흘려 넣는 잔인한 심문 방법이었다. 이 방법은 스페인-아메리카 전쟁 이후 필리핀이 미국의 식민지가 된 후 일부 미군이 정보를 추출하거나 미국 통치에 저항하는 필리핀 반군을 처벌하기 위해 사용했다. 당시 '물 치료'는 인권 침해이자 미합중국의 도덕적 위상에 오점을 남겼다는 비난을 받았다.

원시적인 촌락민부터 세련된 도시 거주자에 이르기까지 다양한 문화를 가진 700만 명의 사람들에게 자치권을 부여하는 데 내재된 어려움을 지적했다. 그들은 즉각적인 평화, 독립 인정, 자치 정부 수립을 위한 우호적 지원, 그리고 섬나라 공화국에 대한 지속적인 자유 보장을 위해 세계 열강들의 동참을 촉구하는 호어의 프로그램을 환상이라고 평가했다. 요컨대, 매킨리 행정부는 아메리카의 후견 아래 교육과 지방 자치를 천천히 질서 있게 발전시키는 정복 외에는 문제의 해결책을 찾을 수 없었다.

§

제국의 모험에 대한 이러한 의견 차이로 인해 필리핀 문제는 1900년 선거운동의 주요 이슈가 되었다. 공화당은 이 문제에 정면으로 맞섰다. 공화당은 전진 노선의 저자이자 옹호자인 매킨리를 후보로 지명했다. 그들은 반대파를 무시한 채 전쟁을 통한 평화 외에는 다른 선택의 여지가 없으며, 스페인으로부터 해방된 국민에 대한 책임은 승리의 결과로서 미합중국에 떨어졌으며, '정부의 권위를 유지하고 무장 반란을 진압하여 구출된 모든 국민에게 자유와 문명의 축복을 부여하는 것이 정부의 드높은 의무가 되었다'고 선언했다. 공화당 지도부는 선거운동에 활기를 불어넣기 위해 그들의 부통령 후보, '러프 라이더Rough Rider*의 영웅'으로 유명한 시어도어 루즈벨트를 전국에 보내 연설과 박수갈채를 끌어내며 '정해진 운명'에 반대하는 유약한 사람들을 '응석쟁이mollycoddle'로 매도했다. 다른 한편에서는 여전히 브라이언의 마법에 걸려 있던 민주당이 다시 위대한 평민Commoner[브라이언]을 후보로 지명하고

---

* 1898년 스페인-미국 전쟁을 위해 창설된 3개 연대 중 하나이자 유일하게 전투를 경험한 미합중국 제1자원 기병대에 붙여진 별명. 시어도어 루즈벨트는 당시 해군부 차관보로 쿠바 독립전쟁의 강력한 지지자였는데 이 연대는 '루즈벨트의 러프 라이더(거친 기병대)'로 알려지게 되었다. 이 용어는 자신의 순회 서부극 공연을 '버팔로 빌의 와일드 웨스트와 세계의 거친 기병대들의 의회'라고 불렀던 버팔로 빌에게서 차용한 것이다.

제국주의를 트러스트와 자유 은화에 필적하는 중대한 이슈로 만들었다.

이어진 경선에서 1896년의 방식과 열정이 되살아났다. 다시 한 번 해나가 공화당 선거 자금을 담당했고, 헤이가 말했듯이, 여름 내내 '늑대가 온다, 늑대가 온다'를 외치며 재계 지도자들로부터 적절한 수입을 끌어 모았다. 두려움 때문인지 혹은 재정적 필요 때문인지, 브라이언은 이제 재산의 적일 뿐 아니라 제국의 적으로 불렸다. 세련미를 내세우던 헤이조차도 민주당 후보를 '명백한 무정부주의자'라고 비난하며 '잭 케이드[15세기 영국 정부에 대항해 민중 반란을 일으킨 지도자]가 무슨 짓을 할지는 아무도 모른다'고 암시했다. 민주당도 이런 종류의 공격을 아끼지 않았다. 그들은 상대 후보의 도덕적 가식을 비웃으며 '탐욕스러운 상업주의'가 필리핀 정책을 좌우하고 있으며, 법과 질서를 회복하려는 아메리카군의 노력은 '범죄적 침략 전쟁'이라고 선언했다.

선거 개표 결과 매킨리는 4년 전의 승리를 훨씬 뛰어넘는 득표율로 라이벌을 누르고 함장 자리를 지킬 수 있게 되었기 때문에, 이러한 논란들에 대한 대중의 평결은 결정적이었다. 승리의 기쁨을 만끽하며, 그가 전속력으로 전진하라는 명령을 막 내렸을 때, 비극적인 운명이 그를 덮쳤다. 1901년 9월 버팔로 [범아메리카] 박람회에 참석했던 매킨리는 아나키스트의 총에 맞았고, 며칠 후 친구의 집에서 사망했다. 당파적 비판의 거친 목소리도 순식간에 잠잠해졌고, 온 국민이 하나가 되어 그가 즐겨 부르던 찬송가―〈나의 하느님, 당신께 가까이Nearer, My God, to Thee〉―가 울려 퍼지는 가운데 고인이 된 대통령의 미덕에 경의를 표했다. 새로운 길의 주 저자는 죽었지만 그의 후계자인 시어도어 루즈벨트의 발표에 따르면, 그의 정책은 '결코 중단되지 않고' 계속될 것이며, 이 약속은 곧 필리핀 반군과의 전쟁을 승리로 이끌면서 지켜졌다.

§

무력으로 아메리카의 패권을 확보한 후에는 속주를 위한 정치 제도를 수립하는 과제가 주어졌다. 이 문제와 관련하여 루즈벨트 대통령은 전임 대통령의 안내를 전폭적으로 따랐다. 스페인으로부터 필리핀을 되찾은 직후, 필리핀의 경제 및 사회 생활을 조사하고 최종 정책 채택과 관련된 결과를 보고하기 위해 저명한 시민들로 구성된 위원회가 파견되었다. 이 조사 결과를 바탕으로 윌리엄 하워드 태프트가 이끄는 두 번째 위원회가 군사 정권이 궁극적으로 소멸될 때까지 임시로 민사 업무를 담당하게 되었다. 1900년 초, 의회는 포르토 리코 정부를 위한 기본법organic law을 통해, 아메리카 제국주의 사상이 민주주의에 의해 어느 정도 완화되어야 함을 입증했으며, 이는 스페인의 식민지 지방이 수 세기 동안 누렸던 것보다, 또는 현대 유럽의 제국주의 열강에 의해 정복된 어떤 민족이 받았던 것보다 더 큰 수준의 자치권을 보장하는 것이 분명했다. 총독과 대통령과 상원이 임명하는 6명의 내각 수반, 그리고 국민 투표로 선출된 하원과 워싱턴에서 선출된 각 부처의 장과 기타 5명으로 구성된 상하 양원으로 구성된 지방 의회를 구성하도록 규정했다.

　루즈벨트 대통령은 이미 이러한 지침을 가지고 있었기 때문에 필리핀 행정부를 위한 프로젝트를 수립하는 데 어려움이 없었다. 그는 의회에 보낸 첫 번째 메시지에서 이 문제를 강조했고, 1902년 이 섬들을 위한 기본법이 정식으로 제정되었다. 5년 후, 평화가 완전히 정착된 후 인구조사를 실시하고 공식적인 준비를 마친 후 입법부 의원 선거를 실시하여 새로운 체제가 정식으로 설치되었다. 당시 필리핀 정부는 총독과 민정위원회로 구성되었으며, 민정위원회는 [미국] 대통령과 상원이 선출하는 상원으로서, 국민 투표로 선출하는 하원과 함께 입법부의 역할도 수행했다.

　제국 영토에 관한 명시적인 조항이 없는 헌법에 따라 운영되던 의회는 새로운 영토의 운명을 결정하면서 이전과는 전혀 다른 형태의 법적 문제에 직면해야 했다. 그중 가장 당혹스러운 질문은 다음과 같은 유명한 질문으로 요약할 수 있다. '헌법은 국기를 따르는가?' 공법 전문가들 사이에서의 오랜 사법 판례에 따르면 의회는 헌법의 조항, 즉 언론의 자유, 배심원 재판 및 기타 앵글로색슨 법학의 공식에 의해 영토 정부에 대한 제약을 분명히 받고 있기 때문에 긍정적인 대답만 가능한 것처럼 보였다. 그러나 상류층 스페인 사람들에게는 잘 알려진 아메리카 정책의 세련된 개념이 열대 섬의 원주민들에게 가볍게 적용될 수 없다는 것은 모든 사람에게 분명했다. 의심의 여지 없이 술루Sulu의 술탄은 마그나 카르타에 대해 들어본 적이 없었을 것이다.

따라서 대법원이 '섬 사건들Insular Cases'로 알려진 일련의 판결을 통해 매듭을 풀거나 장애물이 실제로 헌법에 없는 듯하다는 사실을 발견하기 전까지 법률가들 사이에서는 어색한 멈칫거림이 발생했다. 마침내 그 길은 순탄해졌나. 비록 가상 중요한 사건에서 9명의 재판관 중 4명이 반대의견을 냈고 다수를 차지한 5명의 논리가 달라, 이 사건은 깐깐한 사람들에게는 고통스러웠지만 대중에게는 깊은 인상을 남기지 않았다. '대법원은 선거 결과를 따랐다'는 인자한 둘리 씨의 지나가는 말은 그러한 결론을 충분히 표현했다. 어떤 경우에도 의회는 종속국을 다스릴 때 헌법의 '근본적인' 부분을 위반하지 않는 한, 즉 사법적 양심에 어긋나지 않는 한 무엇이든 할 수 있다는 가설에 따라 앞으로 나아갈 권한이 주어졌다. 필리핀의 한 편집자가 아메리카 행정부의 선의에 의문을 제기하는 데 상당한 시간을 할애했을 때, 대법원은 그에게 연방 헌법 수정안 제1조에 따라 그럴듯한 주장들은 할 수 없다no specious pleas for license could be made*는 것을 신속하게 보여주었다.

---

* 여기서 'specious'는 겉보기에 그럴듯하지만 실제로는 잘못된 주장을 뜻하고, 'license'는 표현의 자유를 악용하거나 남용하는 것을 의미한다. 즉, 필리핀 편집자가 미국 정부에 비판적인 의견을 표현하려고 했지만, 대법원은 수정헌법 1조(표현의 자유를 보호하는 조항)를 이용해 그런 비판을 정당화하려는 시도는 허용되지 않는다고 결정한 것이다. 대법원은 그런 비판이 자유의 남용에 해당하며, 단순히 '표현의 자유'라는 이유로 보호받을 수 없다는 입장을 취한 것이다. 그렇다면 왜 표현의 자유를 지키기 위한 수정 조항 1조가 역으로 필리핀인의 표현의 자유를 자유의 남용이라고 결정했을까. 만약 같은 사건이 국내 문제와 관련된 것이라면 미합중국 대법원은 같은 결정을 내렸을까? 따라서 이 문제는 법리적인 문제가 아니라 정치적인 문제로 볼 수밖에 없고 당시 대법원도 정치적인 판단을 법리적인 해석을 상당히 자유롭게 적용해 내렸을 것이다.

새로운 체제가 수립된 후 몇 년 동안 정책에 대한 심각한 반발은 없었다. 공화당 행정부는 자신의 임무가 안정적이라고 생각하여 식민지 소유지에서 교육 및 경제 정책을 점진적으로 계속 적용했다. 민주당은 이후 대통령 선거 때마다 1900년의 비판을 다양한 형태로 반복했다. 건설적인 측면에서 그들의 일반적인 생각은 포르토 리코에 북서 조례Northwest Ordinance 제정 이후 구대륙 준주들에 부여된 법적 지위를 부여하고, '안정적인 정부가 수립되는 즉시' 필리핀에 독립을 부여하는 것이었다. 윌슨 대통령 집권 후 민주당은 마침내 자신들의 이론을 시험할 기회를 얻었고, 의회는 1917년 통과된 법안을 통해 포르토 리코 입법부의 상원을 선거로 구성하고 현지인에게 공직의 더 많은 몫을 부여하도록 규정했다. 1916년 의회는 때가 무르익으면 필리핀이 독립해야 한다고 엄숙히 결의하고, 필리핀에 상원 선거권을 부여함으로써 희망적인 제스처를 취했다. 포르토 리코에서와 마찬가지로 지금까지 아메리카인에게만 주어졌던 수익성 있고 중요한 직책이 현지인에게 부여되었고 재정 관리가 그들의 손에 맡겨졌다.

이러한 양보는 필리핀에 화합을 가져다주기는커녕 독립 정파의 열기를 다시 불러일으켰고, 마닐라 지방 의회는 미국으로부터 즉각적인 분리 독립을 지지하는 결의를 다시금 다졌다. 그들은 또한 필리핀에 대한 아메리카의 금융 및 산업적 이익을 우려하여, 워싱턴에서 엄격한 필리핀 정책을 강력하게 요구하도록 고무했다. 몇 년 동안은 언제 위기가 닥칠지 모를 것처럼 보였지만 결국 윌슨 대통령은 퇴임했고 그의 자비로운 은총의 행위들이 기억에 남지 않았다는 것이 밝혀졌다. 어쨌든 그것들은 하딩 대통령이 총독으로 파견한 레너드 우드 장군이 1921년 필리핀을 다시 안정된 궤도에 올려놓는 것을 막지는 못했다.

당시 아메리카에서는 소수의 정치인과 선동가들만이 독립을 원하고, 아메리카의 무력이 철수하면 수백만 명의 무력한 피후견인들이 지역 태수satrap들의 부드러운 자비에 맡겨질 것이라는 보도가 나왔다. 필리핀 사람들에게 윌슨의 무지개는 신기루에 불과했고, 아메리카 국민, 적어도 투표에 참여한 다수의 국민은 세기 초에 채택된 제국주의 정책의 철회를 원하지 않는다는 사실이 점차 드러났다. 세월이 흐르면서 섬의 상업과 산업에서 우위가 현지인으로부터 아메리카인의 손으로 꾸준히 옮겨갔고 고무 경작의 가능성이 감동적으로 명백해지면서 '정해진 운명Manifest Destiny'은 두 배로 매력적으로 다가왔다.

1926년 9월, 쿨리지 대통령이 정보 수집을 위해 파견한 오하이오 주 정치가 하딩-도허티 그룹의 일원인 카미 톰슨의 보고를 뒷받침하기 위해 아메리카 행정부의 여름 수도인 비기오[루손 섬에 있는 필리핀의 하계 수도]에서 보낸 전보문은 '동양의 관문에 전략적으로 위치한 이 비옥한 열대 섬에서 철수한다면 우리는 아시아에서 열강의 지위를 포기해야 할 것이다. 필리핀을 상업 및 군사 기지로 삼지 않으면, 중국에서 모든 국가에 평등한 무역 기회를 제공하는 개방 정책을 밀어붙일 수 없고, 동양의 각성에 따른 무한한 경제적 기회를 창출할 수 없으며, 우리의 이익을 보호하기 위해 효과적으로 전쟁을 수행할 수 없을 것이다. 이러한 주장을 뒷받침하기 위해 제기된 주장은 필리핀이 전략적으로 아메리카가 기지로 사용할 수 있는 유일한 곳이라는 것이다. 필리핀은 북부의 일본부터 남쪽의 보르네오까지 태평양을 가로질러 아시아 연안까지 스크린을 형성하는 섬들의 일부로, 극동 지역의 미래 가능성을 여는 문이다. 아메리카가 이러한 전략적 위치를 점하고 있는 한 아메리카는 동양의 경제 및 국제 생활에서 강력한 영향력을 행사할 것이다.'

§

필리핀 점령은 극동아시아 지역에서 경제 활동을 위한 훌륭한 기지를 제공함으로써 아메리카 제국주의 정치가들의 오랜 꿈을 실현하는 데 한 걸음 더 가까워지게 했다. 링컨 시대에 수어드는 미합중국이 해양 제국의 지배력을 가져야 하며 광활한 태평양 유역이 향후 몇 년 안에 세계사의 주요 무대가 될 것이라고 선언한 바 있다. 동양과의 관계에서 그는 굽히지 않는 집요함으로 국무장관으로서 '문호 개방open door' ─ 비록 대중의 상상력을 자극하기 위해 그토록 영리한 문구를 자신이 발명하지는 않았지만 ─ 정책을 추구했다.

앞서 살펴본 바와 같이 그는 다른 서구 열강과 협력하여 동양인들이 상업의 문을 활짝 열도록 강요했다. 1864년 아메리카 해군 장교들은 수어드의 승인을 받아 지역 영주들이 보여준 적대감에 대한 보복으로 일본의 시모노세키를 포격했다. 그의 승인으로, 도쿄 주재 아메리카 대표는 영국 대리인과 연합하여 일본이 조약을 받아들이도록 강요했고, 페이슨 J. 트리트가 잘 표현했듯이, 일본은 '거의 반세기 동안 영국의 상업적 이익에 종속되었다.' 이러한 조치들에 맞추어, 수어드는 환영받지 못하는 곳으로 가겠다고 고집한 프랑스 선교사들과 아메리카 상인들을 살해한 조선인들을 처벌하는 공동 조치를 프랑스에 제안하기도 했다. 국무부와 해군이 의회에서 적절한 지지를 얻을 수 있었다면, 1898년 스페인으로부터 필리핀을 빼앗기 훨씬 전에 동양의 해역에 성조기가 게양되었을 것이다.

그러나 국가 전체가 고위직에 있는 사람들이 조기에 발견한 유용성을 깨닫는 데는 시간이 걸렸다. 실제로 수어드의 당 동료들이 도입한 관세 정책은 태평양 제국주의에 대한 초기의 경제적 관심을 일시적으로 완화하는 데 도움이 되었다. 경쟁 상품에 대한 높은 관세로 잘 보호된 아메리카 제조업체들은 1861년 이후 한동안 거대하고 성장하는 국내 시장을 장악했고, 그 시장이 포화 상태가 될 때까지 더 많은 해외 무역 시설에 대한 필요성을 강하게 느끼지 못했다.

그사이 다른 제국주의 열강들은 중국과 전쟁을 벌이고 중국의 오랜 영토를 분할하는 등 동양에서 공격적인 행보를 보였다. 프랑스는 동남아시아에서 막대한 영토를 빼앗았다. 홍콩에 주둔하며 광동 무역을 장악하고 개항장에서 활동하는 은행들의 도움으로 영국은 제국Empire[중국] 상업의 노른자위를 차지했다. 1895년 중국과의 전쟁에서 승리한 일본은 포모사[대만]를 합병했고 러시아, 독일, 프랑스가 개입하지 않았다면 더 많은 영토를 차지할 수 있었을 것이다. 2년 후, 독일은 선교사 살해 사건을 구실로 삼아 요주만膠州灣을 점령하고 산동성山東省 전체를 손아귀에 넣었다. 그 이듬해 러시아는 여순旅順 항을 중국으로부터 임대하여 만주를 거쳐 하얼빈哈爾濱까지 철도를 건설하여 시베리아 횡단선과 연결할 수 있는 권리를 확보했다. 북쪽에서 벌어진 잔치에서 빠지지 않기 위해 영국은 독일과 러시아가 점령한 새로운 기지 사이에 있는 전략항 위해위威海衛를 점령했다.

이런 일들이 벌어지는 동안 유럽 자본가들은 흔들리는 중국 제국에 돈을 빌려주고, 중국 각지에 철도를 건설할 독점권을 획득하고, 조수가 닿을 수 있는 대부분의 광물 자원을 합병하고 있었다. 이런 식으로 중국은 '영향권들spheres of influence'로 나뉘었고, 마침내 자국 시장이 포화 상태에 이른 아메리카 상인과 자본가들이 새로운 기회를 찾아 먼 곳으로 눈을 돌렸을 때, 그들은 라이벌들의 보조금과 독점권으로 인해 매번 방해를 받는다는 사실을 알게 되었다.

바로 이 시점에 중국에서 외국인에 대한 반란, 즉 의화단의 난Boxer Rebellion이 일어났다. 오랫동안 북경의 보수적인 지도자들은 그리스도교 선교사들에 의해 종교가 공격받고, 민주주의를 옹호하는 혁명가들에 의해 정부가 공격받고, '호랑이들에게 던져진 고기'처럼 외세에 의해 국토가 분할되는 일련의 사태를 개탄스럽게 바라보았다. 수도에서 시작된 실망감은 문맹인 대중에게까지 퍼져 '복서Boxer' 또는 '정의로운 화합의 주먹義和拳'으로 알려진 민간 결사가 곳곳에서 생겨났다. 그리고 폭발을 위한 재료가 충분히 축적되었을 때, 1899년 말 산동에서 영국 선교사가 살해당하는 사건이 발생하면서 폭풍이 닥칠 것이라는 징조가 하늘에 번쩍 떠올랐다.

이듬해 여름에 충돌이 발생했다. 중국인의 행동에 항의하기 위해 황궁으로 가던 독일 장관이 북경 거리에서 살해당하고 사방에서 폭력이 발생했다. 공포에 휩싸여 수도에 있던 외국인들은 영국 공사관으로 피신하여 포위 공격에 대비한 방어 태세를 갖추고, 전 그리스도교계에 도움을 요청하여 강대국들이 북경으로 구호 원정대를 파견하도록 했다. 우선권과 전리품을 둘러싼 치열한 다툼 끝에 연합군은 결국 수도를 점령하고 갇혀 있던 외국인들을 풀어주었으며 상점과 궁궐을 약탈했다. 이렇게 무릎을 꿇은 중국 황실은 외국인 살해와 재산 파괴에 대해 막대한 배상금을 지불해야 했고, 비굴한 사과를 해야 했으며, 북경에 독일 장관을 기리는 기념비를 세우도록 강요당했다.

중국 침략과 그 후의 정착 과정에 아메리카 정부는 적극적으로 참여했다. 실제로 의화단의 난은 미합중국의 특별한 정책과 주장을 세계에 알릴 수 있는 좋은 기회를 제공했다. 필리핀에 전략적 기지를 구축한 매킨리 행정부는 이미 중국 혹은 적어도 아직 외세와 진취적인 자본가들이 점령하지 않은 중국 지역에서 아메리카의 이익을 증진하기 위해 고민하고 있었다. 약간의 경제학적 분석을 통해 아메리카가 분열에 동참하여 영토 전리품의 일부를 요구하지 않는 한, 아메리카 사업가들은 다른 사람들의 탐욕을 견제함으로써 중국 무역에서 자신의 몫을 얻을 수 있다는 것을 쉽게 발견했다. 요컨대, 분명한 해결책은 '문호 개방', 즉 중국의 국가적 통일을 유지하고 모든 외국인에게 동등한 무역 특권을 부여하는 것이었으며, 물론 외국인이 이미 획득한 권리를 보존하는 것이었다. 이러한 프로그램의 장점을 분명히 염두에 두고 국무장관이었던 존 헤이는 1899년 ─ 의화단의 난이 일어나기 전 ─ 열강들에게 자제와 평등의 원칙을 고수할 것을 요청하는 서한을 보냈다.

헤이는 의화단의 난 협상이 제공한 기회를 활용하여 '중국에 영구적인 안전과 평화를 가져오고, 중국의 영토와 행정 실체를 보존하며, 조약과 국제법에 의해 우방국에게 보장된 모든 권리를 보호하고, 중국 제국의 모든 지역과 평등하고 공정한 무역 원칙을 세계에 보호할 수 있는 해결책을 모색할 것'을 관련국 정부들에 다시 한 번 요청했다. 세계대전으로 끝날 수 있는 승자 간의 다툼에 대한 유일한 대안으로 보였기 때문에 아메리카의 공식은 이론적으로 받아들여졌다. 헤이는 '우리가 행동에 나선 순간 나머지 세계는 잠시 멈추고 마침내 우리 쪽으로 다가왔다. 일반적으로 잔인하지만 그다지 어리석지 않은 독일 정부도 이성을 되찾고 그 자리에서 내려왔다'고 말했다. 이러한 우호적인 제스처 외에도, 북경에서 발생한 피해를 훨씬 초과하는 배상금 몫을 얻은 미국은 나머지를 비밀 협상을 통해 아메리카의 학교에서 중국 학생들의 교육을 위한 기금 형태로 중국에 반환했다.

이런 식으로 아메리카 정부는 열강들에게, 영국의 침략과 조약에 따른 개항장에서의 권리를 통해 이익을 얻었지만, 더 이상 중국 영토를 점령하거나 오래된 제국의 영토 내에서 독점을 용인하지 않을 것임을 보여주었다. 현실적이고 실용적인 목적을 염두에 두고 고안되었지만, 문호 개방 정책은 동시에 도덕적인 고상함을 띠고 있어 중국인, 선교사, 반제국주의자, 평화수의자들 모두에게 만족스러웠다. 동시에, 이 정책은 국내 여론이 허용하는 한에서 극동에서의 아메리카의 경제적 이익에 거의 모든 보장을 제공했다. 헤이 장관은 '우리는 미합중국의 여론이 이 정부가 지금 벌어지고 있는 위대한 분열의 게임에 참여하는 것을 정당화할 것이라고 생각하지 않는다'고 간결하게 말했다. 그것이 문제의 핵심이었다. 매킨리 대통령은 개인적으로 중국 분할이 실현된다면 기꺼이 손을 잡을 의향이 있었지만, 아메리카의 내륙이 아직 그러한 '정해진 운명'에 완전히 세뇌되지 않았다는 것을 우려했다.

§

헤이 장관과 루즈벨트와 태프트의 후임자들은 문호 개방 정책의 강력한 승인으로 아메리카 시민들에게 중국 전역에서 동등한 무역 특권과 철도 및 천연 자원 개발에 대한 동등한 투자 기회를 확보하는 작업에 전력을 기울였다. 특히 한국, 만주, 몽골의 경제적 침투에 지속적인 관심을 기울여 러시아 기업과 충돌하기도 했다. 1903년 5월 21일 매사추세츠 주 상원 의원 로지는 루즈벨트에게 보낸 편지에서 이렇게 말했다. '나는 만주에 대해 많은 생각을 해왔다. 그곳에서 우리의 무역은 매우 큰 비중을 차지하고 있으며, 우리는 매우 강력한 발판을 가져야 할 것 같다······ 나는 로렌스로부터 만주로 가는 면제품을 만드는 일부 공장에서 가능한 가장 강력한 조치를 촉구하고 함대를 보내달라는 편지를 받았다…… 이는 남부의 면화 공장과 마찬가지로 중국에 많은 밀가루를 보내는 북서부의 밀가루 이해관계자들도 마찬가지이다.'

그러나 면화 공장과 제분 공장을 소유한 아메리카 자본가들이 중국 북부의 무역을 장악하는 문제가 간단히 전함 함대를 파견하여 해결할 수 있다고 생각했다면 그것은 착각이었다. 정치가들은 이 문제를 보다 장기적이고 폭넓게 바라보면서 중국 자원을 개발하는 사업이 방대한 국제적 경쟁 네트워크와 연관되어 있으며, 외교적 기교와 칼을 휘두르는 기술이 함께 필요하다는 것을 깨달았다. 20세기가 시작될 무렵에는 프랑스 자본가들의 지원을 받는 러시아가 북중국에서 경제 사업을 확장하려는 다른 모든 열강에게 위협이 될 수 있다는 사실을 가장 둔감한 사람들도 알았다. 빙하의 엄청난 압력으로 모스코바 사람들은 아시아 해안의 얼음이 없는 바다로 향하고 있었다.

이 거대한 세력이 존재하는 상황에서 워싱턴 행정부가 극동에서 차르에 대항하기 위해 다른 정부들과 공동의 대의를 추구하는 것은 분별력의 한 부분이었다. 루즈벨트 대통령에게는 상황의 요소가 완벽하게 보였다. 그가 잘 알고 있었듯이, 영국은 영국령 인도 국경과 중국에서 러시아의 위협을 받고 있었고, 1902년 일본과 동맹을 맺었으며, 스페인과의 전쟁 중에 그리고 그 이후에도 미국에 우호적인 제의를 해왔다. 한편 일본은 이미 한국을 통해 대륙에 대한 경제 침략을 시작한 상태였다.

이러한 상황을 고려할 때, 루즈벨트에게 이 두 나라와의 동정적인 협력은 가능한 유일한 선택으로 보였고, 1904년 압록강 유역에서 벌어진 러시아와 일본 간의 경제 경쟁이 무력에 호소하는 것으로 끝나자 그는 즉시 프랑스와 독일이 차르의 편에 서서 이 문제에 개입할 경우 '일본을 위해 필요한 모든 조치를 취할 것'이라고 통보하면서 영국 정부도 '같은 방식으로 행동할 것'이라고 완전히 확신했다. 물론 이는 프랑스나 독일이 경고에 귀를 기울이지 않을 경우 미국에는 전쟁을 의미했다. 실질적으로 이는 워싱턴의 정부가 중국 북부의 풍부한 자원이 프랑스 자본가들에 의해 유지되는 러시아의 독점 아래 놓이는 것을 용납하지 않겠다는 뜻이기도 했다.

　루즈벨트에게는 다행스럽게도 러일전쟁의 운명은 그의 계획에 유리하게 작용했다. 루즈벨트는 전쟁의 어느 한쪽이 중국 북부 전체를 절대적으로 지배하는 것을 막는 게 가장 큰 바람이었고, 전쟁에 참여한 국가에 차관을 제공한 프랑스, 영국, 아메리카 은행가들은 각국의 주인이 빚을 갚을 능력이 있는 상태에서 전쟁으로부터 빠져나오는 것을 보고 싶어 했다. 결국 투쟁에 참여한 국가들이 결판을 내지 못한 채 파산에 가까워지자, 금융가들은 채무자들에게 지급 정지 통지를 하고 지갑을 닫았다. 이러한 경제적 함정에 빠진 일본은 루즈벨트 대통령에게 도움을 요청했고 도움을 받았다. 루즈벨트 대통령은 유럽의 정세를 은밀히 살펴보고 나서 중재자 역할을 자처했고, 1905년 여름 뉴햄프셔 주 포츠머스에서 러시아와 일본 대표를 한자리에 모으는 데 성공했다. 그곳에서 아메리카의 이익과 관련하여 대통령이 원했던 타협이 이루어졌다. 일본은 여순 항, 대련大連, 남만주 철도에 대한 러시아의 권리를 확보했지만 텅 빈 국고를 복구할 수 있는 배상은 받지 못했다. 따라서 두 교전국은 약화되고 분열된 상태에서 서로를 마주했고, 중국 북부는 여전히 절대적인 주인이 없었다.

　루즈벨트는 극동 지역의 세력 균형 정책을 이어가면서 포츠머스 회의가 열리던 여름, 동양의 질서를 유지하기 위해 일본 및 영국과 비밀 협상을 시작했다. 개인적으로는 정식 동맹을 원했지만, 루즈벨트는 상원이 그것을 승인하지 않을 것이며 '차라리 달을 따려고 노력하는 것이 낫다'고 말했다. 그래서 그는 도쿄에 사절단을 파견하고 일본 수상과 극비 각서에 기록된 간단한 합의를 하는 것으로 만족해야 했다.

　이 비밀 협약에서 일본은 필리핀에 대한 아메리카의 지배권을 존중하기로 약속했고, 미합중국 대통령은 무력에 의한 일본의 조선 지배권 확립을 받아들이기로 합의함으로써 한 국가의 제국주의적 모험이 다른 국가의 유사 사업과

짝이 맞도록 설정했다. 동시에 도쿄에 파견된 루즈벨트의 특사는 일본 수상에게 미합중국 국민은 '극동의 평화 유지에 있어 일본 및 영국 국민과 완전히 일치하고 있으며, 어떤 상황이 발생하더라도 그러한 목적을 위해 일본 및 영국과 함께 미합중국 정부의 적절한 조치는 마치 미합중국이 조약 의무를 이행하는 것처럼 확실하게 기대할 수 있다'고 말했다. 이 비밀 협정의 경과를 지하 경로로 들은 도쿄의 한 유명한 정치 평론가는 '실제로 이것은 일-영-미 동맹이다'라고 말했다. 1924년 타일러 데넛이 대통령의 개인 서류에서 이 문서를 발견해 공개하기 전까지 미합중국 국민은 이 협정에 대해 전혀 알지 못했지만, 적어도 루즈벨트가 백악관에 있을 때 그런 일이 벌어졌다.

일본은 1905년 국가 부도 위기에 처했을 때 기꺼이 평화에 굴복했지만, 막대한 피와 재물을 치르고 러시아로부터 빼앗은 부를 아메리카 기업이 가져가는 것을 허용할 생각은 전혀 없었다. 일본 정부의 결연한 의지를 증명하듯, 일본 정부는 아메리카 철도의 나폴레옹 에드워드 H. 해리먼이 만주 철도를 '세계 일주 시스템'의 일부로 삼으려는 계획을 허락하지 않았고, 1년 후, 러시아와의 전쟁 때 뉴욕의 재정 후원자였던 제이콥 쉬프가 이 프로젝트를 재개하려는 것도 정중하게 거절했다.

실제로 중국 북부의 특별 보호구역에서 아메리카의 막강한 이해관계가 작용하는 것을 본 일본과 러시아는 최근의 증오를 금세 잊고, 다툼을 정리하고, 자신들의 이익을 지키고 더 많은 것을 얻기 위해 단결했다. 그들은 함께 상황의 열쇠를 쥐고 있었다. 일본은 전략 철도를 장악해 만주 하부를 장악했고, 러시아는 중국 동방 철도가 블라디보스토크와 시베리아 횡단선을 연결하는 만주 상부와 몽골에서 강세를 보였다. 두 강대국은 훈련된 군인들로 긴 선로 구간의 치안을 맡고 그들의 요구 사항에 따라 전체 지역의 운임을 정하면서 사실상 중국 북부를 점령했고, 바로 문 앞에 있는 광활한 미개발 땅을 자국의 이익을 위해 이용할 수 있는 위치에 있었다.

중국 영토에 대한 일본과 러시아의 지배력을 깨기 위해 아메리카 자본가들은 위에서 설명한 중요한 철도의 '중립화'를 제안했고, 국무부는 전체 지역을 아메리카 기업에 개방하기 위해 고안된 조치인 그것을 확보하려고 시도했다. 이 작전 과정에서 1910년에는 만주에서 철도와 상업을 개발하는 데 이 자금을 사용한다는 조건으로 미국의 은행들을 통해 대규모의 중국 차관을 조달하는 조치도 취해졌다. 이 시점에서 러시아 외무부는 워싱턴의 프랑스 소식통을 통해 녹스 장관이 차관을 지원하면서 아메리카인 감독관에게 지출을 담당하도록 제안하여 사실상 북경과 만주에서 아메리카의 정치적 영향력을 확립했다는 사실을 알게 되었다.

이 소식에 겁을 먹은 상트페테르부르크와 도쿄는, 개방 정책이 실제로는 아메리카의 중국 침략을 감추기 위한 속임수라고 확신하고 서로의 이익을 위해 협상을 시작했고, 1918~19년 볼셰비키가 차르의 문서고를 공개한 후에야 알려진 일련의 비밀 대화와 조약을 통해 서로의 이익을 보호하기 위해 단결했다. 문호 개방 원칙을 정면으로 위반하면서, 그들은 만주를 여러 구역으로 나누고 중국에서 정치적 패권을 노리는 다른 세력― 영국은 동맹 조약으로 일본에 묶여 있었고 러일 간의 양해를 충분히 알고 있었기 때문에, 아메리카를 의심할 여지 없이 언급한 ―과 무력 충돌이 발생할 경우 서로를 지원하기로 약속하는 엄숙한 협정이었다.

월슨 대통령에 의해 긴장이 다소 완화되었을 때, 중국 문제는 의심할 여지 없이 심각한 방향으로 나아가고 있었다. 월슨은 연방 정부를 금융 및 산업 세력의 지배에서 벗어나게 만들기로 결심하면서, 루즈벨트와 태프트가 추구했던 전진 정책을 동양에서 계속 추진하자는 제안에 대해 냉담한 태도를 보였다. 사실 그는 1912년 제국을 전복하고 외세의 간섭을 떨쳐버리고 세계에서 가장 오래된 문명권에 민주적 제도를 수립하려는 결의를 밝힌 중국 국민당에 대해 깊은 공감을 표했다. 월슨은 자신의 공감이 명목에 그치지 않는다는 것을 보여주기 위해 눈앞에서 실질적인 시위를 벌일 기회를 잡았다. 바로 그 순간, 아메리카 은행가들은 외국 금융가들과 협력하여 '컨소시엄' 또는 다섯 열강의 차관— 특정 수입에 대한 확고한 장악력을 바탕으로 반半공식적인 지시에 따라 관리되는 사업 —으로 알려진 중국 채권 발행을 조율하고 있었다. 이 프로젝트를 승인해 달라는 요청을 받은 윌슨은 중국인의 운명을 좌지우지하려는 '대형 금융 거래' 시도라는 이유로 승인을 거부했다.

윌슨은 '독립적인' 중국에 대한 관심을 표명하는 동시에 일본에 우호적인 서곡을 보냈다. 1917년 그는 국무장관 로버트 랜싱에게 일본 대사 이시이石井 자작과 '일본은 중국에 특별한 이해관계가 있다'는 것을 인정하는 협정을 체결할 권한을 부여했다. 이 합의의 표현은 달빛만큼이나 모호했지만, 일본이 중국 본토에 대한 관심을 자유롭게 홍보할 수 있다는 의미로 받아들여졌다. 어쨌든 이것은 도쿄에서는 기쁨으로, 북경에서는 경악으로 받아들여졌다. 중국 주재 아메리카 공사 폴 라인슈에게 그것은 충격적인 소식이었다. 그는 오랫동안 국무부에 중국에 대한 아메리카의 이해관계가 무시되고 있다고 불평해왔고, 랜싱-이시이 밀약은 그에게 마지막 지푸라기였다. 얼마 지나지 않아 그는 윌슨 행정부의 신중하고 소심한 동양 정책에 숨길 수 없는 혐오감을 느끼고 사임했다. 진실은 대통령이 제국주의에 대한 적극적인 참여를 덜 위험하고 법과 질서를 증진하는 데 해군을 효과적으로 사용하는 것이 훨씬 쉬운 카리브해라는 한 영역에 국한시켰다는 것이다.

§

공화당의 후원 아래 포르토 리코를 합병하고 쿠바를 흡수한 것은 멕시코 만과 카리브해가 아메리카의 내해로 변모하는 서막에 불과했다. 외교적 용어를 빌리자면, 바하마와 트리니다드 사이에 흩어져 있는 거의 모든 섬들과의 교역의 대부분을 아메리카가 장악하고 있었기 때문에 이 지역은 아메리카 제국의 일부였다. 영국과 프랑스의 상인들조차도 강력한 아메리카 시장의 힘에 저항할 수 없었고, 영국과 캐나다가 힘을 합쳐도 언덕 위로 물을 올라가게 할 수 없었다. 대륙 본토에서도 멕시코, 중앙아메리카, 콜롬비아, 베네수엘라에서 아메리카 기업들은 승리를 거듭하며 진군했다.

정치적 과정뿐만 아니라 경제적 과정도 아메리카 헤게모니의 발전에 유리하게 작용했다. 유럽 열강이 질서를 유지하지 않는 곳에서는 주기적으로 정부에 대항하는 반란이 일어났고, 때로는 순전히 사실에 근거한 반란, 때로는 부패하고 폭압적인 모험가를 축출하려는 정직한 사람들의 노력, 때로는 외국인 투자자들의 장점을 인정하지 않은 결과로 반란이 일어났다. 원인이 무엇이든 간에, 반란은 항상 비즈니스 이익, 특히 현지 채권 보유자에게 방해가 되었다. 일반적으로 라틴아메리카 공화국들의 미지급 채무는 수입에 비해 그 규모가 컸다. 실제로 그것들은 일반적으로 높은 인플레이션 압력으로 부풀어올랐다. 각 봉기 때마다 패배한 정파의 부채가 승리자의 부채에 추가되어 2차 아메리카 혁명에서 에이브러햄 링컨 정부가 제퍼슨 데이비스 정부에 승리했을 때 발생한 것과 같은 엄청난 [채무 지급] 거부를 방지했기 때문이다. 따라서 라틴아메리카 국가의 사회 질서를 전면적으로 무너뜨리지 않고도 금융의 높은 구조를 끌어내릴 수 있었다.

모든 위기마다 미합중국 정부는 개입했고, 새로운 동화의 계기를 맞이했다. 미합중국은 유럽 열강들이 서반구에서 더 많은 영토를 차지하는 것을 막는다는 먼로 독트린의 약속 아래, 심지어 채무를 정직하게 징수하는 과정에서도 연관되었으며, 미합중국 은행가들과 사업가들이 위험에 처한 수익을 구하는 데 도움을 요청하는 일이 끊임없이 이어졌다. 어느 순간에도 미합중국 정부는 유럽 정부들이 자국의 채권자들을 돕지 못하게 하거나, 미합중국 정부 자체가 그들을 위해 움직이지 않겠다고 말할 의향이 없었다. 만약 행동이 요구되는 의무가 경미하다면, 해안에 대기한 아메리카 전함의 단순한 존재만으로도 은행가들이 세관을 장악하고 협상을 통해 빚을 우호적으로 해결할 수 있게 만들 수 있었다. 그러나 지역 지도자들이 경고에 귀를 기울이지 않고 아메리카 해병대의 상륙을 강요하면, 때때로 대통령의 해군부에 대한 명령을 바탕으로 제한적인 전쟁을 벌여야 했다. 그럼에도 불구하고 이해당사자들은 미합중국 헌법에 전쟁 선포 권한이 의회에 있다고 명시된 조항을 소환해야 할 필요성을 느끼지 않았다. 결과적으로 아메리카의 경제적, 정치적 주권은 서반구의 법적 평화를 깨뜨리거나 국내의 평화적 의도를 가진 집단을 방해하지 않으면서 카리브해에서 꾸준히 확장되었다.

간단한 연대기적 예시는 그 과정을 암시한다. 1903년, 독일은 루즈벨트 대통령의 무력 위협에 의해 베네수엘라에서 철수하고 특정 재정적 청구를 중재에 맡기도록 강요받았다. 1905년, 루즈벨트는 행정 조치로 산토도밍고의 세관을 장악하고 도미니카 해역에 군함을 배치하여 그 주장의 중요성을 강조했다. 플랫 수정안에 따라 그는 1906년에 쿠바에 개입하여, 혼란에 대한 아메리카의 경고가 존중되어야 한다는 것을 현지인들에게 설득력 있게 증명했다. 1907년, 미합중국 상원에서 비준된 정식 조약에 따라, 산토도밍고에 대한 금전적 보호국pecuniary protectorate 지정이 정식으로 이루어졌다. 이듬해, 녹스 국무장관은 니카라과 대통령과의 관계를 단절했고, 얼마 후 아메리카 군함이 현지의 권력 다툼 참가자들에게 블루필즈Bluefields[니카라과 동부의 항구 도시]에서는 전투가 없을 것이라는 통보를 전달하여, 워싱턴 국무부가 표현한 대로 '아메리카와 다른 외국들의 압도적인 이익을 보호'했다. 1911년, 뉴욕 은행가들의 제안에 따라 온두라스와 조약을 체결하여 그 공화국에 대한 아메리카의 권한을 확대했으며, 이 조약은 미합중국 상원의 비준을 받았지만, 현지 당국에 의해 거부되었다.

같은 해에 아메리카 군함이 니카라과에 파견되고, 차관이 조달되고, 조약이 체결되어 미합중국의 '자비로운 의도'를 낭독하고 세관을 대통령 지명자에게 맡겼다. 태프트 대통령의 세 차례에 걸친 긴급 메시지에도 불구하고 상원이 조약 비준을 거부하자, 해병대가 니카라과에 상륙하여 업무가 정상적으로 회복되었다. 1914~16년, 마침내 니카라과는 미합중국 당국과 협력하여 주로 아메리카 상품 구매에 사용될 현금 300만 달러를 받는 대가로 운하와 해군 기지를 아메리카 당국에 양도하는 조약이 체결되었다. 1915년 해병대는 성조기를 들고 아이티로 들어가 작전을 방해한 현지인 2천여 명을 사살한 후 그곳에서 아메리카의 통치권을 확립했다. 1916년 냅 제독은 '국내의 평온을 유지하기 위해' 산토도밍고를 점령하고 미합중국 군사 정부의 통치를 받는 '공화국'을 선포했다. 1917년, 버진 아일랜드는 덴마크로부터 매입되었다. 1920년, 아메리카 해군은 과테말라 안정화를 위해 투입되었다. 1921년 일부 아메리카 해병대가 비판적인 기사를 인쇄했다는 이유로 마나과에 있는 〈트리부나tribuna〉 신문사 사무실을 파괴한 뒤, 아메리카 대사는 니카라과 정부에 수도 외곽에 아메리카군이 사용할 훈련장, 댄스홀, 영화관 등을 위한 적절한 공간을 마련하고 그들의 편의를 위해 특별 술집을 지정해달라고 요청했다. 1923년 파나마 국회는 뉴욕 시로부터 확보한 투자를 담보로 고속도로 건설을 위한 대규모 대출을 승인했다. 1924년, 아메리카 해병대는 다시 한 번 온두라스의 공공질서를 위해 투입되었다. 1927년, 해병대는 다시 니카라과에 파견되었다. 이러한 일들이 녹스 장관이 '달러 외교Dollar Diplomacy'라고 불렀던 것의 일부분이었다.

여기에 언급된 일련의 사건에는 아메리카 정부의 악의가 표현되지 않았다. 오히려 루즈벨트, 태프트, 윌슨, 하딩, 쿨리지 모두 미합중국의 목적에 사악하거나 관대하지 않은 것은 없다는 데 동의했다. 윌슨은 특히 이 점을 강조했다. 그는 라틴아메리카 국가들에 대해 진심으로 이렇게 말했다. '우리는 평등과 명예의 측면에서 그들의 친구이자 옹호자임을 증명해야 한다…… 우리는 그들의 이해관계가 우리의 이해관계와 일치하든 그렇지 않든 그들의 이해관계를 이해함으로써 친구임을 보여줘야 한다.'

하딩도 형제적인 관계에 적극적이었다. 그는 아마도 남쪽에 있는 국가들에 대한 대우에 불필요한 가혹함이 있었다고 생각하고서, 자신의 권한 아래 있는 어떤 장교도 '서인도 제도의 무력한 이웃들을 위해 헌법을 만들어 미 해병대의 총검을 그들의 목구멍에 쑤셔 넣는 것'을 결코 허용하지 않겠다고 선언했다. 의심할 여지 없이 쿨리지는 '새로운 승인과 영구적 합의의 새로운 증거가 모든 우리와 라틴아메리카와의 관계를 표시했다'고 주장한 1924년 공화당 강령에 동의했다. 따라서 '정해진 운명'의 행진을 나타내는 단계들이 고의적이거나 솔직하게 제국을 설계하는 것과 관련하여 취해진 조치라고 말할 수는 없다.

사실, 카리브해에 대한 아메리카의 권한을 확장하는 과정에서 발생한 수많은 사건은 각각 그 시기 특유의 색채와 에피소드로 특징지어졌다. 이러한 이유로, 전진 운동에 대한 전체적인 연대기만으로는 구체적인 적용에서 상위법의 작용에 대해 올바른 인상을 주지 못한다. 그 단계에 대한 통찰력을 얻으려면 우발적 사건의 전체 장을 다소 세밀하게 들여다볼 필요가 있으며, 설명의 목적으로 아이티의 사례는 충분한 계시를 제공한다. 이 작은 섬나라 공화국은 1803년 프랑스의 멍에를 벗어던지자마자 혁명과 암살의 현장이 되었고, 그 이후에도 법과 질서, 좋은 도로, 위생, 교육, 산업 발전에 대한 필요성을 항상 보여주었다. 국가 확장기에 미합중국을 통치했던 남부 농장주들은 목화 재배에 적합한 좋은 땅에 깃발을 꽂을 준비가 되어 있었지만, 노예들이 혁명에 성공하고 스스로 통치하려 했으므로 따뜻한 관계를 맺으려던 생각은 위축되었다. 게다가 비즈니스의 대가인 워싱턴의 후계자들도 국내 기업, 심지어 농장 담보 대출에서도 10~15퍼센트의 수익률을 올리거나 연방 토지청과 원만한 협상을 통해 적은 위험으로 더 큰 수익을 올릴 수 있었으므로 아이티의 요구에는 대체로 무관심했다. 그러나 세기 말, 남부의 노예정奴隷政이 무덤 속에서 시들고 미합중국의 금전적 준비가 제대로 갖춰지자, 아이티의 복지에 대한 눈에 띄는 관심이 생겨났다.

1902년, 이 작은 공화국을 괴롭히던 주기적인 반란 중 하나가 발생하면서 아이티는 아메리카의 역학 관계에 휘말리게 되었다. 아이티 정부는 미합중국에 원조를 요청해, 뉴욕에서 12퍼센트의 이자로 차관을 조달해 평소 가격의 두세 배에 달하는 가격으로 탄약에 대거 투자했다. 이러한 [아이티의] 헌신에 부끄러워하지 않고 아메리카 군수업체들은 '자유'를 위해 싸우는 혁명 세력에게 동등한 관심을 보였고, 그들에게도 수익성 있는 조건으로 파괴의 장비를 판매했다. 멀리서 이 난투를 지켜보던 유럽 자본가들은 양쪽 모두에게 똑같은 헌신으로 그들의 좋은 관리들을 제공했고, 그 자리에 있던 아메리카 대사가 아무렇지도 않게 직접적으로 말했듯이, 문명국들은 모두 내전에서 어느 쪽이 이기든 아이티인들이 모든 비용을 지불하게 되리라는 것을 알고 있었다. 이 위기와 관련된 국가들 중 독일 제국보다 더 불안한 나라는 없었다. 독일 상인들은 아이티 대외 무역의 약 10분의 9를 장악하고 있었으며, 물자의 흐름과 비례하여 현지 문제에 관심을 보였다. 급박한 상황에서 그들은 35퍼센트의 이자로 50만 달러를 차관을 제공할 수 있었고, 나중에 소액인 30만 달러의 채권 발행에 성공하여 그 절반 정도의 금액을 아이티 국고에 입금했다.

당연히 독일 측의 이러한 조급함에 짜증이 나고 라이벌의 수완에서 극도로 당혹감을 느낀 아메리카 사업가들은 큰 우려를 표하기 시작했고 국무부도 그들의 우려를 공유하기 시작했다. 비록 한 아메리카 기업이 중요한 철도 및 토지 양허권을 얻었고, 뉴욕의 내셔널 시티 은행이 상당 부분의 아이티 부채를 아마도 불리하지 않은 조건으로 인수했음에도 불구하고, 현지에서의 아메리카 몫이 너무 적다는 생각이 들었다. 또한, 국가적 명예에 대한 모욕과 관련된 불만이 있었고, 몇몇 시리아계 아메리카 시민들에 대한 아이티인들의 공개적인 차별이 있었는데, 이 시리아계 아메리카 시민들은 현지 무역을 아메리카의 손에 넘기는 데 매우 활발하게 활동하고 있었다. 그리고 이 짜증은 아이티 대통령이 현지 국립은행의 금 보유고를 압류하려는 시도로 인해 발생한 불미스러운 사건으로 더욱 악화되었다. 이 시도는 아메리카 해병대의 개입으로 좌절되었고, 금은 아메리카 군함에 실려 뉴욕으로 이송되어 낮은 이율로 안전하게 예치되었으며, 아이티 정부는 금을 돌려달라고 크게 외쳤다.

이제 워싱턴 국무부의 우호적인 관심이 보다 실용적인 형태를 취해야 한다는 것이 분명해졌기 때문에 윌슨 대통령은 공화국의 대통령 빌브룬 기욤 샘이 미합중국의 자비로운 보호를 받아들이도록 설득하는 임무를 맡은 위원을 아이티에 보냈다. 동시에 아메리카 은행가들은 적절한 보증 없이는 더 이상 대출을 기대할 수 없다고 그에게 통지하여 그를 진정한 딜레마에 빠뜨렸다. 전쟁의 수렁에 빠진 독일은 무적의 해상 강국에 의해 봉쇄되어 있었기 때문에 베를린에서 원조를 조달하는 것은 불가능했다. 프랑스로부터의 지원도 기대하기 어려웠는데, 프랑스는 곤경에 처한 샘 대통령을 돕겠다는 의사를 밝히기는 커녕 프랑스인의 생명과 재산을 보호하기 위해 해군을 프랑스에 파견했다.

이러한 신호를 행동에 나설 때라고 본 미합중국 정부는 1915년 여름 캐퍼튼 제독이 지휘하는 워싱턴 호를 아이티 해역으로 출동하도록 명령했고, 마침 샘 대통령이 사태의 변화에 격분하여 100명이 넘는 포로들을 살해하도록 명령하고 그 자신도 보복으로 암살당했다는 사실을 알게 되었다. 잔인한 행동에 충격을 받은 제독은 해병대에게 지역의 정치 무대를 점령하라고 지시했고, 이 작전으로 약간의 피가 흘렀지만 의회에서 선전포고를 할 정도는 아니었다. 이제 유능한 지휘관들이 책임을 맡게 된 아이티는 아메리카의 후원 아래 계엄령이 선포되었고, 아이티 국회는 캐퍼튼 제독이 인정하고 현지에서 아메리카 대표들과 협력할 의향이 있는 것으로 보이는 다티구에나브 장군을 대통령으로 선출할 수 있게 되었다.

어쨌든, 장군은 취임하자마자 새로운 친구들과 조약에 서명했다. 서두에서 문서는 '계약의 고위 당사자들…… 공동 이익을 위한 조치에서 가장 화기애애한 협력을 통해 그들 사이에 존재하는 우정을 확인하고 강화하는 것'이 그들의 바람이라고 명시했다. 채권의 조건에 따르면 미국은 작은 공화국의 농업, 광물 및 상업 자원을 개발하는 데 그들의 선량한 관리들을 사용하고, 상기 자원 관리에 구속력이 있는 조언을 할 엔지니어를 지명하고, 공화국의 관세 업무를 인수하고 관리하며, 지방 정부의 재정 업무를 지휘할 재정 고문을 선정했다.

이렇게 해서, 미국은 단번에, 민간 사업을 촉진하고 아메리카에서 발행된 대규모 채권 발행이 안전을 의존하는 공공 재정을 보호하기로 약속했다. 인도에서 클라이브의 행보를 특징짓는 자제력[반어법이다. 18세기 영국 동인도회사의 관리였던 로버트 클라이브는 인도에서 영국의 지배를 확립하는 데 중요한 역할을 했다. 그의 정책은 공격적이고 정복적인 것으로 널리 알려졌다]으로, 아메리카 행정부는 아이티 합병을 자제했는데, 이는 2년 전 '다시는 정복을 통해 영토를 1피트도 더 얻지 않겠다'는 윌슨의 고상한 선언과 모순되는 것이었다. * 이러한 정신에 따라 상원은 1916년 봄 아이티 우호 조약을 비준했다.

그러나 미국의 이러한 지원이 아이티 국민들에 의해 만장일치로 승인되지는 않았다고 말하는 것은 역사적 정확성에 기인한다. 실제로 현지 의회에서 우호 조약의 비준을 확보하기 위해서는 작지 않은 손재주와 약간의 무력 시위가 필요했다. 게다가 5년의 시간 동안 현지에 주둔한 미군은 2천 명이 넘는 현지인을 죽여야 한다는 충동을 느꼈다. 희생자 대부분은 미군 및 해군 요원들에 의해 '강도'로 불렸지만, 일부는 '이방인의 침략'에 대한 분개심에서 행동했을 것이다. 실제로 많은 외국인들이 아이티 원주민들과 함께 새로운 길을 거부하는 데 동참했다. 이 작은 공화국에서 몇 년을 보낸 한 아메리카의 선교사는 아메리카 당국의 행위에 대해 분개해 항의했고, 지하 감옥에 던져진 후에도 침묵하지 않았다. 아이티의 한 아메리카인 부동산 투기꾼도 해병대와 헌병대를 고발했지만 얼마 지나지 않아 살해당했다. 이 사건들에 정치적 의미가 부여되지는 않았지만, 미국의 후원 아래 확립된 질서에 대한 불만이 어느 정도 드러난 것은 분명하다.

총에 맞고 살해된 모든 아이티인들이 그들의 운명을 받을 자격이 있었다 해

---

* 윌슨의 선언이 액면으로는 지켜졌지만 실제로는 강력한 영향력을 행사해 아이티의 자원에 대한 지배력을 확립하려 한 것을 비꼰 것이다. 간접적인 방식으로 아이티에 대한 지배를 시도한 것이므로 윌슨의 선언은 엄격하게 말해서 지켜지지 않았다고 저자는 본 것이다. 실제로 1915년부터 1934년까지 미국은 아이티를 군사적으로 점령했고, 그 과정에서 아이티의 경제, 정치, 군사에 대한 실질적인 통제를 행사했다. 아이티의 재정을 보호한다는 명목으로 미국은 아이티 정부를 사실상 감독하며 자국의 경제적 이익을 보호했고, 이로 인해 아이티는 독립적인 주권국가로서의 기능을 상실했다.

도, 진정 과정에서 살아남은 많은 사람들이 새로운 정권에 완전히 만족했는지는 더더욱 분명하지 않았다. 어쨌든 우호 조약의 규정에 따라 내륙의 농업 자원을 개발하려는 시도가 이루어졌을 때, 도로 건설 작업에 원주민을 동원하는 데 무력을 사용할 필요가 있다는 것이 밝혀졌다. 더욱이 아메리카 보고서에 따르면 현지 연설가와 신문 편집자들은 '아이티의 입헌 정부를 돕고 지원하는 미합중국 관리들에 대한 선동'을 수행하여 그에 대한 경계심은 신문과 공개 회합의 탄압과 계엄령에 의한 재판을 지시했다.

토지 문제와 관련하여, 현지의 불만이 특히 두드러졌다. 아이티의 구헌법에 따르면 토지 소유권은 원주민에게만 제한되어 있었기 때문에 우호 조약에 명시된 대로 농업 자원을 개발하는 데 조급했던 아메리카 기업 지도자들은 법적 장벽으로 인해 장애를 겪었다. '발전' 앞에 놓인 이러한 장애물을 제거하기 위해 워싱턴의 숙련된 초안 작성자들이 무례한 조항을 생략한 새 헌법을 작성하여 아이티 의회에 승인을 요청했다. 이 시점에서 캘리포니아 주민들이 일본인의 침략에 분개했던 것처럼 이방인의 침략에 분개한 원주민들의 분노는 모든 한계를 넘어섰고, 의회는 워싱턴에서 제안한 헌법에 감히 동의할 수 없을 정도로 두려움에 떨었다. 법의 형식을 존중하면서 일을 진행하려는 의지가 꺾인 아메리카 행정관들은 이제 의회를 해산하고 해병대에 무력으로 반항하는 의원들을 몰아내라고 지시했으며, 외국 기업의 아이티 토지 소유를 허용하는 개정 헌법을 미군 감독하에 국민투표에 부치겠다고 선언했다.

적당한 절차에 따라 치러진 선거에서 개표 결과 6만 3천 표가 찬성, 2,300표가 반대했다. 이 터무니없는 결과는, 미 해병대가 열광적인 만장일치라는 그럴듯한 외관을 피하기 위해 반대표를 던졌다는 우스꽝스러운 농담을 낳게 했다. 실제로 이 거래는 너무 추잡해서 이 소식을 들은 본국의 아메리카인들은 원주민들의 항의에 그들의 이의 제기를 더했다. 얼마 뒤, 대통령 선거에 출마한 하딩 상원 의원은 그들과 함께, 당선되면 해병대의 총검으로 서인도 제도 주민의 목구멍에 헌법을 박아 넣지 않겠다고 선언했다.

하딩이 백악관에 입성하자마자 많은 저명한 시민들은 국무장관 찰스 E. 휴즈에게 하딩이 후보 시절에 언급했던 아이티에서의 활동에 반대하는 탄원서를 제출했다. 이 청원에 대해 장관은 항상 그를 특징짓는 사법적 침착함으로 잔학 행위와 아메리카 은행의 이해관계에 대한 기소를 이유로 정책을 완전히 뒤집는 것은 거부했다. 그것은 아이티의 '평온과 복지를 증진시킬' 기회를 여론 때문에 희생시키는 것이라고 그는 생각했다. 이러한 견해에 대한 지지는 이제 다른 방향에서 나왔다.

마커스 A. 해나의 재치 있는 사위인 메딜 매코믹 상원 의원이 위원장을 맡은 상원의 한 위원회는 오랜 조사 끝에 윌슨 행정부가 저지른 불행한 일에도 불구하고 당시의 긴급 상황으로 인해 미국은 '가능한 한 대표성이 있는' 지역 정부를 수립하고 '아이티 국민의 발전'을 위해 아이티 당국과 협력하는 일을 계속해야 한다고 보고했다. 미국은 심각한 도덕적 책임과 국가적 명예, 그리고 많은 사소한 일들로 인해 1916년 조약의 조건, 즉 가난에 시달리는 작은 공화국과 크고 관대한 공화국 사이에 존재하는 '우호 관계를 확인하고 강화'하는 조항을 이행해야 했다.

§

카리브해에 대한 아메리카의 관심이 커지면서 파나마 지협을 가로지르는 운하를 건설하여 대서양에서 태평양까지의 해상 통로를 수천 마일 단축하는 오랜 꿈의 실현이 불가피했다. 군인과 상업가들에 의해 실현의 시기가 발표되었다. 스페인 전쟁 중 전함 오리건 호가 지루한 항해로 혼 곶Cape Horn 주변을 항해하는 동안 전 국민이 몇 주 동안 안전하게 도착했다는 소식을 애타게 기다렸을 때 이 수로의 해군상의 이점이 극적으로 강조되었다. 대륙을 가로지르는 높은 철도 요금에 불만을 품은 제조업체와 상인, 연안 무역에 종사하는 증기선 회사, 지협을 통한 활발한 교통을 희망하는 멕시코 만 도시들은 워싱턴의 로비에서 자신들의 바람을 알렸다.

마젤란 시대부터 유럽인들을 가로막고 있던 두 대양 사이의 자연이 세워놓은 장벽을 무너뜨릴 때가 온 것은 분명했다. 그러나 잠재적 항로를 소유한 콜롬비아와 니카라과는 이 헤라클레스의 사역에 필요한 부나 기술력을 갖추지 못했다. 수에즈의 영웅 드 레셉스의 지휘 아래 프랑스 자본가들이 예전에 시도했지만 재앙을 맞이했을 뿐이었다. 그 임무는 명백히 미국에 떨어졌는데, 경제적으로 운하 건설의 필요성이 날로 커지고 카리브해에서 우월한 지위를 점하고 있는 미국이 운하 건설을 다른 열강의 손에 맡기는 것을 허용할 수는 없는 상황이었다.

하지만 프로젝트를 시작하는 데는 많은 어려움이 있었다. 우선 1850년 영국이 미국보다 중앙아메리카에 더 많은 지분을 보유하고 있던 시기에 영국과 체결한 클레이튼-불워 조약이 있었다. 이 조약에서 두 강대국은 운하 노선에 대한 배타적 지배권을 추구하지 않겠다고 약속했고, '인류의 이익을 위해' 수로 건설에 착수할 어떠한 민간 자본가들이든 그 활동을 장려하는 데 협력하기로 했다. 조약의 문구에 대해서는 의심의 여지가 없었다. 그것은 공동사업joint enterprise을 고려하고 있었다. 따라서 미국이 단독으로, 특히 정부 기관을 통해 이 작업을 수행하려면 영국과 새로운 협정을 맺어야 했다. 많은 외교적 갈등 끝에 1901년 기존 협정을 폐기하여 걸림돌 하나를 제거한 헤이-폰스포트Hay-Pauncefote 조약에 의해 이 국제적 조정이 이루어졌다.

그보다도 더 골치 아픈 다른 문제들도 해결을 기다리고 있었다. 니카라과와 파나마 중 어느 경로를 선택해야 할까? 명백히 과학적인 문제인 것 같았지만, 다른 고려해야 할 사항도 있었다. 구체적으로 말하자면, 오래된 프랑스 회사는 콜롬비아로부터 파나마를 관통하는 수로 건설을 허가하는 양허권을 여전히 보유하고 있었고, 파산했으며, 주식의 상당 부분이 아메리카 투기꾼들의 손에 헐값에 넘어갔고, 그 양허권에 대해 어떤 조치를 취하지 않으면 1904년에 그 권리는 만료될 예정이었다. 항로 문제에 대한 결정이 내려지지 않은 채 몇 달이 지나자 프랑스 증권을 보유한 아메리카 추진자들의 불안감은 워싱턴에서의 로비를 통해 의회를 움직이게 하기 위한 노력을 배가시켰다.

얼마 뒤에 중대한 판결이 내려졌다. 전문가들의 자문을 받은 두 개의 연방 위원회가 니카라과 노선을 추천했음에도 불구하고 1902년 의회는 프랑스 회사의 파나마 청구권을 4천만 달러를 넘지 않는 금액으로 매입하는 것을 승인했다. 동시에 콜롬비아 공화국으로부터 운하 부지를 매입해야 한다고 규정했으며, 이것이 불가능할 경우 니카라과 항로를 선택해야 한다고 덧붙였다. 이러한 지침에 따라 루즈벨트 대통령은 즉시 보고타Bogota와 조약을 위해 협상했고, 1천만 달러의 계약금과 연간 임대료를 약속하는 대가로 이 탐나는 지역은 아메리카에 양도되었다.

그 시점에서 절차는 갑자기 중단되었다. 콜롬비아 상원은 현금 지급액을 대폭 증액할 것을 요구했다. 이를 관철하지 못하자 만장일치로 조약을 부결시킴으로써 사업 추진을 서두르던 루즈벨트 대통령의 발목을 잡았고, 운하 건설이 가져올 번영을 기대하던 프랑스 회사 투기꾼들을 겁에 질리게 했으며, 운하 건설이 자연스럽게 가져올 번영을 너무나도 맛보고 싶었던 파나마 사람들을 자극했다. 사업이 오래 지연되는 것을 피하려면 적법성의 형태를 위반해야 한다는 것은 명백했다.

이 급박한 시기에 두 명의 혁명 분쟁 조성인stormy petrel, 파나마의 음모가 마누엘 게레로 박사와 프랑스 운하 회사의 계략에 깊이 연루된 프랑스 모험가 필리프 뷔노-바이야는 시기가 다가왔음을 깨닫고 파나마의 격변을 위한 자금을 마련하고 반란을 일으킬 경우 연방 정부로부터 보호를 보장받기 위해 미국으로 급히 떠났다. 뷔노-바이야는 백악관에서 루즈벨트를 만나고 국무부로 헤이 장관을 찾아갔다. 그는 공식적인 보장은 받지 못했지만 파나마의 전략가들에게 콜롬비아에 대항하는 반란이 발생하면 아메리카 군함이 그들을 지원할 것이라는 전언을 즉시 보냈다. 군함이 도착한 후 혁명이 발발하고 미군이 상륙했으며, 중국인 한 명이 우발적으로 사망하고 1903년 11월 3일 파나마 독립이 선포되었다. 루즈벨트 대통령은 3일 만에 이 신생 공화국을 국가들의 가족의 일원으로 인정했다. 몇 주 만에 이해 당사국 간에 조약이 체결되어 파나마의 독립이 보장되고 아메리카는 현금 지급과 연간 임대료 거치를 조건으로 지협을 가로지르는 운하를 건설할 수 있는 권리를 부여받았다.

루즈벨트는 이렇게 말했다. '내가 전통적이고 보수적인 방법을 따랐다면, 아마 200페이지에 달하는 위엄 있는 국정 보고서를 의회에 제출하고 그에 대한 논쟁이 아직도 계속되고 있을 것이다. 그러나 나는 운하 지대Canal Zone를 확보했고, 의회가 토론하도록 놔두었다. 토론이 진행되는 동안 운하도 진행되고 있다.' 이 몇 마디로 드라마의 주연 배우는 거래를 깔끔하게 설명했다.

이렇게 법적인 매듭을 단칼에 끊어낸 워싱턴의 행정부는 목표를 향해 빠르게 전진했다. 의회가 할당한 4천만 달러는 프랑스 운하 사업에 전액 지불되었으며, 사라진 프랑스 회사에 막대한 투자를 하고 의회 로비에서 그들의 대의를 효과적으로 주장한 멀리 내다본 아메리카 자본가들에게 엄청난 보상을 제공했다. 지루하고 열성적이며 비용이 많이 드는 캠페인 끝에 마침내 그들은 다시 한 번 자유롭게 숨을 쉴 수 있게 되었다. 모든 면에서 놀라운 이 사건은 물론 신문의 관습적인 소란을 불러일으키지 않고 지나가지는 않았지만, 폭풍은 단 한순간 동안만 격렬하게 몰아쳤고, 망각의 날개를 달고 이 사건은 스타 루트Star Route 에피소드와 야주Yazoo 토지 사기*와 함께 기록 보관소로 사라져 버렸다.

이제 적어도 하나의 로비는 의회 홀에서 벗어났고 다른 질문들이 던져질 수

---

* 1790년대 후반, 조지아 주 정부는 현재의 앨라배마와 미시시피 주에 해당하는 광대한 토지를 민간 개발업자들에게 판매하려 했다. 이 지역은 당시 야주Yazoo 강 유역을 포함하고 있었다. 1795년, 조지아 주 입법부는 거액의 뇌물을 받고 이 토지를 민간 회사들에게 매우 낮은 가격에 판매했다. 이 거래는 당시 대중과 정치인들 사이에서 큰 분노를 불러일으켰고, 특히 토지 판매가 부정한 방법으로 이루어졌다는 점에서 문제가 됐다. 조지아 주민들의 격렬한 반발로 1796년에 이 법이 철회되었고, 야주 토지 매매 계약도 무효화되었다. 하지만 토지 소유권 문제는 이후에도 오랫동안 법적 분쟁을 일으켰고, 결국 1803년 미합중국 연방 정부가 토지를 인수하여 문제를 해결했다. 이 사건은 미합중국 역사상 최악의 토지 부패 사건 중 하나로 기록되어 있다.

있다. 운하 건설 작업은 어떻게 감독되어야 하는가? 의회와 대통령 간의 오랜 갈등 끝에 기묘한 타협이 이루어졌는데, 의회는 위원회 운영을 주장했지만 루즈벨트는 결국 조지 W. 고설스Goethals를 총책임자로 임명하고 다른 운하 위원회의 구성원들을 자문 역할로 격하시켰다. '위원회board는 길고 좁고 나무로 된 것이다'*라고 고설스는 말했다고 전해진다. 치명적인 열대병의 위협은 어떻게 극복할 것인가? 이 병들은 프랑스 회사의 직원들을 낫으로 베듯이 쓰러뜨렸으며, 그들의 영역에 손을 대는 것은 위험천만한 일이었다. 그래서 과학의 도움을 요청했고, 윌리엄 C. 고가스 박사는 예방 의학의 이름으로 눈부신 승리를 거두었다. 어떤 종류의 운하를 건설할 것인가? 그 점에 대한 논쟁도 의회 기록에 수많은 종이를 채웠지만, 결국 해수면 수준의 운하를 건설하기보다는 계단식 갑문 체계를 통해 고도를 극복하기로 결정되었다. 이 작업은 어떻게 수행할 것인가: 민간 계약자를 통해서, 아니면 공공 사업으로? 결국 정부가 노동력을 고용하고, 자재를 구매하여, 직접 작업을 수행하기로 합의되었다.

1904년 봄, 루즈벨트의 간결하고 함축적인 표현을 빌리자면 '흙이 날아다니기 시작했다.' 9년 후, 노동력, 엔지니어링, 위생 등 엄청난 장애물을 극복하고 태평양과 대서양의 바다를 하나로 묶어내는 데 성공했다. 과학, 자본, 기술, 기술, 노력은 400년 전 발보아[16세기 초에 활동한 스페인 탐험가 Vasco Núñez de Balboa]가 파나마 지협 고지에서 태평양South Seas[발보아가 처음으로 태평양을 봤을 때 그는 그것을 '남쪽 바다'라고 불렀고 이후 유럽인들에게 그렇게 불리게 되었다]를 처음 보았을 때 상상했던 것보다 더 큰 기적을 만들어냈다. 1914년, 이 새로운 수로는 전 세계의 상거래를 위해 개방되었다.

공사가 완료되기 전에 운하 사용에 대해 부과할 통행료에 대한 문제가 제기

---

* 위원회와 나무판은 둘 다 board이다. 위원회는 길고 비효율적이며 나무처럼 융통성이 없다는 점을 재치 있게 비꼰 표현이다. 이는 고설스가 위원회 대신 강력한 리더십과 신속한 의사 결정을 선호했고 그런 식으로 일을 추진했음을 의미한다.

되었다. 겉보기에는 단순해 보이지만 영국과의 미묘한 관계와 그 외에도 많은 기득권 세력의 경제적 이해관계가 얽혀 있었다. 헤이–폰스포트 조약은 아메리카를 기존 협력 조약의 규정에서 해방시킨 조약으로, 운하를 모든 국가의 선박에 동등한 조건으로 개방해야 한다는 조항을 담고 있었다. 겉으로 보기에는 명백했지만, 이 공약의 성격은 물욕 추구의 재능과 정치적 열정을 바탕으로 의회와 나라 전역에서 논쟁의 주제가 되었다.

한쪽에서는 약속은 오해의 여지가 없고 법과 양심에 따라 구속력이 있는 의무이므로, 아메리카 선박과 외국 선박에 똑같은 요금을 부과해야 한다고 주장했다. 반면에 연안 무역에 종사하는 아메리카 선박은 평등 조항의 적용 대상에 포함되지 않으며, 원래의 조약은 영국이 먼로 독트린을 무시하고 중앙아메리카에 자국 국기를 꽂아 미국으로부터 뜯어낸 것이며, 마지막으로 헤이–폰스포트 양해는 계약이 아니라 미국의 일방적인 선언이므로 마음대로 수정할 수 있다는 주장이 제기되었다. 이 노선에서 논쟁은 몇 달 동안 계속되었고, 철도와 증기선 로비는 싸움을 지휘하는 데 경계를 늦추지 않았다. 차별을 옹호하는 주장에 깊은 인상을 받은 의회는 법안을 통과시켰고, 태프트 대통령은 1912년 아메리카 연안을 항해하는 선박에 대해 외국 선박에 부과되는 요금을 면제하는 법안에 서명했다.

이 조치에 대해 영국은 즉각 반대했으며 운하 개통 시기가 가까워짐에 따라 점점 더 강조하여 항의의 목소리를 높였다. 런던의 정언적인 요구categorical demand[칸트 윤리학의 용어를 사용한 은유로 '절대적인 반대'의 의미]에 직면하고 멕시코 혁명으로 인해 그곳에서의 이익을 영국과 협의해야 하는 윌슨 대통령에게 그 일이 떨어졌다. 특히 그의 당 강령에 통행료법 폐지에 대한 명확한 공약이 포함되어 있었고 일반적인 요소들이 '영국에 무릎을 꿇는 것'에 대해 열렬히 반대하는 분위기였기 때문에 윌슨 대통령은 난처한 입장에 처했다. 그럼에도 불구하고 1914년 봄, 대통령은 의회에 가서 전임자가 취한 조치의 번복을 요청했는데, 이 법령이 영국과의 조약을 위반하고 경제적으로 방어

될 수 없으며 명시적인 약속을 위반했다는 것을 근거로 들었다. 그런 다음 멕시코 문제를 염두에 두고 그는 의미심장하게 덧붙였다. '나는 행정부의 외교 정책을 지원하기 위해 여러분에게 이것을 요청한다. 만약 여러분이 이것을 흔쾌히 허락하지 않는다면, 나는 훨씬 더 미묘하고 여파가 큰 결과를 초래하는 다른 문제들을 어떻게 처리해야 할지 모르겠다.'

이 호소에 놀란 일부 민주당 의원들은 어떤 상황에서도 영국에 '굽실대지' 않겠다고 선언했고, 다른 의원들은 태프트의 '아메리카 해운 트러스트에 대한 공물'*을 폐지할 수 있는 기회로 기쁘게 피신했다. 이 제안에 대한 격렬한 논쟁이 잠잠해지고 행정부 지도부의 채찍이 가해지자 의회는 1912년의 통행료법을 폐지하고 모든 국가의 모든 선박에 대해 동일한 요금을 부과하는 것으로 대체하면서 양보했다.

이제 해결해야 할 유일한 심각한 문제는 루즈벨트 행정부의 혁명으로 파나마가 갑작스럽게 뜯겨진 콜롬비아 공화국과의 우호 관계를 회복하는 것이었는데, 윌슨 대통령은 기꺼이 이 화해의 임무를 맡았다. 윌슨 대통령의 국무장관 윌리엄 제닝스 브라이언은 파나마 사건이 양국의 우정을 훼손한 데 대해 유감을 표명하고 미국이 콜롬비아 정부에 2천 5백만 달러를 지급하여 상처받은 감정을 치유한다는 내용의 엄숙한 조약으로 보고타와 합의에 이르렀다. 이 문서가 발표되자 루즈벨트의 친구들 사이에서는 통곡과 조롱의 합창이 터져 나왔다. 그들은 이 문서가 오류와 비행에 대한 부끄러운 고백이자 아메리카의 명예에 대한 모욕이며, 어리석음과 나약함의 상징이자 대령Colonel**이 직접

---

* 1912년에 통과된 파나마운하법Panama Canal Act을 가리킨다. 태프트 행정부는 이 법을 통해 미합중국 해운 회사들을 보호하려 했는데 민주당 의원들은 전통적으로 산업에 대한 특혜를 반대하는 입장이었으므로 윌슨의 제안을 환영했다.

** 루즈벨트는 스페인-아메리카 전쟁 당시 러프 라이더의 리더로 군 복무한 경력 때문에 종종 '대령'이라는 별명으로 불렸다. 이 별명은 그의 지지자들과 동시대 사람들이 그에 대한 애칭으로 사용했다.

표현한 대로 '순전한 협박'이라고 말했다. 이러한 주장의 영향으로 상원은 조약의 승인을 거부했고 사건은 종결된 것처럼 보였다.

상황이 이렇게 흘러가고 있을 때, 얼마 뒤에 콜롬비아에 풍부한 유전이 있다는 소식이 의회 로비로 새어 들어갔고, 아메리카 자본가들은 보고타의 악의적 행위로 인해 막대한 이익을 잃고 있다는 소식이 전해졌다. 그러므로 기업들을 위해 무언가 조치가 취해져야 했다. 분개한 루즈벨트의 친구들은 화를 억누르며 협상이 타결되는 동안 기다렸다. 명시적 사과는 삭제되어 아메리카의 체면은 살렸다. 금전적 보상은 유지되어 카스티야의Castilian 자존심은 달래졌다. 그리고 1922년 하딩 대통령 재임 기간에 마침내 조약이 비준되었다. 이전에 반대했던 상원 의원들은 얼마 전까지만 해도 연단에 올라 경제적인 이유로 '국격에 오점'이 된다고 불렸던 일을 하겠다고 자유롭게 고백했다. 그리고 그들은 그렇게 함으로써 콜롬비아에서 아메리카의 헤게모니를 보장했다.[*]

§

카리브해로 진격하던 바로 그 시기에 멕시코에서 혁명이 일어났고, 미국의 많은 지역에서 리오그란데 강 너머로 유사한 전진 정책을 펴야 한다는 목소

---

[*] 현재 파나마 운하의 운영 주체는 파나마 운하 당국(Autoridad del Canal de Panamá, ACP)이다. 이 기관은 1999년부터 운하의 관리와 운영을 맡고 있으며, 이는 파나마 정부가 직접 감독하는 독립적인 기관이다. 1903년 파나마는 콜롬비아로부터 독립한 직후, 미국과 헤이-뷔노-바이야 조약Hay‐Bunau‐Varilla Treaty을 체결하여 파나마 운하의 영구적 관리권을 미국에 부여했다. 이에 따라, 미국은 1904년부터 운하의 건설을 시작하고 1914년에 개통한 이후 운하를 관리 및 운영해 왔다. 미국의 운하 관리권은 파나마 영토 내 운하 구역Canal Zone에서 군사적, 행정적 권한을 행사하는 형태였다. 이 구역은 사실상 미국 영토처럼 운영되었고, 파나마 국민들은 운하의 경제적 혜택을 충분히 누리지 못한다고 생각했다. 파나마의 반발과 자주권 회복 요구가 높아지면서, 1977년 파나마의 오마르 토리요스Omar Torrijos와 미국의 지미 카터 대통령이 협정(토리요스-카터 조약)을 체결했다. 이 협정에 따라, 미국은 1999년 12월 31일에 파나마 운하의 운영을 파나마 정부에 완전히 이양하기로 합의했다. 그날, 파나마는 공식적으로 운하의 주권을 되찾았고, 파나마 운하 당국(ACP)이 운하의 관리 및 운영을 맡고 있다. 파나마 운하의 연간 수익은 현재 약 70억 달러 규모이다.

리가 높아졌다. 그러한 요구에 대한 실질적인 근거가 있었다는 것은 부정할 수 없는 사실이다. 거의 50년 동안 아메리카 자본가들은 멕시코에 대한 투자를 꾸준히 늘려왔고, 20세기가 시작될 무렵에는 투자액이 총 5억 달러가 넘었다. 그 오랜 기간 동안 현지 상황은 특히 그들의 사업에 우호적이었다. 프랑스가 추방되고 막시밀리안이 처형된 후 벌어진 음모 속에서 멕시코 군사 지도자 중 한 명인 포르피리오 디아스는 대통령 직에 올라 사회 질서를 확립했다. 4년의 부재 시기를 제외하고, 그는 1876년부터 1911년까지 대통령궁을 점령하여 실질적인 독재 권력을 누렸다. 디아스는 처음부터 마지막까지 아메리카 자본가들을 열렬히 환영하며 공장 건설을 장려하고 광물 채굴권을 부여하고 막대한 경작지를 확보할 수 있도록 도왔다.

그의 관대함은 그의 재량권을 넘어선 것으로 보였다. 적어도 천연자원을 처분하는 과정에서 디아스는 자신이 명목상 통치하던 1857년 멕시코 헌법을 위반했으며, 사업 추진자들에 대한 보조금 중 상당수가 사기로 오염되었다는 주장이 제기되었다. 이러한 주장을 증명하기는 어려웠지만, 미합중국 공공 토지의 역사와 아메리카 탐사자들이 이 지역의 법에 대해 보여준 존경심은 디아스가 태만했거나 사기를 쳤다는 주장에 힘을 실어주었다. 더욱이 두 나라에서 활동했던 E.L. 도헤니와 앨버트 B. 폴 같은 사람들의 윤리적 관념은 멕시코의 가장 꼼꼼한 관리조차도 리오그란데 너머의 자본가들과 거래할 때 다양한 종류의 위험을 피하기가 어려웠으리라는 것을 시사한다. 어쨌든 디아스가 의무를 다하고 군인들에게 월급을 주며 자신의 안장鞍裝을 지킬 수 있을 만큼 충분한 세금을 거둘 수 있었던 것은 아메리카 기업 덕분이었다.

그의 비호 아래 활동하는 외국인들에게 디아스는 물리적 폭력이라는 유일한 방법으로 멕시코를 통치할 줄 아는 '강한 사나이'였지만, 사실 겉으로 보이는 평온함 이면에는 조금의 소란으로도 불길이 치솟을 수 있는 불씨가 있었다. 어느 각도에서 보더라도 100년 넘게 이 나라를 괴롭혀온 토지 문제는 폭발의 재료가 될 수 있었다. 오히려 상황은 더 악화되었는데, 탐욕스러운 지주들이 순종적인 판사들의 도움으로 소작인들의 재산을 빼앗아 자신의 영지를 꾸준히 확장해왔기 때문이다. 인디오 소작농들의 원한에 이제 조직화된 노동의 불만이 더해졌다. 철도, 광산, 공장, 유정油井의 개발은 주로 인디오에게서 대규모 산업 노동자들을 불러 모았고, 이들은 마르크스의 공식에 따라 혁명적 제안에 개방적이었다. 같은 경제 과정에서 '지식인'의 수도 증가했으며, 특히 스페인과 인디오 혈통이 섞인 사람들 사이에서 '대통령'의 철권 독재에 반대하는 운동에 대한 자유주의적 지지가 발견되었다.

그동안 디아스는 화산에 고요히 앉아 임박한 재앙을 미루기 위해 아무것도 하지 않았다. 그는 농장의 일꾼들을 오래된 쇠퇴 상태에서 벗어나게 하거나 산업 대중의 생활 수준을 높이기 위한 효과적인 조치를 취하지 않았다. 그는 외국 기업에서 벌어들인 수입의 대부분을 멕시코시티의 웅장한 건물, 대로, 광장에 쏟아부었고, 무엇보다도 서반구 최고의 대리석 오페라 하우스를 건립하여 파리와 뉴욕을 능가하려 했다. 디아스와 그의 아메리카인 자문가들이 '견고하다'고 생각한 사회 '질서'는 딱딱하고 상상력이 없는 독재자가 이끄는 작은 사치스러운 금권정치였고, 그 아래에는 빈곤의 늪에 빠져 열정적인 반란을 제외하고는 어떤 공동 행동도 준비되지 않은 반종속적인 농업 및 산업 대중이 있었다.

멕시코에 자신들의 성을 쌓은 외국인들에게는 불행하게도 디아스는 불멸의 존재가 아니었고, 그의 치세의 그림자가 길어지면서 그 사실이 통렬하게 실현되었다. 디아스가 권력에서 손을 떼기도 전에 멕시코 정치인들은 그의 재산 분할에 대해 이야기하기 시작했고, 결국 1911년, 디아스의 40년을 훌쩍 넘긴 치세가 혁명으로 무너진 후 놀라운 사건들이 연이어 일어났다. 이 봉기로 쫓겨난 디아스의 후임으로 온건한 자유주의자 프란시스코 마데로가 등극했는데, 그는 모호한 야망을 가진 많은 추종자를 거느리고 있었다. 2년 후 마데로는 무참히 살해당했고, 군사 모험가인 우에르타 장군이 그 자리에 올랐으며, 기업가들은 그를 '강한 사나이'로 칭송하며 다시 한 번 중심으로 그가 그런 사람이기를 바랐다.

　이 문제를 실용적으로 바라본 유럽 정부들, 특히 자국민이 멕시코에 투자한 국가들은 재빨리 그의 권위를 인정하고 번영을 되찾을 준비를 했지만, 윌슨 대통령은 지원을 보류하고 새 정권에 대항하는 멕시코 자유주의자들에게 원조를 제공함으로써 그들의 희망을 꺾었다. 1914년 우에르타는 권좌에서 쫓겨났고, 카란사와 비야가 이끄는 반대파는 정권을 잡자마자 전리품과 정책을 놓고 분열했다. 이후 계속된 전투에서 카란사는 서서히 우위를 점했고, 1920년 살해당할 때까지 파손된 국가 호를 항해할 수 있는 상태로 만드는 데 성공하는 듯 보였다. 이 단계에서 오브레곤과 칼레스의 또 다른 조합은 10년간의 혁명과 무질서, 경제난으로 지친 국민을 상대로 권위의 상징과 실체를 확보했다.

　이 혼란스러운 시기의 얽히고설킨 이야기는 단순한 가설을 만들지 않는다. 농업과 산업에 대한 불만이 반란의 실질적인 근거가 되었지만, 종종 도적과 다른 모험가들에 의해 악용되기도 했다. 외국 자본가들에 대한 반대에는 페어플레이에 대한 자연스러운 열정이 있었지만, 그들의 패권을 제거하려는 운동에는 종종 질투와 패트리어티즘이 섞여 있었다. 냉소주의자들은 이 싸움이 인디오를 강탈할 권리를 둘러싼 스페인인과 메스티소mestizo의 경쟁일 뿐이라고 말했지만, 이 쉬운 버전의 혁명에 대한 설명은 상류 계급 사이의 이상주의적 요소들을 무시한 것이었다. 디아스는 민중이 자치를 준비할 수 있도록 거의 아무것도 하지 않았지만, 멕시코에는 완전히 무시해버릴 수 없는 민주적 토양이 있었기 때문이다. 증거가 필요하다면 1917년 헌법에서 찾을 수 있는데, 이것은 대중 교육을 장려하고, 사적 탐욕으로부터 공공 영역을 보호하고, 대토지를 분산시켜 자유농을 육성하고, 정치에서 교회의 권력을 제한하고, 산업 노동자들의 생활 수준을 높이려는 진지한 열망을 담은 놀라운 문서다. 실제로 이 기구는 워싱턴 정부가 감당하기에는 너무 대담한 인도적 급진주의를 보여주었다.

디아스 정권 전복 이후 벌어진 일련의 사건들에서 미합중국 정부는 이해관계에 얽힌 자본가들과 마찬가지로 여러 가지 까다로운 외교적 문제에 직면했다. 첫 번째 반란이 발발했을 때 태프트 대통령은 아메리카인의 생명과 재산이 존중되어야 한다고 관계자들에게 즉시 경고했지만 군사력을 과시하여 경고를 지키려는 노력은 하지 않았다. 윌슨은 지휘봉을 잡자마자 모빌Mobile에서 행한 놀라운 연설을 통해 라틴아메리카 국가들이 이제 현대 세계의 기적 중 하나인 외국 자본가들의 지배로부터의 해방을 목격하게 될 것이라고 알렸다. 이 발표가 너무 노골적이고 솔직해서 전 세계 외국 공관을 당황하게 만들었고, 영국의 외교술의 대가인 에드워드 그레이는 윌슨이 실제로 아메리카 후원자들의 이익을 위해 비정상적인 교묘한 계획을 세우고 있는 것은 아닌지 의심하게 만들었다.

사실 혼란스러웠던 것은 윌슨 대통령이었다. 그는 멕시코의 문제가 저절로 해결되도록 내버려 둘 수도 없었고, 그렇다고 언제든 효과적으로 개입할 수도 없는 상황이었기 때문에 '관망'이라는 정책은 실제로는 조용히 지켜보는 것 외에 다른 많은 것을 의미했다. 실제로 윌슨 대통령은 멕시코의 분쟁에 적극적으로 개입한 적이 여러 번 있었다. 그는 우에르타 장군을 인정하지 않음으로써 그 모험가의 몰락을 확실하게 만들었다. 그는 1914년 베라 크루스에 해병대를 상륙시켜 의회에 선전포고도 요청하지 않은 채 소규모 전쟁을 벌였고, 여러 명의 아메리카 해병과 더 많은 멕시코인이 아무런 효과도 보지 못한 채 사망하자 아르헨티나, 브라질, 칠레, 'ABC' 열강의 중재를 받아들였다. 윌슨은 멕시코 교전 세력에 대한 무기 금수 조치를 취하기도 했고, 어떤 때는 금수 조치를 해제하기도 했다. 멕시코 정권 경쟁자들의 장점에 대해 그의 의견은 다양했다. 데 라 우에르타가 추방된 후 몇 달 동안 그는 카란사를 인정하지 않았고, 결국 윌슨은 한때 그에게 도움을 주었던 비야를 자극하기 위해서만 그를 인정했다. 그 후 1916년 비야가 무력한 분노로 뉴멕시코를 침공하여 살인적인 원정을 벌이자 윌슨은 아메리카 군대를 파견하여 멕시코 땅에서 침입자를,

생사불문하고, 잡으려 했는데, 이 작전은 1917년 2월까지 진행되었지만 성공하지 못하고 1억 3천만 달러 이상의 비용만 들었다. 그해가 시작된 뒤 대통령은 세계 문제에 너무 몰두한 나머지 멕시코의 석유, 혁명, 도적질, 정치에 진지한 관심을 기울이지 못했다.

멕시코는, 1920년 카란사 대통령의 피살로 워싱턴에서 남쪽 국경 너머의 사건에 대한 관심이 다시 고조될 때까지, 사실상 방치되어 두서없는 하나의 전투에서 또 하나의 전투로 옮겨 다니며 표류했다. 윌슨의 국무장관 베인브리지 콜비는 이제 죽은 사람의 후계자를 인정하는 문제에 대해 조치를 취해야 한다는 강박관념에 사로잡혀, 합법적인 우정의 대가로 멕시코는 아메리카인의 생명과 재산을 존중하고, 혁명으로 인한 아메리카인의 손실에 대한 배상을 지불하며, 본질적으로 몰수적인 법령을 폐지해야 한다는 관습적인 정치적 성례聖禮를 지지하는 확고한 입장을 표명했다. 멕시코인들은 미국이 1861년부터 1865년까지 자국 땅에서 벌어진 남북전쟁에서 파괴된 외국인들의 재산에 대한 배상을 하지 않았다고 헛되이 지적했다. 그들이 많은 '불쾌한' 법령이 외국인 영업권 보유자가 불법적으로 취득한 재산을 복원하는 데 목적이 있다고 촉구한 것도 헛된 일이었다. 그러한 주장이 적절하든 기발하든, 워싱턴에는 아무런 영향을 미치지 못했다. 하지만 멕시코 정부에 돈을 지불하고 복구해야 한다고 통지하는 것과 징수하고 집행하는 것은 별개의 문제였다.

이 기간 동안 카리브해에서의 아메리카의 진전을 지켜본 관찰자들은 윌슨 행정부가 아이티와 산토도밍고에서 그토록 신속하게 시행한 법과 질서의 원칙을 멕시코에서는 왜 신속하게 적용하지 않았는지 궁금했다. 의심할 여지 없이, 이 질문에 쉽게 답할 수는 없었지만 몇 가지 연관 사실은 있어 보였다. 카리브해 국가들은 작은 공화국이었다. 의회의 승인 없이도 대통령 명령만으로 해군의 작전 수행이 가능했다. 일단 도착하면 아메리카 당국은 그 자리에서 계엄령을 선포하고, 검열관을 파견하고, 군사적 예의에 따라 업무를 관리할 수 있었기 때문에 미합중국 내에서 행정부를 당혹스럽게 할 만한 항의가 없었다.

멕시코의 경우는 상황이 그렇게 간단하지 않았다. 멕시코는 인구가 약 1,500만 명에 달할 뿐 아니라 영토가 너무 넓고 지근 거리에 있었기 때문에 해병대 몇 명이 조용히 점령해 정부를 수립하고 디아스 정권을 정상화할 수 없었다. 반대로 멕시코를 효과적으로 점령한다는 것은 대통령이 의회의 명시적인 선언 없이는, 적어도 정부 입법부에 이 문제에 대한 정보를 제공하지 않고는 거의 전쟁을 수행할 수 없을 정도로 큰 규모의 전쟁을 의미했다. 더욱이 대규모의 병력 이동은 미합중국 내에서 대중의 관심을 끌었을 것이고, 아마도 여러 방향에서 적대감을 불러일으켰을 것이다. 멕시코 침공이 명목상으로는 전반적인 안녕을 위해 수행되었다 해도 실제로는 석유 및 금융계의 이익을 위해 고안되었다는 취지의 분노를 불러일으켰을 것이다. 실제로 아메리카노동총연맹은 이러한 사태에 맞서 리오그란데 강 하류의 노동운동과 지속적인 관계를 유지하며 개입에 반대하는 입장을 취하는 등 반항적인 태도를 취했다.

그럼에도 불구하고 강제 중재에 찬성하는 십자군 전쟁의 자료도 가까이에 있었다. 아메리카인의 생명이 파괴되고 국기가 모독당했으며 카톨릭교회의 역사적 주장, 특히 재산권에 대한 주장이 멕시코 혁명가들에 의해 단호하게 거부되었다. 1919년 여름, 미지급 쿠폰[채권의 이자 지급을 위해 발행된 쿠폰]이 쌓이고 멕시코 국채가 끝없이 가라앉는 것을 보고 괴로워한 금융가들의 요구는 말할 것도 없고, 주로 석유 관련 단체들이 국무부와 함께 멕시코를 상대로 5억 달러의 손해배상을 청구하는 소송을 제기했다. 1918년 선거에서 상원의 과반수를 차지한 공화당은 나침반 역할을 하는 이러한 세력에 대응하기 위해 상원 의원 앨버트 B. 폴을 위원장으로 하는 대외관계위원회 산하 소위원회를 구성하고 멕시코 상황을 조사했다. 소위원회는 지시에 따라 청문회를 개최하고 멕시코에 대한 아메리카의 요구를 공식화했으며, 이에 응하지 않을 경우 멕시코를 군사적으로 점령할 것을 권고했다.

이 불길한 조치 직후 하딩 상원 의원이 대통령에 당선되고 폴 상원 의원이 내각의 한 자리로 승격되었다. 새로운 전망에 만족한 아메리카의 멕시코 석유 투자자들은 강력하게 조직되어 이제 오랫동안 지연된 기대 중 일부를 실현할 준비가 되었다. 한편 동부의 금융 거점에서 체제가 잘 짜여진 은행가와 멕시코 채권 소유자는 거대하면서도 타당한 권리와 주장을 제시했다. 이에 따라 여러 곳에서 필요하다면 무력을 동원해 멕시코에 있는 아메리카 재산을 되찾아야 한다는 주장이 제기됐다. 선전을 위한 자료는 풍부했고 인화성이 강했다. 그러나 공화당 행정부는 돈이나 전쟁에 대한 폴의 요구에 응하지 않았다. 정부가 단호함을 보였다면 그것은 인내심도 보여줬다. 칼을 휘두르는 대신 멕시코시티에 사전단을 파견해 아메리카의 주장을 존중하겠다는 약속의 대가로 강경한 오브레곤-칼레스 정부를 인정했다. 냉소주의자들의 예측과는 달리 카리브해에서 보여준 결연한 의지와 무력은 이번에도 통하지 않았고, 멕시코 공화국의 아메리카 편입이라는 수어드의 꿈은 다시 한 번 실현되지 못했다.

§

라틴아메리카 문제와 관련하여 미합중국 정부의 절차에는 당연히 먼로 독트린에 대한 많은 언급이 포함되었으며, 그 초기 선언의 이름으로 모든 종류의 문제가 포괄되었다. 먼로 독트린이 이 반구에 새로운 영토를 추가하려는 유럽 열강의 모든 시도를 엄격하게 금지했을까? 남북전쟁이 일어나기 훨씬 전에 포크 대통령이 해석한 바에 따르면, 이 교리는 영국의 중앙아메리카 지배권 확장에 대한 강력한 항의조차 요구하지 않았다. 반세기 뒤 클리블랜드 대통령이 해석한 바에 따르면, 같은 신조는 영국이 적어도 역사적으로 영유권을 주장했던 영토를 점령하는 것을 막기 위해 필요하다면 영국과 전쟁을 벌일 것을 명령했다.

먼로 독트린은 유럽 열강이 라틴아메리카 국가에 전함을 보내 상인과 투자자의 채무를 징수할 때 아메리카 정부가 개입하도록 강요한 것일까? 기록은 두 가지 답을 제시한다. 1859년 영국이 채권을 회수하기 위해 베라 크루스에서 해군 시위를 제안했을 때 국무장관은 당시 아메리카는 '영국이 멕시코에 대해 선호하는 불만의 원인이나 만족을 얻기 위해 채택할 수 있는 조치에 대해 판단할 권리가 없다'고 말했다. 1897년 독일 제국 정부가 아이티에 군함을 보냈을 때에도 비슷한 입장을 취했다. 독일은 약 25센트를 둘러싼 흥미로운 언쟁으로 수감된 한 제국의 신민에 대해 3만 달러의 배상을 요구하고 독일의 국가적 명예에 합당한 사과를 요구했다. 이 사건에서도 워싱턴의 국무부는 '독립 주권 행사에 수반되는 책임'으로부터 아메리카 이웃 국가를 보호하는 의무를 거부하거나 간섭하지 않았다.

그러나 그것은 죽어가는 시대의 메아리였다. 새로운 세기가 동틀 무렵 카리브해 지역에 대한 아메리카 자본가들의 투자, 주장, 희망은 너무 높아져서 이제 먼로 독트린에 따른 모호한 책임 외에 긍정적인 이익의 존재에 대한 워싱턴의 관심을 강제로 끌지 않고는 유럽 강국과 라틴아메리카 정부 사이에 어떤 싸움도 일어날 수 없었다. 바늘이 자석을 향하듯이 공공 정책은 경제 사건의 진행 과정을 따랐고, 독일 황제는 역주행의 첫 번째 타격을 느꼈다.

1902년 독일, 이탈리아, 영국이 연합하여 베네수엘라에 대한 해상 시위를 벌여 자국민이 제출한 청구서를 징수하려고 했을 때 루즈벨트 대통령이 단상에 올라 합의의 수단으로 중재를 제안했다. 1915년에 출간된 세이어의 『존 헤이의 생애Life of John Hay』에 실린 이야기에 따르면, 그리고 1916년 루즈벨트가 보낸 서한에 의해 강화된 바에 따르면, 독일은 이 사업의 주도국이었으며 처음에는 중재를 거부했고 루즈벨트가 해군력을 사용하겠다고 위협할 때까지 굴복하지 않았다. 세계대전 중에 공개된 이 이야기는 효과적인 선전거리였고 일반적으로 사실로 받아들여졌다. 그러나 이후의 연구들, 특히 H.C.힐의 루즈벨트와 카리브해에 관한 책은 루즈벨트-세이어 가설을 거의 무너뜨렸다. 사실, 영국이 그 사업에서 주도적인 역할을 했고, 독일은 미국의 제안을 받기 전에 이미 중재를 받아들이기로 결정한 상태였다. 루즈벨트 자신의 문서들에도 그가 특별히 카이저를 위협했다는 증거는 없으며, 독일의 문서들에서도 마찬가지이다. 하지만 어쨌든 먼로 독트린은 영국과 독일의 야망에 제동을 걸었다.

이 에피소드로 성공한 루즈벨트는 산토도밍고에서의 비슷한 위기에 먼로 독트린을 적용하기 위해 다시 한 번 나사를 돌렸다. 특정 유럽 강대국이 자국민을 대신해 무력 개입을 위협하자, 미국은 베네수엘라의 선례에 따라 절차에 반대하는 것 외에 그 사건의 한계를 넘어섰다. 미국은 중재를 제안하지도 않았다. 파산한 공화국을 압류하고, 자산을 조정하고, 청구서 정산을 명령했다. 이 과정에서 유리한 조건으로 도미니카 국채를 인수한 아메리카 투자자들을 적절히 고려하지 않을 수 없었디. 오래 지나지 않아 아메리카의 헤게모니는 라틴아메리카 전역에 널리 퍼졌다.

미합중국 정부는 전진 운동 과정에서 도덕적 제재를 먼로 독트린에만 의존하지 않는다는 점을 분명히 밝혔지만, 그 모험적인 시기에 그 역사적인 신조에 대해 많은 말이 나왔다. 루즈벨트는 모든 관련 당사국에게 부정행위, 무질서, 문명사회의 유대감 약화, 채무 불이행으로 인해 미국이 국제 경찰권을 행사하지 않을 수 없을 것이라고 경고했다. 구체적이었다. 태프트는 먼로 독트린이 아메리카의 토지 및 특권 탈취를 감추기 위한 방패막이에 불과하다는 비평가들의 주장에 분노하며, 그러한 근거 없는 암시가 미국이 상황에 따라 의무를 수행하는 것을 막지는 못할 것이라고 답했다. 그때가 바로 '달러 외교'의 시대였다.

그 후 '새로운 자유'의 시대가 열렸다. 취임 직후 윌슨은 앞서 말했듯이 모빌에서 행한 연설에서 먼로 독트린에 대한 인본주의적 해석을 발표했다. 그는 전임자들과는 달리 자본가들이 라틴아메리카 공화국에 진출하는 데 만족하지 않고 그들의 내정을 지배하려 한다고 직설적으로 선언하고, 이들 국가가 곧 해방되어 친구이자 동등한 대우를 받게 될 것임을 전 세계에 알렸다. 이 선언문 역시 언어적으로는 완벽하게 명료했지만 아이티, 산토도밍고, 멕시코, 니카라과의 원주민들은 그 실질적인 의미를 파악하는 데 어려움을 겪었고, 국무장관 찰스 E. 휴즈가 신중하게 준비한 연설에서 먼로 독트린이 라틴아메리카 국가의 주권을 침해하거나 카리브해에서 아메리카의 권리와 책임을 소진시키지 않는다고 설명해도 어려움이 완전히 사라지지는 않았다.

워싱턴 정부의 여러 가지 수위의 공식적 혹은 비공식적 주장에 대해, 라틴아메리카의 수많은 정치인, 편집자, 공론가들은 먼로 독트린이 미국이 영토를 확보하고 점유하기 위한 속임수에 불과하며, 미국이 그 영토를 점령할 준비가 될 때까지 이를 위해 사용된 것이라고 답했다. 이 관점에서 보면, 유럽의 채무 징수자들로부터 자신들을 보호하는 데 사용될 때는 훌륭했던 그 위대한 독트린은, 미국의 사업 이익을 증진시키고 질서를 유지하기 위해 사용될 때는 단지 미합중국 제국주의의 가면에 지나지 않았다. 사실, 미합중국 정부가 제국주의적 지배 정책을 의도적으로 추진하고 있었다고 말할 수는 없었다. 그 이유는 단순히 앵글로색슨인의 사고방식이 그런 식으로 작동하지 않기 때문이다. 영국 제국은 트라이츠케Treitschke나 베른하르디Bernhardi* 가 미리 계획한 것이 아니었으며, 사건에서 사건으로 천천히 확장된 것이었다. 이와 유사하게, 아메리카 제국도 워싱턴 정부의 관점에서 보면 피할 수 없는 구체적 상황과 특정한 도덕적 의무에서 비롯된 것으로 보였다.

게다가 아메리카의 공식적인 정책 선언을 통해 남쪽의 이웃 국가들에 대한 강력한 선의의 메시지가 전달되었다. 아이티를 비롯한 여러 곳에서 우편으로 보낸 주먹이 테이블 위를 쾅 내리쳤지만 우정의 손길도 종종 닿았다. 예를 들어, 국무장관이었던 제임스 G. 블레인은 앞으로 다가올 경제적 기회를 깊이 인식하고 미국의 주도하에 이 반구의 평화가 상업적 번영을 위한 최선의 보장이라는 믿음을 표명하면서 라틴아메리카와의 우호적인 관계 형성을 특별히 강조했다. 블레인은 정당한 자부심을 가지고 1889년 대륙에서 그런 종류

---

* 둘 다 19세기 독일의 제국주의적 사상가들로, 그들의 이름은 계획적이고 체계적인 제국주의 확장의 상징으로 사용되었다.

의 대회로는 최초로 개최된 범아메리카 회의를 소집하여 새로운 표어로 협력을 제시했다. 이렇게 설정된 선례는 1901년, 1906년, 1910년, 1923년에 유사한 회의로 이어졌고, 과학, 금융, 노동, 여성운동, 교육 분야의 회의로 보완되어 범아메리카주의Pan-Americanism란 말은 신비로운 단어가 되었다.

원칙적으로나 세부적으로나 이 회의의 결과는 평가하기 어렵다. 한 가지 가시적인 성과는 범아메리카연맹Pan-American Union이라는 이름으로 워싱턴의 아름다운 건물에 영구적인 협력 사무국을 설립한 것이었다. 하지만 그 실체를 규명하기는 쉽지 않다. 한 유능한 역사가가 여러 회의의 활동을 검토한 결과, 주요 결실은 경제적이고 실질적인 것이 아니라 '영적인' 것이라는 결론에 도달했다. 다른 역사가의 눈에 범아메리카연맹은 제국의 지배를 협력으로 대체할 것을 약속했고, 구세계의 라틴 국가들에게 도움을 요청함으로써 신세계의 불균형을 바로잡으려는 범히스패닉주의Pan-Hispanism에 대한 해독제를 제공했다.

그러나 실질적인 문제와 관련하여 워싱턴 정부는 라틴 민족 간의 문화적 유대를 형성하려는 노력이나 범아메리카 회의에서 제안된 결의안으로부터 많은 도움을 받지 못했다. 모든 일이 끝나고 나서 보니, 그 영감의 원천은 다른 곳에 있었다. 영국의 지원, 물질적 힘, 해군력에 의존할 수 있었기 때문에 아메리카는 라틴아메리카 국가들의 도움 없이도 의무를 수행하고 이행할 수 있었다. 실제로 아메리카는 경제적이든 정치적이든 어떤 프로그램에서도 이들 국가와 효과적으로 협력할 것이라고 기대할 수 없었다. 국무부는 1921년 단명했던 중앙아메리카연합Central American Union에 축복을 내렸을 때와 1924년 이 작은 국가들을 연방으로 묶으려는 또 다른 시도를 했을 때 이 뼈아픈 사실을 깨달았다.

§

제국주의적인 태평양과 카리브해 진출이 아메리카의 국가적 위엄에 대한 개념에 미친 영향은 그 혼잡했던 시기의 얽히고설킨 기록에서 쉽게 찾아볼 수 없다. 시인이 일반적인 생명에 대해 썼듯이 처음에는 행위가 있었고, 그리고 한참 뒤에 아이디어가 떠올랐다. 따라서 성조기가 먼저 한 곳에 게양되었다가 다른 곳에도 게양되었지만, 이 여러 행위는 사전에 형성된 논리적 패턴의 일부가 아니었다. 오히려 당시의 관련 수사학 담론에는 많은 혼란이 있었다. 끊임없는 반대 의견은 낯선 종족과 영토 정복을 연방 정부의 정규 기능으로 승인하는 데 만장일치가 아니었다는 사실을 나타낸다. 민주당 의회가 한동안 보류하긴 했지만, 필리핀의 궁극적인 독립에 찬성한다고 선언한 것은 어떤 의미가 있는 것만은 분명했다. 하지만 그 의미는 아직 운명에 의해 밝혀지지 않았다. 하딩 상원 의원이 대통령 선거운동 중에 윌슨 행정부가 아메리카의 총검을 사용하여 서인도 제도 이웃 국가들의 목구멍에 헌법을 밀어 넣었다고 비난했다는 사실은 그가 그러한 불미스러운 사건을 후회했거나 적어도 그의 비판자들이 주장한 것처럼 그의 항의가 표를 끌 가능성이 있다고 생각했다는 인상을 전달했다. 두 경우 모두 하딩의 선언은 제국의 행동에 대한 국가적 상냥함을 드러낸 것이었다.

하지만 장부의 반대편에는 대중이 아메리카의 유산에 새로운 식민지, 보호령, 영향권, 도덕적 의무의 추가를 기뻐했다는 것을 암시하는 많은 항목이 있다. 1900년 제국주의 문제에 대한 브라이언의 패배, 루즈벨트의 강력한 '빅 스틱big stick'[문자 그대로의 의미와 '강압'이라는 뜻이 있다] 사용에 대한 환호, 윌슨에 의한 카리브해에서의 아메리카의 위상 상승, 하딩과 쿨리지에 의한 필리핀에서의 엄격한 조치로의 복귀는 '정해진 운명'의 과정에 대한 일반적인 만족감을 드러냈다.

그럼에도 불구하고 제국의 철학이 체계적으로 완성되어 헌법과 함께 당대의 윤리 체계로 융합된 것은 아니다. 아메리카 사상가들은 논리나 그리스도교적 훈련 때문에 다윈의 법칙을 무역과 영토를 위한 국가 간의 투쟁에 노골적으로 적용하는 것을 꺼렸다. 물론 그들은 로마의 이론과 실천에 대해 들어

봤기 때문에 고대 신조를 모르는 것은 아니었다. 그들은 교과서에서 키케로가 쓴『프로 레게 마닐리아*Pro Lege Manilia*』를 읽었는데, 이 책은 '로마라는 영광의 이름, 동맹국의 안전, 풍부한 수입, 수많은 민간인의 재산을 지키기 위해 전력을 다해 전쟁을 수행하는 데 잠시도 주저하지 말라'는 오래된 힘의 교리를 한 문장으로 요약한 책이었다. 그들 앞에는 자유주의자들의 온화한 정서를 조롱하고 명예와 부귀영화를 위해 전쟁과 확장을 솔직하게 옹호하는 유럽 제국주의자들의 방대한 글도 있었다. '이 약탈을 보라Was für Plunder!' 블뤼허 장군은 세인트 폴 대성당의 돔에서 런던을 처음 바라보며 포효했다.

그러한 노골적인 교의가 아메리카 정치가나 편집자들에게 호소력을 발휘했다 해도, 그들의 신앙고백에서 그 사실의 흔적은 거의 찾아볼 수 없었다. 비평가들은 고위직에 있는 지도자들이 그러한 교리를 진심으로 믿는다고 비난했지만, 그들은 항상 분노에 찬 부정을 답변으로 내놓았다. 기록에 따르면, 앵글로색슨족은 로마나 독일 철학자들처럼 제국의 정복을 그렇게 단순하고 가혹하게 바라본 적이 거의 없었으며, 그들의 우주관에 따르면 항상 고려해야 할 윤리적 요소들이 있었다. 드레이크와 호킨스가 스페인 갈레온을 점검하고 보물을 찾아낸 뒤 배와 선원들을 바다 밑으로 내려보냈을 때, 그들은 노역의 보상 외에도 엘리자베스 여왕Virgin Queen의 승인과 프로테스탄트 신앙의 인정을 받았다고 느꼈다. 클라이브는 인도의 보물을 손에 넣었을 때 모든 것을 가져가지 않았고, 스스로 자제하는 모습에 놀라움과 기쁨을 느꼈다. 에드먼드 버크가 하원 의사당에서 워렌 헤이스팅스를 지지하는 유명한 연설을 했을 때, 그는 영국 제국의 지배가 '편협한 법학이 아니라 확대되고 확고한 국가 도덕의 원칙 위에' 세워졌다고 생각했다. 100년 후 시인 키플링은 제국주의의 부름을 남의 이익을 추구하고 남의 이익을 위해 일하라는 백인에게 내려진 짐이라는 엄숙한 명령으로 찬양하는 시에서 같은 정신을 표현했고, 그 불꽃은 아메리카인들에게도 전달되었다. 따라서 독일 제국주의자들은, 시인의 감정의 진정성에 의문을 제기했을 때, 즉 투자된 자본에 대한 안전과 무질서와 혁명으로 어려움을 겪는 소규모 사회 집단의 정복에 높은 도덕적 책임감이 수반될 수 있음을 보지 못했을 때 치명적인 오류를 범한 것이었다.

§

실용적 고려와 인도주의적 정서가 동일한 정치적, 경제적 환경에서 번성할 수 있다는 것은 보편적 평화를 위한 운동이 영어권 제국의 두 분파 중 아메리카에서 더 열렬한 지지를 받았다는 사실에서 충분히 입증되었다. 아메리카 공화국이 평등하고 자치적인 주들의 연합에서 먼 지방과 종족을 통치하는 통합 체제로 변모하는 것을 목격했던 이 시대에는 전쟁을 금지하고 지구상의 국가들 사이에 영구적인 화해를 구축하자는 선전이 급부상하고 경이적인 성장을 이루었다.

이 기간 동안 미합중국 전역, 특히 상업이 발달한 동부를 중심으로 지역, 주, 국가, 국제 평화 협회들이 놀라울 정도로 빠르게 생겨났다. 1906년에는 뉴욕평화협회New York Peace Society가 설립되었고, 앤드루 카네기가 평소 마음에 품고 있던 국제적 선의의 대의를 발전시키기 위해 1천만 달러를 기부했다는 놀라운 발표가 있었다. 이듬해에는 연례 회의의 시작인 전국 평화 회의가 뉴욕에서 열렸고, 훗날 헨리 포드의 평화선peace ship을 타고 전쟁으로 지친 유럽에 올리브 가지를 들고 항해하게 된 루이스 P. 로크너의 지도 아래 전미코스모폴리탄클럽협회National Association of Cosmopolitan Clubs가 설립되었다. 카네기의 모범을 본받아 보스턴의 부유한 출판업자였던 에드윈 진은 1911년 자신의 재산 일부를 세계평화재단World Peace Foundation 설립에 기부했다. 거의 100년 전 뉴욕에서 세계 최초로 조직된 평화 단체인 아메리카평화협회American Peace Society는, 1912년 워싱턴에 본부를 두고 새로운 활동을 시작했다. 이러한 선동의 메아리는 교육계에도 영향을 미쳐 윌리엄 로이드 개리슨의 국제적 기치 아래 학교에서 선전을 펼치기 위해 아메리카학교평화연맹American School Peace League이 결성되었다. '나의 조국은 세계이고, 나의 동포는 전 인류다.' 모든 교파의 성직자들이 이 외침에 동참하여 종교계에서 활동하기 위해 교회평화연맹Church Peace League을 만들었다.

라이먼 애보트, 제인 애덤스, 제임스 벡, 니컬러스 머리 버틀러, 앤드루 카네기, 캐리 채프먼 캣, 찰스 W. 엘리엇, 해밀턴 홀트, 데이비드 스타 조던, A.로렌스 로웰, 조지프 H. 초트, 토머스 에디슨, 제임스 J. 힐, 윌리엄 하워드 태프트 등 아메리카 일급의 시민들이 회원, 리더 및 연설가로서 이러한 단체와 연관되어 있다. 가장 왼쪽 날개에는 전쟁을 죄악과 범죄로 규정하고 절대적이고 무조건적인 전쟁 폐지를 주장하는 극단주의자들이 있었다.

이러한 회원들과 시원을 바탕으로 평화 옹호자들의 활동은 자연스럽게 다양하고 광범위하게 이루어졌다. 회의를 소집하고, 설교를 하고, 연구를 하고, 선전을 계속하고, 문학을 배포하고, 국가 간에 교수를 교환하고, 연회를 열고, 연설을 했다. 전쟁을 야만적이라고 비난하고 평화를 영원한 이상이라고 옹호하는 것보다 더 존경받을 만한 것은 없었다. 군국주의에 대한 공동의 공격 속에서 서로 다른 견해를 가진 남녀가 단결할 수 있었다.

물론 처음에는 평화 운동에서도 완벽한 조화는 이루어지지 않았다. 친영파는 독미 협정의 장점에 대해 의구심을 가졌고, 독일계 아메리카인은 영미 협력에서 불길한 징조를 보았다. 그리고 아일랜드계는 후자의 협력에 대해 그들 특유의 역사적 태도를 취했다.

사실, 이러한 정파들의 논쟁 과정에서 독일 제국은 국제 평화의 친구가 아니라는 생각이 퍼졌고, 따라서 그 점에 대해 대중을 안심시키기 위해 특별한 노력이 기울여졌다. 리처드 바톨트는 '빌헬름 2세는 영구적인 평화를 위해 존재한다는 것이 자신의 솔직한 의견'이라고 선언했다. 비슷한 질문을 받은 에드윈 D. 미드는 '독일 사상은 이제 칸트 유형의 새로운 이상주의를 향해 나아가고 있다'는 확신을 표명했다. 1911년 중요한 회의에 참석하기 위해 파견된 한 저명한 독일 성직자는 아메리카 감사관에게 출발하기 전에 카이저와 대화를 나눴으며 폐하께서 '국제 평화 운동에 많은 관심을 갖고 있다'고 알렸다.

빌헬름 2세와 개인적으로 친분이 있던 니컬러스 머리 버틀러는 여러 차례 보증을 덧붙였고, 그의 영감을 받아 1913년 카이저 대관식 25주년 기념일에 뉴욕 평화협회는 아름다운 메달을 제작해 포츠담의 주인에게 적절한 주소로 보냈다. 이러한 믿음의 표현을 확정이라도 하듯, 전쟁 군주 중의 전쟁 군주All-hightst War Lord와 우호적인 관계였던 앤드루 카네기는 의심하는 토머스들을 향해 그의 황제 친구는 '평화의 군주'이며 '그 반대되는 어떤 인상도 황제의 본성에 대한 무지에 근거한 것'이라고 발표했다. 결국 1898년 스페인-아메리카 전쟁, 1899년 필리핀 전쟁, 1899년 보어 전쟁, 1904년 러일 전쟁, 1911년 터키-이탈리아 전쟁, 1912년 발칸 전쟁, 그리고 팽창하는 제국의 국경에서 일어난 사소한 소요들에도 불구하고 전 세계의 위대하고 선한 시민들은 인류가 마침내 보편적 평화라는 목표에 가까워졌다고 믿게 되었다.

사실 각국 정부가 위험한 무력 충돌을 피하고 우호적인 분쟁 해결 방법을 선호하는 경향이 있음을 나타내는 여러 가지 표면적인 징후가 있었다. 적어도 열성적인 사람들은 러시아 차르의 요청으로 1899년과 1907년 헤이그에서 열린 두 차례의 회의를 새로운 질서의 전조로 환영했지만, 배후에 있던 영국, 프랑스, 독일의 외교관들은 웃고 있었다. 이 첫 번째 회의에서 세 가지 가벼운 약속이 이루어졌다. 그중 하나는 국제 분쟁 중 또는 전쟁 중에도 언제든지 중립국은 평화적 해결을 도모하거나 적대 행위를 종식시키기 위해 분쟁 당사국에, 공격당하지 않고, 선량한 관리들을 제공할 수 있다는 조항이었다. 또 다른 협약에서는 분쟁 당사자는 편견 없이 공정한 조사위원회에 사건의 사실관계를 조사할 것을 요청할 수 있다고 명시했다. 이 두 가지 선언은 분쟁 당사자들이 합의에 따라 외교적 방법으로 조정할 수 없는 문제를 헤이그에 있는 국제재판소에 제출할 수 있도록 하는 합의로 마무리되었다.

그러나 군축에 대한 제안은 아무런 소득도 얻지 못했고 독가스 사용 금지에 대한 제안은 아메리카 대표들에 의해 거부되었다. 실제로 강대국들의 치명적인 적대감은 두 번째 회의에서 실질적으로 합의에 도달할 수 있는 유일한 지점이, '문명화된 전쟁'을 위한 새로운 규칙, 곧 서로 마주보고 있는 군대를 제지할 수 없는, 그저 종이조각으로 취급될 법적 규칙뿐이었을 때 분명하게 드러났다.

그리스도교 국가들이 평화 프로그램에 동의하지 않았다 해도, 아메리카 정부는 때때로 평화 원칙에 대한 일반적인 신념을 성실하게 증언했다. 매킨리 대통령이 메인 호 침몰 사건의 중재를 거부하고, 스페인과의 분쟁에서 중재 제안을 거부하고, 보어 전쟁을 종식시키기 위해 영국에 압력을 가하는 것을 거부한 것은 사실이지만, 그는 '거의 모든 우발 상황에서 전쟁보다 평화가 낫다'고 공공연히 선언했다. 1903년 알래스카의 경계를 둘러싼 캐나다와의 오랜 분쟁이 런던의 합동 재판소에서 아메리카의 손을 들어 주며 해결되었다. 관련 정보를 입수한 1905년 루즈벨트 대통령은 거의 고갈 직전인 러시아와 일본에 자신의 선량한 관리들을 제공했고, 포츠머스에서 전쟁이 종결될 수 있도록 도왔다. 3년 후 영국과 미국은 '중대한 이익'이나 '국가적 명예'와 관련이 없는 모든 문제를 중재에 회부하기로 합의했고, 1910년 두 나라는 어업권을 둘러싼 오랜 분쟁을 헤이그에서 사법부의 판단에 맡기며 종결지었다.

이제 평화를 위한 구체적인 프로젝트가 시작되었다. 녹스 장관은 1911년 모든 분쟁을 국제 중재에 회부하기로 약속하는 조약을 프랑스, 영국과 체결했지만, 그의 계획은 강력하고 단호한 반대에 부딪혀 상원에서 부결되었다. 아일랜드와 독일은 명백한 이유를 들어 이 제안을 맹렬히 공격했고, 채권 상환을 거부한 여러 국가의 대표들은 유럽의 채권자들이 재판소를 통해 추심을 시도할 것을 우려해 반대했다. 녹스 조약의 운명에 좌절하지 않은 브라이언 장관은 윌슨 행정부 내각에 들어가면서 이 문제를 본격적으로 다뤘다. 그는 특유의 열정을 발휘해 지구상의 독립국 절반가량과 합의를 이끌어냈는데, 어떤 성격의 분쟁이든 국제 조사위원회에 회부해야 하며 어떤 경우에도 재판소의 공식 보고서가 나오기 전에는 전쟁을 선포해서는 안 된다는 조항을 명시했다. 상원은 놀라울 정도로 냉정하게 이 협약을 승인하여 아메리카 내 평화 운동에 승리의 메시지를 보냈다.

바로 이 순간, 세계대전이 발발하면서 조약이 발동한 마법이 무례하게 풀렸고, 평화의 옹호자들은 곤란한 처지에 놓이게 되었다. 한때 인류의 현명한 친구로 박수를 받았던 이 열렬한 사도들은 하룻밤 사이에 위협적인 적대감의 대상이 되었고, 영국 예찬자Anglophile들로부터 반역자로 비난받으며 길거리에서 용의자 취급을 받았다. 전쟁에 대한 외침이 거세지면서 이들의 딜레마는 점점 더 비극적으로 변해갔고, 윌슨 대통령이 의회에 독일에 대항해 무기를 들 것을 촉구하면서 절정에 달했다. 그 행동으로 주사위는 던져졌고, 비웃는 자들을 제외한 모든 사람들은 선택을 강요당했다. 좌익, 극단주의자, 특히 자본주의 경제의 종말에 의구심을 품은 사람들은 여전히 평화를 고수했고, 그들 중 상당수는 간첩 및 선동죄로 감옥에 갇혔다. 우익에서는 대의를 옹호하는 신중한 사람들이 충분한 전투력을 과시함으로써 스스로의 오명을 씻어냈고, 평화 단체들은 당연히 전쟁이 '전쟁을 끝내기 위해' 벌어졌다는 생각으로 위안을 삼고 정부를 지지하는 데 결집했다. 이러한 정신으로 카네기평화기금Carnegie Peace Endowment은 무력 분쟁을 승리로 이끄는 데 모든 힘을 기울임으로써 설립자의 이상에 가장 잘 부합할 수 있다고 발표했다. 중간 지대를 점령한 군국주의반대연합Union against Militarism과 같은 자유주의 단체들은 유럽 전쟁 개입에 반대하는 데 실패하자 '민주적 평화'를 옹호하는 입장으로 돌아섰고, 정부의 조치에 맞서 개인의 권리를 지키기 위한 단체인 시민자유연합Civil Liberties Union의 조직을 지원했다.

종말이 왔을 때, 평화 옹호자의 길은 여전히 가시로 가득 차 있었고, 특히 나라가 국제 연맹을 거부하고 무장 고립을 지지하는 입장을 취한 후에는 더 그랬다. 이로 인해 평화의 열렬한 사도는 그 즉시ipso facto 직업적 애국자들, 전쟁부, 해군부, 그리고 군사 기구를 지지하는 다양한 단체들의 눈에 일종의 반역자가 되었다. 카네기평화기금 같은 강력한 기관조차도 파멸 이후의 조각들을 모으면서 신중하게 행동할 필요성을 느꼈다. 이 기금은 [제1차] 세계대전의 특정 측면에 대한 기념비적인 역사를 준비하는 데 엄청난 금액을 할애했고, 독일 군대가 프랑스와 벨기에에서 초래한 폐허를 복구하는 데 후한 기부금을 전달했으며, 영국에 대한 선의의 표현으로 웨스트민스터 사원의 복원을 위해 5만 달러를 기부했다. 그래서 제국의 시대가 몇 십 년 더 지나자 평화주의 교리를 재검토하고 새로운 의무와 잠재력에 비추어 정언적인 윤리categori-cal ethics를 시험해 볼 필요가 생겼다.

27

사회 민주주의를 향해

20세기가 시작될 무렵, 석탄 톤수, 수 마일의 철도, 목화 짐짝 등 제국의 발전 과정만을 생각했던 수학적인 정치가들은 풍요로운 만찬과 아메리카 땅에 대한 무한한 개발의 시대가 결코 지나가지 않을 것이라고 생각할 만한 충분한 근거가 있었다. 그러나 그들에게는 알려지지 않았지만 미국에서는 상품 생산량 외에 다른 요인들이 작용하고 있었다. 농업 혁명의 위기 속에서 농민들은 해밀턴-웹스터 신조의 새로운 적용으로 다시 활기를 되찾고 있었다. 성장하는 산업 노동자들은 더욱 긴밀한 연대를 이루고 있었다. 사회적 추론의 영역에서 과학은 역마차 시대부터 전해 내려온 지적 패턴에 도전하고 있었다.

한마디로, 복잡하고 상호 작용하는 누적된 힘이 기존의 질서를 뒤흔들고 있었다. 질서 자체가 삶과 노동의 모든 단계에 영향을 미치는 산업적 변화에서 탄생한 것으로 받아들이기에는 너무 일렀지만, 실제로는 발명, 기술, 자본주의적 야망의 추진력으로 끊임없이 변화하고 있었다. 그리고 앤드루 잭슨 시대 이후 가장 역동적으로 고위직에 오른 시어도어 루즈벨트와 우드로 윌슨이라는 두 정치가의 활동으로 인해 국가 생활의 끊임없는 표류는 더욱 강화되었다. 이 두 정치가는 정당 관리자들의 의도와는 상관없이 우연히 카이사르도 탐낼 만한 권좌에 올랐던 정치가들이었다.

§

아메리카 민주주의에서 이러한 예상치 못한 경향을 조사하기 위한 논리적 출발점은 절정에 달했을 때의 획득과 향유acquisiton and enjoyment 시스템에 대한 요약적인 견해이다. 이미 지적했듯이, 미국의 일반적인 사상과 정치적 실천 체계는 오랫동안, 비교적 운이 좋았던 농부들의 도움으로 국가를 통치한 산업 재산의 실질적인 소유자들의 요구와 일치했다. 그들이 영향을 받은 철학은 국가와 사회는 아무것도 아니며 개인이 전부라는 단순한 도리아식[단순함과 힘, 장식이 없는 그리스 건축 양식] 철학이었다. 정당은 공적인 일로 여가를 즐기는 신사들과 다른 사람들의 사적인 모임이었으며, 그 기능적 목적은 애국심과 공공 복지의 이름으로 정부를 장악하고 지휘관, 군대 및 그 캠프 추종자들에게 전리품을 분배하는 것이었다. 당이 코커스, 전당대회, 위원회를 어떻게 운영하는지는 일반 대중이 알 바가 아니었고, 지도자들이 때때로 유권자를 매수해 투표장으로 끌고 간다고 해도, 그들은 다른 사람들이 자신에게 해주기를 기대하는 것을 다른 사람들에게 해줄 뿐이었다. 적절한 예의범절은 단지 잔학 행위에 대해 경고했을 뿐이다.[*]

그 좋았던 옛날 자유의 시대에 이렇게 조직되고 지휘된 정당은 사실상 상비군이었으며, 정부를 장악하고 진을 치고 있으면서 그 장교와 병사들은 땅의 기름으로 먹고 살았고, 패배로 전장에서 쫓겨나면 병력을 감축하고 배급을 줄

---

[*] 이 문구는 지도자들이 의심스럽거나 유권자 매수 같은 비윤리적인 행동을 했을지라도 극단적이거나 터무니없는 행동('잔학 행위')을 피하는 데만 관심이 있었음을 의미한다. 다시 말해, 도덕적으로 용납할 수 없는 행위로 보편적으로 비난받을 만한 행동이 아닌 한 사람들은 규칙을 기꺼이 어겼다는 말이다.

여서 잃어버린 낙원을 되찾기 위한 절박한 열정으로 준비에 나섰다. 정부, 주, 지방 또는 국가를 장악하고 있을 때 정당은, 해묵은 이슈가 홍수처럼 밀려들 가능성이 큰 다음 선거까지는, 시민이 침입할 위험 없이 밀실에서 전당대회와 내각에서 법을 만들고 행정을 수행할 수 있었다. 만약 대중 봉기의 징후가 나타난다면, 반대 세력의 지도자들은 공통의 위험에 직면하여 놀라울 정도로 쉽게 연합하고 투표를 통제할 수 있었다. 필요하다면, 술집에서 선거를 치르고 그 과정에서 만취한 난장판과 신체적 폭력이 동반되거나, 투표함을 조작하는 방법에 의존할 수 있었다. 이러한 행위는 너무 흔해서 분노를 일으키기보다는 오히려 웃음을 자아냈다.

시대에 걸맞게 거창한 정치 세계는 남성의 세계였다. 몇몇 기괴한 여성들이 자비로운 가부장제의 선물로 투표권을 달라고 요청했을 때, 〈고디의 레이디 북〉의 한 필자는 이런 식으로 대답했다. '남편, 아버지, 남자 형제에게 고되고 불쾌한 의무를 위임하지 않으려는 겸손, 섬세함, 뒤에 서려는 정신, 성의 온화함을 가진 여성이 얼마나 될까? 사회가 부과하는 사랑, 우정, 교육, 자선의 의무에 더해 정치의 짐을 기꺼이 짊어지려는 사람이 얼마나 될까? 나는 그 수가 극소수라고 생각한다.' 그 믿음과 희망은 근거가 있어 보였다.

도금 시대의 개인은 자신의 재산을 관리할 때 전당대회만큼이나 국가의 간섭으로부터 자유로울 수 있었다. 정부의 개입은 질서를 유지하거나, 철도 발기인에게 보조금을 지급하거나, 제조업체에 보호관세와 보상금을 제공하는 경우를 제외하고는, 냉혹한 자연의 법칙을 위반하는 악의적인 행위였다. 이러한 미묘한 예외를 제외하고는 국가의 엄숙한 의무는 사적인 부문에서 손을 떼는 것이었다. 경작지, 삼림, 수력, 광물 등 막대한 국가 자본은 사용이나 독점 가능성에 대한 제한이나 유보 없이 헐값에 공여되거나 매각되어야 했다. 국가 이권의 상당 부분을 공짜로 얻은 농민들은 철도 회사, 목재 회사, 광산 회사가 특정 할당량을 가져가는 데 심각한 장애를 받아야 할 이유가 없다고 생각했다. 점유와 착취를 위한 법이 양심적으로 충분히 관대했지만, 실제로 공공 토지에 들어와 점유한 사람들은 법의 문자와 정신을 지키는 데 결코 정직하지 않았으며, 그들의 태도는 매우 부주의하여 루즈벨트 대통령이 자신의 공공토지위원회Public Lands Commission의 보고서를 읽고 난 후, 토지 이양 과정에서 사기의 흔적이 곳곳에 있다는 탄식을 하게 만들었다. 국가 영토가 이처럼 나뉘고 분할되는 동안, 철도 회사들은 각자 자신의 영역을 거침없이 지배하고 있었다. 그들은 제약 없이 합병과 결합을 진행하고, 특정 화주들에게 리베이트를 제공했으며, 이익을 위해 특정 도시와 항구를 차별하고, 신세계와 구세계의 순진한 대중에게 무제한으로 주식과 채권을 발행하며, 파산을 기쁘게 받아들였고, '교통이 감당할 수 있는 만큼'이라는 당시의 원칙에 따라 요금을 책정했다.

정부는 자본가들의 기업에 자비를 베풀어 영양을 공급하는 것 외에도 막대한 재산에 대해 세금을 부과하는 데 부드러웠다. 실제로 정부는 수입품, 위스키, 담배, 맥주, 와인에 대한 간접 관세에서 거의 모든 수입을 얻었으며, 이는 소비 대중에게 현명하게 분배되었다. 주 정부와 지방 정부조차도 모든 재산에 똑같이 과세해야 한다는 이론에 따라 운영되었지만, 가장 영리한 세무 평가자의 눈으로는 뚫을 수 없을 정도로 튼튼한 상자에 숨겨져 있는 환상적인 주식과 채권을 발견하고 목록에 올리는 것은 어려웠고, 주 정부 위원회 곳곳에서 일반 재산세는 희극이며 무형 증권에 대한 세금 회피가 거의 보편적으로 행해지고 있다고 선언했다. 한마디로, 무거운 소득세와 상속세가 재물 획득이라는 거대한 게임에 밀접하게 관여된 사람들의 삶을 괴롭히는 곳은 어디에도 없었다.

산업 현장에서 사망하거나 다친 노동자에 대한 책임도 마찬가지였다. 공장에서 팔을 잃은 피해자, 압연기에서 압사하거나 광산에서 질식해 사망한 사람의 가족은 직업의 위험을 감수해야 했고, 고용주가 특별한 의미에서 과실죄를 범한 경우에만 손해배상을 받을 수 있었으며, 그마저도 길고 지루하며 비용이 많이 드는 소송을 거쳐야만 원칙적으로 배상받을 수 있었다. 따라서 오래된 합법성의 별난 점에 따라 재산 소유자의 신성한 권리는 그들 자신의 사회적 폐해에 대한 부담을 지게 할 목적으로 침해될 수 없었다. 동일한 계율의 탁월함에 따라, 산업 노동자들은, 구 남부의 노예들과 달리, 실업 상태에서는 사업에 대한 청구권이 없었으며, 그들은 그 위험을 정치경제학의 친절한 법률 하에서도 감수해야 했다.

일반적인 정의뿐 아니라, 취득 본능의 법학은 정부의 사법 분야에 의해 신중하게 관리되었다. 주 의회가 철도 및 기타 공익 기업의 요금을 법으로 정하는 데 열중하고 있다는 것이 충분히 입증되었을 때, 법원은 수정헌법 제14조의 적법 절차 조항이 보장하는 내로 그러한 요금이 합리적인지 아닌지, 즉 소유주에게 공정한 수익을 가져다주는지를 제대로 제시된 사건에서 판단해야 한다는 연방 헌법의 불변의 논리에 의해 압박을 느꼈다. 개혁적인 분위기의 뉴욕 주 의회가 제빵업소의 노동 시간을 하루 10시간 또는 주당 60시간으로 정했을 때, 워싱턴의 대법원은 이 법이 '수정헌법 제14조가 보호하는 개인의 자유'를 명백히 침해한다고 판결했다. 같은 입법부의 다른 회기에서 근로자가 산업 현장에서 입은 부상에 대해 손해배상을 더 쉽게 받을 수 있게 하려는 시도가 있었을 때, 주 고등법원은 헌법적 자유를 명목으로 이 법을 폐기했다.

대체로, 승리의 산업 시대 초기 단계의 정치와 경제에서 관행과 관습의 복잡한 구조는 이러했다. 이 제한된 공간에서는 자연스럽게, 더 큰 캔버스에서 음영, 구별, 예외를 허용할 경우보다 더 굵고 선명한 획들이 그려지지만, 사적 편지와 공적 문서의 증언에 의해 그려진 그림의 본질적인 윤곽은 확고하고 신뢰할 만하다. 만약 그 완벽함의 최고 시점을 정해야 한다면, 그것은 1880년일 것이다. 이는 링컨의 당선이 농업 지배의 종말을 알린 해와 그 놀라운 세기의 끝 사이의 정확히 중간 지점이다. 그때는 훌륭한 취득과 향유의 시스템이 아무런 심각한 결함 없이 완전한 형태로 서 있었다. 물질을 취득하고 향유하는 사람들은 그것이 훌륭하다고 선언하고 그것이 영원히 지속되리라고 가정한 것처럼 보였다. 그러나 바로 그 순간, 그것은 이미 여러 방향에서 활발한 공격의 대상이 되었고, 한 세대가 지나기 전에 그 기초가 너무나 흔들리고 약해져서, 그것을 구축한 시대의 사람들은 아마도 지나친 두려움으로, 단단한 땅이 그들의 발밑에서 무너져 내리고 있다고 상상했을 것이다.

§

이 갈등이 가져온 변화, 즉 1789년 프랑스 국민의회처럼 한꺼번에 일어났다면 혁명적이라고 불렸을 변화를 추적할 때 아메리카 민주주의의 과정은 복잡한 연방 정부 시스템을 통해 작동하는 것을 관찰해야 한다. 총력전의 각 개별 전투는 300년 동안의 표류가 만들어낸 거대한 구조의 어떤 특정 각도, 보루, 포탑 또는 관문으로 몰아가는 일부 적극적인 민간인 그룹에 의해 수행되었다. 천 개의 어두운 구석과 더불어 시 의회, 주 의회, 여성 클럽, 노동 조합, 농민 회의, 개혁 협회, 정당 코커스와 전당대회, 미합중국 의회, 법원의 회의실과 법정, 행정부 관저, 편집실에서 기습과 선동이 조직되었다.

전투는 물론이고 거래, 물물교환, 암거래도 함께 이루어졌다. 어떤 정치가도 큰 틀에서 사소한 조정을 구상하거나 운명의 흐름을 예견하지 못했고, 어떤 정당도 결과에 대한 특별한 공로를 주장하거나 결과에 대한 책임을 회피할 수 없었다. 물론 모든 사람이 볼 수 있는 높은 곳에서 길을 제시하거나 싸움에 참여한 사람들에게 영감을 준 정치적 메시아도 없었다. 책임 있는 사람이 1880년 아메리카인의 머릿속에 1927년의 아메리카 체제를 비춰보았다면 그는 가당찮아 웃음을 터뜨렸을 것이다. 운명은 인간의 작은 계략에 얼마나 큰 혼란을 주는가!

헤겔의 역사 이론이 다시 한 번 입증되고 있었다. 취득과 향유의 시스템은 스스로의 안티테제를 불러일으키고 있었으며, 그것은 그 권위를 도전하는 힘과 그 법과 윤리를 재고할 필요성을 요구하는 조건들이었다. 시간이 흘러, 오랜 시간 동안 은밀하게 작용하던 요소들이 힘의 폭발로 스스로를 드러내며 가장 냉혹한 실무자들도 무시할 수 없게 만들었다. 상점, 공장, 광산에서 일하

522

는 사람들에게는 언제나 생생했던 물리적 현실들이 마침내 현대 사회의 복잡성을 이해하고 옳고 그름을 선포하는 것이 임무인 사람들의 시야에 들어오기 시작했다. 마음과 물질의 끊임없는 충돌 속에서 태어난 사상들은 미국의 '지적 기후'의 범위를 변화시켰고, 한때 실체와 추진력을 담고 있던 구절들을 시대에 뒤떨어지게 만들었으며, 결국 서로 다른 사상의 형태로 자리 잡았다. '이 세상에 영원한 것은 없는가?'라고 그 시대의 한 저명한 교육자가 외쳤다. '변화 외에는 아무것도 없다'라고 그의 한 동료가 대답했다.

정치 활동을 새로운 채널로 이끌었던 많은 세력 중 산업 노동자들의 조직화보다 더 강력한 힘은 없었다. 아메리카노동총연맹은 도금 시대 이후 회원 수와 재정력에서 놀라운 발전을 이루기 시작했다. 1900년에는 54만 8천 명의 임금 노동자가 가입되어 있었는데, 14년 후에는 200만 명을 돌파했다. 노동조합 소속은 아니지만 노동조합의 목표에 동조하는 철도우애단Railway Brotherhood과 독립적인 입장에 있는 여러 군소 단체가 있었으며, 이들의 힘을 합치면 노동조합의 깃발 아래 등록된 총 조합원에 50만 명을 더했다. 20세기의 두 번째 10년 중에, 뉴욕의 허름한 뒷방에서 시작했던 연맹은, 아메리카 대통령의 참석과 축복 가운데 워싱턴에 7층짜리 사옥을 완공했다. 초석에는 다음과 같은 문구가 새겨져 있었다. '이 건물은 노동, 정의, 자유, 인류의 대의에 봉사하기 위해 세워졌다.' 해밀턴이 마지막 연방 공채를 발행한 지 100년 만에 하나의 거대한 노동 단체인 기관차기술자우애단Brotherhood of Locomotive Engineers이 1790년 재무장관이 조달한 총 국가 부채보다 더 많은 재원을 가지고 기업과 은행을 장악하게 되었다. 이 모든 것은 윌리엄 제임스가 말한 '완강하고 환원할 수 없는 사실'의 범위 안에 있는 숙고할 만한 것들이었다.

산업 인구조사 보고서에 기록된 아메리카 여성들의 삶의 변화도 마찬가지로 완고하게 자리 잡았다. 1870년에 이르러 돈벌이에 종사하는 여성의 비율은 전체의 약 15퍼센트에 이르렀고, 세기말이 되자 그 비율은 20퍼센트를 넘어섰다. 당시 윌리엄 펜의 퀘이커교 도시 필라델피아에 거주하는 10세 이상 여성 중 거의 3분의 1이 임금을 받고 일하고 있었고, 매사추세츠 주 폴 리버와 같은 많은 신흥 산업 도시에서는 여성 중 3분의 1 이상이 공장, 상점, 사무실에서 일하고 있었다. 또한 1890년에는 기혼 여성 중 50만 명 이상이 임금 근로자였으며, 그 비율은 꾸준히 증가하여 1910년에는 전국적으로 취업한 여성이 전체의 거의 4분의 1에 달했다.

해밀턴이 시작한 제조업 체제는 영구적인 것이었고, 1892년 아메리카노동총연맹은 마침내 이 사실을 공식적으로 인정했다. 그해 연맹의 회장인 새뮤얼 곰퍼스는 메리 E. 케니에게 산업 여성 동원을 위한 성전을 이끌도록 위임했다. 물론 여성들은 공장제 초창기에도 일시적으로 많은 단체를 결성했고, 19세기에 생겨난 노동기사단을 비롯한 지역, 전국, 국제 단위의 정규 노동조합에 가입했으며, 노동 시간과 임금을 둘러싼 수많은 투쟁에 참여해왔다. 그러나 이때까지만 해도 아메리카노동총연맹의 최고 지도자 대부분은 산업에서 이들의 지속적인 역할을 인정하지 않았다.

아메리카 노동 운동의 새로운 국면을 알리는 여성들의 공식적인 조직자 지정에 이어 곧바로 시카고에서 연방노동연합Federal Labor Union이 결성되었고, 보스턴에서도 비슷한 단체가 결성되었으며, 마침내 1903년 아메리카노동총연맹 연례 대회에서 전미여성노동조합연맹National Women's Trade Union League이 여성을 관련 노력의 주요 흐름으로 끌어들이는 기능을 맡게 되었다. 모든 노동자의 조직화를 약속한 이 연맹은 동일 노동에 대한 동일 임금, 하루 8시간 근무, 아메리카식 생활수준 유지, 여성의 완전한 시민권 평등 등을 요구했다. 느리지만 꾸준히 여성들의 전투적인 십자군은 그 수가 늘어나고 사상이 확산되기 시작했다. 연맹이 결성된 지 7년 후 제조업에 종사하는 여성 중 노조에 가입한 비율은 6퍼센트 미만이었고, 남성은 11퍼센트였으나 10년이 지난 후 그 비율은 각각 18퍼센트와 23퍼센트였다.

이러한 수치들이 놀랍기는 하지만 그것들은 이야기 전체를 담고 있지는 않다. 회계사들이 보고한 산업 현장의 활동은 중간 계급의 광범위한 변두리를 동요시켰고, 노동 운동의 갈등과 문제를 유한 계급의 영역으로 옮겼으며, 도금 시대에 획득한 편안한 사회적 주제의 해체를 도왔다. 이처럼 활기차고 끈질긴 임금노동 여성, 경쟁사회에 뛰어든 교육받은 여성, 결혼했음에도 불구하고 재산을 소유한 부유한 여성들은 밀라드 필모어와 제임스 뷰캐넌 시대부터 전해져 내려온 많은 사고방식을 재구성했다. 만화경은 빠르게 회전하고 있었고, 그 속에서 새롭게 드러나는 놀라운 사실들이 있었다.

이러한 인간관계의 표류와 사회 질서와 지적 이미지를 변화시키면서 번뜩이는 아이디어의 흐름은 자연스럽게 현재의 정치 관행에 대한 의구심을 불러일으켰다. 자본과 노동의 값비싼 갈등, 마르크스주의자들의 부시런함, 그리스도교 사회주의자들의 온화하지만 끈질긴 토론, 벨러미의 유토피아적 민족주의의 침투, 학계 경제학자들의 끊임없는 질문은 한때 토머스 제퍼슨이나 에이브러햄 링컨의 당에서 평화와 안전을 찾았던 수많은 사람들의 의견을 불안하게 만들었다. 마침내 1900년, 새로운 정치 조직인 사회민주당Social Democratic Party이 결성될 시기가 무르익었다. 사회민주당은 풀먼 파업으로 사법부의 채찍질을 받고도 여전히 기민한 유진 뎁스를 대통령 후보로 지명하고, 전반적인 혁명을 위해 9만 6천 표를 얻었다.

빈약했지만 그 결과에 고무된 뎁스와 그의 지지자들은 당을 영구적으로 운영하기로 결정했다. 1901년 '사회주의자Socialist'라는 이름을 채택한 그들은 산업 지역에 지부를 설립하는 데 역량을 집중했고, 적극적인 대중 선전을 펼쳤다. 다음 선거에서는 40만 표 이상이 사회주의에 투표했고, 1908년 브라이언이 미온적인 지지자들을 빼앗아 갔을 때에도 약간의 증가가 있었으며, 4년 후 윌슨의 새로운 자유와 루즈벨트의 진보적 공약에도 불구하고 사회당은 두 배 이상의 득표를 얻었다. 그 무렵 사회당 후보들은 의회의 의석을 포함해 전국 각지에서 수백 개의 공직을 차지했고, 실제로 기성 정치권에 진출해 있었다고 자랑할 수 있었다.

사회주의자들 사이에는, 공화당원들과 민주당원들 사이처럼, 그들의 원칙과 전술의 정확한 성격에 대해 적지 않은 의견 차이가 있었지만, 그들의 주장은 미합중국 중기 유토피아주의보다 실제 사업과 과학의 흐름에 더 밀접하게 적응된 특정 일반 개념에 대체로 부합했다. 그들은 모두 현대 산업이 사회를 대립하는 두 계층— 생산 수단을 통제하는 자본가 계층과 노동의 판매로 생계를 유지하는 땅 없는, 집 없는, 도구가 없는 사람들로 구성된 노동 계층 —으로 나누어 놓는다고 주장했다. 이 두 계층 사이에는 본질적인 적대감이 존재하며, 각자는 연간 부의 산출물에서 가능한 모든 것을 확보하려고 한다고 이론은 계속 설명했다. 이러한 적대감은 자본과 노동의 조직, 산업 분쟁, 그리고 공개적인 사회 전쟁에서 나타나며, 이 경쟁에서 자본가는 안전과 사치를 얻고, 노동자는 고난과 빈곤을 겪게 되며, 경쟁의 무서운 낭비는 양측 모두에게 대가를 요구한다. 정치와 교육의 영역에서도 자본주의가 지배적이라고 사회주의자들은 주장했다. 1912년 그들의 강령에 따르면, '자본가 계급은 수가 적음에도 불구하고 정부— 입법, 행정, 사법 —를 완전히 통제하고 있다. 이 계층은 조직된 언론을 통해 뉴스 수집과 전파의 기구를 소유하고 있다. 또한 교육 기관— 대학과 학교들, 심지어 종교와 도덕 기관까지 —을 보조하고 있다.' 그런 다음 종합이 이어졌다. 노동 계층은 자신의 위치와 잠재적 힘을 인식하게 되고, 경제적, 정치적 협력을 통해 결속되어 시간이 흐름에 따라 정부를 정복하고 생산 및 분배의 기구를 장악할 것이다.

사회주의 운동의 좌익 진영에게는 미지근한 교리에 불과한 이 신조가 중간 계급에게는 충분히 위협적으로 보였다. 더 치열한 것을 요구한 비타협주의자들은 1904년 세계산업노동자연맹Industrial Workers of the World이라는 더 혁명적인 단체를 결성하고 투쟁을 이론의 영역에서 행동의 영역으로 옮기겠다고 선언했다. 러시아 혁명 이후 소비에트 공화국에 협력하기 위해 모스크바로 건너간 서부의 광부였던 윌리엄 헤이우드로부터 많은 영감을 받은 이 새로운 급진주의자들은 노동기사단Knights of Labor의 방식을 따라 모든 산업 노동자들이 하나의 큰 노동조합을 건설할 것을 제안했다. 그들은 이 조직을 통해 사보타주를 동반한 일련의 대규모 파업으로 자본주의 체제를 정복할 계획을 세웠다. 잭 런던은 프롤레타리아 소설[은 아니고 단편소설과 에세이 13편을 모은 책] 『혁명*Revolution and Other Essays*』에서 열정이 폭발하는 '그날'을 묘사했다.

반항적인 자들의 외침은 그들의 지지자들의 숫자가 보증하는 것보다 더 큰 소란을 일으켰고, 지진의 소란에 그 어느 때보다 민감했던 정치 지도자들과 정치인들에게 그들의 관습적인 우려를 드러내게 만들었다. 1906년 루즈벨트 대통령은 로지 상원 의원에게 이렇게 썼다. '노동자들의 불만은 매우 추악하며, 그러한 불만이 이디까지 확산될지 아무도 알 수 없다. 지난 6~8년 동안 노동자들 사이에서 사회주의적이고 급진적인 정신이 크게 성장했으며, 지도자들은 이에 부응하지 않으면 리더십을 잃을 수밖에 없다. 그리고 고위 금융가들과 〈선The Sun〉 같은 그들 기관지의 어리석은 행동이 불안을 더욱 악화시키고 있다.'

이에 대해 상원 의원은 몇 달 후 매사추세츠에서 돌아와 노동계 지도자로부터 받은 정보에 따라 다음과 같은 답장을 보냈다. '노동조합을 두려워할 필요는 없다…… 그러나 모든 노동자들에게 선동적인 호소를 하는 일부 교육받은 남성들이 주도하는 사회주의 운동은 아주 위험하다. 나는 그의 판단이 옳다고 생각한다.' 대통령과 상원 의원은 이 문제에 대한 그들의 발견에 놀란 나머지, 부유층과 프롤레타리아트를 억제하기 위한 강력한 조치가 취해지지 않는 한, 재산은 전체적으로 사회주의자들의 손에 의해 심각한 피해를 입을 수 있으며, 최상의 상황에서도 대립하는 세력들의 충돌로 인해 거대한 정치 캠페인에서 위험한 고비에 처할 수 있다는 깊은 확신을 표명했다. 결국 화려한 정찬正餐의 시대는 경제적으로나 정치적으로나 안정된 시대가 아니었던 것으로 보인다.

§

정치적 관행과 관용적으로 받아들여지던 것에 처음으로 균열을 낸 것 중 하나는, 노동, 농업, 또는 혁명적 사상보다는 중산층의 개념에 영감을 받은 공무원제도 개혁가들에 의해 이루어졌다. 이들은 엽관 제도spoils system, 즉 승리한 정당의 일꾼들에게 공직을 대거 분배하는 관행을 공격했다. 아마도 무의식적으로 그들은 보수적인 제도를 공격한 셈이었는데, 이 제도는 농민과 노동자의 불만을 완화시키고, 동시에 산업 자본가들이 완전히 만족하지는 않는 권력과 정책을 추구하는 영구적인 정부 관료제를 방지했다. 그러나 그들은 자신의 작업이 지닌 먼 의미를 너무 깊이 따지지 않고 엽관 제도의 관행을 도매금으로 비난하며 행정 개혁 프로그램을 제안했다. 이 프로그램은 공직의 대부분을 시험을 통해 입증된 적격자들에게게만 개방하고, 이러한 경우 당파적 영향을 배제하며, 임기는 정치인들의 요청에 의해서가 아니라 올바른 행동에 따라 결정되도록 해야 한다고 주장했다.

이 대의를 지지하는 개혁가들의 그룹은 결코 크지 않았다. 1880년 시카고에서 한 강사가 이 주제에 대한 담론을 널리 알렸을 때, 7~8명의 호기심 많은 청중이 그를 맞이했다. 그러나 그들의 영향력은 숫자로만 측정할 수 없었다. 이들의 전략가 중에는 매주 〈네이션〉에 신랄한 사설로 정치인들을 움찔하게 만들었던 E.L. 고드킨, 능숙한 필력과 뛰어난 연설가로 〈하퍼스 위클리〉의 편집장이었던 조지 윌리엄 커티스, 남북전쟁의 참전 용사이자 사회 문제에 관한 활기찬 리더였던 칼 슈어츠 등 독보적인 힘을 가진 작가와 연설가들이 있었다. 게다가 이들은, 정파 게임의 현자들의 비웃음에도 불구하고, 캠페인을 계속 이어 나갔다.

물론 오랜 기간 동안 그들은 일부 시민들을 대상으로 강연회를 열었지만, 가장 강력한 정치 지도자들에게는 거의 무시당했다. 사실 이들의 적들은 이들의 선동에 경악을 금치 못하며 '이 사람들이 무엇을 원하는지' 궁금해했다. 이들의 동기를 추측한 당시 선동 기술의 대가인 뉴욕의 로스코 콘클링 상원 의원은 다음과 같이 대답했다. '그들 중 일부는 정직한 사람들을 비난하고 조롱하고 비난하는 데 노력을 기울여 온 정치 딜레탕트dilletanti와 카펫 기사carpet knight[중세 유럽의 용어로 전쟁에 참여하지 않고 사무적인 일을 하는 기사] 인 자들이다…… 그들은 양의 탈을 쓴 늑대다. 그들의 진짜 목적은 공직과 약탈이다. [새뮤얼] 존슨 박사가 애국심을 악당의 마지막 피난처로 정의했을 때, 그는 당시 "개혁"이라는 단어의 개발되지 않은 잠재력을 의식하지 못했다.' — 이 발언은 기성 질서의 정치 거인들 사이에서 설득력 있는 주장으로 받아들여졌다.

그럼에도 불구하고 엽관 제도에 대한 동요는 계속되었고, 정치인들을 놀라게 하지 않고 성통 관습의 매끄러운 표면 여기저기에서 파문을 일으켰다. 1881년 제임스 A. 가필드 대통령이 실망감으로 실성해버린 한 공직 희망자에 의해 암살당했을 때와 같은 상황이었다. 그때 발사된 총성은 온 땅에 울려 퍼졌고, 잔인한 행위의 메아리는 가장 굳건한 심복의 어둡고 중독된 뇌 속에 미국의 최고 경영자를 쩨쩨한 직업 중개인 수준으로 낮추는 것은 수치스러운 일이라는 생각을 심어주었다. 이권spoils 분배와 관련하여 텍사스의 플래내건이 공화당 전당대회에서 '우리가 여기 왜 왔습니까?'라고 외쳤을 때 함께 웃었던 사람들조차도 웃을 수 없었다.

하룻밤 사이에 '칭얼거림'이었던 공직 개혁이 인기를 얻게 되었다. 1년 만에 미합중국 상원 위원회는 엽관 제도를 신랄하게 비난하는 보고서를 제출했다. 이 보고서는 대통령이 거지에게 청중석을 내주고 '배고프고, 소란스럽고, 붐비고, 뒤엉킨 군중'에게 사무실을 내주는 모습을 묘사했다. 아침에는 그의 문 앞에서 엽관 제도에 직면하고 밤에는 방에서 그 유령에 시달리는 불쌍한 의원을 묘사했는데, 그 유령은 '그보다 앞서가고, 그의 뒤를 따라오고, 가는 길에 마주친다'고 묘사했다.

여론과 자기 방어의 필요성에 의해, 의회는 1883년 대대적인 개혁을 약속하는 공무원법을 제정했다. 이 법은 대통령에게, 같은 정당에서 2명 이하로 구성된, 3명으로 구성되는 감독위원회를 임명할 수 있는 권한을 부여하고, 또한 특정 등급의 연방 공직으로 [임용과 승진에서의] 실적 제도merit system를 확대할 수 있는 권한을 부여했다. 또한 적절한 시험을 통과한 사람에게만 해당 공직에 들어갈 수 있도록 규정했으며, 임기는 성실히 근무하는 동안만 가능하도록 했다. 처음에는 법의 적용을 받는 공직이 수천 개에 불과했지만, 이후 효율적인 정부를 위해, 때로는 정치적 영향력을 통해 이미 확보한 안정된 일자리를 지키려는 당파의 이해관계에 따라 그 수가 점차 늘어났다. 40년 만에 실적 제도에 따른 연방 공무원의 비율은 전체의 5분의 3, 즉 약 50만 명 중 약 30만 명으로 증가했다.

연방 정부의 모범은 서서히 주 정부로 이어졌고, 새로운 세기가 시작될 무렵에는 10개 주에 공무원 위원회가 설치되었다. 행정이 공공복지와 매우 중요한 관계를 맺고 있는 지방 자치 단체에서는 엽관자spoilsman의 진출이 더 빠르고 광범위하게 이루어졌으며, 1927년까지 300개 이상의 도시에서, 결과는 다양했지만, 공무원 채용에서 실적 제도가 채택되었다.

법제와 공공 기능의 성장에 따라 주로 기술 업무에 종사하는 영구 공무원으로 구성된 일종의 독립적인 제국 내 제국imperium in imperio이 설정되었다. 공동의 목적에 의해 영감을 받은 이들은 조직과 노동조합을 결성하고, 전문적 기준을 개발하고 정치에 직접 참여하기 시작했다. 이것은 정치 시스템에 새로운 요소, 즉 한편으로는 전문 서비스의 이점을 제공하는 대규모 관료제와 다른 한편으로는 개인의 자유와 자유로운 실험의 위험을 불러왔다. 부수적인 결과로, 이제 공직자에 대한 부과금 형태의 자금 공급이 줄어든 정당 관리자들은 부유층과 기업의 두둑한 지갑에 점점 더 의존하게 되었다.

§

정파 군대의 병참부를 성공적으로 습격한 '개혁을 내세우는 여성용품 제작자들men-milliners과 카펫 기사들[둘 다 겁쟁이를 비꼬는 경멸적 표현]'은 가장 확실하고 승인된 선거운동 방법 중 일부를 변경하라고 요구했다. 공화국 초기부터 전해 내려온 선거 관습에 따르면, 모든 유권자는 투표소에서 당 우두머리의 감시를 받아야 했다. 인쇄된 명부 사용이 모든 곳에서 공개 또는 구술 투표를 대체한 후에도 정치 조직과 후보자가 자체 투표용지를 제공하는 것이 일반적인 관행이었으며, 각 기구 또는 그룹은 용지에 고유한 색상을 선택했는데, 이 시스템에서 두 가지 주요 악이 발생했다. 필요한 인쇄 비용이 너무 비싸서 일반적으로 정당의 재정 부서에서만 부담을 감당할 수 있었기 때문에 무소속 후보와 독립 정파는 처음부터 재정적 어려움을 겪었다. 또한 선거 용지를 배포하는 당 대표들은 유권자가 투표소 밖에서 투표용지를 받는 순간부터 투표함에 넣을 때까지 유권자를 지켜볼 수 있었기 때문에 각 당의 책임자들은 '물건이 제대로 전달되었는지'를 확인할 수 있었다.

이러한 방식으로 뇌물 제공이 장려되었는데, 뇌물 제공자가 거래에서 손해를 볼 수는 없기 때문이었다. 협박이 조장되었는데 비밀 유지는 불가능했기 때문이었다. 두 배로 확실하게 하기 위해 '거수 투표straight arm voting'라는 관행이 고안되어 적용되었다. 투표소 근처에 매수한 유권자들을 일렬로 세우고 그들의 양손에 눈에 띄는 색깔의 투표용지를 건네주었으며, 그러면 그들은 팔을 신호기처럼 들어올리고 투표소로 행진했다.

대략적으로 말하자면, 이것이 '경멸스러운 난쟁이들little contemptibles'에 의해 공격받은 상속된 두 번째 소중한 제도였으며, 그들은 대신 모든 투표용지를 공공 당국이 공공의 비용으로 제공하고 비밀 투표를 위한 준비를 하자는 제안을 했다. 이 개혁은 호주에서 가져온 것이었다. 전통을 지키는 사람들에 의해 즉각적으로 외국의 제도로 낙인찍히고 원칙적으로 비아메리카적이라 비난받았음에도, 호주식 투표법Australian ballot은 1888년 매사추세츠에서 무사히 채택되었고, 20년 이내에 두 개 주를 제외한 모든 주에서 채택되었다. 비록 기대와는 달리 선거에서 갑작스러운 기적을 이루지는 못했지만, 그것은 투표함에서 국가의 '의지'를 형성하는 데 일조한 10만 명의 조무래기 대장들로부터 강력한 강제 수단을 빼앗았다.

강조점이 바뀌면서, 선거 관리에 대한 불만은 이제 정당 조직의 엔진에까지 영향을 미칠 정도로 깊어졌다. 오랜 관습에 따르면, 정치 지도자들이 정부를 장악하기 위해 후보자를 선출하고 후보자를 훈련시키는 데 사용하는 주요 기관은 잭슨이 말했듯이 '국민으로부터 선출된' 지방, 주, 전국 단위의 전당대회였다. 이러한 전당대회의 대의원은 '예비선거primaries'로 알려진 선거에서 당원들이 선출하거나 소규모 단위로 선출된 대표들로 구성된 하부 회의에서 선출되었다. 일반적으로 예비선거에 참석하거나 대의원 선출에 관심을 기울인 당원은 전체 유권자의 10~15퍼센트를 넘지 않았고, 따라서 당 지도부, 현직 보유자, 공직 지망생들을 제외하면 정치적 이해관계가 없는 시민들의 수는 현저히 적었다. 훈련받지 않고 조직화되지 않은 개인이 전문 조작자와 그 친구들의 무리에 맞서는 데 무슨 소용이 되었겠는가?

　따라서 전당대회는, 고관대작이 참석하더라도, 대개는, 현금으로 지불받지 않으면, 자신이 작은 공직을 받은 엽관자들에 의해 휘둘렸고, 더 저명하거나 더 부유하거나 더 큰 상상력을 가진 신사들에게 상등급의 열매를 내주었다. 당 대회가 열릴 때마다, 보통은 노련하고 경험 많은 몇몇 관리자들이 지방 호텔의 작은 방에 모여 후보를 선정하고 정강 정책을 작성하는 한편, 당원들은 명령을 기다리며 서성이는 것이 관례였다. 이런 상황에서, 국민들로부터 갓 뽑힌 대의원들의 목소리는 여전히 잘 들리지 않았는데, 당의 정통성이 인정하지 않는 독립적인 생각을 가진 것으로 알려진 사람들은, 투표가 시작되면 정치의 반장들이 '스팀롤러'를 몰고 다니면서 금세 침묵시킬 수 있었기 때문이다.

　그러나 얼마 지나지 않아 이 무자비한 절차에 상처를 입은 많은 독립적인 사람들이 반란을 일으키기 시작했다. 이에 따라 전당대회를 폐지해야 한다는 요구가 제기되었다. 그 대신 대의원만 선출하는 일반 예비선거와 달리 '직접' 예비선거로 알려진 당내 공식 선거를 통해 모든 공직 후보를 선출하는 방안이 제안되었다. 당규에 따라 특히 중서부 지역 카운티의 공무원이 이 방식으로 지명되는 경우가 많았기 때문에 이 아이디어는 지역 정치에서 혁신적인 것은 아니었다. 그러나 개혁가들에 의해 자신들의 의식이 무례하게 침공당한, 당당한 지도자들은 큰소리로 항의했다. 그들은 눈물을 자아내는 웅변으로, 당 대회에 구현된 '위대한 대의代議의 원칙'과 건국의 아버지들conscript fathers[원래는 고대 로마 원로원 의원을 가리키는 말인데 미합중국 건국의 아버지들한테도 이 용어가 사용된다]이 이 제도에 부여한 고대의 미덕에 대해 이야기하면서, 마치 후보 지명 전당대회가 잭슨 시대에 급진적인 민주당원들이 아메리카 체제의 안락한 자리에서 야당을 축출할 목적으로 서둘러 만든 고안이 아니라 연류과 존경심으로 가득 찬 것인 양 띠들어댔다. 어쨌든, 개혁가들은 이런 한탄에 귀를 기울이지 않았다. '코커스와 전당대회를 폐지하자; 민주주의의 첫 번째 원칙으로 돌아가자; 국민에게 돌아가자!' 1897년 워싱턴의 생일에 시카고 대학 학생들을 대상으로 한 연설에서 로버트 M. 라 폴레트가 외쳤다.

라 폴레트의 지도력 아래, 위스콘신은 6년 후 선거 과정에 대한 조사 조항이 포함된 최초의 주 전체 직접 예비선거법을 제정했다. 이 실험을 통해, 그 아이디어는 서부를 빠르게 휩쓸었고, 고루한 동부에서도 서서히 반향을 일으켰다. 뉴욕에서 주지사 휴즈는 양당 정치 지도자들과의 싸움에서 좌절을 맛본 후, 1907년 직접 예비선거제 도입을 촉구하며 탈출구를 찾았고, 강 건너 뉴저지의 윌슨 주지사는 4년 후 같은 개혁안을 입법부에 촉구했다.

20세기의 첫 10년을 무사히 넘겼을 때, 3분의 2의 주가 직접 예비선거를 통해 대부분의 공직에 후보를 지명했고, 몇 년이 더 지나자 소수의 난폭한 주를 제외한 모든 주가 새로운 방식으로 운영되었다. 불가피한 반작용으로 뉴욕을 포함한 두세 개 주가 나중에 주 공직 후보를 지명하는 도구로 전당대회를 복원했지만 그 반발은 심각하지 않았다. 아마도 정치인들이 새로운 도구를 활용해 개혁가들의 규칙 아래에서도 예상보다 어렵지 않게 정치적 항해를 할 수 있다는 것을 깨달았기 때문일 것이다. 그럼에도 불구하고 취득과 향유 시스템의 최고 수혜자들은 직접선거제를 비난하는 것을 멈추지 않았는데, 그 이유는 이 제도가 직업적 이해관계에 대한 일반 대중의 간섭을 확대하고, 코커스의 방에서 조용히 이루어지던 뻴셈과 분열의 소식을 널리 알리고, 후보자들이 선거운동에서 공개적으로 더 많은 돈을 쓰도록 강요하고, 지금까지 주로 하층에 국한되었던 신념과 열정을 정치의 상층부로 진입하게 만들었기 때문이었다.

§

정당 조작의 성채에 대한 이러한 공격을 강화하면서 좌익 개혁가들, 특히 농민-노동자 설득의 개혁가들은 마침내 아메리카의 취득과 향유 시스템이 오랫동안 번영을 누려온 정부 구조를 공격하기로 결정했다. 어느 정도, 그들은 주 수도들의 공공 사업 거래에 대한 확실한 보고서를 통해 이 과정으로 나아가게 되었다.

백 년 동안 주 의회의 행태는 악명이 높았다. 심지어 오랫동안 기이한 서비스를 대가로 돈을 받는 데 익숙했던 P.T.바넘도 코네티컷 주 의회 의원 시절 동료 의원들이 금전적인 문제에서 보여준 점잖은 취향의 부족에 충격을 받았다. 인기 있는 의원들이 사기업에 독점사업권과 영업권을 팔고, 기업들을 협박해 '은밀한hush' 돈을 지불하게 하고, 공공복리를 위해 요구되는 유익한 조치를 무력화하고, 시정에 간섭해 부패하게 만들고, 의심스러운 사업에 세수를 낭비한 사실이 수시로 조사에 의해 밝혀졌다. 새로운 주의 제헌 회의가 열릴 때마다 입법부의 권한에 대한 추가적인 제한이 고안되었는데, 거의 모든 조항이 국민이 선택한 대리인에 대한 불신이 커졌음을 나타냈다. 로비, 부패 일당ring, 코커스가 비공개로 운영되고 법과 결의안을 좌우한다는 충격적인 폭로가 신문 지면을 장식하는 빈도가 높아졌고, 마침내 1888년 영국의 차분한 관찰자 제임스 브라이스는 아메리카 연방 체제에 대한 그림을 그려 존경받는 사람들의 시선을 끌기도 했다.

얼마 지나지 않아 소수의 강건한 민주당원들이 그들의 해결책을 제시했다. 그들은 주 입법부에서 유권자에게 궁극적인 권한을 이양할 것을 제안했는데,

즉 국민에게 청원을 통해 법률을 제안하고 투표로 직접 그것을 제정할 수 있는 권한을 부여하는 것이었다. 필요한 보완책으로, 그들은 또한 청원자가 유권자에게 승인 또는 거부를 위해 법안을 제출할 수 있는 권한을 부여함으로써 입법부를 제압할 것을 제안했다. 그들은 주민발안제와 주민투표에 찬사를 보냈다! 포퓰리스트들은 열렬한 지지를 보냈고, 브라이언은 1896년 이 법안에 도장을 찍었으며, 2년 후 사우스다코타에서 노동 지도자들과 급진적인 농민들이 힘을 합쳐 주민발안제와 주민투표에 관한 헌법 조항을 통과시킴으로써 이 이론은 결실을 맺었다. 이 모험에 고무된 민주당과 포퓰리스트의 연합은 유타 주에서도 비슷한 승리를 기두었지만, 공화당 의회가 개정안 시행을 위한 법안 통과를 거부하여 일시적으로 보류되었다. 1902년 오리건 주가 이 제도를 도입했고, 새로운 세기의 첫 10년이 마감되기 전에 오클라호마, 미주리, 메인, 아칸소, 콜로라도 주에서도 입법부의 폐해를 개선하기 위해 직접 민주주의에 기댔다.

이제 진보의 물결이 밀려오고 있었고, 한때 주민발안제와 주민투표에 반대하거나 무시했던 루즈벨트나 윌슨 같은 거물급 인사들도 이 혁신에 높은 지지를 보냈다. 다른 한편에서는 대담하고 강렬한 수사로 우리의 불변의 유산을 옹호하는 데 오랫동안 익숙했던 똑같이 중요한 인물들이 투표소 그늘에 숨어 있는 카틸리나[Lucius Sergius Catilina]를 보았고, 농민과 프롤레타리아가 재산을 나누고 자유를 위협하며 취득과 향유라는 사행성 사업에서 성공을 거둔 사람들의 권리를 파괴하는 환상을 목격했다. '이것은 급진주의의 광기다!' 사우스캐롤라이나의 한 하원 의원이 외쳤다. '궁극적인 문제는 사회주의다.' 태프트 대통령이 외쳤다.

그러나 다사다난했던 1912년이 지나기도 전에, 주로 서부의 16개 주가 의심하는 사람들의 조언을 비웃으며 직접 민주주의의 위험을 감수했다. 그러자 급진적인 흐름은 견제되었다. 그 후 10년 동안 미시간, 노스다코타, 미시시피, 매사추세츠 등 4개 주만이 '대의제 정부라는 위대하고 소중한 원칙을 훼손하는' 선구자 대열에 합류했다. 최종적으로 20개 주들이, 태프트가 '현재의 헌법상 대의제 정부 형태에 대한 위험한 변화'라고 불렀던 것에 참여했다. 이보다 적은 11개 주에서는 유권자들이 청원 및 특별 선거를 통해 임기 중에 공직자를 축출할 수 있는 제도인 주민소환제를 민주주의의 무기고에 추가했다. 그중 7개 주에서는 판사들에게도 이 제도를 적용했는데, 고통스러워하는 반대파의 표현을 빌리자면 '그들은 엄숙한 정의의 법령을 선동가들의 변덕에 복종시킬 것을 제안했다.' 그러나 이 제도가 10년 동안 운용되었지만 재앙의 예언자들이 예언했던 심각한 악이나 아메리카 정치계에 민주주의의 새로운 동력을 가져온 사도적 포퓰리스트들이 꿈꾸었던 급격한 변화를 만들어내지 못했기 때문에 큰 두려움은 현실에서 거의 정당화되지 못했다.

§

지방 기관에 대한 이러한 일반적인 움직임 속에서 정부의 국가적 형태, 특히 상부 기구도 공격을 받았다. 주 의회가 법률 제정 기관으로서 의심을 받고 있는데, 왜 워싱턴에서 일할 아메리카 상원 의원을 선출하는 특권을 맡겨야 하는가? 이것은, 현재 국민투표에 의한 상원 의원 선출을 지지하는, 직접 민주주의를 옹호하는 사람들이 제기한 적절한 질문이었다. 실제로 사우스다코타 주가 주민발안제와 주민투표를 채택하기 훨씬 이전부터 상원 의원 선출 문제는 제기되어 왔으며, 이는 재산 취득 및 보유 과정에서 정부의 역할에 대한 고려의 자연스러운 결과였다.

연방 헌법 초안자들은 상원 의원을 주 의원들이 선출하도록 규정함으로써 국가의 실질적인 경제적 이익을 대변하고 하원에서 드러난 '인기영합주의자'를 견제하는 역할을 할 보수적인 기구를 설립하고자 했다. 19세기 말 수십 년 동안 상원은 때때로 철도 및 산업 귀족들로, 때로는 법률 문제에 관해 유능한 옹호자들로, 그리고 더 자주 부자들로 붐볐다. 그중 일부는 진정한 재능을 가진 정치 지도자였지만 대다수는 유가증권으로 가득 찬 튼튼한 상자를 소유한 것 외에는 눈에 띄는 장점이 없었다. 1902년 로지 상원 의원은 '나는 때때로 정계에 진출한 사업가들이 너무 자주 거기에서 아무 할 일도 없는 사람이라고 생각한다'고 말했다.

통제가 불가능한 대중의 경우, 상원 의원들의 평판은 때때로 그들이 의석을 얻는 방법으로 인해 낮아졌다. 주 의회가 명목상으로는 엄숙한 회의를 통해 선출했지만, 실제로는 금전적 거래가 빈번하게 이루어지는 비공개 당 코커스에서 배정되었다. 때때로, 엔지니어, 변호사, 관리자, 궁전, 그리고 예술 작품을 사들이는 것에 익숙한 부자들이 헌법적 절차의 격식을 무시하고 상원의 자리를 최소한의 윤리도 무시하고 너무나도 뻔뻔하게 매수하여 조사를 받고 폭로되며 경고를 받는 일이 발생했다. 사실, 캘훈, 웹스터, 클레이가 한때 빛냈던 위엄 있는 상원에 부자들이 들어서는 과정에서 발생한 시끄러운 스캔들로 인해 나라 전체가 해마다 충격을 받았고, 결국 지친 대중은 알려지지 않은 경우에도 상원 의원의 권위senetorial toga가 애국적 원칙에 기반한 훌륭하고 뛰어난 정치 능력이 아닌 다른 무언가에 의해 확보되었을 것이라고 의심하게 되었다.

포퓰리스트들 사이에서는 적어도 모든 스캔들이 질병이 보편적이라는 또 다른 증거로 받아들여졌고, 이는 상원 의원을 국민투표로 선출해야 한다는 주장에 힘을 실어주었다. 사실 자본주의와 노예제 모두에 적대적이었던 원시적인 농부 출신으로, 남부와 서부의 표심을 잡기 위해 링컨과 함께 후보로 지명된 앤드루 존슨은 일찍이 이 개혁에 대한 요구를 자신의 깃발에 새겼고, 미국의 대통령으로서 1868년 이 아이디어를 실행하기 위한 헌법 개정을 의회에 제안했다. 그 후 이 주제는 때때로 하원에서 논의되었고, 마침내 1893년 포퓰리스트가 대거 유입된 뒤 하원은 실제로 개정안을 통과시켰지만, 상원은 이 제도를 지지하는 논리에 설득되지 않았다는 사실만 확인하게 되었다.

하원은 거듭거듭 주장했지만, 언제나 오하이오 주의 포레이커 상원 의원과 같은 강력한 연설가들의 영향 아래 있는 상원에 의해 저지당했다. 포레이커 상원 의원은 나중에 스탠다드 오일 사로부터 급료를 받고 있다는 것이 밝혀졌다. 매사추세츠 주의 호어 상원 의원은 카토[로마 공화국 시절 공화주의적 가치와 전통을 엄격하게 지키려 했던 인물로 청렴, 원칙주의, 그리고 기존 질서와 전통을 고수하는 성격으로 유명했다]의 마음을 닮은 인물[반어법이다]로서, '가장 훌륭한 기존 질서의 토대를 약화시키려는' 제안에 대해 강력한 웅변의 포화를 퍼부었다. 무게가 덜한 인물들도 반짝이며 빛을 냈지만, 공병대 sappers and miners는 상원 의원 후보 지명에 직접 예비선거가 빠르게 적용됨에 따라 주마다 꾸준히 개헌에 대한 선동을 이어가며 점점 더 많은 성과를 거두었다. 사실, 그들은 1912년까지 너무 빠르게 진전을 이루어, 연방 헌법에 따라 명목상으로는 주 의회가 선출 권한을 유지하고 있었음에도 불구하고, 4분의 3의 상원 의원들이 그 대중적 비판을 통과해야 했다.

경멸적인 포퓰리스트의 차주전자 속 폭풍에서, 선동은 이제 공화당 진영에서 평소와는 다른 동요의 조짐이 보일 정도로 커졌고, 브라이언의 고독한 길을 따르는 거의 모든 저명한 민주당원들은 연설과 인터뷰에서 외쳤다. '대중이 통치하게 하라!' 1908년, 공화당 대통령 후보로서 표를 구걸하던 태프트가, 이 주제에 대한 당 강령의 불길한 침묵에도 불구하고, 상원 의원 국민 선출을 지지하기로 결정할 정도로 상승세는 거세졌다. 2년 후, 이 급진적인 계획에 오랫동안 반대했던 우드로 윌슨은 백악관으로 가는 길 위에서 빛을 보게 되었다. 정치적인 표현을 빌리자면, 이 유행은 거대한 먼지구름을 일으키며 빠르게 진행되고 있었고, 가장 신중한 성격을 가진 정치가들이 이 유행에 편승한 베테랑 포퓰리스트들 옆에서 자리를 차지하기 위해 다투고 있었다.

1912년 상하 양원에서 결의안을 통과시키는 데 필요한 3분의 2 표가 확보되었고, 이듬해 상원 의원 보통선거를 규정한 헌법 제17차 수정안이 필요한 수의 주에서 비준되었다. 상원 의원 선거에서 집회장의 함성이 코커스의 협상을 대신하면서 상원 의원 구성은, 좋든 나쁘든, 서서히 바뀌었다. 변화에 대한 두려움으로 인해 절망적으로 두 손을 비비던 사람들이 하나둘 세상을 떠났고,

새로운 세대는, 얼마 전까지만 해도 선량하고 현명한 사람들이 건국의 아버지들이 전승한 원칙에 대한 반역이라고 혐오했던 조항을 경외하도록 책에서 배웠다. 이것이 바로 지친 티탄weary Titan[티탄족의 일원으로 하늘을 두 어깨에 진 아틀라스], 시간이 짊어진 짐이다.

§

이러한 정치 기구의 재건과 관련된 격동 속에서, 여성 참정권 문제가 다시 한 번 거실과 학문의 세계에서 나와, 분노의 1840년대 남성들에게 큰 불쾌감을 준 후, 남북전쟁 동안 잠잠해졌던 동요를 부활시켰다. 이 오래된 캠페인의 재개를 위해 1860년대 후반에 집결 명령이 내려졌는데, 당시 의회는 남부의 해방된 흑인들에게 투표권을 부여함으로써 참정권을 전국적으로 확립하려 하고 있었고, 흑인 인권 옹호자들은 누구도 투표권 없이 시민의 자유가 안전하지 않다고 선언하고 있었다. 이와 관련해 여성운동가들은 이제 왜 이 원칙이 여성에게는 적용되지 않는지 물었고, 이에 대해 정치인들은 무뚝뚝한 답변을 내놓아 그들을 대중의 이성에 호소하기 위해 연단으로 내몰았다.

이들은 자신들의 주장을 구체화하기 위해 여성에게 참정권을 부여하는 내용을 담은 연방 헌법 개정안 초안을 작성했고, 1869년 하원에 이 개정안을 제출했다. 그들의 굳은 결심을 상징한 그 일을 계기로, 엘리자베스 캐디 스탠튼과 수잔 B. 앤서니가 주도하고, 나중에 애나 하워드 쇼와 캐리 채프먼 캣이 지원하면서, 그들은 목표를 달성하기까지 반세기 동안 지속될 캠페인을 시작했다.

이 운동을 기획한 불굴의 소수 여성들은 강조점은 다르지만 두 정치 권력의 보루에 힘을 집중했다. 때때로 그들은 의회에서 연방 헌법 수정안에 대한 논쟁을 제기할 수 있었고, 때때로 '정중한 고려'를 요구하기도 했지만, 그 정도의 명예조차도 거의 얻지 못했다. 그러나 워싱턴에서의 운동이 별다른 성과를 거두지 못하자 참정권 운동가들은, 연방 헌법에 따라 각 주가 경계 내에서 투표할 사람을 결정할 권리가 있는, 개별 주에서 투표권을 획득하는 데 더 많은 노력을 기울였다. 따라서 그들은 주별 참정권 부여를 통해 수도를 움직일 수 있을 만큼 강력한 영향력을 얻기를 바랐다.

그 영역에서도 모든 시대의 전통이 이 법안에 반대했기 때문에 진전은 매우 더디게 이루어졌다. 아직 준주였던 와이오밍이 1868년 여성에게 참정권을 부여하고 20년 후 주 정부가 이 혁신을 재승인한 것은 사실이지만, 그 단 한 번의 예외는 정치는 남성의 세계라는 원칙을 증명하는 것일 뿐이었다. 30년 동안 여성운동가들은 맨주먹으로 바위를 두드리며 여기저기에서 지방 선거의 투표권을 획득했지만, 높은 정치 권좌에 앉은 사람들 사이에서는 재미있는 볼거리에 지나지 않았다.

그러다 예상치 못한 일이 벌어졌다. 90년대 초 서부를 휩쓸었던 포퓰리즘의 물결에 휩쓸려 콜로라도, 유타, 아이다호 주에서 여성에게 투표권을 부여했고, 용감한 소수의 여성들은 즉각적으로 압승의 시작을 알렸다. 이들의 예언은 다소 시기상조였지만, 불과 몇 년 만에 영국의 전투적인 여성참정권 운동가들이 전 세계에서 들리는 관습적인 충격은 아니더라도 강력한 타격을 가하면서 그들의 대의는 신문의 헤드라인을 장식하게 되었다.

마침내 눈사태가 실제로 움직이기 시작했다. 1910년 워싱턴이 참정권 주에 추가되고 5년이 지나기도 전에 캘리포니아, 오리건, 캔자스, 애리조나, 네바다, 몬태나가 여성에게 완전한 참정권을 부여했으며, 일리노이 주에서는 여성에게 미합중국 대통령 선거권을 부여했다. 이제 많은 대통령 당선자, 상원 의원, 하원 의원의 운명을 손에 쥔 청원자들은, 소수 여성 표가 이쪽저쪽으로 이동하면서 후보를 당선시키거나 낙선시킬 수 있었기 때문에, 더 이상 국정을 관리하는 신사들에게 조롱당할 수 없었다.

이 사실을 명확하게 파악하고서, 앨리스 폴과 루시 번스가 이끄는, 주 선거 운동 분위기에서 성장하지 않은 반항적인 젊은 옹호자들은, 주요 정당으로부터 평등 선거권 지지를 이끌어내고 더 이상의 지체 없이 의회를 통해 국가의 수정안을 통과시키기 위해 여성 유권자를 조직하기 시작했다. 그 후로 워싱턴의 상황에 귀를 기울이거나 고향에 대한 연방 정부의 후원에 관심이 있는 정치인이라면 과거에 아무리 무관심했더라도 이미 참정권을 획득한 여성들을 염두에 두지 않을 수 없게 되었다.

그래서 정치 풍경을 그리는 데 이골이 난 화가들에게도 이례적인 소동이 벌어졌다. 1916년 공화당 대통령 후보였던 찰스 에반스 휴즈는 당 강령이 그에게 그런 권한을 부여하지 않았음에도 불구하고 연방 참정권 개정안을 지지했다. 비슷한 맥락에서 루즈벨트 전 대통령도 몇 년 전까지만 해도 이 문제를 너무 사소해서 일반 사안에 대한 방대한 메시지에서 언급할 수 없다고 생각했지만, 이제는 선거운동에서 중요한 이슈라고 선언했다. 윌슨 대통령은 현실적인 고려를 망각하지 않고, 기사도적인 이유로 모든 형태의 여성운동에 대해 항상 깊은 반감을 가지고 있었지만, 후보로서 그의 본능적인 거부감을 극복하고 원칙적으로 여성 참정권을 지지했다. 그러나 그는 자신의 문 앞에 놓인 연방 수정안이 아니라, 자신이 직접 통제할 수 없는 주 정부의 행동의 형태로 그것을 승인했다.

이어진 선거에서 윌슨이 승리하면서 전국적인 여성 참정권 쟁취가 후퇴된 것처럼 보였지만 겉으로 보인 것은 착각이었다. 위대한 뉴욕 주를 비롯한 다른 주들도 세계대전으로 인한 정치 전략의 변화와 맞물려 곧 대중의 투표에 따라 투표권을 행사하게 되었다. 이는 모든 여성참정권 단체들에게 더 큰 격려를 주었고, 보수 그룹들에게는 더 많은 힘을, 워싱턴에서 캠페인을 벌이던 과격파들에게는 더 큰 대담함을 안겨주었다. 이들은 백악관 앞에서의 시위와 감옥에서의 단식투쟁을 통해 선정적인 사건에 몰두한 국가에 대한 그들의 투쟁을 극적으로 표현했다.

과거에는 일반 대중을 즐겁게 하기만 했던 말이 이제는 살아 있는 현실이 되었고, 윌슨 대통령 자신도 이를 인지하고 있었다. 1918년 9월, 의회 선거가 임박한 상황에서 그는 상원과 하원 합동 회의에 직접 출석해 '전쟁 승리에 필수적인' 법안인 국민 참정권 개정안의 통과를 촉구했다. 이듬해 6월까지 필요한 3분의 2 찬성표가 모아졌고, 결의안은 비준을 위해 각 주에 보내졌다. 연방의 4분의 3이 찬성하자 1920년 여름에 수정헌법 제19조가 이 땅의 법으로 선포되었다. 100년 동안의 동요와 사회 발전의 결실이 마침내 맺어졌다.

§

복잡한 원인들에서 비롯되었지만, 방금 설명한 정치 기구의 재조정, 특히 직접 선거는 특권을 부여하고 방해를 자제하는 정부의 혜택 아래 부유한 사람들의 보물 상자에서 쏟아지는 황금 흐름의 일부를 돌리기 위한 농민과 조직된 노동자의 계획을 어느 정도 추진하기 위한 것이었다. 모호하고 난해한 서클을 제외하고는, 실제로 그러한 형이상학적 기질이 있었다 해도, 정치 드라마의 내밀한 본질에 대한 정확한 합의가 거의 없었던 것이 사실이다. 전반적으로 도금 시대의 개혁가들은 철학에서 절충주의자였다.

아마도 선거에서 뇌물 수수에 반대하고 정치 관리자들로부터 그들의 장사 도구를 빼앗으려 했던 대다수의 연설가들은 시민적 순수성이나 민주주의 및 성 평등 이상의 것을 투쟁에서 보지 못했을 것이다. 금품으로 매수가 되든 아니든, 주 의회에 의한 아메리카 상원 의원 선출과 재산 또는 소득의 안전 사이에서 어떤 관계도 관찰하지 못했을 것이다. 예를 들어, E.L. 고드킨은 보수 정치의 엽관제 기반— 엽관자는 기존의 정착된 경제 제도에 대해 어떤 악의적 설계도 하지 않는다는 —을 비난하면서도, 그가 부패한 자들과 부패를 비난할 때 동의했던 서부의 농민들이, 사실은 입법에 의한 철도 요금 인하에 주로 관심이 있다는 사실에 완전히 놀랐으며, 이는 현명한 편집자에게는 순전한 몰수를 포함하는 원칙으로 보였다.

하지만, 로스코 콩클링의 '카펫 기사들'과 여성운동가들이 근본적인 금전적 관행에 대한 공격에서 물러났다 해도, 농민우애단Grangers과 포퓰리스트의 목적에는 의심의 여지가 없었다. 후자는 그들의 넓은 손을 철도 왕들의 황금 금고에 담그려 했거나, 헌법적 형식을 적절히 존중하여 표현하자면, 적절한 입법 조치를 통해 요금을 인하함으로써 증권 소유자들의 수익을 줄이려는 계획을 세웠다. 그들은 소란스러웠던 1870년대 동안 중서부에서 지역 철도 요금을 인하하는 데 성공했다. 그리고 그들이 주간 화물 운송 요금을 낮추려는 시도가 대법원의 판결로 좌절되자, 그들은 워싱턴으로 그들의 운동을 옮겨 다른 화물 발송자들의 도움을 받아 1887년의 주간상거래법Interstate Commerce Act을 통과시켰다.

그들이 생각했던 것처럼, 거점을 확보한 것이 아니라, 그들은 실제로는 스스로를 속였다. 몇 달 만에 연방 법원은 불리한 판결을 통해 그들의 위대한 법령을 축소하기 시작했고, 마침내 이 법에 의해 설립된 연방 주간상거래위원회가 승객과 화물을 운송하는 요금을 정할 권한이 없다고 선언하는 사법 명령에 의해 전체 구조가 산산조각이 났다. 이는 철도 증권 보유자들의 깨끗한 승리였으며, 화주들의 끈질긴 지지를 바탕으로 위원회 자체가 전투에 나서게 된 게 승리의 계기였다.

위원회는 해마다 의회에 주 간 상거래에 종사하는 일반 운송업체에 대한 합리적인 요금을 결정할 수 있는 권한을 요청했다. 위원회는 합병을 통해 철도의 경제력이 꾸준히 증가하고 있음을 지적하고, 고객에게 교통이 감당할 수 있는 모든 비용을 청구하는 경향을 개탄하면서, 1905년 보고서에서 공정한 근거가 없는 요금 인상을 통해 연간 1억 달러 이상이 국민으로부터 징수되고 있다고 주장하기까지 했다. 그러나 상원 의원과 하원 의원들은 다른 문제에 몰두하고 안정된 제도를 어지럽히는 것을 싫어하여 위원회의 권고나 화주들의 요청에 따라 행동하기를 거부했다.

루즈벨트 대통령은 1904년 의회에 보낸 메시지에서 '위원회는 주어진 요율에 이의를 제기하고 충분한 심리를 거쳐 불합리한 것으로 판명된 경우 사법적 검토를 거쳐 이를 대체할 합리적인 요율을 결정할 권한을 부여받아야 한다'고 주장하며 마침내 개입에 나섰다. 2년 후, 농업 격변의 조짐을 감지한 하원은 이 조언을 기꺼이 받아들이려는 의사를 보였고, 강력한 세력의 압박에 자극을 받은 상원도 이 동요에 귀를 기울일 수밖에 없었다.

바로 이 시점에 위스콘신 주 철도 문제에서 승리한 직후 로버트 M. 라 폴레트가 상원 의사당에 도착해 구정권을 대변하는 나른한 상원 의원들 앞에서 금권정치에 대한 맹공을 퍼부어, 그들의 냉담한 무관심을 보랏빛 분노로 바꾸어 놓았다. 한 번은 우익 지도자들이 그의 연설에 대한 경멸을 표시하기 위해 퇴장하면서, 라 폴레트에게 일시적으로 비어 있는 일부 의원들의 자리가 곧 영구적으로 공석이 될 것이라는 예언적 발언을 하기도 했다. 위스콘신 주 상원 의원이, 판사가 자신이 주식 보유자로서 개인적으로 이해관계가 있는 철도 회사에 영향을 미치는 사건을 심리하고 판결하는 것을 금지하는 법안 수정안을 제안했을 때, 공화당 상원 의원 세 명만이 찬성했다. 그럼에도 불구하고 의회는 조건에 대한 기나긴 흥정 끝에 1906년 송유관, 특송 회사, 침대차 회사, 철도 터미널에 대한 주간상업위원회의 권한을 확대하고 요금을 고정하는 것이 아니라 불리한 영향을 받는 화주의 불만에 대해 차별적이거나 불합리하다고 판단되는 요금을 무효화할 권한을 부여하는 헵번법Hepburn Act으로 알려진 철도 법안을 통과시켰다.

농민의 요구를 충족시키기는커녕, 헵번법은 지진 현상을 기록하는 가장 조잡한 계측기에도 기록되는 진동을 일으켜, 곧 정치적 지각 변동을 일으키게 될 진보적 물결을 자극했을 뿐이다. 1910년 대형 철도회사가 요금 인상을 발표하자, 의회는 주간상업위원회가 요금 인상을 허가하기 이전에 제안된 요금을 조사할 수 있고 위원회 자체적으로 최대 요금을 결정할 수 있는 권한을 부여한 만-엘킨스 법안Mann–Elkins Act을 통과시켜 대응에 나섰다. 1913년, 위원회는 요금 통제의 근거로 철도의 '물리적 평가'를 완전히 확립하라는 지시를 받았다. 자세한 설명 없이도, 이 법과 다른 법들에 의해 철도 소유주가 자신의 재산을 근본적으로 자신의 이익을 위해 관리할 권리가 심각하게 제한되었다고 말할 수 있다.

주 및 연방 위원회에 의해 요금이 고정되고, 항상 화주의 눈치를 보며 행동하고, 노동조합이 정한 임금 체계로 인해 철도 회사는 증가하는 운영 비용을 충당하기 위해 마음대로 화물 및 승객 요금을 인상하거나 비용 절감을 통한 수익 증대를 위해 임금을 마음대로 삭감할 수 없다는 것을 알게 되었다. 따라서 한 영역에서는 정치적 행동으로, 다른 영역에서는 직접적인 노동 행동으로 아메리카의 중요한 대규모 자산 소유주 계층은 임금 근로자, 여행자 및 화주의 이익을 위해 상당한 수입 감소를 겪었다. 다시 말해, 점진적이고 평화로운 작전을 통해, 1789년 8월 4일 밤에 국민의회가 프랑스 귀족으로부터 농민에게 이전한 권리보다 더 큰 가치를 지닌 경제적 새화의 이선이 이루어졌다. 아메리카의 저명한 역사가들은 이제 공익 이론이 기존의 자유방임주의laissez faire 교리를 대체하고 있다고 그들의 책에 기록했다. 철도 주식 보유자를 제외한 모든 사람들이 기뻐한 것 같다.

§

일반 운송업자들이 누린 소득에 대한 이러한 요약은 지배적인 취득 및 향유 시스템의 주요 수혜자에 대한 일반적인 공격의 한 단계에 불과했다. 철도에 투자된 자본은 실재하는 것이든 가상의 것이든 막대한 규모였지만, 아메리카에서 부를 생산하고 분배하는 데 사용된 복잡한 메커니즘의 극히 일부에 불과했다. 실제로 철도는 형태는 비인격적이고 경향은 중앙집권적인, 비즈니스 기업이라는 거대한 기업 네트워크의 한 가닥에 불과했으며, 세월이 흐르면서 경제 분야에서 점점 더 큰 영역을 차지해 나갔다.

축적의 공이 굴러가는 과정에서, 1890년 제정된 셔먼 반독점법Sherman Anti-Trust Act은 주 간 및 해외 상거래 영역에서 거래를 제한하는 기업 결합을 처벌하는 법이었지만, 전혀 장벽이 되지 못했다. 이 법은 언어가 모호했고 실제로 시행되지 않았다. 해리슨 대통령 재임 기간 동안 이 법에 따라 기소된 건수는 세 건, 클리블랜드 대통령 재임 기간 동안 두 건, 매킨리 대통령 재임 기간 동안에는 한 건도 없었다. 루즈벨트는 반독점법이 혜성에 대한 교황의 칙령paper bull만큼이나 효과가 없다고 믿었고 공개적으로 그렇게 말했지만 25건의 기소를 단행했다. 그의 후임자인 태프트는 45건을 자신의 성과로 남겼다. 수많은 기업 결합이 존재했고 각 거래 제한 행위가 기소 가능한 범죄라는 사실을 고려할 때, 긴장이 최고조에 달했던 시기에 이루어진 기소 건수는 많지 않았다.

더 중요한 것은 가장 가혹한 사법적 결정이 뉴스에서 격노를 일으켰을지는 몰라도, 산업계의 선장들에게는 그다지 인상을 남기지 못했다는 점이다. 후자는 때때로 '간섭자 시어도어'를 반대하고, 편집자에게 '우리를 내버려 두라'는 고무적인 주제로 리더에게 또 한 번 총을 쏘는 글을 쓰도록 지시하기 위해 잠시 멈췄지만, 보통 그들은 갈등의 말보다는 더 중요한 것에 마음을 고정시켰다.

실제로 셔먼법이 제정된 후 몇 년 동안 70년대와 80년대의 발기인들을 놀라게 할 만큼 대담한 규모의 기업 결합이 설립되는 것이 목격되었다. 1899년 스탠다드 오일 사가 기존 트러스트를 대신했고, 거의 동시에 뉴저지의 유익한 법률에 따라 구리 트러스트와 제련소 토러스트가 설립되었다. 이듬해에는 당시 워싱턴의 총 국가 부채보다 더 많은 자본을 바탕으로 전미 설탕 정제 회사 National Sugar Refining Company가 설립되었고, 새로운 세기가 시작될 무렵 금융의 천재였던 J.P.모건은 10억 달러가 넘는 주목할 만한 종이를 발행하여 유에스 스틸 조직을 완성했다. 이러한 사업에서 가장 중요한 요소는 막대한 규모의 주식과 채권을 발행할 수 있는 능력이었기 때문에, 이러한 문제의 우선권은 대형 은행과 거액 투자자들에게 넘어갔다. 따라서 뉴욕의 두세 개의 유력한 금융 그룹이 관리하면서 크고 작은 이해관계가 복잡하게 얽혀 있는 거대한 조직이 짜여졌다.

이러한 인간사의 과정은 중간 계급, 사거리 상점과 고립된 공장의 철학자, 그리고 정치적 민주주의와 금융 집중 사이의 어떤 부조화를 본 모든 안락의

자 투기꾼들에게 당연히 놀라움을 안겨주었다. 필연적으로 대중들 사이에서도 불만이 쌓일 수밖에 없었다. 정상적인 불만은 자본주의 의식儀式의 주인이 선견지명과 배려가 부족하다는 것을 나타내는 것처럼 보이는 불미스러운 사건으로 인해 더욱 악화되었다. 예를 들어, 수백 개의 소규모 제조업체들이 고도의 경쟁 방식에 의해 도태되었고, 사라진 권리에 대해 불만을 제기하는 목소리가 높아졌다. 많은 지역사회에서 쓸모없는 공장, 사무실이 폐쇄되어 지역 상인들의 분노를 불러일으켰다. 어떤 이유로든 전반적인 물가 수준이 상승하는 것처럼 보였고, 이는 소비자들 사이에 불안감을 조성했다. 설상가상으로, 거대한 기업 결합을 결성한 지도자들은 종종 자신의 길을 가로막는 사람들을 대할 때 오만한 엄격함을 보였는데, 이는 드레이크와 호킨스 같은 충실한 인물들이 엘리자베스 여왕Virgin Queen 시대에 강탈에 반대하는 스페인 선장들에게 적용한 방법을 맛보게 하는 선미 갑판[고급 선원들의 구역]의 무뚝뚝함이었다.

금융 마법사의 말을 어린아이처럼 믿고 의지했던 투자자들조차도 불만의 근거가 있었다. 부주의로 인한 것이든 또는 계산에 의한 것이든, 일부 거대 기업 구조는 그 벽에 심각한 결함을 드러냈다. 예를 들어, 모건의 감독하에 설립된 뉴욕, 뉴헤이븐, 하트포드 철도 기업 결합은 발행한 주식과 채권이 너무 많아 끔찍한 폭락으로 붕괴해 뉴잉글랜드의 과부, 고아, 기타 증권 보유자들에게 파멸을 가져다주었고, 신중했던 시절 높은 가격에 보통주를 매입한 사람들에게는 끔찍한 충격을 안겨주었다. 다른 경우에는 파티에 참여하려던 수천 명의 소액 투자자들도 마찬가지로 빈털터리로 전락했고, 유에스 스틸 설립 초기에 보통주를 사들인 열성적인 투자자들은 그들의 종이가 8달러로 급락하는 것을 봐야 하는 운명을 맞이했으며, 적지 않은 사람들이 그 환멸의 순간에 넋을 잃었다. 사실 거물들에게 모든 것이 가능해 보였을 때, 기업 금융 시스템에는 막대한 자금이 투입되었고, 독점이나 행운이 따르는 경우를 제외하고는 일반 대중이 그 대가를 지불해야 했다. 이러한 모든 일들은 아메리카 시민의 영향력 있는 네 부류, 즉 정직하게 한 푼이라도 벌려고 애썼지만 아무 소용이 없었던 소액 투자자; 그저 먼발치에서 호화로운 전투를 구경만 할 수 있었던 방관자; 조직적으로 소득을 올릴 수 없었고 그 비용의 일정 부분을 부담하고 있다고 의심하는 소비자, 특히 농부와 농장주; 공화국의 안녕에 대해 불안감을 가진 철학적 정치가들에게 상처받은 놀라움의 감정을 일깨워주었다.

그래서 새로운 세기가 시작되면서, 트러스트에 대한 더 많은 입법을 요구하는 목소리가 사방에서 터져 나왔다. 서부의 농부, 남부의 농장주, 소도시 주민, 도시의 노동자들을 염두에 둔 급진적 사고를 가진 민주당 지도자들은 트러스트를 당연히 몰아내야 한다는 확신을 가졌다. 사회주의자들은 경쟁이 스스로를 파괴하고 피할 수 없는 마르크스주의적 전환을 위한 경제 구조를 준비했다는 증거로 이 새로운 거인들을 환영했다. 공화당 지도자들은 발밑의 단단한 땅이 흔들리는 것을 느끼면서 규제를 통해 트러스트의 '악'을 제거해야 한다고 주장했다. '월 스트리트의 높은 곳'에서 선거 자금을 모금해야 하는 부담을 안고 있던 기민한 해나조차도 1900년 공화당이 과묵함을 깨야 한다고 생각하여 포레이커 상원 의원이 그해 당 강령으로 초안한 신중한 반독점 조항을 승인했다. 따라서, 아트로포스[운명의 세 여신 중 운명의 실을 끊는 여신]의 타격으로 대통령 자리에 오른 시어도어 루즈벨트는, 자신도 모르게 트러스트 문제에 대한 장황한 프롤로그와 충동적인 연설의 표준적인 텍스트들을 제공받았으며, 상업을 억누른 혐의를 받은 기업들에 대한 여러 기소를 정당화할 수 있는 명분을 부여받게 되었다. 그의 후임자인 태프트는 비슷한 노선을 따라 전진하여, 1911년에 실제로 대법원에서 스탠더드 오일과 아메리칸 토바코 컴퍼니를 여러 개의 개별적이지만 우호적인 기업들로 분리해내는 판결을 이끌어냈다.

그래도 민주당은 수그러들지 않았다. 민주당의 대변인 우드로 윌슨은 '새로운 자유New Freedom'를 선포하면서 적은 자본으로 누구나 사업을 시작하여 자유와 이윤의 포도주를 맛볼 수 있었던 옛날의 행복한 경쟁의 시대를 회복하겠다고 약속했다. 그래서 민주당은 집권하자마자 1914년 클레이튼 반독점법Clayton anti-trust law을 제정했는데, 이 법은 적어도 각 지역에서 가격을 통제할 수 있을 만큼 규모가 큰 모든 기업 결합을 해체할 수 있는 정교한 법안이었다. 그러나 유에스 스틸 컴퍼니 같은 거대 기업이 이 법의 적용을 받지 않는다는 대법원의 판결로 인해, 재계에서 즉각적으로 야기된 가벼운 공포는 시간이 지나면서 진정되었다.

사실, 어떤 종류의 고통과 처벌이든 소규모 산업과 무제한 경쟁의 시대를 회복시킬 수 있는지에 대한 심각한 의구심이 여러 곳에서 존재했다. 대중에게 호소력이 있었지만 민주당은 클레이튼 법안을 보완하여 거대 기업 결합의 파괴보다는 통제를 고려한 법안으로 연방 규제를 더 친절하게 생각하게 되었다. 불공정한 경쟁 방법을 불법으로 선언하는 것 외에도 문제의 법은 연방 무역 위원회를 설립하고 공정한 관행을 확립하기 위해 사업가들과 협력할 수 있는 권한을 부여했다.

새로운 세기로 접어들면서 거대 자본 조직에 대한 비타협적 적대감은 약화되는 듯 보였다. 어쨌든 이들의 주식이 소규모 투자자, 이익을 공유하는 직원들, 저축은행saving bank[주로 개인 고객을 대상으로 소액 저축을 장려하는 은행], 기부 기관의 손에 흘러 들어가면서 끔찍한 해산의 위협은 거의 사라졌다. 새로운 리바이어던을 국유 재산으로 전환하자는 사회주의적 제안은 사실상 아무런 반응을 얻지 못했다. 철도에 대해 그러한 효과를 발휘했던 것과 유사한 가격 담합 장치는, 트러스트에 대해 작동할 수 없었던 것으로 보이는데, 아마도 부분적으로는 농민들이 기업에 규제를 적용하거나 트러스트를 해체하려는 시도가 운송업체 일반에 대한 합동 전쟁joint war의 경우처럼 산업 화주들로부터 물질적 지원을 받지 못했기 때문일 것이다. 노동조합은 운송 체계를 장악한 것에 비견할 만큼 다른 기간산업을 장악할 수 없었는데, 이는 그들이 주장한 바와 같이 유럽 이민자들이 어떤 가격과 조건으로도 일할 준비가 되어 있었기 때문이다. 따라서 40년 동안의 정치 캠페인이 끝난 후에도 제조업의 견고한 구조는 이 땅 전체에 그대로 남아 있었다.

§

거대한 기업 결합의 힘을 줄이려는 개혁가들의 노력보다 훨씬 더 효과적이었던 것은 관습에 따라 지도층 사이에서 재산의 정상적인 일부로 간주되어 온 국유지의 자유롭고 손쉬운 사용을 견제하려는 시도였다. 미합중국 정부가 보유한 광대한 토지 제국— 처음부터 끝까지 모두 합쳐서 영국과 아일랜드 면적의 20배가 넘는 —은 공화국이 설립될 때부터 궁극적으로 사적 소유로 넘어가야 한다는 전제하에 관리되어왔다.

앞서 우리가 언급했듯이, 한동안 의회는 공공 부채를 없애기 위해 경작지를 헐값에 매각하고 광물 보유지를 임대하는 실험을 했지만, 농업 민주주의와 기업체의 압력으로 인해 의회는 재산을 처분하는 더 쉬운 방법을 채택했다. 농부들에게는 농지를 무상으로 제공하고, 교육과 공공시설 개선을 위해 주 정부에 광대한 지역을, 철도 회사에는 웅장한 땅을 제공함으로써 정부는 빠르게 농업 재산을 박탈당했다. 명목상 가격으로 판매하는 임대 정책을 포기하고, 대부분의 목재, 광물, 석재 및 황무지를 민간에 양도했다. 법적 절차와 적법성에 대한 존중을 바탕으로 정상적으로 이루어진 양도 외에도, 다른 양도들은 너무도 대담하고 거대한 사기와 속임수에 의해 이루어져, 순진한 사람들의 상상을 초월하게 했으며, 트위드와 크로커 같은 무리들이 저지른 대담한 약탈조차도 사소한 장난으로 보이게 만들었다.

동부의 민주주의가 바넘의 서커스와 박물관을 관람하고 지식인들이 외국 여행객들의 아메리카 문화에 대한 혹평에 대해 논의하는 동안, 먼 국경의 깨어 있는 개척자들과 선견지명이 있는 자본가들의 대리인들은 온 국민의 피와 돈으로 매입한 국유지를 아무런 방관이나 방해 없이 둘러싸고, 베고, 불태우고, 파괴하고 있었다. 연설가들이 아메리카의 제도를 큰 소리로 찬양하는 동안 연방 의원들과 고위 행정관료들은 끊임없이 토지 투기를 일삼았고, 이 땅은 취득 과정에서 부정한 행위로 오염되지 않은 보기 드문 땅이었다. 19세기 말, 모든 경작지가 분배되고 대부분의 목재 산지와 황무지가 사유지로 전환될 때까지 이러한 공공 토지의 격리는 멈추지 않고 계속되었다. 이러한 긴박한 상황에서 천연자원의 황폐화로 인해 발생할 수밖에 없는 위험을 지적한 소수의 과학자들은 재산을 취득하고 향유하는 고집 센 사업가들이나 운명에 쫓겨 일상에 매몰된 수많은 유권자들에게는 별다른 인상을 남기지 못했다.

그러나 농신제saturnalia가 끝날 무렵, 의회는 거의 우연하게도, 국가의 역사상 가장 주목할 만한 법안 중 하나인, 소수의 계몽된 시민들의 주도로 1891년 일반개정법General Revision Act*에 대통령이 녹재와 덤불로 덮인 공공 토지의 전부 또는 일부를 매각하지 않고 보류할 수 있는 조항을 삽입했다. 이렇게 해서 국유림의 원칙이 몇 줄의 법 조항으로 일반 법률에 포함되었고, 고정된 관습을 지키는 충실한 옹호자들이 잠들어 있었던 것처럼 보이는 회기 말에 의회를 통과하게 되었다.

아마도 광활한 지역이 여전히 점유에 개방되어 있거나 문제가 대통령의 재량에 맡겨져 있는 한 이 법안은 무해한 것으로 간주되었을 것이다. 사실 해리슨과 매킨리는 이 법에 부여된 권한을 행사하는 데 신중을 기했고, 클리블랜드는 이 법에 따라 혁명을 일으키지 않았기 때문에 이 법이 당장 급진적인 변화를 일으키지는 못했다. 루즈벨트 대통령이 이 법의 조항을 검토한 후에야 이 법의 잠재적 권한이 완전히 실현되어, 매각이 보류된 전국 면적이 1억 5천

---

* 1891년산림보호법Forest Reserve Act of 1891이라고도 하며, 벤자민 해리슨 대통령이 서명한 연방 법이다. 미합중국 서부의 방대한 광물 및 목재 자원의 획득은 종종 개인과 기업이 향후 정착 및 자원 채취 활동을 위해 토지 권리를 주장하는 지배 동기로 인용되곤 했다. 1891년 일반개정법의 유산은 특히 시어도어 루즈벨트 대통령에 의해 일련의 연방 토지 개혁의 촉매제 역할을 한 것으로 평가된다. 1902년의 개간법과 1905년의 미합중국 산림청 설립으로 이어지는 1891년의 일반개정법은 20세기 초에 공공의 목적을 위해 할당된 토지의 면적을 늘리고 개인 소유의 서부 토지 소유자에게 채취권을 축소하는 중요한 첫 번째 연방 법률로 작용했다.

만 에이커에 달할 정도로 산림 보호구역을 확대하는 대대적인 법령이 시행되었고, 이에 따라 [국유지] 보존이 국가적 이슈로 떠올랐다.

그러자 당연히 반발이 일어났다. 위기를 느낀 개인과 기업들은 자신들의 발전이 중단되는 것에 대해 격렬하게 이의를 제기했다. 서부 주들, 또는 적어도 그들과 이해관계가 있는 일부 주들은 자신들의 재산과 복지가 위험에 처했다고 선언했다. 따라서 의회는 1907년 명시적인 동의 없이 새로운 보호지를 조성해서는 안 된다고 선언함으로써 사건의 순서를 뒤집었고, 루즈벨트의 격렬한 투쟁이 아니었다면 행정 조치로 이미 확보된 공공 토지의 잔여물은 문앞의 굶주린 축적가들에게 던져졌을지도 모른다. 일이 잘 풀리면서 국유림은 보존되었지만, 싸움의 열기 속에서 공유지의 경제적 관리를 위한 일관된 정책에 합의하는 것은 불가능해졌다. 보존의 교리가 아메리카인의 마음속에 자리 잡았다 해도, 효율적인 사용에 대한 철학과 실천은 여전히 확립되어야 했다.

루즈벨트의 정책에 대한 잠깐의 반발이 있은 뒤, 공유지에서 발견되는 광물 개발과 관련하여 진전된 조치가 취해졌다. 좋았던 옛날에는, 농부가 농가에 들어가거나, 목재 회사가 광대한 토지를 매입하거나, 제국[철도회사]에 철도가 주어지면 땅 위뿐만 아니라 땅 아래 모든 것에 대한 소유권을 확보할 수 있었다. 따라서 주택 소유주를 만들거나 공기업을 장려하기 위한 국가적 선물은 종종 석탄이나 석유 귀족을 대신 만들었다. 그러한 거래에서 처음에는 공공의 이익에 반하는 것은 아무것도 없는 것처럼 보였다. 어쨌든 그것은 수혜자들의 의견이었지만 다른 사람들은 오랫동안 그 문제에 거의 관심을 기울이지 않았다.

그러나 세기가 바뀌면서 더욱 첨예해진 국가 재화의 분배에 대한 논쟁에서 이전의 임대 관행으로 돌아가는 것을 선호하는 새로운 견해가 전면에 등장했다. 대중의 요구에 따라 의회는 태프트 행정부 시절 공공 토지 매각에 관한 법률을 제정하면서 지표면과 땅밑을 분리해 광물 소유권을 정부에 유보시켰다. 이 아이디어를 확장하여 1920년 의회는 수백만 에이커에 달하는 석탄, 석유,

인산염 토지에 공공 소유 원칙을 적용하여 민간에 임대 방식으로 개발할 수 있도록 했다. 같은 해에 국유지의 수력 사용에 대해서도 유사한 규칙이 채택되어, 도시와 주에서 공공 목적으로 부지를 자유롭게 사용할 수 있게 되었다.

이 중단 절차에 의해 한때 제국의 영토였던 영역의 나머지 조각들은 이론적으로는 적어도 영구적으로 사회적 소유권 하에 있게 되었다. '최고의 사람들'이 승인한 오랜 관행은 이제 새로운 정책에 비추어 비난을 받았고, 연방 정부는 개인주의적 교리에 따라 다른 규율에 따라 운영되는 데 익숙한 사적 당사자들의 공공 재산 착취를 통제하기 위한 기술을 고안해야 했다. 사기 거래에 연루되어 연방 공직에서 해임된 모험가를 의원으로 선출하고, 토지 절도라는 흔한 범죄로 미합중국 상원 의원이 유죄 판결을 받은 것을 '인간에게 저지른 가장 잔인한 분노'로 여기는 국민은 공익을 위해 막대한 유산을 관리하는 데 필요한 희생적인 용기를 불러내기가 어려웠겠지만, 실제로는 그 일이 극복할 수 없었던 것은 아닐 수도 있다. 어쨌든 세월이 흐르면서 그 일에 필요한 과학적 이해와 도덕적 섬유질은 모든 것의 필요를 충족시키기 위해 점차 성장하는 민주주의의 가슴에서 솟아날 것이라고 주장했다. 그렇지 않으면 그 일을 할 수 있는 사람들이 관리하게 될 것이었다.

§

국가의 권력은 대다수 국민에게 있으며, 불확실한 한계 내에서, 대중 간의 부의 분배를 통제하기 위해 명시적으로 사용될 수 있다는 생각은 직접 민주주의를 위한 모든 프로젝트와 철도, 신탁 및 국가 영역에 관한 법률에 내재되어 있으며, 이는 새로운 세기에 정치가들의 관심을 사로잡았다. 비슷한 교리가 같은 기간에 추진된 통화, 은행, 조세와 관련된 많은 제안에 내포되어 있으며, 실제 정책의 영역으로 옮겨질 때마다 사회적 형태에 따라 반대 또는 지지를 받았다. 물론 아메리카 경제의 과실로 지갑이 두둑해진 사람들은 통화 시스템에 대한 권력 행사에서 최고의 효용을 보았다. 이런 사람들에게는 그 일이 그다지 복잡해 보이지 않았다. 정부는 모든 통화를 금을 기준으로 유지하고, 민간 은행에 일정한 안전장치 아래 자신들의 이익을 위해 지폐를 할인 발행[대출이나 어음 발행 등을 통해 수수료와 이익을 취하는 행위를 가리킨다]하는 임무를 맡긴 다음, 작동하는 기계에서 손을 떼는 것이 정부의 의무라고 생각했다. 이 간단한 명제의 범위 내에서 안전하게 앉아 있는 사람들을 당혹스럽게 만든 것은 단 하나의 주요 문제, 즉 어떻게 통화를 탄력적으로 만들어, 비즈니스의 요구에 맞게 통화를 팽창시키고 돈에 대한 수요가 느슨해지면 통화를 축소할 것인가였다.

20세기 초에 출입구를 가지지 못한 사람들은 이 주제에 대해 다른 견해를 가지고 있었다. 이들에게는 1863년의 국가 은행법과 1900년의 금본위제에 기반한 지배적인 시스템이 이미 많은 것을 소유한 사람들의 재산을 늘리기 위한 거대한 메커니즘의 일부를 형성하고 있었다. 이 가설에 따르면, 민간 협회가 연방 채권을 매입하고 이를 담보로 지폐를 발행할 수 있는 권한을 부여한 법은 단지 유통된 지폐에 대한 이자를 국가의 연간 수입에서 차감할 수 있도록 허용하는 반면, 통화량을 억제하고 농산물의 가격을 억제하는 금본위제는 채무자들이 가치가 상승한 달러로 채무를 갚도록 강요했을 뿐이다. 이는 기소의 일부에 불과했다. 이 제도는 또한 뉴욕에 금융 권력의 집중을 허용하고 대형 은행이 소규모 은행에 지시할 수 있게 했으며, 점점 더 좁아지는 범위 내에서 국가의 자원을 끌어들이는 대기업의 이익을 위해 소상공인과 제조업체의 신용을 제한하도록 장려했다고 말했다.

1896년 이후 논란이 많았던 몇 년 동안 공화당 주류는 통화 시스템을 심각하게 변경할 이유가 없다고 생각했다. 공화당은 1908년 금본위제가 야기하는 경직성을 제한적으로 상쇄하기 위해 브릴랜드-올드리치 법안Vreeland-Aldrich Act을 제정했고, 화폐와 은행의 모든 측면에 대한 기념비적인 보고서를 작성한 의회 위원회를 임명했다. 하지만 전반적으로 공화당은 만족스러웠다. 농부, 농민, 중간 계급 일반의 이익을 위해 돈의 문을 계속 두드리고 긴축을 완화할 수 있는 새로운 방법을 제시한 것은 민주당이었다.

1913년 반란의 물결을 타고 정권을 되찾은 민주당은 반대파에게 양보하지 않고 새로운 은행 및 통화법을 제정하여 연방 준비 제도federal reserve system로 알려진 것을 확립함으로써 자신들의 이론을 시험할 기회를 이용했다. 잭슨주의의 희망을 더 많은 재정적 타당성과 결합하여 그들은 지폐 발행을 연방 이사회의 감독하에 두었고, 전국을 12개의 은행 구역으로 나누고 각 구역에 연방 준비 은행federal reserve bank을 두었으며, 이론적으로는 금을 기반으로 하면서 다양한 형태의 신용과 부를 나타내는 채권과 상업 어음을 기반으로 한 통화 발행을 승인했다. 이 은행 기구를 통해 그들은 '화폐 권력'을 전국에 분산시키고, 뉴욕의 구심력을 차단하고, 사실상 금의 완전한 독점을 약화시켜 대출자의 길을 더 원활하게 만들려고 시도했다. 급진주의자들은 결코 그들이 요구한 모든 것을 얻지 못했고 심지어 그중 상당 부분도 얻지 못했다. 그들의 지도자 브라이언은 한때 공화당이 '50센트 달러'[은본위에 기반한 달러]라고 부르는 것을 옹호했지만, 그들은, 적어도 한동안은, 30센트 달러에 가까워지는 것을, 지폐 발행 은행이 막대한 이익을 얻는 것을 두 눈으로 목격하게 되었다.

통화 긴장을 완화한 제퍼슨의 역사적인 당[민주당]은 농촌의 채무자 문제를 개선하는 데 관심을 돌렸다. 조사 결과 민주당은 남부와 서부의 경작자들이 빌린 돈에 대해 10~12퍼센트의 이자를 지불하는 경우가 많다는 사실을 발견했고, 이 발견에 충격을 받은 민주당은 황금의 흐름을 채권자의 주머니에서 농민의 주머니로 돌리려고 노력했다. 이를 위해 그들은 1916년 농가대출법Farm Loan Act을 제정하여 연방 정부를 자금 대출 사업에 참여시켰고, 국가의 재정적 힘과 면세 특권을 자금이 필요한 이 땅의 노동하는 사람들에게 제공했다. 준공영 은행 전략을 통해 대출 이자율이 낮아졌고 경제의 흐름이 전환되었다.

새로운 체제하에서 한때 1천 달러짜리 지폐에 12개월마다 100달러의 이자를 지불하던 농부는 6퍼센트 심지어는 5퍼센트의 이자로 대출을 받을 수 있었기 때문에 채권자에게 지불하던 연간 공물의 5분의 2 혹은 절반을 자신의 금고에 보관할 수 있었다. 이러한 항목에 사람의 숫자를 곱하면 엄청난 액수에 달했다. 그리고 이러한 물질적 결과는, 구파의 철학자들이 자연법에 따라 부를 분배하는 신의 섭리의 지혜에 대한 인위적인 간섭으로 간주한, 국가의 개입에 의해 달성되었다. '정부는 작을수록 좋다'는 명예로운 교리는 이제 수혜자들의 눈에는 한계가 있는 것이 분명했다.

§

통화, 은행 및 농장 대출 법안을 통해 황금의 흐름을 사방으로 돌릴 수 있는 정부는 다른 방법으로 부자를 압박하고 과세 권한을 행사하여 가난한 사람들의 상황을 완화할 수 있었다. 따라서 사회민주주의를 향한 움직임에서 연방 정부를 유지하는 부담의 일부를 소비하는 대중 가운데 큰 재산을 소유한 사람들에게 옮기려는 고의적이고 명백한 시도가 이루어진 것은 우연이 아니었다. 대법원이 1894년 소득세법에 대해 위헌 판결을 내렸고, 산업과 투자로 막대한 수익을 올린 시민들은 자신들이 합법성이라는 강력한 보호막에 안전하게 감싸여 있다고 생각한 것은 사실이다. 그러나 브라이언과 그의 군단은 여전히 현장에서 활동하며 농민과 임금 노동자들에게 부유층의 소득에 부과되는 세금의 정당성을 강력하게 주장했다. 사실 세기가 바뀌면서 기존의 조세 관행, 즉 간접적인 방법으로 대중으로부터 연방 세입을 징수하는 것에 대한 불만이 양대 정당의 좌익을 통해 바이러스처럼 퍼져 나갔고, 특히 대토지가 적은 지역에서는 더욱 그러했다.

1907년 루즈벨트 대통령이 의회에 보낸 메시지에서 미국에 만연한 부의 불평등을 해소하기 위해 소득과 상속에 대한 세금 부과를 솔직하게 옹호했을 때 이미 그 열풍이 불기 시작했다. 높은 자리에서 이익이 되는 게임을 하고 있는 사람들에게 백악관에서 나온 이 기묘한 제안은 그들 자신의 체제에 대한 배신처럼 보였지만, 이는 단지 밀려오는 조류를 보여주는 것이었고, 카누트가 더 안전한 곳으로 의자를 옮겨야 한다는 것을 의미했다.[*] 이러한 움직임에 예민하게 반응한 민주당은 이듬해 선거를 준비하면서 지난 선거의 소심함을 버리고 헌법에 소득세 개정을 요구함으로써 부자에 대한 도전을 다시 시작했고, 그들의 주장에 힘을 실어줄 브라이언을 지명했다. 공화당 후보 태프트가, 루즈벨트와 협의한 후, '브라이언의 천둥을 훔치는' 재정적 장치로서, 당의 방침에도 없는, 소득세 부과를 개인적으로 지지하면서 이들의 선전 속도는 점점 더 빨라졌다. 선거 개표가 완료되고 나자 조치에 대한 결정이 내려져야 했다.

1909년에 특별 회기가 의회에 소집되었을 때, 1895년 대법원이 이러한 세금을 위헌으로 선언한 명백한 명령에도 불구하고 관세법에 소득세 조항을 쑤셔넣으려는 반항적인 민주당 의원과 조바심을 내는 공화당 의원들이 많다는 사실이 밝혀졌다. 당연히 이 제안에 대한 열띤 논쟁이 이어졌다. 이 제안을 지지하는 측에서는 마지막 소득세법 무효화 결정이 5대 4로 나뉜 재판부에서 내려졌고, 그 결정을 내린 판사 중 일부가 사망했으며, 스틱스Styx 강[그리스 신화에서 이승과 저승의 경계를 이루는 다섯 개의 강 중 하나로, 특히 맹세와 관련이 있다]이 흐르는 동안, 헌법은 문자는 바뀌지 않았는데 정신만 바뀌었다는 점을 지적할 정도로 무례했다. 이 주장에 대해 깨끗한 의식의 친구들friends of clean ceremonials[법적 절차나 기존의 사회 질서를 엄격하게 지키고 존중하는 사람들]은 대법원 판결을 노골적으로 무시하는 법안이 통과되면 사회 질서의 근간이 흔들릴 것이라고 답했다. 논쟁이 폭풍처럼 휘몰아치고 소득세 법안 통과가 실제로 임박하자 태프트 대통령은 의회가 가시 돋친 법안을

---

[*] '카누트가 의자를 옮겨야 했다'는 표현은 중세 잉글랜드와 덴마크의 왕이었던 카누트 대왕 Cnut the Great과 관련된 일화에서 유래되었다. 전설에 따르면, 그의 신하들이 그를 지나치게 찬양하자, 카누트는 바닷가에서 자신의 힘이 무한하지 않음을 보여주기 위해 바닷물이 들어오는 곳에 의자를 두고, 자신이 파도를 멈출 수 없다는 것을 증명하려 했다. 결국, 파도가 밀려와 그의 발을 적셨고, 이 사건은 인간의 권력이 자연의 힘이나 거대한 흐름을 막을 수 없음을 상징하게 되었다. 이 표현은 큰 변화나 흐름을 막을 수 없을 때, 상황에 맞춰 적응해야 한다는 의미로 사용된다.

보류하고 출처가 무엇이든 소득에 대한 세금 징수를 승인하는 헌법 개정안을 주 정부에 제출해야 한다는 타협안을 내놓으며 정면 돌파에 나섰다. 대법원의 명예에 대한 적절한 존중이 이루어졌고 소득세의 위험이 무기한 연기되었기 때문에 이 제안은 기꺼이 받아들여졌다.*

정치적 운명의 기묘한 전환으로 수정헌법 제16조가 각 주에서 비준되어 1913년 연방 헌법의 일부가 되었는데, 마침 민주당이 승리하여 '소득에 세금을 부과하되, 대다수 계층이 불쾌감을 느끼지 않을 만큼 높은 면세율을 적용하여 국가 재정 시스템에 혁명을 일으킬 수 있는' 시기를 맞이했다. 이로써 1918년 전쟁 기간 동안 사회 최상위 계층의 선택된 소수가 누렸던 소득의 3분의 2까지 누진세를 부과할 수 있는 길이 열렸다. 1895년 고결한Honorable 조지프 H. 초트가 대법원에서 우려하고 비난했던 '공산주의자의 행진'이 생생한 현실로 다가온 셈이다. 만약 해나가 1904년에 사망하지 않았다면, 그가 이 충격에서 살아남았을 가능성은 거의 없었을 것이다. 특히, 수정헌법이 대인장을 받았을 때, 브라이언은 국무장관이었기 때문이다[진보적인 민주당의 브라이언이 주도한 수정헌법이 확정된 것이 보수를 대표하는 해나에게는 큰 정치적 패배로 느껴졌을 것이라는 의미].

§

새로운 부담을 지는 사람들의 당혹스러움을 더하기 위해 소득세와 초과 이

---

* 미국에서 현재와 같은 소득세는 1913년 제16차 수정헌법이 통과되면서 본격적으로 시행되었다. 1861년 전쟁 자금을 마련하기 위해 연방 정부(북군)가 최초로 소득세를 부과했고 전쟁이 끝나고 난 뒤 반대가 거세져 폐지되었다. 1894년 윌슨-고먼 관세법으로 새로 소득세가 도입되었지만 1895년 대법원 판결로 이 법은 무효화되었다. 대법원은 이 소득세가 헌법에 위배된다고 판결했는데, 이유는 소득세가 직접세direct tax로 간주되었고, 연방 헌법에 따라 직접세는 주별 인구 비율에 따라 분배되어야 한다는 규정 때문이었다. 따라서 소득세 부과를 위해, '의회는 여러 주에 배분하지 않고 인구 조사 또는 산정에 관계없이 모든 출처에서 파생된 소득에 대해 세금을 부과하고 징수할 권한을 갖는다'는 수정헌법 조항이 필요했던 것이다.

익에 대한 세금에서 파생된 국가 수입의 상당 부분이 교활한 방법으로 아메리카 유산의 불안한 수호자들이 헌법의 정신과 문자를 전적으로 넘어서는 것으로 간주한 사회적 목적에 바쳐졌다. 원래 주 정부의 권리를 위해 헌신했던 당의 지도자였던 윌슨의 행정부 시절, 주립 농업 및 기계 대학을 지원하기 위한 오래된 예산은 '일반 복지'라는 이름으로 이루어진 놀라운 지출로 보완되었다. 주 정부의 임업 진흥, 농업, 무역, 산업 과목 및 가정 경제 교육, 고속도로 건설 및 공중 보건 발전을 위해 의회에서 많은 금액이 의결되었다. 국회의 어느 의원은 국가적으로 잘못이 있다면 이를 치료할 수 있는 법률을 제정하고, 대법원이 치료법을 위헌이라고 판결하면 수정헌법을 통해 정책을 시행할 수 있게 하자고 말했다.

새로운 신조를 액면 그대로 받아들인 사회 개혁가들은 매년 산업 현장에서 부상을 당하는 근로자의 수가 세계대전 중 부상당한 미군 병사의 총 수를 넘어섰다고 지적하며 문제와 행동의 필요성을 지적했다. 이에 의회는 1920년 산업재활법을 통과시켜 부상당한 '쟁기와 망치의 병사들'을 민간 고용으로 복귀시키기 위한 연방 정부의 지원을 주 정부에 제공했다. 같은 맥락에서 여성이 주축이 된 개혁가들은 출산 위생에 대한 무지로 인한 산모와 영유아의 끔찍한 사망률을 보여주는 수치를 인용했고, 의회는 현재 아메리카의 어둠 속에 있는 이들에게 과학의 빛을 전하기 위한 자금 지원으로 화답했다.

'납세자들이 힘들게 번 돈을 이렇게 끔찍하게 낭비하는 것'을 개탄스럽게 바라보는 사람들이 불러일으킨 헌법의 마술은 헛된 것이었다. 소중한 지방 자치라는 이름으로 진행된 모든 시위에도 불구하고 의회는 아메리카 전역의 빈곤, 질병, 무지의 존재를 국가적 문제로 삼아 아메리카의 표준을 만들고 특정 조건에 따라 보조금을 제공함으로써 주 정부가 행동에 나서도록 자극하겠다는 결의를 계속 표명했다. 그리고 새로운 방침을 지지하는 사람들조차 놀라게 할 정도로 신속하게 주들은 연방 보조금을 수락하고 자체적으로 추가 예산을 책정하고 공공의 이익을 위해 부과된 요구 사항을 준수했다.

새로운 세기의 원동력은 수천 가지의 다른 방식으로 취득과 향유에 대한 공격에서 드러났다. 역사적 갈등에서 비롯된 기본 개념 중에는 초기 경제학자들이 '계약의 자유'라는 용어로 합리화하고 신성시했던 개념이 있었다. 이 개념에 따르면, 고용주와 피고용인이 노동 시간, 임금, 노동 조건에 대해 원하는 대로 자유롭게 협상할 수 있을 때 완벽한 재화를 생산할 수 있었다. 1900년 아메리카의 산업계를 지배했던 계급보다 덜 열성적이고 덜 진지한 계급이라면, 가정 창고에 이틀치 빵을 가지고 거대한 공장 정문 앞에서 경영진과 평등에 기초해 공장 고용 계약을 협상하기 위해 기다리는 한 노동자의 그림에서 어떤 돈키호테적인 대사를 읽고 충격을 받았을 것이다.

그러나 산업계의 수장들은 영웅주의 시대에 단호했고, 자신들에게 합리적으로 보이는 정치 경제의 일부에 대해 진지하게 헌신했다. 그들은 주 수도와 워싱턴의 개혁가들이 자신들의 가장 훌륭한 질서의 토대를 계속 약화시키고 캐가는 것을 이해할 수 없었다. 루즈벨트 대통령은 이 갈등의 와중에 이렇게 말했다. '매우 부유한 사람들은 대개는 전혀 의미 없이 대다수 국민의 필요, 고통, 감정에 대해 유독 무감각하다. 이는 고용주 책임 법안과 같은 문제에 대한 그들의 태도에서 잘 드러난다. 그들은 가장이 죽거나 불구가 되는 것이 한 노동자의 가족에게 어떤 의미인지 이해하지 못한다…… 내가 제퍼슨을 얼마나 진심으로 경멸하는지는 하늘도 알고 있지만, 그는 연방주의 반대자들에게는 없는 한 가지 미덕이 있었는데, 그것은 바로 훗날 에리브러햄 링컨이 대변했던 평범한 사람들을 대변했다는 점이다.'

여성과 아동의 산업 노동 시간을 제한하고 공장과 상점의 위생 기준을 규정하는 초기 법률을 훨씬 뛰어넘어, 사회민주주의를 지향하는 지도자들은 이제 더 대담한 프로젝트에 착수했다. 그들은 일반 복지라는 명목으로 특히 위험하거나 공중 보건 및 안전과 관련된 직종에 종사하는 남성의 근무 시간을 특이한 방식으로 제한하는 국가 법률을 제정했다. 계약의 자유에 쐐기를 박은 후, 이러한 법안의 범위는 점점 더 넓어져 마침내 오리건 주에서는 모든 제조업체 공장에서 하루 최대 10시간까지만 근무할 수 있도록 법이 제정되었다.

공익에 대한 비슷한 언급으로 신성한 임금 계약조차도 의원들의 손길을 거쳤다. 1912년 매사추세츠 주는 여성과 아동에게 최소한의 기준을 보장하기 위해 고안된 법안을 채택했고, 몇 년 지나지 않아 4분의 1의 주에서 더 과감한 조항을 도입했다. 다른 사례와 마찬가지로 주에서 시작된 사회 입법 운동은 워싱턴으로 확산되었다. 1908년 의회는 주 간 철도 노선에서 기관사 및 전신 운영자로 일하는 철도 회사 직원의 근무 시간을 제한하면서 이 법의 주된 목적이 여행하는 대중의 안전을 증진하는 것임을 암시하여 사회주의적 색채를 일부 제거했다. 8년 후, 전국적인 파업이 임박하자 의회는 윌슨 대통령의 강력한 지시에 따라 주 간 상거래에 종사하는 모든 철도 노선의 기관사에게 하루 8시간 근무를 의무화하는 '애덤슨 법Adamson Law'을 선포했다.

노동 시간과 임금 외에 다른 중요한 관계에서, 계약의 자유는 법령에 의해 실질적으로 제한되었다. 노동자들이 누리는 자유의 일부분은 산업에 내재된 부상과 사망의 위험을 사실상 모두 감수할 수 있는 권리였다. 이미 살펴본 바와 같이, 당시의 관습법 원칙에 따라 고용주는 자신에게 개인적인 책임이 있는 경우를 제외하고는 그러한 손해에 대해 책임을 지지 않았으며, 즉 사고가 '예방할 수 없는 원인이나 직원 본인 또는 동료 직원의 부주의'로 인한 경우에는 법적 책임을 지지 않았다. 게다가 어떤 경우에도 손해배상을 받으려면 일반적으로 길고 지루하며 비용이 많이 들고 결론이 불확실한 소송을 통해 승소해야 했다. 노동자가 중상을 입으면 그와 그의 가족은 빈곤의 나락으로 떨어져 항상 우리와 함께하는 빈민층으로 전락하는 경우가 많았다. 만약 그가 사망하면 그의 가족은 ─ 폴 U. 켈로그의 『피츠버그 서베이』에서 설득력 있게 제기된 것처럼 ─ 문명의 모든 최선의 이기利器 밑바닥을 헤매는 경우가 많았다.

한 세기 이상 이러한 자유를 누려온 산업 노동자들은 개혁가들의 도움을 받아 피고용인의 고의적 행위로 인한 것이 아닌 모든 상해에 대한 비용을 기업이 자동적으로 부담해야 한다고 주장하기 시작했다. 이는 좋은 것을 소유한 사람들에게는 아무것도 없는 사람들을 위해 재산의 일부를 몰수하려는 또 다른 시도로 보였다. 오랜 공개적인 논쟁 끝에 의견의 흐름은 경제적 부담의 전환 제안에 찬성하는 방향으로 분명하게 나아가기 시작했다. 루즈벨트의 주장에 따라 1906년 의회는 주 간 상거래에 종사하는 일반 운송업체가 서비스 중 근로자가 입은 부상에 대해 책임을 지도록 했고, 대법원이 기술적인 근거를 들어 개입하자, 위헌 소지가 있는 부분을 삭제하고 법을 다시 제정했다.

같은 영향을 받고서, 각 주에서도 그 무렵 이 문제를 다루기 시작했다. 이들 중 일부는 관습법의 낡은 규정을 없애고 산업에 필수적이고 내재된 위험으로 인해 발생하는 부상에 대해 고용주가 책임을 지도록 했으며, 다른 주에서는 소송을 피하고 사고에 대한 보상을 간단하고 자동적으로 처리하도록 설계된 보험 제도를 제공했다. 힘겨운 싸움의 결과, 주요 제조업 주의 고용주들은 직원들의 생명과 신체에 대한 위험과 화재 및 사이클론에 대비한 건물 보험에 가입해야 했다. 다시 생각해보면, 혁명이 성취되었을 때, 이 요구 사항은 그다지 부당해 보이지 않았다.

§

이 장기간의 다양한 캠페인에서 제3신분the third estate[*]에게 노블레스 오블리주를 강요하려는 과정에서 벌어졌던 사건들 중 여기서 단편적으로만 언급할 수 있는 것들은, 주 및 연방 사법부와의 수많은 격렬한 충돌들이었다. 법원은 필연적으로 선례에 의존하여 과거를 참고했지만, 개혁가들은 미래를 호소했다. 물론 미래는 과거만큼이나 실재하는 것이었지만, 판사들은 일반적으로

---

[*] 이 문맥에서 제3신분이라는 표현은 프랑스 혁명 당시의 역사적 맥락을 차용하고 있지만, 프랑스 혁명 시기의 제3신분의 구체적 구성원, 즉 평민 전체를 지칭하기보다는 상공업자, 공장주, 그리고 부르주아지를 가리키는 것으로 보인다. 이는 텍스트가 noblesse oblige를 강요하려는 캠페인을 언급하고 있다는 점에서 분명해진다.

형이상학에서 그 명제를 인정하지 않았다. 게다가 가장 유능한 변호사들은, 그 당시에나 언제나 그렇듯이, 고객의 재정적 이익을 보호하고 확대하는 것이 주된 임무였으며, 대부분 조지프 H. 초트의 '사유 재산권의 보호가 모든 문명 정부의 기반을 이루는 구조의 핵심이다'라는 주장에 동의했다. 숙련된 사법부 구성원들에게 이 교리는 자명하게 여겨졌으며, 이를 따르면서 법원은 수백 건의 입법 행위를 무효화했다. 예를 들어, 제빵업 노동 시간 규제법, 산업 재해에 대한 보상 제공법, 그리고 수혜자들에게 유리한 오래된 관행에 대한 다른 침해 법률들이 그 대상이었다.

물론 사회적인 법을 무효화할 때 판사들은 감정적 편견이 없었다고 고백했다. 대신 그들은 통상 침울한 표정으로 국민이 만든 상위법인 헌법을 입법부가 만든 법령에 적용하는 것일 뿐이라고 발표했다. 그들은 불의 혀가 아닌 논리의 혀로 말했다. 가끔씩 판사가 감정을 이기지 못하고 이성적인 판단을 흐리며 개혁가들과 그들의 모든 활동에 대해 개인적인 반감을 표현하기도 했다. 판사들이 대중vulgar에게 그들의 직업의 신비로움을 공개하겠다고 위협하는 경우도 드물었다. 소수만이 올리버 웬델 홈즈 대법관의 예를 따랐는데, 그는 분명 동료들을 당황하게 하며 한 번은 반대 의견에서 이렇게 유머러스하게 법률의 딱딱한 언어를 녹였다. '이 사건은 국가의 상당 부분이 동의하지 않는 경제 이론에 따라 결정된 것이다······ 제14차 수정헌법은 허버트 스펜서의 사회정학Social Statics을 법으로 제정한 것이 아니다.'

그러나 시간이 지나면서 전문가들의 그러한 인정들은 세련된 이들에게 법원들이 수학의 정리나 아인슈타인의 상대성 이론처럼 일반인들이 이해할 수 없는 신비를 다루는 것이 아니라는 결론을 이끌어냈다. 그래서 지식인들 사이에서는 판사들이 자신의 감정과 직관을 바탕으로 더 높은 법을 만들고 있다는 믿음이 생겼다. 반면, 개혁 운동에 참여한 평범한 사람들, 특히 노동 지도자들은 법원이 단순히 재산을 얻고 평화롭게 살고자 하는 이들의 방파제 역할을 한다고 덜 복잡한 논리를 통해 확신하게 되었다.

이러한 신념과 유사한 신념에서 소환제를 판사에게 적용한 다음 사법부의 결정에도 적용하려는 움직임이 생겨났다. 실제로 서부의 몇몇 주에서는 실제로 주민[소환]투표plebiscite의 유령을 재판부에 제기했고, 다른 주에서는 경우에 따라 4 대 1 또는 5 대 2의 특별 다수결로만 법원이 법령을 무효화할 수 있도록 규정하기도 했다. 의회로 올라가면서 연방 대법원의 권한을 제한하기 위한 다양한 제안이 등장했는데, 예를 들어 법안을 무효화하기 위해 7명의 판사의 찬성이 필요한 법안이나 상하 양원 특별 다수가 사법부의 거부권을 극복할 수 있는 권한을 의회에 부여하는 법안 등이 그 예이다. 덜 검열적인 논평가들은 사법부의 의견에 대한 학식 있는 비판이 더 심각한 사법권 남용을 방지하는 데 충분할 것이라는 제안에 만족했다.

§

근본적으로 경제 입법과 사법부의 개입을 둘러싼 갈등과 함께 일어난 광범위한 소란은 결국 '우리를 내버려 두라'는 철학을 무너뜨린 사회적 힘들의 깊은 움직임을 나타냈다. 그러나 그 움직임 자체는 명확한 사회 이론을 대변하지 않았으며, 그로 인해 제시된 다양한 조치들은 특정한 정치적 모자이크에 맞춰지지 않았다.

화성인 방문자가 국가의 입법 기관에서 해마다 흘러 나오는 법령을 조사했다면, 그는 그 양과 성격에서 국민이 두 개의 주요 정당으로 나뉘어 통치권을 소유하고 있다는 사실을 발견할 수 없었을 것이다. 대통령 선거에서 정당의 운명의 진동은 입법 활동 과정과 거의 또는 전혀 관련이 없었다. 민주당은 철도에서 부상당한 노동자에 대한 보상을 보장하는 공화당 법안을 폐지하지 않았고, 공화당은 기관사의 근무 시간을 조정하는 민주당 법안에 대해 파업을 벌이지 않았다.

실제로 워싱턴이나 각 주의 수도에서 새로운 사회민주주의 법안에 대한 투표가 당의 노선과 정확히 일치하는 경우는 많지 않았다. 오히려 이미 설명한 대로 공화당과 민주당 세력이 우익과 좌익으로 나뉘면서, 교리에 충실한 당파적 연설보다 법 제정에 더 많은 영향을 미쳤다. 루즈벨트는 매킨리의 뒤를 이었고, 태프트는 루즈벨트의 뒤를 이었으며, 윌슨은 8년 동안 권력을 누렸고, 하딩은 짧은 재임 후 1923년 사망하여 쿨리지에게 명예를 물려주었다. 이 대통령들 각각과 관련된 다양한 입법 행위들이 존재하지만, 그들 중 어느 누구도 처음부터 전반적이거나 세부적인 구상으로 법안을 제시하고 이를 국가적 쟁점으로 삼은 사례를 찾기는 어렵다. 대통령들이 왔다 갔다 하고, 주지사와 입법부도 교체되었지만, 이러한 입법을 만들어낸 사회적 힘의 움직임은 끊임없이 지속되었다. 이 움직임은 특정 정당에 국한되지 않았으며, 하나의 조직에 의해 지휘되지도 않았고, 압도적인 지도력에 의해 영감을 받은 것도 아니었다. 이것이 바로 사고의 자유가 보장되었을 때 아메리카 민주주의의 과정과 산물이었다.

특정 연방 법령의 역사를 세밀하게 추적해 보면, 대개 이상한 혼란성을 발견할 수 있다. 처음에는, 잘 알려지지 않은, 때로는 절차 내내 알려지지 않은, 개인이 누군가에게 법안을 제안하고, 토론이 이어지며, 그 대의를 추진하기 위한 단체가 설립되기도 한다. 시간이 지나면 의회에서 주목을 받거나 당파적 정치 논쟁에 얽히게 된다. 어떤 경우에는 정치 무대에 오르지 못하지만 당리당략에 휘둘리지 않고 법으로 제정되기도 한다.

거대한 산림 보호구역을 영구적으로 공공이 소유할 수 있는 근거를 마련한 1891년의 중대한 조치를 예로 들어보자. 이 조항의 역사적 뿌리는 보이지 않는 섬유질까지 파급되어 있다. 1867년 초에 명예롭지 않은 한 토지관리국 위원이 그러한 보호구역을 제안했고, 6년 후 과학진흥협회Association for the Advancement of Science의 한 위원회가 이 아이디어에 우호적인 반응을 보였으며, 때가 되자 아메리카임업협회American Forestry Association는 소수의 열성적인 사람들, 특히 B.E.퍼노우 박사와 E.A.바우어스 박사의 지시에 따라 산림보호구역을 영구적으로 보호하는 방안을 추진했다. 두 사람은 내무장관 존 노블에게 이 신념을 교육했고, 몇몇 상원 의원과 하원 의원들이 설득되었으며, 마침내 의회는 법안에 내재된 의미를 완전히 인식하지 못한 채 법안을 제정했다. 클리블랜드는 약간의 주저로, 루즈벨트는 특유의 대담함으로 그들에게 부여된 권한을 행사했다. 그 위대한 결과는 국가의 상당 부분이 그 움직임을 인식하기도 전에 이루어졌다. 시간이 지나면서 자연 자원 보존은 국민들의 확고한 개념이 되었다.

더 큰 또는 적어도 더 화려한 이해관계가 충돌하는 다른 경우에는 입법은 통상적인 정치 과정을 따라, 잘 알려지지 않은 곳에서 시작되어 긴장된 논의를 거친 후 마침내 받아들여진 것들 중에 자리 잡았다. 실제로 지난 25년 동안 연방 법령에 기록된 주요 제안들, 예를 들어 철도 요금 규제, 고용주 책임, 누진 상속세, 소득세, 상원 의원 직선제 등은 처음에는 그린백당, 포퓰리스트당, 사회주의자들, 그리고 다른 여러 불만을 가진 소수 집단들이 대중에게 제안한 것이었다. 각 경우에 주요 정당들은 처음에는 이러한 제안을 비난하거나, 그것에 대해 신중하게 침묵을 지키거나, 별 의미 없는 문구라고 받아들였다. 그러나 선전의 효력이 발휘되고 행동의 필요성이 절실해지자, 정치 지도자들은 한때 두려워하던 개혁을 지지하고, 마침내 그것을 구체적인 입법으로 구현하기 위해 조치했다.

이러한 경로를 통해 버림받은 아이디어가 점차 평판의 품으로 모였다. 1892년 포퓰리스트들은 '우리는 누진소득세를 요구한다'고 선언했다. '우리가 여러분 앞에 고발하는 의회의 법안은 그 목적과 성향이 공산주의적이며, 세계 어느 정치 회의에서도 다루어지지 않았던 공산주의적, 사회주의적 ― 그들을 뭐라고 불러야 할지 모르겠다 ― 포퓰리즘적 원칙에 따라 옹호되고 있다!' 공화당의 큰 기둥이었던 고결한 조지프 H. 초트가 1894년 소득세법을 대법원에서 공격하면서 외친 말이다. 루즈벨트는 1907년 연두교서에서 '적절한 형태의 누진소득세가 연방 조세의 바람직한 특징이 될 것'이라고 말했다. 그의 뒤를 이은 태프트 대통령은 선택의 여지가 없었고, 앞서 살펴본 바와 같이 1909

년 의회는 연방 소득세를 승인하는 헌법 개정안을 주 정부에 제출했다. 1904년에 이 문제에 대해 어떤 입장도 표명하지 않았던 당 출신인 월슨 대통령의 집권 4년 만에 초트의 '공산주의적' 세금은 연방 재정 시스템의 일부가 되었다. 이것이 바로 '새로운' 민주주의의 전략이었다.

다소 유사한 점진적 침투 과정에 의해, 취득과 향유의 전체 시스템이 다양한 형태와 문구로 국가를 통치하는 소수의 고소득자에 의해 실제로 지배된다는 의견이 해외에 퍼졌다. 1892년 포퓰리스트들은 '우리는 권력과 약탈을 위한 두 거대 정당의 투쟁을 25년 이상 목격해 왔다'고 외쳤다. 얼마 지나지 않아 브라이언은 '우리는 약탈적 기업의 정치 지배에 반대한다'고 썼다. '겉으로 보이는 정부 뒤에는 국민에 대한 충성심도 없고 책임도 인정하지 않는 보이지 않는 정부가 자리 잡고 있다. 이 보이지 않는 정부를 파괴하고 부패한 기업과 부패한 정치 사이의 불경스러운 동맹을 해체하는 것이 당대 정치가들의 첫 번째 임무다.' 1912년 진보적인 강령은 이렇게 시작되었다.

'여러분이 워싱턴에 가서 당신의 정부를 만나려고 한다고 가정해 보자. 당신은 항상 정중하게 경청하지만, 실제로는 가장 큰 지분을 가진 사람들, 즉 거대 은행가, 거대 제조업체, 거대 상인, 철도 회사 및 증기선 회사의 수장들과 상담 상대라는 것을 발견하게 될 것이다······ 현재 미합중국 정부는 특수 이익 집단의 양아들이다.' 같은 해 민주당 대통령 후보였던 우드로 월슨이 설파한 '새로운 자유'에 따르면 그것이 바로 복음이었다.

12개월 후, 전직 대통령 태프트 교수는 예일대의 학문적 숲을 통해 세상을 바라보며 이렇게 말했다. '나는 스페인 전쟁 이후 정치, 경제, 사회에 만연했던 상황의 중대한 성격을 과소평가할 생각이 없다. 그 상황은 모든 것을 거대한 기업 결합체들이 엄격하게 통제하는 형태로 고착화된 것처럼 보였다······ 그러한 일반적 경계심이 정당화되었다는 것은 그 상황을 연구한 사람이라면 누구도 부인할 수 없다.'

얼마 지나지 않아, 한때 루즈벨트 대통령에 의해 '국민이 다스린다'는 사실을 엠파이어 스테이트[뉴욕 주] 유권자들에게 알리기 위해 파견되었던 '고결한' 엘리후 루트는 뉴욕 주 헌법 [개정] 회의constitutional convention에서 실제로는 거의 40년 동안 '당 보스들의 보이지 않는 정부'에 의해 주가 통치되어 왔다고 외쳤다. 그는 현대를 언급하며 이렇게 말했다: '플랫 씨*가 주를 통치했다. 거의 20년 동안 그가 주를 통치했다. 주지사가 아니었고, 입법부도 아니었다. 플랫 씨였다. 그리고 주도는 여기[올버니]에 있지 않았다. 그것은 브로드웨이 49번가에 있었다. 플랫 씨와 그의 부하들이 있는 곳 말이다…… 내가 주 정부를 알고 지낸 40년 동안 주를 통치한 사람은 헌법이나 법률에 의해 권한을 부여받은 사람이 아니었다.' 이러한 기이한 교리가 매우 존경받는 사람들의 입에서 나왔으니, 더 거친 문화와 위치에 있는 사람들이 수학적 다수결에 의한 대의 민주주의 이론이 실제로 신실한 자들을 교육하는 경전에서 규정한 방식대로 작동하는지 의문을 가지기 시작하게 된 것은 결코 놀라운 일이 아니었다.

§

대체로 이것이 1912년 공화당 조직에 분열을 가져온 관행과 의견의 표류였으며, 사회 정치에 의식적으로 헌신하는 새로운 정당을 결성하려는 시도가 이루어졌다. 이 사건은 오랫동안 준비되어 왔던 것이 분명하다. 보수적인 공화당원들은 번영의 깃발을 머리 위에 자랑스럽게 내걸고 풍성한 만찬장이라는 상징을 손에 굳게 쥔 채 아무런 손상도 입지 않은 것처럼 보였지만, 운명은 그들에게 불리하게 작용하고 있었다. 스페인 전쟁 이후 낙관론자들의 예상을 뛰어넘는 기업의 활황이 있었던 것은 사실이며, 사실 '재앙을 부르짖는 자들'의

---

* Thomas C. Platt을 가리킨다. 뉴욕 주를 대표하여 하원 의원과 상원 의원을 5차례 역임했고 공화당의 '정치적 보스political boss'로 널리 알려졌다. 그의 부고 기사에서 〈뉴욕 타임스〉는 '그보다 상원이나 하원에서 영향력을 덜 행사한 사람은 없었다. 하지만 정치 지도자로서 그보다 더 많은 권력을 행사한 사람은 없었다'고 평가했다.

입이 큰 빵에 의해 효과적으로 닫히고, 포퓰리즘은 대니얼 셰이스만큼이나 죽은 것처럼 보였다. 그러나 안전이 절대로 무너지지 않을 것 같았던 바로 그 순간, 비극이 상황을 바꾸어 놓았다. 바로 매킨리 대통령의 암살로, 뉴욕의 '온화한 보스' 플랫 상원 의원이 부통령실에 생매장하려던 시어도어 루즈벨트에게 권좌가 넘어갔다. 새로운 대통령은 배를 기존 계류장에 정박시키고 전임자의 내각을 유지하겠다고 발표하여 당의 이사들을 진정시키려고 노력했지만 회의론자들은 여전히 우려가 많았다.

거의 모든 측면에서 루즈벨트는 공화당의 거대한 본부에서 독특한 인물이었다. 그는 겸손하게 시작해서 당의 규율에 따라 승인된 단계를 거쳐 높은 지위에 오른 사람이 아니었다. 뉴욕의 부유한 중간 계급 가정에서 태어난 루즈벨트는 전통적인 자수성가형 인물이 아니었다. 돈은 소년 시절부터 그의 길을 순조롭게 해주었고, 대학을 거쳐 평생의 역량을 보장해 주었다. 혼자만의 노력으로 성공을 거두었다는 확신은 그의 개인주의적 성향을 더욱 강화시켰다. 그는 관행과 관습의 체제를 통해 계층을 거슬러 올라가며, 막대한 부를 소유한 사람들로부터 상당한 고문료를 받는 성공한 변호사의 심리와 습관을 얻지 못했다. 일찍이 자신이 변호사의 윤리와는 전혀 맞지 않는다는 사실을 깨달은 루즈벨트는 불안하게 이리저리 옮겨 다니며 글과 정치에 손을 댔지만 어느 곳에서도 확고한 기반을 찾지 못한 채 불확실성의 세월을 보냈다.

루즈벨트는 뉴욕 주 의회 의원, 대도시 경찰청장, 해리슨 정부에서 공무원 위원, 매킨리 정부에서 해군 차관보, 스페인 전쟁에서 대령으로 복무했다. 틈틈이 그는 역사를 연구하고 저술하면서 항상 세세한 도덕적 요점을 살피고, 정교한 문체로 칭찬과 비난을 아끼지 않았다. 여가 시간에는 사냥을 하고 테니스를 쳤다. 통나무집이나 목사관 학교 출신 정치인들과 달리 그는 대도시 출신으로 불행과 고통이 도사리고 있는 어두운 골목길과 번영이 웃고 춤추는 넓은 대로avenue를 잘 알고 있었다. 사실 그는 정직한 가난에서 끈질긴 노력으로 신분 상승의 사다리를 오른 새뮤얼 스마일스의 영웅과 세상의 남자를 구별하는 소신과 감성으로 가득 차 있었다. 편안한 중간 계급에서 태어나고 자란 그의 정신은 장갑에 손이 맞듯이 그 질서의 철학에 맞았다.

이처럼 천성과 양육에 의해 부여된 루즈벨트의 성격은 급진적인 부자나 급진적인 노동 지도자에 대해 이해하거나 공감하지 못했다. 철도를 통합하고 무정부 상태의 산업을 통합하여 수백만 달러를 벌어들인 나폴레옹식 상상력을 가진 강력한 사업 조직가들은 계급으로서 그에게 사회의 적이자 개인적으로 불쾌한 존재였다. 모든 정당 정치와 모든 부르주아 도덕을 초월한 그들의 업적의 유익한 열매가 지평선 너머에 있을지도 모른다는 생각은 그에게 전혀 들지 않았다. 그는 1906년에 이렇게 썼다. '나는 조국의 전형적인 대부호들을 싫어하지는 않지만 그렇다고 특별히 존경하거나 신뢰하지도 않는다. 나는 그들이 외교 정책이나 국내 정책과 관련하여 건전한 의견을 제시한다고 생각하지 않는다.' 다시 1년 후. '나는 돈이 존재의 전부이자 전부인 거액 자산가들을 존경하지도 찬탄하지도 않는다. 그들에게는 엄청난 돈을 모으는 것이 인생의 최고 목표이고, 그 돈을 어떻게 모으는지에 대해서는 너무 자주 완전히 무관심하다…… 나는 단순히 돈을 버는 것보다 다른 것들을 삶의 계획에서 더 중요하게 여기지 않는다면, 예술이나 문학, 과학, 정치술, 전쟁술, 자선활동에 관심을 두지 않는다면 그런 사람을 경멸한다.'

그뿐만 아니라 루즈벨트는 그런 거물급 인사들이 국가를 통치하기에 부적합하고, 정치를 타락시켰으며, '사회주의 프로파간다의 엄청난 증가'에 부분적으로 책임이 있다고 확신했다. 그러나 그가 철도 재벌 에드워드 H. 해리먼을 '바람직하지 않은 시민'이라고 비난했다면, 노동계 지도자이자 사회당 대통령 후보였던 유진 V. 뎁스에게도 똑같이 쓴소리를 퍼부었다. 그는 주저 없이 뎁스 학파의 사람들이 '최악의 금융 투기꾼이나 가장 파렴치한 고용주, 입법부의 방탕한 사람들이 자본가와 공정한 거래를 하는 사업가들의 신용을 떨어뜨리는 것만큼이나 노동운동의 신용을 떨어뜨리는 일을 많이 했다'고 선언했다.

중간 계급의 교리 속에서 자연스럽게 성장한 루즈벨트는 자신의 정치를 그 질서의 후천적 방식에 맞게 조정했다. 물론 경제에 정치의 기반을 둔다는 생각은 완전히 독창적인 것은 아니었다. 제퍼슨은, 구세계에서처럼 사람들이 도시에서 서로 겹겹이 쌓여 살기 전까지는, 농부들을 위한 공짜 땅이 풍부하기만 하면 공화국이 지속될 것이라고 생각했다. 매디슨은 대다수 사람들이 주목할 만한 재산을 가지지 못하는 시대를 예견하며, 정부 내 견제와 균형을 통해 다수결의 힘을 약화시키려고 했다. 비슷한 목적을 염두에 둔 웹스터는 정부를 재산 소유자들에게 한정하기를 원했고, 광범위한 토지 분배를 통해 민주주의의 형식을 유지할 수 있기를 원했다.

루즈벨트는 세속적인 부의 분배를 조정하기 위해 정치적 정부의 권한을 공개적으로 사용하겠다고 제안한 첫 번째 미합중국 대통령이었다. 1906년 개혁가 제이콥 리스에게 보낸 편지에서 그는 자신의 의도를 다음과 같이 밝혔다. '입법으로 할 수 있는 한, 지성의 성장과 부의 확산을 장려하여 부풀어 오른 재산과 극단적인 가난을 어느 정도 피할 수 있도록 하는 것이 나의 목표이다. 이것이 내가 추구하는 이상을 대표한다.' 이러한 목적이 국가에 의해 이루어질 수 있다는 제안 자체는 기존 정치인들에게 가장 극단적인 이단으로 여겨졌고, 루즈벨트 자신도 '부풀어 오른 상속재산과 소득에 대한 세금 부과'를 제안한 것 외에는 자신의 신념에 따라 부의 힘이 막강한 정치 체제를 어떻게 부의 공평한 분배를 위한 동력으로 전환할 수 있는지 명확하게 설명하지 않았다.

루즈벨트는 정치인 초년 시절 급진적인 공개 발언을 하지 않았지만, 공화당의 노련하고 산전수전 다 겪은 지도자들, 즉 돈을 벌었고 예술에 조예가 깊은 사람들은 그를 의심했고 결코 호의적으로 대하지 않았다. 뉴욕의 실권자인 플랫 상원 의원은, 솔직히 그에게 별 쓸모가 없었지만, 1898년 뉴욕을 이끌 인물을 찾던 중 스페인 전쟁에서 갓 전역한 젊은 대령을 선택했고, 그는 대중에게 주는 영웅의 매력을 잘 알고 있었다. 역사 연구의 순수성에 관심이 없고 산

후안 언덕에서 루즈벨트가 얻은 명성에 얹혀 있는 의심의 구름에 신경 쓸 기분이 아니었던 대중은 큰 찬사를 보내며 그를 올버니로 보냈다[주지사로 선출했다]. 2년의 임기를 마친 루즈벨트 주지사는 명백히 안도의 한숨을 내쉰 플랫 상원 의원에 의해 부통령의 사무실로 밀려 올라갔다.

이 남자가 운명에 의해, 마커스 A. 해나, 조지프 G. 캐논, 넬슨 B. 올드리치, 보이즈 펜로즈, 조지프 B. 포레이커, 존 C. 스푸너가 이끄는 당의, 수장으로 정해진 사람이었다. 그러나 이들의 예상과는 달리 대통령은 신중하게 정책을 추진했다. 루즈벨트 1기 행정부의 정신은 한 문장으로 요약할 수 있다. '우리는 부자를 위한 것도 아니고 가난한 사람을 위한 것도 아니며, 부자이든 가난한 사람이든 올곧은 사람을 위한 것이다.' 그는 공공성이 사악한 트러스트의 폐해를 치유하고, 철도 요금은 '모두에게 공평하고 개방적'이어야 하며, 천연자원을 보존하고, 해군을 강화해야 하고, 독점금지법을 위반한 기업 결합을 기소해야 한다는 신념을 표명했다. 이 모든 것에서 아주 극단적인 것은 없었다. 그는 나중에 '나는 의도적으로 계획된 광범위한 사회 개선 계획을 가지고 대통령직에 올랐다고 말할 수 없다'고 말했다. 그럼에도 불구하고 루즈벨트는 '막대한 부의 악당', '무모한 선동가', '공공 영역에 대한 사기', '공직 부패', '모든 종류의 부정행위'를 비난하고 거의 매일 신문의 헤드라인을 장식한 강력한 행정 선언을 통해 '뻘셈, 분열, 침묵'을 갈망하는 사람들에게 경각심을 불러일으켰다.

주로 경제 신문 독자들에게는 위험해 보이는 방식으로, 루즈벨트는 민주당의 주요 인사들에게 1904년에는 보수적이고 색깔 없는 후보를 내세우면 나라를 이끌 수 있을 것이라고 확신시켰다. 그래서 다혈질인 브라이언은 뉴욕의 최고 법원을 주재하는 차분한 판사 알턴 B. 파커로 대체되었고, 유권자들을 유인하기 위해 소득세 문제 회피가 포함된 회피적인 공약이 제시되었다. 반면, 일부 공화당 지도자rajah들 중 일부는 더 오래되고 더 좋았던 시절을 그리워했지만, 루즈벨트를 후계자로 지명할 수밖에 없었다. 해나는 경쟁이 시작되기 전에 사망했고, 루즈벨트를 꺾을 만큼 강력한 정치인은 없었다. 선거 운동에서 대기업들은 예전과 달리 두 주요 정당에 자금을 기부했으며, 물론 공화당에 더 관대하게 기부했지만, 반대 세력의 필요도 잊지 않았다.

압도적인 다수의 지지로 재선에 성공한 루즈벨트 대통령은 당내 지도부를 더욱 엄격하게 다루고, 자신의 의견을 더욱 정확하게 제시했다. 그의 첫 번째 행정부에서는 중요한 법안이 거의 없었지만, 두 번째 행정부에서는 몇 가지 중요한 법안이 만들어졌다. 주간상거래위원회의 권한이 확대되고 철도 요금의 합리성을 승인할 수 있는 신청 권한이 부여되었다. 베버리지 상원 의원의 후원으로 1906년 천지를 뒤흔드는 듯한 힘성과 힘께, 부정하고 불결한 식품, 약품, 육류에 대한 법이 제정되었다. 일부 철도 직원의 근무 시간이 단축되고 일반 운송업체는 근무 중 상해를 당한 사람들에게 보상을 해야 했다.

그사이 트러스트에 대한 몇 가지 중요한 기소가 시작되었고, 공공 토지 도둑이 놀라운 에너지로 추적당했으며, 악행을 저지른 수많은 작은 피라미들이 전갈의 채찍으로 신전에서 쫓겨났다. 게다가 대통령의 메시지, 인터뷰, 연설의 양은 인상적인 비율로 늘어났다. 루즈벨트는 90년대 초반의 경제 용어에 익숙한 사람들을 놀라게 할 정도로 백악관에서 지금까지 무시되었던 사회 문제에 대해 거침없이 이야기했다. 부는 이미 정의와 자비로 분배되지 않았다는 놀라운 이론에 따라 소득세와 상속세를 칭찬했고, 법복을 입은 신사들은, 법학이 수학적인 과학이 아니며 '사법부의 일부 구성원들은 국가body politic의 이 위대하고 중요한 변화에 대한 이해가 뒤처져 새로운 조건에 필요한 옛 원칙의 새로운 적용에 마음을 열지 않았다'는 대통령의 고백을 듣고 충격을 받았다.

§

1908년 정치의 계절이 다가오자 공화당 우익 지도자들은 풍성한 만찬이 제공되던 시절로 안전하게 돌아갈 수 있다는 희망에 빠져들었다. 루즈벨트가 다시 후보가 되어야 한다는 모든 제안은 단호하게 제쳐졌고, 루즈벨트와 함께가 아니라면 많은 일이 가능해 보였다. 오하이오에서, 워렌 가말리엘 하딩은 '과거의 위대한 지도자들인 존 셔먼, 마커스 A. 해나, 윌리엄 매킨리가 설파한 강력한 공화주의에 대한 공화당의 충성'을 다짐하며 스탠더드 오일 컴퍼니의 저명한 변호사인 포레이커 상원 의원을 후보로 지지해달라고 호소했다.

그러나 이 학파의 당 지배자들은 그들의 주인이 어떤 사람인지 미처 몰랐다. 루즈벨트는 '극단적인 진보주의자나 극단적인 보수주의자'를 후보로 지명할 수 없다고 말하고는, 처음에는 필리핀에서, 그다음에는 워싱턴에서 행정관으로 일한, 판사 출신의 윌리엄 하워드 태프트 전쟁장관을 자신의 후계자로 선택했다. 그리고 연방 정부의 후원을 효과적으로 활용하여 대통령은 친구의 지명을 보장하기 위해 충분한 대의원을 모았다. 아무리 강경한 원칙주의자라 할지라도 백악관의 지지 없이는 들끓는 서부를 이끌 수 없다는 것을 어떤 공화당원도 알고 있었다.

1904년 클리블랜드의 옛 깃발 아래 집결하려다 끔찍한 재앙을 겪은 민주당의 대권 주자들은 다른 진영의 이러한 활동에 주목하고서 다시 브라이언에게 항복했다. 덴버에서 열린 전당대회에서 네브래스카의 정치가는 급진적인 정강 정책을 발표하고 12년 전의 눈부신 승리를 떠올리게 하는 우렁찬 박수갈채를 받으며 후보로 지명되었다. 하지만 11월, 브라이언은 세 번째 패배를 당했다. 태프트는 대통령 취임 직후 자신의 위대한 후원자에게 '내가 지금 행사하는 권력은 당신으로부터 자발적으로 나에게로 이양된 것이며, 나를 후계자로 선택한 당신의 판단이 정당화될 수 있도록 행동해야 할 의무가 있다는 것을 결코 잊지 않겠다'고 썼다.

1909년 루즈벨트가 워싱턴을 떠날 때 '역사적 우연은 이제 끝났다[루즈벨트가 많은 변화를 일으켰지만 그의 개인적 영향력은 지나갔고 새로운 정치적 흐름과 인물들이 주도할 시간이 되었다는 의미]'고 한 측근이 말했다. 태프트 대통령은 변호사 일을 좋아했고, 성품은 판사이며, 소속과 사상이 보수적이고, '어머니의 무릎에서 배운 도덕적 원칙의 고정성에 대한 확고한 믿음'을 가지고 있었다. 그렇기 때문에 요란한 부츠를 신고 자랑스럽게 웃는 모습으로 세상의 주목을 받는 것은 불가능했다. 현실적인 시각과 절차를 가진 그는, 대중을 자극하여 거래를 유도하기보다는 상황을 평가하는 것이 자신의 의무라고 생각했다.

그럼에도 불구하고 태프트는 전임자보다 더 많은 입법 활동을 유도하거나 모든 행사를 주재했다. 그는 루즈벨트가 신중하게 회피했던 관세라는 까다로운 문제를 다뤘지만 독재자의 역할을 맡지는 않았다. 하원의 페인 의원과 상원의 올드리치 의원이 1897년을 떠올리게 하는 세입 법안을 만들었을 때, 대통령은 당이 분열되어 있는 동안, 농업 지역인 서부의 저명한 상원 의원 10명이 이 법안에 반대표를 던지는 동안, 온건하게 지켜보았다. 의회에서 소득세 법안이 추진되자 그는 대신 헌법 개정을 촉구해 보수파의 손을 들어주었다. 반면 태프트는 한때 사회주의적이라고 비난받았지만 나중에 저축은행에 도움이 되는 것으로 밝혀진 우편 저축 제도를 도입하는 법안을 지지했는데, 이 제도는 은닉처에서 막대한 자금을 끌어와 민간 은행가들이 낮은 이자율로 운용할 수 있도록 하는 제도였다. 또 다른 '사회주의적' 제안인 소포 우편 제도 역시 태프트는 지지했으며, 특송 회사들의 오랜 저항을 겪은 후, 결국 의회를 통과했다.

대통령 재임 기간 동안 태프트는 무역 제한 혐의로 대기업들을 상대로 여러 건의 소송을 제기했고, 대법원의 사법 명령으로 아메리칸 토바코 컴퍼니와 스탠다드 오일 컴퍼니를 해산시켜 여러 개의 경쟁적인 기업으로 분리하는 데 성공하며 만족감을 느꼈다. 그러나 이 승리는, 태프트의 정치적 미래를 위해서는 유감스럽게도, '부당하게' 거래를 제한하는 기업 결합만이 법에 의해 금지된다는 의견을 표명함으로써, 브라이언을 비롯해 트러스트에 대한 무자비한 전쟁을 지지하는 모든 사람들의 분노를 불러일으켰다.

천연자원 관리와 관련하여 태프트는 정통 환경보호론자와 고대로부터의 자유 지지자들 간의 싸움에 휘말리게 되었다. 자신의 의지와는 상관없이 궁지에 몰린 그는, 루즈벨트의 절친한 친구이자 환경 보호 운동에 영감을 준 산림청장 길포드 핀쇼를 해임하고 후자의 편에 섰다. 그 결과로 발생한 인물을 둘러싼 화려한 신문들의 전쟁 동안, 대중은 1910년 여름에 대통령이 서명한 두 가지 기본법, 즉 공유지의 농경지 표면과 그 아래의 광물권을 분리하고 수력 발전 지역의 출입을 금지하는 법에 대해 거의 또는 전혀 주목하지 않았다.

사실 당시 하원에서는 좌익의 반란이 거세게 일어나고 있었고, 정치적 폭풍이 몰아치고 있었다. 1910년 초, 농촌 출신 공화당 의원들과 환희에 찬 민주당 의원들은 수년간 구 정권의 이익을 위해 입법 기구를 조종해온 조지프 캐넌 의장에게 집중 공격을 퍼부었고, 극적인 경합 끝에 그를 운영위원회 위원장 자리에서 축출했다. 그해 가을 선거에서 민주당은 모든 것을 앞세워 큰 차이로 하원의 다수당이 되었다. 이제 전국의 하늘이 '폭행'과 '폭언'으로 뒤덮였고, 이는 큰 헤드라인으로 장식되어 사람들을 즐겁게 했다.

정치적 전통에 따라 민주당은, 행실이 불량한 공화당의 도움을 받아, 일반 소비재에 대한 관세를 인하하는 다양한 법안을 통과시킴으로써 대통령을 당혹스럽게 만들기 위해 최선을 다했지만, 이 법안은 곧바로 거부권이 행사되었다. 정쟁에 시달리던 상원은 태프트가 영국, 프랑스와 열성적으로 협상한 중재 조약을 엉망으로 만들었고, 태프트는 국제 평화라는 대의를 위해 추진하던 프로젝트를 포기해야만 했다. 절정을 이루려는 듯이, 많은 반란파 및 일반 공화당원들의 반대를 무릅쓰고 캐나다와 상호 관세 철폐를 위한 법안을 의회에서 통과시킨 후, 대통령은 캐나다 의회에서 이 법안이 부결되어 자신의 계획이 좌절된 것에 낙담했다. 이처럼 태프트는 사방에서 많은 비판자들을 불러모았지만 어떤 이득도 얻지 못했다.

§

다가오는 대선 캠페인의 개막을 준비하기 위해, 공화당 내의 반대파들은 역사적인 제목에 '진보적'이라는 접두사를 추가하여 라 폴레트의 지도 아래 집결하기 시작했다. 그들은 태프트의 지명 철회를 목적으로 연맹을 결성하고 루즈벨트에게 이 싸움에 동참할 것을 권유했고, 루즈벨트의 거절에 실망하지 않고 위스콘신 상원 의원의 후보 지명을 촉구하기 시작했다.

반란군이 당내 반란의 위험을 일으키는 동안, 루즈벨트는 멀리서 전투를 지켜보면서 때때로 자신만의 방식으로 탄약을 보냈다. 전국의 전략적 요충지에서 그는 플랫, 올드리치, 반스, 캐논 등 옛 동료들에게 충격을 주는 교리를 옹호하는 연설을 해 이성을 완전히 잃었다고 생각하게 만들기도 했다. 그는 정치인으로는 드물게 높은 인지도를 바탕으로 트러스트에 대한 엄격한 규제, 누진소득세, 철저한 [국유지] 보존 프로그램, 정교한 노동법 체계, 직접 예비선거, 주민발안 및 주민투표, 행정관 소환, 사회 개혁의 합헌성과 관련된 사법적 결정에 대한 대중적 검토 등을 지지했다. 1912년 2월, 7명의 공화당 주지사가 좋은 정부의 요건이 그의 출마를 요구한다고 선언했을 때, 불굴의 대령은 지명을 제안하면 수락하겠다고 답했다.

'내 모자는 링 위에 있다!' 루즈벨트가 힘차게 외치며 정치 게임의 스포츠적 요소에 호소하는 슬로건을 내걸고 공화당 전당대회를 차지하기 위한 힘찬 투쟁의 징을 울렸다. 태프트 대통령은 관례적인 방법을 추구하면서 공화당원들이 연방 공직을 장악하고 있는 남부 주에서 대표단을 확보하고, 다른 지역에서는 기술과 신중함을 가지고 후원이라는 엔진을 사용했다. 그러나 공화당의 주요 주, 특히 새로운 예비선거 제도로 유권자가 직접 자신의 의견을 표명할 수 있는 북부의 주요 주에서는 두 저명한 지망생이, 환호하는 군중 앞에서 그루터기를 차지하기 위해, 연단에서 서로를 공격할 수밖에 없었다.

경선이 끝나고 전당대회가 소집되었을 때, 개표 결과 252석이 '논쟁의 소지가 있는' 것으로[대의원들의 대표권에 문제가 있었다는 의미이다] 나타났다. 일반 공화당원들이 통제하는 전국위원회는 어느 정도 사법적 침착함을 보이면서 경쟁자들의 탄원을 듣기 시작했지만 결론은 미뤄졌다. 법리 논쟁을 벌인 끝에 전당대회에서 태프트에게 안전한 과반수를 주는 쪽으로 결론이 났고, 루즈벨트 측 대의원 대부분은 '사기'라는 외침 가운데 퇴장했다. 연기가 걷히자마자 태프트는 위험한 급진주의의 해일로부터 국가를 구하고 있다고 진심으로 믿는 찌끄레기 의원들rump parliament[공화당 내부 분열로 남은 보수파]에 의해 재지명되었다.

정규 조직에서 이탈한 진보파는 라 폴레트에게 충성하는 사람들을 제외하고는 새로운 정당을 만들기 위해 노력했다. 8월에 그들은 시카고에서 1856년 공화당 반란 이후 이 대륙에서 유능한 지도자들이 소집한 가장 이상한 정치 대회인 전당대회를 개최했다. 전형적인 정치인, 노련한 공직자, 군건한 지역 단체장들은 눈에 띄지 않았고, 개혁가, 이상주의자, 루즈벨트를 지지하는 '미치광이 무리'가 좌석을 채우고 위원회실을 꽉 채웠다. 대표단 중 18명이 여성이었으며, 시카고의 유명한 사회 정착촌인 헐 하우스의 제인 애덤스가 기조연설을 했다.

루즈벨트가 직접 참석하여 신앙고백을 하고, 우레와 같은 박수갈채를 받으며 후보 지명을 수락하고, 각 학파의 열성적인 지지자들과 함께 공약을 작성했다. 최종적으로 채택된 종합 신앙고백은 구 정당을 '부패한 이익의 도구'로 비난하고, 직접 민주주의라는 정치적 장치를 승인했으며, 당파적 문서에서 흔히 볼 수 없는 정확성으로 당시 이미 실현 단계에 있거나 적어도 긴급한 선동으로 진행 중인 방대한 제안을 지지했다. 25년 동안 당파 경쟁의 열기 속에서 진행되어 온 아메리카 경제 입법의 주요 경향들이 처음으로 한 정치 단체의 신조를 통해 집중 조명되었다.

한편 민주당은 기회를 최대한 활용했다. 볼티모어에서 열린 전당대회 7일째인 46번째 투표에서 민주당은 뉴저지 주지사 우드로 윌슨을 대통령 후보로 지명했는데,* 윌슨은 여러 면에서 뛰어난 능력을 갖춘 인물이었다. 윌슨은 부유한 촌락의 성직자 중간 계급 출신이었다. 버지니아 주 스턴턴 마을에서 태어난 그는 조지아 주 오거스타와 노스캐롤라이나 주 윌밍턴에서 엄격한 장로교의 후원 아래 성장했다. 존스홉킨스 대학에 재학 중 볼티모어에 잠시 거주한 것을 제외하고는 평생을 작은 마을에서 보냈다. 프린스턴에서 고전과 수학을 공부한 그는 자연과학의 해체적인 영향과 정치경제학의 사회화 도발에서 벗어났다. 그러나 남부에서 자란 그는, 노예를 소유한 귀족들이 사용했던 제퍼슨식 민주주의의 수사를 사용하는 데 익숙했고, 보호관세 아래에서 번영한 계급에 대한 반감을 가지고 있었다.

조지아의 한 시골 마을에서 변호사로 일하는 것이 수익성이 높지도 않고 즐겁지도 않다는 것을 알게 된 윌슨은 법학과 정치학을 가르치는 일로 전향하여 브린 모어 여대를 거쳐 코네티컷 주 미들타운의 웨슬리언 대학을 기쳐 프린스턴으로 자리를 옮겼다. 학계에서 활동하는 동안 그는 법, 역사, 정치에 관한 방대한 저술을 남겼지만, 그의 작품에서 루즈벨트가 말한, 산업 폐기물처럼 버려진 빈민의 비참함이나 부유층과 대중의 대립에 대해 뚜렷한 관심을 드러낸 것은 없었다.

그의 경력과 저술로 볼 때 윌슨은 공화당의 가부장주의와 새로운 민주주의의 사회주의를 모두 혐오하는 구파의 보수적 민주당원으로 간주되었다. 구체적으로 말하자면, 그의 철학은 상품과 자본을 수입하는 상인들을 놀라게 하지 않으면서도 남부 농장주들을 만족시키는 개념이었다. 실제로 윌슨을 대중에게 대통령 후보로 소개한 것은 〈북미 리뷰〉와 〈하퍼스 위클리〉의 편집자였던 조지 하비였으며, 이들 모두 모건이 승인한 출판물이었다. 하비는 윌슨을 클

---

* 1912년 민주당 전당대회에서 46차례나 투표가 진행된 이유는 당내에서 명확한 합의가 이루어지지 않았기 때문이다. 당시 대통령 후보를 선출하기 위해서는 3분의 2 이상의 득표가 필요했는데, 주요 후보였던 챔프 클라크(하원 의장)와 우드로 윌슨(뉴저지 주지사) 중 어느 누구도 처음에는 이 요건을 충족하지 못했다. 6일간의 격렬한 논의와 46번의 투표 끝에, 윌슨이 결국 민주당 후보로 선정되었는데 여기에는 윌리엄 제닝스 브라이언이 클라크에서 윌슨으로 지지를 옮긴 것이 큰 영향을 미쳤다. 당시에는 전당대회에서 대표자들 간의 협상과 타협이 빈번했고, 후보가 명확히 다수의 지지를 받지 못할 때 여러 차례의 투표가 이루어지곤 했다.

리블랜드식의 확고하고 안전한 개인주의자[개인의 책임과 자유를 강조하는 보수적이고 신중한 인물이라는 의미]로 내세웠다. 이는 이유가 없지 않았는데, 월슨은 한때 학문의 숲에서 브라이언이 어떻게든 '일격을 당해 망해버렸으면' 좋겠다고 은밀히 희망한 적이 있었기 때문이다.

그러나 그 모든 것에도 불구하고, 월슨은 네브라스카 주 그라쿠스[윌리엄 제닝스 브라이언]의 추종자들과 공개적인 전쟁을 벌여 화해할 수 없는 적을 만들지 않았다. 반면에 그는 포퓰리스트들이 추진했던 이단들을 지지하지 않고 50세를 넘겼지만, 프린스턴 대학 총장 시절의 짧은 시간을 제외하고는 거대한 기업의 지도자들, 즉 금융과 조직의 나폴레옹들과는 친밀한 관계를 맺은 적이 없었다. 그리고 그 사소한 예외는 월슨의 정신에 깊은 인상을 남겼다. 예를 들어, 그는 장학금을 위해 프린스턴의 부유한 학생들이 운영하는 배타적인 클럽 시스템을 무너뜨리려고 시도했다가, 그 제도의 수혜자이자 독재자 역할을 하는 돈 많은 사람들에게 좌절을 맛본 적이 있었다.

프린스턴에서의 일로 얻은 인기를 만끽하던 월슨은 당시의 지역 불안으로 인해 정치 전쟁의 베테랑보다는 선량한 사람으로 알려진 후보가 필요하다고 생각한 민주당의 구주류 보스들에 의해 뉴저지 주지사로 지명되었다. 무사히 취임한 월슨은, 지지자들을 당혹스럽게 만들며, 새로운 길을 걷기 시작했다. 그는 진보적 성향의 상징들인 직접 예비선거법, 노동자 산업 재해 보상 법안, 공공시설 규제 계획 등을 의회를 통해 통과시켰다. 서부 순회 중에 그는 자신의 당 내에서 실질적인 권력을 쥐고 있던 능숙한 전사 브라이언에게 경의를 표하기 위해 그를 방문했다. 비슷한 시기에 그는 주민발안제와 주민투표제를 지지한다고 선언했고, 직접 민주주의를 지지하는 반란 세력들에게 공감의 신호를 보냈다. 보수파가 젊은 시절부터 중년기까지 안전한 길을 걸어온 그를 신뢰할 수 있다고 생각했다면, 급진주의의 색조를 띤 지지자들은 이제 경험으로 진보적이 된 신중한 학자를 가리킬 수 있었고, 그의 매니저들은 상황의 요구에 따라 그의 역사에서 어느 한 장을 채택할 수 있었다.

대통령 후보로 지명된 직후 윌슨은 탁월한 전술 능력을 발휘한 선거운동에 돌입했다. 그는 뛰어난 연설 솜씨로, 국가 정부가 오랫동안 기업 총수들에 의해 지배되어 왔다고 말하며 '새로운 자유', 즉 중간 계급, 어려운 농민, 도시의 노동자들이 워싱턴에서 정당한 권한을 회복할 때가 왔다고 선언했다. 윌슨은 구체적인 법안을 묻는 질문에 '법안이나 프로그램'을 말한 것이 아니라 '우리 정치의 새로운 정신'을 표현하는 것이라고 답했다.

이 절차에는 강점이 있었다. 진보 세력들은 '이익 단체'에 대한 공격을 통해 안심했고, 겁먹기 쉬운 보수파들은 브라이언식의 공포를 일으키는 구체적인 사항들로 자극받지 않았다. 그러나 그 안에는 약점도 있었다. 신거에서 드러난 것처럼, 윌슨의 득표율은 파커가 받은 표보다 많았지만, 브라이언이 그의 모든 선거운동에서 얻은 표에 비해 낮았으며, 그의 상대들보다 200만 표나 적었다. 실제로 그는 어떤 산업 주에서도 과반수 득표를 하지 못했다. 윌슨이 압도적인 수의 대통령 선거인단을 확보하고 제퍼슨과 잭슨의 당을 연방 정부로 복원시킬 수 있었던 것은 그의 프로그램의 호소력 때문이 아니라 공화당 내부의 갈등 때문이었다는 것은 의심할 여지가 없다. 그렇게 민주당은 급진주의와 보수주의 후보를 번갈아 시도하고 16년 동안 사막에서 헛되이 방황하다가, 국가적 혼란의 소용돌이 속에서 엉겁결에 소수파로서 집권하게 되었다.

윌슨 대통령은 취임하자마자 의회에서 자신의 당을 강력하게 통제했고, 임기를 마치기도 전에, 남북전쟁이라는 격동의 시대 이후 같은 기간에 제정된 가장 주목할 만한 국가 입법 프로그램, 즉 주로 '소시민small folk', 농장주, 농민, 조직된 노동계의 이익을 위해 고안된 입법을 통해 자신의 이론이 국가에 주는 함의에 대해 설명했다. 반세기 만에 처음으로 관세가 대폭 인하되어 오래된 기억들을 소환했다. 통화와 은행 시스템은 금에 의존하는 것보다 더 큰 유연성, 더 넓은 금융 권력 분배, 더 넓은 기반을 확보하기 위해 다소 잭슨주의적인 정신으로 개편되었다. 장황한 사양仕樣이 포함된 반독점법인 클레이튼 법이 거대 기업을 대상으로 시행되었고, 불공정한 사업 관행을 방지하기 위해 연방 무역위원회가 설립되었다. 노동계는 노동조합을 반독점법 적용 대상에서 제외하는 법안, 라 폴레트의 선원법Seamen's Act, 철도 근로자의 하루 8시간 근로제를 통해 일부 성과를 거두었다. 농민들은 여러 관세 혜택과 함께 농업 대출법Farm Loan Act을 통해 정부의 지원을 받아 이자율을 낮출 수 있었다. '우리는 특혜, 악랄한 관세, 낡은 은행법, 탄력적이지 못한 통화로 인해 우리나라가 어려움을 겪고 있다는 것을 발견했다. 우리의 외교는 이기적인 목적을 위한 상업적 이해관계에 의해 지배되고 있었다…… 우리 행정부 하에서, 한 번도 흔들리지 않은 리더십 아래서 이러한 폐해는 시정되었고 우리 국민은 그로부터 해방되었다.' 1916년 민주당이 재집권한 대통령의 업적을 돌아보았을 때 울려 퍼진 승리의 함성이었다.

28

세력 균형의 아메리카

1914년 조용한 여름날, 오스트리아-헝가리 제국 왕위 계승자인 프란츠 페르디난트 대공과 그의 아내가 세르비아 음모자들에 의해 베오그라드에서 살해당했다는 소식이 신문 헤드라인을 장식하며 세력 균형에 강력한 충격을 주고 유럽의 모든 수도에서 전쟁의 망령을 불러일으켰다. 7월 한 달 내내 전 세계는 숨죽이며 이 사건을 지켜보았고, 한쪽에서는 독일과 오스트리아-헝가리 외교관들이, 다른 한쪽에서는 영국, 프랑스, 러시아, 세르비아 외교관들이 이 사건을 놓고 흥정을 벌였지만 무력 사용을 막기 위한 실질적인 조치는 취하지 못했다.

7월 28일 정오, 오스트리아는 세르비아에 선전포고를 했다. 이틀 후 러시아 차르는 총동원령을 내렸는데, 프랑스 정부와의 합의에 따르면 이는 독일 제국에 대한 무력 도전을 의미하는 조치였다. 8월 1일, 독일은 러시아에 선전포고로 응답했다. 영국이, 벨기에의 중립, 프랑스의 통일, 프랑스 식민지의 보전을 전적으로 존중한다는 조건에도, 싸움 바깥에 머물기를 거부하자, 독일 정부는

8월 2일 벨기에 국왕에게 파리로 가는 길에 벨기에 왕국을 침공할 준비를 마쳤다고 발표했다. 바로 그날 아침, 프랑스 정부의 간곡한 요청을 받은 영국은 독일 군함이 영국 해협에서 적대적인 행동을 보일 경우 영국 해군의 지원을 약속했다. 8월 3일, 독일은 프랑스에 선전포고를 했다. 벨기에의 중립에 대한 무조건적인 존중을 요구하고 부정적인 답변을 받은 영국 정부는 다음 날 독일과의 외교 관계를 단절하고 행동에 나섰다. 이제 폭풍은 가차 없이 격렬하게 몰아쳤다. 독일과 오스트리아-헝가리 등 동맹국Central Powers과 러시아, 프랑스, 영국, 세르비아 등 연합국Entente Powers이 치열한 전투를 벌였고, 이탈리아는 사태의 추이를 지켜보며 자신의 역할을 결정하기 위해 대기하고 있었다. 곧 이 허리케인은 전 세계로 퍼져 나갔다.

워싱턴의 국무부에 이 끔찍한 재앙의 절정은 전혀 놀라운 일이 아니었다. 전쟁으로 인해 제기된 국가 운명과 관련된 큰 문제들에 대해 국무부는 잘 알고 있었다. 매킨리와 루즈벨트 행정부 하에서 아메리카 정부는 무역, 영토, 양보를 둘러싼 대공업국들의 격렬한 경쟁에 대해 깊고 활발한 관심을 갖고 있었으며, 외교 정책의 지침으로 일관되게 세력 균형balance of power의 원칙을 따랐다. 앞서 살펴본 바와 같이, 러일전쟁 당시 루즈벨트는, 독일과 프랑스가 러시아 편을 들 경우 '즉시 일본 편에 서서 일본을 위해 필요한 모든 조치를 취할 것'이라고 통보했고, 그 전쟁이 막바지에 이르자 '각국이 서로에게 온건한 영향을 미칠 수 있도록' 의도적으로 전면전을 막으려 노력했다. 세계대전이 발발하기 3년 전, 루즈벨트는 아메리카의 외교 정책에 대해 사건을 밝히면서, 만약 영국이 균형을 유지하지 못한다면 '미국은 유럽에서 힘의 균형을 회복하기 위해 적어도 일시적으로 개입해야 할 의무가 있으며, 우리의 노력이 어느 국가나 국가 그룹을 상대로 이루어져야 하는지는 상관하지 않을 것이다. 사실 우리는 우리의 힘과 지리적 상황으로 인해 점점 더 전 세계의 힘의 균형이 되어가고 있다.' 만약 1914년 당시 국무장관이던 윌리엄 제닝스 브라이언이 이러한 관점을 충분히 이해하지 못했다면, 1914년 8월 30일 E.M. 하우스 대령[군 복무 경력은 없었고 명예 칭호로 그가 텍사스 정계에서 영향력을 행사하던 시절에 얻었다. 당시에는 사회적으로 중요한 인물들에게 이런 명예 칭호를 흔하게 부여했다]에게 '만약 독일이 승리하면 우리 문명의 진로를 바꿀 것이고, 미국을 군사 국가로 만들 것'이라고 말한 윌슨 대통령은 분명히 이해했다.

이러한 역사적 불안감에 따라, 대통령은 사라예보의 비극이 일어나기 몇 주 전부터 유럽이 언제 터질지 모르는 화약고이며 미국에 치명적인 결과를 초래할 수 있다는 사실을 깨달았다. 그는 재앙을 막아야 한다는 생각으로 하우스를 유럽에 파견해 눈앞에 다친 전쟁을 막을 수 있는 일종의 일반적인 우호 관계를 형성하려 했다. 당시 대통령의 견해가 막연했다 해도, 1914년 5월 29일 자 특사로부터 '상황이 매우 심각합니다'라는 경고가 담긴 서한을 통해 곧 구체화되었다. '군국주의가 완전히 미쳐 날뛰고 있습니다. 누군가 당신을 대신해 누군가가 다른 이해관계를 도출하지 않는다면 언젠가는 끔찍한 재앙이 일어날 것입니다. 유럽에서는 아무도 그것을 해결할 수 없습니다. 증오와 질투가 너무 큽니다. 영국이 동의하는 순간, 프랑스와 러시아는 독일과 오스트리아를 압박할 것입니다. 영국은 독일이 완전히 무너지는 것을 원하지 않습니다. 그러면 오랜 적인 러시아와 홀로 싸워야 하기 때문입니다. 하지만 독일이 계속 해군 증강을 고집한다면 영국은 선택의 여지가 없습니다.'

윌슨은 전쟁이 임박했다는 경고를 받았을 뿐 아니라, 6월 26일 하우스 대령으로부터 전 세계가 알고 있듯이 '돈을 빌려주고 개발을 주도하는 국가들 간의 경쟁'이 '국제적 마찰의 대부분'을 야기한다는 사실을 구체적으로 보고받았다. 전쟁이 발발했을 때, 하우스 대령은 대통령에게 '좋은 결과를 기대할 수 없다'는 음울한 판단을 내렸다. '만약 연합국이 승리한다면, 그것은 유럽 대륙에서 러시아의 지배를 의미하고, 독일이 승리하면 앞으로 몇 세대에 걸쳐 군국주의의 말할 수 없는 폭정을 의미할 것입니다…… 독일의 성공은 궁극적으로 우리에게 문제가 될 겁니다.' 윌슨은 이러한 의견을 분명히 공유했다. 그는 벨기에 침공을 개탄하고, 베트만-홀베그[1901~1917년까지 독일 제국의 수상]가 벨기에 조약을 '휴지조각'이라고 언급한 보도에 대해 분노했지만, 유럽 전쟁을 2천 년 동안 구세계를 괴롭혀온 증오에서 비롯된 또 다른 갈등으로 여기며, 아메리카에는 주로 세력 균형의 파괴 가능성에서 중요한 의미를 갖는다고 생각하면서, 다소 중립적으로 바라보았다.

하지만 미합중국 국민 대다수는 그러한 직접적인 경고를 받지 못했고, 전쟁 발발을 이해할 만한 외교 철학도 없었다. 일부 아메리카인들은 교전 당사국 정부가 오랫동안 무력 심판을 준비해 왔다는 사실을 알고 있었지만, 대다수의 아메리카인들은 사업이 끝없이 평소처럼 계속될 것이라는 믿음에 안주하고 있었다. 앞서 지적했듯이, 국제 평화보다 대중에게 더 눈에 띄거나 높은 존경을 받는 대의명분은 없었다.

정당들조차도 평화 운동이 축사를 받을 만큼 중요하다고 생각했다. 불과 2년 전만 해도 공화당과 진보당 모두 국제 분쟁의 평화적 해결을 지지했다. 진보당은 루즈벨트 대령과 제인 애덤스의 지도 아래 아마겟돈으로 향하며 '우리 문명에서 야만적인 국가 간 전쟁 체제가 살아남아 있다는 것'을 개탄하며 분쟁 해결을 위한 시민적인 수단[비군사적, 외교적, 평화적 수단]으로 대체하는 것을 선호했다.

순수하고 평화로웠던 그 시절, 독일 제국을 '그날'을 준비하는 거대한 전쟁 기계로 보고 공포와 두려움에 떨었던 사람은 거의 없었다. 오히려 독일 상류층과 저명한 아메리카 시민들 사이에는 가장 가까운 우정의 유대가 존재했다. 맥주, 돼지고기, 설탕으로 돈을 번 독일계 아메리카인들은 베를린 궁정에 침입하는 데 아무런 문제가 없었고, 지방 부르주아 문화에 물린 많은 토종 아메리카인들은 포츠담에서 황제 폐하의 위엄에 매료되었다. 뉴욕의 일부 서클에서 열린 저녁 만찬은 '최고위층'의 측근들이 직접 전하는 가십으로 활기를 띠었다. 교수들도 대대적으로 교류를 나눴고, 프로이센의 2등과 3등 훈장이 아메리카 유명 인사들 중 엄선된 이들에게 화려하면서도 사려 깊은 정성을 담아 수여되었다. 카이저에게 소개되는 것은 에드워드 7세나 조지 5세에게 소개되는 것만큼이나 중요한 행사로 여겨졌다.

루즈벨트 대통령은 유럽 여행을 준비하면서 독일의 초청을 기대했고, 마침내 바람대로 초청을 받아들여 빌헬름 2세가 베푼 환대를 마음껏 즐겼다. 특히 그는 황제의 왼편에서 기운 넘치는 말을 타고 독일군을 사열하는 기회를 대단히 만족스러워했다. 루즈벨트는 1913년에 출간된 자서전에서 황제와 자신을 고된 삶의 사도로 묘사한 유명한 〈펀치〉의 만화를 재현하며 기쁨을 감추지 못했다. 빌헬름의 자비로운 은혜에 깊은 감명을 받은 한 저명한 대학 총장은 독일이 공화국이라면 국민들이 만장일치로 호헨촐리른 가문을 대통령으로 선출했을 것이라고 선언했다. 물론 몇몇 급진주의자들은 신과 자신에 대한 언급으로 가득 찬 카이저의 연설을 비웃었고 빌헬름 2세를 상트페테르부르크 외곽에서 민주주의의 가장 큰 위협으로 간주했지만, 냉정하고 존경할 만한 아메리카 대중은 독일 정치에 대해 거의 알지 못했고 동쪽 지평선[독일 및 동유럽 지역에서의 정치적 · 군사적 위협]에 거대한 그림자가 드리워지면 별로 좋은 일이 없을 것이라고 생각했다.

§

영국과의 관계도 점점 더 우호적으로 변하고 있었다. 1898년 미국이 지구상의 제국주의 국가들로 편입되는 것을 환영하며 영국 지배층이 내민 우호적인 손길은 미국에 많은 오래된 상처를 잊게 했다. 헨리 애덤스의 말처럼, 독일이라는 유령에 대한 두려움이 런던의 마음을 바꾼 것인지의 여부는 외교사 연구에 관심이 없는 아메리카 대중에게는 별로 중요하지 않았다. 대중이 명백히 알고 있는 것은 스페인-아메리카 전쟁 당시 영국이 보여준 우호적인 지원이었다.

그렇게 엮어진 유대는 영국과 프랑스가 독일에 맞서 전쟁에 함께 참여하게 한 앵글로-프랑스 협정을 주도한 에드워드 7세에 의해 강화되었다. 1905년 2

월, 대륙 조정을 완성하는 과정에서 에드워드 7세는 자발적으로 루즈벨트 대통령에게 접근해 이렇게 말했다. '대통령님, 당신과 나는 앵글로색슨 민족의 두 위대한 분파의 운명을 감독하라는 부름을 받았으며, 내 생각에는 이 신뢰만으로도 우리를 하나로 모으는 데는 충분할 것입니다.'

　이렇게 서신으로 시작된 개인적인 우정은 이후 의사 소통을 통해 더욱 깊어졌다. 1905년, 루즈벨트가 일본과 영국과의 비밀 협정을 통해 영국-일본-미국이 동아시아에서 협력하기로 한 합의는 로지 상원 의원의 에드워드 7세 방문을 통해 더욱 강화되었다. 로지 상원 의원은 대통령의 지시로 '우리는 극동아시아에서 협력하는 것처럼 유럽에서도 미국과 영국이 함께 협력할 것'이라는 의사를 전달했다. 실제로 1913년 아메리카의 유능한 역사학자 롤랜드 G. 피셔는 범독일주의와의 전쟁시 아메리카가 영국과 프랑스를 지원하기로 하는 비밀 합의가 이루어졌다고 선언할 정도로 이러한 의사소통은 활발하게 진행되었다. 비록 이 주장은 공식적으로 부인되었지만, 그 배후에는 의심할 여지 없이 실질적인 현실이 있었다. 어쨌든 1914년 여름, 영국과 미합중국 사이에 심각한 갈등이 발생할 가능성은 없었을 정도로 그 길은 매우 조심스럽게 정리된 것은 분명하다.

§

　세계대전이 발발할 당시의 상황을 고려할 때, 결과에 대한 명확한 암시를 기다리던 윌슨 대통령이 워싱턴 시대부터 자신의 시대까지 관습에 의해 승인된 언어와 형식으로 아메리카의 중립을 선언하는 것은 지극히 당연해 보였다. 그리고 8월 18일에 그는 이 엄숙한 행사를 동료 시민들에게 생각과 행동에서 공평해야 한다는 경고로 보완했다. 〈전망The Outlook〉의 칼럼을 통해 정기적으로 국민과 소통하던 루즈벨트 전 대통령은 9월 23일자 기고문에서, 윌슨은 벨기에 침공에도 놀라거나 섣부른 판단을 내리지 않았다면서 윌슨의 불개입 정책을 지지해 미국의 공식적인 입장을 강화했다. 3년 전 그는 로지 상원 의원에게 '내가 개인적으로 아는 바로는 독일의 전쟁 계획에는 벨기에와 스위스를 통한 측면 공격이 포함되어 있다'고 썼고, 〈전망〉 기사에서는 '우리가 벨기에를 도울 수 있었을 가능성은 거의 없다. 벨기에에 닥친 일에 대해 우리는 전혀 책임이 없다'고 고백했다. 전반적으로 루즈벨트는 아메리카의 중립을 촉구하고, 아메리카가 '구세계의 위대한 군사 강대국들 사이에서 격렬하고 보복적인 증오를 낳은 대의명분의 작동으로부터 자유롭다는 사실'에 감사하며, '긴급한 필요 외에는 우리의 중립을 깨고 어느 한 편을 드는 것이 정당화될 수 없다'고 단호하게 선언했다. 그러나 루즈벨트는 몇 주 만에 서둘러 입장을 바꾸어 자신의 회피 교리와 벨기에에 대한 자신의 이론을 부인하고 위기에 대한 영국의 관점으로 급격히 전환했다.

오랜 기간 외교의 내부 흐름에 정통한 전직 대통령마저 그렇게 짧은 시간 내에 정반대의 의견을 가질 수 있었다면, 국민들 사이에서 생각에 많은 혼란이 있었던 것은 결코 놀라운 일이 아니었다. 사실 공정한 판단을 내리거나 유지하기가 어려웠는데, 그 이유는 그 양과 강도가 점점 더 커지는 선전의 소음에 온 나라가 곧바로 휩싸였기 때문이다. 조국에 대한 애정의 정서를 물려받은 독일계 아메리카인들 사이에서는 동맹국에 대한 솔직한 동정심이 있었고, 영국의 지배에 대항한 자국민의 오랜 투쟁을 쓸쓸하게 회상하는 아일랜드계 아메리카인들 사이에서는 영국의 파멸이 마침내 왔다는 희망이 솔직하게 표현되었는데, 이것은 동맹국 정부에 의해 공개적으로 그리고 은밀하게 자극받은 친독일 여론의 원천이었다. 한편 영국과 캐나다 출신의 수많은 시민들은 영국 정부의 적극적인 지원을 받아 전쟁에 대한 공식 요강을 담은 선전물로 아메리카를 적시는 사업을 통해 연합국에 대한 열정을 불러일으키는 데 상대방보다 덜하지 않았다. 혈연이나 무역으로 교전국과 직접적인 연결이 없는 아메리카인들이 전쟁에 대한 당파들의 광란의 외침에 분개했다 하더라도, 유럽 교전국의 장점을 놓고 벌어지는 당파 논쟁의 굉음에 묻혀 거의 들리지 않았다.

선전가들은 '미국을 교육하는' 작업에서, 아메리카인들은 교전국들이 자국을 방어하기 위해 발행한 엄선된 외교 문서로 가득 찬 레드북, 화이트북, 옐로북보다 잔혹 행위에 대한 이야기에 더 쉽게 감동을 받는다는 사실을 곧 발견했다. 이 점에서 독일군은 영국의 중립성 보장을 포함한 벨기에 침공으로 특히 공격의 빌미를 제공했는데, 일요일 신문의 만화 섹션에서 높은 오락성을 발견한 국민에게 벨기에의 중립성은 델포이의 신탁[델포이의 신탁은 애매하고 해석하기 어려운 것으로 유명했는데 그만큼 난해하고 이해하기 어려운 문제로 보였다는 의미]과도 같았다. 이러한 심리를 이용하여 영국 정부는 아메리카에서 널리 존경받는 제임스 브라이스에게 벨기에에서 독일의 '끔찍한 행위'에 대한 보고서에 서명하도록 유도하는 대활약을 펼쳤는데, 이 보고서는 내용이 모호하고 적절성이 떨어지는 무거운 국가 문서였지만, 그럼에도 불구하고 이를 요약한 신문 헤드라인을 읽은 사람들의 등골을 서늘하게 하는 끔찍한 이야기였다. 양 교전 세력이 윌슨 대통령의 중립 정책 시기에 미국의 지적 수준을 훼손한 사건들의 대차대조표를 모두 집계할 수는 없지만, 이미 드러난 약간의 폭로는 그 계획이 얼마나 절박하게 추진되었고 이해관계가 얽힌 당파들이 대중에게 먹인 독이 얼마나 독한 것이었는지를 보여준다.

연합국Entente 선전의 기술을 완성하기 위해 그들의 감정을 뒷받침할 신조가 필요한 사람들을 지도하기 위한 완전한 공식 교리가 만들어졌다. 그것은 다음과 같은 형태로 진행되었다. 독일과 오스트리아는 전제적인 전쟁 군주 아래서 이웃 국가들을 압도하고 세계의 주인이 될 날을 오랫동안 계획하고 준비해 왔다. 반면에 영국, 프랑스, 러시아는 아무런 의심 없이 평화만을 진심으로 원하며 무방비 상태로 지냈다. 영국과 프랑스가 모로코에서 모든 사람의 평등권을 지키려고 노력하는 동안, 독일은 무력을 과시했고, 이제 오스트리아 대공 암살에 대한 논란을 틈타 동맹국은 순진한 희생자들에게 호랑이처럼 달려들었다.

이 아기들을 위한 이야기는 계속해서, 독일은 약소국의 권리를 보호하려는 열망으로 모든 열강이 중립을 보장한 작고 힘없는 나라 벨기에를 침공했고,

이 무방비 상태의 왕국을 침공하는 과정에서 독일은 인류에 대한 범죄, 전쟁의 이름으로도 정당화될 수 없는 행위, 무력 충돌에 수반되지 않는 끔찍한 행위들을 저질렀다는 것을 알려줬다. 독일이 연합국의 신앙 조항에 따라 악명을 떨친 정점은 다른 그리스도교인들이 하지 않는 일, 즉 비무장 상선을 상대로 새로운 전쟁 무기인 잠수함을 동원해 화물과 선원, 승객을 모두 바다 밑으로 가라앉히는 만행을 저질렀다는 것이었다. 많은 세부 사항으로 장식되고 소문과 끔찍한 이야기로 수놓아진 이 연합국의 전쟁 신조는 아메리카 국민들에게 반복해서 열성적으로 강요되어, 광범위하고 강력한 집단에서 메디아와 페르시아의 법처럼 굳어졌다. 이러한 신조의 일부라도 의심하는 것은 스스로를 야만인이자 '훈족'으로, 1917년 이후에는 아메리카에 대한 반역자로 규정하는 것이었다.

§

아메리카의 재산과 생명, 힘의 균형이 유럽에서 벌어진 전쟁에 휘말리지 않았다면, 프로파간다는 말로만 끝났을지도 모른다. 하지만 말보다 더 중요한 것이 걸려 있었다. 나폴레옹 전쟁 당시와 마찬가지로 아메리카인이 교전국 및 중립국과 육지와 해상에서 교역할 수 있는 권리는 전쟁법에 의해 제한되었을 뿐만 아니라, 교전국 양측에 의해 자주 무시되었다. 당연히 해양 무역이 본질이었기 때문에, 바다의 지배자인 영국은 모든 시대 지배적인 정부의 일반적인 관행에 따라, 자신의 요구 사항을 고려하여 국제법의 규칙을 발전시켜 왔다. 실제로 해상법은 육상 강대국들의 거듭된 항의에도 불구하고, 영국이 허용한 것 이상도 이하도 아니었다.

오랜 세월에 걸쳐 확립된 이 법의 원칙 중에는 지금 벌어지고 있는 분쟁과 특별히 관련이 있는 세 가지가 있었다. 첫째, 일반적으로 교전국은 적의 항구를 봉쇄할 수 있지만, 합법적인 봉쇄가 되려면 군함이 해안선을 면밀히 순찰하여 유지해야 했다. 그러나 잠수함의 위협으로 인해 모든 교전국이 이러한 순찰을 할 수 없게 되었다. 두 번째 법칙은 전쟁 물자, 즉 무력 충돌에 유용한 물자 및 그러한 물자를 운반하는 선박을 해상에서 나포할 수 있도록 규정했는데, 이는 독일 무역을 파괴하기 위해 연합국이 엄청난 힘을 발휘한 원칙이었다. 교전국으로서 의심의 여지가 없는 권한을 행사한 영국은 전쟁 물자로 지정된 물품 목록을 꾸준히 확대하여 상상할 수 있는 거의 모든 중요 물품을 포함시켰고, 이런 식으로 독일의 직접적인 해상 무역 전체를 박살 냈다.

하지만 그것만으로는 충분하지 않았다. 독일은 중립국들— 스칸디나비아 국가들, 네덜란드, 스위스, 이탈리아 —에 인접한 지리적 위치 덕분에 이웃 국가로부터 물자를 구매할 수 있었고, 이웃 국가들은 다시 해로를 통해 안전하게 들어오는 국가로부터 물자를 구매할 수 있었다. 그래서 세 번째로, 연합국은 남북전쟁 당시 아메리카가 세운 선례에 따라 전쟁 물자 규정을 적용할 때 화물이 선적된 항구가 아니라 화물의 최종 목적지를 소유권과 목적의 기준으로 삼았다. 이 넓게 펼쳐진 그물망에 전 세계의 무역이 걸려 있고, 법의 복잡한 미묘함으로 방해되었음에도 불구하고, 주요 해상 강국인 영국이 자국의 이익에 부합한다고 생각한 방식으로 취급되었다.

잠수함 때문에 해적들이 바다에서 대기하며 배를 수색하는 구식 관행이 위험하다는 사실을 알게 된 영국 지휘관들은 명령에 따라 상선을 항구로 끌고 가서, 때로는 그들의 운명이 공식적으로 결정되기 전까지 몇 달 동안 억류하는 관행을 채택했다. 이 과정에서 우편물, 소포, 상자들이 수색 및 압수되었으며, 해외에 있는 아메리카 상인들의 서신이 샅샅이 조사되고 수표와 우편환이 압수되고 사업 기밀도 탐색되었다. 게다가 공해는 명목상으로 모든 국가에 개방되어 있었지만, 영국은 독일군이 북해에 치명적인 접촉 기뢰를 설치했다고 주장하면서, 1914년 11월 2일 이 지역 전체를 군사 구역으로 선포하고, 3일 후 스칸디나비아 국가로 향하는 선박에 대해 자국의 수색과 압류 구역을 통과하는 북부 항로를 이용하도록 명령하면서, 실질적으로 폐쇄되었다. 1915년 1월 독일 정부가 아메리카로부터의 선적을 제외한 식량을 국유화하자 영국 당국은 독일로 향하는 곡물과 밀가루를 조건부 금수품으로 규정했다.

이 시점에서, 베를린은 윌슨 행정부가 영국에 대해 아메리카의 권리를 집행하는 데 실패했다고 주장한 후, 영국 제도 주변 해역을 전쟁 구역으로 선포하고 적 상선을 어디로 향하든 파괴하겠다고 발표했으며 영국 선장들이 종종 거짓 국기를 휘날리기 때문에 모든 국가의 선박이 위험에 처해 있다고 중립국들에게 경고했다. 실제로, 아메리카는 영국의 전쟁 규칙 위반에 대해 강력하게 반복해서 항의했는데, 이 항의는 런던 주재 미합중국 대사인 월터 하인스 페이지가 '생각이나 사실에서 중립이 아니었다'고 자랑할 정도로 강력했고, 워싱턴에서 보낸 항의 서한을 영국 정부에 전달할 때 정중하게 사과했다.

그러나 윌슨 대통령은 전쟁 규칙을 유지하기 위해 영국과 독일 사이에서 협상을 시도하지 않고, 미합중국 정부는 아메리카인의 생명과 재산 파괴에 대해 제국주의 독일 당국에 엄중한 책임을 물을 것이라고 베를린에 신속하고 단호하게 경고했다. 이 경고에 대해 독일은 영국이 봉쇄를 통해 식량을 통과시키면 잠수함 작전을 중단하겠다고 답했다. 하지만 대통령은 기존 입장을 고수하며 여전히 협상을 거부했다.

분명 상황의 모든 요소가 미묘했다. 잠수함은 한 아메리카인이 발명한 새로운 전쟁 도구였고, 잠수함 사용에 대한 규칙도 아직 정해지지 않았다. 잠수함이 등장하기 전에 발전된 기존 법은 군함이 나포 및 파괴의 위험이 있는 상선을 정지시킬 때마다 승객과 승무원의 안전을 보장해야 한다고 규정하고 있었다. 이 법의 운영은 영국에 유리하게 작용했기 때문에 수정할 이유가 없었고, 더구나 이 유서 깊은 법은 인도주의적 특성을 가지고 있어, 당시 영국 국민들에게 위안을 주었다. 반면에 독일은 봉쇄로 인해 목이 졸린 상태에서 새로운 상황에 대한 입법을 모색했고, 그 새로운 법은 주로 적국의 민간인에게, 부수적으로 중립국에게 참호와 전장의 공포를 안겨줄 위협이 있었다. 의심할 여지 없이 아메리카의 도덕적 정서는 독일의 주장에 강력하게 반대했지만, 많은 아메리카 해군 전문가들은 미래의 전쟁에서 잠수함의 필요성을 예견하고 폭탄,

화염, 독가스에 의한 비전투원 파괴의 궁극적인 확대를 예상하면서 독일의 선례가 가볍게 배척될 수 없는 사례라고 생각했다.

§

곧 사실을 시험하는 사건이 결정을 불가피하게 만들었다. 아메리카의 압력을 통해 영국의 지배력을 완화하려는 노력이 실패하자 독일군은 위협에 따라 상선에 대한 작전을 시작했다. 예상대로 아메리카 선박과 승객, 선원들이 수시로 이 작전에 휘말렸고, 새로운 사건이 발생할 때마다 긴장이 고조되었다. 긴장이 이미 높아진 상태에서, 1915년 5월 1일 아침, 워싱턴 주재 독일 대사관에서 서명한 광고가 미합중국 신문에 실렸다. 이 광고는 미합중국 시민들에게 전쟁 구역의 위험, 특히 영국 선박에 승선하는 것의 위험성을 경고했다. 바로 그날, 영국 증기선 루시타니아 호는 탄약과 많은 승객을 싣고 전쟁 보조 선박으로 분류되어 허드슨 강을 따라 내려와 바다로 향했다. 6일 후, 아무런 경고도 받지 못한 채 배는 두 발의 어뢰에 맞았고, 몇 분 만에 뱃머리부터 침몰하면서 아메리카인 백여 명을 포함해 천 명이 넘는 사람들이 수장되었다.

이 소식이 아메리카 전역에 전해지자 공포의 전율과 함께 즉각적인 복수의 외침이 이어졌다. 몇몇 편집자와 홍보 담당자들은 이 참사의 희생자들이 위험에 대해 충분히 경고받았음에도 불구하고 자발적으로 위험을 감수했고, 북해에 불법적으로 뿌려진 영국 기뢰로 인해 이미 아메리카인들의 생명이 파괴되었으며, 루시타니아 호의 선장이 증기선의 운항 속도를 줄여 파멸을 초래했으며, 이 재앙은 비통하고 끔찍하지만 전쟁의 수많은 끔찍한 국면 중 하나에 불과하다고 주장했다. 그러나 윌슨 대통령은 이 문제를 그렇게 생각하지 않았다. 사실을 알게 되자마자 그는 베를린에 서한을 보내 독일 정부에 그 행위에 대해 배상하고 의도된 게 아니라고 선언하고disavow 그러한 행위의 재발을 방지할 것을 촉구했다. 그런 다음 그는, 운명을 선언하듯 엄숙하게, 그의 정부는 '미국과 그 시민의 권리를 유지하고 그들의 자유로운 행사와 향유를 보호하는 신성한 의무를 수행하는 데 필요한 어떤 말이나 행동도 생략하지 않을 것'이라고 밝혔다.

그 순간 주사위는 던져졌다. 이에 대해 독일은 시간을 끌며, 영국이 아메리카의 권리를 존중한다면 자신도 그렇게 하겠다고 제안하며, 다시 협상을 시도했다. 이러한 협상 정책에 대해 윌슨은 단호하게 거부했으며, 협상 거부에 분개한 브라이언 국무장관을 내각에서 사임하게 만들었다. 그는 사적으로, 자국의 이익에 단호한 영국 정부에는 부드럽게 대하면서 중재에 기꺼이 응하려는 독일 정부를 강압하는 것이 공정하다고 볼 수 없다고 항의했다. 결국 독일은 몇 주간의 흥정 끝에, 1915년 9월 1일, 비전투원의 안전을 보장하지 않고 경고 없이 여객선을 침몰시키지 않기로 합의했다. 이 소식을 들은 〈뉴욕 타임스〉는 '외교뿐만 아니라 이성과 인류애, 정의와 진실의 승리다!'라고 외쳤다. 하지만 이는 휴전이었을 뿐, 평화는 아니었다.

§

유럽에서 벌어지는 절망적인 분쟁, 끊임없이 울려 퍼지는 선전물, 영불An-glo-French 국채를 사들인 투자자와 연합국에 막대한 물자를 판매한 제조업체들의 불안, 독일군의 승리를 진정으로 두려워하는 시민들의 지속적인 요구, 외교 관계의 팽팽한 긴장감 등이 모두 결합되어 아메리카의 국내 정치를 격렬한 폭풍 속으로 몰아넣었다. '대비'를 옹호하는 사람들에게는 인상적인 주제와 청중이 주어졌다. 1914년 12월, 동부 자본가들의 지원을 받아 조직된 국가안보연맹National Security League은 전투에 필요한 적절한 장비를 요구하며 오래된 해군연맹에 합류했고, 해군연맹이 민주당 의원들을 충분한 힘으로 규탄하지 못하자 아메리카방위협회American Defense Society가 나섰다. 그런 다음 아메리카권리위원회American Rights Committee가 동맹국Central Powers과의 즉각적인 전쟁을 요구하며 무대로 달려갔다. 다른 한편에서는 전쟁이 임박했을 때 평화주의가 안전을 보장할 수 있다고 상상하는 극단주의자들의 통제하에 평화 선전이 표류하기 시작했고, 그들의 무모함은 전쟁을 원하는 당파의 분노를 두 배로 증가시켰다.

정권을 잡고 있는 민주당은 당연히 모든 정파의 공격을 견뎌야 했고, 그들의 지도자인 윌슨 대통령은 그 충격을 고스란히 감당해야 했다. 공정한 평화를 위한 국가 간 협상에 바빴던 윌슨 대통령은 영국에 공정한 해결책을 제안하는 것으로 분쟁을 종식시킬 수 있기를 헛되이 바라면서 추가 군사 장비에 대한 모든 요구를 오랫동안 거부했다. 하지만 1916년 구체적인 형태로 공개되지 않은 이유로 양보했지만, 실제 전쟁 준비로 가는 길에서는 그리 많이 나아가지 않았다. 아마도 반항이라기보다는 제스처에 가까웠던 의회는 그해에 군대를 강화하는 네 가지 특별 조치를 통과시켰다. 하나는 정규군과 주 방위군을 확대하고, 다른 하나는 3년 내에 10척의 드레드노트와 6척의 전투 순양함 건조를 승인하고, 세 번째는 국방위원회를 설립하고, 네 번째는 공공 비용으로 상업용 해군을 창설하는 해운위원회법Shipping Board Act을 제정한 것이었다.

이 무렵 아메리카는 또 다른 대통령 선거전이 한창이었다. 공화당과 진보당은 과거의 원한을 접어두고 윌슨에 대한 공동의 반대를 표명하며, 찰스 에반스 휴즈를 대법원에서 불러내 그들의 후보로 내세웠다. 공화당은 강령에서 이렇게 말했다. '우리는 정의와 권리의 평화를 원한다. 우리는 유럽의 대전에서 교전국들 사이에서 올곧고 정직한 중립을 유지해야 한다고 믿는다. 우리는 두려움이나 호의 없이 중립국으로서 모든 의무를 수행하고 모든 권리를 주장해야 한다.' 휴즈는 선거 연설에서 이 고상한 정서를 반복해서 강조했기 때문에 연합국의 적극적인 지지자들과 유권자 중 아일랜드와 독일 세력이 그의 기치 아래 단결하는 데 아무런 어려움이 없었다. 그러나 그는 어떤 식으로든 자신의 당선이 독일과의 전쟁을 의미할 것이라는 인상을 주었고, 모든 행사에서 이미 연합국의 운명에 깊이 관여하고 있는 산업계와 금융계의 상상력을 사로잡았다.

휴즈의 당선이 자본주의적 제국주의의 승리를 의미한다는 것을 두려워한 모든 학파의 급진주의자들과 평화주의자들은 지속적인 평화를 위한 최선의 희망으로 윌슨을 선택했다. 민주당은 이러한 지지를 거부하거나 그러한 지지의 평화주의적 의미를 부정하지도 않았다. 그들은 환호성을 지르며 윌슨을 후보로 지명하면서 당의 입법 업적을 특유의 자부심으로 회고하며 '우리 정부의 중요한 이익을 보존하고 전쟁을 막은 위대한 대통령의 눈부신 외교적 승리'를 칭송했다. 평화 문제에서는 서부 지역의 여성 유권자들에게 특별한 호소가 이루어졌다. 휴즈가 헌법 개정안에 찬성한다고 선언한 후 전투적인 참정권 운동가들이 휴즈에게 몰려드는 것에 두려움을 느낀 윌슨은 '마술사' 더들리 필드 말론을 태평양 연안에 보내 평화와 표의 교환을 약속하고, 여성 운동에 대한 대통령의 적대감을 상쇄하기 위한 다른 공약을 내걸게 했다. 이 전략은 매우 효과적이었다. 몇백 표 차이로 캘리포니아의 판세가 뒤집혀 윌슨의 재선을 보장했다.

대체로 잭슨주의 당의 텃밭이었던 서부 및 남부 농업 주에서는 민주당이 과반수를 차지한 반면, 산업 및 금융 중심지인 동부에서는 휴즈에게 압승을 선사했다. 윌슨이 모든 선량한 동지들의 두 번째 선택이 되어야 한다고 솔직하게 선언한 사회당 후보 앨런 벤슨의 조언에 따라 당원들이 대통령의 평화 진영으로 몰려들면서 사회당 표도 크게 떨어졌다. 선거인단에서 민주당은 박빙의 승리를 거두었지만 윌슨을 지지하는 다수 대중이 결정적이었다.

§

선거 결과를 화해 정책을 지지하는 판결로 받아들인 윌슨 대통령은, 선거가 끝난 직후 교전국들에게 공개서한을 보내 협상을 제안하고 전쟁을 종식시킬 수 있는 조건을 명시해 달라고 요청했는데, 이는 그가 하우스 대령을 통해 교전국들과 오랫동안 진행해온 협상과 일치하는 조치였다. 1916년 초, 그는 민주주의 이론에 입각한 평화 프로젝트를 가지고 연합국 열강에게 접근했고, 어느 쪽에도 큰 제국주의적 이득을 제공하지 않는 것을 염두에 두고 있었다. 심지어 독일이 난색을 표할 경우, 그들의 편에서 미국을 전쟁에 참전시킬 수도 있다고까지 언급했다. 그러나 그가 모르는 사이 영국과 프랑스는 이미 러시아, 이탈리아, 일본과 비밀 조약을 맺어 전리품을 미리 나눠 가진 상태였으며, 최소한 평화주의 원칙에 따른 아메리카의 군사 지원은 원하지 않았다. 영국과 프랑스의 냉담한 거절을 경험한 윌슨은 1916년 12월, 평화 협상을 위한 자신의 제안을 전 세계에 공개하기로 결심했다. 그의 성명서에 대한 답신으로 당시 전쟁에서 우위를 점하고 있던 동맹국은 회담에 응할 준비가 되어 있다고 밝혔지만, 연합국이 수락의 대가로 파격적인 조건을 내걸면서 중재 노력은 수포로 돌아갔다.

이전 시도의 결과에 실망하지 않은 윌슨은 1917년 1월 22일 상원 연설에서 특정 원칙에 따라 국제적 화합을 회복하는 데 참여하는 것이 아메리카의 의무라고 선언하면서 이 주제로 돌아갔다. 그는 짧게 요약된 몇 가지 원칙을 나열했다; '승리 없는 평화', 각 민족의 자유와 자치권, 폴란드의 독립, 해양의 자유, 군비 축소, 얽히고설킨 동맹의 폐지. 만약 새로운 요소들이 개입하지 않았다면, 윌슨이 제안한 이 프로그램은, 각 교전국의 전쟁파들에게는 혐오스러운 조건이었지만, 오랜 분쟁으로 교착 상태가 지속되어 유럽 국민들의 마음이 병들고 매 분기마다 사회 불안이 가중되는 상황에서 평화 문제의 유일한 해결책이 될 수 있었을 것이다. 그러나 1월 31일, 워싱턴 주재 독일 대사 폰 베른슈토르프 백작이 잠수함 작전을 재개하겠다고 발표하면서 기나긴 교착 상태는 놀랍도록 갑작스럽게 깨지면서 전환점이 찾아왔다. 그로부터 3개월 만에 아메리카는 연합국과 함께 독일 제국과의 전쟁에 휘말리게 되었다.

§

'중립을 지키는 일'에 몰두하던 그 끔찍한 시기에 윌슨의 머릿속에는 무엇이 있었을까? 세계를 뒤흔들고 있는 분쟁을 그는 어떻게 바라보았을까? 이 질문에 대한 답은 윌슨이 아메리카를 전쟁에 끌어들인 후 쓰인 전기나 찬사들에서 찾을 수 없다. 유럽에서 투쟁이 시작된 첫 해 동안 그의 사고의 흐름을 보여주는 그의 개인적인 기록들이 아직 국가 앞에 놓여 있지 않았기 때문에 자신의 저술에서도 찾을 수 없다. 그럼에도 불구하고 이 미스터리는 완전히 봉인되지 않았다. 다행히도 1914년과 1917년 사이에 작성된 런던 주재 아메리카 대사 월터 하인스 페이지의 서신과 내무부 장관 프랭클린 K. 레인의 서신에서, 그리고 하우스 대령과의 서신에서 독일 제국주의 정부의 조치와 함께 선전 선동과 끊임없는 전쟁의 목소리가 대통령을 전쟁에 참여시키기 전에 발전했던 그의 생각을 엿볼 수 있다.

이 기록들에 따르면, 아메리카가 전쟁에 참전하기 전까지 윌슨은 감정의 기복에도 불구하고 양측 교전 세력의 허세를 다소 냉정하게 바라보았으며, 제국주의의 전리품을 둘러싼 상업 세력 간의 전쟁으로 간주한 경향이 있었다는 것은 명백한 것 같다. 페이지는 이렇게 불평했다. '대통령은 경제 등 여러 가지 모호한 원인에 의해 촉발된 전쟁이라는 생각에서 출발했다…… 따라서 우리는 세계에서 위기에 처한 자유주의와 민주주의의 편에 서서 돕는 데 실패했다.'

1916년 대사가 영국의 정의로움을 윌슨에게 각인시키기 위해 아메리카로 돌아왔을 때, 그는 그 특별한 호소에 대해 그의 최고 상관이 다소 냉담한 태도를 보였다는 것을 알게 되었다. 페이지에 따르면, 이 자리에서 윌슨은 '이 전쟁은 여러 가지 원인, 그중 일부는 오래전부터 시작된 원인들의 결과'라고 설명했다. '그는 영국이 지구를 가지고 있고 독일은 지구를 원한다고 말했다. 물론 그는 독일의 체제가 모든 면에서 미국에 반한다고 말했다. 그러나 나는 그것이 그에게 매우 큰 도덕적 책임을 지웠다고는 생각하지 않는다.' 페이지가 다른 곳에서 기록했듯이 '전쟁이 시작되었을 때 윌슨과 그가 만난 모든 사람들은 연합군에 진심으로 동조했다'고 했지만, 전쟁 2년이 끝났을 때 윌슨 대통령의 입장은 분명히 그랬다.

레인의 편지에서 페이지의 의견은 충분히 확인된다. 1917년 2월 2일, 독일이 잠수함 전쟁을 재개할 것이라는 소식이 전해진 뒤에 윌슨은 내각 회의 중 유럽 분쟁에서 어느 쪽이 승리하기를 바라느냐는 질문을 받았다. 그는 주저하지 않고 '어느 쪽도 승리하길 원하지 않는다'고 대답했다. 두 나라 모두 중립국의 권리에 무관심했기 때문이라는 이유였다. 단, 독일은 생명을 빼앗는 데 잔인했고, 영국은 재산을 빼앗는 데 잔인했다고 덧붙였다.

잠시 후 윌슨은 '미국은 전쟁의 위험을 감수할 준비가 되어 있지 않다'고 덧붙였다. 반대 견해를 가진 레인이 독일 주재 아메리카 영사 부인들의 처우에 대해 국민들이 알게 된다면 국민 정서에 의문의 여지가 없을 것이라고 재차 주장하자, 대통령은 '독일에 대한 증오 선동을 벌여야 한다는 제안'이라고 반발했다. 매카두, 휴스턴, 레드필드 등 다른 세 명의 내각 구성원들도 국민은 '사실'을 알 권리가 있다고 주장하며 레인과 뜻을 같이하는 것을 보고, 대통령은 특히 매카두에게 격렬하게 반응하며, 그들이 결투 규칙Code Duello의 정신에 호소한다고 비난했다.

레인은 이 논쟁이 끝난 뒤 쓴소리를 섞어 이렇게 썼다. '나는 대통령이 국제주의자인지 평화주의자인지 모르겠다. 그는 매우 온건한 국가주의자인 것 같다. 그의 애국심은 철학적 인도주의의 영화로 덮여 있는데, 이런 시기에는 "힘punch"이 되지 못한다.' 마침내 주사위가 던져졌을 때, 레인은 4월 1일에 대통령이 '전쟁을 인정하고 결국 연합국이 독일을 이길 수 있는 방식으로 상황을 장악하기로 했다. 하지만 그는 그것을 마지못해 한다······ 우리는 더 이상 독일의 오만함과 살인적인 정책을 참을 수 없다'고 덧붙였다.

아메리카가 중립을 지키던 이 시기에 윌슨의 공개적인 발언은 기록된 사적인 의견과 대체로 일치했다. 그는 어느 한쪽의 무조건적인 승리가 바람직하지 않다고 생각한 것이 분명하다. 1916년 5월 27일 연설에서 그는 이 전쟁의 원인과 목적은 미국과는 관련이 없다는 확신을 표명했다. 같은 해 12월, 그는 교전국들에 보낸 평화 서한에서 '양측 교전국의 정치가들이 이 전쟁에서 염두에 두고 있는 목표가 자국민과 세계에 대해 일반적으로 언급하는 것과 거의 동일하다는 사실에 주목할 것을 촉구하는 자유를 얻었다'고 말했다. 의심할 여지 없이 그는 그러한 선언이 영국에 불쾌감을 주리라는 것을 알고 있었고, 실제로 그렇게 되었다. 페이지에 따르면 노스클리프 경은 '모두가 분노하고 있다…… 왕은 윌슨 대통령이 이 전쟁에서 영국인들이 독일인과 같은 것을 위해 싸우고 있다고 생각하고 있다는 사실에 놀라움과 당혹감을 표하며 무너졌다'고 말했고, 로버트 세실 경은 '깊은 상처를 받았다'고 말했다.

이러한 이의가 윌슨에게 전달되었더라도, 그는 공적으로나 사적으로 비슷한 언어를 계속 사용했기 때문에, 그의 견해에 거의 영향을 미치지 못했다. 심지어 미국을 분쟁에 끌어들인 후에도, 그는 전쟁에서 영국의 주된 목적은 상업과 제국주의라는 신념을 고수했다. 이를 염두에 두고, 그는 1917년 12월, 당시 프랑스 전장에서 나란히 전선을 구축한 두 강대국의 유대를 강화하기 위해 선의의 메신저로 태프트 전 대통령을 영국에 파견하자는 제안에 반대하며, 아메리카가 '어떤 식으로든 영국의 정책에 관여하는 것처럼 보이는 위치에 있어서는 안 된다'고 직설적으로 말했다. 그는 자신의 주장을 뒷받침하기 위해 볼셰비키가 공개한 비밀 조약 중 하나를 증거로 들었는데, 이 조약에 따르면 연합국은 승리에 앞서 전리품을 나누어 가졌다. 현재 이용 가능한 기록에 따르면, 윌슨이 전쟁의 원인과 목적에 관해, 분쟁의 어느 한쪽이 액면 그대로 받아들여질 만한 특별한 정의의 가치가 있다고 가정할 근거는 없다는 개인적인 신념을 포기한 적은 없는 것으로 보인다.

그렇다면 무엇이 윌슨의 마음을 바꾸어, 두 달 만에 '어느 쪽도 승리하기를 원하지 않는다'고 말하던 그에게 독일과의 전쟁을 '아낌없이' 지지하게 만들었을까? 인간이 결정에 이르는 심리적 과정을 정확히 파악하기란 쉽지 않지만, 윌슨에게 큰 영향을 미친 여러 가지 요인은 누구에게나 공통적으로 작용했다. 그중 첫 번째는 독일의 무제한 잠수함 작전 선언이었다. 곧이어 아메리카 함정 6척이 대부분 경고 없이 파괴되었으며, 그중 3척은 아메리카 시민을 사망에 이르게 했다. 대통령이 이 문제에 대한 이전의 입장을 철회하고 이제 전투법에 의해 승인된 잠수함 전쟁과 그 모든 결과를 받아들이지 않는 한, 무력에 호소하는 것 외에는 다른 선택의 여지가 없었다. 어쨌든 이것은 윌슨이 의회에 운명적인 전쟁 결의안을 요청했을 때, 독일 제국 정부가 사실상 아메리카를 교전국의 위치로 몰아넣었고, 아메리카는 무력에 의한 대응 외에는 대안이 없다고 선언한 공식 논지였으며, 오스트리아에 대한 적대 행위 연기를 옹호하면서 '우리는 우리의 권리를 방어할 다른 수단이 없기 때문에 분명히 이 전쟁에 돌입할 수밖에 없는 경우에만 이 전쟁에 돌입한다'고 말한 판단을 확증한 것이었다. 심지어 워싱턴 주재 독일 대사의 평결도 마찬가지였다. 그는 자국 정부의 행동이 국교 단절을 초래했다고 평가하면서, 자신의 의견으로는 당시 상황이 독일에 명백히 유리했을 뿐만 아니라, 대통령의 정책 아래 공정한 평화를 향해 나아가고 있었다고 덧붙였다.

물론 대통령의 중요한 결정에 도움을 준 다른 요인들도 있었다. 1917년 봄이 되자 아메리카의 원조 없이는 연합국이 교착 상태를 면치 못하거나 거의 3년 동안 놀라운 성과로 전열을 정비한 독일 전쟁 기계에 의해 패배할 가능성이 높다는 것이 분명해졌다. 기껏해야 영불 양측에 돈을 걸었던 아메리카 투자자들, 런던과 파리의 지폐를 받고 물자를 공급받았던 군수업체들, 장부에 막대한 연합국 채권을 가지고 있던 상인들과 제조업체들은 심각한 딜레마에 빠졌고, 미합중국 정부가 그들을 구해 주지 않으면 막대한 손실을 입을 위험에 처했다. 의심할 여지 없이 이 이기적인 파벌들이 조성한 전쟁 자금은 적절히 조달되고, 기민하게 관리되었으며, 주요 고속도로뿐만 아니라 낯선 외진 곳까지 효과적으로 전달되어 전쟁을 부추겼다는 것은 분명하다.

이러한 국내의 지원에 힘입어 캐나다, 영국, 프랑스의 선전가들은 그들의 활동을 더욱 강화했다. 윌슨 대통령은 결국 '너무 많은 영국인이 미국에서 그들의 주장을 밀어붙이고 있다'며 분노를 표했고, 1917년 말 영국 대사에게 그들 중 일부를 집으로 돌려보내라고 요청하기에 이르렀다. 전쟁 열기를 부추기는 전문적인 탐욕가들과 선전가들 외에도 영국 혈통을 가진 많은 미국인들이 있었다. 이들은 혈연과 애정으로 영국과 연대감을 느끼며 윌슨에게 친족의 이름으로 전쟁을 촉구했다.

마지막으로 유럽 분쟁의 본질적인 가치를 상대적으로 무관심하게 바라보던 상당수의 사람들은 아메리카가 구세계에서 독일 군사 계급의 승리를 두려워할 진정한 이유가 있다고 믿었다. 한 저명한 유럽사 교수는 학문적이지 않은 방식으로 이를 표현했다. '영국은 막대한 제국의 전리품을 소유한 은퇴한 늙은 해적이며, 젊은 독일 해적이 자신의 경력을 시작하는 것을 막기 위해서 아메리카와의 평화 유지에 더 관심이 있다. 독일 해적은 현재 세계의 전리품 분배를 삐걱거리게 하는 것에 의해서만 태양 아래에서 자신의 자리를 차지할 수 있기 때문이다.' 이것이 바로 대통령에게 독일 제국주의 정부와 전쟁을 벌여달라고 간청한 실용적인 일부 아메리카인들의 철학이었다.

§

윌슨의 유럽 전쟁에 대한 의견 변화는 그의 동시대인들의 서신과 문서에서 위에서 설명한 대로 추적할 수 있지만, 또 다른 관점을 뒷받침하는 확실한 증거가 있다. 그것은 윌슨이 국내 정책에 있어 거의 한계에 다다랐으며, 1914년 9월 28일 그 자신이 하우스 대령에게 고백했듯이, 농부, 농장주, 노동조합원들에게 약속할 것이 더 이상 없다는 사실을 깨달았다는 것이다. 그는 1915년이나 1916년 초에, 독일 잠수함 전술과는 상관없이 미국을 연합국 편으로 전쟁에 참전시킴으로써 국제 무대에서 주도적인 역할을 할 수 있다고 결론지었다. 이 가설을 뒷받침하는 두 가지 증거가 있다.

첫째, 1916년 2월 말경 윌슨이 백악관에서 당의 의회 주요 시노자들을 불러서 토머스 P. 고어의 표현을 빌려 암시했다는 설득력 있는 증거가 있다. 고어는 1916년 3월 2일 상원에서 행한 연설에서 '독일이 자신의 입장을 고집한다면 미국도 자신의 입장을 고집할 것이고, 그것은 아마도 외교 관계의 파탄을 초래할 것이며, 외교 관계의 파탄은 아마도 전쟁 상태로 이어질 것이고, 전쟁 상태는 그 자체로 그리고 필연적으로 악이 아닐 수도 있지만, 미국은 지금 전쟁에 참전함으로써 한여름까지 전쟁을 종결시킬 수 있고 따라서 문명에 큰 공헌을 할 수도 있다'고 말했다. 즉, 1916년 2월, 전쟁을 고민하던 대통령은 자신의 계획이 받아들여질 수 있는지 의회에 의견을 물었다.

당시 윌슨이 연합국에게도 설득하고 미국의 참전을 제안한 것은 에드워드 그레이 경과 하우스 대령의 회고록에서 결정적으로 입증된다. 1916년 2월 초, 윌슨은 하우스의 중재를 통해 '프랑스와 영국으로부터 때가 적절하다는 말을 듣고' 전쟁 종식을 위한 회의를 제안했고, 연합국이 이를 수락하고 베를린이 거부할 경우 벨기에의 회복, 알자스-로렌의 프랑스 양도, 러시아에 대한 해상 출구의 보장, '유럽 이외의 다른 지역에서 독일에 대한 양보'를 통한 보상 등 공정한 합의가 있어야 한다는 전제 아래 '아마도' 미국이 독일과의 투쟁에 직접 개입할 가능성이 있다고 했다.

그러나 영국과 프랑스는 이미 전리품의 분배에 대해 다른 방식으로 동료들과 합의했고 여전히 평화 협상 테이블에서 아메리카의 원조와 아메리카의 간섭 없이 승리할 수 있다고 확신하면서 그러한 회의를 위한 프로젝트에 동의하지 않았다. 따라서 그들은 패배의 위협이 닥치기 전까지 미국의 군사, 물자, 자금 지원을 늦춘 것에 대한 모든 책임을 떠안았다. 하우스와 윌슨은 1917년 독일이 잠수함 전쟁을 재개하고 마침내 재앙의 위험으로 인해 그러한 협력이 필수적이 될 때까지 영국이 이 비밀 의정서의 조건에 따라 대통령의 행동에 동의하도록 몇 번이고 노력했지만 아무 소용이 없었다. 이 사실을 고려할 때, '평화를 추진'하는 동안 윌슨 대통령은 세계 문제에서 자신의 리더십과 사명에 대해 계속 고민했으며, 독일 제국과의 관계를 결국 끊을 때까지 그 생각을 계속했다는 것을 부인할 수 없다.

§

반대편에서 선전포고에 반대하는 가장 설득력 있는 주장은 윌슨이 '고의적인' 방해 세력으로 낙인찍은 위스콘신 주 상원 의원 라 폴레트가 제기했다. 상원 의원의 평화를 위한 호소는 크게 세 가지로 나뉜다. 첫째, 그는 행정부가 독일과 영국을 대할 때 공정한 정책을 추구하지 않았다고 주장했다. 후자는 불법적인 명령, 수색, 압수, 그리고 치명적인 기뢰로 북해의 공해를 봉쇄함으로써 아메리카의 권리를 침해하기 시작했다고 주장했다. 영국의 불법적 관행에서 독일의 잠수함 전술은 필연적으로 생겨났으며, 이후 독일이 경고 없이 상선을 침몰시키지 않겠다고 약속한 것도 미국이 영국의 불법적 법령과 중립 무역의 불법적 피괴에 대한 책임을 묻겠다는 전제에 근거한 것이었다.

그러나 첫 번째 잘못을 저지른 자에게 압력을 가하는 대신, 대통령은 상원 의원에 따르면, 아메리카의 전통과 정의의 길에서 벗어나, 전쟁 당사자 중 한쪽이 국제 정의의 규칙을 준수할 것을 요구하면서 다른 한쪽은 그것에 얽매이지 않도록 했다. 따라서 독일은 영국이 인정된 법을 준수하도록 강요하는 데 실패한 후 보복 조치를 취할 권리가 있었다. 그러나 영국은 단지 재산을 훔치고 파괴했을 뿐인데 독일은 생명을 앗아갔다는 주장이 제기되었다. 상원 원은 영국이 공해에 치명적인 접촉 기뢰를 뿌려 잠수함만큼이나 끔찍한 위협을 일으켰고 실제로 아메리카 군함과 아메리카인의 생명을 파괴했기 때문에 이 주장은 터무니없다고 답했다. 상선 선원의 목숨이 루시타니아 호를 타고 호화롭게 여행하는 관광객이나 상인, 금융가의 목숨보다 덜 소중한가? 라 폴레트는 정신적으로나 현실적으로나 원죄를 저지른 영국이 국제법과 중립국의 권리에 반하는 독일보다 훨씬 더 큰 범죄자라고 선언했다.

상원 의원의 두 번째 주장은 프로이센의 독재에 맞서 민주주의를 위해 세계를 안전하게 지키기 위해 전쟁에 나서야 한다는 논지와 관련이 있다. 세습 군주제, 세습 상원, 세습 토지 제도, 임금 노동자의 극심한 빈곤, 아일랜드, 이집트, 인도에 대한 지배권을 가진 영국은 어떻게 할 것인가? 라고 연설자는 물었다. 만약 러시아가 여전히 차르의 통치를 받는다면 우리는 전쟁에 반대하지 않을 것인가? 일본, 이탈리아, 그리고 이 민주적 십자군 전쟁에서 우리와 함께 배치된 유럽의 약소국들의 독재 체제는 어떻게 할 것인가?

마지막으로 도덕적 문제를 넘어서서, 라 폴레트는 아메리카 국민은 유럽 분쟁에 뛰어들겠다는 생각에 그들의 표로 단 한 번도 찬성한 적이 없다고 선언했다. 만약 전쟁 결의안 지지자들이 감히 이 문제를 국민투표에 부치려 한다면 10대 1로 패배할 것이라고 선언했다. '간첩 법안, 징병 법안, 그리고 우리가 알고 있는 다른 강제적 군사 조치들은 이 나라에서 전쟁 기계가 작동하고 있는 것이며 이 전쟁의 책임자들이 전쟁이 대중의 지지를 받지 못하고, 연합국의 요구를 충족시키기에 충분한 군대를 자원 입대로 모집할 수 없다는 것을 두려워한다는 완전한 증거이다.' 미합중국 의회의 대표적인 평화 옹호론자가 여론의 법정에 제출한 전쟁 반대 의견서는 이렇게 요약할 수 있다.

§

일단 적대 행위가 선포되자, 거대한 경제 및 군사적 과제가 수행되어야 했다. 단순히 자원봉사자나 용병의 군대가 아닌 국가 전체가 전투에 나섰다. 전쟁이 끝날 때까지 3,700,000명 이상의 아메리카 병사가, 해병대를 포함해, 무기를 들었으며 1천만 명 이상의 성인이 전선에서 그들을 뒷받침하는 데 참여했다. 대통령은 '우리가 전쟁을 위해 만들고 훈련해야 하는 것은 군대가 아니라 국가'라고 말했다.

의회는 윌슨에게 큰 틀에서 법령의 개요를 제시하고 세부 사항은 자유롭게 작성할 수 있도록 권한을 부여했다. 워싱턴에서 제정된 가장 주목할 만한 일련의 법률을 통해 국가의 전체 경제 시스템이 그의 지휘 아래 놓이게 되었다. 그 조항에 따라 대통령은 군대에 필요한 물자를 조건 없이 요청하고, 명령에 따라 상품 가격을 고정하고, 밀의 보장 가격을 정하고, 광산, 공장, 도축장, 철도, 증기선 및 모든 통신 수단을 점령하고 공공 기관을 통해 운영하며, 모든 필수품의 수입, 제조, 저장 및 유통을 허가할 권한이 부여되었다. 이러한 권한을 실제로 행사하기 위해 많은 기관이 의회에 의해 특별히 설립되었지만 대통령은 전쟁의 긴급성이 요구하는 방식으로 국, 사무소 및 부서를 통합, 폐지 및 설립할 권한을 부여받았다. 한 상원 의원은 '차라리 대통령을 퇴위시키고 왕으로 만드는 게 낫다'고 탄식했지만, 그의 외침은 표심을 바꾸지 못했다.

이렇게 대통령에게 부여된 독재적 권한은 광범위하게 사용되었다. 밀은 농민이 구매해야 하는 공산품의 상대적 가격보다 훨씬 낮은 가격으로 고정되었다. 철도, 전신, 전화, 케이블 라인, 특송 회사, 연안 및 원양 해운선은 정부에 의해 접수되었고, 국가의 선박 건조 역량을 동원하기 위해 비상 함대 건조 공사가 설립되었다. 오랫동안 침체되어 있던 화물 운송업체의 주식은 정부의 점유 기간 동안 관대한 조건에 대한 희망으로 빠르게 반등했다. 그러나 면화는 팽창하는 시장의 호의를 얻어 자유롭게 풀렸고, 남부는 민주당 대통령에게서 받은 이 혜택을 50년 동안 공화당의 높은 보호관세에 대한 보상으로 여기고 극도로 행복했다. 새로운 기능을 수행하기 위해 수많은 기관이 조직되었고, 수백 명의 산업계 대표들이 연간 1달러의 보수를 받고 국가를 위해 봉사하기 위해 워싱턴으로 몰려들었다.

전쟁에 병력과 물자를 동원하는 과정에서, 이전의 무력 충돌에서 악명 높았던 스캔들을 피하려는 진지한 노력이 이루어졌다. 원가에 합리적인 수수료를 더한 금액으로 수많은 보급품 계약이 체결되었는데, 이는 매력적이지만 비용이 많이 드는 아이디어였다. 일괄 계약 원칙에 따라 계약이 이루어지던 초기에 저질러졌던 사기 유형은 피할 수 있었지만, 그보다 덜 끔찍한 다른 악행들이 생겨났다. 원가 플러스 수수료 시스템 하에서는 아무도 경제성에 관심이 없었고, 원자재 생산자가 가격을 올리면 전쟁 계약자는 웃으면서 수수료를 인상해 추가 비용을 전가할 수 있었다. 노동조합이 임금 인상을 요구하며 파업을 벌여도 제조업체는 추가 비용이 정부로부터 더 많은 수수료를 받는 것을 의미했기 때문에 우호적으로 어깨를 으쓱하고 요구를 들어줄 수 있었다. 이 과정에서 밀 재배 농민들만 심각한 고통을 겪었고, 밀의 가격은 낮은 수준으로 유지된 반면 다른 거의 모든 생필품의 가격은 천정부지로 치솟았다. 그래서 민주당 대통령이 주도한 전쟁은 2년 동안 수천 명의 백만장자를 만들고 수십억 달러의 추가 배당금을 자주 주식 형태로 쏟아내어, 사실상 보유자들이 소득세를 피할 수 있도록 함으로써 그의 반대파를 강화했다. 가장 확고한 애국자만이 경제 상황을 바라보면서 감정을 억제할 수 있었다.

전쟁 번영의 수혜자들은 세금이라는 한 가지 측면에서만 심각한 실망을 겪었다. 과거의 관행을 따랐다면, 그러한 사치스러운 지출로 인해 발생한 청구서는 높은 이자율을 지닌 채권 판매로 충당되었을 것이며, 결국에는 소비에 대한 간접세를 통해 상환되었을 것이다. 이것은 주로 남북전쟁과 스페인-아메리카 전쟁 당시 연방 정부 책임자들이 채택한 재정 절차였지만, 그사이 포퓰리즘 물결에 따라 정치적 행동양식이 바뀌었다. 급진주의자들 사이에서는 이제 '남자뿐만 아니라 돈도 징집해야 한다'는 요구가 제기되었다. 실제로 전쟁 비용 전액을 막대한 재산을 소유한 사람들에게 부과하고, 전쟁 사업에서 발생하는 모든 특별 이익과 혜택은 세금을 통해 수익자에게서 빼앗아야 한다는 주장이 솔직하게 제기되었다.

극단적인 권고가 받아들여지지는 않았지만, 의회는 소득과 상속에 대해 무거운 누진세를 부과하고, 기업과 파트너십의 초과 이익에 대해 부담스러운 부과금을 부과했다. 변호사와 회계사들이, 배당금 대신 신주를 발행하는 기발한 장치를 포함하여, 충격을 흡수하기 위해 많은 놀라운 계획을 고안했음에도 불구하고 링컨 시대에는 혁명적으로 보였을 과세의 무게가 민주주의를 위한 전쟁 중에 부자와 편안한 사람들에게 떨어졌다. 이 주제의 권위자인 에드윈 셀리그먼 교수는 세금 구조의 상위 범위에 대해 '이것은 조세 역사상 지금까지 도달한 최고 수준이다. 문명의 역사에서 한 사람의 소득의 3분의 2를 세금으로 거두려는 시도는 없었다'라고 말했다.

이 세금 부과는 심각했을 뿐만 아니라, 두 거대 정당이 '국가의 인력과 돈, 물질적 자원을 어느 누구에게도 이익이 되지 않게 정부의 처분에 맡기는' 보

608

편적 징병제를 요구하는 아메리카 군단American Legion의 요구를 지지하게 될 날이 멀지 않았음을 예고하는 예언적인 것이었다. 1917년 급진주의자들은 위기 상황에서 교통이 감당할 수 있는 모든 수입을 징수할 수 있는 사유재산의 신성한 권리가 국유화의 물결 속에서 어떻게 사라질 수 있는지를 보여줌으로써 산업 및 금융 대부호들의 잔에 쓴맛을 한 방울씩 던져주었다.

그러나 1917년의 희생적인 열정 속에서도 모든 이익이 사라진 것은 아니었는데, 전쟁 기간 동안 경상비의 상당 부분이 축적되고 축적된 재산에 대한 직접적인 부과가 아니라 이자가 붙는 유가증권의 판매로 충당되었기 때문이다. 1919년 4월의 승리 채권을 포함하며, 다섯 개의 큰 채권 블록이 발행되어 총 21,448,120,300달러가 조성되었으며, 각 채권은 남북전쟁 시기의 은행가들을 놀라게 할 만한 가혹한 조건으로 발행되었다. 이 중 가장 금액이 적은 첫 번째 채권만 국가 대출에서 관례적으로 적용되던 전면적인 세금 면제를 인정했고, 나머지 채권은 소액 보유자에게 특혜를 부여하는 대신 특정 규칙에 따라 연방 세금에 대한 책임을 부담했다. 또한 채권은 관대한 수수료 기반의 신디케이트를 통해 판매된 것이 아니라 금융가들에게 특정 보상을 지급하고 '장외'에서 판매되었다.

대중적인 '모금 운동'에는 전 국민이 참여하도록 초대되었고, 반항자들도 강제로 참여해야 했다. 채권을 발행하기 위해 은행, 교회, 산업체, 극장, 영화관, 모든 유형의 협회와 단체, 그리고 대중을 선동하는 공공 정신이 강한 개인, 판매 대리인, 조직자 등 모든 사회 통제 수단이 동원되었다. 일반적으로 아메리카 비즈니스의 특징인 모든 떠들썩한 광고 방법들이 동원되어 각 채권 발행물을 '최고의 성공'으로 이끌었다. 충성심, 두려움, 사랑, 증오 등 잠재된 감정이 남김없이 자극되었다. 피 묻은 손이 찍힌 거대한 포스터에는 전설이 적혀 있었다. '훈족, 그의 표지標識. 자유 채권으로 지워버리자'라는 문구가 적힌 대형 포스터가 한 유형의 투자자들의 마음을 움직였다. '그의 어머니에게 채권을 얼마나 사야 하는지 물어보세요'라는 문구가 적힌 깃발은 또 다른 계층의 관심을 끌었다.

토착민, 귀화자, 외국인 등 그 누구도 이 보편적인 그물망에서 벗어날 수 없다. 공장 노동자, 농부, 상점 점원, 단체의 회원, 학교의 아이들, 은행 예금자, 공무원, 기차 여행자, 거리의 보행자, 모두가 '아플 때까지 구매하라[경제적으로 부담을 느낄 정도까지 채권을 사라]'는 권유와 포위, 강압에 시달렸다. 구매를 거부하는 사람은 이웃이나 동료에 의해 블랙리스트에 오르고 법무부의 '파멸의 책Doom Book[*]'에 잠재적 국가 반역자로 등록될 위험이 있었다. 전쟁 열기에 불타는 주권 국가는 예외를 인정하지 않았다. 민족주의가 만개했다.

§

이러한 물질적 활동은 1917년 4월 6일까지만 해도 국민 대다수가 완강히 반대했던 전쟁에 전 국민이 총동원되는 단계의 일부에 불과했다. 선전포고 일주일 후, 윌슨 대통령은 '아메리카에 전쟁을 팔기 위한' 목적으로 공공정보위원회를 조직했다. 이 기관의 수장으로 사회주의 성향의 다재다능한 저널리스트 조지 크릴을 임명했는데, 그는 비판자와 비평가를 아우르는 데 적합한 인물이었다. 크릴의 지시에 따라 인쇄술의 대가, 광고의 달인, 대학 교수, 대중잡지 작가, 인기 소설가들이 미국을 '교육'하고 전 세계에 아메리카의 선전을 퍼뜨리는 임무를 부여받은 부대에 등록했다.

이 캠페인의 필요성에 따라, 훈련된 역사가들은 유연한 학문적 규율을 구부렸고, 과학과 예술은 전쟁의 원인과 장점에 대한 공식적인 논제에 맞춰 심지

---

[*]   'Doom Book'은 실제로 존재하는 공식 문서라기보다는, 전쟁 시기 국가적 감시와 강압적 애국주의를 상징적으로 표현한 것으로 보인다. 'Doom Book'은 직역하면 '운명의 책' 또는 '심판의 책'을 뜻하며, 여기서는 정부나 지역 사회가 전쟁에 협조하지 않는 사람들을 잠재적 반역자로 낙인찍는 명단을 상징한다. 미국 법무부는 전시 중첩보활동국(Bureau of Investigation, 후일 FBI)을 통해 전쟁에 비협조적인 행동이나 반전 활동을 감시했다. 그리고 간첩법Espionage Act(1917)과 선동법Sedition Act(1918) 같은 법률은 정부를 비판하거나 전쟁에 반대하는 행동을 처벌할 근거를 제공했다.

어 어린아이들의 마음까지 억제하기 위해 국가의 전체 학교 시스템을 기계적으로 정렬시켰다. 모든 언어로 된 성명서, 소책자, 전단지, 홍보물 수십억 부가 쉬지 않고 쏟아졌다. 학문적 지식을 가진 이들이 지식 계층을 위해 무거운 문서화된 기사를 작성했고, 덜 세련된 사람들에게는 강렬한 말과 슬로건이 발명되어 전달되었다.

역사상 이러한 교육 캠페인이 조직된 적은 없었으며, 아메리카 시민들은 현대 정부가 얼마나 철저하고 저항할 수 없을 정도로 자신의 사상을 전 국민에게 강요하고, 대대적인 홍보를 통해 선언, 주장, 공식 버전, 반복을 통해 반대 의견을 억누를 수 있는지 깨달은 적이 없었다. 분열되고 혼란스러운 국가에 전쟁을 선전하기 위해 조직된 공공정보위원회는 모든 예상을 뛰어넘는 성공을 거두었다.

홍보 캠페인에 설득당하거나 겁을 먹지 않는 적들에 대해 정부는 과감한 법규에 따라 무자비하게 대응했다. 1917년 6월, 의회는 간첩법Espionage Act을 통과시켜 국가의 군대와 해군의 효과적인 동원을 어떤 식으로든 방해한 모든 사람에게 무거운 형벌을 부과했다. 이 법의 포괄적인 조항에 만족하지 못한 대통령은 1918년 5월, 윌슨 행정부에 대한 모든 비판을 사실상 불법으로 규정하는 더욱 엄격한 법안인 선동법Sedition Act을 의회에 요청하여 통과시켰다.

이 법안은 토머스 제퍼슨이 강력하게 비난했던 1798년의 선동법을 능가하는 폭력적인 법안이었지만, 어렵지 않게 제정되었다. 상원에서 공화당 의원 24명과 민주당 의원 2명이 반대표를 던졌고, 윌리엄 E. 보라, 히람 존슨 등 몇몇 독립적인 상원 의원이 이 법이 헌법에 위배되며 불필요하다고 비난한 것도 사실이지만, 행정부의 압력을 막을 수는 없었다. 공식 검열의 철권통치를 언론에 가하려는 시도도 있었지만, 조직화되지 않고 무기력한 시민들과 달리 관련 편집자들은 이를 물리칠 수 있었다. 그러나 간첩법 및 선동법의 일반적인 조건에 따라 신문은 명령과 기소에 의해 지속적으로 침묵했고, 전쟁과 윌슨 프로그램에 대한 개별 비판자들은 종종 체포 영장 없이 정부에 의해 체포되어 감옥으로 끌려가 보석 없이 구금되고, 열정으로 가득 찬 법정에서 재판을 받고, 분노한 판사로부터 강의를 듣고, 한 사건에서는 어린 소녀가 20년형을 선고받았다.

　형법의 탄력적인 조항으로 무장한 중앙정부와 주 정부 등 다양한 정부 기관은 정당성을 확보하기 위해 수사와 기소를 위한 기구를 가동했다. 전쟁부, 해군부, 국무부와 우정청Post Office은 '정보' 기관을 만들어 전문 및 아마추어 탐정들에게 세계산업노동자연맹Industrial Workers of the World의 급진적인 회원부터 윌슨 대통령에게 전달된 교리의 진위에 대해 철학적 의구심을 품은 단순한 교수에 이르기까지 모든 계층의 시민에 관한 모든 종류의 정보를 수집하고 제출하도록 지시했다. 텍사스 주 오스틴의 A.S.벌레슨의 지휘 아래 우정청은 검열 법안의 부결이 적절성과 취향의 기준에 부합하지 않는 신문을 탄압하는 데 아무런 장애가 되지 않는다는 사실을 깨달았다. 전쟁부에서는 수많은 서기와 조사관들이 민간인의 의견에 관한 방대한 '자료'를 수집했다. 어딘가에서 갑자기 등장해 한 시간 동안 임시로 직책을 맡고, 연간 1달러의 급여를 받는 '책상 앞 쇼비니스트'는 의심스러운 공식 권위를 내세워 자신의 애국적인 기준으로 반역자로 낙인찍은 시민들의 긴 명단을 언론에 발표했다.

　자연스럽게 간첩법 및 선동법에 따른 막중한 업무 부담이 법무부에 떨어졌고, 루즈벨트 행정부 하에서 설립된 소규모 조사국이 국가적인 스파이 시스템으로 변모되었으며, 수백만 달러와 수천 명의 직원들이 그 서비스에 배치되었다. 공식 보고서에 따르면, 법무부의 주요 업무는 전쟁 중인 동맹국Central Powers에 원조와 위로를 제공한 사람들을 체포하는 것이 아니라 국내 자본주의 경제 체제의 완전성과 영속성에 대해 급진적인 의견을 가진 것으로 의심되는 아메리카 시민을 감독하는 것이었다. 확실한 증거에 따르면, 옛날 러시아 경찰이 애지중지하던 모든 관행이 연방 요원들에 의해 사용되었다. 도발적인 '도구'가 위험한 성향을 가진 것으로 추정되는 겸손한 노동자 조직에 '심어져' 불법 행위를 선동하도록 지시받았으며, 그러한 협회의 회의 장소는 적절한 영장 없이 급습되고, 재산이 파괴되고, 서류가 압수되고, 무고한 방관자가 구타 당하고, 전혀 죄가 없는 사람들이 감옥으로 달려가 경찰 고문을 받고 보석 없이 구금된 후 회복할 길 없이 풀려났다.

대수사의 공식 군대에는 이웃을 감시하는 일에 법무부에 등록된 20만 명 이상의 민간인으로 구성된 훨씬 더 큰 군대가 추가되었다. 이 자원봉사자들에게는 지능이나 효율성에 대한 테스트가 적용되지 않았으며, 정보원 역할을 기꺼이 수행하려는 사람이라면 남녀노소 누구나 펠로십에 입학할 수 있었다. 따라서 사무실, 공장, 광산, 제분소, 교회, 가정, 학교, 식당, 기차, 선박, 페리, 상점에서 정부 감시자들은 대화를 듣고, 암시하고, 제안하고, 떠들썩한 소리에 주목하고, '발견한 사실'은 워싱턴에 보고되어 거대한 '정보'의 방대한 파일에 저장되었고, 1692년 세일럼의 운명적인 시절[200명 이상이 기소되고 그중 20명 이상이 사형에 처해진 세일럼 마녀재판을 가리킨다]을 떠올리게 하는 일을 했다.

민간 협회와 단체는 관료제의 지배적인 분위기에 순응했다. 고등교육 기관에서 교수들은 평상시라면 악명 높은 강도도 유죄 판결을 받지 않을 증거로 종종 추방되었는데, 컬럼비아 대학이 이런 종류의 '정화'를 주도했다. '한번 고용된 교수를 해임하는 것은 매우 어려운 일이다'라고 컬럼비아 대학 이사회의 은행가이자 자선사업가인 A. 바튼 햅번은 썼다. '그들은 공통의 명분을 내세우며 학문의 자유에 대해 요란스럽게 떠든다. 우리는 컬럼비아에서 선동과 불충을 가르치는 이 노선에 따라 문제를 겪었고, 그 결과 당시 8~10명의 교수를 한 번에 해임할 수 있었다.' 성직자들은 산상수훈을 지나치게 강조했다는 이유로 면직되고 감옥에 갇혔다. 클럽 회원들은 규율에 따르지 않는다는 이유로 추방당했다.*

그러나 이 모든 엄청난 심문 활동을 맨 밑바닥까지 샅샅이 뒤져보면, 두 가지 중요한 결론만이 남는다. 첫 번째는 적에게 직접적인 원조나 위안을 주기 위한 명백한 행위로 체포되어 유죄 판결을 받은 독일 1급 스파이나 혁명 노동자는 단 한 명도 없었다는 것이다. 두 번째는 프랑스 혁명 기간 동안 영국에서와 마찬가지로 애국적 의무를 요구하는 전쟁의 기회를 감정적 보수주의자들이 자신들이 두려워하고 증오하는 사람들의 명성을 까맣게 칠할 기회로 이용했다는 것이다.

의심할 여지 없이 대부분의 시민들은 강압의 채찍이 없었어도 윌슨 전쟁 행정부에 아낌없는 지지를 보냈을 것이다. 기존 질서의 교리에 대한 적대감이 가장 두드러지는 노동 계급에서도 전쟁에 반대하는 사람들은 거의 신병을 확보하지 못했다. 의심할 여지 없이 1917년 11월 러시아에서 일어난 프롤레타리아 혁명은 급진주의자들을 들썩이게 하고 케이크와 함께 차를 마시던 노신사들을 놀라게 했지만, 전쟁을 위한 국가의 동원에 눈에 띄는 영향을 미치지는 못했다. 지금까지 평화주의자였던 사회주의자들은 분열되어 날이 길어질수록 점점 더 무력해졌고, 마르크스주의 신조를 고수하는 소수의 파벌은 이 전쟁을 자본가들의 싸움이라고 비난했지만, 똑같이 유능한 지도자 그룹은 '전쟁을 끝내기 위한 민주주의 전쟁'을 주장하며 정부에 펜과 목소리를 빌려주었다. 모든 행사에서 조직된 노동계는 대통령 뒤에 굳건히 서 있었다. 새뮤얼 곰퍼스는 아메리카 노동계를 대표해 '이것은 노동자의 전쟁'이라고 선언하며 자신이 관장하는 산하 모든 기관의 전폭적인 지지를 호소했다.

그 대가로 노동조합은 국가 업무에서 높은 지위를 부여받았다. 노사 관계를 담당하는 중요한 이사회와 위원회에서 대표성을 부여받은 것 외에도 노동조합의 노동 시간 및 임금 기준이 일반적으로 수용되고 널리 적용되었다. 노동

---

* 비어드는 제1차 세계대전의 미합중국 참전을 강력히 지지했다. 그는 1917년 10월 8일 컬럼비아 대학을 사임하면서 "대학은 사실상 교육계에서 아무런 입지가 없는, 정치적으로 반동적이고 비전이 없는, 종교적으로 좁고 중세적인 성향을 가진 소수의 활발한 이사회에 의해 지배되고 있다. 나는 컬럼비아 대학의 이사회에서 급여를 받는 한, 독일 제국에 대한 정의로운 전쟁을 지지하는 공공 여론을 효과적으로 유지할 수 없다는 확신을 가지고 있다"고 말했다. 그의 개인적인 선택에 대한 의견과 이 책의 진술을 비교해 보면 저자가 얼마나 역사가로서의 공정성을 유지하려 했는지 짐작할 수 있을 것이다.

조합원이 수장으로 있는 노동부는 공장, 광산, 공장 노동자들의 충성심을 자극하는 데 노력을 아끼지 않았고, 증가하는 생계비를 충당하기 위한 임금 인상 요구는, 홈스테드와 풀먼의 장면을 떠올려보면, 완강한 전투를 경험한 참전용사들을 놀라게 할 정도로 민첩하게 받아들여졌다. 유럽에서 노동이 더욱 혁명적으로 발전함에 따라, 전쟁이 진행되는 동안 아메리카에서도 노동을 일시적으로 회유하는 것이 중요하다는 사실이 정부 관리와 기업주들의 머릿속에 특히 크게 각인되었다.

이 무기, 산업 및 정치 전쟁에서 국가의 여성은 남성과 마찬가지로 완전히 흡수되었다. 나폴레옹 시대에서 보았듯이, 총검은 투표와 함께 일반인의 손에 들어갔고 전쟁을 민주적이고 국가적으로 만들었기 때문에, 산업과 평등 참정권 시대, 호전적인 경제 거물 시대에 전선의 참호에서 싸우는 것을 제외한 모든 서비스가 많은 여성들에게 넘어갔고 여성들은 이를 기꺼이 받아들였다. 남북전쟁에서 여성들은 간호사로 봉사하고, 병원 구호 활동을 조직하고, 부상자를 위한 물품을 공급하고, 전쟁 물자를 만드는 공장으로 몰려들고, 농장에서 일하고, 자선 운동에 참여했다.

세계대전에서 그들은 이 모든 일과 그 이상을 해냈다. 수천 개의 클럽과 협회로 조직된 이들은 개별적으로나 집단적으로 전쟁의 주요 흐름에 쉽게 빨려 들어갔다. 이들은 전적으로 여성으로만 구성된 병원 부대를 설립했고, 의사, 간호사, 구급차 운전사, 위장 예술가camouflage artist[특수한 페인팅 기법이나 디자인을 사용해 전선에서 사용되는 장비나 시설물을 자연환경에 맞게 위장하는 사람], 선전원, 연예인, 식당과 댄스홀의 호스티스, 국내외 스파이, 모든 종류의 정부 방위 및 전쟁 위원회 위원, 선동법에 따른 밀고자 등 전선에서 군인의 역할을 제외한 모든 분야에서 활동하며 평등한 기회가 제한이나 예외 없이 보장될 날을 예고했다.

§

자본, 물자, 여론, 노동력, 여성들이 거대한 투쟁에 동원되는 동안, 육군과 해군은 아메리카의 무게를 유럽의 전선으로 옮기기 위해 조직되고 있었다. 전쟁이 발발했을 때 일반 대중은 전선에 인력을 공급하는 최선의 방법에 대해 의구심을 품었다. 구세계의 경험에 비추어볼 때 보편적 복무가 이 문제를 해결할 수 있는 유일한 방법이었지만, 아메리카의 전통은 애국심 고취를 위한 군사적 강제에 반대했다. 남북전쟁 중 최후의 수단으로만 징병제가 받아들여졌고, 당시 징병제 시행으로 뉴욕에서는 절망적인 폭동이 일어났고 다른 지역에서는 격렬한 반대가 있었다.

그러나 1917년 봄에 역사에 호소하고 싶은 고위층 인사가 있었다 해도, 그는 곧바로 무시당했다. 윌슨 대통령은 즉시 징병제를 찬성한다고 선언함으로써 모호하고 유동적인 생각을 구체화했다. 정규군 자원봉사자가 예상대로 신속하게 모집되지 않았고, 신문에 펼쳐진 암울한 전황이 시간을 지체할 수 없다고 인정했기 때문에 더욱 쉽게 결정할 수 있었다. 대통령은 '국가 전체가 한 팀이 되어 각자가 가장 적합한 역할을 수행해야 한다'고 말했다. 그의 지시에 따라 의회는 1917년 5월 18일 법령을 통해 전쟁에 필요한 육군과 해군을, 적국 출신 외국인들을 제외한, 21세에서 30세 사이의 이 땅의 성인 남성 중에서 제비뽑기로 모집하도록 규정했고, 이듬해 18세에서 45세까지로 연령 제한이 확대되었다. 이 나라의 모든 남성을 국기 아래 소집하는 이 법령은 모든 구역의 사람들에게 받아들여졌고 순조롭게 시행되어 모든 역경의 선지자들을 놀라게 했다.

국가적 에너지가 동원되는 큰 목표인 연합국과의 효율적인 협력은 전문가의 도움으로 촉진되었다. 적절한 절차가 허용되지마자, 연합국 대표단이 워싱턴에 도착했고, 가장 인상적인 지도자로 아서 제임스 밸포어 대장과 조프르 장군이 등장했다. 영국 신사의 조용한 품위를 지닌 밸포어는 그를 개인적으로 만나는 특권을 누린 대중을 사로잡았고, 그가 외교를 넘어 인격적인 신과 기도의 효능, 영혼의 불멸에 대한 신앙을 고백했을 때, 그는 강철 갈고리로 자신을 아메리카의 거대한 심장부에 연결했다. 그는 뉴욕 상공회의소에서 '1914년 8월부터 이 싸움은 사소한 생각이나 야망 없이 인류의 가장 높은 영적 이익을 위해 싸워졌다'고 선언했을 때 크게 환호를 받았다. 그의 동료이자 마른 전투의 영웅인 조프르 장군 역시 조용하고 부성애가 넘치는 성격, 신중하고 중대한 사안에 대한 침묵으로 유명했지만, 그의 군사적 영광에 대해 대중으로부터 열렬한 환호를 받았다.

이 위원들은, 윌슨 대통령과의 조용한 회의에서, 연합국의 절박한 처지를 설명하고, 전선에 돈과 물자, 병력을 즉각적으로 지원해야 할 필요성을 역설했다. 이에 대한 응답으로 수십억 달러에 달하는 대출이 신속하게 승인되었고, 점점 더 치명적인 잠수함의 위협에도 불구하고 세계 무역을 통제하고 연합국에 중단 없이 물자를 쏟아붓기 위한 조치가 마련되었다.

'우리에게 아메리카 병사를 보내달라!'는 미국의 연합국들로부터의 보편적인 외침이었다. '프랑스 들판에 성조기가 휘날리고 아메리카군의 군화 소리가 3년 동안 전투의 최전선에서 싸워온 사람들의 지친 영혼을 새롭게 자극하게 해달라!' 따라서 가능한 한 빠른 시일 내에 정규군과 공공 서비스를 위해 소집된 주 민병대 파견대를 보내기로 결정했다.

윌슨은 루즈벨트 대령Colonel Roosevelt을 선봉대 사령관으로 임명해 달라는 간청을 단호하게 뿌리치고 필리핀에서 복무하고 최근 멕시코에 대한 징벌적 침공을 지휘했던 존 J. 퍼싱 장군을 아메리카 원정군 사령관으로 임명했다. 퍼싱 장군은 6월에 프랑스로 건너가 상륙군을 위한 길을 준비했고, 며칠 후 첫 정규군 부대가 아메리카의 결의를 다짐하는 의미로 파리 거리를 행진했다. 물론 징병제가 준비되기 전까지는 병력 이동이 느릴 수밖에 없었지만, 1918년 초 몇 주 동안 작은 흐름이 급류가 되어 7월에는 백만 명의 아메리카 병사가 전쟁터에 투입되었다. 마침내 11월, 세계 비극의 막이 내렸을 때 그 숫자는 두 배로 늘어났고, 독일 비평가들의 경멸적인 예언을 무색하게 하고, 미합중국을 전투 기계로 변모시키는 기적을 통해 세계를 놀라게 했다.

전투에 대한 자세가 미합중국 군대의 전선 배치에 영향을 미쳤다. 영국군은 보급 기지 근처의 서쪽 지역을 점령했고, 프랑스의 중심부는 파리 방어에 집중했으므로, 동쪽의 가장 평온한 지역이 먼저 아메리카군에게 할당되었다. 이러한 배치에 따라 보르도에 주요 입항지를 두고 베르됭 아래 쇼몽에 본부를 둔 거대한 아메리카 전쟁 기구가 놀라울 정도로 신속하게 만들어졌다. 징집병의 전신인, 정규군 병사들은 국지전 전술에 대한 기초 교육이 끝나자마자 서서히 전선의 참호로 투입되었다. 1917년 10월이 되자 그들 중 몇 명이 전투에 참여했고, 11월에는 처음으로 적과 심각한 충돌을 경험했다.

　이렇게 조심스럽게 겨울을 보낸 후, 퍼싱 장군은 아메리카의 병력 증원으로 전력이 강화된 후 포슈 장군과 함께 3월에 시작된 독일군의 대규모 공세의 충격을 효과적으로 대응할 준비를 마쳤다. 루덴도르프 장군의 마지막 필사적인 공격으로 프랑스군과 연합군이 마른 강을 되찾은 여름에도 샤토-티에리, 벨로 우드, 그리고 전선의 다른 지점에서 미군은 전세를 뒤집은 끔찍한 전투에서 제 몫을 톡톡히 해냈다. 9월에는 프랑스의 지원을 받아 생 미엘에서 독일군 돌출부를 전멸시킨 후 산에서 해협으로 밀려오는 격렬한 물결에 합류하여 승리의 문을 활짝 열었다.

　해상에서 아메리카와 연합국 간의 협력은 화려하지는 않았지만 동등한 결단력으로 진행되었다. 전쟁이 임박했음을 이미 알고 있던 윌슨 대통령은 1917년 3월, 어머니의 영국계 혈통 덕분에 유난히 수용성이 높았던 심스 제독을 바다 건너로 보내 연합작전의 길을 준비하도록 했고, 5월 4일 아메리카 구축함들이 퀸스타운에 입항했다. 한편 아메리카 조선소에서는 잠수함 추적기와 정찰 순양함이 서둘러 제조되었고, 해군의 신병 모집과 훈련이 빠른 속도로 진행되었으며, 새로운 유형의 치명적인 접촉 기뢰가 대량 생산되었다. 아메리카 해안을 지키고, 잠수함의 전쟁 지역을 순찰하고, 북해에 기뢰를 뿌리고, 잠수함 기지를 폭격하고, 병력을 호송하는 데 있어 미 해군은 전투의 요구 사항에 부응했다. 긴 전쟁이 끝나고 1918년 11월 11일 휴전이 선포되었을 때, 300척이 넘는 미군 전함과 7만 5천 명의 수병이 유럽 해역에서 작전을 수행하고 있었다.

§

경제력과 군사력 외에도 새로운 사회적, 지적 힘이 균형을 이루었다. 왕이 용병대를 이끌고 전쟁을 벌이던 옛날에는 대의와 목적을 거창하게 선포할 필요가 없었다. 왕의 뜻이 알려지면 선량한 신민들이 그에 따랐다. 그러나 프랑스 혁명이 정치의 모습을 바꾸어 농민, 미용사, 마부들의 손에 투표용지와 총검을 쥐여주고, 그들을 군대로 소환할 때 선언된 원칙은 그들의 도덕적 열망에 부응해야 했다. 이 서비스에서 인간 정신의 창의력은 결코 부족하지 않았다. 나폴레옹은 과거 선전술의 대가였으며 그의 후계자들은 멀리서나마 그를 모방했다. 1914년 여름 유럽의 정치가들이 맹목적으로 전쟁에 뛰어들었을 때, 거물들의 회의 테이블에 앉았던 로이드 조지가 후일 이 비극을 직설적으로 묘사했듯이, 양측의 호전적인 관리자들은 철학자와 작가들을 고용하여 매번 사태의 전환에 대한 설득력 있는 이유를 만들어냈고, 이런 방식으로 방대한 상상력이 담긴 문헌을 만들어냈다.

전쟁을 책임진 유럽의 정치가들은 대중이 사용할 수 있는 도덕적 패턴을 설계하는 것 외에도 보다 실질적인 목표에 합의해야 했다. 물론 독일 군국주의자들이 승리의 기치를 내걸고 전 세계에 강요했을 합의의 성격에 대해서는 의심의 여지가 없었지만, 1918년 러시아에 강요된 브레스트-리토프스크 조약은 그들의 야망의 범위를 극명하게 드러내며 그들의 역사적 과거와 입에서 고백을 이끌어냈다. 동맹국은 획득할 전리품의 분할에 대해 비밀리에 양해할 필요조차 없었고, 독일의 지배하에 건고한 블록을 형성했다.

그러나 연합국의 경우는 어느 한 세력이 지배적이지 않았다는 점에서 달랐다. 예를 들어 이탈리아는 영웅적인 교섭에 의해서 겨우 전쟁에 참전했고, 그 결과 보상이 정확히 명시된 비밀 조약이 체결되었으며, 모든 연합국은 적의 호의적인 제안으로 인한 이탈을 두려워했다. 따라서 1915년 프랑스, 영국, 러시아, 일본의 외교관들은 결속을 다지기 위해 '정복자에게 화를!'이라는 로마의 오래된 원칙에 따라 전리품 분배 계획을 세웠다. 볼셰비키가 1917년 12월 페트로그라드*의 비밀문서를 열어 인류의 얼굴에 문서를 던지지 않았다면 연합국의 이 곤경에 처한 전쟁 목표는 아마도 영원히 알려지지 않았을 것이고, 그들의 공식 가설은 국내외의 냉소적인 사람들만 의문을 제기할 수 있었을 것이다. 하지만 러시아 혁명으로 인해 사실이 공공의 재산이 되었고, 전쟁에 참전했던 세대는 정통 기록에서 그 출처와 기원을 확인할 수 있게 되었다. 이것은 외교의 새로운 장을 여는 사건이었다.

이러한 유럽인들의 양해에 아메리카는 당사자가 아니었다. 윌슨 대통령은 개인적으로 양측이 역사적 원한을 풀고 물질적 이득을 얻기 위해 같은 목적을 위해 싸우고 있다고 믿었다. 앞서 말했듯이, 전쟁 초기에 히스테리적인 동포들이 백악관 주변에서 격분하는 동안 그를 냉담하게 만든 것은 별다른 지식에 근거하지 않은 이러한 신념 때문이었다.

그러나 매달 유럽을 불태우는 연기와 화염을 지켜보면서 대통령은 아메리카의 칼을 저울에 던지기 훨씬 전에 어떤 종류의 합의가 이루어져야 하는지에 대한 결론에 도달했다. 1917년 1월 상원에서의 평화 연설에서 그는 약소국의 권리 인정, 폴란드의 독립, 피지배자의 동의에 기반한 정부, 바다의 자유, 내륙국에 대한 수로 확보, 세계 평화 유지를 위한 열강들의 공조 등 이러한 결론에 대해 설명했다. 유럽의 지도자들은 대통령의 이후 프로그램의 싹을 틔운

---

* 1830년대에 알렉산드르 푸슈킨은 자신의 시에서 '외국식' 도시 이름인 '상트페테르부르크'를 러시아적인 이름인 '페트로그라드Петроград'로 불렀다. 그리고 독일과의 전쟁이 시작된 후인 1914년 8월 31일 황제 니콜라이 2세가 도시 이름에서 독일어 단어인 '상크트 Sankt'와 '부르크Burg'를 제거하기 위해 공식적으로 도시 이름을 페트로그라드로 개명했다. 1924년 1월 26일, 블라디미르 레닌이 사망한 직후, 도시 이름은 '레닌의 도시'를 의미하는 레닌그라드로 바뀌었다가 구 소련 해체 뒤인 1991년 9월 6일, 도시 주민 투표를 통해 원래 이름인 상트페테르부르크로 다시 바뀌었다.

이 연설을 회의와 조롱으로 맞이했다. 〈런던 데일리 메일〉의 우레와 같은 편집자는 이 '미래의 국제 도덕에 대한 추상적인 교황의 성명'에 큰 소리로 오래도록 웃었다.

그러나 물은 다리 아래로 빠르게 흘러갔다. 전선의 전투 결과가 여전히 불확실한 상태에서, 1917년 11월 러시아 혁명은 유럽의 사회 질서를 근본적으로 뒤흔들었고, 지구 전체를 프롤레타리아트의 행진으로 진동하게 만들며 1789년 프랑스 인권선언 이후 가장 대담한 전 세계적 반정부 봉기의 호소로 모든 정부를 두렵게 만들었다. 러시아를 전선에 유지하고 독일의 전쟁 사기를 무너뜨릴 수 있는 유일한 방법은 연합국의 비밀 조약에 숨겨진 제국주의적 목표를 정면으로 부정하는 민주주의 정책의 자유로운 선언이 필요하다는 것이 즉시 분명해졌다.

그때 윌슨 대통령은 그의 이전 주장들을 새롭게 하며, 신념이 약한 그의 동료들을 구원하러 나섰다. 1918년 1월의 폭풍 같은 날들에, 볼셰비키가 브레스트-리토프스크에서 독일과 오스트리아 제국 정부가 제시한 가혹한 조건 앞에서 휘청거리고 있을 때, 페트로그라드에 있던 미합중국 공보위원회의 대표 에드거 시슨은 워싱턴에 있는 위원회 감독관 조지 크릴에게 전보를 보내, 대통령이 '미국의 반제국주의적 전쟁 목표와 민주적인 평화 요구 사항을 재천명해 달라'고 요청했다. 시슨은 덧붙여, 만약 대통령이 그렇게 한다면, '독일어 번역으로 대량 유포할 수 있고, 러시아어 버전을 군대와 모든 곳에서 강력히 활용할 수 있다'고 했다. 5일 뒤, 윌슨은 의회 앞에서 그의 '14개 조항'을 강력히 선포했으며, 이 조항들은 전 세계 구석구석으로 전파되어 한국, 캄보디아, 시암[태국], 인도, 필리핀, 남태평양의 섬들까지, 제국주의 세력에 의해 지배받고 있는 모든 곳으로 퍼져나갔다.

이 정치적 신념의 조항을 간략하게 요약하면 다음과 같은 항목이 수용되었다: 공개 외교, 해양의 자유, 국가 간 무역 장벽 제거, 군비 축소, 관련 국민의 이익을 위한 식민지 청구권 조정, 러시아에 대한 공정한 대우, 벨기에의 복원,

1871년 프랑스에 대한 부당한 처우 시정, 민족주의 원칙에 따른 이탈리아 국경 조정, 오스트리아-헝가리 제국 국민의 자치 확대, 루마니아와 세르비아의 복원, 폴란드 독립, 터키 제국의 재건, 마지막으로 평화로운 세계 질서 유지를 위한 국가 연합 등이었다.

아메리카의 대변인이 공식화한 아메리카의 신조는 그러한 고상한 정서를 동등하게 의심하는 보수적이거나 급진적인 서클을 제외하고는 국가 전역에서 찬성의 함성과 함께 받아들여졌다. 물에 빠진 사람이 지푸라기라도 잡는 심정으로 연합국 동맹의 책임 있는 정치가들은, 비공식적으로 신중하고 적절한 유보를 전제로, '원칙적으로' 윌슨주의 공식을 승인했다. 이렇게 표현되고 승인된 혁명적인 교리로 인해, 동맹국의 국민들, 군인들과 민간인들은 자유와 민주주의를 위한 선전에 흠뻑 젖었고, 그들은 자신들이 제국주의적 주인들을 위해 싸우고 있으며, 정의와 자유의 평화를 제공하는 정부들과 맞서 싸우고 있다는 경고를 받았다. 동쪽에서 들어오는 볼셰비키의 선전이 군대에 스며들고, 서쪽에서도 마찬가지로 효과적인 선전이 퍼져나가면서, 독일의 열정은 서서히 식어갔다.

§

그러나 이러한 교리의 성과를 지나치게 강조하는 것은 실수이다. 독일과 오스트리아를 패배시킨 것은 말보다는 물질의 무게였다. 1918년 8월 14일, 현재 공개된 비밀문서에 따르면 루덴도르프는 황제에게 위대한 게임은 끝났고, 독일군은 패배했으며, 남은 유일한 과제는 승전국으로부터 가능한 최상의 조건을 얻어내는 것이라고 고백했다.

처음에는 혼란스러워한 독일 정부 수뇌부가 중립국의 선량한 공관을 통해 연합국의 반응을 알아보려 했지만, 날이 갈수록 서부 전선에서 강철 우박과 화염과 가스가 점점 더 심해지자 그들은 윌슨에게 직접 '14개 조항'의 언어에 따라 호소하는 아이디어를 떠올렸다. 준비 과정에서 그들은 사회주의자들을 대거 의회에 진출시키고, 영국식 의회 정부 체제를 도입했으며, 온건한 자유주의자인 바덴의 막스 왕자를 황제의 총리로 임명했다. 이제 독일 국민들이 독재자 대신 통치하고 있으니 휴전하고 아메리카 대통령이 정한 자유와 민주주의의 교리에 따라 평화를 이루자고 요청했다. 1918년 10월 5일, 스위스의 중재를 통해 윌슨에게 보낸 긴급 전신에서, 독일의 새 정부는 윌슨이 선포한 원칙이 '새 독일 정부와 국민 대다수가 소중히 여기는 일반적인 생각'과 일치하므로 전쟁 종식을 위한 조치를 취해 달라고 요청했다. 그 후 막스 황태자는 윌슨이 공약을 이행할 수 있으리라고는 믿지 않았지만, 위대한 평화의 중재자를 당황스럽게 할 기회를 놓칠 수 없다고 생각했다.

어려운 상황 속에서 윌슨은 자신의 가설을 시험대에 올렸다. 아메리카의 도덕적 원칙을 언어적 패턴으로 공식화할 때 그는 자신의 주인이었지만, 전장에서 미합중국 군대는 여러 군대 중 하나에 불과했다. 게다가 휴전의 정확한 조건을 정하기 위해서는 정치 이론이 구체적인 현실로 내려와야 했고, 병력, 자금, 군수품, 병력 이동에 대한 정밀함이 필요했다. 이 영역에서 연합군 및 연합군 관련 군대의 책임자였던 포슈 장군이 자연스럽게 주관자가 되었다. 윌슨의 14개 조항을 액면 그대로 받아들이지 않았던 이 노련한 군인은 독일이 민주주의로 전환했다는 것을 믿는 데 서두르는 기색이 없었고, 라인 강을 넘어 혁명이 일어나는 것도 원하지 않았다. 그래서 전쟁 중 독일 군대가 연합군의 무자비한 공세에 무너지고 있는 동안, 휴전 조건에 대한 논의는 한 달 넘게 계속되었다.

사실 동맹국은 사방에서 치명적인 약점을 드러내고 있었다. 9월 말 불가리아는 무조건 항복을 했다. 10월 말, 이탈리아 전선에서 참담한 패배를 당한 오스트리아는 평화를 요청했고, 11월 3일 무기를 내려놓았다. 이틀 후 윌슨 대통령은 군인들이 작성한 가혹한 휴전 조건을 이미 혁명의 붉은 유령이 드리워진 베를린의 당국에 전달했다.

이 위기에서, 아직 야망이 꺾이지 않은 독일의 카이저는 후방에서 흔들리는 민간인들에게 병사들을 투입할 것을 제안했지만, 그의 가장 엄선된 병사들조차 그런 작전을 감당할 용기가 없다는 것을 알게 되었다. 난공불락의 적과 맞닥뜨린 데다 지친 국민으로부터 버림받은 그는 황제의 휘장을 내려놓고 황태자와 함께 네덜란드로 은신처를 옮겼다. 11월 11일 오전 11시, 휴전이 발효되고 4년간 고통스러운 전선을 따라 울려 퍼지던 총성이 그쳤다. 전 세계에 감사의 물결이 일었고, 독일조차도 승전국들의 베를린 행진이 없다는 사실에서 위안을 얻었다.

§

월슨은 이제 단결된 국가의 지원 없이 생애 최대의 위기를 맞이해야 했다. 휴전 며칠 전 실시된 하원 선거에서 아메리카 유권자들은 자신이 공언한 원칙에 따라 평화 협상을 계속할 수 있도록 민주당 하원에 힘을 실어달라는 월슨의 호소를 뿌리치고, 독일의 무조건 항복과 패전국들을 위한 스파르타식 평화, 국제 연맹 제안의 전면 거부를 요구하는 야만적인 선거운동 끝에 공화당에 과반수를 되찾게 해주었다. '오늘날 세계 어느 자유 국가에서도 월슨 씨가 직위에 있을 수는 없다.' 프랑스에서 열리는 평화 회의에 참석하기 위해 출국하기 전날, 런던과 파리의 제국주의 언론이 월슨 대통령을 향해 기쁘게 던진 조롱이었다.

따라서 월슨 대통령은 '14개 조항'의 꿈을 실현하기 위해 유럽에 도착했을 때, 전쟁의 화산 같은 격변 속에서 가장 기민한 정치인들과 고도의 외교적 전투를 벌여야 하는 운명에 내몰린 부서진 도구였으며, 그들은 모두 국내의 강력한 쇼비니즘적 열정에 의해 지지받고 있었다. 이들에게는 대통령이 유럽 사막의 피비린내 나는 모래사장에서 약속된 평화의 땅으로 인도할 새 시대의 모세라는 찬사를 사방에서 받든, 월슨과 그의 아내가 영국, 프랑스, 이탈리아를 순회하는 동안 카이사르나 나폴레옹이 머리를 돌릴 만한 환영을 받든 별 차이가 없었다.

윌슨이 역사, 지리, 경제, 외교 분야의 아메리카 전문가들과 보좌관으로 그가 임명한 4명의 위원을 데리고 12월 초 파리에 도착했을 때, 영국의 로이드 조지, 프랑스의 클레망소, 이탈리아의 오를란도 등 연합국 동료들은 즉각적인 행동을 취할 준비가 되어 있지 않았고, 일본 대표단의 책임자는 프랑스 소설을 읽는 데 몰두하고 있었다. 노래하는 대중이 곧 열정을 잃고 새로운 명소로 옮겨갈 것을 알았던 이 노련한 정치가들은 안전하게 시간을 끌었다. 이 전략의 결과로 1월 18일, 승전국 32개국의 평화 평의회가 공식적으로 소집되어, 모든 중요한 업무는 아메리카, 영국, 프랑스, 이탈리아, 일본 대표로 구성된 최고 평의회에서 처리할 것이라는 정보를 받기까지 한 달이 넘는 시간이 흘렀다.

마침내 외교관들이 경계를 정하고 자원을 분배하는 일을 시작하면서 지혜의 경연이 시작되었다. 이 경연은 윌슨의 요청과 그의 동료들의 기꺼운 동의로 비밀리에 진행되었다. 시간이 흐르면서 회담 탁자에서의 반목이 더욱 첨예해지고, 최고 위원회의 의견은 더욱 좁혀졌다. 산동 반도 문제에 확신을 가진 일본은 불참했고, 이탈리아의 비타협적 요구를 단호히 거부한 윌슨의 태도에 분노한 오를란도는 자국민의 환호 속에 퇴장했다. 결국 로이드 조지, 클레망소, 윌슨 등 '빅 쓰리'는 밀실에서 전쟁 발발의 책임을 동맹국에 돌리는 조항을 포함해 방대한 평화 조약의 중요한 조항을 만들어냈다. 1919년 6월 28일, 독일 대표단은 격렬한 항의를 제기한 후, 1871년 호헨촐레른 왕조의 승리의 현장인 베르사유 궁전의 거울의 방Hall of Mirrors[*]에 들어가 서명했다. 절차에 따라 오스트리아, 헝가리, 불가리아, 터키도 조약의 서명에 참여했다.

---

[*] 1871년 프로이센-프랑스전쟁에서 프로이센의 승리가 확정된 후, 바로 이곳에서 독일 제국의 수립이 선언되었다. 독일 통일의 주도자인 프로이센의 수상 오토 폰 비스마르크가 연출한 이 행사는 파리를 포위한 독일군의 작전 거점인 베르사유 궁전에서 독일 제국의 탄생을 선포함으로써 프랑스에 정치적 굴욕을 안겨주고 그 지위를 이제 독일이 새로운 강대국으로서 물려받았다는 것을 과시하려는 의도가 담겨 있었다.

28장_세력 균형의 아메리카 **625**

이 대규모 합의의 세부 사항은 여러 페이지에 걸쳐 기록되어 있지만, 역사적으로 중요한 원칙은 몇 가지로 요약된다. 모든 인간적인 합의가 그러하듯, 그 결과는 어떤 면에서는 타협이었다. 14개 조항 중 일부 요소는 실현되었다. 예를 들어, 대부분 동유럽에 있던 9개의 독립 국가가 자결권 원칙에 따라 탄생했고 알자스-로렌은 프랑스에 반환되었다. 이탈리아, 그리스, 루마니아, 세르비아, 벨기에, 덴마크의 국경은 민족주의 이론에 따라 확대되었고, 그 과정에서 신조를 위반한 사례도 많았다. 독일은 영토와 힘이 축소되었고 오스트리아-헝가리 제국은 해체되었다. 이러한 조치는 어떤 면에서는 윌슨주의 교리에 부합했고, 적어도 당장은 영국의 이익을 위태롭게 하지 않으면서, 프랑스의 안보와 힘을 강화했다.

제국의 전리품 분배에서 윌슨의 감정에 약간의 양보가 이루어졌다. 세계 각지에 있던 독일의 옛 식민지는 국제연맹League of Nations의 '문명을 위한 신성한 신뢰'라는 명령mandate으로 승전국에게 양도되었다. 인구는 순전히 독일인들로 구성되어 있지만 풍부한 탄광이 있는 자르 계곡은 단순히 일시적인 착취를 위해 프랑스에 할당되었다. 산둥 반도는 일본이 독일로부터 빼앗았고, 북경 대표단의 거센 항의에도 불구하고 도쿄 외교관들이 궁극적으로 중국에 반환하겠다는 약속 아래 이 지역을 얻어냈다. 이 약속은 이후 흥미로운 상황 속에서 철저히 이행되었다.[일본은 1922년 워싱턴 해군 군축 회의Washington Naval Conference에서 미국과 영국 등의 압력으로 산둥 반도를 중국에 반환했다] 그러나 1915년의 유명한 비밀 조약에 명시된 경계 설정과 전리품 분할은, 주목할 만한 예외를 제외하고는, 베르사유 조약에서 실현되었다. 파리의 회의실에서 러시아는 발언권이 없었고 원래 러시아에 할당된 몫을 받지 못했다. 오히려 최고 위원회의 지도 제작자들에 의해 옛 러시아 제국의 영토가 마음대로 잘라내고 나누어졌다. 이러한 한계에도 불구하고 파리에서 진행된 회의는 신중한 계획과 오랜 관행에 따라 진행되었다.

세계 시장에서 경쟁자로서의 독일의 힘을 깨뜨릴 수 있는 어떤 것도 생략되지 않았다. 독일의 해군은 승자들에게 넘겨졌다. 그 군대는 무시할 수 있는 수치로 축소되었다. 그 식민지, 상선, 외국에 있는 재산, 세계 각지에 있는 무역 기지와 은행도 모두 빼앗겼다. 연합군 참전용사와 그 가족에 대한 연금 비용을 포함하여 독일은 결국 총 330억 달러에 달하는 배상금을 지불해야 했는데, 이는 이전의 징벌적 배상금을 한없이 초라하게 보이게 하는 엄청난 액수였다.

요컨대, 복수의 법칙이 적용되어야 했다. 로이드 조지는 초기 단계에서 이렇게 말했다. '실질적으로 연합국들은 한 가지 공통된 원칙을 가지고 있으며, 나는 이를 이렇게 명시한 적이 있다. "독일은 마지막 남은 힘을 다해 대가를 치러야 한다."' 이는 당시 평화회담의 결과를 깔끔하게 예견한 발언이었다. 마지막으로 독일은 세계대전의 저주를 인류에게 안겨준 전적인 책임이 동맹국에 있음을 인정할 수밖에 없었고, 이 엄숙한 선언은 런던과 파리의 비밀 기록 보관소를 떠올리며 로이드 조지와 클레망소의 입가에 절묘한 미소를 떠오르게 했을 것이다.

이 거대한 거래에서 윌슨 대통령은 1898년 매킨리의 승리와는 비교할 수 없을 정도로 아메리카를 위한 배상금이나 영토를 얻지 못했다. 그의 원칙을 실천하는 데 있어, 그는 국가적 이득을 추구하지 않았다. 먼 미래를 염두에 두고, 그는 오히려 국제연맹 계획에 대한 합의를 얻기 위해 불굴의 의지와 큰 정신적 부담을 가지고 노력했으며, 모든 일시적인 조항들은 미래의 만국회의 Parliament of Man에서 조정해야 할 사소한 문제로 간주했다. 에드워드 그레이 경이 하우스 대령의 도움을 받아 제안한 그 먼 이상을 항상 염두에 두고 파리에서 모든 것을 걸고 싸웠으며, 한때는 증기선의 출항 준비를 명령해 협상의 결렬을 위협하기까지 했다. 의심할 여지 없이 그의 당혹감은 깊었다. 만약 그가 역사적인 뻘셈과 분열의 외교에 대해 어떤 주요한 양보도 거부했다면, 그는 국내의 소수의 신실한 자유주의자들을 기쁘게 했을 테지만, 동시에 독일의 파멸과 워싱턴에서의 권력 회복을 열망하는 공화당원들의 분노를 그의 머리 위로 쏟아지게 했을 것이다. 그래서 결국 대통령은 자신의 선택을 했고 조약을 체결했으며, 동맹국과의 합의가 비판의 여지가 있지만, 영구 평화에 대한 서약보다 균형이 더 가볍다고 생각했다. 독일인들이 말하듯이 세계 역사 Weltgeschichte는 세계의 심판Weltgericht이 될 것이며, 지금 살아 있는 모든 사람들이 그 자리에서 사라진 후에도 이 남자에 대한 운명의 먼 판단이 내려질 수 있을 것이다.

§

조약의 구조에 통합되어 대통령이 가져온 국제연맹 규약은 최종적으로 제네바에 위치한 사무국, 각 국가, 지배국 및 자치 식민지에서 한 명의 대표로 구성된 총회, 아메리카, 영국, 프랑스, 이탈리아 및 일본 대표와 총회에서 수시로 선출된 다른 4명의 대표로 구성된 대위원회라는 세 개의 영구 국제기구의 설립을 규정했다. 국제연맹에 부과된 의무와 회원국들이 수락한 의무는 무수히 많고 무거웠다. 모든 관련 열강은 서로의 영토를 존중하고 외부의 침략으로부터 그것을 보전하는 데 협력할 것을 약속했다. 회원국들은 외교로 조정할 수 없는 모든 분쟁에 대해 위원회의 중재 또는 조사에 응하기로 합의했으며, 어떠한 경우에도 재판소의 결정이 있은 후 3개월까지는 무력에 의지해서는 안 되며, 판결이 만장일치일 경우 이를 준수할 의무를 져야 했다. 어떤 회원국이 규약을 준수하지 않을 경우 합법적으로 보복을 가할 수 있었고, 이를 연맹에 대한 전쟁 행위로 간주하여 위반 회원국의 무역을 차단할 수 있었으며, 의회는 심의 후 관련 정부에 채택할 군사적 조치를 권고할 수 있었다. 마침내 산문과 시로 찬사를 받았던 세계 의회가 실현될 날이 머지않아 보였다.

이 프로그램을 아메리카 국민의 판단에 맡기면서 새로운 질서의 옹호자들은 전쟁을 종식시키기 위해 전쟁을 벌였다고 생각하는 사람들을 어리둥절하게 만드는 적대감에 직면했다. 파리에서 오랜 시간 동안 진행된 회의는 불협화음으로 가득 차 있었고, 마침내 조약이 발표되자 보수와 급진으로 나뉜 반대 세력들은 강력한 반대를 외치며 결집했다. 윌슨의 반대 세력은 비장한 각

오로 베르사유 조약의 비준을 위해 헌법상 3분의 2의 찬성이 필요했던 상원으로 싸움을 이어갔다.

따라서 필연적으로 국내 당파주의의 애정과 증오가 거대한 국제 문제에 대한 논의에 주입되었고, 오랜 관습에 따라 조약의 가치에 대한 의견은 오른쪽에서 왼쪽으로 정치적 노선을 따라 흩어졌다. 공화당을 중심으로 한 소수의 '화해할 수 없는 사람들'은 신속하고 조건 없이 거부할 수밖에 없었고, 윌슨의 무조건 복종 원칙에 따라 긴밀하게 결집된 민주당은 중대한 변화 없이 비준을 요구했으며, 이 두 타협하지 않는 연대 사이에는 수정, 유보 또는 해석을 전제로 한 비준 지지자들이 다양한 간격으로 줄을 지어 있었다. 온건파 중에는 엘리후 루트, 윌리엄 하워드 태프트, 조지 W. 위커샴과 같이 평화를 옹호하는 저명한 공화당원도 있었고, 의구심을 품은 민주당원들도 있었다.

정치 세력이 분열된 상황에서 길고 격렬한 싸움이 벌어질 수밖에 없었고, 그 싸움은 충격적인 영향으로 다가왔다. 베르사유 합의안은 사방에서 공격을 받았다. 독일 동조자들은 패전국에게 부과된 가혹한 조건 때문에 베르사유 합의안을 공격했다. 아일랜드의 동조자들은 이 조약이 당시 독립을 위한 투쟁을 벌이고 있던 아일랜드를 인정하지 않으면서 대영 영국의 자치령에는 대표권을 부여한다는 이유로 이 조약에 반대했다. 반면에 독일이 짊어진 짐이 너무 무겁다거나 아일랜드의 주장이 부끄럽게도 무시되었다고 생각하는 사람들도 있었지만, 파리에서 파편을 모으는 과정에서 아메리카와 아메리카 시민의 권리가 너무 적은 관심을 받았기 때문에 불만을 품은 사람들도 많았을 것이다.

그러나 아메리카의 고립주의 교리를 고수하는 사람들의 공격은 국제연맹 규약에 가장 집중되었다. 국제연맹에 가입한 모든 회원국의 독립과 완전성을 유지하기 위해 다른 열강과 협력하도록 정부를 구속함으로써 아메리카가 유럽에 얽혀들게 하고, 이민 통제 등 미국의 국내 문제를 침해할 수 있는 초국가를 세우며, 우리 정부에 '유럽과 아시아의 소요, 갈등, 분쟁, 전쟁에 참여할' 도덕적 의무를 부과하고, 다른 나라에도 서반구 문제[아메리카 대륙]에 관심을 갓도록 동일한 의무를 부여하리라는 것이 이들의 주장이었다.

또한, 윌슨 대통령이 처음부터 추구했던 개인적 전술도 정치적 열정을 달래는 데는 아무런 영향을 미치지 못했다. 그는 모든 선례에서 벗어나 상원 의원, 심지어 공화당 다수파 의원 한 명도 평화 협상 테이블에 데려가지 않고 혼자서 파리 회담에 나섰다. 하우스 대령을 제외하고는 동행한 네 사람을 사실상 무시하고 최종 합의에 대한 모든 책임을 떠맡았으며, 사실상 자신과 국내 정책에 대한 정적들의 적개심을 그의 작업으로 전가하도록 유도한 셈이었다.

게다가 조약 협상 과정에서 상원은 윌슨으로부터 어떠한 화해의 메시지도 받지 못한 채 무시당했다. 더 큰 문제는 조약 문서가 완성되자마자, 상원 의원들이 조약의 내용을 보기도 전에, 은행가와 기자들의 손에 조약의 사본이 들어가는 불길한 사건이 발생했고, 이미 고조된 당파적 긴장을 고조시키려는 듯 윌슨은 반대파를 달래기 위해 계산되지 않은 최종적인 분위기로 조약과 관련하여 상원 의원들에게 연설했다. 그는 '무대가 설정되었다'고 말했다. '운명이 드러났다. 그것은 우리가 구상한 계획이 아니라 우리를 이 전쟁으로 이끈 신의 손길에 의해 이루어졌다'고 말했다. 대통령은 특정 조항에 대한 '해석'을 기꺼이 허용했지만, 자신이 세우는 데 도움을 준 위대한 구조의 본질적인 변경은 받아들이지 않았다. 그는 이제 개인적인 회견을 통해 상원의 비판자들을 무장 해제시키려고 노력했지만 그 방향으로의 그의 노력은 너무 늦었고 어색함과 제약된 모습으로 인해 너무 분명하게 손상되었다.

결국 패배를 두려워한 대통령은 9월에 그루터기를 들고 태평양 연안을 순회하며 워싱턴의 반항적인 상원 의원들을 넘어서 아메리카 국민에게 호소하는 대장정에 나섰다. 그러나 그 노력은 그에게 감당하기 어려운 일이었다. 조약 체결을 위한 전투를 벌이던 중 윌슨은 중병에 걸렸고, 정신은 물론 몸도 망가진 채 수도 워싱턴으로 이송되었다. 가끔 열이 날 정도로 활동한 시간을 제외하면 그는 다시는 예전의 힘을 회복하지 못했다. 남은 임기 동안 그의 행정부는 표류했고, 내각은 사임과 해임으로 산산조각이 났으며, 공화당이 장악한 의회는 정당의 관례에 따라 다음 선거에 대비해 방해와 비난의 정치에 전념했다. 유보 사항에 합의하지 못하고 오랜 논쟁에 지친 상원은 1920년 3월 19일, 헌법적 과반수를 확보할 수 없다고 발표함으로써 조약을 확실히 거부했다. 이제 선거가 임박하자 윌슨은 국민들이 국제연맹에 대해 '엄숙한 국민투표'를 실시해야 한다고 주장했다. 그의 바람은 이루어졌다.

29

정상성 추구

　'우드로 윌슨이 대통령 취임 선서를 하면서 미국에서 금융 봉건주의는 사라졌다…… 해나 씨와 모건 씨는 모두 국가가 재산에 의해 지배되어야 하며 재산과 정부에 대한 권력이 중앙집권화되어야 한다고 믿었다…… 해나주의는 천천히 죽음을 맞았지만, 뿌리, 가지, 잎까지 모두 죽었다. 1912년 우드로 윌슨이 대통령에 당선되면서 마지막 남은 생명의 불꽃은 사라졌다. 일부 특권층 외에는 애도하는 사람이 없었다…… 새로운 은행 및 통화법은 모건이 존재할 수 있는 조건을 파괴했다.' 이처럼 〈뉴욕 월드〉의 편집자는 1800년 제퍼슨의 위대한 혁명과 그로부터 한참 후인 1832년 잭슨의 승리를 기념하는 언어로 윌슨의 당선으로 달성된 경제적 성과에 대한 대중의 시각을 간결하게 표현했다.

　주장의 스타일과 형식 모두 비난의 여지가 없었다. 하지만, 나라의 많은 부문은 진단이나 치료 방법을 승인하지 않았다. '현재 아메리카에 필요한 것은 영웅이 아니라 치유이며, 엉터리약이 아니라 정상성이고, 혁명이 아니라 회복, ……수술이 아니라 평온이다.' 1920년 5월, 보스턴에서 열린 한 연설에서 오하이오 주 상원 의원 워렌 가말리엘 하딩은 이 짧은 문구를 통해 윌슨이 아메리카 사회에 기여한 또 다른 의견을 표현했다. '정상성normalcy'이라는 단어는 가정용 사전에는 없었지만, 윌슨이 걸어온 길을 따라 어디까지가 정상성인지 아무도 알 수 없는 복귀에 대한 절박한 열망의 상징으로 특히 박수를 보내는 기업가들에게 열광적인 호응을 얻었다. 어떤 정치적 압력계도 정확한 압력의 강도를 기록하지 못했다.

외교 문제와 관련하여 치유, 회복, 평온을 위한 모든 프로그램은, 피지배 민족에 대한 온정주의, 세력 균형이 제공하는 안전망에 대한 의존, 태평양에서의 웹스터-수어드-헤이 정책의 부활, 국가 엔진에 의한 대외 무역의 강경한 추진, 상업의 선도자이자 수호자로서 해군의 발전, 제국주의 지방 정부의 확고함을 포함해 윌슨의 고결한 국제주의를 거부하는 것을 의미했다. 마찬가지로 국내 정치에서 정상성이 제시한 것도 현실적으로, 본질적으로는 경제적인 것이었다.

물론 아메리카 상원 의원 직접 선거, 직접 예비선거, 여성 참정권, 주민발안 및 주민투표, 그리고 새로운 민주주의의 다른 도구들에 대한 불평이 있었지만, 그것들은 파괴되기보다는 더 쉽게 조작될 수 있었다. 결국 이것들 중 어느 것도 시스템에 심각한 탈구脫臼를 일으키지 않았고, 예를 들어 여성들은 주로 사회 집단에 따라 정당에 표를 분배함으로써 하딩의 르네상스[재생]에 심각한 장애물을 만들지 않았다. 루즈벨트와 윌슨이 뽑은 자유주의 성향의 대법관들의 영향력 아래 대법원은 풍성한 만찬의 시대에 그렇게 읽혔던 헌법의 경직성을 완화하고 사회민주주의의 물결 속에서 쏟아져 나온 법안을 용인하는 경향을 보였다. 불사조가 잿더미에서 살아나려면 여러 신중한 사법적 임명이 이루어져야 했다.

하지만 이는 모든 준비 작업의 일환일 뿐, 진정한 긴급 사항은 경제적 입법과 재산 분배에 대한 일반적인 후퇴를 요구한 사람들이 제시한 것이다. 이들에게 매킨리의 교훈의 부활은 소득, 상속, 초과 이익에 대한 세금, 특히 고율의 세금을 폐지하고 연방 지원의 부담을 부유층이 누리는 부에서 대중이 소비하는 상품으로 전환하는 것을 의미했다. 또한 해밀턴-웹스터-매킨리 관세, 보조금, 산업 및 상선 소유주에 대한 보조금 제도의 공정한 회복도 포함되었다. 이러한 부성적[보호적] 지원과는 별개로, 당시의 표현대로 '사업에 대한 정부의 간섭 금지'는 합병, 조합, 주식 발행에 대한 공식적인 간섭 금지, 가혹한 가격 고정이나 규제 계획 회피, 철도에 가해지는 긴박한 압력의 해소를 의미했다. 마지막으로, 정상성은 노골적인 증여나 쉬운 매각이 아니라면 최근 의회가 행정부에 부여한 임대 권한을 관대하게 행사하여 국가 영토의 나머지 조각을 신속한 개발에 즉시 개방하는 것을 의미했다. 정상성과 비슷한 성격의 다른 세부 사항도 포함되었으며, 일부 경기 후퇴의 옹호자들[경기가 후퇴하기를 바라는 것이 아니라, 경제 정책의 변화나 정부 개입의 축소를 통해 기존 상태로 돌아가자는 주장, 즉 정상성을 추구 하는 사람들을 의미]은 시간을 초월하고 홍수를 무릅쓰고 논리적 결론에 이르기까지 전면적으로 나아가자고 제안했다.

§

해밀턴-웹스터-매킨리 체제의 회복을 갈망하는 신사 숙녀들은 우드로 윌슨의 정책에 등을 돌리고 싶어 할 타당한 이유가 있었다. 취임 초기에 윌슨은 재계 거물들에게 연방 정부에 대한 그들의 지배력이 약화될 것이라고 공개적으로 경고했고, 전쟁과 그 여파로 인한 긴급한 시기를 제외하고는 그들의 간청과 위협에 냉담했다. 실제로 그는 의회 복도의 로비스트들을 비난하고 자본가들의 이해관계가 자신을 멕시코와의 전쟁으로 몰아가려 한다고 노골석으로 말함으로써 정치 게임의 규칙을 위반했다고 그들의 눈에 비쳤다. 1913년 그가 발의한 관세 법안에서 대기업 지도자들을 만족시킨 일정은 거의 없었다. 연방준비제도법Federal Reserve Act을 제외하고는 그가 이후 발의한 법안 중 어느 것도 그들의 요구 사항을 정확히 충족시키지 못했다.

더욱이 윌슨은 농부와 산업 노동자들만 인정한 자유주의자 몇 명을 그의 공식 가족으로 모았다. 그는 평화로의 복귀에 따른 '기존 질서의 재건'에 대한 장대한 이야기를 장려하지는 않았지만 허용했으며, 전쟁의 강렬한 협동 노력에서 비롯된 비범한 생산성이 그들의 이론의 타당성을 입증했다고 주장하는 사회적 성향의 철학자들에게 일종의 간접적인 축복을 주었다. 그의 집권 기간 동안, 그리고 대통령의 축복으로, 노동 조직은 급속히 회원을 확대했고, 민간 산업과 공공 업무 모두에서 도금 시대의 자유 속에서 자란 사람들에게 이것은 매우 당혹스러운 일이었다. 전쟁 시기 노동력이 부족하고 이윤이 높았던 때에 관대한 윌슨 행정부의 후원을 받으며, 노동 비용이 안일한 대중이나 후한 세금 납부자들에게 전가될 수 있었던 상황에서 임금 인상 요구는 이례적인 친절함으로 받아들여졌고, 노동조합이 상품 제조 과정에서 강력한 지배력을 얻으려는 노력은 분명히 우대받았다. '산업 민주주의'라는 표현이 대중의 대화 속에 빠르게 자리 잡았다. 연방 정부의 조치에 자극받아, 공장 위원회, 인사 관리, 그리고 산업 내 자치에 대해 이야기하는 것이 유행이 되었으며, 러시아 혁명과 사회주의 독일의 메아리가 아메리카에서도 관용적으로 들리는 듯했다. 이 모든 것은 자신의 방식으로 자신의 일을 관리하고 노동과 정부의 지시를 차단하고자 하는 사업가들에게는 쓴 약이었다.

전쟁의 소란과 함성이 사라진 땅을 바라보며, 그들은 기대에 부풀어야 할 이유를 찾았다. 결국 루즈벨트가 싫어하고 윌슨이 외면했던 부유함은 새로운 자유의 시대에도 사라지지 않았다. 오히려 1920년 연소득 100만 달러 이상의 세금을 내는 부호 명단의 선두에는 재산 증식을 신고한 옛 지도자들이 있었고, 원래의 목록에 많은 재산이 추가되었으며, 민주주의를 위한 전쟁 4년 동안에만 아메리카에서 10년 동안의 평화 기간보다 더 많은 백만장자가 탄생했다. 루즈벨트와 윌슨이 한 모든 말과 행동에도 불구하고, 재계의 지휘자들은 1912년 격동의 시기에 자신들이 비난받을 만한 행동을 했다고 생각하지 않았고, 매킨리 대통령 시대 이후 정치적 변화가 공정하거나 본질적으로 필요한 것이라고 믿지 않았다.

사실 그들은 최근의 사태가 전적으로 우연이었다는 믿음을 뒷받침하는 근거를 찾을 수 있었다. 루즈벨트나 윌슨 모두 자신의 국내 경제 정책에 대해 호의적인 평가를 받은 적이 없었다. 전자는 애초에 매킨리의 비극적 죽음이라는 우연에 의해 대통령에 당선되었고, 1904년 대중이 그를 직접 선출했을 때 그의 철학의 두드러진 특징이 아직 공개되지 않았으며, 8년 후 그가 잘 정리된 진보적 프로그램을 제시했을 때 단호하게 거부당했다.

윌슨의 경우도 마찬가지였다. 그 역시 1912년 대통령 선거에서 반대표가 200만 명이 넘을 정도로 국민 다수에게 거부당했고, 탄탄한 남부를 제외한 어떤 산업 주에서도 과반수를 얻지 못했으며, 냉정하게 말하자면 그의 당선은 단순히 반대파의 분열 때문이었다. 그의 재선 상황도 비정상적이었다. 당시 아메리카에는 세계대전의 폭풍이 몰아치고 있었고, 국내 문제의 논쟁에 대해 결정을 내릴 수 있는 상황이 아니었다.

또한 윌슨의 반대자들은 그의 정책 아래에서 경제적 파멸을 막은 것은 오직 세계대전 때문이었다고 주장할 수 있었다. 확실히, 경기 침체는 그의 첫 임기 초기에 시작되었고, 철도 건설은 정부의 요금 책정 및 임금 규제 조치에 의해 사실상 중단되었으며, 산업 기업은 기소와 새로운 반독점 법률로 괴롭힘을 당하며 진척 속도가 둔화되었다.

이러한 사실에 의존하여 루즈벨트와 윌슨의 진보적 혼란에 분개한 비평가들은 연합국에 막대한 이윤을 남기며 물자를 팔아 얻은 번영 덕분에 국민들이 '광신의 쓴 열매'를 거두는 것을 피할 수 있게 해주었다고 말하는 것이 정당하다고 느꼈다. 결국 대다수 국민은 '장사를 위한 전쟁'을 결코 승인하지 않았고, 농장주, 장인, 빚에 시달리는 농민, 수입 상인들이 국가를 통치하려는 시도는 본질적으로 실패할 수밖에 없었다는 것을 어느 정도 합리적으로 보여줄 수 있었다. 이러한 상황이 1920년 워렌 가말리엘 하딩의 정상성과 평온을 회복하기 위해 힘차게 나섰던 기계 경제 지배자들의 마음을 움직이게 한 조건이었다.

§

그들의 계획에 대해 윌슨 정권의 전반적인 상태는 분명히 유리했다. 휴전 직후, 행정부는 붕괴되기 시작했다. 전쟁 중 복무하기 위해 서둘러 워싱턴으로 달려갔던 애국적인 연봉 1달러의 남성들은 전쟁이 끝나자 같은 속도로 집으로 달려가 그들의 사적인 일을 처리했다. 장관과 국장들이 고된 공직 생활에서 입은 손실을 만회하거나 부재 기간 동안 쌓인 수익을 누리기 위해 침몰하는 배에서 철수하면서 각 부처와 국은 무질서에 빠졌다.

연방 조직이 무너지는 동안, 윌슨 대통령은 평화 회의와 국제연맹 프로젝트의 실현에 몰두하고 있었다. 그리고 대단원에 도달하듯이, 국내 리더십이 그 어느 때보다 절실했던 바로 그 시점에, 긴 격무로 지친 대통령은 심각하게 병들었고 당무를 제어하던 이전의 권력을 되찾을 수 없었다. 국무장관 로버트 랜싱이 자신의 권한으로 내각 회의를 열어 배를 바람으로부터 지키려 하자, 뒤에서 이 회의 소식을 들은 윌슨이 병상에서 일어나 거만한 제스처로 현역 장관을 경멸하며 해임한 것은 사실이지만, 그것은 일시적인 화염에 불과했다. 사실 육체적 쇠약은 그에게서 이전의 위풍당당함을 빼앗아갔다. 게다가 그는 1918년 전쟁이 끝나갈 무렵 치러진 의회 선거에서 패배했고, 정치적 관례상 3선은 불가능했다.

설령 상황이 윌슨에게 이전의 활기찬 모습을 그대로 유지할 수 있도록 허용했다 해도, 아메리카의 취득과 향유 시스템에 급진적인 성격의 변화가 있었을지는 불확실하다. 1918년 이후 윌슨은 경제 입법 프로그램에 중요한 추가 사항을 염두에 두지 않았던 것으로 보이며, 설사 염두에 두었다 하더라도 이를 대중에게 공개하지 않았다. 실제로 그는 하우스 대령에게 1914년까지 자신의 무기를 모두 소진했다고 인정했다. 어쨌든 한 가지 사건은 그의 사고의 방향을 보여주었다. 1919년 10월, 자본, 노동, 대중을 대표해 산업 민주주의의 현황을 논의하기 위해 소집된 회의가 절망적인 의견 차이로 혼란에 빠졌을 때 윌슨은 무심한 듯이 그 결과를 받아들였다.

사실, 윌슨은 오랜 훈련과 진지한 신념을 바탕으로 맨체스터 학파의 경제학자였다. 따라서 어떤 뿌리 깊은 신념도 그에게 전쟁 중에 구축된 교통과 산업에 대한 특별 통제권을 유지해야 한다고 촉구하지 않았다. 논리적으로 일관되게, 그는 철도국장 윌리엄 매카두의 평화 시 정부 운영 시험 요청을 거부했고, 공화당이 장악한 의회가 1920년 교통법에 따라 예상보다 더 유리한 조건으로 이전 소유주에게 노선을 반환했을 때 강하게 이의를 제기하지 않았다. 상품 가격이 전쟁 중 최고 수준 이상으로 계속 상승했지만, 이 영역에 대한 연방 정부의 통제는 사법부의 결정, 행정 조치, 의회의 철회로 인해 소멸되었다. 사실, 민간 경제에 대한 연방의 감독을 규정하는 대부분의 비상 법령은 일반적인 성격이었고 세부 사항과 법 집행은 대통령 재량에 맡겨져 있었기 때문에 의회가 장부에서 삭제할 시간을 찾기 전에 행정부가 그러한 법의 엄격함을 완화하기 쉬웠다. 따라서 하딩이 보스턴에서 옛 시절로 돌아가자고 호소했을 때 국가는 이미 빠르게 정상성으로 흐르고 있었다.

윌슨 행정부가 전쟁의 요구로 정당화되었던 사적 문제에 대한 가차 없는 통제를 유지한 유일한 분야가 있었다. 바로 비판적 의견의 억압이었다. 휴전 직후에 유포된 일반 사면 및 망각[전쟁이 끝난 후, 전쟁 중에 일어난 정치적 탄압이나 비판적 의견에 대한 처벌을 잊고 모두 용서하자는 취지의 사면] 청원에 대해 대통령은 냉담한 태도를 보였다. 대통령의 승인을 받은 우정청장 벌레슨은 언론과 우편물에 대한 엄격한 감독을 계속했다. 민주당 후보로 지명된 법무장관 A. 미첼 파머도 같은 맥락에서 용의자를 대대적으로 체포하고, '선동적인 집회'를 부추기기 위해 도발적인 요원의 사용을 허용하고, 법무부의 형사들이 체포한 외국인의 추방을 주장하고, 피의자에 대한 지속적인 제3의 수단, 즉 신체적 학대를 용인하는 등 뜨거운 '빨갱이와의 전쟁'으로 대중의 시선을 집중시켰다.

실제로 '민주주의를 위한 안전한 세상을 만들기 위한 전쟁'이 끝난 후 윌슨 행정부의 심문 활동이 너무 격렬해지자, 저명한 변호사들로 구성된 위원회가 항의 각서를 제출했다. 신중한 언어를 구사하는 찰스 E. 휴즈는 1920년 여름 하버드 법대 동문 앞에서 행한 연설에서 지방 검사들의 선동적인 편견에 대한 호소와 모든 종류의 법정과 전국 각지의 판사들이 재판 중 증인을 협박하는 것에 대해 깊은 우려를 표하며, 헌법적 권리의 이름으로 강력히 항의했다. 전 대법원 판사는 '이제까지 확립된 선례에 비추어 볼 때, 이 공화국에서 지금까지 유지되어 온 입헌 정부가 또 다른 큰 전쟁에서 승리하더라도 살아남을 수 있을지 의문이 든다'고 외쳤다. 많은 노력이 있어야만 자유주의 성향의 사람들이 평화로운 날에 의회가 표면적으로 계엄령을 목적으로 제정된 법안보다 더 과감한 새로운 선동법을 통과시키는 것을 막을 수 있었으며, 그들의 노력에도 불구하고 시민의 자유에 영향을 미치는 많은 전쟁 법령은 유럽의 분쟁이 끝난 후에도 오랫동안 효력을 유지했다.

따라서 많은 사람들의 손에 의해, 윌슨의 풍미를 지닌 모든 것에 대한 강력한 반응의 무대가 마련되었다. 사업가들은 관세법, 기관사들의 하루 8시간 근무를 규정한 애덤슨법, 멕시코 정책, 수많은 호의 호소에 대한 무관심, 개인 및 기업 소득에 부과된 무거운 세금 등 수백 가지 항목에 대해 그를 용서할 수 없었다. 독일계 아메리카인들은 그가 독일 제국의 몰락에 일조했다는 이유로 분개했다. 아일랜드계 아메리카인들은 영국에 제공한 지원에 대해 분노했다. 자유주의자들은 '파리에서 영국과 프랑스 제국주의에 항복한 것', 정치범에 대한 일반 사면 승인을 완강히 거부한 것, 급진적 의견을 품은 혐의로 기소된 사람들에 대한 계속된 기소에 대해 격분했다. 전쟁의 목적에 대한 윌슨의 고상한 견해를 참아내고 심지어 과시적으로 승인했던 공화당 정치가들은 이제 공식적인 가설을 자유롭게 부정해야 한다고 느껴, 이를 격렬히 비난하고, 대신 우리가 '우리의 생존을 위해to save our skins' 무기를 들었다는 단순하고 덜 숭고한 이유로 대체했다.

§

사실 사방에서 전쟁의 정통적인 신조, 즉 윌슨이 그의 위대한 십자군 전쟁을 지탱했던 매혹적인 이상주의는 이제 무자비한 분석의 공격을 받고 있었으며, 이는 최근 공식 가설에 반대하는 의견을 법정에 제출한 사회주의자들에게는 놀라운 일이었다. 분쟁의 발단이 된 충돌의 기원에서, 미국과 함께 그 고귀한 사업에 참여했던 유럽의 전쟁 국가들은 그들의 실제 감정을 비밀 조약에 포함시킨 것과 직접적으로 반대되는 선언을 하지 않았으며, 어려운 시기에 그들은 윌슨의 윤리적 화려함을 실질적인 지원의 장식물로 받아들였다. 전쟁의 위험을 안전하게 넘기고 엄격한 평화의 결실을 확고히 한 후, 그들은 관대하게 비판적인 작가들이 그들의 가장 정교한 방어 기제에 대해 강력한 공격을 하도록 허용했다.

필립 깁스 경은 일반 대중을 놀라게 한 무관심한 태도로, 벨기에의 잔학 행위를 순수한 전쟁 신화로 묘사하고 연합국 지도자들을 소년들의 생명을 걸고 도박을 하는 냉소적이고 경멸적인 도박사로 묘사했다. 공식적인 검열에서 벗어난 이 뛰어난 저널리스트는 비극적인 시기에 수백만 명을 흥분시키고 연합군 지도자들을 영웅시했던 전쟁의 생생한 묘사를 통해 민주주의를 위해 전쟁에 참여한 애국적 정치인들을 '갱단'이라고 불렀다. 그는 원색적인 표현으로 밸포어, 로, 커즌, 카슨의 '딱딱한 유물론적 전망'을 비난했다.

그런 다음 '영국에 윈스턴 처칠[1차 대전 때 해군장관이었다]의 지혜를 믿는 사람이 있는가?'라고 경멸적으로 외쳤다.* 깁스는 '프랑스 승리의 불굴의

---

* 러시아를 지원해 전쟁을 빠르게 끝내기 위해 벌였던 갈리폴리 전투의 실패를 언급한 것이다. 당시 처칠은 해군장관으로서 작전을 추진했는데 오스만 제국의 군사력을 과소평가하고, 부족한 정보와 준비로 공격을 감행해 30만 명에 이르는 사상자를 냈다. 그에 대한 문책으로 처칠은 해군장관직에서 해임되었다.

호랑이' 클레망소를 비웃으며 '그는 호랑이라기보다는 순회 서커스의 불쌍한 늙은 바다코끼리처럼 보였다'고 말했다. 클레망소를 그의 대좌에서 내동댕이친 이 분노한 기자는 '자유와 우파의 불세출의 챔피언' 레몽 푸앵카레 보르도 대통령[보르도의 대통령으로 불린 이유는 푸앵카레가 1차 대전 동안 보르도에서 임시정부를 구성한 적이 있기 때문이다]에게 '통통한 왁스칠한 얼굴에 무표정하고 내 생각에는 그저 바보로 보였다'고 경의를 표했다. 깁스는 개인으로서의 그들에 대한 평가를 끝내며, 집단적 판단을 내렸다. '전쟁 전에 영토, 특권 시장, 유전, 원주민 종족, 탄광, 제국의 위신 등을 놓고 사람들의 목숨을 걸고 도박을 벌였던 늙은 정치가들이, 독일 도박사들이 마지막 뺑카를 쳤을 때 잃은 판돈을 움켜쥐고, 그 분배를 놓고 다투었다.'

한때 입에 재갈이 물려졌던 언론인들의 고백에 더 인상적인 문서들이 추가되었다. 혁명으로 인해 러시아, 독일, 오스트리아의 문서 보관소가 열렸을 때 연합국 열강이 독일을 분열시키고 고대의 규칙에 따라 전쟁 전리품을 나누기 위해 계획했던 비밀 협상, 대화, 협정, 조약이 대중의 시선에 노출되었다. 유혈 충돌을 촉발한 지저분하고 더러운 외교가 적나라하게 드러났고, 전쟁의 배경을 다룬 회고록, 논문, 논문, 기사들이 언론을 통해 쏟아져 나오며 이를 보충했다. 신중한 편집자들은 학자들의 연구를 오랫동안 무시했지만, 나이 든 클럽 남성들과 전투에 참여한 여성들이 정석대로 전쟁을 계속했지만, 오래된 환상을 되살리는 일은 그들의 능력을 훨씬 뛰어넘는 일이었다.

그리고 시간이 지나면서 불안한 기운이 아메리카 상원으로 스며들었다. 불과 3년 전만 해도 열광의 도가니 속에서 전쟁 결의안을 통과시켰던 회의장에서는 이제 차분하게 질문이 던져졌다. '도대체 우리는 왜 전쟁에 참전했는가?' 대부분의 민주당원들에게 이 질문은 불손함을 넘어 신성모독으로 여겨졌다. 하지만 공화당 의원들은 이 질문을 밀어붙였고 하딩 상원 의원은 대답했다. 그는 독일에 대한 적대 행위를 선언하는 법안의 서문을 언급하면서, 독일 정부가 아메리카 국민에게 저지른 폭력 행위를 낭독했다.

그런 다음 그는 간결하게 마무리했다. '모든 이야기가 있다. 특별히 민주주의와 인류애를 선포하는 내용은 없다.' 하딩의 이 말은 기분이 상한 상태에서 한 말이 아니라 그의 성숙한 신념을 표현한 것이었다. 얼마 뒤 대통령 후보 지명을 수락하는 연설에서 하딩은 '경쟁과 탐욕이라는 구세계Old World의 누적된 병폐를 청산'하기보다는 '이 공화국의 아들들에게 우리의 국권을 수호해달라고 요청했다'고 공식적으로 언급하는 데 공을 들였다. 그래서 정치인들은 플랑드르 들판의 양귀비꽃에 내리쬐는 햇살을 가로막는 의심의 안개를 불어넣는 듯했고, 아메리카가 국제연맹에 가입하지 않으면 인류의 심장이 깨질 것이라고 윌슨과 함께 느꼈던 사람들에게 고통을 안겨주었다.

§

1920년 봄이 되자 전쟁을 끝내기 위한 전쟁이라는 주문呪文은 산산조각이 났다. 펜실베이니아 주 공화당 기구의 대군주 보이즈 펜로즈는 '훌륭한 공화당원이라면 누구든 대통령 후보로 지명될 수 있고, 어떤 민주당원도 이길 수 있다'고 말하며 많은 동료들에게 당에 자신의 이름을 제출하라고 격려했다. 벨기에 구호의 영웅인 허버트 후버는 '재건' 시대가 요구하는 실용적인 능력을 갖춘 듯 보였지만, 정치 전문가들 사이에서는 별다른 두각을 나타내지 못했다. 루즈벨트의 후광을 등에 업은 레너드 우드 장군은 유명한 비누 회사[Colgate-Palmolive] 상속인의 자금 지원을 받아 대대적인 홍보를 통해 희망적인 선거운동을 펼쳤다. '민주주의의 밸리'에서는 행정가로서 전국적인 관심을 끌었고 농업에 깊은 관심을 갖고 있던 일리노이 주지사 프랭크 로우든이 당선 가능성이 높은 후보 명단에 이름을 올렸다. 멀리 태평양 연안에서는 8년 전 루즈벨트와 함께 부통령 선거에 출마한 적이 있고, 최근 공적 업무와의 접촉으로 성숙해진 캘리포니아의 히람 존슨이 특유의 자신감으로 전면에 나섰다.

이 모든 후보들과 정치계의 일부 군소 인사들은 예비선거에서 결정적인 표를 얻지 못하고 각자의 가치를 당의 판단에 맡겼다. 이처럼 당원들의 명시적인 지지를 받지 못한 채 시카고에서 열린 공화당 전당대회의 지도자들은 며칠간의 고심 끝에 정상성과 평온의 사도인 워렌 가말리엘 하딩을 '다크호스'로 선택함으로써 교착 상태를 깨뜨렸다.

여러 관점에서 볼 때, 하딩 상원 의원은 1840년 윌리엄 헨리 해리슨 장군처럼, 루즈벨트 대통령 등장 이후 공화당이 방황하던 광야에서 벗어나도록 이끄는 데 탁월한 자격을 갖춘 인물이었다. 그는 젊은 시절부터 당 조직의 충실하고 흔들림 없는 일원이었으며, 당의 운영보다 자신을 높이거나 당의 관리자들에게 자신의 의견을 강요하거나 당의 법령을 무시하는 일은 결코 시도하지 않았다. 하딩은 해나가 자신의 방식을 불신했음에도 불구하고 매킨리-해나-포레이커 정치경제학파에 대한 충성심을 공개적으로 표명하면서 '공화당의 보호관세 정책이 국고를 가득 채우고 동시에 아메리카 산업에 보호를 제공함으로써 발전을 촉진하여 세계사에 유례없는 기록을 남긴 좋은 옛 시절을 사랑한다'고 부드러운 어조로 말했다. 그는 상선 항해를 구축하는 데 참여하는 민간 기업에 대한 보조금 지급을 선호했다. 그는 오하이오 정치의 방식, 즉 해나와 포레이커의 경력에서 생생하게 드러난 방식을 잘 알고 있었기 때문에 당원들은 그의 손에서 적절한 인정을 받을 수 있을 것이라고 확신했다. 1912년의 위기 속에서도 그는 조직의 규약에 충실했으며, 루즈벨트의 이단적 주장[기존 공화당 노선에서 벗어난 그의 진보적 입장]에 반대했지만 어떠한 것도 극단으로 몰고 가지는 않았다. 하딩은 상원 의원 임기 동안 특정 법안을 밀어붙이거나 허드슨 강 동쪽에서 심한 비판을 불러일으키는 연설을 함으로써 적을 만들지 않고도 자신의 경력을 완성할 수 있었다.

무엇보다도, 하딩은 중서부 지역에 호소하고 그들을 다시 당의 품으로 끌어들일 수 있는 특별한 자격을 갖추고 있었다. 그의 고향은 한때 앤드루 잭슨에게 투표했고 이후 수많은 저명한 공화당 대통령을 배출한 '민주주의의 밸리'에 있었다. 그는 부유한 기업 변호사의 이미지와는 거리가 먼 오하이오 주 매리언의 시골 신문 편집자에 불과했다. 저널리즘의 언어로 표현하자면, 하딩은 '평범한 아메리카인'이었으며, 이웃 중 한 명이 '토요일 밤 내내 함께 포커를 치기에 가장 좋은 친구'라고 표현한 것처럼 기분 좋은 동료였다. 하딩만큼 서민을 진심으로 사랑하고, 서민을 더 잘 이해하고, '도덕적 과잉 긴장'에 대한 윌슨의 성향을 덜 가진 사람은 없었다.

하딩은 평범한 지역사회 주민들 사이에서 평범한 시민이라는 것을 자랑스럽게 생각하며 도시의 가식을 피했다. 가장 유명한 연설 중 하나에서 그는 마을의 '악동'이 어떻게 길들여져 지역 은행의 수장이 되었는지, 목수의 아들이 어떻게 연봉 2만 5천 달러의 시카고 산업 지도자가 되었는지, 식료품점이 아들이 어떻게 오하이오의 위대한 변호사 중 한 명으로 성장했는지, 교사의 자부심이었던 '반에서 가장 똑똑한 소년'이 어떻게 마을 회관의 수위가 되어 '가장 행복한 사람'이 되었는지 기록하면서 작은 마을에 찬사를 바쳤다. 그러고 나서 그의 연설을 마무리했다. '동포 여러분, 인생에서 가장 위대한 것이 무엇일까요? 행복입니다. 그리고 아메리카 마을에는 지구상의 그 어떤 곳보다 더 많은 행복이 있습니다.' 아메리카 인구의 절반 이상이 농가에 살거나 인구가 2,500명도 안 되는 마을에 살고 있었기 때문에 이러한 감정은 아메리카인들에게 큰 울림을 주었다.

하딩은 진지한 민주적 소박함에 그의 종교적 성향을 결합시켰다. 그는 당선 직후 진심을 담아 이렇게 말했다. '종교가 부흥하면 도움이 될 것이다……전능하신 하느님과 어떤 식으로든 접촉하지 않는다면 어떤 정부도 정의로울 수 없다고 생각한다…… 나는 항상 성서를 즐겨 읽었지만, 지난 몇 주 동안 내가 곧 맡게 될 일을 염두에 두면서 최근 몇 주 동안 읽었던 것처럼 성서를 자세히 읽은 적은 없다. 나는 다윗의 시편과 복음서의 여러 구절에서 많은 영감을 얻었고, 옛 솔로몬의 말 속에는 여전히 지혜가 있다…… 나는 내게 다가오는 책임에 대한 인도와 힘을 얻기 위해 전능하신 하느님께 기꺼이 나아간다고 말할 수 있다.' 그는 '베르사유의 개념에는 전능하신 하느님에 대한 인식이 없었기 때문에'[베르사유 조약에 대한 언급으로 그 조약이 공정하지 않고 지속 가능한 평화를 가져오지 못할 것이라고 하딩은 생각했다] 불안했다고 고백했다. 그러나 하딩은 청교도가 아니었고 삶과 그 편의와 쾌락을 즐겼다. 사무실, 상점, 풀먼 흡연차Pullman smoker[럭셔리 철도 차량을 제조하던 풀먼 사에서 만든 흡연 객차], 영화관에 있는 사람들이 오하이오 주 상원 의원이 아메리카 휴머니즘의 위대한 맥박에 가까이 있다고 느낀 것은 당연한 일이었다.

하딩은 매리언의 자신의 현관에서 조용한 유세를 진행하며 전국에 정상성 문제를 계속 알렸다. 민주당 후보 제임스 M. 콕스도 마찬가지로 국제연맹의 문제들을 강조하면서 국제연맹의 효율성을 저해하는 어떠한 유보도 없이 평화조약을 즉각 비준할 것을 촉구했다. 물론 국제연맹 문제는 존슨, 매코믹, 브랜디기 상원 의원 등 어떤 형태나 방식으로든 비준에 절대적으로 반대하는 극단주의자들과 조지 W. 위커샴, 찰스 E. 휴즈, A. 로렌스 로웰, 윌리엄 H. 태프트 등 국제연맹의 강력한 지지자들을 설득해야 했기 때문에 공화당 후보에게는 다소 어려운 문제였다. 그러나 그 임무에 위험이 있다면, 하딩은 파리에서 고안된 국제연맹을 비난하고 대신 '국가들의 자유로운 연합'을 제안함으로써 교묘하게 극복했다. 거기서 그는 조심스럽게 말을 멈추고, 어떤 종류의 연합을 염두에 두고 있는지, 어떻게 만들어야 하는지는 명확히 밝히지 않았다.

혼란 속에서 하딩의 정치 세력 중 한쪽은 그가 국제연맹에 찬성한다는 이유로 표를 호소할 수 있었고, 다른 쪽은 그의 지시에 따라 국가가 화려한 고립을 유지할 것이라고 친구들에게 확신시킬 수 있었다. 이것은 모순처럼 보였지만 선거운동이 급박하게 진행되는 동안 윌슨 학파의 몇몇 변증법가들만이 하딩 논리의 명백한 이분법에 혼란스러워하는 것처럼 보였다. 사실, 선거 결과에서 알 수 있듯이 예방 조치는 결국 불필요했다. 민주당에 대한 거부감은 가장 냉정한 관찰자에게도 놀라운 일이었다. 콕스는 북부 주를 단 한 곳도 차지하지 못했고, 심지어 테네시 주마저 공화당으로 넘어갔다. 하딩은 700만 명에 달하는 대중적 지지층 외에도, 선거인단 531명 중 404명을 확보했다.

§

상하 양원을 다시 장악한 공화당 다수파 중에는 농민과 진보주의자가 많았지만, 하딩은 '존 셔먼, 마커스 해나, 윌리엄 매킨리 등 과거의 위대한 지도자들이 펼치고, 그리고 그들의 유능하고 저명한 후계자 조지프 포레이커가 그때까지 지키고 있던 강건한 공화주의에 대한 충성'으로 연방 체제의 상위 범위를 지휘할 권한을 자연스럽게 부여받았다고 생각했다. 내각 인선 과정에서 그는 성문 앞에서 굵은 베옷과 재를 뒤집어쓰고 회개하는* 진보주의자들을 완전히 무시했다. 마치 경멸하듯 그는 루즈벨트 학파의 실무자들에게 특히 불쾌하게 여겨진 세 가지 중요한 직책을 인선했다. 재무장관에는 펜실베이니아 공화당 조직의 캐머런-펜로즈 분파에서 가장 부유한 사람 중 한 명인 앤드루 멜론; 내무장관에는 모든 자유주의 의견의 적이자 석유에 대한 활발한 조작자이자 멕시코와의 전쟁을 옹호한 앨버트 폴; 법무장관에는 오하이오 주의 저명한 정치인 해리 M. 도허티가 임명되었는데, 그는 그곳 보수 세력과 오랫동안 관계를 맺어온 인물이었다. 마찬가지로 대법관 인선에서도 하딩은 루즈벨트와 윌슨이 때때로 벗어났던 경로로 돌아갔다. 태프트, 서덜랜드, 버틀러, 샌포드 등 네 명의 대법관 지명자들은 모두 해밀턴-웹스터-매킨리 학파의 사도들이었고, 그들이 대법관으로 임명되면서 다시 한 번 정의의 저울추는 정상성 nomalcy 쪽으로 기울었다.

연방 체제의 상층부에서 반동의 성격은 다양한 세부 사항에서 곧 분명해졌다. 예를 들어, 정상성은 윌슨의 새로운 자유 시대에 감옥에 보내진 노동 운동

---

* '굵은 베옷과 재'라는 문구는 구약성서에서 히브리인들이 자신의 죄에 대한 회개와 슬픔을 나타내기 위해 베옷을 입고 재 속에 앉아 있던 전통적인 관습을 가리키는 말이다. 신 앞에 불충한 죄를 많이 저질렀던 이스라엘 백성은 그만큼 회개할 일이 많아서 에스더, 욥기, 이사야, 예레미야, 다니엘서, 요나서 등 수많은 대목에 이러한 표현으로 죄를 뉘우치는 대목이 나온다. 신 앞에서 충실하지 못한 자신들의 죄를 회개하는 것은 국가의 멸망을 전후해서 쓰인 히브리 성서의 가장 주요한 모티프이다.

의 변두리에서 온 급진주의자들에 대한 특별한 자비를 의미하지 않았다. 하딩 대통령이 사회당 대통령 후보였던 유진 뎁스에게 행정 사면을 단행한 것은 사실이지만, 정치범에 대한 광범위한 사면은 거부했다. 그의 오랜 친구이자 쾌활한 동료인 해리 도허티를 법무장관에 임명함으로써 그는 연방 정부 기관이 급진주의자들을 계속 기소하는 것에 대해 공식적으로 승인했다.

세계대전 초기에 독일 정부를 위해 일한 후 자신의 다재다능한 능력을 '빨갱이 소탕'에 쏟았던 저명한 사립 탐정 윌리엄 J. 번스의 도움을 받아 도허티는 '볼셰비즘 척결'에 큰 힘을 쏟았다. 도덕적 질서의 옹호자인 이 두 사람은 자신들의 계획을 용이하게 하기 위해 찰스 E. 휴즈가 윌슨 행정부에서 위험하다고 판단했던 모든 방법과 전술을 사용했다. 1922년 철도 노동자들이 생활비 상승에 상응하는 임금 인상을 요구하며 작업 도구를 내려놓고 철도 운행을 중단시키자, 도허티는 시카고 연방 지방법원에 아메리카 노동쟁의 역사상 가장 광범위한 금지 명령을 신청해 받아냈다. 이에 따라 노동조합 간부들의 거의 모든 활동이 금지되었으며, 심지어 전화나 전보를 통해 퇴사를 권유하는 행위도 금지되었다. 이 조치가 얼마나 강경하게 보였든 간에, 법원은 노동조합의 항소에도 불구하고 이를 지지했고, 제조업자 협회들은 이를 '노동의 위협을 끝낼' 것으로 평가하며 환영했다.

다른 경우에도 방향타는 나침반에 반응했다. 예를 들어, 개발을 위해 연방 유전油田을 임대할 때 이전 시기의 보다 호의적인 정책으로 회귀했다. 이 문제를 다룬 최근의 의회 법안들은 폐지되지 않았고, 1891년 법 이후 유보된 공공 토지는 분배되지 않았지만, 앨버트 B. 폴이 일부 대규모 석유 광구를 도헤니와 싱클레어에게 넘길 때에는 과도한 협상을 피했다.* 법학에서도 새로운 흐름의 영향이 관찰되었다. 헌법은 그대로였지만, 노동 문제와 사회 입법에 대한 사법부의 판결은 변호사들의 마음을 매킨리 시대로 되돌려 놓았다. 실제로 새로운 체제하의 한 사건에서, 태프트 대법관은 때때로 인간미와 유머로 논리의 각을 완화했지만, 반대의견을 제출하지 않을 수 없었다.

§

외교 정책과 관련하여, 하딩은 선거 결과가 윌슨의 국제주의를 거부하고 웹스터, 수어드, 헤이, 녹스의 보다 공격적인 정책으로 돌아가는 것을 허용한다고 생각할 만한 이유가 있었다. 그러나 투표 결과는 압도적이었지만, 베르사유 조약의 문제에 대해 무엇이 결정되었는지에 대해서는 약간의 불확실성이 존재했다. 이러한 모호함에 대해, 하딩은 처음에는 세계 열강과의 어떤 불확실한 형태의 협력에 대해 호의적인 태도를 취하는 듯했다. 그는 당선 다음 날 이렇게 말했다. '나는 우리나라가 세계 평화를 위한 국가 연합에서 합당한 위치를 차지할 것이라고 확신한다. 우리가 아메리카 국민의 유산으로 소중히 여기는 것을 포기하지 않고도 그렇게 할 수 있을 것이라고 믿는다.'

그러나 점차 하딩의 머릿속에서 이 생각은 사라졌고, 적어도 그것에 따라 행동하려는 생각은 포기되었다. 일단 백악관에 무사히 자리를 잡고 나자, 그는 베르사유 조약을 부활시키는 것을 단호히 거부했고, 결국 아메리카 국민들이 이 문제를 영원히 해결했다고 결론지었다. 그가 선거운동 중에 제안했던 대로, 이미 국제연맹에 가입한 다른 나라들을 초대하여 새로운 아메리카식 모델에 따른 또 다른 '국제 연합체'를 결성하는 것은 분명 불가능하거나, 그렇지 않더라도 비현실적인 생각임이 분명했다.

결국 불리한 결론에 도달한 하딩 행정부는 베르사유 조약을 공식적으로 폐기했고, 백악관에서의 이 조치를 전해들은 의회는 1921년 7월 2일 대통령이

---

* 이 사건은 '티포트 돔 스캔들'로 알려진 미합중국 역사상 가장 악명 높은 정치 부패 사건 중 하나이다. 1920년대 초, 폴은 내무장관으로 재직하면서 연방 서유 토지(특히 와이오밍 주의 티포트 돔)와 캘리포니아 주의 엘크 힐스를 비밀리에 민간 석유 회사들에게 임대했다. 이 과정에서 폴은 수십만 달러의 뇌물을 받았고, 이는 그가 국유 재산을 불법적으로 민간 기업에 넘겨준 데 대한 대가였다. 따라서 '과도한 협상을 피했다'는 표현은 폴이 공공의 이익을 지키기 위해 협상을 신중하게 진행한 것이 아니라, 반대로 사적인 이익을 위해 부패한 거래를 했음을 비꼬는 말이다.

서명한 공동 결의안을 통해 동맹국과의 전쟁이 종결되었음을 선언하고 미국과 그 시민이 휴전 및 최종 합의에 따라 보장된 모든 권리와 특권을 계속 유지할 것을 명시했다. 이에 따라 독일, 오스트리아, 헝가리와 별도의 평화 조약이 체결되었고 상원에서 정식으로 비준되었다. 이렇게 예상치 못한 방식으로 '전쟁을 끝내기 위한 전쟁'은 전장에서 전투가 중단된 지 거의 3년 만에 미국에서는 공식적으로 종결되었다.

사태의 지연에 짜증이 난 몇몇 비평가들은 2년 동안 국가를 정치적 교착 상태에 빠뜨린 헌법 체계에 문제가 있다고 생각했고, 상원의 과반수 찬성으로 조약을 비준할 수 있도록 하는 헌법 수정안을 제안했다. 신성한 불을 지키는 베스타 처녀*들에게 이 제안은 신성모독에 가까웠지만, 그러한 우려는 기우에 불과했다. 상원 의원들 중 상당수가 자신들의 특권을 박탈하는 수정안에 찬성할 가능성은 거의 없었다. 일반 대중은 무관심했다. 불안은 사라졌다.

동맹국 정부와 합의한 하딩 행정부는 미국과 그 국민에게 실질적인 관심사로 보이는 국제 문제에 대해 실용적인 방식으로 대처했다. 구세계의 문제 해결을 목적으로 소집된 수많은 유럽 회의에 공식적으로 참여하지는 않았지만, 볼셰비키 러시아와의 연합으로 인한 위험성을 여러 열강에게 상기시켰고, 아메리카의 실질적인 이해관계와 관련된 모든 사안에 주의를 기울였다. 특히 국제연맹에 따라 '인류를 위한 신성한 신뢰'로 유지되는 지역에서, 외국 정부가 자국 영토와 종속국에서 유정을 시추할 권리를 아메리카 기업으로부터 박탈하려고 할 때마다 항의하는, 윌슨 행정부에서 시작한 정책을 이어갔다. 미국은 베르사유 조약을 비준할 의도는 없지만, 독일의 전 식민지, 특히 일본에 위임된 태평양의 전략적 통신 기지인 야프Yap 섬에 대한 정당한 권리를 포기하

---

* 베스타 처녀들은 로마 신화에서 불의 여신 베스타Vesta를 섬기며, 로마의 번영을 상징하는 영원히 꺼지지 않는 신성한 불을 지키는 역할을 했다. 이 불은 로마 제국의 안전과 지속성을 상징하며, 이를 지키는 것은 매우 중요한 임무로 여겨졌다. 이 비유는 전통적인 가치나 특권을 지키려는 보수적인 세력을 가리키는 표현으로 사용된 것이다.

지 않을 것임을 이전의 연합국들에게 이해시켰다. 일본의 시베리아 점령에 대해 도쿄에 불쾌감을 은근히 암시하며, 미국은 러시아의 그 지역에 대해 일정한 '도덕적 책임'을 떠안았지만, 아르메니아에 대한 위임통치를 고려하는 것은 거부했다.

요약하자면, 네덜란드 수마트라, 메소포타미아, 근동, 러시아, 중태평양Mid-Pacific, 시베리아, 중국에 대한 협상에서 하딩 행정부는 아메리카 기업의 실질적 권리를 보호하고 발전시키기 위해 필요하고 적절한 모든 조치를 취했다. 카리브해와 라틴아메리카에서는 이미 언급했듯이 일반적으로 윌슨 행정부의 정책을 따랐다. 필리핀에서 아메리카 제국의 무결성을 보존하기 위해, 미국은 윌리엄 매킨리의 깃발을 다시 한 번 내걸었다. 하딩 대통령은 선포했다. '국제주의자는 몽상을 꾸게 하고 볼셰비키는 파괴하게 내버려두자. 신이시여 "음유시인의 찬양 소리로 마음이 설레지 않는 자를"* 불쌍히 여기소서. 공화국의 정신으로 우리는 아메리카주의를 선포하고 아메리카를 찬양한다!'

§

독일 및 오스트리아와의 평화가 회복되고 경제적 기회주의 외교가 재개되면서 하딩 행정부가 직면한 다음 주요 외교 문제는 아메리카의 상업 및 해군 야망의 전략적 무대인 태평양에 대한 재조정이었다. 8년간의 방치와 불확실성 끝에 웹스터 장관과 페리 제독, 수어드 장관과 듀이 제독이 펼친 정책의 실타래가 새로이 이어졌다. 하딩 대통령은 전통과 조화를 이루는 언어로 이 사업의 본질을 국민에게 명확히 알렸다. '우리는 세계의 시선이 태평양으로 향하는 것을 목격했다. 유럽이 엎드려 참회하고 있는 상황에서 누구도 태평양에서의 조기 충돌 가능성을 두려워하지 않았다. 그러나 태평양에는 위협이 있

---

* 윌리엄 콜린스William Collins의 시 〈Ode on the Death of Mr. Thomson〉에서 인용한 것이다. 원문은 'For him no minstrel raptures swell'로, '그를 위해 음유시인의 찬가가 울리지 않으리라'는 의미이다.

었고 그들은 우리를 깊이 우려했다. 우리의 영토적 이해관계는 태평양에서 더 크다. 태평양은 우리에게 낯선 바다가 아니며, 그 너머의 해안은 우리 국민에게 낯선 곳이 아니다…… 우리는 극동에서 다른 어떤 세력의 소유물도 탐내지 않으며, 그곳에서 더 이상 더 큰 정부적 영토적 책임을 갈망하지 않는다는 것을 스스로 잘 알고 있다. 우리의 것이 분명한 것을 고려하고 중국과의 오랜 호혜적 우정을 염두에 두면서, 우리는 다른 국가와 평등하게 평화롭게 무역을 계속 발전시킬 수 있는 기회를 원한다.' 모든 장식을 걷어내면 문제의 핵심은 다음과 같았다. '태평양에는 위협이 존재하며 그것들에 대해 우리는 깊이 우려하고 있다.'

그리고 이러한 위협의 원천에 대해서는 의심의 여지가 없었다. 중국과 극동아시아에서 오랫동안 음모를 꾸미던 러시아는 일시적으로 국력이 마비되었다. 인도차이나를 보유한 프랑스나 동인도 영토를 보유한 네덜란드도 심각한 도전을 제기하지 않았다. 독일은 엎드려 있었고 동양에서 아메리카의 위신에 상업적으로 도전할 능력이 없었다. 남은 것은 영국과 일본, 서로 동맹 조약으로 긴밀하게 결합되어 있는 두 나라였다. 이 조약은 영국이 러시아와 독일의 야망을 견제하고 인도 제국의 질서를 유지하는 데 유용했지만 일본의 힘에 대한 두려움이 순간순간 중요한 심리적 요소로 작용한 호주와 캐나다에서는 끊임없는 비판의 대상이 되었다. 영국 외무부는 이 두 불씨 사이에 끼어 있는 것 외에도 다가오는 아메리카의 해군 패권을 두려워했고, 일본과의 동맹이 주는 안전을 원하면서도 그 속박을 감내하고 싶어 하지 않았다. 영국 전문가들의 눈에는 삼중 조정이 이 딜레마에서 벗어날 수 있는 유일한 방법인 것처럼 보였다.

이중 협정을 해체하는 것을 꺼렸지만 도쿄는 분별력이 부족하지 않았다. 동맹의 비호 아래 영국이 세계대전에서 우위를 점하는 동안 일본은 동양에서 경제적 패권의 그물을 강화하고 확장했다. 1914년 8월에는 영국의 지원을 받아 일본은 중국 산동성山東省을 점령했다. 윌슨 대통령이 극동 지역에서 매킨리, 루즈벨트, 태프트가 추구했던 공격적인 경제 정책을 다소 완화하자 일본의 사업가들은 이러한 상황이 제공하는 상업적 기회를 최대한 활용했다.

실제로 영국이 전쟁으로 주의를 돌리고, 러시아가 마비되고, 독일이 제거되고, 아메리카의 감시가 소홀해지자 일본은 독자적인 먼로 독트린과 카리브해 정책을 개발하여 사실상 주변 땅과 해역에 대해 일종의 보호령을 선포했다. 1915년, 일본은 중국에 대한 주권의 실질적 확보를 약속하는 유명한, 혹은 악명 높은 21개 요구 사항을 발표했고, 즉시 상인, 자본가, 군 장교들을 무역과 특권을 찾아 새로운 보호령으로 몰려들게 했다.

21개 요구안에 대한 소란이 가라앉기도 전에 윌슨 대통령은 랜싱 장관이 일본 대사 이시이 자작과 서한을 교환하는 것을 허용하면서 일본이 중국에 특별한 이해관계를 가지고 있다는 명백한 사실을 인정했다. 바로 이듬해인 1918년, 일본은 아메리카와 관련 열강에 합류하여 동시베리아를 점령함으로써 또 다른 전략적 진전을 이루었는데, 이는 '물자를 보호하고 자치에 대한 꾸준한 노력을 기울이기 위해서였다'는 문구 그대로였다. 그리고 일단 대륙의 그 매력적인 지역에 확고하게 자리 잡은 뒤 도쿄의 군국주의자들은 다른 국가들이 병력을 철수했을 때에도 그들의 군대를 철수하지 않았다. 그 후 파리에서 국제연맹을 위해 일본 대표단의 지지를 얻고자 했던 윌슨은 일본이 중국에게 최종 반환할 것을 약속하는 조건으로 산동을 점령하고, 독일로부터 압섬을 위임받도록 허용했다.

동양에서 일어난 이러한 사건들은 당연히 아메리카에서도 격렬한 동요를 불러일으켰고, 일본 제국주의에 대한 강력한 반발을 불러왔다. 아메리카 자유주의자들 사이에서는 어떠한 윤리적 정당성도 수반하지 않는 권리, 소유권, 특권, 재산에 대한 이러한 가정이 매우 충격적인 것으로 받아들여졌다. 다른 이유로 고민하던 카리브해와 필리핀의 강경한 아메리카 전진 정책 지지자들은 인본주의자들과 함께 도쿄의 계략을 비난했고, 중국의 발전에 관심이 있던 아메리카 상인과 자본가들은 문호 개방으로 위협받는 권리와 전망에 대한 슬품의 시를 썼다. 태평양 연안에서는 이민 문제가 다시 불붙었고, 중국의 그리스도교 선교사들과 국내 지지자들 사이에서 '이교도 일본'과의 성전을 촉구하는 목소리가 들렸다. 의회에서는 도쿄를 미끼로 삼는 것이 유행처럼 번졌다. 자신을 일종의 웹스터 왕좌 계승자이자 동양 시장을 노리는 방직업자들의 대변인으로 여겼던 로지 상원 의원은 일본을 향해 잇달아 격렬한 연설을 쏟아내며, 윌슨 대통령과 베르사유 조약에 대해 사무라이의 옷자락을 휘날리며 공격했다.

그 결과 1921년 하딩이 다시 한 번 수어드-매킨리 정책을 적용하기 시작했을 때 극동 문제에서 진정한 위기가 촉발되었다. 이는 일본이 자국의 새로운 수확물을 포기하도록 강요할 수 있는지, 미국이나 영국의 제국적 보유지를 방해하지 않고 해결할 수 있는지가 심각한 문제로 제기되었다. 가능한 한 평화적인 방법으로, 만약 그렇지 않으면 해군부와 허스트의 사설실에서 강력히 주장하는 이들이 원하는 대로 전쟁을 통해서라도 말이다. 강압의 윤리적 이유도 부족하지 않았다. 일본의 중국 본토에 대한 지배를 차단하는 것은 '문호 개방'의 위대한 원칙을 지키는 것이며, 모든 국가의 상업적 이익에 대한 동등한 기회를 보장하는 것이었다. 중국을 구하는 것은 4억 명의 약하고 방어력이 없는 공화국을 6천만 명의 오만한 제국으로부터 보호하는 행위가 될 것이다. 이 제안에는 미국인의 인도적 감정에 호소하는 무언가가 있었다.

일본에 대한 이러한 격렬한 반발에 영국은 불가피하게 휘말렸다. 산더미 같은 전쟁 세금에 신음하는 국민들은 구제를 간청했지만 구제는 이루어지지 않았고, 아메리카는 5년 안에 바다의 여주인으로부터 삼지창을 빼앗아 오겠다고 맹렬히 전함을 건조하는 등 태평양에서의 대전을 준비하고 있었다. 운명의 책에 따르면, 영국은 자신의 제국적 이해관계가 걸려 있는 바다에서 어느 한 강대국이 우위를 점하는 것을 그냥 지켜볼 수 없었다. 그러나 영국의 선택은 쉽지 않았다. 물론 영국은 이미 중국 내 무역의 상당 부분을 차지하고 있었고, 새로운 사업을 위한 전략적 요충지의 대부분을 장악하고 있었음에도 불구하고 일본의 중국 내 무역이 감소하면 자국민들이 이득을 볼 수 있었다. 게다가 미국과 전쟁이 일어날 경우 영국이 일본과 협력하는 것에 대한 캐나다와 호주의 반대는 너무 강력해서 런던에서는 제국에 심각한 위험을 초래하지 않고는 그것을 무시할 수 없었다.

한편 부인할 수 없을 정도로 강력한 세력이 다른 방향으로 움직이고 있었다. 영일동맹에 의해 우호와 원조를 약속한 영국 외무부는 도쿄 내각에 비우호적인 행동으로 불쾌감을 주는 것을 꺼렸고, 이러한 관계는 가볍게 끊어질 수 없는 것이었다. 일본 해군은 세계대전 중 인도 혁명을 견제하는 데 도움을 주었고, 영일 협력으로 이루어진 산동 정복은 비밀 조약으로 봉인되었으며, 영국은 홍콩과 위해위威海衛를 일본이 귀중한 양보를 요구할 때와 비슷한 도덕적 의무를 지는 조건으로 보유했다. 그리고 중국에 대한 징벌적 원정이 수행된다면, 워싱턴보다는 도쿄, 즉 태평양 정서*에 시달리고 윤리적 애착 없이 먼 땅을 약탈하는 데 소심한 정부보다는 군사 제국으로부터 지원이 이루어질 가능성이 더 높아 보였다.

전반적으로 상황은 다우닝가Downing Street에 미묘했다. 그러나 신중함은 명백히 영국 납세자들의 부담을 줄이고, 아메리카 해군이 브리타니아의 힘을 능가하는 것을 막고, 중국의 무역과 자원에 대한 일본의 지배력을 흔들고, 세 나라가 이미 확보한 제국의 영토를 계속 소유할 수 있도록 보장하고, 그 과정에서 우호적인 교류를 모두 보존할 수 있는 일종의 동맹 또는 협정을 제안했다. 영국, 일본, 미국은 루즈벨트 행정부에서 한 번 비밀리에 합의한 적이 있으며, 이 약속을 갱신하는 것은 공개적으로 합의한 공개 조약에서 더 효과적일 수 있었다.

---

* '태평양 정서'는 태평양에서의 미합중국 외교 정책을 가리키며, 이 시기 미국은 평화와 국제적 협력, 그리고 군사적 개입을 자제하려는 경향이 있었다. 따라서 '태평양 정서에 시달리는 미합중국'이라는 표현은 미국이 전쟁이나 군사적 행동보다는 평화와 외교적 해결을 선호하는 입장을 취하고 있었다는 의미다.

이러한 상황에서 고립의 위협과 농민에 대한 가혹한 세금에 시달리던 일본은 선택의 여지가 거의 없었다. 가장 열렬한 일본 제국주의자에게 미국과 영국을 상대로 싸우는 것은 바람직하지 않은 것으로 보였기 때문에 도쿄의 책임감 있는 정치가들은 '태평양의 위협'에 관한 의견 교환 제안을 받아들일 준비가 되어 있었다. '신의 바람神風'은 오랫동안 섬나라 제국에 호의를 베풀어 왔으며, 워싱턴에서도 실패하지 않을 것이다. 따라서 모든 징후는 새로운 세력 조정을 가리켰다.

§

국제회의는 분명히 순조로웠고, 그 아이디어는 최근의 정치 캠페인의 암시에도 불구하고 이상으로서의 평화에 대한 어느 정도의 관심이 살아남았기 때문에 당시 미국의 기질에 잘 맞았다. 국제연맹에 대한 윌슨의 열정적인 호소와 전쟁의 불법성에 대한 높은 권위의 낙인, 군국주의에 대한 그의 맹렬한 비난은 정치의 충돌 속에서도 완전히 잊혀지지 않았고, 대통령 선거의 격렬한 소동이 사라진 후, 한때 그의 고상한 인류애를 환호했던 많은 사람들이 이전의 감정으로 돌아갔다. 평화 단체들은 전쟁부와 해군부, 그리고 민간 단체들이 '적절한 방위'를 위해 해외에 퍼뜨린 의혹의 구름 위로 고개를 내밀기 시작했다. 영광, 계급, 이익, 명예, 승진, 훈장을 위해 전투를 사랑했던 아메리카 대중의 일부는 적어도 한동안은 만족감을 느꼈지만, 소득과 이익에 대한 중과세와 볼셰비키 혁명의 소용돌이에 불안해하던 사업가들은 더 이상 영웅적인 행동을 원하지 않았다.

이 모든 것은 추측의 문제도 아니었다. 모든 슈퍼 애국자들을 놀라게 할 정도로 냉정하게, 아메리카 전역은 퍼싱 장군과 다른 군 장교들이 시민 단체의 적극적인 선전에 힘입어 보편적 병역제를 아메리카 문화의 영구적 단계로 정착시키려는 노력을 거부했다. 나폴레옹식 약점 치료법의 주요 옹호자 중 한 명인 레너드 우드 장군조차도 대통령 선거 유세에서 국민들에게 그러한 프로그램을 강요하려는 의도를 서둘러 부인하는 것이 바람직하다는 것을 알았다. 실제로 미합중국 군대는 빠르게 12만 5천 명으로 감축되었고, 국방의 궁극적인 의존은 다시 한 번 시민 병대에 맡겨졌다. 평화의 방향으로 극적인 변화가 일어날 때가 무르익었다.

보라 상원 의원은 대통령에게 군비 감축에 관한 국제회의 소집을 요청하는 결의안 채택을 상원으로부터 확보함으로써, 적어도 공개적으로 이 연극을 알린 최초의 책임감 있는 정치가였다. 1921년 여름, 하딩은 영국, 프랑스, 이탈리아, 일본에게 그러한 회의에 참여할 것을 요청했으며, 중국, 벨기에, 네덜란드, 포르투갈을 극동아시아와 태평양 문제에 대한 논의에 초대했다. 모두 강대국들은 기꺼이 응했고, 가장 유능한 외교관을 파견해 회의 테이블에 앉게 했다.

11월 12일, 하딩 대통령은 환영 연설을 통해 워싱턴에서 이 대회를 개막했다. 그 직후 휴즈 장관은 숨이 멎을 듯한 직설적인 어조로 일본, 영국, 미국이 군함 건조를 중단하고 해군력을 감축하며 해군 휴일을 선포할 것을 제안했는데, 이는 회의장을 압도하는 분명하고도 울림 있는 구체적인 행동 촉구였다. 일본 언론인 가와카미[河上肇, 가와카미 하지메]에 따르면, 장관의 연설이 진행되는 동안 핀이 떨어지는 소리가 들렸을 정도였다. 일본 전역의 평화 애호가들은 새로운 날이 밝아오는 것을, 전면적인 군축이 시작되는 것을, 만국회의에 깃발이 펄럭이는 것을 목격했다. 하딩이 자신의 구상이 허황된 게 아니라는 것을 신속하게 경고했을 때, 그들의 우려는 완전히 가시지 않았다. 하딩은 준비 비용 절감, 납세자들을 위한 구제, 그리고 특정 강대국들 사이에 심각한 마찰을 일으킬 위험이 있는 구체적인 문제의 해결을 염두에 두고 있다고 말했다.

워싱턴 회의의 실질적인 성과는 조약으로 구체화된 것들과 우호적인 대화를 통해 얻은 것들을 포함하여 세 가지로 요약할 수 있다. 우선 영국, 일본, 프랑스, 아메리카는 태평양에서 서로의 영유권을 존중하고 태평양 문제에서 비롯된 모든 분쟁을 화해 협상을 통해 해결하기로 합의함으로써 영일동맹을 4국 협정으로 대체했다. 이것이 동맹이었을까? 그렇지 않다면 그것은 무엇이었을까? 일부 아메리카 상원 의원들은 이 조약이 4개 서명국이 태평양에서 제국주의 지배를 방해받지 않고 지속할 수 있도록 보장하는, 즉 그들 사이의 평화와 다른 야심 찬 국가들에 대한 견고한 전선을 보장하는 연합이라고 주장했다.

그러나 하딩 대통령은 상원에서 '이 조약들 중 어느 것도 아메리카가 어떤 종류의 동맹, 얽힘 또는 관여를 약속하지 않는다'고 말하며 이러한 견해에 반대했다. 만약 아무런 약속이 없었다면 무엇이 성취된 것일까? 하딩은 이 어려움을 해결하기 위해 다음과 같이 덧붙였다. '만약 이것이 사실이라면 이는 무의미한 조약이며 따라서 가치가 없는 조약이라는 말이 있다. 그런 절망의 교리를 받아들이지는 말자.'

회의의 두 번째 성과는 궁극적으로 미국의 조용한 강압의 도움으로 일본이 산동에서 철수해 그 지역을 중국에 넘기고, 마지막으로 일본군이 시베리아에서 철수하는 것이었다. 이와 관련하여 여러 세부 사항에서 새롭게 정의된 중국의 '문호 개방' 원칙을 존중하고 중국의 관세 인상과 해당 공화국에서 외국인이 누리는 치외법권 폐지에 대해 적절한 시기에 협의할 것을 약속하는 상위 계약 당사자를 구속하는 조약도 인용할 수 있다. 이 회의는 산동과 시베리아에서 일본을 축출한 것 외에 몇 가지 엄숙한 합의를 했지만 아시아 문제에 실질적인 변화를 가져온 것은 거의 없었다. 휴즈 장관이 얼마 지나지 않아 일본의 중국 본토에 대한 특별 이익을 인정한 랜싱-이시이 양해의 종료를 발표한 것은 사실이지만, 그 정상성으로의 복귀는 경제적 사실이라기보다는 서류상의 거래에 불과했다.

워싱턴 회의의 가장 큰 성과는 이탈리아, 프랑스, 영국, 아메리카, 일본이 10년간 전함 건조를 일정 비율로 제한하기로 합의한 5개국 조약이었다. 이 프로젝트의 진정한 특징은 앵글로색슨 두 국가 간의 평등을 확립하고 일본에는 각 주요 파트너에게 할당된 톤수의 5분의 3에 해당하는 톤수를 할당했다는 것이다. 이런 식으로 전함 건조는 효과적으로 중단되었다.

잠수함을 제한하고 다른 해군 경쟁의 긴장을 완화하려는 시도도 있었지만 성과를 거두지 못했다. 실제로 많은 해군 전문가들은 미래의 해전은 주로 수중과 공중에서 벌어질 것이며, 나무로 만든 선체처럼 구식인 드레드노트와 슈퍼드레드노트는 완벽하게 폐기될 수 있다는 견해를 갖고 있었다. 어쨌든, 워싱턴 회의는 주력함capital ship[전함, 항공모함]에서 큰 비용 절감을 이뤘고, 기타 전투 함선war craft[구축함, 잠수함, 순양함 등]의 제약 없는 건설을 암묵적으로 승인했으며, 해상 전투를 위한 다양한 엔진의 장점을 연구할 수 있는 시간을 전문가들에게 제공했다.

워싱턴 회의의 마지막 공식 회의는 1922년 2월 6일에 열렸다. 그날까지 협상 또는 적어도 대중에게 알려진 논의는 수도에 모인 외교관들이 새로운 질서 창출이라는 과제를 안고 씨름하는 몽상가가 아니라 실질적인 성과를 내기 위해 노력하는 실용적인 사람들이었음을 보여주었다. 이러한 이해를 바탕으로 영국과 일본은 신속하게 협정을 비준했고, 아메리카 상원은 4국 협정의 경우 약간의 유보 끝에 전체 약속 프로그램에 대해 승인 도장을 찍었다. 이러한 접근 방식을 통해 태평양 지역의 긴장은 의심할 여지 없이 감소했다. 모든 강대국들이 협정 테이블에서 얻은 물질적 이익을 지적할 수 있었지만, 국익과 국가의 명예를 지키기 위해 언제든지 무기를 드는 것을 금지하는 어떤 종류의 협정도 서약하지 않았다.

회의의 성공에 고무된 하딩 행정부는 다른 국제 분쟁의 평화적 해결을 위한 프로젝트에 더욱 활발한 관심을 보이기 시작했다. 1920년의 국가 평결이 국제연맹을 영원히 정죄했다고 계속 가정하긴 했지만, 국제연맹의 후원으로 설립되어 1922년 2월 헤이그에서 문을 연 국제사법재판소의 절차를 특별한 관심을 가지고 지켜보았다. 얼마 뒤 워싱턴에서 그 방향으로의 희미한 움직임이 관찰되었다. 휴즈 장관은 독립적인 세계 재판소 설립에 찬성하는 성명을 발표했다. 이는 양보였지만, 지구상의 거의 모든 국가가 국제연맹 법원에 의해 운영되고 있었기 때문에 아메리카가 또 다른 국제 사법 기관을 요구하는 데는 분명히 오만의 분위기가 있었다.

아마도 이러한 역설을 인식했을 하딩은 '이론과 실제, 형식과 실질에 있어 의심의 그림자 없이 국제연맹 법원이 아닌 세계 법원처럼 보이고 그렇게 구성될 수 있다면' 기존 세계 법원에 참여하겠다는 의사를 밝혔고, 다른 열강과 아메리카의 평등을 보장하고 모든 상황에서 아메리카의 독립적인 행동을 보장하기 위한 구체적인 조건을 추가했다. 한마디로 국제 협력의 이점을 추구하되, 그에 수반되는 복잡한 문제와 관련된 뒤엉킴은 피하려는 것이었다. 그러나 이러한 움직임조차도 국내의 반발을 불러일으켰다. 공화당과 민주당을 막론하고 많은 국제연맹 옹호자들로부터 지지를 받았지만, 하딩은 고립주의자들의 오래된 적대감에 부딪혔다. 1923년 상원에 보낸 헤이그 재판소와의 협력을 촉구하는 그의 메시지는 냉담한 반응으로 받아들여졌다.

§

수많은 대중의 목소리가 더 강력한 추진력과 견제력을 발휘하는 의회에서는 1920년 선거에서 부여된 권한의 효과가 행정부와 사법부만큼 두드러지지 않았다. 상원 의원의 직접 선거로 상원은 하원에 더 가까워졌고 헌법 규정에 따라 구 의원의 3분의 2가 윌슨주의 시대의 대격변에서 살아남았다. 공화당이 양원에서 과반수를 차지한 것은 사실이지만, 공화당 의원들과 민주당 의원들 사이에서 농민들의 힘이 너무 강해서 하딩은 신중한 현실주의로 자신의 길을 선택해야 했다.

1922년 의회 선거에서는 상황이 그에게 더 나빠졌다. 오히려 상원과 하원에서 공화당 의석수가 줄어들었고, 그 과정에서 북서부에서 믿을 만한 두 명의 공화당 상원 의원이 축출되고 포퓰리즘을 표방한 급진 농민 단체인 무당파 연맹의 후보와 농민-노동자 후보가 당선되었다. 사실, 농업은 또 다른 파멸적인 불황을 겪고 있었고 농산물 가격은 놀라운 수준으로 떨어졌으며, 1860년 시카고에서 결성된 공화당 연합은 다시 균열의 조짐을 보였다.

이러한 상황으로 인해 의회의 매킨리 학파 의원들은, 정상성을 추구하는 초기 몇 년 동안, 진정한 곤경에 처했다. 그들은 목소리가 큰 농업 블록Farm Bloc으로 조직된 좌익 공화당원과 민주당원에게 원자재와 농산물에 높은 관세를 부과하는 형태로 대폭 양보해야만, 제조업체 보호를 위한 관세 법안을 통과시킬 수 있었다. 이 법안은 비상 법률로 시작되어 1922년 9월 21일 포드니-매컴버 법Fordney-McCumber Act으로 이어졌다. 여러 중요한 이슈, 특히 선박 보조금과 세금 문제에서는, 정상성을 추구하는 사람들이 완전히 패배했다.

몇 년 동안 상선 운영에 종사하는 민간 기업에 대한 보조금 문제는 뜨겁게 논의되어왔다. 한때 이러한 지원은 해밀턴-웹스터 시스템의 일부였지만, 민주당은 남북전쟁 직전에 이를 전격적으로 철회했고, 공화당 소속 기업 지도자들은 농업계를 설득하여 이 관행의 복원을 지지하도록 이끌어내지 못했다. 세계대전이 발발하면서 해운이 파괴되었고, 연합국에 총알과 식량을 팔기 위해 충분한 선박을 찾는 것이 불가능해졌다. 결국, 옥수수와 면화 재배자, 그리고 강철과 화약 제조업자들까지도 영향을 받았다. 이러한 상황에서 윌슨의 편에 선 농민-노동자-농장주 대표들은 여전히 민간 자본가들에게 보조금을 지급하는 것을 꺼렸지만, 이들 모두가 선박을 보유해야 한다는 데 동의했다. 이에 따라 1916년 의회는 연방 정부가 상선을 구입, 임대, 운영할 수 있도록 하는 해운위원회 법안Shipping Board Bill을 통과시켰다.

이 고비를 넘기면서 하늘이 밝아져 치유와 정상화가 시작되었다. '정부는 사업에서 손을 떼라'는 산업계의 외침에 응답하여 하딩 대통령은 이제 정부 선박을 관대한 조건으로 민간 기업에 넘기고 그들이 편안한 이윤으로 운항할 수 있도록 상당한 예산을 책정할 것을 제안했다. 이 프로젝트는 농업 블록의 반대로 의회에서 놀라운 강도로 부결되었다.

이와 관련된 패배에 굴하지 않고 하딩 행정부는 취득 및 향유의 식탁에 앉아 있는 더 운이 좋은 사람들에 대한 직접세 인하를 요구했다. 소득, 상속 및 초과 이익에 대한 세금에 구체화된 집단주의 원칙은 모든 의문의 여지 없이 공화당의 역사적 정책에 반하는 것이었다. 이 거대한 연합은 남북전쟁과 스페인 전쟁에 필요한 자금을 대부분 채권 판매로 조달했고, 평화로운 시기에는 주로 대중이 소비하는 상품에 부과하는 간접세로 정부를 유지해왔다. 게다가 이 연합은 전쟁 기간 동안 사업가들이 자신들의 후원 아래 관리한 고수익을 과감한 세금 부과로 방해할 생각이 전혀 없었다.

따라서 집권한 정상성 추진의 선지자들이, 윌슨주의 조세 제도의 혁명은 아니더라도, 최소한 가장 가혹한 조항의 급진적 수정을 기대한 것은 당연한 일이었다. 연방 세입의 약 절반이 소득세와 상속세에서 나온다는 사실을 발견한 그들은 즉각적인 감면을 주장했다. 동부에서 알렉산더 해밀턴 이후 가장 위대한 재정가라는 찬사를 받은 멜론 장관은 구체적인 제안으로 특히 최고 소득층에 대한 추가 세금을 65퍼센트에서 25퍼센트로 낮추는 세율 인하를 촉구했다. 그러나 의회의 반란군들은 이 제안을 받아들이지 않았고, 1921년 세법에서 최고 추가세 부과율을 50퍼센트로 유지하여 세금을 내는 사람들의 마음에 큰 상처를 남겼다.

의회는 부유층에 대한 세금 인하를 거부한 것 외에도, 사회민주주의를 향한 추진 과정에서 구축된 중앙 집중화 및 사회화 프로그램을 포기하지 않았다. 실제로 1918년 의회 선거에서 공화당이 승리한 후 이러한 성격의 위대한 법령 중 어느 하나도 완전히 폐지되지 않았다. 의회는 고속도로 건설과 교육에 대한 연방 보조금을 계속 지원하면서 사회복지 분야에서도 새로운 시도를 했다. 1920년에 통과된 산업재활법Industrial Rehabilitation Act은 산업 또는 합법적인 직업에서 부상을 입은 민간 고용인의 직업 복귀를 지원하기 위해 주 정부에 연방 기금을 제공함으로써 산업재해에 대한 지역사회의 책임이라는 개념에 국가적 승인 도장을 찍었다. 이듬해 의회는 출산 시 산모와 영아의 복지를 보호하기 위한 목적으로 예산을 책정하면서 똑같이 새롭고 혁신적인 조치를 취했다. 여성 시민 단체가 의회에 강제로 밀어넣은 이 프로젝트는 각 주의 권한과 신성한 개인주의의 이름으로 큰 반발을 불러일으켰지만 소용이 없었다. 국회에서 패배한 반대자들은 대법원에 상고했지만 역시 기각되었다.

집단행동을 통한 일반적 개선의 사도들은 일종의 비장한 결의로 앞으로 나아갔다. 연방 법으로 아동의 노동을 제한하려는 노력이 대법원에 의해 두 차례 ─ 한 번은 주 간 상거래를 규제하고 한 번은 세금을 부과함으로써 ─ 막히자, 그들은 즉시 전국적인 아동 노동법의 구체적인 제정을 허용하는 헌법 수정안을 제안했다. 또 한 번 언약의 수호자들[연방 정부의 개입을 헌법과 전통에 대한 위협으로 여긴 보수층] 사이에서 큰 한탄이 터져 나왔지만, 1924년 의회는 연방 전역의 노동 조건에 대해 연방 정부의 개입을 승인하는 결의안을 통과시켰다. 이 수정안은 주에서 냉담한 반응을 얻었지만, 이는 의회의 잘못이 아니었다.

의회에서는 집단주의 원칙이 계속 호출되었다. 농업에 대한 연방 정부의 지원을 제공하는 윌슨 조직[윌슨 행정부 시절에 설립된 농업 지원 체계]은 그대로 유지되었을 뿐만 아니라 농촌 신용을 확대하고, 농민들이 협동조합을 결성하도록 장려하며, 곡물 창고와 곡물 투기에 대한 연방 통제를 확대하는 새로운 법률에 의해 확대되었다. 마찬가지로, 철도와 탄광이라는 두 개의 거대한 국가 산업을 다루면서 의회는, 도허티 법무장관이 아무리 야만적으로 사회주의 신조 지지자들을 기소하더라도, 경쟁과 민간 기업의 유익한 작용에만 의존하는 것을 거부했다. 1920년 에슈-커민스 법에 의해 철도가 소유주에게 반환되었을 때, 거대한 시스템을 해체하고 경쟁을 부추기려는 시도는 없었으며, 오히려 주간상업위원회는 기존 운송업체 간의 새로운 통합을 계획하도록 권한을 부여받고 지시를 받았다. 이 조항을 넘어, 의회는 일정 비율 이상의 수입의 절반을 공동 철도 자금 조달을 위한 국가 기금에 납부하도록 명령함으로써 강력한 철도가 약한 철도를 유지할 수 있게 만들려고 노력했다. 이 프로젝트는 법정에서 공익을 위해 사유재산을 몰수하는 계획으로 비난을 받았지만,

대법원에서 합헌이라고 판결을 받았고 태프트 대법관이 공식적인 판결문을 작성했다.

주 간 상거래와는 다소 거리가 먼 지역에서도 책임감 있는 정치인들은 집단행동의 원칙에 의지했다. 1922년 봄에 시작된 석탄 파업에 놀란 의회는 주간상업위원회의 권한을 확대해, 비상시 석탄 선적을 통제하고, '부당한 가격'을 타파할 수 있는 권한을 부여하고, 연방 석탄 감독관을 임명하고, 산업을 조사하는 기관을 설립했다. 시간이 흐르면서 이 기관은 건전한 사상가들에 의해 과거에는 주 관할권 내의 민간 기업의 한 분야로만 여겨졌던 석탄 채굴이 '공익에 영향을 미칠 뿐만 아니라' 정부 기관의 연방 규제와 통제의 적절한 대상이라는 사실을 보고했다. 의회의 의견에 따르면, 나라는 매킨리 시대의 모든 훌륭한 관습과 관행의 복원을 원하지 않았던 것이 분명하다. 1923년 8월 샌프란시스코에서 죽음이 그를 덮쳤을 때, 하딩은 국가 입법 문제에서 여전히 정상성이라는 목표에서 멀리 떨어져 있었다.

§

하딩의 후임자인, 대니얼 웹스터의 주 매사추세츠 출신의 캘빈 쿨리지는 복구와 치유라는 행정 정책을 추진하는 데 필요한 훈련과 성품, 의견을 갖추고 있었다. 쿨리지 역시 아메리카의 위대한 마을 정치 학교를 통해 항상 조직 지도자들의 발걸음에 맞춰 신중한 발걸음으로 높은 자리에 올랐다. 그는 노샘프턴 시 의회 의원에서 시작해 시 법무관, 법원 서기, 주 의회 의원을 거쳐 부지사를 거쳐 마침내 주지사 자리에 오르기까지 오랫동안 당을 위해 봉사했다. 그의 경력 전반에 걸쳐 그는 낯선 일을 조기에 주창하여 이웃을 놀라게 한 적이 없었으며, 적절한 갑옷을 입고 현장에 마지막으로 나타나지도 않았다. 조정과 신중함이 그의 표어였고, 인내와 단순함이 그의 삶의 상징이었다.

그의 지역에서의 여러 업적 중 단 하나만이 전국적인 관심을 끌었다. 그가 주지사로 재직 중이던 1919년, 아메리카노동총연맹(AFL)에 소속된 보스턴의 경찰들이 생활비 상승에 따른 임금 조정을 요구했지만 받아들여지지 않자 파업에 돌입했고, 며칠 동안 무방비 상태로 도시가 방치되었다. 무질서와 약탈이 발생하고 공기가 투쟁과 열정으로 팽팽해지자 쿨리지 주지사는 주 민병대를 소집하고 새뮤얼 곰퍼스에게 '공공의 안전에 반하는 파업은 언제, 어디서, 누구도 할 권리가 없다'는 내용의 편지를 보냈다. 이 문구는 매우 단호했기 때문에 윌슨 대통령은 주지사의 자세를 격려했고, 우호적인 언론은 그를 아무것도 두려워하지 않는 침묵의 철인이라 칭송하기 시작했다.

그러나 비평가들 사이에서는 쿨리지가 영웅적인 인물이라는 생각은 조롱거리가 되었고, 그가 신속하고 용감하게 자신의 임무를 수행하기는커녕 사실은 가능한 한 오랫동안 자신의 책임을 회피했으며, 보스턴 시장이 경찰청장의 도움을 받아 상황을 잘 처리할 때까지 행동을 거부했고, 마침내 그가 정치적 안전을 완전히 확보한 상태에서 붉은 불길 속에서 무대로 나올 수 있을 때만 움직였다는 것을 보여주려는 시도가 있었다. 이러한 혐의에 대해 길고 격렬한 논쟁이 벌어졌지만, 사실을 알고 싶어 하는 사람이라면 누구나 어둠 속에 있을 필요는 없었다. 쿨리지 주지사는 이중 해석을 인정하지 않는 말로 직접적이고 간단하게 사건의 전말을 밝혔고, 사건이 당파적 논쟁으로 가려지기 전인 1919년 공화당 전당대회에서 연설을 통해 이렇게 말했다. '어떤 사람들은 나에게 [경찰] 위원장commissioner*을 해임하라고 촉구했고, 어떤 사람들은 그의 방침을 변경하라고 요청했다. 이 모든 것에 대해 나는 그의 행동에 대한 권한이 없으며 합법적으로 그에게 간섭할 수 없다고 대답해야 했다…… 질서를 회복하기 위해 나는 즉시 그와 사전 협의를 했고 위원장은 시장에게 주 방위군을 소집할 것을 제안했다. 그의 요청에 따라 나는 그렇게 했다.' 기자들과 선거운동 관리자들이 그토록 치열한 논쟁을 벌인 기록은 그 남자에게 어울리는

---

* 미국에는 연방 경찰청에 해당하는 기관이 없고 각 주의 치안을 경찰 위원장(혹은 청장) police commissioner이 관할한다. 커미셔너란 직책명은 일반적으로 임명권자나 상급자가 직접적인 통제권을 가지지 않는, 독립적으로 운영되는 조직의 운영 책임자를 말한다.

평이하고 꾸밈없는 언어로 쓰여 있었다.

호의적인 언론으로부터 조용하고 절제된 정치가로 불린 쿨리지는 사실 유창하고 다재다능한 연설가이자 작가였다. 그의 연설과 연설문이 두세 권의 책으로 편집되었으며, 수많은 공개 서한과 기사는 다양한 주제에 대한 의견을 표현하는 그의 천재성을 입증하며, 타고난 명석함과 친구들에게 링컨을 떠올리게 하는 공개적인 성실함으로 울려 퍼졌다. 쿨리지는 아메리카 정치 경제의 진화를 추적하는 역사적이고 철학적인 성격의 일련의 연설에서 워싱턴 시대부터 자신의 시대까지 격렬했던 당파 싸움의 본질에 대해 확고한 이해를 드러냈다. 그는 대담한 필치로 해밀턴의 체제와 그 유산을 고스란히 이어받은 조직의 정책을 스케치했다. 1922년 그는 '현재 이 나라에서 집권하고 있는 당은 현재의 원칙 선언을 통해, 선조들로부터 물려받은 전통, 연방당과 휘그당의 업적과 자신의 업적을 통해, 알렉산더 해밀턴의 주도하에 채택된 정책들을 대표하고 있다'고 말했다.

쿨리지는 세부 사항을 더욱 구체적으로 설명하면서 제조업이 아메리카 문명의 원동력이라는 믿음을 솔직하게 표현했다. 그는 이렇게 선언했다. '아메리카 발전의 원동력은 아메리카의 산업이다. 그들은 우리의 국가 발전을 가져온 부를 창출했다…… 그것이 없었다면 농업의 위대한 힘은 18세기 수준에 머물렀을 것이다.' 이러한 견해에 따라, 그는 워싱턴의 유명한 재무장관 알렉산더 해밀턴의 후계자로 노골적인 산업 옹호자였던 윌리엄 매킨리를 보았다. 그는 오하이오 주의 정치가인 매킨리가 '해밀턴과 클레이의 업적을 이어받아 그들의 원칙을 재정립했고, 그의 지도력 아래 정부는 그들의 정책을 다시 채택했다'고 말했다.

그러나 쿨리지는 루즈벨트와 윌슨이 기업 지도자들을 상대로 제기한 혐의를 모르는 바는 아니었다. 그는 '정부 업무에 대한 부적절한 통제권을 행사하려는 시도가 점점 커지고 있다'는 데 동의했다. 1921년 연설에서 그는 '이러한 상황은 약 20년 전에 절정에 달했다'고 말했다. 그러나 악은 극복되었다.

루즈벨트는 '독점의 위협을 깨뜨렸다'고 선언했다. '그는 국민의 주권을 최고로 만들었다······ 그는······ 공화국의 수호자였다. 그는 공화국이 위협받고 있다는 것을 발견하고 공화국을 자유롭게 만들고 떠났다.' 결론은 필연적이었다. 루즈벨트에 의해 '특수한 특권'이라는 괴물이 파괴되었으니 해밀턴, 클레이, 매킨리가 그어놓은 선을 따라 앞으로 나아가야 했다.

쿨리지는 아메리카 사회의 발전에서 경제적 힘을 크게 강조했지만, 부의 취득과 향유를 그 자체로 목적이라고 생각하지는 않았다. 그의 정치경제학 체계는 도덕적 빛으로 가득 차 있었다. 그는 이렇게 말했다. '사회에 학습과 미덕이 부족하면 그것은 멸망할 것이다······ 모든 고전 중 고전은 성서다······ 문명은 사람들의 지식뿐만 아니라 그것을 어떻게 사용하느냐에 달려 있다······ 가장 위대한 도덕적 힘을 가진 국가가 승리할 것이다.' 그는 정치와 경제를 직접적으로 다룰 때도 같은 맥락에서 말했다. '우리에게 필요한 것은 근검절약과 근면이다. 모두가 계속 일해야 한다······ 우리는 수고와 고통과 희생을 통해 현재의 높은 상태에 이르렀다. 혁명이 아니라 진화에 의해 인류는 자신의 운명을 개척해 왔다. 공장을 짓는 사람은 성전을 짓고, 그곳에서 일하는 사람은 그곳에서 예배를 드리며, 두 사람 모두 경멸과 비난이 아니라 경외와 찬사를 받아야 한다······ 우리는 모두 한몸의 지체이다. 노동이 쇠약해지면 산업은 번성할 수 없다. 제조업이 쇠퇴하면 운송업도 번영할 수 없다. 큰 이익은 큰 급여를 의미한다. 정치는 목적이 아니라 수단이다······ 그것은 정부의 예술이다······ 매사추세츠에서 우리는 당파이기 전에 시민이다······ 우리는 더 많은 정부가 필요하지 않고 더 많은 문화가 필요하다. 에이브러햄 링컨은 급진주의자가 아니라 보수주의자였다. 그는 낭비하지 않고 항상 절약하려고 노력했다. 민주주의는 파괴가 아니라 구축이다. 인간의 본성은 인간을 끊임없이 앞으로 나아가게 한다. 매킨리는 인류의 지적, 도덕적 힘의 예언자가 될 수 있는 "번영의 전위대"였다.'

§

쿨리지 대통령의 실용적인 프로그램은 이러한 경제 및 윤리 철학의 결합에 기초한 것으로, 단순하면서도 투명했다. 대중이 소비하는 상품에 대한 세금이 아니라 아메리카의 연회에서 가장 높은 자리에 앉은 사람들의 소득에 대한 세금을 감면해야 한다는 것이었다. 그는 이렇게 할 것을 촉구하며, 부자들이 투자할 수 있도록 더 많은 돈을 남겨두어 가난한 사람들이 수익성 있는 일자리를 얻을 수 있는 기회를 늘리려 했다. 이에 상응하여, 행정 명령과 법원에서의 신탁 소송을 통해 비즈니스에 대한 간섭을 줄여야 했다; 루즈벨트가 독점의 위협을 제거했기 때문이다. 같은 방향으로 경의를 표하며, 산업 동부 지역에 세금을 부과하고 그 수입을 도로, 보건, 교육 및 기타 사회적 목적에 대한 보조금의 형태로 전국에 분배하는 관행은 민주당이 오랫동안 존중해 온 신성한 주의 권리 신조를 위반하는 것으로 간주되어야 했다.

쿨리지는 동일한 경제 정신을 바탕으로, 정부의 재정적 힘과 조직화된 힘을 사용하여 농부들이 가격 통제 장치를 통해 농산물 판매 가치와 관세로 보호되는 제조 원가 사이의 위협적인 차이를 상쇄하는 데 도움을 주는 것을 비난했다. 재무부와 납세자에 대한 이러한 부드러움과 조화를 이루는 것은 대통령이 민주주의를 위해 전쟁 막바지에 군인들에게 보너스 형태로 막대한 예산을 책정하는 아이디어를 승인하지 않은 것이다. 마지막으로 해밀턴이 진두지휘하고 클레이, 웹스터, 매킨리가 성공적으로 항로를 조종한 이 국가라는 배는 갑판 아래의 사소한 스캔들로 인해 방해받지 말아야 했다. 악인은 처벌받아야 하지만 눈은 별을 바라보고 있어야 했다.

이전 정권의 잔재인 상원과 하원이 권력을 장악하고 있는 한 쿨리지는 최근 몇 년 동안의 역풍으로 인해 얽히고설킨 문제를 헤쳐 나가기 어려웠다. 그는 군인들에게 보너스를 지급하는 데 반대했지만, 의회는 그의 반대를 무시하고 이를 표결로 통과시켰다. 그는 초과세를 대폭 인하할 것을 요구했지만, 1924년 의회는 50만 달러 이상의 소득에 대한 초과세를 40퍼센트로 고정하고 모든 소득세 납세자가 신고한 금액을 공개해야 한다고 표결까지 벌였다. 농민을 위해 이미 제정된 법률에 새로운 법률과 새로운 형태의 재정 지원이 추가되었다. '건설적인 경제적 상상력'을 가진 사람을 법무부에 데려오려는 노력은 공화당 내의 반란으로 좌절되었다. 공화당 간판을 단 많은 농업 의원들이 이제 쿨리지 행정부가 아닌 민주당과 협력하고 있었다. 요컨대, 1920년 하딩이 약속했던 치유와 회복은, 길고 힘든 노력 끝에, 공화당 최고 사령부가 만족할 만한 효과를 거두지 못했다.

§

보다 큰 영역의 정상성을 회복할 수 있다고 확신한 공화당 조직의 관리자들은 1924년에 쿨리지를 만장일치로 재선출하며, 주요 연설과 플랫폼 항목에서 공화당 의회의 프로그램을 무시하고 거부했다. 이 치유와 평온의 표준이 머리 위에 떠 있는 당파적 배열의 강력한 반대자들과 마주한 민주당은 큰 혼란 속에서 투쟁 준비를 했다. 여러 지친 날들 동안, 전당대회에서 급진파의 대변인 윌리엄 G. 매카두와 온건파의 대변인 알프레드 스미스 주지사가 당내 주도권을 잡기 위해 씨름했고, 그들은 격렬한 열기에 휩싸여 몸을 뒤척였다.

마침내 교착 상태가 깨졌을 때, 큰 열정을 불러일으키지 않은 세 번째 참가자인 웨스트버지니아와 뉴욕의 존 W. 데이비스가 승리했다. 의심할 여지 없이 데이비스는 품격 있는 신사이고, 윌슨 밑에서 법무장관과 주영 대사를 지내는 동안의 그의 평판은 흠잡을 데가 없었지만, 브라이언의 따뜻함도, 윌슨의 수사학적 유연성도 부족했으며, J.P.모건 앤드 컴퍼니와의 연관 때문에 장애를 가지고 있었다. 게다가 그의 공약은 수입 상인들의 눈에는 괜찮게 보였을지 몰라도 아메리카 노동조합과 대농업 세력에게는 호소력이 부족했다.

반란군 후보가 등장할 여지가 분명히 있었고, 모든 징후는 로버트 M. 라 폴레트 상원 의원이 그 역할에 가장 적합한 인물이라는 것을 가리켰다. 진보적 민주주의의 법령집에 빛나는 페이지의 저자이자 정상성의 적들에 대항하는 의회 투쟁의 리더인 그는 쿨리지나 데이비스 중 어느 쪽도 일관되게 지지할 수 없었다. 위스콘신 상원 의원은 자신의 불복종을 명확히 한 후, 급히 소집된 전당대회에서 주로 농민과 노동계를 대표하는 대의원들로 구성된 진보적 동조자들의 지지를 받아 대통령 후보로 지명되었고, 그중에는 많은 여성들이 포함되어 있었다. 사회주의자들조차 그를 지지했고, 자본주의를 완전히 뒤엎으려는 사업은 몇몇 고집 센 공산주의자들에게 맡겨졌다. 두 주요 정당의 지도자들로부터 평소보다 적은 예우를 받으면서도 아메리카노동총연맹도 라 폴레트에게 공식적인 축복을 내렸다. 이로 인해 미숙한 정치인들은 마침내 위대한 경제적 결합이 이루어졌다고 상상하게 되었다.

이제 삼자대결이 막바지에 이르렀다. 쿨리지는 '정상성과 상식', 즉 헌법과 건국의 아버지들의 지혜를 굳건히 지켰다. 데이비스는 의회 조사를 통해 드러난 공화당 지도부의 부정부패와 불법행위를 가슴 아프게 받아들였다[격렬히 공격했다]. 라 폴레트는 트러스트와 독점에 대한 정면 공격, 현재의 관행과 관습을 옹호하는 대법원, 카리브해와 동양에서의 제국주의 진출 정책에 대항해 농민과 산업 노동자를 단결시키려 했다. 이번에도 투표 결과는 결정적이었다. 쿨리지는 반대파의 득표수를 합친 것보다 200만 표가 넘는 압도적인 표를 얻었고, 정상성을 향해 더 효과적으로 조정된 공화당 의회가 복귀했다.

새로운 지적 분위기 속에서 행정부의 정책은 선거 결과와 일치했다. 소득세가 인하되고 상위 계층의 세율을 인하하는 프로젝트가 의회에서 승인되었다. 산업 합병의 새로운 결실 중 하나에 대한 법적 조치가 시작되었지만, 비즈니스에 대한 불간섭이라는 일반적인 정책이 추구되었다. 1902년 석탄 파업에서, 루즈벨트가 세운 선례를 무시하고, 쿨리지는 1925년 9월부터 이듬해 2월까지 이어진 긴 싸움에서 무연탄 사업자와 광부들이 지칠 대로 지치게 내버려 두었다. 이로써 경제 기업이 기소로 괴롭힘을 당하거나 방해받지 않으리라는 것이 분명해졌다. 그리고 산업 주 전체에 퍼진 번영은 해밀턴-웹스터-클레이-매킨리-쿨리지 원칙의 적용이 적어도 일시적으로는 진보적 민주주의 체제나 새로운 자유의 프로그램보다 대중에게 더 많은 좋은 것들을 가져다준다는 주장에 힘을 실어주었다. 정상성 회복을 위해 열심히 노력한 이들에게 이것은 충분한 보상이었다.

외교 문제와 관련하여 쿨리지 행정부는 1924년 선거 이후 조심스럽게 전진했다. 물론 큰 방향은 공화당이 스페인 전쟁을 계기로 선진화 정책의 두 번째 단계를 공식적으로 출범했을 때와 마찬가지로 분명했다. 실제로, 국가를 세계의 바다로 내몬 경제적 힘들은 그 어느 때보다 더 강력하고 집요했다. 해외 투자와 무역은 수십 배로 증가했고, 특히 세계대전으로 인해 급증한 산업 장비는 늘어나는 상품의 흐름을 위해 더 넓은 시장을 필요로 했다.

쿨리지 취임 약 2개월 후인 1925년 5월 7일, 커티스 윌버 해군장관은 코네티컷 상공회의소 연설에서 새로운 상황을 간결하고 깔끔하게 요약했다. '아메리카인들은 30억 달러에 달하는 2천만 톤 이상의 상선을 보유하여 전 세계 상거래를 담당하고 있다. 정부 대출을 제외한 해외 대출과 자산은 100억 달러가 넘는다. 여기에 한 해 수출입 규모인 약 100억 달러를 더하면 1868년 아메리카의 전체 자산과 거의 같은 금액이다. 여기에 외국 정부로부터 받아야 할 80억 달러를 더하면 총 310억 달러로 1878년 아메리카의 총 부와 거의 같은 금액이다. 우리가 국기를 수호하는 것에 대해 이야기할 때 이러한 막대한 이익을 고려해야 한다. 우리는 독일이 아메리카를 침략하거나 침략하겠다고 위협했기 때문에 싸운 것이 아니라, 독일이 북해에서 우리의 상업을 공격하고 공해상에서 우리 국민에게 우리 국기의 보호를 부정했기 때문에 싸웠다⋯⋯ 아메리카를 지키기 위해 우리는 세계 곳곳에서 아메리카의 이익과 국기를 지킬 준비가 되어 있어야 한다⋯⋯ 해안에서 천 마일 떨어진 양자강 유역에서 울고 있는 아메리카 아이는 부당한 공격으로부터 보호받기 위해 아메리카 해군의 배를 그 강으로 부를 수 있다.'

이 경제적 부담의 외교적 요구 사항도 엄청났지만, 쿨리지 대통령은 실용적인 현실주의로 대응했다. 우선, 유럽 열강이 아메리카 정부에 진 부채 문제는 국내 여론과 대외 관계를 모두 고려하여 처리해야 했다. 아메리카 납세자의 대다수는 명백하게 세계대전 중 우방국에 빌려준 총액을 회수함으로써 구제받을 자격이 있다고 생각했다. 그러나 아메리카 은행가들에게 이 문제는 다른 측면을 가지고 있었는데, 해외 부채를 회수하기 위한 과감한 노력은 공적, 사적으로 해외에 추가 대출을 하는 것을 더욱 어렵게 만들었고, 그러한 유형의 사업에서 막대한 수수료를 챙기는 것을 방해할 수 있었다. 은행과 투기 자본이 중과세를 감면받고, 원래 연합국 세력에게 빌려준 돈을 갚기 위해 발행한 연방 채권 상환 부담을 소비자에게 전가할 수 있다면, 그들은 부채를 탕감받고 자신들의 관리하에 새로운 해외 자금을 조달할 수 있는 기반을 마련하는 두 배의 행운을 누릴 수 있을 것이다.

미국의 제조업체들 또한 보호관세의 혜택을 누리면서 유사한 이유로 민주주의를 위한 공동 전쟁에서 발생한 채무에 대해 온정적인 경향이 있었다. [유럽이] 부채를 상환하려면 필연적으로 상품으로 지불해야 하는데, 이는 그들이 원치 않는, 외국 상품의 대량 유입을 초래할 것이다. 게다가 '위대한 인도주의적 십자군 전쟁'에서의 동지애, 유럽의 애정에 대한 가슴 아픈 갈망, 채무국 국민들의 감동적인 호소가 있었다. 따라서 부채 탕감을 지지하는 광범위한 선전이 시작되었다. 이 모든 것의 정점에는 징수와 지불의 명백한 어려움이 있었다. 비록 채무국 중 어느 나라도 볼셰비키가 러시아에서 했던 것보다 훨씬 큰 채무 불이행을 단순히 몰수적 근거로 방어하려 하지는 않았다.

일반 납세자와 사건 당사자 간의 갈등 속에서 연방 정부는 민감한 경로를 항해해야 했다. 하딩 행정부는 영국과, 채권 금액에는 미치지 못하지만 영국인들에게는 가혹해 보이는 조건으로 합의를 이끌어냈다. 쿨리지 행정부는 투자계의 입장에 서서 프랑스, 벨기에, 이탈리아에 더 관대한 조건을 제시했고, 가혹하거나 너무 성급하게 굴지 않았다. 아메리카가 세계대전에 참전한 지 10년이 지난 후에도 총액이 얼마나 징수될지, 실제로 징수가 가능할지 여부는 여전히 불확실했다.

부채 문제와 얽힌 것은 유럽과의 전반적인 관계 문제였다. 국제연맹의 신랄한 비판자들은 국제 분쟁 조정을 위한 국제연맹 가입에 계속 반대했지만, 윌버 장관이 지적했듯이, 유럽 국가에 대한 아메리카 투자자들의 실질적인 이해관계가 어떤 종류의 협력을 요구한다는 사실이 점점 더 분명해지고 있었다. 연방 정부가 유럽 회의에 참여할 수 없다 해도, 아메리카 은행가들은 유럽 금융가 협의회에 참여할 수 있었다. 사실, 그들은 독일의 경제 시스템을 안정시키고 적어도 배상금의 일부를 징수하기 위한 도스Dawes 계획*을 실행하는 운동에 물질적 힘을 주었다. 더욱이 그들은 새로운 질서를 지원하기 위해 발행된 막대한 독일 차관을 자연스럽게 자신들에게 유리한 조건으로 제공했다.

경제 협력에서 정치적 또는 최소한 법적 협력으로의 전환은 한 걸음에 불과했다. 그래서 전자를 선호하는 많은 사람들이 윌슨적인 이상주의자들과 함께 후자를 장려했다. 결국, 국제 분쟁의 중재는 오랫동안 아메리카 이론의 두드러진 특징이었으며, 아메리카는 이미 1899년 헤이그 회의에서 설립된 국제 재판소의 회원국이었기 때문에 국제 연맹이 설립한 세계 법원에 가입하는 것은 급진적인 이탈이 아닌 것처럼 보였다. 쿨리지 대통령은, 전임자의 모범을 따라, 이 계획에 찬성했고, 1926년 상원은 다른 열강들이 아메리카가 참여의 대가로 제시한 규정을 받아들인다는 전제 아래 많은 유보와 조건을 달며 동의했다. 이 신중한 행동에 대한 논란에서 많은 감정이 드러났지만, 특히 헤이그 협약과 중재 조약에서 이미 이루어진 서약에 내포된 얽힘과 비교할 때 여기에 포함된 약속의 정도는 심각하지 않았다. 사실, 그 정도가 너무 미미해서 국제연맹과 협력하는 주요 국가들은 미국의 조건을 거부하는 조치를 취했다.**
크게 보면 아메리카의 국제사법재판소 가입 제안은 국제적 화합을 보장하기

---

* 미합중국 경제학자 찰스 도스가 독일의 배상금 지급에 대한 새롭고 현실적인 목표를 설정하는 데 도움을 주기 위해 영입되었고 그가 입안한 것을 도스 계획이라고 불렀다. 이 계획에 따라 배상금은 향후 5년간 매년 5천만 마르크, 그 이후에는 매년 1억 2천 5백만 마르크씩 줄어들었다.

위한 일반적인 계획의 일부인 것처럼 보였다. 클리블랜드, 매킨리, 루즈벨트, 태프트, 월슨과 마찬가지로 쿨리지 대통령도 자신을 평화의 옹호자라고 대담하게 선언했다. 그는 의회에서 예산안이 계류 중일 때 칼을 휘두르는 해군 및 방공 이익 대변인들을 공개적으로 거부했으며, 한 번은 아나폴리스의 졸업생들에게 직접 가서 이 나라에서는 정부의 민간 부문이 해군 및 군부보다 우위에 있다고 말했다. 쿨리지는 일본과의 우호 관계를 유지하기 위해 1924년 아메리카 이민법에서 일본 이민자를 명시적으로 배척하는 조항에 반대했으며, 만약 이 조항이 법안 본문에 포함되지 않았다면 거부권을 행사했을 것이라고 덧붙였다. 그는 '평화 속에 부담스러운 과세로부터 구제받을 수 있는 가장 큰 기회가 있다'고 말했다.

그렇지만 아메리카의 재산권이나 청구권이 어떤 소규모 국가의 국경 내에서 위협받을 때, 쿨리지 대통령은 평화를 사랑하는 마음이나 정상 상태를 유지하려는 바람이 기득권을 보호하기 위해 군사적 수단을 사용하는 것을 막지

** 국제연맹에 의해 설립된 국제사법재판소Permanent Court of International Justice에 미국은 국제연맹의 회원국이 아니었지만 참여하는 것에 대해 어느 정도 관심을 보였다. 그러나 미국 상원은 매우 신중했으며, 이는 널리 퍼진 미국 내 고립주의 정서를 반영했다. 본문에 나오듯이 미국 상원은 가입을 고려하면서 다수의 조건을 붙였다. 이러한 조건에는 미국의 이익이나 헌법적 원칙과 충돌하는 재판소의 특정 결정이나 선례에 구속되지 않겠다는 내용이 포함되었다. 이는 외국과의 얽힘을 최소화하고 미국의 주권이 침해되지 않도록 하려는 의도였다. 이에 대해 국제연맹의 주요 국가들은 미국의 요구가 재판소의 효율성과 권위를 약화시키는 것으로 여겼다. 조건들은 '사소한' 것이 아니라, 공정한 국제 기관으로서 재판소의 기능을 약화시킬 수 있는 중요한 장애물로 인식되었다. 그리고 그것은 미국이 자신의 참여와 의무를 선택적으로 결정할 수 있도록 허용하는 원칙을 거부한 것이다. 이는 미국의 예외주의와 국제연맹이 추구하는 다자주의 사이의 넓은 긴장을 반영하고 있다. 결국, 국제연맹 국가들의 거절은 미국의 조건이 중요하지 않아서가 아니라, 이 조건들이 국제적인 기구의 집단적인 성격과 양립할 수 없다고 여겨졌기 때문이다. 본문에서 '미미하다'란 말로 암시된 아이러니는 미국이 조건을 관리할 수 있을 것이라고 생각한 것과 국제 사회가 그 조건을 받아들일 수 없다고 본 것 사이의 괴리를 말하고 있다. 특히 미국이 자국의 입장과 이익을 지나치게 강조하면서도 국제 무대에서 그리 큰 역할을 하지 않으려는 태도를 지적하고 있다. 저자는 이러한 아이러니를 통해 독자들에게 미국의 행동이 국제 사회에서 어떻게 인식되었는지, 그리고 그로 인해 발생한 외교적 갈등을 부각시키고 있다.

않을 것임을 분명히 알렸다. 1927년 니카라과에서 소요가 재발하자 해병대가 그 작은 공화국에 다시 파견되었고, 중국에서 내전이 미합중국의 활동을 방해했을 때는 대규모 해군이 파견되어 상황을 지켜보았다. 니카라과 문제에 대한 소란과 미합중국 소유주 및 임차인에 대한 멕시코의 토지법 적용 문제를 둘러싼 갈등이 계속되는 틈을 타, 대통령은 백악관 대변인을 통해 '이 문제는 "미합중국 시민의 재산이 보상 없이 몰수되어야 하는가?"라는 단순한 질문으로 요약할 수 있다'고 직설적으로 선언했다. 상원이 만장일치로 멕시코 논쟁을 중재하고 미국의 권리를 보호하는 결의안을 통과시켰을 때, 대통령은 그러한 형식적인 제안에 대해 확실한 입장을 밝히지 않았지만, 암시적으로 미국이 특정 국가에서 자국 시민의 청구권을 방어할 준비가 되어 있으며, 독자적인 권한으로 이를 정의하고 필요하다면 무력을 통해 이를 집행할 것임을 시사했다. 이는 멕시코 문제의 조정을 위한 청구 위원회가 협상으로 마련되었고, 멕시코 정부 관리들이 도허니Doheny와 멜론Mellon 이해관계자를 포함해 약 20분의 1에 해당하는 자산을 보유한 석유 회사의 7분의 1만이 해당 토지법을 준수하지 않았다고 주장한 상황에서도 이루어진 일이었다.[*] 아마도 쿨리지는 국무부의 보고서에서 볼셰비키가 모든 구석에 숨어 있다는 경고를 받으며 이 단호한 결정을 내리게 되었을 것이다.

---

[*] 1920년대 멕시코는 외국 기업의 토지 소유와 자원 개발을 규제하는 새로운 법을 도입했는데, 이로 인해 미국의 석유 회사들이 영향을 받게 되었다. 특히 멕시코 정부는 일부 외국 기업들이 이 법을 준수하지 않는다고 주장했으며, 그중에서도 도허니와 멜런 같은 미국의 거대 석유 기업들이 주요 대상이었다. 이들 기업은 멕시코의 새로운 토지법을 따르지 않았고, 이에 대해 양국 간에 협상이 이루어졌다. 멕시코 정부는 전체 미합중국 석유 회사들 중 약 7분의 1 정도가 새로운 토지법을 따르지 않았다고 주장했으며, 이들이 보유한 자산은 전체 석유 자산의 약 20분의 1에 해당했다. 이 구체적인 수치를 통해 멕시코 정부는 문제의 규모가 상대적으로 작다는 것을 강조하려 한 것으로 보이고 협상 과정에서 멕시코는 문제 해결을 위해 '청구 조정 위원회Claims Commission'를 구성했지만, 쿨리지는 멕시코 내 미합중국 시민의 재산권을 보호하기 위해 무력을 사용할 수도 있다는 강경한 입장을 보였다.

§

10년간의 복구와 치유를 위한 노력 끝에 땅을 다시 밟은 정상성의 전사들은 1924년 압도적인 승리와 부유층에 대한 세금 감면에도 불구하고 궁극적으로 풍성한 만찬의 시대로 돌아갈 수 있다는 확신을 가질 수 없었다. 걱정스러운 사실은, 그들이 움직인 경제 세계와 그들이 사상과 어법을 의존한 지적 환경이 매킨리와 해나의 번창하던 시대와 같지 않았다는 점이다. 조직 노동이 덜 강경해졌고 — 높은 임금, 노동자 은행labor bank, 막대한 자금 축적, 다양한 사업 투자 등으로 인해 자본주의 방법과 철학에 더 밀접하게 연관되었지만 — 자본주의 운영의 환경은 지난 50년간의 경제 사건들과 평화와 전쟁 속에서 유럽의 변혁에 의해 근본적으로 변화되었다.

좋았던 옛 시절에는, 아메리카 금융기관들이 해외에 투자한 금액이 거의 없었고, 아메리카 제조업체들은 서부의 처녀지 개발로 거의 전적으로 급속히 팽창하는 자국 시장을 위해 상품을 만들었다. 이러한 상황이 지배적이었지만, 아메리카 은행가들은 대체로 자신들이 자금을 조달하는 데 도움을 준 산업계 대표들과 친밀하게 연대를 맺었고, 유럽 문명의 상태는 펜실베이니아의 대장간이나 노스캐롤라이나의 방적공장을 소유한 사람들에게는 상대적으로 거의 영향을 미치지 않았다.

그러나 평온을 되찾기 위해 영웅적인 노력을 기울이던 새로운 시대에는, 넓은 세상의 모습이 바뀌었다. 더 많은 이윤을 얻기 위해 항상 시설을 늘리던 아메리카 제조업체들은 영국, 프랑스, 이탈리아, 독일이 번창하고 있던 남미, 아시아, 아프리카 시장으로, 심지어는 런던, 파리, 베를린, 로마, 도쿄의 상점으로까지 진출했다. 게다가 아메리카 은행가들은 기업에서 얻은 이익과 저축으로 돈이 넘쳐났고, 해외에 수십억 달러를 빌려주고 매년 수백만 달러를 더 빌려주고 있었는데, 이 수십억 달러는 이자와 원금 상환의 형태로 아메리카에 지속적으로 반환되어야 했으며, 유럽의 다음 대격변으로 채무가 취소되지 않는 한, 적어도 주요한 형태는 공산품, 원자재 및 농산물의 형태로 상환이 이루어질 수밖에 없었다. 바로 이 시점에, 한때 아메리카 농산물의 막대한 수요를 창출하며 산업을 성장시켰던 구세계의 대국들은 세계대전의 파괴적인 영향으로 고통받고 있었고, 아메리카에 막대한 부채를 지고 있었으며, 채권을 단호하게 또는 어떤 방식으로든 거부하거나 채무를 이행하기 위해 막대한 수출품을 아메리카에 보내야 하는 운명에 처해 있었다.

따라서 현실적으로 보면, 정상성의 시대era of nomalcy는 역설의 시대였다. 미국이 신용의 형태를 빌리지 않고도 전 세계에 농산품과 공산품을 무제한으로 공급할 수 있을까? 그리고 신용의 형태라면, 이자와 원금 상환의 부담이 아메리카 기업과 농업에 파멸을 가져오는 수입이나 아메리카 투자자들에게 파멸을 가져오는 채무 이행 거부를 초래할 때가 오지 않을까? 더욱이 이 냉혹해 보이는 흐름 속에서 조만간 한쪽에서는 해외 금융에 종사하는 아메리카 은행권과 다른 한쪽에서는 제조업에 종사하는 아메리카 사업가들 사이에 엄청난 투쟁이 일어나지 않을까? 실제로 신문의 금융 칼럼은 1926년 10월 J.P.모건이 유럽에 대한 자유무역을 지지한다고 선언했을 때보다 더 두드러지게 지금 반대 세력의 선봉에 서 있는 이들 사이의 갈등을 매일매일 반영하고 있었다. 정상성으로 가는 길에 빛이 밝게 비추는 것처럼 보였지만, 그 안에도 그림자가 도사리고 있었다.

왼쪽 측면에서는 새로운 농업 세력도 고려해야 했다. 면화 농장주와 옥수수 벨트 농부들이 이끄는 농업인들은 이제 대니얼 셰이스, 앤드루 잭슨, 제리 심슨*보다 더 세상 돌아가는 이치를 잘 알고 있었다. 최근의 법안을 통해 그들이 인플레이션이라는 단순한 복음을 제쳐두고 보다 실질적인 것을 추구하고 있다는 것이 명백히 드러났고, 더 이상 안주하지 않겠다는 의지가 강하다는

---

* 이 세 사람은 미합중국 농업계의 이익을 대변한 정치 지도자로 언급되었다. 제리 심슨은 캔자스 주의 하원 의원으로 소박한 생활방식과 평범한 사람들의 고통에 대한 공감으로 포퓰리스트 운동의 상징적인 인물이었다.

것이 더욱 분명해졌다. 한쪽에서는 조직화된 자본과 조직화된 노동력이 제조업의 가격을 유지하고, 다른 한쪽에서는 유럽 시장에서 농산물이 상대적으로 하락하는 사이에 농민들은 공황 상태에 빠졌다. 땅값이 폭등하고 농업 노동자의 임금이 도시 수준으로 떨어지면서 농부들은 현재 농작물에 대한 손실보다 더 큰 손실에 직면했다. 그들은 오랜 기간에 걸쳐 벌어진 수입과 지출의 격차로 인해 재산의 상당 부분이 몰수될 수 있다는 가능성을 미리 내다보고 있었다.

정치 예술을 존중하는 농민들은 1860년이나 1896년보다 더 정교한 견해를 가지고 있었고, 이제 그들은 수입 외국인으로 채워진 도시 산업 중심지를 늘리거나 이미 부유한 제조업체의 이윤을 늘리는 것보다 토착 농촌 인구의 구원이 더 중요하다고 생각하는 몇몇 유능한 정치가들의 지지를 받고 있었다. 외교관, 군함, 해병대, 군대 등 국가의 기관들을 막대한 비용을 들여 지구 끝의 은행과 산업을 보호하고 진흥하는 데 사용할 수 있다면, 농업을 위한 그 못지않은 공공 서비스를 제공하는 것은 어떨지 그들은 물었다. 기업 결합으로 긴밀하게 조직된 제조업체들이 국내에서는 높은 가격을 책정하고 잉여분을 해외에 대폭 할인된 가격으로 덤핑하여 그 차액을 국내 소비자에게 전가할 수 있다면, 연방 정부가 농부들을 위해 같은 재주를 부릴 수 있지 않을까? 이러한 의문을 품은 농민들은 외쳤다. '모두를 보호하거나, 아니면 아무도 보호하지 말자Protection for all or none.' 또는 한 철학자의 말처럼 '모두가 식탁에 앉을 수 없다면 식탁 밑의 다리를 걷어차서 모두 함께 땅바닥에 앉자'고 외쳤다. 이 슬로건은 혁명적이지는 않았지만, 평온의 사도들에게 어려움을 암시했고, 하딩이 백악관에 다시 내걸려고 했던, 윌리엄 매킨리와 마커스 해나의 정치 학교에서 그것이 쉽게 해결될 수 있는 문제가 아니었다는 것을 의미했다.

30

기계 시대

 잭슨 민주주의 시대에 건국의 아버지들의 농업 질서를 해체하기 시작한 기계 산업의 누적된 힘은 2차 아메리카 혁명의 대재앙을 겪으면서 국가를 휩쓸고 지나갔고, 도금 시대에 기업의 우위를 보장했으며, 20세기 초 수십 년 동안 그 범위가 확대되고 추진력이 강해졌다. 이러한 힘은 대량 생산의 규모와 속도의 꾸준한 성장을 아메리카 경제의 두드러진 특징으로 만들었으며, 아메리카인의 사고방식, 생활 방식, 매너, 미적 표현에 상호 영향을 미쳤다. 해마다 새로운 기계 발명품이 수작업으로 일하는 노동자들의 영역을 잠식해 나갔다. 창의력 덕분에 지하 광부에게는 공압 드릴이, 주방의 여성에게는 전기 제품이, 농부에게는 트랙터가, 아이에게는 라디오가 주어졌다. 마침내 외딴 곳을 제외한 모든 땅에서 톤 단위로 복제되고, 비인격적이며, 강철의 손가락에 맞춰진 패턴에 따라 표준화되고, 광고로 유통되는 기계로 만든 물건만 볼 수 있는 날이 도래했다.

 인구조사국이 보고한 아메리카의 제조품은 화폐 가치로 환산하면 1849년에는 10억 달러, 1899년에는 110억 달러, 1923년에는 610억 달러에 달했다. 1926년 한 대형 통신판매업체에서 발행한 백과사전식 카탈로그와 1880년 산업 재고를 비교하거나, 1926년 필라델피아에서 열린 [독립] 150주년Sesquicentennial 박람회에 출품된 수많은 물건을 1876년과 대조하여 연구한 결과, 그 규모보다 그 종류가 훨씬 더 놀랍다는 사실이 밝혀졌다.

눈부시게 다양한 물건의 대량 생산보다 더 사회적 운명을 짊어진 것은 전기 장치, 내연기관, 무선 전력 전송wireless transmission of power,[*] 라디오, 비행기 등 와트와 풀턴 시대의 발명품이 가져온 변화보다 더 급진적인 기술 발전이 었다. 초기 산업혁명에서 증기기관은 우울하고 침울한 고정된 종류의 사회적 장치와 연관되어 산업과 운송의 원동력을 제공했다. 증기기관은 크고 무거웠으며, 일정한 지점에 부착되거나 금속 레일을 따라 움직이는 것이 일반적이었다. 증기기관은 제조업에 사용되면서 도시로의 집중을 촉진하여 도시와 시골의 경계를 뚜렷하게 했다. 설치 비용이 많이 들었고, 일반적으로 공장의 규모가 커질 때마다 공장을 중심으로 형성된 비즈니스의 경제성과 수익에 영향을 미쳤다. 증기기관은 최선의 경우에도 부피가 크고 원시적이었다. 엄청나게 물품 생산량을 증가시켰지만 경관을 해치고 미학을 무시했으며, 대기에 연기와 가스를 가득 채우고, 철도 야적장, 창고, 빈민가와 같은 지루하고 음산한 지역의 중심이 되었다.

그러나 매캐한 연기를 내뿜는 굴뚝이 마침내 서구 문명의 상징으로 받아들여지는 듯했던 바로 그 순간, 새로운 동력과 새로운 도구들이 증기 경제를 중심으로 결정된 아메리카 사회의 패턴을 재편하기 시작했다. 앞으로 몇 세대

---

[*] 21세기인 현재에도 상업적 사용이나 널리 퍼진 기술로 자리 잡지 못했지만 당시 니콜라 테슬라는 전기 무선 전송에 대한 연구를 했다. 테슬라 코일이라는 고주파 고전압 전기를 생성하는 장치로 무선 통신과 전력 전송의 가능성을 탐구했다. 테슬라는 1900년대 초에 뉴욕에서 워든클리프 타워를 건설했으며, 이 타워는 무선 전력 전송의 실험을 위한 장치였다. 그는 이 타워를 통해 전 세계적으로 전력을 무선으로 전송할 수 있다고 주장했으나, 인프라 부족, 자금 부족, 그리고 기술적인 문제로 프로젝트는 성공하지 못했다.

에 걸쳐 어떤 영향을 미칠지는 예측할 수 없었지만, 몇 가지 경향은 분명했다. 전기와 가스 엔진은 상점, 대장간, 주택, 고속도로에 전력을 공급함으로써 인류를 고정된 공장과 철도에 대한 전적인 의존에서 해방시켜 주었다. 여행과 운송을 가속화하고, 상품 유통을 위한 새로운 동맥을 넓혔으며, 낙후된 지역을 도시적 방식과 매너의 손아귀 안으로 끌어들였다. 마차 시대에는 4~5마일로 제한되었던 보통 가정의 일반적인 행동 반경이 자동차를 통해 40~50마일로 넓어졌다. 농부뿐만 아니라 마을 주민들에게도 영화 기계moving picture machine는 제조된 오락과 도시의 정신적 패턴을 신속하게 제공해주었고, 라디오는 도시의 사상과 소음을 바람의 날개처럼 전국 구석구석까지 전달해 주었다.

거의 즉시 이러한 새로운 발명품들은 증기기관에 의해 최근에 세워진 도시와 시골 사이의 장벽을 무너뜨리기 시작했으며, 대도시의 집중 속도를 늦추고 소도시의 경제를 강화했다. 가정으로 들어온 노동 절약 기계, '통조림된' 정보, 표준화된 정신적 자극은 모든 삶의 관계, 사업, 사회에 침투하며 도시의 기준, 가치, 행동 유형을 전국에 걸쳐 퍼뜨렸다. 증기기관이 마차와 손으로 짠 직물 문명에 미친 영향이 물질적이고 피상적이었다면, 새로운 동력과 기계의 영향은 전기의 섬세함만큼이나 미묘했다.

그 과정의 신속성과 변화는 논리적 표현을 위한 모든 노력을 무시할 정도였다. 하나의 예시는 소용돌이의 가장자리를 비춰줄 뿐이다. 20세기 1분기가 마감될 무렵, 약 2,500만 가구가 거주하는 아메리카에는 2,000만 대 이상의 차량이 있었고, 1,500만 대 이상의 전화기와 최소 300만 대 이상의 라디오 세트가 있었다. 당시 영화관의 하루 평균 관객 수는 약 2,500만 명으로, 이는 아메리카 전역의 모든 가정에서 하루에 한 명씩 영화관을 방문하는 것과 같았다.

§

대량 생산이 계급 구조에 미친 영향은 가스 및 전기 기술의 미묘한 사회적 영향보다 더 측정 가능한 것이었다. 예를 들어, 상품 생산량과 함께 백만장자의 수가 늘어났다는 것은 의심의 여지가 없었다. 금광 시대에 철도, 광업, 목축업, 목재업, 제조업 분야에서 영웅적인 노력으로 기반을 다진 고전적인 부유층 가문은 이제 자동차와 액세서리, 전기 제품, 영화 및 기타 당시의 표준화된 상품으로 돈을 번 새로운 신흥 부유층에 의해 둘러싸여 있었다. 대략적인 수치로, 1914년부터 1919년 사이에 아메리카에서 연간 3만 달러에서 4만 달러 사이의 과세 소득을 신고한 사람의 수는 6,000명에서 15,400명으로, 연간 5만 달러에서 10만 달러 사이의 소득을 신고한 사람의 수는 5,000명에서 13,000명으로 증가했다. 1919년에 연소득 3만 달러 이상을 신고한 모든 사람을 백만장자로 간주하면, ― 면세, 주식 배당금 등을 고려하면 이는 보수적인 수치로 보인다 ― 민주주의를 위한 전쟁이 끝날 무렵 아메리카에는 42,554명의 백만장자가 있었다. 천연자원의 단순 착취가 막바지에 이르렀을 때 큰 부의 시대가 지나갔다고 생각했던 사람들은 무한한 확장이 가능한 것처럼 보인 거대한 산업 기업의 재능에 어안이 벙벙해졌다.

　사실 기계 시대의 물질 축적은, 도금 시대의 사람들을 느리고 초라해 보이게 만들 정도로, 모든 계산을 빠르게 앞지르고, 모든 수준과 장벽을 무너뜨렸다. 구시대 부자들이 세운 사치스러운 소비와 아낌없는 기부의 속도는 달팽이의 움직임처럼 보였다. 세계대전이 끝날 무렵 디트로이트, 톨레도, 인디애나폴리스, 신시내티, 덴버, 시애틀에서도 매킨리 시대의 보스턴과 뉴욕처럼 백만장자가 흔했다. 1925년 한 해 동안 세금 신고를 목적으로 한 개인들의 임대료, 이자, 배당금 수입은 59억 달러에서 82억 달러로 증가했는데, 이 증가액만 해도 워싱턴 시대 국가 부채의 25배가 넘었다.

　새로운 부자들이 아래로부터 계속 솟아오르는 동안, 오래된 가문의 질서는 성숙해져 가고 있었다. 2세대와 3세대 자녀들은, 학교 교육을 받지 않고 거실의 품위 있는 제약을 모르던 선구적인 아버지가 물려준 재산으로, 쾌적한 삶을 누리고 있었다. 일반적으로 그들은 대학 교육과 그에 따른 독특한 매너와 규범을 자랑할 수 있었는데, 이는 때때로 물질 취득에 몰두했던 선조로부터 물려받은 확고한 신념을 누그러뜨렸고, 때로는 철학적 의심으로 인해 정부, 경제, 사회적 가치에 대한 기존의 견해를 부식시켰다 — 만약 그것이 고대의 무질서를 건설적인 제안으로 대체하지 않았다면 말이다. 자기 나라와 다른 나라의 소설가들과 에세이스트들에 의해 날것 그대로의 부자들에 대한 풍자가 가해지자, 이러한 교육받은 재산 소유자들은 비틀거리며 더 존경받을 만한 안전과 속죄의 외투를 찾아 나섰다. 비판에 맞닥뜨리고 호소에 휩싸이면서, 그들은 결국 부가 사회에 대해 의무를 지고 있다고 생각하게 되었고, 적어도 민주주의의 눈에, 특히 의견 형성에 강력한 중간 계급의 눈에, 부가 노블레스 오블리주의 정신으로 물들면 더 바람직하다고 여겨졌다.

요컨대, 1925년까지, 시장의 냄새가 나는 재산을 물려받은 한 세대의 남녀들은 대학을 다니고 해외로 그랜드 투어를 다녀왔다. 링컨은 진정한 통나무집 출신의 — 비록 다른 이들도 그러한 명예를 주장했지만 — 마지막 미합중국 대통령이었다. 클리블랜드 이후에는 치열한 경쟁의 대학에서 얻은 교육의 마법으로 대중을 사로잡을 수 있는 대통령 직의 주인공은 없었다. 하버드, 예일, 프린스턴은 연이어 그들의 아들들을 백악관에 보냈고 애머스트는 캘빈 쿨리지를 보냈다. 심지어 유에스 스틸의 최고 경영자인 조지 게리도 사무실 벽에 대학 졸업장을 걸 수 있었다. 책과 무역의 세계가 만난 것이다.

공장에서 쏟아져 나오는 상품이 모든 장벽을 무너뜨리면서 상품 판매업은 더 많은 상업 장교와 사병을 고용했고, 중간 계급의 대열을 상업 색채를 띤 신참들로 불러넣었다. 이제 미합중국 사회의 거대한 권력 영역은 눈길을 끌고, 자극하며, 대중을 물건을 사도록 유인하는 데 집중하는 상업 군단에 의해 점령되었다. 광고 사업이 십자군 운동과 같은 열정으로 격상되면서, 전투적인 상인들은 신문과 잡지에 거의 주권적인 영향력을 얻게 되었고, 크고 화려한 글자와 그림에서 그들의 규범을 받아들이는 순종적인 무리에게 바람직한 것과 유해한 것 모두를 밀어붙였다. 이 경제적 압박 아래서, 전사, 자본주의 조직자, 창의적 발명가와는 구별되는 판매원의 심리가 많은 사람들의 지배적인 정신이 되었고, '사려 깊은 편집자들'의 견해로는 이들이 '국가의 건전한 심장'을 구성한다고 여겨졌다. 이러한 지적 분위기 속에서, 과거에 토지 귀족들이 천박하다고 경멸했던 직업들이 존경받는 직업으로 자리매김하게 되었다: 부동산 중개인은 부동산업자realtor로, 장의사는 장례업자mortician로, 점원은 판매원saleslady으로 격상되었다. 20세기의 두 번째 인구조사가 작성되었을 때, 소매업자, 판매 대리인 및 이와 관련된 인력들을 포함하여 적어도 400만 명의 사람들이 이 광범위한 상업 활동에 종사하고 있는 것으로 나타났다.

이러한 상품 생산과 판매의 증가와 변화로 인해 법률, 의학, 설교, 교육과 같은 오래된 직업들은 점점 더 많은 신병들을 필요로 하게 되었다. 마지막 인구조사 당시 아메리카에는 20만 명의 의사와 치과의사, 12만 2천 명의 변호사와 판사, 78만 5천 명의 교사, 12만 7천 명의 성직자, 그리고 공립학교에 근무하는 사람들을 제외하고도 100만 명 이상의 공무원이 있었다.

넓은 오차 범위를 허용하여 통합된 수치로 요약하면, 1920년 무역 및 전문직에 종사하는 아메리카인의 수는 중간 계급의 상당 부분을 차지하는 가족을 포함하여, 농업에서 산업 문명으로의 전환을 알린 에이브러햄 링컨의 선거가 있었던 1860년 북부 주 전체 인구와 거의 같았다. 1919년 2,000달러에서 10,000달러 사이의 과세 대상 소득을 신고한 사람의 수는 3,189,080명이었다.

게다가 소규모 투자와 소액 채권, 주식 소유와 이익 분배 계획, 저축은행과 보험회사를 통해, 이 거대한 중간 계급은 재정계의 지도자들이 관리하는 기업들의 부분적 소유자가 되었고, 대부분은 실질적인 경영에 참여하지 않는 부재 소유자였다. 이 예상치 못한 발전으로 인해 중간 계급이 부유층과 프롤레타리아트 사이에서 압도되어 사라질 것이라는 마르크스의 예측은 미국에서는 아직 실현되지 않았다. 쿨리지 대통령이 중간 계급과 하층 계급의 번영이 부유층의 행운과 낮은 세금에 달려 있다고 말했을 때, 이는 분명히 널리 퍼진 확신을 표현한 것이었다.

노동 계급과 농민 계급 깊숙한 곳에는 귀족과 중간 계급을 연결하는 이해관계와 향유의 필라멘트가 흐르고 있었다. 가장 신뢰할 만한 추정에 따르면, 아메리카 노동자들은 세계대전이 발발하고 정상성의 물결이 밀려오는 동안 실질 임금이 상승했고, 농민들은 물가 폭등으로 끔찍한 역전을 겪었지만 이전의 생활 수준으로 완전히 돌아가지는 않았다. 수백만 대의 값싼 신품과 중고 자동차, 전화기, 라디오, 노동 절약형 도구 및 기타 상품이, 더 검소한 사회에서는 사치품으로 분류되는 물건들이, 쟁기나 대장간에서 손으로 노동하는 사람들의 소유로 들어갔다. 예를 들어 로마를 비롯한 고대 문화의 프롤레타리아트는 서커스와 공짜 빵으로 즐거움을 얻어야 했지만, 중간 계급과 아메리카의 산업 대중은 스스로 오락에 돈을 지불하고 빵을 사 먹었다. 노동자 은행, 노동 투자 기업, 보험 제도, 주택 프로그램 등은 이들의 번영을 뒷받침하는 설득력 있는 증거였고, 의류 노동자와 같이 노동력 착취에 기반한 낮은 생활 수준에서 벗어난 직종의 부상은 임금의 철칙을 무색하게 하는 경제적 회복력을 보여주었다. 안락한 상류층과 전문직 계급이 인정하고 싶어 하는 것보다 더 어둡고 우울한 그림자가 드리워져 있었지만, 지독한 빈곤의 영역은 상대적으로 매우 제한적이어서 노동자들에게 그들의 사슬에서 벗어나라는 혁명적 요구는 큰 호응을 얻지 못했다.

만약 사회 질서에 어떤 위험이 있다면, 그것은 장기적인 전쟁으로 인한 붕괴 가능성이나, 사치에 익숙한 국민에게서 잉여 상품과 쾌락을 빼앗아갈 수 있는 맬서스적 위기[인구 폭발]의 가능성에 있는 것처럼 보였다. 실제로 생물학자들은 현재의 농업 수준으로는 1억 6,600만 명만 부양할 수 있는 반면, 현재의 증가율로는 1964년 인구가 2억 1,400만 명이 될 것이라고 경고했다. 그러나 거리에서는 이러한 예측에 거의 주의를 기울이지 않았고, 일부 주요 과학자들은 농업 및 기계 생산의 잠재력에는 한계가 없다고 주장했다. 부의 획득과 향유의 시대가 정점에 도달했는지, 아니면 앞으로 몇 세기 동안 더 많은 부를 축적할 수 있을지는 단지 흥미로운 추측의 문제일 뿐이었다.

§

계급의 구조와 번영에 미친 영향 외에도 대량 생산의 확대와 신기술의 성과는 아메리카 가족, 특히 여성과 아이에게 복합적인 영향을 미쳤다. 무역, 직업, 예술, 공예의 증식과 세분화, 그리고 각종 훈련 학교의 발전은 여성들이, 도금 시대 끝자락에 샬롯 퍼킨스 길먼이 그토록 갈망했던, '경제적 독립'을 얻을 수 있는 경로를 넓혀주었다. 1899년과 1909년 사이에 여성 임금 근로자의 상대적 수가 눈에 띄게 증가하지 않은 것은 사실이며, 남성에 비해 16세 이상 여성 중 표준 산업에 종사하는 비율은 제자리걸음을 했고, 이후 10년 동안 10세 이상 여성 인구와 비교했을 때 여성 취업자의 비율은 23.4퍼센트에서 21.1퍼센트로 오히려 감소했다.

그러나 절대적인 수치로 보면 1910년에서 1920년 사이에 무역과 기계 산업에 종사하는 여성의 수가 크게 증가했다. 또한 중간 계급의 재산 축적, 보험 제도, 상속법에 따라 여성에게 항상 동등하지는 않더라도 부모의 재산에서 더 많은 지분을 부여함으로써 수천 명의 여성이 생계를 위해 일할 필요성에서 벗어나는 데 도움이 되었다. 이러한 요인들은 노동력 절감 도구의 도입과 중앙난방, 조명, 청소 시스템을 갖춘 공동주택에서의 협동 생활의 성장— 모든 경우에 공동 식사 서비스가 제공되는 것은 아니지만 —과 함께 아메리카 여성들에게 다른 나라의 자매들이 부러워할 만큼의 경제력과 여가를 제공했다.

여성들의 활동에 즉각적으로 반영된 이러한 중간 계급의 확대는 도금 시대의 혁신이었던 클럽 운동을 서둘러 발전시켰다. 1926년 여성클럽총연맹General Federation of Women's Clubs은 회원 수가 거의 300만 명에 달해 '세계에서 가장 큰 여성 조직'이 되었다. 수적 성장과 전국적인 참정권 확대와 함께 지적 지평이 넓어지면서, 연맹이 육성한 8개의 거대한 부서— 아메리카 시민권, 아메리카 가정, 응용 교육, 미술, 국제 관계, 입법, 언론 및 홍보 —의 활동 앞에 원래 주류를 이루었던 문학적 열망은 뒷전으로 밀려났다.

보다 직접적으로 정치적인 목적을 강조한 단체는 수정헌법 제19조가 비준된 직후 참정권 운동의 지도자들이 결성한 전미여성유권자연맹National League of Women Voters이었다. 양당 여성들의 주 및 지역 연합으로 구성된 이 연맹은 구체적인 입법 조치를 연구하고 홍보하는 데 관심을 기울였다. 일반적인 정치의 범위를 다루었지만, 사회복지, 자격을 갖춘 여성의 선출 및 공직 임명, 국제 관계에 관한 법률에 회원들의 관심을 끌기 위해 특별한 노력을 기울였다. 모든 여성적 관심사에 초점을 맞추고, 중복을 없애면서 단결의 힘으로 이익을 얻기 위해 1920년에 20개 이상의 전국 협회를 대표하고 400만 명 이상의 회원을 대변하는 여성공동의회위원회Women's Joint Congressional Committee가 결성되어 연례 회의에서 수립된 입법 프로그램을 초당파적으로 발전시키는 데 전념했다.

임금 노동자, 클럽 및 전문직의 일원, 주부, 정치인, 상속인으로서 아메리카 여성은 개인적, 집단적으로 상품, 물질, 인문, 문학, 예술의 생산을 형성하는 데 의심의 여지가 없는 역할을 맡게 되었다. 이들은 주요 소비자였다. 정확한 수치는 알 수 없지만 매년 아메리카에서 판매되는 모든 공산품의 10분의 7 이상을 그들이 개인적으로 구매한 것으로 추정되었다. 책, 잡지, 신문, 영화는 그들의 지갑과 취향에 맞게 모델링되었다.

자동차의 선과 집의 설계도는 그들의 상상력을 만족시키기 위해 그려졌다. 카펫, 벽지, 램프, 의자, 테이블, 커튼, 그림 등 집안을 장식하는 물건들은 점점 더 그들의 취향에 맞춰져야 했다. 그들이 허구의 대량 소비자였기 때문에, 로맨스는 주로 그들의 기준에 맞춰졌다. 음악과 드라마는 실제적이든 가상적이든 그들의 요구 사항을 충족시켜야 했다. 돈뿐만 아니라 여가도 소유한 여성들은 교육, 자선, 사회 사업, 시민 문제 전반의 지도자이자 후원자로서 빠르게 전면에 나섰다.

이미 강력했던 정치에서의 영향력은 투표권이 부여되면서 엄청나게 확대되었다. 여성들과 함께 직무와 당직을 공유하면서 정치인들은 이제 그들의 유권자들 사이에서 조심스럽게 행동해야 했다. 구매하고 명령할 수 있는 수단, 그들을 안내할 교육, 감독할 자유를 가진 여성들은 모든 미적, 도덕적, 사고적 문제에서 강력한 중재자가 되었다. 요약하면, 산업의 선장들, 문인들, 교육자들, 예술가들은 이제 그들이 주도하는 곡에 맞춰 춤을 추었다.

구세대의 경고자들이, 카토가 고대에 했듯이, 여성성으로 이끄는 것들이 국가의 쇠퇴 징후라고 외쳤지만 소용이 없었다. 남성 취향이 지배적인 다른 사회에서 온 유럽 비평가들이, 보통 미합중국 여성들 앞에서, 구슬로 장식된 가방에서 나온 많은 사례금을 받고 암울한 예언을 제시했으나 헛된 일이었다. 주로 물질적인 상품을 만들고, 팔고, 즐기는 데 전념하는 기계 시대에, 봉건 사회와 원시 사회의 상무 정신이나 다른 경제적 착취 방식을 기반으로 한 귀족적 여가의 고상한 사색이 본래의 탁월함으로 찬양될 수 있는 방법을 발견하기는 어려웠다. 실제로 진정한 군인의 눈에는 상인은 항상 안락과 사치를 조장하는 경멸받을 존재였다. 그래서 아메리카 육군과 해군의 장교들은 종종 평화주의를 부추기는 경향이 있는 여성적인 유약함에 대한 역사적 항의를 반복했다.

결혼이라는 멍에에 대한 만족을 가져오기보다는, 생활의 편리함과 개인적인 모험의 기회가 결혼의 모든 역할에 대한 불만을 점점 더 증가시켰다. 여성의 경제적 독립과 협력적 생활은, 희망에 찬 여성운동가들이 종종 결혼 관계의 더 나은 날의 징조로 예견했지만, 실제로는 결혼의 유대와 그 모든 의미에서 점점 더 약화되는 경향을 동반했다. 1900년에 이혼과 결혼의 비율은 12대 1이었고, 1916년에는 9대 1, 1924년에는 7대 1이었다. 이와 마찬가지로 인상적인 것은 이혼 신청자의 대다수가 여성이라는 사실이었다. 낙관적인 사람들에게조차 이 기록은 충격적이었으며, 결혼을 기준으로 도덕성을 판단하는 사람들에게는 끔찍한 일이었다. 치료책을 제공하는 이들은 이 경향을 관대한 이혼법이 제공한 편리함에 기인한다고 주장했지만, 문제는 그렇게 간단하지 않았다. 서부의 몇몇 주에서는 성격 차이와 같은 사소한 이유로 결혼을 해소하는 경우도 있었지만, 다른 주들은 거의 중세 수준의 엄격함을 유지했다. 예를 들어, 사우스캐롤라이나 주는 이혼을 절대적으로 금지했고, 뉴욕 주는 양 당 사자 중 한 명 또는 둘 다에게 스캔들과 수치심을 가져오는 상황에서만 이혼을 허용했다.

이혼의 자유가 점점 더 확산되면서 나타난 식민지 가정 체제의 붕괴는, 여성의 자녀에 대한 권한이 확대되면서 분명히 가속화되었다. 일반적으로 미국에서 구속력을 가진 영국의 옛 법에 따르면, 아버지는 자신의 사망 시에 미성년 자녀를 돌볼 수 있는 후견인을 지정할 수 있었고, 그러한 후견인이 지정되지 않았을 때만 어머니가 그 역할을 할 수 있었다. 또한, 이식된 관습법에 따르면, 부부가 이혼했을 때 자녀의 양육권은 아버지에게 남아 있었으며, 그가 이혼의 원인이 된 잘못을 저지른 당사자였더라도 마찬가지였다. 미국의 초기 발전 과정에서 이혼이 더 쉬워지고 전통적인 법 체계가 여러 면에서 변화되었지만, 여성에게 후견 문제에서 부과된 불이익은 오랫동안 전부 또는 부분적으로 유지되었다.

그러나 여성운동의 물결이 거세지면서 자연스럽게 재산뿐만 아니라 자녀에 대한 권리를 두고 새로운 조정을 요구하는 활발한 목소리가 생겨났고, 이러한 조정은 일반적으로 '동등한 후견권'이라는 문구로 선전 용어에 포함되었다. 주 법률이 점진적으로 약화되면서, 이 문제에서 남성의 전통적인 권위는 급격하게 변화했으며, 기계 시대의 절정기에 이르러 이 옛 체제의 이 부분도 사라질 운명에 있는 듯 보였다. 법률과 선례 위에 법률과 선례가 쌓이면서, 여성들은 자녀에 대한 평등한 권리라는 목표를 향해 꾸준히 나아갔다.

투표권을 획득하고, 경제적 기회가 확대되며, 머리를 짧게 자르고, 남성의 옷을 입고, 담배를 피우며 욕을 할 자유를 얻고, 가정 내에서 광범위한 권한을 가진 여성들은 새로운 활동 영역을 찾기 시작했다. 이 시점에서 더 강경한 일부 여성들은 '모든 영역에서 절대적이고 무조건적인 평등한 기회'를 요구했다. 이들의 주장을 실현하기 위해, 그들은 연방 헌법에 성별로 인한 차별이 어떤 국가나 주 법률에서도 없도록 하는 수정안을 제안했다.

이 요구의 전체 의미를 이해하기 어려웠을지라도, 그 세부 사항은 쉽게 정의될 수 있었다. 분명히 이 극단적인 여성운동가 학파는 여성 노동자의 근무 시간을 제한하거나 여성에게 더 힘들고 위험한 직업, 예를 들어 광업과 벽돌 제작을 금지하는 법률과 같이 남성에게도 적용되지 않는 모든 보호 법률의 폐지를 요구했다. 다시 말해, 그들은 남녀 간의 신체적 평등을 사실상 주장하며, 모든 분야에서 남성과 동일한 조건으로 경쟁할 자유를 요구했다. 역사의 묘한 아이러니 중 하나로, 이들은 일본과 같은 신흥 산업 국가들이 여성의 건강과 가정 생활을 보호하기 위해 '계몽된' 법규를 만들기 위해 노력하는 순간에, 공장 법률의 철폐를 추구하고 있었다. 그러나 평등한 기회의 옹호자들 중에는, 남성과 여성의 공통된 이익을 바탕으로 산업이 규제되는 날이 오기를 기대하는 사람들도 있었다는 사실을 덧붙일 필요가 있다.

여성의 권한이 커짐에 따라 가부장적 권위의 해체는 부모와 자녀의 관계에서도 분명하게 드러났다. 아버지를 가족의 우두머리로, 어머니와 자녀를 그 아래에 두는 고대의 법은 군사적, 경제적 현실을 상당히 정확하게 반영하고 있었다. 에드먼드 클래런스 스테드먼은 자신의 할아버지가 집안의 '단합된 머리united head'를 위해 기도하는 성직자에게 반박하며 외쳤던 이야기를 한 문장으로 요약했다. '목사님, 이 집의 머리는 한 명뿐이고 내가 그 머리입니다. 단합된 머리는 괴물일 겁니다.'

그 먼 과거에는, 아버지가 성경을 읽고 기도를 하면서 가족을 위해 축복을 빌었고, 가족 전체의 작업과 놀이의 규칙은 그의 지갑과 편의에 맞게 조정되었으며, 어머니의 욕구와 시간, 그녀의 의지 및 상황에 대한 배려— 결코 항상 경미한 수준은 아니었다 —도 있었다. 헨리 캐벗 로지의 어린 시절에 대한 회상에 따르면, '아이들은 단지 부모를 존경해야 할 뿐만 아니라, 그들에게 큰 빚을 지고 있으며, 그들을 돕고, 공감하고, 필요할 경우 그들을 돌봐야 한다고 여겨졌다.'

의심할 여지 없이 이러한 도덕관은 로지의 청소년 시절에 지배적이었던 경제 체제에 잘 맞았지만, 기계 시대는 가부장적 가족 관리의 장면을 변화시켰다. 새로운 질서에서는 부유층의 방탕한 구성원들이 무모한 지출과 고급 생활의 기준을 세웠고, 이것이 사회 모든 계층에 퍼져 나가면서 돈의 소비를 국가적 광기로 만들고 이전의 절약, 노력, 절제의 미덕에 경멸의 낙인을 찍었다. 공립학교는 중간 계급과 노동 계급의 남녀들에게 교육을 제공하고, 사업체는 그들에게 가정 밖에서 일할 기회를 제공하여 둘 다 주요 생계부양자로부터 점점 더 독립적으로 만들었다. 이익을 추구하거나 잘 보조된 자선활동의 추진 아래, 기숙학교, 여름 캠프, 감독된 오락을 위한 조직, 댄스 홀, 보드빌 극장, 카바레, 영화관, 공공 식당 등의 확산은 자동차를 포함하여 젊은이들을 학교나 공장에서 남은 여유 시간 동안 도시 가정의 제한된 거실에서 벗어나게 했다. 이제 그들은 집 밖에서 놀고, 일하고, 공부했다. 결국 기계 시대의 청소년 복장은 공공 장소에서의 생활을 모델로 삼아 싸구려와 현란하거나 비쌀 수도 있는 복장으로, 부모의 억제를 경멸하는 또 다른 징조가 되었다. 그래서 집은, 특히 큰 도시에서는, 잠자고 가끔 식사하는 곳이 되었다. 가정의 권위는 대량 생산과 홍보의 속도에 비례하여 감소했다. 1913년 로지는 '현재의 관점은 부모가 자녀를 세상에 낳았기 때문에 자녀에게 무한한 빚을 지고 있으며, 가능한 모든 방법으로 자녀를 부양할 의무가 있다는 것'이라고 썼다.

결과적으로 아버지는 그의 특권을 잃었지만, 그의 의무는 줄어들지 않고 오히려 늘어났다. 특히 상류층 남성이 더욱 그랬다. 구매할 수 있는 것들의 수가 점점 더 많아지고 생활 수준이 상승함에 따라 그는 더욱 무자비하게 재산을 모으는 일에 전념했다. 그리고 그의 아내는 그에게 도전하고 이혼할 뿐만 아니라, 그가 재산이나 수입 능력을 가진 경우에는 여전히 양육비를 확보할 수 있었다. '창조의 주인lord of creation'은 거의 몰락의 위기에 처한 것처럼 보였다.

§

 계급 구조와 가족 경제뿐만 아니라 아메리카 생활의 전체 계획은 대량 생산과 그에 수반되는 생생한 판매 활동이 동일한 상품과 동일한 아이디어를 전국에 흩뿌리면서 변화하는 기계 공정의 영향을 받았다. 멀리 떨어진 땅에서도 매튜 아널드가 50년 전에 그토록 두려워했던 패턴에 따라 아메리카화가 진행되고 있었으며, 그들의 오래된 예술과 도덕 역시 기술과 표준화된 상품의 침입으로 인해 부식되고 있었다. 왕좌에 앉은 여왕들도 곧 아메리카산 페이셜 크림을 값비싼 대가를 치르면서까지 지지했고, 전직 수상들은 아메리카산 담배를 인정했다. 미국의 모든 위대한 제조업체들은 적어도 국내 시장을 잡기 위해 모든 에너지를 쏟았다. 문구 제작자들도 대륙을 겨냥했다. 광고의 슬로건과 캐치프레이즈는 발표된 당일 아침 바다를 넘었고, 사진과 디자인도 결국 전기의 날개를 달고 단어만큼 빠르게 날아갔다.

 발표 후 일주일 만에 뉴욕, 보스턴, 시카고의 패션은 와인즈버그, 고퍼 프레리, 센터빌의 패션이 되었고, 지체없이 외딴 산속까지 퍼져 나갔다. 따라서 교체 가능한 부품의 기술은 의복, 스포츠, 오락, 문학, 건축, 매너 및 대중의 언어에 반영되었다. 기계 시대가 시작될 무렵 제임스 브라이스의 관심을 사로잡은 이 기묘한 획일성은 물질적, 정신적으로 국가 생활의 모든 단계에 점점 더 깊숙이 파고들었다. 이러한 사회 개혁의 다양한 형태에 힘을 쏟은 사람들, 교육 개선, 자선 모금 활동의 관리, 지식의 보급, 공중 보건의 증진에 힘쓴 사람들조차도 국가를 그들의 시야 안에 포함시키고 시장에서의 광고의 대담성을 활용했다. 그리고 모든 이러한 경향들은 사업의 소용돌이에서 자연스럽게 생겨났으며, 각 분야에서 주어진 목적을 달성하기 위해 가장 경제적인 장치를 발견하고 적용하려는 의식적인 효율성 추구에 의해 촉진되었다.

 무자비한 기계의 망치질 아래 아메리카 사회의 표준화는 날로 정밀도와 완성도가 높아졌다. 그 어떤 것도 그 철의 타격을 피할 수 없었다. 지시하는 사람과 노동하는 사람이 일상 속에서 하나가 되었다. 한 현대의 저널리스트는

692

'이것은 기계가 승리한 시대이다'라고 말했다. '우리는 기계 속의 개미에 불과하다. 바퀴가 돌고 우리는 그 바퀴와 함께 돌고 있다. 지하철의 혼잡한 모습을 보고도 꽉 찬 개미들을 "창조의 주인"이라고 말할 수 있는 사람이 있을까? 자명종, 시간표, 공장 호루라기, 조례, 규칙, 산업주의의 일사불란한 규제―온정주의의 일사불란한 규제! 교육을 찾는 규격화된 청소년들은 그것이 '포인트'에 의해 등급화되고 측정되는 것을 발견했다. 지혜를 찾기 위해 도서관을 찾는 성인들은 문화나 비즈니스 기업에 대한 지식을 얻기 위한 길을 발판으로 정리한 '편리한 안내서'를 제공받았다. 전문 직종과 비즈니스 및 산업의 주요 부서들은 학교의 도움을 받아 방법과 실습의 균일성을 완성하고, 무역 및 전문 윤리를 법전화하는 작업을 지속적으로 진행했다.

일이 놀이로 대체되었을 때, 대중은 수동적으로 제작된 음악을 듣고, 영화에서 무한히 반복되는 동일한 줄거리와 우스꽝스러운 장면을 보며, 경기장에 앉아 좋아하는 팀을 응원했다. 그들이 자연을 갈망할 때는 표준화된 자동차를 타고 표준화된 고속도로를 달리며, 표준화된 광고판과 표준화된 '소프트드링크' 가판대를 지나, 대중으로 가득 찬 전통적인 오락 장소로 가서, 화이트 마운틴, 플로리다, 또는 옐로스톤 공원과 같은 곳에서, 비즈니스 기업이 도시 호텔의 편안함이나 캔 우유와 비스킷을 제공하는 캠프를 이용했다. 1925년에 이르러 부유한 광고 대행자이자 공화당의 자랑스러운 당원인 브루스 바튼이 예수 그리스도를 『알아보는 사람이 없는 남자*The Man Nobody Knows*』로 소개하면서 클라이맥스에 도달한 것처럼 보였다. 그는 예수를 '재즈타운 로터리 클럽'[특정 클럽이 아니라 시대적 분위기의 상징으로 내세운 가상의 클럽]의 완벽한 [사회적 성공을 거둔] '성취자'의 이미지를 가진 유쾌하고 찬란한 인물로 묘사했다. 역사가 헨드릭 빌렘 밴 룬이, 신이 마침내 미합중국 시민권을 얻을 자격이 있음을 보여주는 만화로 그린 것과 같은 발상이었다.

고전적 성향의 예술가들과 영혼이 충만한 관중들에게 치명적인 획일성을 지닌 이 가장행렬은 의심할 여지 없이 고통스러웠다. 하지만 기계의 시대가 어떻게 수공업 시스템에 내재된 유연성을 유지할 수 있는지 설명할 수는 없었다. 사실 그 옛날의 유연성 자체는 현대 철학자들에 의해 실제로 경험해보지 못한 채 과장되었을 뿐이다. 차가운 현실을 보면, 이전의 모든 사회는 일정 수준의 가난이나 부유함에 맞춰 표준화되었으며, 운이 좋은 소수를 제외하고는 고대 세계나 근대 중국의 사회보다 더 '경직된' 사회는 없었다. 니네베의 갤리선quinquireme을 젓던 노예들은 상처투성이인 등을 기계적으로 구부렸고, 동양의 쿨리들이 말의 짐을 지고 행진할 때의 노래는 방직기의 지속적인 쨍그랑 소리와 같은 단조로움을 지녔다.

§

대륙의 한쪽 끝에서 다른 쪽 끝까지 생활에 균일성을 부여하는 제조 및 판매의 확장과 병행하여 이익, 즐거움, 기분 전환 및 개선을 위한 협회의 수가 증가했다. 100년 전에 드 토크빌이 지적한 아메리카인들의 다양한 목적을 위해 동료들과 단결하려는 경향은 이제 교통 수단과 경제 활동의 일상이 전국적인 범위로 확대됨에 따라 일반적인 광풍이 되었다. 수천 개의 새로운 조직이 직업, 업종 및 많은 하위 분야를 기반으로 설립되었다. 예를 들어, 타운과 도시에서 사업가들은 무역협회나 상공회의소에 모였고, 지역 단위는 다시 주별 연합으로 뭉쳤으며, 마침내 전체 복합체는 중앙 조합인 미국상공회의소 United States Chamber of Commerce에 의해 완성되었으며, 이 기관들은 워싱턴의 웅장한 건물에 입주하여 정치적 문제에 접촉할 수 있었다.

주로 상호 이익을 위한 단체 외에도, 메이슨Masons, 오드펠로Odd Fellows, 피티아스기사단Knights of Pythias 같은 기존 조직과는 다른 새로운 형태의 우애 단체가 생겨났다. 사업가와 전문직 남성들은 로타리 클럽, 키와니스 클럽, 라이온스 클럽 및 기타 여러 단체로 모여들었고, 이 단체에서 그들은 수많은 연설을 듣고, 고위 인사들에게 만찬을 제공하고, 가치 있는 일을 위해 기금을 모으고, 동지들에게 장난을 치는 등의 활동을 했다. 지도자 중 한 명이 '재미, 친목, 이익, 그리고 봉사'라고 불렸던 이 기묘한 조합은 무역의 기수들에게 균형symmetry이라는 특징을 부여했다. 같은 소용돌이에 휘말린 비즈니스 여성과 전문직 여성은 연맹을 결성하고 표준화된 수준에서 권력과 자리를 차지하기 위해 노력했다. 자연의 순리를 따르기라도 하듯, 시스템에 대한 학문적 열정으로 빠르게 번성한 비즈니스 스쿨은 경제 사상의 체계를 고안하고 무역에 유익하거나 이를 따르는 사람들에게 더 나은 지위를 부여하는 통일된 표준에 대한 지식을 전파했다.

경제 이외의 다른 분야에서도 조직에 대한 열정은 정치, 사회, 자선, 종교, 개혁 등 현기증이 날 만큼 많은 클럽, 단체, 협회를 만들어냈다. 1925년 뉴욕시의 자선 단체 명부만 해도 345페이지가 넘는 분량이었다. 네다섯 개의 단체에 가입하지 않은 아메리카인은 드물었다. 새로운 사상을 발전시키거나 기존 교리를 변형시킨 사람은 누구나 한꺼번에 선전과 홍보를 위한 단체를 설립하기 위해 노력했다. 하나 이상의 단체에 가입하기를 거부하는 시민은, 의심의 대상은 아니더라도, 호기심의 대상이 되었다. 스스로를 고립시키면 아무리 뛰어난 재능이 있어도 어떤 무역, 사업, 또는 직업에서도 성공할 수 없었다. 게다가 먼 도시에서 열리는 대회에 참석하고, 화려한 색상의 유니폼을 입고, 축제에 참가할 수 있는 기회는 남성과 여성 모두에게 일과 가정에서 벗어날 수 있는 자유, 즉 돈을 지불할 수 있었기 때문에 열렬하게 붙잡은 자유를 제공했다. 카톨릭교도, 유대인, 흑인에 대한 증오만큼이나 뚜렷한 이러한 기분 전환에 대한 갈망과 집단을 이루려는 욕구가, 이상한 의식과 두건을 쓴 복장, 퍼레이드, 폭력의 폭발을 특징으로 하는 쿠 클럭스 클랜Ku Klux Klan이 부활하게 된 배경이 되었다는 것은 의심할 여지가 없다.*

---

* KKK의 부활이 단순히 증오나 인종 우월주의에 기초한 것이 아니라, 당시 사람들의 심리적, 사회적 필요를 충족시키는 측면도 있었음을 지적한 것이다. 이 분석적 관점은 아이러니하나 농담이라기보다는 그 시대의 사회적 현실을 다소 냉소적이고 비판적으로 서술한 것으로 볼 수 있을 것이다

사회철학자들이 아메리카에서 결사에 대한 열정의 뿌리를 파헤치려 했을 때, 그들은 드 토크빌이 제시한 설명, 즉 평등을 공언하는 민주주의에서 특별한 직위, 부, 특징, 재능이 없는 개인은 방대한 일반 평균 속에서 홀로 억압적인 무력감을 느끼며, 따라서 당황한 그는 동질적인 정신과의 결사에서 힘과 자신감을 찾는다는 것 이상으로 나아가지 못했다. 의심할 여지 없이 대량 생산과 유통의 표준화 기술에 의해 강화된 민주주의의 평준화 방식은, 아메리카 국가를 수천 개의 연합으로 촘촘하게 엮은 연맹과 슈퍼 연맹의 큰 부분을 차지했다.

§

때때로 경제적 설계가 가미된 집단적 기업의 또 다른 동기는, 제퍼슨이 폭정의 근원으로 지적한 통치에 대한 열정, 즉 동료들에게 사상과 도덕적 기준을 강요하려는 뜨거운 열망이었다. 금주법을 비판하는 이들이 보통 이와 같은 노력으로 분류한 것은, 적어도 명목상으로, 음료로서의 알코올의 제조와 판매를 폐지한 것이었다. 그러나 그들의 분류가 완전히 정확한 것은 아니다. 19세기 중반부터 아메리카에서는 도덕적 열정에 영감을 받아 잘 조직된 금주 운동이 있었고, 1874년 프랜시스 윌라드를 지도자로 하여 설립된 여성그리스도교금주연합Woman's Christian Temperament Union이 결정적인 자극을 준 것은 사실이다. 1872년 첫 대통령 후보를 지명하고 지칠 줄 모르는 열정으로 선동을 계속했던 금주당Prohibition Party이 종교적 열정에 힘입은 바가 컸다는 것도 사실이다. 그러나 이러한 운동이 번성하는 동안 주류 사업도 함께 번창했다.

1895년 오하이오 주 오벌린에서 설립된 반술집연맹Anti-Saloon League이 전국적인 캠페인을 시작하면서부터 주류 거래와의 전쟁은 강력한 양상을 띠게 되었다. 마을, 타운, 카운티, 주 단위에서 단편적인 방식으로 살룬을 폐지하는 데 힘을 쏟은 반술집연맹은 의심할 여지 없이 사람들의 도덕적 요소, 특히 감리교도들에게 호소했지만 실질적인 목적도 염두에 두었다. 연맹은 회원들에게 전면적인 금주 서약을 요구하지 않았고, 오히려 노동자들의 클럽인 살룬에 대항하여 싸울 것을 촉구했다. 남부에서는 연맹이 사업가들로부터 강력한 지지를 받았는데, 그들은 '술집dram shop'의 폐지가 자신들의 유색 인종 인력의 금주와 규칙성의 증가로 이어질 것이라고 보았다. 미국의 다른 지역, 특히 서부에서는 효율성을 추구하는 고용주들이 새로운 십자군 운동에 돈과 지원을 제공했다. 더욱이 술집과 주류 상인은 종종 정치— 그중에서도 민주당 정치 —에 참여했으며 일반적으로 비즈니스 커뮤니티에 눈에 띄는 이익이 없는 활동에 참여했다는 사실을 잊지 말아야 한다. 따라서 단순히 도덕적인 목적이 아닌 세력의 영향 아래 20세기 초에 술집의 소멸 작업이 빠르게 진행되었다. 그러던 중 생사를 건 세계대전이 발발하면서 군대와 민간 보조 기관을 유지하는 데 필수적인 식량으로서 곡물의 보존이 요구되었고, 이로 인해 술집이 일시적으로 억제되었다.

　1917년 폭압적인 소수의 청교도들이 갑자기 의회에 주류의 음료 제조 및 판매를 금지하는 헌법 제18조 수정안을 제출하도록 강요하고, 2년 안에 각 주의 의회를 압박하여 이를 비준하도록 강요했다고 상상하는 비평가들은 이러한 요인들을 간과하거나 최소화하는 경우가 많았다. 이 작업은 결코 쉬운 일이 아니었다. 사실 1914년 초에 이미 금주법 개정안이 하원에서 과반수 찬성을 얻었고, 당시 민주당이 장악하고 있던 하원은 남부의 지도력 아래 있었다. 게다가 수정헌법 제18조가 발효된 시점, 즉 1920년 1월 16일에는 이미 3분의 2의 주가 주민투표로 금주법을 채택했고, 국토의 약 90퍼센트가 적어도 이론적으로는 금주 상태였으며, 아메리카 국민의 약 70퍼센트가 명목상으로는 금주 체제 아래 살고 있었다.[*]

---

[*]　수정헌법 18조(금주법)는 알코올의 생산, 판매, 운반을 금지했다. 그러나 금주법 시행으로 주류 불법 밀매와 갱단의 폭력이 증가했고 알코올 소비가 줄기는커녕 불법 음주 문화를 형성하게 되었다. 이러한 문제들로 인해, 1933년 12월 5일 수정헌법 제21조가 제정되어 제18조를 폐기하게 되었다. 이는 미국 역사상 처음으로 수정헌법이 폐기된 사례이다.

인구가 많은 산업 주들 중 어느 곳도 아직 주 전체에 걸친 금지령을 채택하지 않았고, 주민들, 특히 조직 노동의 상당수가 이에 강력히 반대했다는 것은 사실이다. 1917년 12월 의회가 수정안을 통과시켰을 때 많은 곳에서 놀라움을 금치 못했다는 사실도 부인할 수 없다. 그러나 지난 20년의 역사와 술집과의 전쟁에서 작용한 경제적 요인을 고려할 때, 금주법의 채택이 '지하 통로에서 일하는 호전적인 소수의 도덕적 광신도들이 방종한 국가를 상대로 벌인 속임수'라고 정확하게는 말할 수 없었다.

아마도 술집의 전면 폐지가 무조건적인 금주라는 극단적인 교리를 암시한다는 사실을 알게 되었을 때 반술집연맹의 많은 지지자들은 놀랐을 것이다. 실제로 상황이 이렇게 전개된 결과, 여유 자금이 있는 중간 계급과 상류층은 항상 어떤 종류의 술이든 얼마든지 구입할 수 있었다. 따라서 어떤 관점에서 금주법은 실패했지만 구식 술집의 폐지는 상당히 성공적이었다고 말할 수 있다. 어쨌든 금주법을 국가적인 청교도주의에 귀속시키는 것은 식민지 시대의 주요 특징을 망각한 것이다. 옛 청교도는 순하고 강한 고급 술을 좋아했으며 수정헌법 18조가 발효되었을 때 옛 청교도 주 중 어느 곳도 금주를 하는 곳은 없었다. 노동의 효율성과 안전에 대한 사업가들의 욕구가 국가에 자신의 기준을 강요하기로 결심한 도덕주의자들의 무자비한 욕망만큼이나 새로운 체제를 가져오는 데 강력하게 작용했다고 추측하는 것이 안전한 가정일 것이다.

동일한 경제적 요인이 또 다른 유형의 일상적 요구 사항, 즉 아메리카의 세계대전 참전에 따른 격렬한 민족주의를 촉진하는 데에도 효과적이었다. 유럽에서의 분쟁으로 인해 아메리카 국민은 그들 가운데 있는 외국계 인종에 대해 예리하게 의식하게 되었고, 아메리카의 이익에 영향을 미치는 전쟁의 경우 이중 충성의 위험에 대해 경각심을 가지게 되었다. 또한 아메리카의 노동 계급 사이에 영향을 미친 유럽의 프롤레타리아 혁명은 비록 그 중요성이 과장되기는 했지만, 만취와 비효율을 초래하는 길 모퉁이 술집보다 신중한 고용주들에게 훨씬 더 큰 우려를 불러일으켰다. 이러한 이유와 다른 이유들로 인해 세계대전이 끝나갈 무렵 메인 주에서 캘리포니아 주에 이르는 인구에 특정한 사고방식, 언어적 표현, 충성심을 강요하기 위해 조직된 운동인 '아메리카화'를 위한 십자군 운동이 일어났다.

이 운동의 프로그램은 개념상으로는 고상한 경우가 많았지만, 세부적으로는 모호하고 명확하지 않은 경우가 많았다. 결과적으로, 대개 획일성을 강조하고 즐거움의 테이블에 앉아 있는 높은 사람들에게 방해가 되는 모든 질문을 억제하는 경향을 보였다. 구체적으로는 아메리카 정부와 정책의 결백성에 대한 모든 의심을 역사에서 제거하고, 교사들에게 새로 고안된 충성도 테스트를 부과하고, 우월주의자들이 이해하는 애국주의에 대한 정화된 교리의 보급을 강요하기 위한 수많은 주 법령을 만들어냈다.

자신들이 칭찬하는 정부의 효율성을 신뢰하지 않는 '미닛 멘minute men'*과 자칭 아메리카 도덕의 수호자들로 구성된 사적 단체는 공권력이 형식에 순응하도록 강요하는 노력을 보완하기 위해 공식적인 정의의 엄격함에 사적인 복수의 공포를 더하기 시작했다. 영감과 재정적 지원을 받은 작가들은 아메리카의 보수적인 북유럽 요소를 찬양하고 라틴, 히브리, 슬라브의 아메리카 문명에 기여한 바를 비난하는 문헌을 쏟아냈다. 올바른 교리 논지를 만들기 위해 경연 대회가 열리고 영화가 제작되었다. 아메리카 헌법의 완벽함을 기리는 학교의 웅변가들에게 상이 주어졌다. 심지어 애국적 단체들의 후원 아래 국가의 '진정한' 역사가 준비되어, 국가의 젊은이들에게 신의 친밀한 혜택을 주장하는 권위 있는 경전이 전달되었다. 정해진 운명Manifest Destiny의 감독들은 이 모든 것의 유용성을 바로 깨달았다.

---

* 'Minute men'은 원래 아메리카 독립 전쟁 당시 형성된 민병대를 가리키는 용어로 '1분 안에 싸울 준비가 된' 민병대라는 뜻이다. 미합중국 역사에서 이들은 특히 렉싱턴과 콩코드 전투에서 중요한 역할을 했고, 패트리어티즘과 민간 방어의 상징으로 간주된다. 따라서 이들은 당시 미국 사회의 배타적이고 민족 중심적인 보수주의의 맥락에서 특정 도덕적, 정치적 기준을 강제하려고 했던 민간 단체들로, 국가나 정부가 아닌 스스로를 '미국적 가치를 지키는 수호자'로 여겼던 집단을 가리킨다고 볼 수 있다.

이러한 민족주의 정신의 강화와 경쟁과 공산주의에 반대하는 아메리카노 동총연맹의 선동과 연관되어 이민을 제한하는 일련의 연방 법이 제정되었다. 1903년 아나키스트는 명시적으로 배제되었고, 4년 후에는 신체적, 정신적 결함으로 고통받는 사람들에 대한 장벽이 세워졌다. 1917년 조직화된 노동계는 윌슨 대통령의 거부권을 무릅쓰고 '신체적으로 글을 읽을 수 있지만 영어나 히브리어 또는 이디시어를 포함한 다른 언어나 방언을 읽을 수 없는' 16세 이상의 모든 외국인을 제외하는 법안을 통과시키면서 30년에 걸친 싸움에서 승리했다. 실제로 이민을 크게 줄이지 못한 이 제한에 만족하지 못한 의회는 1921년 대부분의 국가에서 입국하는 외국인 수를 1910년에 이미 아메리카에 거주하는 자국민의 일정 비율로 제한하는 새로운 규칙을 채택했다. 1924년 의회는 일본과의 신사협정을 폐지하고 이민자 수를 '1890년 인구조사에 의해 결정된 아메리카 대륙에 거주하는 모든 국적의 외국 출생자 수의 2퍼센트로 제한하되, 특정 예외를 제외하고 최소 쿼터는 100명으로 한다'고 규정하여 이민자 수를 줄였다. 또한 '1927년 7월 1일― 1929년으로 연기 ―부터 시작되는 해와 그 이후 매년 모든 국적의 연간 쿼터는 1920년 아메리카 대륙의 주민 수에 대해 해당 국적을 가진 1920년 아메리카 대륙의 주민 수와 동일한 비율인 15만 명으로 하되, 최소 쿼터는 100명으로 한다'고 규정했다. 이미 고려된 아시아계 이민에 관한 조치와 함께 취해진 이 모든 후기 법안의 분명한 목적은 인종적 균형을 유지하고 급진적 사상을 막기 위해 아시아와 남부 및 동부 유럽으로부터의 이민을 줄이는 것이었다. 한 의원은 이 문제를 이렇게 표현했다. '이제 망명은 끝났다. 용광로melting pot는 이제 쉬어야 한다. 아메리카는 유럽이나 아시아의 어떤 나라만큼이나 완전히 통합되어야 한다.'

§

사고와 태도의 기계적 획일성을 위한 표준화된 프로세스가 금속성 고리를 가진 것처럼 보일 수 있지만, 사실 그것은 봉건 사회에서는 일반적으로 발견되지 않는 다른 문제를 존중하는 일반적인 친화력과 부드러운 감정과 관련이 있다. 아마도 인간사를 지배하는 것처럼 보이는 대조의 법칙에 따라, 물질적 재화의 대량 생산에 완전히 몰두한 국가는 동시에 그 열매에서 놀라운 자선, 관대함, 자비의 정신을 보여주었다. 새로운 세기의 인문주의적 기조는 '향상과 봉사uplift and service'라는 두 단어로 요약할 수 있는데, 이 단어는 곧 저속한 용어로 변질되었지만, 그럼에도 불구하고 국가 스포츠만큼이나 열광적인 아메리카적 양식을 표현했다. 사회의 가장 높은 곳에서 대학, 병원, 교회, 재단, 그리고 당장의 이익을 위해 운영되지 않는 기타 기관에 부유층은 수백만 달러를 쏟아부었다. 세기가 시작된 후 25년 동안 20억 달러 이상이 자선 목적으로 기부되었다. 지식, 건강, 복지, 평화, 그리고 편안함 등 그 어떤 것도 간과할 수 없는 인류의 이익이 아낌없는 기부를 통해 증진되었다. 시간이 지남에 따라 예상치 못한 발전과 새로운 필요를 소홀히 하지 않기 위해, 큰 부를 기부한 사람들은 영구적인 재단과 지역사회 기금을 설립하여 이사들이 다음 세대의 필요를 충족시키기 위한 예산을 책정하도록 했다.

일반 복지에 대한 이러한 열정에 힘입어 아메리카 사회의 모든 계층이 행동에 나섰다. 사업가 협회들은 자신들의 직업 규칙을 엄격하게 준수하면서도 '시민 개선'의 일부 요소가 포함되지 않은 프로그램을 부끄러워했다. 90년대 초반 셰익스피어와 브라우닝에 몰두하던 여성 클럽은 단순한 자기 계발에서 공익과 사회 개선으로 방향을 전환했다. 병원과 자선 단체를 위한 캠페인은 도시, 타운, 시골을 휩쓸며 엄청난 액수의 돈을 모금했다. 지도층 시민들은 세계산업노동자연맹과 공산주의자들에게 타르를 칠하고 깃털을 꽂아 불법화시키는 한편, 고아와 정신 장애자들을 위한 기관을 제공하는 데 똑같은 열정을 보였다. 남부 신사들이 풀먼 객차를 타려는 흑인들을 가혹하게 대우하기도 했지만, 그들은 또한 유색 인종 아동의 수공업 교육을 위한 학교에 거액을 기부하기도 했다.

역설적으로 들릴지 모르지만, 자선 구호 형태로 미국으로부터 큰 지원을 받은 한 외국인 방문자가 '미국인들은 지구상에서 어느 인종보다도 가장 부드러운 마음과 가장 강한 머리를 가진 사람들'이라며, '활력, 절약, 봉사 정신'을 한꺼번에 갖추고 있다고 말한 것은 어쩌면 일리가 있었다. 또한 미합중국 비평가 W. J. 겐트가 잔인한 사업 방식과 인도주의적 목적을 위한 풍성한 기부를 독특하게 결합한 것을 정확히 묘사하기 위해 '자비로운 봉건주의'라는 표현을 만들어 낸 것도 타당하지 않은 것은 아니었다. 어쨌든 이 현상은 쉽게 설명되지 않았다. 그것은 카이사르의 로마 제국 시대나 빅토리아 자본주의의 영국 사회에서도 유사한 예를 찾기 어려웠다. 라틴어 단어 religio의 원래 의미, 즉 신에 대한 경외와 속죄는 수세기 동안 완전히 사라지지 않았지만, 캘빈 쿨리지 시대의 미국에서 이러한 깊이 뿌리박힌 감정의 인간적 함의는 키케로가 살았던 로마에서 나타난 것과는 상당히 달랐다.

물론, 양심의 만족이나 신에 대한 두려움과 같은 고대의 자선 요소가 새로운 자비심에 중요한 역할을 했다는 것은 증명할 수 없다. 아마도 일부 구식 경건주의자들은 부자들이 그들의 미덕을 보여줄 수 있도록 가난한 사람들이 항상 우리와 함께하기를 바랐을지 모르지만, 사실 대량 생산 시대의 아메리카 관대함의 기조는 더 이상 자선이나 노블레스 오블리주가 아니라 예방이 되었다. 결함자 및 도움에 의존해야 하는 사람들을 돌보는 제도가 눈에 띄게 개선되었고, 병원과 기타 엘리트 기관에 매년 수백만 달러가 지원되었으며, 이러한 것들은 휴머니즘이 작동하고 있음을 드러냈다.

그러나 훨씬 더 중요한 것은 빈곤과 고통의 뿌리에 대한 공격의 시작, 수용소와 빈민 구제소의 필요성을 줄이기 위해 고안된 사회 입법 프로그램, 노동자들에게 공기와 햇빛을 제공하는 '일광' 공장 건설, 인간 고통의 원인을 파악하고 효과적인 치료법을 제공하기 위한 모든 방향의 끈질긴 노력 등이었다. 자선 학파가 자선보다는 사회사업이 주된 관심사라는 것을 증명하기 위해 이름을 바꾸고, 록펠러의학위원회Rockfeller Medical Board의 막대한 기부금이 고통의 완화가 아니라 질병 퇴치에 쓰이고, 조심스러운 은행가의 재산으로 러셸세이지재단Russell Sage Foundation이 설립되었다는 것은 새로운 시대의 징표였다. 러셀세이지재단과 몇 년 후 하크네스 가문에 의해 설립된 커먼웰스재단 Commonwealth Fund이 모두 인문학에 헌신하고 실제로 질병과 불행에 대한 전쟁과 대규모 지역사회 계획에 관대한 기여를 했다는 것은 새로운 시대의 상징이었다.

이러한 예방적 이상에 자극을 받아 도금 시대의 새로운 인도적 실험인 사회 정착촌은 그 사명과 전망이 심각한 시험을 받게 되었다. 한편에서는 원래 반대했던 많은 악이 집단 행동에 의해 제거되었고, 다른 한편에서는 여러 실험적 기능이 공공 및 민간 기관에 의해 수행되었다. 다른 한편으로는 중간 계급과 귀족층을 대상으로 한 교육 사업은 대부분 대학의 경제학과 사회학이 맡게 되었다. 이러한 상황에서 이 운동의 지도자 중 한 명은 1926년 한 국제회의에서 '정착촌 사업이 지역사회 복지 문제에서 더 넓은 사회 교육 분야로 옮겨가고 있다'고 말해야 한다고 느꼈다.

자선과 사회 입법에 영감을 준 외향적인 공동체 정서가 마침내 남부와 북부라는 난해한 인종 문제의 변두리에 닿았다. 세기가 바뀌면서 한동안 충돌과 린치의 증가는 다가오는 인종 전쟁의 불타는 열정을 드러내는 것처럼 보였지만, 흑인 지도자들의 건설적인 사업 개발, 아메리카유색인종발전협회American Association for the Advancement of Colored People의 노력, 면화 벨트에서 북부 산업으로의 유색 인종 노동자들의 대량 이주, 인종 관계에 대한 과학적 연구는 이 영역에서 사고와 실천에 또 다른 방향을 제시했다. 또한 1865년부터 길고 고통스러운 과정을 거쳐 1920년 인종간위원회Interracial Commission가 결성된 것은 분명한 이정표가 되었다. 백인 인종과 흑인 인종 지도자 간의 직접적이고 우호적인 협력을 제공한 이 위원회는 역사적 편견과 의심을 대신하여 공동의 어려움에서 벗어나는 길을 찾기 위해 상호 도움을 주었다. 같은 정신을 과학적 탐구에도 적용하여 60개 이상의 남부 대학에서 인종 문제에 대한 교육 과정을 개설하여 그 중요성을 인식하고 문제가 되는 사안에 대해 보다 공정한 접근 방식을 모색했다.

§

마치 이미 커다란 모순을 강조하기라도 하듯이, 자선의 효용성과 인도적 노력의 실질적 목적에 대한 일반적인 강조 속에서, 대중을 위한 미학, 순수 과학, 그리고 예술 문헌은 강단 있는 상인들의 후원을 받았다. 도금 시대 내내 막대한 부를 소유한 사람들은 구세계의 갤러리, 궁전, 개인 소장품, 경매장을 샅샅이 뒤져 엄청난 가격에 예술품을 구입하고, 노획물을 집으로 가져와 사적인 즐거움을 누렸다. 이제 기계 시대가 되면서 이러한 엄청난 수집품은 관대함의 정신으로 대중에게 공개되는 빈도가 높아졌다. 1897년 J.P.모건은 메트로폴리탄 박물관에 첫 번째 호화로운 기부를 했고, 1924년 모건의 화려한 책, 필사본, 그림, 태피스트리 컬렉션과 이를 보관하던 아름다운 건물은 그의 아들에 의해 일반 대중을 위해 이사회에 넘겨졌다. 거의 같은 시기에 철강업의 거물인 H.C.프릭은 자신이 수집한 그림의 보물창고를 뉴욕의 대중에게 일정한 제한을 두고 기증했다. 1925년, 구리 왕 W.A.클라크의 컬렉션은 워싱턴의 코코란 갤러리로 옮겨졌고, 12개월 이내에 프랭크 먼시의 전 재산이 뉴욕의 메트로폴리탄 박물관으로 넘어갔다.

실제로 아메리카 전역에서 미다스의 예술적 부는 '대중'에게 돌아갔고, 캘리포니아는 뉴욕과 명예를 놓고 경쟁했다. 냉소주의자들은 돈, 강철, 구리 남작들이 유럽의 보물을 망쳐놓았다고 비웃었지만, 역사가들은 직물, 금속, 향신료, 은행업이 구세계에서 귀중한 물건들이 만들어진 원래의 소유자들을 지원했다고 상기시켰다. 그러나 렘브란트, 홀바인, 프라고나르, 터너, 샤반이 궁극적으로 영업사원 종족과 아메리카인의 취향 전반에 어떤 영향을 미쳤을지는 신의 영역에 속하는 문제였다.

기계 시대의 자선이 제공한 전통적인 미학 연구와 감상을 위한 시설 외에도, 크든 작든 지적 경력을 쌓고자 하는 사람들을 위한 기회는 재단 설립, 연방, 주, 지방 정부의 과학 활동 증가, 모든 분야의 새로운 교수직 신설, 연구를 위한 특별 기관의 개발, 연구 장학금fellowship 기부로 인해 수십 배로 늘어났다. 생물학자들은 우즈홀Woods Hole*이 '세계에서 가장 크고 최고의 시설을 갖춘 해양 연구소'로 확장되었다고 자랑할 수 있었다. 뉴욕의 록펠러연구소Rockfeller Institute는 부로 살 수 있는 의학 연구나 인간이 잉태할 수 있는 예술을 위한 모든 유리한 조건을 제공했다.

19세기에 라이엘, 월리스, 다윈과 같이 겸손하지만 충분한 능력을 갖춘 아마추어들이 영국 과학을 개척했다면, 이제 아메리카의 과학은 학교의 공식에 따라 훈련받고 엄숙하게 교육과 연구에 전념하는 전문가 집단에 의해 주도되었다. 간혹 발견되지 않은 천재가 태어나 사막의 공기 속에서 자신의 능력을 낭비하는 경우도 있었지만, 전반적으로 아메리카에서는 재능 있는 사람들에게 길이 열려 있었다고 말할 수 있었다. 실제로 교수 자리를 채워야 했던 사람들은 일류 후보자가 부족하다고 끊임없이 한탄했고, 펠로십을 관리하는 사람들은 종종 장학금의 조건에 따라 평범한 사람들에게도 자비를 베풀어야 한다는 사실을 알게 되었다. 무료 수업과 대학, 연구실, 기관에 대한 문호 개방이 지적인 초인들의 국가를 만들 수 있었다면, 새로운 세기의 아메리카는 세계를 이끌어야 했을 것이다.

두뇌 노동자를 지원하는 기관이 늘어나는 추세에 발맞춰, 상품이나 기술 개선으로 전환할 수 있는 아이디어와 문학 작품에 대한 시장도 크고 작은 규모로 확대되고 있었다. 사업의 선도자들은 밤낮을 가리지 않고 신기한 물건을 만들고 판매를 촉진하기 위한 독특한 장치를 만들어야 한다고 외쳤다. 새로운

---

* 우즈 홀은 미합중국 매사추세츠 주에 위치한 작은 해안 마을로, 과학 연구와 해양학으로 세계적으로 유명하다. 우즈 홀은 과학적 연구기관들이 밀집한 곳으로, 특히 해양과 관련된 연구 분야에서 선도적인 역할을 하고 있다. 1888년 우즈 홀 해양 생물 연구소(Marine Biological Laboratory, MBL), 1930년 우즈 홀 해양학 연구소(Woods Hole Oceanographic Institution, WHOI), 미합중국 국립 해양 대기청 (National Oceanic and Atmospheric Administration, NOAA)의 우즈 홀 연구소 등이 있다.

잡지, 업계 잡지, 소설, 컬트, 특수 기관 및 일반 잡지가 가판대에 자리를 잡기 위해 경쟁했다. 인쇄와 출판은 자본주의 사업의 주요 분야 중 하나가 되었으며, 연간 생산 가치 면에서 목재, 철강에 뒤지지 않았다. 이 부문에서 소설이 가장 큰 보상을 가져다주었지만, 여전히 더 진지한 정신의 산물들도 존경할 만한 구매 대중을 가졌고 꾸준한 성장을 보였다.

몇몇 작가 지망생들은 자신의 천재성을 인정받지 못하고 동정심이나 기회의 부족으로 좌절했다고 주장했지만, 훨씬 더 많은 사람들이 껌이나 극장 티켓만큼이나 관대하게 책, 잡지, 신문을 사주는 나라에 감사를 표했다. 전체적으로 볼 때, 수학적 측정이 불가능한 문제에 대해 일반화해도 무방하다면, 기계 시대의 아메리카는 나일 강 유역에서 문명이 시작된 이래 번성했던 그 어떤 국가보다 상대적으로나 절대적으로 더 다양하고 더 풍요로운 정신적 삶을 위한 물질적 지원을 제공한 것으로 보인다.

§

기계 시대가 어느 정도 진전되기 전, 유럽에서 아메리카로 전달된 지적 양식은 접촉의 경로를 더욱 확대하여 풍성한 만찬 시대부터 이어져 온 문화 패턴에 파괴적인 충격을 가져왔다. 20세기가 시작될 무렵, 유럽인의 관심사의 주요 흐름은 명확한 형태에 충실하게 따르는 것처럼 보였다. 생물학, 인류학, 사회학의 증언에 의해 정교해진 다윈주의는 의심의 여지 없이 승리한 것처럼 보였다. 정치적 민주주의, 특히 영국이 발전시킨 의회 제도는 상트페테르부르크와 도쿄를 포함한 지구상의 모든 수도를 정복할 것을 약속했다. 영국과 유럽의 선거 결과에 따르면, 사회주의는 승승장구하며 자본주의 체제의 변혁, 전쟁과 경쟁을 협력으로 대체할 것을 예고했다. 카를 마르크스로부터 복음을 직접 듣지 못한 사람들은 톨스토이, 아나톨 프랑스, 조지 버나드 쇼의 저서를 통해 희석된 상태로 복음을 받아들였다. 오랜 갈등에서 비롯된 감정에 고무된 반성직주의자들은 자신감을 갖고 카톨릭교회에 대한 공격을 계속했고, 1905

년 프랑스에서 정교 분리가 이루어지면서 로마는 큰 공포에 떨었다. 서유럽을 지배하던 부르주아들은 어떤 형태로든 급진적인 신념을 인정하지 않았지만, 미래를 불안하게 바라보며 산업, 기업, 정부의 목표로 국민 다수의 삶의 향상을 제시하며 자비를 선포했다. '평화, 과학, 민주주의, 진보'는 자유주의자들의 깃발에 새겨진 장엄한 구호였고, 보수주의자들은, 다소 유감스럽지만, 그것을 현대 시대의 피할 수 없는 처방전으로 받아들였다.

　그러나 표면 아래에는 많은 해가 지나기 전에 세계의 전망에 새로운 측면을 부여할 운명적인 탐구와 추측의 깊은 흐름이 있었다. 다윈이 제시한 문제에 대한 미세한 연구들은 단순한 기계론적 아이디어, 예를 들어 생존 경쟁과 적자생존, 우주 수수께끼의 열쇠로 제시된 것들을 완전히 파괴했으며, 휘호 더 브리스Hugo de Vries의 지도하에 인간의 창조적 과정에 대한 설명이 불가사의한 격변적 교리들 ― 단순한 물질적 인과의 사슬로 설명할 수 없는 갑작스럽고 급격한 변형들을 재도입했다. 요컨대, 새로운 생물학에 비추어 볼 때, 빅토리아 시대 사람들이 받아들인 진화론의 깔끔한 신조는 창세기에 담긴 서사시만큼이나 과학의 요구 사항에 부적합해 보였다.

　생물학 연구의 당황스러운 효과에 물리학에서의 놀라운 발견이 더해졌다. 이제 지적 관심의 중심을 차지한 것은 생물학이 아니라 이 학문이었고, 새로운 단계를 제시하면서 오랜 제국을 재건했다. 뉴턴 시대부터 그 고귀한 과학은 주로 기계론적 우주관에 의해 지배되어왔으며, 그 초기 교리는 19세기에 설명된 에너지 보존과 물질의 불멸성으로 알려진 열역학 제1법칙과 같은 시기에 발전된 다윈의 가설에 의해 강력하게 뒷받침되었다.

　그러나 세기가 바뀌기 훨씬 전에 물리학의 견고한 기계론적 구조는 그 내부로부터 엄청난 충격을 받았다. 켈빈 경의 실험실에서 나온 선언문은 이전의 역학 법칙의 타당성을 부정하고 그 교리를 '모든 자연의 에너지는 서서히 열로 변환되어 우주에서 사라지고 있으며, 마침내 가능한 가장 낮은 수준의, 어떤 작업도 할 수 없는, 죽은 에너지 외에는 아무것도 남지 않을 것'이라는 똑같이 자신감 있는 주장으로 대체했다. 그로부터 몇 년 후, 정확히 말하면 1898년 퀴리 연구소에서 방사능 형태의 '형이상학적 폭탄'이 던져졌다. 새로운 시대가 도래했다. 25년 만에 철학자 앨프리드 N. 화이트헤드는 이렇게 말할 수 있었다. '과학은 순전히 물리적인 것도 아니고 순전히 생물학적인 것도 아닌 새로운 측면을 취하고 있다. 그것은 유기체에 대한 연구가 되고 있다. 생물학은 더 큰 유기체를 연구하는 학문인 반면, 물리학은 더 작은 유기체를 연구하는 학문이다.'

복잡한 문제를 과학이 실제로 허용하는 것보다 더 단순하게 만들기 위해, 고대 법학에서 메디아와 페르시아의 법칙처럼 확고하게, 물리학 책에 명시되어 있던 물질과 힘에 대한 초기 개념은 버려졌다. 자신감 넘치는 물질주의의 토대는 해체되었고, 오래된 교리 대신 철학자들이 '유기적 메커니즘'보다 더 좋은 단어를 찾을 수 없는 물리학 및 생물학의 기묘한 조합이 제공되었다. 논리의 확실성조차 흔들렸다. 프랑스의 저명한 수학자 푸앵카레는 유클리드 기하학이 참이냐고 물었을 때 '유클리드 기하학은 지금도 여전히 가장 편리하다'고 말하며 이 질문이 의미가 없다고 스스로 답했다. 튜턴족의 철저함을 지닌 해켈은 감히 우주의 수수께끼에 도전했다가 결정적인 지점에서 무너져 '물질의 속성에 대한 지식으로 더 깊이 들어가면 들어갈수록 물질의 고유한 본질이 점점 더 경이롭고 수수께끼처럼 보였다'고 고백했다. 빅토리아 시대의 전망에 그다지 혁명적이지 않은 것은 새로운 심리학의 탐구, 특히 무의식적 삶의 본질과 기능, 사고에서 방어 기제의 역할, 실제와 가상의 역할, 모든 형태의 삶의 표현에 대한 성性의 더 넓은 의미에 대한 연구였다.

현미경과 시험관의 대가들이 만물의 실체를 더 깊이 파고드는 동안, 세계대전은 논쟁가들의 손에서 원시적인 힘의 손으로 정세의 방향을 바꾸었다. 전쟁을 공부하는 모든 학생들이 예견했듯이, 전쟁은 죽음과 파괴라는 단순한 범위를 완전히 벗어난 경련적인 결과를 낳았다. '법과 질서'의 취약한 특성이 무섭게 강조되면서 사방에서 '국제적 규범'을 무자비하게 위반하고, 공인된 정부에 대항하는 국내 격변이 일어났다. 한 세대 동안 종교적 열정으로 다가오는 '혁명'을 설교한 마르크시즘적 사회주의자들은 대중의 에너지가 옛 차르 정권을 무너뜨리고 볼셰비즘 또는 프롤레타리아 독재를 정치의 작동 계획으로 삼는 광경을 보고 깜짝 놀랐다. 모든 면에서 의회 제도와 머리를 세는 민주적 장치에 대한 정통적 신봉자들에게는 충분히 고통스러운 일이었지만, 소비에트 독재에 대한 공격을 제대로 시작하기도 전에, 그들은 이탈리아, 헝가리, 스페인에서 재산에 반대하는 것이 아니라, 재산의 이익을 위해 세워진 독재 체제들을 찬양하라는 초대를 받게 되었다. 이는 또 다른 정치적 윤리의 측면을 제시했다.

그런 다음 전쟁의 여파로 인류의 그러한 화산 같은 노력에 항상 뒤따르는 반응과 실망의 시기에 독일의 오스발트 슈펭글러가 이끄는 시대의 긴장을 견딜 수 없는 비관론자들은 서구 문명의 파멸을 선언했다. 19세기의 위대한 신이었던 과학이 20세기의 프랑켄슈타인이 되어 인류를 파괴하는 것은 아닌지 심각하게 질문되었다. 이 도전에 대해 낙관론자들은 '평화와 진보'라는 과거의 길로 돌아가자는 대답밖에 할 수 없었다.

러시아 볼셰비즘과 이탈리아 파시즘의 기운이 가라앉았을 때, 소비에트 공화국의 정치가들과 로마의 독재자들이 설정한 목표는 그들의 윤리와 언어적 번영이 무엇이든 간에 대중을 위한 기계적 안락과 번영이었다는 것을 알 수 있었기 때문에 그들 역시 어느 정도 정당성을 가졌다. 영국과 유럽 대륙에서 농민 소유권의 확대, 토지 과세, 군주제 가문의 파괴 등으로 봉건적 질서가 급속히 약화되면서 모든 유럽 사회는 실질적인 면에서 아메리카와 더욱 유사해졌다. 탐험과 발견의 시대 이후 세계를 변화시켜온 문명화 과정은 가장 오래된 봉건적–성직적 구조마저 무너뜨렸고, 당장은, 모든 인류를 경제 기계와 그에 상응하는 취향에 있어서 유사하게 만들 것을 약속하고 있었다.

§

아메리카의 지적 추구는 세계 전쟁의 원시적 표현과 자연과학이 뒷받침하는 기계적 과정의 전진에 의해 직접적이고 미세한 영향을 받았다. 종교와 신학적 사색의 측면에서 이것들은 가시적이고 비가시적인 형태로 나타났다. 각종 교회는 부유층과 중간 계급의 증가하는 재산에서 오는 기부로 인해 건물과 자금이 풍부해졌다. 사회적 두려움, 희생의 정신, 그리고 이성적인 믿음이 교회의 재정에 황금의 흐름을 확장시키기 위해 협력했다. 북유럽의 개신교도 제임스 J. 힐과 셈족[유대인] 회의론자 맥스 팜은 이 땅의 불안한 노동 계급에 대한 규율 확산을 돕기 위해 가톨릭 기관에 상당한 금액을 기부했다. 유대인에 의해 자금을 지원받은 가톨릭 대학의 저널리즘 학교는 기계 시대가 토마스 아퀴나스, 아벨라르, 그리고 성 프란치스코의 시대에서 얼마나 멀어졌는지를 보여주었다. 청교도 반대파의 오랜 본거지인 매사추세츠에서, 성공회 교회의 재산은 너무 커져서, 오랜 상인 가문 출신인 로렌스 주교가 그의 신성한 직무의 순수한 영적 기능을 제쳐두고 재정 관리를 위한 실무적인 업무에 전념해야 했다.

20세기의 첫 번째 분기가 끝났을 때, 모든 교파는 연간 총수입이 5억 달러가 넘는다고 보고했는데, 감리교가 전체의 4분의 1 이상을 차지하며 선두를 달렸다. 물질적 장비와 자본 투자에 있어서도 미합중국 중기의 주교, 신탁위원, 집사들을 놀라게 할 정도의 연간 이익이 발생했다. 실제로, 시간이 지나면 아메리카 성직자들이 중세 교회가 부르주아들의 입법과 몰수에 의해 황폐화되기 전의 교회에 비견될 정도의 큰 물질적 권력을 누리게 될 것이라고 추정할 만큼 모험적인 통계학자들이 있었다. 그러나 이러한 역사적 예언은 환희와 더불어 신중함을 요구했다.

성직자에게 부를 안겨준 기계 시대는 민주주의, 지적 투쟁, 여성운동, 평신도들의 연합체 등의 시대이기도 했으며, 모든 종파에서 계급과 계급을 유지하기 위한 조직과 제도적 장치를 점점 더 강조하는 시대로 특징지어졌다. 개신교 교파들 사이에서는 청년그리스도교협회Young Men's Christian Association(YMCA)와 이에 상응하는 청년여성그리스도교협회Young Women's Christian Association(YWCA)와 같은 다양한 종류의 협회가 특정 신조에 대한 주장을 제쳐두고 사회생활, 숙박, 체육관, 오락, 여행, 채권 판매, 부동산 홍보 및 초등 기술과 같은 실용적인 문제에 대한 교육을 제공함으로써 청년들을 끌어들이려고 노력했다. 대도시의 목회자들은 이러한 사업에서 힌트를 얻어 산업 생활의 번잡함과 상업 기관이 제공하는 번쩍이는 오락에 점점 더 산만해지는 교인들을 교회 안에 유지하기 위해 종종 비슷한 편법에 의지했다.

역사적 공식에서 덜 벗어나고 성직자들이 가진 권력을 덜 포기한 카톨릭교회조차도 시대의 압력에 저항할 수는 없었다. 세속적인 삶에서 노동조합과 로타리 클럽으로 몰려드는 평신도들의 성향을 무시하거나 그들의 관심을 끌기 위한 계략을 경시할 수는 없었다. 그래서 카톨릭계인 콜럼버스기사단Knights of Columbus은, 개신교계에서 그리스도교협회Christian Association가 맡았던 것과 유사한 역할을 수행하게 되었고, 기술, 비즈니스, 시민 과목에 대한 교육을 지원하게 되었다. '세계 최고의 카톨릭 평신도 단체'가 세계 최고의 비즈니스 제국에서 설립되어 기계 시대의 교회에서 힘을 발휘하게 된 것은 우연이 아니었다. 더 오래된 신앙을 고백하는 유대인들도 그 흐름에서 벗어나지 않았다. 그들 사이에서도 평신도 단체가 그리스도교협회와 유사한 역할을 했다.

여러 종파가 평신도들에게 다가서고 그들의 필요에 맞는 종교적 적용을 모색함에 따라, 사회적 질문은 도금 시대에 이미 나타났던 것보다 종교계의 논의에서 더 큰 자리를 차지했다. 그리스도교 사회주의는 수적으로 거의 힘을 얻지 못했지만, 그 성격의 이론에 대한 성직자들의 관심은 노동과 자본의 영역에서 논쟁의 강도에 직접적으로 연관되었다. 산업 불안이 서구 문명을 휩쓸고 있던 세계대전이 끝나갈 무렵, 카톨릭은 당시의 시급한 경제 문제에 대한 과학적이고 인도적인 탐구에 전념하는 국가복지위원회National Welfare Council를 설립했다. 개신교는 비슷한 기관을 우후죽순처럼 설립하는 한편, 통합과 공동의 공동체 프로그램을 지향하는 연맹을 시도했다. 실질적인 결단의 증거로, 이들 기관 중 하나는 철강 산업에 대한 설문 조사를 실시하여 소유주들의 주장과는 상반되는, 공장의 노동 시간과 노동 조건을 비난하는 결과를 내놓았다. 임금 문제의 특정 측면에 대해 청년여성그리스도교협회는 가장 큰 재정적 후원자 중 한 명이 확실히 소외될 정도로 진보적인 입장을 취했다. 강력한 보수적 세력이 있었지만, 평신도들의 종교 활동으로의 상향 이동은 세속적인 삶의 불만을 그 영역으로 옮겨왔다.

성직자와 평신도를 막론하고 대중을 어떤 형태로든 교회와 연결시키려는 모든 노력에도 불구하고, 1926년에 이방인Gentile[유대교인이 아닌] 인구의 절반 이상과 유대인의 10분의 9가 조직화된 종교의 테두리 밖에 있었다는 사실은 여전했다. 성직자들이 작성한 통계 보고서에 근거한 이 명목상 교인 수 추정치에 아동이 상당수 포함되어 있다는 지적이 나오자, 보편적 교회에 대한 균열의 폭이 더욱 두드러지게 드러났다.

세속적인 관심이 기계적 과정에 점점 더 몰두한 대중의 주의를 끌면서 경쟁하는 것 외에도, 모든 종파의 성직자들은 사상의 정통성에 반하는 모든 종류의 지적 흐름을 고려해야 했다. 공화정 초기의 회의적인 신론Deism, 미합중국 중기에 성장한 유니테리언주의, 도금 시대에 대한 비판은 비록 큰 신자 집단을 만들지는 못했지만, 기존의 신학적 견해 체계에 계속 침투해 들어왔다. 그 와중에 수많은 지질학자, 생물학자, 천문학자, 물리학자, 역사가들이 책과 잡지, 신문을 통해 성서의 우주론과 연대기에 맞지 않는 선정적이고 불안한 아이디어를 거리로 쏟아내면서, 평신도들의 마음속에 의문과 의심의 구름을 일으키고 신학자들에게는 설명, 수정 또는 반론이 필요하다고 제안했다.

과학의 완강한 사실과 고등 비판을 솔직히 받아들이면서, 스스로를 모더니스트라고 부른 한 학파는 현대 지식과 양립할 수 있는 용어로 그리스도교의 본질을 재진술함으로써 상황을 해결하려고 노력했다. 해리 에머슨 포스딕의 표현을 빌리자면, 이런 유형의 사상가들은 '그가 자라면서 접한 인간 크기의 신에 대한 표상 — 신이 하루 중 시원한 때에 정원에서 걷고, 남자의 갈비뼈에서 여자를 만들고, 사람들이 너무 높은 탑을 쌓지 못하도록 언어를 혼란스럽게 하고, 인류를 물에 잠기게 할 홍수를 명령하고, 길가의 여관에서 그의 자녀가 할례를 받지 않았다고 해서 사람을 죽이려 하고, 산꼭대기에서 사람에게 그의 등을 보여주고 얼굴은 보이지 않게 하며, 그의 선택된 백성의 적들, 남자, 여자, 아이들을 무자비하게 학살하라고 명하는 등, 그런 것들을 진지하게 받아들일 수 없었다. 그는 이러한 모든 것에 반발했다.' 따라서 모더니스트는 '구식 문자주의'로부터의 '지적 해방' — '그리스도의 불멸의 복음을 그 얽매임에서 해방시켜, 신의 현현Shekinah과 신전을 구별하고, 전례典禮 없는 자유, 합리성, 우리 시대에 즉각적인 적용으로 전파될 수 있도록 하는 해방'을 요구했다.

'근본주의자'로 알려진 반대 성향의 신학자들은 현대 과학의 우상 숭배에 굴복하지 않고, 자신들이 선택한 성서 신학의 핵심 요소인 '옛 신앙'에 흔들림 없는 충성심을 가지고 집착했다. 물론 엄밀한 의미에서 카톨릭교회는 때때로 내부의 모더니스트들의 저술로 인해 혼란을 겪기도 했지만, 동정녀 탄생과 같이 자연과학에서 받아들이기 어려운 논쟁을 수용하는 변하지 않는 불변의 신조를 주장하면서 교리적으로는 근본주의 이전의 근본주의자였다. 그러나 교리주의의 새로운 유행을 시작한 것은 개신교의 보수주의자들이었다. 그들은 구원에 필요하다고 여기는 몇 가지 교리를 골라내어, 신학적 비판에서 과학적 방법의 유효성을 거부하고 모든 종류의 자유 사고에 전쟁을 선언했다. 그들은 대체로 신의 영감을 받아 쓰인 성경의 문자적 무류성, 성서의 중요한 구절에 대한 문자적 해석, 인류의 타락, 처녀 수태, 십자가의 구속과 구원, 그리스도의 부활 등 네다섯 가지를 기준으로 양과 염소를 구분하는 데 동의했다.

근본주의자들은 자신들의 입장에 대한 불확실성을 없애기 위해 분명한 언어로 그들의 견해를 선포했다. 예를 들어, 침례교성서연합The Baptist Bible Union은 다음과 같은 용어로 신조를 공식화했다. '성서는 초자연적인 영감을 받은 사람들에 의해 기록되었고, 그 내용에 오류가 전혀 섞이지 않은 진리가 있으며, 원래 기록된 대로 과학적으로나 역사적으로나 진실하고 정확하며, 따라서 인간에 대한 하느님의 뜻의 유일하고 완전하며 최종적인 계시이며, 그리스도교도 연합의 진정한 중심이자 모든 인간의 행위, 신조 및 의견을 시험해야 하는 최고의 표준이다.' 이 광범위하고 강조된 고백에 이어, 삼위일체, 창세기의 창조 이야기를 '문자 그대로, 우화적이거나 비유적인 것으로 받아들이지 않고' 처녀 수태, 죄의 대속, 새 창조의 은혜[예수 그리스도를 통한 구원과 그로 인해 얻어진 새로운 삶], 교회의 사명, 침례, 그리스도의 부활과 재림, 진화론에 대한 정죄 같은 여덟 가지 추가 선언으로 이어졌다. 1923년 총회에서 장로교회는 이와 유사한 성격의 교리에 대한 신앙을 확인하면서 '성령이 성서의 저자들이 오류를 범하지 않도록 영감을 주고, 인도하고, 감동시켰다는 것은 하느님의 말씀과 우리의 표준에 대한 본질적인 교리'라는 주장을 신조 서두에 담았다. 근본주의자들에 대한 비판이 무엇이든 간에, 그들이 자신들 신앙의 언어적 형태에 대해서는 의심의 여지가 없다는 것이 인정되었다.

유능한 권위자들에 따르면, 근본주의 운동의 기원은 예비 교육이 원칙적으로 과학적이고 역사적인 방법과 연결된 신학 학교에 입학할 자격을 갖추지 못한 종교 일꾼들을 훈련할 목적으로 전국 여러 지역에 설립된 성서 연구소로 거슬러 오를 수 있다. 그것은 본질적으로 대중 운동이었으며, 아직 기계화 과정이 거의 영향을 미치지 않은 시골 지역에서 가장 큰 힘을 보여주었다. 의심할 여지 없이, 그것은 고도로 조직적이고, 자금이 풍부하며, 단호했다.

근본주의 지도자들은 신학에서 모더니스트들과 전쟁을 벌이는 것에 만족하지 않고 주 의회를 장악하고 공적 자금으로 전체 또는 부분적으로 지원되는 학교에서 진화론을 가르치는 것을 금지하는 법령을 제정하기 위해 노력했다. 비교적 쉽게 그들은 테네시 주에서 이 목표를 달성했고, 1925년 여름에 법을 위반하여 학생들에게 진화론을 가르친 혐의로 기소된 젊은 교사에 대한 재판과 유죄 판결을 내린 화려한 전투를 촉발했다.

두 대륙의 자유 사상가들 사이에서, 특히 주변이나 뒤를 돌아보지 않는 사람들 사이에서 테네시 사건은 아메리카 내륙을 조롱하는 재미를 제공했지만, 그런 비난에도 방해받지 않고 근본주의자들은 그들의 신조가 아메리카 국가의 신앙이 될 때까지 복음을 전파하고 입법부가 진화론에 반대하는 법안을 통과시키도록 강요하는 캠페인을 계속할 것이라고 발표했다. 의심하는 사람들은 비웃었지만, 과학과의 전쟁을 벌이는 직설적인 문자주의자들은 영국, 스코틀랜드 및 유럽의 신학자들, 현대 학문이 자신들의 영역에 침투하여 비슷한 위험에 처한 신학자들로부터 열렬한 격려를 받았다.

§

운명처럼 보였던 기계 시대의 아메리카 과학은 순수한 사변보다는 실용적 응용이라는 형태로 큰 공헌을 했다. 토머스 에디슨은 멘로 파크에서 나이를 잊은 활력으로 계속해서 마술을 연구했다. 알렉산더 그레이엄 벨은 1922년 75년의 삶을 마감할 때까지 전화 통신의 개선에 대한 관심을 계속 유지했으며, 다른 많은 기성세대 지도자들도 20세기 초 수십 년 동안 지치지 않는 열정으로 일했다. 전화 및 전신 회로를 확장한 마이클 퓨핀, 일반 전기 분야의 찰스 P. 스타인메츠, 항공 분야의 라이트 형제, 무선 전송 분야의 리 드 포레스트, 자연의 방식과 분위기를 해석하는 데 능숙한 수많은 노동자 등 이전 시대에 두각을 나타낸 유명한 발명가들의 긴 목록에 선구자로 부를 만한 이름들이 추가되었다.

기술의 발전이 탐구의 전선戰線들을 엄지손가락이 지배하던 영역에서 멀리 가져갔고, 과학적 문제를 새로운 물리학과 화학의 신비로 깊숙이 밀어 넣었지만, 독창성은 가장 까다로운 요구 사항을 따라잡는 것처럼 보였다. 응용 역학의 어떤 분야도 무시되지 않았고, 진보적인 산업의 요구도 무시되지 않았다. 도금 시대와 마찬가지로 매년 놀라운 업적들이 쏟아져 나왔고, 대중은 놀라운 계시에 감탄하지 않을 수 없었다. 1903년 비행기가 처음으로 500피트 이상을 비행했고, 1902년에는 콘월에서 케이프코드까지 대서양을 건너 최초의 무선 메시지가 전달되었으며, 1915년에는 뉴욕에서 샌프란시스코까지 전화로, 1927년에는 뉴욕에서 런던까지 무선으로 사람의 목소리가 전달되었다.

세기 말에 전 세계 기계 분야의 업적을 비교 연구한 결과, 아메리카는 특허 등록 건수에서 139만 7천 건으로 프랑스 64만 5천 건, 영국 59만 4천 건, 독일 36만 5천 건을 능가했다. 1925년 허버트 후버 장관이 이렇게 말한 데에는 그럴 만한 이유가 있었다. '우리는 최근 몇 년 동안 역사상 유례가 없는 규모로 산업 연구를 발전시켜 왔다.'

작업장에서 실용적 응용의 정신은 사방으로 퍼져 나갔다. 슈펭글러가 시계탑의 종소리가 르네상스 유럽에 고대인들이 알지 못했던 운명의 시간 감각을 부여했다고 말한 것처럼, 미합중국 문명의 쇄도하는 기계 소리가 마법과 주술에서 태어난 가장 오래된 과학들에 실용적 경향을 부여한 것은 놀랄 일이 아니었다. '산업'이라는 접두사를 그들의 이름 앞에 붙인 화학자들은, 한때 철학자의 돌philosopher's stone을 찾던 조상들을 계승하여, 새로운 상업적 물질을 발견하거나 오래된 원소를 새로운 용도로 사용하여 상품 제조, 농업 생산 증가, 또는 질병 제거에 기여하기 위해 경쟁했다. 지질학자들은 모세적 우주론을 둘러싼 성가신 논쟁— 16세기에 시작된 중간 계급과 성직자 계층 간의 오랜 논쟁 —으로부터 벗어나 보다 현실적인 문제들로 방향을 전환했으며, 경제적 이점을 가져오는 탐구를 자랑스러워했다.

시대 정신에 발맞춰, 생물학은 무게 중심을 옮겼다. 한때 생물학은 격렬한 다윈주의 논쟁에 자료를 제공하면서 연구의 신학적 함의에 특별한 관심을 기울였다. 그러나 기계 시대에 생물학은 사방으로 뻗어 나가는 것 외에도 동식물의 품종 개량, 질병과의 전쟁, 우생학, 인구와 식량 공급, 유기적 기능과 정신 및 행동의 관계, 인종 이론 등으로 바쁘게 움직이며 북유럽 인종과 그 경쟁자들 간의 큰 갈등도 간과하지 않았다. 심리학자들은, 신학에 대한 유사한 무관심으로, 수도원적인 내적 성찰에서 벗어나 인간 동물을 물리적 및 화학적 반응의 세계에서 연구했으며, 그들의 연구의 사회적 측면으로도 발을 내디뎠다. 이들은 고용주가 효율적인 노동력을 찾도록 돕고, 더 많은 상품을 판매하려는 상인, 치료에 관심이 있는 의사들에게 봉사하겠다고 선언하면서 자신들의 연구 주제의 사회적 의미를 탐구하기 시작했다.

실용적인 고려 사항이 우세해지면서 과학의 대중화에 결정적인 자극이 주어졌다. 일반 대중과 전문 대중을 위한 새로운 기술 잡지가 가판대를 가득 채웠다. 1919년에 출간된 에드윈 D. 슬로슨의 『창조적 화학*Creative Chemistry*』과 같이 첨단 연구의 신비를 밝히는 책들이 소설과 함께 베스트셀러의 자리를 차지했다. 대학에서는 과학 강좌가 늘어났고, 과학적 관심사를 증진하기 위한 학회도 번성했다. 그리고 1920년에 설립된 사이언스서비스Science Service가 일간지 칼럼에 등장했다. 카네기연구소와 록펠러연구소를 비롯한 주 정부와 연방 정부의 과학 연구 지원과 연구 기부금은 과학이 세금을 내는 대중과 막대한 부를 소유한 사람들 모두의 존경을 받는다는 것을 증명했다.

그리고 정밀 과학이 일상생활에 침투하는 추세는 멈추지 않았다. 과학의 정신은 수많은 경로를 통해 외딴 오지를 제외한 아메리카 생활의 구석구석으로 퍼져나갔다. 기계 공정의 확장과 함께 더 넓은 산업 영역에 적용되었고, 도시의 성장과 함께 한때 정치적 변덕이 지배하던 넓은 지역을 도시의 기술이 점령했으며, 농업 혁명으로 인해 농장에서의 작업은 증기기관의 움직이는 부품처럼 현실적으로 바뀌었다. 과학은 노동력 절감 장치, 균형 잡힌 식단과 가정 위생의 공식으로 가정을 침범하여 경험 법칙에 기반한 고대 관습을 어기고 영아를 돌보고 먹이는 노부인의 처방에 도전했다. 사회적 여론이 과학적 관심의 흐름에 뒤처졌다 해도, 사고의 경향은 태양의 운동만큼이나 강렬했다.

사변과 변증법의 더 높은 영역에서도 이전 문명의 언어적 패턴과 유사하게 과학의 정신과 방법은 전략과 목표의 측면에서 변화를 일으켰다. 새로운 세기의 역사가들은 그들의 관행이 무엇이든 간에 진리에 대한 엄숙한 서약을 했다. 칭찬하거나 비난하고, 윤리적 판단을 내리고, 당파의 대의를 위해 봉사하거나, 쇼비니스트의 역할을 하는 것이 그들의 일이 아니라 특정 상황의 사실을 확인하고, 체계적으로 정리하고, 증거가 보장하는 추론만을 도출하는 것이 그들의 일이라고 선언했다. 경제학자와 사회학자들도 차례로 과학에 경의를 표했고, 보호관세와 선박 보조금에 대해 사과하거나, 조직 노동에 원조와 위로를 보내거나, 사회 입법의 과정을 촉진했지만 적어도 실험실의 화려함으로 그들의 주장을 장식했다. 교육 분야에서 물리학과 화학의 정량적 측정은 지능의 기계적 테스트와 병행되었고, 이는 인성, 능력, 교육학에 질적인 뭔가가 있다고 계속 상상하는 구식 학파의 이상주의자들에게 고통을 주었다. R.A.밀리칸과 H.F.오스번과 같은 저명한 과학자들을 포함한 40명의 아메리카 최고의 과학자들이 과학과 종교 사이에 실제로 갈등이 없다고 선언했지만, 근본주의자들은 위로받기를 거부하고 비판적 방법으로 신비가 정복되고 지배되는 것에 고통받는 것을 멈추지 않았다.

그러나 응용 과학과 대중 과학의 빠른 발전에도 불구하고 순수 과학, 즉 진리에 대한 사심 없는 탐구에서 아메리카는 유럽 주요 국가에 비해 훨씬 뒤처져 있었다. 기계 시대에 노벨상이 물리학의 A.A. 미셸슨과 R.A. 밀리칸, 화학의 T.W.리차즈, 의학의 알렉시스 캐럴 등 아메리카 학자에게 네 번이나 수여된 것은 사실이다. 그러나 전체적으로 아메리카가 자연의 미묘한 신비에 대한 기사도적 탐구의 촉진자로서 종속적인 위치를 차지하고 있었다는 것은 의심의 여지가 없었다.

후버 장관이 이끄는 저명한 시민 위원회가 1926년 아메리카의 과학적 성취 수준을 끌어올리기 위해 2천만 달러의 기부금을 모으기 시작한 것은 바로 이 당혹스러운 사실에 대한 인식 때문이었다. 이 기금은 미국의 과학적 성취의 척도를 높이기 위한 것으로, 더 나은 물질적 장비와 더 많은 여가가 다윈, 뢴트겐, 퀴리, 켈빈, 아인슈타인들을 자동으로 배출할 것이라는 가정에서 출발한 것이 분명하다. 이 프로젝트는 학계에서 아메리카 사상사에 한 획을 그었다는 찬사를 받았지만, 기부를 호소하는 내내 가장 멀고 추상적인 진리 탐구도 결국에는 기업에 이익을 가져다줄 것이라는 주제가 반복적으로 나타났다.

§

한편으로는 기계 산업과 다른 한편으로는 과학적 연구로 인해 인문학 연구는 '현세적 양상temporal modalities'의 색채를 띠게 되었다. 철학에서 이러한 경향은 분명했는데, 숙련된 성직자들을 전문학교에서 훈련받은 평신도로 대체하는 작업은 이 시대가 열리면서 사실상 완료되었고 이미 그 결실을 맺기 시작했다. 사변적 사고가 종교적 직분과 보수에서 분리될 때, 약간의 우주적 고뇌가 전이되었지만, 아메리카 문화에서 강경하고 실용적인 비즈니스의 도전을 피할 수는 없었다. 앙리 베르그송과 같은 역사적 생명주의의 부흥자들을 도입하려는 시도는 그저 일시적인 소란만 일으켰을 뿐, 오히려 지역 당국자들에게 그들의 고유한 신념에 더욱 확신을 가지게 했다.

말년에 윌리엄 제임스는 찰스 퍼스의 파괴적인 실용주의, 즉 우연, 사랑, 법칙의 기묘한 조합, 모든 관련 사상에 대한 호의, 일반적 선과 일반적 실행에 대한 다소 순진한 신뢰로 완전히 넘어갔다. 제임스는 1910년에 그의 풍부하고 다채로운 생애를 마감할 때 '구식 절대주의'에 대해 그 어느 때보다도 더 기발하게 위험한 인물이 되었다. 하버드에서 그의 동료였던 조시아 로이스도 자신들이 서 있는 자리를 굳게 지킬 수 있을 것이라 믿었던 신의 섭리Providence의 측근들에게 더 큰 위안을 주지는 못했다. 로이스는 본질적으로 아메리카 역사 초기에 속해 있었지만, 그의 약화된 그리스도교 사상은 특별한 창조, 인간의 타락, 단순한 신앙에 의한 구원을 위한 여지를 거의 남기지 않았다.

이 세대의 또 다른 뛰어난 사상가인 존 듀이는 모든 고정된 체계와 이미지를 깨고, 사색의 중심을 자연주의적 기초로 옮기고, 과학의 새로운 계시를 끈기 있게 기다리고, 변화하는 심리학의 목소리에 귀를 기울이고, 만물의 흐름에 수반되는 활력과 움직임의 외관을 자신의 생각에 부여했다. 그의 손에서 한때 난해하다고 여겨졌던 지혜의 한 분야가 실용적인 울림을 얻게 되었고,

사실 그것은 기계 생산, 과학, 진보적 노력에 전념하는 시대의 요구사항에 매우 밀접하게 부합하게 되었다.

당연히 아메리카 여론의 이러한 경향은 더 부드럽고 섬세한 성격을 가진 미학자들, 특히 물질적 풍요를 추구하는 데 실패한 덜 번영한 문명의 철학에서 위안을 찾는 이들에게 충격을 주었다. 신비주의적 관점에 대한 반짝이는 공상과 고상한 변증으로 아메리카인의 의견을 풍요롭게 한 후, 가장 뛰어난 작가 중 한 명인 조지 산타야나는 경제적 보조금의 때[경제적 압박이나 상업적 요구가 사회, 문화, 혹은 개인적 삶에 미치는 부정적인 영향에 대한 은유]가 그다지 눈에 띄지 않거나 적어도 내적 평온의 즐거움에 그렇게 혼란을 주지 않는 오래된 문화의 안식처로 떠났다. 물론 독일인들이 포드주의Fordismus라고 부르는 것을 열반과 연관짓는 것은 분명 어려운 일이었다.

절대주의 철학과 마찬가지로 독단적인 경제학에도 기계 시대의 변화하는 기후는 전혀 적합하지 않았다. 존 베이츠 클라크가 황금 시대 말기에 자본주의 체제가 부를 공정하게 분배한다고 옹호하면서 효과적으로 사용했던 활을, 누구도 강하게 당길 수 없었고, 사실상 아무도 그렇게 시도하지 않았다. 특히, 소스타인 베블런이 이 대륙에서 가장 완벽한 학문적 아이러니로 클라크의 역설을 밝혀낸 이후에는 더욱 그랬다. 물론 많은 교수들이 여전히 둥글둥글한 문체로 교과서를 집필하긴 했지만, 자본주의는 너무 빠르게 변해 더 이상 애덤 스미스, 리카도, 그리고 나소 시니어Nassau Senior의 확신을 재현할 수 없게 되었다. 이러한 교과서들이 일정한 패턴의 통일성을 갖추고 있었다고 하더라도, 본질적으로 그것들은 기존 생산 및 분배 방식을 옹호하는 변명에 불과했으며, 그 통일성조차도 실제라기보다는 허상에 가까웠다.

실제로 기술의 추진력은 너무 무자비해서, 젊은 경제학자들은 물리학이나 생물학의 동료들처럼 철학에서 연구로 방향을 틀어 세부적이고 역사적이며 실용적인 흐름에 더욱 깊이 빠져들었고, 그 결과 불확실성의 은닉된 땅에서 발을 뗐다. 수익성 있는 현실주의를 추구하는 사람들은 경영대학원으로 옮겨

가거나 은행에 자문을 하게 되었고, 봉사에 열정을 가진 사람들은 노동 문제와 인도주의적 입법에 대해 고민했으며, 정확성에 대한 열정을 가진 사람들은 수학의 방법을 측정하기 쉬운 경제 세계의 단편에 적용하여 제한된 영역에서 유익한 결과를 얻었다. 이와 비슷한 방식으로 대학에 깃든 과학과 탐구 정신은 기업 경영, 산업의 방향성, 자본과 노동의 갈등에 녹아들었다.

기계 시대가 본격화되기 전에 학교에서는 '제도 경제학institutional econom-ics*'이라는 새로운 접근 방식이 등장했다. 이 신조에 따르면 경제학자의 주요 임무는 '사실을 파악'하고, 경향을 관찰하고, 특정 상황을 조성하는 요인을 조사하고, 일시적으로 관련 정책을 실현하는 데 현명하게 협력하는 것이었다. 1923년 한 저명한 교수가 자본이나 노동 중 어느 한쪽을 옹호하는 과학은 과학적일 수 없으며, 중재와 해석의 중간 지점이 불가능한 교조주의에 대한 유일한 대안이라고 선언했을 때 시대정신은 상당히 정확하게 표현된 것 같다. 어떤 대가를 치르더라도 더 많은 이윤과 임금 인상에 집착하는 강인한 남성들에게 이 선언은 차갑고 희망이 없어 보였겠지만, 조잡한 보호색[관세에 의한 산업 보호]의 시대가 사라지고 있다는 점에서 매우 의미 있는 선언이었다.

같은 현실주의적 경향에 사로잡힌 정치학도 비슷한 변화를 겪었다. 법학의 언어로 훈련받은 사람들의 손에서 정치학은 오랫동안 엄격하고 관습과는 거리가 먼 것으로 남아 있었다. 20세기가 시작될 무렵 정부를 다룬 거의 모든 책은 헌법 규칙을 나열한 표에 불과했고, 이는 실천에 거의 또는 전혀 도움이 되지 않는 규칙이거나 '국가'라는 이해하기 어려운 추상 논리에 대한 사변적인 논문들이었다. 이것들은 대개 특정 정당이나 정파의 이익을 위해 어느 정

---

* 제도 경제학은 경제 현상을 이해하는 데 있어 전통적인 이론보다 사회적, 법적, 정치적 제도들이 어떻게 경제적 행동과 결과에 영향을 미치는지를 중시하는 접근 방식이다. 이 접근법은 경제학이 단순한 수치와 모델에 의존하기보다는, 실제로 경제 활동이 일어나는 환경, 즉 제도적 맥락을 파악하고, 다양한 요인들이 경제적 결정을 어떻게 형성하는지 이해하려는 시도를 강조한다. 이는 경제학이 단순한 이론적 추상에서 벗어나, 보다 실질적이고 사회적 현실에 맞는 정책을 개발하는 데 기여할 수 있다는 신념에서 비롯되었다.

도 의식적으로 고안된 것이었다. 그러나 그 외관은 호기심 많은 사람들의 조사를 피할 수 없었다.

시간이 지나면서 이러한 법학적 형식주의의 가치에 대한 의구심은 정당의 본질과 운영에 대한 탐구로 이어졌는데, 이는 1902년, 제임스 브라이스가 몇 년 전에 수행한 조사를 더욱 세밀하게 다룬, M. 오스트로고르스키의 『민주주의와 정당 조직*Democracy And The Organization Of Political Parties*』이 영어로 번역 출판되면서 자극을 받았다. 법의 벽이 허물어지자 개인과 집단이 통치 과정에 참여하도록 유도하는 동기의 원천과 정치의 기능을 결정하는 효율적인 대의에 대한 탐색이 시작되었다. 물질적 재화의 생산과 판매가 사회의 최고 활동이었던 기계 시대에 걸맞게 그러한 기원에 대한 탐구는 경제 기업의 영역으로 나아가는 길을 열었다. 그 출발이 이루어졌을 때, 어떤 성역도 침입자로부터 벗어날 수 없었고, 입법부, 행정부, 사법부 등 어떤 정부 부처도 과학적 비판의 빛을 피할 수 없었다.

이러한 침입이 진행되는 동안 정치 이론은 또 다른 부문, 즉 테일러주의 산업 효율성의 실천가들로부터 압력을 받았다. 국가, 주 및 지방 자치 단체의 예산이 증가하고 정부의 기능이 확대됨에 따라 기업 업무에서 성공한 조직 양식과 절차를 공공 사업 거래에 적용하는 것보다 더 자연스러운 일은 없어 보였다. 따라서 정치학의 한 갈래에서 공공 업무를 계획하고 실행하는 방법에 대한 탐구가 지배적인 관심사가 되었고, 이는 경제학에서의 제도적 학파의 출현과 유사하게 정부가 당파와 파벌이 부과한 의무를 이행하는 기술을 완성하는 데 도움을 주는 것에 주로 관심을 가졌다. 이렇게 해석이 교리를 밀어내고, 주로 정부 연구 부서에 의해 지시된 실용적 연구가 정치 개념에 대한 세밀한 분석을 대신하게 되었다.

다소 뒤처진 과학으로서의 법학은 전문성이라는 무거운 짐을 짊어지고 있었기 때문에 많은 장애를 안고 있었다. 서유럽에서 오랫동안 연관되어 온 신학과 마찬가지로, 민법도 그 분야의 정밀한 수호자들에 의해 신비한 물질로 여겨졌다. 이 주제의 숙달은 주로 법률가들의 말을 연구함으로써 이루어져야 했다. 이러한 언어적 자양분을 바탕으로 여러 세대에 걸친 변호사들은 성숙과 확신을 갖게 되었고, 불경한 사람들의 질문으로부터 자신의 영역을 격리할 수 있는 한, 그들의 권위는 안전했다.

그러나 현대 과학의 전방위적인 탐색 아래에서, 특히 법이 시장으로 내려와야 하는 상황에서 이 같은 카발리즘적 마법을 유지하는 것은 불가능했다. 입법부가 법률 제정을 통해 더 넓은 범위의 법률 규칙을 다루게 되면서 법학의 전 영역이 입법 다수파의 성격과 동기에 대한 검토를 위해 열리게 되었다. 판사의 정치적 임명을 둘러싼 논쟁은 또한 판사가 만든 법에, 사회과학에 관심 있는 사람들에게 숨길 수 없는 인간적 요소가 있다는 것을 드러냈다. 편견과 합리화의 심리학에 대한 연구는 사법 논리의 명성에 다마스쿠스의 칼날 Damascus blade*을 들이댔다. 판사들 간의 의견 대립으로 인한 논쟁은 일반 대중에게 사법적 판단의 더 난해한 마법을 드러냈다. '이 사건은 나라의 많은 사람들이 채택하지 않는 경제 이론에 따라 결정되었다…… 일반적인 명제는 명확하게 사건을 결정하지 않는다. 판결은 어떤 명료한 주요 전제보다 더 미묘한 판단이나 직관에 달려 있다.' 1907년 대법원의 홈즈 판사가 동료 판사들과 노동법의 효력에 대해 문제를 제기할 때, 마치 루이스 D. 브랜다이스의 등장을 예고하는 듯이 한마디 던진 말이다.

점점 더 많은 사람들에게 법은 단지 사회적, 경제적 표현의 한 형태일 뿐이며, 사회의 기술과 과정에 따라 변화하고 그 일부인 살아 있는 조직과 연관되어 이해되어야 한다는 것이 분명해졌다. 이러한 상황에서 관습법과 '정의의 영원한 원칙'에 길들여진 법학자들이 경악하는 가운데, '사회학적 법학socio-

---

* 고대 다마스쿠스에서 제작된 명품 칼날을 가리키는 말로, 고대부터 중세까지 유명했던 강철의 품질과 제작 기술을 의미한다. 이 문맥에서는 사법 논리에 대한 심리학적 연구와 판사들 간의 논쟁이 법의 명성과 권위가 다마스쿠스 칼날처럼 뾰족하고 날카로운 도전을 받았다는 것을 가리킨다.

logical jurisprudence'이라는 새로운 신념이 떠올랐고, 이는 하버드 법대 학장 로스코 파운드라는 저명한 권위자에 의해 공표되고 새로운 신앙으로 전파되었다. 이 시대에는 법을 만들고 해석하는 사람들의 경제적, 심리적 동기, '법률 제도와 교리의 실제 사회적 효과', 그리고 기존 질서를 만들어내고 의원, 변호사, 판사들을 영원한 형식주의에서 끝없는 발전으로 이끈 사회적 힘에 대해 탐구하는 것이 학생들에게 적절하다고 여겨졌다.

시장에서의 거래와 법정의 사건들로부터 더 먼 곳에서, 기계 시대의 역사가들은 세계 과정의 내밀한 본질보다는 과거에 주로 관심을 가졌기 때문에 경제학자, 정치학자, 법률가들처럼 당시의 실질적인 흐름에 깊이 관여하지 않았다. 역사학회Historical Association의 회장이자 원로 정치가였던 헨리 애덤스는 동료들에게 과학적인 역사학science of history을 시도해 볼 것을 권유했지만, 별다른 호응을 얻지 못했다. 그는 '역사가들은 지질학자가 화석 수집에 몰두하듯이 사실 수집에 몰두하고 있다'고 한탄했다.

아마도 이러한 무심함에 대한 설명은 애덤스 자신이 마련한 대화에서 찾을 수 있을 것이다. 그는 '어떤 역사 과학도 현대 세계의 거대한 이해관계를 근본적으로 흔들지 않고 형성될 수 있을까?'라고 질문한 적이 있다. 그런 다음 그는 피상적인 연대기나 지역적 에피소드에 대한 이야기 이상의 것은 현대 세계를 지배하는 거대한 힘, 즉 교회, 정부, 부자 또는 노동 조직 중 적어도 하나에 반할 수밖에 없다고 말함으로써 이 질문에 답했다. 역사가들은 이 제안을 정중히 경청한 후, 역사 과학이 불가능하다고 생각했거나, 아니면 애덤스와 마찬가지로 '침묵이 최선'이라는 결론에 도달했기 때문에, 평소처럼 중요한 사건에 대한 잘 기록된 조사 자료를 수집, 주석 달기, 편집, 구성하는 작업을 계속했다.

따라서 기계 시대에는 뱅크로프트의 방식으로 아메리카에서 신의 놀라운 섭리를 설명하는 낭만적인 역사가 없었고, 헤겔의 방식으로 세계적 배경에서의 아메리카에 대한 큰 철학적 관점도 없었으며, 버클의 공식에 따른 물질적 상황의 관점에서 아메리카 지성에 대한 해석은 작성되지 않았다. 그럼에도 불구하고 그 기간 동안 엄청난 성과가 이루어졌다는 것은 의심할 여지가 없다. 의식의 주인으로 행동한 철학 박사들은 칸트나 아리스토텔레스를 모방할 수 없었더라도, 적어도 '사실'을 가장한 순진한 편견의 거대한 더미를 제거했으며, 진정한 역사적 출처의 수집과 분석을 통해 아메리카 사회 세력의 움직임을 보다 정확하고 현실적으로 묘사할 수 있는 길을 준비했다.

그리고 그들은 그 이상을 해냈다. 프레드릭 잭슨 터너와 그 뒤를 이은 많은 제자들은 서부 개척이 아메리카 정세에 미친 깊은 영향력을 처음으로 명확히 밝혀냈다. 찰스 M. 앤드류스, 앨런 네빈스, O.M. 디커슨, 아서 마이어 슐레진저는 아메리카 독립 혁명을 이끈 상업적 이해관계의 원동력을 방대한 기록을 통해 충분히 드러냈고, 윌리엄 E. 도드는 옛 남부Old South에 대한 신화의 장막을 걷어냈다. 마침내 1926년 J.프랭클린 제임슨이 사회 운동으로 간주되는 아메리카 혁명에 대한 강의를 발표했을 때 아메리카의 기원에 대한 종합적인 관점을 위한 예술가의 스케치가 만들어졌다. 정치 연대기의 독점이 막을 내리고 있었다. 게다가 제임스 하비 로빈슨의 지도 아래, 클리오의 왕국Clio's kingdom[클리오는 고대 그리스 신화에서 역사와 연대기의 여신으로 클리오의 왕국이란 표현은 역사학이 전통적으로 집중해 온 정치적 사건이나 중요한 사건의 연대기적 기록을 의미]의 좁은 범위가 확대되어 지식 계층의 역사와 인류의 드라마에서 지성의 역할을 포함하게 되었다. 학교와 일반적인 목적으로 제공되는 미국의 역사서들은 학문적 수준, 범위, 시각, 공정성 면에서 세계 어느 나라의 유사한 작품들과도 완전히 동등하다고 말할 수 있었다. 만약 낭만을 사랑하는 이들에게 그것의 가시성이 낮게 보였다면, 그 사실은 아마도 비판적 정신 때문이지 창의적 능력의 부족에 대한 평가 때문은 아니었을 것이다.

§

자연과학이 일반적으로 지적 생활에 금속성 울림을 주었다 해도, 상상력이 풍부한 문학과 비평에 힘쓰는 사람들의 환상을 완전히 무너뜨리지는 않았다. 20세기가 시작된 후 한동안은 중상주의 문화가 의심의 여지 없이 그 궤도를 유지한 것처럼 보였던 것이 사실이다. 도금 시대부터 전해져 내려온 기존 저널은 더욱 광범위한 광고로 풍성해졌지만, 새로운 바람을 향해 돛을 펼친 적은 거의 없었다. 한동안 폭로 저널리즘으로 번성했던 인기 잡지들은 영원한 삼각관계, 최신 가십, 새뮤얼 스마일스의 영웅[사회적으로 일약 성공을 거둔 사람들]들로 다소 참회하는 태도로 돌아갔고, 올곧고 좁은 길에서 한 번도 벗어나지 않았던 존경받는 유서 깊은 월간지들은 전통적인 중간 계급의 표준을 계속 따랐지만, 간혹 성이나 노동에 관한 한두 개의 편차가 있는 기사로 구독자들에게 충격을 주기도 했다.

그러나 곧 몇 가지 중요한 변화가 일어났다. 많은 대도시 신문들이 서평 칼럼을 확대하거나 문학적 논평에 전념하는 특별 섹션을 발행하는 것이 가치가 있다고 생각했고, 카톨릭 신자이자 선별적인 취향을 가진 편집자 헨리 사이들 캔비가 독립적인 비평 주간지 〈토요일 문학 리뷰The Saturday Review of Literature〉를 창간했다. 분명히 그것은 평가, 자부심, 책 광고에서 성과를 거두었고, 이 같은 사실은 주목할 만한 것이었다. 더욱 인상적인 것은 오피니언 저널리즘의 새로운 모험이었다. 1914년, 『아메리카 삶의 약속Promise of American Life』으로 아메리카 정치사상사에서 뚜렷한 위치를 차지한 허버트 크롤리는 정치와 문예에서 자유주의에 솔직하게 헌신하는 신공화국을 설립했다. 4년 후, 사막에서 방황하던 〈네이션〉은 오스왈드 개리슨 빌라드의 지휘 아래 자유를 위한 전투를 벌이기 시작했다. 거의 같은 시기에 앨버트 제이 녹의 지휘 아래 〈자유인The Freeman〉은 많은 신성한 관습에 염산을 뿌리기 시작했고, 3년 동안 그 일을 계속 이어갔다. 이러한 무례함에 겁을 먹은 몇몇 보수주의자들은 '무분별한 급진주의'를 견제하기 위해 〈리뷰〉를 창간하고 중요한 인물들에게 지원을 요청했으나, 곧 소모적인 정체 상태에 빠지게 되었다. 자유주의와 일반적인 사고에 똑같이 불만을 품은 헨리 L. 멩켄과 조지 진 네이선은 〈스마트 세트〉를 떠나 앨프리드 노프 출판사와 협력하여 '문명화된 소수'를 대상으로 한 통렬하면서도 대담한 월간지 〈아메리칸 머큐리〉를 창간했다.

아메리카 작가들의 펜에서 우연히 흘러나온 문학적 상품들은 그들의 근본적인 가정, 양식, 뉘앙스에 기초하여 어느 정도 표로 정리할 수 있었다. 결국 연기가 자욱한 산업 하늘 아래에서 본질적으로 새로운 것은 아무것도 나타나지 않았다. 한 비평가의 말처럼 분류는 가능했다. '우리의 독특한 음표는 뚜렷한 음표가 없고, 거의 동일한 중요도에 있는 날카롭게 다른 개체들의 집합체라는 점이었다.'

격동하는 변화를 질서라고 부를 수 있다면, 아메리카의 질서에서 소중하고 칭찬할 만하며 언어적 승인을 받을 만한 가치가 있는 유형의 통합을 보았거나 보았다고 생각하는 만족스러운 작가들이 홍수 위로 눈에 띄었다. 아메리카 문화에 대한 이러한 관점은 여성용 잡지에 실린 이야기와 해럴드 벨 라이트와 진 스트래튼 포터의 소설에서 지속적으로 표현되는 불변의 낭만주의의 형태를 취했다.

이 신조는 스튜어트 P. 서먼의 저술에 의해 더욱 교양 있고 문명화된 옷을 입고 등장했다. 아메리카에서 '비교할 수 없을 정도로 심오한 도덕적 이상주의에 의해 움직이는 국가적 천재'를 발견한 이 저명한 비평가이자 수필가는 무엇보다도 '아메리카주의가 활기차고 경건하며 애정이 넘치기를' 바랐다. 그는 예술과 문학이 민주주의에 봉사하고, 국가의 도덕성에 활력을 불어넣고 영속성을 부여하며, 청교도를 아름답게 만들어 올바른 이성과 신의 뜻이 승리하는 영광스러운 목적을 이루기를 기도했다. 부르주아를 경멸하는 사람들에게 서먼은 깊은 혐오감을 드러냈고, 브리검 영의 경우처럼 근면, 금주, 절약, 도덕과 연관된 경우를 제외하고는, 더 거친 형태의 성적인 표현을 피했다. 서먼은 매튜 아널드의 언어를 사용했지만, 실제로는 그의 영국 멘토가 '속물Philistine'이라고 혹평했던 중간 계급의 건전한 심성에 호소했다.

반면에 적절함의 반대편에서, 아메리카에는 청교도와 중간 계급이라는 문화적 통일성이 있다는 셔먼의 가정을 받아들였지만, 그 윤리적 가식은 광고 에이전트의 이상을 가장한 위선이라고 비난하는 작가들도 홍수 위에서 번성했다. 이 학파도 마찬가지로 역사적인 형태에 충실하게 운영되었다. 이 학파의 가장 유능한 대변인인 잭 런던, 업튼 싱클레어, W.E. 우드워드는 부르주아 계급의 문화를 냉소적으로 비판하면서, 과학과 프롤레타리아트의 이상에서 영감을 얻은 사회주의의 통일성으로 그것을 위협했다.

  잭 런던은 『혁명』이라는 도전적인 제목의 소설에서 아메리카 자본주의의 '그날'을 묘사했다. 싱클레어는, 성서적인 따뜻함으로, 아메리카의 질서를 총체적이면서도 세밀하게 저주했다. 그는 『정글』에서 시카고 도축장의 생활과 노동 환경을 폭로하여 전통적으로 9일 동안[뉴스나 사건이 사람들의 주목을 받는 기간을 말하며 짧은 관심이나 유행을 의미하는 Nine Days' Wonder라는 표현에서 유래한 것으로 보인다] 아메리카인의 양심에 충격을 주고, 백악관에까지 파장이 미쳤으며, 심지어 시카고 돼지고기의 윤리에 대한 소문은 시베리아 대초원까지 퍼져나갔다. 다른 연구, 소설, 에세이에서도 그는 자본주의 저널리즘, 유치원부터 대학까지 이어지는 획일적 교육, 재물Mammon 숭배의 기술 등을 동일한 에너지로 공격했다. 런던이나 싱클레어보다 돈 버는 일의 실제적인 측면과 시장의 '전문 용어'를 더 잘 알고 있었던 우드워드는 『복권Lottery』이라는 날카로운 장편 소설에서 운과 저속함을 재물 획득 게임의 가장 큰 요소로 규정하면서 기업의 가식과 위선을 파헤쳤다.

  시어도어 드라이저, 싱클레어 루이스, 셔우드 앤더슨은 상업 문화의 최종성과 미덕에 대해 비슷한 회의론을 드러내며, 대체 가능하거나 바람직한 대체물에 대한 확신은 덜하지만 '건전한 중간 계급', 소도시, 부자plutocracy, 아메리카 성공의 제단 위의 대제사장들의 관습을 무자비하게 묘사한 작가들의 학교를 이끌었다. 다시 말해, 소설과 시의 완벽한 홍수 속에서, '비교할 수 없는 도덕적 이상주의에 의해 움직이는' 스튜어트 P. 셔먼의 국가적 천재성의 진위 여부에 심각한 의문이 제기되었다.

해롤드 벨 라이트와 업튼 싱클레어 사이에는, 순진하든 교묘하든, 우주적 계획에 대한 관심을 거부하고, 가장 가벼운 단어의 형이상학적 의미를 잊은 채 소설을 구매하고 읽는 사람들의 오락을 위해 소설을 쓴 다양한 예술가들이 흩어져 있었다. 그러나 시인이나 비평가의 열정과 동떨어져 있다고 공언한 이 작가들은, 기계 시대 아메리카인의 삶의 실체에 대한 주제를 찾거나 상품 생산에 대한 비극적 필연성에 사로잡혔다. 이 무렵 유럽에서는 봉건제가 거의 사라져 버렸기 때문에, 헨리 제임스나 F. 매리언 크로포드도 소멸하는 시대의 예절을 스케치하기 위해 번영의 땅을 떠나려는 생각은 하지 않는 듯했다. 이 무렵 사업가는 모든 서구 문명의 중심을 차지했고, 상상력의 어떤 노력도 그를 아서 왕의 자수 코트로 덮을 수 없었다[전통적인 화려함의 이미지로 현실적이고 실용적인 사업가를 묘사할 수 없다는 의미].

물론 기계 시대의 미국을 다룬 사람이라면 누구도 그 문명이 돌아가는 축을 보지 않을 수 없었다 ─ 예술적으로 새로운 부유층의 진입을 막으려는 세대들을 분석한 이디스 워튼도, 복지 사업에서 자비를 표현한 산업계의 대부호들도 마찬가지였다. 프랭크 노리스가 다채롭게 묘사한 성공한 철인鐵人 역시 단지 돈으로 승리를 거둔 허무함에 짓눌렸다. 마치 같은 기계 소리처럼, 회계실의 숫자가 '새로운 남부'를 배경으로 한 허구fiction를 관통했다. 제임스 브랜치 캐블의 첫 소설에서 당당한 인물은 '그 나라에서 가장 많은 사람들을 파산하게 만들고 가장 많은 선교사를 아프리카로 보낸 자선가'인 금융의 귀재였다. 엘렌 글래스고의 소설에 반영된 전투는 쇠락해가는 옛 농장의 존엄성과 과학과 사업의 역동적인 야망 간의 싸움이었다. 무대 중앙에 항상 사업가가 있는 것은 아니었지만, 그의 아내나 딸들이 있거나, 새로운 경제 질서에서 독립적인 경력을 쌓고 그에 맞는 예절과 도덕적 규범을 가진 여성이 그 자리를 차지했다. 연약한 여주인공들은 모두 풍성한 만찬 식탁의 시대에 사라졌다.

혹시나 그려진 장면이 강렬하게 지역적인 것이라면, 숫자 시대에 맞게 조정된 동일한 운명적인 분위기가 등장인물과 그들의 이야기를 감쌌다. 철저하게 도시적인 이디스 워튼의 눈을 통해 뉴잉글랜드 농부 이선 프롬이 마치 아가멤논의 운명을 장식한 그 가혹한 손처럼 차가운 회색 화강암을 깎아낸 운명을 볼 수 있었다. 시어도어 드라이저의 『아메리카의 비극*American Tragedy*』이라는 캔버스에는, 단지 사소한 우연의 한 순간이 한 불행한 청년을 은행장의 자리가 아닌 교수대로 보내버리는 무정한 운명이 클뤼타임네스트라의 격노한 복수만큼이나 냉혹하게 그려졌다. 마찬가지로, 인기 있는 교육과 경제적 기회에 의해 고무된 해방된 흑인의 필연적인 열망은 월터 F. 화이트의 『부싯돌 속의 불꽃*Fire in the Flint*』에서 타올랐다. 문학과 예술에서 불경한 과학과 여성의 강경함은 '누드에 대한 추구[문자 그대로 나체에 대한 관심을 뜻하기보다는, 문학과 예술에서 금기와 관습에 도전하는 태도, 특히 인간의 본질, 육체성, 그리고 자연스러운 모습을 솔직하게 탐구하려는 경향]'를 부추겼다. 기적, 십자군, 기사들의 밤샘 기도의 시대[중세의 이상적인 가치관을 상징하는 것들]는 사업적 기업의 시대와는 거리가 먼 것으로 보였다.

그럼에도 불구하고 기계가 정서를 완전히 파괴했다고 주장할 수는 없었는데, 마커스 해나가 워릭의 역할을 맡고 유에스 스틸이 조직된 지 얼마 지나지 않아, 시인의 무리가 노래하기 시작했기 때문이다. 왼쪽의 소설가들처럼 에드거 리 마스터스와 칼 샌드버그는 민주주의적 동정을 숨기지 않고 평범한 도덕의 미화된 이상주의(종종 위반을 통해 관찰되는)를 공격하고 비범한 영웅들을 찬양했다. '부드러운 물의 꿈'인 베네치아에 대해, 샌드버그는 시카고를 '얼음 위의 돼지처럼 독립적인' 도시로 묘사했다.

오른쪽에 있는 모든 회의론자들과 마찬가지로, 에드윈 알링턴 로빈슨은 존경할 만한 것들을 부드럽게 말했지만, 모든 것이 아무것도 아니라는 끔찍한 의심을 드러냈다.

모든 게 허무하다.
벌레와 황제가 하나로 돌아가

모두 같은 흙이 될 뿐이다.

에이미 로웰과 사상주의자imagist들은 과학과 효율성의 전문가들에게서 교훈을 얻어 몽상가들의 우주적 갈망을 떨쳐버리고, 교환 가능한 부품의 시대에 걸맞게 작은 사물의 작은 그림을 꿰뚫는 정확성으로 그려냈다.

로빈슨이 암시했듯이 모든 게 허무든, 에이미 로웰이 제안했듯이 정확하게 파악할 수 있는 작은 조각으로 구성되어 있든, 다른 시인들은 전혀 신경 쓰지 않았다. 에드나 세인트 빈센트 밀레이는 그저 '하늘을 향해 웃고 웃었다'고 했고, 베이첼 린지는 우레처럼 그의 북을 울리며 제너럴 부스General Booth[구세군을 창시한 윌리엄 부스], 에이브러햄 링컨, 콩고에서 온 케이크워크cake-walk[아프리카계 흑인의 전통적인 춤] 왕자들을 기리는 축제를 열었다.

소설, 시, 에세이가 풍성했던 이 시대에도 강력한 유머 작가는 한두 명만 나왔다. 1910년 마크 트웨인은 영예와 괴로움으로 가득 찬 긴 여정을 떠났다. 거의 같은 시기에 미스터 둘리도 침묵의 그림자로 사라졌다. 윌 로저스가 결코 시시한 주술사가 아니라는 사실은 인정해야 했지만, 그 누구도 다시는 큰 웃음의 유령을 불러일으킬 수 없을 것 같았다. 로저스는 문화적으로 무심한 다정한 카우보이의 태도로, 수많은 항아리와 살아 움직이는 흉상 위에 올가미를 던져 받침대에서 끌어내렸고, 이따금 속물성의 두꺼운 가죽에 날카로운 검을 꽂아 넣었으며, 때로는 화려한 정치 쇼를 격렬한 웃음 속에 녹여냈다.

정치가들이 전쟁 방지를 외치고 있을 때, 로저스는 사람뿐만 아니라 돈도 징집할 것을 제안했다. '당신이 월스트리트의 백만장자의 사무실에 들어가 비서와 직원들을 데려갈 뿐만 아니라 그의 돈을 가져갈 것이라는 사실을 알게 된다면, 전쟁은 일어나지 않을 것이다. "맞아, 하지만 어떻게 그렇게 할 수 있겠어?"라는 질문을 듣게 될 것이다…… 아니, 그런 일은 절대 일어나지 않을 것이다. 부자들은 실용적이지 않다고 말할 것이고, 가난한 사람들은 그것이 실용적인지 아닌지 알 기회조차 얻지 못할 것이다.' 로저스는 로지 상원 의원을 '나한트의 공자Confucius of Nahant'[찰스 에반스 휴즈의 별명]라고 부르며 그 귀족 학자의 입에서 쿨리지 대통령에 대한 이런 말을 꺼냈다. '그가 주목받기 시작한 이래 그를 알아왔다. 그를 알아본 8개월 동안 나는 그가 인내심이 있고 정직하며 단 한 명의 필리핀인의 자유도 고의로 빼앗지 않을 사람이라는 것을 알았다.'[*]

석유 스캔들을 검토하던 로저스는 쿨리지 대통령이 필리핀에 독립을 허용하지 않을 것이라는 소식을 듣고 상원 의원 중 한 명의 입을 빌려 이렇게 물었다. '무슨 일입니까? 그들도 석유를 캤나요?' 이런 정신으로 로저스는 껌에서 외교 문제에 이르기까지 모든 것을 자신의 철학적 패턴의 범위 안으로 끌어들여 기계 시대를 조사했으며, 푸딩 하나에 자두를 너무 많이 넣으려는 유혹을 조심스럽게 피했다. 그의 공연에는 천재성은 아니더라도 참신함과 대담함이 있었고, 개척자 정신이 되살아나 있었다.

문학을 하는 창조적인 예술가들 주변에는 다른 어느 나라보다 더 많은 비평가들이 몰려들었다. 리뷰의 증가와 지면을 채우기 위한 인쇄업자들의 소란은 통찰력 있는 에세이 작가들을 불러일으키는 한편, 덜 번창하는 나라에서는 기계적 직업으로 밀려났을 사람들로 이루어진 다양한 작가 집단에 일자리를 제공했다. 이러한 일반적인 흐름 속에서, 문학적 평가의 많은 업무는 문학의 형식에 훈련된 교수들, 즉 그 문학들을 생산한 문명에 대해서는 배운 바 없는 교수들의 손으로 넘어갔다. 교수들의 손에서 벗어난 평가의 상당 부분은 언론계에서 채용된 아마추어들이 담당했는데, 이들은 대학 교육을 받았더라도, 고전이든 현대든 어떤 문학 교육도 받지 않은 사람들이었다. 따라서 아름다운 문

---

[*] 쿨리지는 앞에서 나온 대로 1920년대 미국의 대통령으로, 그의 정치적 입장과 외교 정책은 당시 식민지와 제국주의적 관점에서 평가될 수 있다. 필리핀은 그 당시 미국의 식민지였고, 미국은 필리핀의 정치적 자율성을 상당히 제한하고 있었다. 쿨리지가 필리핀의 자유를 존중한다고 평가하는 것은 당시 미국의 식민지 정책과 전혀 맞지 않는 발언이기 때문에 아이러니와 풍자를 불러일으킨 것이다.

장에 학문의 기술을 접목시킨 사람들과 민첩한 재치와 영리한 신문의 속임수에 의존한 사람들 사이에서 문학 비평은 주로 고도의 언어적 기술이 되었다.

그들이 감각의 혼돈 속에서 항해하던 작은 논리적 뗏목을 들여다보았을 때, 비평가 집단의 구성원들은 자신들의 과학이 절망적인 혼란에 빠져 있음을 발견했다. 이를 슬프게 증명해주는 것이 1924년에 발표된『아메리카의 비평Criticism in America』이라는 제목의 작은 책자였다. 그 책과 유사한 성과들을 보면, 유럽이 신탁의 예언Sibylline guess을 했다고[유럽의 비평가들이 신탁의 예언처럼 암호적이고 불확실한 판단을 내렸고, 이러한 판단이 비평의 혼란을 더욱 부추겼다는 의미] 생각했던 비평가들이 사실 합리적 사고의 학파만큼이나 위험한 상태에 있었던 것이 분명하다. 확실히 그들 중 몇몇만이 문학과 사회적 진화의 동력 사이에 중요한 관계가 있을 수 있다는 사실을 인식하고 있었다.

문학에 종사하는 사람들 사이에서 예술적 천재성을 낳고 키우는 아메리카 문명의 힘에 대한 오랜 논쟁은 동일한 기본 의견 분열로 계속되었다. 일부에서는 아메리카가 취향이 지방적이고 문화가 얇고 진정한 재능을 인식할 수 없으며 평범함에 집착하고 청교도적이며 창조적인 예술에 냉담하고 달러 수집에만 몰두한다는 주장이 여전히 유지되었다. 이 기소를 승인한 민감한 영혼들은 이전과 마찬가지로 오래된 지역사회라는 피난처로 도망쳤고, 같은 신념을 가진 더 강경한 마음들은 작가와 평준화된 대중 사이에 방역선을 세워 자가 임명된 지적 귀족층의 보호를 제공하는 프로젝트와 같은 구호 및 구제책을 제안했다.

울타리의 반대편에는 동등한 자질을 가진 비평가들과 예술가들이 있었는데, 그들은 미합중국 중기의 선배들보다 더 큰 타당성을 가지고 다음과 같이 주장했다. 미국은 사실 예술을 수용할 준비가 되어 있으며, 유럽 어느 나라보다도 더 많은 감식안을 가진 사람들을 보유하고 있으며, 통찰력을 가진 누구에게나 주제를 제공하고, 미적으로 부적합하지 않은 책들에 대해서는 거의 간섭하지 않으며, 전반적으로 문학이 삶과 연관이 있다고 믿는 모든 사람들에게 자료와 기회를 제공한다고 말했다. 이에 대해 편집자 조지 진 네이선은 '어느 나라에서도 일류 작가의 강연료가 이렇게 높고 많은 주식중개인과 자동차 판매원이 그를 만나고 싶어 하는 경우는 없다'고 도전적으로 대답했다. 책 저자들과 해설자들의 논쟁을 옆에서 지켜보던 이들은 어떤 결론을 내리기가 어려웠다. 왜냐하면 변론의 기준이 되는 상위법이 없고 참가자들이 사용하는 어휘가 장어처럼 미끄러워 어떤 판결을 내리기가 어려웠기 때문이다.

또 다른 측면에서 기계 시대의 문학 비평은 전통을 따랐다. 문학에 대한 모든 논의 속에서 한쪽에서는 영국의 승인에 대한 간절한 열망이, 다른 한쪽에서는 그 고상한 판단의 법정에 대한 예전과 같은 경멸이 어른거렸다. 에머슨과 휘트먼의 시대처럼, 애타는 열망은 친절한 후원으로 대답되었고, 경멸은 같은 경멸로 응수받곤 했다. 확실한 한 가지는, 영국 소설이 미국에서 백만 단위로 팔리는 반면, 미합중국 소설은 영국에서 천 단위로 팔렸다는 것이다. 아메리카 잡지는 영국 작가들에게 금빛 물줄기를 쏟아부었고, 영국 잡지는 아메리카 작가들에게 겨우 몇 방울만 돌려주었다. 예술은 좋든 나쁘든 항상 그랬듯이 그것을 생산한 문화와 중요한 관계를 맺고, 그 관계 속에서만 평가될 수 있기 때문에, 영국의 문학적 판단이 지방성의 약점이나 대도시의 고립성에서 기인한 것인지, 또는 어떤 비율로 기인하는지 아무도 알 수 없었다. 어떤 공식도 이 딜레마를 해결할 수 없었다. 어쨌든, 미합중국 작가들의 거칠고 경쾌한 스타일이 단순히 고전적인 예의범절에서 현대의 속도감에 맞는 일상적인 언어로의 전환을 나타내는 것인지, 또는 그 이상의 의미를 지니는 것인지는 확실하지 않았다.

기계 시대의 아메리카인들은 유럽에서 들려오는 최신 소식을 듣고 싶어 하는 욕심은 분명 있었다. 그들은 거의 모든 문학과 과학의 거장들을 직접 관찰하기 위해 바다를 건너 데려왔다. 철학자 앙리 베르그송, 상대성 이론의 대사제 앨버트 아인슈타인, H.G. 웰스, 체스터튼, 쿠에[Emile Coue], 그리고 수많은 계몽주의자, 의사, 연예인들의 크고 작은 이야기를 듣기 위해 사람들은 몰려들었다. 버나드 쇼를 제외하고는, 유럽의 언어적 영웅들 중 어느 누구도 아메리카 대중에게 자신을 드러내고 대가를 받는 것을 꺼리지 않았다. 그들 중 일부는, 19세기의 매너를 이어받아 입장료를 세고 나서, 미국을 '달러 민주주의'라고 비웃고 그들의 자연스러운 호기심을 깎아내림으로써, 그들의 동기를 드러냈다.

§

 일반적으로 아메리카 문학이 얼마나 다양하고 훌륭했든 간에, 특히 드라마에 대한 비즈니스 기업의 영향은 획일성과 진부함으로 향하는 경향을 드러냈다. 도금 시대의 상업에 의한 극장의 정복은 기계 시대에 연극의 대량 생산―모두 '메이드 인 아메리카'였다 ―으로 이어졌고, 중앙의 관리하에 해안에서 해안까지 뻗어 있는 극장 네트워크는, 오락에 쓸 돈이 있고 욕조, 신발, 모자, 속옷을 생산하는 기업과 동일한 용이함을 갖춘 극장을 찾는 다민족 인구의 단순한 취향에 맞춰 표준화된 오락물을 끊임없이 제공했다.

 이 광범위한 거래에 수반되는 재정적 고려 사항으로 인해, 가능한 한 마찰을 최소화하면서 가장 많은 대중에게 판매할 수 있는 연극 상품을 내놓는 것이 바람직했다. 그리고 제조업체들은 주문에 필요한 수량과 품질을 생산할 수 있는 패턴 제작 부서의 책임자를 찾는 데 전혀 어려움을 겪지 않았던 것 같다. 때때로 천재가 그레이트 화이트 웨이Great White Way[브로드웨이를 대표하는 42번가와 그 주변의 극장가]에서 원하는 라인을 정확히 만들 수 없을 때, 영리한 관리자들은 대중의 취향에 맞게 자르고 조각하는 데 능숙했다. 영화에 대한 관심은 사회적 층위 더 깊숙한 곳까지 파고들어 순회 극단들을 거의 도로에서 몰아내고 해안에서 해안까지 문화의 획일성을 전파하는 데 일조했다. 물리학이 발달한 시대에 걸맞게 화려한 조명, 무대 장치, 회오리바람 같은 움직임의 메커니즘은 인간 스타들을 무대 밖으로 밀어내고 아이디어의 차가운 빛을 배경으로 밀어내면서 관객과 배우를 일종의 전자 폭풍 속으로 점점 더 휘말리게 했다.

　주제와 관련하여 상업 극장의 드라마는, 구세계의 웅장한 오페라와 무거운 비극이 후원자의 취향과 이상에 부합했던 것처럼, 좌석을 구입하고 돈을 지불하는 사람들, 즉 압도적 다수를 차지하는 사업가와 그 가족들의 정신적 요구 사항에 문자 그대로 부합했다. 중역 회의나 계산기의 딸깍거리는 소리만큼이나 조율된 모험으로 하루를 보내고, 가끔 비서와의 가벼운 염문 외에는 별다른 변화 없이, 상품을 만들고 파는 일에 몰두하는 아메리카 남성들에게 정확히 일치하는 상품이 끝없이 쏟아져 나왔다. 야심 찬 사람들에게는 감성과 이윤 추구의 양념이 더해진 '빠르게 부자 되기Get-Rich-Quick'의 유쾌한 모습을 보여주며 '멍청이들'을 털어 재산을 얻는 기행이 제공되었다. 기계의 톱니바퀴로 만족하는 '작은 사람'에게는 조지 M. 코헌이 제공한 기분 전환이 있었다. 이 돈벌이 연예인은, 외과 의사의 고심 끝에, 그의 티켓 구매자의 감정을 '(1) 눈물, (2) 웃음, (3) 스릴'이라는 세 가지로 분석한 다음, 유압 펌프의 리드미컬한 소리로 이러한 기본 감정을 솔직하게 자극해 '광고는 돈을 가져다준다It Pays to Advertise'[조지 코헌의 유명한 연극 제목]는 그의 해석으로 커다란 승리를 거뒀다.

　더 가볍고 유쾌한 시간대에는 상설 극장의 불변의 수입원인 '보드빌 쇼'가 있었다. 이는 같은 농담, 곡예, 춤을 연속적으로 반복하며, 공장에서 상자 제조 기계의 냉혹한 인쇄를 지켜보는 것과 사무실에서 비즈니스 편지를 비서에게 낭독하는 것에 만족하는 사람들에게 똑같은 만족감을 맛보게 했다. 그리고 이 모든 것의 대미를 장식한 것은 뮤지컬 코미디였다. 도금 시대의 하층민들을 즐겁게 해주었던 파리 캉캉은, 기계 시대에 현대인의 입맛에 맞는 현대식 향신료의 풍미를 더해 새롭게 단장되었다. 하렘의 고대 양식에 더욱 화려한 의상, 조명, 이국적인 춤, 기괴한 음악이 더해졌고, 한 괴짜 비평가의 표현처럼 잘 알려진 고기에 새로운 파슬리 장식이 추가되었다. 액션은 상품 생산의 속도로 빨라졌고, 장면을 기다리는 긴 시간은 제거되어 톤과 색상의 빠른 변화

속에서 칼라, 셔츠, 사탕, 치약을 생산하거나 주식과 채권을 판매하는 일상에서 벗어나 한두 시간 동안 그것을 잊을 수 있었다. 경제성과 효율성이라는 기계 원칙에 따라 여배우들은 공중도덕이나 경찰의 양심이 허용하는 한 누드에 가까워졌고, 청교도 시대에는 빈민가에서 사회 최하층에게조차 제공되지 않았던 스펙터클을 목격하도록 모든 사회 계층이 초대되었다. 이것이 스튜어트 왕정복고 시대에 영국을 휩쓸었던 것과 같은 일시적인 반응인지, 아니면 유베날리스가 묘사한 것과 유사한 관습에 대한 자연의 승리인지는 사태의 표면으로는 판단할 수 없었다.

자유의 땅에서 번영을 누리며 여가를 즐기고 마티네 우상matinée idol[여자들에게 인기 있는 배우]에게서 재미를 갈망하는 비즈니스 커뮤니티의 여성들에게는 그들의 영적 요구에 맞는 특별한 제물이 제공되었다. 음악, 미술, 문학에서 여성들이 취향을 지배했듯이, 그들은 연극 분야에서도 철권으로 영지를 다스렸다. 귀중한 것들, 온화한 감정들을 원했고, 뮤지컬 쇼의 큰 웃음이나 멜로드라마의 우렁찬 웃음소리 같은 거친 것들은 원하지 않았다. 위험하지만 순수하고, 의심스러우나 본질적으로는 올바른, 작은 남자와 여자들이 다소 어려운 책임과 상황에 직면한 주제들, 혁명적이지는 않지만 새로운 주제들, 모두 '동정과 이해'로 다루어진 작품들, 즉 안락한 사람들의 동정과 이해로 다루어진 작품들이었다. 유대인, 아일랜드인, 독일인 등 다양한 인종적 배경을 다룬 많은 감상적인 드라마들과 변화하는 세상에서 '사회적 상승'을 주제로 한 수많은 줄거리는 여성들뿐만 아니라 시장 심리에도 충분히 호소력이 있었다.

대도시의 드라마와 거의 동등했던 것은 영화 사업이었다. 세기의 첫 30년 동안 영화 산업이 높은 수준에 이르렀을 때, 하나의 화려한 스펙터클을 제작하는 데는 막대한 자금이 소요되었는데, 추정에 따르면 사업 비용을 충당하고 '합법적인 이익'을 얻기 위해 최소 900만 명의 티켓 구매자가 필요했다. 수많은 구매자를 끌어들인 개념의 공통분모가 거래의 분위기와 취향을 결정지었다. 이 문제에 대한 의문은 가장 간단한 용어로 축소된 자막을 읽는 데 허용된 시간, 즉 수많은 관찰자들의 지능 지수를 쉽게 알 수 있는 시간을 관찰함으로써 해결할 수 있다.

이러한 조건에서, 시각적 및 언어적 대중 생산의 최고 예술가들이 단순한 주제, 기계적 기술, 드라마 기술에 집중하는 것은 불가피했다. 일부는 전 세계의 교양 있는 계층을 감동시킨 위대한 연극들이 어느 정도 성공적으로 '그레이트 화이트 웨이'의 요구에 맞게 각색되었고, 과학, 탐험, 여행도 약간의 존경을 받았던 것은 사실이다. 그러나 분명한 것은, '진지한 내용'이 카우보이, 멜로드라마, 또는 달콤한 로맨스와 같은 최저 공통 분모의 보상을 받지 않는 한, 경영진에게는 미미한 수익만을 가져왔다는 것이다. 영화와 라디오의 결합이 어떻게 될지는 더 높은 사변의 신비 중 하나로 남아 있었다.

기계의 획일성이 비즈니스맨과 그 가족들이 지지하는 드라마를 몇 가지 배경 설정으로 매끄럽게 만들고 평균 관객을 위한 영화들을 평준화시키는 동안, 여기저기서 불안과 반란의 조짐이 보였고, 이는 경제적 불만의 흐름과도 일치했다. 예를 들어, 루즈벨트가 아마겟돈으로 돌격하기[1912년 루즈벨트가 진보당을 결성해 나선 대통령 선거를 가리킨다] 직전의 몇 년 동안 사회민주주의의 진보적이고 자유로운 개혁에 힘을 실어준 중간 계급의 신랄한 변방이 자주 인정받았다. 1906년에 발표된 찰스 클라인의 『사자와 생쥐*The Lion and the Mouse*』에서는 작은 자의 괴물인 '대기업'의 무자비한 힘이 묘사되었고, 1911년에 발표된 에드워드 셸던의 『보스*The Boss*』에서는 자본과 노동의 원초적인 투쟁이 생생하게 조명되었다. 안락함에 불안해하는 그리스도교 사회주의자에게는 1908년에 나온 찰스 랜 케네디의 『집안의 하인*The Servant of the House*』이 유쾌한 감정의 출구를 제공했고, 〈전진하는 그리스도교 병사들*Onward Christian Soldiers*〉의 곡조에 맞춰 행진하는 진보주의자들을 응원하는 사회사업가들에게는 1911년에 상연된 찰스 케니언의 『불쏘시개*Kindling*』가 빈민가의 처참한 모습을 그려냈다. 그러나 진보주의자들의 패배와 사회주의의 쇠퇴로 인해 그러한 도덕적 압박은 완화되었고 일반적으로 더 관습적인 표준으로 돌아갔다.

　가끔씩 특이한 실험이 있었다. 예를 들어 퍼시 매케이는 아메리카 민주주의가 설정한 한계 내에서 그리스 드라마에 내재된 단합과 의식을 현대 사회의 형태로 되살리려 했다. 고전 학자이자 극장의 아들, 예술의 열렬한 사도, 조국의 높은 운명에 대한 깊은 신념, 그리고 지칠 줄 모르는 노동자였던 매케이는 영속적인 연극의 구조를 확립할 수 있는 종합적인 것을 찾고자 했다. 때때로 암시되듯이, 그는 너무 고대에 머물렀고 아메리카의 과정을 이해하기에는 방향 감각이 너무 혼란스러웠다. 그럼에도 불구하고 그는 회화, 조각, 음악과 같은 동맹 예술을 사용하여 극적인 액션을 풍부하게 함으로써 연극의 영역을 넓혔고 ― 때로는 동맹국들에게 정복당할 위험에 처하기도 했다 ― 소설과 역사에서 가져온 지역적 주제를 바탕으로 한 가면극과 야외극masques and pageants을 제작하여 연극을 열린 공동체 속으로 끌어들였다.

　유사한 반란의 정서를 반영하면서, 뚜렷한 방향성이나 소용돌이 같은 것과 관계없이 다양성, 신선함, 제작과 판매의 고단함으로부터의 자유를 추구한 것은 '소극장 운동'의 저항이었다. 소극장은 어떤 경우에는 배우 길드에 의해, 어떤 경우에는 지역사회에 의해, 때로는 실험을 할 수 있을 만큼 부유하거나 위험을 감수할 의지가 있는 개인에 의해, 때로는 소극장 규모의 자체 무대를 갖춘 순회 극작가–제작자에 의해 운영되었다. 이러한 노력의 가시적인 성과가 나타나자, 많은 대학들이 커리큘럼에 연극을 추가하여 예술을 지원하기 시작했다. 피츠버그의 카네기 공과대학은 초기에 드라마 특별학과를 설립했고, 1925년에는 거의 100개의 고등교육 기관이 대도시 관리자들의 기계적인 틀에 정확히 맞지 않는 연극 제작을 장려하기 위해 노력했다.

　그해 예일 대학은 학생들에게 독창성을 불어넣는 데 성공했던 하버드 대학의 조지 베이커 교수를 불러들여 창작 활동을 촉진할 수 있는 적절한 시설을 제공하면서 앞으로 더 좋은 작품이 나올 것이라는 기대가 생겨났다. 실제로 소극장 운동은 그 후 피츠버그에서 열린 드라마에 관한 전국 회의에 90개

대학과 40개 소극장의 대표자들과 수많은 독립 벤처사업 후원자들이 모일 정도로 성장했다. 1910년 일리노이 주 에반스턴에서 설립된 희곡 리그Drama League는 연극 관람의 지평을 넓히고, 희곡 읽기를 장려했으며, 특히 그 시대에 맞는 소재를 제공함으로써 학생들의 상상력을 넓히기 위해 노력했다.

그러나 무엇보다도 가장 인상적인 것은 유진 오닐, 맥스웰 앤더슨, 로렌스 스톨링스가 풀어낸 감정적 폭풍으로 대표되는, 안일한 자만심에 대한 이성적 반란이었다. 프린스턴에서 한 학기, 하버드에서 한 해, 그리고 금 사냥꾼, 선원, 배우, 기자 등 다양한 경력을 쌓은 극작가 오닐은 정확한 위치나 분류할 수 없는 일련의 폭발로 배우와 희곡의 굳건한 구매자들을 놀라게 했다. 오닐은 오래된 즐거움과 정형화된 형식을 버리고, 모로니아Moronia* 주민들을 괴롭히는 저주에 대해 신학적이든, 사회적이든, 도덕적이든 어떤 설명도 하지 않고 바로 보통 사람들의 고통과 좌절, 패배를 표현하는 작업에 착수했다. 『털복숭이 원숭이*The Hairy Ape*』, 『황제 존스*Emperor Jones*』, 『안나 크리스티*Anna Christie*』로 대표되는 이 양식의 풍성한 모험을 마친 오닐은, 제니스 라이온스 클럽의 화요일 오찬에 베네치아의 마르코 폴로를 소개하는 『마르코 밀리언즈*Marco Millions*』에서 비즈니스 기업과 그 인간적 결실에 대해 똑같은 일을 해냈다. 소란스러운 소동 속에서 오닐은 오랫동안 기다려온 아메리카의 위대한 연극 천재로서 지식인들의 환영을 받았다. 다른 이유도 있지만, 행진하는 영웅들의 행렬을 따라 깃발을 흔들고 찻잔과 칵테일을 마시며 전투를 벌이던 민간인들의 눈에 제국주의와 전쟁의 더러움과 고통을 현미경으로 들여다보게

---

* '모로니아'란 용어는 오닐의 희곡에 대한 비평에 등장한 것으로 보이며, 그의 작품에서 다루는 부조리한 인간 경험과 혼란의 상태를 설명하는 은유적인 개념인 듯하다. 어리석음, 혼란, 정신적/도덕적 부조리를 뜻하며 '모로니아의 주민들'은 현실과 삶의 의미를 제대로 인식하지 못하는, 혼란과 절망 속에 사는 평범한 사람들을 가리키는 것으로 이해할 수 있다. 그들은 사회적, 도덕적, 신학적 기준에 의해 해석될 수 없는 부조리한 상황에 놓여 있으며, 그들이 겪는 고통과 좌절을 설명할 수 있는 명확한 해답은 없다는 점에서 오닐의 작품에서 중요한 주제를 이룬다.

한 스톨링스와 앤더슨에게 더 많은 관객들이 경의를 표했다. 이 나라는 '그레이트 화이트 웨이'의 표준화에 의해 완전히 정복되지 않았으며, 포드주의의 땅에는 앞으로 더 중요한 일들이 일어날 조짐이 보였다.

§

새로운 세기의 두 번째 10년 동안 유사한 다채로운 정신이 조형 예술의 영역에 들어왔다. 물론 아카데미는 여전히 번성했고, 대형 박물관들은 전통적인 인기 작품을 더 많이 추가했다. 수많은 아메리카 예술가들이 고전 비평가들의 검열을 통과한 훌륭한 작품을 그렸는데, 한 감정가는 이제 살롱의 그림이 마드리드, 파리, 베를린 또는 인디애나폴리스에서 그린 것인지 더 이상 구분할 수 없다고 고백할 정도로 기교가 뛰어났다. 사전트, 휘슬러, 라파주, 블래쉬필드는 도금 시대에 이미 설정된 경로에서 작업을 계속했고, 비슷한 열망을 가진 젊은 예술가들이 거장들의 작품 옆에 제대로 된 캔버스를 전시회에 걸었다. 1925년 뉴욕에서만 2만 명 이상의 남녀가 붓, 연필, 끌로 생계를 유지하고 있는 것으로 추산되었다. 아메리카에서 오랫동안 외면받던 조각도 제자리를 찾기 시작했다.

하지만 그 표면 아래에서는 불만의 소리가 울려 퍼졌다. 도금 시대에 경직된 취향의 규범에 반대하여 시작된 항의는 이제 과학과 기계의 시대에 적합한 예술과 농업, 신비주의, 수공업, 봉건주의 시대에 적합한 예술 사이에는 타협이 있을 수 없다고 선언한 똑같이 독단적인 지도자들의 지휘 아래 혁명으로 발전하고 있었다. '진리와 순수'의 예술, '사진 같은 회화와 조각, 감성, 매력, 세련미, 단순한 기교'의 예술을 비난한 새로운 학파의 화가들은 기계에 의한 대량 생산 시대의 역동성, 과학, 색채, 형태, 재료, 움직임, 수학적 추상성을 붓과 끌로 표현하려고 했다.

이 반란이 시작된 유럽에서, 그것은 다양한 이름으로 번성했다. 기하학적 형태의 극단적인 사용으로 인해 프랑스에서는 큐비즘Cubism, 발전의 예언으로 인해 이탈리아에서는 미래파Futurism, 예술이 다시 한 번 창조적이 되려면 사물의 중심 가까이에 있어야 한다는 주장에 따라 영국에서는 보르티시즘Vorticism이었다. 가장 이성적인 형태로, 그것은 예술을 산업 시대의 활기찬 삶과 현재의 사상과 연관시키려는 노력이었다. 모더니스트 뒤샹–비용은 '오늘날의 세계는 그 시대의 지배적인 관심사인 힘과 속도로 우리의 모든 개념을 관통하는 기계의 관점에서 그 생각을 해석한다'고 주장했다. 또는 아메리카 요소적인 언어로 사태를 표현하자면 다음과 같았다. '우리 시대의 삶은 건물의 크기, 자동차의 신속성, 제조품의 양으로 더 분명하게 표현된다. 그러나 그러한 것들은 상상력에 가해지는 무게로 인해 우리 경험의 본질을 다루는 표현을 더욱 간절히 추구하게 되는데, 그것은 활자, 빛, 상형avoirdupois[파운드법에 있어서의 질량의 단위], 척도로 표현된 대로가 아니라 우리의 사고에 동화되고 그것을 정의하는 형태와 색채를 통해 우리가 알고 있는 대로이다.'

종교와 정치가 기술의 결실을 거부할 수 없듯이, 예술도 그 영향에서 벗어날 수 없었고, 시간이 흐르면서 유럽을 들썩이게 했던 모든 유행이 아메리카에 등장했다. 1913년 연필, 붓, 끌을 사용하는 아메리카의 급진주의자들은 뉴욕에서 캔버스와 주조물을 대담하게 전시하고 구세계의 샘플로 작품을 보완했다. 그해부터 아메리카 미술계의 이단아들은 그 수와 자신감, 세력이 점점 커졌다. 1920년, 뉴욕의 작지만 단호한 반항아들은 아메리카가 '현대 미술'이라는 형식으로 받아들이기 시작한 혁명, 즉 신고전주의의 부드럽고 생물학적이며 감각적인 선과 표면을 거부하고 딱딱하고 각진 획과 역동적인 힘으로 활기찬 금속 면으로 이루어진 기계 시대를 전심으로 받아들이는 혁명을 공개적으로 선포할 목적으로 소시에테 아노님société Anonyme을 조직했다. 그들은 아서왕 전설이나 고대 신화의 우화가 전자 물리학 및 대량 생산 시대에 어떻게 살아 있는 표현을 찾을 수 있을지 물었다.

모더니즘의 테제를 위해서는 다행히도, 예술의 새로운 시대가 도래했다고 주창하는 것 이상을 한 사람은 거의 없었다. 가장 신중한 사람들은 현대의 현실과 긴 미래의 가능성, 즉 과학과 기계가 삶과 사고의 재료에 가져온 변화, 전통을 흔들고 정신과 상상력을 위한 새로운 길을 열어주는 변화에 대해 그들의 주장을 멈추지 않았다. 또한 이들의 주장은 기계 사회의 본질에 점점 더 관심을 갖게 된 반란과 무관한 예술가들로부터 다소 간접적으로나마 지지를 받았다.

예를 들어, 증기를 내뿜고 연기로 얼룩진 조지프 페넬의 도시 및 산업 에칭은 그리스 누드와 그 모조품의 갤러리에서 낯선 대조를 이루면서 재료에 대한 새로운 강조점을 드러냈고, 세계 시장을 놓고 유럽 제조업체와 치열한 경쟁을 벌여야 하는 상업 및 산업 예술은 기계 시대의 긴급 상황에 적응하면서 역사적인 우아함에서 벗어나는 경향을 보였다. 상부 지각이 여전히 온전했다 해도, 미국의 힘을 드러내는 소규모 캔버스와 청동 조각들이 있었다. 이 작품들은 비평 포럼에서 큰 파문을 일으키지는 않았지만 새로운 에너지와 능력의 도래를 예고하며, 끊임없이 회전하는 나선의 또 다른 전환에서의 천재성을 위한 준비를 했다.

§

아마도 같은 정서적 뿌리에서 아메리카 음악의 동시다발적인 발전이 나왔을 것이다. 유럽 최고의 음악가들과 교사들의 지도하에 부지런하고 헌신적인 노력으로 아메리카의 음악 학생들이 거장들과 비슷한 정신으로 연주하고 작곡하기 시작한 바로 그 순간, 땅속에서 올라온 이상한 음들이 아메리카인들의 귀를 때리기 시작했다. 도금 시대가 끝나갈 무렵, 맥도웰과 같은 몇몇 급진적인 작곡가들은 예술가들이 형태와 색채의 정석에 의문을 제기했던 것처럼 음조의 전통을 수정한 유럽의 음악적 반란자들의 분위기를 따라 고전 위에 혁신을 더한 작품을 선보였다. 또한 아메리카 오페라와 다른 음악 형식을 만들기 위한 노력의 일환으로 인디언Red Man의 성가와 흑인 영가negro spiritual를 사용한 실험도 일찍이 있었다.

그러나 아메리카의 떠오르는 세대가 손과 발로 두드리며 만들어낸 새로운 음표는 이러한 변형들과는 전혀 달랐다. 이 음악에는 정글의 당김음으로 된 syncopated 리듬이 담겨 있었는데, 처음에는 젊은이들이 '래그 타임rag time'이 라고 불렀다. 이 속어는 흑인 창작자들로부터 유래된 것 같으며, 그들은 교회 나 다른 인종 공동체 사업을 지원하기 위해 자금을 모을 때 이 리듬에 맞춰 '노래하고 춤을 췄다ragged.' 그것은 고갱의 남태평양 원시 생활에서 유럽 예술 로 뻗어나간 열정과 맞닿아 있는 감정을 표출했다.

그러나 고동치는 신음, 긴 통곡, 격렬한 비명으로 표현된 이 새로운 음악 은 리스트, 하이든, 브람스의 매끄러운 세련됨과는 너무나 다른 제조업과 도 시 생활의 시끄러운 소음을 대변하는 것처럼 보였다. 관악기, 특히 유백색 음 색의 색소폰에 우위를 부여함으로써 클래식 음악이 고등 학문과 겹쳐져 있던 감정을 수면 가까이에서 자극하는 동시에 시장의 끊임없는 소음과 충돌하는 신경에 승리의 감정을 실어 주었다.

처음에는 기성 음악가들에게 톰톰tom-tom[북의 일종으로 재즈 음악이 초 기에는 단순하고 원시적인 것으로 여겨졌다는 것을 보여준다]에 대응하는 괴 짜 음악으로 취급받았지만, 결국 재즈 음악은 활력과 유연성을 모두 보여주었 다. 그것은 순전히 원시적인 음부터 새로운 자유의 정신이 가미된 고대 테마 의 가벼운 수정에 이르기까지 모든 영역을 아우를 수 있었다. 그것은 춤에서 분리되어 오래된 음악 형식에 신선한 음조의 특성을 부여하여 오케스트레이 션 영역에서 창의적인 구성과 방향에 적합하도록 만들 수 있었다. 단순하면서 도 복잡한 그것은, 교향악단에 대한 기부금이 증가했음에도 불구하고, 대중의 호평을 받으며 비약적인 발전을 이루었다.

그리고 유럽으로의 승리의 행진이 시작되었다. 세계대전 당시의 재즈 밴드 였던, 흑인 군인 밴드가 연주한 이 음악은 오래되고 온화한 사회의 피하 문화 에 유사한 매력을 발산했다. 언론 보도에 따르면, 고루한 메리 왕비[조지 5세 의 아내]조차, 하인들을 위한 무도회에서, 선조들이 왈츠를 위해 위풍당당한 미뉴에트를 버렸던 것처럼, 왈츠를 버리고 탱고를 선택했다. 유럽에서 시작된 재즈 음악은 전 세계로 퍼져 카이로, 싱가포르, 수라바야, 상해, 도쿄의 호텔에서도 들을 수 있게 되었다. 사나운 싸움꾼의 기질이 오랫동안 노能의 낮고 느린 음색에 잠잠해졌던 일본 사무라이들은 새벽녘 모든 문명을 갈라놓는 깊고 좁은 틈을 가로지르는 색소폰의 애절한 울음소리를 들으며 칼집에서 다시 한 번 칼이 튀어나오는 것을 느꼈다.

이런 상황에서 전 세계의 도덕주의자들은 의아해했다. 어떤 이들은 새로운 음악을 대장간과 시장의 시끄러운 소리에 길들여진 귀를 위한 거슬리는 외침으로만 보았고, 어떤 이들은 세계대전의 포탄 충격으로 인한 일시적인 광기나 지구상에 퍼져 있는 무수한 아메리카적 광기 중 하나로만 여겼다. 그러나 에머슨과 휘트먼이 그랬던 것처럼, 운명의 흐름에 개방적이고 호의적이었던 몇몇 사람들은 재즈가 고상한 화음과 결합하여 전통 교향곡의 부드럽고 우아한 질감에 활력을 불어넣을 수 있다고 생각했다. 1926년 겨울, 월터 댐로슈는 새로운 뮤즈를 교향악단의 신성한 경내에 들여온 것에 대해 뉴욕의 일부 오랜 가문들로부터 비난을 받았을 때 이렇게 대답했다. '더 높은 의미에서 아메리카 음악을 발전시키는 데 진정으로 큰 중요성을 믿지 않는다면 그러한 노력을 장려하지 않을 것이다. 결국 우리는 위대한 거장들이 자국의 민요와 춤을 바탕으로 예술을 창시한 유럽의 발자취를 따르고 있을 뿐이다.'

재즈가 대량 생산에 종사하는 민주주의의 단순한 표현이든 아니든, 과학과 기계가 음악 배급에 혁명을 일으켰다는 것은 의심의 여지가 없었다. 무성 영화를 적절한 음으로 생동감 있게 만들어야 할 필요성은 스크린 궁전[영화관]에 입장하는 즐거움을 추구하는 대중에게 어떤 세대도 들어본 적이 없는 좋은 음악과 나쁜 음악을 더 많이 제공하게 만들었다. 게다가 자동피아노 piano-player, 축음기, 라디오는 도시와 시골의 각 가정에 널리 보급되어 과거의 가장 고상하고 훌륭한 음악은 물론이고 현재의 유행 음악을 널리 전파했고, 구매자들이 자신의 취향에 맞게 선택할 수 있게 했다. 이제까지 훌륭한 오케스트라를 들어본 적이 없는 수백만 명이 자신들 내면의 숨겨진 깊이를 발견하게 되었다.

음악의 창작과 배급 모두 기계의 마법에 걸렸다. 러시아 및 기타 실험자들의 작업을 통해, 자동피아노가 과거 시대에는 알려지지 않았던 유형의 작곡을 생성하는 데 사용될 수 있다는 것이 밝혀졌다. 인간 연주자는 두 손과 열 개의 손가락으로 제한되지만, 기계는 그의 지시에 따라 소리를 곱하고 압력을 변화시킬 수 있어, 작곡가의 기호에 따라 전례 없는 화음과 불협화음을 삽입할 수 있었다.

§

아메리카 건축가들의 업적은 모방이 아닌 독창성이라는 측면에서 볼 때, 급박한 상황을 솔직하게 받아들인 데서 비롯된 것이기도 하다. 헨리 홉슨 리처드슨, 리처드 모리스 헌트, 스탠포드 화이트와 같은 초기 설계자들은 비즈니스 구조의 각진 추함에 억눌려 피츠버그와 매디슨 스퀘어보다는 피렌체와 라벤나에 더 적합한 파사드façade 장식을 도입하여 탈출구를 모색했다. 때때로 잘 맞아떨어지기도 했지만, 그 결과는 종종 애처롭고, 때로는 터무니없었으며, 기껏해야 이국적일 뿐이었다. 땅값 상승의 압력, 인구의 혼잡, 비즈니스 경제의 요구 사항, 철강 및 콘크리트의 발전으로 인해 제1급 도시에서 필수적이고 실용적인 거대한 비즈니스 구조가 만들어졌지만 아메리카 건축가들은 오랫동안 학문적 제약에 시달리며 높이와 형태의 문제에서 시각을 속이려고 노력했다. 사원, 궁전, 정치 건물에 국한된 그들의 연구는 기계 시대의 환전상과 대량 생산자를 위한 설계에 적합하지 않은 억압으로 인해 방해를 받았다.

좋든 나쁘든, 혹은 둘 다 넘어서는 것이든, 어쨌든 불가피하게, 아메리카의 기업 정신은 경외심이 없고, 위축되지도 않고, 온화하지도 않았다. 그것은 권력의 정신, 원시적이고 무자비하며, 위험을 무릅쓸 만큼 성급하고, 모든 사소한 물질적 한계를 무시하며, 측정 기준으로는 다룰 수 없을 만큼 빠른 행동을 기울이는 정신이었다. 이 정신에 봉사하라는 요청을 받았을 때, 건축가들은 오랫동안 학문의 구속 속에서 다리를 절며 다녔다. 그들은 미합중국 비즈니스 정신을 얕보거나 경멸했으며, 만약 의뢰를 받으면 그 정신을 억누르려 했다. 1880년, 태평양 연안에서 벌어들인 재산을 뉴욕으로 가져온 다리우스 O. 밀스가 조지 B. 포스트 대령*에게 1,200명의 세입자를 수용할 수 있는 120피트 높이의 '마천루skyscraper'를 짓도록 의뢰했을 때 많은 예술가들이 머리를 흔들었다. 슬기로운 사람들의 탄식에도 불구하고 기념비는 세워졌고, 첫 임기를 마치고 백악관에서 퇴임한 클리블랜드 대통령은 이 건물에 사무실을 마련하게 된 것을 기뻐했다. 20세기가 시작되면서 철골 구조와 엘리베이터의 완성으로 훨씬 더 웅장한 디자인이 가능해졌다. 1902년, 바빌론 시대 이후 세계 최초의 고층 빌딩인 플랫아이언Flatiron 빌딩이 23번가에 세워졌고, 그 뒤를 이어 다른 건물들이 연이어 더 높은 빌딩을 세웠으며, 1913년에는 5센트와 10센트짜리 상점의 동전을 모아 소매업의 거물인 울워스Woolworth가, 피라미드가 아니라 뉴욕의 보도 위에 60층에 달하는 강철과 돌로 만든 탑을 세웠다.

마치 우연처럼, 거의 그 순간 시 정책은 비즈니스 건축에 새롭고 놀라운 방향을 제시했다. 1916년 뉴욕 시는 빛과 공기를 위해 좁은 도로에 직선으로 무한한 높이까지 구조물을 세우는 것을 금지했고, 건축업자가 특정 고도에 도달하면 그들의 마천루를 '뒤로 물러서도록' 요구했다. 이 조례가 건축에 미친 영향은 혁명적이었다. 용도 지역으로 둘러싸여 있고 포탑이 엇갈려 있는 거대한 성채가 이기적 경쟁의 상징인 열광적인 비즈니스의 역동적인 에너지와 소란스러운 수다 위로 무정부적으로 어지럽게 솟구쳐 올라갔다. 금속과 콘크리트로 입체파의 꿈을 입힌 호텔, 공동주택, 시민 건물은 그 안에서 드러나는 힘과

---

* 조지 B. 포스트가 '대령'으로 불린 이유는 그의 군 복무 경력 때문이다. 그는 미합중국 남북 전쟁 중에 북군에서 복무했고, 뉴욕 민병대에서 대령Colonel 계급을 받았다. 이 계급은 그가 건축가로 유명해진 후에도 그에게 붙어 다니는 경칭이 되었다. 당시에는 군 경력이 있던 사람들에게 종종 평생 동안 군 계급이 명예처럼 사용되었다.

거대한 아름다움으로 보는 이들을 압도했다.

곧 이 새로운 거인들을 탄생시킨 경제와 열정은 교회 건축에도 영향을 미쳤다. 비즈니스 산맥의 황무지에서 한때 돔과 첨탑으로 풍경을 지배했던 성당은 더 이상 볼 수 없게 되었지만, 교회 건축가들은 장소 쟁탈전을 포기하는 대신 알프스의 높이에 스스로 올라갔다. 뉴욕과 시카고에는 일체monolithic 양식의 거대한 사원을 세워 후기 고딕 양식의 우아함과 공장 및 사무실 구조의 경제성을 결합하여 주택과 사업장, 기관 시설과 교인들을 위한 집회 장소를 제공했다. 1925년 뉴욕에서 시작된 이러한 새로운 교회 중 하나는 1925년에 뉴욕에서 시작되어, 지상층에 대형 강당을 포함하고 두 개의 아파트 건물로 둘러싸이며, 꼭대기에는 높은 호텔이 있고, 700피트 이상의 높이에 예수 그리스도의 불타는 십자가가 장식되어 있었다. 거의 동시에, 피츠버그 대학은 강철의 왕국인 그 지역의 용광로, 시장, 사무실, 공장 위로 52층 높이의 거대한 대학 건물인 '배움의 대성당' 계획을 발표했다.

시간과 흐름을 되돌리고 시카고의 정신이 르네상스 고딕 양식의 섬세한 세련미로 구현되기를 바랐던 몇몇 예술가들을 제외하고는, 마침내 아메리카인의 삶에 대한 무한한 에너지가 발견되고 받아들여졌다. 1914년 영국의 비평가 클라이브 벨은 아메리카 건축이 피렌체에 걸맞은 부흥을 눈앞에 두고 있는 것처럼 보였지만, 세계대전 이후에는 아우구스투스 시대의 로마에 더 가까워졌다고 생각하기 시작했다. 당연히 1927년의 미래는 다른 모든 시대와 마찬가지로 닫힌 책이었다. 어쩌면 건축의 힘에는 태양의 에너지와 같은 한계가 없었을지도 모르며, 어쩌면 동일한 열화劣化 법칙의 적용을 받았을지도 모른다. 어쩌면 승승장구하던 기업의 철골 구조와 우뚝 솟은 돔은 카라칼라의 목욕탕과 카이사르의 궁전과 함께 먼지 속에서 굽신거리고 있을지도 모른다. 어쩌면 성자들의 달콤한 고뇌가 새로운 생트 샤펠Sainte Chapelle의 엄숙한 사랑스러움으로 다시 나타날지도 모른다. 그러나 혁명이 일어난다면 그것은 기계의 파멸과 그 사회적 과정의 파괴 이후에만 올 수밖에 없었다. 그리고 한 가지 확실한 것은 역사는 반복되지 않는다는 것이다.

그들의 목표나 한계가 무엇이든 간에, 대중 건축에서 출구를 찾은 경제적 압력과 권력의 충동은 분명히 무정부적인 양상을 띠었다. 새로운 구조물들은 공동체의 대칭성, 디자인, 편의성을 고려하지 않고 앞으로 돌진하며 위로 치솟았다. 따라서 도시 계획의 중요성이 더욱 절실하게 느껴졌으며, 이는 미국에서 랑팡L'Enfant이 국가 수도의 기초를 마련한 이래로 슬프게도 소홀히 여겨졌던 예술이었다. 예술가들뿐만 아니라 관계자들도 서서히 그 결핍을 인식하기 시작했다.

세기가 시작될 무렵 아메리카 도시에는 종합 계획 기관이 존재하지 않았다. 25년 만에 200개 이상의 도시가 최소한 자문 성격의 계획 기관을 설립했고, 여러 지방 자치 단체에서 유능한 전문가가 그린 설계를 실행하기 시작했다. 그 사이에 도시 계획이라는 직업은 지역사회 공학에서 인정받는 분야가 되었고, 관련 국가 조직이 생겨났으며, 방대한 양의 건설 관련 법률이 법전에 등재되었고, 교통 체증의 원인인 마천루에 대한 공격이 이루어졌으며, 새로운 과학에 대한 아메리카 문헌이 상당한 규모로 성장했다.

큰 틀에서 보면 그 성과는 충분히 한심해 보이지만, 놀라운 것은 여전히 개인주의가 팽배한 아메리카에서 이 운동이 존재했다는 사실이다. 여러 가지 면에서 그것은 아메리카 특유의 어려움으로 인해 방해받았다. 파리나 런던처럼 상당히 정적인 지역사회를 계획하는 것과 뉴욕이나 시카고처럼 영구적인 거리와 시민 건물이 비즈니스와 인구의 필수적인 이동을 차단할 가능성이 있는 역동적인 지역사회를 계획하는 것은 분명 다른 문제였다. 요컨대, 모든 게 유동적이기 때문에 고정된 패턴에 대한 합의에 도달하기가 매우 어려웠다. 그럼에도 불구하고 인본주의적이고 미학적인 도시 디자인 예술은 기계 시대가 도래하기 전 아메리카인들의 사고의 지평에서 높은 위치를 차지하고 있었다.

§

기술에 직접적으로 의존하고, 대량 생산에 종사하는 많은 사람들에게 호소하고, 자본주의의 이윤 창출 충동에 이끌려 언론은 기계 시대에 더욱 빠른 속도로 성장했다. 자동차와 모자 제조업체와 마찬가지로 거대한 공장과 판매 대리점을 거느린 출판사는 '돈이 되는' 책이라면 무엇이든 인쇄하거나, 아니면 망할 수밖에 없었다. 따라서 작가 지망생들의 이기주의와 출판사의 사업 열의 사이에서 책과 잡지의 수는 홍수처럼 늘어났고, 덜 번성한 문명에서는 결코 빛을 보지 못했을 평범한 책들이 시장에 넘쳐났다. 광고의 꾸준한 성장과 함께 〈새터데이 이브닝 포스트〉 같은 인기 잡지의 소유주들은 아주 적은 비용으로 전국에 상품을 판매할 수 있게 되었고, 엄청난 규모의 균일한 잡지 독자층을 확보할 수 있게 되었다. 케네벙크포트, 시애틀, 애선스의 신여성flapper들에게 똑같은 복장을 입히고 표준화된 상품을 모든 산골 마을로 운반하는 기계적인 움직임에 대응하여 이제 전문적인 교육을 받은 아메리카 저널리즘은 동일한 모델, 톤, 말투를 전 국토에 배포했다. 강화를 위해, 신디케이트 기사, 만화, 사설의 경제성, 다양한 '이익 집단'에서 편집자들에게 쏟아붓는 '홍보 자료'의 흐름, '계열chain' 신문 시스템, 고위 인사들이 특별히 준비된 '간추린' 인터뷰를 내놓는 관행의 증가, '배를 흔들' 가능성이 있는 기발하고 독창적인 보도를 억제하려는 획일성의 고위 사제들이 부과한 제재, 하나 또는 두 개의 대형 뉴스 기관이 뉴스 서비스를 장악한 것, 그리고 수많은 다른 요인들이 저널리즘을 모든 것처럼 교체 가능한 부품의 일반적인 체제로 종속시키는 데 기여했다.

이 보편적인 경향에 다소 어지러워진 비판적인 작가들은 업튼 싱클레어를 필두로 신문업이 이제 자본주의 질서를 위한 수사학적 방어 메커니즘에 불과하다고 선언했으나, 그들은 독자가 광고주 대신 성역의 문을 지킨다고 해서 저널리즘이 더 정확하거나 다양하고 생동감 있게 될 것이라고 증명하지는 못했다. 아마도 '편집자는 상인처럼 자신의 진열창에 적절한 상품을 내놓지 않으면 살아남을 수 없다'고 말한 시카고의 기자가 상황을 더 날카롭게 간파했을지도 모른다. 어쨌든 기계 시대에 독립적인 의견을 가진 관찰자들은 대도시의 편집자를 유성 대신 고정된 행성으로 간주했고, 사설 칼럼의 의견들을 대량 산업의 다른 제품들과 같이 분류하는 경향이 있었다.

출판계 전반에 걸친 기계 시스템의 확장과 함께 더 많은 구매자를 확보하기 위해 대량 생산의 하향 압박이 있었다. 더 많은 대중에게 다가가기 위해서는 일반 대중의 무지를 파고들어야 했고, 저렴한 인쇄 기술의 발전으로 이러한 파고들기 과정은 더 쉬워지고 더 수익성이 높아졌다. 사실, 일러스트 잡지의 실험, 만화가들을 향한 환호, 그림과 스케치가 기존 신문의 유통에 미친 영향은 민주주의만큼이나 필연적으로 다가올 혁신을 암시하는 것이었다. 마침내 1918년 뉴욕 거리에 〈일러스트레이티드 데일리 뉴스〉가 등장하면서 저널리즘의 새로운 시대가 열렸고, 이는 허스트와 퓰리처가 언론의 황금기를 열었던 시대 못지않게 놀라운 일이었다. 침략자는 강력한 타격으로 기존 신문의 번영을 단절시켰으며, 포스터 헤드라인, 만화, 그리고 다른 형태의 그림글자[이미지나 시각적 요소가 중요한 역할을 하는 기사]로 번창했던 '황색' 신문들조차도 가차 없이 침해했다. 가장 전통적인 편집자들도 부득이하게 전략을 수정해야 했다.

최신 장비를 갖춘 편집 제작자들은 이제까지 접근할 수 없었던 대중에게 하루 뉴스 중 추상적인 사고나 배경 지식이 필요 없는 부분을 제시할 수 있었다. 마지막으로, 거대한 헤드라인을 제대로 읽지 못했던 마구간 소년들과 부엌 하녀들조차 이제 '독서 대중'에 포함될 수 있었다. 게다가, 외국어를 사용하는 수백만 명은 그림을 통해, 적어도 어렴풋이, 그림 설명을 읽으며 세상에서 일어나는 사건에 대해, 참이든 거짓이든, 어떤 개념을 얻을 수 있었다. 그들이 쿨리지 대통령의 정치 경제학을 이해하지 못할지라도, 적어도 그의 얼굴은 알아볼 수 있었다. 그림이 교육 과정에 어떤 관계를 맺을 수 있는지 또는 교육 과정이 국가의 운명과 어떤 관계가 있는지는 심리학자나 물리학자도 만족스럽게 결론을 내릴 수 없었다. 어쨌든, 타블로이드 그림으로 만들어진 패턴이 더 평판 있는 신문의 내용 — '어떤 대통령 측근'의 권위로, '전해진 바에 따르면'이라는 근거로, 또는 전혀 근거 없이 비밀리에 영감을 받은 일부 관료나 권력자, 또는 일부 당파적 기자의 의도에 따라 만들어진 정치 연설과 수많은 AP 통신 보도보다 덜 진정성 있거나 지능적인 시민에게 더 해롭다고 할 수는 없었다.

§

세세한 지식의 광범위한 분포와 사회적 용도를 위한 막대한 잉여 생산에 기반을 둔 기계 산업은 19세기 말 수십 년 동안 표면으로 떠오른 아메리카 교육의 모든 경향을 강화했다. 미합중국 중기 시대에 설립되어 도금 시대에 성장한 공립학교는 이제 더 좋은 건물, 더 웅장한 장비, 더 철저하게 훈련된 교사, 더 완벽한 가구, 그리고 1871년 전국교사협회National Teachers Association를 대신한 전국교육협회National Education Association라는 최고의 조직을 갖추게 되었다. 그리고 산업에 필수적인 과학 정신이 학습의 전체 구조에 꾸준히 스며들어 측정, 표준, 정밀도에 대한 열정을 확산시켰다.

이 시대에 적절하게도 동원 운동은 지능 테스트에서 절정에 이르렀다. 호전적인 후원자들은 매년 교육 시스템에 편입되는 엄청난 수의 아이들을 자동으로 일정한 등급으로 분류할 수 있도록 허용했다. 일용직 노동자부터 전문 기술자까지 공장의 직원을 분류할 수 있다면, 학교의 원자재[학생]는 왜 분류할 수 없을까? 물론 아리스토파네스와 베르길리우스가 대학에서 읽히던 시절의 희미한 향기가 아직도 남아 있는 것을 좋아하는 사람들은 격렬하게 항의했고, 그들에 대한 지지가 없는 것은 아니었다. 그러나 상황의 철칙은 그들에게 불리하게 작용했다. 프로이센에서 일찍이 수입된 군사 체제에 기계 시대의 시간 기록 방식이 부과되었고, 수공업과 정서적 자유의 시스템 아래에서 인류가 더 행복하고 편안할 수 있는지에 대한 질문은 해군이 목조 전함의 효율성을 조사하는 것만큼이나 무의미한 것이 되었다.

그러나 표준화 과정의 여파로 정반대의 비판이 제기되었다. 교육 기술자들이 감독을 강화하여 수준을 높이려는 노력의 일환으로 학교를 행정관들, 즉 붉은 테이프와 보고서 시트에 몰두하며 자신을 더 유리한 직위로 승진시키는 정치에 몰두하는 쇼 관리자들에게 맡기게 되었다는 주장이 들리기 시작했다. 교사는 인적-물적 자원과 수업 내용에 주로 관심을 가졌음에도 불구하고 행정적 일상의 엄격함에 지속적으로 노출되어 교육의 통제와 예술이 반상업적 관료주의로 이전되었다는 탄식이 이어졌다. 게다가 학교의 교장들이 사업가 및 교육위원회 정치인들과 유착 관계를 형성하면서 공소장에 또 다른 조항, 즉 학교 시스템이 인간성을 상실했을 뿐 아니라 경제 기업의 톱니바퀴가 되었다는 내용이 추가되었다. 업튼 싱클레어는 특유의 스타일로 교육 사업을 '거위 걸음The Goose-Step'[책의 제목]이라는 자막으로 축소하려 했다.

이 기소에 대해 행정관들은 특히 교사 양성 시설이 인구 증가나 학교 시스템에 대한 수요 증가를 따라가지 못하는 한, 더 높은 기준을 시행하기 위해서는 복잡한 규칙과 규정이 필요하다고 답했다. 교사들은 기계적인 일상의 위험성을 인식하면서도 듀이, 게리, 몬테소리, 달튼 같은 이름과 관련된 새로운 실험, 즉 정신적으로 약한 학생을 분리하고, 뛰어난 학생에게 특별한 기회를 제공하며, 경직된 일률적인 교육 방식을 무너뜨리는 실험을 통해 반기를 들었다. 기계 시대의 위험을 인정하면서도, 그들은 미국에서 이전에 경험하지 못했던 교육의 자유, 범위, 유연성, 심지어 인간성을 주장했다. 이 역설에서 진리를 찾을 수 없는 사람은 눈먼 비평가에 불과했다

대학에서는 이러한 이원론이 하급 학교보다 훨씬 더 뚜렷하게 나타났다. 20세기 4분의 1이 끝날 무렵, 사업가들은 민주적 납세자의 후원을 받든 부유한 후원자의 지원을 받은 고등교육을 관장하는 이사회에서 거의 모든 성직자를 밀어냈다. 한편 교육 기관과 예산이 증가함에 따라 흰 넥타이를 매고 낡은 검은색 옷을 입은 백발의 목사는 이제 희생적인 전도사나 교사가 아니라, 채권 판매자와 기업 변호사의 소유가 된 배움의 숲에서 사라졌다. 그 자리에는 버

튼을 누르고, 파일을 정리하고, 전화 통화를 하고, 이사회 회의를 주관하는 유능한 최고 책임자가 들어섰다.

대학의 커리큘럼이 산업화 시대에 맞게 변화함에 따라 학문 자체는 항상 그 시대의 주요 관심사에 어느 정도 종속되어 새로운 요구 앞에 갈대처럼 구부러졌다. 경영, 법학, 의학 및 기타 전문 학교는 대학 기업들의 열렬한 환영을 받았고, 과학 실험실이 인문학 전용 강의실을 덮치면서 실용성이 연구실과 강의실의 표어가 되었다. 교육 과정은 나누어지고 세분화되어 이전의 삶과 실천에 대한 철학이 해체되고, 발명가들이 물질적 상품을 증식시킨 것처럼, 학문적 상품은 급속도로 증가했다. 과학, 예술, 문학, 경제학, 정치학과 같은 오래된 제목이 여전히 안내서에 등장하기는 했지만, 어떤 기관들은 기계 장비 카탈로그의 유행에 따라, 예술art에서 세균성 질병zymotic disease에 이르기까지 알파벳순으로 과목을 나열하는 관습이 학문적 제안들의 외적 상징으로서의 내면적 영적 상태를 더 정확하게 표현한다고 보았다.

또 한 가지 중요한 측면에서 고등교육 과정은 형식에 충실했다. 대학에 다니는 학생들의 대부분이 졸업 후 산업, 금융 및 판매 분야로 진출하는 것은 자연스럽고 적절한 일이며, 따라서 비즈니스 세계의 주요 야외 오락인 스포츠가 대학의 주요 관심사가 되었다. 이에 따라 체육 감독들은 이제 문학 및 미술 교수들보다 더 높은 급여를 받았고, 학문적 게임의 승진은 때때로 전문성, 스캔들, 부패를 동반하는 사업 기업의 형태가 되었다. 어느 인기 영화가 대학을 거대한 경기장에 붙어 있는 작은 학교로 묘사했을 때, 그 진정성은 열렬한 환호로 맞아들여졌다.

하지만 기계 시대 아메리카 대학에서의 학습이 이전 시대의 학습보다 더 다양하고 대담하며 사변적이고, 정신적으로 더 자유롭고, 유머라는 구원의 은총으로 더 활기찼다고 주장한 이들의 주장은 옳았다. 미술, 연극, 음악 학교가 이전과는 비교할 수 없을 정도로 번성했다는 것은 인정해야 할 사실이다. 물론 교육의 전 과정은 이전 어느 시기보다 더 면밀한 분석을 거쳤다. 모든 선례에서 벗어나 소스타인 베블런은 날카로운 아이러니의 불길로 고등교육 분야를 뒤흔들었고, 대중 잡지는 교육에 대한 질문으로 가득 찼다.

때때로 학생들 중 일부는 상급자에게 질문할 만큼 경각심을 갖게 되었는데, 이런 점에서 먼 옛날의 신랄한 비평가 해리슨 그레이 오티스가 그의 모교Alma Mater[하버드 대학]를 학문적 형식주의와 자신의 취향에 맞는 교육을 하지 않았다는 이유로 심각하게 비판했던 것과 유사하다. 다트머스 대학에서는 행정 당국이 학부생들에게 그들의 선배들이 제공하는 강의 목록을 검토할 것을 권장했다. 이는 이전 시대의 지혜로운 완벽주의자들에게는 스캔들이 될 만한 일이었을 것이다. 인디애나 대학에서는 학생들이 최악의 강의 내용을 속기 메모로 작성하여 청년들이 항의할 권리가 있다는 것을 보여주는 예시로 세상에 공개했다. 모든 학문에 대한 의구심이 표출되었고, 그것이 창조적 지성을 망치고 생산적 천재성을 해치지 않는지에 대한 의문이 제기되었다. 지금까지 신성시되었던 어떤 것들도 온전히 남아 있지 않았다. 모든 계산기에 따르면, 도금 시대보다 더 많은 학생들이 지혜의 샘물을 깊이 마셨다. 소수의 학생들이, 배우러 가는 것이 아니라 관람하고 응원하러 가는 새로운 부르주아의 홍수에 잠겼지만, 이는 대량 생산에 전념하고 5피트 길이로 문화를 구매하는[*] 나라에서 그 결과는 예상할 수 있었다.

기계 시대의 엄격한 법령에 반기를 들고 민주주의가 스스로 지적 운명을 개척할 수 있는 능력을 주장하려는 듯, 대중의 지식과 취향을 지속적으로 증진하기 위한 수많은 프로젝트, 즉 일반적으로 성인 교육이라는 포괄적인 제목으로 포괄되는 프로젝트가 새 세기에 당황스러울 정도로 풍성하게 떠올랐다. 이

---

[*] 찰스 W. 엘리엇이 1909년에 제안한 '5피트 책장'을 암시하는 것으로 보인다. 엘리엇은 당대에 교양 교육을 위해 최소한의 필독 서적들을 모아 하버드 클래식 시리즈를 출간하면서, 이 책들을 직질히 배치하면 5피트 길이의 책장에 딱 맞는다고 했다. 이는 대중들이 간편하게 '문화'를 구매하고 소비할 수 있다는 아이디어를 상징적으로 나타낸 표현이다. 따라서 텍스트에서 '5피트 길이'는, 대량 생산과 소비 지향적인 사회에서 지식과 문화를 피상적으로 소비하는 현상을 풍자하는 의미로 사용된 것으로 보인다.

러한 노력으로 기존의 라이시움lyceum[19세기에 주로 성인 교육과 공공 강연을 제공한 기관], 셔토쿼Chautauqua[19세기 말에서 20세기 초 미국에서 유행한 교육 및 오락 프로그램을 제공한 기관], 대학 확대 운동의 호소력과 강좌가 확대되었고, 결국 배움의 확산과 '인간화'에서 어떠한 관심도 소외되지 않게 되었다. 경제 발전에 대한 열정은 판매 기술과 만화 그리기부터 요리와 보닛 제작에 이르기까지 모든 것을 가르치는 수백 개의 통신 학교와 기술 교육 기관을 지원했다. 이러한 실용적인 목적과는 별개로, 순수한 지혜의 탐구는 수천 개의 강연을 자극했으며, 대부분 무료 또는 명목상의 비용으로 제공되었고, 쉬운 가이드와 안내서가 가득한 도서관이 만들어졌다. 카톨릭과 개신교를 막론하고 종교 단체들은 평신도들의 요청에 부응하여 학교와 대학을 졸업한 후에도 배움의 기간을 연장하고자 하는 회원들을 위해 실용적이고 문화적인 교육 과정을 조직했다. 지역 노동조합의 후원으로 교육 센터가 자발적으로 생겨나는 것을 발견한 아메리카노동총연맹은 1924년 노동자 교육국의 총괄 지휘 아래 이러한 실험을 촉진하기 위해 회원들에게 부담금을 부과할 것을 권고함으로써 이러한 대중적 움직임에 공식 승인을 내렸다. 이러한 모든 활동에 힘입어 한때 여가를 즐길 수 있는 정신의 안식처로 여겨지던 공공 도서관과 박물관은 지역 교육 기관의 성격을 띠게 되었고, 전 세계 어디에서나 볼 수 있는 가장 효율적인 시설과 더불어 배움을 추구하는 수많은 시민들에게 정기적인 안내를 제공하게 되었다.

1925년 카네기재단은 이 운동의 활력과 가능성을 높이 평가하여 막대한 기부금 중 일부를 성인 교육을 장려하는 데 사용하겠다고 발표했다. 아메리카 사회의 본질과 미래를 생각하는 사람들의 주요 관심사는 '정신과 물질의 경쟁'이었다고 해도 과언이 아니었다. 이 지적 소용돌이 속에서 가장 분명한 것은 국가가 치열하게 자신에게 돌아서며, 구시대의 가치들을 검토하고 기계 시대의 소음 속에서 우상 숭배자, 비평가, 또는 가수들에 의해 아직 밝혀지지 않은 예언적 의미가 있는지를 조사하고 있다는 사실이었다.

§

　현대 시대의 모든 계절, 특히 진보 개념이 부상한 이래로 사상가들은 자신의 미래의 철문을 뚫으려는 시도를 해왔다. 필연적으로 정치가들은 자신들이 동적인 요소로 작업하고자 하는 운명을 이해하고 지향하려고 했으며, 어느 정도 성공적이었다. 신학자들은 정치적 결정의 실질적인 문제와는 직접적으로 연관되지 않지만, 신앙과 행위가 국가의 임무에 미치는 영향에 대한 도덕적 개념을 형성해왔다. 책임감은 덜하지만, 사색가들은 인류가 야만에서 벗어난 긴 여정, 그 굴곡진 곡선을 검토하면서 살아 있는 현재 너머의 장막을 숨기고 있는 베일을 뚫으려고 노력했다. 가장 완고한 과학자만이 인류의 작업이 단순히 물리학의 한 측면에 불과하고 열역학 제2법칙, 즉 힘의 점진적 악화가 죽음의 수준으로 내려가는지에 대한 질문을 피할 수 있었다.

　현대 역사가는, 프로테스탄트 반란의 경우처럼, 사회의 발전 과정에서 종종 수 세기에 걸친 불가항력의 경향처럼 보이던 것이 날카로운 반대의 과정에 의해 역전되었다는 사실을 알고 있기 때문에, 예언의 사업에서 스스로 위축되는 것은 사실이다. 그러나 질량, 수, 속도, 에너지뿐만 아니라 지적 흐름을 알아차려야 하는 직무에 얽매여 있어, 그는 생명력이나 신성한 힘의 표현을 무시할 수 없는데, 그것은 바로 정신의 투쟁을 나타내는 것이다.

　미국의 기계 시대는 특히 비판, 평가, 예언이 풍부했다. 아마도 정중한 문학에 종사하는 사람들이 다른 특별한 그룹보다 이러한 예술의 실천에 더 많이 매달렸을 것이다. 확실히 그들은 미합중국 문명이 정점에 도달했으며, 본질적인 능력이 결여된 기계적 정신의 질서로 하강을 시작했는지, 창의적 천재가 부족하고 태도는 거칠며 자만심이 과도한 것은 아닌지 끊임없이 반복해서 질문했다. 매튜 아널드의 분위기로, 그들은 다시 농민 마을, 대저택, 고딕 양식의 교회를 다시 갖는 것이 더 낫지 않은지, 적당한 소득의 중간 계급이 번영하는 장인과 독재적인 하인들에 의해 야망이 짓눌려 있지 않은지, 일하는 사람들이 이용할 수 있는 적당한 복숭아와 사과, 자동차가 유럽 최고의 식탁에서 볼 수 있는 최고급 와인의 부족을 보상할 수 있는지 궁금해했다. 그들 중 일부는 아메리카 사회 전체가 숫자에 맞춰 끝없이 소용돌이치는 기계 과정의 소용돌이 속으로 빨려 들어가는 것을 보았다고 생각했다. 이 암울한 예언자들은 [사회의] 일반적인 개선에 대해 완전히 절망했지만, 군중에게 어떤 문제가 있든지 간에, 그들은 새로운 형태의 세속적인 교회, 즉 '문명화된 소수 집단'과의 연대에서 위안을 얻으며 만족스러운 미소를 지었다.

예언의 모험을 감행한 경제학자, 과학자, 홍보 담당자들은 각자의 성향만큼이나 다양한 결과를 만들어냈다. 이 학파의 한 명은 국가가 '자애로운 봉건제'의 노예 체제 아래에서 만족스럽게 정착할 것으로 보았다. 한 무리의 점성술사들은 백인 인종이 아프리카와 아시아에 대항해 단결하지 않으면 문명이 멸망할 것이라며 '유색 인종의 밀물'에 반대하는 목소리를 높였다. 또 다른 별자리는 앵글로색슨족― 새로운 용어에 따르면 북유럽계Nordic ―이 라틴계와 셈족 이민족[유대인]에게 정복당할 위험에 처해 있고, 아메리카 문명이 물질의 파멸과 세계의 붕괴 속에서 몰락할 위험에 처해 있음을 알렸다. 이 예언의 변형으로, 느리지만 저항할 수 없는 흑백 혼혈mulatto의 부상에 대한 경고가 있었다.

복음주의적 열정이 덜한 과학자들은 다가올 미래에 대해 의구심을 품고 아메리카의 정신이 두려움 없는 연구와 자유의 세례로 극복되지 않는 한, 산업 기계에 뒤처지고 그 거대한 조직, 대중 운동, 국제적인 적대 행위를 질서 잡힌 설계로 길들일 수 없을 것이라고 확신했다. 더 절박하게 사고하려고 노력하는 사람들에게는 오직 파멸이 선택지로 보였다. 오랜 시간 동안 수정 구슬을 응시한 심오한 학자 헨리 애덤스는 운명의 두루마리에서 네 가지 무서운 선택지를 보았다: 유럽의 죽어가는 문명의 비관주의, 노동 또는 자본의 폭정, 신비주의와 성직 지배로의 반동, 그리고 엔트로피 법칙에 따른, 새로운 외양으로 낡은 과정의 끝없는 반복.

신랄한 전문가들의 의견과 구별되는 일반적인 의견을 고려한다면, 아메리카의 미래가 어떤 모습일지에 대한 의심은 없었다. 가장 일반적인 확신은 무한한 진보에 대한 믿음, 즉 18세기와 19세기를 거쳐 서서히 성장해 온 역사적 이념이 지배적인 권위를 얻는 과정을 계속 이어나갈 것이라는 믿음이었다. 구체적으로 그것은 민주주의에 대한 흔들리지 않는 신념, 영웅이나 특정 계급과 대비되는 평범한 대중이 시간의 흐름 속에서 제기된 문제들을 적절히 해결할 수 있는 능력에 대한 믿음을 의미했다. 또한 이는 현대 정신의 새로운 신비로운 도구인 '발명의 발명'이 기술적인 성공을 연달아 이루어 내며, 고갈되어가는 천연자원과 에너지를 극복하고 문명의 축복, 즉 건강, 안전, 물질적 재화, 지식, 여가, 미적 감상의 점점 더 광범위한 분배를 실현할 것이라는 믿음이었다. 그리고 지적, 예술적 반응의 축적된 힘을 통해, 이름 없고 알려지지 않은 가장 고귀한 질서의 창조적 상상력 깊은 곳에서 물질적 사물을 정신의 제국 아래 복종시키는 능력에 대한 믿음이었고, 이 모든 것을 창조해낸 힘Power이 과거와 현재, 살아 있는 것과 죽은 것의 모든 패턴을 불러내어 끝없는 운명을 완성할 수 있는 능력에 대해 의심하지 않는 것이었다.

§

만약 그렇다면, 지금은 신들의 황혼이 아니라, 여명이다. [끝]

옮긴이의 말

이 책의 존재를 처음으로 알게 된 것은 이와나미신서(岩波新書)의 마루야마 마사오, 『일본의 사상日本の思想』을 읽으면서였다. 마루야마는 일본에 유학, 불교, 문학, 역사 등 개별적인 흐름을 다룬 저작들은 있지만 그것을 넘어서 시대의 지성적 구조나 세계관의 발전 혹은 역사적 연관을 통해 드러나는 한 사회 단위로서 일본의 정신의 역사를 다룬 책이 있는가 질문하고 부정적인 답을 내리고 있다. 그 이유로 그는 (사고의) 좌표축의 결여, 객관적 자기인식, 동양 특유의 문제인 전통과 서양 사상의 충돌 등을 들고 있다. 일본은 단기간에 서구화의 적응에 성공해 엄청난 물질적 생산력의 발전을 보여주었으나 이러한 문제들이 성숙한 정신의 검토를 유예시켜 단말마적인 '일본 정신'으로 치달아 태평양전쟁의 비극을 낳은 게 아닐까 마루야마는 암시하고 있다. 바로 그 책의 서두에서 마루야마는 한 사회의 '정신'을 보여주는 대표적인 책으로 찰스 비어드의 『미국 문명의 역사』를 들었다.

책에서도 몇 차례 언급되듯이 아메리카 사회에 대한 고전적인 관찰로는 잘 알려진 알렉시스 드 토크빌의 『아메리카의 민주주의De la démocratie en Amérique』와 19세기 말 영국의 석학인 제임스 브라이스의 『아메리카 연방The American Commonwealth』이 있다. 두 책은 저널리즘적인 피상적인 관찰기가 아니라 철학자의 비판 정신을 가지고 아메리카 사회의 구조를 드러낸 책으로 아메리카인들의 자기 발견에 큰 기여를 한 책으로 평가받고 있다. 특히 제임스 브라이스는 드 토크빌의 여정을 따라가면서 역사가로서 그리고 법학자로서 미국 문명의 특성이 만개하던 시절의 날카로운 분석을 통해 20세기 초 미국 지성계에서 가장 영향력 있는 외국인으로 평가받았다.

이 책 『미국 문명의 역사』는 미국의 역사가가 쓴 최초의 미국 정신의 역사로 고전의 반열에 오른 책이다. 저자 찰스 비어드는 미국 건국의 과정을 고상한 유럽의 철학에 기반해서 새로운 민주주의의 국가가 세워졌다는 종래의 신화를 부정하고 건국이 재산 소유자들의 경제적 권리를 지키기 위한 주장으로부터 비롯되었고 그것이 이후 역사의 전개에서 끊임없이 충돌을 일으켰고 결국 남북전쟁이라는 하나의 파국, 혹은 진정한 아메리카 혁명에 이르렀다는 것을 보여줘 기존의 낭만적인 역사관에 머물러 있던 미국 역사학계에 근대과학으로서의 역사학을 제시한 학자로 평가받는다. 필생의 역작이라고 할 수 있는 『미국 문명의 역사』에서 비어드는 미국 사회의 본질과 그 속에 면면히 흐르는 정신을 사건의 전개와 함께 밀도 높게 보여주고 있다. 책의 곳곳에서 전개되는 문명의 각 요소들에 대한 고찰과 그 기반인 역사적 사실에 대한 제시는 일반적인 상식과 곳곳에서 충돌한다. 그리고 건국의 아버지들의 철학, 아메리카의 고립을 천명한 먼로주의, 카리브해 연안 국가들의 반식민지화와 아메리카 제국의 팽창 과정 등 우리가 세계사에서 익히 배운 내용들이 실제 역사 진행 과정과 꽤 상반될 수 있다는 것을 알려준다.

저자가 생각하는 미국 문명의 핵심을 형성한 것들은 바로 관세 투쟁과 국가 은행 문제, 노예제 문제, 그리고 서부 개척이다. 농업 시대에서 산업 시대로 이행하면서 힘의 균형이 급격하게 북부로 기울었고 그 경제적 불균형이 폭발한 게 저자가 프랑스 혁명, 영국의 명예 혁명과 유사한 진정한 아메리카의 사회적 혁명이라고 평가한 남북전쟁이다. 얼핏 남북전쟁과 밀접하게 연관되어 떠오르는 노예 해방 문제는 저자가 제시한 역사적 사실들을 보면 부차적인 것에 지나지 않는다는 것을 알 수 있다. 동부 해안을 따라 있던 13개 주로부터 시작된 미국은 이후 그들의 '정해진 운명'에 따라 캘리포니아 해안까지 국경을 넓혔다. 러시아의 유럽 부분까지 포함한 유럽 전체의 면적에 거의 맞먹는 영토를 가진 미국은 그 방대한 영토를 편입하는 과정에서 역사의 모든 한계 법칙을 넘어서는 국가의 팽창을 경험했다. 그리고 새로운 영토의 편입이 멈춘 순간부터 미국은 역사상 어떤 국가도 피하지 못한 문제, 즉 한정된 재화를 놓고 벌이는 내부 경쟁에 돌입하게 된다.

애초의 단순한 흥미에서 이 책에 대한 관심이 깊어진 것은 과연 우리에게 미국은 무엇인가 하는 개인적인 질문을 갖고 있었기 때문일 것이다. 지구에서 가장 큰 바다인 태평양 반대쪽에 위치한 미국이라는 나라는 우리의 역사와 그리고 아마도 앞으로의 운명과도 떼려야 뗄 수 없는 관계를 가진 나라라고 할 수 있을 것이다. 그럼에도 그 나라에 대해 갖고 있는 지식이란 건 피상적인 파편들에 불과한 게 아닐까. 현상들을 파악하는 방법론을 제시하는 원리의 확립이 쏟아지는 정보의 홍수 속에 오히려 미국이라는 나라를 아는 데 더 필요한 게 아닐까. 탄생과 그 역사 그리고 현재에 이르기까지 관철되고 있는 미국이라는 사회의 실체, 그것을 제대로 파악해야 수많은 파편들에 의미를 부여할 수 있지 않을까. 애초에 '우리에게 미국이란 무엇인가'라는 질문은 책을 읽어 나가면서 '미국이란 무엇인가'라는 질문이 되어야 한다는 것을 어렴풋이 느꼈다. 뒤의 질문에 비하면 앞의 질문은 부수적이다.

민주당과 공화당의 양당 체제에서 한쪽은 진보, 한쪽은 보수라고 파악하기 십상이지만 해밀턴의 연방당, 제퍼슨의 민주공화당, 앤드루 잭슨의 민주당, 링컨의 공화당, 남북전쟁 이후 민주당의 기나긴 재편 과정 등은 그런 안이한 이분법으로는 도저히 담을 수 없는 이합집산의 스펙트럼을 보여준다. 가령 제퍼슨은 건국의 아버지들 중에서 가장 급진적이고 민중을 사랑하는 철학자였고 현재의 민주당, 공화당 모두 제퍼슨의 정신을 이어받았다고 주장한다. 하지만 그가 바란 이상적인 사회는 분명 지금의 산업 사회가 아닌 농업 사회였다. 즉 역사의 전개 과정에 비춰보면 제퍼슨은 반동적인 사고의 소유자였다. 하지만 그렇다고 해서 단순히 그의 사상을 내칠 수 있을까. 산업 사회는 모든 면에서 농업 사회에 비해 나은가. 그 과정에서 잃은 수많은 가치들은 그저 잊혀져도 괜찮은 것일까. 그리고 필연적으로 역사의 승자가 될 운명이었던 산업 사회의 추진자들은 '획득과 향유의 시스템'을 공익적인 목적을 위해 기치를 내걸었을까. 미국 사회의 부의 편중의 심화는 그들의 돈을 벌 자유라는 철학과는 별개일까. 진보와 보수라는 이분법은 미국에서의 현상을 파악하는 기준이 결코 될 수 없다.

지금 미국의 남부는 공화당의 텃밭이지만 20세기 중반까지만 해도 공화당은 남부에서 대통령 선거인단 단 한 석의 의석도 얻지 못한 민주당의 텃밭이었다. 이러한 구도는 20세기 중반 이후에 완전히 뒤집혀서 지금은 거꾸로 민주당이 그곳에서 한 석도 얻지 못하는 상황인 듯하다. 노예제를 폐지한 정당이 공화당이며 당시 민주당은 노예 소유주들의 강고한 결합체로 노예제 폐지에 맞서 연방 탈퇴를 선언하고 전쟁을 불사했다. 수많은 인종차별법으로 흑인의 시민권을 제한한 게 19세기의 민주당이 이끌던 주 정부들이었으며 그 점에서 공화당은 위선이 포함되어 있긴 했지만 상대적으로 '진보' 세력이었다.

얼마 전에 끝난 미국 대통령 선거 관련 영상에서 도널드 트럼프가 미국우선주의를 내세우면서 "관세, 얼마나 아름다운 말입니까!" 하며 지지자들에게 흐뭇한 표정을 짓는 것을 보았다. 그 장면에서 이 책에서 논의되었던 관세 문제들이 문득 떠올랐다. 분명 트럼프는 공화당의 후보라는 생각이 들었다. 노예제가 모럴에 관한 의견 차이로 연방의 결합을 위해 타협할 수 있는 문제였다면(책에 나오듯이 링컨은 남부가 연방에 복귀하면 그들의 노예제를 영구히 보장하겠다고 제안했다), 관세와 세금 문제는 독립 혁명을 일으킬 때, 그리고 헌법을 만들 때부터 남북전쟁에 이르기까지 미국 정치사에 놓여 있는 가장 뜨거운 감자, 타협이 불가능한 문제였다. 2021년 현재 미국의 상위 1퍼센트는 미국의 모든 부의 32퍼센트를 차지하고 있다. 이것은 1989년의 23퍼센트에서 오히려 늘어난 것이며 하위 50퍼센트는 전체 부에서 불과 2.5퍼센트를 차지하고 있다. 이런 부의 편중 상태에서 역진세regressive tax인 관세가 대대적으로 높아지면 물가 안정은커녕 하위 50퍼센트의 국민들에게는 지옥문이 열리는 것과 같을 것이다. 남북전쟁 직전 남부의 대농장주들이 전쟁까지 불사한 것은 자신들의 농업 부문의 이익을 산업 부문의 자본가들이 관세를 통해 착취하고 있다고 생각했기 때문이다. 세금 문제는 대외적인 이슈에 머물지 않고 국가 내부에서의 사회적 문제들도 제기하기 때문에 트럼프가 공언한 대로 자신의 공약을 지키기는 힘들 거라고 생각하지만, 만약 그가 공언한 대로 대대적인 관세 인상으로 단기간 위대한 미국이 되는 데 일정 정도 도움이 된다 하더라도 가난한 미국 사람들은 거기에서 정신적으로 만족을 얻는 데 그칠 가능성이 높을 것이다. 미국사에서 관세와 세금 정책이 일으키는 사회적 갈등을 완화시켰던 것은 서부라는 유럽에 거의 맞먹는 광대한 영토가 개척되는 과정이었기 때문이다. 더 이상 개척할 땅이 없어진 오래인 미국 사회에서 관세는 더 이상 전쟁을 불사할 정도의 이슈가 아닌 지 오래되었다. 그런데도 새로 선출된 미국 대통령이 역사적 유물인 관세를 정책의 전면에 내세우고 있다는 것은 앞으로 꽤 흥미롭게 지켜볼 만한 이슈가 될 것이다. 사회적 갈등 없이 깔끔하게 경제 문제를 해결한다는 것은 경제 정책이 아니라 마술에 불과하다는 것을 이 책은 설득력 있게 보여준다.

문명의 하나의 실험으로서 미국 사회를 흥미롭게 관찰했던 조지 버나드 쇼는 월슨 대통령이 국제연맹 창설 운동을 벌일 때 미합중국은 이미 하나의 국제연맹이라는 말을 했다. 이 책에서도 중요한 주제로 다뤄지는 연방과 주의 관계는 건국과 남북전쟁에 이르기까지 미국 사회를 지배했던 주요 이슈였다. 각 주는 국가로서의 주권은 분명 없지만(남북전쟁 때 남부는 주가 주권이 있다는 그들의 생각을 실제로 실행하려 했다. 연방 헌법이 그들의 권리를 전적으로 무시하지 않았기 때문에 논리적으로 얽혀 있는 고르디우스의 매듭은 결국 총칼에 의해 끊어진다) 실제적으로 주는 연방 헌법을 무력화시킨 적이 많았으며 끊임없이 연방의 간섭을 배제하면서 어느 정도 주권을 행사하는 공동체로서의 자치를 누렸고 현재도 누리고 있다. 연방 준비 제도가 중앙은행의 기능을 대신하고 있는 독특한 시스템은 우리가 통상 미국이라고 부르는 미합중국의 역사와 실체를 모르고는 이해할 수 없고 국가의 핵심 기구라 할 수 있는 경찰 조직도 연방정부의 한 부서가 아니라 각 주에서 어느 정도 자율권을 가진 '커미셔너'에 의해 운영되고 있다. 연방 보안관은 연방 법원과 관련된 임무만 맡으며 실제적으로 법 집행과 일상의 보안을 담당하는 우리에게 익숙한 미국의 보안관은 각 주와 카운티에서 경찰의 역할을 맡고 있다. 즉 하나의 국가라고 하기에는 국가 핵심 기능의 많은 부분이 주의 관할 아래 남겨져 있다. 민법도 주마다 다르고 소수자에 대한 대우도 지역에 따라 다르다. '미국'이라는 호칭에는 분명 미국의 실체에 대해 오해를 초래할 수 있는 부분이 있다. 외교적으로 미국은 분명 하나의 단일 국가이지만 그 실체는 '주들의 연합'이라는 성격이 강하다. 그 점은 아무리 강조해도 지나치지 않다고 생각한다. 따라서 이 책에서는 '미합중국'이라는 용어를 '미국'과 함께 원문의 United States의 번역어로 많이 사용했다. 그리고 'America' 'American'이라고 원문에 나올 때는 '아메리카' '아메리카인'을 번역어로 사용했다.

번역에 대해 한 가지 덧붙이자면 이 책은 역사서임에도 은유와 아이러니가 수없이 쓰여져 있다. 마치 소설가의 묘사처럼 자세히 읽지 않으면 저자가 진술하는 내용을 오해할 소지가 없지 않은 부분이 많다. 역사가이면서 시대를 대표하는 지성인 저자의 글은 그 표현력에서도 일급이다. 그의 박람강기는 분명 지금의 학자들에게는 찾아보기 힘든 고전의 향기가 떠돈다. 저자가 인용한 문장 자체들이 아이러니한 것들이 많은 데 더해 '따뜻한 환대' '운이 좋았던'

'친절하게' 등의 말은 정반대의 의미를 가지는 경우가 많다. 그쪽의 문화나 역사에 친숙하지 않은 상황에서 그러한 오해의 소지가 있는 부분은 그것을 피하기 위해 원문에 없는 각주나 [ ] 안의 설명을 통해 최소한의 사족을 붙여 놓았다. 그것이 최선의 방법인지는 모르겠지만 사족을 달더라도 저자의 원래의 표현을 최대한 살리고 싶었다. '그렇다면 진리란 무엇인가? 그것은 은유, 환유, 그리고 의인법으로 이루어진 이동 가능한 군대다. 요컨대, 진리란 인간의 관계들이 시적이고 수사적으로 강화되고, 옮겨지고, 장식된 총합이다'라고 한 것은 니체다. 수사학이 단순히 문장을 장식하는 게 아니라 진리가 은유와 비유의 산물이라는 것을 저자의 문장을 읽으면서 확인할 수 있을 것이다. 은유는 진실의 뿌리를 드러낸다.

 역사를 바라보는 데 하나의 정답이란 것은 있을 수 없다. 비유하자면 역사책은 시대와 위치, 그리고 목적에 따라 조금씩 축척과 용도가 다른 지도라고 할 수 있을 것이다. 미국은 유럽과는 다른 문명인가? 아니면 구세계의 문명을 카피한 신세계의 극도의 자본주의 문명에 지나지 않는가? 유럽과의 공통의 유산은 무엇이고 아메리카 대륙이라는 풍토가 그 문명의 모양을 어떻게 형성했는가? 그런 질문들에 이 책은 어떤 책도 알려준 적이 없던 진실을 제시하고 있다. 보르헤스의 말처럼 완벽한 지도는 땅의 넓이만 한 지도여야 하기 때문에 그런 지도는 이미 실용성을 잃은 이데아로서의 지도다. 역사를 서술하는데 불가피한 생략이 엄청나게 많을 수밖에 없다는 것은 원고지 8천 매에 육박하는 이 책 역시 마찬가지다. 게다가 이 책은 정보를 전달하는 데 주안점이 있는 게 아니라 사실들을 통해 미국이라는 실체를 규명하는 데 주안점을 두고 있다. 미국이라는 실체를 이해하는 데 이 책만 한 지도는 그리 많지 않을 것이다.

 이 책을 번역하면서 저자에 대해 강하게 인상받게 된 대목에 대한 이야기로 이 후기를 마무리하겠다. 미국의 1차대전 참전을 강력히 지지한 찰스 비어드는 1917년 컬럼비아 대학을 사직하면서 그 이유를 이렇게 밝혔다. "나는 컬럼비아 대학 이사회의 급여를 받는 동안에는 독일 제국에 대한 정당한 전쟁을 지지하는 여론을 유지하는 데 내 역할을 효과적으로 수행할 수 없다고 확신한다." 한 학자의 삶에서 작지 않은 의미를 지니는 이 사건을 알고 나서 이 책에서 말하는 1차대전에 대한 서술을 보면 그것이 저자의 입장과 전혀 상반되는 태도라는 것을 쉽게 알 수 있다. 이 책은 물론 참전과 반전에 대해 양쪽의 입장을 다루고 있기는 하지만 미국의 참전에 대해 반대 입장을 가진 사람의 서술이 아닌가 하는 인상을 준다. 저자는 '오스트리아 대공 암살에 대한 논란을 틈타 동맹국이 순진한 희생자들에게 호랑이처럼 달려들었다'라는 전쟁 선전을 '아기들을 위한 이야기'라고 일축한다. 독일과 영국은 차이가 없으며 한쪽은 인명, 다른 쪽은 재물을 뺐는 데서 잔인했던 것뿐이라고 말한다. 오히려 찰스 비어드는 미국의 중립을 촉구하는 독일의 주장을 비중 있게 다루며 미국이 영국에 기울어져 참전으로 향한 것이 아닌가 하는 독일의 우려를 소개한다. 그뿐 아니라 이 책 곳곳에는 미국의 발전에 대한 독일의 기여, 특히 학문과 교육에서의 독일의 기여를 강조하고, 대학들이 종교의 영향력에서 벗어나 근대 학문을 열어가는 과정에서 독일에서 유학했던 학자들이 새로운 근대 학문의 커리큘럼을 만들었다는 사실을 지적한다. 독일과의 전쟁을 적극 지지하면서 교수 자리까지 내려놓은 사람의 목소리는 행간을 통해서도 거의 읽어낼 수 없다.

인간이 아무리 버리려고 노력해도 편견과 주관을 떨쳐버리기는 어렵다. 오직 그것에 대한 끝없는 자계自戒만이 있을 뿐이다. 환경의 한계, 시대의 한계, 개인의 한계 등 수많은 한계에 둘러싸여 있으면서도 거기에서 한시도 안주하지 않고 벗어나려 노력하고 경계한 한 자유인의 마음을 역자는 목격했다.

2024년 12월 17일

옮긴이 | 김석중

서울에서 태어나 연세대 철학과를 졸업했다. 출판계에서 번역과 편집을 하고 있다. 옮긴 책으로『성서 시대
사』,『여자는 무엇을 욕망하는가』,『마음을 들여다보면』,『소년 시대』,『미식 예찬』,『교양 노트』,『유모아 극
장』,『이야기가 있는 사랑수첩』등이 있다.

미국 문명의 역사

2 산업 시대

초판 1쇄 발행 2025년 1월 15일

지 은 이 찰스 A. 비어드
옮 긴 이 김석중

펴 낸 곳 서커스출판상회
주   소 경기도 파주시 광인사길 68 202-1호(문발동)
전화번호 031-946-1666
전자우편 rigolo@hanmail.net
출판등록 2015년 1월 2일(제2015-000002호)

ⓒ 서커스, 2025

ISBN 979-11-87295-95-2 04940
       979-11-87295-93-8 (세트)